Nebel/Schulz/Flohr (Hrsg.)   Das Franchise-System

Nebel/Schulz/Flohr (Hrsg.)

Das Franchise-System

Handbuch
für Franchisegeber
und
Franchisenehmer

3., aktualisierte und erweiterte Auflage

Luchterhand

Die Deutsche Bibliothek – CIP-Einheitsaufnahme

Bibliografische Information Der Deutschen Bibliothek
Die Deutsche Bibliothek verzeichnet diese Publikation in der Deutschen
Nationalbibliografie; detaillierte bibliografische Daten sind im Internet
über <http://dnb.ddb.de> abrufbar.

ISBN 3-472-05241-4

Verlagsmanagement: Rainer Jöde
Redaktion: Ottilie Wenzler
Objektbetreuung: Anja Witte

© 2003 by Wolters Kluwer Deutschland GmbH, Köln, München, Neuwied
Luchterhand ist ein Imprint der Wolters Kluwer Deutschland GmbH

Umschlaggestaltung: Reckels, Schneider-Reckels, Wiesbaden
Satz: Hümmer, Waldbüttelbrunn
Druck: Wilhelm & Adam, Heusenstamm
Printed in Germany, November 2002

Inhalt

12

Nachdem die beiden ersten Auflagen dieses Buches breite Akzeptanz gefunden haben, ist die nun vorliegende 3. Auflage gründlich überarbeitet, erneut aktualisiert und wesentlich erweitert worden. Weiterhin gilt die Aussage der 2. Auflage, dass Franchising die Vertriebsform der Zukunft ist. Auch in Zeiten von Wirtschaftsflaute und hoher Arbeitslosigkeit kann die Franchisewirtschaft einen positiven Beitrag zum Wirtschaftsaufschwung leisten. Sie stellt eine Alternative dar für managementerfahrene und dynamische Persönlichkeiten, welche mit dem fundierten Erfahrungsschatz eines Franchisesystems (und auch mit Hilfe dieses Buches) eine eigene unternehmerische Existenz aufbauen können.

Bei der 2. Auflage galt es, erstmals den neuen Rechtsrahmen der seit dem 01. Juni 2000 geltenden EG-Gruppenfreistellungsverordnung für Vertikale Vertriebsbindungen darzustellen. Diese Darstellung kann aufgrund erster Erfahrungen und unter Berücksichtigung weiterer Texte der Europäischen Kommission nunmehr verfeinert werden. Die 3. Auflage widmet sich jetzt intensiv den Regelungen der seit dem 01. Januar 2002 geltenden großen Schuldrechtsreform. Der Gesetzgeber hat nicht nur das allgemeine, sondern teilweise auch das besondere Schuldrecht, insbesondere das Kaufrecht des Bürgerlichen Gesetzbuchs grundlegend neu gestaltet, sondern hat auch für das Franchising bedeutsame Vorschriften in Nebengesetzen in das Bürgerliche Gesetzbuch integriert, so z. B. das Gesetz über Allgemeine Geschäftsbedingungen (AGBG), das Gesetz über den Widerruf von Haustürgeschäften (HaustWG) oder das Verbraucherkreditgesetz (VerbrKG). Das neue Schuldrecht kodifiziert von der Rechtsprechung entwickelte Rechtsinstitute, wie z. B. die Grundsätze des Verschuldens bei Vertragsschluss (*culpa in contrahendo*) und das so genannte Transparenzgebot. Beide Bestimmungen sind für das Franchising von herausragender Bedeutung: Franchisegeber müssen ihre vorvertraglichen Aufklärungspflichten noch ernster nehmen als bisher und ihre Franchiseverträge »klar und verständlich« formulieren. Bei der Umsetzung dieser neuen Regelungen soll das überarbeitete Kapitel **Der Franchisevertrag** helfen, das auch die im Laufe des Jahres nochmals geänderten und zum Teil erst seit dem 01. November 2002 anwendbaren Verbraucherschutzvorschriften berücksichtigt.

Zahlreiche Franchisesysteme haben das **Intra-** oder **Extranet** als innovative Kommunikation innerhalb des Franchisesystems erkannt. Dem trägt die Neuauflage dieses Buches Rechnung, indem sich ein Kapitel ausführlich mit diesem Intra- oder Extranet befasst und den Nutzen einer solchen elektronischen Möglichkeit für die Kommunikation, aber auch für das Controlling und das Benchmarking innerhalb eines Franchisesystems aufzeigt.

Da sich auch Führungsstile innerhalb von Franchisesystemen ändern und den Gegebenheiten des Marktes anpassen müssen, wurde auch das entsprechende Kapitel

Führung in Franchisesystemen neugefasst und vermittelt jetzt einen Überblick davon, welche Führungsstile in Franchisesystemen festzustellen und welche Führungsstile empfohlen werden. Dazu gehört auch das **Verhandeln in Franchiseunternehmen**, das in einem neuen Kapitel behandelt wird.

Die nächste große unternehmerische Herausforderung ist das Thema Kundenloyalität. Gerade in Franchisesystemen spielt es eine große Rolle. Denn ein durch und durch loyalisierter Kunde ist nicht nur dem Einzelbetrieb treu, sondern dem ganzen System. Darüber hinaus sind in einem Franchisesystem die Franchisenehmer zu loyalisieren. Was unter dem Begriff der Loyalität zu verstehen ist, wie sie funktioniert und wie man sie erzeugt, wird nachvollziehbar im neu aufgenommenen Kapitel **Total Loyalty Marketing als Erfolgsmotor für Franchisesysteme** dargelegt.

Letztlich wurde die 3. Auflage wieder um einen Anhang ergänzt, der nicht nur nützliche Adressen, sondern auch einen Abdruck der rechtlichen Rahmenbedingungen enthält, die für Franchisesysteme zu beachten, jedoch nicht immer leicht zugänglich sind.

Auch die 3. Auflage will nicht nur beim Aufbau, sondern ebenso bei der Fortentwicklung und der vollen Entfaltung von Franchisesystemen helfen. Dabei muss aber berücksichtigt werden, dass die Darstellungen nur als Überlegungs- und Gestaltungshilfen anzusehen sind, die eine am konkreten Franchisesystem ansetzende Einzelfallbetrachtung nicht ersetzen können. Den Transfer auf »seinen« Franchisesachverhalt hat daher jeder Franchisegeber und jeder Franchisenehmer in eigener Verantwortung vorzunehmen.

Im November 2002

Dr. Jürgen Nebel   Albrecht Schulz   Dr. Eckhard Flohr

20

Die erste Auflage dieses Buches hat eine so freundliche Aufnahme bei einem breiten Publikum gefunden, dass der Verlag sich entschlossen hat, schon nach gut zwei Jahren eine zweite, teilweise stark überarbeitete und mit neuen Kapiteln ergänzte Auflage folgen zu lassen.

Franchising als Vertriebsform ist mittlerweile ein selbstverständlicher Bestandteil der deutschen Wirtschaft geworden. Erfreulicherweise liegen die Wachstumsraten im Franchising immer noch über denen der deutschen Wirtschaft, obwohl die durchschnittliche Zahl der Franchisenehmer pro System konstant blieb.

Dennoch hat sich die Franchisewelt erheblich verändert. Es sind nicht mehr nur Existenzgründer, die ihrer Geschäftsidee durch Franchising zu wirtschaftlichem Erfolg verhelfen wollen. Es sind mehr und mehr größere und große Unternehmen, die Franchising als Kooperationsform für ihr bestehendes Vertriebssystem oder zur Entwicklung zusätzlicher Vertriebsschienen entdecken. Damit hält Franchising Einzug in Branchen und Sektoren, die traditionell durch Vertrieb über Filialnetze oder durch freie Händler, aber auch durch hierarchische Strukturen großer Organisationen geprägt sind. Führungskräfte und Mitarbeiter dieser Unternehmen müssen sich mit den eher kooperativ orientierten Organisationsformen des Franchising noch vertraut machen.

Das Franchising wird sich durch diese Entwicklung inhaltlich verändern. Es bleibt nicht eine typische Kooperationsform zwischen kleinen und mittleren Unternehmen, von denen einige wenige es im Laufe von 20 bis 30 Jahren zur respektablen Unternehmensgrößen oder gar zu großen internationalen Netzwerken bringen. Existierende Großunternehmen werden, auch wenn sie Franchising als neue Vertriebsform praktizieren, Elemente ihrer bisherigen Systeme und Erfahrungen einbringen. Deren Franchisesysteme werden nicht mehr strikt nach den Regeln des traditionellen Business Formats Franchising funktionieren. Es besteht aus Rechtsgründen hierfür auch keine Notwendigkeit. Das europäische Kartellrecht, das am ehesten auf die Vertriebssysteme großer Unternehmen Anwendung findet, kennt keine Spezialbehandlung des Franchising mehr. Seit dem 1. Juni 2000 schafft die neue so genannte Vertikal-Gruppenfreistellungsverordnung gleiche Regeln für alle Vertriebssysteme. Es besteht für große Unternehmen also nicht mehr der Zwang, eine bestimmte Form des Franchising zu praktizieren. Vielmehr sind sie bei der Gestaltung der für den Vertrieb ihrer Waren oder Dienstleistungen am besten geeigneten Formen sehr viel freier geworden und haben dennoch die Möglichkeit, sich der Vorteile der EG-Vertikal-Gruppenfreistellungsverordnung zu bedienen. Das völlig überarbeitete Kapitel »Der Franchisevertrag« in diesem Buch kann ihnen dabei helfen.

Über das Franchising wie über alle anderen Vertriebssysteme ist der E-Commerce fast über Nacht hereingebrochen. Wie alle anderen Systeme hat auch das Franchising seine Mühe, diese neuen Handelsformen so in die bestehenden Systeme zu integrieren, dass sowohl der Kunde als auch das jeweilige System und dessen Franchisepartner etwas davon haben. Die neuen Kapitel »E-Commerce im Dienstleistungsfranchising«, »Chancen und Risiken von E-Commerce« und »Erfolgsfaktoren von E-Commerce in einem stationären Franchisesystem« sind der Versuch, Franchisegebern bei diesem Thema eine Orientierungshilfe zu geben. Diesbezüglich werden jedoch Autoren und Franchisesysteme in nächster Zeit noch viele neue und manchmal auch überraschende Erfahrungen sammeln. Die Herausgeber wünschen sich, dass dies zum beiderseitigen Nutzen geschieht.

Im September 2001

Dr. Jürgen Nebel   Albrecht Schulz   Andrea Maria Wessels

Auch wenn Franchising beim Vertrieb von Waren und Dienstleistungen in Deutschland noch nicht denselben überragenden Stellenwert hat wie im Mutterland des modernen Franchising, den USA, so ist es doch ein selbstverständlicher und nicht mehr wegzudenkender Teil im deutschen und darüber hinaus im europäischen Wirtschaftsleben geworden. Derart selbstverständlich, dass die Kunden von den allerwenigsten Betrieben, bei denen sie Waren oder Dienstleistungen einkaufen, wissen, ob es sich bei diesen um selbstständige Geschäfte im Rahmen eines Franchisenetzes oder um unselbstständige Filialen eines Großunternehmens handelt. Man könnte also meinen, dass die Mehrzahl der Franchisegeber die Idealvorstellung des Franchising verwirklicht hat, nämlich eine weitgehend identische Multiplikation ihres Betriebskonzepts. Dies könnte man um so mehr meinen, wenn man die Wachstumzahlen des Franchising betrachtet. In demselben Zeitraum, in dem die deutsche Wirtschaft von wachsender Arbeitslosigkeit, von Geschäftsaufgaben im Einzelhandel und von einer Pleitewelle bei kleinen und mittleren Unternehmen gekennzeichnet ist, sind die Zahlen der Franchisegeber und der Franchisenehmergeschäfte sowie der dort Beschäftigten ständig gewachsen. Auch das Wachstum der Umsatzzahlen der Franchisewirtschaft lag ständig über den Wachstumzahlen der Gesamtwirtschaft. Alles zum besten also?

Nicht ganz. Wenn man von der Gesamtzahl der Franchisenehmerbetriebe diejenigen der zwanzig größten Systeme abzieht, bleiben für die restlichen Systeme im Durchschnitt weniger als 30 Franchisenehmer übrig, was bedeutet, dass ein großer Teil eben nicht einmal diese Durchschnittszahl erreicht. Dies wiederum bedeutet, dass die Mehrzahl der Systeme ihr Potential – noch – nicht voll ausschöpft. Wir meinen, dass dies für das Franchising insgesamt gilt. Wir meinen weiter, dass die Entwicklung der Franchisesysteme behindert oder gar verhindert wird durch eine zu gering entwickelte Fähigkeit oder Bereitschaft der Franchisegeber, die bestehenden Risiken und Probleme bei der Gründung und Entwicklung von Franchisesystemen wahrzunehmen, objektiv zu analysieren und Abwehr- und Alternativstrategien zu entwickeln. Entsprechendes gilt für Franchisenehmer bzw. Franchisenehmerkandidaten. Auch sie sind häufig nicht in der Lage, die Stärken und Schwächen eines Systems, dem sie sich anschließen wollen, nach objektiven Kriterien einzuschätzen oder die eigene Eignung für ein bestimmtes System zu beurteilen oder später in einer Krisensituation die Gründe hierfür zu analysieren und – gemeinsam mit dem Franchisegeber – Abhilfe zu schaffen.

Franchisegeber und Franchisenehmer, die nach Orientierung suchen – vor Beginn ihrer Franchiseaktivitäten oder in einer Krisensituation – finden bisher, abgesehen von zahlreichen juristischen Abhandlungen, wenig Hilfestellung in der allgemeinen Franchiseliteratur. Wir halten deshalb den Zeitpunkt für gekommen, dem franchiseinteressierten Publikum das Leben eines Franchisesystems in all seinen Aspekten darzustellen. »Franchising« soll dabei weder idealisiert noch gar neu erfunden werden. Wir haben vielmehr unsere eigenen langjährigen Erfahrungen und diejenigen unserer Mitautoren aus der Arbeit in und mit Franchisesystemen gesammelt, sortiert und zu Papier gebracht. Unsere eigenen Schlussfolgerungen und Ratschläge beruhen auf der Arbeit mit und für zahlreiche Franchisesysteme in allen nur denkbaren Branchen und Entwicklungs- oder Krisenstufen. Sie berücksichtigen ebenso die vorbildhafte Arbeit vorausschauend planender Franchisegeber wie die Irrtümer und Misserfolge, die zu vermeiden gewesen wären, wenn eine selbstkritische Haltung eingenommen oder eine kritische Meinung rechtzeitig angehört worden wäre. Der Titel »Das Franchise-System« drückt aus, dass hier ein Buch weder einseitig aus der Sicht des Franchisegebers noch des Franchisenehmers geschrieben worden ist. Titel und Inhalt versuchen vielmehr, die auf Erfahrung basierende Überzeugung von Herausgebern und Mitautoren zu vermitteln, dass Franchising eine Kooperationsform ist, die auf Dauer nur funktioniert, wenn alle Systemteilnehmer gleichermaßen wirtschaftliche Vorteile aus ihrer Teilnahme ziehen. Dieses Verständnis muss vor und während der Gründung eines Franchisesystems und während dessen ganzer erfolgreicher Entwicklung bei allen Partnern – einschließlich deren Beratern – vorhanden sein. Dabei ist nicht entscheidend, ob das System eher horizontal und kooperativ oder eher vertikal und dirigistisch gestaltet *bzw.* geführt wird. Entscheidend ist, dass die proklamierten gemeinsamen Ziele von Franchisegeber und rechtlich und kaufmännisch selbstständigen Systempartnern nicht nur auf dem Papier stehen. Das umfangreichste Handbuch und der perfekteste Franchisevertrag garantieren nicht den Erfolg eines Franchisesystems. Vielmehr muss die dem Franchising innewohnende Grundidee der »Partnership for Profit« tatsächlich, täglich und auf Dauer praktiziert werden. Wieviel »Demokratie« dazu gehört, mag jeder einzelne Franchisegeber für sich entscheiden, ohne Offenheit gegenüber den Franchisenehmern und ohne deren aktive Teilnahme kann aber kein Franchisesystem prosperieren. Ein Franchisegeber muss die vollständige – nicht nur die rechtliche – Klaviatur des komplizierten Beziehungsgeflechts mit den unterschiedlichen Teilnehmern an seinem System beherrschen.

Dieses Buch versucht, die vielfältigen Elemente – die »hardware« und die »software« – dieses Beziehungsgeflechts aufzuhellen und zu deren Beherrschung beizutragen. Je besser Franchisegeber und Franchisenehmer sowie deren Berater, aber auch andere mit Franchising befasste Institutionen wie Banken oder öffentliche Verwaltung, diese Elemente verstehen, desto besser können Franchisesysteme ihr volles wirtschaftliches Potential entfalten. Der Rhythmus des Buches folgt dem natürlichen Lebenszyklus eines Franchisesystems, der in acht Kapiteln dargestellt wird. In jeder Lebensphase treten nach den Erfahrungen der Autoren typische Entwicklungen und Probleme auf, die gemeistert werden können, wenn sie rechtzeitig erkannt und wenn möglichst schon vor ihrem Eintreten angemessene Gegenmaßnahmen entwickelt und angewandt werden. Die bloße Reaktion nach dem Auftreten eines Problems kann erfahrungsgemäß nur noch der Schadensbegrenzung dienen.

Wir bedanken uns bei unseren Mitautoren für deren Bereitschaft, ihre Erfahrungen zur Verfügung zu stellen, und für das Engagement, das sie bei der Erstellung ihrer Beiträge gezeigt haben. Diese spiegeln den persönlichen Stil und die eigenen Erfahrungen jedes einzelnen von ihnen wider. Vor allem den Repräsentanten und Mitarbeitern von Franchisegebern gilt unser Dank für die von ihnen zur Verfügung gestellten Originalbeispiele. Sie beleben das Buch und unterstreichen dessen Praxisnähe. Die daraus zu ziehenden Lehren können aber nicht ohne weiteres direkt auf andere Fälle übertragen werden. Sie müssen ebenso wie alle anderen in diesem Buch vermittelten Einsichten immer mit Augenmaß angewandt und in die Praxis umgesetzt werden.

Ganz herzlich zu danken haben wir den Betreuern des Buches beim Verlag: Dr. Thomas Hermann, Ulrike Fuhr und Ottilie Wenzler.

Verlag und Autoren ist der Wunsch gemeinsam, mit den veröffentlichten Beiträgen die Entwicklung des Franchising insgesamt zu fördern. Wir alle hoffen, dem selbstgesteckten Ziel nahegekommen zu sein. So wie ein Franchisesystem aber nie als abgeschlossen betrachtet werden kann, sondern zu seinem Wachsen und Gedeihen der ständigen Kommunikation zwischen allen beteiligten Partnern bedarf, so kann auch dieses Buch nicht als »fertig« angesehen werden. Alle Leser sind deshalb aufgefordert, die hier niedergelegten Thesen und Erfahrungssätze zu hinterfragen und mit den eigenen Erfahrungen zu vergleichen. Sie sind eingeladen, ihre zustimmenden oder ihre kritischen Anmerkungen uns Herausgebern oder dem Verlag auf der zu diesem Zweck dem Buch beigelegten Antwortkarte mitzuteilen. Wie ein Franchisesystem kann auch dieses Buch von einem regen Erfahrungsaustausch nur profitieren.

Im Dezember 1998

Dr. Jürgen Nebel   Albrecht Schulz   Andrea Maria Wessels

Das Franchise-System
Geleitbeitrag zur 3. Auflage

von Harald Lux

Exzellentes Franchising

Wenn man dem nun in der dritten Auflage vorliegenden Handbuch für Franchise-nehmer und Franchisegeber ein übergreifendes Thema geben will, dann ist das »exzellentes Franchising«. Exzellentes Franchising bei der Entwicklung von Franchisesystemen, bei Perspektiven der Franchisewirtschaft, bei der Internationalisierung von Franchisesystemen bis hin zu der Eröffnung von Franchisesystemen hin zu vertikalen Kooperationen.

Mehr als jemals zuvor zeigt sich unter den heutigen Wettbewerbsbedingungen, dass erfolgreich betriebenes Franchising zu qualitativ besseren Ergebnissen führt als viele andere Business-Formate. Dabei spielen Faktoren wie die Unternehmenskultur, das Partnerschaftsprinzip, die Anpassungsfähigkeit an lokale Kundenbedürfnisse, die Dienstleistungsqualität und der Know-how- und Strategie-Transfer eine herausragende Rolle.

Entwicklung von Franchisesystemen

Ein besonderes Augenmerk der derzeitigen Forschung zum Franchising liegt auf der Identifizierung der Erfolgsfaktoren hochprofitabler und wachstumsstarker Franchisesysteme, beispielsweise im Institut für Franchising & Cooperation an der Universität Münster. Warum sind manche Systeme sehr erfolgreich, warum andere nicht, was sind die notwendigen Voraussetzungen, welche Faktoren sind definierbar als Kernkompetenzen erfolgreicher Franchisesysteme seit Ray Kroc 1954 das auch heute noch größte Franchisesystem der Welt gründete? Wie können Franchisesysteme die komplexen Herausforderungen der Globalisierung meistern? Bietet Franchising hier Vorteile gegenüber anderen Systemen? Was ist zu tun, um langfristiges Wachstum zu sichern? Wie also müssen sich Franchisesysteme entwickeln?

Unsere Antwort darauf heißt: Business Excellence oder Spitzenleistung im Wettbewerb.

Betrachten wir einige Beispiele. In einem Artikel des franchise-net zur Geschichte des Franchisings heißt es: »Der Verdienst des McDonald's-Gründers Ray Kroc war es, nicht nur für die Idee ›Frikadelle zwischen zwei Brötchenhälften‹ zu sorgen, sondern das passende Ambiente, das dazugehörige Werbekonzept und die ständige Qualitätsüberwachung gleich mitzuliefern«. Daran hat sich bis heute grundsätzlich nicht viel geändert, wenn natürlich auch McDonald's heute bestrebt ist, sein Angebot über die Hamburger hinaus zu differenzieren und das Werbekonzept in eine erfolgreiche, zielgruppenorientierte Marketingstrategie verändert hat. Wer bei McDonald's Franchisepartner werden will, muss sich einem harten Auswahl-verfahren stellen. Kundenorientierung, Führungsqualitäten und betriebswirt-schaftliche Kenntnisse sind die Minimalvoraussetzung, bevor der zukünftige Partner sich einer zweijährigen Ausbildung unterzieht. Man spürt geradezu die Anziehungskraft des Marktführers.

Ein zweites Beispiel ist ein Computerunternehmen, das es innerhalb weniger Jahre verstanden hat, zu einem der erfolgreichsten Franchisesysteme zu werden. Das Unternehmen verfolgt mit den Worten seines Gründers eine eindeutige Mission: Wir wollen in den nächsten zehn Jahren zu dem führenden Anbieter in Europa aufsteigen. Pro Franchise-Lizenz hat die Firma eine vierstellige Zahl von Interessenten. Gleichwohl expandiert das Unternehmen im Rahmen einer qualitativen Wachstumsstrategie, die nicht nur besonders hohe Anforderungen an potenzielle Partner beinhaltet, sondern auch in einer straff und streng erfolgsorientiert organisierten Systemzentrale ihre Basis hat. Kundenorientierung, Netzwerkmanagement und Human Resources haben den höchsten Rang. Hier treibt ebenfalls die Anziehungskraft des Systems den Erfolg.

Auch Obi ist ein sehr gutes Beispiel für eine herausragende Erfolgsstory. Nach dem Vorbild des amerikanischen Franchisings beinhaltete das Obi System von Anfang an einige wesentliche Elemente, an denen sich bis heute nichts geändert hat. Dazu gehören die organisatorische Stärke und die Innovationskraft der Systemzentrale, der Marktauftritt, die sorgfältige Auswahl der Franchisepartner, die Pflege der Unternehmenskultur sowie Kundenorientierung und Dienstleistungsbereitschaft als besonders wirksame Erfolgspotenziale. Seit der Gründung vor 32 Jahren ist Obi oft mit Pionierleistungen im Vertrieb und im Dienstleistungsengineering hervorgetreten . Die Marke Obi kennen heute 91 Prozent (gestützt) und 67 Prozent (ungestützt) der Bevölkerung (inra 2001). Auch hier gibt es ein unmissverständliches mission statement: Obi ist oder wird in allen Ländern, in denen es Obi Märkte gibt, die Nummer eins oder mindestens die Nummer zwei. Die Anziehungskraft des Obi Franchisings unterstützt gerade auch unter schwierigen Marktbedingungen den Prozess des uptradings.

Die Beispiele zeigen, dass es nicht nur auf die einmal definierten und dann permanent weiterentwickelten Kernkompetenzen ankommt, sondern insbesondere auch darauf, wie diese vernetzt und umgesetzt werden. Erfolgreiches Franchising basiert demnach auf der kontinuierlichen Schaffung und dem gezielten Einsatz von Wettbewerbsvorteilen unter Ausnutzung der konstitutiven Vorteile, die Netzwerke bieten. Dies bestätigt auch die groß angelegte BMBF-Benchmarking-Studie »Erfolgsfaktoren von Netzwerken des tertiären Sektors« (Prof. Dr. Dieter Ahlert, Universität Münster), die gerade abgeschlossen wurde. Netzwerkmanagement, Markenmanagement, Human-Resource-Management, Innovationsmanagement und Qualitätsmanagement sind die Treiber vergangener und zukünftiger Erfolge.

Perspektiven der Franchise-Wirtschaft

Gemäß den Eckdaten der deutschen Franchise-Wirtschaft (5) realisierten die Franchisesysteme in 2001 rund 31,7 Milliarden Euro Systemumsatz. Das bereinigte Wachstum liegt damit um 1,1 Prozent höher als im Vorjahr. Ein Blick auf die Anzahl der Unternehmer- Systeme zeigt einen Rückgang um 5 Prozent, während die Zahl der Systemfilialen um 15 Prozent und die Anzahl der Franchisenehmer um 11,1 Prozent gestiegen ist. Die Anzahl der Franchisebetriebe hat sich um 14,3 Prozent erhöht. Hier erkennt man, dass das Vertrauen in die Zukunft des Franchisings nach wie vor groß ist. Das ist sicherlich berechtigt.

Vorausgesetzt, die oben beschriebene Qualität des Systems ist vorhanden, bietet Franchising all jene Optionen, die im Zusammenhang mit der Liberalisierung des Welthandels und den Veränderungen der Märkte von den Unternehmen wahrgenommen werden müssen. Dazu zählen die Chancen des weltweiten Einkaufs, die Herausforderung des sich ständig verändernden Kundenverhaltens, das Bestehen im internationalen Verdrängungswettbewerb, die Anforderungen an eine kundenorientierte Prozessgestaltung der Arbeitsabläufe. Gerade Franchisesysteme sind in der Lage, auf diese Anforderungen flexibel und in relativ kurzer Zeit zu reagieren. Es gilt auch in Zeiten der Globalisierung immer noch der Grundsatz »all business is local«. Die Unternehmer vor Ort, also die Franchisenehmer, haben die Chance, von den Vorteilen modernen Netzwerkmanagements zu profitieren, ohne die Nachteile filialisierter Strukturen in Kauf nehmen zu müssen.

Öffnung von Franchisesystemen hin zu vertikalen Kooperationen und zum partnerschaftlichen Franchising

Die Expansion in europäische und außereuropäische Märkte verlangt endgültig eine Abkehr von polarisierenden Unternehmensstrategien, wenn das nicht schon längst auch ein Erfordernis für den inländischen Markt ist. Das gilt für Franchisesysteme nicht weniger als für andere Business-Formate, eröffnet aber auch zahlreiche Chancen und Möglichkeiten.

Zur Zeit wird die Öffnung von Franchisesystemen hin zu so genannten vertikalen Kooperationen heftig diskutiert, ebenso wie andere Formen von Partnerschaften auf und zwischen den einzelnen Marktstufen. Keine Frage, dass sich hier sehr interessante Perspektiven auftun. Indessen zeigt die Praxis, dass die Vereinbarkeit von Franchisesystemen mit Verbundgruppen schwierig ist. Das liegt vor allem an den Unterschieden in den Strukturen und den unterschiedlichen Zielen, wie neuere Untersuchungen des F&C zeigen. Für Franchisesysteme gelten als konstitutive Merkmale insbesondere der gemeinsame Marktauftritt, die Markenbildung, ein hoher Bindungsgrad zwischen Franchisenehmern und Systemzentrale, eine relativ autonome Steuerungsbefugnis für die Systemzentrale in allen unternehmensübergreifenden Fragen sowie die vertikale Ausrichtung des gemeinsamen Markthandelns. Für genossenschaftlich organisierte Netzwerke oder Verbundgruppen ist die horizontale Ausrichtung des Markthandelns vorrangig, der Bindungsgrad der Mitglieder an die Zentrale ist in der Regel deutlich geringer, Marktauftritt und Markenbildung sind tendenziell uneinheitlich oder auch nicht gewollt. Entscheidend ist die wirtschaftliche Unabhängigkeit des Systemgebers in Franchisesystemen, was in Verbundgruppen oft nicht der Fall ist. Insofern ist in jedem Fall bei einer Kooperation derart unterschiedlicher Systeme mit erheblichem Aufwand für die Integrationsphase zu rechnen, mit hohem Zeitbedarf für die Umsetzung gemeinsamer Zielvorstellungen und mit weniger Erfolg bei der Erzielung von Synergieeffekten.

Exzellentes Franchising heißt, dass die Herausforderung zu Spitzenleistungen im Wettbewerb jeden Tag und jede Stunde angenommen werden muss. Die Systementwicklung und das Netzwerkmanagement in Franchisesystemen sind unabdingbare Voraussetzungen für auch in Zukunft erfolgsbestimmte Perspektiven. Dieses Handbuch bietet Ihnen die Chance, sich mit dem weiten und sehr komplexen Themenkreis im Detail auseinanderzusetzen. Zahlreiche Praxisbeispiele zeigen, was man von den Besten lernen kann.

In diesem Sinne wünsche ich auch der dritten Auflage dieses Buches den verdienten Leserkreis und den Lesern, dass sie die Antworten auf ihre Fragen zum Franchising finden, seien sie nun Franchisenehmer oder Franchisegeber.

Wermelskirchen, im November 2002

Harald Lux
Vorstandsvorsitzender der Obi Bau- und Heimwerkermärkte AG,
Wermelskirchen,
Vizepräsident des Deutschen Franchise-Verbandes

I Entwickeln

Franchising ist eine Kooperationsform, die auf Dauer nur funktioniert, wenn alle Systemteilnehmer gleichermaßen wirtschaftliche Vorteile aus ihrer Teilnahme ziehen. Dieses Verständnis muss vor und während der Gründung eines Franchisesystems und während dessen ganzer erfolgreicher Entwicklung bei allen Partnern vorhanden sein. Dabei ist nicht entscheidend, wie das System geführt oder gestaltet wird. Entscheidend ist, dass die proklamierten gemeinsamen Ziele von Franchisegeber und den Systempartnern nicht nur auf dem Papier stehen. Das umfangreichste Handbuch und der perfekteste Franchisevertrag garantieren nicht den Erfolg des Franchisesystems, wenn nicht die dem Franchising innewohnende Grundidee »Partnership für Profit« täglich und dauerhaft praktiziert wird.

1 | Die Marktidee: Am Anfang steht der Kunde
von Jürgen Nebel

Am Anfang eines Franchisesystems steht die Idee, einer noch genauer zu definierenden Zielgruppe mit einer bestimmten Leistung einen Nutzen zu bieten. Kurzum, am Anfang steht der Kunde.

Wer treibt in einem Unternehmen die Entwicklung eines Franchisesystems voran, sammelt also zunächst die Ideen, entwickelt hieraus ein Konzept und setzt es in einem ersten Pilotbetrieb um? Es ist der für das Franchiseprojekt verantwortliche Projektmanager, der dies nicht einfach neben dem Tagesgeschäft her betreiben kann, sondern es zu seiner Hauptaufgabe machen wird. Später, wenn der oder die ersten Franchisenehmer »am Netz« sind, wird aus dem Projekt eine eigene Abteilung im Unternehmen, wird die Systemzentrale errichtet.

Das Franchisesystem ist ein Verbund von Unternehmen. Und für einen Verbund von Unternehmen gilt grundsätzlich dasselbe wie für ein einzelnes Unternehmen: Die Regeln der Marktwirtschaft, die die moderne Betriebswirtschaftslehre ausgiebig beschrieben hat. Dieses Buch dagegen zeigt die Besonderheiten eines Unternehmensverbundes, der als Franchisesystem am Markt agiert. Grundsätzlich spiegelt sich im Franchisesystem die Betriebswirtschaft im Kleinen. Mit dem wichtigen Unterschied,

❏ dass alle Überlegungen und Entscheidungen sich auf eine Vielzahl kooperierender Unternehmen beziehen, so dass sich Erfolg, aber auch der Misserfolg, multiplizieren – der Franchisegeber ist also gleichsam das Flaggschiff, dem die Franchisenehmer hinterher segeln, und

❏ dass der Geschäftserfolg der umgesetzten Idee so groß sein muss, dass sich leicht Partner finden lassen, die Teilnehmer dieses Erfolges sein möchten – mit anderen Worten, nur wenn der künftige Franchisegeber deutlich ausstrahlende Vorteile bietet, werden sich Franchisenehmer finden lassen, die die Franchisegebühren und die Begrenzung ihrer wirschaftlichen Freiheit gerne als Gegenleistung für die Systemvorteile austauschen wollen.

Was ist demnach *Kern*voraussetzung für die Eignung einer Idee auch als Franchiseidee? Sie muss die Entwicklung und Umsetzung eines Geschäftskonzeptes erlauben, das ein unverwechselbares Profil hat. Das heißt, grundsätzlich ist ein Franchisesystem in jeder Branche etablierbar.

Hier ein Beispiel aus der Franchisepraxis: Ein Auszug aus dem Systemhandbuch eines der erfolgreichsten Schweizer Franchisesysteme, dem Kieser Training. Dieses System, das Kräftigungstherapie anbietet, beherzigt diesen Grundsatz vorbildlich:

Jeder kennt das Matterhorn. Warum eigentlich? Es ist weder der höchste Berg noch der größte. Und doch ist für viele Menschen das Matterhorn der Berg schlechthin.

Wie kommt das?

Spitz statt stumpf.

Das Matterhorn hat eine Form, die sich dem Betrachter für immer einprägt: spitz, scharf abgegrenztes Profil (jedenfalls von der Walliser-Seite her gesehen) und allen anderen Bergen in der Umgebung *unähnlich*.

Was hat dies mit unserem Angebot zu tun? Eine ganze Menge. Man kann den Markt mit einer Berglandschaft vergleichen. Da gibt es auch die verschiedensten Formationen: Monolithe, Hügel, Berge, Massive, Gebirgsketten. Also: auffällige und unauffällige, Kleinunternehmen, mittlere Unternehmen, Großunternehmen und Multis. Welche kennt man? Die großen und die *spitzen*, also die *herausragenden*.

Ein vielfältiges Angebot macht die Spitze breit, sodass es eben keine Spitze mehr ist.

Je schmaler das Angebot, um so *spitzer* die Spitze, um so auffälliger ist sie und um so weiter wird sie gesehen.

»Weiter gesehen zu werden« ist für Ihr künftiges Franchisesystem sehr vorteilhaft: Zuerst einmal für Ihre Kunden und dann auch für Ihre potenziellen und tatsächlichen Franchisenehmer.

Die Kernidee sollte also spitz sein und nicht schon in Gedanken durch vorschnelle Hinzunahme weiterer Geschäftsfelder abstumpfen. Dieser Versuchung zu widerstehen, wird in der späteren Umsetzung noch schwer genug sein. Üben Sie also schon einmal Ihre Disziplin, solange Sie sich noch im Reich der Gedanken befinden. Diversifikationen zu vermeiden, wenn das System erst einmal erfolgreich ist und dieser Erfolg ausgedehnt werden soll, fällt schon leichter. Aber sobald der Erfolg (einmal) ausbleibt und händeringend zusätzliche Geschäftsfelder gesucht werden, wird es wieder schwierig. Hinzu kommt, dass in einem erfolgreichen System diejenigen Franchisenehmer, die anders als die meisten, keinen ausreichenden Erfolg haben, gerne das System durch Hinzunahme »*profitabler*« anderer Geschäfte »*bereichern*«. Um dieser Gefahr vorzubeugen, muss die Geschäftsidee klar festgehalten werden. Wie sie danach konsequent umgesetzt werden kann, zeigt dieses Buch.

Dies führt das Kieser-System-Handbuch in seiner typischen Art wie folgt aus:

Wir wollen nicht irgendein Fitness-Club in der Landschaft sein, sondern ein Begriff, eine Idee, welche nicht verwässert werden soll.

Konzentration auf ein Produkt bzw. eine Dienstleistung durch die Spezialisierung ergibt eine höhere Produktqualität; dies spricht sich herum und ergibt einen höheren Bekanntheitsgrad, was wiederum zu einer stärkeren Inanspruchnahme der Leistungen und zu einer Senkung der Kosten »pro Stück« führt – damit zu einem höheren Gewinn – der seinerseits vermehrte Investitionen in die Entwicklung des Produktes erlaubt, woraus nochmals eine höhere Produktqualität resultiert usw.

Hier sind schon Ansätze dargestellt, die uns durch das ganze Buch begleiten werden (große Stückzahl, Konzentration). Da sie von so grundlegender Bedeutung für ein Franchisesystem sind, wird der Wichtigste gleich zu Beginn herausgestellt. Das für jedes Unternehmen geltende Marketinggebot, Profil zu gewinnen und einzigartig zu sein, ist für ein Franchisesystem geradezu überlebenswichtig. Dies zu beherzigen, fällt erfahrungsgemäß vielen Franchisegebern schwer, um so wichtiger sind hier klare Systementscheidungen, denn oft verwässern manche Franchisenehmer spätestens bei der Umsetzung das Profil durch *gutgemeinte* Zusatzleistungen oder Abwandlungen. Nicht von ungefähr packt daher Kieser diese Prinzipien in sein Systemhandbuch, auf dass es seine Franchisenehmer verinnerlichen. Wie Systemabweichungen außerdem in einem Franchisesystem zu vermeiden sind, wird unten im Einzelnen dargestellt. Schon in diesem frühen Stadium der Franchisesystem-Entwicklung ist es erforderlich, dass Sie sich zwei Fragen beantworten:

❑ Welche Schwächen haben meine Konkurrenten, Schwächen, die auch für die Kunden sichtbar sind?
❑ Welche Stärke hat dagegen mein Produkt (Dienstleistung oder Ware)?

Auf mindestens ein entscheidendes Alleinstellungsmerkmal gründet sich ein erfolgreiches Franchisesystem. Leuchtende Beispiele, die auch in diesem Buch dargestellt werden sind: Portas, der Renovierer von Türen; Obi, der Heimwerkerspezialist für Eigenheimbesitzer; MiniBagno, der geniale Bäder auf kleinstem Raum verwirklicht.

2 | Die Idee fassbar machen: Dokumentation als erster Schritt zum späteren Handbuch

von Jürgen Nebel

Einführung

Franchising ist Know-how-Transfer. Die spätere Systemzentrale wird vor allem Know-how zum wirtschaftlich erfolgreichen Führen eines bestimmten Betriebstyps entwickeln und transferieren. Leider gibt es zu viele Franchisesysteme auf dem Markt, deren Systemzentralen diese Leistungen nicht bieten. Oft gleichen sie diesen Mangel, sofern sie bereits ein eigenes Filialsystem betreiben, durch eine bereits (regional) bekannte und durchgesetzte Marke aus. Oder der Franchisegeber verfügt zunächst nur über Existenzgründungs-Know-how, was dem künftigen Franchisenehmer zu einem erfolgreichen Start verhilft, nicht aber dauerhaft seine Existenz im Markt sichert. Natürlich kommen diese *Glücksritter*, die auf das Terrain der Existenzgründung und -sicherung wagen, nicht umhin, ihrer Fürsorgepflicht dadurch zu genügen, dass sie betriebstypspezifisches Know-how entwickeln und dann transferieren. Nicht umsonst wird Franchising in dessen Mutterland USA zu Recht als Branche zur Schaffung »schlüsselfertiger Existenzen« bezeichnet, ein Bild, aus dem sich letztendlich die eben zitierte Fürsorgepflicht des Franchisegebers für seine Franchisenehmer ableiten lässt.

Eine Marke und ein bestimmtes Existenzgründungs-Know-how können ausreichen, Franchisenehmer zu gewinnen. Sie *dauerhaft* im System zu halten erfordert dagegen besonderes Geschäftsführungs-Know-how für diesen bestimmten Betriebstyp. Manche frisch gebackene Franchisegeber gleichen diesen Mangel an ausreichendem Know-how durch unternehmerischem Wagemut aus. Damit nehmen sie bewusst oder unbewusst ein erhöhtes Risiko für Franchisenehmer und sich selbst in Kauf. In einigen Fällen geht die Rechnung für Geber wie Nehmer dennoch auf, da solche flinken Franchisegeber, die in eine Systemgründung *hineingeschlittert* sind, dennoch fair sein können und sich dann redlich um Know-how bemühen. Mitnichten soll damit diesem Vorgehen das Wort geredet werden – nur, im Nachhinein sanktioniert der Erfolg dort, wo er sich dann einstellt, den Leichtsinn beim Start. Dennoch haben manche dieser Franchisegeber Erfolg, indem sie engagiert durch extremen persönlichen Einsatz verbunden mit Fairness klug die Synergien im Franchisesystem durch Erfa-Tagungen nutzen, also letztlich Know-how der Franchisenehmer integrieren. So kann nicht nur der Start gelingen, sondern das System sich bis zur meist notwendigen Konsolidierungsphase hinüberretten.

Ein Vabanque-Spiel bleibt es allemal, nicht nur menschlich, sondern auch juristisch. Denn natürlich hat, obschon Materie und Energie – seit Einstein auch naturwissenschaftlich nachgewiesen – *gleichgültige* Erscheinungsformen *derselben* Wirklichkeit sind, letztlich im Franchisesystem – jedenfalls in den Augen der Franchisenehmer und natürlich auch rechtlich – nur Gültigkeit und Bestand, was materialisiert ist. So lange die Wirklichkeit sich nur im Kopf des Franchisegebers abspielt, ist sie nicht wirklich in den Köpfen der künftigen Franchise-nehmer. Dort muss sie aber fest verankert werden. Ergo: Üben Sie als Franchise-geber sich also so früh wie möglich darin, Ihre Gedanken schriftlich zu fassen, machen Sie Ihre Idee also materiell fassbar. Nur dokumentiertes Know-how wird rechtlich als existent angesehen werden.

2.1 Die verschiedenen Arten von Know-how

Die erste Chance hierzu besteht schon in der frühesten Entwicklungsphase. Dabei ist es sinnvoll, sich die Unterschiedlichkeit des zu entwickelnden Know-hows be-wusst zu machen. Know-how ist eine Gesamtheit von nicht patentierten, prakti-schen Kenntnissen, die auf Erfahrungen des Franchisegebers sowie Erprobungen durch diesen beruhen. Diese Definition macht indessen nicht deutlich, dass der Franchisegeber über ein anderes, genauer über detaillierteres und umfangreicheres Know-how verfügen muss als der Franchisenehmer: Der Franchisegeber muss über ein facettenreiches Wissen zum Führen dieses Betriebstyps und zum Anlei-ten anderer zur Führung dieses Betriebstyps verfügen. Der Franchisenehmer muss dagegen nur das Know-how für das Tagesgeschäft im Rahmen dieses Betriebstyps erlernen. Außerdem sammelt der Franchisegeber im Laufe der Zeit spezifisches Wissen über die Führung eines Franchisesystems an, spezifisch deshalb, weil es die Eigenheiten des jeweiligen Systems berücksichtigt.

FG-Know-how	FN-Know-how
1. Zur Führung eines bestimmten Betriebstyps (niedergelegt im Betriebshandbuch)	Zur Führung eines bestimmten Betriebstyps (niedergelegt im Betriebshandbuch)
2. Zur effizienten Führung von Franchisenehmern (niedergelegt im Systemhandbuch)	

Abb. 1: Die zwei grundsätzlichen Know-how-Arten im Franchisesystem

Es handelt sich also um zwei grundsätzlich verschiedene Arten von Know-how und demzufolge von Franchise-Handbüchern. Das Betriebs- (oder Know-how-) Handbuch, das dem Franchisenehmer ausgehändigt wird, um ihn bei der Führung seines Geschäftes zu unterstützen, und das Systemhandbuch. Im Verlaufe der Systementwicklung mögen sich die einzelnen Handbücher wiederum aufsplitten, sodass dann eine ganze Handbuchbibliothek entsteht; dies ändert an dieser grund-sätzlichen Einteilung nichts.

Schon hier ist ein Vorgriff auf eine spätere Entwicklungsphase des Franchisesys-tems sinnvoll. Schauen wir uns gleich die Sichtweise des Pioniers im Franchising und Marktführers im Renovieren von Türen und Küchen, Portas, an. Dort hat der Franchisegeber via eigener Pilotbetriebe das Know-how entwickelt und überträgt es mittels seiner Franchiseberater auf die Franchisenehmer. Aber nicht das gesamte, in nachfolgender Graphik als Know-how-Bibliothek bezeichnete Wissen ist erforderlich und geeignet, auch mittels von Schulungsprogrammen und diverser Leitfäden auf den einzelnen Franchisenehmer übertragen zu werden, sondern nur eine Auswahl, die geeignet ist, den Erfolg des einzelnen Franchisenehmers im Markt tatsächlich zu bewirken.

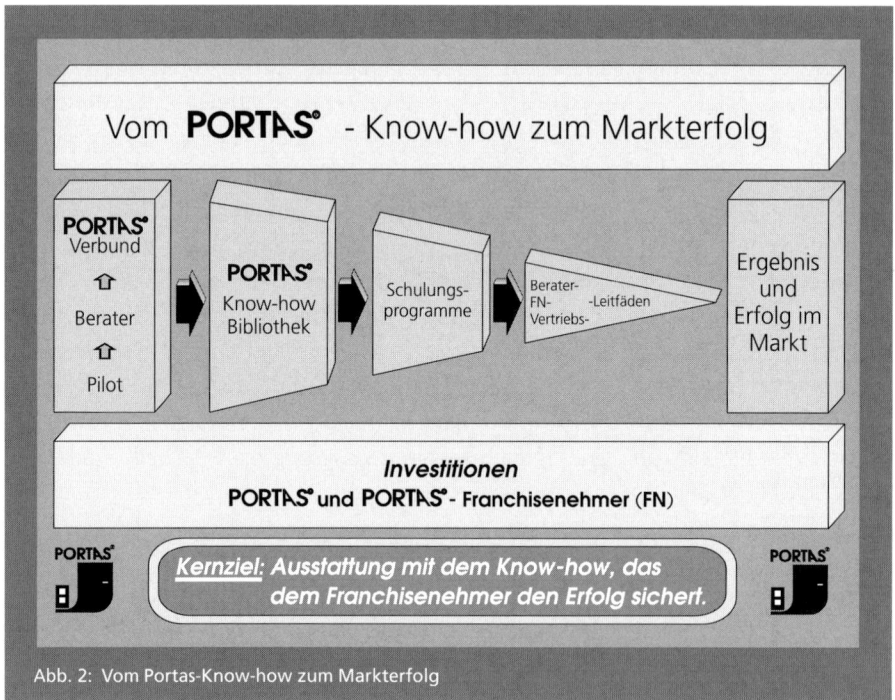

Abb. 2: Vom Portas-Know-how zum Markterfolg

Mit den unterschiedlichen Know-how-Typen klar vor Augen, können Sie erste Strukturen schaffen und Inhalte schriftlich festhalten:

1) Unternehmensziel, Profil
2) Erste Zielgruppe(n): Endkunde
3) Produkt (Ware und/oder Dienstleistung), Kundennutzen
4) Wettbewerbsvorteil, Alleinstellungsmerkmal
5) Zweite Zielgruppe: Franchisenehmer
6) Markenstrategie
7) Finanzierung
8) Controlling
9) EDV
10) Marketing
11) Training
12) Mitarbeiter
13) Corporate Identity, Corporate Design

14) Ladengestaltung
15) Werbung
16) Preise/Kalkulation

All die vorstehenden Kerngebiete werden Sie nach Franchisegeber- (= System-Know-how) und Franchisenehmer-Know-how (= Betriebsführungs-Know-how) gliedern. Dies sind zugleich das Raster und die ersten Inhalte, um das Systemhandbuch und das Betriebshandbuch zu starten.

Ein Grundprinzip im Franchising ist die Arbeitsteilung: »Einmal denken und Hundert Mal machen« ist, wie viele Schlagworte, etwas schief, aber dennoch brauchbar. Der darin liegende Ansatz führt zum Prinzip der Zentralisierung von bestimmten Leistungen. Durch dieses Prinzip der Zentralisierung sind »größere Stückzahlen« möglich. Einer der Hauptgründe für den Erfolg des Franchising liegt in dieser Nutzung der Vorteile, die sich aus »großen Stückzahlen« ergeben.

Das für den Systemerfolg wichtige Grundprinzip *Arbeitsteilung* wirft in einem Franchisesystem die Frage auf, wer welche Aufgaben übernimmt. Was soll der Franchisenehmer sinnvollerweise vor Ort machen, was macht die Systemzentrale zweckmäßigerweise für alle zentral? Dies kann nicht allgemein beantwortet werden. Wie stets ist es branchen- und systemabhängig. Einige Dinge, wie den Verkauf von Waren oder Dienstleistungen, *muss* der Franchisenehmer erbringen, andere notwendigerweise der Franchisegeber, zum Beispiel die überregionale Werbung. Es liegt auf der Hand, dass ein startendes System mit ganz wenigen Franchisenehmern den Vorteil großer Stückzahlen noch nicht so häufig nutzen kann wie ein expandierendes oder reifes Franchisesystem, dem viele Partner angeschlossen sind. Je größer das System, desto mehr Dienstleistungen können zentral von der Systemzentrale erbracht werden.

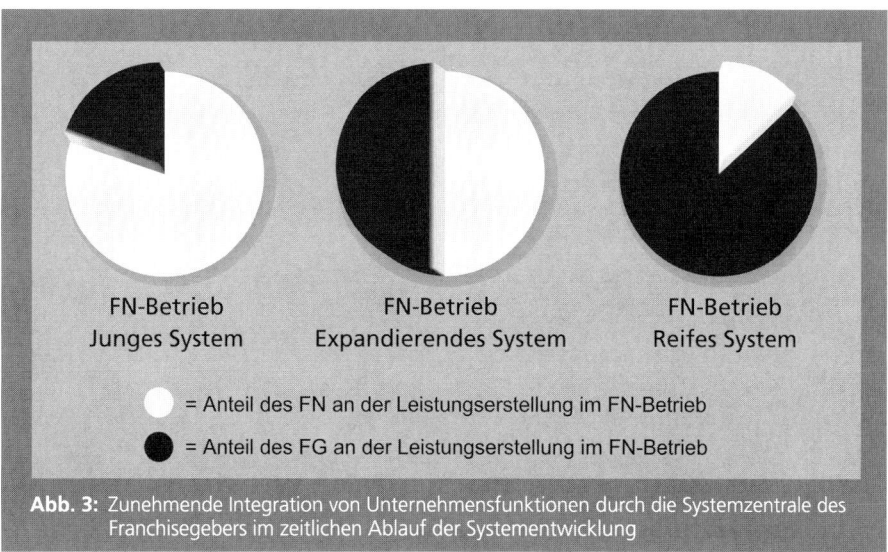

Abb. 3: Zunehmende Integration von Unternehmensfunktionen durch die Systemzentrale des Franchisegebers im zeitlichen Ablauf der Systementwicklung

Das bedeutet: Im Franchisesystem wird zwar zwingend Know-how transferiert. Zunehmend flankierend aber bietet der Franchisegeber Dienstleistungen, die zentral und arbeitsteilig die Systemzentrale erbringt. Dies stellt eine zweite, wesentliche Klammer eines Franchisesystems dar.

2.2 Leistungen, die der Franchisenehmer erbringt (gehören in das Betriebshandbuch):

❏ Verkauf der Ware und/oder Dienstleistung
❏ regionales Standortmarketing bzw. standortindividuelle Strategie
❏ regionale Werbung
❏ Mitarbeitersuche und -auswahl
❏ Informationen an Franchisegeber, gegebenenfalls sogar Know-how-Transfer
❏ Mitwirkung in den Gremien
❏ Teilnahme an Trainings

Je mehr Unternehmensfunktionen sinnvoll auf die Systemzentrale verlagert werden können, desto stärker können sich die Franchisenehmer ihren konkreten Aufgaben vor Ort widmen. Dies erreicht irgendwann eine Grenze, ab der das systemindividuelle Optimum überschritten wird.

Schon im frühen Stadium der Systementwicklung sollten Sie sich erste Gedanken machen, welche Leistungen Sie gleich zu Beginn zentral erbringen wollen und welche der Franchisenehmer übernehmen soll. Sie sollten auch schon überlegen, welche Leistungen der Franchisenehmer nur für eine bestimmte Zeit erbringen soll, wann ungefähr also die Leistungen von der Systemzentrale oder von einem externen für alle gemeinsam tätigen Dienstleister übernommen werden.

Erste Anhaltspunkte, branchenübergreifend, bieten nachfolgende Auflistungen:

2.3 Anfangs-Leistungen, die der Franchisegeber jedenfalls an die Franchisenehmer erbringen sollte (gehören in das Betriebshandbuch):

❏ Marke
❏ Standortanalyse
❏ Finanzierungsberatung
❏ Rentabilitätsberechnung
❏ Ladenbau
❏ Einführungstraining
❏ Handbuch
❏ Exakte Beschreibung der für die Eröffnung des Franchisebetriebes erforderlichen Schritte

2.4 Laufende Leistungen des Franchisegebers an die Franchisenehmer (gehören in das Betriebshandbuch):

❏ Systemziele
❏ Unternehmens- und Strategieberatung (spezialisiert, da Beratung eines speziellen Betriebstyps)
❏ Controlling
❏ Betriebsvergleiche
❏ Werbung (zentral entwickelte Werbekonzepte für die regionale Umsetzung: Mailings, Anzeigenvorlagen für regionale Tageszeitungen, Prospekte, Displaymaterial)
❏ Marke (Entwicklung und Pflege)
❏ Ladenbauentwicklung
❏ Training
❏ Handbuchaktualisierung

2.5 Systemmanagement (gehört auf jeden Fall in das Systemmanagement-Handbuch):

❏ Systemziele
❏ Strategie
❏ Franchisenehmerprofil
❏ Franchisenehmerakquisition
❏ Franchisenehmerauswahl
❏ Gremien (Partnertagung, Erfa, Arbeitskrcise, Beirat)
❏ Außendienst
❏ gegebenenfalls Franchisegebühren, Einstiegsgebühr
❏ gegebenenfalls Gebietsaufteilung
❏ Franchisevertrag

Diese Auflistung ist natürlich nicht abschließend. Es gibt kaum eine Leistung die zwingend von einer Seite bzw. auf Dauer erbracht werden muss. Umgekehrt sind der Phantasie keine Grenzen gesetzt, völlig untypische und ausgefallene Leistungen zu ersinnen und zu erbringen. Erlaubt ist, was gefällt, d. h. was von den Partnern angenommen wird, weil es sinnvoll ist.

Es ist also nützlich, bereits jetzt mit der Anlage zweier Ordner die späteren Handbücher zu starten. Diese vorerst noch lose Sammlung des Know-how bietet drei Vorteile:

1) Sie können auch für die ersten Franchisenehmer, wenn erfahrungsgemäß das System-Know-how noch nicht so ausgereift ist, ohne weiteres erste einigermaßen fundierte Know-how-Elemente anbieten (ist das Know-how zu gering, dürfen Sie nur Pilotverträge mit künftigen Franchisenehmern abschließen),
2) Sie haben eine erste Orientierung für das weitere, permanente Sammeln von Know-how-Elementen und schließlich

3) können Sie so die Seriosität und Professionalität Ihres Systems späteren Franchisenehmern und etwaigen Richtern bei Rechtsstreitigkeiten dokumentieren.

Zudem erkennen Sie mit diesem schriftlich fixierten Wissen vor Augen viel leichter Stärken und Schwächen Ihres Vorhabens, Informationslücken und haben auch das Material zusammengestellt, mit dem Sie an die schriftliche Ausarbeitung Ihrer Feinstrategie gehen können. Die erste Grobeinteilung der in jedem Falle und über alle Branchen hinweg notwendigen Handbuchgliederungspunkte eines solchen Know-how-Sammelinstrumentes könnte so aussehen:

❏ Umfeld: Aussagen zum Markt des Franchisesystems
❏ Strategie
❏ Franchise-Konzeption
❏ Systemzentrale
❏ Geschäftstyp
❏ Leistungsprogramm
❏ Corporate Identity
❏ Systemstandards
❏ Werbung
❏ Verkauf
❏ Waren- bzw. Betriebsmittelversorgung
❏ Logistik
❏ Beschaffung
❏ Organisation
❏ System-Controlling
❏ Finanzierung
❏ Wirtschaftlichkeitsberechnungen
❏ Betriebsvergleiche
❏ Schulung/Training

Um gleich vom Start weg, aber auch für die Gliederung des späteren Franchisehandbuches niemals das Win-win-Prinzip aus den Augen zu verlieren, empfiehlt sich eine Grobgliederung nach dem Nutzen, den alle Beteiligten haben; also nach Kunden-, Franchisenehmer- und Franchisegebernutzen.

Doch Achtung, die ständige Weiterentwicklung des Franchisehandbuches muss in der Systemzentrale erste Priorität genießen. Bei der ersten Dokumentation handelt es sich lediglich um einen Anfang, nicht um das Ergebnis.

3 | Strategie im Franchisesystem: Profil entwickeln

von Hans Bürkle

Einführung

Ein Franchisekonzept zu entwickeln und das Franchisesystem zur Marktreife zu führen ist eine große Herausforderung. Eine andere ist die, dem Franchisenehmer eine Strategie und Methodik an die Hand zu geben, mit der er seine relativen Freiheitsgrade innerhalb des Franchisekonzeptes so ausgestalten kann, dass er an seinem Standort eine Marktführerposition erreicht zum Nutzen der Kunden, des Franchisenehmers und -gebers.

Eine vielversprechende Lösung haben das Franchisesystem Quick-Schuh und die franchisierten Lebensmittelmärkte von Rewe entwickelt. Diese bauen darauf, die *Selbstorganisation* der Franchisenehmer im Sinne des gesamten Franchisesystems zu fördern.

Die richtige Strategie, also der wirkungsvollste Einsatz seiner Kräfte, ist für jedes Unternehmen von ausschlaggebender Bedeutung. Für den Franchisegeber, der gleich einem Flaggschiff seinen Franchisenehmern voransegelt, ist dies am wichtigsten. Hier lässt sich vorzüglich von erfolgreichen Franchisegebern lernen.

3.1 Zwingende Notwendigkeit einer Strategieentwicklung in Franchisesystemen

Warum sollten wir uns in einem Buch über das Franchisesystem überhaupt mit Strategie beschäftigen – nur weil es eine wirtschaftliche Grunddisziplin ist? Trotz aller wirtschaftlichen Risiken und Gefahren hat es immer wieder ungewöhnlich erfolgreiche Unternehmen gegeben. Unternehmen, die jahrelang nur einen geringen Marktanteil besaßen, entwickeln sich plötzlich steil nach oben – mit den gleichen Kräften und Ressourcen, die sie schon zuvor eingesetzt haben. Kleine und neue Wettbewerber entwickeln sich an den Konkurrenten vorbei zum Marktführer – in Märkten, deren Anteile sich scheinbar fest in den Händen etablierter Unternehmen befinden. Die Nachfrage expandiert bei einzelnen Unternehmen in völlig neue Dimensionen – auf Märkten, die man für völlig gesättigt hielt. Beispielsweise durfte der Fast-Food-Markt in den USA durchaus als gesättigt bezeichnet werden: Dennoch entwickelte sich Subway, ein auf besondere Sandwiches spezialisiertes Franchisesystem, innerhalb von zehn Jahren an fast allen anderen, zumeist gleichfalls als Franchisesystem organisierten Wettbewerbern vorbei. Heute ist Subway zum ernsthaften Konkurrenten für McDonald's geworden, die in den USA für dieselbe Expansion das vierfache an Zeit brauchten.

Jeder, der aufmerksam die Wirtschaftsnachrichten in den Medien verfolgt, kennt solche Fälle. Es muss nicht immer ein Großunternehmen zum aufsehenerregenden Fall werden. So verzeichnen gerade kleine und mittlere Unternehmen durchaus spektakuläre Erfolge (vgl. auch Herbert Simon: Hidden Champions, New York 1996):

Ein kleiner Türenschreiner, dessen Umsatz nicht steigen wollte, entwickelte ein Türenbeschichtungsverfahren mittels einer neuartigen Kunststofffolie. Daraus entwickelte sich Portas, der umsatzstarke Franchise-Marktführer für Wohnungsrenovierungen.

Der Schweizer Spezialist für medizinische Kräftigungstherapie Kieser wurde in seiner Branche der Marktführer genauso wie das Pardio Parkett-Studio-Franchisesystem. Mit der so genannten Engpass-Konzentrierten-Strategie (EKS) konnte sich die bedeutende Musikschule Fröhlich zu einem der Top Ten der deutschen Franchiseunternehmen entwickeln – mit derzeit rund 50.000 Schülern und über 500 Franchise-Unternehmen. 1997 erhielt die Musikschule Fröhlich den Deutschen Franchise-Preis. Auch nicht ganz so spektakuläre, aber gleichfalls sehr erfolgreiche Systeme verdanken ihre positive Entwicklung der richtigen Strategie: Ein alteingesessener Sanitärgroßhandel reüssierte, als er sich auf seine Stärken besann und das Franchisesystem MiniBagno entwickelte, das sich auf die Modernisierung kleinster Bäder spezialisierte. Hierfür bekam es den Preis für die beste EKS-Anwendung verliehen.

Doch genug der Preise und Marktführer. Sie sollen lediglich zeigen, dass es sich lohnt, sich genauer mit einer für das Franchising optimal geeigneten Strategie zu beschäftigen. Alle genannten Franchisesysteme haben trotz ihrer sehr unterschiedlichen Branchen eines gemeinsam: Sie bekennen sich ausdrücklich und offen zur Grundlage ihres Erfolges, nämlich einer Strategie, die EKS (Urheber Wolfgang Mewes) genannt wird.

Es gibt viele Arten von Strategien, die beachtenswert sind. Mit gutem Grund wird in diesem Buch bevorzugt die EKS-Strategie in ihrer Anwendung bei erfolgreichen Franchisesystemen beleuchtet. Die EKS-Strategie verfolgt nicht nur das Win-win-Prinzip, sondern optimiert den Nutzen im System für den Franchisegeber und Franchisenehmer sowie für den Endkunden gleichermaßen. Allein dieser permanente Interessensausgleich ist ein entscheidender Faktor, der die EKS besonders für Franchisesysteme geeignet macht.

Doch was genau ist denn die EKS? Die EKS ist ein Konzept für strategisches Management: Eine konkrete Methode zur Lösung spezieller unternehmerischer Probleme und eine Unternehmensphilosophie zugleich. Für die EKS steht im Gegensatz zu vielen anderen Konzepten nicht primär der Gewinn, sondern die strategische Marktführungsposition des Unternehmens und damit die Sicherung des Erfolgs im Vordergrund.

Die EKS-Strategie besagt, dass alle Menschen durch eine Konzentration der eigenen und Umweltkräfte auf den jeweiligen Engpass »ungeheure« Energiepotenziale freisetzen können (Brennglas- und Synergie-Effekt). Die EKS-Managementlehre erhebt den Anspruch auf »naturgesetzlichen Erfolg«, basierend auf den Erkenntnissen von Justus von Liebig (Entdeckung des Minimumfaktors). Mit der EKS-Systematik arbeiten eine Vielzahl erfolgreicher Unternehmer und Berater.

Das EKS-Konzept ist vor allem kunden- und nutzenorientiert – also nach außen gerichtet. Dadurch wird die oft verhängnisvolle Reduktion des strategischen Blickwinkels auf unternehmensinterne, also nur nach innen gerichtete Optimierungsprobleme vermieden. Hierzu gehören beispielsweise die leidigen Diskussionen in reiferen Franchisesystemen, wie »die Gebiete der Franchisenehmer« aufzuteilen sind, ein wichtiger Punkt, der schon bei der Konzeption des Systems gut überlegt sein will. Durch die Kunden- und Nutzenorientierung wird gleichzeitig der Grundgedanke des Strategischen Managements verfolgt, also das Ziel, den Bedürfnissen und Interessen der Partner, die mit einem Franchisegeber in Beziehung stehen, immer besser zu entsprechen und sich so langfristig Erfolgspotenziale zu sichern.

Bei der Strategieentwicklung im Rahmen der Start-up-Phase rät die EKS zur *Konzentration* auf begrenzte Gebiete, in denen die ursprüngliche *Stärke* des Unternehmens liegt. Diversifikation um jeden Preis, in jede Richtung und in jeden Markt führt zu einer Verzettelung und letztlich Schwächung des Unternehmens – das hat sich in der Praxis oft bewiesen. Dieses gilt für das Franchisesystem insgesamt. Der Versuchung der systemfremden Diversifikation erliegen natürlich auch manche Franchisenehmer, insbesondere dann, wenn das System nicht ausgereift genug ist und den Franchisenehmern nur unzureichende Gewinnchancen eröffnet. Spätestens dann suchen sie oft ihr Heil in einer – letztlich unwirtschaftlichen – Diversifikation. Schönes Beispiel für kluge Begrenzung ist das Franchiseunternehmen MiniBagno aus Frankfurt, das sich auf Traumbäder mit einer maximalen Grundfläche von 6,3 Quadratmeter konzentriert – und keine Planungen für größere Projekte annimmt, sowie Biffar, der sich auf Haustüren und Eingangsbereiche mit Einbruchhemmung spezialisierte, und Kieser, der im Rahmen seiner medizinischen Kräftigungstherapie den Verkauf von Erfrischungsgetränken u. a. strikt ablehnt.

3.2 Doch was ist eigentlich Strategie?

Es gibt eine Fülle von Synonymen und Aussagen, was Strategie denn bedeuten könnte. So u. a. den Plan eines Spielers, der die Auswahl von Aktionen oder Zügen nach bestimmten Regeln vornimmt.

Eine Vielzahl von Managern versteht unter Strategie die *Langfristplanung*, andere verstehen darunter eine Unternehmensphilosophie, andere wiederum eine Vorgehensweise oder Methodik, wieder andere ein politisches Konzept, einen Handlungsrahmen oder gar eine grundsätzliche Verhaltensweise.

Wer ein Unternehmen aufbauen, erst recht wer ein Franchisesystem entwickeln und ausbauen will, sollte eine eindeutige Strategie verfolgen, um den Erfolg zu optimieren.

Die gemeinsame Strategie und das gemeinsame Ziel optimieren nicht nur den Erfolg, sondern verhindern auch das Auseinanderdriften des Systems.

Wer also von Strategie spricht, sollte zumindest wissen, was er damit sagen will. Nicht nur, um seine (künftigen) Franchisenehmer zu überzeugen, sondern vor allem, um des gemeinsamen Erfolges willen, der immer wieder Klarheit in der Vorgehensweise voraussetzt.

Zu den militärischen Strategien schreibt Sun Tzu (um 500 v. Chr.): »Nach den Regeln der Kriegskunst ist es besser, das Reich des Gegners unversehrt zu erobern, als es zu zerstören. Die alten, mit der Kunst der Kriegsführung vertrauten Feldherren besiegten das feindliche Heer, ohne es zu einer Schlacht kommen zu lassen. Sie bezwangen das Reich des Gegners, ohne Gewalt anzuwenden. Ihr Ziel war es, unversehrt zu erobern. Auf diese Weise mussten keine Soldaten geopfert werden und der Feldherr machte reiche Beute. Daher ist ein General, der all seine Schlachten gewinnt, indem er die feindlichen Heere aufreibt, nicht der beste Heerführer. Der beste Heerführer ist der, der den Krieg gewinnt, indem er den Feind zur Übergabe zwingt, ohne eine einzige Schlacht geschlagen zu haben.«

Dies ist eine interessante Aussage und nimmt der »Strategie« einiges von ihrem martialischen Charakter. Denn erfolgreiche Franchisestrategien sind keine Vernichtungsstrategien, sondern Integrationsstrategien. Noch vielfach anzutreffende *Vernichtungsstrategen*, gleichviel, ob sie Franchising betreiben oder nicht, haben dagegen offenbar nur, zumindest aber vorrangig, den Wettbewerber im Auge, den *Gegner* oder gar *Feind*, vergessen darüber aber allzu häufig ihren Kunden, getreu dem Motto, »die Hauptsache, es schadet der Konkurrenz«. Eine erfolgreiche Integrationsstrategie dagegen integriert Franchisenehmer und Kunden gleichermaßen.

(Eine erfolgreich in verschiedenen Franchisesystemen erprobte Methode, wie Sie die Bedürfnisse Ihrer Kunden herausfinden und diese gleichsam zum Piloten Ihres Systems machen können, wird unter V.5 Kundenforen dargestellt.)

Eine der wichtigsten Aussagen Sun Tzu's ist: »Wenn Du den Feind und dich selbst kennst, besteht kein Zweifel an deinem Sieg; wenn du Himmel und Erde kennst, dann wird dein Sieg vollständig sein.« Nichts anderes sagte schon das »Nosce te – Erkenne dich selbst!«, das als Inschrift den Apollotempel in Delphi zierte. Auf die Wirtschaft übertragen bedeutet dies die Notwendigkeit, den Kunden wie auch seine eigenen Kräfte und Stärken genau zu kennen, ferner die unterstützenden oder hemmenden Umweltkräfte (zu denen eben auch der Wettbewerb zählt), die mit in das strategische Kalkül einbezogen werden müssen.

Die zentrale Bedeutung der Strategie wurde vielfach erforscht und beschrieben. Es verwundert nicht, dass die Reihe bedeutender Strategen, die zugleich Verfasser lehrreicher strategischer Werke und solcher der Kriegskunst waren, durch die Jahrhunderte bis in unsere heutigen Tage reicht: Julius Caesar, Legethius, Macchiavelli, Moritz von Oranien, Liddell Hart und Clausewitz. Hinzu kommt natürlich auch Mao Tse-tung, der ein Schüler von Sun Tzu ist.

Diesen bedeutenden Denkern und Strategen zufolge bedeutet Strategie, jedenfalls entwicklungsgeschichtlich, die Art und Weise des militärischen und politischen Kräfteeinsatzes. Diese Definition ist heute noch gängig und aktuell, bei den Militärs auch vertreten in der renommierten deutschen Clausewitz-Gesellschaft. Übertragen auf die heutige Wirtschaftssituation ist folgende Definition zu bilden: »Strategie ist die grundsätzliche Art und Weise, wie die eigenen und fremden Kräfte bestmöglich (d. h. synergetisch) einzusetzen sind.«

In der Wirtschaft wird heute der Begriff Strategie oftmals mit der Bedeutung *Langfristplanung* versehen. Dies ist wichtig zu wissen, denn damit tritt die eigentliche bzw. ursprüngliche Bedeutung der Strategie in den Hintergrund.

Allein die Frage des Kräfteeinsatzes entscheidet über Erfolg und Misserfolg, nicht dagegen die Langfristplanung, die fälschlicherweise mit Strategie gleichgesetzt wird. In einer Welt, die sich weniger denn je genau planen lässt, geht naturgemäß die Bedeutung der Planung zurück.

Um so erstaunlicher ist, dass in der neueren Wirtschaftsliteratur der Begriff Strategie kaum jemals, selbst nicht von renommierten Autoren, exakt definiert wird. So verstehen die meisten Professoren der Betriebswirtschaft unter dem Begriff Strategie eben vor allem die Langfristplanung. Differenzierter sieht dies Henry Mintzberg, der klar aufzeigt, dass zwar die meisten Führungskräfte bei der Frage, was Strategie sei, meinen, dies wäre eine bestimmte Art von Plan oder eine Anleitung für künftiges Verhalten. Frage man dann nach, welche Strategie ein Wettbewerber verfolge, bestehe die Antwort dagegen oft aus der Beschreibung eines konsequenten, in der Vergangenheit gezeigten Verhaltens. So ist Strategie offenbar ein Begriff, den die Führungskräfte anders definieren als benutzen, ohne den Unterschied zu bemerken. Denn wie ein Plan nicht unbedingt zu einer Handlung führen muss, braucht ein konkretes Handlungsmuster bzw. eine bestimmte Handlungsweise nicht unbedingt einem Plan zu entspringen. So kann ein Unternehmen eine Verhaltensweise und damit eine Strategie haben, ohne sie im Detail exakt definieren zu können.

Wenn wir nun die verschiedenen Bedeutungen des Wortes Strategie in die beiden Hauptrichtungen unterteilen, können wir folgende Begriffsinhalte festhalten:

❏ Strategie als Kunst des Kräfteeinsatzes in Wirtschaft und Gesellschaft (höherrangige oder Meta-Strategie genannt)
❏ Strategie als Langfristplanung ökonomischer Faktoren.

Diese beiden Strategiebegriffe haben klare Differenzierungen vorzuweisen. So geht die Strategie im Sinne des optimalen Kräfteeinsatzes der Frage nach, welches Ziel objektiv das derzeit günstigste Ziel aus Sicht des Unternehmens darstellt, *warum* man also seine Kräfte einsetzt und in *welche Richtung*, wohingegen die Strategie im Sinne der Langfristplanung fragt, wie ein gesetztes Ziel optimal zu erreichen ist. Es liegt auf der Hand, dass *beide* Fragen zu klären sind und natürlich vorrangig die nach der Zielrichtung. Also erst nach Klärung der Sinnfrage kann der (Meta-)Strategie (Kräfteeinsatz) die »Wie-Frage« nachgeschaltet werden.

Diese Darstellung verkennt nicht, dass auch die neueste Literatur zu diesem Thema weitgehend »Strategie« als Synonym für Langfristplanung sieht. Dieses Paradigma hat in den letzten Jahren vor allem ein Forscher konsequent durchbrochen, Wolfgang Mewes, der schon in seinen ganzseitigen FAZ-Anzeigen der siebziger Jahre darauf hinwies, dass die Strategien in Wirtschaft und Gesellschaft falsch sind.

Aber Mewes steht keineswegs allein; man denke an Frederic Vester, Hans Hass, und ein weiterer Stratege, der das Paradigma der strategischen Planung durchbrochen hat, ist beispielsweise Fredmund Malik, der mit seinem Beitrag zur »Managementkybernetik evolutionärer Systeme« zu den Autoren zählt, welche die Komplexität anstehender Systeme nicht durch noch mehr Steuerung beherrschen wollen, sondern durch einen anderen, kybernetischen und evolutionskonformen Ansatz.

Da in einem Franchisesystem viele Unternehmen, Franchisegeber wie Franchisenehmer, an der Zielverwirklichung arbeiten, ist die Klärung der Sinnfrage, des Zieles, das erreicht werden soll, von ausschlaggebender Bedeutung. Ist es schon erfolgsmindernd, wenn in herkömmlichen Unternehmen die Mitarbeiter keine klaren Zielvorstellungen haben, so kann dies dort durch das strikte Direktionsrecht des Arbeitgebers bedingt ausgeglichen werden. Im Franchisesystem agieren selbstständige Unternehmer miteinander, die aus vielen rechtlichen und tatsächlichen Gründen gerade nicht vollständig angewiesen werden können. Sind hier Strategie und Ziel klar, kommt es zu einer Verdoppelung der Kräfte (Synergiewirkung), sind sie hingegen unklar oder unterschiedlich, so heben sich die eingesetzten Kräfte teilweise gegenseitig auf.

Für das Franchising gilt insbesonders, was Hinterhuber, einer der profilierten Professoren und Forscher, die sich über Strategie Gedanken machen, schreibt, nämlich dass Strategie die Fortbildung einer oder mehrerer Kernkompetenzen entsprechend den sich stets ändernden Wettbewerbsverhältnissen sei.

Dies ist genau das, was die Europäische Kommission in weiser Erkenntnis funktionierenden Franchisings in ihrer früheren EG-Gruppenfreistellungsverordnung für Franchisevereinbarungen festgeschrieben hatte, was beileibe aber nicht alle

Franchisesysteme beherzigen: Das Know-how ist fortlaufend weiterzuentwickeln.

> Natürliches Ziel jedes Franchisesystems ist, Meister in einer bestimmten Kernkompetenz zu sein und dadurch seine Zielgruppen besser zufrieden zu stellen als (alle) andere(n).

Was für Unternehmen allgemein gilt, ist für Franchisesysteme besonders wichtig: Die klare Abgrenzung der ganzheitlichen Geschäftsstrategie von den operativen Zielen für Franchisegeber wie Franchisenehmer, wobei Ziele der letzteren standortindividuell und dennoch in das Gesamtziel integriert sein müssen.

Zusammengefasst: Primat hat die (Meta-)Strategie, also die grundsätzliche Entscheidung über den langfristigen Aspekt, bei welcher Zielgruppe man seine und die Umweltkräfte optimal zum Nutzen aller Beteiligter einsetzt. Danach kommen Überlegungen und Maßnahmen zur Realisierung, die jedoch nicht allein planerisch, sondern kybernetisch (Nutzung der Selbstorganisation der Beteiligten) stattfinden sollten. Franchiseunternehmer haben insbesondere mit der EKS-Strategie die Chance, ihre Marktführerschaft noch schneller und besser zu erreichen oder auszuprägen, wenn sie in ihre Gesamtstrategie die jeweilige Standortstrategie ihrer Franchisenehmer unter dem Motto »all business is local« in ihre Überlegungen mit einbinden und dafür gewisse Freiräume zulassen und nutzen.

3.3 Primat der Strategie

Strategie ist eine Denk- und Verhaltensweise, die den einzelnen mit seinen Wünschen, Neigungen, Fähigkeiten und Fertigkeiten, kurz: mit seiner ganzen Person und Leistungskraft, in ein dynamisches soziales, immaterielles und materielles Umfeld stellt; das Ziel dabei ist, die geistige, wirtschaftliche, soziale und materielle Entwicklung zu unterstützen und gleichsam als Reflex von der jeweiligen Umwelt Unterstützung zu finden (Synergie, d. h. Zusammenarbeit). Zusammenarbeiten sollen hier aber nicht lediglich Franchisegeber und -nehmer, im Sinne der vielbeschworenen franchisetypischen Synergieeffekte, sondern gerade auch der Franchisenehmer mit seiner standortindividuellen Kundschaft.

Bei der Vernetzung der verschiedensten Probleme haben Franchisesystemzentralen und Franchisenehmer die Aufgabe, die wesentlichen Probleme von den unwesentlichen zu unterscheiden und die zentralen, nämlich strategisch wichtigen Probleme zu erkennen. Mewes entwickelte hierzu ein Schichtenmodell, in dem den höheren Schichten die Dominanz über die unteren Schichten zukommt.

Die hier wiedergegebene Pyramide zeigt grob auf, dass die Strategieverbesserung eine dominante Stellung hat und automatische Wirkungen zur Folge hat.

»Structure follows Strategy« – die materiellen Strukturen sind Ergebnis der immateriellen Strategie. Diese Darstellung zeigt die Schichtendominanz auf – jede höhere Schicht beeinflusst die unteren. Daraus erkennt man, dass die *weichen* Faktoren (wie Information, Psyche, Macht, Strategie) wichtiger als die *harten* Faktoren sind.

Diese »weichen Faktoren« sind im Franchisesystem insbesondere zu dessen Steuerung ausschlaggebend. Wer als Franchisegeber die zentraleren Entscheidungen treffen will, muss sich um eine Strategie kümmern, die diese *weichen* Faktoren einschließt. Für die Franchisenehmer gilt im Hinblick auf deren Mitarbeiter nichts anderes.

Über die Lösung der Kunden-Engpässe erhöht sich die Anziehungskraft und dadurch die Markt- und Machtstellung. Übrigens ist die EKS-Strategie die derzeit einzige Managementlehre, die konsequent und präzise vom Kundenengpass her Produktion und Dienstleistung entwickelt, statt Kapazitäten vermarkten zu wollen. Das brennendste Bedürfnis der Kunden ist Zielanker der Strategie! Über das Lösen der Kundenengpässe stellt sich ein Machtzuwachs ein.

Mit einer verbesserten Machtstellung hat das Franchisesystem größere Anziehungskraft auf Kunden und Lieferanten und erhält dadurch bessere Informationen, da man es stärker anerkennt und sich darin als Partner integrieren will. Über die verbesserte Anziehungskraft bekommt das Unternehmen ein besseres Image als Problemlöser, und ein größeres Vertrauen baut sich auf, was sich beispielsweise in längeren Zahlungszielen von Lieferanten ausdrückt; so verbessert sich die Finanzierungslage automatisch als Folge der präziseren Engpasslösung. Auf der Kundenseite sind die Kunden oft bereit, in Vorkasse oder Sofortzahlung zu treten – eine elegante Problemlösung, um die sie von vielen Unternehmen, auch Franchiseunternehmen, beneidet werden, deren Klagen über die Zahlungsmoral an der Tagesordnung sind und nicht nur in franchisetypischen Erfa-Tagungen reichlich Zeit beanspruchen, die Sie besser für kundenorientierte Lösungen nutzen können.

Über die finanzielle Ebene hinaus verbessern sich die Organisation der internen Faktoren, die Wirtschaftlichkeit, die Liquidität wird größer, bessere Einrichtungen oder Maschinen können gekauft, bessere Mitarbeiter eingestellt und aufgrund einer größeren Marktmacht Produkte günstiger eingekauft werden. Letzteres beruht auf der durch die Multiplikation des Betriebstyps größeren Einkaufsmacht eines Franchisesystems.

Dann schließt sich der Kreis zur Weiterverbesserung der Problemlösung für den Kunden, wenn die gewonnenen Kräfte wiederum engpass- und nutzenorientiert eingesetzt werden.

Fazit: Statt Innovationen allein im Produkt- oder Dienstleistungsbereich von der Produktions- oder Organisationsseite her verbessern zu wollen, ist es wichtiger, Innovationen direkt von den erfolgversprechendsten Zielkunden und deren Engpässen her *abzulauschen*, gegebenenfalls mit dem Kunden die Innovationen zu entwickeln, die zu sofortiger Marktresonanz führen.

3.4 Marktführerschaft als Ziel

Mittelpunkt der EKS-Strategie ist die Erkenntnis, dass ein Marktführer auch in einem noch so kleinen Marktsegment eine grundsätzlich bessere, d. h. erfolgversprechendere und überlebensfähigere Position einnimmt als jeder andere Wettbewerber. Die Marktführerschaft in einem kleinen Marktsegment ist wesentlich effizienter als die Position eines durchschnittlichen Wettbewerbers in einem größeren Geschäftsgebiet. Hinzu kommt, dass gerade für den Franchisegeber die Position des Marktführers die Attraktivität gegenüber seinen Franchisenehmern wesentlich verbessert.

Mit der Marktstellung verbessert sich zudem die Ressourcenverfügbarkeit für das Unternehmen. Auf den Marktführer fließen Aufträge, Informationen, Ideen, Mitarbeiter, Kapital, Lieferantenzugeständnisse und Kooperationsangebote aufgrund der aufgebauten Anziehungskraft wie von selbst zu.

Aufgabe strategischer Unternehmensführung im Sinne der EKS ist also die Ausrichtung aller Entscheidungen des Unternehmens auf das Ziel der Marktführerschaft. Im Zuge seiner Realisierung wachsen automatisch Macht, Entscheidungsfreiheit, Ertragskraft, Kreditwürdigkeit, Liquidität, Wert, Existenzfähigkeit und Zukunftssicherheit des Unternehmens – sozusagen als Abfallprodukt der Strategie.

Mittlerweile verfolgen viele Franchise-Unternehmer statt der klassischen Gewinnmaximierung das Ziel, die Marktstellung des Unternehmens stetig bis zur deutlichen Marktführerschaft zu verbessern. Aber das neue Ziel erfordert grundsätzlich andere Wege und Methoden. Die meisten der bisherigen Methoden stehen dabei eher im Weg. Man kann nicht das Ziel verändern, aber die Orientierungsmethoden, wie etwa Bilanz, Kalkulation, Kostenrechnung, Planung und Budgetierung unverändert beibehalten. In der Präzision der Zielvorstellung und der Konsequenz des Methodeneinsatzes unterscheiden sich die Strategien und damit auch die Umsetzungskonzepte erheblich.

Die EKS-Strategie zeigt nicht nur den Weg zur Marktführungsposition, sie liefert zugleich die andere Vorgehensmethodik und das analytische Instrumentarium, um dieses Ziel besser als bisher zu erreichen

3.5 Marktführer werden durch konsequente Nutzwertsteigerung

Marktführerschaft erreicht man nicht allein durch Gewinnplanung oder ausgefeilte Controllingsysteme, sondern durch präzisere Ausrichtung des Unternehmens auf die Kundenbedürfnisse. Marktführer wird man nicht dadurch, dass man einmal eine gute Lösung entwickelt hat, sondern in dem man ständig an der Sicherung und Verbesserung der Kundenbeziehungen arbeitet. Nicht umsonst forderte die frühere EG-Gruppenfreistellungsverordnung (GVO) für Franchisevereinbarungen eine permanente Weiterentwicklung des Know-how. Viele Franchisegeber wissen jedoch nicht einmal genau zu sagen, wer ihre Kunden sind. Sie haben ihren Markt gar nicht definiert.

Voraussetzung der Marktführerschaft ist, sich bewusst zu werden, welcher eng abgegrenzten Zielgruppe man eine bessere Problemlösung als anderen bieten will. Ein Unternehmen, das mit durchschnittlichen Produkten auf allen Teilmärkten präsent sein möchte, wird gerade in einer Rezession an Umsatz und Gewinn verlieren.

Nach der EKS von Mewes, die so viele Franchisesysteme zu nachhaltigem Erfolg geführt hat, sind die *strategischen Phasen* der Marktführerschafts-Strategie:

1) Konzentration auf die eigenen Stärken und deren Bündlung
2) Definition und Kenntnis der zunächst kleinen, speziellen Zielgruppe, für die man der beste Problemlöser ist oder werden kann
3) Engpass- und Marktlückenorientierung
4) Ausrichtung der Dienstleistung oder Produkte in die Tiefe der Kundenbedürfnisse hinein
5) Entwickeln einer sozialen Grundaufgabe (langfristige Kundenbindung)

In der Phase 5), der langfristigen Absicherung der Marktführerschaft, geht es nicht alleine um die regionale, nationale, europäische oder weltweite Ausrichtung eines Franchisesystems, sondern vor allem um die Weiterentwicklung der Problemlösung für die Zielgruppe unter Beachtung der andauernden Bedarfsveränderung. Qualitative Verbesserung geht vor quantitativer Ausbreitung des Franchisesystems. Die zunächst anzustrebende Marktführerschaft ist eindeutig eine qualitative.

> Streben Sie mit Ihrem Franchisesystem die Marktführerschaft an. Dies ist ein qualitatives Ziel und kein quantitatives. Viele Systeme begehen den Fehler, zunächst rasch quantitativ wachsen zu wollen, was zumeist auf Kosten der Qualität geht.

Marktführerschaft strategisch richtig anzugehen, beinhaltet für die meisten Firmen zunächst das Umdenken von der produktorientierten und gewinnorientierten Zielsetzung hin zum Gedanken des Nutzen bieten und des Servicegedankens. Damit jedoch kein Missverständnis entsteht: Monetärer Gewinn ist nötig, Gewinn und Gewinnsteigerung sind die automatische Folge der besseren Kunden- und Nutzenorientierung.

Der Franchisegeber braucht somit den Mut, das System nicht nach einer Gewinn-optimierungslehre zu führen, sondern nutzwertorientiert. Die Chancen, ein Franchisesystem auszuweiten und profitabel zu halten sind dann am größten, wenn strategisches Denken auch von den Franchisenehmern vor Ort angewandt wird.

3.6 Marktführerschaft – durch Segmentierung zum Erfolg

»Für unser Unternehmen ist die Marktführerschaft ein völlig unerreichbares Ziel!«, werden viele Unternehmensleitungen behaupten. Sie halten ihr Unternehmen innerhalb der Branche in Relation zu den übrigen Wettbewerbern für zu klein, zu unbedeutend oder zu durchschnittlich, um dieses Ziel überhaupt ins Auge fassen zu können. Und sie sind auch der Überzeugung, dass diese Marktposition nur unter Einsatz eines enormen Ressourcepotentials zu verwirklichen und mit nicht vertretbaren Risiken verbunden ist.

Dieser weitverbreitete Irrtum beruht meistens auf einer zu oberflächlichen und globalen Betrachtung des Tätigkeitsfeldes des Unternehmens. Mit dem Begriff *Markt* wird häufig ein sehr breites Geschäftsfeld mit einem ebenso weit verzweigten und differenzierten Produktangebot für einen heterogenen Kundenkreis verstanden. Man denke in diesem Zusammenhang nur an Begriffe wie *Automobilmarkt* oder *Computermarkt* – dort die Marktführerschaft anzustreben, ist in der Tat ein äußerst schwieriges Unterfangen: Weltweit können nur wenige Unternehmen solche Ziele erreichen. Also lieber »klein aber oho« anfangen mittels Zielgruppen-Teilung.

Das Ziel, auf einem Markt deutlich erkennbarer Marktführer zu werden, ist durch eine gezielte Marktsegmentierung praktisch von jedem Unternehmen zu erreichen – und zwar relativ sicher, schnell und risikoarm. Es ist nur eine Frage der präziseren Marktanalyse. Die erforderlichen Investitionen sind gering, der Return on Investment gut kalkulierbar. Der zu beherrschende Markt ist zunächst manchmal klein, kann aber wegen des schnelleren und größeren Erfolges entsprechend schnell in benachbarte Bedürfnis-Strukturen und Zielgruppen hinein ausgeweitet werden.

Jeder vorhandene Markt lässt sich nach Geschäftsfeldern, Zielgruppen, Teilzielgruppen und Funktionen soweit unterteilen, dass jedes auch noch so kleine Unternehmen einen Teilmarkt (z. B. in einer Großstadt) finden kann, in dem es unter Konzentration seiner Kräfte in relativ kurzer Zeit Marktführer werden und alle damit verbundenen Vorteile genießen kann.

Die konsequente Orientierung an einem analytisch abgegrenzten Marktsegment ist die Basis des unternehmerischen Erfolges und deshalb nicht nur Grundlage des EKS-Konzepts, sondern der konkrete Inhalt in jeder Phase der Strategie-Konzeption. Besonders in den Ablauf-Phasen 3) und 4) wird eine systematische Verengung und Eingrenzung des Geschäftsgebiets des Unternehmens vorgenommen. Diese Segmentierung erfolgt zunächst durch die Herauskristallisierung des erfolgversprechendsten Geschäftsfeldes und anschließend – weiter verengend – durch die Bestimmung der erfolgversprechendsten Zielgruppe innerhalb dieses Geschäftsfeldes. Häufig stellt sich während dieser Segmentierungsphase heraus, dass es einen oder mehrere Teilmärkte gibt, auf denen das Unternehmen bereits Marktführer ist oder, unter Konzentration seiner Kräfte, schnell werden kann.

Je präziser die speziellen Stärken des Unternehmens beziehungsweise seines Produktes mit den speziellen Bedürfnissen der Zielgruppe übereinstimmen, desto leichter und stärker sind Akzeptanz und Erfolg bei der *erfolgversprechendsten* Zielgruppe.

Bei der Marktsegmentierung muss allerdings methodisch vorgegangen werden. Andernfalls besteht die Gefahr, bestimmte Kundengruppen und damit Umsatzträger zu verlieren, bevor man sich in einem neuen Marktsegment etabliert hat.

3.7 Zielorientierung

Bei der Zielorientierung sucht das Franchisesystem nach den bislang ungelösten oder nicht befriedigend gelösten Problemen und Wünschen der Zielgruppe. Ziele im Sinne der EKS-Strategie können nicht einfach *festgesetzt* werden, sondern sind Ergebnis eines Lernprozesses mit der Zielgruppe. Quantitative Ziele wie zehn Prozent mehr Umsatz sind nicht sehr konsensfähig. Ein Problemlösungsziel, das den Kunden einen großen Nutzen bringt und auch ethischen Ansprüchen genügt, setzt Kräfte bei allen Beteiligten frei, der Zielgruppe, den Mitarbeitern, Behörden/ Lieferanten und den Franchisenehmern. Der Synergieeffekt führt zu optimalen Ergebnissen bei minimalem Aufwand.

Die exakte Zielerreichung kann im Detail nicht geplant werden, da sich die Selbstorganisationsprozesse eigendynamisch entwickeln und in ihrer positiven Wirkung nicht genau absehbar sind. Jedoch werden die Ziele sogar häufig besser als erwartet erreicht, sei es in der Schnelligkeit oder in der Qualität.

Dennoch hat die Planung einen wichtigen Stellenwert. Wenn das qualitative Ziel klar ist, können quantitative Ziele abgeleitet werden. Nach dem EKS-System ist es falsch, wenn man Ziele nur setzt und deren Erreichung im Detail plant, statt immer wieder zu prüfen, wie man das Ziel kunden- und engpassorientiert verbessern kann. Über die Nutzenmaximierung folgt eine höhere Anziehungskraft im Markt, über die höhere Anziehungskraft eine größere Nachfrage, größere Stückzahlen, stärkere Kostensenkung innerbetrieblich, höhere Produktivität und Kreativität, Umsatz und Gewinn als Folge.

Die EKS-Strategie ist sozusagen eine indirekte Gewinnmaximierungslehre. Jedoch immer unter dem Primat des Kundennutzens; so ist die Anwendung der

EKS auch ethisch einwandfrei, da der eigene Gewinn insbesondere dann entsteht, wenn Kundenvorteile gegeben sind (Gewinn als Ergebnis, nicht als Ziel!).

3.8 Zielgruppendenken

Bei Franchisegebern wie -nehmern ist interessant zu beobachten, dass sie bei dem Begriff Zielgruppe häufig an den Endkunden denken. Also beispielsweise an den Handwerker, der ihre Befestigungsmittel einsetzt. Oder an den Hausbesitzer, der eine neue Eingangstüre kauft. Nach EKS werden die Zielgruppen jedoch differenziert. Beispielsweise ist für einen Hersteller von Haustüren die Zielgruppe Nr. 1 nicht der Endkunde, sondern sein Franchisenehmer und zudem dessen Monteur im Außendienst, der dann an den Endkunden (Zielgruppe Nr. 2) herantritt, um das Produkt zu verkaufen oder zu installieren. Andererseits ist für einen Franchisenehmer die Zielgruppe Nr. 1 nicht der Endverbraucher, sondern eventuell seine Mitarbeiter, die er für die Verkaufsaufgabe einsetzt, oder im Falle eines Filialisten als Franchisenehmer (mit mehreren Filialen) sind seine erste Zielgruppe die anderen Marktleiter, die die Filialen leiten. So muss also ein Franchisenehmer, der mehrere Filialen für einen Franchisegeber betreibt, sich im klaren darüber sein, dass er diese Zielgruppe Nr. 1 in strategischen Überlegungen schulen muss, damit jene die system- wie auch die standortindividuelle Strategie in seinen diversen Filialen konsequent umsetzt.

Nur wenn die jeweils nächstliegende Zielgruppe das strategische Konzept verstanden hat, können die Kräfte auf die dahinter liegenden Zielgruppen bis hin zum Endverbraucher richtig eingesetzt und konzentriert werden.

3.9 Franchisesysteme strategisch aufbauen

Unter dem strategischen Ziel, bester Problemlöser für eine eng umrissene Zielgruppe zu werden, muss ein Unternehmer, der sein Leistungspaket franchisieren will, zunächst die Probleme und Wünsche seiner Zielgruppe systematisch erfassen, selektieren und die Engpassprobleme herausarbeiten, auf die die Zielgruppe am brennendsten reagiert. In diesem Bedarfspunkt entspricht sie einer Angebotsverbesserung am positivsten, spontansten und stärksten und so werden in diesem Punkt die eigenen Überlegungen, Kräfte und Mittel am unmittelbarsten und höchsten entlohnt. Statt von der materiellen Seite her, empfiehlt die EKS eine Problemlösung von der energetischen Seite her zu entwickeln.

Die Entwicklung einer Problemlösung ist für ein Franchisesystem kein einmaliger Vorgang, sondern zumeist eine organisatorische Meisterleistung. Sie wird immer wieder abgefordert – vom Markt wie von den Franchisenehmern – und ist daher laufend in verbesserter Form als Systemleistung zu entwickeln und anzubieten.

Die Dienstleistung oder das Produkt in Qualität und Service immer besser zu systematisieren, führt zu internen Kostensenkungseffekten und höherem Kundennutzen. Und erst dann, wenn die Leistung gut und die Organisation erprobt ist, kann an eine Multiplikation, bei der auch die Franchisenehmer verdienen wollen und müssen, angegangen werden.

3.10 Praktische Umsetzung der EKS-Strategie

Um im Sinne des EKS-Konzepts eine erfolgversprechende Strategie erarbeiten zu können, sind verschiedene, aufeinander aufbauende Konzeptions-Phasen zu durchlaufen. Dieses Ablaufschema ist jedoch nicht streng linear. In der praktischen Anwendung sind zwischen den Phasen jederzeit Rückkopplungseffekte möglich, sinnvoll und gegebenenfalls auch notwendig.

Das EKS-Konzept konzentriert sich auf die Eigenheiten jedes Unternehmens. Es erlaubt daher nicht nur das individuelle Eingehen auf unternehmensspezifische Besonderheiten und Problemstellungen, sondern es erfordert es sogar.

Das Ziel ist die Profilierung des Unternehmens als anerkannt bester Problemlöser für eine bestimmte Kunden- oder Zielgruppe und die dauerhafte Marktführerposition. Dass diese Strategie erheblich erfolgreicher ist als alles andere, hatte schon der Nestor der Machtlehre, Niccolo Machiavelli, erkannt: »Lieber im Dorf der erste als in der Stadt einer von vielen.« Im übertragenen Sinne: »Besser in einem zunächst kleinen Marktsegment der deutlich erste als in einem größeren einer von vielen Anbietern sein.«

Die Strategie-Umsetzung ist in sieben Schritten umsetzbar, die von der Methodik für den Franchisegeber wie für den Franchisenehmer gleichermaßen gültig ist. Nur dass der Franchisenehmer, was die Eckdaten des Franchisekonzeptes betreffen, eine engere Ausgangslage in Phase 1 und 2 beachten muss (Standortmarketing).

Mit dem Phasenprogramm sind viele Unternehmen oder Existenzgründer in der Lage, neue Geschäftsideen zu kreieren, die dann zu Franchisekonzepten werden können.

Das EKS-Phasenprogramm lässt sich sehr schön am Beispiel des Franchisesystems Pardio illustrieren, das sich konsequent nach EKS entwickelt hat. Die Darstellung beginnt konsequenterweise in der Phase, in der sich die Etablierung eines Franchisesystems strategisch überhaupt erst rechtfertigen musste.

Phase 1: Analyse der Ist-Situation und der speziellen Stärken
Am Anfang steht die Analyse der Ist-Situation und der speziellen Stärken gegenüber den Wettbewerbern. Ramp + Mauer, der spätere Franchisegeber des Pardio-Franchisesystems, verfügte über drei Holzzentren als Einzelhandlungen mit den Schwerpunkten: Innentüren aus Holz, Paneele und Profilholz, Parkett. Besonder-

heit war, dass infolge eines Brandes ein nagelneues Lager mit modernster Technik, langjährige Erfahrung in Lagerhaltung, Kommissionierung und Logistik und überdurchschnittliche Erfolge beim Verkauf von Fertigparkett zur Ausgangssituation zählten. Lediglich im regionalen Umfeld betätigte sich Ramp + Mauer auch als Großhändler. Des weiteren erwarb der spätere Franchisegeber 1996 eine Mehrheitsbeteiligung an einem Werk, das sowohl Parkett als auch Schnittholz herstellt. Dies war die Ausgangssituation.

Phase 2: Das erfolgversprechendste Geschäftsfeld

Nun galt es herauszuarbeiten, für welche Aufgaben Ramp + Mauer mit seinen speziellen Stärken am besten geeignet war. Aufgaben konnte man besonders gut lösen im Bereich Einzelhandel, insbesondere Parkett, im Einkauf, in der Lagerhaltung, Kommissionierung und Logistik. Jetzt war zu überlegen, ob eine weitere Expansion der Holzzentren durch Filialisierung und Franchising sinnvoll wäre, ob ein überregionaler Großhandel aufgebaut werden könnte oder ob ganz gezielt ein spezielles Parkett-Franchisesystem entwickelt werden sollte. Als Ergebnis dieser Überlegungen wurden erst einmal alle drei Wege verfolgt:

❏ Zum Aufbau eines Parkett-Studio-Franchisesystems war es ohnehin notwendig, noch Tests mit Ladengeschäften zu fahren.
❏ Dann wurden sehr rasch die Expansion der Holzzentren und der überregionale Großhandel zugunsten des Parkett-Studio-Franchisesystems zurückgestellt.
❏ Inzwischen fiel die Entscheidung, auch mit den Holzzentren weiter zu expandieren.

Phase 3: Die erfolgversprechendste Zielgruppe

Die Zielgruppe, die als Franchisenehmer für das Parkett-Studio-Franchisesystem zu Beginn in Betracht kam, reichte von Holz-, Teppichboden-, Fliesen-, Farben-, Tapeten- und Möbelhandel über Baufachmärkte bis zu Inneneinrichtern. Wie in den meisten Franchisesystemen, hat sich das Franchisenehmerprofil im Laufe der Systementwicklung grundlegend geändert: Inzwischen hat sich die Zielgruppe zu reinen Existenzgründern verschoben. Dies zeigt auch, dass die sieben Phasen der Strategieentwicklung immer wieder aufs Neue zu durchlaufen sind.

Phase 4: Das von der Zielgruppe am brennendsten empfundene Problem

Nachdem die Zielgruppe definiert war, galt es, ihr brennendstes Problem zu analysieren. Lagerhaltung ist im Parkettbereich sehr teuer. Ein umfangreiches Angebot am Point of Sale präsentieren zu können bedeutet einen großen finanziellen Aufwand. Solch ein großes Sortiment vorrätig zu haben und in kürzester Zeit liefern zu können, war für die meisten Einzelhändler unmöglich. Deshalb war Parkett recht teuer für Kunden und für Verkäufer umständlich und nur mit langen Wartezeiten abzuwickeln. Im Markt für Bodenbeläge wurde es entsprechend vernachlässigt.

Die Antwort des Ramp + Mauer Parkett-Studios auf diese Situation war eine komplette Problemlösung für diesen Bereich: Ein riesiges Sortiment, zentraler Einkauf, zentrales Lager, langjähriges Know-how in Kommissionierung und Logistik, damit schnelle Verfügbarkeit der Ware bei gleichzeitiger Minimierung der Lagerkosten für die Franchisenehmer. Ein Präsentationskonzept am Point of Sale, kombiniert mit Verkaufs-Know-how, einem übergeordneten Werbekonzept und einem breiten, auf die Anforderungen von Existenzgründern zugeschnittenen Dienstleistungskonzept bot den Franchisenehmern einen umfassenden Service und erlaubte es ihnen, den Parkettmarkt zu erschließen.

Phase 5: Innovationsstrategie

Innovationen werden regelmäßig und systematisch in verschiedenen Bereichen bedarfsgerecht vorangetrieben. So in erster Linie beim Sortiment, bei der Organisation von Lager und Logistik, aber auch im Bereich EDV und Systemleistungen. Die Ausstellung am Verkaufsort wird genauso weiterentwickelt wie das Betreuungs-, Schulungs- und Werbekonzept. Außerdem sucht der Franchisegeber nach Innovationen im Bereich Pflege- und Renovierungsservice für alle Fußbodenarten, um den Nutzen beim Endverbraucher noch zu steigern.

Phase 6: Kooperation

Für das Thema Kooperation und Outsourcing gilt: Alle Bereiche, die man nicht im Hause kompetent abdecken kann, werden bei Spezialisten hinzugekauft. So z. B. Strategieberatung, Werbung, Public Relations, Planung, Aufbau und Entwicklung von Ausstellungen und Präsentationen, die Akquisition neuer Franchisenehmer, aber auch Rechtsberatung, speziell zum Thema Markenschutz, Franchise- und Vertragsrecht.

Phase 7: Konzentration auf das konstante Grundbedürfnis

Als Bedürfnisspezialist und Problemlöser ihrer Zielgruppe hat die Firma Ramp + Mauer mit ihrem Parkett-Studio folgendes erreicht:

❑ Das Pardio-Franchisesystem bietet seinem Partner die Gewähr, vom Start weg an seinem Standort der kompetente Anbieter für Fußbodenbeläge aus Holz zu sein. Er besitzt die Grundlagen für die Marktführerschaft an seinem Standort.
❑ Der Pardio-Endverbraucher bekommt in jedem Parkett-Studio seinen Wunschfußboden.
❑ Ramp + Mauer ist hinsichtlich der Breite der angebotenen betrieblichen Leistungen Marktführer.
❑ Durch ein vollständiges, dienstleistungsorientiertes Angebot von Maschinen zur Sanierung und Pflege von Böden sowie dem notwendigen Zubehör wird die Kompetenz im Markt der Fußbodenbeläge abgerundet.

❏ Durch die Einflussmöglichkeiten auf eine Produktion kann Ramp + Mauer zum Nutzen der Zielgruppe flexibel auf Marktgegebenheiten und individuelle Kundenwünsche reagieren.

❏ Die Franchisenehmer identifizieren sich mit dem Leitbild von Ramp + Mauer und fördern mit eigenen Ideen das Gesamtsystem.

3.11 Zusammenfassung

Mit dem Konzept und den sieben Phasen der EKS-Strategie haben mittlerweile eine Vielzahl renommierter Unternehmen ihre Geschäfts- bzw. Franchise-Idee entwickelt und ausgebaut; dabei viele »hidden champions«, wie Hermann Simon die mittelständischen, relativ unbekannten Unternehmen bezeichnet, die mit ihrer jeweiligen Kernkompetenz Marktführer geworden sind.

Alle diese heimlichen oder bekannten Marktführer haben ihre Erfolge und Gewinne so nicht geplant. Nicht einmal geahnt, dass sich beispielsweise der Umsatz in fünf Jahren verzehnfachen könnte. Sie haben sich darauf konzentriert, den Nutzwert für ihre Kunden und Marktpartner systematisch zu verbessern, und haben dadurch Synergieeffekte nutzen können. Mit der richtigen Strategie – wie hier ansatzweise gezeigt – dürfte es auch anderen Unternehmern, Franchisenehmern und Existenzgründern gelingen, regional/national/europaweit bzw. im Einzugsgebiet des Standorts Marktführer zu werden oder zu bleiben.

4.1 Know-how beschaffen, ergänzen und überprüfen

Der Franchisegeber ist in der Regel ein Vollblut-Unternehmer, dessen herausragende Merkmale Mut zum Risiko, Dynamik und Beweglichkeit, Kreativität und Originalität sowie ein guter Instinkt für die richtige Zeit und den richtigen Ort sind. Oftmals kommt er aus einer Unternehmerfamilie, er war als Angestellter im kaufmännischen Bereich zu sehr in seinem Schaffensdrang und in seinem eigeninitiativen Handeln eingeschränkt, oder er führt bereits erfolgreich sein eigenes Unternehmen an einem bestimmten Standort. Er fühlt, dass er mehr erreichen kann, als er bereits erreicht hat, und ist voll Tatendrang, etwas zu erschaffen, das von Dauer ist. Hinzu kommt oftmals eine visionäre Weitsicht, mit der das Größere, Umfassendere gesehen oder gespürt wird. Mit anderen Worten, das Ergebnis vor Augen werden die Ärmel hochgekrempelt, und das Vorhaben wird mit mehr oder weniger theoretischer wirtschaftswissenschaftlicher oder kaufmännischer Ausbildung, aber jedenfalls mit Erfahrung und Enthusiasmus angepackt.

Zum Aufbau eines Franchisesystems gehört außer der visionären Begeisterung als Ergänzung aber auch der Part, der hinterfragt, zögert, länger überlegt und Risiken erkennt. Derjenige, der eher den Details die größere Aufmerksamkeit schenkt und die Dinge so lange abwägt, bis er ein zufriedenstellendes Ergebnis gefunden hat. Derjenige, der sich auch traut, angefangene Vorhaben wieder zu verwerfen, und der mit dem Kopf nicht durch die Wand will.

Entsprechend der eigenen Fähigkeiten ist eine ergänzende Partnerschaft sinnvoll, damit die Unternehmensführung über alle wichtigen Eigenschaften verfügt. Ist eine Partnerschaft mit anderen notwendig oder sinnvoll und/oder gibt es geeignete Mitstreiter, muss gegebenenfalls die geeignete Rechtsform zur Gründung der Franchisegeber-Gesellschaft gefunden werden. Bei der Wahl der richtigen Gesellschaftsform spielen auch viele andere Bedürfnisse eine Rolle, denen Rechnung getragen werden muss, wie beispielsweise die Möglichkeiten von Kapitalbeschaffung, Verkehrsfähigkeit von Kapital, sonstiger Beteiligung Dritter, Image, Steuerfragen.

Franchising entstand vor allem als Ausfluss des Grundsatzes, dass »das Rad nicht zweimal erfunden werden muss«. Franchisenehmer profitieren also von den Erfahrungen des Unternehmers, der auf eigene Kosten bereits Lehrgeld bezahlt hat und andere Unternehmer davor bewahren will. Dies gilt in erster Linie für den Gewerbebetrieb des Franchisegebers, soweit er bereits längere Zeit erfolgreich tätig war. Es gilt nicht unbedingt für die Tätigkeit des Unternehmers als Franchisegeber. Hier betritt er Neuland und muss seine Erfahrungen erst machen, was mit erheblichen Investitionen und unter Umständen mit Anfangsverlusten verbunden ist. Wie kann der Unternehmer seinerseits Verluste vermeiden und von anderen bezüglich des Aufbaus und der Führung einer Franchisezentrale lernen?

Da es bisher in Deutschland keine eigenen Ausbildungsgänge dafür gibt, wie ein Franchisesystem errichtet und betrieben werden kann, ist der Unternehmer hier in der Regel auf die Erfahrung von Praktikern, auf die Hilfe fachkundiger Berater und auf die Ergebnisse aus seinem Pilotbetrieb angewiesen. Kontakt zu erfahrenen Praktikern, die ihrerseits bereits ein Franchisesystem aufgebaut haben, kann er durch eine assoziierte Mitgliedschaft im Deutschen Franchise-Verband e. V., Berlin, erhalten. In diesem Verband sind als einem der wenigen Wirtschaftsverbände Unternehmer vieler Branchen vereint, die zum größten Teil nicht in unmittelbarer Konkurrenz zueinander stehen. Sie sind daher eher bereit, ihr Know-how in der Führung ihres Franchisesystems mitzuteilen. Zum Beispiel in Erfa-Tagungen, wie sie der Deutsche Franchise-Verband e. V. für seine Mitglieder regelmäßig anbietet. Dies ist für einen Verband eher ungewöhnlich, denn in den meisten anderen Verbänden sind Unternehmen einer Branche zusammengefasst, die im Wettbewerb zueinander stehen. Im Franchise-Verband gibt es dies zwar auch (z. B. fünf Franchisesysteme, die Sonnenstudios vermarkten, oder drei Immobilienmaklersysteme), aber man kann leicht wertvolle Erfahrungen von nicht in Konkurrenz zueinander stehenden Verbandsmitgliedern erhalten. Außerdem organisiert der Verband regelmäßig Seminare oder sonstige Veranstaltungen zu ausgewählten Themen der Franchisewirtschaft oder des Franchiserechts.

Nur, ein theoretisches Studium, wie eine Systemzentrale zu führen ist, reicht allerdings nicht aus. Der Franchisegeber muss – zwangsläufig – seine eigenen Erfahrungen machen. Doch gute wie schlechte Erfahrungen multiplizieren sich im Franchisesystem bei allen Partnerbetrieben. Deshalb muss er selbstkritisch jeden Entwicklungsschritt überprüfen und Neuerungen zunächst in seinem Eigen- oder Pilotbetrieb erproben, bevor er sie zur späteren Umsetzung in sein Franchisesystem aufnimmt.

Abbildung 1 verdeutlicht die Know-how-Entwicklung und die Aufgabenzuweisung im Franchisesystem und dient gleichfalls zur Überprüfung der eigenen Vorstellung von Franchising.

Dieser Kreislauf ist ein ständiger Prozess. Der zukünftige Franchisegeber muss sich selbst prüfen, ob er nicht nur diese permanente Anstrengung zur Know-how-Weiterentwicklung auf sich nehmen will, sondern auch, ob es das Ziel seiner Tätigkeit sein soll und kann, diesen Kreislauf herzustellen und aufrechtzuerhalten. Nur wenn dies der Fall ist, kann sich für ihn dauerhaft die Mühe und aufreibende Arbeit mit vielen Unternehmerpersönlichkeiten, den Franchisenehmern, lohnen. In Anbetracht der Verantwortung, die der Franchisegeber für Dritte übernimmt, darf er keine übereilte Entscheidung »pro« Franchising treffen. Er muss auch alle möglichen Alternativen prüfen. Hier bieten sich für den Systemvertrieb an:

❏ Lizenzverträge
❏ Handelsvertreterverträge
❏ Vertrags- oder Vertriebshändlerverträge
❏ Kommissionsverträge
❏ Filialbetriebe mit Angestellten
❏ Mischformen

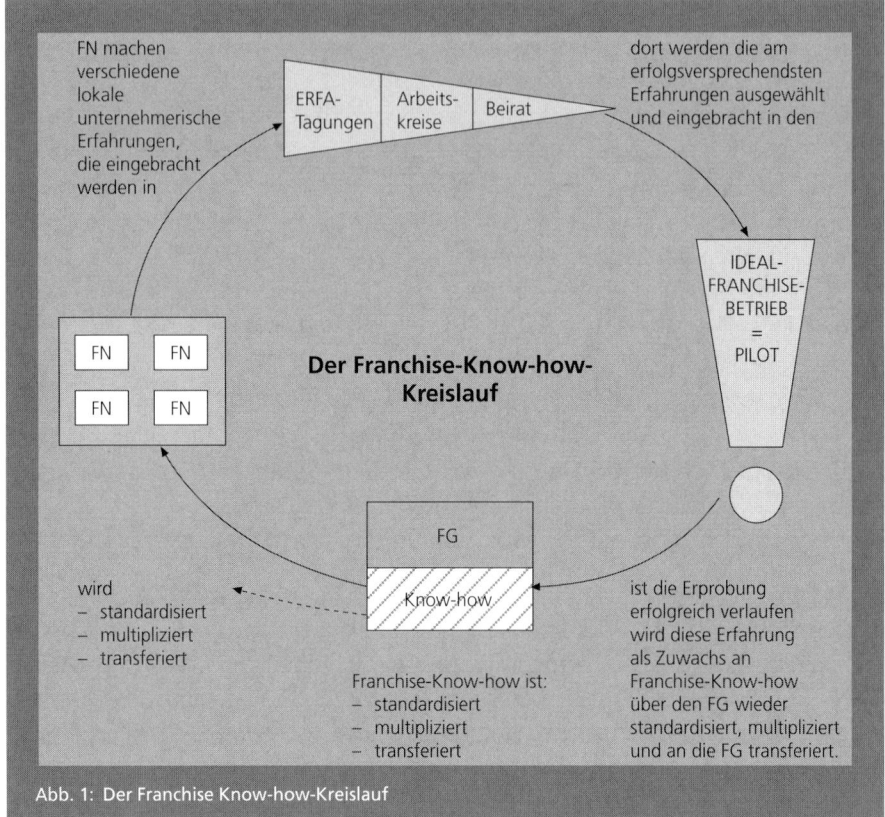

FN machen verschiedene lokale unternehmerische Erfahrungen, die eingebracht werden in

ERFA-Tagungen Arbeits-kreise Beirat

dort werden die am erfolgsversprechendsten Erfahrungen ausgewählt und eingebracht in den

IDEAL-FRANCHISE-BETRIEB = PILOT

FN FN
FN FN

Der Franchise-Know-how-Kreislauf

FG
Know-how

wird
– standardisiert
– multipliziert
– transferiert

Franchise-Know-how ist:
– standardisiert
– multipliziert
– transferiert

ist die Erprobung erfolgreich verlaufen wird diese Erfahrung als Zuwachs an Franchise-Know-how über den FG wieder standardisiert, multipliziert und an die FG transferiert.

Abb. 1: Der Franchise Know-how-Kreislauf

Um eine Abgrenzung dieser Alternativen im Systemvertrieb zu dem Franchisesystem vornehmen zu können, muss zunächst festgestellt werden, was ein Franchisesystem überhaupt ist. Hierfür existierte vormals eine Definition in Art. 1 Ziff. 3 der EG-Gruppenfreistellungsverordnung für Franchise-Vereinbarungen vom 30. November 1988, welche mit Wirkung zum 1. Juni 2000 durch die Gruppenfreistellungsverordnung für vertikale Vereinbarungen abgelöst wurde. Diese Definition war auch weitgehend vom Europäischen Verhaltenskodex für Franchising sowie vom Verhaltenskodex des Deutschen Franchise-Verbandes übernommen worden ist. Nach letzterem Verhaltenskodex ist Franchising:

ein Vertriebssystem, durch das Waren und/oder Dienstleistungen und/oder Technologien vermarktet werden. Es gründet sich auf eine enge und fortlaufende Zusam-

menarbeit rechtlich und finanziell selbstständiger und unabhängiger Unternehmen, den Franchisegeber und den Franchisenehmer. Der Franchisegeber gewährt seinen Franchisenehmern das Recht und legt ihnen gleichzeitig die Verpflichtung auf, ein Geschäft entsprechend seinem Konzept zu betreiben. Dies Recht berechtigt und verpflichtet den Franchisenehmer, gegen ein direktes oder indirektes Entgelt im Rahmen und für die Dauer eines schriftlichen, zu diesem Zweck zwischen den Parteien abgeschlossenen Franchisevertrages per laufender technischer und betriebswirtschaftlicher Unterstützung durch den Franchisegeber, den Systemnamen und/oder das Warenzeichen und/oder die Dienstleistungsmarke und/oder andere gewerbliche Schutz- oder Urheberrechte sowie das Know-how, die wirtschaftlichen und technischen Methoden und das Geschäftsordnungssystem des Franchisegebers zu nutzen.

Die Vertikal-GVO unterscheidet nicht mehr zwischen Franchising und anderen Vertriebssystemen, daher ist auch keine Definition von Franchising in der Verordnung selbst enthalten. In den Leitlinien der Kommission zur Erläuterung und zur Anwendung der Vertikal-GVO (ABl. EG C 291/1 vom 13. Oktober 2000) wird unter unter Rdnr. 42 Franchising erwähnt mit folgendem Text:

Franchisevereinbarungen sind mit Ausnahme von Herstellungsfranchisen das deutlichste Beispiel für die Weitergabe von Know-how an den Käufer für Marketingzwecke. Sie enthalten Lizenzen zur Nutzung von Rechten an geistigem Eigentum an Waren- oder sonstigen Zeichen und von Know-how zum Zwecke der Nutzung und des Vertriebs von Waren bzw. der Erbringung von Dienstleistungen. Neben der Lizenz für die Nutzung dieser Eigentumsrechte gewährt der Franchisegeber dem Franchisenehmer während der Laufzeit der Vereinbarung fortlaufend kommerzielle Unterstützung in Form von Beschaffungsleistungen, Schulungsmaßnahmen, Immobilienberatung, Finanzplanung usw. Die Lizenz und die Unterstützung sind Bestandteile der Geschäftsmethode, für die die Franchise erteilt wird.

Der Schwerpunkt liegt hierbei im Vergleich zu anderen Vertragssystemen, bei denen auch immaterielle Werte wie Rechte an Marken oder an Urheberrechten lizenziert werden, in der Vermittlung von Know-how und dessen Lizenzierung zur dauerhaften Nutzung.

Betrachtet man den oben beschriebenen Franchise-Know-how-Kreislauf, wird ersichtlich, dass es sich bei diesem Know-how um gebündeltes Wissen handelt, das zur Betriebsführung notwendig ist oder zumindest einen erheblichen Wettbewerbsvorsprung verspricht. Der Kreislauf zeigt weiterhin, dass dieses Knowhow sich in einem ständigen Entwicklungsprozess befindet und nichts Statisches ist, das einmal übergeben und dann immer gleichförmig genutzt wird. Es ist etwas, das nur durch seine Erprobung einen Wert erhält, und ist kein theoretisches Geheimwissen. Dementsprechend wurde auch in der früheren EG-Gruppenfreistellungsverordnung für Franchise-Vereinbarungen das Franchise-Know-how in Art. 1 Abs. 3 f) – i) wie folgt definiert:

– *Franchise-Know-how ist »geheim«, d. h. es ist in seiner Substanz, seiner Struktur oder der genauen Zusammensetzung seiner Teile nicht allgemein bekannt und nicht leicht zugänglich.*
– *Franchise-Know-how ist »wesentlich«, d. h. es ist für den Franchisenehmer nützlich und steigert seine Wettbewerbsfähigkeit.*
– *Franchise-Know-how muss »identifizierbar« sein, d. h. es muss irgendwo so ausführlich beschrieben sein, dass überprüft werden kann, ob es die Merkmale »geheim« und »wesentlich« erfüllt.*

Die jetzt gültige Vertikal-GVO definiert in Art. 1 f) Know-how aber ganz ähnlich wie die Franchising-GVO, ohne allerdings auf das Merkmal »Wettbewerbsfähigkeit« einzugehen:

Know-how ist eine Gesamtheit nicht patentierter praktischer Erkenntnisse, die der Lieferant durch Erfahrung und Erprobung gewonnen hat und die geheim, wesentlich und identifiziert sind; hierbei bedeutet »geheim«, dass das Know-how als Gesamtheit oder in der genauen Gestaltung und Zusammensetzung seiner Bestandteile nicht allgemein bekannt und nicht leicht zugänglich ist; »wesentlich« bedeutet, dass das Know-how Kenntnisse umfasst, die für den Käufer zum Zwecke der Verwendung, des Verkaufs oder des Weiterverkaufs der Vertragswaren oder -dienstleistungen unerlässlich sind; »identifiziert« bedeutet, dass das Know-how umfassend genug beschrieben ist, sodass überprüft werden kann ob es die Merkmale »geheim« und »wesentlich« erfüllt.

Ob diese für Zwecke des Kartellrechts geschaffene Definition außerhalb dieses Rechtsbereichs Allgemeingültigkeit besitzen sollte, darf bezweifelt werden, insbesondere in Anbetracht der hohen Anforderung der »Unerlässlichkeit« des Know-hows, aber eine Grundlage für weitere Überlegungen ist sie auf jeden Fall.

4.2 Abgrenzung zu alternativen Vertriebssystemen

Was darüber hinaus Franchising ist, der Franchisevertrag und die Errichtung sowie der Betrieb eines Franchisesystems für jeden einzelnen Systemteilnehmer bedeutet, welche Anforderungen an diese jeweils gestellt werden und welche Möglichkeiten sich ihnen bieten, soll der gesamte Inhalt dieses Buches vermitteln. Deshalb soll im Folgenden kurz beschrieben werden, welche Hauptmerkmale andere Vertriebssysteme aufweisen, um eine möglichst klare Abgrenzung zum Franchising vornehmen zu können.

a) Lizenzsysteme

Der Unterschied zum Franchisesystem ist das hier fehlende Know-how zur Betriebsführung. Wird eine Lizenz erteilt, gilt diese in der Regel für technisches Know-how, wie es zur Herstellung eines Produktes vorliegt, oder für andere gewerbliche Schutzrechte, insbesondere für Patente oder Marken, wie sie jeweils eingetragen sind. Weiterentwicklungen sind nur in technischer Hinsicht von Bedeutung, nicht jedoch für die Betriebsführung des Lizenznehmers. Diese liegt weitgehend in seinem Ermessen. Deswegen entsteht keine enge Bindung der Vertriebspartner an ein System, und die Gegenleistung für die Lizenz in Form von Gebühren ist in der Regel geringer als bei einem Franchisesystem. Der Lizenzgeber hat aber auch weniger Arbeit und Aufwand.

Der entscheidende Unterschied liegt weiterhin darin, dass beim Franchising der Franchisegeber grundsätzlich selbst zur Erbringung von Leistungen verpflichtet ist, die in aller Regel die Merkmale einer Dienstleistung, der Ausführung eines Auftrages oder auch teilweise von Werkleistungen haben und dass der Franchisenehmer zur Abnahme dieser Leistungen verpflichtet ist. Bei Lizenzsystemen kann natürlich auch ein Dienstleistungskatalog angeboten werden, doch ist dieser in der Regel nicht verbindlich für die Lizenznehmer. Diese können wählen, welche zusätzlichen Leistungen sie gegen hierfür gesondert zu zahlende Entgelte in Anspruch nehmen wollen – eine *Bezugsverpflichtung* ist eher die Ausnahme.

b) Handelsvertreter

Das klassische Vertriebssystem ist das über Handelsvertreter. Der wesentliche Unterschied ist hierbei, dass der Vertriebspartner nicht im eigenen Namen und auf eigene Rechnung mit den Kunden Verträge abschließt, sondern im Namen und auf Rechnung des Unternehmens. Daher kann das Unternehmen auch alle Details bezüglich der Kundenbeziehung vorschreiben, noch weitergehender als bei einem Franchisesystem (besonders die Verkaufspreise), da der Endkunde mit dem Unternehmer und nicht mit dem Handelsvertreter kontrahiert. Dafür trägt der Unternehmer aber auch das Investitions- und Absatzrisiko, der Handelsvertreter selbst investiert nicht und nimmt die Waren auch nicht vom Unternehmen gegen Kaufpreiszahlung ab.

c) Vertrags- oder Vertriebshändler

Ein dem Franchisesystem ähnlicher Vertriebstyp für Waren ist das Vertragshändlersystem. Der Unterschied besteht darin, dass der Vertragshändler kein ständig weiterentwickeltes Betriebsführungs-Know-how erhält. Er ist häufig bereits vor Abschluss des Vertrages in der gleichen Branche selbstständig tätig und wird seinen Betrieb nach eigenen Erfahrungen und Vorstellungen weiterführen, nur jetzt mit einer Bezugsbindung für die Vertragswaren und insoweit unter Angabe der Marke des Herstellers. Existenzgründer werden in solche Vertriebsverhältnisse kaum eintreten, da sie in der Unternehmensgründungsphase selten angemessen angeleitet und beraten werden.

d) Kommissionär

Der Kommissionär ist einem Handelsvertreter ähnlicher als einem Franchisenehmer. Er kauft und verkauft gegenüber Dritten im eigenen Namen, aber für Rechnung des Kommitenten. Kommitent ist der Hersteller oder Großhändler der veräußerten Ware. Ein Kommissionär veräußert üblicherweise nicht unter einer speziellen Marke bestimmte Waren ausschließlich für einen Hersteller, sondern ist im Sinne eines Handelshauses eher für verschiedene Hersteller oder Großhändler tätig. Er kann daher in der Regel nicht als Bestandteil eines qualifizierten Vertriebssystems angesehen werden. Im Gegensatz dazu wird bei einem Franchise- oder Vertragshändlersystem der Vertrieb der Vertragsprodukte zumeist an besondere Voraussetzungen in der Person des Vertriebspartners, also des Franchisenehmers oder des Vertragshändlers gebunden und in der Regel Exklusivität ausbedungen.

e) Filialen

Filialen und Franchisebetriebe lassen sich für den Kunden äußerlich kaum unterscheiden. Der Unterschied besteht in der inneren Struktur: Filialen werden durch den Inhaber des Filialsystems geführt, der jeweils einen Angestellten als Betriebsleiter einer Filiale mit dem täglichen Geschäft betraut. Ein Filialsystem erfordert typischerweise hohe eigene Investitionen und sieht sich häufig mit dem Problem der Kontrolle und Motivation der Angestellten sowie zu geringer lokaler Erfahrung des Geschäftsinhabers an den verschiedenen Standorten konfrontiert.

f) Mischformen

Denkbar ist, Elemente der oben angeführten Vertriebsformen unter einer Marke zu kombinieren. Dies ist jedoch die hohe Schule des Systemvertriebs und sollte erst angedacht werden, wenn der Unternehmer über große Vertriebserfahrungen verfügt.

4.3 Know-how-Ergänzung durch Berater

Hat sich der Unternehmer endgültig für das Franchising als seine Systemvertriebsform entschieden, wird er zurückkommen auf die Fragestellung am Anfang dieses Abschnittes: Welche geeigneten Partner sind notwendig bei der Errichtung eines Franchisesystems?

Neben unternehmerisch tätigen Partnern, den Franchisenehmern, kommen hier in erster Linie externe Berater in Frage. Diese sollten Erfahrung aus dem Franchising mitbringen, denn der Wirkungsgrad in Franchisesystemen unterliegt anderen Regeln als in anderen Vertriebsformen.

Der wesentliche Beratungsbedarf liegt bei der Strategiefindung und -verfolgung, der Finanzierung, der Errichtung einer Systemzentrale, der Mitarbeiter- und Franchisenehmer-Auswahl, deren Training sowie der Rechtsberatung.

Die Persönlichkeit der externen Berater spielt eine große Rolle für den erfolgreichen Aufbau eines Franchisesystems. Die Frage lautet nicht nur: Welche fachlichen Lücken müssen ausgefüllt werden? Sondern ebenfalls: Wer passt zum System?

Will man ein rigoroses System aufbauen, bedarf es Personen, die in autoritären Strukturen denken. Will man ein partnerschaftliches System errichten, sollten liberal denkende Berater hinzugezogen werden. Diese Entscheidung muss *selbstbewusst* fallen, also mit vollem Bewusstsein für die eigene Person, damit persönliche Übereinstimmungen, Philosophie und Fachkompetenz eine Einheit bilden. Nur dann werden die Berater von den Franchisenehmern, mit denen sie häufig direkt zu tun haben werden, als kompetent anerkannt werden.

Ist der richtige, also passende Berater gefunden sollte ein Beratervertrag abgeschlossen werden, der folgende Mindestregelungen enthält:

❑ Leistungskatalog
❑ Liefertermine
❑ Vergütung (eventuell erfolgsabhängig)
❑ Beendigungsmöglichkeit
❑ Herausgabe von Unterlagen, Arbeitsergebnissen
❑ Absicherung von Rechten (Logos, Namen, Slogans)
❑ Rahmenverträge zugunsten der Franchisenehmer, soweit der Franchisenehmer aus dem Vertrag zwischen Franchisegeber und Berater eigene Leistungen direkt abfordern darf, wie z. B. Architektenleistungen für die Planung der Einrichtung

Und keine Angst vor einer Trennung: Wie für das Franchisesystem als Ganzes gilt auch für die interne Struktur des Franchisegeber-Unternehmens, dass nur ein andauernder Entwicklungsprozess die fortlaufende Akzeptanz der Franchisezentrale durch die Franchisenehmer sichert. Daher sollten auch die Beraterverträge keine langen Laufzeiten enthalten und ohne wichtigen Grund mit angemessenen Fristen kündbar sein. Gelegentlicher Wechsel bringt neue Ideen.

Hat der Systemgründer die richtigen Partner für seine Unternehmung ausgesucht, die seine eigenen Fähigkeiten ergänzen, und hat er sich nach kritischer Überprüfung aller Alternativen dazu entschlossen, für den Systemvertrieb seiner Produkte oder Dienstleistungen ein Franchisesystem zu errichten und zu betreiben, ist es an der Zeit, das Fundament für die Errichtung des Franchisesystems zu schaffen, wie es im folgenden Kapitel beschrieben wird.

Einführung

Ein Franchise*system* kann naturgemäß nur so erfolgreich sein, wie seine Franchise-*nehmer* wirtschaftlichen Erfolg haben. Entscheidend ist deshalb neben der Entwicklung des Know-how dessen zuverlässige Übertragung auf die Franchise-nehmer.

Das im Zentrum erfolgreichen Franchisemanagements stehende Know-how zum Führen eines bestimmten Betriebstyps muss in allen vier *Grundbausteinen* des Franchisesystems gleichermaßen berücksichtigt werden. Diese *Grundbausteine* sind: Franchisevertrag, Betriebshandbuch, Training und die Leistung selbst.

Damit die Entwicklung eines Franchisesystems auf einem soliden Fundament ruht, müssen alle vier Säulen *(Grundbausteine)* aufeinander abgestimmt und widerspruchsfrei sein, sie müssen »zueinander passen«. Kein einziger Baustein ist Selbstzweck, kein einziger darf isoliert gesehen werden.

Dies vor Augen, wird ersichtlich, warum folgende Forderungen an alle vier *Grundbausteine* gleichermaßen zu stellen sind:

Das **Know-how** ist die verbindende Klammer. Es muss überall sichtbar werden, wenn natürlich auch in unterschiedlicher Form. Im Vertrag muss das Geschäftsführungs-Know-how im Einzelnen benannt werden, im Handbuch detailliert und konkret dargestellt, im Training intensiv vermittelt und in der Leistung für den Kunden schließlich materialisiert, d. h. fühl- und sichtbar werden.

Die **Partnerschaftlichkeit** ist weniger Klammer als vielmehr Grundgedanke aller ein Franchisesystem bildender Bausteine. Diese Grundvoraussetzung erfolgreicher Franchisesysteme darf daher nicht lediglich gern benutztes Schlagwort und willkommenes Lippenbekenntnis sein. Partnerschaftlichkeit und Ausgewogenheit muss gelebte Systemwirklichkeit sein. Sie lässt sich am besten anhand der Win-win-Strategie überprüfen. Partnerschaftlichkeit lässt sich im Vertrag an einem gewissen Gleichgewicht der Rechte von Franchisegeber und -nehmer erkennen, das Handbuch spiegelt es in Aufbau und Inhalt wider, wenn das tägliche Miteinander beschrieben und festgelegt wird, das Training ist ebenso partnerschaftlich (d. h. interaktiv) wie schließlich die Leistungserstellung gegenüber dem Kunden, der durch Qualität und Preiswürdigkeit langfristig an das Franchisesystem gebunden werden soll/muss.

Ziel der Implementierung dieses »integrierten Franchisesystems« ist:

Erstens: Wirksamkeit des Vertrages

Der Gefahr, dass die Wirksamkeit bzw. die Fortführung des gesamten Franchisevertrages mangels Einhaltung des Leistungsversprechens in Frage gestellt wird,

wird durch die umfassende Implementierung aller vier Säulen nachhaltig begegnet. Dies ist von eminenter Bedeutung, denn ist/wird der Franchisevertrag, etwa infolge nicht eindeutig identifizierten Know-hows oder wegen Nichteinhaltung des Leistungsversprechens unwirksam oder vorzeitig kündbar, so muss der Franchisegeber die bis dahin erhaltenen Franchisegebühren zurückerstatten und/oder unter Umständen umfangreiche Schadensersatzleistungen erbringen.

Zweitens: Know-how-Weiterentwicklung

Das exakte Identifizieren des Know-hows für alle vier Bausteine fördert regelmäßig neues, jedenfalls bislang so nicht festgestelltes Know-how zutage. Dies ist zugleich ein guter Einstieg, in die permanente Know-how-Fortentwicklung (Baustein 2 und 3), wozu ja auch das Franchiserecht verpflichtet. Die permanente Know-how-Innovation ist aber nicht in erster Linie wegen der rechtlichen Verpflichtung von Bedeutung, sondern ist vor allem aus wirtschaftlichen Gründen unerlässlich.

Drittens: Sicherung des Franchisenehmererfolges

Durch die Implementierung dieses »integrierten Franchisesystems« wird der Franchisenehmererfolg nachhaltig gesichert und gesteigert. Erfahrungsgemäß sind diejenigen Franchisenehmer am erfolgreichsten, die das Franchise-Know-how, die Systemstandards und -konzepte am getreuesten umsetzen – und hierzu dienen vor allem die Bausteine Handbuch und Training, die tatsächlich Know-how *vermitteln*.

Viertens: ISO-Zertifizierung

Die gerade für Franchisesysteme zunehmend an Bedeutung gewinnende Zertifizierung nach ISO DIN 9.000 ff. wird durch dieses Konzept in idealer Weise vorbereitet.

Alle vier Bausteine werden in diesem Buch eingehend beschrieben. Für den Überblick und insbesondere, um das Verhältnis zueinander zu verdeutlichen, werden sie hier kurz zusammengestellt. Für die gesunde Entwicklung eines Franchisesystems ist es erforderlich, sich das Ineinandergreifen vor Augen zu halten.

5.1 Der Franchisevertrag

Spätestens bei Lektüre des Franchisevertrages wird sich der Franchisenehmer die konkrete Frage stellen: »Warum werde ich Franchisenehmer?«.

Deshalb muss der Vertrag neben den eher formalen juristischen Regelungen ein konkretes, präzise beschriebenes Leistungsversprechen aufweisen, das dem Franchisenehmer klipp und klar sagt, was er davon hat, Partner des Systems zu werden. Der Franchisevertrag sollte bei aller erforderlichen juristischen Genauigkeit im Idealfall zugleich eine Werbeschrift für das Franchisesystem sein. Schließlich muss der Franchisegeber dem künftigen Franchisenehmer diesen Vertrag verkaufen, und dies lässt sich allemal leichter machen, wenn verbreitete »juristische Schroffheiten« moderat formuliert werden.

Daher ist grundsätzlich bei der Gestaltung des Franchisevertrages Folgendes zu beachten:

❑ Klare Gliederung
❑ Ausgewogenheit
❑ Partnerschaftlichkeit
❑ Konkrete Leistungsbeschreibungen
❑ Voraussetzungen und Ziele für die Verbindung festlegen
❑ Leistungsanreize einarbeiten
❑ Angemessene Sanktionssysteme schaffen und festlegen
❑ Mögliche Problemfelder aufzeigen und regeln
❑ Alle Absprachen schriftlich in dem Vertrag niederlegen

Der Franchisevertrag ist eine der vier Säulen und daher auch wesentlicher Knowhow-Träger. Es ist jedoch zu beachten, dass der Franchisevertrag nicht geheim gehalten werden kann. Er wird von vielen Personen und Institutionen eingesehen und sogar archiviert (z. B. legen Franchisegeber, die Mitglied des Deutschen Franchise-Verbandes sind, diesem den Vertrag vor oder Franchisenehmer ihrer Bank bei den Finanzierungsgesprächen). Daher sollte er das Know-how nur ansatzweise aufzeigen und auf die der Geheimhaltung unterliegenden Handbücher verweisen. Diese Verweise müssen jedoch eindeutig und vor allem rechtswirksam sein (vgl. unten »Der Franchisevertrag« in Kapitel III.3).

5.2 Betriebshandbuch = Know-how-Transfer in schriftlicher Form

Ein gutes Betriebshandbuch beantwortet gleichfalls die Frage: »Warum bin ich Franchisenehmer?«

Das Betriebshandbuch dokumentiert möglichst aktuell und lückenlos das System-Know-how. Damit ist es zugleich Nachschlagewerk für die praktische Arbeit des Franchisenehmers und seiner Mitarbeiter. Im Idealfall ist das Handbuch zugleich *Profithandbuch*, das vor allem zeigt, wie der Franchisenehmer Geld verdienen kann, und sich nicht darin erschöpft, die Produkterstellung zu beschreiben.

Schließlich ist das Franchisehandbuch nicht isoliert zu betrachten. Es ist zugleich integrierte Trainingsunterlage (siehe Näheres unten in Kapitel II.8).

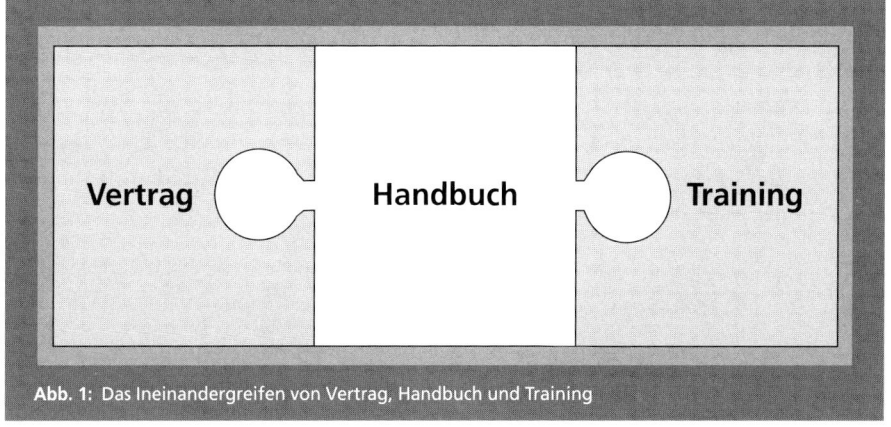

Abb. 1: Das Ineinandergreifen von Vertrag, Handbuch und Training

5.3 Franchisesystem-Training = Know-how-Transfer

Das Training darf nicht eine reine Motivationsveranstaltung sein oder lediglich dem Zweck der Stärkung des »Wir-Gefühls« dienen, obwohl beides erwünschte Ziele sind. Das Training muss das ganze Know-how widerspiegeln und vermitteln, weshalb das Handbuch als integrierte Trainingsunterlage aufzubauen und zu benützen ist.

Dem Training von Franchisenehmern, die schon länger im System arbeiten, kommt zusätzlich besondere Bedeutung zu, da dort, neben den Erfa-Tagungen und Arbeitskreisen, gemeinsam mit den Partnern das Know-how fortentwickelt wird. Dass Partnerschaftlichkeit sich bei persönlichen Begegnungen zwischen Franchisegeber und Franchisenehmer besonders gut leben lässt, liegt auf der Hand.

5.4 Leistungen

Hand-in-Hand mit der Know-how-Übertragung geht die Leistungserstellung: Sie ist der krönende Abschluss dieser Kette und der Grund, weshalb das Franchisesystem errichtet wird. Ist die Leistung (Ware oder Dienstleistung), die der Kunde schließlich am Point of Sales erhält, nicht von der Qualität, die der Kunde erwartet und die der Franchisegeber zusammen mit seinen Franchisenehmern definiert hat, so haben Teile der vorangegangenen Säulen (Vertrag, Handbuch und/oder Training) versagt. Wirksam wird das Know-how erst in der Leistungserstellung. Eine einwandfreie Leistung entscheidet, inwieweit die drei vorausgehenden Säulen ihren Zweck erfüllt haben.

Einführung

Franchising ist nicht nur ein Vertriebskonzept, sondern auch ein Marketingkonzept, mit dem Waren oder Dienstleistungen an gewerbliche und/oder private Endverbraucher über selbstständige Dritte abgesetzt werden.

Die Marke ist notwendiger Bestandteil einer jeden guten Marketingstrategie. Mit ihr werden die Waren oder Dienstleistungen gekennzeichnet, sodass der Verbraucher eine bestimmte Eigenschaft, Qualität, Werthaltigkeit, ein bestimmtes Image, Gefühl oder eine besondere Erwartung mit ihr verknüpft und das Produkt oder die Dienstleistung dadurch unverwechselbar wird. Ohne eine kennzeichnungskräftige Marke verpufft der Werbe- und Marketingaufwand, ohne eine dauerhafte Beziehung zu den Kunden zu schaffen.

Die Marke hat eine erhebliche Bedeutung für jedes Franchisesystem, daher muss am Anfang der Konzeption eines Franchisesystems die Überlegung stehen, *welche* Marke *wie* etabliert und geschützt wird; dabei beziehen sich diese Überlegungen nicht nur auf die Marke als solche, sondern auch darauf, welche Warenklassen vom Schutzbereich der Marke umfasst werden sollen. Gerade bei der Wahl der Warenklassen sollte auf eine zukünftige Expandierung, aber auch internationale Ausrichtung des Franchisesystems, geachtet werden. Schon oft hat sich der Schutzbereich einer Marke als zu eng erwiesen, weil bei der Etablierung des Systems und den markenrechtlichen Überlegungen Expansions- und Internationalisierungsgedanken nicht berücksichtigt wurden und demnach die Marke nicht für alle für das System in Betracht kommenden Warenklassen geschützt wurde. Letztlich spielt für den Umfang der einzutragenden Warenklassen auch eine Rolle, wie sich das Sortiment bzw. die Dienstleistungen des Franchisesystems weiterentwickeln sollen. Markenschutz heißt daher auch, rechtzeitig die Internationalisierung und Expandierung des Franchisesystems und gegebenenfalls mögliche Änderung des Sortiments oder aber der Dienstleistungen, die vom Franchisenehmer zu erbringen sind, zu berücksichtigen.

Die Marke ist ein gewerbliches Schutzrecht. Unter dem Begriff »gewerblicher Rechtsschutz« werden die Möglichkeiten zusammengefasst, wie immaterielle Güter (geistiges Eigentum) vor unzulässiger Nachahmung und Übernahme geschützt werden können.

Immaterielle Güter wiederum sind alle geistigen Werte, die ein Mensch geschaffen hat, indem er einem bloßen Gedanken eine für Dritte wiedererkennbare Form gibt, z. B. eine Schriftform in Gestalt von Zeichnungen, Namen oder ganzen Texten, eine dreidimensionale Form als Modell oder Prototyp, einen Klang oder Vergleichbares.

Inzwischen gibt es auch die Möglichkeit, eine Unternehmenskennzeichnung in den neuen Medien, z. B. im Internet über eine Domain schützen zu lassen. Der Schutz ist aber weder identisch mit dem Firmen- noch mit dem Markenschutz. Er bezieht sich ausschließlich auf dieses Medium und die Schutzfähigkeit ist von keiner bestimmten Voraussetzung abhängig. Allerdings ist die DENIC nach der Rechtsprechung des Bundesgerichtshofs verpflichtet, zumindest zu überprüfen, ob auf den ersten Blick die Domain mit bekannten Markenrechten verwechslungsfähig ist. Für diesen Fall ist eine Eintragung der Domain abzulehnen. Auch für den Domainschutz gilt, dass frühzeitig die Internationalisierung und Expansion des Systems beachtet werden muss. Andernfalls läuft das Franchisesystem Gefahr, in die Falle des **Domain Grabbing** zu laufen. Bereits zahlreiche Systeme mussten diese internationale Erfahrung machen. Die Domain war in einem anderen Land, in das das Franchisesystem expandieren wollte, bereits von einem Dritten geschützt worden, sodass das Franchisesystem dann die Domain zurückkaufen musste, um so auch einen umfassenden Schutz der Domain für Franchisenehmer in diesen Expansionsländern sicherzustellen.

Um also eine unverwechselbare Kennzeichnung für die eigenen, systemtypischen Produkte zu schaffen und sie in jedem Medium ohne Störungen durch Dritte nutzen zu können, muss für das Franchisesystem eine Marke geschützt werden. Der Franchisegeber kann sich dabei entscheiden, ob er eine Wort- oder Bildmarke oder eine Kombination aus beidem zur Kennzeichnung seiner Produkte, Waren oder Dienstleistungen erschaffen will.

6.1 Der Name

Im Grunde kann jeder Name als Marke etabliert werden, von einer reinen Phantasiebezeichnung wie *Akabar* bis hin zu einem Werbeslogan. Die Marke eines Franchisesystemes ist der entscheidende Träger immaterieller Güter. Sie identifiziert die konkrete Ware oder Dienstleistung, transportiert das Image, das mit dem Produkt verbunden ist, und kann mit entsprechendem Marketingaufwand zu einer solchen Sogwirkung führen, dass es für den einzelnen Franchisenehmer weniger anstrengend ist, Kunden vor Ort zu gewinnen, da diese auch aufgrund der Zugkraft der Marke zu ihm finden. Deshalb ist die Überlegung, welche Marke das junge Franchisesystem für sich sprechen lassen will, von weitreichender Bedeutung. Sie richtet sich nach der festgelegten Markenstrategie. Es ist hiernach zu überlegen:

❏ An welchen Kundenkreis soll das Produkt verkauft werden?
❏ In welchem räumlichen Ausdehnungskreis soll das Produkt vertrieben werden?
❏ Was soll der Name ausdrücken (Eigenschaften, Qualitätsmerkmale, Herkunft)?
❏ Soll dem Namen selbst ein Wiedererkennungswert zukommen oder soll hierzu eine Grafik oder ein Logo dienen?
❏ Auf welche Warenklassen soll sich die Marke beziehen?

❏ Sind internationale Markenschutzrechte im Hinblick auf eine angedachte Expansion des Franchisesystems notwendig?

Nur wenn eine solche Markenstrategie bereits bei Aufbau des Franchisesystems erfolgt, ist sichergestellt, dass die Marke nicht nur den Wiederkennungswert des Franchisesystems verstärkt, sondern auch zugleich dem Franchisenehmer den von ihm gewünschten und durch den Franchisevertrag vom Franchisegeber garantierten Markenschutz gibt.

6.2 Das Logo

Will der Franchisegeber eine Grafik, eine Zeichnung oder geometrische Muster entweder allein oder mit dem Namen oder Teilen hiervon (Abkürzungen, Buchstabenkombinationen) bewerben, wird er sich mit oder ohne Zuhilfenahme einer Agentur ein Logo erschaffen. Wann ist ein Logo nützlich?

Die Deutsche Bank hat mit ihrem Logo ein Zeichen geschaffen, das einen hohen Wiedererkennungswert mit einer klaren Aussage besitzt und viel Geld gekostet hat. Diese Investition hat sich offensichtlich gelohnt. Unter diesem Logo allein und ohne jeden Namensbestandteil ist die Deutsche Bank in der ganzen Welt bekannt, und es bedarf keiner erklärenden Zusätze mehr. Nichts anderes gilt für die goldenen Bogen des McDonald's-Franchisesystems. Auch diese haben den Vorteil, weithin sichtbar zu sein – was mit Sicherheit manche zusätzliche Umsatzmark gebracht hat – was jeder bestätigen wird, der schon ein Burger-King-Restaurant gesucht und die Abfahrt verpasst hat, weil dessen Logo nicht in das Auge springt. McDonald's goldene Bögen sind dagegen kaum zu übersehen.

Ein Logo lässt sich sehr gut bekannt machen, vorausgesetzt, Werbung und Nutzung erfolgen über visuelle Medien wie Zeitschriften und Fernsehen. Die Präsenz der Produkte durch Ladenlokale muss natürlich entsprechend groß sein. Aus diesem Grunde sollten auch die Produkte des Franchisegebers, unbeschadet ob sie vom Franchisegeber selbst oder von Drittunternehmen für diesen hergestellt werden, mit dem Logo des Franchisesystems versehen werden. Auch dies dient dem Bekanntheitsgrad und dem Wiedererkennungswert des Franchisesystems.

Zielt die Werbung mehr auf auditive Medien, z. B. Radio ab oder ist wesentlicher Bestandteil der Werbestrategie die Mund-zu-Mund-Propaganda, dürften sich die Ausgaben für die Schaffung, den Schutz und die Bewerbung eines Logos nicht ausreichend amortisieren.

6.3 Der Schutz

Doch kann auch jede Marke geschützt werden? Hier stellt sich die Frage der Eintragungsfähigkeit einer Marke und die sonstigen Möglichkeiten, ein gewerbliches Schutzrecht für die Kennzeichnung des Franchisesystems zu erlangen.

Schutz durch Eintragung beim Deutschen Patent- und Markenamt (DPA)

Am leichtesten wird der Schutz einer Unternehmenskennzeichnung durch Anmeldung und Eintragung beim DPA erreicht. Der Franchisegeber sollte sorgfältig diese Anmeldung vorbereiten und nach den nachfolgend geschilderten Überlegungen seine Namenskennzeichnung so rechtzeitig entwickeln, dass der Schutz erreicht wird, bevor die Marktaktivitäten beginnen.

Kennzeichnungskraft und beschreibender Charakter

Eine Marke ist nach dem Markengesetz in der Bundesrepublik nur dann eintragungsfähig, wenn sie im Verkehr Kennzeichnungskraft besitzt. Dies heißt nicht etwa, dass sie am Markt bekannt sein müsste. Vielmehr ist mit diesem rechtstechnischen Begriff die Eigentümlichkeit des Kennzeichens gemeint. Wird der Begriff in identischer Form in der deutschen oder in einer anderen verbreiteten Sprache zur Beschreibung eines Gegenstandes oder einer Fähigkeit verwandt, gilt der Grundsatz der Freihaltebedürftigkeit für diesen Gegenstand oder diese Tätigkeit. Niemand soll durch Eintragung in die Zeichenrolle des DPA das ausschließliche Nutzungsrecht z. B. an der Bezeichnung *Reisebüro* oder »Travel Agency« unter Ausschluss aller anderen Reisebürounternehmer erhalten. Dieses Argument leuchtet ohne weiteres ein, es gibt aber viele Grenzfälle, bei denen man über die Freihaltebedürftigkeit streiten kann.

Welche Zeichen können als Marke eingetragen werden?

Marken können nach § 3 Abs. 1 MarkenG eingetragen werden, soweit sie geeignet sind, Waren oder Dienstleistungen eines Unternehmens von denjenigen anderer Unternehmen zu unterscheiden:

- ❏ Wörter (Ariel)
- ❏ Personennamen (Dr. Hoffmann)
- ❏ Abbildungen
- ❏ Buchstaben (DFB, A&P)
  Zahlen (*4711*)
- ❏ Bilder und Logos (das Zeichen der Deutschen Bank, McDonald's-Bögen)
- ❏ Wort- und Bildkombinationen (BMW-Logo)
- ❏ Hörzeichen (ein Jingle, wie die Erkennungsmelodie eines Rundfunksenders)
- ❏ Farben und Farbzusammenstellungen (Schwarz-Gelb von Borussia Dortmund)
- ❏ Dreidimensionale Gebilde (ein bestimmtes Design)
- ❏ Sonstige Aufmachungen (Schaufensterdekorationen)

Unterscheidungskraft

Die Eintragungsfähigkeit einer Kennzeichnung als Marke, solange sie – wie bei neuen Franchisesystemen üblich – noch nicht bekannt ist, hängt auch von der Unterscheidungskraft ab. Diese wiederum kann entscheidend von der Waren- oder Dienstleistungsklasse abhängen, für die diese eingetragen werden soll. Dabei hat sich der Franchisegeber zwischen 34 Warenklassen und acht Dienstleistungs-klassen zu entscheiden. Neben der Expandierung und Internationalisierung des Franchisesystems wird die Auswahlentscheidung der einzelnen Warenklassen er-hebliche Bedeutung für die Eintragungsfähigkeit der Marke haben, denn ein für Waren und vorgesehenen Klassen rein beschreibender Begriff ist mangels Unter-scheidungskraft nicht eintragungsfähig. Weiterhin hat die Wahl der einzelnen Wa-renklassen Bedeutung in den späteren Entwicklungs- und Internationalisierungs-stadien des Franchisesystems, insbesondere dann, wenn die Marke sich sehr schnell am Markt durchgesetzt hat und allgemein bekannt ist. Die Franchisegeber werden dann daran denken, neben dem Vermarkten der vom Franchisenehmer abzusetzenden Waren oder den von diesem zu erbringenden Dienstleistungen auch Merchandising-Konzepte vorzubereiten und Tassen, Mützen oder T-Shirt mit der Marke des Franchisesystems über Franchisenehmer absetzen, genauso wie zeitweise bei McDonald's auch CD's erhältlich sind, um so die Attraktivität der McDonald's-Restaurants zu steigern.

Benutzerwille

Eine Marke wird nur dann vom DPA eingetragen, wenn der Anmelder den Willen zur Benutzung der Marke besitzt. Dieser Benutzerwille wird vermutet. Auch sog. Vorratsmarken sind eintragungsfähig, da in einem Widerspruchsverfahren der Einwand des Inhabers einer bereits eingetragenen Marke nur dann erheblich ist, wenn er, im Bestreitensfalle durch den Neuanmelder, glaubhaft machen kann, dass seine ältere Marke in den letzten fünf Jahren vor dem Tag der Veröffentlichung der Eintragung der neuen Marke benutzt worden ist (§ 43 Abs. 1 Satz 1 MarkenG). Ebenso wird eine eingetragene Marke löschungsreif, wenn sie länger als fünf Jahre nicht mehr benutzt wurde, unabhängig davon, wie umfangreich die Benutzung vor diesem Zeitraum war.

Nach neuer Rechtslage ist nicht mehr Eintragungsvoraussetzung, dass ein Ge-schäftsbetrieb vorliegt, wie es nach dem alten Warenzeichengesetz noch der Fall war. Ebenso kann nunmehr eine Marke auch ohne den Geschäftsbetrieb, für den sie eingetragen ist, übertragen werden. Wird bei der Übertragung eines Geschäfts-betriebes, zu dem auch eine Marke gehört, hierüber keine gesonderte Verein-barung getroffen, so gilt im Zweifel die Vermutung gem. § 27 Abs. 2 MarkenG, wonach mit Veräußerung des Geschäftsbetriebes auch die Rechte an der Marke auf den Erwerber übergehen.

Schutz durch Eintragung bei der World Intelectual Property Organisation (WIPO) und beim Harmonisierungsamt für den Binnenmarkt (HABM), sog. »Europäische Marke«.

Neben dem nationalen Schutz für seine Marke durch Eintragung beim DPA kann der Franchisegeber den gleichen Schutz in weiteren Ländern durch Eintragung seiner Marke als IR-Marke bei der WIPO in Genf erlangen. Diese Möglichkeit besteht für alle Länder, die dem Madrider Markenabkommen (MMA) und dem Madrider Protokoll (PMMA) angeschlossen sind, wobei der Franchisegeber durch Einzelnennung die von ihm gewünschten Länder festlegen kann. Dies sind die meisten Länder Europas und einige Afrikas und Asiens, z. B. China und jetzt auch Japan. Zu beachten ist, dass die USA und Kanada nicht dem Abkommen beigetreten sind, sodass dort gesonderte nationale Eintragungsanträge zu stellen sind. Das Madrider Markenschutzabkommen ist durch das am 28. Juni 1989 in Madrid abgeschlossene Protokoll ergänzt worden, das ab 1. Dezember 1995 in Kraft getreten und zum 1. April. 1996 wirksam geworden ist. Das Protokoll zum MMA ist so gestaltet, dass auch der Beitritt solcher Länder ermöglicht wird, die bislang im wesentlichen aus innerstaatlichen Gründen dem MMA nicht beigetreten sind. Zudem ist nun ein Beitritt auch internationaler Organisationen, z. B. der Europäischen Gemeinschaft, möglich. Die wesentliche materielle Änderung im Vergleich zum MMA besteht darin, dass bei einem Franchisesystem eine internationale Registrierung der Marke nicht nur auf der Basis einer nationalen Eintragung, sondern auch auf der Basis einer Anmeldung erworben werden kann. Wenn und soweit daran gedacht ist, einer Markenanmeldung auf der Grundlage des Protokolls zum MMA vorzunehmen, so sollte dies mit einem im Markenrecht versierten Anwalt abgestimmt werden.

Schließlich kann sich der Franchisegeber auch dazu entschließen, eine Gemeinschaftsmarke für das Gebiet der EU beim HABM in Alicante zu beantragen. Dies hat den Vorteil, dass ohne Heimatmarke der Schutz für alle EU-Länder mit einer Anmeldung und Eintragung erreicht werden kann. Voraussetzung ist jedoch, dass – auch bezogen auf einzelne EU-Mitgliedstaaten – dem keine Eintragungshindernisse entgegenstehen. Besteht ein Hindernis auch nur in einem Land, kann die Eintragung insgesamt nicht erfolgen.

Erlangen von Markenschutz ohne Eintragung

Für eine mit Unterscheidungskraft ausgestattete Marke kann durch deren Erlangung von Verkehrsgeltung oder von notorischer Bekanntheit bei der Kennzeichnung einer bestimmten Ware oder Dienstleistung Markenschutz gem. § 4 Ziff. 2 oder 3 MarkenG auch ohne Eintragung bei DPA, WIPO oder HABM entstehen. Wann Verkehrsgeltung oder Verkehrsdurchsetzung vorliegt, ist nicht einfach zu beurteilen. Hierfür gibt es keine festen Bezugsgrößen, es kommt auf den Marktanteil, die Aufwendungen für die Werbung, den Umsatz und weitere Faktoren an, um festzustellen, ob der notwendige Bekanntheitsgrad vorliegt, was im Zweifel nur ein Gutachten bzw. eine Umfrage bei den beteiligten Verkehrskreisen feststellen kann.

Hierbei werden repräsentative Verkehrsteilnehmer mit spezieller Fragetechnik von einem unabhängigen Institut danach befragt, ob sie eine bestimmte Marke kennen oder was sie sich unter einer bestimmten Kennzeichnung vorstellen. Da ein erhebliches Risiko verbleibt, ob die so festgestellte Verkehrsgeltung ausreichend ist für den Schutz einer Marke ohne Eintragung, und da bis zum Erreichen von Verkehrsgeltung ohne Eintragung kein Schutz gegen Nachahmer besteht, sollte in jedem Fall sehr frühzeitig der Markenschutz über eine wohlüberlegte Eintragung beim DPA und/oder den anderen Institutionen angestrebt werden.

Da die Kosten für eine Markeneintragung bei widerspruchsfreiem Verlauf regelmäßig nur etwa 500 bis 1.000 Euro betragen, ist eine Anmeldung der Marke unbedingt zu empfehlen, wobei die Einschaltung eines spezialisierten Rechtsanwalts oder eines Patentanwalts ratsam ist.

6.4 Die Marke und die Firma eines Franchiseunternehmens

Viele Unternehmer sind sich über den Unterschied zwischen Firma und Marke und dessen Bedeutung nicht im Klaren, obwohl hier eindeutige Unterschiede bestehen. Die Firma ist nach § 17 Abs. 1 HGB der Name, unter dem ein Kaufmann oder eine Handelsgesellschaft im Handel seine/ihre Geschäfte betreibt und die Unterschrift abgibt; die Marke ist die Kennzeichnung von Waren oder Dienstleistungen eines Unternehmens. Da in einem Franchisesystem mehrere Unternehmer, also Kaufleute, miteinander kooperieren, muss jeder Unternehmer seine eigene Firma besitzen, mit der er unterschreibt und unter der er klagen und verklagt werden kann. Die Firma des Franchisegebers ist nicht Gegenstand der Franchise, unterliegt also – anders als die Marke – nicht der Nutzungserlaubnis im Franchisevertrag. Entsprechend klare Bestimmungen muss der Franchisevertrag zwingend enthalten, denn andernfalls könnte die Auslegung des Vertrages eine Gebrauchsgestattung der Firma des Franchisegebers durch die Franchisenehmer ergeben, was nachteilige Konsequenzen zur Folge hätte.

Zum einen könnte eine Haftung des Franchisegebers für Handlungen des Franchisenehmers entstehen, zum anderen könnte der Franchisenehmer die Firma des Franchisegebers für sich in das Handelsregister eintragen. Sind für diesen Fall im Vertrag keine Bestimmungen zur Unterlassung der Firmennutzung nach Vertragsende enthalten, erwirbt der Franchisenehmer ein eigenes unangreifbares Recht an der Firma, auch wenn er nicht mehr im Franchiseverbund tätig ist, und kann hierunter weiterhin seine Geschäfte führen. Selbst wenn entsprechende Bestimmungen enthalten sind, kann dies bedeuten, dass der Franchisegeber im Fall einer streitigen Beendigung des Vertragsverhältnisses erst einmal auf die Löschung der Firma des Franchisenehmers klagen muss und dass für die Dauer der Klage der Amtsgerichtsbezirk für einen Nachfolger gesperrt sein kann. Hinzu kommt auch eine weitere für das Franchisesystem negative Konsequenz im Falle der Eröffnung eines Insolvenzverfahrens über das Vermögen eines Franchisenehmers. Da die Eröffnung des Insolvenzverfahrens öffentlich bekannt zu machen ist, erfolgt dann diese Veröffentlichung unter der Firma des Franchisenehmers – und damit unter der des Franchisesystems. Dies könnte dann die irrige Vorstellung hervorrufen, dass das Franchisesystem insgesamt insolvent ist. Es ist deshalb in der Regel davon abzuraten, den Franchisenehmern die Benutzung der Firma des Franchisegebers zu gestatten.

6.5 Verteidigung der Marke

Der Schutz der Marke ist relativ: Er kann verloren gehen, wenn der Franchisegeber – oder auch die Franchisenehmer – die Marke nicht gegen Verletzer verteidigen. Hierbei ist zu unterscheiden: Duldet der Franchisegeber ähnliche Marken über einen längeren Zeitraum in der gleichen Branche, kann er zwar immer Dritten untersagen, die gleiche Marke zu nutzen, aber nicht mehr neuen Wettbewerbern, eine neue, sehr ähnliche Marke einzuführen. Duldet ein Markeninhaber gar die Einführung und Nutzung der gleichen Marke in seiner Branche, ohne hiergegen (im Widerspruchsverfahren bei der Eintragung oder später durch eine Löschungs- oder Unterlassungsklage) vorzugehen, kann er seinen Markenschutz verwirken. Wenn der Franchisegeber die Eintragung und Benutzung einer Marke oder geschäftlichen Bezeichnung eines Wettbewerbers unter Verletzung eigener Markenrechte wissentlich über einen Zeitraum von fünf aufeinander folgenden Jahren duldet, kann er ihm später die Nutzung nicht mehr untersagen (§ 21 Abs. 1 MarkenG).

Die Verteidigung der eigenen Schutzrechte gelingt oftmals bereits über eine Abmahnung, mit der der Verletzer unter Hinweis auf die eingetragene Marke zur Unterlassung der Nutzung aufgefordert wird. Gibt der Verletzer die Unterlassungserklärung mit einem Vertragsstrafeversprechen ab, ist eine Unterlassungsklage weder nötig noch zulässig. Wird diese Erklärung nicht abgegeben, ist eine Klage meistens unabwendbar, will der Franchisegeber nicht später den Verwirkungseinwand gegen sich gelten lassen müssen. Dabei kann im Franchisevertrag auch festgelegt werden, dass der Franchisenehmer verpflichtet ist, den Franchisegeber bei Rechtsstreitigkeiten wegen Schutzrechtsverletzungen zu unterstützen.

Kommt der Franchisegeber seiner Verpflichtung zum Schutz der Marke nicht nach, so steht dem Franchisenehmer gegebenenfalls das Recht zu, die von ihm zu leistende laufende Franchisegebühr zu mindern oder ein Zurückbehaltungsrecht geltend zu machen. Immerhin leistet der Franchisenehmer mit der laufenden Franchisegebühr auch einen anteiligen Betrag für die Nutzung der zugunsten des Franchisesystems eingetragenen Marke. Er hat also insoweit ein Eigeninteresse daran, dass die Marke nicht von Dritten unberechtigt genutzt werden darf.

Auch der Franchisenehmer kann als Lizenznehmer der Marke das Recht und/oder die Pflicht haben, gegen einen Schutzrechtsverletzer vorzugehen. Voraussetzung ist eine entsprechende Regelung im Franchisevertrag. § 17 Abs. 1 GWB erklärt zwar solche Verträge für unwirksam, bei denen dem Lizenznehmer Beschränkungen im Geschäftsverkehr auferlegt werden, die über den Inhalt des Schutzrechts hinausgehen, doch kann trotz dieser Regelung der Franchisenehmer gem. § 17

Abs. 2 Ziff. 3 GWB verpflichtet werden, die ihm zur Nutzung überlassenen gewerblichen Schutzrechte des Franchisegebers nicht anzugreifen (Nichtangriffsverpflichtung). Allerdings kann eine solche Nichtangriffsklausel Art. 81 Abs. 1 EG-Vertrag verletzen, wenn diese den Franchisenehmer rechtlich und wirtschaftlich zu sehr einengt.

7 | Das Vorhaben erden: Rechtsform und Finanzierung des Franchise-gebers

von Andrea Maria Wessels und Eckhard Flohr

Einführung

Ohne Geld kann kein Unternehmen gegründet werden, auch kein Franchiseunternehmen, obgleich dies häufig der Fall ist. Deshalb muss auch der Franchisegeber einen Investitionsplan vor Aufnahme seiner Tätigkeit erarbeiten und eine Finanzplanung erstellen. Hierbei sind nicht nur Erstinvestitionen wie Büromiete, Werbungskosten, Kosten für Markenanmeldungen, Rechtsberatungskosten und Ähnliches zu berücksichtigen, sondern auch Anfangsverluste bei dem Aufbau des Franchisesystems. Hierunter ist nicht nur der allererste Schritt beim Aufbau zu verstehen, also

a) die Errichtung und der Betrieb eines Pilotbetriebes und
b) einer kleinen Systemzentrale sowie
c) Anfangswerbung und
d) Beratung durch externe Dienstleister,

sondern auch die Investitionen der ersten Jahre, wenn bereits Franchisenehmer beteiligt sind. Es ist ein verbreiteter Trugschluss anzunehmen, dass mit den ersten Einnahmen von Einstiegsgebühren bereits die Kostendeckung erreicht werden kann. Gerade am Anfang lernt der Franchisegeber selbst noch täglich dazu und muss sein System ständig anpassen. Dies kostet zusätzliches Geld. Hinzu kommt, dass er zur Erfüllung seiner Leistungsversprechen bereits bei dem ersten Franchisenehmer alle Leistungen bereithalten muss, auch wenn die Einnahmen über den oder die ersten Franchisenehmer die Kosten hierfür bei weitem noch nicht decken. Schließlich ist Franchising die Methode, einen bestimmten Geschäftstyp zu *multiplizieren*; es ist also nicht erstaunlich, dass der *break even* erst bei größerer Franchisenehmer-Zahl und nicht schon in der ersten Vervielfältigungsphase (zwei bis zwanzig Franchisenehmer) erreicht werden kann. Nach welcher Zeit dies der Fall ist, hängt ganz von der Branche, der Strategie, dem besonderen Nutzen des Systems für Franchisenehmer und Kunden, kurz von den gesamten Rahmenbedingungen ab. Eine allgemeine Regel lässt sich nicht aufstellen.

7.1 Die Rechtsform der Gesellschaft

Die Beschaffung des notwendigen Eigenkapitals kann in erster Linie über die geeignete gesellschaftsrechtliche Form der Franchisegeber-Gesellschaft geschehen. Hierfür werden idealerweise Gesellschafter gesucht und gefunden, die sich beteiligen. Auch professionelle Venture-Capital-Gesellschaften können, wenn sie überzeugt werden von den Erfolgschancen des geplanten Franchisesystems, als Gesellschafter an der Bildung des Eigenkapitals beteiligt sein. Solche privaten Beteiligungsgesellschaften kann der Franchisegeber über die IHK oder auch über seine Hausbank finden.

Die Wahl der geeigneten Gesellschaftsform für die Aufnahme von eigenkapital-gebenden Gesellschaftern hängt von den Interessen des Gründers und seiner lang-fristigen Planung ab und reicht von der Personengesellschaft in Form einer offenen Handelsgesellschaft (OHG) oder einer Kommanditgesellschaft (KG) bis hin zur Gründung einer juristischen Person, in der Regel einer GmbH. Welches die geeig-nete Rechtsform ist, lässt sich nur im Einzelfall entscheiden. Grundsätzlich gelten alle bekannten Vor- und Nachteile bei der Gründung einer Gesellschaft, die hier nur kurz resümiert werden sollen:

a) Das einzelkaufmännische Unternehmen

Der einfachste Weg, gewerblich tätig zu werden, geht über die Gründung einer Einzelfirma. Im Grunde ist das Wort Gründung hier bereits missverständlich, denn es bedarf lediglich eines Gewerbescheins, um als Einzelkaufmann im Ge-schäftsverkehr aufzutreten. Der Inhaber haftet für alle Verbindlichkeiten persön-lich und unbeschränkt.

b) Die Personengesellschaft

Mehrere Unternehmer können auch eine Personengesellschaft in der Form einer OHG oder KG gründen, indem ein entsprechender Gesellschaftsvertrag abge-schlossen und die Firma in das Handelsregister eingetragen wird. Die Gesellschaf-ter haften dann, bis auf den oder die Kommanditisten einer KG, gleichfalls unbe-schränkt mit ihrem Privatvermögen. Auch kann die Franchisegeber-Gesellschaft in der Rechtsform einer Gesellschaft bürgerlichen Rechts aufgebaut werden, nachdem der Bundesgerichtshof unter Aufgabe seiner bisherigen Rechtsprechung festgestellt hat, dass eine Gesellschaft bürgerlichen Rechts als solche aktiv legiti-miert ist. Damit kann nunmehr eine Gesellschaft bürgerlichen Rechts unter ihrer Firma klagen und unter ihrer Firma verklagt werden; bislang mussten solche An-sprüche von den Gesellschaftern der Gesellschaft bürgerlichen Rechts geltend gemacht werden bzw. waren diese für gegen die Gesellschaft bürgerlichen Rechts gerichtete Verbindlichkeiten in Anspruch zu nehmen. Auch die Gesellschafter einer Gesellschaft bürgerlichen Rechts haften wie jede Personengesellschaft unbe-schränkt mit ihrem Privatvermögen; allerdings besteht die Möglichkeit, dass im Innenverhältnis mit Dritten aufgrund einer Individualvereinbarung eine Haf-tungsbeschränkung vereinbart wird. Soweit vereinzelt darüber nachgedacht wur-de, im Geschäftsverkehr unter »Gesellschaft bürgerlichen Rechts GmbH« auf-zutreten, um so eine beschränkte Haftung der Gesellschaft bürgerlichen Rechts zum Ausdruck zu bringen, ist dies von der Rechtsprechung abgelehnt worden.

c) Die beschränkt haftenden Gesellschaften

Die meisten Franchisesysteme werden als juristischen Person gegründet – meistens als GmbH. Diese hat den Vorteil, dass die Gesellschafter nicht persönlich haften, sondern ihre Haftung grundsätzlich auf das Stammkapital – von mindestens 25.000 Euro – beschränkt ist. Der Gesellschaft steht dann dieses Stammkapital für Investitionen zur Verfügung.

Eine Alternative hierzu ist die Gründung einer Aktiengesellschaft mit einem Mindeststammkapital von 50.000 Euro und mit einem Mindestnennwert je Aktie von 1 Euro. Nach der Änderung des Aktiengesetzes ist das Verfahren zur Gründung und Führung einer »Kleinen« AG dem einer GmbH angeglichen worden, sodass nicht zu jeder Hauptversammlung ein Notar hinzugezogen werden muss. Die AG benötigt im Gegensatz zu der GmbH allerdings einen Aufsichtsrat, der aus mindestens drei Mitgliedern besteht und der von der Hauptversammlung zur Kontrolle des Vorstandes gewählt wird.

Ein Vorteil der AG besteht darin, dass leichter Kapital durch die Ausgabe neuer Aktien aufgenommen werden kann. Franchisenehmer, Mitarbeiter oder andere zu dem System gehörende Personen, z. B. Systemlieferanten, könnten durch den Erwerb von Aktien an der Franchisegeber-Gesellschaft und deren Erfolg beteiligt und dadurch motiviert werden. In einer Beteiligung der Franchisenehmer an der Franchisegeber-Gesellschaft als Aktionäre liegt auch nicht die Bildung eines unzulässigen Kartells im Sinne von § 1 GWB mit der Konsequenz der Nichtigkeit der abgeschlossenen Verträge einschließlich des Franchisevertrages. Allein durch die Beteiligung an der Franchisegeber-Gesellschaft wandelt sich ein Franchisesystem nicht von einem vertikal strukturierten Absatzsystem in ein horizontales Absatzsystem um. Problematisch wäre dies nur dann, wenn einer der Franchisenehmer aufgrund der Höhe seiner Beteiligung am Grundkapital der AG maßgebender Aktionär würde und damit über seine Aktionärsstellung die Geschäftspolitik der Franchisegeber-Gesellschaft beeinflussen kann.

Bedenklich ist hingegen die Umkehrung, d. h. die Beteiligung des Franchisegebers an der Franchisenehmer-Gesellschaft. Oft wird diese nur angestrebt, damit die Franchisenehmer-Gesellschaft in der Gründungsphase mit entsprechendem Kapital ausgestattet ist. Prosperiert aber die Franchisenehmer-Gesellschaft und schüttet Gewinne aus, so sind diese Gewinne auch entsprechend der Beteiligungsquote an den Franchisegeber auszuschütten, sodass dieser erneut an den Leistungen des Franchisenehmers neben der von diesem zu leistenden laufenden Franchisegebühr partizipiert. Dies führt oft zu einem Konflikt zwischen Franchisenehmer und Franchisegeber, der sich zu einem Konflikt für das gesamte Franchisesystem entwickeln kann. Wenn also solche Beteiligungen des Franchisegebers an der Franchisenehmer-Gesellschaft angestrebt werden, sollte bereits im Gesellschaftsvertrag festgelegt werden, innerhalb welchen Zeitraums die Anteile des Franchisegebers vom Franchisenehmer übernommen werden können.

d) Die Mischformen

Eine früher für die *Bauherrenmodelle* viel benutzte Gesellschaftsform ist die GmbH & Co KG. Hierbei handelt es sich um eine Personengesellschaft, die durch die Beteiligung einer beschränkt haftenden GmbH als Komplementärin die an sich unbeschränkte Haftung des Komplementärs umgeht. Diese Form wurde oft für Kapitalanlagegesellschaften genutzt, da die Kapitalgeber als Kommanditisten nur in Höhe ihrer geleisteten Einlage, also nicht persönlich unbeschränkt haften und in die Geschäftsführung nicht direkt eingreifen können wie die Gesellschafter einer GmbH.

Welche Rechtsform der zukünftige Franchisegeber wählt, hängt von seinen mittelfristigen Interessen bei der Kapitalbeschaffung, dem Handelsbrauch in der betreffenden Branche und den persönlichen Bedürfnissen der Gründer ab. So mag es Branchen geben, in denen auch heute Gesellschaften mit unbeschränkt haftenden Gesellschafter eher geeignet sind, Vertrauen bei den zukünftigen Geschäftspartnern, d. h. den Lieferanten und auch den Franchisenehmern zu schaffen. Falls ein Franchisegeber aus steuerlichen Erwägungen eine Gesellschaft im Ausland zur Führung der Geschäfte des Franchisegebers gründen will, sollte er auf das jeweilige Image einer solchen Gesellschaft achten. Eine Gesellschaft auf den Cayman Islands schafft für die Franchisenehmer und die Lieferanten, welche sich in eine gewisse Abhängigkeit durch Anschluss an das Franchisesystem begeben, nicht unbedingt das notwendige Vertrauen auf dauerhafte und langfristige Existenz.

In den überwiegenden Fällen wird eine GmbH als Franchisegeber-Gesellschaft gegründet. Hierbei ist besonders im Gründungsstadium auf Folgendes zu achten:

Die Gesellschaft entsteht erst mit ihrer Eintragung im Handelsregister. Dieses Verfahren kann langwierig sein. Der Franchisegeber sieht sich aber oft gezwungen, bereits vorher Geschäfte zu tätigen. Hierzu gehören besonders:

❑ Anmeldung der Marken
❑ Kreditverträge mit Banken
❑ Anträge auf Fördermaßnahmen oder zu Förderprogrammen
❑ Rahmenvereinbarungen mit Vorlieferanten
❑ Beratungsverträge mit Dienstleistern
❑ Arbeitsverträge mit Angestellten
❑ Mietverträge mit gewerblichen Vermietern
❑ Leasingverträge mit Kfz-Händlern

Grundsätzlich kann der Franchisegeber in diesen Fällen bereits als GmbH i. G. (in Gründung) unterzeichnen, doch muss er hierbei Folgendes beachten:

Scheitert die spätere Eintragung ins Handelsregister, haften die Gesellschafter weiterhin unbeschränkt persönlich für die Verbindlichkeiten der Gesellschaft. Kommt es zur Eintragung, aber deckt das eingetragene Stammkapital nicht die bereits eingegangenen Verbindlichkeiten, haften die Gesellschafter auf den fehlenden Differenzbetrag.

Will der Franchisegeber umgehend über eine GmbH (oder eine AG) verfügen, besteht auch die Möglichkeit, eine bereits gegründete und im Handelsregister eingetragene Gesellschaft zu erwerben. Eine solche Mantelgesellschaft hat keine Geschäftstätigkeit entfaltet, sondern wartet nur darauf, gekauft zu werden, damit sie mit dem Geschäftszweck ausgefüllt wird, den ihr der Erwerber gibt. Eine Reihe spezialisierter Unternehmen haben solche Gesellschaften vorrätig.

In vielen Fällen werden die Gesellschafter ohnehin gezwungen sein, persönlich zu zeichnen, wie bei Kredit-, Miet- und Leasingverträgen, da sich kaum einer dieser Vertragspartner auf eine noch nicht existente Gesellschaft verlassen wird, deren Haftsumme noch nicht sicher ist. Hier sollten die Gesellschafter untereinander verbindliche und wirksame Vereinbarungen treffen, wie ein Innenausgleich geschaffen werden kann, wenn die Gesellschafter je einzeln persönliche Verpflichtungen für die zukünftige Gesellschaft eingehen.

7.2 Die Finanzierung der Gesellschaft

Als Finanzierungsinstrument zur Aufbringung von genügend Eigenkapital für die Gründungsphase des Franchisesystems haben alle Gesellschaftsformen Vor- und Nachteile. Für die Interessen von Franchisegebern hat sich nach den ersten Erfahrungen mit der neuen »Kleinen« AG gezeigt, dass die Aktiengesellschaft erhebliche Vorteile bietet, dieses sind:

❑ Geschäftsführung des Vorstands weitgehend unbeeinflusst durch Aktionäre
❑ kleine Beteiligungen ab 1 Euro möglich
❑ Beteiligung von Franchisenehmern am Unternehmen ohne kartellrechtliche Beschränkungen möglich, solange keine Mehrheit am Aktienkapital entsteht
❑ Verkehrsfähigkeit der Gesellschaftsanteile (Aktien), dadurch Erleichterung bei der nachträglichen Kapitalbeschaffung einschließlich der Möglichkeit, später an die Börse zu gehen.

Bei der Finanzierung eines solchen Vorhabens können neben den klassischen Finanzierungsinstrumenten über die Hausbank auch öffentliche Fördermittel abgerufen werden. Zu den wichtigsten Fördermitteln gehören Darlehen, Rückbürgschaften, Investitionszulagen, Zuschüsse, Zinszuschüsse, Bürgschaften und Garantien des Bundes und der Länder. Teilweise bieten die Länder auch Eigenkapitalhilfe durch Beteiligungen am Unternehmen des Franchisegebers an. In Österreich gibt es die Möglichkeit der Bürges-Finanzierung. Allerdings ist dazu als Besonderheit zu beachten, dass eine Finanzierung dann in Frage gestellt ist, wenn im Franchisevertrag eine Bezugsbindung des Franchisenehmers an den Franchisegeber enthalten ist und darüber hinaus ein sog. Abwerbeverbot festgelegt wird, d. h. die Verpflichtung des Franchisenehmers, keine Mitarbeiter eines anderen

Franchisenehmers oder eines Franchisegebers abzuwerben. Ob das konkrete Franchise-Vorhaben förderwürdig ist, kann nur im Einzelfall beurteilt werden.

Es gibt eine Vielzahl von besonderen Förderprogrammen, wenn das Unternehmen in den neuen Bundesländern errichtet werden soll. Die Voraussetzungen für einzelne Förderprogramme können übersichtlich in dem jährlich erscheinenden Unternehmerjahrbuch des Luchterhand Verlages nachgelesen werden. Auch haben sich einige Beratungsunternehmen darauf spezialisiert, Beratung anzubieten, um durch das Dickicht der verschiedensten Förderprogramme hindurchzuführen und die geeigneten Programme aufzuspüren (Nachweis über den Deutschen Franchise-Verband, Berlin). An wen ein Antrag gerichtet werden muss, hängt von dem Förderprogramm ab. Die meisten Förderungen sind über die Deutsche Ausgleichsbank und/oder die Kreditanstalt für Wiederaufbau erhältlich. Jede gute Hausbank sollte hier über die Informationen und Adressen verfügen, die im Einzelfall für den Franchisegeber wichtig sind. Allerdings sollte der Franchisegeber sich nicht in die Finanzierung des Franchisenehmers unmittelbar miteinbinden, da andernfalls die Gefahr einer Mithaftung besteht, wenn die Finanzierung fehl schlägt. Vielmehr ist dem Franchisegeber zu empfehlen, sich insoweit offizieller Finanzierungsberater zu bedienen. Entsprechende Angaben dazu werden vom Deutschen Franchise-Verband e. V. vermittelt.

Soweit der Franchisegeber seinen Franchisenehmern derartige Dritte vorschlägt und diese dann das Finanzierungskonzept für den Franchisenehmer ausarbeiten, ist zwar eine Haftung des Franchisegebers für das Finanzierungskonzept nicht gegeben, doch haftet der Franchisegeber insoweit gem. § 664 Abs. 1 BGB für ein etwaiges ihm unterlaufenes Auswahlverschulden.

Die Erprobungsphase zeigt die Marktrealität: Ist das, was mit viel Überlegungen und einigem finanziellen Aufwand entwickelt worden ist, wirklich markttauglich? Diese Phase ist stets die Generalprobe für das im Aufbau befindliche Franchisesystem. Jetzt wird sich erweisen, ob das Know-how, das innerhalb des Unternehmens als Geschäftsidee erarbeitet wurde, auch so multiplizierbar ist, dass dieses von Unternehmern – den Franchisenehmern – an deren Point of Sale (POS) angewandt werden kann. Dann stellt sich auch heraus, ob das Know-how so unerlässlich für das Betreiben der einzelnen Franchise-Outlets ist, wie es die EU-Kommission im Rahmen der EU-Gruppenfreistellungsverordnung für Vertikale Vertriebsbindungen verlangt. Diese Unerlässlichkeitsprüfung zieht sich durch die Lebensdauer des Franchisesystems wie ein Leitfaden. Zunächst ist zu prüfen, ob das Know-how für den Pilotbetrieb unerlässlich ist; dann folgt die Fragestellung innerhalb der Erprobungsphase, ob das Know-how für das Franchise-Outlet des Franchisenehmers unerlässlich ist und dann letztlich die entscheidende Frage, ob das Know-how nach Abschluss der Erprobungsphase so umgesetzt werden kann, dass auf der Grundlage dieses Know-how nicht nur ein Franchisesystem aufgebaut, sondern auch national und gegebenenfalls international weiterentwickelt werden kann.

Erprobungsphase und Marktrealität

von Eckhard Flohr und Jürgen Nebel

Sie werden bei der Erprobung des Know-hows durch mit Ihnen zusammenarbeitende selbstständige Partner eine weitere Erfahrung machen: Der Know-how-Transfer innerhalb eines Unternehmens ist grundsätzlich etwas anderes als der Know-how-Transfer zwischen selbstständigen Unternehmen. Wird das Know-how innerhalb des Unternehmens nicht so umgesetzt, wie Sie es sich vorstellen, so besteht ein arbeitsrechtliches Weisungsrecht gegenüber Ihren Mitarbeitern; gegebenenfalls können Sie hier eingreifen und darauf drängen, dass das Know-how entsprechend den Vorgaben eingesetzt wird. Gänzlich anders sind Ihre Einwirkungsmöglichkeiten gegenüber einem Franchisenehmer. Dieser ist selbstständiger Absatzmittler und nicht aufgrund eines Dienstvertrages mit Ihnen verbunden. Das Weisungsrecht ist eingeschränkt. Allenfalls kann von einer Richtlinienkompetenz für die Merkmale gesprochen werden, die das Franchisesystem ausmachen, insbesondere deren Corporate Identity-Merkmale. Wird diese Grenze der Richtlinienkompetenz überschritten und wird daraus ein generelles Anweisungs- und Unterweisungsrecht gegenüber dem Franchisenehmer, so laufen Sie Gefahr, dass ein solcher Franchisenehmer nicht als selbstständiger Unternehmer, sondern nach der arbeitsgerichtlichen Rechtsprechung entweder als ihr Arbeitnehmer oder aber als arbeitnehmerähnlich schutzbedürftig angesehen wird. In der Erprobungsphase setzt damit schon die Gratwanderung ein – einerseits muss das Geschäftsführungs-Know-how so ausführlich umschrieben sein, dass es der Franchisenehmer an seinem Point of Sale erfolgreich im Sinne des Franchisesystems einsetzen kann – anderseits muss aber die Umschreibung des Know-hows den unternehmerischen Frei- und Spielraum des Franchisenehmers beachten. Dieser muss sich innerhalb der vorgegebenen Grenzen wirtschaftlich frei entfalten und sein Franchise-Unternehmen selbst organisieren können.

Auch wird sich zeigen, dass der Absatz von Produkten über Franchisenehmer schwieriger ist, als wenn unmittelbar Endverbraucher beliefert werden. Sie werden auch Erfahrungswerte dafür erhalten, ob Ihr Know-how vermarktungsfähig ist und mit den Erfahrungen des Pilotbetriebes das spätere Franchisesystem national – und gegebenenfalls international – ausgebaut werden kann.

Zu beachten sind in dieser Erprobungsphase die Vorgaben des European Code of Ethics for Franchising. Danach muss der Franchisegeber vor Aufbau seines Franchise-Netzwerkes sein Geschäftskonzept in einem angemessenen Zeitraum mit wenigstens einem Pilotbetrieb erfolgreich betrieben haben. Die Angemessenheit dieses Zeitraums wird nicht näher definiert – ist aber mit mindestens einem Jahr, wenn nicht sogar mit zwei Jahren anzusetzen. Entscheidend hängt dies von der Art der Franchise ab. Sie werden diese Phase auch dazu nutzen müssen, Ihr Know-how anzupassen. Anpassungsbedarf wird sich insbesondere aus den Erfahrungen im Pilotbetrieb ergeben, sei es nun vom Umfang oder der Gestaltung der anzubietenden Vertragsprodukte, der Werbung und der Marketingkonzepte oder aber der Ladengestaltung. Es kann aber auch sein, dass das Know-how im Hinblick auf die Vermarktung der Produkte gegenüber dem Endverbraucher angepasst werden muss, eben weil sie nunmehr nicht die Endkunden direkt beliefern, sondern über dazwischen geschaltete selbstständig tätig werdende Franchisenehmer. Bei der Kalkulation der EK-Preise der an den Franchisenehmer zu verkaufenden Vertragsprodukte wird dann auch zu berücksichtigen sein, welche Handelsspanne dem Franchisenehmer verbleiben muss, damit dieser sein Franchise-Outlet erfolgreich betreiben kann. Dies kann dann gegebenenfalls auch dazu führen, dass Preisschwellenwerte neu ermittelt werden müssen. Während der Pilotphase müssen die Systemstandards des Franchisesystems in der Praxis überprüft werden; sie werden auch Erfahrungen darin sammeln, inwieweit das Controlling so umfassend ist, dass es hinterher auch beim Aufbau des Franchisesystems eingesetzt werden kann. Auch wird die Testphase dazu genutzt werden müssen, um zu überprüfen, ob das Franchise-Handbuch in der vorgelegten Erstfassung so ausreichend ist, dass es die Grundlage für die Multiplizierung Ihrer Geschäftsidee durch selbstständige Franchisenehmer darstellt oder ebenfalls angepasst werden muss.

Als Ergebnis der Erprobungsphase muss feststehen, dass der reale Betriebstyp ausreichend Gewinne erwirtschaften kann. Nur dann ist das Know-how für den Franchisenehmer nützlich im Sinne der Rechtsprechung und unerlässlich im Sinne der EU-Gruppenfreistellungsverordnung für Vertikale Vertriebsbindungen. Zugleich zeigt ihnen die Erprobungsphase aber auch ob das Know-how an die Gegebenheiten des Marktes angepasst werden muss. Die Etablierung eines Franchisesystems setzt demnach eine ständige Weiterentwicklung des Know-how voraus, wobei die Weiterentwicklungen jeweils wieder im Pilotbetrieb zu testen sind, bevor entsprechende Erfahrungen als ergänzender Know-how-Transfer dem Franchisenehmer für seinen Point of Sale zur Verfügung gestellt werden können. Die Erprobungs- und Testphase endet daher bei einem Franchisesystem dem Grunde nach niemals. Stillstand führt zu einer statischen Betrachtung – die Entwicklung von Franchisesystemen ist aber ein dynamischer Prozess.

Einführung

Auf der Grundlage der bis zum 31. Mai 1999 geltenden EG-Gruppenfreistellungsverordnung für Franchise-Vereinbarungen wurde das Know-how eines Franchise-Systems als geheimes, in der Regel nicht technisches Wissen, das wesentlich und identifiziert war und auf Erfahrungen des Franchisegebers sowie Erprobung durch diesen beruhte, definiert. Diese Definition setzte sich auch allgemein durch, wenn es darum ging, das Know-how eines Franchisesystems zu messen, wobei das Know-how zugleich der Gradmesser einer etwaigen Nichtigkeit des abgeschlossenen Franchisevertrages wegen Verstoßes gegen die guten Sitten gem. § 138 BGB war. Zwar ist die EG-Gruppenfreistellungsverordnung für Franchise-Vereinbarungen durch die seit dem 1. Juni 2000 geltende EG-Gruppenfreistellungsverordnung für Vertikale Vertriebsbindungen ersetzt worden, doch hat sich dadurch die Know-how-Definition nicht geändert. Geändert hat sich aber der Stellenwert des Know-hows, während unter der Geltung der EG-Gruppenfreistellungsverordnung für Franchise-Vereinbarungen davon gesprochen wurde, dass das Know-how »nützlich« sein muss, verlangt nunmehr die EG-Gruppenfreistellungsverordnung für Vertikale Vertriebsbindungen, dass das Know-how »unerlässlich« ist. Diese sog. **Unerlässlichkeitsprüfung** muss in jeder Phase der Vertragsdauer vorgenommen werden, da mangelnder Unerlässlichkeit des Know-how etwaige vertraglich vereinbarten Wettbewerbs- und Geheimhaltungsverbote oder aber nachvertragliche Geheimhaltungspflichten unwirksam sind. Von einem geheimen Know-how des Franchisesystems kann daher zukünftig nur dann gesprochen werden, wenn und soweit dieses nicht allgemein zugänglich ist.

Dabei obliegt die Darlegungs- und Beweislast, ob dem Franchisenehmer ein Know-how zur Verfügung gestellt wird, dem Franchisegeber. Dieser hat nach der Rechtsprechung genau darzulegen und zu beweisen, dass dieses Know-how auch für den Franchisenehmer nützlich ist. Dies zwingt jeden Franchisegeber dazu, das Know-how seines Franchisesystems zu konkretisieren und in der Regel im Franchise-Handbuch zur Verfügung zu stellen. Dabei hat der Franchisegeber jedoch eine Gradwanderung zu beachten – im Sinne einer umfassenden Umschreibung des Know-hows ist es wünschenswert, dass dieses detailliert bishin zu verbindlichen Anweisungen an den Franchisenehmer dargestellt wird. Sind diese Anweisungen aber zu weitreichend und greifen in die unternehmerische Selbstständigkeit des Franchisenehmers ein, so kann in der Umkehrung ein so ausführlich gestaltetes und mit Richtlinien und Anweisungen für den Franchisenehmer versehenes Handbuch nach der Rechtsprechung der Arbeits- und Zivilgerichte dazu führen, dass dieser Franchisenehmer, wenn nicht sogar Arbeitnehmer, so doch zumindest arbeitnehmerähnlich schutzbedürftig ist.

Der Schwerpunkt der Äußerung liegt hierbei nicht auf »geheimem Wissen«. Das in dieser Phase des Aufbaus eines Franchisesystemes wesentliche Kriterium, das auch in den Anfangsjahren von tragender Bedeutung sein wird, ist die **Erprobung des Know-how**. Wie wird Know-how erprobt? Einschlägige Entscheidungen der Gerichte in Deutschland liegen hierzu noch nicht vor. Dies geschieht grundsätzlich durch einen sog. *Pilotbetrieb*. Der eigene Betrieb des zukünftigen Franchisegeber-Unternehmers kann, da er dort sein eigenes Know-how selbst anwendet und nicht durch eine Dritten anwenden und erproben lässt, als Pilotbetrieb gelten.

Andererseits kann der Pilotbetrieb auch nicht durch einen *Franchisenehmer* geführt werden, denn dieser wird begriffsnotwendig erst dadurch zum Franchisenehmer, dass ihm aufgrund eines Franchisevertrages vom Franchisegeber ein bereits erprobtes Know-how übergeben wird. Wer also soll den Pilotbetrieb führen und das Know-how erproben?

2.1 Unternehmerisch beteiligter Filialleiter

Die sinnvollste Möglichkeit, einen solchen Pilotbetrieb zu führen, dürfte die Errichtung eines Filialbetriebes sein, der räumlich und buchhalterisch vom Eigenbetrieb des Unternehmers getrennt ist. Damit das Know-how auch später in dokumentierter Form, also durch Richtlinien und Handbuch übertragen werden kann, sollte der Unternehmer sich hier selbst beschränken und seine Weisungsrechte als Arbeitgeber zur Durchsetzung des Know-how grundsätzlich nicht einsetzen, sondern es wie beim späteren, selbstständigen Franchisenehmer mit Motivation, Überzeugungskraft und Argumenten erreichen, dass der Filialleiter die Richtlinien anwendet.

Eine Filiale zu diesem Zweck zu errichten, verfolgt daneben auch einen anderen Sinn – es ist wohl einem selbstständigen Dritten nur begrenzt zumutbar, auf eigene Kosten und mit eigenen Investitionen Know-how für einen Dritten zu erproben. Jeder Unternehmer muss ja damit rechnen, dass die Erprobung des Know-how zu der Erkenntnis führt, dass sich das Know-how nicht durch einen selbstständigen Dritten anwenden lässt, weil sich vielleicht herausstellt, dass es kein standardisiertes Know-how gibt oder dass die Anwendung des Know-how so individuelle Voraussetzungen bei dem selbstständigen Dritten erfordert, dass es nicht multiplizierbar ist. Dann muss die Idee von der Errichtung eines Franchisesystems mit diesem Know-how aufgegeben werden. Gerade das ist auch der Sinn der Erprobung festzustellen, und zwar in einem frühen Stadium der Investition, ob das Know-how franchisefähig ist.

Von großer Bedeutung ist die unternehmerische Beteiligung des Filialleiters entweder am Umsatz oder besser am Gewinn durch Vereinbarung entsprechender Provisionen, Tantiemen oder Ähnlichem. Im Unterschied zum Filialsystem ist im

Franchisesystem der Unternehmer für seinen eigenen Umsatz und den daraus resultierenden Gewinn selbst verantwortlich. Er muss Umsatzsteigerungen durch Marketingmaßnahmen und Kostenminimierung durch kostensparende Maßnahmen im eigenen Betrieb erzielen. Diese Voraussetzungen sollten auch beim Piloten vorliegen – er sollte die Motivation für den Betrieb des Piloten daraus schöpfen, in Eigenverantwortung möglichst hohe Einkommensquellen zu schaffen.

Da sich der Unternehmer in dieser Zeit in einer Übungsphase befindet, müssen sowohl der Betreiber, das Know-how als auch die Beziehung zwischen Unternehmer und Betreiber des Pilotbetriebs geeignet sein, schnell und ohne große Komplikationen Richtlinienänderungen umzusetzen, um diese neu zu erproben. Ein gewisses Maß an Weisungsbefugnis ist daher durchaus notwendig, um eine schnelle Umsetzung geänderter Richtlinien zu erreichen. Dies ist ein weiteres Argument dafür, einen Filialleiter als Angestellten für den Betrieb des Piloten einzusetzen, denn im Notfall, wenn nicht ausreichend Zeit verfügbar ist, ist der Unternehmer nicht auf die Richtlinientreue des Piloten angewiesen, sondern kann über den Arbeitsvertrag, dem Piloten Weisungen zur Umsetzung einer Richtlinie erteilen. Die Weisungsbefugnis im Rahmen eines Arbeitsvertrages ist dabei das effektivste Mittel.

2.2 Gesellschaftsrechtliche Partnerschaft

Eine Alternative zur Einsetzung eines Filialleiters als Piloten kann darin bestehen, dass der Unternehmer mit einem selbstständigen Dritten eine Partnerschaft in Form einer GbR oder einer GmbH, also ein Joint Venture eingeht. In einer solchen Partnerschaft sollte er darauf achten, dass er sich solche Mehrheitsrechte ausbedingt, dass er im Notfall Richtlinienänderungen durchsetzen kann. Auch als Mehrheitsgesellschafter muss er also dafür sorgen, dass die Gesellschafterversammlung weitreichende Weisungsbefugnisse gegenüber dem Geschäftsführer hat, der normalerweise der Joint-Venture-Partner sein wird.

Andererseits sollte der Partner als Geschäftsführer wie ein späterer Franchisenehmer selbstständig das Know-how umsetzen, in dem Betrieb erproben und dem Unternehmer Feedback zur Weiterentwicklung des Know-hows geben.

Ziel dieser Kooperation sollte sein, dass sich der Mitgesellschafter später, wenn das Know-how sich als franchisefähig erwiesen hat, als Franchisenehmer dergestalt dadurch unabhängig machen kann, dass er die Gesellschaftsanteile des Unternehmers übernimmt und den Betrieb tatsächlich nunmehr vollständig alleine führt, d.h. nunmehr auch das volle Kosten- und Investitionsrisiko trägt. Durch zusätzlichen Abschluss eines Franchisevertrages mit dem Unternehmer würde er zum (ersten) Franchisenehmer werden.

2.3 Vertragliche Partnerschaft

Es kann nicht nur eine horizontale Partnerschaft über den Abschluss eines Gesellschaftsvertrages eingegangen werden, sondern auch eine vertikale schuldrechtliche Partnerschaft, ohne dass eine Gesellschaft gegründet wird. Der Unterschied hierzu ist, dass die Vertragsparteien nicht zu einem gemeinsamen Zweck tätig werden, sondern viel mehr eine Aufgabenteilung vornehmen, wobei sie sich in einem Vertrag zu der Erfüllung verschiedener dort niedergeschriebener Aufgaben verpflichten. In diesem Falle wäre der Vertrag ein Vertrag sui generis (§305 BGB), also ein Vertrag eigener Art, der keinem gesetzlichen Leitbild folgt. Inhalt dieses Vertrages sollte sein:

❏ Aufbau und Einrichtung eines Betriebes durch den Partner
❏ Berichts- und Kontrollpflichten durch den Partner
❏ Betriebsführungspflichten durch den Partner
❏ Finanzierungspflichten durch den zukünftigen Franchisegeber
❏ gegebenenfalls Nachschusspflichten durch den zukünftigen Franchisegeber
❏ Vergütungsvereinbarungen des Partners
❏ sonstige Leistungen des Partners und des zukünftigen Franchisegebers

Eine solche Partnerschaft setzt allerdings voraus, dass die Vertragsparteien die selbst gesetzten Ziele umsetzen. Werden die wechselseitig übernommenen Leistungsverpflichtungen nicht beachtet, können diese nur gerichtlich durchgesetzt werden – dies kommt dem Ende des Pilot-Projektes gleich. Wie sollen die Vertragsparteien die Pilot-Projekt-Phase erfolgreich beenden, wenn sie während der Dauer der Zusammenarbeit bereits gegenseitig über übernommene Verpflichtungen gerichtlich streiten. Der Pilotbetrieb kann nicht weiter geführt werden und damit auch nicht seine Funktion der Erprobung des Know-how des zukünftigen Franchisesystems erfüllen.

2.4 Feedback

Entscheidend für die Durchführung der Pilotphase ist das Feedback des Piloten – der Unternehmer kann nur dann sicher sein, dass sein Know-how franchisefähig ist, wenn er entsprechende Rückmeldungen von dem Piloten erhält. Diese Phase des Feedbacks dient:

❏ der Überprüfung der eigenen Idee und der Frage, ob die Idee franchisefähig ist;
❏ der Anpassung von theoretischen Überlegungen an die Marktrealität;
❏ der Behebung von internen organisatorischen Problemen;
❏ der Überprüfung der Marketingstrategie und Anpassung an lokale Gegebenheiten;
❏ der Dokumentation des Know-how als Erstversion des späteren Franchisehandbuches;
❏ der Perfektionierung des dokumentierten Know-how;

❏ der ständigen Rückkoppelung, ob das dokumentierte Know-how franchisefähig ist.

2.5 Betriebswirtschaftliche Auswertungen

Wesentliche Bedeutung bekommt die Pilotphase auch im Hinblick auf die vorvertragliche Aufklärungspflicht des Franchisegebers. Maßgebend ist insoweit das Urteil des OLG München vom 16. September 1993 (NJW 1994, 667), nachdem sich das OLG München bereits mit einer bis dahin wenig beachteten Entscheidung vom 13. November 1987 (BB 1988, 865 mit Anm. SKAUPY) mit der vorvertraglichen Aufklärung befasst hat. Das OLG München hat seiner Entscheidung vom 16. September 1993 zwei Leitsätze vorangestellt, die zugleich die besondere Bedeutung der vom Franchisegeber übernommenen vorvertraglichen Aufklärungspflichten unterstreichen:

1. Der Franchisegeber muss den Franchisenehmer richtig und vollständig über die Rentabilität des Systems unterrichten.
2. Der Franchisegeber, der wegen der vorvertraglichen Aufklärungspflicht schadensersatzpflichtig ist, kann dem Franchisenehmer nicht als Mitverschulden entgegenhalten, dass er leichtfertig den Anpreisungen des Franchisegebers vertraut hat.

Damit ist der Franchisegeber verpflichtet, umfassend über alle Tatsachen Auskunft zu geben, welche die Rentabilität des Franchisebetriebes beeinflussen. Damit soll verhindert werden, dass der Franchisegeber sein Franchisesystem in der Werbung und bei den Vertragsverhandlungen mit den Franchisenehmern erfolgreicher darstellt, als es tatsächlich ist. Um in einer etwaigen gerichtlichen Auseinandersetzung auch nachweisen zu können, dass der Franchisenehmer richtig und vollständig über die mit dem Abschluss des Franchisevertrages verbundenen Risiken informiert worden ist, empfiehlt es sich, ein Dokument zur vorvertraglichen Aufklärung auszuarbeiten, ähnlich dem Uniform Franchising Offering Circular (UFOC-Paper), das die vorvertragliche Aufklärung in den Vereinigten Staaten (Disclosure Requirements) kennzeichnet. Eine solche Checkliste sollte unter anderem folgende Informationen umfassen:

1. das Franchisekonzept
2. das Franchiseangebot
3. das Pilotobjekt
4. Leistungen der Systemzentrale
5. Investitionen und Durststrecke des Franchisenehmers
6. Rentabilitätsberechnung
7. Vertragsvorausschau
8. Informationen über den abzuschließenden Franchisevertrag

Der Franchisenehmer ist allerdings nicht verpflichtet, über alle Umstände, und seien sie auch noch so fernliegend, Auskunft zu erteilen, selbst wenn dazu vom Franchisenehmer keine Fragen gestellt werden. Entscheidend ist, dass über solche Tatsachen Auskunft gegeben wird, bei denen nach den Grundsätzen von Treu und Glauben (§ 242 BGB) davon ausgegangen werden muss, dass diese für die Entscheidung des Franchisenehmers, den Franchisevertrag zu unterzeichnen, von Bedeutung sind.

Allerdings ist die vorvertragliche Aufklärung keine »Einbahnstraße«. Auch der Franchisenehmer ist verpflichtet, umfassend Auskunft über seine Person zu erteilen, insbesondere seine Aus- und Weiterbildung sowie seine beruflichen Erfahrungen und das von ihm zu investierende Eigenkapital.

Soweit Franchisesysteme Franchisenehmer durch sog. Flyer oder sonstige Werbebroschüren werben, steht auf der Grundlage der Entscheidung des OLG München vom 24. April 2001 (BB 2001, 1759) fest, dass die Grundsätze der Prospekthaftung auf derartige Unterlagen keine Anwendung finden. Dies wird damit begründet, dass der Kapitalanleger bei seiner Entscheidung, die Kapitalanlage zu zeichnen, nur auf den Emissions-Prospekt angewiesen sei, während für den Franchisenehmer vielseitige Informationsmöglichkeiten bestehen würden, um seine Entscheidung, den Franchisevertrag zu unterzeichnen oder nicht, überprüfen zu können.

Im Rahmen der vorvertraglichen Aufklärung ist der Franchisegeber auch verpflichtet, betriebswirtschaftliche Auswertungen des Franchisesystems, aber auch der einzelnen Franchisenehmer, vorzulegen. Diese Franchisenehmer-Informationen sollten jedoch anonymisiert sein, damit insoweit die Grundsätze des Datenschutzes beachtet werden.

Diese betriebswirtschaftliche Auswertung dient nicht nur der rechtlichen Absicherung des Franchisegebers bei der Anwerbung künftiger Franchisenehmer, sondern dient vorrangig dem Unternehmer selbst zu erkennen, ob ein potenzieller Franchisebetrieb rentabel arbeiten kann. Franchising ist als wirtschaftliche Kooperation grundsätzlich auf Gewinnerzielung ausgerichtet. Der Unternehmer wird daher schwerlich Franchisenehmer gewinnen, wenn er nicht nachweisen kann, dass der Franchisebetrieb potenziell dazu geeignet ist, Gewinne zu erwirtschaften.

2.6 Dauer der Pilotphase

Es ist sicherlich nicht richtig, für sämtliche denkbaren Pilotbetriebe in den verschiedensten Branchen für die unterschiedlichsten Franchisesysteme eine allgemeingültige Dauer des Pilotbetriebes festzulegen, um dokumentieren zu können, dass das Know-how franchisefähig ist. Tatsächlich kann sich schon nach einigen Monaten der Durchführung der Pilotphase der Erfolg einstellen. Bei Franchisesystemen, die mit einem geringen Investitionsvolumen und wenig Aufwand sowohl hinsichtlich der Schulung als auch bei der Durchführung von Leistungen auskommen und einen schnellen Zugang zum Kunden erhalten. In anderen Systemen kann es notwendig sein, eine mehrjährige Pilotphase durchzuführen, besonders dann, wenn sich die Rentabilität nicht schon im ersten oder zweiten Betriebsjahr ergibt. Es kann in einigen Systemen auch notwendig sein, mehrere Pilotbetriebe zu installieren und gleichzeitig zu führen, so z. B. wenn verschiedene Standorte angeboten werden, wie große Shops in Gewerbegebieten, kleinere Shops in Innenstadtlagen. In diesem Fall könnte es notwendig sein, dass an den für die jeweiligen zukünftigen Franchisebetriebe geplanten, musterhaften Standorten je ein Pilotbetrieb mit verschiedenen Konzepten errichtet und betrieben wird. Ist sich der künftige Franchisegeber nicht sicher, welcher Standort für sein Know-how den größten Gewinn erwirtschaftet, so kann es auch hier angezeigt sein, verschiedene Standorte zu erproben.

Der Deutsche Franchise-Verband e. V. geht davon aus, dass im Schnitt eine einjährige Pilotphase notwendig aber auch ausreichend ist, natürlich unter der Voraussetzung, dass im Jahresergebnis die Rentabilität des Betriebes bewiesen werden konnte.

2.7 Ergebnis

Am Ende der Pilotphase sollten folgende Ergebnisse vorliegen:

1. Know-how-Dokumentation basierend auf den Erfahrungen des Pilot-Betriebes,
2. Werbekonzeption für die lokale und überregionale Werbung des Franchisesystems,
3. Rentabilitätsberechnung des Pilot-Betriebes,
4. Rentabilitäts- und Liquiditätsvorausschau für zukünftige Franchisebetriebe,
5. Angemessenheit der Gebühren (Eintritts-, laufende und Werbegebühr) ausgehend von den Erfahrungen des Pilot-Betriebes,
6. Schulungssystem,
7. Kriterien zur Standortanalyse,
8. Anforderungsprofil der zukünftigen Franchisenehmer,
9. Betriebswirtschaftliche Auswertung des Pilot-Betriebes,
10. Gewinn- und Verlustrechnung des Pilot-Betriebes,
11. Franchisevertrag mit diesen wirtschaftlich ergänzenden Verträgen (Liefervereinbarungen/Rahmenversicherungsverträge/Mietverträge).

Erst wenn diese Informationen umfassend vorliegen, sind die Voraussetzungen für die Etablierung des Franchisesystems gegeben. Dabei kann sich der Franchisegeber nicht auf seinem »Erfolg ausruhen«. Auch danach, d. h. während der Phase der Etablierung und Expansion des Franchisesystems ist fortlaufend zu überprüfen, ob die Informationen vorliegen, die seinerzeit als Ergebnis der Pilotphase festgestellt wurden. Die Umsetzung des Franchisesystems verlangt nämlich auch, dass dieses jederzeit an die sich verändernden Märkte angepasst wird.

von Andrea Maria Wessels, Albrecht Schulz und Eckhard Flohr

Einführung

In erster Linie sucht der Franchisegeber Unternehmerpersönlichkeiten als Franchisenehmer. Er wird daher zunächst darauf achten, dass der Franchisenehmer neben individuellen Anforderungen an die Qualität seiner Ausbildung oder seines beruflichen Werdeganges auch die persönlichen, charakterlichen Eigenschaften besitzt, die ein Franchisenehmer als Unternehmer grundsätzlich besitzen soll. Diese Kriterien wird er bei der Franchisenehmer-Auswahl und -Gewinnung mit einem individuellen Konzept als Messlatte bei der Akquisition von Franchisenehmern ansetzen.

3.1 Standortwahl

Ebenso, wie der Franchisegeber ein Anforderungsprofil für seine Franchisenehmer entwickelt und dieses auch anwendet, muss er ein Standortprofil entwickeln und umsetzen. Die vom Franchisegeber während der Erprobungsphase erarbeitete Standortstrategie, die wie alle anderen Systembestandteile regelmäßig überprüft werden muss, soll ihm helfen, sich nicht zu verzetteln. Kriterien bei einer Standort-Strategie sind:

- ❏ Lauflage oder c-/b-Lage
- ❏ 1 a-Lagen zu Repräsentationszwecken
- ❏ Parkmöglichkeiten
- ❏ Grundsätzlich nur Kleinstädte oder Großstädte oder beides
- ❏ Shop-in-Shop-Kooperationen mit Handelsketten
- ❏ Ansiedlung neben bestimmten vorgegebenen anderen Gewerbebetrieben
- ❏ Miet- und Immobilienpreise
- ❏ Kaufkraft
- ❏ Kandidatenmarkt
- ❏ Entfernung zur Zentrale

Hat der Franchisegeber seine Standort-Strategie entwickelt, so kann es wichtig und sinnvoll sein, wenn im Einzelfall für jeden potenziellen Franchisenehmer-Standort eine Standort-Analyse erstellt wird. Diese kann professionell durch hierauf spezialisierte Unternehmensberatungen oder durch den Franchisegeber selbst angefertigt werden, wenn er über entsprechenden Erfahrungen und Ressourcen verfügt. Wird im Vertrag versprochen, dass vor Eröffnung des Betriebes eine Standortanalyse durchgeführt wird, sollte der Franchisegeber sich darüber im Klaren sein, dass hierunter konkrete Begutachtungen verstanden werden, z. B. der Wettbewerbs- und Marktsituation in einem bestimmten Radius um den Standort herum, bis hin zu Frequenzmessungen. Oftmals müssen die Franchisenehmer-Auswahl und die Standort-Auswahl kombiniert werden, da der Franchisenehmer bei der Wahl seines Standortes eingeschränkt sein kann. Hat er Immobilienbesitz, welchen er für den Franchisebetrieb einsetzen will, oder hat er andere spezifische Gründe, welche ihn in der Wahl seines Standortes einschränken, so muss der Franchisegeber im Einzelfall von seiner Standortstrategie abweichen, wobei er aber nie entgegen seinen eigenen Überzeugungen einem Franchisenehmer folgen sollte.

Nach der Rechtsprechung ist der Franchisegeber zu einer entsprechenden Standortanalyse sogar dann verpflichtet, wenn er dazu keine entsprechende Verpflichtung im Rahmen des abgeschlossenen Vertrages übernommen hat. Dies wird damit begründet, dass der Franchisegeber erheblich bessere Kenntnisse über die Standortwahl hat als der Franchisenehmer und demgemäß ein Franchisenehmer ohne Hilfe des Franchisegebers überfordert ist, einen geeigneten Standort im Rahmen des ihm zugewiesenen Vertragsgebietes für sein Franchise-Outlet zu finden. Man kann sicherlich darüber streiten, ob diese Entscheidung so zutreffend ist, insbesondere dann, wenn der Franchisenehmer Unternehmerqualitäten hat. Von einem selbstständigen Unternehmer wird man verlangen können, dass dieser mit Hilfe der vom Franchisegeber vorgegebenen Kriterien auch selbst einen geeigneten Standort für sein Franchise-Outlet findet. Letztlich kann die Entscheidung der Frage aber dahingestellt bleiben. Im Zuge eines partnerschaftlichen Franchising sollten Franchisegeber und Franchisenehmer den Standort gemeinsam festlegen, wobei insbesondere auf die Erfahrungen des Franchisegebers bei anderen Standorten zurückgegriffen werden kann und sollte.

Ist der geeignete Standort gefunden, so ist im Rahmen des Franchisevertrages festzuschreiben, dass der Franchisenehmer nicht berechtigt ist, den Standort innerhalb des Vertragsgebietes ohne Einwilligung des Franchisegebers zu verlegen. Damit wird auch nicht die unternehmerische Selbstständigkeit des Franchisenehmers eingeschränkt. Die Standort- und Rentabilitätsanalyse und gegebenenfalls auch die Ertragsvorausschau sind nämlich auf diesen konkreten gemeinsam gefundenen Standort des Franchisenehmers und nicht auf einen x-beliebigen Standort innerhalb des Vertragsgebietes ausgerichtet.

3.2 Vertragsgebiet und Gebietsschutz

Neben der Standortwahl ist auch die Bestimmung von Vertragsgebieten Bestandteil der Strategie des Franchisegebers. Die Einteilung von Vertragsgebieten sollte Hand in Hand gehen mit der vom Franchisegeber ausgearbeiteten Betriebsführungs- und Betriebsgrößenplanung. Dies bedeutet gleichzeitig, dass der Franchisenehmer in seinem Vertragsgebiet vor Akquisitionsaktivitäten anderer Franchisenehmer geschützt ist. Dabei sollte die Expansionsstrategie schon im Rahmen der Erprobung des Know-hows durch ein Pilot-Objekt ausgearbeitet werden. Fehlt es an einer solchen Expansionsstrategie, so werden Franchise-Gebiete mehr oder weniger willkürlich vergeben. Dies kann insbesondere bei neuen Franchisesystemen dazu führen, dass Vertragsgebiete entweder zu groß oder zu klein bemessen werden. Eine Anpassung des Vertragsgebietes kann dann notwendig werden. Dies ist aber nur mit Einwilligung des Franchisenehmers zulässig, da das Vertragsgebiet im Franchisevertrag festgelegt wird und jede Änderung des Vertragsgebietes auch zugleich eine Änderung des abgeschlossenen Franchisevertrages darstellt.

Die Entscheidung des Franchisegebers zu diesem Zeitpunkt für die eine oder andere Standort- und Vertragsgebietsstrategie hat erheblichen Einfluss nicht nur bei der Auswahl von Franchisenehmern, sondern auch auf die Vertragsgestaltung. Der Franchisegeber muss die Entscheidung fällen, ob er dem Franchisenehmer ein großes oder kleines Vertragsgebiet oder ihm Gebietsschutz gewähren will, wenn ja, in welchem Umfang, und ob der Standort des Franchisenehmer-Betriebes für den Franchisenehmer innerhalb eines Gebietes flexibel oder fest sein soll. Reicht es aus, zum geordneten Wachstum des Franchisesystemes lediglich Vertragsgebiete ohne wettbewerbsbeschränkende Vereinbarungen (Gebietsschutzklauseln) festzulegen?

Welche Gebietsabsprachen sind sinnvoll und welche sind zulässig? Gebietsschutz kann einerseits bedeuten, dass ein festumrissenes Vertragsgebiet festgelegt und dass vertraglich vereinbart wird, dass der Franchisegeber nicht innerhalb dieses Vertragsgebietes selbst Lieferungen oder Leistungen ausführen und/oder weitere Franchiseverträge abschließen darf. Er kann auch oder zusätzlich bedeuten, dass der Franchisenehmer nur in seinem Vertragsgebiet akquirieren darf und/oder nur dort Leistungen und Lieferungen erbringen darf. Dies bedeutet gleichzeitig, dass der Franchisenehmer in seinem Vertragsgebiet vor Akquisitionsaktivitäten anderer Franchisenehmer geschützt ist. Diese Art eines weitreichenden Gebietsschutzes ist bei Handelsvertretersystemen bekannt, da Handelsvertreter üblicherweise kein standortgebundenes Outlet betreiben, sondern ihre Kunden bereisen. Damit es nicht zu Gebietsrangeleien und zum *Run* auf die attraktivsten Kunden kommt, sind Gebietsabsprachen hier in der Regel notwendig. Diese Erwägungen können auch bei Franchisesystemen relevant sein, besonders dann, wenn der Franchisenehmer selbst mobil ist und er seine Kunden außerhalb eines festen Geschäftslokales sucht. Dann scheint ein Gebietsschutz in aller Regel angezeigt zu sein. Er ist auch bezüglich der vorgenannten möglichen Elemente des »Gebietsschutzes« zulässig, sofern und solange das Franchisesystem und seine Verträge nur deutschem Kartellrecht unterliegen (siehe dazu unter Kapitel III.3). Andere Maßstäbe gelten nach europäischem Kartellrecht (s. u.).

Viele Franchisebetriebe sind standortgebunden, das heißt der Franchisenehmer errichtet ein Geschäftslokal, zu dem seine Kunden den Weg finden müssen. In diesen Fällen ist eine Gebietsschutzklausel, selbst wenn sie nach deutschem Kartellrecht zulässig wäre, ohnehin nicht immer sinnvoll: Durch eine strukturierte und überlegte Planung des Franchisegebers, welche Standorte mit Franchisenehmern zu besetzen sind, kann Gebietsrangelei weitgehend vermieden werden.

Ein Gebietsschutz in dem oben aufgezeigten Sinne ist dann kaum notwendig und kann sogar hinderlich sein, denn er würde das Franchisesystem in seiner natürlichen Expansion behindern, da nicht bedarfsorientiert vorgegangen wird, sondern in starren, von vornherein festgelegten Grenzen. Er kann aber auch den einzelnen Franchisenehmer behindern, der in feste Grenzen eingepfercht wird. Sehr erfolgreiche und aktive Franchisenehmer würden bei expansiver Kundensuche oder bei einer Ausdehnung durch die Gründung von Filialen behindert. Andererseits könnten weniger aktive und erfolgreiche Franchisenehmer ein Gebiet besetzen, das ein wesentlich höheres Marktpotenzial besitzt, als der Franchisenehmer selbst ausschöpft. Außerdem geht er häufig an der Realität vorbei. Kunden lassen sich nicht vorschreiben, bei wem sie Waren oder Dienstleistungen einkaufen. Sie gehen dorthin, wo sie das beste Preis-/Leistungsverhältnis finden.

Häufig wird »Gebietsschutz« aber von den Franchisenehmern reklamiert, da sie befürchten, dass der Franchisegeber ihren Geschäftserfolg durch die Errichtung weiterer Geschäftslokale in unmittelbarer Nähe *aushöhlen* könnte. Diese Fälle des *encroachment*, also der Nichteinhaltung eines Mindestabstandes zu einem Franchisebetrieb, sind in den USA ein ständiges Thema rechtlicher Auseinandersetzungen zwischen Franchisegebern und Franchisenehmern, vereinzelt auch schon in Deutschland. Der Franchisegeber hat sich jedoch in der Regel dazu entschlossen, eine Franchisesystemzentrale mit selbstständigen Franchisenehmern und nicht ein eigenes Filialnetz zu führen, und er will seine Einkünfte durch die Erbringung von Franchisedienstleistungen im Franchisesystem über Franchisegebühren und durch die Lieferung von Waren generieren. Er wird also regelmäßig kein Interesse daran haben, den Umsatz der einzelnen Franchisenehmer durch zu enge Standortbesetzungen zu schmälern.

Jeder Franchisegeber muss also gründlich prüfen, ob es angesichts der Besonderheiten seines Systems für dessen Gesamtentwicklung, aber auch im Interesse der einzelnen Franchisenehmer erforderlich bzw. sinnvoll ist, einen vollen »Gebietsschutz« einzuräumen. Es könnte ausreichend sein, dass nur der Franchisegeber sich verpflichtet, in einem bestimmten Gebiet (dem »Vertragsgebiet«) nicht selbst oder durch andere Franchisenehmer oder durch sonstige Vertriebsmittler aktiv zu sein, ohne die Franchisenehmer in ihren Aktivitäten einzuschränken.

Andere Maßstäbe gelten, sollte ein Franchisesystem unter EG-Kartellrecht fallen (zu den Voraussetzungen siehe Kapitel III. 3), was bei neuen oder kleinen rein deutschen Franchisesystemen kaum der Fall ist. Nach der seit dem 1. Juni 2000 anwendbaren so genannten Vertikal-GVO Nr. 2790/1999 vom 22. Dezember 1999 kann ein Franchisegeber weiterhin sich selbst die Verpflichtung auferlegen, im Vertragsgebiet des Franchisenehmers nicht aktiv zu sein oder weitere Franchisenehmer einzusetzen. Einem Franchisenehmer kann jedoch nicht verboten werden, außerhalb seines Vertragsgebiets bzw. in den Vertragsgebieten anderer Franchisenehmer aktiv zu verkaufen, wie dies nach der früheren Franchise-GVO möglich war; das so genannte passive Verkaufen konnte noch nie eingeschränkt werden. Nach Art. 4 b) 1. Gedankenstrich der Vertikal-GVO können einem Franchisenehmer allerdings Beschränkungen auferlegt werden hinsichtlich des *aktiven* Verkaufs in Gebiete oder an Gruppen von Kunden, die einem anderen Franchisenehmer exklusiv zugewiesen sind oder die sich der Franchisegeber selbst vorbehalten hat. Es muss betont werden, dass eine solche Beschränkung durch die Vertikal-GVO nur freigestellt ist, wenn der Marktanteil der Franchisekette auf den relevanten Markt nicht mehr als 30% beträgt (Art. 3 Abs. 1). Andererseits muss betont werden, dass nach den Verlautbarungen der Europäischen Kommission in der so genannten Bagatellbekanntmachung vom 22. Dezember 2001 (im Anhang wiedergegeben) Vereinbarungen zwischen kleinen und mittleren Unternehmen (siehe deren Definition in der im Anhang wiedergegebenen Empfehlung der Kommission vom 3. April 1996) in der Regel gar nicht unter das Verbot von Art. 81 Abs. 1 EG-Vertrag fallen. Die Mehrzahl der rein deutschen bzw. der kleineren Franchisesysteme dürften also weiterhin mit »Gebietsschutzklauseln« arbeiten können, sofern sie dies für sinnvoll halten. Sofern EG-Kartellrecht anwendbar ist und damit die Grenzen der Vertikal-GVO maßgeblich sind, kann die im Rahmen eines Franchisevertrages üblicherweise enthaltene Markenlizenz nicht dazu benutzt werden (Art. 2 Abs. 3), um Beschränkungen aufzuerlegen, die weiter gehen als die nach Art. 4 b) zulässigen Beschränkungen.

3.3 Shop-in-Shop-Systeme

Eine weitere Möglichkeit für eine Standortauswahl ist die Shop-in-Shop-Kooperation. Dies bedeutet, dass in einem bestehenden Geschäftslokal, oftmals einem Kaufhaus oder einem speziellen Fachmarkt, als synergetische Ergänzung ein Franchisebetrieb eines Franchisesystemes etabliert wird, der sowohl dem bestehenden Unternehmen mehr oder andere Kunden zuführt als auch selbst von dem bereits vorhandenen Kundenpotential profitiert. Hierbei ist zu beachten, dass in diesem Fall der Franchisenehmer sich nicht nur den Richtlinien des Franchisegebers unterwerfen muss, sondern auch weiteren Vorgaben des Geschäftslokal-Inhabers, z. B. hinsichtlich Öffnungszeiten, Integration in ein bestehendes Kassen- oder Warenwirtschaftssystem oder gewissen Ausstattungsmerkmalen. Andererseits sind solche Shop-in-Shop-Betriebe in der Regel nicht so investitionsintensiv wie »freistehende« Geschäftslokale. Die lokale Werbung wird häufig in erheblichem Umfange von dem bestehenden Unternehmen durchgeführt, und auch hinsichtlich der Organisation und des Ablaufes werden oftmals wertvolle Hilfestellungen gegeben.

Bei Durchführung einer Shop-in-Shop-Kooperation im Franchisesystem wird zunächst der Franchisegeber eine Kooperationsvereinbarung mit der Ladenkette vereinbaren, in welche an verschiedenen Standorten Franchisebetriebe integriert werden sollen. Bei einem Shop-in-Shop-Kooperationsvertrag ist darauf zu achten, dass bei den üblicherweise vereinbarten wettbewerbsbeschränkenden Bestimmungen wie Wettbewerbsverbote oder Gebietsabsprachen das deutsche oder gegebenenfalls das europäische Kartellrecht beachtet wird (siehe Kapitel III.3). Alle Absprachen auch hinsichtlich gemeinschaftlicher Werbung, Abrechnung, Betriebsführung, Ausstattungs- und Einrichtungselementen und gegebenenfalls der Nutzung vorhandener EDV- oder Anti-Diebstahlsysteme sind – schon aus Beweisgründen – im Detail zu vereinbaren. Wichtiger Aspekt hierbei ist, dass die Standorte, für welche die Shop-in-Shop-Kooperation mit Franchisenehmern gelten soll, konkret und eindeutig auch bezüglich ihrer Lage in den vorhandenen Geschäftsräumen des Unternehmens bezeichnet werden. Sollen weitere Franchisebetriebe nach Abschluss der Shop-in-Shop-Kooperation hinzu kommen, so muss eine rechtswirksame Regelung dafür gefunden werden, wie diese neuen Standorte ausgewählt und zum Vertragsbestandteil erklärt werden können. Ist Schriftform im Vertrag vereinbart worden, muss dem Grundsatz der Urkundeneinheitlichkeit (§ 126 BGB) dadurch Rechnung getragen werden, dass Nachtragsurkunden eindeutig Bezug nehmen auf die rechtswirksam abgeschlossene Urkunde, den Shop-in-Shop-Kooperationsvertrag.

Praktische Probleme könnten sich ergeben, wenn es sich bei dem Kooperationsunternehmen selbst um ein Franchisesystem handelt, welches dem als Untermieter auftretenden Franchisenehmer die eigenen Richtlinien zur Betriebsführung zumindest teilweise verbindlich vorschreiben will. Hier muss in den Vertragsverhandlungen ein Konsens gefunden werden, welche Richtlinien wechselseitig verbindlich werden. Diese Richtlinien müssen konkret festgelegt werden, wobei es fast selbstverständlich sein sollte, dass solche Richtlinien aus Rechtssicherheits- und Beweisgründen schriftlich dokumentiert werden.

Passend zu seiner Standortstrategie hat der Franchisegeber dann sein Marketing-, Werbe- und PR-Konzept auszuarbeiten, das auch Maßnahmen für den einzelnen Standort beinhalten sollte.

4 | Die Marketingkonzeption

von Nane Nebel

Einführung

»Marketing ist der wichtigste Erfolgsfaktor für ein Unternehmen!« Eine provokative These, die Sie gewiss kennen. Sie soll hier aber nicht auf *richtig* oder *falsch* geprüft werden. Gleichwohl soll Ihnen bewusst werden, wie *wichtig* eine – und zwar die richtige – Marketingkonzeption für den Erfolg *Ihres* Franchisesystems und Franchisebetriebes ist. Denn ohne Marketing gewinnen Sie keinen Kunden für sich. Einen Kunden machen Sie nur dann zu *Ihrem* Kunden, wenn Sie ihm etwas bieten, das er woanders so nicht bekommt.

Sie müssen also
- ❏ ein kunden- und somit bedarfsgerechtes »Leistungspaket schnüren«, dieses
- ❏ mit einem attraktiven Preis-Leistungsverhältnis versehen,
- ❏ dem Kunden bekannt und dessen Vorteile bewusst machen,
- ❏ dem Kunden zugänglich machen.

Wie Sie das realisieren können, soll nachfolgend beschrieben und mit Praxisbeispielen untermauert werden. Hierbei ist mit »der Kunde« primär der Endkunde gemeint. Es sei jedoch angemerkt, dass es für den Franchisegeber von enormer Wichtigkeit ist, seinem Kunden *Franchisenehmer* ein schlüssiges und schlagkräftiges Marketingkonzept zu bieten, um ihn als Franchisenehmer für sich und sein System zu gewinnen und erfolgreich zu halten.

4.1 Marketing: Verhaltensmuster von Unternehmen

Marketing ist ein auf den Absatzmarkt gerichtetes Entscheidungsverhalten des Unternehmens. Dieses folgt einer bestimmten Denkhaltung – der Kundenorientierung – und setzt hierzu verschiedene Instrumente systematisch ein, um Präferenzen und Wettbewerbsvorteile am Markt zu schaffen. Die hierbei verfolgten Ziele, der an diesen Zielen ausgerichtete grundlegende Handlungsrahmen (Strategie) sowie die operative Ausgestaltung der Instrumente bilden die **Marketingkonzeption** – also einen umfassenden, konsistenten Plan der Markt- und Kundenbearbeitung. Die Marketingkonzeption ist folglich das Ergebnis einer detaillierten, strategischen Analyse und umfasst Festlegungen auf drei Konzeptionsebenen oder drei Entwurfsschritte: Unternehmens- und Marketingziele, Marketingstrategien und Marketing-Mix (siehe Abbildung 1 Quelle: Meffert, Marketing, 1989, S. 55).

In der Marketingkonzeption ist somit auch festgelegt, in welcher *Mischung* die einzelnen Marketinginstrumente eingesetzt werden sollen. Der Wissenschaftler Cullington verglich bereits 1948 die Erstellung dieser *Mischung* mit der Arbeit eines Barmixers, der aus den unterschiedlichsten Zutaten einen leckeren, *wir-*

kungsvollen Cocktail mixt. So wurde für die aufeinander abgestimmte Festlegung der Marketinginstrumente der Begriff des **Marketing-Mix** geprägt.

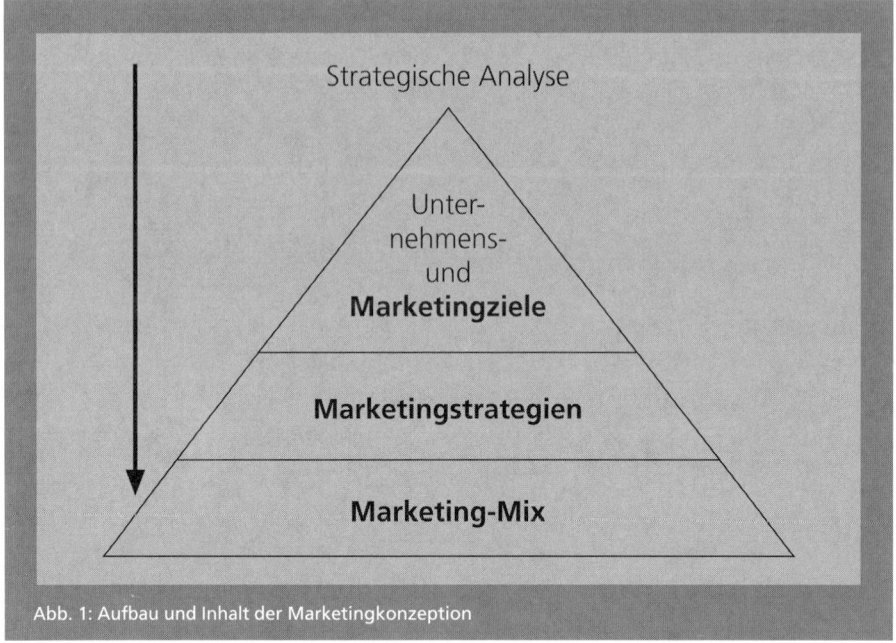

Abb. 1: Aufbau und Inhalt der Marketingkonzeption

Im Gegensatz zu einem Cocktail, der schnell gemixt, ebenso schnell getrunken und in seiner Wirkung eher kurzfristiger Natur ist, wird die Marketingkonzeption als langfristige Planung angesetzt. Ihre Wirkung soll sich über mehrere Jahre erstrecken, um nachhaltig zu sein.

Betrachten wir nun die einzelnen Schritte, in der eine Marketingkonzeption entsteht. Am Anfang steht die strategische Analyse.

4.2 Strategische Analyse

Um eine Marketingstrategie und einen Marketing-Mix gestalten zu können, muss zunächst die Ausgangslage bekannt sein, d. h. die Rahmenbedingungen, die Ressourcen und die Bedürfnisse bekannt sein. In diese **Situationsanalyse** können verschiedenste Aspekte eingehen, wie sie in der Tabelle auf Seite 107 (Quelle: Meffert, Marketing, 1989, S. 58) aufgelistet sind.

Diese *Checkliste* ist weder vollständig, noch ein Pflichtprogramm. Da sich jedes Franchisesystem in einem spezifischen Umfeld bewegt, gilt es, die Komponenten auszuwählen, die für Ihre individuelle Situationsbestimmung und Ihre Zielerreichung von Relevanz sind. Daher auch der Zusatz **strategische Analyse** – es sind nur die internen und externen Faktoren von Interesse, die auf die Umsetzung Ihrer Unternehmensziele und -strategie einwirken.

Elemente einer Situationsanalyse	Bezugspunkte	Wichtige Bestimmungsfaktoren
Markt	Gesamtmarkt	Entwicklung
		Wachstum
		Elastizität
	Branchenmarkt	Entwicklungsstand
		Sättigungsgrad
		Marktaufteilung
	Teilmarkt	Bedürfnisstruktur
		Substitutionsgrad
		Produktstärke
Marktteilnehmer	Hersteller	Marktstellung
	Konkurrenz	Produktorientierung
	Absatzmittler	Angebotsstärke
	Kunde/Konsument	Wettbewerbsstärke
		Differenzierungsgrad
		Programmstärke
		Funktionsleistung
		Sortimentsstruktur
		Marktabdeckung
		Bedürfnislage
		Kaufkraft
		Einstellung
Instrumente	Produktmix	Produkt- und
	Kommunikationsmix	Programmstärke
	Konditionenmix	Angebotsflexibilität
	Distributionsmix	Bekanntheitsgrad und
		Eignung der Medien
		Werbestrategie
		Public Relations
		Preisniveau
		Preisstreuung
		Rabattstruktur
		Distributionsdichte
Umwelt	Natur	Klima
	Wirtschaft	Infrastruktur
	Gesellschaft	ökonomische Größen
	Technologie	Konjunktur
	Recht und Politik	Wachstum
		soziale Normen
		Lebensgewohnheiten
		Trends
		Wissenschaft
		technischer Fortschritt
		Rechtsnormen
		politische Institutionen

Abb. 2: Situationsanalyse im Marketing

Beim Franchising kommt eine besondere Herausforderung hinzu. Einerseits besteht sie darin, bei allen Analyseaktivitäten und darauf aufbauenden Ableitungen den »Kunden Franchisenehmer« als auch den »Absatzmittler Franchisenehmer« mit seinen Bedürfnissen als auch mit seinen Qualitäten zu berücksichtigen. Andererseits muss auch der Franchisenehmer seine eigene, standortindividuelle Situationsanalyse durchführen und prüfen, ob Ergebnisse zu den Anforderungen des Franchisegebers passen. Hierbei bedarf er der Unterstützung durch den Franchisegeber, oder besser noch einer gemeinsamen Analyse. Denn die notwendigen Daten und Informationen zu erlangen, gleicht oftmals einem Geduldspiel; sie zu verarbeiten einer Sisyphusaufgabe. Hier ist die Dienstleistung der Systemzentrale gefordert – im beiderseitigem Interesse. Aber lassen Sie sich – Franchisegeber wie Franchisenehmer – dadurch nicht abschrecken. Sie benötigen auch keine wissenschaftliche Forschung und keinen Stab von Beratern. Was Sie brauchen, sind grundsätzliche Kenntnisse über ihre **IST-Position im Markt- und Wettbewerbsumfeld**, die Ihnen die Festlegung und Auswahl von Marketingzielen und -instrumenten ermöglichen.

In die *Grundausstattung* einer solchen Situationsanalyse gehören Daten zu:

❑ Markt:
  Marktvolumen, Marktentwicklung, Marktanteil, Marktpotenzial, wirtschaftliche und rechtliche Rahmenbedingungen,
❑ Kunden:
  Kundenprofil und -struktur (Bedürfnisse, Soziodemographie, Kaufverhalten, etc.), Kundenzufriedenheit, Trends,
❑ Wettbewerb:
  Anzahl, Hauptwettbewerber, Betriebsformen, Sortimentsstruktur, Preisstruktur, Serviceleistungen, Werbestrategie,
❑ Lieferanten:
  Volumen je Lieferant, Konditionen, Zuverlässigkeit, Angebot,
❑ eigenem Unternehmen:
  Umsatz-, Ertrags-, Gewinnentwicklung, Ressourcen (finanziell, physisch, organisatorisch, technologisch), Sortimentsstruktur, Preisstruktur, Serviceleistungen, Werbestrategie.

Wie kommt man zu diesen Daten? Vieles – besonders zum Markt – können Sie *abrufen*, wenn auch gegen eine Gebühr. Marktforschungsinstitute (z. B. GfK, Nielsen) erstellen regelmäßig Datenbände und branchenspezifische Untersuchungen; das Statistische Bundesamt in Wiesbaden liefert Daten zur Wirtschaft und Gesellschaft. Oftmals haben Lieferanten umfangreiches Zahlenmaterial, das sie gerne zur Verfügung stellen. Auch die IHK, Verbände und Branchenorganisationen sind Quellen für externe Daten. Aber auch das Internet bietet eine Menge an kostenlosen Informationen oder hilfreichen Adressen. Eine Suche über die gängigen Suchmaschinen lohnt sich allemal.

Ihren Wettbewerb und ihre Kunden müssen Sie jedoch in den meisten Fällen in individuellen Untersuchungen herausfinden – Befragungen und Beobachtungen sind hier sinnvoll. Hierbei helfen Ihnen professionelle Marktforschungsinstitute; aber auch Studenten betreiben gerne im Rahmen von Diplomarbeiten eine solche Feldforschung. Vieles können Sie auch selber machen – Wettbewerbsbesuche, Werbeanalyse, Preisvergleiche, Recherche in Zeitungsartikeln, Teilnahme an Vorträgen oder Internetrecherche. Ihrer Phantasie sind keine Grenzen gesetzt – so lange Sie nicht gegen das Gesetz und die guten Sitten verstoßen.

Dagegen sollte es einfach sein, die Daten des eigenen Unternehmens zu sammeln und auszuwerten. Und dies nicht nur einmalig. Im Zeitalter der EDV spricht vieles für ein *laufendes Reporting* – idealerweise »auf Knopfdruck«. Ein Management-Informationssystem, das für festgelegte Zeiträume (Monat, Quartal, Jahr) regelmäßig Kennzahlen (Umsatz, Ertrag, Umsatz/qm, Ertrag/qm, Absatz/Betriebsstelle, Kalkulation, Lagerumschlagsgeschwindigkeit) liefert, macht Ihr System und Ihre Betriebe transparent und ermöglicht rechtzeitiges Gegensteuern, wenn das »Schiff aus dem Ruder gerät«.

Wenn nun die notwendigen und/oder verfügbaren Daten gesammelt sind, was passiert dann mit dem *Datenberg*, dem *Zahlenfriedhof* und der *Informationsflut*? Sortieren, auswählen, kombinieren – wie bei einem Puzzle. Verschaffen Sie sich ein konsistentes *Bild* von:

❑ Ihrem Kunden mit seinen Bedürfnissen und seinem Verhalten,
❑ Ihrem Wettbewerb mit seinen Stärken und Schwächen,
❑ Ihren Umweltbedingungen und Trends,
❑ Ihren eigenen Stärken und Schwächen,
❑ Ihren eigenen Chancen und Risiken.

Dabei sind alle diese Faktoren in Ihren Beziehungen zueinander oder ihren Abhängigkeiten voneinander zu sehen und zu bewerten. Keiner kann für sich isoliert betrachtet werden – wie beim Puzzle: jedes Teil gehört und passt zu einem anderen; nur gemeinsam ergeben sie ein Bild.

Und noch etwas ist wichtig: versuchen Sie, die **zukünftige Entwicklung** einzelner Faktoren abzuschätzen. Was wird, was kann die Zukunft bringen? Die Daten der Vergangenheit und Gegenwart bieten oftmals die Möglichkeit, Trends abzuleiten – ohne in die große Glaskugel zu schauen! Wobei Sie natürlich auch eine »Portion« Erfahrung und »Bauchgefühl« in die Zukunftsabschätzung einfließen lassen dürfen!

Die teilweise mühsam gewonnenen Daten sollten strukturiert dokumentiert und möglichst *fortgeschrieben* werden. Legen Sie hierzu Datenbanken an, entweder in der EDV oder – wenn dies nicht möglich ist – konventionell auf Papier. Achten Sie dabei darauf, sich auf das Wesentliche zu konzentrieren, klar zu strukturieren und für möglichst alle verständlich zu formulieren. Denken Sie immer daran, dass auch der Franchisenehmer mit diesen Daten arbeiten möchte.

Damit haben Sie die Vorarbeit für die Bestimmung der Marketingkonzeption erledigt. Auf dieser Basis werden nun die Ziele festgelegt, die mit der Marketingkonzeption verfolgt werden sollen.

4.3 Unternehmens- und Marketingziele

Basis der Zielbestimmung sind aber nicht alleine die Ergebnisse der Situationsanalyse. Von gleicher Wichtigkeit sind die Unternehmensziele und -strategien, ja auch die Visionen und die Unternehmensphilosophie. Sie sind die *Leitplanken*, innerhalb derer sich die Marketingkonzeption bewegen und gestalten lässt. Seine Markt- und Wettbewerbssituation zu kennen, aber kein klar definiertes Unternehmensziel und keine Unternehmensstrategie zu haben, ist sinnlos, und umgekehrt. Für die Festlegung der Marketingziele ist es von Bedeutung, ob die Unternehmensziele eher durch Kundenorientierung, Rentabilität oder Prestigestreben geprägt und in welcher Rangfolge. Und im Franchising ist es zudem von Bedeutung, dass die Ziele in einer Kultur und Philosophie der »gemeinsamen Zielvereinbarung« – Franchisenehmer und Franchisegeber zusammen – entwickelt werden.

Also: Voraussetzung für das weitere Arbeiten an der Marketingkonzeption ist das Vorliegen genau bestimmter Unternehmensziele hinsichtlich Inhalt, Ausmaß und zeitlichem Bezug, die in einem harmonischen Beziehungsgefüge stehen. Angenommen, diese Voraussetzung sei erfüllt, dann lassen sich die **Marketingziele** als Teilziele der Unternehmensziele ableiten. Marketingziele sind dann die im Marketingbereich gesetzten Imperative, die durch absatzpolitische Instrumente erreicht werden sollen. Auch hier – wie bei den Unternehmenszielen – müssen die Ziele nach Inhalt, Ausmaß und Zeitbezug präzisiert werden.

Beim **Zielinhalt** wird festgelegt, *was* angestrebt wird: Deckungsbeitrag, Marktanteil, Umsatz- und Absatzsteigerung, Ausschöpfung von Marktpotenzialen oder andere ökonomische Zielgrößen sind denkbar. Ausgehend davon, dass Motive, Einstellungen und Images des Konsumenten die Kaufbereitschaft und somit die Kaufwahrscheinlichkeit bestimmen, liegt die Festlegung sog. psychographischer Marketingziele – entsprechend dem Oberziel der Kundenorientierung – nahe: Erhöhung des Bekanntheitsgrades, Veränderung von Einstellungen bzw. Images, Erhöhung von Präferenzen, Verstärkung der Kaufabsicht. Dies entspricht dann dem für die Markenbildung enorm wichtigen Markendreiklangs von Bekanntheit, Sympathie und Kaufbereitschaft. Die Bestimmung des **Zielausmaßes** formuliert, ob ein Marketingziel unbegrenzt (z. B. Marktanteilsmaximierung) oder begrenzt (z. B. Erhöhung des Marktanteils um x Prozent) sein soll. Es empfiehlt sich die Konzentration auf begrenzte Ziele, da deren Erfüllung und somit der Erfolg messbar ist. Ob ein Marketingziel kurz-, mittel- oder langfristig zu erfüllen ist, wird mit dem **Zeitbezug** konkretisiert. Dies ist insofern von Bedeutung, als der Zeitbezug die zeitliche Priorisierung und den zeitgerechten Einsatz von Instrumenten erleichtert. Je genauer die Ziele formuliert sind, desto einfacher ihre Erfüllung.

Die meisten Unternehmen antworten auf die Frage, was ihr Unternehmensziel sei, mit dem »Modeziel«: *Kundenorientierung.* Das klingt immer gut – der Kunde steht im Mittelpunkt – und damit im Weg? Es soll jetzt nicht über die Dienstleistungsmentalität und Kundenorientierung der Deutschen im allgemeinen debattiert werden. Wesentlich ist, dass Sie für sich und Ihr Unternehmen festlegen, was Kundenorientierung »greifbar« im wahrsten Sinne des Wortes bedeutet: Sicherheit, Exklusivität, Alles-aus-einer-Hand, Beratung, oder ähnliches. Und setzen Sie dieses dann auch um, denn sonst bleibt Kundenorientierung ein »Schlagwort« und der Kunde steht halt doch im Weg.

Die Zielsetzung einer deutschen PC-Handelskette, bis zum Jahre 2005 Marktführer auf dem deutschen Markt für Computer-Systeme zu werden, ist zwar nach Inhalt, Ausmaß und Zeitbezug festgelegt, aber doch zu pauschal. *Greifbarer* wird die Aufgabe, wenn sie präziser formuliert ist und sich somit auf ein konkretes Ziel konzentriert. Der Produktmanager für einen bestimmten PC, z. B. einen Basis-PC soll Folgendes erreichen:

❑ **Hohen Bekanntheitsgrad:** Das Produkt sollte am Ende des ersten Jahres 70 Prozent aller PC-Nutzer ab 14 Jahren bekannt sein.

❑ **Hohen Interessentenanteil:** 50 Prozent aller PC-Nutzer ab 14 Jahren sollten sich im selben Zeitraum über das Produkt informiert haben.

❑ **Hohen Kundenanteil:** Innerhalb der selben Frist sollten 5 Prozent aller PC-Nutzer ab 14 Jahren diesen Einsteiger-PC gekauft haben.

❑ **Hohe Zufriedenheitsrate:** Ein Jahr nach dem Kauf sollen 95 Prozent der Käufer mit ihrem Kauf zufrieden sein und 80 Prozent sollten mindestens ein zusätzliches Produkt zu dem PC gekauft haben.

Beachten Sie bitte die Beziehungen der Ziele untereinander, denn sie sollten zueinander neutral sein, im Idealfall einander positiv beeinflussen. Konkurrieren die Ziele miteinander oder machen sie die gleichzeitige Erfüllung sogar unmöglich, müssen die Ziele überarbeitet oder zumindest in eine Hierarchie oder Gewichtung gebracht werden. Dies ist erst recht für Franchisesysteme von Bedeutung. Es reicht nämlich nicht, wenn die Ziele des Franchisegebers konfliktfrei formuliert sind. Die Ziele des Franchisenehmers müssen sich aus den Zielen des Franchisegebers ableiten lassen und somit in das Zielsystem des Franchisegebers passen und dessen Realisierung möglichst begünstigen. Dies setzt aber auch voraus, dass der Franchisenehmer einen Gestaltungs- und Handlungsspielraum erhält, der ihn seine individuellen Ziele definieren und deren Umsetzung schaffen lässt. Umgekehrt bedeutet dies aber auch, dass der Franchisenehmer die Ziele der Systemzentrale akzeptieren, sich mit diesen identifizieren und gewillt sein muss, systemkonforme Ziele für sich zu entwickeln.

Die so ermittelten Marketingziele des *Franchisegebers* sollten aus drei Gründen dokumentiert und an die betroffenen Mitarbeiter der Systemzentrale sowie die Franchisenehmer – mit Erklärungen – ausgehändigt werden:

1. als Zielvorgabe für die Verantwortlichen in der Systemzentrale,
2. als Richtschnur und Rahmen für die Ableitung der individuellen, systemkonformen Ziele des Franchisenehmers und
3. als Basis zur Kontrolle der Zielerreichung beim Franchisegeber.

Entsprechend sollte auch der *Franchisenehmer* – mit Hilfe der Systemzentrale – seine Marketingziele festlegen und schriftlich fixieren:

1. Zielvorgaben für die Mitarbeiter der Franchisebetriebe,
2. Information für die Systemzentrale,
3. Basis zur Kontrolle der Zielerreichung beim Franchisenehmer.

Um am Schluss keinen »bunten Strauß« unterschiedlichster kreativer Planungsunterlagen vorzufinden, sollte der Franchisegeber ein Formblatt oder eine Planungsunterlage entwerfen, die für alle verbindlich ist. So sichern Sie Vollständigkeit, Verständlichkeit, Vergleichbarkeit und Konzentration auf das Wesentliche.

Sind die Marketingziele des Franchisesystems definiert, kommen wir zum nächsten Schritt der Marketingkonzeption.

4.4 Marketingstrategien

Der Marketingstrategie kommt die **Aufgabe** zu, die nachgeordneten Marketingentscheidungen und den Einsatz der Marketinginstrumente des Unternehmens an den Bedarfs- und Wettbewerbsbedingungen auszurichten, dabei das vorhandene Leistungspotenzial zu beachten und auf die Erreichung der zuvor festgelegten Unternehmens- und Marketingziele zu kanalisieren ist. Das klingt komplizierter als es ist.

Die Lösung dieser Aufgabe, erfordert einen kreativen, gründlichen und immer wiederkehrenden Prozess, dessen Maxime wie folgt lauten kann: »In jeder Situation gibt es nur eine Strategie, die nachhaltige Ergebnisse zeitigt.« (Ries/Trout, Die 22 unumstößlichen Gebote im Marketing, 1995, S. 111). Diese Marketingstrategie gilt es also zu kreieren, wie ein Gemälde, das einzigartig und individuell ist.

Um diesen Prozess zu vereinfachen, ist es hilfreich, sich an den folgenden **strategischen Dimensionen** zu orientieren, um die Strategie inhaltlich zu fassen (vgl. Nieschlag/Dichtl/Hörschgen, Marketing, 1998, S. 833 ff.).

a) Räumliche Abgrenzung des Marktes

Sie sollten sich fragen: Will ich lokal, regional, national oder international tätig werden bzw. sein?

Diese Frage ist im Franchising von hoher Relevanz, da ja eine lokale Aufteilung aller erfolgsrelevanten Unternehmensaktivitäten zwischen dem Franchisegeber und dem Franchisenehmer erfolgt, wobei gerade der Franchisenehmer der lokal oder regional Gestaltende sein soll – folglich seine Aktionsmöglichkeiten in die Beantwortung eingeschlossen werden müssen. Diese Frage tangiert gleichzeitig die Frage nach einer sinnvollen, systemgerechten Expansion, nach einem etwaigen Gebietsschutz sowie nach der Transferierbarkeit von Systemstandards. McDonald's beispielsweise hat seine Systemstandards international übertragbar gestaltet. Es konnte so eine schnelle weltweite Expansion vorantreiben, die allenfalls landesspezifische Eigenheiten zu integrieren hatte. Obi ermöglichte sich und dem Franchisenehmer eine schnelle systemgerechte Expansion durch die Führung mehrerer Betriebe – also eine Art Filialsystem im Franchisesystem. Grundsätzlich ist die Beantwortung der Frage »Wie grenze ich meinen Markt ab?« in einem Franchisesystem vielschichtiger als in einem Unternehmen mit reinen Eigenbetrieben und muss daher sorgfältig bearbeitet werden.

b) Vertrautheit mit dem Markt

Kennen Sie den Markt, auf dem Sie tätig sein wollen, oder ist er zumindest mit einem Ihnen bekannten Markt verwandt? Oder wollen Sie in einen ganz neuen Markt eintreten – was mit wesentlich größeren Risiken sowie Anstrengungen verbunden ist und leider leicht misslingen kann? Als Coca Cola 1985 mit Coca-Cola-Bekleidung in den für das Unternehmen völlig fremden Bekleidungsmarkt einstieg, glaubte man fest daran, dass die Marke Coca Cola ein erfolgreiches Zugpferd für diese Programmerweiterung sei. Drei Jahre später blieb man auf einem Lagerbestand im Wert von mehreren Millionen Dollar »sitzen«, als das Konzept wegen Erfolglosigkeit eingestellt wurde. Aber es gibt auch positive, oftmals kostspielige Beispiele. Der Einstieg von Microsoft in immer mehr neue Softwaremärkte ist bislang geglückt und hat das Unternehmen zum Marktführer gemacht – und doch drohen hier immer wieder Rechtstreite, die zur Zerschlagung führen können. Dagegen bewegt sich das in den USA von Tom Monaghan entwickelte Franchisesystem »Domino's Pizza« in einem bekannten Markt – dem Markt für Pizzaschnellrestaurants. Neu war damals das Konzept der Hauszustellung und die räumliche Abgrenzung des Marktes (siehe a): seinen schnellen Lieferservice konnte Monaghan nur deshalb landesweit umsetzen, weil er genügend Franchisenehmer für seine Idee gewinnen konnte.

Die Gefahr, wegen fehlender Vertrautheit den Markt *falsch* zu bearbeiten, ist bei Franchisesystemen jedoch geringer, steht doch hier die lokale und regionale spezifische Marktkenntnis und eventuell die Branchenkenntnis des Franchisenehmers zur Verfügung. Erforderlich ist freilich eine sorgfältige Auswahl des Franchisenehmers, umfangreiche Kommunikation, intensive Gremienarbeit und umfassende Nutzung von Synergien.

c) Umfang der Marktbearbeitung

Stellen Sie sich kritisch die Frage: »Welchen Kunden will ich ansprechen?« Eine undifferenzierte Masse (den **Gesamtmarkt**) oder ein genau definiertes Kundensegment (**Marktsegmentierung**)? Das Motto »Wir bedienen jeden« ist grundsätzlich richtig, denn Sie sollten keinen Kunden »rausschmeißen«. Aber Sie werden nicht jeden Kunden gleichermaßen gut befriedigen können. Die Marksegmentierung und Konzentration auf ein bestimmtes Kundensegment hat viele Vorteile, vor allem die Bündelung der Kräfte; denn so können Sie sich ganz auf die Bedürfnisse dieser Zielgruppe konzentrieren – wie es die EKS lehrt. Zudem ist die Bearbeitung eines Teilmarktes meistens mit geringeren Kosten verbunden und daher besonders für kleine und mittlere Systeme sowie jeden einzelnen Franchisebetrieb attraktiv. Wichtig ist hierbei, ein Kundensegment auszuwählen, das Wachstumschancen und Wettbewerbsvorteile gegenüber der Konkurrenz ermöglicht. Denkbar ist selbstverständlich auch, mehrere Kundensegmente gleichzeitig, mit individuellen Maßnahmen zu bedienen und somit einen größeren Absatzmarkt zu erschließen. Doch birgt dies die Gefahr, sich zu verzetteln, statt einen Schritt nach dem anderen zu gehen. Denn letztlich ermöglicht die Konzentration auf ein Marktsegment eine höhere Vertrautheit mit dem Markt, eine zielgruppenadäquate Ansprache und Befriedigung, Vertrauen des Kunden, eine genauere Kenntnis der Abnehmerreaktionen und somit eine höhere Flexibilität – alles Gründe, die für den Einsatz von Franchising sprechen und die dort zielgerecht verwirklicht werden können.

McDonald's ist angetreten, um vor allem junge Menschen und junge Familien anzusprechen. Das Ergebnis ist, dass McDonald's mit seinen Kunden gewachsen ist und nun auch ältere Menschen zu den Kunden zählt. Mont Blanc will mit seinen exklusiven Schreibgeräten und Lederwaren ausschließlich Käufer höherer Einkommensschichten befriedigen. Das Touristikunternehmen Club Mediteranée bietet seine Reisen primär für Kunden an, die sich im Urlaub sportlich betätigen wollen und diesen gerne in einer Gruppe verbringen.

d) Art der Marktbearbeitung und der Kundenorientierung

Was heißt für Sie Kundenorientierung? Dem Kunden Standardprodukte anzubieten, die die durchschnittlichen Bedürfnisse Ihrer Zielgruppe befriedigen (**undifferenzierte Marktbearbeitung**)? Oder wollen Sie durch individuellen, zielgruppenspezifischen Einsatz Ihrer Marketinginstrumente das vorhandene Käuferpotenzial ausschöpfen (**differenzierte Marktbearbeitung**)? Bei Franchisesystemen ist die differenzierte Marktbearbeitung, also die bewusste Einstellung auf die Besonderheiten unterschiedlicher Kundengruppen, nicht nur empfehlenswert, sondern für deren Erfolg entscheidend. Beispiele hierfür sind die Franchisesysteme

Quick-Schuh und Obi, die mit ihren Franchisenehmern standortindividuelle Strategien und Kundenorientierung verfolgen. Von besonderer Bedeutung sind bei der differenzierten Marktbearbeitung Preis- und Rabattdifferenzierungen, individuelle Produkt- bzw. Sortimentsgestaltung und kundengerechte Serviceleistungen.

e) Primärer Leistungsinhalt

Wie wollen Sie sich differenzieren? Über den **Preis** oder über die **Qualität** und die Serviceleistungen Ihres Angebotes? Aldi ist erfolgreich, weil ein enges Sortiment, ohne Beratungs- und Servicequalität, aber zu äußerst günstigen Preisen mit guter Qualität angeboten wird. Dagegen steht bei The Bodyshop die hohe Produktqualität, das umfangreiche Sortiment sowie der umfassende Service und weniger der Preis im Mittelpunkt. Die Profilierung über Qualität ist für Franchisesysteme im Regelfall geeigneter, gilt es doch auch hier, das Unternehmertum vor Ort und das individuelle Standortmarketing zur umfassenden Bedürfnisbefriedigung zu nutzen. Gleichwohl soll hiermit nicht gesagt werden, dass Franchisesysteme keine Chance hätten, sich über Preiswürdigkeit zu profilieren. Quick-Schuh hat dies erfolgreich bewiesen. Zudem funktionieren Franchisesysteme aufgrund des unternehmerischen Einsatzes oftmals mit niedrigeren Kostenstrukturen als Eigenbetriebssysteme, was wiederum zu Preiswürdigkeit führt.

f) Einstellung zu Wettbewerbern

Sagen Sie nicht, dass Sie keine Wettbewerber haben. Auch wenn Sie jetzt noch alleine auf dem Markt zu sein scheinen – es wird nicht lange dauern, bis es Nachahmer geben wird. Wie wollen Sie sich gegenüber diesen, Ihren Wettbewerbern positionieren? Finden Sie eine Position, die Ihnen die Chance gibt, Ihre Gewinnaussichten gegenüber Ihren Wettbewerbern zu halten oder zu verbessern. Entwickeln Sie eine spezifische Kompetenz. Sie können dabei – entsprechend den vorgenannten Dimensionen – gegenüber Ihrem Wettbewerber die **Kosten- und Preisführerschaft** anstreben. Diese Strategie ist aber nur dann erfolgreich, wenn Ihr System einen relativ großen Marktanteil, ein begrenztes Sortiment, eine aggressive Absatzpolitik, günstige Finanzierungsmöglichkeiten, eine niedrige Kostenstruktur sowie ein effizientes Controlling hat und darüber hinaus die Kunden den Preis und nicht das Qualitäts- und Serviceniveau als ausschlaggebendes Kriterium sehen. Das Gegenstück hierzu bildet die **Qualitätsführerschaft**, die auf Anpassungsfähigkeit und der Differenzierung von Produkten und/oder Dienstleistungen basiert. Durch Produkt- und Leistungsvorteile – wie Kundendienst, individuelle Produktgestaltung, Garantieleistung, Produktqualität – wird den differenzierten Ansprüchen der Konsumenten Rechnung getragen und soll ihnen somit den Wechsel zur Konkurrenz erschweren. Die *Verwundbarkeit* Ihres Systems durch die Konkurrenz wird minimiert, gleichwohl wächst die Gefahr, imitiert zu werden. McDonald's hat zwei herausragende, kundenrelevante Eigenschaften für sich im Kundenbewusstsein *verankert*. Zum einen gilt McDonald's als die schnellstwachsende Hamburger-Kette, zum anderen kann McDonald's die

Zielgruppe *Kinder* als ihre eigene nennen, da Ladengestaltung, Produkte (»Happy Meal«) und Leistungen (Kindergeburtstagsfeier) auf diese Gruppe zugeschnitten sind. Das Franchisesystem Burger King machte lange den Fehler, diese Alleinstellungsmerkmale von McDonald's kopieren und damit den gleichen Erfolg erzwingen zu wollen. Mittlerweile hat man sich darauf besonnen, anders als McDonald's zu sein und die erfolgreichen Vorteile auszubauen, z. B. Grillen statt Frittieren, und ältere statt jüngere Kunden anzusprechen.

Eine dritte Alternative ist die **Konzentration auf eine Marktnische**: Durch die Konzentration auf eine *spezifische Zielgruppe* sollen Wettbewerbsvorteile gegenüber den Konkurrenten gewonnen werden, die eine breitere Zielgruppe, aber undifferenziert ansprechen. Bei den beiden zuletzt genannten Strategien besteht ein enger Bezug zwischen den vorgenannten Aspekten »Art und Umfang der Marktbearbeitung« und »primärer Leistungsinhalt«. Und so lässt sich auch bei dieser Frage, die Qualitätsführerschaft und die Konzentration auf eine Marktnische für Franchisesysteme empfehlen. Beispiele für Qualitätsführerschaft und Konzentration auf eine Marktnische sind die Franchisesysteme MiniBagno (Bäder für kleinsten Raum) und Portas (Restauration von Türen).

g) Einstellung zu technologischen Innovationen

Da technologische Entwicklungen in einigen Branchen an Bedeutung und Dynamik gewinnen, ist die Frage zu beantworten: »Wollen Sie technologisch führend sein?« Eine Eigenschaft, die in den Branchen Telekommunikation, Biochemie und EDV erfolgsentscheidend sein kann, da sie enorme, nachhaltige Wettbewerbsvorteile sichern kann. Dies bringt allerdings erhebliche Forschungs- und Entwicklungskosten mit sich. Natürlich kann auch hier wieder die Konzentration auf ein bestimmtes Segment erfolgen und Spezialistentum aufgebaut werden. Oder will ich mich lieber auf die Imitation bzw. Ausnutzung von am Markt vorhandenen Technologien konzentrieren? Letztlich hängt die Beantwortung dieser Frage wieder von meinem Markt, seinen Bedingungen, meinen Bedürfnissen und den Wünschen meiner Kunden.

Die Auflistung dieser strategischen Dimensionen und die Darstellung der strategischen Optionen ist gewiss nicht erschöpfend. Sie soll Ihnen zeigen, dass Ihnen verschiedene Parameter und Kombinationsmöglichkeiten zur Verfügung stehen. Bei Ihrer individuellen Strategiefestlegung können alle Dimensionen gleichgewichtig einfließen, oder aber eine Dimension kann alle anderen dominieren. Wenn Sie ein neues Auto kaufen möchten, können Sie zum einen Ihren Bedürfnissen entsprechend die Dimensionen Finanzierung, Marke, Preis, Ausstattung, Kaufzeitpunkt, Händler kombinieren. Haben Sie jedoch nur geringe Ersparnisse und bekommen auch keinen Kredit, brauchen den Wagen aber für Ihre Berufstätigkeit, wird der *Preis* das dominierende Kriterium. Entscheidend ist, dass Sie – Franchisegeber wie Franchisenehmer – eine **sinnvolle, in sich geschlossene Kombination** verschiedener strategischer Dimensionen kreieren, diese in einem Strategiepapier dokumentieren und sie allen Beteiligten (Mitarbeitern der Franchisezentrale wie auch der Franchisebetriebe) deren wichtigste Elemente kommunizieren: Welchem Kunden biete ich

❑ welches Leistungspaket,
❑ in welchem Preis-Leistungsverhältnis,
❑ wie mache ich es ihm bekannt und
❑ wie mache ich es ihm zugänglich?

Wir schließen hiermit den Kreis: Diese Fragen standen am Anfang unserer Überlegungen: Warum eine – und zwar die richtige Marketingkonzeption notwendig ist; ebenso leiteten sie uns bei der Festlegung der Unternehmens- und Marketingziele. Nun fehlt nur noch die dritte Stufe der Konzeption, der Marketing-Mix.

4.5 Marketing-Mix

Beim Marketing-Mix werden die Einzelmaßnahmen und somit der operative Einsatz von Marketinginstrumenten festgelegt, um die Marketingziele und Marketingstrategie umzusetzen. Das Marketing-Mix lässt sich konkret in vier Bereiche untergliedern, nämlich die Gestaltung von

❑ Produktmix,
❑ Konditionenmix,
❑ Distributionsmix und
❑ Kommunikationsmix.

Dies ist eine komplexe Aufgabe, gibt es doch viele Kombinationsmöglichkeiten und gleichzeitig Interdependenzen zwischen den einzelnen Instrumenten, aber auch Ausstrahlungseffekte jedes Instrumentes, Unsicherheit über die Wirkung der einzelnen Maßnahmen und praktische Restriktionen zeitlicher und finanzieller Art. Trotzdem soll und darf Sie das nicht abhalten, Ihren Instrumenteneinsatz konkret festzulegen, also Ihren *Erfolgscocktail* zu mixen. Und integrieren Sie bei diesem Schritt alle Erkenntnisse und Festlegungen der vorherigen Schritte (Situationsanalyse, Unternehmens- und Marketingziele, Marketingstrategien). Sonst schmeckt der Cocktail Ihrem Kunden nicht. Wenn Sie eine undifferenzierte Marktbearbeitungsstrategie verfolgen, da Ihr Kunde ausschließlich den Preis als Kaufkriterium sieht, müssen Sie einen Schwerpunkt auf die Preisgestaltung legen – dies setzt allerdings Kostenführerschaft voraus. Wogegen bei der franchisetypischen, differenzierten Marktbearbeitung, also der Erfüllung individueller Kundenbedürfnisse in einem spezifischen Segment die Instrumente der Sortimentsgestaltung (Produktmix) und Werbegestaltung (Kommunikationsmix) von enormer Bedeutung sind.

Hier ist – wie auch bei den vorangegangenen Schritten der Marketingkonzeption – die Einbindung des Franchisenehmers unabdingbar, da er die Instrumente vor Ort, also unmittelbar am Kunden einsetzt. Bei den nachfolgenden Darstellungen der einzelnen Instrumente wird die Notwendigkeit dieser Zusammenarbeit zwischen Franchisegeber und Franchisenehmer wohl am deutlichsten, denn alle Maßnahmen und Aktionen müssen zueinander passen, ein »stimmiges Bild« ergeben. Gleichzeitig wird aber auch die Forderung nach *Arbeitsteilung* manifestiert, d. h.: einerseits die Forderung nach einem individuellen Handlungsspielraum für den Franchisenehmer und andererseits nach der Festlegung einzuhaltender Standards durch den Franchisegeber. Betrachten wir nun die Instrumente im Einzelnen.

Produktmix

Beim Produktmix wird festgelegt, welche Güter und/oder Dienstleistungen Sie Ihrem Kunden entsprechend seinen Bedürfnissen und Ihren Unternehmenszielen anbieten wollen. Die Entscheidungsvariablen in diesem Bereich sind zahlreich, wobei für jedes Franchisesystem eine Auswahl zu treffen ist. Als die wichtigsten Entscheidungsfelder lassen sich die Produktgestaltung, die Markierung von Produkten, der Service, der Kundendienst und die Sortimentsgestaltung nennen.

a) Produktgestaltung

Bei der Produktgestaltung sind der Verwendungszweck, das Design und die Beschaffenheit von Produkten (verstanden als Ware oder Dienstleistung) mit dem Ziel **Produktqualität und Kundennutzen** zu definieren. Diese Dimension ist in allen Franchisesystemen wichtig, die einen direkten Einfluss auf diese Elemente haben. Franchisegeber, die keine eigenen sondern fremd beschaffte Produkte anbieten, müssen die Ausgestaltung dieser Faktoren bei der Beschaffung ihrer Produkte über Fremdlieferanten oder -produzenten ausreichend überprüfen. Dies kann soweit gehen, dass sie dem Produzenten genau vorgeben, welche Eigenschaften bei der Produktgestaltung eingehalten werden müssen, vor allem wenn sie das Produkt unter ihrer Eigenmarke vermarkten. The Bodyshop oder TeeGeschwendner – z. B. – gestalten ihre Produkte hinsichtlich der genannten Aspekte und bieten sie dem Kunden ausschließlich in ihren Betrieben an. Für Franchisegeber im Dienstleistungsbereich ist diese Dimension im übertragenen Sinn zu verstehen, bieten sie doch kein *greifbares* Produkt an. Als Dienstleister müssen sie ihr Dienstleistungs-Produkt besonders hinsichtlich des Verwendungszweckes, also des Kundennutzens gestalten, ergänzt um Hardware, die das Vermarkten und Durchführen ihres Produktes ermöglicht. Sunpoint z. B. bietet die Dienstleistung Sonnenbräunung mit dem Kundennutzen, auch ohne Urlaub eine »urlaubsbraune Haut« zu haben. Die Vermarktung unterstützt die Systemzentrale durch die gesundheitsschonende Technik der Sonnenbänke, das dichte Filialnetz, die einprägsame Ladengestaltung und auffallende Werbung.

Die Produktgestaltung obliegt in einem Franchisesystem dem **Franchisegeber**. Er entwickelt ein Produkt, dessen standardisierte Nutzung er in Lizenz vergibt. Das

Produkt ist der Kern des Franchisesystems und damit ureigenste Aufgabe des Franchisegebers. Die individuelle Produktentwicklung durch Franchisenehmer muss, um »nicht an den Grundmauern des Franchisesystems zu rütteln«, unterbleiben. Im Extremfall würde dies nämlich bedeuten, dass an jedem Standort ein zwar ähnliches, aber doch anderes Produkt dem Kunden geboten wird. Oder fänden Sie es sinnvoll, wenn derselbe Typ Burger-King-Hamburger in Köln mit Senf, in Düsseldorf mit Mayonnaise und in Bonn mit Ketchup garniert wären? Als Kunde verlassen Sie sich darauf, dass der Hamburger überall – von Kiel bis Konstanz – gleich schmeckt. Gleichwohl sollte das Know-how des **Franchisenehmers** zur Produktweiterentwicklung genutzt werden; schließlich hat er »das Ohr« am Kunden und hört somit Kritik, Ideen und Wünsche. Notwendigerweise verarbeiten Franchisenehmer und Franchisegeber dieses Wissen in gemeinsamen Arbeitskreisen, Fachausschüssen oder Erfa-Tagungen.

b) Markierung von Produkten

Die Markierung von Produkten wird primär durch die **Namensgebung**, die **Verpackungsgestaltung** und die Gestaltung eines **Logos** vollzogen mit dem Ziel, ein Markenzeichen zu schaffen. Dieser Faktor ist für alle Franchisesysteme von enormer Bedeutung, da gerade die eigene Marke, das eingeführte Logo – wie oben bereits begründet – der *Kern* oder das Herz des Franchisesystems ausmachen. Daher ist es auch gleichgültig, ob Sie Dienstleistungen oder Waren vertreiben. Für die Markierung gilt, was bereits für die Produktgestaltung ausgeführt wurde – sie ist ureigenste Aufgabe des Franchisegebers. Der Franchisenehmer erhält mit seiner Franchise das Recht zur Nutzung und die Pflicht zur Pflege dieser Marke – und nicht das Recht zur Veränderung dieser, egal wie kreativ er dabei sein mag. Der Aufbau einer Marke und besonders deren Verankerung im Bewusstsein des Kunden ist ein anstrengender und oftmals langwieriger Prozess. Kennen Sie z. B. die Markenlogos von Fiat, Citroën und Lancia sowie deren Typenbezeichnung? Aber Sie kennen sicher die Markenlogos von Mercedes, BMW, Audi und VW sowie deren Typenbezeichnung. Die haben Sie erfolgreich gelernt!

Die Marke bleibt leichter im Gedächtnis Ihres Kunden hängen, wenn Sie einen einfach auszusprechenden, gut merkbaren Namen (möglichst auch international, wenn Sie über die Grenzen hinaus wollen), eine auffällige Verpackung oder ein einprägsames, möglichst bildhaftes Logo haben. Beispiele für derart erfolgreich eingeführte Marken, die im Franchising vertrieben werden, lassen sich viele finden. Der einfache Name *Portas* lässt sich gut merken, oft assoziiert der Kunde mit dem Namen bereits richtig die Kernkompetenz *Türen*. *Obi* hat sich mit seinem auffällig orangefarbenen Schriftzug und seinem Obi-Biber ein bildhaftes, einprägsames Logo geschaffen. Und wer von Ihnen erkennt nicht auf Anhieb die beiden goldenen Bögen von *McDonald's*? Oder die einprägsame Verpackung von *Coca Cola*? Sie sehen, wie einfach sich Beispiele für eine nachhaltige Markierung von Produkten und Dienstleistungen finden lassen. Haben Sie den Aufbau einer Marke für Ihr Franchisesystem geschafft, gilt es diese zu pflegen und in den Köpfen der Kunden *frisch* zu halten. Dabei helfen Ihnen vor allem Kundenservice und Kundendienst sowie die Werbung.

c) Service und Kundendienst

Der Service stellt eine technische oder kaufmännische **Zusatzleistung** während oder nach dem Kauf dar, für die der Kunde entweder zahlen muss oder dieser unentgeltlich erhält. Da ein Leistungsangebot aus Kundensicht immer mehr einem **Problemlösungs-Paket** entspricht, gewinnt die Kombination aus einem physischen Produkt und zugehörigen Service- und Dienstleistungen zunehmend an Bedeutung. Vor allem dann, wenn zielgruppenspezifische Bedürfnisse umfassend erfüllt werden sollen. Die Ausgestaltung des Service kann vielfältig sein und hängt grundsätzlich vom eigentlich angebotenen Produkt, also dessen Eigenschaften ab, denn dazu muss er passen. Ebenso entscheidend für die Auswahl von Serviceleistungen ist die Frage: »Was braucht der Kunde?« »Und was braucht er nicht?« Fragen Sie ihn, beobachten Sie ihn, seien Sie selbst Kunde. Machen Sie es selbst. Ist das Produkt schwer, großvolumig, unförmig und daher schwierig zu transportieren? Dann ist das Angebot von Lieferservice, Mietgepäckträgern oder Miet-LKWs sinnvoll (z. B. Ikea). Erfordert der Aufbau oder die Installation besondere Fähigkeiten oder Hilfsmittel? Dann denken Sie an einen Aufbau- oder Installationsservice, Vermietung von Geräten, Organisation von Handwerkerleistungen oder Kunden-Workshops, um das notwendige Know-how zu lernen. Die Baumarktkette Obi beispielsweise leistet einen solchen Service bereits. Ist für die Nutzung des Produktes ein besonderes Wissen notwendig, etwa beim PC? Bieten Sie Schulungen – allerdings in einem passenden Gesamtkonzept – an. Was ist, wenn das Produkt einen Defekt hat oder nicht so funktioniert, wie es der Kunden wünscht? Rückgaberechte, Umtausch »ohne wenn und aber«, Austauschgeräte, Reparaturservice, Vor-Ort-Service, 24-Stunden-Service oder eine ständige Hotline sind hier mögliche Dienstleistungen. Der Phantasie und Kreativität sind bei der Gestaltung von Serviceleistungen (fast) keine Grenzen gesetzt, die aufgeführten Aspekte sind nur Beispiele und keinesfalls erschöpfend. Der Kunde nimmt (fast) jede Zusatzleistung im Sinne eines »*Rundum-Sorglos-Paketes*« gerne an – auch wenn er nicht immer Dankbarkeit für die Erbringung und Verständnis für eventuelle Bezahlung zeigt. Und – halten Sie Ihre Versprechen! Ein enttäuschter Kunde ist die schlimmste Negativwerbung, denn erfahrungsgemäß erzählt er durchschnittlich sieben anderen Menschen von seiner Enttäuschung mit Ihnen. Die Grenzen der Serviceorientierung liegen da, wo Sie dem Kunden Leistungen bieten, die er nicht nutzt, oder wo die Kosten der Leistungen den Nutzen übersteigen, also unbezahlbar werden. Die Gestaltung und die Durchführung der Serviceleistungen liegen bei Franchisesystemen in »beiden Händen«. Dem **Franchisegeber** fällt die Aufgabe zu, ein übergreifendes Serviceprogramm zu entwickeln, das möglichst in allen Standorten umgesetzt werden soll und damit für den Franchisenehmer verbindlich ist (Hotline, Schulungen oder Rückgabe- und Umtauschrechte). Selbstverständlich sind diese Serviceleistungen so zu gestalten, dass sie vom Franchisenehmer wirtschaftlich und rechtlich durchführbar sind und er zu deren Ausführung ausreichend qualifiziert ist. Ansonsten sollten Sie je nach Qualifikation des Franchisenehmers und seiner Mitarbeiter eine stufenweise Umsetzung der Serviceleistungen bevorzugen. Und Sie sollten neue Serviceleistungen immer erst testen, bevor sie flächendeckend eingesetzt werden. Dem **Franchisenehmer** obliegt es, zusätzliche Serviceleistungen zu erbringen, die ihm an seinem Standort und für seine individuelle Zielgruppe Wettbewerbsvorteile verschaffen. Wenn Sie als Franchisenehmer z. B. an Ihrem Standort mit einem technischen Produkt primär Gewerbetreibende bedienen, sollten Sie im Falle eines Defektes nicht nur einen Reparaturservice bieten, sondern darüber hinaus einen Austausch- und Vor-Ort-Service – auch wenn dies keine generelle Serviceleistung des Systems ist. Gleichwohl müssen sich diese Zusatzleistungen immer innerhalb der Richtlinien der Systemzentrale bewegen und zum grundsätzlichen Leistungsspektrum passen. Gefordert ist also einerseits eine *Arbeitsteilung* zwischen Franchisegeber und Franchisenehmer, anderseits gilt auch hier, das Wissen beider bringt in der richtigen Kombination den größten Erfolg und Nutzen.

d) Sortiment

Das Sortiment stellt die art- und mengenmäßige **Zusammensetzung Ihrer Produkt- und Dienstleistungen** dar, da normalerweise nicht ein einzelnes Produkt sondern der Verbund mehrerer Produkte oder Dienstleistungen angeboten wird. Es muss also festgelegt werden, welche Produkte in welchen Ausführungen und welchen Mengen im Leistungspaket enthalten sind. Dies ist zum einen die Frage nach der **Sortimentsbreite**: Welche Produktgruppen sollen angeboten werden? Soll in einem franchisierten Teeladen ausschließlich Tee angeboten werden, also eine enge Sortimentsbreite? Oder will man dem Kunden durch komplementäre, also im Verbund stehende Güter ein breites Sortiment anbieten, damit er möglichst den gesamten zum Produkt gehörigen Bedarf decken kann? Denkbar ist, in einer ersten Stufe im sehr engen Verbund stehende Produkte wie Teefilter, Teemaßlöffel und Teeuhr anzubieten. In einer nächsten Stufe könnte das Sortiment um Teekannen und Teegeschirr, Stövchen und Dosen erweitert werden. Will man ein ganz breites, auch entferntere Bedürfnisse befriedigendes Sortiment kreieren, könnten auch Gebäck, Kerzen, Servietten oder Bücher aufgenommen werden. Die zweite Frage ist die nach der **Sortimentstiefe** und damit Angebotsvielfalt: Wieviel Produkte will ich innerhalb einer Produktgruppe in welchen Ausführungen anbieten? Sollen ausschließlich Schwarztees angeboten werden oder auch Kräuter- und Früchtetees? Sollen gleiche Geschmacksrichtungen aus verschiedenen Herstellungen, in verschiedenen Qualitäten und unterschiedlichen Mengeneinheiten vorhanden sein? Die Entscheidungen zur Sortimentsbreite und -tiefe hängen von den Bedürfnissen der Kunden, dem Grad Ihrer Kundenorientierung, den Bedingungen am Standort, der Größe des Ladens, aber auch der Lagerumschlagsgeschwindigkeit und dem Deckungsbeitrag einzelner Produktgruppen oder Artikel ab. Machen wir uns das wiederum am Beispiel von TeeGeschwendner klar. Wenn die Kunden in Norddeutschland Kandiszucker und Kluntjes erwarten und Sie eine hohe Kundenorientierung haben, werden Sie bereit sein, diese Produkte aufzunehmen. Stellen Sie gleichzeitig fest, dass sich – da die Kaufkraft der (örtlichen) Kunden eher niedrig ist – die Schwarztee-Edelmarke kaum verkauft, das Produkt also zum Ladenhüter wird, sollten Sie dieses Produkt aus Ihrem Sortiment streichen. Und vielleicht sollten Sie auch auf das Angebot von Teeservices verzichten, wenn Ihr Nachbar ein Haushaltswarengeschäft ist. Umgekehrt: gibt es im näherem Umkreis Ihres Betriebes kein Haushaltswarengeschäft, kann das Angebot von Teeservices ein ertragreiches Geschäft sein. Also: halten Sie die Augen und Ohren auf!

Was heißt das nun für die *Arbeitsteilung* zwischen Franchisegeber und Franchisenehmer? Grundsätzlich sollte das Grundsortiment auf Basis des in der Systemzentrale gebündelten Know-how durch den Franchisegeber erstellt werden, um den Kunden ein zumindest im Kern einheitliches, standardisiertes Sortiment zu bieten. Franchisesysteme wie The Bodyshop, Sunpoint oder TeeGeschwendner sind hierfür gute Beispiele. Gleichzeitig obliegt damit dem Franchisegeber die Aufgabe, das Sortiment ständig hinsichtlich der Kundenbedürfnisse auf Aktualität, Qualität, Vollständigkeit, Homogenität, Ertragsfähigkeit und Ladenhüter zu untersuchen und eventuelle Anpassungsmaßnahmen zu ergreifen. Daraus resultiert zugleich die Beratungsfunktion, die die Systemzentrale gegenüber dem Franchisenehmer ausüben sollte, wenn dieser sein Sortiment selbst zusammenstellen, auf eigene Kosten bevorraten und optimieren kann. Besonders in der Anfangsphase eines Franchisebetriebes muss der Franchisegeber sein Know-how einbringen, und der Franchisenehmer muss mit etwas Geduld die Erfolge an seinem Standort abwarten. Artikel- und produktgruppenbezogene Daten über Umsätze, Margen, Bestände, Lagerumschlag, empfohlene Bestellmenge, Kundenbefragungen u. ä. sind dem Franchisegeber wie auch Franchisenehmer bei der Sortimentsgestaltung hilfreich. Denkbar ist natürlich auch, dass der Franchisegeber dem Franchisenehmer ein fertiges Sortiment in Konsignation liefert und der Franchisenehmer somit keine Bestandsprobleme hat. Auch in einem solchen Fall muss eine 100-prozentige Bezugsbindung vermieden und dem Franchisenehmer die Freiheit zur Sortimentsergänzung eingeräumt werden. Denn der **Franchisenehmer** ist wiederum gefordert, sein Sortiment standortspezifisch und kundenindividuell zu gestalten – allerdings innerhalb der von der Systemzentrale festzulegenden Richtlinien. Eine Buddha-Statue gehört nicht in die Regale eines Teeladens, wenn sie nicht in das Gesamtkonzept des Franchisesystems passt, selbst wenn einige der Teeladen-Kunden diese als ein zur Teezeremonie passendes Accessoire ansehen mögen. Und die Schmucktheke passt nicht in den PC-Laden, auch wenn damit die männlichen Besucher ihren Begleiterinnen einen Anreiz für den Besuch des Ladens liefern könnten.

Konditionenmix

Der Konditionenmix beinhaltet die sog. *Transaktionsbedingungen*. Dies umfasst im weiteren Sinne die nachfolgenden vier Bereiche, die letztlich alle den Preis Ihres Leistungspaketes definieren. Genau genommen müssen Sie zu jedem dieser Bereiche eine Entscheidung für Ihr Franchisesystem treffen, und sei es die Entscheidung, eine Komponente eben nicht anzubieten. Beachten Sie außerdem, dass die Ausgestaltung des Konditionenmix auf die Ausprägungen der anderen Marketinginstrumente abgestimmt sein muss, wenn Sie eine maximale Wirkung erreichen wollen.

a) Preisgestaltung

Die Preisgestaltung stellt Sie vor die Herausforderung, den »*richtigen*« Preis für Ihr Produkt oder Ihre Dienstleistung zu ermitteln und festzulegen – auch wenn es nicht möglich ist, den einzig richtigen Preis zu finden. Denn in die Preisfindung fließen viele Faktoren ein: Ihre Strategie (Niedrigpreisstrategie?), Ihre Ziele (Ertragsmaximierung?), Kundenbedürfnisse, Preisempfinden des Kunden, Preis von substituierbaren Produkten, Wettbewerbspreise, angestrebter Deckungsbeitrag und natürlich die Reaktion Ihrer Konkurrenz im Zeitablauf. Daher sollte eher von der richtigen **Preisdifferenzierung** die Rede sein, die sich nach der Zeit, nach der Sortimentsstruktur, nach den Kunden, nach der Menge und nach dem Standort richten kann. Zunächst ist – nach der Zeit – zu unterscheiden zwischen der erstmaligen Festlegung eines Preises bei der Einführung oder dem einmaligen Anbieten einer Leistung und der Preisänderung, initiiert durch Nachfrage- oder Kostenänderungen, Sonderaktionen oder Konkurrenzreaktionen. Als die Firma Sony den ersten Walkman auf den Markt brachte, kostete diese Produktneuheit den Kunden mehrere Hundert Euro. Da viele Kunden an diesem neuen Trendprodukt teilhaben wollten, waren Sie bereit, diesen hohen Preis zu zahlen, zumindest solange, wie es keine Alternative zum Hersteller Sony gab. Sony brachte dies enorme Umsätze, die die mit der Produktentwicklung und -einführung verbundenen Kosten deutlich überstiegen. Dann aber kamen nach und nach andere Anbieter auf den Markt, mit deutlich geringeren Preisen. Wer nun nicht unbedingt markentreu war, griff zum Wettbewerbsprodukt. Sony war gezwungen, seine Preise zu senken und besondere Vorteile seiner Produkte herauszustellen.

Daneben müssen Sie hinsichtlich der **Sortimentsstruktur** beachten, dass Ihr Leistungspaket eine in sich homogene Preislagenstruktur aufweist. Legen Sie für sich fest, welchen Anteil niedrige, mittlere und hohe Preislagen in Ihrem Sortiment haben sollen und welche Serviceleistungen entgeltlich oder unentgeltlich sein sollen. In einem Baumarkt erwartet der Kunde sowohl einfache, preiswerte Bohrmaschinen für den Hobbyhandwerker als auch Hochleistungsbohrmaschinen für den Profianwender. Die Differenzierung nach **Kunden** bedeutet, dass Sie Ihre Preise nach Kundensegmenten unterschiedlich gestalten. Zum Beispiel können Gewerbekunden anders als Privatkunden, Kinder anders als Erwachsene, Stammkunden anders als Gelegenheitskunden behandelt werden. Die Möglichkeit der unterschiedlichen Preisgestaltung nach der **Menge** ist eine Selbstverständlichkeit, soll dennoch erwähnt werden, da viele Kunden auf das Preis-Mengen-Verhältnis achten und mit Unverständnis reagieren, wenn die doppelte Menge mehr als doppelt soviel kostet, rechnet der Kunde doch mit einem abnehmenden Preis bei zunehmender Menge. Bleibt die Preisdifferenzierung nach dem **Standort**, die für das Franchising von besonderer Bedeutung ist, zumal der Gesetzgeber eine Preisbindung verbietet. Je nach Kaufkraft der Kunden, Wettbewerbsintensität, Lage des Betriebes, Ladengestaltung, Serviceleistungen und Grad der Kundenbindung lassen sich an unterschiedlichen Standorten unterschiedlich hohe Preise für das gleiche Produkt durchsetzen. Hier ist der **Franchisenehmer** gefordert, den für seinen Standort vertretbaren Preis zu finden. Ebenso ist es Aufgabe des Franchisenehmers, die anderen Arten der Preisdifferenzierung standortindividuell einzusetzen. Der **Franchisegeber** sollte dagegen das allgemeine Preisniveau und die grundsätzliche Preisstruktur des Leistungspaketes festlegen, da diese letztlich auch das Image des gesamten Franchisesystems in der Kundenwahrnehmung prägt. Dies kann zwar – allein schon aus wettbewerbs- und kartellrechtlichen Gründen – nur eine unverbindliche Empfehlung sein, gleichwohl ist es für den Franchisenehmer eine hilfreiche Richtschnur.

b) Rabattsysteme

Rabattsysteme sind ein eng mit der Preisgestaltung zusammenhängendes Instrument, da es sich um **Preisnachlässe** aus unterschiedlichen Gründen handelt. In der Wahrnehmung der Kunden haben die Rabatte eine wichtige Funktion, lassen sie doch darauf schließen, dass der Anbieter seinen Kunden besonders attraktive Schnäppchen bieten oder das Kaufverhalten des Kunden belohnen will. Rabattsysteme sowie Kundenkarten zur Kundengewinnung und Kundenbindung gewinnen bei Kunden und Unternehmen wieder enorm an Beliebtheit, da Unternehmen durch Aufhebung des Rabattgesetzes nicht mehr an die Begrenzung eines Barrabattes von lediglich drei Prozent gebunden sind. In Frage kommen z. B. Preisnachlässe für die Einhaltung bestimmter Abnahmemengen (Mengenrabatt), für eine gewisse Kundentreue (Treuerabatt), für eine bestimmte Zeit (Jubiläumsrabatt, Schlussverkauf) oder eine bestimmte Funktion (Journalistenrabatt, Rabatt wegen eines Fehlers an der Ware). Oder die Preisnachlässe werden mit »Bonuspunkten« vergütet, die dann gegen attraktive Prämien eingetauscht werden können. Gleichfalls ist festzulegen, ob ein Rabatt einheitlich oder in einer Staffel, direkt oder rückwirkend gewährt wird. Wichtig ist dabei, dass das System für den Kunden transparent ist und damit nicht willkürlich erscheint. Wie bei der Preisgestaltung sollten auch bei der Rabattgestaltung Franchisegeber und Franchisenehmer – im rechtlich zulässigen Rahmen – zusammenwirken. Konzepte, die das Gesamtsystem betreffen, müssen von der Systemzentrale – unter Mitwirkung der Franchisenehmer – entwickelt werden. Wichtig zu klären ist dabei, wer diesen Rabatt trägt, Franchisenehmer und/oder Franchisegeber? Darüber hinaus bleibt es dem Franchisenehmer überlassen, individuelle Rabattregelungen an seinem Standort einräumen, z. B. einen Eröffnungsrabatt in der ersten Verkaufswoche oder einen Sonderrabatt während eines Stadtfestes. Grundsätzlich müssen sich diese individuellen Rabattregelungen wieder innerhalb der Richtlinien und Systemstandards des Franchisesystems bewegen.

c) Zahlungsbedingungen

Mit den Zahlungsbedingungen regeln Sie die Zahlungsweise, die Zahlungssicherheit, die Zahlungsabwicklung, die Zahlungsfristen sowie die Skonti. Sie haben also ein breites Spektrum bei der Gestaltung der Zahlungsbedingungen. Mit der **Zahlungsweise** legen Sie fest, ob Sie eine Voraus- oder Anzahlung, eine Barzahlung oder eine Zahlung nach Erhalt der Leistung wünschen. Oder ob Sie dem Kunden einen Zielkauf, Kreditkauf oder Teilzahlungskauf einräumen. Auch der Einsatz moderner Zahlungsmittel wie electronic-cash oder Kreditkarte fällt in diesen Bereich. Wofür Sie sich entscheiden, hängt von dem Wert des Produktes, seinen Eigenschaften, den Bedürfnissen des Kunden, Ihrer Kundenorientierung und den Bedingungen des Wettbewerbs ab. Bei Produkten, die der Konsument nur selten anschafft und die einen höheren Preis haben (Möbel, Fernseher, Autos), sind Zielkauf und Ratenkauf durchaus opportun. Das Angebot von Luxus- oder nicht gerade alltäglichen Gütern (Kleidung, Schmuck) legt die Zahlung mittels Kreditkarte nahe, wogegen bei alltäglichen Gebrauchsgütern (Brot, Zeitung) die Barzahlung üblich ist. Bei der Auswahl der Zahlungsweise sind immer deren Kosten mit ins Kalkül zu ziehen und eventuell in der Preisgestaltung zu beachten. Zahlungsweisen wie Kreditkauf und Zielkauf stellen für den Verkäufer immer ein gewisses Forderungsrisiko dar. Daher sind Zahlungsweisen, die eine spätere, deutlich nach der Produktüberlassung liegende Erfüllung der Zahlung zulassen, durch **Zahlungssicherheiten** (Eigentumsvorbehalt, Schufa-Auskunft) abzusichern. Mit der **Zahlungsabwicklung** regeln Sie, ob Sie auf Rechnung, gegen Bankeinzug, per Nachnahme oder ähnliches Ihr Produkt liefern. In engem Zusammenhang dazu steht auch die Gewährung von **Zahlungsfristen** und **Skonti**, z. B. drei Prozent Skonto bei Sofortzahlung, ansonsten 30 Tage Zahlungsziel. Zahlungsweise, Zahlungsabwicklung, Zahlungsfristen und Skonti sind insofern interessante Instrumente, als Sie dem Kunden Wahlmöglichkeiten und damit individuelle Befriedigung seiner Zahlungswünsche bieten können. Die grundsätzlichen Zahlungsbedingungen sollten vom **Franchisegeber** konzipiert werden, da sie vor allem in einer flächendeckenden Werbung gut vermarktet werden können (z. B. Ratenzahlung für alle Produkte oder Kundenkarte in allen Franchisebetrieben). Der **Franchisenehmer** kann ergänzend eigene Zahlungsbedingungen entwickeln, wenn diese ihm Wettbewerbsvorteile am Markt bringen (z. B. ein verlängertes Zahlungsziel für öffentliche Einrichtungen).

d) Lieferbedingungen

Zu den Lieferbedingungen gehören die Lieferbereitschaft, die Lieferzeit, die Warenzustellung, Umtausch- und Rückgabemöglichkeiten und die Berechnung der Verpackungs-, Transport- und Versicherungskosten. Viele dieser Entscheidungsdimensionen werden in den allgemeinen Geschäftsbedingungen des Franchisenehmers und Franchisegebers geregelt. Welche dieser Elemente in welchem Umfang Sie Ihrem Kunden anbieten wollen bzw. Sie in Ihrem System regeln müssen und können, hängt von den Kundenbedürfnissen, den Produkteigenschaften, Ihrer Kundenorientierung, Ihrem Wettbewerb und der Finanzierbarkeit ab. Fragen Sie sich bei allen Aspekten, was erwartet oder benötigt der Kunde und was ist er bereit, dafür zu zahlen. Die Lieferung von Möbeln zur Wohnung oder zum Haus des Kunden ist eine Selbstverständlichkeit. Aber wann? Wochentags oder auch am Wochenende? Kostenlos oder gegen Gebühr? Kurzfristig oder in einigen Wochen? Und wie ist es mit der Möglichkeit, die Möbel zurückzugeben? Auch hier können die Konzepte des Franchisegebers und des Franchisenehmers unterschiedlich aussehen, wenn der Franchisenehmer zusätzliche Leistungen erbringt oder auf einige verzichtet, da er diese nicht erbringen kann oder sie an seinem Standort keinen Sinn machen.

Distributionsmix

Hier legen Sie fest, auf welchen Wegen Ihre Produkte zum Endkäufer kommen. Grundsätzlich betrifft dies die Entscheidungen über die Absatzkanäle und die Logistik. Die Frage nach den **Absatzkanälen**, also der Verkaufsorgane, ist bei einem Franchisesystem durch die Form des Franchising bereits weitgehend beantwortet. Ergänzend können bei stationärem Handel noch Versandaktivitäten (Direktverkauf) und/oder der Verkauf über das Internet (E-Commerce) eingeführt werden. Vor allem die Bedeutung von E-Commerce ist in Zeiten wachsender Internetaktivität der Endkunden nicht zu unterschätzen. Allerdings müssen Sie hierbei eine Regelung finden, die den Franchisenehmern einen Ausgleich für »verlorene« Umsätze gewährt. Denn E-Commerce-Umsätze sind nicht zwangsläufig Zusatzumsätze, sondern manchmal verschobene Umsätze.

Bei der **Logistik** geht es darum, die Produkte in der richtigen Menge, zur richtigen Zeit, am richtigen Ort, zu optimalen Kosten anzuliefern. Je nach Verderblichkeit, Preisverfallsrisiko und Aktualität der Produkte sind die vorgenannten Aspekte Menge und Zeitpunkt von besonderer Relevanz. Schnell verderbliche Lebensmittel, Pflanzen und Saisonkleidung sind Beispiele hierfür. Für Versandhändler ist die Logistik sogar eine der wichtigsten Funktionen, hängt von ihr doch das Geschäft ab. Um eine umfassende Logistik zu gewährleisten, müssen die Art der Lagerhaltung (zentrales Lager beim Franchisegeber, Zwischenlager beim Franchisenehmer), die Transportmittel (LKW oder Bahn) und die Transportwege (Routen) festgelegt werden. Dies impliziert gleichzeitig die Entwicklung von Mindestmengen, -bestellmengen und -bestellzeitpunkten. Je nach Art der

Warenbeschaffung und -bevorratung eines Franchisesystems sind diese Aufgaben durch den Franchisenehmer und/oder Franchisegeber zu erfüllen. Die Art der Warenbeschaffung und -bevorratung wiederum ist abhängig von den Produkteigenschaften (wie Sperrigkeit, Wert, Empfindlichkeit), den Kaufgewohnheiten des Kunden (Mitnahmeprodukt Tee oder Bestellprodukt Badeinrichtung) und den Eigenschaften des Herstellers (Direktbelieferung des einzelnen Standortes oder ausschließlich der Systemzentrale). Folglich lässt sich keine allgemeingültige Empfehlung zur Logistik aussprechen außer dem genannten Ziel: Die Produkte in der richtigen Menge, zur richtigen Zeit, am richtigen Ort, zu optimalen Kosten anzuliefern.

Kommunikationsmix

Ganz allgemein geht es um die Gestaltung aller *Informationen*, die an den Kunden gerichtet werden. Ziel ist, das Verhalten aktueller und potenzieller Käufer zu steuern oder zumindest zu beeinflussen. Hierzu stehen Ihnen vor allem der persönliche Verkauf, das Internet, die Werbung, die Verkaufsförderung und die Öffentlichkeitsarbeit zur Verfügung.

a) Persönlicher Verkauf

Der persönliche Verkauf betrifft die direkte, unmittelbare und damit effizienteste Kommunikation mit dem Kunden. Darunter fallen also alle Maßnahmen, mit denen Sie einen persönlichen Kontakt zum Kunden herstellen und möglichst einen Verkaufsabschluss bewirken. Zu diesen Maßnahmen gehören im engeren Sinne Verkaufsgespräche, im weiteren Sinne die Verkaufsraumgestaltung, die Geschäftsöffnungszeiten, die Beratungsinstrumente sowie die Personalstärke und -qualität, wobei diese Faktoren einander beeinflussen. Das **Verkaufsgespräch** als ursprüngliches Instrument des persönlichen Verkaufs gibt die Möglichkeit, die Bedürfnisse und Erwartungen des Kunden zu erforschen, ihm eine entsprechende Lösung und dazugehörige Serviceleistungen zu bieten. Sprich: Die zuvor genannten Instrumente des Produkt- und Konditionenmix werden dem Kunden unmittelbar nahe gebracht. Dabei hilft natürlich eine funktionale, ansprechende, zum Produkt- und Konditionenmix passende **Verkaufsraumgestaltung.** Das Konzept zur Verkaufsraumgestaltung gibt in den meisten Franchisesystemen die Systemzentrale in Form von einzuhaltenden Gestaltungsrichtlinien oder in Form konkreter Einrichtungen vor. Wobei es natürlich unterschiedliche Freiheitsgrade und Gestaltungsoptionen für den Franchisenehmer geben kann. Die Ladengestaltung bei TeeGeschwendner ist für den Franchisenehmer mit mehr Freiheiten verbunden als bei Sunpoint. Ziel ist jedenfalls, durch weitestgehende Standardisierung den Wiedererkennungswert, die Orientierung und den Informationsgrad des Kunden zu optimieren. Der Franchisenehmer hat selbstverständlich die Aufgabe, darüber hinaus den Verkaufsraum durch Ordnung, Sauberkeit und zusätzliche, sinnvolle und systemkonforme Elemente (z. B. Sitzgelegenheiten für erschöpfte Konsumenten oder eine Spielecke für Kinder) zu verbessern. Ebenso bedeutsam sind die **Geschäftsöffnungszeiten,** die die Chance zum persönlichen Kontakt mit dem Kunden zeitlich festlegen. Grundsätzlich empfiehlt es sich, die Öffnungszeiten an die Bedürfnisse und Gewohnheiten der Kunden und die am Standort typischen Öffnungszeiten anzupassen, falls nicht sowieso der Mietvertrag zu fest definierten Öffnungszeiten verpflichtet. Wenn die Wettbewerber und direkten Nachbarn täglich bis 19 Uhr die Pforten geöffnet haben, sollte man nicht schon um 18.30 Uhr schließen und vielleicht sogar eine halbe Stunde früher öffnen, um die Frühaufsteher für sich zu gewinnen. Und während der Baumarktkunde seine Käufe vor allem tagsüber tätigen möchte, schätzt der Sonnenbank-Kunde das Abend- und Wochenendangebot. Wichtig für das Verkaufsgespräch und den Kaufabschluss sind auch die zur Verfügung stehenden **Beratungsinstrumente.** Hierzu zählen Muster, Proben und Testgeräte, aber auch Beratungsecken, Video- oder Computervorführungen. Sie geben dem Kunden die Möglichkeit, sich über die Qualität, Funktionalität, Anmutung und /oder Wirkung des Produktes zu informieren und somit eine sichere Kaufentscheidung treffen zu können. Bei Kieser Krafttraining darf der Kunde das Leistungsangebot zunächst in einem Probetraining testen. In den Regalen von The Bodyshop findet der Kunde zu fast jedem Produkt einen Tester. Die Ideen zu solchen Beratungsinstrumenten sollten aus der gemeinsamen Kreativität von Franchisegeber und Franchisenehmer erwachsen. Der Franchisegeber gestaltet und standardisiert die grundsätzlichen Instrumente, der Franchisenehmer setzt diese möglichst überall um und ergänzt sie, wo es sinnvoll ist. Der Erfolg des persönlichen Verkaufs hängt in besonderem Maße von der **Personalquantität** und **Personalqualität** ab. Folglich hat der Franchisenehmer zum einen eine möglichst optimale, an den Kundenfrequenzen ausgerichtete Personalplanung zu realisieren – was einen ausreichenden Pool von Mitarbeitern voraussetzt. Zum anderen hat er eine ausreichende Personalqualität hinsichtlich Fachwissen, Verkaufsgeschick und Kundenorientierung zu gewährleisten. Bei beiden Aufgabe ist er oftmals auf die Unterstützung der Systemzentrale angewiesen, die sich besonders für die Personalqualität (mit-)verantwortlich fühlen muss: Trainings und Schulungen sind von der Systemzentrale zu entwickeln und anzubieten – gleichgültig, wer diese durchführt und in Anspruch nimmt.

Es sei noch ergänzt, dass der persönliche Verkauf nicht auf einen Kontakt in einem Ladenlokal begrenzt ist, sondern auch in anderen Formen auftreten kann. Verkaufsbesuche beim Konsumenten (Außendienstverkauf), Verkauf auf organisierten Einladungen (Messeverkauf, Partyverkauf), Telefonverkauf oder Verkauf auf lokalen Veranstaltungen (Straßenfeste, Bazare). Ob eine dieser Formen zu Ihrem Franchisesystem oder Ihrem Franchisebetrieb passt, hängt vom Produkt und den Möglichkeiten zu diesen Verkaufsformen ab – wobei Sie nicht nur auf den damit erzielten Umsatz *starren* sollten. Manchmal führt die Teilnahme an einer regionalen Messe nicht unbedingt zu direkten Umsätzen, aber zur Gewinnung von Kundenadressen und damit zu Kontakten.

b) Internet

Das Internet gewinnt zunehmend an Bedeutung: zur *Information*, zur *Unterhaltung*, aber auch zum *Kauf*. Daher sollten Sie Ihr Unternehmen kompetent im Internet darstellen. Kompetent heißt nicht seitenlange Selbstdarstellung, sondern Darstellung Ihrer Produkte, Leistungen und Services für den Kunden. Und das muss Ihnen so gut gelingen, dass der Kunde ohne persönliches Verkaufspersonal zurecht kommt und einen Kauf abschließt. Die natürlichen *Vorteile* des Internets wie 24-Stunden-Verfügbarkeit an sieben Tagen, Ortsunabhängigkeit und Bequemlichkeit reichen nicht aus, den Kunden zu binden und zum Kauf zu bringen. Im Gegenteil, Ihr Wettbewerber ist nur einen Click entfernt. Daher gewinnen *Content* (Inhalt Ihrer Website), *Struktur*, *Design* und *Funktionalität* an Bedeutung. Lassen Sie sich daher bei der Gestaltung Ihres Webauftritts von Profis unterstützen und beraten. Zudem gibt es schon einige Standardprodukte und Standarddienstleistungen, die Ihnen den Eintritt in das World Wide Web erleichtern. Und noch eins ist wichtig – Internetpräsenz ist keine Einmal-Angelegenheit! Sie müssen Ihren Internetauftritt pflegen und hochaktuell halten, sonst sehen Sie den Kunden nicht mehr wieder. Grundsätzlich sollte der Franchisegeber den Internetauftritt gestalten, auch die E-Commerce-Aktivitäten. Die Franchisenehmer sollten dann die Chance bekommen, zumindest an diesem Auftritt teilzunehmen.

c) Werbung

Werbung ist das wichtigste Instrument zur planmäßigen Beeinflussung der Käufer. Immerhin werden in Deutschland pro Jahr rund 12 Milliarden Euro für Werbung ausgegeben. Und mit welchem Ziel? Zunächst soll Werbung den Kunden informieren. Aber damit nicht genug – Werbung soll den Kunden auch steuern, also beeinflussen. Nicht ohne Grund wird die Werbung auch »das Sprachrohr des Marketing« genannt. Die Teilbereiche und damit Entscheidungsbereiche der Werbung lassen sich anhand eines Denkschemas aufzeigen (Quelle: Meffert, Marketing, 1989, S. 446 ff.):

- ❑ **Wer** (Unternehmung, Werbetreibender)
- ❑ sagt **was** (Werbebotschaft)
- ❑ unter welchen **Bedingungen** (Umweltsituation)
- ❑ über welche **Kanäle** (Medien, Werbeträger)
- ❑ zu **wem** (Zielperson, Empfänger, Zielgruppe)
- ❑ mit welchen **Wirkungen** (Werbeerfolg)?

Betrachten wir die einzelnen Entscheidungsbereiche der Werbung. Die Frage nach dem »**Wer**« ist in Franchisesystemen eine sehr wichtige. Der Franchisegeber oder der Franchisenehmer? Beide! Erfolgreiche Werbung können Sie nur gemeinsam erzielen. Der Franchisegeber sollte als Systemgeber die **überregionale** Werbung erbringen mit dem Ziel, die Marke und das Produkt überall in gleicher Weise bekannt zu machen. Zudem kann die Kosten für eine überregionale Werbung im Normalfall nur der Systemgeber übernehmen. Vorausgesetzt, eine überregionale

Werbung ist für Ihr Produkt sinnvoll. Der Franchisenehmer hingegen muss seinen Betrieb am Standort bekannt machen und dabei seine individuellen Leistungen herausstellen. Somit übernimmt der Franchisenehmer die **lokale** Werbung, die grundsätzlich, um effizient zu sein, auf der Werbung des Franchisegebers aufbauen sollte. McDonald's wirbt überregional mit TV-Spots und schafft damit eine hohe Bekanntheit bei einer bestimmten Zielgruppe. Auf dieser Bekanntheit kann der Franchisenehmer von McDonald's an seinem Standort seine standortspezifische Werbung aufbauen, z. B. Gewinnaktionen mit anderen Unternehmen. Hierbei sollte er natürlich durch die Systemzentrale unterstützt werden, vor allem durch Anzeigenvorlagen, Bildmaterial, Produktvorschläge und Mediaplanung. Solch ein Dienstleistungspaket wird idealerweise in einem Arbeitskreis erstellt, von der Systemzentrale standardisiert und somit als Paket für den einzelnen Franchisenehmer abrufbar.

Dabei stellt sich dann auch direkt die Frage nach der Werbeaussage, dem »**Was**«. Auch diese kann in einem Arbeitskreis diskutiert werden. Doch sollten Sie bei der Erarbeitung Ihres Werbekonzeptes durchaus auf professionelle Hilfe zurückgreifen. Jeder kann zwar etwas zum Thema Werbung beitragen, doch die Gesetze der Werbung sind nicht ganz einfach. Und da sind schnell einige Tausend Euro »in den Sand gesetzt«. Eine Werbeagentur kennt diese Gesetze und kann Ihnen helfen, die größten Klippen zu umschiffen; vorausgesetzt, Sie geben der Agentur ein klares Briefing, was Sie bewerben wollen. Das *Was* können Sie übrigens nur sinnvoll beantworten, wenn Sie wissen, was Sie erreichen wollen, also Ihre **Werbeziele** kennen, die natürlich zu den Unternehmens- und Marketingzielen passen müssen. Solche Ziele könnten, eine neue Marke bekannt zu machen, den Bekanntheitsgrad einer eingeführten Marke zu erhöhen, das Markenimage zu verändern oder den Umsatz in verkaufsschwachen Gebieten oder Zeiten zu steigern sein. Je nach Ziel ist die Werbeaussage anders. Falls Sie den Umsatz steigern wollen, sollte Ihre Werbeaussage den Preis in den Fokus stellen. Wollen Sie das Image verändern, ist eine emotionale Werbeaussage eher angebracht. Und unabhängig vom Ziel sollten Sie versuchen, einen Slogan zu entwickeln, der sich in den Köpfen der Kunden festsetzt. Gelungene Beispiele hierfür sind: »Media Markt – ich bin doch nicht blöd«, »Clausthaler – nicht immer, aber immer öfter«, »Der General – nicht nur sauber, sondern rein«, »Milka – die zarteste Versuchung, seit es Schokolade gibt«. Und sorgen Sie dafür, dass Sie mit Ihrer Werbung ein *Schlagwort* für sich pachten. Mit Marlboro verbindet der Konsument Abenteuer, mit Volvo Sicherheit, mit Ikea preiswerte Möbel. Die wirkungsvollsten Worte sind einfach und nutzenorientiert. Egal wie kompliziert das Produkt und egal wie kompliziert der Markt ist, es ist immer besser, sich auf ein Wort oder einen Nutzen zu konzentrieren als auf zwei, drei oder vier gleichzeitig. Dazu kommt noch der Heiligenschein-Effekt. Wenn es Ihnen gelungen ist, einen Pluspunkt unauslöschlich zu verankern, dann wird Ihnen der Kunde eine Menge weiterer Pluspunkte geben.« (Quelle: Ries/Trout, die 22 unumstößlichen Gebote im Marketing, 1995, S. 41). Und in einem Franchisesystem muss die Werbeaussage selbstverständlich auf die Leistungsfähigkeit der Franchisenehmer abgestimmt sein. Es macht gar keinen Sinn, mit der Werbung einen Anspruch aufzubauen, den die Franchisepartner mit Ihren Betrieben nicht erfüllen können.

Somit sind bei der Festlegung der Werbeaussage auch die Rahmenbedingungen zu beachten. Was ist an den einzelnen Standorten überhaupt möglich? Kann die überregionale Werbung auf die lokale Werbung heruntergebrochen werden? Was macht der Wettbewerb? Was ist rechtlich erlaubt?

Wenn die Werbebotschaft festgelegt ist, muss sie in einem geeigneten **Werbemittel** gestaltet werden, um dann in einem geeigneten Werbeträger an die Zielgruppe gerichtet zu werden. Die wichtigsten Werbemittel sind:

❑ Werbeplakate
❑ Werbeanzeigen
❑ Prospekte
❑ Werbebriefe
❑ Leuchtwerbemittel
❑ Werbefunk- und -fernsehsendungen (TV-, Funk-, Kino-Spot)
❑ Werbeveranstaltungen & Messen
❑ Ausstattung der Geschäftsräume
❑ Werbeverkaufshilfen (z. B. Warenproben)
❑ Internet/Newsletter/Permission Email-Marketing

Welche dieser Werbemittel für Ihre Ziele und Aussagen am geeignetsten sind, ist ganz individuell zu entscheiden und oftmals natürlich eine Frage der Kosten, des Budgets und Ihrer Erfolgserwartungen. Werbeplakate, Werbefunk- und -fernsehsendungen beispielsweise sind sehr kostspielig und eher für überregionale Werbung geeignet. Ausgenommen natürlich Werbespots in lokalen Radiosendern, die für den Franchisenehmer ein sehr gutes Medium sein können. Werbebriefe dagegen sind für standortindividuelle Werbemaßnahmen sehr geeignet, z. B. ein Mailing an Gewerbekunden oder Handzettel, die Sie in der Fußgängerzone verteilen lassen. Nehmen Sie die obige Liste als Anregung, um für Ihre Ziele Werbemittel auszuwählen oder ähnliche, hier nicht genannte, zu finden. Der Phantasie sind keine Grenzen gesetzt, schauen Sie sich in Ihrer Umgebung um. Logos und Firmennamen lassen sich auf vielem abbilden: Autos, Bussen, Banden im Stadion, T-Shirts von Sportvereinen, Stofftragetaschen, Kulis, Parkhausschranken, usw. Gleichwohl sollte Werbung immer Regeln einhalten – besonders in Franchisesystemen. Sonst haben Sie in jeder Stadt, in der Sie vertreten sind, einen eigenen Werbeauftritt – statt *einen* Werbeauftritt für alle Städte. Dies erfordert aber, dass der Franchisegeber Werberichtlinien erstellt – in Zusammenarbeit mit den Franchisenehmern! In diesen Richtlinien muss festgelegt sein, welche Elemente in einer Werbung Pflicht, erlaubt oder verboten sind. Dies betrifft z. B. Formate, Farben, Schriftzüge, Slogans oder Medien. Diese Werberichtlinien sollten durch

Werbedienstleistungen des Franchisegebers ergänzt werden, die dem Franchisenehmer einen Abruf von »fertiger Werbung« ermöglichen. Denn nicht jeder Franchisenehmer ist ein Werbefachmann. Und dabei darf nicht vergessen werden, dass Werbung durchaus kostspielig ist und dass diesen Kosten ein gewisser Ertrag folgen muss.

Diese Kosten-Ertrags-Abwägungen gelten auch für die Auswahl der **Werbeträger**, der Mediaselektion, also die Auswahl, über welche *Träger* Ihre Werbung erscheinen soll. Hier stehen Sie vor der Wahl, ob Sie eine Plakataktion für mehrere 100.000 Euro starten oder ob Sie dieses Geld lieber in TV-Spots anlegen. Sie können bei dieser Entscheidung nach dem »trial-and-error-Prinzip« verfahren und verschiedene Werbemedien und -träger testen. Oder Sie können das Werbeverhalten Ihres Konkurrenten imitieren. Doch ob das immer der richtige Weg ist, ist fraglich – jedenfalls ist es selten der kostengünstigste. Es empfiehlt sich daher auch hier, professionelle Helfer in Anspruch zu nehmen, die die Werbewirksamkeit der einzelnen Werbeträger in Abhängigkeit von Werbeziel und Adressat untersucht haben.

Jedenfalls umfasst die Auswahl der Werbeträger zwei Teilschritte. Zunächst müssen Sie Werbeträgergruppen (**Inter-Mediaselektion**) bestimmen. Hierbei wählen Sie normalerweise zwischen Publikumszeitschriften, Tageszeitungen, Fernsehen, Film, Funk, Plakatsäule, Leuchtkästen, Plakatwand, Internet und ähnlichem. Beachten Sie dabei, dass jeder dieser Werbeträger eine spezifische Funktion erfüllt – die Tageszeitung liefert primär aktuelle Information, das Fernsehen primär Unterhaltung. Der Inhalt Ihrer Werbung sollte in das richtige Umfeld integriert werden. Ebenso sollten Sie bei der Auswahl Faktoren wie Darstellungsmöglichkeiten, Zeit, Durchdringung, Erscheinungshäufigkeit, Verfügbarkeit und Kosten berücksichtigen. Werben Sie nicht im Rundfunk, wenn man Ihr Produkt und seine Verwendung sehen muss, um den Bedarf dafür zu wecken. Sollten Sie jedoch einen einprägsamen, vom Konsumenten gelernten Slogan und ein rein verbal erklärbares Produkt besitzen, werben Sie lieber in lokalen Rundfunksendern, bevor Sie Ihr Werbebudget in eine 10-Sekunden-TV-Spot zu einer schlechten Sendezeit stecken.

An die Auswahl der Werbeträgergruppen schließt sich die Wahl zwischen speziellen Trägern innerhalb dieser Gruppen, also zwischen verschiedenen Tageszeitungstiteln oder Fernsehsendern an (**Intra-Mediaselektion**). Diese Auswahl sollte sich außer an den Kosten an den Kriterien der Zielgruppenaffinität und der Reichweite orientieren. Die Reichweite gibt an, wie viele Personen von einer Werbeträgerkombination mindestens einmal erreicht werden. Diese Zahl wird meistens in Prozent von der Gesamtbevölkerung angegeben. Hierbei kann noch zwischen räumlicher Reichweite (wie weit wird die Zeitung gestreut), quantitativer (globaler) Reichweite und qualitativer (gruppenspezifischer) Reichweite unterschieden werden. Als weitere Kriterien der Auswahl kommen noch die zeitliche Verfügbarkeit (wie oft wird der Träger geschaltet?) und der Nutzungspreis hinzu.

Bitte vergessen Sie bei der Gestaltung Ihrer Werbung eines nicht: Werbung benötigt einige Zeit, bis sie nachhaltig wirkt. Ein Prospekt mit absoluten Niedrigpreisen kann zwar kurzfristig das Geschäft boomen lassen, garantiert aber nicht, dass Sie im Kundenbewusstsein als preiswert verankert sind und bleiben. Wenn Sie Pech haben, waren die Boomkäufer leider nur Einmalkäufer. Um diese *Einmalkunden* zu binden und markentreu zu machen, müssen Sie regelmäßig werben. Der Kunde muss Ihre Werbe- und damit Angebotsinhalte erst lernen. Und bekanntlich hängt der Lerneffekt ja von der Wiederholung ab. Wenn Sie den Kunden zu Ihrem *Dauerkunden* gemacht haben, müssen Sie weiterhin werben, um mögliche Gegenkräfte zu kompensieren. Also: Geduld! Aber: zu viel Werbeanstöße sind auch nicht richtig. Dann gehen Sie dem Kunden unter Umständen auf die Nerven. Die Frage nach der optimalen Kontakthäufigkeit mit dem Kunden lässt sich nicht eindeutig beantworten. Zumal noch im Jahresverlauf saisonale Schwankungen hinzukommen. In der Sommerzeit sind viele Menschen verreist und interessieren sich wenig für Werbung – am ehesten noch für Getränke- und Eiswerbung. In der Vorweihnachtszeit hingegen ist der Kunde sehr empfänglich für Werbung – sucht doch jeder Geschenkanregungen. Leider werben dann (fast) alle, sodass Ihre Werbung vielleicht nur eine unter vielen ist und im Vergleich auch noch teurer als zu anderen Jahreszeiten. Sie merken schon, es ist ein Dilemma, das auch Sie nie optimal lösen werden.

Eines ist ganz wichtig: Sollten Sie einmal einen Umsatzeinbruch erleben, schieben Sie diesen nicht einzig auf die Werbung und stampfen diese gleich ein. Ohne Werbung wird Ihr Umsatz weiter sinken. Fragen Sie sich lieber, warum Ihre Werbung vielleicht nicht die gewünschte *Wirkung* zeigt. Haben Sie das richtige Medium? Stimmt Ihre Werbeaussage? Passen Werbeinhalt und Werbeträger zu den Zielgruppen und den Werbezielen? Oder liegt es gar nicht an der Werbung, sondern am mangelnden Service, ungeeigneten Verkäufern oder schlechter Produktqualität? Nur wenn alle Elemente zu einander passen und auf die Zielgruppe ausgerichtet sind, kann Ihre Werbung Erfolg haben. Und diesen Erfolg sollten Sie nicht nur an gestiegenen Umsätzen festmachen, sondern auch an Fakten wie Kundenfrequenz, Durchschnittsbon, Angebotsanfragen und der Veränderung Ihres Bekanntheitsgrades und Ihres Images.

d) Verkaufsförderung

Zu den kommunikativen Maßnahmen gehört auch die **Verkaufsförderung**. Sie soll zum einen die Effizienz Ihrer Absatzaktivitäten und aller anderen Marketingaktivitäten erhöhen und unterstützen. Zum anderen soll sie die Konsumenten bei der Beschaffung und Verwendung der Produkte beeinflussen, indem sie zusätzliche und möglichst außergewöhnliche Anreize bieten. Die Verkaufsförderung ist folglich eine ideale Ergänzung zur Werbung. Hierbei lassen sich entsprechend der

Aufgaben und Zielgruppen vier Bereiche unterscheiden, die Förderung des Hineinverkaufens (dealer promotion), die Förderung des Abverkaufs, die Verkäufer-Förderung (staff promotion) und die Verbraucher-Förderung (consumer promotion). Entsprechend dieser Zielgruppen (Handel, Verkaufspersonal, Konsument) stehen Ihnen verschiedenste Verkaufsförderungsmaßnahmen zur Auswahl.

In den Bereich der **handelsorientierten** Verkaufsförderung fallen:

❑ Kaufnachlass (zeitlich begrenzte reduzierte Einkaufskonditionen wie Eröffnungsrabatte)
❑ Wiederkaufnachlass (bei zuvor vereinbarten Bedingungen)
❑ Kostenlose Güter (als eine Art Naturalrabatt)
❑ Kooperative Werbung (Gewährung eines Werbekostenzuschusses durch den Hersteller oder Bereitstellung von Werbematerial)
❑ Werbung am Verkaufsort (Display-Material, Deko-Dienste, Hostessen, Propagandisten, Sonderschauen)
❑ Verkaufswettbewerbe
❑ Händlerschulungen

Hier sollte der Franchisegeber für grundsätzliche Vereinbarungen mit dem Hersteller oder Lieferanten sorgen, derer sich der Franchisenehmer dann bedienen kann. Es ist wenig effizient, wenn sich jeder Franchisepartner selbst um Display-Material und Händlerschulungen kümmern muss.

Gleiches gilt für einige Maßnahmen der **verkaufspersonalorientierten** Verkaufsförderungsmaßnahmen, z. B. Verkaufstreffen zum Erfahrungsaustausch und Verkaufsunterlagen sowie Verkaufshandbücher. Andererseits gibt es Maßnahmen, die in der Verantwortung des Franchisepartners stehen, wie Verkäufer-Wettbewerbe oder Bonus-Systeme. Hier muss in Franchisesystemen abgewogen werden, wo die Verantwortung und der Einflussbereich der Systemzentrale aufhören und die des Franchisenehmers anfangen. Da der persönliche Verkauf ein sehr entscheidender Erfolgsfaktor ist, sollte dieses Instrument besonders sorgfältig gestaltet werden.

Ebenso wichtig für den Marketingerfolg des Franchisesystems sind die **konsumentenorientierten** Verkaufsförderungsmaßnahmen. Die wichtigsten sind:

❑ Kostenlose Proben
❑ Gutscheine oder Coupons, die dem Kunden einen Kaufvorteil gewähren
❑ Rückerstattungsangebote
❑ Preisreduktion und Sonderpreise
❑ Preisausschreiben
❑ Sammelmarken (Prämie in Abhängigkeit vom Wert der gekauften Produkte)

Welche dieser oder anderer Maßnahmen eingesetzt werden sollen, hängt von Ihrem Produkt und Ihrer Strategie ab. Grundsätzlich sollten Sie Verkaufsförderung betreiben, um Ihre Kunden noch enger und besser zu binden. Seien Sie dabei kreativ und schauen Sie ruhig einmal, wie in andern Branchen der Verkauf gefördert wird. Manche anfangs absurd anmutende Idee lässt sich letztlich mit etwas Veränderung zu einem wirkungsvollen Mittel machen.

e) Öffentlichkeitsarbeit

Bei allem, was Sie machen, sind Sie selten unbeobachtet. Das gilt für Ihr Privatleben wie für Ihr Geschäftsleben und damit für Ihr Unternehmen. Da wir alle in soziale Gefüge eingebunden sind, nehmen andere an unserem Leben teil. Und es gilt, Vertrauen und Verständnis für das eigene Handeln zu gewinnen. Dies ist primäres Ziel der **Öffentlichkeitsarbeit** – auch **Public Relations**, oder kurz PR genannt. Mit ihr werden die Beziehungen zu Gruppen in der Öffentlichkeit gestaltet (Kunden, Staat, Geldgeber oder Vereine).

Public Relations erfüllt dabei verschiedene Funktionen. Zum einen übernimmt sie eine **Informationsfunktion**, indem sie Informationen über Ihr Unternehmen sowohl nach innen in Ihr Unternehmen als auch nach außen in die Öffentlichkeit bringt. Damit eng verbunden ist die **Kontaktfunktion**, die dem Aufbau und der Erhaltung von Verbindungen Ihres Unternehmens zu Außenstehenden dient. Gleichzeitig kann die PR eine **Führungsfunktion** übernehmen, da durch sie geistige und reale Machtfaktoren repräsentiert werden können und somit Verständnis für bestimmte Entscheidungen geschaffen werden kann. In kritischen Situationen hilft Ihnen die Öffentlichkeitsarbeit die Standfestigkeit Ihres Unternehmens zu erhöhen, sodass eine **Stabilisierungsfunktion** eintritt. Wichtig ist auch die **Imagefunktion**, bei der die Meinung der *Außenwelt* über das Unternehmen aufgebaut, gepflegt oder geändert werden soll. Ebenso wirksam ist PR-Arbeit für die **Kontinuitätsfunktion,** die der Erhaltung eines einheitlichen Stils des Unternehmens nach innen und außen dient. Öffentlichkeitsarbeit kann auch zur Harmonisierung der wirtschaftlichen und gesellschaftlichen sowie der innerbetrieblichen Verhältnisse beitragen und erfüllt somit eine **Harmonisierungsfunktion**. Bei alldem übernimmt Public Relations zugleich eine **Absatzförderungsfunktion**, wenn Sie der Regel folgen – Tue Gutes und rede darüber!

Aber wie können Sie nun dieses so vielen Zwecken dienende Instrument einsetzen? Hier gibt es viele mögliche Maßnahmen, die nicht erschöpfend aufgezählt werden können. Zu den wichtigsten gehören Informationen an Journalisten, die für die Presse, den Funk oder das Fernsehen arbeiten. Empfehlenswert sind auch Redaktionsbesuche oder Informationen an Pressedienste. Hohe Wirkung haben Interviews, Vorträge, Pressekonferenzen, PR-Anzeigen, PR-Veranstaltungen, Broschüren, Zeitschriften, Betriebsbesichtigungen, Stiftungen, Preise, Sponsoring. Auch hier gilt es – wie schon bei vielen anderen der vorgenannten Instrumente – die Aufgaben und den Instrumenteneinsatz zwischen Franchisegeber und Franchisenehmer zu harmonisieren. Eine Pressekonferenz zum neuen Werbekonzept des Franchisesystems gehört in den Aufgabenbereich des Franchisegebers, wogegen der Franchisenehmer die Kontakte zur lokalen Presse pflegen sollte. Der Franchisegeber ist für die Erstellung einer Firmen- und Imagebroschüre zuständig, wogegen der Franchisenehmer durchaus die lokale Fußballjugendmannschaft sponsern kann. Die Aufgabenteilung sollte also wiederum nach der Regel erfolgen: Der Franchisegeber agiert global, der Franchisenehmer lokal. Dabei müssen natürlich gewisse Regeln, die beide gemeinsam entwickeln sollten, eingehalten werden. Diese sollten in einem Handbuch festgehalten werden, das dem Franchisenehmer gleichzeitig Tipps und Anregungen für die Öffentlichkeitsarbeit liefert. Seien Sie als Franchisenehmer ruhig mutig. Die lokale Presse ist normalerweise immer begierig, etwas über lokale Unternehmen zu berichten (Jubiläen, Eröffnungen, Serviceleistungen). Oder nehmen Sie doch einmal Kontakt mit den lokalen Vereinen auf – vielleicht können Sie dort *unterstützen* und für sich werben. Trauen Sie sich – aber seien Sie nicht übermütig. Gleichwohl sollte die Systemzentrale dem Franchisenehmer Vorlagen, Muster oder fertige PR-Instrumente liefern können. Denn Öffentlichkeitsarbeit ist ein sensibles Instrument, das alle oben genannten Funktionen verfehlen kann, wenn es allzu laienhaft angegangen wird. Und der Schaden der dabei entstehen kann, bleibt in einem Franchisesystem meistens nicht auf den Geber oder einzelne Nehmer begrenzt, sondern wirkt sich im Extremfall auf alle Partner aus. Also: im Zweifel lieber mit der Systemzentrale Rücksprache halten, bevor PR zu einem »Public Reinfall« wird – besonders »bei Krisenthemen«.

4.6 Fazit

»Marketing ist der wichtigste Erfolgsfaktor für ein Unternehmen!« Mit dieser provokativen These haben wir diesen Ausflug in das Marketing begonnen. Wir haben den langen, manchmal mühsamen Weg der Marketingkonzeption – zumindest theoretisch – zurückgelegt. Dabei sind einige »schmale Pfade«, »extreme Steigungen« und »gefährliche Abhänge« aufgetaucht. Aber der Weg lohnt sich: wenn Sie ihn vorher analysieren und planen und dann konsequent verfolgen, erreichen Sie Ihr ersehntes Ziel, den Kunden! Und damit den Erfolg Ihres Franchisesystems und Franchisebetriebes.

5 | Presscarbeit für Franchisesysteme

von Knut S. Pauli

Einführung

Von jedem Unternehmen gibt es ein Bild in der Öffentlichkeit, denn die Präsenz am Markt schafft Bekanntheitsgrad und Image. Die entscheidende unternehmerische Herausforderung besteht darin, diesen Bekanntheitsgrad zu erhöhen und zugleich Informationen zur Marke zu vermitteln. Denn bekannt zu sein, heißt noch nicht beliebt zu sein. Darauf zielt aber Pressearbeit für Franchisesysteme ab. Der Sympathiewert des Unternehmens soll ebenso wie die Bekanntheit und Reputation gesteigert werden. Denn schließlich offerieren Franchisesysteme zwei Produkte: Ihr Angebot für den Endverbraucher und ihr Angebot für eine sichere Existenz. Die Chancen hierzu bietet Public Relations (Öffentlichkeitsarbeit) oder kurz PR.

Ein wichtiger Teil davon ist die »klassische« Pressearbeit. Deren Erfolg sich in Artikeln in den Prints oder Beiträgen in den elektronischen Medien zeigt, die Kunden und Nicht-Kunden in der Tageszeitung, die Partner oder Nicht-Partner in Fachzeitungen oder Magazinen über das Unternehmen lesen. Bedeutsam für den Markenaufbau sind aber auch Berichte in Publikumszeitungen sowie im Radio oder Fernsehen.

Die Abdruckchance steigt mit der Originalität der Meldungen. Und das genau ist die Schwierigkeit, vor der übrigens Unternehmen jeder Größenklasse stehen. Firmengröße allein und Umsatzbedeutung sowie die Anzahl der Arbeitsplätze spielen sicherlich eine große Rolle.

Ist das Franchise-Unternehmen wie PC-Spezialist, Essanelle oder Condomi an der Börse notiert, so ist eine Berichterstattung im Finanzteil der Tageszeitungen, der Wirtschaftsmagazine und spezieller TV-Kanäle, wie ntv, eine Selbstverständlichkeit.

Nicht börsennotierte Unternehmen haben es da etwas schwieriger. Sie müssen sich »mehr« einfallen lassen. Es kommt darauf an, hinter den Zahlen von Umsatz, Marktbedeutung, Mitarbeitern, eine »Story« zu erzählen. Diese Geschichte muss glaubwürdig, überprüfbar aber auch pfiffig sein. PR-Arbeit arbeitet mit harten Fakten und genau dies ist der Unterschied zur Werbung. Bei der Werbung kann man innerhalb gewisser Grenzen (dem Werberecht) selbstverständlich kräftig auf die »Pauke hauen« und insbesondere die Emotionen durch gelungene Bildauswahl animieren.

PR-Arbeit und ihr Instrument die Pressearbeit zielt primär auf den Kopf der Leser, ohne dabei das Herz zu vergessen. Richtig gemischt, gespickt mit nachprüfbaren Informationen, etwa zu Verbrauchertrends und zur Marktentwicklung haben solche Artikel eine gute Abdruckchance. Vorausgesetzt der Empfänger, in dem Fall der Journalist einer Tageszeitung, eines Anzeigenblattes oder der Redakteur in einer TV- oder Radiostation kann mit dem Thema und dem Absender spontan etwas anfangen. Ein Unternehmen, von dem er bisher wenig gehört hat, oder das er nicht recht einordnen kann, wird er nicht so schnell ins Blatt oder auf den Sender bringen.

5.1 Kontakte aufbauen und pflegen

Deshalb bedarf es einer langfristig orientierten vertrauensvollen Kontaktpflege zu den Medien-Vertretern, die regelmäßig über den wachsenden Franchise-Markt berichten. Diese sind gestresst, wie Kunden und Verkäufer im Schlussverkauf. Täglich herrscht Schlussverkaufsstimmung in den Redaktionen und deshalb müssen die eingehenden Pressemitteilungen »kurz« und »knackig« sein und prompt auf den Punkt kommen, um die Journalisten zu motivieren, über das Unternehmen und seinen Anlass zu berichten. Von der Neueröffnung einer Filiale bis zum Firmenjubiläum. Kurze, knappe Texte sind somit eine weitere der wichtigen Voraussetzung für den PR- Erfolg.

5.2 Mit dem Blick der Journalisten

Aber auch gute Fotos zählen dazu. Denn wie sagt das Sprichwort: Ein Bild sagt mehr als tausend Worte. Fotos sind meist bei der Pressearbeit ein Engpass. Denn ein Werbefoto ist für den Einsatz wenig tauglich. Pressefotos versuchen Informationen zu transportieren und wollen nicht Wunschbilder in Szene setzen. Daher sind Werbefotografen bei der Pressearbeit fehl am Platz. Man braucht den Blick eines Fotojournalisten, um Fotos zu erhalten, die vor den Augen der Redakteure »Gnade« finden.

Außerdem müssen die wichtigen Daten in einem Unternehmen gesammelt und ständig aktualisiert in einer Unternehmenspräsentation dokumentiert werden. Diese »Pressemappe« erhalten Journalisten, die sich erstmals über ein Unternehmen informieren wollen. Es ist die »Visitenkarte« des Unternehmens.

Die PR-Planung beginnt somit mit einem Brainstorming. Gesucht werden sinnvolle Anlässe, zu denen man an die Presse herantritt. Etwa die Wiedereröffnung eines Ladenlokals, die Besetzung eines völlig neuen Standortes mit einem neuen Geschäftskonzept, aber auch Personalien, wie die Verstärkung der Geschäftsleitung oder die Durchführung von Schulungen. Dies ist nur eine kleine Auswahl von möglichen Themen.

Mit dem Blick des Journalisten muss in dem Unternehmen geforscht werden, ob sich aus einem Fakt eine interessante journalistische Geschichte entwickeln lässt. Da muss mit der Personalabteilung genauso geredet werden, wie mit den in den technischen Abteilungen. Auch die Mitarbeiter vor Ort in den Filialen und in den

Franchise-Betrieben bieten aufgrund ihrer beruflichen Entwicklung vielfach Anknüpfungspunke für die Pressearbeit. Beispielsweise wenn es um den in Deutschland immer mehr aufkommenden Trend, hin zum Franchising, geht.

5.3 Die Erfolgsfaktoren der PR-Arbeit

Gute PR-Arbeit gelingt nur dann, wenn sie kontinuierlich angelegt ist. Denn eine Veröffentlichung in den Tageszeitungen, Magazinen ist zwar kostenfrei aber nicht wie Anzeigen auf Knopfdruck machbar.

Denn im Unterschied zur Werbung, wo man genau sagen kann, wann in welchem Medium, auf welcher Seite und in welcher Größe ein (Anzeigen-)Text erscheint, hängt die erfolgreiche Platzierung eines (PR-)Textes von vielen Faktoren ab. Passt das Thema zum Medium, ist das Thema aktuell, ist der Text hinreichend mit Informationen versehen, deren Quellen genannt werden und die somit nachprüfbar ist und gefällt letztlich der thematische Aufhänger dem jeweiligen Journalisten.

Dies sind nur einige der Erfolgsfaktoren für Pressearbeit. Sogleich macht die Auflistung deutlich, wie viel Fingerspitzengefühl und Diplomatie im Umgang mit den Medienvertretern erforderlich ist. Eine offensive Kommunikationspolitik signalisiert gleichwohl die Bereitschaft zum Dialog mit den Journalisten, die sich als Vertreter der Öffentlichkeit verstehen und hierbei eine Brücke zwischen Firmen und Kunden schlagen.

5.4 Für Krisen gerüstet sein

Besonders wichtig ist die Medienarbeit und der Kontakt zu den Journalisten, wenn es einmal zu Konflikten oder Missverständnissen kommt. Schnell ist ein Unternehmen an den Pranger gestellt, schließlich verkaufen sich schlechte Nachrichten allemal besser, als gute. Dieses »Schicksal« ereilt beispielsweise SUNPOINT. Das mit über 500 Sonnenstudios als Marktführer geltende Franchise-Unternehmen wird immer wieder von dem Magazin Wirtschaftswoche an den »Pranger« gestellt. Meist sind es Aussagen einiger Ex-Partner, die zum Verriss des gesamten Systems Anlass bieten. Solche Artikel erscheinen prompt vor Fachmessen wie der Solaria in Köln oder zur Franchise-Messe in Frankfurt, um für Gesprächsstoff zu sorgen.

An diesem Mediengesetz kann auch der cleverste PR-Mann nichts ändern. Es kommt darauf an, hier ein Gleichgewicht zu finden. Selbstverständlich ist das Wirtschaftsleben nicht konfliktfrei, sodass auch einmal die Presse heikle Themen aufgreift. Für diesen Krisenfall sind Firmen selten vorbereitet. Krisen-PR heißt vor allem, erreichbar zu sein. Wer sagt was und vor allen Dingen wie schnell. Kurze Reaktionszeiten sind nach aller Erfahrung ganz wichtig. Der Journalist, der seine Kritik anbringen will, soll zumindest die Gegenargumente hören.

Wenn man sich bereits kennt oder schnell Bekanntschaft schließt, lässt sich zwar die von den Medien dann heraufgeschriebene Krise nicht aus der Welt schaffen, aber Artikel in denen ein Firmensprecher zitiert wird, zeichnen ein ausgewogenes Bild und die Berichterstattung erschöpft sich möglichst bald, im Unterschied zu einem Unternehmen, das taube Ohren hat und meint, mit dem Rechtsanwalt kontern zu müssen. Gerade im Konfliktfall zeigt sich, wie tragfähig ist der Medienkontakt und kann man auch hier möglicherweise Schlimmeres vermeiden.

Das gedruckte Wort überzeugt

Es gibt also viele Gründe, die für PR- und Pressearbeit sprechen. Denn PR-Berichte im redaktionellen Umfeld einer Zeitung, eines Magazins oder des Anzeigenblattes sind glaubwürdig. Was Kunden schwarz auf weiß lesen, glauben sie eher, als was in Hochglanzmagazinen oder Werbeprospekten gedruckt ist.

PR lebt von der Aktualität. Die Tageszeitung kommt täglich heraus und so kann das Unternehmen kurzfristig seine Meinung zu aktuellen Themen wie Ladenschluss oder Rabattgesetz einbringen. Zudem erreicht PR die interessante Zielgruppe, die sonst von dem Unternehmen oder von dem Produkt eigentlich nichts wissen würde oder wissen will.

Schleichwerbung ist nicht erlaubt

Zeitung lesen alle, die Werbepost nicht jeder. Außerdem ist PR-Arbeit weitaus kostengünstiger. Die teuren Anzeigen in den Medien müssen nicht gekauft werden, der Aufwand für die Gestaltung einer Werbeseite ist ungleich höher als die Recherche und der Text einer Pressemitteilung. Gleichwohl sollte eines klar sein. PR ist keine Schleichwerbung. Nur indirekt können auf die Vorteile des Unternehmens und seine Produkte hingewiesen werden. Pressetexte, in denen jeder Satz mit dem Firmennamen beginnt und die auf die Alleinstellung des Unternehmens abheben, wandern in den Papierkorb der Journalisten.

Es kommt auf die richtige Dosis der Namensnennung an. Denn schließlich können auch die besten Pressekontakte keine Veröffentlichung einer Pressemeldung garantieren.

Was Pressearbeit bewirken kann

❑ Den Bekanntheitsgrad erhöhen
❑ Ein positives Image schaffen
❑ Den Erfolg von Werbung und Verkaufsförderung steigern
❑ Im Konfliktfall die eigene Position öffentlich machen
❑ Den Markt positiv beeinflussen
❑ Die Wettbewerbsfähigkeit steigern
❑ Das Betriebsklima verbessern

❑ Die Gewinnung von Kunden und Mitarbeitern fördern
❑ Den Kontakt zu Behörden, Banken und sonstigen Institutionen verbessern

Die wichtigsten PR-Instrumente im Überblick

❑ Presseinformationen
❑ Fachartikel
❑ Interviews
❑ Pressekonferenzen
❑ Broschüren/Prospekte
❑ Informationsdienste
❑ Veranstaltungen (Jubiläen, Symposien, Foren, Workshops etc.)
❑ Haus- und Kundenzeitschriften
❑ Sponsoring
❑ Vorträge/Präsentationen
❑ Messeteilnahme/Messe-Pressearbeit
❑ Verbandsarbeit/Mitgliedschaft im Fach- und/oder Branchenvereinigungen
❑ Imagekampagnen
❑ Internet-Auftritt

Journalisten in Deutschland

Es gibt zirka 53.000 Journalisten in Deutschland, davon

❑ 13.000 bei Tageszeitungen
❑ 8.000 bei Zeitschriften
❑ 10.500 bei Rundfunkanstalten
❑ 7.000 bei Pressestellen
❑ 2.000 bei Agenturen und Pressebüros

hinzu kommen

❑ zirka 10.000 hauptberufliche freie Journalisten
❑ zirka 2.500 Volontäre

Zeitungen

Die Pressekonzentration reduziert die Zahl der selbstständigen Tageszeitungen und Zeitungsverlage:

❑ 144 publizistische Einheiten (d. h. Zeitungen mit Vollredaktionen, also mit selbstproduziertem Politik-, Wirtschafts-, Kultur- und Sportteil) veröffentlichen 1.621 lokale Zeitungsausgaben.
❑ 40 von Hundert Bundesbürgern müssen sich mit einer Tageszeitung begnügen, haben also keine Wahlmöglichkeit mehr.

Zeitschriften

Reichhaltiger ist das Angebot bei den Zeitschriften:

❑ Zirka 1.500 Publikumszeitschriften
❑ 3.400 Fachzeitschriften und Publikationen wie Verbandszeitschriften, konfessionelle Zeit-, Kundenzeitungen und Anzeigenblätter mit rund 3.200 Titeln
→*Auflagenstark* sind nur *zirka 100 Illustrierte und Magazine.*
   Führend sind Bild-Zeitung und das ADAC-Magazin.

5.5 Fazit

»Tue Gutes und Rede darüber«, so lautet das Motto der Öffentlichkeitsarbeit und die Kunst der PR-Arbeit besteht darin, ein Unternehmen interessant für die Medien »herauszuputzen« um damit eine gute Presse zu erreichen. Denn Werbung alleine genügt nicht mehr, um den Bekanntheitsgrad zu steigern und das Image zu verbessern. Öffentlichkeitsarbeit stärkt damit die Basis für den wirtschaftlichen Erfolg. Denn ein Unternehmen, was man kennt, was man sympathisch findet, weil seine Repräsentanten in den Medien positiv Schlagzeilen machen, kommt letztlich besser beim Kunden an. Unternehmen, über die man nicht spricht, die haben auch nichts zu sagen und spielen auch bald am Markt keine Rolle mehr. Richtig aufgestellte Unternehmen wissen die Chance, die Pressearbeit bietet, zu nutzen.

Einführung (von Nane Nebel)

E-Commerce ist das neue Zauberwort, von dem sich alle – old und new economy – rosige Zeiten erhoffen. Warum? Auf der einen Seite leidet der Großteil des Handels unter zunehmendem stationären Wettbewerb und Globalisierung, Preiskampf und Kostendruck, wenig loyalen Kunden und Schnäppchenjägern. Auf der anderen Seite entwickeln sich das Internet, die zugehörigen Softwarelösungen, die Nutzungspreise und die Akzeptanz beim Kunden sehr positiv. Von diesen Trends bleiben auch Franchisesysteme nicht unberührt, gleichwohl sie durch Qualitäts- und Nischenstrategien sowie standortindividuelle Strategien die aufgezeigten Negativfaktoren meist nur abgeschwächt erleben.

6.1 Chancen und Risiken von E-Commerce

Aber auch Franchisesysteme können und dürfen sich dem Internet, der virtuellen Beziehungen und dem E-Commerce nicht verschließen. Sie könnten sonst eine wichtige Marktentwicklung »verschlafen« und als nicht mehr marktkonform aufwachen. Ergeben sich doch durch Online-Handel neue Möglichkeiten der Kundenansprache und -bindung sowie große Potenziale zu Umsatzsteigerung und Kosteneinsparung. Für den Marketingbereich schafft E-Commerce neue Instrumente zur Erforschung der Kundenbedürfnisse und zur Generierung von Direktmarketingdaten. Somit dient E-Commerce der Sicherung und dem Ausbau der Wettbewerbsfähigkeit und der Marktanteile.

Bereits jetzt gibt es an die 24 Millionen Online-Nutzer in Deutschland, Tendenz stark steigend. Ende 2002 sind es bereits über 50 Prozent der deutschen Bevölkerung (Quelle: MRSC, NFO Infratest, 2002). Bereits jetzt finden 62,6 Prozent der Deutschen, dass E-Commerce das Leben erleichtert (Quelle: EMNID, 2001). Entsprechend werden sich auch die E-Commerce-Umsätze entwickeln.

Laut Forrester Research sollen die E-Commerce-Umsätze in Deutschland in Ende 2003 6,7 Prozent des Gesamtumsatzes ausmachen. Nach der neuesten Studie von Fittkauf & Maaß haben 60 Prozent der heutigen Internet-Nutzer schon einmal im Internet eingekauft, das sind bereits fast 17 Millionen Deutsche mit E-Commerce-Erfahrung; 33,5 Prozent der Online-Shopper hat sogar häufiger als 20 Mal in einem Jahr online eingekauft. Die Unabhängigkeit von den Ladenöffnungszeiten (77,5 Prozent), die Zeitersparnis (66,5 Prozent), das stressfreie Einkaufen (66,3 Prozent), die unkomplizierten Bestellmöglichkeiten (62,3 Prozent), der einfache Preisvergleich (61,6 Prozent) und die große Produktauswahl (51,7 Prozent) sind die wesentlichen Vorteile, die die Befragten beim Online-Shopping sehen (Quelle: Fittkau & Maaß, 2002). Dabei geben 40,5 Prozent der Online-Shopper pro Jahr 250 Euro und mehr im Netz aus; ein Fünftel der Nutzer ist sogar bereit, für eine einzelne Bestellung 500 Euro oder mehr auszugeben (Quelle: Fittkau & Maaß, 2002) und beschränken sich in 62,8 Prozent auf ein bis drei Shops (Quelle: Internet-Shopping-Report 2001). Die meisten Online-Käufer kaufen einmal im Monat (27 Prozent) im Internet ein und immerhin fast 10 Prozent mindestens einmal pro Woche (Quelle: RMS Radio Marketing Service). Laut Forrester Research gilt: Je länger Anwender im Netz surfen, desto häufiger kaufen sie auch online ein und desto mehr geben sie aus. Mit der Erfahrung steigt also das E-Commcerce-Volumen. Und in einigen Jahren wird es kaum mehr unerfahrene Internetnutzer geben.

Eine Studie von McKinsey & Company und MMXI Europe hat versucht, die europäischen Internet-Nutzer nach verschiedenen Verhaltensmustern zu kategorisieren. Die größte Gruppe machen dabei die »Schnupperer« (26 Prozent) aus, die sich zirka fünf Stunden pro Monat im Internet bewegen und es wahllos durchsuchen. Auf dem zweiten Rang stehen die »Kontakter« (22 Prozent), die das Internet primär zur Kommunikation nutzen. Den dritten Platz nimmt die für den Handel wichtigste Gruppe, die »Convenience-Orientierten« (21 Prozent) ein. Sie nutzen das Internet besonders häufig für Transaktionen. Im Mittelfeld liegen »Routiniers« (14 Prozent) und »Surfer« (11 Prozent), die sich hauptsächlich auf wirtschaftlichen und technischen Seiten aufhalten. »Schnäppchenjäger« (3 Prozent) und »Entertainment-Orientierte (3 Prozent) bilden das Schlusslicht.

Aber nicht alle Produkte und Dienstleistungen sind E-Commerce-fähig. Je beratungsintensiver und teurer die Produkte, desto geringer ist die Akzeptanz des Kunden, diese online zu kaufen. Zu den beliebtesten Produkten im Online-Handel gehören laut Fittkau & Maaß Bücher (72,3 Prozent der Online-Käufer), Musik (50,5 Prozent), Software (39,7 Prozent), Computer-Hardware (35,8 Prozent), Mode/Kleidung (33,5 Prozent), Video/DVD (32,6 Prozent), Fahr-/Flugtickets (29,3 Prozent), PC-Spiele (21,1 Prozent), Büromaterial/Schreibwaren (20,0 Prozent), Reisen (19,3 Prozent) und Unterhaltungselektronik (19,2 Prozent). Insgesamt belegen also Produkte mit hohem Standardisierungsgrad und moderaten Preisen die ersten Plätze unter den online gekauften Produkten. Entsprechend ist auch der Anteil an Unternehmen, die über das Internet verkaufen in einigen Branchen sehr hoch: Bücher (93 Prozent), Papier-/Büroartikel/Schreibwaren (67 Prozent), Uhren/Schmuck (34 Prozent), Bau-/Heimwerkerbedarf (31 Prozent), Elektronik (24 Prozent), Möbel (15 Prozent) und Bekleidung/Schuhe (13 Prozent) (HDE, 2001).

Es gibt jedoch auch eine Reihe von Gründen, die den Käufer vom Online-Shopping abhalten und traditionell im realen Laden einkaufen lassen. Viele beurteilen den Datenschutz (73 Prozent) und den Zahlungsverkehr (62 Prozent) als zu unsicher. Hinzu kommen Argumente wie »zu umständlich« (54 Prozent), »zu schwer zu finden« (52 Prozent) oder das Angebot sei zu klein (48 Prozent). Schließlich ist auch das Thema Lieferzeit ein wichtiges und wird in 47 Prozent als zu lang bewertet (Quelle: G+J Electronic Media Service GmbH). Andere Studien weisen die fehlende Möglichkeit zum Ausprobieren (57 Prozent), mangelnden Service (30 Prozent) und Probleme beim Umtausch oder der Rückgabe der Ware (24 Prozent) als weitere Nachteile von E-Commerce aus Nutzersicht aus (Quelle: ACTA 2000, LFD Allensbach). Wenn der Online-Kauf nicht reibungslos über die Bühne geht, wird ein Drittel nie wieder bei diesem Anbieter kaufen (Quelle: Internet-Shopping-Report 2001).

Daher haben sich im E-Commerce schon ungeschriebene Gesetze bzw. Servicelevels entwickelt. Dazu gehören beispielsweise kostenlose Lieferungen, Express-Lieferungen, Lieferungen zu von Kunden bestimmten Terminen, Geschenkservice, sichere Zahlungssysteme (Verschlüsselungen, elektronische Geldbörsen, etc.), Agententechnologien, telefonische Hotlines. Und das Fernabsatzgesetz tut seinen Teil dazu, dass Umtausch und Rückgabe von nicht passender Ware zugunsten des Kunden geregelt ist. Der Internet-Shopping-Report 2001 nennt als die fünf wichtigsten Anforderungen an einen guten Online-Shop:

1. »Bei Nichtgefallen kann die Ware umgetauscht werden« (97 Prozent).
2. »Preiserhöhungen zwischen der Bestellung und der Lieferung sind ausgeschlossen« (97 Prozent).
3. »Der Händler verspricht, meine Daten nicht ohne meine ausdrückliche Einwilligung an Dritte weiterzugeben« (95 Prozent).
4. »Persönliche Daten können über einen Sicherheitsserver eingegeben werden« (94 Prozent).
5. »Man bekommt nach Auftragserteilung eine detaillierte Auftragsbestätigung per E-Mail« (92 Prozent).

Für Schnäppchenjäger zählen zudem die umfangreichen Instrumente wie Preisfinder, Suchmaschinen oder Auktionen. Dabei kann E-Commerce auch eine Unterhaltungsfunktion übernehmen, wie sich bei Online-Auktionen und virtuellen Einkaufsgemeinschaften zeigt.

Bei der Auswahl von Online-Shops haben auch Empfehlungen eine große Bedeutung: 49,1 Prozent der Online-Shopper hören auf Tipps von Freunden und 37,3 Prozent orientieren sich an Internet-Magazinen.

Es muss jedoch auch vor zu großer Euphorie und zu hohen Erwartungen beim E-Commerce gewarnt werden. Nicht nur in den USA, sondern auch in Deutschland haben schon einige Online-Händler ihre virtuellen Türen geschlossen. Und viele andere kämpfen ums Überleben, sprich um Kunden und die Finanzierung ihres Business. Studien zeigen, dass der Misserfolg von Unternehmen im E-Business bislang in unsystematischer und unzureichender Umsetzung der E-Commerce-Potenziale begründet ist. Insbesondere das Fehlen einer eigenen Internet-Strategie und die mangelnde Organisation des Unternehmens behindern den Erfolg. Als weitere Hürden werden hohe Implementierungskosten und Konflikte mit bisherigen Absatzkanälen genannt.

Für viele Online-Käufer ist für die Auswahl des Online-Shops die Kopplung von Web-Shops mit »realen« Läden von großer Bedeutung. 42,9 Prozent der Online-Käufer kaufen besonders gerne online ein, wenn es den Shop nicht ausschließlich im Internet gibt. Über die Hälfte der Nutzer bevorzugt den Online-Einkauf bei spezialisierten Anbietern (57,7 Prozent) oder direkt beim Hersteller (45,5 Prozent) bzw. bei Versandhäusern (40,9 Prozent). Geringe Einkaufslust besteht dagegen im Shopping-Bereich von Suchmaschinen, Webkatalogen, Portalen (5,9 Prozent) oder redaktionellen Websites (2,7 Prozent). Zudem informieren sich 54 Prozent der Internet-Käufer vorab online und kaufen dann die Produkte offline. Es zeigt sich daher immer öfter, dass insbesondere reine Online-Händler Probleme haben, sich zu etablieren – nicht nur mit ihrer Marke. Diese Tendenz greifen viele Händler durch den sog. **Multi-Channel-Vertrieb** auf: Information und Verkauf über alle Vertriebswege – online und offline integriert. Mit diesem Geschäftsmodell sichern sich die Händler eindeutig mehr Kundenloyalität und höhere Umsätze.

Denn nur mit »Clicks«, ganz ohne »Bricks« ist das Handelsgeschäft doch nicht denkbar. Schließlich muss die Online-Bestellung des Kunden real abgearbeitet werden, sprich die Ware laut Bestellung aus dem Lager geholt, verpackt, versandt und bezahlt werden. Und der Kunde muss das gute Gefühl und die Sicherheit haben, mit seinen eventuellen Problemen einen »physischen« Ansprechpartner zu finden. Das sind mit die größten Herausforderungen im E-Commerce. Denn auch E-Commerce kommt nicht ohne Erfolgsfaktoren aus!

Die wichtigsten Erfolgsfaktoren im Online-Handel sind die E-Commerce-Software, die Einbindung des Online-Shops in einen Kontext, die Logistik, der Service und die Sicherheit. Diese Erfolgsfaktoren sollen nachfolgend in Kapitel 6.2. an einem Praxisbeispiel dargestellt werden.

Im Franchising stellt sich noch eine zusätzliche Herausforderung, die es beim Einsatz von E-Commerce zu lösen gilt. E-Commerce-Lösungen werden primär vom Franchisegeber eingesetzt, da es sich um einen direkten Vertrieb ohne regionale Grenzen – dank World Wide Web (WWW) – handelt. Abgesehen davon, ist die Installation eines professionellen Online-Shops mit erheblichen Kosten verbunden, die nicht x-fach durch individuelle Franchisenehmerlösungen im Franchisesystem entstehen sollten. Damit entsteht aber die zunächst »unglückliche« Situation, dass der Franchisegeber zentral Kunden akquiriert und zentral Umsätze generiert. Kunden und Umsätze, die dem Franchisenehmer zugute kämen, wenn es gar keinen oder nur franchisenehmer-individuellen Online-Handel gäbe. Gleichzeitig macht es wenig Sinn, wenn jeder Franchisenehmer oder viele eine eigene Online-Shop-Lösung installierten und »grenzenlos« verkauften, käme doch so ein derart tätig werdender Franchisenehmer allen seinen Franchisenehmer-Kollegen »ins Gehege«, was vor allem bei Systemen mit Gebietsschutz heftige Konflikte erzeugen muss. Außerdem müsste jeder Franchisenehmer alle bereits genannten Erfolgsfaktoren und Risiken eigenständig bewältigen. Keine einfache Aufgabe, wie auch das nachfolgende Praxisbeispiel in Kapitel 6.2. zeigen wird. Stellen Sie sich beispielsweise vor, Sie sind Franchisenehmer in Nürnberg und ein Online-Kunde bestellt bei Ihnen Ware im Wert von 15 Euro und möchte diese möglichst innerhalb von zwei Tagen nach Kiel geliefert bekommen. Gewiss, mit einem Express-Lieferservice schaffen Sie das. Aber was bleibt unter dem Strich in Ihrer Kasse? Oder besser gefragt: »Wie viel Geld legen Sie drauf?« Es ist einfach sinnvoll, dem Franchisegeber die Installation und das Betreiben des Online-Shops zu überlassen. Demnach ist ein weiterer Erfolgsfaktor für den Einsatz von E-Commerce in Franchisesystemen die angemessene Berücksichtigung der Franchisenehmerinteressen, also die Partizipation der Franchisenehmer an online gewonnen Kunden und Online-Umsätzen. Auch dieser Faktor wird im folgenden Praxisfall behandelt.

6.2 Erfolgsfaktoren von E-Commerce in einem stationären Franchisesystem
(von Jürgen Rakow)

Die VOBIS Microcomputer AG ist schon früh – 1996 – in den Online-Handel eingestiegen, allerdings sehr zurückhaltend, mehr testend und improvisierend. Mittlerweile machen wir E-Commerce hoch professionell und sehr erfolgreich. Der Umsatz mit Direktgeschäft macht bei uns über 10 Prozent des Gesamtgeschäftes aus. Und wir sehen Online-Shopping als eine große Chance für die Zukunft. Denn wir machen die Erfahrung, dass E-Commerce vor allem additiv ist und somit zusätzliche Absatzpotenziale schafft. Und E-Commerce bietet eine zusätzliche Chance zur Kundenbindung und gezielten Kundenansprache. Eine Substitution von stationären Umsätzen zu Online-Umsätzen ist nach meiner Ansicht nur dort zu erwarten, wo die Abwicklung sehr einfach ist und der Einkauf eher als Last empfunden wird. Hiervon kann dann auch das ein oder andere Franchisesystem betroffen sein. Eine Gefahr wird E-Commerce nur dann, wenn man sich nicht richtig mit dem Thema beschäftigt oder es sogar ignoriert.

6.2.1 Erfolgsfaktoren
Unser Erfolg im E-Commerce hängt von einigen wesentlichen Faktoren ab :

❏ der Shop-Software
❏ dem Multi-Channel-Marketing der VOBIS
❏ der Logistik
❏ dem Service
❏ der Sicherheit

Beim Start des Online-Handels hat die VOBIS auf eine »selbstgestrickte« Shop-Software gesetzt. Das hat zwar den Einstieg ins Online-Geschäft ermöglicht, mehr aber auch nicht, denn alles war unkomfortabel – insbesondere für den Kunden. Und das ist fatal! Der Kunde will es im Internet einfach, verständlich, bequem, schnell und kostengünstig haben. Sind diese Anforderungen nicht erfüllt, geht der Kunde einfach zum nächsten Anbieter weiter. Und der ist im Internet nicht viele Meter oder gar Kilometer, sondern nur einen Click weit entfernt. Wenn Sie also die Kundenansprüche nicht ausreichend erfüllen, sind Sie Ihren Kunden schneller los, als Sie gucken können. Also musste unsere Eigenbau-Lösung schnell einer professionellen E-Commerce-Software weichen. Und ich kann dabei nur empfehlen, sich einer Standardlösung zu bedienen, die möglichst schon alle »Kinderkrankheiten« ausgemerzt hat. Aber glauben Sie bitte nicht, dass dann alles ein Kinderspiel ist. Bis eine professionelle E-Commerce-Software installiert, alle anderen, bei Ihnen vorhanden Systeme angeschlossen sind und reibungslos laufen, vergeht auch einiges an Zeit. Und leider gehen dabei dann auch ein paar Kunden verloren. Doch wenn das Shop-System dann endlich reibungslos läuft und alle notwendigen Prozessschritte für die Abwicklung einer Bestellung funktionieren, beginnt es, in der Kasse zu klingeln.

Aber nicht sofort und in großem Umfang! Der Shop muss dem Kunden erst einmal bekannt werden bzw. sein, damit er dort einkauft. Das ist nichts anderes, als eine neue Filiale zu eröffnen. Auch die muss bekannt gemacht werden. Jetzt hat die VOBIS den großen Vorteil, so bekannt zu sein, dass viele Kunden »auf Verdacht« die Adresse www.vobis.de eintippen und nach unserem Shop Ausschau halten. Aber insgesamt muss der Shop in die Gesamtstrategie eingebunden sein. Für uns bedeutet das konkret, dass wir konsequent ein **Multi-Channel-Marketing** umsetzen. Der Online-Shop ist als einer unserer Vertriebs- und Kommunikationswege in die gesamthafte Marktbearbeitung eingebunden. Wir ermöglichen unserem Kunden jederzeit zwischen den verschiedenen Vertriebswegen zu wechseln, je nachdem wo er Informationen beschaffen, Käufe tätigen oder Services in Anspruch nehmen möchte: im Store, online, am Telefon, per Fax oder E-Mail. Der Kunde entscheidet, wie er mit uns in Kontakt tritt und wann. Entsprechend ist auch unsere Werbung auf Multi-Channel-Marketing ausgerichtet. In jedem Channel und Medium wird für möglichst alle Channels geworben. Und daher machen wir auch sehr viel Werbung für unseren Online-Shop. Es gibt kaum ein Werbemittel der VOBIS AG, auf dem nicht die WWW-Adresse oder sogar der Hinweis auf den Online-Shop steht. Darüber hinaus betten wir unseren Online-Shop in einen attraktiven Rahmen: unsere VOBISWebsite. Internet-Kunden haben nämlich noch einen Anspruch: Sie wollen unterhalten werden – und nicht einfach nur zur Kasse gebeten werden. Also bieten wir unserem Online-Besucher ein attraktives Design mit Wiedererkennungswert, das heißt, die Website ist in denselben CI-Richtlinien gehalten wie sie für die »reale Welt« gelten. Der Kunde fühlt sich also auch virtuell bei uns »zu Hause«. Zudem liefern wir ihm eine Menge an informativem und unterhaltsamen Content, sprich Inhalten, auf unserer Website: attraktive Berichte über Produktneuheiten und technische Entwicklungen, Produkttestberichte, Downloads, ein PC-Glossar sowie Aktionen rund um den PC und unser Geschäft. Und schließlich ist der Shop selbst im Layout der VOBIS CI gehalten und mit vielen Produktinformationen und unterstützenden Funktionen (z. B. Suche, Detailanzeige, Verfügbarkeitsangabe) ausgestattet. Selbstverständlich müssen alle Inhalte und Informationen hoch aktuell sein, denn im Internet kann minutengenaue Aktualität erwartet werden. Unser Kunde soll in der Lage sein, sich einfach und schnell zurecht zu finden – ganz ohne persönlichen Ansprechpartner. Denn das ist eine der besonderen Herausforderungen im virtuellen Handel: es gibt keinen Verkäufer, der berät und bedient. Die Produkte und Leistungen müssen somit selbsterklärend und übersichtlich dargestellt werden. Hierbei ist auch zu berücksichtigen, dass der Kunde nicht detektivisch suchen muss. Im Durchschnitt gibt er nämlich nach dem dritten Click seine Suche auf. Wir bemühen uns also um Bequemlichkeit beim virtuellen Einkauf. So kann der Kunde in unserem Online-Shop eine Einkaufsliste anlegen und diese zu einem späteren Zeitpunkt wieder aufrufen, wenn er sich noch nicht direkt zum Einkauf entschließen möchte. Er kann sich oder Freunden diese Einkaufsliste oder diverse Produktinformationen auch zumailen. Ist er unsicher, welches Produkt für ihn passend ist, ist ein detaillierter Produktvergleich durch wenige Clicks möglich. Außerdem bieten wir ihm zu einem ausgewählten Produkt automatisch passendes und sinnvolles Zubehör an, z. B. das Druckerkabel und Papier zum neuen Drucker. Das bewahrt den Kunden vor dem Frust, seinen Drucker nicht anschließen zu können und verschafft uns Zusatzumsätze. Schließlich räumen wir ab einem Einkaufswert von 200 Euro auch einen Ratenkauf ein. Für Gewerbekunden haben wir sogar einen eigenen »virtuellen Bereich« eingerichtet, wo spezifische Produkte für gewerbliche Kunden zu finden sind. Hier ist auch ein Leasingangebot verfügbar.

Wenn unser Kunde schließlich seinen virtuellen Einkaufskorb durch die Kasse geschoben und uns alle notwendigen Daten gegeben hat, beginnt die nächste Herausforderung. Denn jetzt müssen wir dem Kunden die richtige Ware in kürzester Zeit an den richtigen Ort liefern. Jetzt kommt es also entscheidend auf die **Logistik** an. Wir haben schnell gelernt, dass dies ein besonders wichtiger Erfolgsfaktor ist, vor allem wenn man ein großes Volumen über E-Commerce abwickeln will. Und wir haben oftmals klassische Versandhäuser um deren Know-how und Erfahrung beneidet, sind doch dort 24-Stunden-Lieferungen die Normalität. Aber wenn man dieses Know-how und diese Erfahrung nicht besitzt, muss man auch schon mal mit einem verärgerten Kunden rechnen, weil das Modem, dass er dringend braucht, nach einer Woche noch immer nicht da ist. Oder der Kunde, der sich über den PC freut, den wir geliefert, er aber nie bestellt hat. Und dann gibt es leider auch noch die Kunden, die als »Käpt'n Blaubär« einen PC in die »Sesamstraße« in »Entenhausen« bestellen wollen. Es ist also gar nicht so einfach. Heute – nach einem mehreren überaus erfolgreichen E-Commerce-Weihnachtsgeschäft – sind wir entspannt. Wir haben unser Zentrallager gut organisiert, die Shop-Software an unsere Warenwirtschaft angeschlossen, einen guten Dienstleister für den Versand gefunden, die Arbeitsprozesse sauber strukturiert und Mitarbeiter, die sich in einem eigens eingerichteten Call-Center ausschließlich um die Auftragsabwicklung von E-Commerce-Bestellungen kümmern. Übrigens haben wir unsere Shop-Software und die Auftragsabwicklung so gestaltet, dass der Kunde seine Ware auch direkt in einem Store abholen kann – somit hat er maximale Flexibilität und immer einen direkten Ansprechpartner. Wir sind sogar soweit gegangen, den E-Commerce-Bereich in eine eigene Tochtergesellschaft zu legen. Damit haben wir eine flexible, eigenständige Einheit geschaffen, die die Bedeutung, die E-Commerce für uns hat, noch unterstreicht.

Shop-Software, Marktauftritt und Logistik reichen dennoch nicht aus, um das Angebot ausreichend attraktiv zu gestalten. Insbesondere wenn es sich um erklärungsbedürftige, technische und vergleichsweise hochpreisige Produkte wie Computer handelt. Da möchte der Kunde – insbesondere der deutsche Kunde – mehr Leistung sehen und bekommen können. Aus unserer Erfahrung ist wichtig, dass er diese Zusatzleistungen, also den **Service** grundsätzlich erhalten kann – auch wenn er ihn selten tatsächlich braucht. Das Gefühl der Verfügbarkeit ist wichtig. Zu diesen Leistungen gehören in unserer Branche vor allem Hilfe bei technischen Problemen, Umtausch- und Rückgabemöglichkeiten sowie Finanzierungsmöglichkeiten. Dies lösen wir zum Beispiel durch eine Hotline, umfangreiche Informationen und Downloadmöglichkeiten auf unserer Website sowie großzügige Umtausch- und Rückgaberechte in jedem unserer Stores oder per Post. Zudem bieten wir den Kauf auf Raten oder Leasing für Gewerbekunden an. Entscheidend ist jedoch, dass wir dem Kunden die Chance geben, jederzeit neu zu wählen, wo er seine Bedürfnisse befriedigen will: stationär oder online. Im Internet findet der Kunde leicht, die Adresse »seines« VOBIS Stores über eine Suchfunktion, in der natürlich auch die Franchisepartner aufgenommen worden sind. Denn mit unserem stationären Geschäft bleiben wir für den Kunden immer »greifbar«, egal wie virtuell unsere Handelswelt wird.

Damit sind wir auch schon beim letzten, aber auch überaus wichtigen Erfolgsfaktor: der **Sicherheit**. Wir geben dem Kunden die Sicherheit und das gute Gefühl, sich richtig entschieden zu haben und ihm bei jedem Problem eine schnelle Lösung zu geben. Und dabei ist es vollkommen egal, ob er online oder stationär bei uns gekauft hat. Wir sind sein Lösungsanbieter und erfüllen seine Bedürfnisse – und das zukunftssicher. Stationärer Handel und Online-Shop sind dabei für uns Instrumente, um dem jeweiligen Kundentypus seinen präferierten Bezugskanal zu geben. Und falls der Kunde weder stationär noch virtuell shoppen will, kann er auch per Telefon oder Fax bestellen. Wir versuchen, den Kunden da abzuholen, wo er steht.

Wir gehen sogar noch einen Schritt weiter: in jedem unserer Stores – auch bei den Franchisepartnern – findet der Kunde ein Internet-Terminal, die so genannte »**Surfbucht**«. Dort kann der Kunde online bestellen oder einfach im Internet surfen und üben. Damit bauen wir eine Brücke zwischen virtueller und realer Welt. Diverse Marktforschungsstudien und unsere eigenen Erfahrungen haben gezeigt, dass viele Kunden Angst oder Hemmungen vor der Internet-Welt und dem virtuellen Shopping haben. Viele Fragen halten den Kunden oft von der Nutzung des Internets ab, beispielsweise »Wie komme ich überhaupt ins Internet?«, »Wie finde ich einen Online-Shop und ein bestimmtes Produkt?«, »Habe ich eine Bestellung schon ausgelöst, wenn ich die Ware in den Warenkorb lege?« oder »Ist es gefährlich, meine Kreditkartennummer anzugeben?«. Wir geben ihm mit unserer Surfbucht die Gelegenheit, sich an das Internet heranzutasten – alleine oder mit Begleitung unserer Mitarbeiter. Der Erfolg mit dieser Einrichtung gibt uns Recht. In vielen unserer Stores haben wir mittlerweile **Surfparks** eingerichtet, also eine Anordnung von vier bis sechs Surfbuchten zu einem ganzen Park. Somit hat sich diese Brücke zwischen realer und virtuellen Welt zu einem festen Bestandteil unseres Systems und vor allem der Kundenbindung entwickelt.

6.2.2 Ziele und Vorteile

Mit unseren bisherigen E-Commerce-Aktivitäten haben wir schon eine Reihe unserer Ziele erreicht. Zum einen haben wir **Zusatzumsätze** generiert und eine Reihe **neuer Kunden** gewonnen, die wohl sonst nie den Weg in unsere Stores gefunden hätten. Insgesamt haben sich unsere Umsatzerwartungen bislang erfüllt. Zudem haben wir uns gegenüber unseren direkten Mitbewerbern einen **Wettbewerbsvorteil** geschaffen: wir haben als einer der ersten einen ausgereiften Online-Shop gehabt, der sehr aktiv besucht wird. Und gegenüber reinen Online-Anbietern haben wir den Vorteil unseres großen Filialnetzes und damit der Möglichkeit, auch mal mit einem Problem vorbeizuschauen. Ein weiterer Vorteil des Online-Shoppings besteht natürlich in reduzierten **Kosten**, insbesondere für Lager und Bestände. Ware, die zentral gelagert und verkauft werden kann, ist für uns wesentlich kostengünstiger als jene Ware, die in den Stores liegt. Auch die Kosten fürs Personal sind geringer als im stationären Geschäft und Kosten für Ladenlokal und Ladenausstattung entfallen selbstverständlich ganz. Dafür entstehen aber Kosten für den Betrieb des Online-Shops und den Warenversand. Unterm Strich aber noch immer eine positive Bilanz: E-Commerce ist kostengünstiger als stationärer Handel. Oder anders gesagt: beim Online-Handel sind höhere Roherträge realisierbar.

Schön ist auch, dass wir mit dem Online-Handel an keine **Ladenöffnungszeiten** gebunden sind. An sieben Tagen der Woche können wir 24 Stunden lang Waren über das Internet verkaufen oder zumindest Kunden über unser Angebot informieren. Unsere Statistik zu den Zugriffen auf unsere Website und auf unseren Online-Shop zeigt, dass viele Kunden diesen Rund-um-die-Uhr-Service gerne nutzen, besonders abends und an Wochenenden.

Darüber hinaus nutzen wir den Online-Shop auch zur **differenzierten Marktbearbeitung**. Denn wir wissen, dass wir es dort mit anderen Zielgruppen zu tun haben. Die Online-Käufer haben in der Regel Erfahrung im Umgang mit dem Computer und Internet, sind also auf Ihre Art »Experten« und wissen ziemlich genau, was sie wollen und brauchen. Und sie sind meist preissensibler, sie wissen, wie sie im Internet Angebote vergleichen und den günstigsten Anbieter finden können. Diese Kunden zu binden und zu Stammkunden zu machen, ist meist schwierig und bedarf besonderer Anreize und Instrumente. Also bieten wir Ihnen solche. So gibt es bei uns immer das Angebot der Woche und weitere Schnäppchen, teilweise Produkte, die es nur im Online-Shop gibt. Und wer regelmäßig über Neuigkeiten und Angebote informiert werden möchte, der abonniert einfach unseren Newsletter.

Außerdem hat das Ziel **Kundenbindung** durch unsere E-Commerce-Aktivitäten neue, wirksame Instrumente bekommen. Wir sind mit unserem Online-Shop in der Lage, die Bedürfnisse unserer Kunden stärker und kostengünstiger zu erforschen. Dazu tragen im Wesentlichen die Daten bei, die wir über unsere Kunden beim Online-Handel sammeln. Diese sind dann wieder Ansatzpunkt für neue Direktmarketingaktionen.

Durch E-Commerce ergaben sich auch neue Möglichkeiten der Zusammenarbeit mit **Lieferanten**, die ebenfalls ins E-Business drängten. Beispielsweise ist eine Shop-in-Shop-Lösung nicht nur im stationären Handel möglich. Wir haben auch virtuelle Shop-in-Shop-Lösungen realisiert, die dem Lieferanten und uns zusätzliche Absatzchancen bringen. Aber auch die besondere Promotion von Produkten eines Herstellers lässt sich im Internet gut umsetzen.

Aber wir sind auch über die »Grenzen« unseres virtuellen Shops hinausgegangen und haben an so genannten Shopping-Portalen oder **Shopping-Malls**, also virtuellen Einkaufszentren teilgenommen. Das Ergebnis entsprach hier leider nicht unseren Erwartungen. Wir erklären uns dieses unbefriedigende Ergebnis damit, dass der Kunde, der bei VOBIS kaufen will, direkt zu uns und unserem Online-Shop geht – auch wenn er vielleicht zuvor auf der Shopping-Mall Informationen gesucht hat. Positiv daran ist die Bestätigung, dass unsere Marke eine enorme Bekanntheit und damit Kraft hat.

Insgesamt betrachtet bietet uns die Kombination des stationären Handels mit E-Commerce eine hohe Flexibilität für die Zukunft. So wie es der Markt und der Kunde zukünftig verlangt, können wir unser Geschäftsmodell in die eine oder andere Richtung ausbauen.

6.2.3 Widerstände

Unser Einstieg in den Online-Handel war auch mit Gefahren verbunden – von den oben beschriebenen Anfangsschwierigkeiten mit Software und Logistik abgesehen. Unsere Vertriebsmitarbeiter und Franchisenehmer waren anfangs gar nicht begeistert von diesem neuen Vertriebsweg.

Die **Mitarbeiter** in den Stores befürchteten Kanibalismus zwischen stationärem Handel und Online-Handel und damit den Wegfall ihrer Arbeitsplätze. Es hat uns einiges an Aufklärungs- und Überzeugungsarbeit gekostet, bis wir die Mannschaft auf unsere Multi-Channel-Strategie eingeschworen hatten. Denn die bereits erwähnte These, dass Online-Umsätze primär additiv sind, wollte keiner recht glauben. Und die Idee, es einfach auszuprobieren, machte die Widerstände noch größer. Hinzu kamen die anfängliche »Ratlosigkeit« der Produktmanager, welche Produkte für den Online-Handel geeignet sind, wie diese zu bevorraten seien und welche Produktinformationen für den Kunden online verfügbar sein müssen. Denn die »Gesetze« des **Sortiments- und Bestandsmanagements** im stationären Handel eins zu eins auf das Online-Geschäft zu übertragen, funktionierte nicht. Erfahrungen zum Online-Handel gab es aber auch nicht und die Prognosen der Marktforschungsgesellschaften lagen teilweise so weit auseinander, dass es dort auch keinen verlässlichen Ansatzpunkt gab. So entstand auch von dieser Seite ein gewisser Widerstand gegen die Zusatzarbeit und das Risiko.

Aber in unserem Markt- und Wettbewerbsumfeld hatten und haben wir gar keine andere Chance, als mit E-Commerce loszulegen und den Online-Handel zu einer strategischen Säule unseres Geschäftsmodells zu erklären. Gerade damit wir die Zukunft unseres Geschäftes sichern. Heute sind die Mitarbeiter überzeugt, dass es nur dieses Multi-Channel-Modell geben kann. Die schlimmsten Fehler sind schon gemacht und vergessen, die Erfahrungen mit Direkt- bzw. Online-Handel umfangreich und sehr wertvoll. Und keine einzige VOBIS Filiale ist wegen E-Commerce geschlossen worden.

Ähnlich verhielt es sich mit unseren **Franchisenehmern**. Auch sie fürchteten einen Verlust von Kunden und Umsätzen, wenn wir E-Commerce machen – und damit um ihre Existenz.

Doch wir haben eine klare Regelung gefunden: dem Franchisepartner werden Online-Umsätze zugerechnet beziehungsweise er wird am Gesamt-E-Commerce-Umsatz beteiligt. Ohne diese klare Regelung wäre die Einführung von E-Commerce nicht konfliktfrei möglich gewesen. Denn die Franchisepartner hätten – zu Recht – zum ernsten Widerstand aufgerufen. Das Franchisesystem lebt von der Fairness und der Chancengleichheit zwischen eigenem Vertrieb und Franchisevertrieb. Das darf auch bei der Einführung von E-Commerce nicht missachtet werden.

Die oftmals geäußerte Befürchtung, E-Commerce mache die Franchisepartner überflüssig, hielt und halte ich für vollkommen unnötig. Der elektronische Handel wird den stationären Handel niemals ganz ersetzen. Der Kunde will bei seinen Käufen Sicherheit und »ein gutes Gefühl« haben. Das bedeutet auch, dass er die Waren anfassen und ausprobieren möchte. Insbesondere bei erklärungsbedürftigen Produkten möchte der Kunde auch Beratung, Dienstleistung und Service haben. Und dies bietet nur der stationäre Handel – und besonders gut mit Franchisepartnern, die sich unternehmerisch einbringen und ihren regionalen Markt kennen. Bei uns sind die Dienstleistungen, die Mehrwertdienste eine weitere wesentliche Säule unseres Erfolgskonzeptes. Diese können oftmals nicht elektronisch, sondern immer nur von unseren eigenen Mitarbeitern und unseren Partnern in den Stores erbracht werden. Hierzu gehören zum Beispiel Finanzierungsdienstleistungen, Erweiterungs-, Aufrüstungs- und Reparaturleistungen. Dazu brauchen wir den Partner vor Ort, damit er dem Kunden die Sicherheit gibt, im Laden jemanden zu erreichen, der ihm hilft.

Zudem haben wir eine Reihe von gewerblichen Kunden, die Wert auf einen physischen Ansprechpartner legen. Diese Zielgruppe informiert sich zwar gerne im Internet über unsere Produkte, kauft aber dann doch ihren Computer lieber vor Ort im Store. Hier können einige unserer Franchisepartner dann noch Mehrwerte verkaufen, indem sie Vernetzungen oder die Installation von Telefonanlagen anbieten – Leistungen, die per Internet nicht so leicht zu verkaufen sind. Sind diese Kunden dann mit Ihrer Erstausstattung zufrieden, kaufen sie später gerne zweigleisig. Der zusätzliche Drucker wird online gekauft, das Verbrauchsmaterial und neue PCs stationär, je nach Beratungs- und Verfügbarkeitsbedürfnis.

Es gab selbstverständlich auch Franchisepartner, die einen eigenen E-Commerce-Shop einrichten wollten oder es sogar getan haben. Dies haben wir seitens der Zentrale nicht unterbunden, aber die Einhaltung der Richtlinien zu Design, Sortiment und Service geprüft. Der jeweilige Franchisepartner merkte aber schnell, dass diese Einzelaktion einerseits sehr zeit- und kostenintensiv ist, andererseits nicht sehr umsatzstark. Der Kunde wählt normalerweise gezielt den »Hauptshop« unter www.vobis.de; eher durch Zufall findet er andere, ähnlich klingende Shops von Franchisenehmern.

6.2.4 Zukunft

Abschließend kann ich nur noch einmal wiederholen: Der elektronische Handel wird den stationären Handel und damit das Franchising niemals ganz ersetzen. Aber E-Commerce hat ein enormes Potenzial und ist daher eine wichtige strategische Säule unseres Geschäftsmodells. Wir werden unseren Umsatz mit Direktverkäufen enorm steigern. Und wir werden offen sein für weitere, neue Entwicklungen im Markt und im Internet, ebenso für die sich ändernden Erwartungen und Gewohnheiten unserer Kunden. Aber wir sind uns sicher, dass der größte Erfolg in der Kombination liegt: im Multi-Channel-Marketing.

von Rolf G. Kirst

Einführung

Das Internet revolutioniert die Beziehung zum Verbraucher. Viele Deutsche Firmen haben das noch nicht erkannt. Franchisesysteme sind geradezu prädestiniert zur optimalen Nutzung des Internet.

›*Das einzige was stört ist der Kunde*‹ sagt der Unternehmensberater Edgar K. Geffroy aus Düsseldorf in seinem Bestseller und beschreibt die zum Teil katastrophale Dienstleistungsszene in Deutschland. Ist dies ein Schicksal in oder von Deutschland und seiner Servicequalität? Made in Germany war einmal ein Markenzeichen, heute ist die Qualität der Produkte aber eine selbstverständliche Voraussetzung, um am Weltmarkt überhaupt noch konkurrenzfähig zu sein. Die heutige Frage für einen Unternehmer muss lauten, welchen Mehrwert biete ich meinen Kunden und welchen Service biete ich?

Während zu Beginn des 21. Jahrhunderts alle Welt die Ära des Internet als das Zeitalter des Verbrauchers begreift, der Zentralverband der deutschen Werbewirtschaft sogar von einem ›Jahrhundert der Verbraucher‹ spricht, beschränken sich deutsche Firmen gerne weiterhin auf das angestammte Geschäft und ignorieren oft die Entwicklung um sie herum. Für die meisten Firmen und damit auch für die meisten Franchisesysteme sind Kunden offenbar weiterhin eine zu vernachlässigende, anonyme Größe. Anstatt die Kunden nach deren echten Bedürfnisse zu fragen und diese zuverlässig zu erfüllen, werden die Kunden mit Massenmarketing berieselt und danach abgefertigt.

Viele Firmen in Deutschland konzentrieren sich auf ihre Produkte und achten darauf, diese immer perfekter zu entwickeln, zuverlässiger zu konstruieren und billiger zu produzieren. Dabei wird aber oft vergessen oder noch nicht erkannt, wie wichtig der Kunde ist. Die so dringend notwendige Ökonomisierung der Kundenbeziehung findet nicht statt. Das heißt, viele Firmen wissen gar nicht genau, welche Kundengruppen profitabel sind und welche weniger oder gar nicht. Gerade dieses Wissen über den Kunden wird aber im Zeitalter des Internet überlebenswichtig.

Wenn man als Unternehmer die Kundenstruktur einmal richtig analysiert, wird man schnell feststellen, dass die bekannte Pareto-Formel zutrifft. Diese besagt: Für 20 Prozent unserer Kunden, die wir als »Minuskunden« betiteln sollten, wenden wir 80 Prozent unserer Zeit auf, diese Kunden bringen uns aber nur 20 Prozent unseres Umsatzes. Wenn wir uns weiter intensiv mit unseren Kunden auseinandersetzen, werden wir feststellen, dass wir sog. gute Kunden und sogar Topkunden haben, die 80 Prozent unseres Umsatzes ausmachen, mit denen wir aber nur einen geringen Aufwand betreiben müssen.

Somit müssen wir für diese Kunden nur 20 Prozent unserer Zeit einsetzen, um 80 Prozent unseres Umsatzes zu erzielen. Würden wir uns mehr mit diesen Kundenstrukturen beschäftigen und uns auf diese Topkunden konzentrieren, würde sich das Gesamtgeschäft verlagern und die Produktivität des Betriebes steigen. Jeder von uns hätte ein besseres Geschäft.

Kommen wir jedoch wieder zurück in unser neues Jahrtausend und wagen wir einen Ausblick auf die nahe Zukunft. In den ersten fünf Jahren des neuen Jahrtausend wird sich nämlich mehr ändern, als in den letzten 50 Jahren des letzten Jahrhunderts. Einen Vorgeschmack haben wir ja in den letzten fünf Jahren mit der Einführung des Internet erhalten. Hat die Einführung des Telefons noch 38 Jahre bis zu seiner Marktdurchdringung gedauert, d. h. bis 50 Millionen Teilnehmer angeschlossen waren, so hat die Einführung des Fernsehens nur noch 13 Jahre gedauert und das Internet hat diese Zahlen bereits nach fünf Jahren erreicht.

7.1 Der neue Verbraucher möchte alles, jederzeit und überall . . .

. . . und auch möglichst günstig haben. Die neue Technologie verändert die Welt und auch die Verbraucher. Der Verbraucher von gestern wurde vom Unternehmen durch Marketing, durch die Manipulation der Werbung gesteuert. Der Verbraucher von heute ist nicht mehr Konsument, sondern zum ›Prosumenten‹ mutiert und bestimmt in Zukunft die Unternehmen und deren Handlungsweise. Als Konsumenten verzehren (konsumieren) wir Produkte, die uns vorgesetzt werden, als Prosument bestimmt der Kunde, welche Produkte er wünscht und kreiert sogar seine Produkte selber. Die Kunden von heute wollen nicht mehr auf die Informationen der Unternehmer angewiesen sein. Sie wollen sich individuell in der Welt der Produkte bewegen und sind im Internet mit einem Mausklick beim Konkurrenten. Durch die allgemeine Informationsvielfalt haben Produkte mit Schwächen daher kaum noch eine Chance.

Die Kunden von heute sind . . .
❑ besser ausgebildet,
❑ besser informiert,
❑ enorm kritisch.

Die Folge davon ist die Veränderung zu mehr Individualität der Kunden. Personalisierung von Kommunikation und Dienstleistung kann aber durch die Verarbeitung individueller Kundenprofile leicht erfolgen. Durch die Steuerung und Integration unterschiedlicher Datenbanken kann das Internet Produkte und Dienstleistungen individuell zuschneiden. Lieferanten, die diese Möglichkeiten nicht nutzen, geraten ins Hintertreffen.

Man sehe sich das Einchecken im Hotel an, die Nutzung von Meilenprogrammen der Airlines oder die individuelle Datensammlung vieler Firmen. Man wendet sich nicht mehr der Masse zu, sondern nur noch dem Kreis potenzieller Abnehmer, die die notwendigen Kriterien erfüllen. Der Kunde will heute ein für ihn maßgeschneidertes Auto und im Restaurant sollte der Kellner alle individuellen Wünsche eines jeden Kunden kennen und perfekt umsetzen. Das, was die neuen Verbraucher schätzen, hat sich geändert. Dadurch entsteht eine neue Wertewelt. Sehen wir uns die gezielten Datenrecherchen in der IT-Branche an. Die meisten Online Anbieter versuchen so viele Daten wie möglich von den Kunden zu bekommen. Fast auf jeder Homepage wird der User dazu animiert sich einzutragen, viele Leistungen werden nur mit Passwort und Kennung vergeben. Der Hintergrund hierfür ist nicht der Schutz von vertraulichen Informationen, sondern der Wunsch nach Kundendaten. Hat man erst einmal mehr als die Adresse und Telefonnummer, sondern kennt auch die Gewohnheiten des Kunden, seine innersten Wünsche, seine Besonderheiten, so kann man gezielte Direktwerbung einsetzen, deren Erfolgchancen weit höher sind als bei jedem herkömmlichen Massenversand.

Im Beispiel der Reisebranche, in der Uniglobe Travel tätig ist, gewähren wir jedem Firmenkunden einen direkten Online-Zugang zu unseren Reservierungssystemen mittels einer Booking-engine im Internet. Bevor der Kunde, in diesem Fall der Reisende, aber Zugriff auf unsere Datenbank erhält, legen wir ein Profil von ihm an. Hierin wird neben den persönlichen Daten genau festgehalten, welche Eigenschaften und persönliche Präferenzen jeder Kunde hat. Welchen Sitzplatz wünscht er, wie soll die Bezahlung abgewickelt werden, ist er Raucher oder Nichtraucher? Das Letztere ist zum Beispiel eine wichtige Angabe bei der Buchung des Hotelzimmers. Ein zusätzlicher Effekt könnte aber auch sein, dass wir in Zukunft die Adressen aller unserer Kunden, die sich als Raucher eingetragen haben, für eine Zigarettenwerbung nutzen könnten, vorausgesetzt der Datenschutz wird nicht verletzt.

Kunden helfen anderen Kunden

Durch Internet-Foren erfolgt ein Erfahrungsaustausch rund um den Erdball. Das bedeutet Mund-zu-Mund-Propaganda auf einem neuen Niveau. Die Folge: Auch schlechte Nachrichten verbreiten sich wie ein Lauffeuer, nur weit umfangreicher und weitläufiger. Legt man diese Erkenntnisse auf die eigenen Dienstleistungen oder Produkte um, so wird man schnell feststellen, dass man sich negatives Image oder schlechte Qualität heute überhaupt nicht mehr leisten kann.

Kundenservice kann durch das Internet heute in Echtzeit erfolgen. Tagelange Reaktions- und wochenlange Wartezeiten werden vom neuen Verbraucher nicht mehr akzeptiert. Er erwartet sofortige Reaktion auf und Lösungen für seine Wünsche. Die internetgestützte Technik hilft den Firmen, diese Wünsche umzusetzen und künftig noch effektiver zu werden, denn der Kunde hinterlässt beim Surfen durchs weltweite Datennetz deutliche Spuren. Die Protokolle der Internet Server verraten Kaufpräferenzen, Zahlungsgewohnheiten und Interessengebiete der

Kunden. Auch durch den Einsatz von Minicomputern in Taschenformat und Mobiltelefone der UMTS Generation erwarten Fachleute einen deutlichen Schub für mobiles Kundenmanagement. Es geht auch künftig nicht mehr so sehr um den Verkauf von Produkten, sondern das Bündeln von Leistungen, die auf die individuellen Kundenwünsche abgestimmt sind.

Welchen Einfluss haben diese Veränderungen nun auf den Markt?

Wir müssen erkennen, dass die Zeit bis zum Markt kürzer geworden ist. Durch die Globalisierung der Märkte wird die Auswahl an Waren und Dienstleistungen immer größer. Die Absatzkanäle haben sich geändert und werden neu aufgeteilt. Aber eines bleibt dennoch unklar.

Wem gehört der Kunde?

Wir müssen erkennen, dass die Grundregeln des Marktes sich ändern und bereits geändert haben. Wer gewinnen will, muss das Ende »des Kunden« einläuten und den Beginn einer »Partnerschaft« feiern. Partnerschaft mit einem echten Partner, nicht mit einem Kunden. Ein Kunde wurde bisher oft als störend empfunden, ein Partner, ein Freund ist aber immer willkommen. Die Veränderung muss sich daher in unseren Köpfen vollziehen und nicht in den Produkten.

Partnersysteme ersetzen Verkaufsteigerungssysteme.

Wurde in den Sechzigerjahren über Qualitätssteigerung gesprochen, so ist Qualität heute zur Selbstverständlichkeit geworden. Sprach man in den Achtzigerjahren von Verkaufssteigerungsmodellen, so ist auch dies heute schon veraltet, und wir müssen uns in der modernen Zeit, seit Mitte der Neunzigerjahre, mit Partnersystemen auseinandersetzen. Dabei muss uns aber klar sein, in welcher Reihenfolge wir die Komponenten des Marktes sehen.

Das Ranking muss heißen:

1. Kundenzufriedenheit
2. Mitarbeiterzufriedenheit
3. Profit

Und verstärkt sogar:

1. Wissensmanagement
2. Kundenverblüffung/Überraschung
3. Unternehmertum für Mitarbeiter

Wir stecken mitten in einer Revolution von der Industriegesellschaft zur Informationsgesellschaft. Wenn wir uns damit auseinandersetzen und zu den Gewinnern dieser Revolution zählen wollen, müssen wir die heutigen Trends kennen und diese für unseren Erfolg nutzen.

7.2 Sieben Trends prägen die neue Welt

Trend 1: Die digitale Welt

PC, CD, E-Mail, Internet werden zur Selbstverständlichkeit. Virtuelle Communities, virtuelles Shopping, Electronic Commerce sind die neuen Begriffe der Wirtschaft.

Daraus resultiert das Ende des greifbaren Kunden, er verändert sich → zum virtuellen Kunden.

Die Welt der Newsletter

Das Thema Neuigkeiten zu verbreiten ist sicher nicht neu. Es wurden Rundschreiben oder Memos verschickt oder in gedruckter Form verteilt. In der heutigen Zeit nutzt man hierfür verstärkt das virtuelle Medium und spricht von E-Newslettern.

Fast auf jeder Website findet man die Möglichkeit sich für einen Newsletter freischalten zu lassen. Aus eigener Erfahrung kann auch ich nur über positive Erfahrungen mit dem E-Newsletter berichten. Teilweise sind die Kunden ganz scharf darauf den nächsten Newsletter per E-Mail zu erhalten. Wichtig dabei ist die Aktualität und die Regelmäßigkeit. Warum und wie sind diese E-Newsletter aufgebaut?

Per E-Mail erhält der Kunde eine Kurzform des Newsletters mit dem Anriss von Neuigkeiten. Will man mehr zu einem Thema erfahren, so klickt man auf einen Link und kann den gesamten Inhalt der Nachricht lesen. Jede Nachricht kann natürlich auch ausgedruckt werden. Mit diesem System vermeidet der Leser den Papierberg auf seinem Schreibtisch, kann sich auf die Infos konzentrieren, die ihn interessieren und ist immer aktuell informiert.

Unaufgefordert dürfen diese Newsletter allerdings nicht versendet werden. An Stammkunden können Sie den Newsletter aber regelmäßig versenden, es muss nur immer eine Möglichkeit angegeben werden, über die man den Newsletter wieder abbestellen kann.

Trend 2: Partner

Unsere Kunden sind unsere Partner. Mit Partner gehen wir anders um.

Die Frage wird sein, welches Partnersystem habe ich. Virtuelle Partner sind Mitbesitzer ihrer eigenen Profile und erhalten dafür Geld. Die Kunden von heute werden gekauft und geködert mit Vorzugsrechten, mit Boni, mit Einmaligkeiten.

Die 3 C: Clubs, Cards und Communities.

Wenn wir uns absetzen wollen, müssen wir ein gutes Partnersystem haben. Mit Rabatten allein kann man niemanden mehr locken, da diese überall angeboten werden, insbesondere im Hinblick auf die Lockerung der Wettbewerbsgesetze. Wir müssen eine echte Partnerschaft zu unseren Kunden aufbauen.

Trend 3: Marktplätze

Die Marktplätze der Zukunft sind Marktplätze der Beziehungen, wie die echten Marktplätze vor 100 Jahren, nur finden sie auf einer anderen Ebene statt. Wir tummeln uns in Zukunft auf einem oder mehreren virtuellen Marktplätzen.

Als gutes Beispiel war die Website www.cabana.de. gedacht. Hier sollten sich Reisende aus allen Bevölkerungsschichten treffen und Erfahrungen untereinander austauschen. Sie sollten über Reiserlebnisse, über Erfahrungen mit Veranstaltern, Airlines und Zielgebieten berichten. Leider hat sich diese Website im Laufe der Zeit zu einer kommerziellen Angebotswebsite gewandelt. Wie so vieles im Internet hat die Erfahrung gezeigt, dass man mit virtuellen Marktplätzen leider kein Geld verdienen kann und die anfängliche Euphorie ist zwischenzeitlichen kommerziellen Gedanken gewichen.

Das Beispiel zeigt, schnell werden auf diesen Marktplätzen auch Angebote platziert und Geschäfte abwickelt. Es gibt große umfangreiche Marktplätze wie ›E-vita‹ von der Deutschen Post, auf denen alle Arten von Waren feilgeboten werden, aber auch spezielle Marktplätze wie für Gebrauchtwagen bleiben nicht auf ihrem angestammten Terrain. Dort werden heute schon Angebote für Zubehör und sogar für Reisen und Immobilien vorgestellt. Alles ist ja nur ein Link entfernt.

Herkömmliches Marketing wird dadurch uninteressant. Werbung für die Masse ist unpersönlich. Diese Art des Marketing wird lästig empfunden oder, mal ehrlich, wie nimmt man heute Massenwerbung im Fernsehen auf? Als lästiges Übel! Nimmt man die Werbung in Zeitungen, im Radio oder auf Plakatwänden überhaupt noch wahr? 97 Prozent aller Werbemaßnahmen sind für den Müll. Früher sagte man noch 50 Prozent, meist weiß man nur nicht, welche 50 Prozent.

Nicht wir finden den Weg zum Kunden, sondern der Kunde muss gerne und von sich aus zu uns finden oder zu unseren Marktplätzen oder Treffpunkten wie Veranstaltungen jeder Art, Events, Parties usw.

Ein Beispiel aus der Welt von Uniglobe Travel. Bisher haben wir versucht, unseren Kunden unsere eigene Homepage als das Reiseportal im Internet anzubieten. Jeder Kunde, der sich über Reisen im Internet informieren wollte, musste sich entweder unsere Adresse merken oder sich einen Favoriten eintragen. Durch Gespräche mit unseren Kunden sind wir zu der Überzeugung gelangt, dem Kunden diesen Weg zu vereinfachen. In der virtuellen Welt war das Resümee, wir müssen dem Kunden auf seiner eigenen Homepage oder in seinem Intranet einen direkten Button zu unserer Homepage einbauen. Die eigene Homepage besucht der Kunde ständig. Findet er dort einen Button zum Reiseportal, wird er sich immer zuerst über seine eigene Homepage einloggen und somit ist eine engere Beziehung hergestellt.

Dieses Angebot wird in Zukunft dahingehend ausgebaut, dass der Kunde von uns sogar sein eigenes Reiseportal erhält. Mit den modernen Content Management Systemen ist dies kein Problem mehr. Die Reiseseite des Kunden wird von Uniglobe gepflegt und ein vorher bestimmter Travel Koordinator in der Firma hat die Möglichkeit, als Autor eigene Beiträge zu liefern oder firmenspezifische Informationen zum Thema Reisen einfügen. Dass damit auch jeder Mitarbeiter der Firma die Möglichkeit zur Online Buchung hat, ist ein selbstverständlicher Nebeneffekt, der für die Kunden eine Zeiteinsparung bedeutet und für uns als Tool für die Kundenbindung genutzt wird.

Trend 4: Beziehungsmanagement

- ❏ Wir brauchen keine Verkäufer mehr.
- ❏ Verkäufer sind unsere Kunden.
- ❏ Verkäufer werden zu Beziehungsmanagern.

Psychologen reden von einer Beziehungsebene und einer Sachebene. Auf beiden Seiten muss es funken, ›dann klappt es auch mit dem Nachbarn‹. Aus Amerika kommt der neue Begriff des ›Cocooning‹. Durch die Automation, den Homedeliver Service und vielen neuen Medien hat der Mensch sich immer mehr in seine eigenen vier Wände eingeigelt wie in einen Kokon der Seidenspinne. Der Mensch verliert mehr und mehr den Kontakt zur Außenwelt. Dadurch gewinnt die Beziehung wieder einen neuen Stellenwert. Diesem Trend folgend müssen wir unser Beziehungsmanagement danach ausrichten und in ein umfassendes Konzept mit integrieren.

Ein wichtiger Erfolgsfaktor bei Uniglobe ist unsere Strategie des Direktmarketing durch Aufbau von persönlichen Beziehungen, wie es in vielen Branchen gepflegt wird. In der Reisebranche ist dies aber nicht üblich, denn die Reisebranche ist eine passive Branche, der Kunde kommt in der Regel zur Reiseagentur, nicht umgekehrt. Dadurch, dass jedes Uniglobe Büro mindestens einen aktiven Außendienstmitarbeiter beschäftigt, wird gewährleistet, dass nicht nur neue Kunden akquiriert werden, sondern auch ein ständiger Kontakt mit den bestehenden Kunden aufrecht erhalten wird. Wir nennen unsere Mitarbeiter im Außendienst auch »Relationship Manager«.

Trend 5: Spannungsbilanzen

Alle heutigen kaufmännischen Bilanzen sind weitgehend wertlos für eine aktuelle und gezielte Unternehmensplanung. Bis eine Bilanz auf dem Tisch liegt, vergehen oft mehr als 500 Tage seit Beginn eines Geschäftsjahres. Die Welt um uns herum ändert sich aber so schnell, dass die Zahlen einer Bilanz dann schon nicht mehr aussagekräftig sind.

Wir müssen uns neben der Zahlenbilanz auch eine immaterielle Bilanz aufbauen, die wir Spannungsbilanz oder Kundenbilanz nennen. Es stellt sich für uns die Frage:

Wie spannend bin ich für meinen Kunden?

Virtuelle Communities, virtuelles Shopping, E-Commerce werden alles auf den Kopf stellen. Die soziale Anziehungskraft wird wichtiger sein als ein gutes Produkt. Produkte sind austauschbar und können nachgeahmt werden. In vielen Branchen werden die Produkte sogar von jedem einzelnen Mitbewerber oft in gleicher Weise und zum gleichen Preis angeboten. Deshalb ist es gerade in diesen Branchen besonders wichtig, solche Spannungsbilanzen zu erstellen.

Spannung kann man erzeugen durch gute Ideen, die nicht unbedingt mit dem Kerngeschäft zusammenhängen müssen. So unterstützen wir z. B. bei Uniglobe derzeit ein deutsches Kinderhilfswerk, dass verschiedene Schulprojekte auf den Philippinen betreut. Wir bieten unseren Kunden die Partnerschaft für ein Kind auf der Insel Cebu an. Wir sorgen dafür, dass der Kunde mit einem Jahresbeitrag von etwa 50 Euro die Patenschaft für ein Kind übernimmt und diesem damit den Besuch einer Privatschule ermöglicht. Wir liefern einmal pro Jahr aktuelle Berichte über die Entwicklung unseres Projektes und garantieren, dass das Geld zu 100 Prozent ankommt.

Trend 6: Verblüffung – Überraschung

Kundenzufriedenheit ist kein Maßstab mehr. Bei Umfragen sagt der Kunde meist das, was wir hören wollen und was wir aus der Vergangenheit heraus kennen. Die Frage darf daher nicht nur lauten, wie stelle ich meinen Kunden zufrieden sondern:

Wie begeistere ich meinen Kunden?

Verblüffung ist etwas, mit dem Kunden meist noch nicht konfrontiert wurden. Überraschung kann sein, eine neue Produktidee, Serviceidee, Partneridee, Wissensidee, Trendidee. Der Aha-Effekt ist dabei entscheidend. Schaffen wir uns einen eigenen Trend.

So hatte z. B. der Besitzer eines Porzellangeschäft in der Fußgängerzone von Köln eine glorreiche Idee zur Verblüffung seiner Kunden. Er suchte sich seine besten Kunden aus der Kartei heraus und lud diese zu einem opulenten Abendessen ein. Der besondere Gag bei der Sache war aber der Ort des Geschehens, denn die Einladung führte nicht in ein Nobelrestaurant in Köln sondern um 19 Uhr in sein Geschäft. Im Schaufenster seines Porzellangeschäftes ließ er nämlich eine exquisite Tafel aufbauen, an der seine Gäste Platz nehmen durften. Eine professionelle Catering Firma servierte den Gästen ein 5-Gang-Menü der ersten Klasse. Da am Abend auch in der Fußgängerzone noch reger Verkehr herrscht, war die Aufmerksamkeit der Zuschauer gewiss und die Verblüffung perfekt. Ein zuvor informierter

Journalist brachte die Festtafel dann entsprechend in die Tageszeitung und der Werbeeffekt war grandios. Das nennt man Verblüffung.

Trend 7: Fähigkeiten

Das Denken in der dritten Dimension ist angesagt. Wir müssen uns vom reinen Produktdenken oder dem Suchen von Problemlösungen verabschieden, und ...

... dafür sorgen, dass unser Kunde selber bessere Geschäfte macht.

Bei einem Seminar mit Edgar K. Geffroy fragte dieser die Teilnehmer einzeln nach der Kernkompetenz ihrer Firma. Als Antwort kamen Aussagen wie »Wir sind in der Elektronikbranche«, »Wir bauen Industrieanlagen«, »Wir sind in der Reinigungsbranche« oder »Wir sind in der Gastronomie«. Aber kein einziger Teilnehmer war in einer echten Kundenbranche.

Was Geffroy den verblüfften Teilnehmern damit darstellte, war unsere egoistische Denkweise. Wir sind stolz über unser Produkt, unsere Dienstleistung oder unsere Branche, aber wir denken zu wenig an den Kunden und wie wir ihm helfen können, damit er selbst bessere Geschäfte mit unserer Hilfe machen kann. Wenn wir uns nämlich immer vor Augen halten, dass unser Produkt oder unsere Dienstleistung unserem Kunden einen Nutzen bringen muss, der ihm entweder zu mehr Profit verhilft oder im Falle des Individualkunden zu mehr Zufriedenheit führt, so sind wir auf dem richtigen Weg in das neue Jahrtausend.

Das Frontendenken muss aufhören: Wir hier – der Kunde dort

Der Kunde wird zunehmend kritischer, unberechenbarer und ist schwerer zufrieden zu stellen.

❏ Er kauft heute bei Aldi und am gleichen Tag auch bei Gucci oder Armani
❏ Er trägt eine Swatch zum Sport und eine Rolex zum Abendessen.
❏ Er fährt Golf und hat einen Porsche in der Garage.
❏ Er isst bei McDonald's, wenn es schnell gehen soll, und im 2-Sterne-Restaurant am Wochenende.

Ziel muss es sein, so früh wie möglich die Wünsche und Sehnsüchte des Kunden zu kennen und diese in einem Profil festzuhalten, damit wir schnell auf die veränderten Märkte reagieren können. Wir müssen den oben genannten Herausforderungen begegnen und den Kunden in eine neue Dimension heben.

7.3 Die neue Dienstleistungsstruktur baut auf drei Säulen auf:

1. Kundenorientierung und Überraschungen

Sorgen Sie dafür, dass Ihr Unternehmen nicht nur zufriedene Kunden schafft, sondern Kunden, die sich immer wieder überrascht fühlen.

❏ Wir brauchen dazu eine neue Kundenorientierung.
❏ Wir brauchen eine auf den Kunden ausgerichtete Organisation.
❏ Wir brauchen Überraschungsideen im Kleinen wie im Großen.
❏ Wir müssen statt Druck Sog erzeugen mit neuen Ideen und Konzepten.

2. Kundennetzwerke und Kundenbeziehungen

… bekommen einen neuen Stellenwert bzw. müssen aufgebaut werden, um die Kundenbeziehungsqualität auf ein neues Niveau zu stellen.

Voraussetzungen hierfür ist es, den Kunden zu individualisieren, sich persönlich mit ihm auseinander zu setzen. Informationen über den Kunden werden überlebenswichtig.

3. Das Ende des Verkaufs

❏ Verkäufer werden Beziehungsmanager.
❏ Das Produktdenken gerät in den Hintergrund.
❏ Wir werden zum Informationsbroker.

Vergessen wir die Programme zur Verkaufssteigerung. Konzentrieren wir uns auf Programme, mit denen wir den Kunden erfolgreicher machen, dann werden auch wir erfolgreicher.

Ein klares Fazit daraus muss die Erkenntnis sein: Wir verabschieden uns vom Massenmarkt und wenden uns der systematischen Individualisierung zu. Dabei wird das Konzept der individuellen Kundenbindung immer wichtiger. Werden doch im Zeitalter des Internet die traditionellen Beziehungen zwischen Kunden und Unternehmen kräftig umgekrempelt, ja sogar revolutioniert. Wir müssen nur die faszinierende Entwicklung richtig nutzen, denn sie bietet unermessliche neue Chancen.

7.4 Einfluss auf das Franchising

Welchen Einfluss haben all diese Bewegungen und Entwicklungen des Marktes nun speziell auf die Franchisewirtschaft? Sicher ist jedem verantwortungsvollen Franchisegeber bewusst, dass auch Franchisesysteme einen Teil dieser Wirtschaftswelt ausmachen und dass die zuvor beschriebenen Entwicklungen in gleichem Maße einen großen Einfluss auf die Franchisebranche haben und noch haben werden.

Franchisegeber müssen sich dabei nur auf die großen Vorzüge des Franchising besinnen und sich diese zu Nutze machen. Auf der einen Seite haben sie es mit vielen kleinen regional bekannten und eingeführten selbstständigen Unternehmern zu tun und andererseits haben Franchisegeber ein System mit einer bekannten Marke, einem Corporate Identity und damit eine gewisse Marktmacht, die es auszunutzen gilt, auch im Internet. Wir dürfen nämlich bei aller Euphorie für unsere Franchiseidee und bei aktiver Weiterentwicklung unseres Franchisesystems nicht die technologischen Entwicklungen außer Acht lassen.

Sieht man sich die Big Player im Internet an, so handelte es sich in den vergangenen fünf bis acht Jahren meist um Newcomer wie Amazone, Expedia, etc. Viele große etablierte Firmen und Systeme haben es nämlich in der Goldgräberzeit des Internet verpasst, sich dem Trend anzupassen. Franchisesysteme müssen sich als große Einheit sehen und dementsprechend handeln.

Bevor man sich mit dem Medium Internet näher befasst, sollte man sich zuerst mit dem Verbraucher beschäftigen, der im Internet als ›User‹ bezeichnet wird. Was erwartet ein moderner Internetuser heute von einer professionellen Website:

❏ **Schnelle Verfügbarkeit** bzw. schnelle Zugriffe auf die Websites. Supergraphiken mit vielen Bildern und langen Ladezeiten schrecken ab.
❏ **Interessante Inhalte,** umfangreiche Infos über das jeweilige Branchenthema mit aktuellen Angeboten.
❏ Die **Attraktivität** der Website muss den Kunden animieren, regelmäßig die Seite zu besuchen. Veränderungen müssen sichtbar gemacht werden.
❏ **Übersichtlicher Seitenaufbau**. Mit wenigen Klicks will der Kunde zum Ziel kommen.
❏ **Sichtbare Aktualität** – anhand von Datumsangaben muss sichtbar gemacht werden, wann die letzte Änderung erfolgte und ob die Informationen noch gültig sind.
❏ **Online Bestellmöglichkeiten.** Bietet ein System Waren oder buchbare Dienstleistungen an, so erwartet der Internetuser von heute, dass er diese auch online ordern kann.

Beispiele positiver und negativer Art:

Negativ sind alle diejenigen Homepages oder Websites, die sich noch mit aufwendigen Grafiken beschäftigen oder erst nach ewig langen Flash Animationen zum Ziel kommen. Ein negatives Beispiel ist hier die Website des Modeunternehmens Hugo Boss, das unter www.boss.de zuerst eine aufwendige Flashanimation zeigt, die lästig ist. Bis man dann wirklich etwas findet, vergehen Ewigkeiten und der Nutzer schaltet schnell ab. Informationen über Einkaufmöglichkeiten, Preise oder deren Franchisenehmer findet man überhaupt nicht oder nur über langwierige Umwege.

Positiv: Als zukunftsweisende Portale sind sicher **Yahoo** oder auch **Google** zu bezeichnen. Hier werden ohne große Animation und Grafik eine Unmenge an Informationen bereits auf der Einstiegsseite angezeigt. Wer einmal mit Yahoo gearbeitet hat, der findet dort immer etwas passendes. Yahoo wird heute nicht mehr nur als Suchmaschine gesehen, sondern als Einkaufsplattform der Superlative.

Im Beispiel der **Reisebranche** haben sich vor allem in Amerika die Welten im Internet schon gewaltig verändert. Wo hingegen kleinere Reisebüros immer noch auf bunte Bilder bauen und die irrige Meinung vertreten, das Internet sei ein Ersatz für den Reisekatalog, haben sich auf der anderen Seite die großen virtuellen Reisebüros wie www.travelocity.com, www.expedia.de von Microsoft oder die internationale Site von Uniglobe unter www.uniglobe.com auf das Angebot von umfangreichen Informationen und online Buchungsmöglichkeiten konzentriert und auf Bilder weitgehend verzichtet.

Es ist nicht alles Gold was glänzt

Das Internet Reisebüro Travel24.com ist mit einem Millionenbudget vor einigen Jahren als Aktiengesellschaft in den Markt eingestiegen und hat die ersten Jahre immer wieder auf die enormen Steigerungen im Umsatz hingewiesen. Die Werbung für diese Website www.travel24.com war gigantisch. Fast jeden Abend konnte man die entsprechende Fernsehwerbung sehen. Die Umsätze stiegen und stiegen in die Millionen. Trotzdem schaffte diese Firma den Turnaround nicht und musste bereits im zweiten Jahr ernüchternd offenbaren, dass der Verlust des Unternehmens höher war als der Umsatz des Jahres. Auch in den Folgejahren waren die Ergebnisse nicht besser und der Kurs der Aktie rutschte in den Keller. Heute steht das Unternehmen kurz vor dem Aus.

Wenn man den Grund analysiert, so kann man erkennen, dass mit dem reinen virtuellen Vertrieb auf Dauer kein Geld zu verdienen ist, sondern nur im Marketingmix. Das Beispiel Expedia von Microsoft zeigt, dass dies funktioniert. Die Euphorie ist vorüber und die Glücksritter der Internetwelt und mit ihnen die vielen Anleger mussten erkennen, dass auch das Internet den klassischen Grundsätzen des Wirtschaftskreislaufes unterliegt.

7.5 Die Chance für Franchisegeber

Welche Möglichkeiten bieten sich aber Franchisesystemen, im Internet Fuß zu fassen oder mindestens präsent zu sein.

1. Gemeinschaftsauftritt mit einer professionellen Website, in die alle Franchisenehmer mit eingebunden sind.
2. Ein Portalsystem mit gleicher CI, aber mit individuellem Charakter einer Website des einzelnen Franchisenehmers.

Der herkömmliche Weg des Webauftritts ist natürlich sehr stark von der Branche abhängig und ist sicher auch schon bei den meisten Systemen in professioneller Art vollzogen worden. Auf einer speziell der Branche und dem Unternehmen angepassten Website wird die Dienstleistung oder die Produkte des Systems dargestellt und die einzelnen Franchisenehmer in einer Auflistung mit Namen und

Adressangaben vorgestellt. In manchen Fällen wird ein eigenes Shopmodul integriert, mit dem der User dann gewisse Waren online bestellen kann.

Zur Erstellung dieser Website wird eine Webagentur beauftragt, die dann auch die Betreuung der Homepage als sog. Webmaster übernimmt. Diese Variante ist sicher als Mindestauftritt zu bezeichnen und ein Muss für jedes Franchisesystem. Der Nachteil bei dieser Variante ist aber die Gefahr der mangelhaften Betreuung und die geringe Aktualität. Weiterhin ist der Franchisenehmer nur ein kleiner Punkt auf der großen Landkarte ohne eigene Aktivität und ohne Einsatz der eigenen Kreativität.

Nun hat man es aber im Franchising mit selbstständigen Unternehmern zu tun und sollte ihnen daher auch eine individuelle Präsentation im Internet ermöglichen. Dies kann dadurch erfolgen, dass man jedem Franchisenehmer gestattet, sich selbst eine Domain zu reservieren und seine eigene Homepage selbst zu gestalten. Das Resultat wird jedem Franchisegeber sehr schnell präsentiert. 50 Franchisenehmer haben 50 verschiedene Meinungen über einen professionellen Webauftritt und arbeiten mit 50 verschiedenen Webagenturen zusammen und daraus entstehen 50 unterschiedliche Darstellung mit denen der ursprüngliche Gemeinschaftsgedanke des Franchisesystems verwässert oder ad absurdum geführt wird. Ergo – man muss gemeinsam etwas auf die Beine stellen, bei dem die Corporate Identity gewahrt bleibt und dennoch jeder Franchisenehmer seine eigenen Gedanken mit einbringen kann.

Das Portal im Internet

Die Lösung sind sog. Portallösungen mit einer speziellen Portalsoftware, auch als **Content Management Systeme** oder **Redaktionssysteme** bezeichnet. Der Franchisegeber gestaltet den Rahmen des Webauftritts mit dem Design des Systems, gibt die Themenblöcke vor und gestaltet die Beiträge, die für die gesamte Branche relevant sind. Der Franchisegeber ist der sog. Administrator und hat die Oberaufsicht über die Homepages aller Franchisenehmer. Der Franchisenehmer selbst erhält eine Subdomain oder eine eigene Domain und hat somit Zugriff auf seine individuelle Homepage innerhalb des Systems. Er kann seine eigenen Angaben wie Adresse, Mitarbeiter und regionale Besonderheiten eingeben, er kann sich seinen Kunden in seiner eigenen Art und Weise präsentieren und, besonders wichtig, er hat die Möglichkeit eigene Angebote zu platzieren.

Mit dieser Lösung kann sich der Franchisenehmer mit seiner eigenen Website besser identifizieren, er ist für die Aktualität verantwortlich und wird sich dennoch an das Layout und die Systemvorgaben halten, da er diese ja nicht selber ändern kann.

Nähere Informationen zu diesen Systemen findet man am besten über die Suchmaschinen unter den oben genannten Begriffen, Portal Software – Content Management – Redaktionssysteme.

Auswirkungen zunehmender Kundenorientierung im E-Commerce

Das Internet bietet schon heute viele Möglichkeiten, um Kaufentscheidungen zu vereinfachen. Doch sind diese Möglichkeiten vielen noch gar nicht vertraut. Ein Beispiel verdeutlicht die Chancen, die das Internet den Konsumenten bietet.

> Ein Kunde sieht in einem Media-Markt ein Sonderangebot für einen CD-Player. Vor dem Kauf möchte er sich vergewissern, ob es sich dabei tatsächlich um ein Sonderangebot handelt oder lediglich um geschickte Promotion. Was er jetzt benötigt, ist Real Time Benchmarking. Hierfür richtet er sein Handy oder seinen Personal Digital Assistent (PDA) auf den Strichcode der Preisauszeichnung und erhält im selben Moment folgende Information: Die Konkurrenz bietet denselben CD-Player für 25 Euro weniger an. Und, noch besser, der PDA teilt ihm auch mit: Der Disc-Player ist bei einem Online-Händler wie Amazon weitere 25 Euro günstiger. Es folgt die Frage: »Wie, wann und an welche Adresse soll ausgeliefert werden?«

> Nun kann der Kunde mit dem gewünschten Gerät und dem Angebot auf seinem Handy-Display zum Verkäufer des Media-Marktes gehen und ihn vor die Wahl stellen: »Entweder Sie reduzieren dieses Angebot um 50 Euro oder ich betätige den Shopping-Button und bestelle beim Online-Anbieter.«

Dieses Beispiel verdeutlicht, wie sich das Verhältnis zwischen Käufer und Verkäufer in allen Branchen dramatisch verändern wird. Kunden wissen oft mehr als die Verkäufer und sind daher in der Lage, schneller zu lernen und zu entscheiden als die Mitarbeiter großer Organisationen. Im Gegensatz zu vielen Unternehmen können Kunden schon jetzt als Global Player agieren.

Diese Beispiel zeigen aber auch, dass es in Zukunft nicht um Offline- oder Online-Business geht, sondern um das Just-in-Time-Zusammenspiel von Offline- und Onlinegeschäft. In Zukunft werden die Informations- immer mehr die Produktmärkte steuern. Schließlich kann der Kunde dieses Medium sogar dazu einsetzen, seinen Wissensvorsprung auszubauen.

Powershopping

Verstärkt wird diese Entwicklung durch sog. Shopping Bots, intelligente Software-Agenten, die bereits existieren. Die intelligenten Agenten unterstützen den Kunden aktiv bei der Suche nach den gewünschten Informationen und Angeboten. Früher oder später werden diese intelligenten Systeme sogar Powershopping für den Kunden betreiben, Sie organisieren ihm seine Traumreise zum niedrigsten am Markt erzielbaren Preis, ohne selbst der Veranstalter zu sein. Möglich ist das, in dem der Agent die Nachfrage von verschiedenen Urlaubspaketen bündelt und ohne eigenes Zutun Preise aushandelt.

Beispiele finden Sie unter:
www.atrada.de oder www.primus-power.de

Die Firma Levi's Jeans hat z. B. ihr eigenes Powershoppingsystem entwickelt, zu finden unter www.levis-powershopping.de

Reverse Economy

Die Machtverschiebung zwischen Anbietern und Nachfragern wird als Reverse Economy bezeichnet. Die neuen Medien haben in dieser verkehrten Welt zu einer Wissensparität zwischen Anbieter und Nachfrager geführt. Der Vorteil für den Kunden ist, dass er jetzt in der Lage ist, gezielt und kostengünstig aktives Beschaffungsmarketing zu betreiben.

Dies bedeutet wiederum, dass die Verbraucher in der Lage sind, ihr Produkt- und Preiswissen zu bündeln. Zusätzlich werden sie in die Lage versetzt, ihre Kaufkraft zu aggregieren und üben somit durch die Entstehung eines Verbraucherkartells eine gebündelte Nachfragemacht (Sammelbestellung) gegenüber den Anbietern aus. Ein gutes Beispiel ist das Bündeln von Reiseteilnehmern auf bestimmten Bahnfahrten zur Erlangung von Gruppentickets. Auch die Intervention der Deutschen Bahn hat dabei dem freien Markt nichts anhaben können und eine einstweilige Verfügung gegen den Internetbetreiber wurde vom Gericht abgelehnt.

Der Kunde bestimmt dadurch zunehmend stärker bei der Wertschöpfung mit: Etablierte Wertschöpfungsketten, Märkte und Produkte werden völlig neu konfiguriert. Das Angebot ist dabei nichts anderes als ein virtueller Markt, auf dem Kunden und Händler den Preis aushandeln, bzw. mit Hilfe von Agenten um Preise feilschen.

One-Think-Shopping

Während Kunden von der Weiterentwicklung des Internets profitieren, zählen die Leistungsanbieter klar zu den Verlierern. Allerdings werden sie nicht tatenlos zusehen und den Verbrauchern die Steuerung der Märkte überlassen. Eine Gegenstrategie könnte darin bestehen, möglichst alle Glieder der Wertschöpfungskette unter ihren Einfluss zu bekommen. Diese Strategie nennt man One-Think-Shopping.

Im Beispiel der Tourismusindustrie bedeutet dies, dass Reiseanbieter in der Lage sein müssen, die gesamte Organisation eines Urlaubs für den Kunden zu übernehmen. Planen, Kataloge bestellen, buchen, anmieten eines Autos, Versicherung, Impfung und vieles mehr sind Tätigkeiten, die im Zusammenhang mit einer Reiseorganisation bestehen. Hier greift das Konzept des One-Think-Shopping, dem Kunden das Leben vereinfachen.

Ergebnis dieser Strategie ist ein integrierter Lifestylekonzern, der ein umfassendes Info-, Produkt- und Serviceangebot aus einer Hand auf den Markt bringt. Die Leistungsanbieter lernen dabei aus der Kundenhistorie und orientieren sich am Konsumentenverhalten. Auf diesem Weg ist eine genaue Ausrichtung der Leistung auf die Wünsche der Kunden möglich. Der Idealfall wäre, dem Kunden ein

Angebot zu unterbreiten, bevor dieser überhaupt weiß, dass er dieses Angebot möchte. Nichts anderes bedeutet konsequente Kundenorientierung.

Tracking & Tracing

Das Beispiel www.trip.com veranschaulicht, wie bestehende Technologie von großen Logistikanbietern wie der Deutschen Post, UPS oder Fed-Ex auch im privaten Reiseverkehr genutzt werden kann. Das Schlagwort heißt hier Tracking & Tracing. Mit diesem System lässt sich z. B. der Reiseweg eines Geschäftsfreundes lückenlos verfolgen. Am Bildschirm, zu Hause oder im Büro ist abzulesen, wo das bestimmte Flugzeug sich gerade befindet, in welcher Höhe es fliegt und wann die Maschine landen wird. Ein gutes Beispiel bietet UPS, der weltweite Zustellservice aus den USA. Der Kunde kann dort punktgenau verfolgen, wo sich seine Sendung gerade befindet und wann er diese erwarten kann, bzw. wann diese beim Empfänger ankommen wird. Zu finden unter www.ups.com/tracking/tracking.html

Die Scheu vor Online-Geschäften ist noch nicht überwunden

Wie alle angeführten Beispiele beweisen, ergeben sich aus der Entwicklung im Internet sowohl für den Nachfrager als auch für den Anbieter ganz neue Möglichkeiten. Der Eindruck, dass das Internet und die daraus resultierende Vielzahl individueller Angebote zu Intransparenz und Unübersichtlichkeit führen, mag zwar auf den ersten Blick stimmen. Doch schon bald wird sich dies durch neue Technologien ändern. Zum Vorteil für den Endverbraucher. Es ist lediglich eine Frage der Zeit, bis intelligente Technologien wie weiterentwickelte Agentensysteme zum Instrumentarium der Nachfrager gehören.

Anbieter sollten daher möglichst schnell versuchen, ihre Kunden durch maßgeschneiderte Angebote langfristig an sich zu binden. Für das Marketing heißt dies in letzter Konsequenz:

Betreiben Sie offensives Marketing und nutzen Sie das Internet dazu. Und tun Sie dies, bevor Ihre Kunden und Konkurrenten auf die Idee kommen, es zu tun.

Einführung

Franchising bedeutet Reproduktion einer Idee. Gebäude, Räumlichkeiten und Ausrüstung eines Franchisebetriebes materialisieren wohl diese Idee, sind sie aber nicht. Die Absicht, einer bestimmten Zielgruppe einen bestimmten Nutzen zu bieten, steht am Anfang der Entwicklung eines soliden Franchisesystems. Die Beschränkung auf ein bestimmtes Produkt und eine bestimmte Zielgruppe formt die dazu geeigneten Werkzeuge. Im folgenden Abschnitt wird das Problem der Standardisierung anhand des Zusammenhangs von Corporate Identity und Ausbildung beleuchtet.

Die Gründe, warum Franchisegeber Gewicht auf das einheitliche Erscheinungsbild legen, sind für den Franchisenehmer wie auch für den Franchiseinteressenten im Allgemeinen einleuchtend. Anders bei den – von Franchisenehmern manchmal als unwesentlich empfundenen – detaillierten Handlungsrichtlinien. Hier reichen einfache Erklärungen oft nicht aus. Der Franchisegeber sieht sich genötigt, eine oder mehrere permanente Ausbildungsstellen zu etablieren. Damit bietet er seinen Franchisenehmern und deren Mitarbeitern Gelegenheit, sich das geforderte und für den wirtschaftlichen Erfolg unabdingbare Wissen und Verhalten gründlich anzueignen, bevor sie im eigenen Betrieb mangels Übung *eigene* Verfahren entwickeln. Hier liegt auch der Grund, warum viele Franchisegeber grundsätzlich keine Franchisen an Bewerber aus derselben Branche vergeben. Die Erfahrung hat gezeigt, dass solcherart Vorgebildete »schon wissen, wie man das macht« und eben andere als die vom Franchisesystem geforderten Verhaltensweisen eingeübt und verinnerlicht haben. Es ist sehr viel einfacher, jemandem etwas völlig Neues beizubringen, als vorhandene und *eingeschliffene* Verhaltensmuster zu ändern.

Franchiseorganisationen sind ihrer Natur nach dezentral. Die Gefahr, dass Systemangehörige ihre lokalen Spezialitäten entwickeln, ist permanent. Jedoch ist die Bedrohung, die aus einem solchen *Separatismus* für die ganze Organisation erwachsen kann, dem einzelnen Franchisenehmer meistens nicht bewusst. Der Begriff der Corporate Identity hat deshalb für ein Franchisesystem einen Bedeutungsumfang, der weit über das hinausweist, was üblicherweise darunter verstanden wird.

8.1 Corporate Identity – echt oder übergestülpt?

Will ein Werber einem kleineren oder mittleren Unternehmen eine neue Corporate Identity verkaufen, geht er klugerweise nicht auf die bereits vorhandene ein. Tatsächlich hat jede Firma ihre Identität, obwohl der Mehrzahl der kleinen und mittelständischen Unternehmer diese Tatsache nicht bewusst ist. So hat der Werber oft leichtes Spiel. Das Argument für den Verkauf einer neuen Corporate Identity, die ja meist ein neues Corporate Design mit einschließt, beginnt gleichsam mit der verunsichernden Frage: »Um Gottes Willen! Wie sind Sie denn angezogen?«

Franchisegebern darf man unterstellen, dass sie um die Bedeutung einer Corporate Identity wissen und sich entsprechend darum kümmern. Oftmals sind sich aber auch Franchisegeber der Tragweite des Problems nicht bewusst. Spätestens dann, wenn einzelne Franchisenehmer anfangen, *kreativ* zu werden, muss sich der Franchisegeber fragen, was er in seinem Corporate-Identity-Konzept nicht bedacht hatte.

Üblicherweise nimmt die Schaffung einer Corporate Identity etwa den folgenden Verlauf: Ein Logo wird entworfen, Slogans werden kreiert, Schriften evaluiert, Drucksachenformate definiert, attraktive Verpackungen geschaffen, neues Briefpapier gedruckt, das Verkaufspersonal einheitlich gekleidet und vieles mehr. In der anschließenden Werbekampagne präsentiert sich das Unternehmen dann in jener Weise, die von der Werbeagentur als erfolgträchtigste ermittelt wurde. Dass Letztere bei dieser Pirouette stets auch sich selber präsentiert, sei am Rande vermerkt, damit der Franchisegeber auch diesen Sachverhalt im Auge behält. Es könnte sonst geschehen, dass das Resultat der ganzen Bemühungen am Ende weniger den Bedürfnissen seiner Firma als den Profilierungswünschen der Agentur dient.

Zur Entwicklung der Corporate Identity werden die (positiven) Identitätsmerkmale des Unternehmens a) aufgespürt, b) thematisiert, c) geformt. Die *Erscheinung* der Firma ist nun nicht mehr Zufallsprodukt, sondern – Standard. Wenn sich der Franchisegeber in diesem »neuen Kleid« auch noch wohl fühlt, ist ja wohl alles bestens. Oder etwa nicht? Wurde vielleicht etwas vergessen?

8.2 Wichtigster Bestandteil der Corporate Identity: Die Sprache

Eine Corporate Identity-Entwicklung wie oben beschrieben beginnt und endet an der Oberfläche. Soll sie mehr sein und auch mehr bewirken als reine Kosmetik, muss sie tiefer ansetzen.

Franchisebetriebe sind im Allgemeinen personalintensiv. Die Lohnkosten stellen oft den größten Posten auf der Kostenseite dar. Viele dieser Mitarbeiter, und meistens auch der Franchisenehmer selbst, stehen in direktem Kontakt mit den Kunden, Tag für Tag. Sie begrüßen, beraten, hören sich Beschwerden an, leiten weiter, verabschieden – kurz – sie sprechen mit Menschen.

Sprache ist verräterisch. Wortwahl, Präferenzen, Syntax, begleitende Gestik, ja selbst das Ausbleiben der Sprache in bestimmten Situationen – das Schweigen – sind Corporate-Identity-relevante Merkmale. Ihr Wirkungsgrad – obwohl noch weitgehend unerforscht – muss sehr hoch eingeschätzt werden. Der Kunde überträgt den Eindruck, den er vom Verkäufer hat, auf die von ihm repräsentierte Firma als Ganzes.

Wenn Personalverantwortliche das Problem damit zu lösen gedenken, nur noch *kommunikationskompetente* Mitarbeiter für den Verkauf einzustellen, greifen sie zu kurz. Es geht nämlich nicht darum, mit den Kunden nett und artig umzugehen. Es geht darum, Übereinstimmung zu schaffen zwischen dem, was versprochen wird, und dem, was der Kunde tatsächlich erhält. Denn meistens haben künftige Kunden schon ein *Bild* von der Firma, bevor sie mit dieser in Kontakt treten. Werbung, Zeitungsberichte, Schaufensterauslagen, Aussagen von Freunden – unzählige Hinweise auf das *Wesen* der Firma und ihrer Dienstleistungen sind schon beim potenziellen Käufer vorhanden, bevor er überhaupt daran denkt, bei der Firma zu kaufen. Sind diesen Fragmenten bestimmte Charakterzüge eigen, addieren sie sich allmählich zu jenem Grad an Vertrautheit, der die anfängliche Hemmschwelle beseitigt. Aus dem potenziellen Käufer wird ein Interessent, der mit der Firma – und d. h., mit ihren Menschen – in Kontakt tritt.

Tatsächlich ist der erste menschliche Kontakt mit der Firma ein äußerst kritischer Moment. Eine launische Telefonistin ist in der Lage, die mit aufwändiger Werbung gesenkte Hemmschwelle innerhalb von Sekunden wieder aufzurichten. Ein Verkäufer, der sich in Selbstdarstellung übt, statt zu verkaufen, bringt es fertig, die mit originellen und einmaligen *Gimmicks* herbeigelockten Interessenten für immer zu verscheuchen.

Auf die Unzulänglichkeiten, ihrer Mitarbeiter angesprochen, reagieren Franchisenehmer oft mit einem Schulterzucken: »Ich weiß. Der war eben schon immer so. Den kann man nicht mehr ändern.« Oder, schlimmer: »Er (oder sie) hat aber auch gute Seiten.« Hier nimmt der Chef die eigene Unfähigkeit nicht wahr, Mitarbeiter nach ihren Stärken einzusetzen, statt sie mit Funktionen zu bestrafen, für die sie keine Eignung mitbringen. In einem solchen Fall muss sich der Franchisegeber fragen, ob er den Franchisenehmer ausreichend in der Personalevaluation ausgebildet hat. Ist dieses Know-how Bestandteil der Ausbildung, muss sich der Franchisegeber weiter fragen, warum es nicht länger haftet oder nicht angewandt wird.

Die Standardisierung der Kommunikation in einem Franchisesystem beinhaltet zuerst einmal die Formung der gesprochenen Sprache. Sie ist gleichsam der Mörtel der Systemarchitektur. Die Schriftsprache des Franchisesystems, wie es sich in Texten von Prospekten, Broschüren, Werbebriefen, Pressemitteilungen und Handbüchern niederschlägt, muss mit der in der Firma gesprochenen Sprache kongruent sein.

Die Standardisierung beginnt bei der Definition der für die Firma wichtigsten Begriffe. Zum Beispiel:

❑ Welche Leistungen bieten wir? Wie bezeichnen wir jede dieser Leistungen?
❑ Welchen konkreten Nutzen bieten wir den Kunden mit jeder dieser Leistungen?
❑ Wer sind unsere Kunden? Welche Eigenschaften zeichnen sie aus?

Präzise Fragen fordern präzise Antworten. Ist anhand eines solchen Fragenkatalogs und dem sich daraus ergebenden **Glossar** das System erst einmal sprachlich erschlossen, gilt es, ein **Un-Wörterbuch** zu erstellen. Das Unwörterbuch sollte z. B. jene Modewörter aufnehmen, die in der jeweiligen Branche von allen gebraucht und von niemandem verstanden werden. Jede Branche hat solche Wörter im Überfluss. Und für jedes dieser Wörter gibt es schon seit Jahrzehnten einen deutschen Begriff, der den Sachverhalt trifft und den jedermann versteht. Gemeint ist hier nicht nur die englisch-deutsche Sprachbrühe der Werbeagenturen, Finanzfachleute und Medienschaffenden. Gemeint sind alltägliche Aussagen, mit denen versucht wird, Eindruck zu schinden, oder die dazu dienen, Sachverhalte zu verdunkeln. Dass dies der Trend der Kommunikation in dieser Gesellschaft ist, heißt nicht, dass man ihn mitmachen muss. Im Gegenteil. Es gibt kaum etwas Erfrischenderes in einer *Gesprächsrunde*, welche sich dem *Konsens* – dem Endstadium ihres Verdummungsprozesses – nähert, als ein schlichtes »Warum?«.

Das Aufbrechen unwahrer Kommunikationsrituale ist vergleichbar mit dem Herausziehen eines Holzsplitters aus dem Fleisch: Es schmerzt kurz, man zuckt zusammen – doch gleich ist einem wohler. Hierin liegt ein *Geheimnis* erfolgreichen Verkaufens: Da haben alle geredet; und plötzlich hat einer etwas gesagt.

Über die Sprache, und nur über sie, macht sich der Franchisenehmer die systemimmanenten Wertvorstellungen zu eigen. »Dieselbe Sprache sprechen« bedeutet, die dieselben Wertvorstellungen mit einer Gruppe von Individuen zu teilen und dementsprechend zu handeln. Es ist für den Erfolg eines Franchisesystem von Bedeutung, dass *seine* Sprache immer weitere Kreise zieht. Ausgehend von der Systemzentrale, über die Franchisenehmer zu den Kunden und Interessenten wird sie – Standard.

8.3 Die Einpflanzung von Sprache und Verhalten im Franchisesystem

Es soll vorkommen, dass der Franchisenehmer nach Vertragsabschluss vom Franchisegeber einen Ordner in die Hand gedrückt bekommt mit der Bemerkung, dies sei das Betriebshandbuch, und der Empfehlung, doch mal reinzuschauen. Das kann nicht gut gehen. Ein Betriebshandbuch ist keine Gelegenheitslektüre wie ein Roman oder eine Firmengeschichte. Ein Betriebshandbuch ist das schriftliche und umfassende Abbild des Franchisesystems. Die im Handbuch gesprochene Sprache ist für die gesamte Organisation normativ. Die Ausbildung des Franchisenehmers und seiner Mitarbeiter soll deshalb stets und hauptsächlich anhand des Handbuchs erfolgen. Aber wie?

Der richtige Zeitpunkt der Grundausbildung

Wann soll die Schulung stattfinden? Vor oder nach Vertragsunterzeichnung? Da Ausbildung mit Kosten verbunden ist, und dabei außerdem wertvolles Know-how abgegeben wird, neigen viele Franchisegeber dazu, den Ausbildungszeitpunkt erst nach der Unterzeichnung des Franchisevertrags anzusetzen. Da Ausbildung gleichzeitig aber auch eine **umfassende Eignungsabklärung** darstellt, muss man sich fragen, was letztlich teurer ist: einen Interessenten, der sich in der Ausbildung als ungeeignet erwiesen hat, nach Hause zu schicken und die vergebliche Investition abzuschreiben oder für die nächsten zehn Jahre einen Franchisenehmer zu haben, der Probleme verursacht. Die Erfahrung des Autors spricht dafür, die Ausbildung **vor** Vertragsunterzeichnung, innerhalb einer Vorvereinbarung, durchzuführen. Allerdings darf nicht zu früh ausgebildet werden, da Know-how, vor allem aber Fertigkeiten wieder verloren gehen, wenn sie nicht gebraucht werden. Im **Idealfall** erfolgt der Übergang von der Ausbildung zur Führung des eigenen Betriebes *nahtlos*.

Was ist bei der Erstellung eines Ausbildungskonzepts zu beachten?

Ein ähnliches Problem, wie jenes, das sich bei Franchisenehmern zeigt, die Berufserfahrung aus der Branche mitbringen, offenbart sich auch im Bereich der Ausbildung. *Professionelle* Ausbilder – also Lehrer, Studienräte oder Professoren sind – von Ausnahmen abgesehen – zu *kopflastig*, um jene Ausbildung zu gewährleisten, die ein Franchisesystem fordert. Mangels eigener praktischer Erfahrung in der Umsetzung von Theorien geben sie Letzteren den Vorzug. Das *ungeistige*, jedoch unbedingt erforderliche Wiederholen von verbalen und manuellen Fertigkeiten stößt bei Pädagogen nicht selten auf Ablehnung. Hinzu kommt, dass in einem Franchisesystem eben auch das Ausbildungskonzept in Form detaillierter Checklisten und Zweckbeschreibungen vollständig vorliegt und für eine kreative Gestaltung des Unterrichts kaum mehr Raum lässt. Als Ausbilder sind überdurchschnittlich kommunikationisfähige Praktiker geeignet, die durch das System *hindurchgegangen* sind und jenes Augenmerk entwickelt haben, das Systemabweichungen schon im Ansatz erkennt.

Die Auswahl bzw. Entwicklung des Ausbildungskonzepts für das System ist Aufgabe des Systemarchitekten. Er kommt nicht umhin, sich mit den zahlreichen Fachgebieten, die sich bei dieser Aufgabe überschneiden, wenigstens soweit zu befassen, dass er fähig wird, die dafür geeigneten Fachleute zuzuziehen.

Ist die Standardisierung eines Systems so weit gediehen, dass sie *greift*, d. h. dass das System tatsächlich standardgemäß funktioniert, müssen die Standards zu dessen Wartung erarbeitet werden. Denn auch – und besonders – für komplexe soziotechnische Systeme, wie sie Franchiseorganisationen darstellen, gilt das Entropiegesetz: Ohne permanente Zufuhr von Energie – sprich *Information* – nimmt die Desorganisation überhand.

Standardisierung ist eine aktive Verhaltensweise. Ihr Gegenpol ist die Improvisation, die bei der Bewältigung einmaliger, voraussichtlich nicht wiederkehrender Probleme ihren Sinn hat. Standardisierung beabsichtigt nicht die unmittelbare Problemlösung, sondern zielt nachhaltig auf eine Optimierung des Systems.

Einführung

Die Marktorientierung des Franchisesystems erfordert eine ständige Anpassung an die Veränderungen auf den Beschaffungs- und Absatzmärkten. Für die Reaktions- und Anpassungsfähigkeit der Unternehmung ist Controlling das wichtigste Führungsinstrument. Die Übertragung der allgemeinen Controlling-Konzeption auf das Franchising bedarf jedoch einer differenzierten Betrachtungsweise. Durch die rechtlich selbstständigen Franchisenehmer wird ein vom Franchisegeber konzipiertes Controlling oftmals als Kontrolle oder Bevormundung empfunden. Der Franchisegeber benötigt jedoch zur Weiterentwicklung des Franchisesystems ein Steuerungssystem zur Unternehmensführung, welches Informationen über die Stärken und Schwächen des Franchisesystems liefert. Darüber hinaus ist der Franchisegeber verpflichtet, den Franchisenehmer bei der betriebswirtschaftlichen Planung und Kontrolle zu unterstützen. Im Mittelpunkt stehen folgende Fragen:

❏ Wie ist ein Controlling-System ausgestaltet?
❏ Welchen Beitrag kann das Controlling zur Steuerung von Franchisingnetzwerken leisten?
❏ Welche Controllinginstrumente werden in Franchisesystemen eingesetzt?

9.1 Controlling als Führungsinstrument

Ein Unternehmen kann gedanklich in ein Ausführungssystem und in ein Führungssystem geteilt werden. Das Ausführungssystem ist durch die Leistungserstellung und das Führungssystem durch die Koordination dieser Leistungserstellung charakterisiert. Aufgrund der Komplexität eines Unternehmens wird das Führungssystem in das Planungs- und Kontrollsystem, das Informationssystem, die Organisation und das Personalführungssystem eingeteilt. Als übergeordnetes System, aus dem die Führungsaufgaben abgeleitet werden, steht das Zielsystem, welches als normative oder sinngebende Grundlage der Unternehmensführung zu verstehen ist.

Controlling wird in diesem Zusammenhang als Führungskonzept charakterisiert, welches die Unternehmensführung unterstützen soll. Eine wichtige Aufgabe der Unternehmensführung ist die Festlegung von Zielen in einem interdependenten Zielsystem und die Schaffung einer Organisationsstruktur, die die Regeln der Entscheidungsfindung festlegt. Die Unternehmensführung kann zwischen einer sachbezogenen und einer personenbezogenen Führung unterscheiden. Moderne Personalführungskonzepte, wie das Führen durch Zielvorgabe, integrieren die personenbezogene und die sachbezogene Unternehmensführung. Unter personenbezogener Unternehmensführung wird ein Prozess zielgerichteter Verhaltensbeeinflussung verstanden, der berücksichtigt, dass die Mitarbeiter nicht nur Leistungsträger sind, sondern auch Menschen mit eigenen Zielen, Vorstellungen und Motiven. Die sachbezogene Unternehmensführung umfasst die Zielbildung, Planung, Steuerung, Kontrolle und Organisation. Planung, Steuerung und Kontrolle finden auch ihre Berücksichtigung in dem Führungssystem. Unter Planung verstehen Wirtschaftswissenschaftler die gedankliche Vorwegnahme künftiger Handlungen. Der Begriff der Steuerung ist als detaillierte Festlegung und Veranlassung der Durchführung des Entscheidungsergebnisses zu verstehen. Die Steuerung mit der Durchführung dient der Realisation der Planung. Die Kontrolle ist die notwendige Ergänzung zur Planung und folgt oder begleitet die Durchführung.

Die Verknüpfung der Planung, Steuerung und Kontrolle zu einem kybernetischen Regelkreis lässt das Führungsgesamtsystem entstehen. Nach der Formulierung eines Zieles werden Maßnahmen geplant, realisiert und kontrolliert. Die Kontrolle erfolgt auf Basis eines Soll/Ist-Vergleichs, der Abweichungen feststellt. Aufgrund dieser Abweichungsanalyse werden wiederum Ziele formuliert. Damit entsteht ein System vernetzter Regelkreise, die durch Informationsströme miteinander verbunden sind. Diese Informationsströme sollen selbstregelnden Charakter, der durch das Wort Kybernetik manifestiert ist, annehmen. Unter selbstregelndem Charakter werden die Vor- und Rückkoppelungsbeziehungen verstanden, durch die Abweichungen festgestellt werden und die Grundlage für eine rechtzeitige Maßnahmenentwicklung sind. Die Ergebnisse der Abweichungsanalyse und die Vorkoppelungsprozesse werden zu Verhaltens- und Systemänderungen genutzt. Durch sie werden Lernprozesse ausgelöst. Führungsaufgaben in dieser beschriebenen Form sind Lern- und Anpassungsprozesse, mit denen auf geänderte Bedingungen, neue Ziele und gegenwärtige sowie zukünftige Probleme reagiert wird. Der Regelkreis und die Zielgröße, die in der Planung festgelegt werden, entwickelt die Planung, Steuerung und Kontrolle zu einem Controlling-Konzept. Die im Soll/Ist-Vergleich festgestellte Abweichung ist die Grundlage für die Ermittlung der Ursachen. Auf dieser Ermittlung setzt die Gegensteuerung der Unternehmung an, um das Gesamtziel noch zu erreichen.

9.2 Grundlagen eines Controlling-Systems

Zur Aufgabenbeschreibung des Controllings ist es zweckmäßig vom Begriff »to control« auszugehen, der mit regeln, steuern, lenken übersetzt werden kann. Der Zweck des Controlling ist das Bereitstellen von Systemen zur zielorientierten Steuerung des Unternehmens durch die Unternehmensleitung. Diese Steuerung erfolgt durch Planung, Kontrolle und Koordination auf der Grundlage von Informationen. Der Bedarf der Koordination in einem Unternehmen ist abhängig von der Unternehmensgröße, der Aufgabenvielfalt und den Interdependenzen zwischen den Teilsystemen. Die Koordination soll sicherstellen, dass die Wechselbeziehungen zwischen den Teilbereichen der Unternehmung keine Zielkonflikte in bezug auf das Unternehmensziel hervorrufen. Die Koordinationsproblematik im

Controlling umfasst die funktionale, zeitliche und hierarchische Koordination der einzelnen Handlungen. Für diese Koordinationsprozesse werden vom Controlling spezifische, aber nicht vom Controlling entwickelte, Instrumente eingesetzt. Als Beispiel für eine funktionale Koordination ist die Abstimmung der Teilpläne zu einem Gesamtplan zu nennen. Somit ist eine Kernaufgabe des Controlling die zielorientierte Steuerung des Führungsgesamtsystems, in dem es die Koordination der Teilsysteme übernimmt. Das Führungsgesamtsystem besteht aus dem Planungs- und Kontrollsystem und dem Informationsversorgungssystem. Die Ausgestaltung ist unternehmensspezifisch mit der Organisationsstruktur, dem betrieblichen Personalführungskonzept und dem Zielsystem abzustimmen. Die Koordination einer hierarchischen Organisation benötigt im Allgemeinen eine andere Ausgestaltung der Koordinationsinstrumente als die Koordination von Unternehmensnetzwerken wie Franchisesystemen.

Ausgehend von den Funktionsbereichen des Unternehmens legt das Controlling-System, unter Einbeziehung des Rechnungswesens, funktionsübergreifende Entscheidungsbereiche des Controlling fest und verknüpft die einzelnen Bereiche zielbezogen durch das Informationssystem miteinander. Die ablaufenden Informationsströme können hinsichtlich der betrieblichen Funktionsbereiche unterschieden werden wie Logistik-Controlling, Marketing-Controlling oder Beschaffungs-Controlling. Weiterhin können die Informationsströme hinsichtlich der zeitlichen Struktur in kurzfristig, mittelfristig und langfristig unterschieden werden. Eine weitere Differenzierung kann hinsichtlich der Informationskategorie erfolgen wie die Unterscheidung von Einnahmen und Ausgaben, Kosten und Leistungen, Erträge und Aufwendungen oder Vermögen und Kapital. Eine Abgrenzung des Controlling hinsichtlich der Informationskategorie Einnahmen und Ausgaben wird als Finanzcontrolling bezeichnet. Ziel des Finanzcontrolling ist die Liquidität. Zur Steuerung des Gewinns müssen die Kosten und Leistungen betrachtet werden. Die Abgrenzung hinsichtlich der Kosten und Leistungen wird als Kosten- und Erfolgs-Controlling bezeichnet.

Controlling-Instrumente

Zur Steuerung des Unternehmens bedient sich die Unternehmensleitung verschiedener Instrumente. Die Abbildung 1 zeigt eine Auswahl von operativen und strategischen Controllinginstrumenten.

Für den Aufbau eines operativen Controlling ist ein funktionsfähiges Finanz- und Rechnungswesen als Informationsbasis notwendig. Dies verdeutlicht die vergangenheitsorientierte Betrachtung des operativen Controlling. Im Gegensatz zum operativen Controlling basiert das strategische Controlling auf sog. qualitativen Informationen wie Daten aus der Marktforschung. Die Betrachtungsweise des strategischen Controlling ist zukunftsorientiert und hat als Zielgrößen die Sicherung und den Ausbau von Erfolgspotenzialen.

Abb. 1: Operative und strategische Controllinginstrumente

Kosten- und Erfolgs-Controlling

Die allgemeinen Ausführungen zum Controlling sollen konzentriert anhand des Kosten- und Erfolgs-Controlling veranschaulicht werden. Es wird davon ausgegangen, dass der Planungszeitraum im Kosten- und Erfolgs-Controlling ein Jahr beträgt, der sich zusätzlich in Monats- oder Quartalswerte aufteilen lässt. Die Aufgabe des Controlling besteht darin, jene Informationen zur Verfügung zu stellen, die der Erreichung der Unternehmensziele dienen.

Im Hinblick auf die als wesentlich erachteten Erfolgsziele des Unternehmens ist die Kosten- und Erfolgsrechnung auszugestalten. Ein Erfolgsziel des Kosten- und Erfolgs-Controllings ist der Gewinn. Da die Kosten- und Erfolgsrechnung hinsichtlich der Informationskategorien Kosten und Leistungen abgegrenzt wurde, ist die Steuerungsgröße nicht der bilanzielle, sondern der kalkulatorische Gewinn, es werden also kalkulatorische Kosten wie kalkulatorische Abschreibungen berücksichtigt.

Das Kosten- und Erfolgs-Controlling vergleicht in erster Linie die Planwerte mit den Istgrößen. Eintretende Abweichungen analysiert es auf ihre Ursachen. Durch die unterjährige Gegenüberstellung von Planwerten und Istwerten erfolgt eine laufende Erfolgs- und Wirtschaftlichkeitskontrolle. Eventuell notwendige Anpassungsmaßnahmen können rechtzeitig erkannt und im Sinne der Steuerungsfunktion eingeleitet werden.

Als Instrument im Kosten- und Erfolgs-Controlling dient die Kosten- und Erfolgsrechnung. Voraussetzung für die Erstellung einer Kosten- und Erfolgsrechnung ist eine Kostenrechnung mit den Bestandteilen Kostenarten-, Kostenstellen- und Kostenträgerrechnung. Zusätzlich ist eine Erlösrechnung einzurichten, um den

Gewinn als die Differenz zwischen Erlösen und Kosten zu ermitteln. Weiteres Instrument des Kosten- und Erfolgs-Controlling ist die Planungs- und Kontrollrechnung. Die Planung ist für jeden Teilbereich, im allgemeinen Kostenstelle, zu erstellen. Diese Teilpläne sind zu einem Gesamtunternehmensplan zu verdichten.

Kontrolle beschränkt sich in diesem Zusammenhang nicht auf die Ergebniskontrolle, sondern wird als ein die Planung begleitender, paralleler Prozess verstanden, der einen wesentlichen Beitrag zur Reduzierung der Unsicherheit leistet. Kontrolle in diesem Verständnis umfasst die Plandurchführungskontrolle, die prämissenbezogene Plankontrolle und die Ergebniskontrolle. Die Abbildung 2 zeigt die mögliche Ausgestaltung eines Plan/Ist-Vergleichs. Durch die differenzierte Analyse wird ersichtlich, dass trotz Zunahme des Umsatzes das Betriebsergebnis nicht der Planung entspricht. Für die Ursachenermittlung sind die einzelnen Kostenarten und die zugrunde liegenden Sachverhalte zu analysieren.

9.3 Controlling in Franchisingnetzwerken

Ein Franchisesystem ist in der Fremdsprache der Controller eine Kooperationsform mit marktlichen und hierarchischen Elementen. Dieses lässt sich anschaulich durch den Begriff eines Netzwerks beschreiben, in dem die Beziehungen zwischen dem Franchisegeber und den Franchisenehmern sowie die Beziehungen zur Unternehmensumwelt dargestellt werden. Ein Unternehmensnetzwerk kann als eine Organisationsform aufgefasst werden, die auf die Realisierung von Wettbewerbsvorteilen abzielt, und die sich durch kooperative und relativ stabile Beziehungen zwischen rechtlich selbstständigen, wirtschaftlich meist abhängigen, Unternehmen auszeichnet. Die Vorteile einer Franchise-Organisation liegen in der Nutzung von Spezialisierungs- und Größeneffekten sowie in der flexiblen Ausrichtung auf die Erfordernisse des lokalen Absatzmarktes.

Aus der Interpretation des Franchising als Unternehmensnetzwerk drängt sich die Frage auf, welche Funktion dem Controlling in einem Franchisingnetzwerk zukommt. Grundsätzlich hängt die Leistungsfähigkeit eines Franchisesystems von der Einhaltung der Qualitätsstandards ab. Aufgrund der Dezentralität und der Autonomie der Franchisenehmer ist ein besonderes Maß an Überwachung und Kontrolle notwendig. Die Übertragung der allgemeinen Controlling-Konzeption auf ein Franchisingnetzwerk erscheint problematisch, da z. B. hierarchische Koordinationsprinzipien in Unternehmensnetzwerken eher störend wirken. Die Anwendung hierarchischer Kontrollinstrumente durch den Franchisegeber wirkt auf den selbstständigen Franchisenehmer eher demotivierend als motivierend. Vielmehr gilt es, die Erfahrungen der Franchisenehmer systematisch in die Überlegungen zur Führung des Franchisesystems einfließen zu lassen. Ziel der Controlling-Aktivitäten ist die permanente Verbesserung der Systembestandteile im Hinblick auf die Markterfordernisse. Dies umfasst sowohl die Entscheidungsbereiche des

Franchisegebers als auch die des Franchisenehmers. Aus diesem Grund werden hier Überlegungen angestellt, welche Controlling-Aufgaben in einem Franchisesystem entstehen.

Ebenen des Controlling

Die Charakterisierung des Franchising als ein Unternehmensnetzwerk verdeutlicht, dass besondere Beziehungen zwischen den Netzwerkmitgliedern bestehen. Die Beziehungen zwischen den Franchisenehmern und dem Franchisegeber sind durch Langfristigkeit und Stabilität gekennzeichnet. Weitere Merkmale sind die relative Geschlossenheit des Systemverbundes, die Zielabhängigkeit sowie die hohen Kosten der Vertragsauflösung aufgrund der spezifischen Investitionen in die Ladeneinrichtung und das Know-how zur Führung einer Franchiseverkaufsstelle.

Bei der Analyse von Franchisesystemen werden die externe und die interne Sichtweise unterschieden. Die Betrachtung aus der externen Sicht hat einen objektiven Charakter und beschreibt z. B. den Bekanntheitsgrad des Franchisesystems innerhalb der Branche. Die interne Sichtweise analysiert die Sachverhalte aus Sicht der Netzwerkteilnehmer. Der Franchisegeber nimmt die Funktion einer sog. zentralen Unternehmung ein, weil ihm die Aufgabe obliegt, das Netzwerk strategisch zu führen. Die Franchisenehmer verfügen im Allgemeinen nicht über ein derartig umfassendes Netzwerkbewusstsein, weil die Problemlagen primär aus einzelwirtschaftlicher Sicht beurteilt werden. Aus diesem Grund erscheint es sinnvoll, die interne Betrachtungsweise zwischen einer internen Makrosicht und einer internen Mikrosicht zu differenzieren. Abbildung 3 zeigt den Zusammenhang grafisch.

In Analogie zu den verschiedenen Betrachtungsebenen eines Franchisingnetzwerks können die Betrachtungsobjekte des Controlling im Franchising bestimmt werden. Aus diesem Grund wird im Folgenden zwischen folgenden Ebenen differenziert:

❏ Ebene des Franchisesystems als Ganzes
❏ Ebene des Franchisegebers
❏ Ebene der Franchisenehmer

Die marktorientierte Führung von Franchisesystemen basiert auf der Formulierung von generellen Unternehmenszielen, wie z. B. ökonomischen Zielen und psychographischen Zielen. Beispiele für die Formulierung ökonomischer Ziele in Franchisesystemen sind Umsatz, Gewinn und Marktanteil und für psychographische Ziele Bekanntheitsgrad und Image. Zur Zielerreichung ist im Sinne der Steuerungsfunktion ein Controllingprozess einzuleiten. Die Prämissen- und Ergebniskontrolle erfolgt auf der Ebene des Gesamtsystems. Zur Erreichung dieser Ziele sollen innerhalb des Planungsprozesses die Ziele auf die Teileinheiten konkretisiert werden. Ergebnis dieser Konkretisierung sind beispielsweise Umsatzziele für den einzelnen Franchisenehmer und Kostenbudgets für die Zentrale des Franchisegebers.

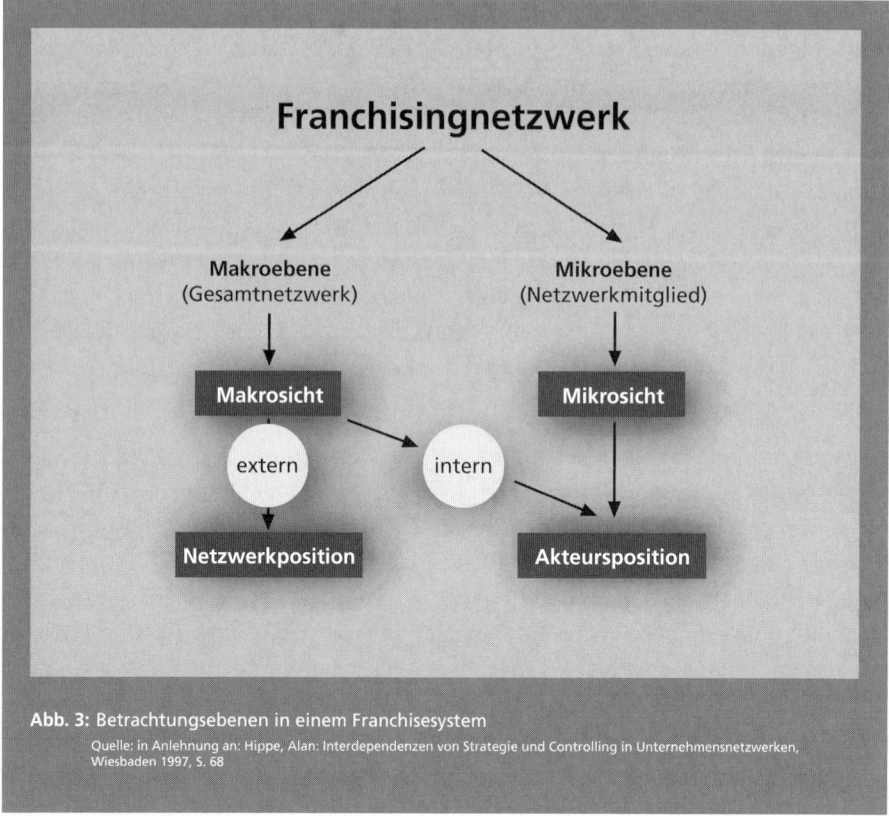

Abb. 3: Betrachtungsebenen in einem Franchisesystem

Quelle: in Anlehnung an: Hippe, Alan: Interdependenzen von Strategie und Controlling in Unternehmensnetzwerken, Wiesbaden 1997, S. 68

Die Kontrolle, ob die Ziele auch auf der jeweiligen Ebene erreicht werden, bedarf nun verschiedener Controllinginstrumente. Die folgende Abbildung zeigt, welche Controllinginstrumente auf welcher Ebene zum Einsatz kommen können. Der jeweilige Einsatz der Controllinginstrumente ist von den spezifischen Aufgaben des Franchisegebers oder des Franchisenehmers abhängig.

Koordination in Franchisingnetzwerken

Die Charakterisierung des Franchising als Unternehmensnetzwerk verdeutlicht die Koordinationsproblematik zwischen den rechtlich selbstständigen Franchisenehmern und dem Franchisegeber. Die Aufgaben der Koordination umfassen in einem Franchisesystem beispielsweise die Abstimmung der absatzpolitischen Instrumente, die Abstimmung zwischen dem Franchisegeber und den Franchisenehmern und die Abstimmung zwischen dem zentralen Einkauf und den dezentralen Verkaufsstellen. Die Problematik der Koordination in einem Franchisesystem erstreckt sich auch auf die Frage, wer den Absatzpreis der angebotenen Produkte und Dienstleistungen festlegt. Für jeden Franchisegeber scheint es wünschenswert, die Absatzpreise zentral festzulegen. Zum einen ist dies kartellrechtlich unzulässig, zum anderen sind einheitliche Preise aus Marktgründen häufig nicht durchsetzbar. Dennoch braucht ein einheitliches System – im Rahmen des

182

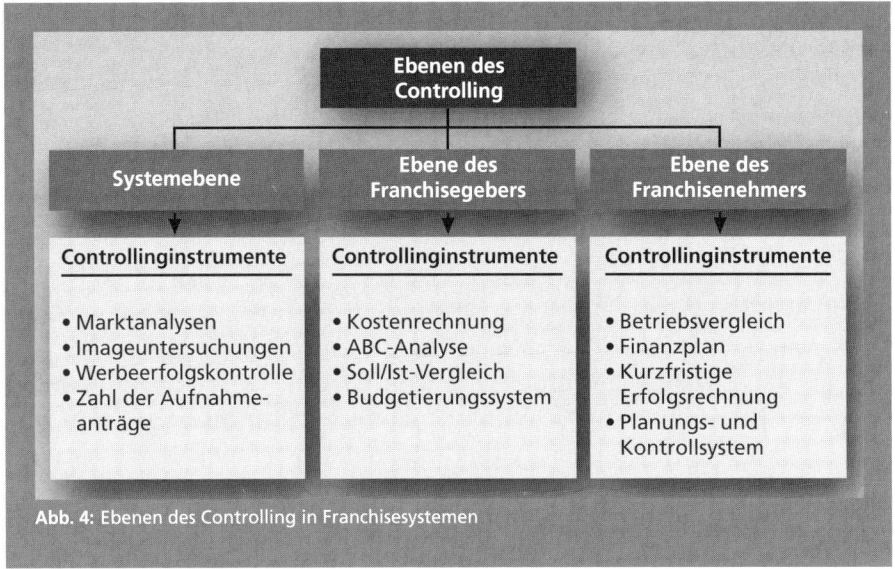

Abb. 4: Ebenen des Controlling in Franchisesystemen

rechtlich zulässigen – eine einheitliche Preispolitik. Die Charakterisierung dieses Sachverhalts zeigt, dass die Koordinationsinstrumente im Franchising sich nicht nur an den Unternehmensinteressen des einzelnen Franchisenehmers oder Franchisegebers orientieren dürfen, sondern den gesamten Geschäftsprozess abbilden und die rechtlichen Grenzen einhalten müssen. Bezogen auf das Beispiel der Warenbeschaffung beginnt der Prozess mit der Produktauswahl des Zentraleinkäufers und endet mit der Warenauslieferung beim Franchisenehmer. Erst durch die ganzheitliche Betrachtung können Effizienzsteigerungspotenziale ausgemacht werden. Eine weitere Koordinationsproblematik ist die Abstimmung der Zielsysteme zwischen Franchisenehmer und Franchisegeber. Sowohl der Franchisegeber als auch der Franchisenehmer verfügen über eigene Zielsysteme, die wiederum untereinander abgestimmt werden müssen.

Organisation des Controlling

Die Organisation des Controlling in Franchisesystemen ist von der jeweiligen Ausgestaltung des Systems abhängig. Aufgrund der Autonomie der Franchisenehmer sowie der dezentralisierten Geschäftsstrukturen ist ein hohes Maß an Überwachung und Kontrolle notwendig. Ein möglicher Problembereich bei der Implementierung eines Controlling-Konzepts ist die Angst der Franchisenehmer, von dem Franchisegeber zu stark kontrolliert und bevormundet zu werden. Ein Controlling-Konzept in Franchisesystemen darf die rechtliche und unternehmerische Eigenständigkeit des Franchisenehmers nicht einschränken, sondern sollte die Kooperation zwischen dem Franchisegeber und den Franchisenehmern fördern. Somit ist das Controlling nicht als Zentralcontrolling durch den Franchisegeber zu organisieren, sondern soll den Franchisenehmer befähigen, seine Controllerfunktion selbstständig im Sinne einer Selbststeuerung wahrzunehmen.

Die Controlling-Konzeption in einem Franchisesystem sollte deshalb den Bedürfnissen des Franchisegebers und des Franchisenehmers entsprechen. Die konkrete Ausgestaltung des Controlling auf der Ebene des Franchisenehmers ist von der Unternehmensgröße und der Anzahl der Verkaufsstellen abhängig. Als Träger des Controlling können sowohl interne Träger, wie der Unternehmer oder eine institutionalisierte Controllerstelle, als auch externe Träger wie Beratungsgesellschaften, Fachverbände oder Steuerberater auftreten.

In Franchisesystemen ist die Integration der Franchisenehmer in das Controlling-System ein Erfolgsfaktor für die Umsetzung des Steuerungskonzepts. Durch das Controlling soll die Reaktionsfähigkeit der einzelnen Teilbereiche auf die Veränderungen im Unternehmensumfeld erhöht werden. Entsprechend kann der Franchisenehmer schnell auf Fehlentwicklungen an seinem Absatzmarkt reagieren. Aus der Sicht der Veränderungen im Unternehmensumfeld hat aber das Systemcontrolling für den Franchisegeber auch eine besondere Bedeutung. Die Reaktion auf Veränderungen der Anbieterstrukturen auf den Beschaffungsmärkten oder die Veränderungen der Konsumgewohnheiten von Verbrauchern bei der Wahl der Einkaufsstätten ist von erheblicher Bedeutung.

9.4 Betriebsvergleich als operatives Controlling-Instrument

Der Betriebsvergleich kann als ein Controlling-Instrument bezeichnet werden, weil er Informationen zur Führungsunterstützung liefert. Die Teilnahme an einem Betriebsvergleich ist mit der Zielsetzung verbunden, Verbesserungspotenziale im eigenen Betrieb ausfindig zu machen. Beim Controlling in Franchisesystemen kann der Betriebsvergleich Schwachstellen und Stärken im Betrieb des einzelnen Franchisenehmers aufdecken und durch die Verdichtung aller Betriebsvergleiche Fehlentwicklungen für den Franchisegeber auf der Ebene des Gesamtsystems aufzeigen. Der Vergleich des eigenen Unternehmens mit anderen Unternehmen soll den Franchisenehmer anspornen, bei negativen Abweichungen zum Durchschnitt Maßnahmen zu ergreifen, die dazu dienen, die Wirtschaftlichkeit des eigenen Unternehmens zu verbessern.

Durch den Vergleich der Informationen aus dem Rechnungswesen enthält der Unternehmer ein Instrument, um seine Kosten und Erlöse zu analysieren. Der Zweck des Betriebsvergleichs besteht somit in der Analyse und Kontrolle des Gesamtunternehmens oder einzelner Teilbereiche. Durch die Feststellung von Abweichungen können Maßnahmen eingeleitet werden, die der Entwicklung entgegen steuern. Außerdem kann der Betriebsvergleich zu Planungszwecken eingesetzt werden. Durch den Vergleich der Kosten und Erlöse (absolut oder relativ) des Unternehmens mit den Durchschnittszahlen können Kostensenkungspotenziale oder Leistungssteigerungspotenziale ausgemacht werden. Die aus der Analyse angestrebten Zielgrößen dienen als Grundlage für die nächste Planperiode.

Der Betriebsvergleich kann in einen innerbetrieblichen Vergleich und einen zwischenbetrieblichen Vergleich differenziert werden. Gegenstand des Betriebsvergleichs kann sowohl das Gesamtunternehmen als auch einzelne betriebliche Teilbereiche sein wie Vergleich der Logistikkosten, Vergleich der Verkaufsstellenergebnisse. Die Aussagefähigkeit eines Betriebsvergleichs wird durch die Qualität des Informationssystems, besonders des Rechnungswesens, bestimmt. Folgende Voraussetzungen sind an einen aussagefähigen Betriebsvergleich zu stellen:

❑ Strukturelle Vergleichbarkeit der Betriebe
❑ Einheitlichkeit des Rechnungswesens
❑ Verwendung eines branchenbezogenen Kennzahlensystems

Unter der strukturellen Vergleichbarkeit der Betriebe wird die materielle Vergleichbarkeit hinsichtlich Standort, Betriebsform, Betriebsgröße und Sortimentsstruktur verstanden. Nur wenn das Rechnungswesen hinsichtlich der Erfassung der Kosten- und Erlösarten, der einheitlichen Anwendung der Bewertungsvorschriften in der Handels- und Steuerbilanz und des Ansatzes von kalkulatorischen Kosten einheitlich organisiert ist, können Betriebe miteinander verglichen werden. Die Verwendung eines branchenbezogenen Kennzahlensystems sichert die einheitliche Berechnung steuerungsrelevanter Kennzahlen.

Innerhalb eines Filialsystems ist der innerbetriebliche Vergleich besonders leistungsfähig, da aufgrund der einheitlichen Organisation des Rechnungswesens die Voraussetzungen für den Betriebsvergleich gegeben sind. In Franchisesystemen kommt es auf die spezifischen Aufgabenverteilungen zwischen Franchisenehmer und Franchisegeber an, ob die Voraussetzungen erfüllt sind. In Franchisesystemen mit zentraler Finanzbuchhaltung durch den Franchisegeber sind die Voraussetzungen im Allgemeinen erfüllt. Trägt der einzelne Franchisenehmer die Verantwortung für die Erstellung seiner Finanzbuchhaltung, so muss vom Franchisegeber ein Kontenrahmen für die Erfassung der Geschäftsvorfälle vorgeben werden und eine Zuordnung der Konten zu Kostenarten in einem Handbuch für den Betriebsvergleich dokumentiert werden.

Oftmals sind jedoch auch in Franchisesystemen Unterschiede zwischen den Franchisenehmern auszumachen, die einen Vergleich zwischen den Franchisenehmern untereinander erschweren. Dies sind z. B. unterschiedliche Rechtsformen, unterschiedliche Eigentumsverhältnisse oder Unterschiede in der Betriebsgröße. Die Überbrückung dieser *Störfaktoren* erfolgt durch die Berücksichtigung kalkulatorischer Kosten. Folgende kalkulatorische Kosten können unterschieden werden:

❑ Kalkulatorische Anderskosten:
  – kalkulatorische Abschreibungen
  – kalkulatorische Fremdkapitalzinsen
  – kalkulatorische Wagnisse

❏ Kalkulatorische Zusatzkosten:
  – kalkulatorische Zinsen auf das Eigenkapital
  – kalkulatorischer Unternehmerlohn
  – kalkulatorische Miete

Sind z. B. die Ladenräume im Eigentum des Franchisenehmers, so ist eine Vergleichbarkeit mit einem Franchisenehmer in einem gemieteten Ladenlokal nur durch den Ansatz einer kalkulatorischen Miete möglich.

9.5 Kennzahlen als Orientierungsgrößen

Ein Betriebsvergleich kann mit Hilfe von Durchschnittswerten (Personengrößenklassen, regionale Gruppierung) oder als synoptischer Vergleich durchgeführt werden.

Der Vergleich zwischen den Unternehmen erfolgt durch die Bildung von Kennzahlen. Sie können sowohl in absoluter als auch in relativer Form gebildet werden wie z. B. der Lagerbestand oder die Umsatzrentabilität (als Verhältnis von Gewinn zu Umsatz). Die Betrachtung einzelner Kennzahlen beinhaltet jedoch die Gefahr, dass die Zusammenhänge nicht in ihrem Gesamtzusammenhang dargestellt werden. Aus diesem Grund ist es wünschenswert, dass die Kennzahlen in einem Kennzahlensystem zusammengefasst werden. In einem solchen System werden die Kennzahlen in einer definitionslogischen Beziehung zueinander betrachtet.

Der Betriebsvergleich des Instituts für Handelsforschung in Köln setzt an der Ermittlung des Betriebsergebnisses an. Zur Ermittlung des Betriebsergebnisses muss die Betriebshandelsspanne ermittelt werden. Sie ist die Differenz zwischen dem Umsatz zu Verkaufspreisen, vermindert um Preisnachlässe und die Umsatzsteuer, und dem Wareneinsatz ohne Vorsteuer (Katalog E, 1995). Der Wareneinsatz ergibt sich aus der Summe der Einkaufsrechnungen und den Lagerbestandsveränderungen. Im nächsten Schritt werden zur Berechnung des Betriebsergebnisses die Handlungskosten von der Betriebshandelsspanne subtrahiert. Abbildung 5 zeigt die schrittweise Ermittlung des Betriebsergebnisses.

Die Handlungskosten werden in einem nächsten Schritt in die einzelnen Bestandteile zerlegt. Abbildung 6 zeigt eine Differenzierung der Handlungskosten in Personalkosten, Mietkosten, Sachkosten für Geschäftsräume, Kapitalkosten, Abschreibungen und sonstige Kosten. Werden diese Kostenarten nun in Beziehung zum Umsatz gesetzt, können verschiedene Kennzahlen gebildet werden.

In der Abbildung 7 wird die Kostenart Personalkosten in Beziehung zum Umsatz gesetzt. Als Ergebnis ergeben sich die Personalkosten in Prozent zum Umsatz. Auf Basis dieser Kennzahl können die Personalkosten verschiedener Betriebe verglichen werden. Durch die Einbeziehung der Zahl der Beschäftigten kann nun auch der Umsatz je beschäftigter Person errechnet werden.

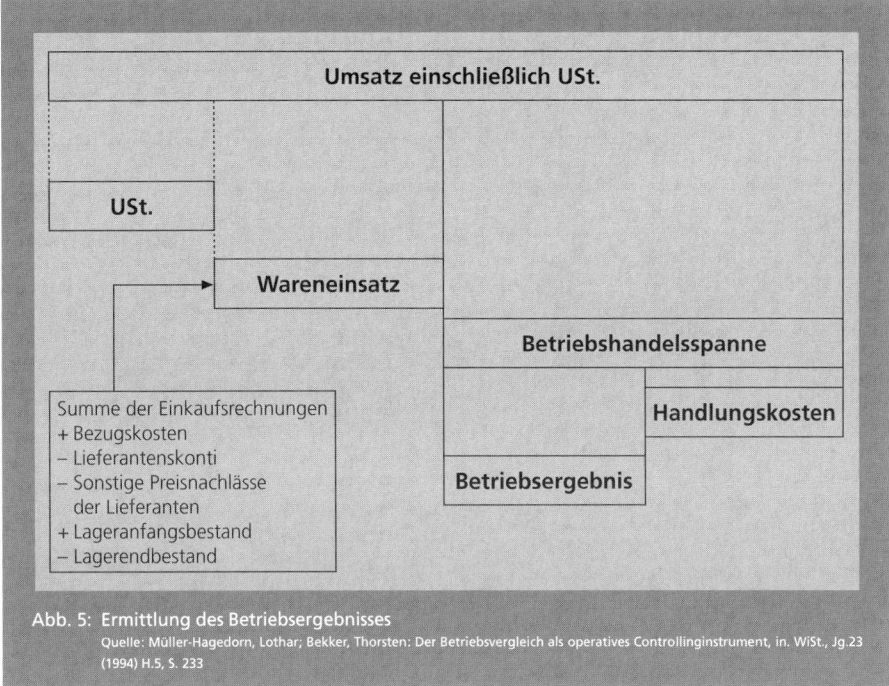

Abb. 5: Ermittlung des Betriebsergebnisses

Quelle: Müller-Hagedorn, Lothar; Bekker, Thorsten: Der Betriebsvergleich als operatives Controllinginstrument, in. WiSt., Jg.23 (1994) H.5, S. 233

Welche Informationen kann der Franchisenehmer aus diesen Informationen für die Betriebsführung gewinnen? Am Beispiel der Personalkosten erhält der Franchisenehmer einen Vergleich, wie die Personalleistung, gemessen an dem Umsatz je beschäftigter Person, in seinem Betrieb einzuschätzen ist. Erst durch den Vergleich mit anderen Betrieben kann ein Franchisenehmer die Leistungszahlen einschätzen und Rationalisierungs- sowie Leistungssteigerungspotenziale ausfindig machen. Ein Kennzahlensystem macht jedoch auch deutlich, dass die Beziehung der Personalkosten zum Umsatz sowohl durch eine Beeinflussung der Kostenseite als auch durch eine Beeinflussung der Ertragsseite verbessert werden kann.

Die Analyse der Betriebshandelsspanne kann Potenziale zur Ertragssteigerung aufzeigen. Durch den Einsatz eines computergestützten Warenwirtschaftssystems ist eine Analyse der einzelnen Warengruppen mit den Kennzahlen Rohertrag, Preisverluste und Lagerumschlagshäufigkeit möglich. In einem Beratungsgespräch mit dem Franchisegeber oder in Erfahrungsaustauschgruppen können Verbesserungen in der Sortimentsgestaltung aufgezeigt werden.

Fazit: Der Betriebsvergleich kann als ein leistungsfähiges Instrument des Controlling in Franchisesystemen charakterisiert werden. Die Ableitung von Handlungsempfehlungen ist jedoch schwierig. Die getrennte analytische Betrachtung von Umsatz und Kosten darf jedoch nicht dazu führen, dass die Interdependenz von Kosten und Umsatz missachtet wird. Das heißt, der Einsatz von Kosten ist die

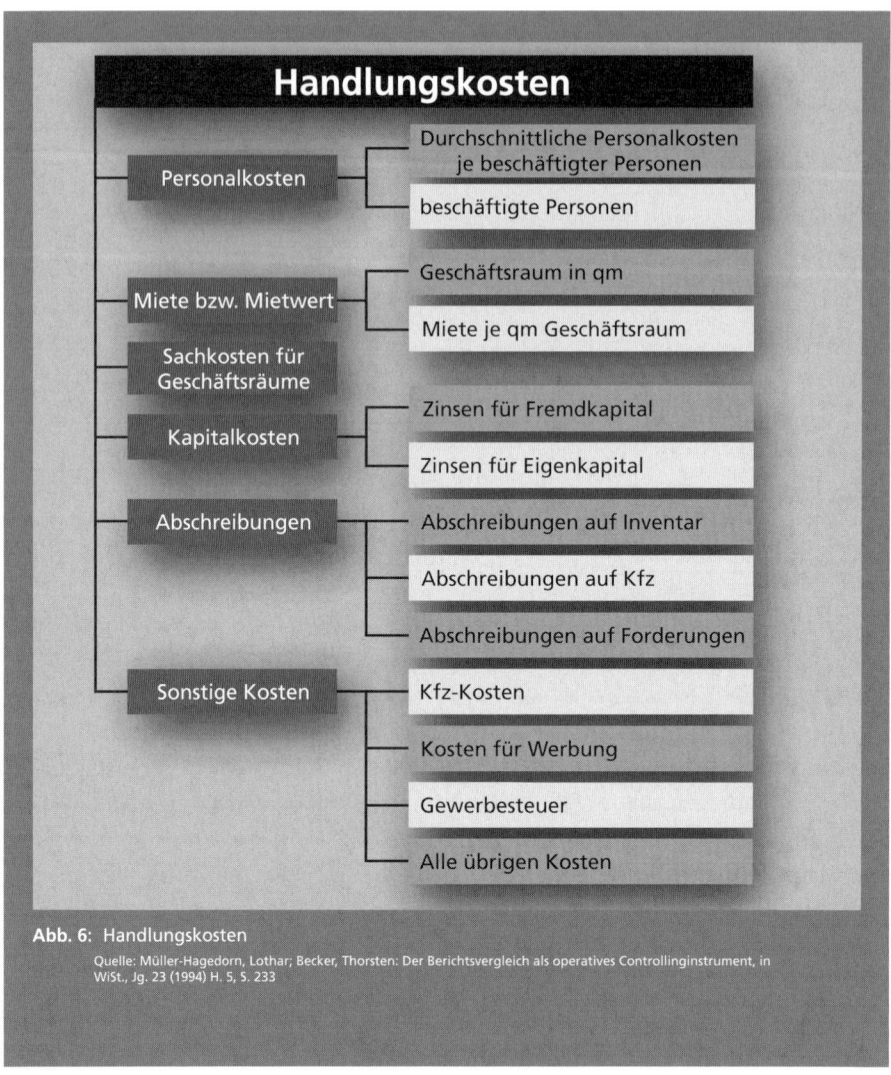

Abb. 6: Handlungskosten

Quelle: Müller-Hagedorn, Lothar; Becker, Thorsten: Der Berichtsvergleich als operatives Controllinginstrument, in WiSt., Jg. 23 (1994) H. 5, S. 233

Grundlage zur Umsatzerzielung. Beispiel für den Einsatz von Kosten ist die Mindestbesetzung einer Verkaufsstelle mit Personal.

Ein weiterer Problembereich bei der Analyse der Betriebsvergleichszahlen ist die Fokussierung auf quantitative Aspekte. Qualitative Einflussfaktoren wie die Veränderung der Konkurrenzsituation am Standort fließen in die Analyse nicht ein. Außerdem ist nicht ersichtlich, welche erlöswirtschaftlichen Potenziale am Standort noch nicht ausgeschöpft sind. Eine Steuerung des Unternehmens mit Hilfe von Kennzahlen muss jedoch berücksichtigen, dass die Kennzahl Ausdruck der Reaktion verschiedener Konsumenten auf die absatzpolitischen Instrumente an einem Standort ist.

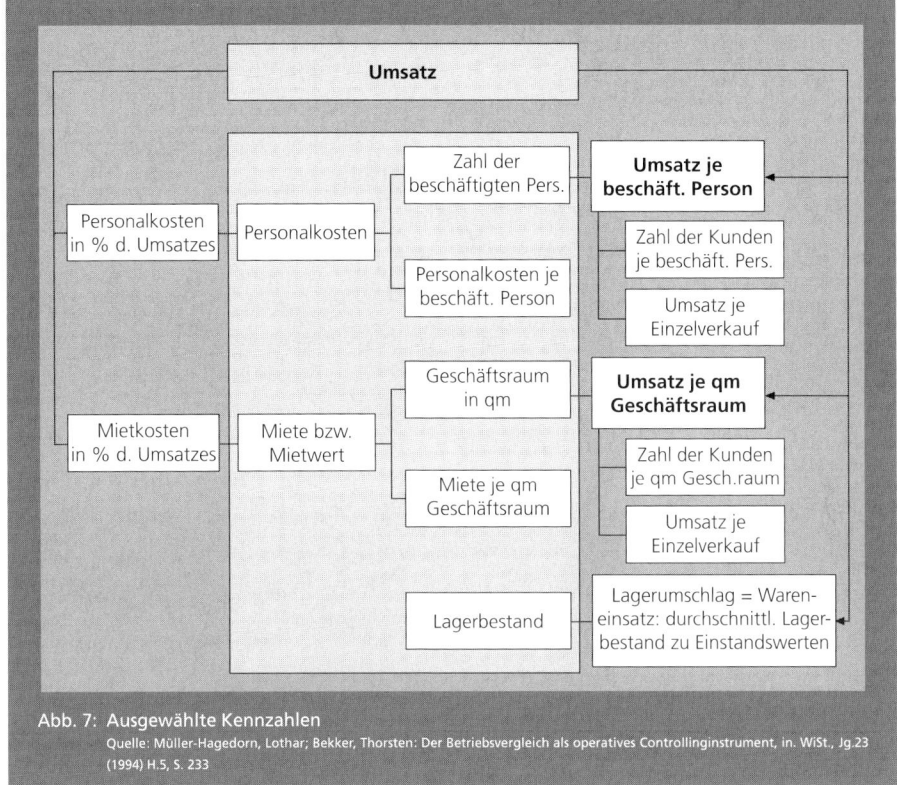

Abb. 7: Ausgewählte Kennzahlen
Quelle: Müller-Hagedorn, Lothar; Bekker, Thorsten: Der Betriebsvergleich als operatives Controllinginstrument, in. WiSt., Jg.23 (1994) H.5, S. 233

Der innerbetriebliche Vergleich in einem Franchisesystem sollte um einen zwischenbetrieblichen Vergleich erweitert werden, da der Vergleich der Kostenstrukturen in dem System noch keine Aussage im Vergleich zur Branche und zu dem Marktführer macht.

9.6 Interdependenz von Strategie und Controlling

Die Ausführungen zum operativen Controlling haben gezeigt, dass die Instrumente vergangenheitsbezogen sind und keine Aussagen über noch nicht ausgeschöpfte Erlöspotenziale am Absatzmarkt treffen. Wird der Controlling-Gedanke in zeitlicher Hinsicht auf die langfristigen Aspekte erweitert, liegen die Ziele des strategischen Controlling in der Sicherung und dem Aufbau von Erfolgspotenzialen. Die strategische Positionierung des Franchisesystems stellt für den Franchisegeber eine besondere Herausforderung dar, weil eine systemweite Umsetzung der Strategie eine Akzeptanz aller Franchisenehmer voraussetzt.

Eine Strategie beschreibt im Allgemeinen einen Weg zur Zielerreichung. Die Strategie des Franchisegebers darf jedoch den Franchisenehmer nicht zu stark einengen. Die mit einem Franchisesystem einhergehende Flexibilität in der Berücksichtigung standortindividueller Besonderheiten, verbunden mit unternehmerischer Motivation und Initiative, bedingt auch eine Handlungsfreiheit für den Franchisenehmer vor Ort. Daraus entwickelt sich ein Koordinationsproblem für den Franchisegeber, dass er zum einen ein »Quasi-Filialsystem« durch einheitlichen Marktauftritt, einheitliches Kernsortiment und eine gemeinsame Werbung schaffen möchte, aber zum anderen auch die Möglichkeit für eine standortindividuelle Ausrichtung der Franchisenehmer im Rahmen der Systemstrategie bieten muss.

Ein sehr positives Beispiel für die Berücksichtigung der Franchisenehmerinteressen ist das Franchisesystem »Quick-Schuh«. Die Interessen und Ideen der Franchisenehmer werden in diesem Franchisesystem gebündelt und vom Franchisegeber in systemkonforme Bahnen gelenkt. Als Methode wird eine unternehmerorientierte Franchise-Standort-Strategie eingesetzt, die auf einem Phasenkonzept zur systematischen Suche nach Verbesserungspotenzialen aufbaut. Diese Methode unterscheidet sich von den operativen Controllinginstrumenten grundlegend, da jetzt nicht mehr Zahlen des Rechnungswesens die Grundlage bilden, sondern Stärken und Schwächen der Unternehmung sowie Chancen und Risiken des von dem Franchisenehmer bearbeiteten Absatzmarktes.

9.7 Ausblick

Franchiseorganisationen haben den Vorteil, durch Zentralisierung Größeneffekte in der Warenbeschaffung, im Marketing und im Ladenbau zu nutzen und durch unternehmerische Eigeninitiative am lokalen Absatzmarkt flexibel auf die Bedürfnisse der Verbraucher zu reagieren. Die Ausgestaltung eines Franchisesystems bedeutet eine besondere Herausforderung an das Controlling, weil es im Gegensatz zu hierarchischen Organisationen einer überbetrieblichen Koordination bedarf und deshalb vertrauensfördernd und motivierend gestaltet werden muss. Eine solche Controlling-Konzeption bietet sowohl dem Franchisegeber als auch dem Franchisenehmer einen Nutzen. Der Nutzen des Franchisegebers liegt in der Gewinnung von Frühwarninformationen durch die Analyse aller Franchisenehmer. Der Franchisenehmer hat den Vorteil, verdeckte Leistungspotenziale zu ergründen und diese in Zusammenarbeit mit dem Franchisegeber aktivieren zu können.

10.1 Ist ein Franchisehandbuch wirklich notwendig?

»Zum Abschluss der Erprobungsphase ist der Erfolg des Pilotbetriebs so in einem Betriebshandbuch zu dokumentieren, dass es dem ersten Franchisenehmer möglich ist, diesen Betriebstyp gleichfalls erfolgreich zu führen.« Ein solcher Grundsatz lässt sich gut aufstellen und ließe sich auch gut begründen. Dennoch: Um die Notwendigkeit und Nützlichkeit eines Handbuchs für ein Franchisesystem ranken sich die unterschiedlichsten Vorstellungen. Vorgenannter Grundsatz lässt sich, wie gleich gezeigt wird, auch mit respektablen Argumenten in Frage stellen. Dennoch, herrschende Meinung ist, dass ein Handbuch auf jeden Fall notwendig ist. Unter Franchiseexperten gar ist die Notwendigkeit eines Handbuchs nie umstritten gewesen. Dies trifft wohl zu, doch die Einschätzung von herrschender Meinung und Franchiseexperten überrascht etwas, bedenkt man, dass oft schon seit Jahren am Markt tätige Systeme noch immer kein Handbuch haben. Die ausgesprochene Forderung deckt sich oft nicht mit der Wirklichkeit. Tatsache ist, dass es selbst renommierte Franchisesysteme gibt, die zehn, zwanzig und mehr Jahre fair und erfolgreich in ihrem Markt agieren und kein Franchisehandbuch haben.

Um es gleich vorweg zu schicken: Das Franchisehandbuch ist einerseits weder unabdingbarer Erfolgsfaktor, denn sonst hätten alle erfolgreichen Systeme eines, noch andererseits lediglich ein Feigenblatt, das nur der Besänftigung von Franchisenehmern und Richtern in etwaigen gerichtlichen Auseinandersetzungen dient. Die Zielgruppe der Franchisenehmer und Richter aber machen denjenigen Franchisegebern beharrlich ein schlechtes Gewissen, die noch immer keines für ihre Franchisepartner zusammengestellt haben. Sollte also allein ein schlechtes Gewissen ausreichen, doch noch ein Handbuch zu schreiben? Denn Tatsache ist auch, dass mühevoll und kostspielig erstellte Handbücher nicht selten zu »Standbüchern« verkommen, deren Erstellung im Nachhinein als überflüssig erscheint und doch nur Feigenblattfunktion erfüllt.

Die widerspruchsfreie Erklärung für obige Beobachtungen ist wohl folgende: Das Handbuch »beschreibt in Wort und Bild die Marktsituation, den Geschäftstyp, die Wettbewerbsvorteile, Leistungs- und Informationsströme sowie die Spielregeln für eine reibungsarme Zusammenarbeit. Hat der Franchisegeber diese *Mosaiksteine* eines funktionsfähigen Franchisesystems übersichtlich, verständlich und plausibel dargestellt, so ist es für den Franchisenehmer schon eher glaubwürdig, dass diese Erfolgselemente tatsächlich vorhanden sind und in der erwarteten Form wirken. Zumindest gewinnt der Franchisenehmer den Eindruck, dass sich der Franchisegeber intensiv damit auseinandergesetzt hat.«. Dies heißt nichts anderes, als dass ein vorbildliches Handbuch für ein startendes System, das über keine durchgesetzte und weithin bekannte Marke verfügt und sich deshalb noch nicht des Zustroms an Franchisenehmern kaum erwehren kann, als Seriositätskriterium notwendig ist. Reife und etablierte System können, selbst ohne sehr bekannte Marke, für die Franchisenehmerakquisition gleichfalls auf ein eindrucksvolles Handbuch verzichten.

Ob indessen eine *nachträgliche* Handbuchentwicklung auch noch für die anderen Franchisesysteme sinnvoll sein könnte, soll der nachfolgende Abschnitt untersuchen.

Franchising ist im Kern Know-how-Transfer. Der Franchisegeber liefert die *Software* in Gestalt des Wissens (Know-how), wie ein ganz bestimmtes Geschäft erfolgreich zu führen ist. Er liefert die *Hardware* in Form von Handelsware und/oder verkaufsunterstützenden Materialien (Prospekte, Display-Material, . . .) und anderen greifbaren Dingen. Muss er nun wirklich auch noch *Schrankware* liefern, in Gestalt eines Handbuchs, das vielleicht der Franchisenehmer als Zierde in das Regal stellt, um sich stets zu erinnern, wofür er eine Eintrittsgebühr bezahlt hat? Oder gibt es die Chance, nützliche Handbücher zu erstellen, solche, die den Erfolg des Systems nachweislich fördern? Es gibt empirische Untersuchungen, die nachweisen, dass Franchisesysteme, die ihren Franchisenehmern Handbücher zur Verfügung stellen, signifikant erfolgreicher sind als solche, die dies nicht tun. Fragt sich nur, ob der größere Erfolg auf den Einsatz von Handbüchern zurückzuführen ist oder auf andere Maßnahmen und Leistungen, die eben typischerweise von solchen Franchisegebern erbracht werden, die auch Handbücher zur Verfügung stellen. Der Nachweis, dass Franchisehandbücher tatsächlich erfolgreicher machen, ist mithin noch nicht erbracht. Kann die Nützlichkeit wenigstens vermutet werden? Schließlich haben renommierte und erfolgreiche Franchisesysteme ein Handbuch und schwören auf dessen Nützlichkeit und Notwendigkeit.

Die Unterschiedlichkeit der Einschätzungen dürfte oft, aber nicht immer mit den unterschiedlichen Branchen zu erklären sein, in denen die Systeme agieren. Mancher Unternehmenstyp erfordert zwingend ein Handbuch, um die Qualität der komplexen Leistungen zu sichern, bei anderen ist die schriftlich fixierte Anweisung nicht so notwendig.

Unabhängig von Handel, Dienstleistung usw. gehören aber doch wieder alle Franchisesysteme *einer* Branche an, nämlich der Branche, die eine »schlüsselfertige Existenz« bietet. Wer aber ein gewinnbringendes Unternehmenskonzept verspricht, wird sich um die Profitabilität seiner Franchisenehmer kümmern und genaue Vorgaben machen und Empfehlungen nicht nur in technischer und produktbezogener Hinsicht, sondern gerade auch in betriebswirtschaftlicher Hinsicht aussprechen. Die sollten wiederum schriftlich fixiert sein. Warum nicht in einem Handbuch?

Weil das Handbuch in der Franchisepraxis eben oft zum »Standbuch« verkommt und für den Geschäftserfolg also bedeutungslos ist, muss das Ziel sein, ein Handbuch zu schaffen, das tatsächlich genutzt wird. Dies ist sicher eine Herausforderung, aber eine lohnende. Das Handbuch nützt dem System neben der rechtlichen Absicherung in wirtschaftlicher Hinsicht in erheblichem Maß, wenn es von den Franchisepartnern verstanden und zum täglichen Leitfaden wird.

Ein tatsächlich von den Franchisenehmern genutztes Handbuch spart dem Franchisegeber, und damit letztlich dem System insgesamt, Kosten für:

❑ Franchisenehmer-Hotline
❑ Trainings und Schulungen
❑ Sicherung der Qualitäts- oder Systemstandards
❑ Persönliche Betreuung in der Zentrale
❑ Persönliche Betreuung durch – kostenintensive – Außendienst-Mitarbeiter.

Dies heißt nicht etwa, dass einer der vorgenannten Punkte nun nicht mehr nötig wäre, es bedeutet nur, dass die Intensität (und damit die Kosten) der Inanspruchnahme dieser Leistungen geringer wird.

10.2 Über die Notwendigkeit eines Handbuchs aus rechtlichen Gründen

Die Europäische Kommission in Brüssel hatte sehr früh die Bedeutung von Knowhow als Kern des Franchising erkannt und betont. In der alten Gruppenfreistellungsverordnung für Franchising Nr. 4087/88 vom 30. November 1988 hatte die Kommission in Art. 1 Absatz 2 eine »Franchise« als eine Gesamtheit von Rechten an gewerblichem oder geistigem Eigentum definiert, welche u. a. die Nutzung von Know-how beinhalte. Eine Franchisevereinbarung« musste danach die Mitteilung von Know-how durch den Franchisegeber an den Franchisenehmer beinhalten. Und »Know-how« wurde schließlich definiert als »eine Gesamtheit von nicht patentierten praktischen Kenntnissen, die auf Erfahrungen des Franchisegebers sowie Erprobungen durch diesen beruhen und die geheim, wesentlich und identifiziert sind«. Diese Definitionen und Anforderungen galten streng genommen zwar nur für das europäische Kartellrecht, und deren Erfüllung war eine Voraussetzung dafür, dass ein Vertrag in den Genuss der Vorteile der Gruppenfreistellung kommen konnte. Diese Definitionen haben jedoch weit über den Bereich des Kartellrechts hinaus Bedeutung erlangt, und es war das allgemeine Verständnis in ganz Europa und auch in Deutschland, dass eine Franchise bzw. ein Franchisevertrag die Übertragung und die Nutzung von Know-how enthalten und dass dieses Knowhow in identifizierbarer Form dokumentiert sein musste.

Die seit dem 1. Juni 2000 gültige Gruppenfreistellungsverordnung für vertikale Wettbewerbsbeschränkungen (»Vertikal-GVO«) der Europäischen Kommission (siehe Einzelheiten in Kapitel III.3.) enthält keine Definition des Franchising mehr. Sie enthält aber in Artikel 1 f.) weiterhin eine Definition von »Know-how«, deren erster Satz identisch ist mit der vorgenannten Know-how-Definition der alten Franchise-GVO. Und die »Leitlinien für vertikale Wettbewerbsbeschränkungen« der Kommission vom 13. Oktober 2000 machen in Tz. 42, 43 klar, dass die Kommission davon ausgeht, dass Franchiseverträge typischerweise im Wesentlichen die Übertragung und die Nutzung von dem in Artikel 1 f.) der Vertikal-GVO definierten Know-how enthalten.

Die Rechtslage nach dem europäischen Kartellrecht hat sich also nur in Nuancen verändert. Weiterhin stellen die dort enthaltenen Definitionen bzw. Bedingungen nur eine der Voraussetzungen dar, um in den Genuss der Vorteile der Vertikal-GVO zu kommen. Eine Verpflichtung, das im Rahmen eines Franchisevertrages vermittelte und genutzte Know-how zu »dokumentieren«, lässt sich für Franchiseverträge im Allgemeinen und insbesondere für solche Verträge, die gar nicht unter das europäische Kartellrecht fallen (siehe Kapitel III.3), daraus nicht ableiten. Da neue und kleinere Franchisesysteme in aller Regel nicht unter europäisches Kartellrecht fallen, kann man also sagen, dass es keine direkte gesetzliche Verpflichtung gibt, das vorhandene und zur Nutzung lizenzierte Know-how in Form eines Handbuchs zu dokumentieren.

Auch wenn also außerhalb des Anwendungsbereichs des europäischen Kartellrechts kein direkter rechtlicher Zwang besteht, das im Rahmen eines Franchisevertrages übertragene und benutzte Know-how zu dokumentieren, so besteht dennoch eine indirekte rechtliche Notwendigkeit. Wie will ein Franchisegeber in einem späteren Streitfall beweisen, dass er das von ihm im Rahmen eines Franchisevertragsverhältnisses immer behauptete Know-how besitzt und übertragen hat? In jedem Franchisesystem, auch bei älteren und erfolgreichen Systemen, insbesondere aber bei neuen und noch in der Entwicklung befindlichen Systemen wird es erfolglose Franchisenehmer und aus Misserfolgen resultierende Rechtsstreitigkeiten geben. Der Franchisenehmer wird dann immer behaupten, dass der Franchisegeber gar kein Know-how besitze und ihm solches auch nicht übertragen habe. Für einen Franchisegeber besteht deshalb schon im eigenen Interesse und zum eigenen Schutz die Notwendigkeit, sein Know-how zu dokumentieren. Außerdem besteht natürlich immer eine wirtschaftliche Notwendigkeit und auf jeden Fall Nützlichkeit.

Es bestünde natürlich die Möglichkeit, und es wäre auch rechtlich zulässig, das Know-how im Franchisevertrag selbst zu beschreiben. In der Praxis geschieht dies jedoch nicht, da dies zum einen den Franchisevertrag zu einem ungewöhnlich dicken und nicht handhabbaren Dokument machen würde und da zum anderen jede Änderung und Weiterentwicklung des Know-hows zu einer Vertragsänderung führen würde. Da eine ständige Weiterentwicklung des Know-hows zum einen ein wesentlicher Erfolgsfaktor des Franchising und zum anderen in der Regel eine vom Franchisegeber übernommene Vertragspflicht, ist es daher zweckmäßig und ratsam, das übertragene und genutzte Know-how in einem Handbuch zu dokumentieren, welches dann – im Rahmen des rechtlich Zulässigen – jederzeit geändert werden kann. Ein solches »Handbuch« kann natürlich und wird inzwischen auch häufig in Form einer elektronisch gespeicherten und übermittelten Dokumentation erstellt und übertragen.

Nur ein gutes und sinnvoll aufgebautes Handbuch wird aber seinen rechtlichen und wirtschaftlichen Zielsetzungen gerecht werden. Anregungen für ein »gutes« Handbuch geben die nachfolgenden Beispiele:

❑ Die Inhalte des Handbuchs haben unterschiedlichen Status:
   – Merkmals- und Verfahrensbeschreibung
❑ Empfehlungen:
   – Diese sind unverbindlich und helfen dem Franchisenehmer bei einem glatten Geschäftsablauf. Sie müssen nicht eingehalten werden.
❑ Verbindliche Richtlinien:
   – Diese sind für den gemeinsamen Systemerfolg und für die Einhaltung der Qualität unverzichtbar. Sie regeln die im Franchisevertrag getroffenen Pflichten und Rechte verbindlich im Detail.

10.3 Über die wirtschaftliche Nützlichkeit eines Handbuchs

Auch wenn in manchen Branchen die Erstellung eines detaillierten Handbuchs gleich von Beginn an unerlässlich ist, so dürften viele Systeme doch erst nach einiger Zeit praktischer Erfahrung der Zusammenarbeit mit einigen Franchisenehmern die erforderliche Erfahrung gesammelt haben, um ein wirklich nützliches Handbuch schreiben zu können.

Nicht zu leugnen ist auch, dass viele später erfolgreiche Franchisegeber zunächst nicht das Kapital hatten, um für den Systemstart ein Handbuch zu finanzieren. Was nutzen die schönsten Anforderungen an ein Franchisesystem, die, befolgt sie der Franchisegeber gewissenhaft, diesen in den finanziellen Ruin treiben? Damit ist seinen Franchisenehmern auch nicht gedient. Selbst ein kleines, aber nützliches Handbuch reicht daher zumeist für den Start. Beherzigt man dabei noch die in Kapitel 8.2 gegebenen Empfehlungen, so dürfte regelmäßig der Grundstock gelegt sein, mit dem sich ohne grundsätzliche Handbuchänderungen auch in der Konsolidierungs- und Expansionsphase ein erfolgreiches Franchisesystem betreiben lässt. Sie sehen also, wenn Sie Ihre Hausaufgaben gleich am Anfang sorgfältig erledigen, können Sie grundsätzlich die Kosten für die eigentliche Handbucherstellung erheblich reduzieren. Sie ziehen dann allenfalls einen Handbuchspezialisten für die Struktur und Didaktik, einen für die Grafik und einen für die rechtliche Überprüfung hinzu, brauchen aber nicht das ganze Projekt »nach draußen zu geben« oder einen internen Mitarbeiter allzulange für die Handbucherstellung abzustellen.

Die (Weiter-)Entwicklung eines Handbuchs lässt sich in drei Phasen gliedern:

❏ Die Dokumentation der Idee, aus der das Konzept für den Betriebstyp entsteht. Dies ist der Vorläufer des Handbuchs.
❏ Die Dokumentation des Erfolges. Diese Phase wird in diesem Abschnitt dargestellt und bildet das erste respektable Handbuch für den ersten Franchisenehmer. Ab diesem Stand sind seitens des Franchisegebers regelmäßige Ergänzungslieferungen zu erstellen.
❏ Das grundlegend überarbeitete Handbuch, das dem bisherigen Handbuch in der Konsolidierungsphase neuen Inhalt gibt. Dies ist vor allem dann angezeigt, wenn die empfohlenen Aktualisierungslieferungen erhebliche Zeit nicht erfolgt sind.

Unabhängig davon, ob das Handbuch schon in der Start- oder erst in der Konsolidierungsphase erstellt wird, stellt sich die Frage, ob dies eine Arbeit ist, die guten Gewissens nur inhouse, also von eigenen Mitarbeitern der Systemzentrale geleistet werden kann, oder ob mit ihr nicht besser ein externer Franchiseexperte beauftragt werden sollte.

Hauptgrund, warum das Handbuch in vielen Franchisesystemen, trotz fester Absicht, nie an die Franchisenehmer herausgegeben wird, obschon Gliederung und einige Inhalte meist feststehen, liegt an der typischen Arbeitsüberlastung der Mitarbeiter in den Systemzentralen. Daher vollenden diese häufig das Handbuch nicht so, dass sie es mit gutem Gewissen ihren Franchisepartnern übergeben können, insbesondere da es nicht vollständig oder passagenweise schon wieder veraltet ist. Der Engpass ist hier vor allem fehlende Mitarbeiterkapazität. Die Frage etwa fehlenden Know-hows stellt sich noch gar nicht. In diesem Fall ist es möglicherweise klug, *manpower* in Gestalt eines Handbuchspezialisten hinzuzukaufen. Experten veranschlagen den Zeitbedarf für eine Handbucherstellung mit 40 bis 60 Arbeitstagen als nichts Außergewöhnliches. Eine Überschreitung ist oft zu beobachten, eine deutliche Unterschreitung bei Beibehaltung der hier formulierten Qualitätsstandards kaum denkbar.

Wird der veranschlagte Zeitbedarf unterschritten, so wird oft eine »deutlich abgespeckte« Version vorgelegt, die noch nicht alle relevanten Aspekte aufweist, das Know-how also noch nicht lückenlos darstellt. Noch bedenklicher sind die im europäischen Ausland anzutreffenden und offenbar auch zunehmend in Deutschland auf dem Markt angebotenen Handbuchtypen, die primär für das Auge entwickelt wurden und einander sehr ähnlich sind. Ursache ist dasselbe Softwareprogramm, das mit vorgefertigter Grafik und Textbausteinen innerhalb kurzer Zeit ein Franchisehandbuch zaubert, das naturgemäß das Know-how des jeweiligen Systems nur rudimentär aufzeigt. Solche Handbücher mögen zwar billig sein, vielleicht auch wegen der ansprechenden Optik den einen oder anderen Franchisenehmer beeindrucken, betriebswirtschaftlichen und rechtlichen Erfordernissen kann solche Ware von der Stange indessen nicht genügen: Wer billig kauft, kauft teuer. Denn wenn ein Franchisegeber »seine Hausaufgaben« richtig macht, die ihm kein Berater abnehmen kann, kann er für ähnliches Geld externe Hilfe hinzuziehen. Diese prüft dann, ob das System-Know-how wirklich *identifiziert* ist und – ebenso wichtig – ob das Know-how so dargestellt wird, dass es die Zielgruppe, die Franchisenehmer auch erreicht.

10.4 Handbucherstellung »inhouse« oder durch externen Spezialisten?

Für Franchisegeber stellen sich folgende Fragen: Welche Inhalte sind didaktisch, welche unter wirtschaftlichen und welche unter rechtlichen Gesichtspunkten notwendig? Welche sind ferner für Franchisesysteme üblich – und verlangt daher der Franchisenehmer oder ein Gutachter in einem Gerichtsprozess? Wie ist der Aufbau lernpsychologisch geschickt zu gestalten? Ist das Franchisesystem »zu speziell«, so wird es klug sein, sich der Erfahrung eines Spezialisten zu versichern. Sogar unter rein finanziellen Gesichtspunkten kann dies der richtige Entschluss sein, denn »unterm Strich« ist es oft kostengünstiger, als hierfür eigens einen Mitarbeiter einzustellen, der nach Abschluss der Handbucherstellung in der Systemzentrale bleiben würde.

Die bisweilen zu beobachtende Alternative, einen Studenten die »Praxis-Diplomarbeit« über das Handbuch schreiben zu lassen, ist erwägenswert. Dies setzt indessen zwei Dinge voraus: Zum einen ein nicht zu umfangreiches Handbuch, sonst reicht die Zeit, die an Fachhochschulen und Universitäten für die Diplom-Arbeit eingeräumt wird, nicht aus. Zum zweiten die Betreuung des Studenten durch einen Handbuch-Spezialisten. Die Betreuung allein durch den Hochschullehrer des Diplomanden reicht in aller Regel nicht aus, da diese – für eine Handbucherstellung – viel zu gering ist und die meisten Hochschullehrer nicht über eine spezielle Erfahrung mit Franchisehandbüchern verfügen. Ist beides gegeben, spricht nichts gegen diese Vorgehensweise.

Die Erstellung von Handbüchern durch externe Spezialisten kann sich jedoch auch als nachteilig erweisen, selbst wenn sie durch einen Fachmann erfolgt, der nicht lediglich über ein schönes Grafikprogramm und Textbausteine verfügt, sondern der erhebliche Zeit investiert und entsprechende Kosten verursacht. Dies ist dann der Fall, wenn die Erstellung nur am Schreibtisch des Beraters – womöglich um ihrer selbst willen – erfolgt und sich das Know-how im Handbuch kaum auffinden lässt. Denn das Know-how ist in den Köpfen aller Mitarbeiter der Systemzentrale und der Franchisenehmer, in den Schriftstücken und Geschäftspapieren, den Anweisungen und Richtlinien, Rundschreiben und Protokollen. Es ist also in der Systemzentrale ebenso wie in den Franchisenehmerbetrieben vorhanden. Nur wenn derjenige, der das Handbuch verfasst, dieses verstreute Know-how analysiert, strukturiert, sprachlich verständlich fasst und – nicht zuletzt – in dem vorgegebenen Zeitrahmen präsentiert, spricht einiges für die Erstellung des Handbuchs durch Externe, die das Unternehmen kennen und längerfristig begleiten, also auch darauf achten, dass regelmäßige Neuauflagen erfolgen – denn Franchising ist *permanenter* Know-how-Transfer. Das Kennen und längerfristige Begleiten des Unternehmens ist nicht unbedingt erforderlich, jedoch aus Kostengründen ratsam. Denn ein sorgfältiger Handbuchersteller wird vor dem Verfassen einige Tage in der Systemzentrale und bei ausgewählten Franchisenehmern recherchieren. Dieser franchisesystemspezifische Know-how-Gewinn des Beraters kostet Geld. Diese ohnehin entstehenden Kosten können bei längerfristiger Begleitung besser amortisiert werden. Zudem ist die Verzahnung mit anderen Systemleistungen, die mit demselben Berater umgesetzt werden können, sinnvoll. Ist die Systemzentrale personell ausreichend ausgestattet, kann sie selbstverständlich vorstehendes Prozedere *intern* durchführen.

Die Überlegung, dass die Erstellung des Handbuchs sich schon solange verzögert hat, dass es auf einige Monate mehr oder weniger nicht ankommt, birgt die Gefahr, dass sich auch bei Übertragung auf einen Externen dasselbe Problem ergibt, wie bei dem Versuch, es durch Mitarbeiter der Systemzentrale schreiben zu lassen. Die anfangs geschriebenen Teile sind schon wieder veraltet, wenn die letzten Teile gerade geschrieben werden. Ergo: Das Handbuch wird nie fertig, da es nie aktuell ist. Also auch Externe können, wenn sie nicht professionell arbeiten, dem Aktualisierungsdruck erliegen. Auch hier zeigt sich wieder, wer seine Hausaufgaben rechtzeitig macht, hat die Grundlage, bereits dem ersten Franchisenehmer ein respektables Handbuch vorlegen zu können.

Damit ist zugleich ein weiterer wichtiger Aspekt des Franchisehandbuchs angesprochen: Die franchisetypische und -notwendige *permanente* Know-how-Entwicklung erfordert den permanenten Know-how-Transfer. Deshalb empfiehlt sich die Form eines Ringbuches, das die bequeme Möglichkeit des Austausches einzelner Seiten erlaubt.

10.5 Projektmanagement Handbucherstellung

Ein nützliches Handbuch kann in folgenden sechs Schritten geschaffen werden:

1) **Bedarfsanalyse**
   Am Anfang steht die genaue Analyse des Bedarfs:
   – Welchen Nutzen soll das Handbuch haben?
   – Wann wird es benutzt?
   – Wen soll es erreichen?
   – Welche Inhalte sind daher notwendig und nützlich?
   – Wie sollte demzufolge der Aufbau sein?
   – Welche Schwerpunkte sind somit zu setzen?

Die Franchisepartner sollen zur Sicherung der Qualität und zur konformen Systemanwendung die Inhalte des Handbuchs verinnerlichen, umsetzen und ständig als Ratgeber und Anleitung benutzen. Daher ist vom Bedarf und Nutzen der Franchisepartner auszugehen und daher können diese und andere Fragen für das Franchisesystem nur über eine Analyse bei den besten Franchisepartnern und der Systemzentrale beantwortet werden, d. h. also nur individuell systembezogen.

Hinsichtlich der Franchisenehmer-Analyse empfiehlt sich das Instrument der Bestenanalyse. Für eine Handbuch-Grunderhebung sollten mindestens fünf erfolgreiche Franchisepartner jeweils ganztags in ihrem Betrieb besucht werden. Eine Beschränkung der Analyse allein auf die Systemzentrale, wie es gerne gemacht wird, ist unzureichend. Mit den Ergebnissen der Analyse kann festgestellt werden, welche Erfolgswege die Besten im Franchisesystem gehen – Wege, die nicht selten den Erfolgreichen *so* gar nicht klar waren. Dieses Know-how sollte idealerweise aber von *allen* anderen Partnern neben den Richtlinien und Grundsätzen des Franchisegebers angewandt und umgesetzt werden.

Auch die Schwächen des Systems werden von den Besten klarer gesehen – hier sind weitere wichtige Informationen für den Aufbau und den Inhalt des Handbuchs auffindbar.

Die Ergebnisse der Analyse werden ausgewertet und zusammengefasst. Aufgrund der Analyse (Inhalt, Ergebnis und Empfehlungen) ist zu entscheiden, ob ein einziges Handbuch erstellt werden soll oder ob die physische Aufspaltung in mehrere Handbücher (etwa System, Store-Management, Mitarbeiter-Manual, Marketing, Werbung/PR, EDV) sinnvoll ist.

Aufgrund der aufgezeichneten Analyseergebnisse steht ein beachtlicher Teil des Inhaltes des Handbuchs bereits fest. Darauf aufbauend beginnt der nächste große Schritt für die Gestaltung des Handbuchs.

2) Entwurf des Handbuchs

Das Know-how des Franchisesystems befindet sich auch in den Köpfen der Mitarbeiter der Systemzentrale, aber unstrukturiert und nirgends vollständig in *einem* Kopf. Der interne Projektmanager zur Erstellung des System-Handbuchs oder der externe Franchiseexperte muss im Unternehmen jeden Mitarbeiter aller Abteilungen, welche mit der täglichen Arbeit der Franchisepartner befasst sind, interviewen. Er weiß die richtigen Fragen zu stellen, erhält aber dennoch zunächst nur unstrukturierte Bündel an Know-how.

3) Verfassen des Handbuchs und Layout
Nur ein professionelles Handbuch dient zugleich
- als Einführung,
- als Ratgeber,
- als Nachschlagewerk,
- als integrierte Trainingsunterlage,
- als Motivationsträger,
- als rechtliche Absicherung,
- als Vertragsbestandteil.

4) Rechtliche Überprüfung und Überarbeitung des Handbuchs

Das Handbuch als einseitig abänderbarer Vertragsbestandteil unterliegt den gesetzlichen Regelungen für die Gestaltung Allgemeiner Geschäftsbedingungen (früher im AGBG, jetzt in §§ 305 ff. BGB).

Wer unwirksame Allgemeine Geschäftsbedingungen vorlegt, die wettbewerbswidrige Inhalte aufweisen, ist gem. § 1 Abs. 3 UWG zur Unterlassung der Verwendung verpflichtet. Nach Abschaffung des Schriftformerfordernisses gemäß § 34 GWB (Gesetz gegen Wettbewerbsbeschränkungen), das alle Franchiseverträge betraf, kann dennoch ein gesetzliches Schriftformerfordernis bestehen für Franchiseverträge, die Warenbezugsbindungen oder Kreditabsprachen beinhalten. Nach der Rechtsprechung galt für solche Verträge, wenn sie mit Existenzgründern abgeschlossen werden, das Verbraucherkreditgesetz (VerbrKrG), das jetzt ebenfalls in Form der §§ 491 ff. in das BGB übernommen worden ist; diese Bestimmungen finden gemäss § 507 BGB auf Existenzgründer Anwendung. § 492 BGB schreibt für derartige Verträge die Schriftform vor, was dann auch für alle Nebenabreden gilt. Hiervon wären also auch die Verpflichtungen betroffen, die im Franchisehandbuch enthalten sind, insbesondere sofern sie den Warenbezug betreffen. Das Aufnehmen rechtlicher Verpflichtungen in das Handbuch ist also auch nach Abschaffung von § 34 GWB weiterhin riskant, da die Nichtbeachtung der gesetzlichen Formvorschrift nach § 494 BGB und/oder nach § 125 BGB Nichtigkeit nach sich zieht. Eine salvatorische Klausel kann, muss aber nicht in allen Fällen helfen.

Daher ist größte Sorgfalt auf die Formulierung der Handbuchinhalte zu legen, damit das Handbuch überhaupt verwendet werden darf. Die rechtliche Überprüfung sollte unbedingt ein Franchiserechtsexperte und Kenner des Franchisesystems vornehmen.

5) Handbuchtraining

Die Franchisenehmer müssen in den Umgang und den Nutzen des Handbuchs eingewiesen werden. Ein spezielles Training für den optimalen Umgang mit dem *Handbuch*, das auch die teilweise noch unbekannten Inhalte des Handbuchs trainiert, sollte von den Verfassern des Handbuchs und Kennern des Franchisesystems konzipiert und an ein oder zwei Tagen für Gruppen von höchstens 15 Teilnehmern durchgeführt werden. Bestandteil eines solchen Trainings sollten durchaus Sequenzen sein, die dem Franchisenehmer den Nutzen verdeutlicht, den er als Partner des Systems hat. Gegebenenfalls können auch spezielle Produktschulungen integriert werden.

6) Ergänzungs- und Aktualisierungslieferungen des Handbuchs

Veraltetes Know-how in einem Franchisesystem ist kein Know-how mehr, da der Franchisegeber so nicht mehr seiner Verpflichtung nachkommt, seinen Partnern während der Vertragslaufzeit einen Wettbewerbsvorteil zu verschaffen. Das Know-how muss daher permanent aktualisiert werden. Dies ist unter anderem ein rechtliches Erfordernis, ebenso wichtig ist es aber in wirschaftlicher Hinsicht: Märkte sind dynamisch. Die vorrangigste Aufgabe eines Franchisegebers ist, gleichsam als Lotse, den Franchisepartnern voranzusegeln und ihnen den jeweils günstigsten Weg zu weisen.

Die Know-how-Aktualisierung muss schriftlich in das Handbuch integriert werden (also *identifiziert* sein) und von den Partnern umgesetzt werden.

10.6 Hinweise für die Gestaltung des Handbuchs

Damit das Handbuch von den Partnern tatsächlich eingesetzt und zum täglichen Leitfaden wird, muss es nach lernpsychologischen Erkenntnissen aufgebaut sein. Hierzu gehören:

- ❏ Kurzübersichten
- ❏ Grafiken
- ❏ Tabellen
- ❏ Checklisten
- ❏ Bilder
- ❏ Empfehlungssymbole
- ❏ Farbe
- ❏ Randbemerkungen
- ❏ Blickfänger
- ❏ verständliche Sprache
- ❏ praktische Form
- ❏ leichte Austauschbarkeit der Seiten
- ❏ Logo auf jeder Seite zur Erhöhung der Identifikation mit dem System
- ❏ Stichwortverzeichnis
- ❏ Benutzerhinweise

Einen weiteren Weg, wie die Wahrscheinlichkeit erhöht wird, dass das Handbuch auch tatsächlich benutzt wird, dass es *jeden* anspricht, beweist der Kommunikationsexperte und -trainer Andreas Bornhäußer. Er geht davon aus, dass in jedem Werbetext *alle* drei Sende- und Empfangskanäle der NLP (Neurolinguistische Programmierung), also der visuelle (vom Auge wahrgenommene), der auditive (vom Ohr wahrgenommene) und der kinästhetische (vom Tastsinn wahrgenommene) Kanal angesprochen werden sollten. Und was für einen Werbetext gilt, trifft genauso für einen Handbuchtext zu. Denn, obschon jeder Mensch über alle drei Wahrnehmungskanäle gleichermaßen verfügt, so bevorzugt doch jeder einen bestimmten. Und hiervon geht die NLP-Forschung aus. Bornhäußer folgert nun überzeugend, dass nur, wenn in jedem Text alle drei Kanäle angesprochen werden, sichergestellt sei, dass ein und derselbe Text von praktisch allen Menschen auch verstanden wird – egal, welchen Kanal sie jeweils bevorzugen: »So gibt es den Menschen, der Dinge besser versteht, wenn er visuell angesprochen wird. Andere können leichter folgen, wenn man eine Nachricht hörbar an sie adressiert. Und schließlich gibt es noch jene, die am besten verstehen, wenn man sie Dinge anfassen lässt, wenn man sie auf der Gefühlsebene erreicht.« Gemeint ist hier wohlgemerkt nicht das Arbeiten mit tatsächlichen Bildern oder Grafiken, sondern nur die verbale Ansprache des Adressaten mit Worten, die entweder dem Sehen, dem Hören oder dem Spüren zugeordnet sind. Mit Hilfe dieser speziellen NLP-Anwendung, die freilich einen versierten Texter erfordert, fällt es den Franchisenehmern leichter, die Handbuchinhalte zu verstehen, zu verinnerlichen und damit konsequenter umzusetzen. Und hierauf kommt es doch an.

Formales:
- ❑ Ringbuch, wegen der ständigen Aktualisierung.
- ❑ Umfang: Die meisten Systeme haben ihr Know-how in einem einzigen Ringbuch, dieses ist jedoch sinnvoll mehrfach zu unterteilen, damit schneller Zugriff gewährleistet ist.
- ❑ Rücken und Deckblatt beschriften und mit Logo des Franchisesystems versehen.
- ❑ Inhaltsverzeichnis, bei umfangreichen Handbüchern eine zusätzliche Inhaltsübersicht.
- ❑ Die Handbuchseiten sollten gedruckt oder mittels Laserdrucker erstellt werden. Die häufig anzutreffende Praxis, lediglich Fotokopien abzuliefern, verrät nicht nur wenig Gediegenheit, sondern ist insbesondere auch wegen der Schutzfähigkeit (keine Unterscheidungsmöglichkeit von Originalhandbuchseiten) des Handbuchs nicht zu empfehlen.

Empfehlung:
- ❑ Die im Inhaltsverzeichnis aufgeführten Gliederungspunkte sollten im Handbuch vollständig auffindbar sein. Die *Ankündigung* neuer Inhalte durch Inhaltsverzeichnis und Deckblätter ist nur dann hinnehmbar, wenn es sich um Inhalte handelt, die zum einen nicht vertraglich vereinbart sind und die zum anderen nicht unbedingt für die Geschäftsführung erforderlich sind, also gewissermaßen eine freiwillige und motivierende Zusatzleistung des Franchisegebers darstellen.
- ❑ Einen Handbuchverantwortlichen für jedes Exemplar benennen, der für den Austausch der aktualisierten Seiten verantwortlich ist.

Selbstverständliches:
- ❑ Jeder Franchisenehmer erhält unaufgefordert ein aktualisiertes Exemplar des Handbuchs.

Nun, da die Keimzelle des Franchisesystems entwickelt und erprobt ist, gilt es, in die erste Phase der Markterschließung einzutreten. Viele Aufgaben sind zu bewältigen: Die Systemzentrale ist zu errichten, und es ist festzulegen, welche Leistungen sie schon zum Start anbieten wird. Der Franchisevertrag ist jetzt zu konzipieren, nicht früher und nicht später. Mit einem Franchisevertrag kann der Franchisegeber den ersten Franchisenehmer gewinnen. Ein weiterer wichtiger Baustein ist das Finanzierungskonzept für die Franchisenehmerbetriebe. Außerdem stellt sich die Aufgabe, dem ersten Franchisenehmer das Know-how zu vermitteln. Dies hat noch nichts mit der später erforderlichen Methodik der Wissensvermittlung zu tun, wie es bei einer größeren Zahl an neuen Franchisenehmern sinnvoll ist. Jetzt am Anfang ist das System überschaubar und familiär. Dennoch sind von Anfang an die Systemstandards zu vermitteln, damit System in die Sache kommt. Schließlich sind in der beginnenden Vervielfältigungsphase des Systems die Früchte der ersten Ausbaustufe zu ernten: das Kapital zu sammeln für die regelmäßig notwendige Phase der Konsolidierung.

1 | Die Markterschließung: noch mehr Kunden
– Praktische Beispiele –

von Jürgen Nebel

1.1 Praxisbeispiel Portas

Ein Praxisbeispiel, wie es einem erfolgreichen Franchisesystem gelang, seinen Markt zu erschließen und dabei der zentralen Herausforderung des Verkaufens wirksam zu begegnen, ist Portas einer der Pioniere im Franchising und Marktführer bei der Renovierung von Türen. Bei diesem System findet sich eine eng verzahnte Kombination von Warenvertriebs- und Dienstleistungsfranchising, wie es vor allem bei Franchisesystemen im Handwerk üblich ist. Der Markt, in dem sich Portas bei Markteintritt bewegte, war die Renovierung von Zimmertüren. Diese sind zu etwa 75 Prozent ungenormt, d. h., wenn sie in die Jahre kommen, bleibt nur die Chance, sie durch eine Maßanfertigung vom Schreiner ersetzen zu lassen – und das ist teuer. Wenn es gelänge, so überlegten die Portas-Gründer, die alten Türen nicht einfach durch neue auszutauschen, sondern sie in ihrer Substanz zu retten und zugleich die handwerkliche Einzelarbeit franchisetypisch durch industrielle Methoden, womöglich dezentral in Kundennähe angewandt, zu ersetzen, könnte sich ein enormes Marktpotenzial öffnen.

Ein spezielles Renovierungsverfahren wurde entwickelt, das die Substanz der alten Tür bewahrte, ihr aber das Aussehen einer neuen Tür verlieh, sodass sie von einer solchen nicht mehr zu unterscheiden war. Zudem standardisierte der angehende Franchisegeber diesen handwerklichen Vorgang soweit, dass er semi-industriell mit Maschinen, wie sie grundsätzlich auch von der Möbelindustrie genutzt werden, durchgeführt werden konnte.

Im Grunde entwickelte der Franchisegeber also zunächst technisches Wissen, Wissen das einen Wettbewerbsvorsprung ermöglicht, nicht dagegen kaufmännisches Know-how, wie es für Franchising erforderlich ist. Aber schon vor über 20 Jahren wollte Portas mittels Franchising expandieren, denn die erforderliche regionale Kundennähe sah es zu Recht nur durch ein enges dezentrales Vertriebssystem gewährleistet.

Ursprünglich war das Franchisekonzept als zweites Standbein für Handwerker konzipiert. Dies ist ein Beispiel von vielen, das verdeutlicht, dass die zunächst anvisierte Franchisnehmerzielgruppe nicht die optimale war. Denn heute vergibt Portas eine Vollexistenz für Betriebe mit durchschnittlich sechs bis acht Mitarbeitern. Die größten beschäftigen 35 Mitarbeiter. Doch bis es dazu kam, musste ein entscheidender Engpass gelöst werden. Ein klassisches Franchisesystem würde einen zentralen Engpass der Handwerker multiplizieren, nicht dagegen lösen. Franchising ist nicht nur Geschäftslizenzierung, sondern regelmäßig auch ein Vertriebssystem, daher kommt dem Franchisenehmer auch die Vertriebsfunktion zu. Dies war Chance und Problem zugleich, denn im Handwerk stößt Franchising gewissermaßen auf ein naturgegebenes Problem: Handwerker haben nur selten ihre besondere Stärke im Verkauf. Dieser typische Engpass im Handwerk musste also gezielt überwunden werden.

Das sich anschließende Beispiel des Franchisesystems MiniBagno zeigt wie mittels Franchising eine solche Begrenzung im Handwerk überwunden werden kann: Dort sind die Franchisenehmer keine Handwerker, sondern systemisch, d. h. nicht in Produkten, sondern in Systemen oder Konzepten denkende Unternehmer. Handwerker haben dort lediglich ausführende Funktion, sie sind jedoch nicht unmittelbar in die Vertriebskette integriert. Diese Änderung der Franchisenehmerzielgruppe verhalf MiniBagno zum Durchbruch.

Das Pionierbeispiel Portas im Handwerk zeigt dagegen genau die umgekehrte Lösung: Der Franchisegeber gleicht den Engpass, nämlich die »typische Vertriebsschwäche« seiner Handwerker-Franchisenehmer durch Auslagerung der Vertriebsfunktion auf Handelsvertreter aus. Diese Handelsvertreter werden mit Unterstützung des Franchisegebers von den Franchisenehmern geworben, ausgebildet und laufend geschult.

Weitere franchisetypische Stärkenkonzentration wird durch die Verlagerung bestimmter Funktionen auf den Franchisegeber erzielt, besonders durch Auflösung weiterer typischer Begrenzungen heutiger Handwerker, wie unzulängliche oder fehlende Planung und Marketing. Hierfür entwickelte z. B. Portas Standardlösungen, die der Portas-Handwerker vor Ort nur umsetzt, oder der Franchisegeber übernimmt sie zentral in der Systemzentrale, damit sich die Partner noch intensiver auf ihre Stärken konzentrieren können.

Portas' Zielgruppe sind Eigentümer von Einfamilienhäusern und Eigentumswohnungen. In konsequenter Strategieumsetzung wurde in späteren Phasen der Systementwicklung derselben Zielgruppe weiterer Nutzen geboten. Als unmodern empfundene oder abgewohnte Einbauküchen werden in ihrer Substanz erhalten aber technisch und optisch auf den neuesten Stand gebracht. Das Verfahren: Portas wechselt alle Fronttüren, Arbeitsplatten, Kühlschrankblenden durch Portas-Neutüren aus. Besonderer Zusatznutzen: Durch die einzigartige patentierte Innovation des Multidekor-Wechselrahmen-Systems kann die Küche viermal ihr Aussehen verändern, wobei die zwei beidseitig beschichteten Wechselrahmen platzsparend *in* den Schranktüren untergebracht sind. Solche Innovationen, die auch Küchenerweiterungen oder die Integration neuer Küchengeräte ermöglichen, sind, verbunden mit kundengerechtem Service, geeignet, einem Franchisesystem die Marktführerschaft zu erobern und zu sichern.

Für die Zielgruppe der Eigenheimbesitzer und zur weiteren Ausschöpfung des Marktpotenzials und damit zur Sicherung der Franchisenehmer-Betriebe kamen mit den Jahren noch Treppen- und Garagentorrenovierung und anderes hinzu. Zusätzliche Geschäftsfelder waren stets konsequent an der Zielgruppe orientiert

206

– die Kundenzahl entsprechend systematisch vergrößert. Daher erhöhte sich auch Schritt für Schritt die Zahl der Franchisenehmer-Betriebe: Das Franchisesystem Portas ist heute in zehn europäischen Ländern mit über 500 selbstständigen Partnern vertreten.

Zusammengefasst lässt sich der Erfolg des Marktführers Portas auf vier Elemente zurückführen:

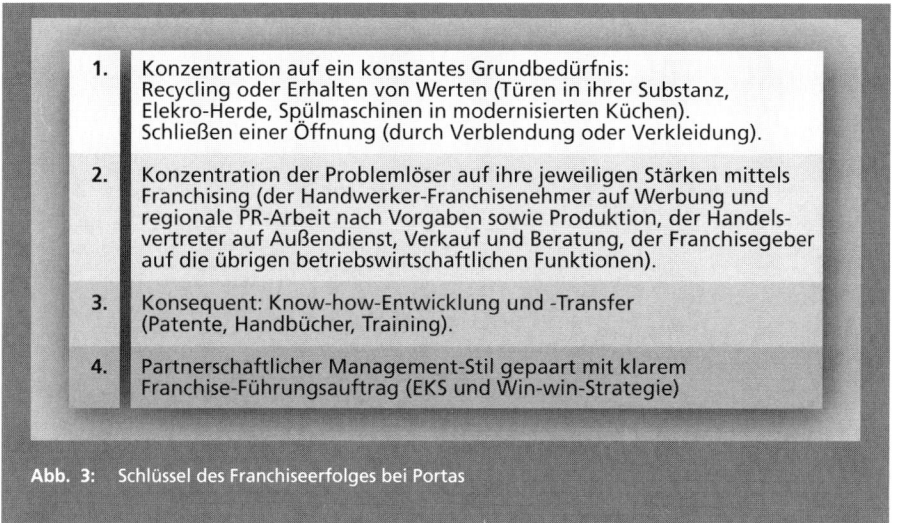

1. Konzentration auf ein konstantes Grundbedürfnis:
Recycling oder Erhalten von Werten (Türen in ihrer Substanz, Elekro-Herde, Spülmaschinen in modernisierten Küchen). Schließen einer Öffnung (durch Verblendung oder Verkleidung).

2. Konzentration der Problemlöser auf ihre jeweiligen Stärken mittels Franchising (der Handwerker-Franchisenehmer auf Werbung und regionale PR-Arbeit nach Vorgaben sowie Produktion, der Handelsvertreter auf Außendienst, Verkauf und Beratung, der Franchisegeber auf die übrigen betriebswirtschaftlichen Funktionen).

3. Konsequent: Know-how-Entwicklung und -Transfer (Patente, Handbücher, Training).

4. Partnerschaftlicher Management-Stil gepaart mit klarem Franchise-Führungsauftrag (EKS und Win-win-Strategie)

Abb. 3: Schlüssel des Franchiseerfolges bei Portas

Inzwischen passt die Portas-Philosophie mit ihrer Befriedigung eines bestimmten und vor allem konstanten Grundbedürfnisses ganz ausgezeichnet zum Zeitgeist. Längst wird überall wiederverwertet, und nicht nur »Alternative« plagt das schlechte Gewissen, wenn sie voll funktionsfähige Dinge einfach wegwerfen, nur weil der Zahn der Zeit optisch Spuren hinterlassen hat oder weil man manches nicht mehr sehen kann und ganz einfach nach Abwechslung verlangt.

1.2 Die Markterschließung am Beispiel von MiniBagno

Wie ein zwingender Nutzen für die beiden Zielgruppen des Franchisegebers (Franchisenehmer und Endkunde) entwickelt und ausgebaut werden kann, lässt sich gut an einem der Erfolgsbeispiele des Franchising darstellen, dem MiniBagno-System von Franchisegeber Diethelm Rahmig. Für seine herausragende Leistung wurde ihm 1992 wegen vorbildlicher EKS-Umsetzung der »Preis für die beste EKS-Anwendung« verliehen. Dies ist durch konsequente Zielgruppenorientierung und Entwicklung einer zwingenden Problemlösung gelungen.

Zunächst die Rahmenbedingungen und Startvoraussetzungen zur Zeit, als Rahmig sein System gründete. Er war als Inhaber eines mittelgroßen Sanitärfachhandels in einer Branche tätig, die vorwiegend über den Preis verkaufte. Um hier auf

207

Dauer mitzuhalten, hätte Rahmig einer der größten seiner Branche sein müssen. Nach konsequenter Analyse förderte er eine Zielgruppe des Sanitärfachhandels zutage, deren Interessen bislang sträflich vernachlässigt worden waren: Renovierungsbereite Eigentümer kleiner Badezimmer mit drei bis sechs Quadratmetern Grundfläche, welche immerhin rund 80 Prozent aller Badezimmer darstellen. Spezielle Beratung für die optimale Raumausnutzung gab es nicht. Der Kunde war ganz auf den spärlichen Service des Installateurs oder des Fachhandels angewiesen. »Es ist kaum zu glauben«, so Rahmig, »wenn jemand eine Küche kauft, so wird geplant und gemessen und jedes Eckchen ausgenutzt. Im Badbereich gibt es überhaupt nichts Vergleichbares.«

Für den potenziellen Franchisenehmer ist es wichtig, die Ausgangslage seines Marktes zu kennen. Denn wie dieses EKS-Beispiel zeigen wird, kann man sich getrost einem Franchisegeber anvertrauen, der gegenüber allen anderen Mitbewerbern so konsequent einen einzigartigen Kundennutzen entwickelt hat:

MiniBagno bietet heute seinen Kunden dreierlei:

1. fachmännische Beratung für kleine Bäder und
2. speziell entwickelte und patentierte Sanitärobjekte (Badewannen, Duschwannen und -abtrennungen, Waschtischanlagen und Armaturen) für optimale Raumausnutzung und

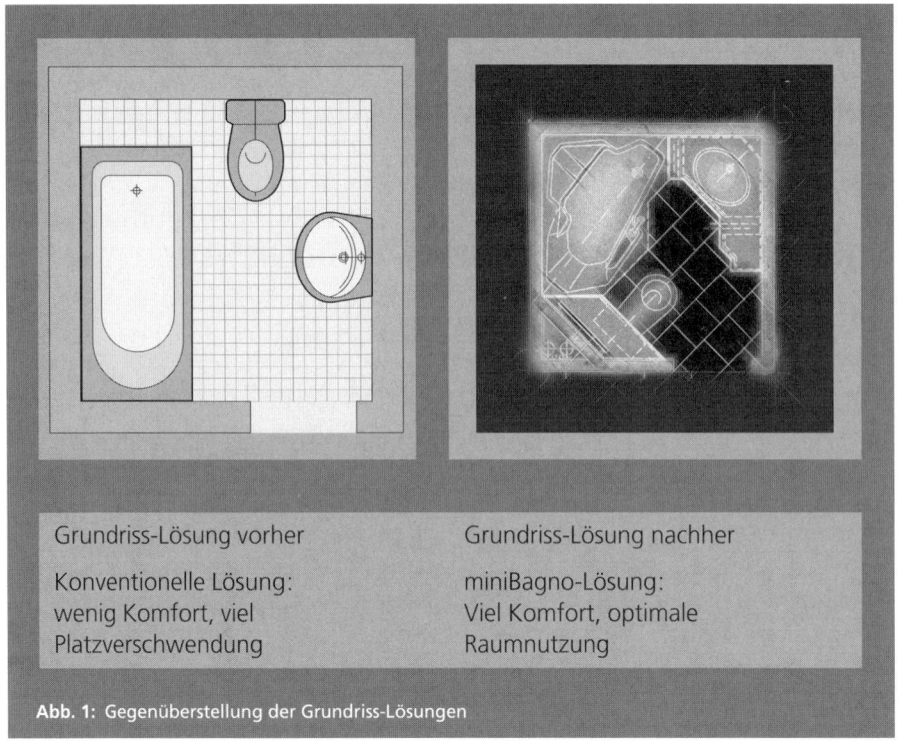

Grundriss-Lösung vorher

Konventionelle Lösung:
wenig Komfort, viel
Platzverschwendung

Grundriss-Lösung nachher

miniBagno-Lösung:
Viel Komfort, optimale
Raumnutzung

Abb. 1: Gegenüberstellung der Grundriss-Lösungen

3. ein besonderes Ambiente und Raumempfinden, das durch Eckspiegelanlagen, Halogenniedervolt-Lampen, Unterwasserscheinwerfer, besondere Heizkörper und durch patentgeschützte Naturstein-Waschtischplatten oder Mineralguss-Waschtische erzeugt wird.

MiniBagno-Franchisenehmer verfügen heute über 200 typische Kleinbad-Grundrisse ihrer Zielgruppe und haben somit jeweils gleich mehrere passende Lösungen fertig entwickelt. Das einmalige Serviceangebot ist so konzentriert, dass der MiniBagno-Verkaufsberater nur relativ wenig zu wissen braucht und dennoch er auf seinem kleinen Spezialgebiet mehr weiß als jeder andere. An MiniBagno lassen sich die mit einer konsequenten Spezialisierung verbundenen Produktivitätsgewinne deutlich aufzeigen. Ein Verkaufsgespräch mit kompletter Planung dauert nicht länger als 90 Minuten; dabei wird ein Durchschnittsumsatz von 7.500 Euro erzielt.

Das ist absoluter Branchenrekord. Aber nicht nur der Umsatz, sondern auch der Gewinn, der hierbei zu erzielen ist. Kein Wunder, dass ein solches Franchisekonzept bei Kunden wie bei potenziellen Franchisenehmern gleichermaßen auf großes Interesse stößt.

Zudem sind die gesamte Kommunikationsstruktur und die Werbung auf diese Problemlösung ausgerichtet. Das Kerngeschäft wird mit dem Slogan: »Badkultur auf kleinem Raum – der Spezialist für kleine Bäder von drei bis sechs Quadratmetern« exakt beschrieben.

Möglich ist all dies nur dank einer gegenüber dem traditionellen Fachhandel gänzlich neuen Vermarktungsmethode via Franchising. Exklusiv produziert werden die einzelnen Elemente von verschiedenen Herstellern, verkauft und beraten wird durch den MiniBagno-Franchisenehmer, installiert wird durch einen externen Handwerker, der auch den Grundriss beim Kunden exakt ausmisst. Hierfür erhält er 5 Prozent Prämie und erspart dem System eine Arbeitskraft.

In konsequenter Umsetzung der EKS erklärt MiniBagno-Geschäftsführer Rahmig: »Der Kunde braucht kein Produkt, sondern Hilfe.« Wie aber soll er die über den tradionellen produkt- und nicht lösungsorientierten Vertrieb erhalten? Der Engpass ist der dort in die Vertriebskette eingebundene Handwerker. Getreu der EKS soll sich jeder auf seine Stärken konzentrieren. Die Stärke des Handwerkers ist Handarbeit, nicht der Verkauf. Die Stärke des MiniBagno-Betreibers ist die gute verkäuferische Beratung. Der Trugschluss dieser Branche – auch Handwerker können verkaufen – wird durch dieses Franchisesystem widerlegt, denn dort taucht der Handwerker nicht mehr in der Vertriebskette auf.

Einer der typischen angenehmen Effekte konsequenter EKS-Umsetzung zeigte sich auch hier. EKS ist eine Integrationsstrategie, macht ehemalige Konkurrenten oft zu Partnern oder, wie hier, integriert die in gewisser Hinsicht hemmenden Handwerker positiv in die neue Entwicklung. Denn die neue Form der Zusammenarbeit mit dem Handwerker bietet weitere beachtliche Vorteile. Dieser kann sich ganz auf diese Zusammenarbeit konzentrieren, er bekommt die Aufträge frei Haus und steht mit seinen eigenen Preisen nicht unter Wettbewerbsdruck. Er kann die Effizienz seines Betriebes von derzeit schätzungsweise 60 Prozent auf später 90 Prozent steigern, d. h. wenn er heute für Handwerkerleistungen in einem bestimmten Zeitraum 100.000 Euro abrechnet, kann er für MiniBagno-Leistungen im gleichen Zeitraum bei gleichem Aufwand und Kosten 150.000 Euro fakturieren. Einfach durch die Spezialisierung. Die Monteure wissen und können, was von ihnen verlangt wird, und der Meister kann mitarbeiten und hat eine bessere Kontrolle über alles.

Schon bei der Markterschließung die Marktführerschaft im Blick:
Ein typisches Ziel eines guten Franchisesystems

MiniBagno ist auf dem Markt der Einrichter kleiner Bäder deutlich der Beste, man kann auch sagen Marktführer, ein erklärtes Ziel eines jeden EKS-Anwenders – und zugleich ein entscheidender Pluspunkt für den Franchisenehmer. Denn bei der Überlegung, welchem System man sich anschließen soll, ist die Entscheidung für den Marktführer gewiss eine kluge, andererseits ist (noch) fehlende Marktführerschaft sicher kein Ausschlusskriterium.

Dass Marktführerschaft eine Position darstellt, die permanent behauptet sein will, gilt nicht nur für Franchisesysteme. Stetige Weiterentwicklung des Systems ist daher vornehmste Aufgabe des Franchisegebers. Denn die Konkurrenz schläft nicht. Auch MiniBagno hat Nachahmer gefunden. Heute fertigen praktisch alle Hersteller von Sanitärobjekten spezielle raumsparende Badewannen – neun Jahre nachdem Rahmig die Branche wachgerüttelt hat. »Wenn es keine Nachahmer gäbe, dann hätte man etwas falsch gemacht«, meint Franchisegeber Rahmig zu recht. Betrachtet man die obige Abbildung mit den grundverschiedenen Vertriebswegen, wird jedoch deutlich, dass bloße Produktnachahmung keine Bedrohung sein kann.

Die Problemlösung sitzt tiefer. Das MiniBagno-Franchisesystem ist klassischer Zielgruppenbesetzer im Sinne der EKS – es hat also einen zwingenden Nutzen entwickelt, der so nirgendwo geboten wird. Zudem bleibt MiniBagno als ordentliches Franchisesystem durch konsequente Innovationsstrategie seinen Wettbewerbern die berühmte Nasenlänge voraus: »Heute vermitteln wir unseren Kunden ein neues Raumgefühl im Badezimmer, in dem alles aufs Feinste aufeinander abgestimmt ist. Es geht weit über einfaches Produktdenken hinaus und spricht durch Düfte und Klänge auch andere Sinne an. Dieses Gesamtkonzept ist unvergleichlich und unvergleichbar, eben ein echtes franchisetypisches Alleinstellungsmerkmal.« Eine solche einzigartige Problemlösung ist notwendigerweise vom Kunden im MiniBagno-Studio in komplett eingerichteten Ausstellungsbädern mit vier Wänden zu erleben.

Aber auch Franchisegeber können keine Wunder-Strategen sein. Zwei strategische Fehlentscheidungen von MiniBagno gab es in den Anfängen des Franchisesystems. Es startete nämlich mit fünf Franchisenehmern als »shop-in-shop«-Konzept bei Fachgroßhändlern. Hier zahlte Rahmig Lehrgeld – und damit wohl auch seine Franchisenehmer. Nach dieser ersten Franchisenehmerrunde wusste er: »Der Großhandel hat ein großes Lager, das muss er leeren und wieder füllen, er kann also nur Waschtische, Wannen, kurz Produkte verkaufen, aber keine Konzepte vermarkten.« Diese Franchisenehmer-Auswahl war also ein Flop. »Noch schlimmer war die zweite Phase, Handwerker als Franchisenehmer einzusetzen, da klappte überhaupt nichts mehr hinsichtlich der Systemumsetzung. Handwerker und Großhändler sind keine guten MiniBagno-Franchisenehmer«, weiß der Franchisegeber heute. Anders dagegen z. B. Reinhold Henniger aus Wiesbaden: Der ehemalige Einkäufer beim EDV-Unternehmen Linotype war schon immer das Denken in Systemen gewohnt gewesen. Als seine Firma nach Kiel umzog, er aber nicht gleich wieder sein neugebautes Haus in Hofheim verkaufen wollte, reifte der Entschluss, sich mit MiniBagno selbstständig zu machen. Heute ist Henninger einer der erfolgreichsten in Rahmigs Franchisenetzwerk, denn das Begreifen eines Konzeptes lag ihm als eher »intellektuell gesteuertem« Menschen aus der EDV-Branche einfach sehr nahe.

Die Einhaltung der Systemstandards ist – bei aller empfehlenswerten standortindividuellen Ausrichtung – oberstes Gebot. Ein Franchisenehmer-Aspirant, der dann doch kein Partner wurde, erklärte beispielsweise: »Und in die Mitte des MiniBagno-Studios baue ich eine Verkaufsfläche mit exklusiven Frotteehandtüchern auf!« Fast noch schlimmer als die drohende Systemverwässerung war für Rahmig, dass dieser Existenzgründer offenbar nicht rechnen, also nicht kaufmännisch denken konnte, denn wenn in 90 Minuten durchschnittlich 7.500 Euro Umsatz bei einer Spanne von 45 Prozent zu realisieren sind, kann man über den »Frottee-Verkäufer« nur den Kopf schütteln. Er hat das System einfach nicht begriffen. So wie einige Franchisenehmer, die am Anfang versuchten, hin und wieder Kompromisse einzugehen, und etwa auch Bäder mit 2,5 oder 6,2 Quadratmeter planten, um mehr Umsatz zu erzielen. Das ist falsch verstandenes Sicherheitsdenken und kostet nur Zeit und Kraft, die beim eigentlichen Aufbau des Geschäftes fehlt.

Heute ist der aktuelle Engpass von MiniBagno die begrenzte Bekanntheit. Denn der zwingende Zielgruppennutzen kann sich naturgemäß nur dort entfalten, wo der Badrenovierer von ihm gehört hat. Konsequent wird daher die Marktdurchdringung auf drei Werbesäulen gestellt. Anzeigen in den Gelben Seiten und in den Regionalzeitungen und vor allem die Ausstellungswagen, die als PKW-Anhänger ein komplett eingerichtetes MiniBagno (mit vier Wänden) auf jede Fach- und Verbrauchermesse zaubert. Vier Ausstellungs-Mobile gibt es bereits, so dass das Franchisesystem praktisch auf jeder Verbrauchermesse durch einen der Partner präsentiert wird. MiniBagno ist damit eines der ganz wenigen Franchisesysteme, das ein Investitionsgut vermarktet.

Einführung

Die Systemzentrale entwickelt das Leistungsprogramm des gesamten Franchise-systems, also der Leistungen, die der Franchisegeber zentral erbringt, und derjenigen, die der Franchisenehmer vor Ort besorgt. Beides bestimmt die Struktur der Systemzentrale:

Erst zusammen genommen ergibt sich ein »rundes Unternehmen« mit allen Unternehmensfunktionen. Die Leistungsanteile von Franchisenehmer wie auch von Franchisegeber jeweils für sich genommen ergeben nur ein »halbes Unternehmen«. Die Verzahnung beider Anteile sollte so vorgenommen werden, dass nichts überlappt. Erst recht sollten keine Lücken entstehen, weil weder Franchisegeber noch Franchisenehmer sich zuständig wähnen (z. B. bei Controllingfunktionen oder Erfassung und Pflege der Kundenadressen). Die Aufteilung der Leistungsanteile ist naturgemäß zunächst Sache des Franchisegebers. Gleichwohl zeigt sich in sehr liberalen, regelmäßig auch in unreifen Systemen, dass Franchisenehmer eine *Überlappung* dort herbeiführen, wo sie mit Leistungen der Systemzentrale unzufrieden sind. Das heißt, die tatsächliche oder vermeintliche Schlechtleistung des Franchisegebers führt zur Neuentwicklung und Erbringung von Leistungen durch den Franchisenehmer. Dies wiederum führt zu vielen Einzellösungen, die kostspielig entstanden sind und wesentliche Franchisegrundsätze verletzen. Die zentrale und professionelle Leistungserstellung für viele gleichgelagerte Anwendungsfälle bleibt auf der Strecke, und die Franchisenehmer verzetteln ihre Kräfte für Aufgaben, die nicht zu ihren Kernaufgaben gehören, auf die sie sich aber konzentrieren müssten. Verkauf des Produktes und Führung der Mitarbeiter. So mancher Franchisegeber redet sich aus seiner Verantwortung heraus, indem er, die Dienstleistungsfunktion des Franchisegebers verkennend, vorgibt, seine Franchisenehmer seien selbstständige Unternehmer, diesen könne er doch nicht alles vorschreiben. Diese *Freiheiten* sind indessen Bequemlichkeit des Franchisegebers, wahre Freiheiten sind bei der standortindividuellen Ausrichtung der Franchisenehmer einzuräumen und zu fördern.

Die Struktur der Systemzentrale bestimmt sich somit individuell nach dem Umfang der zentralen Leistungserstellung – sie unterliegt infolge zunehmender Systemreife einem entsprechenden Wandel und, wie stets im Franchising, den Bedürfnissen der jeweiligen Branche.

2.1 Die personelle und materielle Ausstattung der Franchisesystemzentrale

Die personelle und materielle Ausstattung der Franchisesystemzentrale richtet sich ganz nach Größe und Dienstleistungscharakter des Systemkopfes und vor allem nach den finanziellen Möglichkeiten des Franchisegebers. Richtlinien können hier nicht gegeben werden.

Für den Systemstart sind erfahrungsgemäß schon drei bis vier Mitarbeiter notwendig. Mit einem einzigen Mitarbeiter ist allenfalls im Projektstadium auszukommen. Sobald die ersten Franchisenehmer am Netz sind, ist ein Franchisenehmerbetreuer, der die ersten Trainings und Beratungen durchführt (Innen- und Außendienst zugleich), ein Akquisiteur für den weiteren Systemausbau und ein/e Mitarbeiter/in für die verwaltenden Tätigkeiten (Anzeigenschaltung, Versand von Erstinfos, Terminverwaltung, Buchhaltung) und Sekretariatsaufgaben erforderlich. Eine der beiden ersten Aufgaben kann der Franchisemanager selbst übernehmen, sodass als Mindestpersonalbestand drei Mitarbeiter vorhanden sein müssen.

Die Bandbreite reicht bis zu einer Systemzentrale von vielen Hundert Mitarbeitern. Die über bald drei Jahrzehnte gewachsene und für mehrere Milliarden Mark Handelsumsatz verantwortliche Obi-Systemzentrale ist ein solches Beispiel.

Zwei franchisetypische Erscheinungen führen oft zu vergleichsweise schlanken Systemzentralen: Das Outsourcing und die Zugehörigkeit zu einem bestehenden größeren Unternehmen. Das Outsourcing verlagert wichtige Funktionen, aber keine Kernfunktionen, auf externe Lieferanten oder Dienstleistungserbringer. Die Integration der Systemzentrale in ein bestehendes größeres Unternehmen verlagert Dienstleistungsfunktionen der Systemzentrale auf bestehende Abteilungen *innerhalb* des Unternehmens. Wie unten noch verdeutlicht wird, erfordert dies sensibles Umlernen dieser Abteilungen, die nunmehr auch Dienstleister für selbstständige, externe Unternehmer werden. Beide *Auslagerungen*, die interne wie die externe, können bei schlanken Systemzentralen bei enger Einbindung der Dienstleistungspartner zu gleicher Qualitätsleistung führen und – im Idealfall – den Verantwortlichen in der Systemzentrale »den Kopf für das Wesentliche freihalten«.

2.2 Die Leistungen der Franchisesystemzentrale

Franchising ist – wie schon betont – im Kern Know-how-Entwicklung und -Transfer. In der Entwicklungs- und Erprobungsphase ist ausreichend Betriebsführungs-Know-how entwickelt und getestet worden, sodass es guten Gewissens an den ersten Franchisenehmer weitergegeben werden kann.

Die nachfolgenden Unternehmensfunktionen muss jedes Franchisesystem erfüllen. Sie sind mithin von der Systemzentrale (oder einem outgesourcten Partner) als Dienstleistung für viele Franchisenehmer zu erbringen oder müssen von ihr definiert werden als Leistungen, die der Franchisenehmer vor Ort sicherzustellen hat:

❑ Ziele und Strategie (egal, ob dies bewusst oder unbewusst geschieht)
❑ Leistungsgestaltung (Warensortiment und/oder zu erbringende Dienstleistungen)

❑ CD, CC
❑ Werbung, PR
❑ Promotion
❑ Verkauf
❑ Eröffnung von Franchisenehmerbetrieben (Einrichtung und Ausstattung)
❑ Events
❑ Training und Ausbildung
❑ Handbuchaktualisierung
❑ Franchisenehmerauswahl und -gewinnung
❑ Betreuung der Franchisenehmer, Kontakte und Besuche, Überprüfung der Entwicklung der Systemstandards
❑ Franchisenehmerauswahl und -gewinnung
❑ Betreuung der Franchisenehmer(-betriebe), Kontakte und Besuche, Überprüfung der Einhaltung der Systemstandards
❑ Finanzierung, Steuern, Buchführung
❑ Wirtschaftlichkeitsberechnung
❑ Betriebsvergleiche
❑ Beschaffung
❑ Lieferung, Transport, Lagerung, Logistik
❑ EDV
❑ Technischer Support, soweit systembedingt erforderlich

Jetzt wird deutlich, dass zwischen der Know-how-Entwicklung und der Weitergabe des Know-hows ein beträchtlicher Unterschied besteht. Was in den Köpfen und Händen der Mitarbeiter der Systemzentrale ist, ist noch lange nicht gleichwertig beim ersten Franchisenehmer vorhanden. Ferner wird für die künftigen Franchisegeber, die schon über eigene Filialen und nicht nur über einen Pilotbetrieb verfügen, bald deutlich, dass ein Unterschied zwischen der Übertragung des Wissens auf eigene Angestellte und auf selbstständige Franchisenehmer besteht.

Die Weitergabe des Wissens und die Kontrolle, ob dieses Wissen erfolgreich weitergegeben und auch angewandt wird, führt wiederum zu neuem Wissen, spezifischem Franchisesystemwissen. Dieses Franchisesystem-Know-how ist also zum einen individueller Natur, da jedes Franchisesystem eigene Erfahrungen sammeln wird, wie das System am wirksamsten zu steuern ist. Es ist zum anderen allgemeiner Natur, so wie es beispielsweise in diesem Buch dargestellt wird. Dieses Franchisesystem-Know-how ist zu unterscheiden vom (Franchisenehmer-) Betriebsführungs-Know-how.

Das Betriebsführungs-Know-how ist im Franchise(system)handbuch festgelegt: Es zeigt auf, wie ein profitabler Franchisenehmerbetrieb zu führen ist. Das Franchisesystem-Know-how ist im (Franchise)Managementhandbuch niedergelegt.

Eine Grafik veranschaulicht dies:

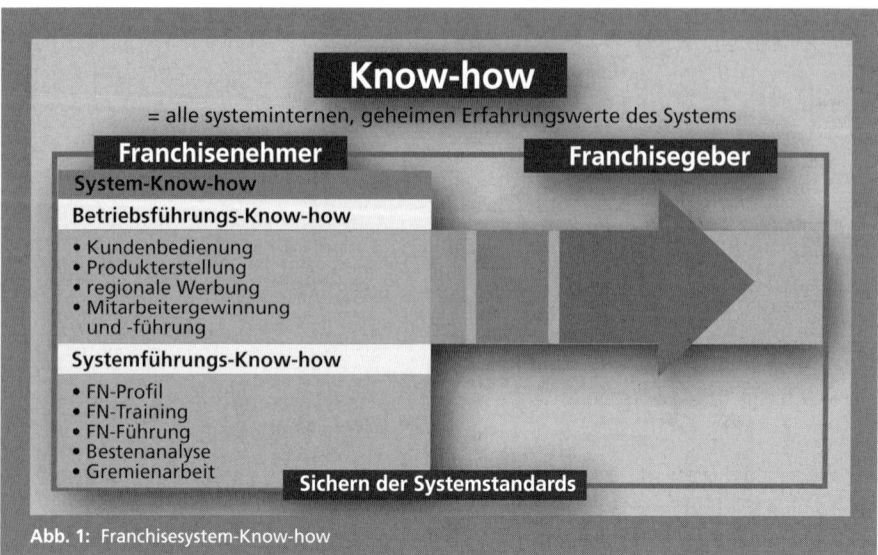

Abb. 1: Franchisesystem-Know-how

Die Anwendung des Franchisenehmer-Betriebsführungs-Know-hows ohne flan-
kierende und stützende Maßnahmen seitens des Franchisegebers ist in der Praxis
nicht denkbar. Das Franchisesystem-Know-how für sich alleine kann natürlich erst
recht nicht ausreichen. Die Grafik zeigt also, dass in einem Franchisesystem erst
die Kombination der Anwendung des Franchisesystem-Know-hows *und* des Be-
triebsführungs-Know-hows die Einhaltung der Systemstandards garantiert.

Erst das Ineinandergreifen beider Know-how-Arten sichert die Einhaltung der
Systemstandards.

Die Systemstandards können daher auch als die nach außen gerichteten, sichtbaren Ergebnisse aus der Know-how-Anwendung definiert werden. Sie sind zugleich Qualitätsstandard des Systems. Um die Einhaltung dieser Qualitätsstandards sicherzustellen, die ja auch den einheitlichen Systemauftritt nach außen
gewährleisten, hat sich in fortgeschrittenen Systemen die Einführung eines Punk-
tesystems bewährt.

Bei der Errichtung der Systemzentrale ist deren Leiter, der Systemmanager, natürlich von ausschlaggebender Bedeutung. Zu sinnvollen Auswahlkriterien kann
allgemein kaum etwas gesagt werden, zu verschieden sind die Branchen der Franchisesysteme. Immerhin sollte der Franchisemanager im Idealfall eine charismatische Persönlichkeit sein, die zu überzeugen, bisweilen auch mitzureißen vermag.

Für eine gedeihliche Systementwicklung haben sich die Messkriterien als wichtig herausgestellt, nach denen der Erfolg des Franchisemanagers beurteilt wird. Ein Abstellen alleine auf Umsatz und Ertrag ist ungeeignet. Schon gar nicht sind überhöhte Vorgaben für die Anzahl neu gewonnener Franchisenehmer sinnvoll. Sie sind oft verhängnisvoll.

Auch hier zeigt sich wieder, wie wichtig eine solide Finanzierung des Systems ist. Sie sollte gerade nicht auf der Erlangung von Einstiegsgebühren als einer der tragenden Säulen ruhen. Die *Altlasten*, die voreilig akzeptierte Franchisenehmer selbst für ein reiferes System bedeuten, sind schon dargestellt worden.

Messkriterium für einen guten Franchisemanager dürfte dagegen dessen Fähigkeit sein, zu führen und dennoch Franchisenehmer als Kunden zu begreifen, die dem System nicht nur Umsatz und Gewinn erwirtschaften, sondern Erfahrungen und Informationen liefern, im Idealfall sogar Know-how in das Franchisenetzwerk einbringen. Es ist freilich ein Spagat, wenn der Franchisemanager die Franchisepartner als Kunden sieht und zugleich führt.

2.3 Praxisbeispiel Resch & Frisch

Das nachfolgende Original-Praxisbeispiel hat der Geschäftsführer des österreichischen Franchisesystems Resch & Frisch, Herr Josef Resch, freundlicherweise zur Verfügung gestellt. Es zeigt zum einen, wie sich ein Franchisesystem auf der Basis eines konstanten Grundbedürfnisses spezialisiert, und zum anderen anschaulich das Ineinandergreifen der verschiedenen Abläufe eines Franchisesystems, besonders der Schnittstellen zwischen Franchisesystemzentrale und Franchisenehmerbetrieben. In vorbildlicher Weise zeigt das Beispiel auch, wie demokratische Strukturen im Franchisenetzwerk geschaffen werden können, und ferner, wie die dort getroffenen Entscheidungen auch in der Organisation umgesetzt werden.

Wie ist Resch & Frisch entstanden?

Die Ansprüche der Konsumenten an die Qualität von Lebensmitteln steigen ständig. Die Frische der Waren spielt dabei eine entscheidende Rolle. In der Gastronomie gab es vor allem beim Gebäck oft nur wenig zufriedenstellende Lösungen. Das Gebäck wird meist morgens angeliefert. Von der Qualität von ofenfrischem Gebäck bleibt jedoch bis zum Abend oder nächsten Tag nicht allzuviel übrig.

Das System von Resch & Frisch wurde entwickelt, damit Gastronomiebetriebe ihren Gästen rund um die Uhr ofenfrische Backwaren anbieten können. Durch ein spezielles Verfahren (die Teiglinge werden zu 80 Prozent vorgebacken und anschließend bei −30° C schockgefrostet) wird der Alterungsprozess der Backwaren unterbrochen. Die Backwaren gelangen tiefgekühlt zum Gastronomen und werden dort bei Bedarf in wenigen Minuten fertiggebacken und können noch warm, wie frisch aus der Backstube dem Gast serviert werden. Der hierfür notwendige Tiefkühlschrank und der Spezialofen werden dem Gastronom zur Verfügung gestellt. Durch das breite Angebot an Resch & Frisch-Gebäck kann sich jeder Gastronom sein eigenes Sortiment zusammenstellen.

Um eine flächendeckende Versorgung gewährleisten zu können, wurde das Resch & Frisch-Franchisesystem aufgebaut. Gewerbliche Bäckereien wurden als Franchisenehmer in den einzelnen Bundesländern gewonnen. Mittlerweile produzieren zehn gewerbliche Bäckereien in Österreich sowie sieben in Deutschland als Partnerbetriebe das Resch & Frisch-Gebäck.

Insgesamt 18 Vertriebsfranchisenehmer beliefern rund 8.000 Gastronomiebetriebe in Österreich und Deutschland. Mit dieser dezentralen Form der Marktbearbeitung kann optimal auf Kundenbedürfnisse eingegangen werden und eine lückenlose Kühlkette bis zum Gastronomiebetrieb gewährleistet werden.

Der Sitz der Zentrale von Resch & Frisch befindet sich im österreichischen Wels. Von dort werden Funktionen wie z. B. Einkauf, Marketing und Werbung für die Partner koordiniert und durchgeführt.

Organisation der Franchise(leistung)

Gerade in der Handwerksbranche, bei der die Strukturen sehr stark traditionell geprägt sind, ist häufig ein Konflikt zwischen Produktion und Vertrieb anzutreffen.

Die Problematik tritt vor allem bei Investitionsentscheidungen (Investitionen neue Mischmaschine versus neue EDV im Vertrieb), im Qualitätsdenken (schmales versus breites Sortiment, Serien- bzw. Handfertigung), Zahlenbewusstsein, Kundenbeziehung auf.

Alle Entscheidungen zu den oben erwähnten Punkten haben nach dem jeweiligen Standpunkt ihre Berechtigung. Damit aber nicht die eine oder andere Sichtweise die Oberhand gewinnt und die Entwicklung des anderen hemmt, wurden im Resch & Frisch-System Produktion und Vertrieb strikt getrennt. Dieser Trennung musste nun auch in der Franchisezentrale Rechnung getragen werden. Die Dienstleistung, die wir unseren Partnern zukommen lassen, sind in Produktions- und Vertriebsberatung getrennt.

Der Vorteil dieses Prinzips liegt auf der Hand. Der jeweilige Berater fungiert als Spezialist in seinem Bereich und kann sich voll den Produktions- oder Vertriebsinteressen widmen.

Der Interessenausgleich findet in der Zentrale statt, indem über regelmäßige Strategiemeetings mit den Franchisenehmer-Eigentümern die generelle Zielrichtung für das Gesamtsystem vorgegeben wird, aus der sich dann die taktischen und operativen Maßnahmen für den Vertrieb oder die Produktion ableiten lassen.

Selbstverständlich werden Synergien, wo sie Sinn machen, auch genutzt. Zentrales Marketing, Personalentwicklung und Einkauf werden als Dienstleistung sowohl vom Vertrieb als auch von der Produktion gemeinsam genutzt.

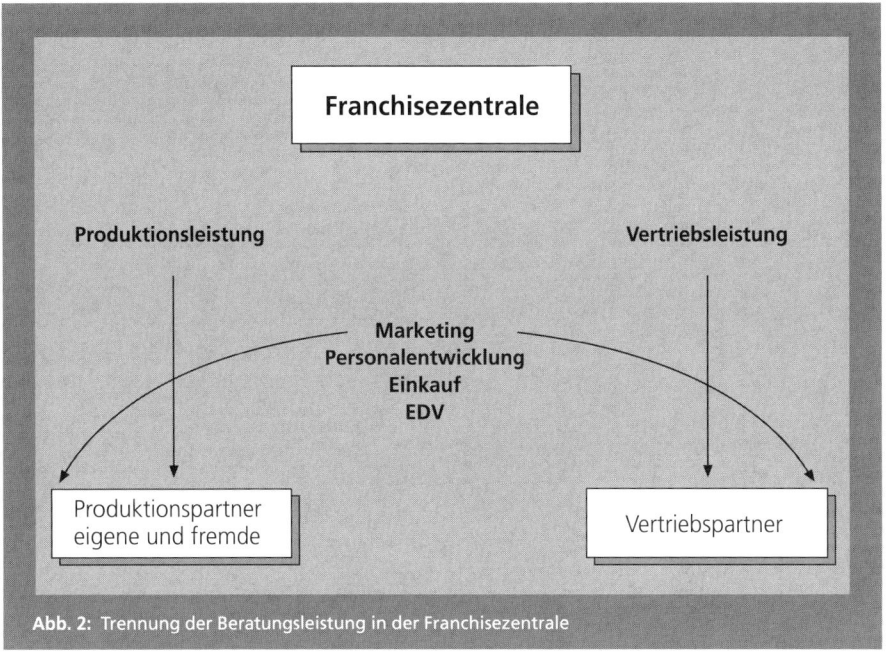

Abb. 2: Trennung der Beratungsleistung in der Franchisezentrale

Die Aufgaben der im Resch & Frisch-Franchisesystem verbundenen Firmen sind nach den Gedanken einer vertikalen Kooperation verteilt. Dabei wurden unter anderen folgende Kriterien berücksichtigt:

❏ Welche Stelle kann welche Tätigkeit am besten erfüllen?
❏ Wie können unsere Kunden am besten betreut werden?
❏ Was muss dabei dezentral erfolgen, um in Kundennähe zu sein?
❏ Was kann kostengünstiger zentral gemacht werden, da es für das ganze System ist?

Die Ablauf- und Aufbauorganisation der R & F-Vertriebseinheit als Grundlage für die Vertriebsberatung

Die rechtliche und organisatorische Form der Vertriebseinheit sowie Infrastruktur, Personen oder besser Funktionen sind bei all unseren Partnern gleich gestaltet.

219

Dies ist ein wesentlicher Faktor für die Vertriebsberatung unserer Partner. Vor allem das Arbeiten mit Kennzahlen, Schwachstellenanalysen und das *Aufspüren* von Erfolgsparametern wird dadurch beträchtlich erleichtert.

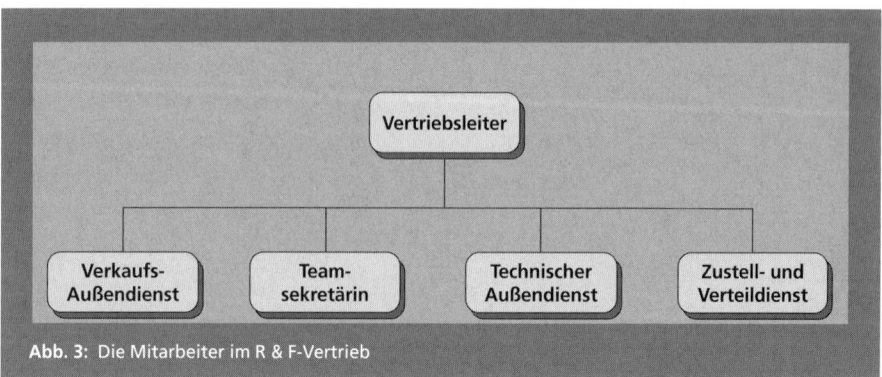

Abb. 3: Die Mitarbeiter im R & F-Vertrieb

Die Erfahrungen, die wir am Markt besitzen, haben wir durch eigene, als Franchisepartner organisierte Vertriebseinheiten, gesammelt. Diese Vertriebseinheiten besitzen allerdings keine Sonderstellung innerhalb unseres Systems, sondern sind in gleicher Weise Franchisepartner wie alle anderen Vertriebe.

Der Vorteil der eigenen Franchisepartner liegt einerseits darin, dass Abläufe, Kennzahlen, Erfahrungen bereits vorhanden sind oder leichter erarbeitet werden können. Diese werden an die Partner weitergegeben. Andererseits besteht die Möglichkeit, Ideen und Marketingkonzepte vorab zu testen, bevor sie am Markt umgesetzt werden.

Die im eigenen Besitz befindlichen Vertriebseinheiten wurden nicht gleichzeitig gegründet und befinden sich daher in verschiedenen Stadien des Wachstums. Während sich ein Betrieb schon am Ende der Wachstumsphase befindet, laufen die anderen beiden noch durch die Einführungs- bzw. beginnende Wachstumsphase.

Dass hierbei zum Teil unterschiedliche Marktstrategien und -bearbeitungsmaßnahmen eingesetzt werden müssen, versteht sich von selbst.

So können wir jedem Partner unabhängig von seiner Entwicklung beratend zur Seite stehen und unsere Erfahrungen aus den eigenen Betrieben einbringen.

Hauptaufgaben der Gastroabteilung
Die zentrale Aufgabe der Gastroabteilung lässt sich mit »umfassender Dienstleistung für die Vertriebspartner im Sinne des Franchisesystems« beschreiben.

Partnerbetreuung:

Strategische Ausrichtung

Die Gastroabteilung erarbeitet Verkaufsstrategien und stimmt diese mit den Vertriebsleitern und den Eigentümern im Rahmen gemeinsamer Veranstaltungen (Führungskreis Vertrieb, Beirat, Partnerversammlung) ab. Gemeinsam mit dem Marketing werden Verkaufsaktivitäten konzeptionell erstellt und mit den Vertriebspartnern am Markt umgesetzt.

Franchiseberatung

Die Franchiseberatung ist zuständig für die operative Unterstützung der Partnerbetriebe im Produktions- und Vertriebsbereich vor Ort. Sie ist das Bindeglied für alle organisatorischen, verkaufstechnischen und betriebswirtschaftlichen Agenden zwischen Zentrale und den Partnerbetrieben.

Die Vertriebspartner werden regelmäßig besucht, wobei die durchschnittliche Besuchsdauer ein bis drei Tage beträgt.

Der Franchiseberater nimmt bei seinem Besuch Anregungen der Partner vor Ort auf und kümmert sich in der Zentrale um Bearbeitung der Probleme und Weiterleitung der Lösung an die Partnerbetriebe.

Der Franchiseberater ist für die Einhaltung der Systembedingungen verantwortlich und hat entsprechende Maßnahmen bei Abweichungen zu setzen.

In regelmäßigen Abständen wird eine Checkliste durchgearbeitet, um eventuelle Schwachstellen zu erkennen und Maßnahmen zu definieren. Der Franchiseberater unterstützt den Vertriebsleiter bei dessen vielfältigen Aufgaben wie:

❏ Aufteilung von Verkaufsgebieten
❏ Tourenplanung
❏ Steuerung und Kontrolle des Verkaufsaußendienstes
❏ Analyse des Produktmixes
❏ Kundenanalyse (Kundenmix, Umsatzentwicklung)
❏ Durchschnittsumsatz
❏ Geräteeinsatz, Gerätekosten
❏ Analyse der gesamten Kostenstruktur des Vertriebes
❏ Vergleiche mit Vertrieben mit ähnlicher Struktur
❏ Mitfahren mit Außendienstmitarbeitern bzw. auch mit dem Vertriebsleiter bei der täglichen Arbeit

Der Franchiseberater pflegt die Kommunikation mit allen Mitgliedern des Vertriebes: Teamsekretärin, Außendienstmitarbeiter, Zusteller, Techniker, mit leitenden Mitarbeitern der Produktion und den Eigentümern der Bäckerei.

Er ist der verlängerte Arm für alle zusätzlichen Abteilungen der Franchisezentrale (Einkauf, Backtechnik, Controlling, Marketing, Personalentwicklung, EDV).

Die Tätigkeit des Franchiseberaters kann nur dann erfolgreich sein, wenn dieser die notwendige Unterstützung der einzelnen Vertriebsleiter erhält.

Meldewesen

Das Meldewesen ist die Basis für Vertriebs- oder Betriebsvergleiche – diese Betriebsvergleiche dienen nicht als Kontrolle, sondern sollen die Partnerbetriebe in ihrer weiteren Entwicklung unterstützen.

Im Franchisevertrag haben Franchisegeber und Franchisenehmer vereinbart, alle relevanten Vertriebsdaten gegenseitig auszutauschen. Darüber hinaus werden monatlich noch folgende Informationen an die Zentrale gemeldet (spätestens bis zum 5. des Folgemonates):

Monatsumsatz des Vertriebs, Anzahl der Kunden, Durchschnittsumsatz und eine Liste mit den Auf- und Abbauten der einzelnen Kunden, Artikel- und Kundenstatistik, sowie entsprechende Vertriebskennzahlen (die Außendienst, Zusteller und Techniker betreffen).

Die Auswertung dieser Daten erfolgt durch die Gastroabteilung. Neben der Rechnung für die Franchisegebühr werden noch entsprechende Auswertungen durchgeführt. Damit stehen allen Partnern bis zum zehnten des Folgemonates die Umsätze pro Vertrieb, die Anzahl der Kunden und die Durchschnittsumsätze zur Verfügung (aus dem eigenen Gebiet, und aus den Gebieten aller anderen Partner des Bundesgebietes).

Die quartalsmäßige Meldung wird dazu verwendet, den Partnerbetrieb intensiv zu analysieren und diesen mit anderen Betrieben in Details zu vergleichen, um eventuell auch auf Schwachstellen aufmerksam machen zu können.

Meldungen bei Bedarf: Es kann auch möglich sein, dass im Bedarfsfalle zusätzliche Meldungen erforderlich sind (Einführung neuer Produkte, Schaltung von Aktionsschwerpunkten, bei Auftreten von unvorhergesehenen Problemen, bei Verfolgung von Sonderaktivitäten).

Die Jahresplanung

Sie wird jährlich im Herbst gemeinsam von Franchisenehmer und Franchisegeber erstellt und dient als verbindliche Grundlage für die Zusammenarbeit im nächsten Geschäftsjahr. Die Basisgrundlagen für die Jahresplanung sind: Soll-Ist-Vergleich des laufenden Jahres, falls vorhanden – die Vorjahresplanung, Bezirks- und Gebietsumsatzzahlen, Kundenzahlen und die Auflistung potenzieller Neukunden bzw. Interessenten.

Jeder Kunde soll nach Produktgruppen und Monaten nach Kartons bzw. nach Umsatz geplant werden. Dabei spielen die Vorjahreszahlen und die persönliche

Einschätzung der Rahmenbedingungen der einzelnen Kunden eine entscheidende Rolle.

Bei den Verdichtungen ergibt sich ein Bezirksplan, eine Umsatzplanung pro Landkreis und Außendienstmitarbeiter, sowie die Summe des gesamten Vertriebes. Für die Jahresplanung gibt es ein eigenes Vertriebssoftwaremodul, das den gesamten Planungsprozess entscheidend unterstützt.

Pro Gebiet werden weitere Neukunden, wenn möglich mit den entsprechenden Kundennamen geplant. Neukunden sind nach Aufstellungsmonaten und Monatsumsätzen zu planen.

In der Summe ergibt der Plan für bestehende Kunden und Neukunden einen Wert- oder Kartonumsatz pro Monat, die Anzahl der Kunden pro Monat und dadurch auch ein Durchschnittsumsatz pro Kunde. Der Vertriebsleiter stimmt die Planungszahlen mit dem Franchiseberater ab und falls erforderlich werden Korrekturen vorgenommen. Die definitive Absegnung der Planung erfolgt im Führungskreis-Vertrieb und anschließend in der Partnerversammlung durch den jeweiligen Eigentümer. Wichtig ist noch zu erwähnen, dass die Jahresplanung nach Produkten mit der Produktion abzustimmen ist.

Im nächsten Schritt wird die Umsatzplanung mit einem entsprechendem Kostenplan versehen. Anhand der Kundenanzahl und der Umsatzgrößen muss der Vertriebsleiter prüfen, ob die derzeitige Organisation ausreichend ist oder welche zusätzlichen Investitionen in Personal oder Investitionsgütern erforderlich sind. Dieser Geschäftsplan ist mit dem Eigentümer und dem Franchiseberater abzustimmen, um entsprechende Planungen für das nächste Jahr vorzunehmen. Notwendige Planungsdetails sind die Anzahl der benötigten Kühlschränke oder Öfen, die als Vordispositionsliste für den Einkauf dienen, sowie eventuelle Investitionen in PKWs, Tiefkühl-LKWs, Erweiterung der EDV, Tiefkühllager-Erweiterungen. Bei Planung für neues Personal sind die Vorlaufzeiten für Personalsuche und Einschulung zu berücksichtigen.

Ziele der Abteilung

Das Hauptziel der Abteilung ist es, gemeinsam mit den Partnern die gesteckten Umsatz- und Ertragsziele zu erreichen. Partnerschaft ist für uns kein Schlagwort, sondern ein Handlungsauftrag.

Wir wollen ein führendes Markenartikel-Unternehmen werden, was ein einheitliches Markenerscheinungsbild und eine hohe Systemkonformität voraussetzt.

Der Name R & F soll mit hoher Qualität in allen Bereichen assoziiert werden, nicht nur im Produktbereich, sondern vor allem auch im Dienstleistungsbereich. Dazu brauchen wir eine motivierte, kundenorientierte und bestens geschulte Vertriebseinheit als Partner.

Die Gastroabteilung strebt eine partnerschaftliche Beziehung zu allen Resch & Frisch Mitarbeitern an. Es soll ein Klima der Offenheit, jedoch mit entsprechender Ergebnisorientiertheit herrschen.

Produktionsberatung im Außen- und Innendienst

Um unsere Produktionspartner optimal zu unterstützen und eine hohe Qualität gewährleisten zu können, wurde eine eigene Backtechnik-Abteilung aufgebaut. Dafür war es notwendig, einerseits in Mitarbeiter und andererseits in ein Versuchslabor zu investieren.

Heute sind vier Mitarbeiter in der Backtechnik beschäftigt, die sowohl im Außen- als auch im Innendienst unseren Partnern in den Belangen der Produktion beratend zur Seite stehen.

Ziele der Abteilung Backtechnik

Wie können wir unsere backenden Partner am besten unterstützen auf deren Weg, ein Markenprodukt herzustellen, das durch seine hohe Qualität im Wettbewerb mit anderen Erzeugern führend ist?

Im Weiteren geht es darum, trotz unterschiedlicher Produktionsabläufe bei unseren Partnern den Kunden in ganz Österreich und Deutschland das typische R & F-Gebäck anbieten zu können.

Produktionspartnerberatung und Dienstleistungen

Für die Erreichung der oben genannten Ziele bietet die Abteilung Backtechnik folgende Dienstleistungen an:

❏ laufende Besuche aller Partner, um einheitliche Qualität zu gewährleisten
❏ Unterstützung bei allen Rohstoffentscheidungen sowie Betriebsabläufen
❏ Durchführung von Serienbackversuchen zur Qualitätsverbesserung
❏ Rezeptoptimierung durch Backversuche in unserem Versuchslabor
❏ Erarbeitung und Definition von Qualitätstandards für unsere Partner, abgestimmt auf deren Produktionsablauf
❏ rechtliche Beratung im Bereich Hygiene- und Lebensmittelgesetze und -bestimmungen
❏ Unterstützung bei Investitionen in Bäckereimaschinen
❏ Reklamationsbearbeitung
❏ Prozessberatung partnerbezogen
❏ Durchführung von Degustationen (Triangel- bzw. Rangetests)
❏ Chargenbegleitung und -auswertung
❏ Produktkontrollen und -freigaben (auch bei Partnern)
❏ Erstellung von Produkt- und Arbeitsplatz-Unterweisungsplänen individuell für Partner

- ❏ Erstellen von Produkthandbüchern
- ❏ Mehlanalysen im Versuchslabor, um einwandfreie Qualität schon im Rohstoffbereich voraussetzen zu können
- ❏ Durchführen von Mühlenaudits
- ❏ Konzeption und Durchführung von Führungskreisen Produktion
- ❏ Analyse von Konkurrenzprodukten
- ❏ Koordination und Umsetzung von Produkt-Neueinführungen

Bei unseren Partnern wurde es notwendig, eine neue Stelle zu installieren, die von einem Systembackmeister besetzt wird. Dieser Systembackmeister ist der direkte Ansprechpartner für unsere Backtechnik-Außendienste und vertritt den Partnerbetrieb bei den diversen Veranstaltungen.

Seine Aufgaben und Kompetenzen sind klar geregelt. Er steht der Tagschicht als R & F-Verantwortlicher vor und setzt die Ziele und Maßnahmenkataloge der Systemzentrale gemeinsam mit den Backtechnikern in den jeweiligen Partnerbetrieben um.

Die Einschulung und Weiterbildung des Systembackmeisters wird von der Franchisezentrale übernommen. Dabei wird vor allem auf fachliche und persönliche Fähigkeiten des einzelnen Rücksicht genommen und die Weiterbildung in regelmäßigen Abständen vorgenommen.

Es ist kein Zufall, dass bei nahezu allen Partnerbetrieben der R & F-Systembackmeister in der Backstube unserer Partner auch in anderen, über das R & F-System hinausgehende Bereiche, eine wichtige Rolle eingenommen hat.

Partnerschaft gelebt (die R & F-Gremien, Erfa-Konzept)

Ein dezentrales System hat zwar viele Vorteile, aber auch Nachteile: die dezentralen Entscheidungsstrukturen und die längeren Kommunikationswege. Resch & Frisch versucht, diese Nachteile durch eine Reihe von Maßnahmen auszugleichen. Für die Kommunikation untereinander steht modernste Technik (Telefon, Mobiltelefon, Fax, E-Mail, Internet) und definierte Schnittstellen und Ansprechpartner zur Verfügung.

Um jedoch Entscheidungsprozesse und vor allem auch eine Weiterentwicklung in allen Bereichen zu schaffen, ist eine demokratische Struktur erforderlich. Wir haben dazu eine Reihe von Gremien geschaffen, welche regelmäßig zusammentreten und gemeinsam tagen.

Der derzeitige Stand aller Richtlinien und Grundsätze ist im Systemhandbuch festgehalten und wird in regelmäßigen Abständen von den Beiräten überarbeitet. Dadurch wird einerseits erreicht, dass alle nach denselben Grundsätzen vorgehen und andererseits auch eine Weiterentwicklung stattfindet.

von Eckhard Flohr, Albrecht Schulz und Andrea Maria Wessels

III

Vervielfältigen

Einführung

Die Kooperation zwischen Franchisegeber und Franchisenehmer wird erst durch den Abschluss eines Franchisevertrages wirksam, denn hier werden die gegenseitigen Rechte und Pflichten festgelegt. Ein solcher Franchisevertrag, den es von

❏ einem Lizenzvertrag,
❏ einem Know-how-Überlassungsvertrag,
❏ einem Agenturvertrag,
❏ einem Handelsvertretervertrag,
❏ einem Kommissionsvertrag,
❏ einem Markenlizenzvertrag,
❏ einem Warenlieferabkommen,

abzugrenzen gilt, ist ein Vertrag sui generis. Auch im Rahmen der Schuldrechtsreform, die zum 1. Januar 2002 in Deutschland in Kraft trat, ist das Leitbild eines Franchisevertrages nicht in den Besonderen Teil des Schuldrechts des Bürgerlichen Gesetzbuches aufgenommen worden. Der Franchisevertrag ist damit nach wie vor kein gesetzlich festgelegter Vertragstypus, aber allgemein als die stärkste Form der Zusammenarbeit zwischen zwei Vertragsparteien, wenn es um den Absatz von Produkten oder die Erbringung von Dienstleistungen geht, anerkannt. Der Franchisevertrag als solcher enthält Elemente des Lizenz-, des Know-how-Überlassungs-, des Warenlieferungs-, des Gesellschafts- und des Kaufvertrages. Er ist ein sog. Dauerschuldverhältnis. Dies erklärt sich daraus, dass sich z. B. bei einem Kaufvertrag die Leistungen von Käufer und Verkäufer im einmaligen Leistungsaustausch, nämlich der Hingabe des Kaufgegenstandes Zug um Zug gegen Leistung des Kaufpreises erschöpfen, während Franchisegeber und Franchisenehmer für die Dauer der vertraglich vereinbarten Zusammenarbeit fortlaufend auf einem Leistungsaustausch bestehen.

Durch den Franchisevertrag wird im Einzelnen die Zusammenarbeit zwischen Franchisegeber und Franchisenehmer geregelt. Der Franchisevertrag stellt die Rahmenregelung dar, während durch das Franchise-Handbuch im Einzelnen Anleitungen zum Betreiben des Franchise-Outlets gegeben werden. Der Franchisevertrag ist dem gemäß entsprechend seiner Natur »statisch«, während das Handbuch »dynamisch« gestaltet ist. Da Franchisevertrag und Franchise-Handbuch miteinander verzahnt sind, muss im Franchisevertrag eine Regelung enthalten sein, wonach der Franchisegeber einseitig den Bedürfnissen des Marktes und denen des Franchisesystems entsprechend die Regelungen anpassen kann, wenn und soweit dabei die Interessen des Franchisenehmers durch die von § 242 BGB gezogenen Grenzen beachtet werden.

Der Franchisevertrag kann grundsätzlich formfrei abgeschlossen werden, es sei denn, in Einzelfällen wird gesetzlich die Form vorgeschrieben (wie z. B. unter dem früher geltenden sog. kartellrechtlichen Schriftformerfordernis des § 34 GWB a. F., hierzu siehe unten). Da aber mitunter Franchiseverträge mit Existenzgründern und damit mit Verbrauchern im Sinne von § 13 BGB abgeschlossen werden, gilt für Franchiseverträge auch das verbraucherschutzrechtliche Schriftformerfordernis im Sinne des § 492 BGB (= § 4 VerbrKG a. F.). Dies verpflichtet den Franchisegeber, alle Elemente, die für die Leistungsbestimmung zwischen den Vertragsparteien von Bedeutung sind, in den Vertrag aufzunehmen. Dies ist grundsätzlich vom Kammergericht Berlin in seinem Beschluss vom 11. Februar 1993 (2 W 706/93) festgestellt worden. In den Entscheidungsgründen, die auch unter dem Blickwinkel des § 492 BGB n. F. nach wie vor Bedeutung haben, heißt es:

»Zur Wahrung der Schriftform ist es erforderlich, sämtliche Teile des Rechtsgeschäfts in die Urkunde aufzunehmen. Wegen Formmangels nichtig kann deshalb ein Franchisevertrag sein, bei dem sich beide Partner zwar einig über den Vertragsabschluss für ein bestimmtes Vertragsgebiet sind, ohne jedoch schon den endgültigen Standort des Franchisenehmer-Geschäftes festzulegen, weil noch Verhandlungen über verschiedene Mietobjekte abzuschließen sind. ... Auch sämtliche Nebenabreden bedürfen nach § 4 Abs. 1 Satz VerbrKG der Schriftform und der Aufnahme in die Urkunde. Nach § 6 Abs. 1 VerbrKG führen derartige Verstöße gegen das Schriftformerfordernis zur Nichtigkeit des Franchisevertrages. ...«

Letztlich kann sogar die notarielle Form für einen Franchisevertrag in Betracht kommen, wenn zugleich ein Immobilienkauf getätigt wird oder wenn mit dem Abschluss des Franchisevertrages zugleich die Zusage von einer der Vertragsparteien (sei es nun Franchisegeber oder Franchisenehmer) gegeben wird, sich an der GmbH der anderen Vertragspartei durch Übernahme von Anteilen zu beteiligen, oder wenn ein Vorkaufsrecht für GmbH-Anteile eingeräumt wird. Dies wird aber eher die Ausnahme sein. Generell kann nach dem Wegfall des kartellrechtlichen Schriftformerfordernis im Sinne des § 34 GWB a. F. die Aussage gemacht werden, dass nur noch das verbraucherschutzrechtliche Schriftformerfordernis im Sinne von § 492 BGB n. F. Bedeutung für die Formbedürftigkeit beim Abschluss von Franchiseverträgen hat.

Daneben tritt natürlich die Empfehlung an die Vertragsparteien, auch dann den Franchisevertrag aus Dokumentationszwecken schriftlich zu fassen, wenn keine gesetzliche Vorschrift die Einhaltung einer Schriftform gebietet. Andernfalls ist es kaum Franchisegeber und Franchisenehmer möglich, auf die beiderseitigen Leistungsverpflichtungen zu achten bzw. diese Leistungsverpflichtungen gerichtlich geltend zu machen. Es mangelt dann an einer entsprechenden Dokumentation der wechselseitig übernommenen und synallagmatisch miteinander verknüpften Leistungen von Franchisegeber und Franchisenehmer.

3.1 Kartellrecht

Da die meisten Franchiseverträge Bestimmungen enthalten, die das freie unternehmerische Handeln des Franchisenehmers beim Einkauf bzw. Verkauf der Produkte bzw. der Erbringung der betreffenden Dienstleistungen einschränken, (z. B. das Verbot, Produkte von Konkurrenten zu vertreiben), sind bei der Gestaltung von Franchiseverträgen die Bestimmungen des Kartellrechts zu beachten. Im deutschen Kartellrecht sind bei der Ausgestaltung von Franchiseverträgen besonders die §§ 14, 15, 16 sowie 22 und 23 des Gesetzes gegen Wettbewerbsbeschränkungen (GWB) einschlägig. Darüber hinaus können Wettbewerbsbeschränkungen in Franchiseverträgen dem europäischen Kartellrecht und hier insbesondere Art. 81 EG-Vertrag unterfallen.

Wettbewerbsbeschränkungen, die sich nur in der Bundesrepublik Deutschland auswirken und keine grenzüberschreitende Wirkung haben, unterliegen ausschließlich dem deutschen Kartellrecht. Nur, wenn die Wettbewerbsbeschränkungen auch eine spürbare grenzüberschreitende Wirkung haben, kann neben dem deutschen Kartellrecht auch das europäische Kartellrecht zur Anwendung kommen. Im Grundsatz unterfallen somit Wettbewerbsbeschränkungen in kleinen nationalen Franchisesystemen ausschließlich dem deutschen Kartellrecht, wohingegen größere nationale bzw. internationale Franchisesysteme auch dem europäischen Kartellrecht unterfallen können.

3.2 Grundlagen des deutschen Kartellrechts für Franchiseverträge

Wettbewerbsbeschränkungen in Franchiseverträgen (z. B. das Verbot, Produkte konkurrierender Hersteller zu vertreiben) werden als sog. »vertikale Wettbewerbsbeschränkungen« bezeichnet, da Franchisegeber und Franchisenehmer auf unterschiedlichen Marktstufen handeln. Das deutsche Kartellrecht lässt vertikale Wettbewerbsbeschränkungen in einem großen Umfang zu. Es verbietet nur solche Bindungen des Franchisenehmers, die diesen an der freien Festsetzung seiner Verkaufspreise und Verkaufskonditionen hindern. Verboten sind insbesondere alle Formen von direkten oder indirekten Preisbindungen (§ 14 GWB). Darüber hinaus sind auch Preisempfehlungen des Franchisegebers verboten (§ 22 GWB), sofern eine Preisempfehlung nicht ausdrücklich als »unverbindlich« gekennzeichnet wird und sich auf den Verkauf von Markenware bezieht (§ 23 GWB). Verstöße gegen diese Bestimmungen werden von den Kartellbehörden gerade in Franchisesystemen immer wieder verfolgt und auch mit Bußgeldern belegt. Preisempfehlungen dürfen allerdings nicht dazu benutzt werden, um faktisch Preisbindungen gegenüber dem Franchisenehmer durchzusetzen. Es liegt dann eine sog. unzulässige Umgehungspreisempfehlung vor, wie der BGH zuletzt in seinem Urteil vom 3. Februar 1999 (BB 1999, 860 – Sixt) festgestellt hat.

Alle anderen vertikalen Wettbewerbsbeschränkungen, z. B. Alleinbezugsbindungen, Wettbewerbsverbote, Gebietsschutzklauseln etc., sind hingegen im deutschen Kartellrecht grundsätzlich zulässig. Sie unterliegen nur einer Missbrauchsaufsicht, d. h., die Kartellbehörden können die entsprechenden Klauseln im Einzelfall untersagen, wenn diese besonders schädliche Auswirkungen auf den Wettbewerb haben. Solange keine Untersagung durch eine Kartellbehörde ausgesprochen ist, sind solche Klauseln wirksam. In der Entscheidungspraxis der Kartellbehörden geschieht dies nur in sehr seltenen Ausnahmefällen.

Das früher im deutschen Recht beim Abschluss von Franchiseverträgen mit vertikalen Wettbewerbsbeschränkungen noch zu beachtende Schriftformgebot (§ 34 GWB a. F.) muss seit dem 1. Januar 1999 für neue Verträge nicht mehr beachtet werden. § 34 GWB a. F. gilt jedoch für sog. Altverträge, d. h. vor dem 31. Januar 1999 abgeschlossene Franchiseverträge fort (BGH BB 1999, 923 – Markant; BGH WRP 1999, 542 – Cover Disk). Zwar muss dann der Franchisevertrag dem Schriftformerfordernis des § 34 GWB a. F. entsprechen, jedoch nicht in der strengen Form, wie sie noch vom LG Berlin mit Urteil vom 26. Januar 1996 (WiB 1996, 533) gefordert worden war. Vielmehr hat der Bundesgerichtshof in seiner Entscheidung vom 14. Januar 1997 (WiB 1997, 683 – Kölsch) festgestellt, dass der mit dem kartellrechtlichen Schriftformerfordernis verfolgten Kontrollfunktion genüge getan ist, wenn ein aus mehreren, nicht fest miteinander verbunden Blättern bestehender Vertragstext nach seinem Erscheinungsbild – insbesondere durch Schriftbild, Paginierung und inhaltlichem Zusammenhang – als einheitliche Vertragsurkunde wirkt. Für vor dem 31. Dezember 1998 abgeschlossene Franchiseverträge bedeutet dies bei der Beurteilung der Frage, ob das kartellrechtliche Schriftformerfordernis gewahrt wurde, dass es auf die Heftung des Vertrages oder eine sonstige feste Verbindung der einzelnen Seiten des Vertrages oder der Seiten des Vertrages mit den Anlagen des Vertrages nicht mehr ankommt, sondern darauf, ob der Franchisevertrag (nebst Anlagen) nach seinem äußeren Erscheinungsbild als einheitlicher Vertrag angesehen werden kann.

3.3 Grundlagen des Europäischen Kartellrechts für Franchiseverträge

Im Gegensatz zum deutschen Kartellrecht sind im europäischen Kartellrecht nach Art. 81 Abs. 1 EG-Vertrag alle vertikalen Wettbewerbsbeschränkungen verboten, sofern sie die generellen Anwendungsvoraussetzungen des EG-Kartellrechts (Spürbarkeit der Wettbewerbsbeschränkung und Einigung zur Beeinträchtigung des zwischenstaatlichen Handels in der EU) erfüllen. Die Europäische Kommission kann jedoch durch Einzelfallentscheidungen oder Gruppenfreistellungsverordnungen Ausnahmen von diesem Verbot festlegen. Von dieser Kompetenz hat die Europäische Kommission im Bereich der vertikalen Wettbewerbsbeschränkungen in großem Umfang Gebrauch gemacht.

Ob eine Vertragsklausel, die in einem Franchisevertrag vereinbart wurde, nach den Bestimmungen des EG-Kartellrechts verboten ist, muss deshalb in zwei Stufen geprüft werden: Im ersten Schritt ist zu prüfen, ob die betreffende Vertragsklausel überhaupt gegen Art. 81 Abs. 1 EG-Vertrag verstößt. Ist dies der Fall, muss dann im zweiten Schritt geprüft werden, ob die betreffende Klausel durch eine Gruppenfreistellungsverordnung vom Verbot des Art. 81 Abs. 1 EG-Vertrag ausgenommen wird. Ist Letzteres nicht der Fall, ist die betreffende Vertragsklausel nach Art. 81 Abs. 2 EG-Vertrag nichtig. Es besteht dann nur noch die Möglichkeit, die betreffende Vertragsklausel von der Europäischen Kommission durch eine Einzelfallentscheidung genehmigen zu lassen.

Diese zweistufige Prüfung von Vertragsklauseln ist besonders im Bereich von Franchiseverträgen wichtig. Der Europäische Gerichtshof hat in seiner grundlegenden Entscheidung »Pronuptia« (EuGH, 28. Januar 1986, Slg. 1986, 374, 300 ff; NJW 1986, 1415 ff) festgelegt, dass bestimmte Vertragsklauseln in Franchiseverträgen, die das freie unternehmerische Handeln des Franchisenehmers einschränken, schon von vornherein keine »Wettbewerbsbeschränkung« im Sinne des Art. 81 Abs. 1 EG-Vertrag darstellen. Danach ist es ohne weiteres zulässig, dem Franchisenehmer solche Beschränkungen aufzuerlegen, die notwendig und unerlässlich sind, um entweder (i) den Abfluss des lizenzierten Know-how und der vom Franchisegeber gewährten Unterstützungsleistung an Konkurrenten des Franchisegebers zu verhindern oder (ii) die Identität und das Ansehen der durch die Geschäftsbezeichnung symbolisierten Vertriebsorganisation, also des einheitlichen Auftritts des Franchisesystems nach außen, zu gewährleisten. Nach Auffassung des Europäischen Gerichtshofs stellt es deshalb keine Wettbewerbsbeschränkung im Sinne des Art. 81 Abs. 1 EG-Vertrag dar, wenn dem Franchisenehmer für die Vertragslaufzeit und einen angemessenen Zeitraum danach (ca. 1 Jahr), das Verbot auferlegt wird, konkurrierende Produkte zu vertreiben. Solche Wettbewerbsverbote sind deshalb auch im EG-Kartellrecht nach den Bedingungen des »Pronuptia«-Urteils des Europäischen Gerichtshofs ohne weiteres zulässig.

Vertragsklauseln in Franchiseverträgen, die diese Bedingungen des »Pronuptia«-Urteils nicht erfüllen, sind damit noch nicht automatisch verboten. Sie verstoßen nur dann gegen Art. 81 Abs. 1 EG-Vertrag, wenn sie »spürbar« sind und den Handel zwischen Mitgliedsstaaten der Europäischen Union beeinträchtigen können. Für diese Prüfung darf nicht nur der einzelne Franchisevertrag isoliert betrachtet werden. Dieser allein bzw. die darin enthaltenen wettbewerbsbeschränkenden Vertragsklauseln wären in aller Regel weder »spürbar« noch dazu geeignet, den zwischenstaatlichen Handel zu berühren. Für die kartellrechtliche Prüfung müssen jedoch alle Verträge des betreffenden Franchisesystems zusammen betrachtet werden. Darüber hinaus muss berücksichtigt werden, inwieweit auf dem betroffenen sachlichen und räumlichen Markt andere Franchisesysteme (anderer Franchisegeber) mit vergleichbaren Vertragsklauseln bestehen. Auch diese werden in die kartellrechtliche Prüfung einbezogen (sog. Bündeltheorie).

Nach den Grundsätzen des Europäischen Gerichtshofs, insbesondere in der Entscheidung »Delimitis« (EuGH, 28. Februar 1991, Slg. 1991 I 977, 983 ff; EuZW 1991, 376) muss dabei u. a. geprüft werden, ob und inwieweit der betroffene Markt durch das betreffende Franchisesystem sowie die Franchisesysteme anderer Franchisegeber abgeschottet wird. Die Europäische Kommission hat nun erstmalig im Jahr 2000 im Rahmen ihrer »Leitlinien für vertikale Wettbewerbsbeschränkungen« weitere Kriterien für diese Abschottungswirkung aufgestellt (Tz. 141 ff. der Vertikalleitlinien, ABl. 2000 Nr. C291/1). Im Grundsatz wird man danach davon ausgehen können, dass ein kritischer Marktabschottungseffekt erst vorliegt, wenn mehr als 30 oder gar 40 Prozent des fraglichen Marktes über ähnliche Wettbewerbsbeschränkungen in Franchiseverträgen gebunden sind (je nach Marktstärke der zu berücksichtigenden Franchisenetze, Tz. 149).

Selbst dann, wenn diese kritische Schwelle überschritten wird, muss jedoch noch nicht zwangsläufig das Vertragssystem des einzelnen Franchisegebers (bzw. die darin enthaltenen Wettbewerbsbeschränkungen) gegen das EG-Kartellrecht verstoßen. Die Europäische Kommission geht in den Vertikalleitlinien davon aus, dass Franchisesysteme, die weniger als 5 Prozent des Marktes binden, in der Regel nicht in erheblichem Maße zu der marktabschottenden Wirkung beitragen (Tz. 142). Insgesamt kann man deshalb feststellen, dass wettbewerbsbeschränkende Vertragsklauseln in Franchisesystemen, die nur weniger als 5 Prozent des Marktes binden, mangels Spürbarkeit in der Regel nicht gegen das EG-Kartellrecht verstoßen.

Darüber hinaus unterfallen Wettbewerbsbeschränkungen in Franchisesystemen mangels Spürbarkeit auch dann nicht dem Verbot des Art. 81 Abs. 1 EG-Vertrag, wenn die betreffenden Verträge von kleinen und mittleren Unternehmen abgeschlossen werden. Nach den Bestimmungen der sog. Bagatellbekanntmachung der Europäischen Kommission vom 22.Dezember 2001 (ABl. 2001 Nr. C368/13, abgedruckt im Anhang) sind Vereinbarungen zwischen kleinen und mittleren Unternehmen »selten geeignet den Handel zwischen Mitgliedstaaten und den Wettbewerb innerhalb des gemeinsamen Marktes spürbar zu beeinträchtigen«. Sie fallen somit nach Auffassung der Kommission in aller Regel nicht unter das Verbot des Art. 81 Abs. 1 EG-Vertrag. Die Europäische Kommission behält sich jedoch vor, gegen entsprechende Vereinbarungen vorzugehen, wenn der Wettbewerb auf dem relevanten Markt durch parallele Franchisesysteme beeinträchtigt wird oder wenn die Vereinbarungen den Wettbewerb auf einem wesentlich Teil des gemeinsamen Marktes behindern. Ein kleines und mittleres Unternehmen im Sinne der Bagatellbekanntmachung liegt dann vor, wenn das Unternehmen weniger als 250 Personen beschäftigt, einen Jahresumsatz von nicht mehr als 40 Millionen Euro bzw. eine Jahresbilanzsumme von höchstens 27 Millionen Euro hat und nicht zu 25 Prozent des Kapitals- oder der Stimmrechte oder mehr im Besitz von Großunternehmen steht (diese Schwellenwerte werden nach Ankündigung der Kommission erhöht werden, wohl auf 50 Millionen Euro Jahresumsatz bzw. auf 43 Millionen Euro Bilanzsumme).

Gem. Ziff.7.b) der Bagatellbekanntmachung fallen nach Auffassung der Kommission Vertikalvereinbarungen – also auch Franchisevereinbarungen – nicht unter das Verbot von Art. 81 Abs. 1, wenn die Marktanteile der beteiligten Unternehmen auf keinem der betroffenen Märkte 15 Prozent überschreiten. Bei horizontalen Vereinbarungen ist gemäß Ziff. 7 a) der Schwellenwert auf 10 Prozent angehoben worden. Falls es bei der Einstufung einer Vereinbarung unklar ist, ob sie als Horizontal- oder als Vertikalvereinbarung anzusehen ist, so gilt der niedrigere Schwellenwert von 10 Prozent. Falls es in einem relevanten Markt durch gleichartige Vereinbarungen in nebeneinander bestehenden Vertriebsnetzen und dadurch entstehende kumulative Marktabschottungseffekte zu Beschränkungen kommt, so werden die vorgenannten Schwellenwerte gemäß Ziff. 8 auf 5 Prozent herabgesetzt. Bei einzelnen Lieferanten oder Händlern mit einem Marktanteil bis zu 5 Prozent wird nicht angenommen, dass sie wesentlich zu dem kumulativen Abschottungseffekt beitragen. Ein kumulativer Abschottungseffekt wird ebenfalls nicht angenommen, wenn weniger als 30 Prozent des relevanten Marktes von nebeneinander bestehenden Netzen mit ähnlichen Vertragsstrukturen abgedeckt werden. Einigermaßen sicher außerhalb der Reichweite von § 81 Abs. 1 EG-Vertrag kann sich ein Franchisenetz also nur fühlen, wenn sein Marktanteil auf dem relevanten Markt weniger als 5 Prozent beträgt.

Diese letzte Bagatellbekanntmachung der Kommission enthält allerdings eine weitere wenig positive Neuerung. Die Kommission erklärt in Ziff. 11, dass nach ihrer Meinung die oben dargelegten Schwellenwerte dann nicht anwendbar sein sollen – die Vereinbarungen also voll der Wirkung von Artikel 81 Abs. 1 EG-Vertrag unterliegen –, wenn sie eine Reihe »schwarzer Klauseln« enthalten, welche identisch sind mit den »schwarzen Klauseln« von Artikel 4 der Vertikal-Gruppenfreistellungsverordnung (diese werden unten bei der Darstellung der Vertikal-GVO noch erörtert). Auch bei Verträgen, die nach Meinung der Kommission insgesamt nicht geeignet sind, den Wettbewerb spürbar zu beeinträchtigen, sind danach sog. schwarze Klauseln schädlich. Etwas anderes gilt dennoch weiterhin für Verträge zwischen kleinen und mittleren Unternehmen, da solche Verträge (siehe oben) schon gar nicht Artikel 81 Abs. 1 unterfallen. Dennoch muss jedem Franchisegeber geraten werden, dass er sog. schwarze Klauseln am besten gar nicht in seinen Verträgen benützt. Dies gilt insbesondere für Klauseln, die auch nach dem jeweils anwendbaren nationalen Kartellrecht verboten sind, wie z. B. die Bindung von Wiederverkaufspreisen, was auch nach dem ansonsten liberalen deutschen Vertikal-Kartellrecht unzulässig ist.

Ergibt sich, dass ein Franchisesystem bzw. die in den einzelnen Verträgen enthaltenen Wettbewerbsbeschränkungen, spürbar sind und den zwischenstaatlichen Handel beeinträchtigen können, verstoßen die Wettbewerbsbeschränkungen gegen das Verbot des Art. 81 Abs. 1 EG-Vertrag. Die betreffenden Klauseln sind dann gem. Art. 81 Abs. 2 EG-Vertrag nichtig, es sei denn, sie unterfallen einer

Gruppenfreistellungsverordnung oder werden durch eine Einzelfreistellung der Europäischen Kommission genehmigt.

Für neu geschlossene Franchiseverträge ist seit dem 1. Juni 2000 die neue Gruppenfreistellungsverordnung für vertikale Wettbewerbsbeschränkungen Nr. 2790/1999 (»Vertikal-GVO«, ABl. 2000 Nr. L 336/21, im Anhang abgedruckt) anwendbar. Für Franchiseverträge, die vor dem 1. Juni 2000 abgeschlossen wurden, galt für eine Übergangsfrist bis zum 31. Dezember 2001 die Freistellung durch die Gruppenfreistellungsverordnung für Franchisevereinbarungen Nr. 4087/88 (»Franchise-GVO«, ABl. 1988 Nr. L 359/46) fort, sofern diese Verträge voll der alten GVO entsprachen. Die alte Franchise-GVO hat also nur noch historische Bedeutung.

Die Vertikal-GVO, die nach Ablauf der Übergangsfrist die Franchise-GVO abgelöst hat, gilt aber nicht nur für Franchiseverträge, sondern grundsätzlich für alle Formen vertikaler Wettbewerbsbeschränkungen. Die Vertikal-GVO gilt sowohl für Verträge über den Vertrieb von Waren als auch für Dienstleistungen. Gem. Art. 2 Abs. 1 der Vertikal-GVO werden künftig sämtliche Formen vertikaler Wettbewerbsbeschränkungen in Franchiseverträgen (u. a. Vertikalverträgen) grundsätzlich vom Verbot des Art. 81 Abs. 1 EG-Vertrag ausgenommen. Aufgrund dieser aus Sicht der Unternehmen begrüßenswerten Ausdehnung des Freistellungsumfangs wird die neue Vertikal-GVO auch als »Schirm-GVO« bezeichnet.

Allerdings hat die Freistellung durch die Vertikal-GVO zwei wesentliche Einschränkungen: Sie gilt nicht für bestimmte, nach Auffassung der Kommission besonders schädliche Wettbewerbsbeschränkungen, die in Art. 4 (»Schwarze Liste«) bzw. Art. 5 (»Rote Liste«) der Vertikal-GVO im Einzelnen aufgelistet sind. Darüber hinaus gilt die Freistellung durch die Vertikal-GVO nur für die wettbewerbsbeschränkenden Vereinbarungen von Unternehmen, deren Marktanteil jeweils die Schwelle von 30 Prozent nicht überschreitet. In der Regel ist dabei der Marktanteil des Franchisegebers entscheidend. Dies bedeutet, dass künftig Franchisegeber mit höheren Marktanteilen nicht mehr in den Genuss einer Gruppenfreistellung kommen und im Streitfalle wettbewerbsbeschränkende Klauseln in ihren Franchiseverträgen – vorausgesetzt, diese fallen unter Art. 81 Abs. 1 EG-Vertrag – nur noch nach Erteilung einer Einzelfreistellung durch die Europäische Kommission durchsetzen können.

Von den nach der Vertikal-GVO nicht freigestellten Vertragsklauseln (»Schwarze Klauseln«) nach Art. 4 der Vertikal-GVO sind für Franchiseverträge als besonders wichtig die folgenden beispielhaft zu nennen:

❏ die Festsetzung von Mindest- oder Festpreisen, die der Franchisenehmer beim Abverkauf der Produkte einhalten soll,
❏ das an den Franchisenehmer gerichtete Verbot des passiven Verkaufs außerhalb ihm zugewiesener Vertragsgebiete bzw. Kundengruppen,

❑ das an den Franchisenehmer gerichtete Verbot des aktiven Verkaufs außerhalb ihm zugewiesener Vertragsgebiete bzw. Kundengruppen, es sei denn, diese Vertragsgebiete bzw. Kundengruppen wurden ausschließlich anderen Franchisenehmern zugewiesen oder vom Franchisegeber für sich selbst reserviert.

Weniger problematisch ist hingegen die Vereinbarung von Wettbewerbsverboten in Franchiseverträgen. Nach Art. 5 der Vertikal-GVO sind zwar Wettbewerbsverbote in Vertikalverträgen nur dann vom Verbot des Art. 81 Abs. 1 EG-Vertrag freigestellt, wenn sie für einen Zeitraum von nicht mehr als fünf Jahren vereinbart werden. Dies gilt jedoch nicht für Franchiseverträge, soweit diese die oben dargestellten Kriterien der Pronuptia-Rechtsprechung des Europäischen Gerichtshofs erfüllen, wie es die Kommission in Tz. 200 Nr. 2 der Vertikalleitlinien selbst betont. Liegen diese Voraussetzungen vor, kann das Wettbewerbsverbot für die gesamte Vertragslaufzeit vereinbart werden und stellt dann schon keine Wettbewerbsbeschränkung im Sinne des Art. 81 Abs. 1 EG-Vertrag dar.

Zu beachten ist noch, dass Franchisesysteme nicht selten Züge eines selektiven Vertriebssystems tragen. Dies gilt besonders dann, wenn die Franchisenehmer nach bestimmten festgelegten Merkmalen ausgesucht werden und wenn sich sowohl der Franchisegeber als auch die Franchisenehmer dazu verpflichten, die Vertragswaren außer an Endkunden nur an zugelassene Franchisenehmer, d. h. nicht an Wiederverkäufer außerhalb des Systems zu liefern (Art. 1 d) der Vertikal-GVO). In Franchisesystemen, die nach diesen Kriterien als selektive Vertriebssysteme im Sinne der GVO anzusehen sind, dürfen Querlieferungen zwischen den einzelnen Franchisenehmern unter keinen Umständen unterbunden werden. Darüber hinaus darf dem Franchisenehmer in einem solchen System weder der aktive noch der passive Verkauf an Endverbraucher eingeschränkt werden (Art. 4 c) der Vertikal-GVO). In einem solchen System ist also kein Gebietsschutz gegenüber anderen Franchisenehmern möglich; nur der Franchisegeber kann sich verpflichten, im Vertragsgebiet des Franchisenehmers nicht selbst tätig zu werden oder einen weiteren Franchisenehmer zu etablieren.

Die vorstehenden Ausführungen können naturgemäß nur den Rahmen des kartellrechtlich Verbotenen bzw. Bedenklichen umreißen. Gerade beim Aufbau von Franchisesystemen empfiehlt es sich, rechtzeitig den Rechtsrat eines Kartellrechtsspezialisten einzuholen, da spätere Korrekturen in Vertragssystemen nur sehr mühsam umzusetzen sind.

Abschließend sei noch einmal auf wichtige Unterschiede zwischen dem deutschen und dem europäischen Kartellrecht hingewiesen. Nach dem europäischen Kartellrecht ist die Festsetzung von Höchstverkaufspreisen zulässig (Artikel 4 a) Vertikal-GVO), wogegen nach deutschem Kartellrecht die Festsetzung von Höchstpreisen nicht mit § 14 GWB vereinbar ist. Andererseits unterliegen Preisempfehlungen nach europäischem Kartellrecht keinerlei Einschränkung, wogegen nach § 22 GWB Preisempfehlungen nur für sog. Markenwaren zulässig sind.

Bei der Vertragsgestaltung muss also immer darauf geachtet werden, ob ein Vertrag nur dem deutschen Kartellrecht unterfällt (das im Vertikalbereich insgesamt großzügig ist, jedoch nicht im Bereich von Preisempfehlungen bzw. Preisfestsetzungen) oder bereits dem europäischen Kartellrecht (das im Preisbereich großzügig ist, dagegen für andere Bereiche stark einschränkende Verbote = schwarze Klauseln enthält). Es besteht jedoch kein »Wahlrecht«. Vielmehr hängt die Anwendung von den Marktanteilen bzw. der Größe der beteiligten Unternehmen ab. Kleine neue Netzwerke zwischen kleinen und mittleren Unternehmen unterliegen deshalb in der Regel nur dem deutschen Kartellrecht.

3.4 Die Gestaltung des Franchisevertrages

Die Gestaltung eines rechtswirksamen Vertrages ist von großer Bedeutung, ist aber keine Selbstverständlichkeit. Deshalb ist der Franchisegeber vor Beginn der Vervielfältigungsphase nach Errichtung der Systemzentrale und nach erfolgreichem Betreiben des Pilotbetriebes nochmals mit einer aufwendigen Arbeit befasst. Er muss nämlich seinen individuellen Muster-Franchisevertrag, wie er in der Zukunft für eine Vielzahl von Franchisenehmern gleichlautend gelten soll, mit rechtlich kompetenter Hilfe erarbeiten. Will der Franchisegeber seinen Franchisenehmern nicht lediglich eine »leere Hülle« aus juristisch sorgfältigen Formulierungen (durch Übernahme aus einem Formularhandbuch) zumuten, sondern hier sein individuelles Franchisesystem mit seinen Vorteilen beschreiben und Regeln, bedarf es einiger Anstrengung, insbesondere bei folgenden Überlegungen:

1. Wer ist Vertragspartner für die einzelnen gegenseitigen Leistungen und Verpflichtungen?
2. Welche Waren und/oder Leistungen werden vom Franchisegeber an den Franchisenehmer verkauft bzw. erbracht und welche vom Franchisenehmer gegenüber seinen Kunden?
3. Habe ich Key-Account-Kunden, sodass eine Sonderregelung im Vertrag notwendig ist?
4. Welche Informationen benötige ich vom Franchisenehmer regelmäßig, zum einen als betriebswirtschaftliches Führungsinstrument und zum anderen, um Betriebsvergleiche erstellen zu können?
5. Welche Laufzeit soll der Vertrag haben und wie soll er sich danach verlängern?
6. Welche Verträge werden neben dem Franchisevertrag als mit diesem wirtschaftlich zusammenhängende Verträge abgeschlossen (z. B. Softwareüberlassungsvertrag für das Kassensystem/Untermietvertrag für das Franchise-Outlet oder Warenbelieferungsvereinbarung)?
7. Welche finanziellen Möglichkeiten muss mein Franchisenehmer typischerweise haben?

8. Welche Förderungsmöglichkeiten für die Franchisenehmer gibt es?

9. Welche Einkaufsquellen sollen/müssen für die Franchisesysteme zentral eröffnet werden?

10. Welche Handelsspannen können auf die an den Franchisenehmer auszuliefernden Produkte aufgeschlagen werden und verbleiben Kick Backs (Werbekostenzuschüsse, Boni, Skonti etc.) von Systemlieferanten für die vom Franchisenehmer generierten Umsätze bei der Zentrale?

11. Welche geldwerten Leistungen (Gebühren) werden vom Franchisenehmer verlangt und wie werden diese bemessen?

12. Wie eng soll der Franchisenehmer an das Franchisesystem gebunden werden, ohne dass dessen unternehmerische Freiheit tangiert ist?

13. Soll ein festes Vertragsgebiet vereinbart werden?

14. Soll anstatt eines Vertragsgebietes ein Kundenschutz vereinbart werden?

15. Welche Marketing- und Werbekonzepte müssen vorliegen und in welcher Weise ist dem Franchisenehmer aktives Marketing außerhalb eines ihm zugewiesenen Vertragsgebietes gestattet?

16. Welche Preise können für die vom Franchisenehmer zu beziehenden Produkte verlangt werden, damit diesem noch eine Marge möglich ist? Welche Einkaufsquellen sollen/müssen dem Franchisenehmer eröffnet werden?

17. Welchen Umfang hat die mit dem Franchisenehmer vereinbarte Bezugsbindung?

18. Wird der Franchisevertrag grundsätzlich mit Existenzgründern abgeschlossen, so dass eine Widerrufsbelehrung notwendig ist?

19. Soll ein Schiedsgericht vereinbart werden oder sämtliche Streitigkeiten durch die ordentliche Gerichtsbarkeit entschieden werden?

20. Soll einer gerichtlichen Auseinandersetzung eine außergerichtliche Einigung, etwa in Form einer Mediation, vorausgehen?

Die richtigen Formulierungen und die jeweils richtige Entscheidung müssen unter Berücksichtigung der rechtlichen Gegebenheiten getroffen werden. Daneben muss der Vertrag eine Vielzahl von Regelungen aufweisen, wie sie auch in anderen Unternehmenskooperationsverträgen Regelungsgegenstand sind, hier jedoch mit einer bestimmten Zielrichtung und daher mit teilweise anderen Formulierungen. Hierzu gehören z. B. sämtliche Bereiche der Leistungssicherung und der Vertragsdurchführung.

Als eine Übersicht, was ein typischer Franchisevertrag mit einem gut strukturierten Aufbau an Inhalten aufweisen kann, gilt folgendes Inhaltsverzeichnis.

I. **Vertragliche Grundlagen**
1. Präambel
2. Gegenstand der Franchise
3. Räumliche und sachlicher Geltungsbereich/Kundenschutz/Platzschutz

5. Vertragsänderungen
6. Salvatorische Klausel
7. Schlichtung/Schiedsgerichtsverfahren
8. Anlagenverzeichnis:
   a) Widerrufsbelehrung mit Empfangsbestätigung
   b) Gebietskarte, Standort
   c) Allgemeine Geschäftsbedingungen
   d) Grundausstattungsliste
   e) Zusatzverträge
      – (Unter-)Mietverträge
      – Software-Überlassungsvertrag /-Lizenzvertrag
      – Kauf- oder Leasingverträge
      – Garantie/Bürgschaft
   f) Weitere Anlagen
      – Preisliste
      – Lieferantenliste
      – Marken, gewerbliche Schutzrechte
      – Gesellschaftsvertrag
      – Geschäftsordnung des Beirats
      – Abbuchungsauftrag
      – Geheimhaltungsverpflichtung

Im Folgenden werden einzelne wichtige Inhalte des Franchisevertrages herausgestellt, um das Augenmerk darauf zu lenken. Es muss jedoch nochmals betont werden, dass jeder Franchisevertrag systemspezifische Regelungen enthält und dass daher weder das Inhaltsverzeichnis noch die nachfolgenden Erwägungen vollständig und abschließend sein können.

3.5 Vertragliche Grundlagen

Präambel

Die Präambel geht dem eigentlichen Vertrag voran. Sie sollte den Vertragsinhalt und den Vertragszweck bezeichnen. Grundsätzlich entfalten die Aussagen in einer Präambel keine unmittelbare Rechtswirkung, sie werden eher als Absichtserklärungen und Auslegungskriterien verstanden. Hier sollte formuliert werden, was das Franchisesystem ist, was es sich zum Ziel setzt und welche Besonderheiten es aufweist.

Gleichwohl ist die Präambel wichtig, auch im Falle eines Rechtsstreites. Dies gilt insbesondere dann, wenn es darum geht, den zwischen den Parteien abgeschlossenen Franchisevertrag nicht nur auszulegen, sondern festzustellen, worin die Grundlagen für die vertragliche Zusammenarbeit zwischen Franchisegeber einerseits und Franchisenehmer andererseits liegen. Insoweit können im Lichte der Präambel einzelne Vertragsbestimmungen, die nicht eindeutig sind, ausgelegt werden. Nicht selten kann die Präambel eine bis zwei Seiten lang sein, je nachdem, wie einfach oder kompliziert das Franchisesystem zu beschreiben ist.

Da es keine allgemein gültige Legaldefinition für den Begriff *Franchising* gibt, kommt der Präambel noch eine besondere Bedeutung hinzu. Um den als Franchisevertrag überschriebenen Vertrag auch als solchen zu identifizieren und um die Annahme zu vermeiden, es handele sich etwa um einen Vertragshändler- oder einen Handelsvertretervertrag, sollten entweder entsprechend der Definition im Ehrenkodex des Deutschen Franchiseverbandes oder nach den Grundlinien der im Allgemeinverständnis wohl noch eine Zeitlang fortlebenden Definition der früheren EG-Gruppenfreistellungsverordnung für Franchising bereits in der Präambel alle Elemente dargestellt werden, die den Franchisevertrag eindeutig als solchen erscheinen lassen.

Die Präambel sollte allerdings keinesfalls verwechselt werden mit einem Prospekt. Werbeaussagen im Vertrag verbieten sich grundsätzlich. Zum einen wirkt dies nicht unbedingt professionell, zum anderen könnten sie Haftungsrisiken schaffen, die nicht unbedingt in Kauf genommen werden sollten. Insbesondere anpreisende Systembeschreibungen wie »das System hat Verkehrsgeltung erlangt« oder »verfügt über einen hohen Bekanntheitsgrad« sind rechtlich relevant: Wann eine Marke Verkehrsgeltung besitzt oder einen hohen Bekanntheitsgrad erlangt hat, kann von einem Gericht festgestellt werden. Die Grenzen hierfür sind jedoch so hoch gesteckt, dass nur die wenigsten Systeme ein solches Prädikat für sich werblich nutzen können.

Es dürfte ratsam sein, in der Präambel festzulegen, ob und wie der Franchisenehmer über alle Umstände, die die Rentabilität des Franchisebetriebes beeinflussen, vor Vertragsabschluss aufgeklärt wurde. Nach dem Urteil des OLG München vom 16. September 1993 (NJW 1994, 667 f.) macht sich ein Franchisegeber schadenersatzpflichtig, wenn er hierüber nicht vollständig und richtig einen späteren Franchisenehmer unterrichtet. Die Präambel sollte daher nicht nur einen Hinweis auf die vor Vertragsabschluss vermittelten Informationen und tatsächlichen Zahlen des Pilot-Betriebes oder sonstige statistische Angaben über bereits seit längerem geführte Franchise-Outlets enthalten, sondern auch festlegen, dass der zukünftige Franchisenehmer seinerseits die Möglichkeit hatte, diese Informationen zu überprüfen bzw. durch einen Dritten, der von Berufs wegen zur Verschwiegenheit verpflichtet ist, überprüfen zu lassen. Zugleich sollte die Präambel mit der Feststellung des Franchisenehmers enden, dass er versieht, dass er über die notwendige Ausbildung, aber auch Erfahrung verfügt, um das Franchise-Outlet zu betreiben.

Gegenstand der Franchise

Vertragsgegenstand einer Franchisevereinbarung ist regelmäßig die Einräumung des Rechts und die Verpflichtung des Franchisenehmers, die im Einzelnen bezeichneten Rechte (gewerbliche Schutzrechte, kommerzielles Know-how gelegentlich auch technisches Know-how) des Franchisegebers zu nutzen. Da ein Franchisesystem nur ein einheitliches Know-how besitzt, das in dieser Form allen Franchisenehmern gleichermaßen zur Verfügung gestellt wird, ist der Franchisevertrag in der Regel ein vorformulierter, der Inhaltskontrolle der §§ 305 ff. BGB n. F. unterfallender Mustervertrag des Franchisegebers mit den im Folgenden näher beschriebenen, teilweise sehr detailliert ausgeführten Regelungen der Rechte und Pflichten der Vertragsparteien.

Räumlicher und sachlicher Geltungsbereich

Der Vertrag sollte zwingend und eindeutig den räumlichen und sachlichen Geltungsbereich der Rechtseinräumung festlegen. Hier sollte das Vertragsgebiet festgelegt werden, welches in jedem Fall Bestandteil des Franchisevertrages sein sollte. Das Vertragsgebiet ist nicht zu verwechseln mit einem Gebietsschutz. Das Vertragsgebiet regelt ein Gebiet, in dem der Franchisenehmer berechtigt ist, unter der Marke des Franchisesystems, welches er zur Nutzung erhalten hat, aktive Marketing-, Werbe- und PR-Maßnahmen durchzuführen. Ob und inwieweit ein Gebietsschutz zugunsten des Franchisenehmers vereinbart wird, ist eine grundsätzliche Erwägung, die der Franchisegeber bei der Konzeption des Franchisevertrags anstellen muss. Hierbei ist allerdings die Tatsache zu berücksichtigen, dass bei Anwendbarkeit der Vertikal-GVO gem. deren Art. 4 b) eine Gebietsschutzklausel durch Zuweisung eines exklusiven Gebietes an einen Franchisenehmer zwar weiterhin möglich ist, praktisch es den anderen Franchisenehmern aber hierdurch nicht verwehrt ist, in ein solches Exklusivgebiet selbst zu liefern. Insofern kann grundsätzlich im Franchisevertrag auch kein aktives Marketing des Franchisenehmers außerhalb seines Vertragsgebietes ausgeschlossen werden. Davon gibt es zwei Ausnahmen, ein aktives Marketing kann dem Franchisenehmer für solche Gebiete untersagt werden, die der Franchisegeber einem anderen Dritten (in der Regel einem Franchisenehmer) ausschließlich zur Nutzung überlassen hat, oder für solche Gebiete, die der Franchisegeber sich selbst zur Nutzung vorbehalten hat. Damit soll der Aufbau eines Franchisesystems ermöglicht werden, wobei streitig ist, innerhalb welcher Frist dann der Franchisegeber die sich selbst vorbehaltenen Gebiete, sofern er sie nicht selbst nutzt, an Dritte zu vergeben hat. Die dem Franchisegeber gesetzten Spannen differieren hier im Schrifttum zwischen 6 und 24 Monaten. Auch ist streitig, ob der Franchisegeber verpflichtet ist, innerhalb des Franchisevertrages dann die Vertragsgebiete (etwa in einer Anlage) zu benennen, die von anderen Franchisenehmern ausschließlich genutzt werden bzw. deren Nutzung er sich vorbehalten hat.

Die gleichen Überlegungen gelten bzgl. Kundenschutzklauseln, die besonders bei Franchisesystemen ohne feste Verkaufslokale, d. h. mit mobilen Liefer- oder Servicefahrzeugen, verbreitet sind. Solange ein Franchisesystem eindeutig nur unter deutsches Kartellrecht fällt, sind derartige Klauseln zulässig. Bei Anwendbarkeit des EG-Kartellrechts, d. h. der Vertikal-GVO, ist auch hier nur Schutz vor aktivem Verkauf, nicht aber vor passivem Verkauf möglich, d. h. auch nicht die Verpflichtung zur Weitergabe von Kundenanfragen an den zuständigen Franchisenehmer.

An dieser Stelle wird auch festgelegt, dass die Franchise nur für einen bestimmten Standort, welcher mit Straße und Hausnummer im Vertrag festgelegt wird, abgeschlossen wird. Andernfalls kann es dazu führen, wenn der Vertrag tatsächlich für einen bestimmten Standort abgeschlossen wird, dass bei mangelnder schriftlicher Vereinbarung des Standortes im Vertrag dieser zumindest teilnichtig, wenn nicht gar gesamtnichtig ist (§§ 139, 492 BGB), sofern Letzteres auf den Franchisevertrag anwendbar ist.

Der sachliche Geltungsbereich der Franchise kann dadurch abgegrenzt werden, dass das Lizenzrecht entweder als einfache Lizenz zum Betreiben des Franchisebetriebes, zur Nutzung der Marke und zum Verkauf bestimmter Waren/Dienstleistungen gewährt wird, oder als ausschließliche Lizenz für ein bestimmtes Vertragsgebiet. In letzterem Falle verpflichtet sich der Franchisegeber, nicht selbst oder durch andere Vertriebspartner in diesem Gebiet tätig zu werden.

Vertragspartner

Eine grundsätzliche Frage bei der Gestaltung des Franchisevertrages ist, wer die eigentlichen Vertragsparteien sind bzw. sein sollen. Auf Seiten des Franchisegebers ist dies meist eindeutig – es ist das Unternehmen, welches das Franchisesystem betreibt. Es können aber auch Dritte, häufig verbundene Unternehmen, zusätzlich eintreten, als Lieferanten, als Vermieter, als Softwarelizenzgeber, als Markenlizenzgeber. Auf Seiten des Franchisenehmers lässt sich diese Frage oftmals nicht so selbstverständlich beantworten. Dem Franchisegeber stellt sich die grundsätzliche Frage, ob der Vertragspartner eine natürliche Person oder eine Betriebsgesellschaft des eigentlichen Franchisenehmers, z. B. eine von ihm gegründete GmbH sein soll. Der Franchisenehmer mag interessiert sein, dass eine GmbH der Vertragspartner wird, da seine Haftung dann auf das Stammkapital beschränkt ist. Ist der Franchisenehmer eine juristische Person, so können Regelungen hinsichtlich der Verfügung über Gesellschaftsanteile, Änderung der Geschäftsführer oder bzgl. persönlicher Haftung von Bedeutung sein. Je nach Franchisesystem ist zu entscheiden, ob besonderer Wert auf die Person des Franchisenehmers gelegt werden muss oder nicht. Entscheidet der Franchisegeber, immer nur mit einer natürlichen Person den Franchisevertrag abschließen zu wollen, so ergeben sich dadurch andere rechtliche Probleme. In einem solchen Fall wird der Franchisenehmer in aller Regel noch nicht Kaufmann sein, sodass §§ 305 ff. BGB (Inhaltskontrolle Allgemeiner Geschäftsbedingungen) anwendbar sind. Auch Gerichtsstands- und Erfüllungsortvereinbarungen könnten dann nicht wirksam geschlossen werden, und bei besonders restriktiven Bestimmungen im Franchisevertrag besteht die Gefahr, dass er als Arbeitsvertrag ausgelegt wird.

Gerade in Franchisesystemen, bei denen die höchstpersönliche Leistungserbringungspflicht und eine verstärkte Abhängigkeit zwischen dem Franchisenehmer als natürlicher Person und der Systemzentrale bestehen, wie bei Kurier- oder Transportsystemen, die nach vorgegebenen Routen fahren, oder bei Systemen, die vom Franchisenehmer nicht die Einrichtung eines Geschäftslokales oder eines umfangreichen Geschäftsbetriebes mit mehreren Mitarbeitern erfordert, ist die Gefahr erheblich, dass der Franchisenehmer als Scheinselbstständiger angesehen wird.

Der Franchisenehmer muss verpflichtet werden, auf seine Stellung als selbstständiger Unternehmer in rechtlich zulässiger und korrekter Weise hinzuweisen. Dieser Hinweis ist auf Geschäftspapieren in geeigneter und richtiger Weise anzubringen, sonst – so ein Urteil des OLG Bremen vom 11.Februar 1993 (NJW 1994, 1292) – kann die Geschäftsbezeichnung zur Irreführung über die geschäftlichen Verhältnisse des Franchisenehmers führen und daher wettbewerbswidrig sein.

Vertragsgrundlagen

Es empfiehlt sich, im Vertrag eindeutig zu regeln, welche Absprachen zum Vertrag gehören und somit als Bestandteile des Vertrages anzusehen sind. Dies erfordert – im Falle von dessen Anwendbarkeit – auch das Schriftformerfordernis des § 492 BGB bei Warenbezugsvereinbarungen, aber auch das gewillkürte Schriftformerfordernis, das oftmals in den Vertrag aufgenommen wird (siehe hierzu nachfolgend Abschnitt V.4). Danach sind auch alle Nebenabsprachen schriftlich in einem Vertrag niederzulegen sind, da *Schriftform* nach § 126 BGB auch in diesem Zusammenhang bedeutet, dass eine Urkunde grundsätzlich über den ganzen Vertrag erstellt werden muss. Daher sollten alle Anlagen aufgezählt werden ebenso wie alle weiteren Nebenverträge, welche zu Vertragsbestandteilen erklärt werden. Dabei müssen alle eindeutig wechselseitig Bezug aufeinander nehmen. Kann dieser wechselseitige Bezug nicht hergestellt werden, z. B. weil es sich um Altverträge handelt (ein bereits abgeschlossener Mietvertrag für den später vereinbarten Standort oder ähnliches), so sollte der Altvertrag unbedingt als Anlage fest mit dem Vertrag verbunden werden.

Rangfolge der Vereinbarungen

Um Auslegungsschwierigkeiten zu vermeiden, sollte bei umfassenden Franchisevertragswerken ebenfalls festgelegt werden, in welcher Reihenfolge die Vereinbarungen gelten. Sollten nämlich bei einer Vielzahl von Vereinbarungen einschließlich der Richtlinien widersprechende Auslegungen bei strittigen Bestimmungen möglich sein, so muss festgelegt werden, welche Vereinbarung Vorrang hat. In der Regel sollte die Rangfolge wie folgt festgelegt werden:

❏ Bestimmungen des Franchisevertrages
❏ Anlagen in der Folge ihrer Nummerierungen
❏ Zusatzvereinbarungen

242

- ❏ Nachtragsänderungen in der Rangfolge des Abschlusses (die jeweils Jüngste geht vor)
- ❏ Richtlinien und Grundsätze in den Handbüchern
- ❏ Allgemeine Geschäftsbedingungen in der jeweils verbindlichen Fassung
- ❏ Gesetze, Verordnungen und behördliche Anordnungen.

Teilweise wird auch noch davon ausgegangen, dass bei der Auslegung des Vertrages auch auf den Ehrenkodex des Deutschen Franchise-Verbandes e. V. zurückgegriffen werden kann. Dies ist nicht zu empfehlen. Der Ehrenkodex des Deutschen Franchise-Verbandes ist zum einen nur eine für die ordentlichen Mitglieder des Deutschen Franchise-Verbandes verpflichtende Richtlinie und zum anderen für die Gerichte bei der Entscheidung von Streitigkeiten über die Auslegung eines Franchisevertrages ohne Bedeutung. Der Ehrenkodex sollte daher allenfalls im Franchise-Handbuch dargestellt werden, nicht aber als eine Regelung im Franchisevertrag berücksichtigt werden, die es bei dessen Auslegung zu berücksichtigen gilt.

3.6 Leistungsinhalte

Es empfiehlt sich eine Trennung zwischen Leistungsinhalten und Leistungssicherungen sowie sonstigen vertraglichen Bestimmungen, damit klare Verantwortungsbereiche und Leistungserbringungspflichten festgelegt werden. Pflichten hinsichtlich Berichterstattung, Kontrolle müssen klar erkennbar als Leistungssicherungen dargestellt werden, sodass sie für den Schutzumfang der gewährten Franchise erkennbar immanent sind und nicht darüber hinausgehen.

Leistungen des Franchisegebers

Hier wird die vertragliche Hauptpflicht des Franchisegebers geregelt, nämlich in der Einräumung der benannten Rechte für ein benanntes Vertragsgebiet. Weitere Hauptpflichten sollten die Schulung in der Anwendung des Franchisesystems und die fortlaufende Beratung und Unterstützung bei der Führung des Franchisebetriebes sein.

Lizenzrechte

Wesentliche Bestandteile eines jeden Franchisevertrags sind zumindest eine Marke, da nur diese absoluten Schutz in dem Schutzgebiet – in der Regel der Bundesrepublik Deutschland oder auch darüber hinausgehenden europäischen oder außereuropäischen Ländern – genießt, sowie das zur Nutzung überlassene Know-how. Entweder wurden die zur Benutzung überlassenen Schutzrechte und das Know-how bereits in der Präambel im Detail aufgeführt oder hier bei den Leistungen des Franchisegebers gesondert erörtert.

Werden die Lizenzrechte für ein bestimmtes Vertragsgebiet ausschließlich gewährt, also auch unter Ausschluss der eigenen Nutzung durch den Franchisegeber, muss darauf geachtet werden, dass sich der Franchisegeber vorbehält, die Markenrechte für Key Accounts in dem Vertragsgebiet selbst zu nutzen, soweit dies nach EG-Kartellrecht zulässig ist. Das gleiche gilt, wenn der Franchisegeber in dem Vertragsgebiet überregionale Werbung durchführen will, selbst wenn es wirtschaftlich gesehen ein Vorteil für den Franchisenehmer ist.

Handbücher

Dass die Handbücher bzw. das Franchisehandbuch wichtiger und notwendiger Bestandteil der Dokumentation eines Franchisesystems sind, ist bereits erörtert worden. In Kapitel VI.6 wird auf die Inhalte der Handbücher noch im Detail eingegangen. Im Franchisevertrag selbst sollte die Behandlung der Handbücher, das Vorgehen bei Änderungen der Handbücher, das Eigentum, die Geheimhaltung sowie die Übergabe der Handbücher und dessen Abänderbarkeit geregelt werden.

Der Inhalt der Handbücher sollte grob im Vertrag aufgelistet werden. Dann sollte klargestellt werden, dass die Inhalte der Handbücher streng geheim zu halten sind und dass die Handbücher selbst nicht aus dem Betrieb entfernt, nicht kopiert oder sonst wie anderweitig als für den Vertragszweck benutzt werden dürfen.

Bereits im Franchisevertrag sollte darauf hingewiesen werden, dass es verbindliche Richtlinien und/oder Empfehlungen gibt, die als solche gekennzeichnet sind. Im Franchisevertrag ist klarzustellen, dass die Handbücher und die vorgegebenen Richtlinien Vertragsinhalt und verbindlich anzuwenden sind. Die Verpflichtung zur Anwendung verbindlicher Richtlinien sollte sich auch für den Fall der Richtlinienänderung im Vertrag wiederfinden.

Richtlinien, sofern sie vertraglich als verbindlich bezeichnet und in der Vertragspraxis auch ordnungsgemäß gehandhabt werden, sind verbindlich und gerichtlich durchsetzbar. Der BGH hat 1984 im McDonald's-Fall (NJW 85, 1894 f.) entschieden, dass ein Verstoß des Franchisenehmers gegen verbindliche Richtlinien ein Grund zur außerordentlichen Kündigung des Vertrages darstellt. Zu beachten ist aber auch, dass Richtlinien vorformulierte Vertragsbestimmungen sind und daher der Inhaltskontrolle gemäß § 305 BGB unterliegen. Sie dürfen keinesfalls einseitig benachteiligen oder von einem gesetzlichen Grundgedanken wesentlich abweichen. Bei der Erstellung von Richtlinien und der Erarbeitung von Richtlinienänderungen ist daher auch stets darauf zu achten, dass nur gesetzeskonforme Verpflichtungen verlangt werden, die sich bereits im Franchisevertrag dem Grunde nach wiederfinden, und dass der Franchisegeber aufgrund seines einseitigen Leistungsbestimmungsrechts gem. § 315 BGB diese Richtlinien im billigen Ermessen festlegen muss, also den Franchisenehmer nicht unzumutbar wirtschaftlich benachteiligen darf.

Die Handbücher verkörpern das »geheime und wesentliche Know-how« des Franchisegebers. »Wesentlich« ist Know-how im Sinne der Vertikal-GVO nur dann, wenn es für das Betreiben des Franchise-Outlets »unerlässlich« ist. Diese **Unerlässlichkeitsprüfung** muss zu jedem Zeitpunkt zur Praktizierung des Franchisevertrages erfolgen und gegeben sein. So kann es sein, dass ein Know-how bei Abschluss des Franchisevertrages für das Franchise-Outlet unerlässlich ist, aber nach Ablauf der 5- oder 10-jährigen Festvertragsdauer nicht. In diesem Fall würden dann vertraglich vereinbarte nachvertragliche Geheimhaltungsverpflichtungen genauso wenig greifen wie ein nachvertragliches Wettbewerbsverbot. Jedes System hat daher, bei Anwendbarkeit der Vertikal-GVO, das Franchise-Know-how jeweils den Gegebenheiten des Marktes anzupassen, um die Bedingung erfüllen zu können, dass das dem Franchisenehmer vermittelte Know-how **unerlässlich** ist.

Franchise-Handbücher brauchen nicht zwingend dem Franchisenehmer in gedruckter Form übergeben werden. Viele Franchisesysteme sind dazu übergegangen, ihre Franchise-Handbücher in das Franchise- und systembezogene Intranet einzustellen. Dies reicht aus, wobei allenfalls überlegt werden kann, ob nicht aus Gründen der Dokumentation bei Vertragsabschluss dem Franchisenehmer auch ein ausgedrucktes Exemplar des Franchise-Handbuchs übergeben wird. Auch ermöglicht die Einstellung des Systemhandbuchs in das Intranet eine viel bessere vorvertragliche Aufklärung. Dem Franchisenehmer kann nämlich dann für die Zeitdauer der Vertragsverhandlungen ein beschränkter Zugangscode erteilt werden, so dass dieser die Möglichkeit hat, während der Dauer der Vertragsverhandlungen das Franchise-Handbuch einzusehen.

Die Übergabe des oder der Handbücher gehört üblicherweise bei Vertragsabschluss vereinbart, es sei denn, der Vertrag ist mit einer Widerrufsbelehrung versehen. Dann kann festgelegt werden, dass die Übergabe der Handbücher erst nach Ablauf der Widerrufsfrist vollzogen wird, da bis dahin der Vertrag noch schwebend unwirksam ist.

Schulung, Training, Seminare und Erfa-Tagungen
Das Know-how muss über die Schulung transferiert werden (siehe hierzu Kapitel I.5).

Im Franchisevertrag muss die Verpflichtung aufgenommen werden, dass der Franchisegeber die Schulungen vornimmt und dass der Franchisenehmer hieran teilnimmt. Dies gilt in besonderem Maße für die Einführungsschulung, die ein Franchisenehmer in Anspruch nehmen muss, da er vorher in der Regel seinen Franchisebetrieb nicht eröffnen kann und darf.

Wesentliche Vertragspflicht eines jeden Franchisegebers ist auch, den Franchisenehmern regelmäßig die Möglichkeit zum Erfahrungsaustausch und damit zur Weiterentwicklung ihres Know-how und ihnen für neu eingeführte Produkte oder Dienstleistungen entsprechende Schulungen zu bieten. Sonstige verkaufsfördernde Seminare oder Trainings sind darüber hinaus von Zeit zu Zeit in jedem Franchisesystem sinnvoll. In den Vertrag sollten daher die Regelungen aufgenommen werden, dass sich einerseits der Franchisegeber zur Durchführung solcher Maßnahmen verpflichtet und sich andererseits der Franchisenehmer verpflichtet, hieran teilzunehmen. Möglicherweise soll/muss bei größeren Betrieben der Franchisenehmer diese Verpflichtung auch auf leitende Mitarbeiter ausdehnen. Regelungen, wer welche Kosten trägt und wie oft der Franchisenehmer zu welchen Schulungen erscheinen muss, sind zwingend in diesem Zusammenhang.

Weiterentwicklung von Know-how

Das Franchisesystem ist ein Expansionsmodell. In der Regel profitieren die Systemteilnehmer nur davon, wenn es eine nennenswerte Größe erreicht. Das System wird auf Dauer nur expandieren können, wenn es permanent sein Know-how weiterentwickelt. Bei Anwendbarkeit des EG-Kartellrechts ist zu bedenken, dass die Europäische Kommission in der Vertikal-GVO für das Know-how eines Franchisesystems fordert, dass es für den Franchisenehmer zum Zwecke der Verwendung, des Verkaufs oder des Weiterverkaufs der Vertragswaren oder -dienstleistungen **unerlässlich** sein muss. Diese **Unerlässlichkeitsprüfung** ist während der gesamten Dauer des Vertrages anzustellen, sodass insofern der Franchisegeber auch nach EU-Kartellrecht zur ständigen Weiterentwicklung des auf den Franchisenehmer zu transferierenden Know-how verpflichtet ist. Daher ist im Sinne der Ausgewogenheit eines Franchisevertrages die Verpflichtung für den Franchisegeber aufzunehmen, dass er für diese Weiterentwicklung Sorge tragen wird. Aber auch der Franchisenehmer sollte verpflichtet werden, seine eigenen lokalen unternehmerischen Erfahrungen einzubringen und dem Franchisegeber zur Verfügung zu stellen, z. B. in Erfahrungsaustauschtagungen, damit dieser sie durch Standardisierung wieder in das System integrieren kann, sofern sie sich als Vorteil erweisen. Zu beachten ist jedoch, dass schutzrechtsfähige Entwicklungen eines Franchisenehmers nicht ohne weiteres kostenlos vom Franchisegeber beansprucht werden können, sondern dass hierüber eine gesonderte Vereinbarung abgeschlossen werden sollte.

Werbung, Marketing und PR-Maßnahmen

Das Franchisesystem ist vor allem ein Marketingsystem. Daher sollte jeder Franchisegeber im Vertrag die Verpflichtung zur überregionalen Werbung zur Vorlage von Marketingkonzepten und PR-Arbeit übernehmen. Hinsichtlich der Durchführung dieser Werbemaßnahmen empfiehlt es sich, regelmäßig die Franchisenehmer von geplanten oder bevorstehenden Maßnahmen in Kenntnis zu setzen, damit diese sich hierauf einstellen können. Sofern der Franchisegeber verbindliche Werbemaßnahmen vorschreibt, die sich später als wettbewerbswidrig herausstellen, wird er die Kosten von Franchisenehmern zu tragen haben, welche nach den Vorschriften des UWG von Wettbewerbern oder von Wettbewerbsvereinen auf Unterlassung oder gar auf Schadenersatz in Anspruch genommen werden. Andererseits sind Franchisenehmer zur Freistellung des Franchisegebers zu verpflichten, falls dieser wegen wettbewerbswidriger Maßnahmen von Franchisenehmern in Anspruch genommen wird. Die Notwendigkeit dieses Freistellungsanspruchs für den Franchisegeber bringt die Zurechnungsvorschrift des § 13 IV Abs. 4 UWG mit sich. Danach kann nämlich der Franchisegeber für eine wettbewerbswidrige Handlung des Franchisenehmers auf Unterlassung in Anspruch genommen werden. § 13 IV UWG ist aber keine Zurechnungsvorschrift für etwaige Auskunfts- und Schadensersatzverpflichtungen des Franchisenehmers. Dafür hat der Franchisegeber nicht einzustehen (siehe insbesondere BGH BB 2000, 1959 – Neu in Bielefeld I).

Betreuung und Coaching

Wie die Betreuung in einem Franchisesystem individuell geregelt wird, ist systemabhängig, Grundsätze lassen sich hier kaum aufstellen. Von der Hotline und der on-the-job-Betreuung bis hin zu dem Einsetzen von Regionalleitern und der Organisierung von Regionaltagungen sind alle Maßnahmen denkbar, so lange sie dazu geeignet sind, dem Franchisenehmer in der Betriebsführung eine effiziente Unterstützung zu gewähren. Die Art und Weise dieser Maßnahmen muss den jeweils gültigen bzw. vereinbarten Schriftformerfordernissen entsprechend konkret und zweifelsfrei niedergeschrieben werden.

Lieferung der Vertragswaren

Ein Franchisesystem, welches dem Absatz von Waren dient, sollte eine Belieferungsverpflichtung des Franchisegebers beinhalten als Korrelat zu der Abnahmeverpflichtung des Franchisenehmers. Hierbei müssen Einzelheiten zu Bestellung, Lieferzeiten, Lieferort, Versand etc. enthalten sein. Wenn der Franchisegeber besondere Vorteile für sein Franchisesystem dadurch erlangt, dass er die gesamte Einkaufsmacht aller Systemteilnehmer kumuliert und entsprechende Einkaufskonditionen mit Vorlieferanten aushandelt, so kann er die entsprechenden Vorteile vollständig oder zum Teil an die Franchisenehmer weitergeben. Wie auch immer dies für ein System festgelegt wird, die Regelungen müssen im Vertrag klar und eindeutig sein, und die Vertragsdurchführung muss auch dieser Vereinbarung entsprechen. Wird nämlich den Franchisenehmern versprochen, dass sämtliche Einkaufsvorteile an sie weitergegeben werden, so führt dies automatisch zu einer Offenlegungspflicht des Franchisegebers hinsichtlich sämtlicher Rechnungsvorgänge mit den Vorlieferanten, damit die Franchisenehmer überprüfen können, ob der Franchisegeber seinen Verpflichtungen bzgl. der Weitergabe sämtlicher Jahresboni, Rückvergütungen, Marketingzuschüsse usw. nachgekommen ist. Diese Verpflichtung besteht aber nur, wenn der Vertrag sich in dieser Richtung auslegen lässt. Im Gegensatz zum weitergehenden Urteil des OLG München vom 27. Februar 1997 (NJWE WettbR 1997, 234) hat der BGH im Sixt-Fall (Urteil vom 2. Februar 1999, WRP 1999, 534) nämlich einen Franchisegeber nicht grundsätzlich zur Weitergabe aller Einkaufsvorteile für verpflichtet gehalten. Der Franchisegeber tut also gut daran, im Vertrag klar festzulegen, welche Einkaufsvorteile an die Franchisenehmer weitergegeben werden und ob dies über eine Jahresrückvergütung oder über die Bemessung eines niedrigeren Einkaufspreises geschieht. Nur diese weiterzugebenden Vorteile unterliegen dann der Rechnungslegungspflicht des Franchisegebers.

Aber nicht nur im Rahmen des Vertrages ist darzustellen, welche Einkaufsvorteile dem Franchisenehmer verbleiben und welche dem Franchisegeber zufließen; dies ist auch im Rahmen der vorvertraglichen Aufklärung ausführlich zu erläutern, da es für die Rentabilität des Franchise-Outlets ein nicht unerheblicher Aspekt ist, ob die von den Systemlieferanten gewährten Einkaufsvorteile dem Franchisenehmer verbleiben oder nicht. Zu weitgehend dürfte die vereinzelt in der Rechtsprechung festzustellende Tendenz sein, dass der Franchisegeber bei Handelswaren nicht berechtigt ist, dem Franchisenehmer einen Warenzuschlag in Rechnung zu stellen. Bei dem Warenzuschlag handelt es sich nämlich nicht um das aus der Geschäftsführung Erlangte, so dass §§ 666, 667 BGB nicht zur Anwendung kommen. Etwas anderes könnte jedoch dann gegeben sein, wenn der Franchisevertrag die Zahlungsverpflichtungen des Franchisenehmers abschließend festschreibt und der Franchisenehmer demgemäss davon ausgehen muss, dass keine weitergehende Zahlungsverpflichtungen und damit auch keine Zahlungsverpflichtungen gegenüber dem Franchisegeber aufgrund eines Warenaufschlags für Handelsware bestehen. Hier ist die Rechtsprechung aber noch im Fluss – es gilt für jedes Franchisesystem, die zukünftige Entwicklung abzuwarten und mit einem im Franchiserecht erfahrenen Anwalt zu besprechen.

Key Accounts

Es ist keine *Rosinenpickerei*, wenn der Franchisegeber sich im Vertrag ausbedingt, mit Key Accounts, z. B. also solchen Kunden, die bundesweit tätig sind, selbst Verträge abschließen zu wollen. In einigen Systemen ist die Behandlung von Key Accounts von der Akquisition über den Vertragsabschluss bis hin zur Lieferung ein sensibles Geschäft, in welchem der Franchisegeber als Lieferant auch hinsichtlich der Konditionen oftmals einem höheren Druck nachgeben und größere Mengen bereithalten muss. Diese Bedingungen können die Franchisenehmer der jeweils betroffenen Vertragsgebiete meistens nicht erfüllen. Damit überhaupt Key Accounts als Kunden gewonnen und vom System beliefert werden können, kann es daher sinnvoll und richtig sein, wenn der Franchisegeber sich dies vorbehält. Können aber Franchisenehmer auch Key Accounts bedienen, was nur für jedes einzelne System geprüft und beantwortet werden kann, so sollte eine entsprechende Vereinbarung im Vertrag auch nicht enthalten sein, weil er damit an Gleichgewicht verlieren könnte.

Werden Key Accounts vom Franchisegeber gewonnen, kann im Vertrag festgelegt werden, dass die Ausführung dieser Verträge derjenige Franchisenehmer übernehmen kann, in dessen Vertragsgebiet die Lieferung oder Leistung erbracht werden soll. Da in diesem Falle der Franchisenehmer naturgemäß die Konditionen des Rahmenvertrages akzeptieren muss, sollte er andererseits die Freiheit haben zu entscheiden, ob er im Einzelfall die Ausführung solcher Rahmenverträge übernehmen will. Denn ein Vertrag zu Lasten Dritter ist nichtig; eine Verpflichtung zur Durchführung verstieße auch gegen das kartellrechtliche Verbot der Preis- und Bedingungsfestsetzung. Ein Verstoß gegen § 14 GWB läge allerdings nicht vor, wenn der Franchisenehmer in solchen Fällen als Erfüllungsgehilfe des Franchisegebers tätig wird, d. h. nicht im eigenen Namen, sondern im Namen und auf Rechnung des Franchisegebers Lieferungen oder Leistungen erbringt. Es muss dann im Rahmen des Franchisevertrages festgelegt werden, welche Provisionen der Franchisenehmer für solche von ihm für den Franchisegeber ausgeführten Aufträge gegenüber Key-Account-Kunden enthält. Da dies aber von der freien Entscheidung des Franchisenehmers abhängt, muss im Franchisevertrag auf jeden Fall der Vorbehalt des Franchisegebers geregelt sein, solche Lieferungen auch selbst ausführen zu können.

Falls der Franchisevertrag unter EG-Kartellrecht fällt, sind auch die Grenzen von Art. 4 b) der Vertikal-GVO zu beachten.

Sonstige Leistungen des Franchisegebers

Sonstige Leistungen des Franchisegebers könnten Pre-Opening-Leistungen hinsichtlich der Einrichtung des Standortes sein, die Beratung bei der Erstellung von Finanzierungs- und Liquiditätsplänen des Franchisebetriebes. Im Zusammenhang mit der Erstellung von Finanzierungs- und Liquiditätsplänen vor Vertragsabschluss ist jedoch auf eine sich allmählich etablierende Rechtsprechung, insbesondere diejenige des OLG München zu vorvertraglichen Aufklärungspflichten des Franchisegebers, zu beachten. Hiernach muss der Franchisegeber vollständig und richtig über die voraussichtliche Rentabilität des Franchisebetriebes unterrichten. Werden Rentabilitätsberechnungen für eine Bankenfinanzierung vom Franchisegeber erstellt, handelt es sich immer um fiktive Zahlen, die auf einen noch nicht betriebenen Standort bezogen und meist auf bis zu fünf Jahren hochgerechnet werden. Letztendlich muss der Franchisegeber die Verantwortung für die Realisierung solcher Zahlen übernehmen, wenn er sie nach eigenem Gutdünken einsetzt. Der Franchisegeber sollte sich daher im eigenen Interesse keine Beratungspflicht auferlegen, wenn er keine tatsächlichen (positiven!) Zahlen bestehender Betriebe oder zumindest des Pilotbetriebes besitzt. Anstatt eines eigentlichen Franchisevertrages kann der Franchisegeber in einer solchen Situation einen Pilotbetriebvertrag abschließen, damit er sein Know-how erprobt. Er braucht sich dann keine Beratungspflichten bzgl. der Rentabilität des Pilotbetriebes aufzuerlegen, da diese noch nicht bekannt ist, und sollte er klar und deutlich diese Aussage in den Pilotbetriebvertrag aufnehmen.

Leistungen des Franchisenehmers

Absatzförderungspflicht

Die vertragliche Hauptpflicht des Franchisenehmers ist es, den Absatz der Waren oder Dienstleistungen mit der Sorgfalt eines ordentlichen Kaufmannes durchzuführen und seinen Absatzförderungspflichten dadurch nachzukommen, dass er einen genügend großen und ausgestatteten Betrieb einrichtet und betreibt, entsprechend ausgebildetes Personal einstellt sowie weitere Spezifikationen erfüllt, die für das System von Bedeutung sind.

Mitwirkung

Ein Franchisesystem ist keine Einbahnstraße, in dem der Franchisegeber permanent leistet und der Franchisenehmer hierfür lediglich bezahlt. Auch der Franchisenehmer soll mitwirken und dafür Sorge tragen, dass das System seinen Wettbewerbsvorsprung aufrecht halten kann. Entsprechende Mitwirkungspflichten bis hin zur Vorhaltung von Kommunikationsvorrichtungen zum Empfang von Mitteilungen des Franchisegebers sind daher zu vereinbaren.

Betrieb des Franchisenehmers

Der Franchisenehmer wird üblicherweise verpflichtet, seinen Betrieb entsprechend den vom Franchisegeber vorgegebenen Regeln auszustatten und nach einem einheitlichen Konzept zu betreiben.

Sollte es Verpflichtung sein, eine Geschäftsausstattung in einem bestimmten Umfang zu erwerben, so werden in der Regel in einer Anlage ein Kaufvertrag oder sonstige genaue Regeln einschließlich Stückzahlen und Preisen beigefügt. Soll spezielle Software benutzt werden, so muss dies mittels eines in einer Anlage beigefügten Softwareüberlassungs- und Nutzungsvertrag geregelt werden; das gleiche gilt für Hardware und sonstige anzuschaffende Betriebsmittel.

Ist der Franchisevertrag standortbezogen, also soll die Franchise durch den Franchisenehmer nur an einem konkreten vorher bestimmten Standort ausgeübt werden und an keinem anderen sonst, so ist dieser Standort konkret im Vertrag zu bezeichnen, einschließlich Adresse und Stockwerk.

Regelungen für die jeweilige Instandhaltung der Räume bis hin zu Schönheitsreparaturen sollten nicht fehlen, da ein einmal gut eingerichteter und frisch eröffneter Franchisebetrieb in fünf Jahren nicht mehr dem Image und dem Erscheinungsbild der Systembetriebe entsprechen dürfte.

Warenbezug

Viele Franchisesysteme leben von einem einheitlichen Warensortiment, in dem nicht selten die Eigenmarken des Franchisegebers vorherrschen. Die vertragliche Vereinbarung des Warenbezuges birgt jedoch eine Fülle an Rechtsproblemen.

250

Sämtliche Waren, die der Bezugspflicht unterliegen, sollten schon aus Beweisgründen zweifelsfrei schriftlich bezeichnet werden, entweder durch einen Hinweis auf die Preisliste des Franchisegebers oder durch Auflistung im Vertrag. Sollen Werbemittel, Merchandising-Produkte oder andere zusätzliche Produkte der Bezugspflicht unterliegen, so muss auch dieses eindeutig festgelegt werden.

Die Preise für die bezuggebundenen Waren sollte ebenfalls aus Beweisgründen schriftlich festgelegt werden, entweder durch Bezugnahme auf eine Preisliste oder durch Nennung im Vertrag. Preislistenänderungen sind natürlich zulässig, vorausgesetzt der Vertrag gibt hierüber Aufschluss. Dies kann u. a. dadurch erreicht werden, indem im Rahmen des abzuschließenden Franchisevertrages auf die jeweils gültige EK-Preisliste des Franchisegebers Bezug genommen wird.

In einem Warenvertriebssystem kann es gute Gründe für einen Franchisegeber geben, neben den bezugsgebundenen Vertragswaren ein Diversifikationssortiment zu gestatten, besonders für Zubehör, aber auch oder sonstige ergänzende Zusatzprodukte, die der Franchisenehmer frei und ohne jede Bezugsbindung von selbst ausgewählten Lieferanten beziehen kann. Diese unternehmerische Freiheit des Franchisenehmers kann, je nach der Gesamtkonzeption des Franchisesystems einen unterschiedlichen Umfang haben. Ist eine natürliche Person Vertragspartner und sind eine Vielzahl von persönlichen Bindungen im Vertrag enthalten, sollte dieser Zusatzsortimentanteil möglichst hoch (bis zu 25 Prozent) festgelegt werden, damit die unternehmerische Freiheit hinsichtlich des Warenein- und -verkaufes gewahrt bleibt und der Franchisenehmer nicht als scheinselbstständig angesehen werden kann. Ist eine juristische Person Vertragspartner, so spielt der Anteil des Diversifikationssortimentes rechtlich keine so große Rolle, es sei denn, das Franchisesystem und dessen Verträge unterfallen dem EG-Kartellrecht. Nach Art. 1 a) der Vertikal-GVO wird als »Wettbewerbsverbot« erst die mittelbare oder unmittelbare Verpflichtung angesehen, mehr als 80 Prozent der Vertragswaren (auf Basis des Vorjahreswertes) beim Franchisegeber oder einem anderen vom Franchisegeber bestimmten Lieferanten zu beziehen.

Will der Franchisegeber eine Mindestbezugpflicht vereinbaren, so ist im Franchisevertrag festzulegen, in welcher genauen Höhe diese vorliegen soll und woraus sich der Umfang ergibt und errechnet. In diesem Falle sind Maßnahmen oder andere Konsequenzen festzulegen für den Fall, dass der Mindestbezug unterschritten wird. Es kommen z. B. ein vorzeitiges Kündigungsrecht oder eine Erhöhung der Franchisegebühren in Frage.

Soll der Franchisenehmer ein bestimmtes Warenlager jederzeit vorrätig halten, so sollte eindeutig bestimmt werden, welche Stückzahl welcher Waren oder welches Sortimentes auf Lager zu halten sind, eventuell durch Verweis auf entsprechende genaue Festlegungen in den Handbüchern. Hierbei ist jedoch zu beachten, dass sich aus einer Warenbevorratungsverpflichtung des Franchisenehmers auch ergeben kann, dass bei Vertragsende der Franchisegeber zum Rückkauf des Warenlagers verpflichtet ist oder sein kann und zwar unabhängig davon, ob den Franchisegeber Verschulden an der Vertragsbeendigung trifft oder nicht. Voraussetzung ist aber, dass im Franchisevertrag zum einen festgelegt wird, zu welchen Konditionen die Waren zurückgekauft werden, und dass sich zum anderen die zurückzukaufenden Waren in einem verkaufsfähigen Zustand befinden, insbesondere also bei Lebensmitteln die gesetzlich zu beachtenden Haltbarkeitsdaten nicht abgelaufen sind.

Die Preisbindung der zweiten Hand ist grundsätzlich verboten (§ 14 GWB, Art. 4 lit. a) Vertikal-GVO), d. h. der Franchisegeber darf in dem Franchisevertrag seinen Franchisenehmern nicht vorschreiben, zu welchen Preisen diese die Waren oder Dienstleistungen an ihre Kunden weiterverkaufen. Nach dem neuen EG-Kartellrecht ist jedoch nunmehr die Festlegung von Höchstpreisen erlaubt. Unverbindliche Preisempfehlungen zu geben ist hingegen statthaft, nach deutschem Kartellrecht allerdings nur in den oben genannten Grenzen. Dies nach neuem Recht nicht nur für (Marken-)Waren, sondern auch für Dienstleistungen. § 14 GWB wird nicht nach wie vor den deutschen Kartellbehörden sehr eng angewandt. Vereinzelt im Schrifttum festzustellenden Tendenzen, bei Franchisesystemen eine Preisbindung als zulässig anzusehen, da der Kunde eigene Filialen des Franchisegebers und Franchise-Outlets nicht unterscheiden könne, ist immer eine klare Absage erteilt worden. Man sollte also beim Aufbau des Franchisesystems nicht darauf hoffen, dass sich hier eine Änderung ergibt und zukünftig Preisbindungen des Franchisenehmers möglich sind. Wenn die Preisbindung für den Franchisegeber im Vordergrund steht und dieser meint, seine Produkte nur zu den von ihm vorgegebenen Preisen absetzen zu können, so ist die Expandierung des Vertriebssystems durch ein Franchisesystem nicht möglich. Der Franchisegeber muss dann über andere Wege nachdenken, etwa, dass er seine Produkte über Kommissionäre absetzen lässt oder einen Filialvertrieb aufbaut.

Ein Verstoß gegen § 14 GWB ist aber auch dann gegeben, wenn der Franchisenehmer verpflichtet ist, die von ihm selbst gewählten VK-Preise jederzeit dem Franchisegeber zu melden, oder wenn die Verpflichtung besteht, bestimmte Preisober- oder Preisuntergrenzen, die vom Franchisegeber vorgegeben werden, nicht zu über- bzw. zu unterschreiten. Auch derartige Preismeldesysteme verstoßen gegen § 14 GWB und dürfen nicht in einem Franchisevertrag vereinbart werden.

Schließlich kann, sofern der Franchisegeber über Allgemeine Geschäftsbedingungen für die Lieferung von Waren verfügt, hierauf im Vertrag ergänzend Bezug genommen werden. Zu unterscheiden davon sind allerdings Allgemeine Geschäftsbedingungen, die der Franchisenehmer im Verhältnis zu seinen Kunden anwenden soll. Diese können vom Franchisegeber nicht vorgegeben werden, da dann ein Verstoß gegen das Verbot der Zweitkonditionenbindung im Sinne von § 14 GWB vorläge. Sie können daher allenfalls gegenüber dem Franchisenehmer als Muster bezeichnet werden. Allerdings übernimmt dann der Franchisegeber auch die Verpflichtung, dass diese Allgemeinen Geschäftsbedingungen den Vorschriften des BGB über die Inhaltskontrolle solcher Bedingungen (§§ 305 ff. BGB) entsprechen. Andernfalls liegt möglicherweise eine Pflichtwidrigkeit des Franchisegebers vor, die diesen dann auch gegenüber dem Franchisenehmer zu Schadensersatz gem. § 280 BGB verpflichten kann.

Werbung, Marketing und PR-Maßnahmen

Auch der Franchisenehmer ist verpflichtet, Werbeaktionen durchzuführen, sofern sie sich auf sein Vertragsgebiet beziehen. Entsprechende Richtlinien und Grundsätze hierfür sind vom Franchisegeber aufzustellen und zur Vertragsgrundlage zu machen.

Verfügt der Franchisegeber über Werbevorlagen, kann er den Franchisenehmer im Vertrag verpflichten, diese zu benutzen, um Corporate Identity und Corporate Design zu wahren. Zumindest sollte der Franchisegeber Richtlinien in seinem Handbuch vorgeben, damit die Franchisenehmer bei eigenen Werbemaßnahmen sowohl hinsichtlich der Gestaltung als auch der inhaltlichen Aussage den einheitlichen Marktauftritt nicht verwässern.

Nach neuester Rechtsprechung kann der Franchisegeber jedoch nicht verhindern, dass er mit Abmahnungen eines Wettbewerbers oder einer sonstigen klageberechtigten Institution belangt wird, wenn ein Franchisenehmer wettbewerbswidrige Werbemaßnahmen durchgeführt hat. Diese Verantwortung des Franchisegebers hängt nicht davon ab, dass er von der Maßnahme des Franchisenehmers zuvor wusste oder dieser gar zugestimmt hat. Diese Verantwortung entsteht originär gem. § 13 Abs. 4 UWG. Da er diesbezüglich also zur Abgabe einer Unterlassungserklärung und zur Tragung entsprechender Abmahnkosten verpflichtet sein kann, ist es ratsam, für solche Situationen vertraglich einen finanziellen Ausgleich durch den Franchisenehmer vorzusehen, selbst wenn unter AGB-Gesichtspunkten Bedenken gegen eine derartige Verpflichtung bestehen sollten.

Gebühren, Zahlungsregeln

In Franchiseverträgen werden üblicherweise drei Arten von Gebühren vereinbart:

❑ die einmalige Eintrittsgebühr für Pre-Opening-Leistungen des Franchisegebers;
❑ die laufende Franchisegebühr für laufende Leistungen des Franchisegebers, wie die Nutzung der Marke;
❑ eine Marketinggebühr oder Werbegebühr als Beitrag des Franchisenehmers zur überregionalen Werbung des Franchisegebers.

In den letzten Jahren sind mehrere Gerichtsentscheide zur Bemessung der Gebühren und zur etwaigen Rückerstattung bei vorzeitiger Vertragsbeendigung ergangen. Diese sind bei der Vertragsgestaltung zu berücksichtigen. In erster Linie ist darauf zu achten, dass der Höhe der Einstiegsgebühr die entsprechende Gegenleistung gegenüberstehen muss. So hat das LG Karlsruhe entschieden, dass eine

Einmalgebühr in Höhe von 9.120 Mark in einem Franchisevertrag über die Vermittlung von Know-how für ein »Buch der Persönlichkeiten«, das zuvor noch nirgends erschienen war, sittenwidrig ist (NJW-RR 1989, 822). Das OLG Frankfurt hat mit Urteil vom 2. November 1994 festgestellt, dass bei einem Konkurs des Franchisegebers der Franchisenehmer gegenüber dem Konkursverwalter einen Anspruch auf zeitanteilige Rückgewähr der geleisteten Eintrittsgebühr hat (NJW-RR 1995, 1395). Ansonsten kann die Rückzahlung der Eintrittsgebühr ausgeschlossen werden, wie bereits das Hanseatische OLG festgestellt hat (EWiR Art. 85 EWG V 6/86, 899 mit Anm. MARTINEK). Es kommt also bei der Vertragsgestaltung darauf an, ob die Einmalgebühr für vom Franchisegeber vor Vertragsabschluss oder bei Vertragsabschluss erbrachte Leistungen oder auch für zukünftige und laufend zu erbringende Leistungen gezahlt wird. Im ersteren Fall kann es möglich sein, durch die Vertragsgestaltung zu erreichen, dass die Eintrittsgebühr bei vorzeitiger Beendigung nicht vollständig bzw. in zu großem Umfang zu erstatten ist. Unter diesem Gesichtspunkt kann es auch sinnvoll sein, die Eintrittsgebühr für einzelne Leistungen aufzugliedern. Wird der Vertrag gem. § 355 BGB widerrufen, muss die Eintrittsgebühr zurückbezahlt werden. Auch eine fristlose Kündigung kann über einen Schadenersatzanspruch des Franchisenehmers zu einer anteiligen Rückerstattung der Franchisegebühr führen, wenn der Franchisegeber die Kündigung zu vertreten hat. Zu beachten ist, dass dem Franchisegeber auch dann unter dem Gesichtspunkt der ungerechtfertigten Bereicherung aber Aufrechnungsmöglichkeiten mit eigenen Forderungen zustehen können.

Weiterhin ist notwendig, dass Höhe, Entstehung und Fälligkeit sämtlicher Gebühren eindeutig geregelt werden. Ob fortlaufende Gebühren als umsatzabhängige Gebühr oder als feste Gebühr festgesetzt werden, ist vom einzelnen System abhängig. Einige Franchisegeber haben im Laufe der Vertragsdurchführung und der Expansion des Franchisesystems feststellen müssen, dass die Umsatzmeldungen der Franchisenehmer nicht regelmäßig eingehen und auch häufig nicht nachvollzogen werden können. Es kann nicht geleugnet werden, dass die Versuchung des Franchisenehmers groß sein kann, nicht seine gesamten Umsätze auszuweisen, erspart er sich doch hierdurch einen Teil der Franchisegebühren. In solchen Fällen kann der Franchisegeber daran denken, sein Vergütungssystem umzustellen und eine feste, zumindest aber eine Mindestgebühr zu vereinbaren. Wird eine Umsatzgebühr vereinbart, so muss die Bemessungsgrundlage eindeutig sein. Es darf nicht vergessen werden festzulegen, ob der Verkauf des Diversifikationssortiments hierunter fällt und ob es sich um Brutto- oder Nettoumsätze handelt oder ob gewährte Rabatte abzuziehen sind. Nie vergessen werden darf die Aussage, dass alle Zahlungen für Lieferungen und Leistungen der Mehrwertsteuer unterliegen.

Zahlungen erfolgen regelmäßig durch Abbuchungsverfahren. Soll eine entsprechende Ermächtigung durch den Franchisenehmer gewährt werden, muss auch dies Vertragsbestandteil werden.

Sonstige Leistungen und Pflichten des Franchisenehmers

Der Franchisenehmer kann sich darüber hinaus dazu verpflichten, Dritte nicht unmittelbar oder mittelbar an seinem Betrieb zu beteiligen oder sonstige Leistungen übernehmen, die für das System wichtig oder gar immanent sind.

3.7 Leistungssicherung

Damit es nicht erst zu Auseinandersetzungen zwischen Franchisegeber und Franchisenehmer kommt, die in aller Regel zur vorzeitigen Beendigung des Franchisevertrages mit oftmals hohen finanziellen Verlusten auf beiden Seiten führen, sollte ein System der Leistungssicherung für jedes Franchisesystem erarbeitet und vertraglich festgelegt werden. Hierzu könnten folgende Vereinbarungen getroffen werden.

Qualitätssicherung/Richtlinien/Handbücher

Zur Sicherstellung eines einheitlichen Qualitätsstandards im Franchisesystem bedarf es detaillierter Regelungen, die im Franchisevertrag selbst kaum Platz finden können. Maßnahmen der Qualitätssicherung sind die Festlegung von verbindlichen schriftlichen Richtlinien (in der Regel im Franchisehandbuch, aber auch in anderen Dokumenten) oder eine Qualitätszertifizierung.

Richtlinien und deren Inhalte sollten besonders sorgfältig erarbeitet werden. Sie müssen umfassend, aber dennoch klar, eindeutig und widerspruchsfrei sein. Es muss auch geregelt werden, wie Richtlinienänderungen zu behandeln sind und wie Richtlinienänderungen Vertragsbestandteil werden. Es sollte selbstverständlich sein – und so auch im Vertrag vermerkt werden –, dass Richtlinien in der Form geändert werden, in der sie vorliegen – schriftliche Dokumente schriftlich, elektronische Dokumente elektronisch. Sowohl im Vertragstext als auch bei der tatsächlichen Durchführung von Richtlinienänderungen ist in jedem Fall auf die Wahrung der Schriftform zu achten.

Zunehmend werden auch ISO DIN 9.000 ff. Normen Standard in einem Franchisesystem. Sofern der Franchisegeber hierüber verfügt, kann er seine Franchisebetriebe entsprechend zertifizieren lassen und sie im Vertrag verpflichten, diese Zertifizierung zu erlangen.

Umsatzmeldungen, Berichtswesen und Kontrollrechte

Auch diese Maßnahmen der Leistungssicherung sind für Franchisesysteme notwendiger Bestandteil, da ansonsten Fehlentwicklungen einzelner Franchisebetriebe nicht rechtzeitig aufgedeckt werden können. Zu den Kontrollrechten kann das Recht zum Betreten des Franchisebetriebes zählen, zur Einsicht in Bücher und sonstige schriftliche Unterlagen des Franchisenehmers, die er als Kaufmann aufzubewahren hat, insbesondere in steuerliche Unterlagen. Jahresabschlüsse sollte der Franchisenehmer einmal jährlich vorlegen müssen.

Nach neuerer Entscheidung darf auch die einheitliche Beauftragung eines vom Franchisegeber bestimmten Steuerberaters in den Vertrag aufgenommen werden sowie eine einheitliche Buchführung nach bestimmten Grundsätzen, die der Franchisegeber im Vertrag bzw. im Handbuch aufstellt. Jedoch ist hierbei zu beachten – unter Gesamtbetrachtung des Vertrages –, dass diese die geheimsten betriebswirtschaftlichen Daten des Franchisenehmers betreffende Bindung zusammen mit anderen erheblichen persönlichen Bindungen keine übermäßige Abhängigkeit des Franchisenehmers begründet. Er könnte als Scheinselbstständiger angesehen werden. Daher ist große Vorsicht geboten bei Auferlegung solcher restriktiver Bedingungen.

Wettbewerbsverbot

Ein vertragliches Wettbewerbsverbot während der Vertragsdauer ist unstrittig zulässig und es kann davon ausgegangen werden, dass jedes Franchisesystem ein solches Wettbewerbsverbot vorsieht. Nach deutschem Kartellrecht besteht auch für die Dauer eines Wettbewerbsverbots keine Obergrenze. Sollte ein Franchisevertrag EG-Kartellrecht unterliegen (s. hierzu oben), so ist zu berücksichtigen, dass nach Art. 5 a) der Vertikal-GVO ein Wettbewerbsverbot nicht für eine Dauer von mehr als fünf Jahren vereinbart werden darf. Dies könnte – de facto zu einer Höchstlaufzeit von Franchiseverträgen von fünf Jahren führen, da automatische Verlängerungen nicht zulässig sind. Bereits nach Art. 5 a) besteht die zeitliche Obergrenze aber nicht, wenn der Franchisenehmer seine Tätigkeit in dem Franchisegeber gehörenden oder von ihm gemieteten Räumen ausübt; dann kann das Wettbewerbsverbot für die ganze Dauer der Nutzung dieser Räume vereinbart werden. Wie oben ausgeführt, dürften aber bei den meisten Franchiseverträgen die Voraussetzungen vorliegen, die ein Wettbewerbsverbot während der ganzen Laufzeit des Vertrages rechtfertigen, sodass es gar keine Wettbewerbsbeschränkung i. S. des Art. 81 Abs. 1 EG-Vertrag darstellt.

Ob ein nachvertragliches Wettbewerbsverbot vereinbart werden soll, ist eine Frage der Standortsicherung und muss von jedem System individuell entschieden werden. Dabei ist zu beachten, dass es gemäß dem analog anwendbaren § 90 a HGB sich auf das bisherige Vertragsgebiet oder den bisherigen Kundenkreis beschränken muss, eine Höchstdauer von zwei Jahren nach Vertragsbeendigung haben darf und zwingend eine Karenzentschädigung in angemessener Höhe nach sich zieht (selbst wenn diese im Vertrag nicht vorgesehen ist). Nachvertragliche Wettbewerbsverbote sind deshalb in der Praxis nicht verbreitet. Falls ein Vertrag unter EG-Kartellrecht fällt, beträgt die Höchstdauer für ein nachvertragliches Wettbewerbsverbot ein Jahr und es darf sich nur auf die Räumlichkeiten beziehen, in denen der Franchisenehmer zuvor tätig war und nur auf die Waren oder Dienstleistungen, die im Wettbewerb mit den Vertragsprodukten stehen; entsprechendes schreibt der European Code of Ethics for Franchising vor. In nationalen Franchise-Verbänden organisierten Franchisegebern ist daher zu empfehlen, unbe-

256

schadet der Regelungen des Deutschen Handelsrechts bzw. des Europäischen Kartellrechts nur ein nachvertragliches Wettbewerbsverbot mit einer Höchstdauer von einem Jahr nach Beendigung des Franchisevertrages unter Leistung einer Karenzentschädigung, aber begrenzt auf das Vertragsgebiet, zu leisten.

Abwerbeverbot

In einem stark expandierenden Franchisesystem kann es zu einer Hitliste der fleißigsten Mitarbeiter von Franchisenehmern oder der Systemzentrale kommen, denn gute Mitarbeiter sind bares Geld wert für jeden Franchisebetrieb. Ein Abwerbeverbot sorgt deshalb für Ruhe im System und sichert auch die Leistungen des Systems und des einzelnen Betriebes. Es kann vereinbart werden, dass der Franchisenehmer keine Mitarbeiter des Franchisegebers oder eines anderen Franchisenehmers abwerben oder in seinem Betrieb beschäftigen darf, es sei denn, es liegen sechs Monate zwischen der Beendigung des Arbeitsverhältnisses und der Neubeschäftigung oder der vormalige Arbeitgeber hat schriftlich seine Einwilligung gegeben.

Gewerbliche Schutzrechte

Eine wichtige Säule des Franchisesystems ist die Marke, in der Regel das wichtigste gewerbliche Schutzrecht des Franchisegebers, das auch am einfachsten zu schützen ist. Eine sorgfältige Regelung des Umfangs der Lizenzierung und von Art und Weise der Nutzung der Marke(n) ist deshalb wichtig. Zum Zwecke des Schutzes der Marke regeln ausführliche Bestimmungen, was welche Vertragspartei gegen einen Angriff oder Eingriff eines Dritten auf die Marke(n) zu unternehmen hat, wer Verfahren führt, Kosten hierfür trägt oder gerichtlich festgelegte Schadenersatz-, Ausgleichs- oder Vertragsstrafezahlungen erhält oder auszugleichen hat. In der Regel sollte der Franchisegeber sich selbst die Möglichkeit zur Verteidigung der Schutzrechte vorbehalten.

Die Frage, was mit dem Franchisevertrag geschieht, wenn eine eingetragene Marke mit der Löschungsklage angriffen und gelöscht wird, ist unbedingt zu klären. Wenn der Franchisegeber rechtzeitig für eine neue Marke und für deren Einführung sorgt, kann die Regelung in den Vertrag aufgenommen werden, dass der Franchisevertrag sich mit dieser Marke fortsetzt. Gelingt dem Franchisegeber dieses jedoch nicht, so wird der Franchisenehmer wohl das Recht haben, die Franchisegebühren zu ermäßigen oder sich gar vom Vertrag zu lösen, wenn die Marke wesentlicher Rentabilitätsfaktor für Errichtung und Führung seines Franchisebetriebes war.

Entsprechende Regelungen sollten für sonstige Schutzrechte des Franchisegebers in den Vertrag aufgenommen werden, wobei hier in erster Linie an Urheberrechte, gelegentlich an Patente, Gebrauchs- oder Geschmacksmuster zu denken ist, aber auch an Verpackungen oder sonstige Aufmachungen oder Unternehmenskennzeichen, die nach §§ 3, 4 Ziff. 2 bzw. § 5 Abs. 2 MarkenG Schutz genießen können.

Geheimhaltung

Nach der Definition in Art. 1 der ausgelaufenen EG-Gruppenfreistellungsverordnung 4087/88 für Franchisevereinbarungen stand fest, was Franchise-Know-how ist. Es ist nur dann vorhanden, wenn es wesentlich, identifiziert und geheim ist. Ob nach Außerkrafttreten der alten Franchise-GVO diese auch außerhalb des Kartellrechts anerkannte Definition ihre Gültigkeit behalten wird, bleibt abzuwarten. Dennoch bleibt die Geheimhaltung seines Know-hows ein hohes Gut für jeden Franchisegeber. Da es keinen gesetzlichen Schutz genießt, muss dessen Schutz durch Geheimhaltung ausdrücklich und detailliert im Vertrag geregelt werden. In den Geheimhaltungsregelungen sollte vereinbart werden, dass der Franchisenehmer das Franchisehandbuch keinem Dritten und auch nicht seinen Mitarbeitern zur Verfügung stellen darf (bzw. nur, soweit diese es für ihre jeweilige Tätigkeit benötigen), dass er hiervon keine Kopien anfertigen darf und dass er es verschlossen aufzubewahren hat. Verletzungen sollten mit empfindlichen Vertragsstrafen geahndet werden.

Beirat

Ein Beirat ist von hohem – auch symbolischem – Wert für ein Franchisesystem, nicht nur, wenn es um die Schlichtung von Streitigkeiten geht. Er kann Änderungen des Franchisesystems vermitteln und die Franchisenehmer überzeugen, diese zu akzeptieren und damit umzugehen. Er kann Arbeitskreise organisieren und diesen vorstehen, um an der Weiterentwicklung des Know-hows, der Marketingkonzepte und der Sortimentsgestaltung beteiligt zu werden. Der Beirat sollte sich eine Geschäftsordnung geben oder vom Franchisegeber erhalten, welche den Franchisenehmern zur Kenntnis zu geben ist. In der Geschäftsordnung sollten Regelungen hinsichtlich der Konstituierung des Beirates, der Wahl oder Ernennung der Mitglieder, des Zusammentretens, des Ortes der Sitzungen sowie der Kostenübernahme enthalten sein.

Versicherungen

Dass der Franchisenehmer verpflichtet wird, seinen Betrieb selbst zu festgelegten Mindestversicherungssummen gegen alle üblichen Risiken, auch gegen Betriebsunterbrechung, zu versichern, ist nicht nur von betriebswirtschaftlicher Bedeutung für beide Vertragsparteien für die Aufrechterhaltung des Betriebes, sondern auch von rechtlicher Relevanz. Das OLG Düsseldorf bewertete diese Verpflichtung in einem Franchisevertrag mit als Indiz für die Selbstständigkeit des Franchisenehmers (ZIP 1998, 1039). Es wurde festgestellt, dass solche Bestimmungen einem Franchisevertrag wesensimmanent sind, da die Betriebsunterbrechung ein den Franchisenehmer betreffendes Geschäftsrisiko ist, das er auch im eigenen Interesse zu versichern hat.

Ist der Franchisegeber im Besitz einer Gruppenversicherung, so kann er im Vertrag den Franchisenehmern die Möglichkeit eröffnen, sich an dieser Gruppenversicherung zu beteiligen, was regelmäßig zu verringerten Versicherungsprämien führt, welches ebenfalls einen Systemvorteil darstellt.

Haftung, Haftungsfreistellung, Haftungsausschluss

Jeder Partei wird in einem Franchisevertrag üblicherweise Haftung für ihren eigenen Handlungs- und Verantwortungsbereich aufgebürdet. Entstehen durch Handlungen einer Partei in ihrem Verantwortungsbereich der anderen Partei Schäden, so ist sie hiervon freizustellen bzw. hierfür zu entschädigen. Haftungsbegrenzungen bzw. Haftungsausschlussklauseln, die der umfangreichen Rechtsprechung zur Haftungsbeschränkung und zum Haftungsausschluss in vorformulierten Verträgen entsprechen, sind dabei möglich und können vereinbart werden. Für die Rentabilität des Betriebes des Franchisenehmers wird der Franchisegeber keinesfalls die Gewähr übernehmen. Ein entsprechender Haftungsausschluss sollte zur Klarstellung im Vertrag enthalten sein. Die Haftung sollte der Franchisegeber jedoch für den Bestand der übertragenen Rechte zum Zeitpunkt des Vertragsabschlusses übernehmen.

Übertragung/Verfügung

Die Möglichkeit, den Franchisevertrag grundsätzlich – wenn auch mit qualitativen Einschränkungen – übertragen zu können oder sonst über ihn zu verfügen, ist nach Meinung des OLG Düsseldorf ein Indiz für die Selbstständigkeit eines Franchisenehmers. Entsprechende Möglichkeiten im Vertrag sind daher vorzusehen. Solche Übertragungsmöglichkeiten an quantitative und/oder qualitative Voraussetzungen des Erwerbers zu knüpfen, ist zulässig, da die persönliche Qualifikation des Franchisenehmers bei den meisten Franchisesystemen im Vordergrund steht. Ein Vorkaufsrecht des Franchisegebers kann hier vereinbart werden. In diesem Fall sollte eine Preisbestimmungsklausel aufgenommen werden, sodass bei der Übernahme möglichst ein Preisstreit vermieden wird. Sollte sich das Vorkaufsrecht auf Grundstücksrechte oder GmbH-Anteile erstrecken, müssen gesetzliche Formvorschriften (§ 311 b Abs. 1 BGB, § 15 GmbHG) beachtet werden.

Datenschutzklausel

Die Vorschriften des Bundesdatenschutzgesetzes (BDSG) sind bei Erstellung des Franchisevertrages zu beachten. Hiernach bedarf es der schriftlichen Einwilligung des Franchisenehmers im Franchisevertrag, wenn der Franchisegeber höchstpersönliche Daten des Franchisenehmers, auch wenn sie sich auf dessen Betrieb beziehen und zu deren Übermittlung er in der Regel verpflichtet ist, solche Daten verarbeiten will. Zusicherungen zu Maßnahmen des Datenschutzes hinsichtlich der technischen Abwicklung von Datentransfermöglichkeiten sind ebenso notwendig wie die Prüfung, ob Daten Dritter, d. h. von Kunden des Franchisenehmers abgefragt werden bzw. mitgeteilt werden müssen und ob diese dem BDSG unterliegen. Falls ja, müsste der Franchisegeber ein Datenschutzkonzept bezogen auf die individuellen Vorgänge und Bedürfnisse in seinem System ausarbeiten und alle zwingend geforderten Maßnahmen bis hin zu einer speziellen Vertragsgestaltung umsetzen.

3.8 Vertragsdurchführung

Vertragsbeginn/Dauer/Ende

Im Franchisevertrag kommt dem Bereich *Vertragsdauer*, also dem Beginn und dem Ende des Franchisevertrages erhebliche Bedeutung zu. In aller Regel wird eine feste Vertragslaufzeit vereinbart. Es finden sich aber auch Franchiseverträge, die auf unbestimmte Zeit abgeschlossen werden und die sowohl vom Franchisegeber als auch vom Franchisenehmer ordentlich gekündigt werden können, wobei in der Regel eine Kündigungsfrist von drei oder sechs Monaten zum Ende eines jeden Kalenderhalbjahres vorgesehen wird. Zulässig wäre es aber auch insoweit, eine einjährige Kündigungsfrist zum Ende eines jeden Kalenderjahres zu vereinbaren.

Ausdiskutiert ist zwischenzeitlich die zu § 11 Nr. 12 AGBG noch diskutierte Frage, ob bei Franchiseverträgen mit Bezugsverpflichtung eine längere Laufzeit als zwei Jahre vereinbart werden kann. § 11 Nr. 12 AGBG galt nicht für typische Gebrauchsüberlassungsverträge (z. B. Leasingverträge). Da aber auch durch einen Franchisevertrag das Know-how des Franchisesystems dem Franchisenehmer zur Nutzung überlassen wird, war und ist dieser auch als Gebrauchsüberlassungsvertrag anzusehen, so dass § 11 Nr. 12 AGBGB nicht zur Anwendung kam. Daran hat sich durch die Einbeziehung der Vorschriften des AGBG in das BGB zum 1. Januar 2002 nichts geändert. Franchiseverträge mit Bezugsbindungen können daher auch gegenüber Existenzgründern (nicht Verbraucher im Sinne von § 13 BGB) mit einer längeren als einer Erstlaufzeit von zwei Jahren vereinbart werden.

Die Intention der Vertragsparteien geht oft dahin, langfristige Verträge abzuschließen, sodass oft vom Franchisegeber bei der Konzipierung des Franchisevertrages der Wunsch geäußert wird, Verträge mit einer Laufzeit von 20 Jahren oder noch länger abzuschließen. Dies ist unzulässig, da dann die Grenze der Sittenwidrigkeit (§ 138 BGB) überschritten wird.

Soweit die Franchiseverträge EG-Kartellrecht unterfallen, ist eine Bezugsverpflichtung, die einem Franchisenehmer für mehr als 80 Prozent seines EK-Umsatzes auferlegt wird, gemäß Art. 1 b) der Vertikal-GVO als Wettbewerbsverbot anzusehen, das gemäß Artikel 5 a) der Vertikal-GVO nur für maximal fünf Jahre zulässig ist. Ab dem sechsten Vertragsjahr wäre das Wettbewerbsverbot also unwirksam, sodass der Franchisenehmer Wettbewerbsprodukte verkaufen könnte. Bei (echten) Franchisesystemen, bei denen es eine gemeinsame Identität und den Ruf des Netzwerks zu schützen gilt, ist diese zeitliche Begrenzung ohne große Bedeutung. In Ziff. 200 ihrer Leitlinien zur Vertikal-GVO hat die Kommission, in Besinnung auf das Pronuptia-Urteil des EuGH, deutlich gemacht, dass ein

Wettbewerbsverbot bei Vorliegen dieser Voraussetzungen für die ganze Vertragsdauer zulässig ist, also auch für mehr als fünf Jahre. Nur wenn die genannten Voraussetzungen nicht vorliegen, wäre ein Wettbewerbsverbot für mehr als fünf Jahre unvorsichtig.

Eine längere als fünfjährige Erstlaufzeit kann trotz einer Bezugsverpflichtung von bis zu 100 Prozent aber gemäß Artikel 5 e) Vertikal-GVO auch vereinbart werden, wenn der Franchisenehmer sein Franchise-Outlet in Räumlichkeiten betreibt, die er vom Franchisegeber (als Eigentümer oder Hauptmieter) gemietet oder gepachtet hat. Die Laufzeit des Franchisevertrages kann dann der Laufzeit des Mietvertrages entsprechen.

Der Vertragsbeginn kann zu verschiedenen Zeitpunkten vereinbart werden. Üblicherweise wird als Vertragsbeginn der Tag der Unterschrift des Franchisevertrages vereinbart. Möglich ist auch, den Vertragsbeginn von einer Bedingung wie dem Abschluss einer Einführungsschulung abhängig zu machen. In diesem Falle sind erhöhte Anforderungen an die Gestaltung des Franchisevertrages zu stellen, damit dieser ohne Zweifel rechtswirksam zustande kommt, da der Bedingungseintritt konkret zu bezeichnen ist.

Der Franchisevertrag kann auf folgende Weise enden:

❑ Ablauf der Vertragszeit
❑ ordentliche Kündigung des Franchisevertrages
❑ außerordentliche Kündigung des Franchisevertrages
❑ Vereinbarung der Aufhebung des Franchisevertrages

Die fristlose Kündigung eines Franchisevertrages, die auch vertraglich nicht ausgeschlossen werden konnte, war bislang nur durch die Rechtsprechung anerkannt. Durch die Schuldrechtsreform wurde die fristlose Kündigung von Dauerschuldverhältnissen kodifiziert (§ 314 BGB). Da es sich bei einem Franchisevertrag um ein Dauerschuldverhältnis handelt, ist somit die fristlose Kündigung eines Franchisevertrages seit dem 1. Januar 2002 gesetzlich geregelt. Gemäß § 314 Abs. 1 BGB kann demgemäß die fristlose Kündigung eines Franchisevertrages erklärt werden, wenn dem kündigenden Teil unter Berücksichtigung aller Umstände des Einzelfalls und unter Abwägung der beiderseitigen Interessen die Fortsetzung des Franchisevertrags-Verhältnisses bis zur vereinbarten Beendigung oder bis zum Ablauf einer Kündigungsfrist nicht zugemutet werden kann.

Da § 313 Abs. 3 Satz 2 BGB festhält, dass bei einer Störung der Geschäftsgrundlage an die Stelle des Rücktrittsrechts für Dauerschuldverhältnisse das Recht zur Kündigung tritt, kann im Franchisevertrag normiert werden, dass eine fristlose Kündigung des Franchisevertrages erst dann zulässig ist, wenn eine Anpassung des Vertrages an die veränderten Umstände nicht in Betracht kommt.

Da die Umschreibung des wichtigen Grundes in § 314 Abs. 1 Satz 2 BGB der bisherigen Rechtsprechung entspricht, dürfte nicht zu erwarten sein, dass durch die Kodifizierung des Rechts der fristlosen Kündigung von Dauerschuldverhältnissen eine materiell-rechtliche Änderungen erfolgt. Insofern gilt nach wie vor für die fristlose Kündigung von Franchiseverträgen die Grundsatzentscheidung des Kammergerichts Berlin vom 21. November 1997 (BB 1998, 607 – Burger King) – bis auf eine Ausnahme: das Kammergericht Berlin ging davon aus, dass dann eine fristlose Kündigung eines Franchisevertrages nicht ausgesprochen werden könne, wenn sich der Kündigende im Zeitpunkt der Erklärung der fristlosen Kündigung selbst nicht vertragstreu verhalten hat. Dies gilt für das Kündigungsrecht nach § 314 BGB nicht, so dass auch derjenige die fristlose Kündigung des Franchisevertrages erklären kann, der zum Zeitpunkt der Kündigung des Franchisevertrages sich selbst nicht vertragstreu verhält.

§ 314 Abs. 3 BGB verlangt lediglich, dass die Kündigung innerhalb einer angemessenen Frist zu erklären ist, ohne diese angemessene Frist zu bestimmen. § 626 Abs. zwei BGB gilt nicht. Zurückzugreifen ist damit auf die Rechtsprechung des BGH zur fristlosen Kündigung von Handelsvertreterverträgen. Danach ist eine Frist von 2 Monaten schon nicht mehr als angemessen anzusehen. Jeglichem Franchisegeber, aber auch Franchisenehmer, ist daher zu raten, eine etwaige fristlose Kündigung so schnell wie möglich, spätestens aber innerhalb einer Monatsfrist, zu erklären.

Daneben kann der Franchisevertrag bei Fehlern bei der Gestaltung in folgenden Fällen als von Anfang an nicht zustande gekommen – richtig – angesehen werden:

❏ bei Nichtigkeit des Vertrages
   (z. B. wegen Sittenwidrigkeit § 138 BGB),
❏ bei Anfechtung des Vertrages
   (wegen arglistiger Täuschung § 123 BGB oder wegen Irrtums § 119 BGB) oder
❏ bei Widerruf des Vertrages gem. § 355 BGB.

In diesen Fällen findet eine Rückabwicklung des Vertrages statt, wobei die einzelnen bereits abgewickelten Warenlieferungen unberührt bleiben. Zurückzugewähren ist aber das jeweils vom anderen Erlangte. Für den Franchisegeber bedeutet dies, Gebühren zurückzuzahlen, und für den Franchisenehmer, sämtliches Know-how und andere Unterlagen zurückzugeben. Die Aufwendungen des Franchisegebers für erbrachte Dienstleistungen und die Zurverfügungstellung von Know-how werden gegen die Rückzahlungsansprüche des Franchisenehmers nach §§ 812 ff. BGB saldiert. Doch muss der Franchisegeber einem Gericht konkret nachweisen, dass er sein Know-how und seine Dienstleistungen dem Franchisenehmer tatsächlich erbracht hat und dass dies den Wert der im Vertrag angesetzten Gebühren hat. In der Regel werden nicht technisches Know-how und erbrachte Dienstleistungen zugunsten des Franchisegebers nicht sehr hoch bewertet, sodass dieser bei der Rückabwicklung eines Vertrages in aller Regel Verluste hinnehmen muss. Deshalb ist es von besonderer Bedeutung, dass ein Franchisevertrag form-wirksam und ohne materielle Nichtigkeits- oder Anfechtungsgründe geschlossen wird.

Weiterhin endet der Franchisevertrag regelmäßig durch den Tod oder die endgül-tige Berufsunfähigkeit des Franchisenehmers, wenn der Vertragspartner auf Seiten des Franchisenehmers eine natürliche Person ist. Der Franchisegeber kann auch vereinbaren, dass der Franchisevertrag vererblich ist. Dies bietet sich nicht ohne weiteres an, da der Erbe in der Regel nicht die persönlichen Qualifikationen er-füllen wird, welche der Franchisegeber zu dem Zeitpunkt des Todesfalles von sei-nen Franchisenehmern verlangt. Um hier Streitigkeiten zu vermeiden, sollte je-denfalls im Franchisevertrag klargestellt werden, ob der Franchisevertrag mit dem Tod oder der Berufsunfähigkeit des Franchisenehmers endet. Eine eventuelle Fort-setzungsregelung mit den Erben sollte dann individuell im Bedarfsfall Todesfall konzipiert werden.

Eröffnung des Franchisebetriebes
Üblicherweise wird ein Termin festgelegt, bis wann spätestens der Franchise-betrieb nach Vertragsabschluss eröffnet werden soll, damit Vertragsgebiete nicht blockiert werden. Damit ist regelmäßig ein vertragliches Rücktrittsrecht für den Franchisegeber verbunden für den Fall, dass der Franchisenehmer die festgelegte Frist pflichtwidrig nicht einhält.

Folgen Vertragsbeendigung
Geregelt werden muss ebenfalls, wie die Vertragsparteien sich bei Vertragsbeen-digung zu verhalten haben und welche Bestimmungen über das Vertragsende hi-naus wirksam bleiben. Regelmäßig sind Bestimmungen über die Beendigung der Nutzung der lizensierten Rechte, der Entfernung der Zeichen, der Abwicklung offener Zahlungsverpflichtungen, die Rückgabe der Handbücher und sonstiger übergebener das Franchisesystem kennzeichnender Unterlagen enthalten.

3.9 Allgemeine Bestimmungen

Verjährung
Die Regelverjährung beträgt nunmehr drei Jahre.

Rechtswahl
Es sollte ausdrücklich die Anwendung deutschen Rechts gewählt werden. Bei grenzüberschreitenden Verträgen können andere Gesichtspunkte gelten.

Erfüllungsort und Gerichtsstand

Entsprechende Abreden sind dann wirksam, wenn der Franchisenehmer bei Vertragsabschluss bereits Kaufmann ist oder wenn der Vertrag mit einer juristischen Person abgeschlossen wird.

Schriftform

In einigen Fällen existiert ein gesetzliches Schriftformerfordernis. Wird z. B. der Franchisevertrag mit einem Existenzgründer abgeschlossen und enthält er eine Warenbezugsbindung oder Kreditabsprache, ist gem. § 492 BGB der Vertrag schriftlich niederzulegen. Ist kein gesetzliches Schriftformerfordernis einschlägig, tut der Franchisegeber gleichwohl gut daran, ein solches im Vertrag zu vereinbaren (gewillkürte Schriftform), schon aus Beweisgründen – wie sonst kann im Streitensfall festgestellt werden, was im Einzelnen vereinbart wurde? Es dient aber auch der Warnung, der Franchisenehmer sollte »schwarz auf weiß« erkennen können, auf welche Pflichten er sich bei Abschluss der Franchisevereinbarung einlässt, um nicht später überrascht zu sein. Tatsächlich gibt es kaum Franchisesysteme, die keinen schriftlichen Franchisevertrag vorweisen können, und der Mangel eines solchen sollte auch als Merkmal für Unseriösität verstanden werden. Schriftform bedeutet aber nicht nur, dass der Vertragstext schriftlich abgefasst und von beiden Vertragsparteien unterschrieben wird. Es kann noch darüber hinaus geregelt werden, wie welche rechtsgestaltenden Erklärungen zu versenden sind, z. B. per Einschreiben/Rückschein, an welche Adresse sie zu richten sind und wann ein Zugang fingiert wird, wenn ein Zugang anderweitig nicht bewiesen werden kann.

Vertragsänderungen

Regelungen über Nachtragsverträge sollten hier aufgenommen werden.

Salvatorische Klausel

Eine »salvatorische Klausel« besagt, dass der Vertrag auch dann rechtswirksam sein soll, wenn einzelne Klauseln unwirksam sind. Nach § 139 BGB wäre im Zweifel der gesamte Vertrag nichtig, wenn eine einzelne Klausel nichtig ist, und die Vertragsparteien nichts anderes vereinbaren. Die Vereinbarung einer salvatorischen Klausel ist von großer Wichtigkeit gerade im Hinblick auf die Entscheidung des BGH vom 8. Februar 1994 (DB 1994, 1184 – Pronuptia II; zur Pronuptia-Rechtsprechung insgesamt: Skaupy BB 1996, 1899; Flohr Jahrbuch Franchising 1996/97, 165 ff.). Hiernach war die Vereinbarung einer salvatorischen Klausel dafür ausschlaggebend, dass der streitgegenständliche Franchisevertrag nicht gesamtnichtig war, sondern nur teilnichtig hinsichtlich der kartellrechtlich zu beanstandenden Vertragsklausel. Wäre die salvatorische Klausel nicht enthalten gewesen, so wäre der Vertrag möglicherweise gesamtnichtig gewesen.

Schlichtung/Mediation/Schiedsgerichtsverfahren

Die Vereinbarung einer Schlichtung als vorgelagertes Verfahren vor einem gerichtlichen Verfahren ist oftmals sinnvoll. Hiermit wird den Parteien noch eine Chance geboten, unter Vermeidung eines aufwendigen Gerichtsverfahrens, das in der Öffentlichkeit bekannt wird, innerhalb des Systems eine Schlichtung herbeizuführen. Denkbar wäre ein interner Schlichterausschuss zusammengesetzt aus Mitgliedern des Beirats, oder ein externer Schlichtungsausschuss organisiert über die Schlichtungsstellen der Amtsgerichte, über eine IHK oder die Deutsche Institution für Schiedsgerichtsbarkeit e. V. (DIS). Neben dieser Schlichtung besteht auch die Möglichkeit, eine sog. Mediation durchzuführen. Derartige Mediationsverfahren sind in den Vereinigten Staaten und in England schon seit langer Zeit als Mittel zur außergerichtlichen Konfliktlösung bei Franchisesystemen anerkannt, sei es nun bei Konflikten zwischen Franchisegeber und Franchisenehmer oder zwischen Franchisenehmern untereinander. Diese Mediation wird sich auch in Deutschland durchsetzen. Der Deutsche Franchise-Verband e. V. wird zukünftig eine Liste von Mediatoren vorhalten, so dass auf entsprechende Anfrage aus dem Franchisesystem ein geeigneter und in Wirtschaftssachen erfahrener Mediator vom Deutschen Franchise-Verband e. V. als Mediator benannt werden kann. Wird eine solche Mediation vereinbart, so muss darauf geachtet werden, dass unmittelbar nach Anrufung des Mediators ein sog. Mediationsvertrag zwischen den Konfliktparteien abgeschlossen wird, der auch das verfahrensmäßige Prozedere des Mediationsverfahrens regelt. Wichtig ist dabei insbesondere, den Zeitrahmen für das Mediationsverfahren, die Kosten der Mediation und die Geheimhaltung der Mediationsgespräche zu vereinbaren. Zugleich gebietet es das Ansehen des Mediatiors, dass sich Franchisegeber und Franchisenehmer im Falle einer Nichteinigung wechselseitig verpflichten, den Mediator in einem etwaigen gerichtlichen Verfahren nicht als Zeugen zu benennen.

Nicht zu verwechseln ist die Schlichtungsklausel mit einem Schiedsvertrag, mit dem die ordentliche Gerichtsbarkeit endgültig ausgeschlossen werden kann und welcher unter Beachtung der gesetzlichen Vorschriften ebenfalls vereinbart werden kann.

Im Vertrag kann festgelegt werden, dass im Streitfall unter Ausschluss der ordentlichen Gerichte ein Schiedsgerichtsverfahren durchzuführen ist und dass das Schiedsgericht abschließend und in einer Instanz über den Streit rechtskräftig entscheidet. Ob die Durchführung eines Schiedsgerichtsverfahrens sinnvoll ist oder nicht, hängt von den Interessen der Parteien ab. Ein Schiedsgerichtsverfahren ist zwar oftmals alleine dadurch, dass nur eine Instanz vorgesehen ist, schneller durchzuführen als der Instanzenzug vor den ordentlichen Gerichten, ist jedoch gerade bei geringeren Streitwerten oftmals wesentlich teurer als ein Verfahren vor den ordentlichen Gerichten, das zumeist doch nach der ersten Instanz beendet wird. Es ist also gerade dann von Vorteil, eine Schiedsgerichtsvereinbarung zu treffen, wenn absehbar ist, dass Streitigkeiten in einem Franchisesystem sehr hohe

Beträge erreichen können. Zu beachten ist in diesem Zusammenhang, dass mit Nichtkaufleuten ein gesonderter Schiedsgerichtsvertrag abgeschlossen werden muss, der dem Franchisevertrag als Anlage beigefügt wird.

Unabhängig von den Kosten sollte sich der Franchisegeber dann für die Vereinbarung eines Schiedsgerichtsverfahrens unter Ausschluss der ordentlichen Gerichte entscheiden, wenn er erheblichen Wert auf strenge Vertraulichkeit legt, da im Schiedsgerichtsvertrag vereinbart werden kann, dass über das nicht öffentliche Schiedsgerichtsverfahren strenges Stillschweigen zu bewahren ist. Ein Verfahren vor den ordentlichen Gerichten ist immer öffentlich und der Öffentlichkeit daher zugänglich.

Anlagen

Zu dem Franchisevertrag können eine Vielzahl von Anlagen gehören.

a) Seit der Entscheidung des BGH vom 16. April 1986 (BGHZ 94, 226 = NJW 1985, 1544; vgl. u. a. OLG Düsseldorf EWiR § 1 c Abzahlungsgesetz 1/87, 311; OLG Schleswig NJW 1988, 3024) stand fest, dass die Vorschriften des Abzahlungsgesetzes auf Franchiseverträge anzuwenden sind. Enthielt der Franchisevertrag eine Bezugsbedingung, so war dieser als Abzahlungsgeschäft zu bewerten. Der Franchisenehmer war daher über sein Widerrufsrecht gemäß § 1 b Abzahlungsgesetz zu belehren. Unterblieb eine solche Belehrung oder entsprach diese nicht dem Gesetz, so konnte der Franchisenehmer seine auf Abschluss des Franchisevertrages gerichtete Willenserklärung widerrufen (so heißt es ausdrücklich im Leitsatz des OLG Schleswig vom 28. Juli 1988: »Ein Franchise-Vertrag ist als Abzahlungsgeschäft zu bewerten und kann bei Fehlen einer Widerrufsbelehrung jederzeit vom Franchise-Nehmer widerrufen werden«).

Das Abzahlungsgesetz trat zum 31. Dezember 1990 außer Kraft. An seine Stelle trat das Verbraucherkreditgesetz. Da das Verbraucherkreditgesetz jedoch keine Übergangsvorschrift enthielt, hat das Abzahlungsgesetz seine ursprüngliche Bedeutung für solche Franchise-Verträge nicht verloren, die vor dem 31. Dezember 1990 abgeschlossen worden sind. Hier gilt das Abzahlungsgesetz fort (so ausdrücklich BGH NJW 1993, 64; aus dem Schrifttum siehe: Reiter BB 1991, 2322; Böhner NJW 1993, 3135). Seit dem 01. Oktober. 2000 war nunmehr das Widerrufsrecht in § 361 a BGB geregelt; wurde quasi für alle Vertriebsverträge »vor die Klammer gezogen«. Seit dem 01. Januar 2002 ist die Widerrufsbelehrung in § 355 BGB geregelt. Bislang galt, dass bei einer nicht ordnungsgemäßen oder nicht dem Gesetz entsprechenden Widerrufsbelehrung das Widerrufsrecht nach Ablauf von 6 Monaten verwirkt war (§ 355 III BGB). Seit der sog. Heininger-Rechtsprechung des EuGH (NJW 2002, 81) und des BGH (NJW 2002, 1881) und dem darauf erfolgten teilweise Neufassung von § 355 BGB und der Zweiten Verordnung zur Änderung der BGB-Informationspflichtenverordnung vom 01. August 2002 (BGBl. I 2958) ist nunmehr bei einer nicht ordnungsgemäßen oder nicht dem Gesetz entsprechenden Widerrufsbelehrung davon auszugehen, dass das Widerrufsrecht zeitlich unbefristet ausgeübt werden kann. Darin liegt ein Rückschritt zu § 1 b AbzG. Das dort geregelte Widerrufsrecht konnte ebenfalls nicht verwirkt werden (vgl. dazu: BGH ZIP 1999, 1011 gegen OLG Frankfurt GRuR 1984, 691). Die neue gesetzliche Regelung, die zum 01. November 2002 in Kraft getreten ist, entspricht daher den bis zum 31. Dezember 1990 geltenden Rechtszustand.

Die Verbraucherschutzrechte finden zu Gunsten des Franchisenehmers Anwendung, wenn dieser bei Abschluss des Franchisevertrages Verbraucher I. S. d. § 13 BGB ist. Auch wenn der Franchisevertrag mit einer Gesellschaft bürgerlichen Rechts abgeschlossen wird, sind die Gesellschafter der BGB-Gesellschaft über ihr Widerrufsrecht gem. § 355 BGB zu belehren.

Dabei ist in Rechtsprechung und Schrifttum umstritten, ob nicht bereits die Aufnahme einer unternehmerischen Tätigkeit im Abschluss des Franchisevertrages zu sehen ist, so dass der Franchisenehmer durch den Abschluss des Franchisevertrages nicht mehr Verbraucher im Sinne von § 13 BGB, sondern Unternehmer im Sinne von § 14 BGB ist, so dass dann eine Widerrufsbelehrung entbehrlich ist (siehe dazu insbesondere: OLG Oldenburg DB 2002, 423; OLG Oldenburg NJW-RR 1989, 1081; OLG Koblenz NJW 1987, 74; OLG Schleswig NJW-RR 1989, 1081). Da allerdings das Widerrufsrecht seit dem 01. November 2002 gem. § 355 Abs. 3 BGB im Gegensatz zu der bis zum 31. Oktober 2002 geltenden gesetzlichen Regelung nicht verfristet und demgemäß auch noch nach langer Zeit und damit sogar nach Beendigung des Franchisevertrages erklärt werden kann, sollte jeder Franchisegeber vorsorglich, auch wenn möglicherweise der Franchisenehmer bereits Unternehmer im Sinne von § 14 BGB ist, eine Widerrufsbelehrung auf der Grundlage der gesetzlichen Vorschriften vornehmen. Dann ist sichergestellt, dass der Franchisevertrag nicht widerrufbar ist, sobald die Widerrufsfrist abgelaufen ist. Diesen Grundsatz sollte jeder Franchisegeber aus »Vorsichtsgründen« beachten.

Bis zum 31. Oktober 2002 setzte eine ordnungsgemäße Widerrufsbelehrung voraus, dass

1. der Franchise-Nehmer eine drucktechnisch deutlich hervorgehobene Urkunde gesondert unterschreibt;
2. in der Widerrufsbelehrung zum Ausdruck kommt, dass sich diese auf die Bezugsverpflichtung und den abgeschlossenen Franchise-Vertrag bezieht,
3. Name und Anschrift des Franchise-Gebers sowie der Beginn der Widerrufsfrist angegeben, und
4. darauf hingewiesen wird, dass der Widerruf nicht zu begründen ist, und
5. es zur Fristwahrung ausreicht, wenn der Widerruf innerhalb der Widerrufsfrist zur Post gegeben wird, und

6. der Widerruf schriftlich oder auf einem dauerhaften Datenträger erklärt werden muss.

Seit dem 01. November 2002 haben aber Belehrungen über das Widerrufsrecht und gegebenenfalls das Rückgaberecht so zu erfolgen, wie sie sich aus der 2. Verordnung zur Änderung der BGB-Informationspflichtenverordnung vom 01. August 2002 (BGBl. I, 2958) ergeben.

Vorbemerkung:

Die entsprechenden Festlegungen zur Widerrufsbelehrung gem. § 355 Abs. 2 BGB und des Verbraucherrückgaberechtes nach § 356 Abs. 1 BGB finden sich in der Form bereits ausformulierter **amtlicher Muster**, die § 14 InfV als Anlagen 2 und 3 beigefügt sind. Die in Form von Fußnoten angefügten »**Gestaltungshinweise**« sind ebenfalls amtlich und enthalten u. a. diverse Musterformulierungen, die bei bestimmten Vertragsarten bzw. Vertriebsformen die Musterbelehrungen ergänzen oder abändern. Ergänzende »Hinweise der Redaktion« sind im Folgenden jeweils als solche gekennzeichnet.

Die ÄnderungsVO tritt ab 1. September 2002 in Kraft. Hieraus ergeben sich allerdings z. T. Widersprüche zu der durch das OLG-VertretungsänderungsG v. 23. Juli 2002 (BGBl. I, S. 2850, in Kraft getreten am 1. August 2002) erfolgten Änderung des § 355 Abs. 2 S. 2 BGB (keine gesonderte Unterzeichnung/qualifizierte elektronische Signatur des Verbrauchers unter die Belehrung mehr; Dauer des Widerrufsrechts bei nachträglicher Belehrung jetzt 1 Monat). Diese Änderungen sind nach der Übergangsregelung in Art. 229 § 8 EGBGB anzuwenden auf Haustürgeschäfte, die nach dem 1. August 2002 abgeschlossen wurden und auf »andere Schuldverhältnissen«, die nach dem 1. November 2002 entstanden sind bzw. auf vor dem Zeitpunkt geschlossene Verträge, wenn die Belehrung erst nach dem in der Übergangsregelung festgelegten Zeitpunkt erfolgt. In den Musterbelehrungen der InfV sind die sich aus der Neufassung des § 355 Abs. 2 S. 2 BGB ergebenden Änderungen aber bereits eingearbeitet (Fristbeginn mit Erhalt der Belehrung; Verlängerung der Frist bei nachträglicher Belehrung, siehe »Gestaltungshinweise« Nr. 1; Weglassen von Ort, Datum und Unterschriftsleiste, siehe »Gestaltungshinweise« Nr. 9 zur Widerrufsbelehrung, Nr. 6 zur Rückgaberechtsbelehrung). Ein Hinweis auf die unterschiedliche Übergangsregelung (September/Oktober 2002) für Haustürgeschäfte und sonstige Schuldverhältnisse ist in den amtlichen Erläuterungen nicht enthalten. Wer bis zum 31. Oktober 2002 überlegt, bis er auf die Formulierungen des Musterformulars übergeht, hat das Problem auf praktische Weise erledigt.

Muster für die Widerrufsbelehrung nach § 355 Abs. 2 BGB

Hinweis der Redaktion:

Die Belehrung über das Widerrufsrecht genügt den Anforderungen des § 355 Abs. 2 BGB und den diesen ergänzende Vorschriften, wenn das nachstehende (amtliche) Muster in Textform verwandt wird. Der Unternehmer, der dieses Muster verwendet, darf in Format und Schriftgröße von diesem Muster abweichen und Zusätze wie die Firma oder ein Kennzeichen des Unternehmens anbringen (so ausdrücklich § 14 Abs. 1, 3 InfV).

Verwendet der Unternehmer **nicht** das amtliche Muster, sondern belehrt in anderer Weise über das Widerrufsrecht, so muss er in dieser Belehrung seine ladungsfähige Anschrift angeben (§ 14 Abs. 4 InfV). Das galt allerdings auch schon nach altem Recht (VerbrKrG) und ist auch Bestandteil der amtlichen Musterformulare.

Widerrufsbelehrung

Widerrufsrecht

Sie können Ihre Vertragserklärung innerhalb von [zwei Wochen]1 ohne Angabe von Gründen in Textform (z. B. Brief, Fax, E-Mail) [oder durch ücksendung der Sache]2 widerrufen. Die Frist beginnt frühestens mit Erhalt dieser Belehrung. Zur Wahrung der Widerrufsfrist genügt die rechtzeitige Absendung des Widerrufs [oder der Sache]2 . Der Widerruf ist zu richten an:3

Widerrufsfolgen 4

Im Falle eines wirksamen Widerrufs sind die beiderseits empfangenen Leistungen zurückzugewähren [und ggf. gezogene Nutzungen (z. B. Zinsen) herauszugeben]5.

Können Sie uns die empfangene Leistung ganz oder teilweise nicht oder nur in verschlechtertem Zustand zurückgewähren, müssen Sie uns insoweit ggf. Wertersatz leisten. [Bei der Überlassung von Sachen gilt dies nicht, wenn die Verschlechterung der Sache ausschließlich auf deren Prüfung – wie sie Ihnen etwa im Ladengeschäft möglich gewesen wäre – zurück – zuführen ist. Im Übrigen können Sie die Wertersatzpflicht vermeiden, indem Sie die Sache nicht wie ein Eigentümer in Gebrauch nehmen und alles unterlassen, was deren Wert beeinträchtigt. Paketversandfähige Sachen sind [auf unsere Kosten und Gefahr]6 zurückzusenden. Nicht paketversandfähige Sachen werden bei Ihnen abgeholt.]2

Besondere Hinweise 7

Finanzierte Geschäfte 8

(Ort), (Datum), (Unterschrift des Verbrauchers)9

Der Franchisevertrag

Muster für die Rückgabebelehrung nach § 356 Abs. 1 BGB
Hinweis der Redaktion:

Die Belehrung über das Rückgaberecht genügt den Anforderungen des § 356 Abs. 1 S. 2 Nr. 1 BGB und den diesen ergänzende Vorschriften, wenn das nachstehende (amtliche) Muster in Textform verwandt wird. Der Unternehmer, der dieses Muster verwendet, darf in Format und Schriftgröße von diesem Muster abweichen und Zusätze wie die Firma oder ein Kennzeichen des Unternehmens anbringen (so ausdrücklich § 14 Abs. 1, 2 InfV). Verwendet der Unternehmer **nicht** das amtliche Muster, sondern belehrt in anderer Weise über das Rückgaberecht, so muss er in dieser Belehrung seine ladungsfähige Anschrift angeben (§ 14 Abs. 4 InfV).

Rückgabebelehrung

Rückgaberecht

Sie können die erhaltene Ware ohne Angabe von Gründen innerhalb von [zwei Wochen]1 durch Rücksendung der Ware zurückgeben. Die Frist beginnt frühestens mit Erhalt der Ware und dieser Belehrung. Nur bei nicht paketversandfähiger Ware (z. B. bei sperrigen Gütern)können Sie die Rückgabe auch durch Rücknahmeverlangen in Textform, also z. B. per Brief, Fax oder E-Mail erklären. Zur Wahrung der Frist genügt die rechtzeitige Absendung der Ware oder des Rücknahmeverlangens. In jedem Falle erfolgt die Rücksendung auf unsere Kosten und Gefahr. Die Rücksendung oder das Rücknahmeverlangen hat zu erfolgen an:
3/4

Rückgabefolgen

Im Falle einer wirksamen Rückgabe sind die beiderseits empfangenen Leistungen zurückzugewähren und ggf. gezogene Nutzungen (z. B. Gebrauchsvorteile) herauszugeben. Bei einer Verschlechterung der Ware kann Wertersatz verlangt werden. Dies gilt nicht, wenn die Verschlechterung der Ware ausschließlich auf deren Prüfung – wie sie Ihnen etwa im Ladengeschäft möglich gewesen wäre – zurückzuführen ist. Im Übrigen können Sie die Wertersatzpflicht vermeiden, indem Sie die Ware nicht wie ein Eigentümer in Gebrauchnehmen und alles unterlassen, was deren Wert beeinträchtigt.

Finanziertes Geschäft 5

(Ort), (Datum), (Unterschrift des Verbrauchers) 6

Diese Muster missachten, dass nach dem Bürgerlichen Gesetzbuch Fristen, die nach Wochen bestimmt sind, erst um 0 Uhr des darauffolgenden Tages beginnen und nicht in dem Augenblick, in dem die Widerrufsbelehrung vorgenommen wird. Zwar muss nach der Rechtsprechung des BGH nicht das konkrete für den Beginn der Widerrufsfrist maßgebende Datum in der Widerrufsbelehrung angegeben werden. Jedoch reicht ein Hinweis auf den »Fristbeginn mit Aushändigung der Belehrungsurkunde« nicht aus, da ein derartiger Hinweis § 187 Abs. 1 BGB nicht berücksichtigt (siehe zu der Rechtsprechung insgesamt: BGH ZIP 1993, 361; BGHZ 126, 56; OLG Rostock BB 2001, 904; OLG Stuttgart NJW-RR 2001, 423; zum Ganzen auch: Flohr, Franchiserecht, a. a. O., Nr. 251 ff. mwN). Liest man die Rechtsverordnung und die dort enthaltene Formulierung »**Die Frist beginnt frühestens mit dem Erhalt dieser Belehrung«**, so könnte man meinen, dass der Gesetzgeber unter Missachtung von § 187 I BGB davon ausgeht, dass die Widerrufsbelehrung in dem Zeitpunkt der Aushändigung der Urkunde beginnt. Man wird also die Rechtsverordnung im Sinne von § 187 I BGB auszulegen haben, d. h. davon ausgehen müssen, dass auch insoweit trotz der missverständlichen Formulierung die Widerrufsfrist erst um 0 Uhr des auf die Aushändigung der Widerrufsbelehrung folgenden Werktags beginnt. Insofern ist nicht auszuschließen, dass die Rechtsverordnung erneut geändert und der Rechtsprechung des BGH angepasst werden muss. Ansonsten bleibt es bei der zutreffenden Feststellung von Masuch (NJW 2002, 2931, 2932), »dass es dem Gesetzgeber selbst nicht gelungen ist, den von ihm gestellten Anforderungen an eine ordnungsgemäße Widerrufsbelehrung, deren Erfüllung er von jedem Unternehmer erwartet, zu genügen«.

Wird der Widerruf im Sinne von § 355 BGB erklärt, so finden gem. § 357 Abs. 1 BGB die Vorschrift über den gesetzlichen Rücktritt (§§ 346 ff. BGB) entsprechende Anwendung. Darin liegt eine Abkehr von dem bis zum 31. Dezember 2002 geltenden Recht: der Widerruf löste nämlich eine Rückabwicklung gem. § 812 BGB aus, wobei umstritten war, ob die bereicherungsrechtliche Saldotheorie zur Anwendung kam (vgl. BGHZ 111, 287; OLG Oldenburg DStR 1998, 903 – ServiceMaster; OLG Dresden NJW-RR 1996, 1013 ff.). Weitergehende Ansprüche aus § 280 BGB, nach den Grundsätzen der culpa in contrahendo gem. § 311 BGB oder gem. §§ 812, 823 BGB sind durch § 357 Abs. 4 BGB seit dem 01. 01. 2002 ausgeschlossen. Ansprüche aus § 826 BGB sollen hingegen fortbestehen (zum Ganzen: Palandt/Heinrichs, 61. Auflage, Ergänzungsband, § 357 Rdnr. 15).

Wird der Franchise-Vertrag hingegen mit einer Gesellschaft mit beschränkter Haftung oder einer anderen Kapitalgesellschaft abgeschlossen, ist eine Belehrung gem. § 355 BGB entbehrlich. Es gilt § 14 BGB. Diese Entbehrlichkeit entfällt allerdings dann, wenn sich der Geschäftsführer und/oder Gesellschafter der GmbH neben der Gesellschaft persönlich für die Erfüllung des Franchisevertrages verpflichtet, so dass Kapitalgesellschaft und Geschäftsführer/Gesellschafter gesamtschuldnerisch haften. Dieser Geschäftsführer/Gesellschafter ist dann gesondert über sein Widerrufsrecht zu belehren, und zwar in dem Zeitpunkt, in dem der Schuldbeitritt erklärt wird. Dies gilt nur dann nicht, wenn der beizutretende Geschäftsführer/Gesellschafter selbst Unternehmer I. S. d. § 14 BGB ist.

b) Die Gebietskarte als Anlage zum Vertrag sollte das Vertragsgebiet durch eine farbige Hervorhebung genau bezeichnen. Ist der Standort nicht im Vertragstext selbst enthalten, sollte in dieser Anlage ebenfalls der Standort des zukünftigen Franchisebetriebes genauestens mit Adresse, Hausnummer, Stockwerk angegeben werden.

c) Die Allgemeinen Geschäftsbedingungen, die der Franchisegeber verwendet, sind nicht unbedingt geeignet zur Verwendung gegenüber dem Franchisenehmer, wenn es sich insofern um Allgemeine Geschäftsbedingungen gegenüber Kunden handelt. Der Franchisenehmer ist Wiederverkäufer, es besteht anderer Regelungsbedarf hinsichtlich Lieferungen, Zahlungen, Eigentumsvorbehalt und weiterer Merkmale der AGBs als gegenüber Kunden. Eine Überarbeitung und eine Neuerstellung für Allgemeine Geschäftsbedingungen für den kaufmännischen Verkehr sind daher notwendig, und dieser Anlage müsste als Anlage Bestandteil des Franchisevertrags werden.

d) Die Grundausstattungsliste muss neben der genauen Bezeichnung der anzuschaffenden Artikel auch die Einzelpreise und die Stückzahl angeben, da mit Abschluss des Franchisevertrages unter Einbeziehung der Anlage gleichzeitig ein Kaufvertrag über die Grundausstattungsgegenstände zustande kommt. Teilweise wird die Grundausstattung als Paket verkauft mit einem einheitlichen Pauschalpreis. In diesem Falle ist die Ausweisung von Einzelpreisen nicht notwendig, jedoch sollte die genaue Artikelbezeichnung und deren Anzahl aus Beweisgründen enthalten sein.

e) Zusatzverträge wie Miet-, Leasing- oder Nutzungsverträge (für Kassensysteme, Betriebs-Kfz, Software, Garantie/Bürgschaft) sind zunächst einmal individuell im Hinblick auf die zu überlassenden Gegenstände oder Rechte zu konzipieren und darüber hinaus dem Franchisevertrag anzupassen, zum Beispiel hinsichtlich Laufzeit und Beendigungsmöglichkeit. Es ist hier insbesondere zu vermeiden, widersprüchliche Bestimmungen zum Franchisevertrag hinsichtlich Erfüllungsort oder Gerichtsstand in diesen Zusatzverträgen zuzulassen.

f) Weitere typische Anlagen eines Franchisevertrages sind:
- ❏ Preisliste des Franchisegebers und/oder des/der Systemlieferanten,
- ❏ Liste der Lieferanten,
- ❏ Abdruck der Marken oder sonstiger gewerblicher Schutzrechte,
- ❏ Gesellschaftervertrag des Franchisenehmers, sofern eine Gesellschaft Franchisenehmer ist,

- ❏ Geschäftsordnung des Beirats,
- ❏ Einzugsermächtigung,
- ❏ Geheimhaltungsverpflichtung.

Individualvereinbarungen, d. h. solche Vereinbarungen, die nicht für alle Franchisenehmer, sondern nur für einzelne Vertragspartner gelten sollen, sollten ebenfalls als Anlage zum Vertrag erstellt und nicht im Vertragstext selbst versteckt werden. Hierbei ist darauf zu achten, dass die Gleichbehandlung der Franchisenehmer immer dann gewahrt wird, wenn es keine sachlich gerechtfertigten Unterschiede gibt, wie es das deutsche Kartellgesetz für marktmächtige Franchisesysteme fordert. Es dürfte aber auch nach dem Grundsatz von Treu und Glauben gem. § 242 BGB geboten sein, die Franchisenehmer nicht ohne sachlich gerechtfertigten Grund unterschiedlich zu behandeln. Dort jedoch, wo wegen der Person des Franchisenehmers individueller Regelungsbedarf besteht, z. B. wegen dessen familiärer Situation oder anderer Wettbewerbsbetriebe, die der Franchisenehmer bereits vor Abschluss des Franchisevertrages besitzt und die er im Einvernehmen mit dem Franchisegeber weiterführen darf, scheinen vom Standard abweichende Individualvereinbarungen gerechtfertigt.

4 Vorvertragliche und vertragliche Aufklärungs- und Informationspflichten

von Wolfgang Kroll

4.1 Vorvertragliche Aufklärungspflichten

4.1.1 Bedeutung

Die Aufklärungspflichten, die dem Franchisegeber vor Abschluss des Franchisevertrages in der Phase der Vertragsverhandlungen mit dem Franchisenehmer-Interessenten obliegen, haben in der Praxis eine erhebliche Bedeutung gewonnen. Der Franchisenehmer bindet sich typischerweise über mehrere Jahre an den Franchisegeber. Er verpflichtet sich, die Vorgaben des Franchisegebers einzuhalten und eine Vergütung für das ihm übertragene Geschäftskonzept zu zahlen. Da er vor Abschluss des Vertrages das Know-how des Franchisegebers noch nicht kennt, ist er auf Informationen angewiesen, die ihn in die Lage versetzen, sich vor Abschluss des Vertrages ein Bild über die Chancen und Risiken der Franchise machen zu können. Aus diesem Grund trifft den Franchisegeber eine vorvertragliche Aufklärungspflicht. Dies lässt sich nicht unmittelbar aus dem Gesetz ablesen, da das deutsche Recht keine spezielle Regelung des Franchiseverhältnisses enthält. Es fehlt auch nach wie vor an einer höchstrichterlichen Entscheidung zu dieser Thematik. Gleichwohl kann die Aufklärungspflicht des Franchisegebers als ein fester Bestandteil der Rechtsordnung angesehen werden, da es mittlerweile eine Vielzahl von obergerichtlichen und erstinstanzlichen Entscheidungen hierzu gibt. Der Deutsche Franchise-Verband e. V. (DFV), der im Interesse der Franchisebranche für einen fairen Umgang von Franchisegebern und Franchisenehmern miteinander eintritt, sieht für Verbandsmitglieder die Aufklärung des Franchisenehmer-Interessenten verbindlich vor. Nach dem Ehtikkodex des DFV haben alle Angaben und jedes Werbematerial zum Zwecke der Franchisenehmer-Gewinnung sachlich richtig und unmissverständlich zu sein. Dem angehenden Franchisenehmer sei, so heißt es weiter, eine vollständige und genaue schriftliche Offenlegung aller für das Franchiseverhältnis wichtigen Informationen und Unterlagen mit einer angemessenen Frist vor Abschluss des Vertrages zu übergeben. Darüber hinaus hat der DFV ein Merkblatt mit den aus seiner Sicht aufklärungsbedürftigen Punkten herausgegeben. Sowohl das Merkblatt als auch der Ethikkodex sind im Anhang dieses Buches vollständig abgedruckt.

Auf internationaler Ebene gibt es zahlreiche Überlegungen, die vorvertraglichen Aufklärungspflichten gesetzlich zu normieren. Nicht nur in Frankreich und Italien und insbesondere in zahlreichen Staaten der USA bestehen gesetzliche vorvertragliche Aufklärungspflichten für Franchisegeber, auch in anderen europäischen Ländern werden Gesetzesvorhaben dieser Art diskutiert. Viel Aufmerksamkeit hat in letzter Zeit ein Vorhaben des International Institute for the Unification of Private Law (UNIDROIT) erhalten, das sich seit Jahren mit dem Thema Franchising beschäftigt. Im April 2002 hat eine Konferenz von Regierungsexperten den Entwurf

274

eines Modellgesetzes zur vorvertraglichen Aufklärungspflicht des Franchisegebers fertiggestellt und dem Governing Council von UNIDROIT zur endgültigen Verabschiedung vorgelegt, was wohl im Herbst 2002 geschehen wird. UNIDROIT wird dieses Modellgesetz dann den 59 Mitgliedsstaaten übermitteln mit der Empfehlung, es bei eventuellen Gesetzesvorhaben zu berücksichtigen. Der Entwurf des Modellgesetzes enthält eine sehr detaillierte und recht umfangreiche Liste an rechtlichen und tatsächlichen Informationen, welche ein Franchisegeber einem Franchiseinteressenten übermitteln soll, und auch den Ansatz einer Regelung für den Fall der Nichtbeachtung der Aufklärungspflichten. Der DFV hat das Entstehen des Entwurfs beobachtet und ihn in mehreren Stellungnahmen als zu weitgehend kritisiert; er ist der Meinung, dass die bestehenden Gesetze in Deutschland die Franchisenehmer ausreichend schützen. Nicht nur aus diesem Grunde ist völlig offen, ob der deutsche Gesetzgeber jemals auf das UNIDROIT-Modellgesetz zurückgreifen wird.

Der Vollständigkeit halber muss darauf hingewiesen werden, dass nicht nur der Franchisegeber, sondern unter Umständen auch der Franchisenehmer zur vorvertraglichen Aufklärung verpflichtet sein kann. Er hat über seine beruflichen Fähigkeiten, seine persönlichen Eigenschaften und finanziellen Möglichkeiten Auskunft zu erteilen, soweit dies für das Franchiseverhältnis von Bedeutung ist. Die Aufklärungspflichten des Franchisenehmers haben in der Praxis bisher aber bei weitem keine so große Bedeutung erlangt wie jene des Franchisegebers.

4.1.2 Umfang der vorvertraglichen Aufklärungspflicht

Eine Verletzung der vorvertraglichen Aufklärungspflichten kann zur Haftung auf Schadensersatz in erheblichem Umfang führen. Diese Haftung war bis zum In-Kraft-Treten des Gesetzes zur Modernisierung des Schuldrechts am 1. Januar 2002 gesetzlich nicht ausdrücklich geregelt, sondern als eine Fallgruppe des durch die Rechtsprechung entwickelten Haftungstatbestands des sog. Verschuldens bei Vertragsschluss (culpa in contrahendo = c. i. c.) seit langem gewohnheitsrechtlich anerkannt. Verschiedene Obergerichte haben die Rechtsgrundsätze der c. i. c. mehrfach auf Franchisesachverhalte angewandt. Durch die Schuldrechtsreform ist der Haftungstatbestand in das BGB aufgenommen worden (§§ 241 Abs. 2, 280 Abs. 1 Satz 1, 311 Abs. 2 BGB). Inhaltliche Änderungen gegenüber dem bisherigen Rechtsprechungsrecht haben sich hierdurch (bisher) nicht ergeben (zu den Haftungsfolgen siehe Kapitel IV.6 in diesem Buch).

Für den Franchisegeber ist es wichtig zu wissen, über welche Punkte er im Einzelnen aufzuklären hat, um eine Haftung zu vermeiden. Der Franchisegeber genügt seiner Aufklärungspflicht, so lautet die allgemeine Formulierung, wenn er den Franchisenehmer vor Vertragsschluss über alle wesentlichen Umstände der Franchise vollständig und richtig informiert. Es stellt sich die Frage, welche Umstände als wesentlich anzusehen sind. Da es sich insoweit um einen unbestimmten Rechtsbegriff handelt, bedarf es einer auf den Einzelfall abgestimmten Konkretisierung. Zur Erleichterung dieser Aufgabe dient die am Schluss dieses Abschnitts abgedruckte Aufstellung derjenigen Umstände, die typischerweise von wesentlicher Bedeutung für den Franchisenehmer sind. Die Liste ist nicht als abschließende Aufstellung aller wesentlichen Gesichtspunkte zu verstehen. Es empfiehlt sich, die einzelnen Punkte durchzugehen, zu überlegen, welche Umstände im Einzelfall ebenfalls noch von Bedeutung sein können, und schließlich den Inhalt des Aufklärungsgesprächs mit dem angehenden Franchisenehmer in einem gesonderten Dokument schriftlich festzuhalten.

Die vom Franchisegeber offenbarten Tatsachen müssen richtig und auch vollständig sein. Richtig sind die Angaben, wenn sie der Wahrheit entsprechen. Täuscht der Franchisegeber über bestimmte Umstände, um den Interessenten auf diese Weise in das Vertragsverhältnis zu locken, so stellt dies stets eine Aufklärungspflichtverletzung dar. Bei Prognosen des Franchisegebers, etwa über den zu erzielenden Umsatz, ist zu differenzieren. Grundsätzlich trägt der Franchisenehmer das Prognoserisiko, so dass eine Haftung des Franchisegebers wegen des Ausbleibens des prognostizierten Erfolgs ausgeschlossen ist. Er haftet jedoch, wenn die Prognose auf einer nicht nachvollziehbaren, unrealistischen Grundlage basiert. Auch bei Prognosen ist deshalb Vorsicht geboten. Sie sollten nur auf der Grundlage von »echten« Zahlen des Pilotbetriebes oder aktiver Franchisenehmer erstellt werden. Auf keinen Fall darf der Franchisegeber eine Prognose »ins Blaue hinein« abgeben. Die Angaben des Franchisegebers müssen darüber hinaus vollständig sein. Das heißt auch unvollständige oder fehlende Informationen können die Haftung wegen einer Aufklärungspflichtverletzung auslösen. Unvollständige Angaben können dazu führen, dass der angehende Franchisenehmer ein falsches Bild vom Franchisesystem und dessen Chancen und Risiken bekommt. Das widerspricht dem Schutzzweck der Aufklärungspflicht des Franchisegebers. Gleiches gilt für den in der Praxis wohl eher selten vorkommenden Fall, dass überhaupt keine Angaben gemacht werden. Ein solcher Fall ist von der Rechtsprechung bisher noch nicht entschieden worden. Die rechtswissenschaftliche Literatur ist jedoch überwiegend der Auffassung, dass auch ein solcher Fall als Aufklärungspflichtverletzung zu gelten hat, da der Franchisegeber stets über alle für die Zusammenarbeit erheblichen Umstände zu informieren habe.

Aufklärungspflichten in Bezug auf ...	aufklärungsbedürftige Umstände
das Franchisekonzept	❏ Gegenstand und Wirkungsweise ❏ Umsatz und Ertragsfähigkeit ❏ Spezifisches Know-how
die Person des Franchisegebers	❏ Leistungen ❏ Vergütungen, einschließlich etwaiger Rückvergütungen, Prämien, Provisionen von Lieferanten sowie Preisaufschlägen ❏ Finanzielle Lage ❏ Mitgliedschaft im Deutschen Franchiseverband
das Franchisesystem	❏ Alter und Entwicklung des Systems ❏ Zahl der Franchisenehmer ❏ Zahl der bereits ausgestiegenen Franchisenehmer und Darstellung des Hintergrunds ihres Ausscheidens ❏ Konkurrenz- und Marktsituation ❏ Mögliche Auswirkungen eines eventuellen Filialnetzes des Franchisegebers
den Pilotbetrieb	❏ Konkrete Zahlen und wirtschaftliche Entwicklung
die Person des Franchisenehmers	❏ Anforderung an die Person ❏ Kosten und Kapitalbedarf ❏ Voraussichtlicher Break-Even-Punkt ❏ Durchschnittliche Umsatz- und Ertragserwartung ❏ Schulungsmaßnahmen

Abb. 1: Übersicht über vorvertragliche Aufklärungspflichten

4.2 Informationsleistungspflichten im Franchisevertrag

4.2.1 Kommunikation, ein franchisetypisches Problem

Die Funktionsfähigkeit eines Franchisesystems hängt maßgeblich von einem regelmäßigen und gründlichen Informationsaustausch zwischen den Franchisepartnern ab. Die Intensität der Kommunikation ist eine wichtige, nicht zu unterschätzende Aufgabe, die in jedem Franchisesystem gelöst werden muss. Daher taucht immer wieder die Frage auf, welche Maßnahmen zur Verbesserung des Informationsaustauschs ergriffen werden und wie diese rechtlich festgelegt bzw. abgesichert werden können.

Rechtlich kann der Informationsaustausch nur durch die vertragliche Festlegung bestimmter Informationsleistungspflichten abgesichert werden. Wichtig ist, dass die einzelnen Informationsleistungspflichten der Franchisepartner im Vertrag so genau wie möglich festgelegt werden. Das BGB enthält weder ausdrückliche Vorschriften zum Franchisevertrag noch sind diesem konkrete Aussagen über den Inhalt der Informationsleistungspflicht zu entnehmen. Daher kommt es allein auf die vertragliche Ausgestaltung an, auf die mithin besondere Sorgfalt zu verwenden ist. Die Informationsleistungspflichten, die während der Dauer des Franchisevertrages bestehen, unterscheiden sich insoweit grundlegend von den vorvertraglichen Aufklärungspflichten. Letztere entstehen – wie oben dargestellt – ohne eine vertragliche Regelung.

Die nachfolgenden Ausführungen verschaffen einen Überblick über die typischerweise in einem Franchisevertrag geregelten Informationsleistungspflichten und dienen dem besseren Verständnis der Grenzen der Gestaltungsfreiheit, die bei Festlegung von Informationsleistungen bestehen.

4.2.2 Informationsleistungspflichten des Franchisegebers

Dem Franchisegeber obliegt typischerweise die Pflicht zur Übermittlung des franchisierten Know-how. Mit dem Begriff des Know-how werden die Kenntnisse und Informationen des Franchisegebers umschrieben, die nicht jedermann frei zugänglich und die für den Franchisenehmer wesentlich bzw. zur Umsetzung des Geschäftskonzept unerlässlich sind und die identifiziert, d. h. schriftlich dokumentiert sein müssen. Die Pflicht zur Übertragung dieses Know-hows stellt regelmäßig die Hauptleistungspflicht des Franchisegebers dar. Der Franchisenehmer ist typischerweise gerade deshalb bereit, das Franchiseverhältnis einzugehen und die festgelegte Vergütung zu zahlen, weil er sich von dem Know-how des Franchisegebers einen Vorteil verspricht. Die Informationsleistungspflicht des Franchisegebers und die Vergütungspflicht des Franchisenehmers stehen sich somit typischerweise gegenüber. Erläuterungsbedürftig ist, wie der Franchisegeber die Informationsleistungspflicht zu erfüllen hat.

Dem Franchisegeber stehen grundsätzlich verschiedene Transfermedien zur Verfügung. Die Auswahl der Informationsmedien hat sich an dem Zweck des Franchisevertrages zu orientieren. Da die Funktionsfähigkeit eines Franchisesystems ein systemkonformes Verhalten der Franchisenehmer voraussetzt, muss der Franchisegeber dafür sorgen, dass die Franchisenehmer tatsächlich in die Lage versetzt werden, das spezifische Know-how seines Franchisesystems anzuwenden und umzusetzen. Allerdings kann der Franchisegeber nicht die rechtliche Verantwortung dafür übernehmen, dass der Franchisenehmer das ihm übermittelte Wissen tatsächlich beherrscht. Dies hängt von den persönlichen Fähigkeiten des jeweiligen Franchisenehmers ab, auf die der Franchisegeber keinen Einfluss hat. Gleichwohl hat der Franchisegeber alle zumutbaren Anstrengungen zu unternehmen, um dem »durchschnittlichen« Franchisenehmer die Übernahme und Anwendung seines

Know-hows zu ermöglichen (»unterdurchschnittliche« Franchisenehmer sollte der Franchisegeber allerdings gar nicht akzeptieren). Hierzu gehört insbesondere die Übergabe eines Handbuchs, in dem das Know-how ausführlich und verständlich dokumentiert ist. Des Weiteren ist die Durchführung von Schulungsmaßnahmen unerlässlich. Letztlich ist auch die Beratungs- und Unterstützungspflicht des Franchisegebers in diesem Sinne zu verstehen. Der Franchisegeber muss über ein Bündel von Informationsmaßnahmen verfügen, um den Know-how-Transfer so gut wie möglich vorzunehmen. Handbuch und Schulungen haben den Vorteil, dass der Informationsfluss standardisiert wird. Dadurch kann der Franchisegeber seinen Arbeitsaufwand überschaubar halten. Außerdem ist zu beachten, dass die Dokumentation des Know-how auch als Nachweis für die Werthaltigkeit des Systems dient, also dafür, dass dem Franchisenehmer tatsächlich nützliche Informationen geboten werden. Der Franchisegeber trägt hierfür im Zweifel die Darlegungs- und Beweislast.

Während die Grundzüge des zu übertragenen Know-hows in den Vertrag aufgenommen werden sollten, bietet es sich an, die detaillierte Beschreibung im Handbuch unterzubringen. Das hat den Vorteil, dass Ergänzungen und Weiterentwicklungen ohne Vertragsänderung zum Gegenstand der Franchise gemacht werden können.

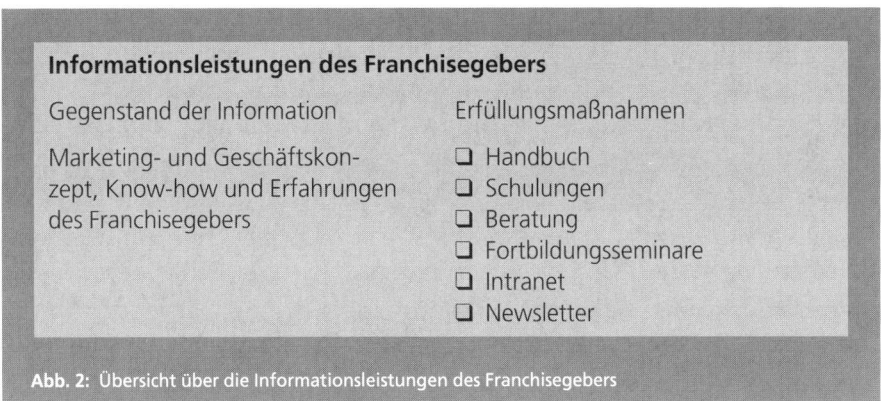

Abb. 2: Übersicht über die Informationsleistungen des Franchisegebers

4.2.3 Informationsleistungspflichten des Franchisenehmers

Die Hauptgegenleistung des Franchisenehmers besteht in der Zahlung der vereinbarten Gebühren. Daneben obliegen dem Franchisenehmer in der Regel eine Reihe von Informationsleistungspflichten, deren Erfüllung für die Funktionsfähigkeit des Franchisesystems von großer Bedeutung sein können. Bei diesen Informationsleistungspflichten handelt sich um Mitwirkungspflichten des Franchisenehmers. Wegen der für das Franchising konstitutiven Selbstständigkeit des Franchisenehmers sind der Auferlegung von Mitwirkungspflichten Grenzen gesetzt. Den Kontrollmaßstab bilden die Vorschriften der §§ 305 ff. BGB zur Regelung von Allgemeinen Geschäftsbedingungen (AGB), die durch die Schuldrechtsreform in das BGB integriert worden sind. Dass Franchiseverträge wegen ihrer standardisierten Form der AGB-Kontrolle unterfallen, wird an anderer Stelle in diesem Buch erläutert.

Eine Reihe von Informationsleistungspflichten des Franchisenehmers haben in erster Linie die Funktion, dem Franchisegeber die Überwachung des Franchisenehmerunternehmens zu ermöglichen bzw. zu erleichtern. Beispielsweise ist der Franchisenehmer häufig verpflichtet, Auskunft über wichtige Geschäftsdaten, wie etwa seine Gewinn- und Verlustrechnungen, seine Bilanzen und sonstige aussagekräftigen Daten über den Betrieb nach billigem Ermessen des Franchisegebers zu erteilen. Im konkreten Einzelfall kann der Franchisenehmer darüber hinaus die Pflicht haben, den Beauftragten des Franchisegebers bei ihrem Besuch die von diesen gewünschten Auskünfte zu geben und Einsichten in die Geschäftspapiere zu gestatten. Derartige Überwachungsrechte lassen sich einerseits mit der Aufgabe des Franchisegebers rechtfertigen, die für die Funktionsfähigkeit des Systems unerlässliche Einhaltung der einheitlichen Leistungsstandards zu kontrollieren. Andererseits kann auf die typischen Interessenlage eines Franchisenehmers verwiesen werden. Da der Franchisenehmer zumindest zu Anfang geschäftlich unerfahren ist und das Risiko seines Scheiterns minimieren möchte, liegt die Kontrolle seines Betriebs in seinem eigenen Interesse. Schließlich soll ihn der Franchisegeber vor Fehlinvestitionen schützen. Der Erfolg des Franchisenehmers hängt von einer engen Zusammenarbeit und effizienten Kontrolle durch den Franchisegeber ab. Bestimmte betriebliche Daten sind für Controllinginstrumente, wie etwa Betriebsvergleiche, unerlässlich. Da insoweit aber substanziell in die unternehmerische Entscheidungsfreiheit des Franchisenehmers eingegriffen wird, sind den Möglichkeiten des Franchisegebers, dem Franchisenehmer kontrollbezogene Informationsleistungspflichten aufzuerlegen, im Hinblick auf den Vertragszweck Grenzen gesetzt. Ein infolge der Weisungs- und Kontrollbefugnisse des Franchisegebers zu stark beschränkter Entscheidungsspielraum kann die Selbstständigkeit des Franchisenehmers gefährden und damit das gesamte Vertragsgefüge selbst in Frage stellen. Ein gewisser, die Selbstständigkeit des Franchisenehmers garantierender Grad von Entscheidungsfreiheit muss bewahrt werden. Ob dem Franchisenehmer genügend Freiraum bleibt, kann letztlich nur anhand einer Gesamtwürdigung des Franchisevertrages bzw. der darin enthaltenen beschränkenden Regelungen beurteilt werden. Dies ist vom Einzelfall abhängig. Kontrollbezogene Informationsleistungspflichten sind im Hinblick auf die zu wahrende unternehmerische Freiheit des Franchisenehmers grundsätzlich nur insoweit zulässig, als sie eine organisatorische Notwendigkeit darstellen, ohne die der Franchisegeber seiner Funktion als übergeordneter Planungsträger nicht gerecht werden und die Identität und Integrität des Franchisesystems nicht garantieren kann.

Rechenschaftspflicht

Häufig wird die Zahlung einer umsatzabhängigen laufenden Franchisegebühr vereinbart. Da der Franchisegeber keine Möglichkeit hat, die Höhe seines Entgeltanspruchs ohne die entsprechenden Umsatzzahlen zu bemessen und zu kontrollieren, sind ihm die notwendigen Informationen vom Franchisenehmer zur Verfügung zu stellen. Diese Rechenschaftspflicht ergibt sich aus dem Gesetz (§ 666 BGB). Zur Klarstellung sollte sie im Franchisevertrag ausdrücklich erwähnt werden. Meldet der Franchisenehmer seine Umsätze trotz Anmahnung nicht und bleibt er demzufolge seine laufenden Franchisegebühren schuldig, hat der Franchisegeber in der Regel das Recht zur fristlosen Kündigung des Franchisevertrages.

Aufgrund des eng begrenzten Zwecks der Rechenschaftspflicht besteht grundsätzlich kein Anspruch auf Übermittlung von Kundendaten des Franchisenehmers. Die Rechenschaftspflicht dient nur dazu, dem Franchisegeber die Nachprüfbarkeit des ihm gebührenden Entgelts zu ermöglichen. Da er selbst nicht Vertragspartner der Kunden des Franchisenehmers wird, ist er nicht zwingend auf entsprechende Kundendaten angewiesen. Einer Vereinbarung, wonach der Franchisenehmer zur Übermittlung von Kundendaten verpflichtet sein soll, stehen jedoch keine rechtlichen Bedenken entgegen, soweit nicht essentielle Geheimhaltungspflichten betroffen sind. Es ist unbedingt auf die Einhaltung der Vorschriften des Bundesdatenschutzgesetzes zu achten. Kundendaten dürfen nur an den Franchisegeber weitergegeben werden, wenn der einzelne Kunde hierzu sein vorheriges Einverständnis erteilt hat. Es empfiehlt sich, den Verwendungszweck für die Kundendaten, etwa die Verarbeitung im Rahmen des Controlling bzw. eines Betriebsvergleichs, im Franchisevertrag festzulegen, um Missverständnissen vorzubeugen und dem Franchisenehmer die Vorteile zu verdeutlichen.

Kundenstammübertragung

Der Franchisegeber kann im Vertrag vorsehen, dass der Franchisenehmer nach der Beendigung des Vertrages seinen Kundenstamm zu übertragen hat. Auch darin ist eine Informationsleistungspflicht zu sehen. Problematisch ist in diesem Zusammenhang, ob dem Franchisenehmer aufgrund der Übertragung seines Kundenstamms ein Ausgleichsanspruch nach § 89 b HGB analog zusteht. Dies wird von der Rechtswissenschaft nicht einheitlich beantwortet; eine gesicherte Rechtsprechung zu diesem Thema gibt es in Deutschland nicht.

Berichtspflicht

Zu den für den Franchisegeber besonders wichtigen Informationen gehören die vom Franchisenehmer aus der kontinuierlichen Marktbeobachtung vor Ort gewonnenen Daten als Grundlage der Marktanalyse und Marktplanung. In der direkten Rückkoppelung mit dem Verbraucher durch den Franchisenehmer wird ein erheblicher Effizienzgewinn gesehen. Auf diese Weise werden kostspielige Marktstudien unnötig. Die Informationen lassen sich schnell verarbeiten. Der

Franchisenehmer ist daher typischerweise verpflichtet, entsprechende Daten über die Geschäftsentwicklung, die regionale Marktsituation, die Tätigkeit von Konkurrenzunternehmen im Vertragsgebiet sowie die Einstellung der Verbraucher, deren Wünsche und Reaktionen zu sammeln und diese in regelmäßigen Abständen an den Franchisegeber weiterzugeben. Diese Berichtspflichten haben keinen Kontrollcharakter und beeinträchtigen daher auch nicht die unternehmerische Selbstständigkeit des Franchisenehmers. Zwar verfügt der Franchisenehmer im Vergleich zu einem »freien« Unternehmer über weniger Freiheitsgrade, dies ist jedoch Ausfluss der Kooperation mit dem Franchisegeber und deshalb hinzunehmen. Die Berichtspflichten sind als eine die Leistung des Franchisegebers vorbereitende und ermöglichende Mitwirkungspflicht in eigenem Interesse zu verstehen. Die unternehmerische Freiheit des Franchisenehmers kann nicht negativ beeinträchtigt sein, da ein funktionierendes Franchisesystem doch gerade dem Erhalt und der Verbesserung seiner eigenen wirtschaftlichen Existenz dient. Unter dem Blickwinkel von Sinn und Zweck der AGB-Kontrolle, die in dem Schutz des Vertragspartners vor der einseitigen Verhandlungsmacht des Verwenders und der Gewährleistung der Vertragsgerechtigkeit zu sehen sind, kann eine unangemessene benachteiligende Ausgestaltung der Berichtspflichten nur in krassen Ausnahmefällen anzunehmen sein. Die Berichtspflichten sollten daher so detailliert wie möglich geregelt sein. Es bietet sich an, im Handbuch ein entsprechendes Muster vorzugeben.

Informationsleistungen des Franchisenehmers		
Gegenstand der Information	Zweck der Information	Erfüllungsmaßnahmen
Umsatzzahlen des Franchisenehmers	Berechnung der umsatzabhängigen Franchisegebühren	Regelmäßige Übermittlung schriftlicher Aufstellungen
Regionale Marktveränderungen, Kundenzufriedenheit, Wettbewerbssituation	Vorbedingung für die Anpassung und Fortentwicklung des Konzepts	Regelmäßige schriftliche Berichte nach den Vorgaben des Franchisegebers
Einhaltung der Marken- und Systemvorgaben	Schutz des Corporate Identity	Auskunftpflicht bei Verlangen
Lokale Werbemaßnahmen, die von Werberichtlinien abweichen	Schutz des Corporate Identity	Schriftliche Mitteilung vor Durchführung der Werbung
Betriebswirtschaftliche Zahlen des Franchisenehmers	Controlling, Vorbedingung für Beratung zur Verbesserung der Rentabilität	Übermittlung schriftlicher Aufstellungen nach den Vorgaben des Franchisegebers

Markenverletzungen durch Dritte	Wahrnehmung der Markenschutzrechte	Schnellstmögliche Auskunft per Telefon/Fax
geplante Veräußerung der Franchise	Wahrung der Rechte des Franchisegebers, Sicherung der einheitlichen Standards	Schriftliche Mitteilung, bevor Übertragung rechtlich wirksam
Gründung einer Gesellschaft und/oder Veränderung der bestehenden Gesellschafterstruktur	Wahrung der Rechte des Franchisegebers, Sicherung der einheitlichen Standards	Schriftliche Mitteilung, bevor Veränderungen wirksam

Abb. 3. Übersicht über die wichtigsten Informationsleistungen des Franchisenehmers

4.2.4 Unzulänglichkeit einer vertraglichen Regelung

Im Ergebnis darf nicht übersehen werden, dass die vertragliche Festlegung der Informationsleistungspflichten kein »Allheilmittel« zur Absicherung des notwendigen Informationsaustauschs ist. Die Unzulänglichkeit wird deutlich, wenn man sich die Folgen der Nichterfüllung der Informationsleistungspflichten vor Augen führt. Erfüllt der informationspflichtige Franchisenehmer seine Pflicht nicht, so mag der Franchisegeber zwar rechtlich einen mit Hilfe des Gerichts durchsetzbaren Anspruch auf Erteilung der vereinbarten Informationen haben. Das hilft ihm jedoch in der Praxis kaum weiter. Werden die benötigten Informationen nicht freiwillig zur vereinbarten Zeit erteilt, so ist der Informationsfluss in jeder Hinsicht gestört. Dem Franchisegeber werden die Verbesserung und Fortentwicklung seines Konzepts erschwert oder sogar unmöglich gemacht. Die prozessuale Durchsetzung des Informationsanspruchs mit anschließender Vollstreckung ist langwierig und aufwendig, sodass der Franchisegeber hieran in der Regel kein Interesse haben kann. Selbst eine möglicherweise zulässige einstweilige Verfügung gegen den Franchisenehmer beseitigt die tatsächliche Störung nicht. Da das Gesetz insoweit keine weitere Hilfestellung bietet, muss der Franchisegeber sich anderer Mittel bedienen, die geeignet sind, die Kommunikation innerhalb des Systems zu fördern. Hier offenbart sich die zweite »außerrechtliche« Funktion der in einem Franchisesystem zu implementierten Kommunikations- und Informationsmedien, nämlich deren motivationssteigernde Wirkung.

Die vertragliche Festlegung von Informationsleistungspflichten kann den Franchisegeber nicht von der Aufgabe entlasten, die Motivation der Franchisenehmer, sich für das System einzusetzen, durch Innovationen zu erhalten bzw. zu steigern. Die Identifikation mit dem System muss stets gefördert werden, wobei die rechtliche Ausgestaltung insoweit nur als Basis dienen kann. Ideenreichtum ist hier gefragt. Beispielsweise können regelmäßige Erfa-Tagungen die Motivation der Franchisepartner erheblich steigern. Derartige freiwillige Veranstaltungen sollten auch dann abgehalten werden, wenn sie nicht von allen Franchisenehmern besucht werden. Zwischen den Anwesenden entwickelt sich in der Regel ein für beide Seiten fruchtbarer Gedankenaustausch. Die Kommunikation kann auch durch vom Franchisegeber initiierte Befragungsaktionen zu konkreten Themen gefördert werden (siehe hierzu Kapitel VI.1). Darüber hinaus kann der persönliche Kontakt durch regelmäßige Telefonanrufe sowie Besuchsreisen gepflegt werden, soweit sich der Aufwand für den Franchisegeber in vertretbarem Rahmen hält. Alle Maßnahmen sollten ausprobiert werden. Es lässt sich kaum vorhersagen, welche Maßnahmen mehr Erfolg haben als andere. Der Franchisenehmer muss als Kunde verstanden werden, dem die Systemmitgliedschaft immer wieder aufs Neue schmackhaft gemacht werden muss.

5.1 Akquisition von Franchisepartnern (von Götz Jungmichel)

5.1.1 Stillstand bedeutet Rückschritt

Bei der Entwicklung eines Franchisesystems erfordert die Expansion besondere Aufmerksamkeit. Es geht nicht darum, möglichst schnell Standorte zu verkaufen, um quantitatives Wachstum zu erzielen und somit an »Größe« zu gewinnen. Vielmehr geht es darum, ein Team von Partnern aufzubauen, das kontrolliert wächst, sich an Standorten ansiedelt, die seitens der Logistik und Betreuung gut zu versorgen sind. Diese Vorgehensweise bezeichnet man als *konzentrische Expansion*.

Generell gilt für ein Franchisesystem, durch das angestrebte Wachstum seinen Markt zu durchdringen und zu besetzten, um dem bestehenden oder bei einer erfolgversprechenden Geschäftsidee in kurzer Zeit entstehenden Wettbewerb immer voraus zu sein. Das Ziel ist die flächendeckende Etablierung der Marke. Verläuft die Expansion nicht planmäßig oder gerät sie gar ins Stocken, so eröffnen sich für den Wettbewerb Chancen an Standorte heran zu kommen, die für die eigene strategische Entwicklung wichtig gewesen wären. Somit führt auch letztendlich ein Wachstumsstillstand zum Rückschritt, denn das Franchisesystem kann sich nicht wie geplant entwickeln.

Es besteht ein direkter Zusammenhang zwischen Partner-Akquisition, dem Systemwachstum und dem Budget. Ausgestattet mit einem gewissen Grundetat für die Partnergewinnung benötigt ein Franchisesystem aber auch die gewünschten Vertragsabschlüsse zur Refinanzierung seiner Akquisitionsbemühungen. Bleiben die errechneten notwendigen Abschlüsse aber aus, so gerät das gesamte Konzept ins Wanken. Die Partnergewinnung will also gut überlegt und muss erfolgreich sein!

Wie aber findet der Franchisegeber nun den passenden Partner?

Der Erfolg der Franchisepartnerakquisition wird bestimmt durch eine Reihe von Faktoren, die im Vorfeld zu beachten sind. Komponenten wie Definition und Erreichbarkeit der Zielgruppe, Medienauswahl, generelles Informationsverhalten etc.

Es ist davon auszugehen, dass sich ca. jeder zweite Arbeitnehmer bereits Gedanken über den Schritt in die berufliche Selbstständigkeit gemacht. Betrachtet man jedoch die Selbstständigenquote in Deutschland (Basis 1998) von unter 10 Prozent, so wird deutlich, dass die Umsetzung des Gedankens sich selbstständig zu machen, nur von den wenigsten realisiert wird. Die Gründe dafür sind vielschichtig, jedoch werden unternehmerisches Risiko und ein zu erwartender schwieriger Markteintritt neben Finanzierungsproblemen die Hauptargumente sein, die zur Aufgabe des Traumes vom eigenen Unternehmen führen.

Aber auch die Motivation der potenziellen Gründer ist unterschiedlich. Es lassen sich zwei Gruppen von Gründern identifizieren. Da sind zum einen die »Hin-zu«- und zum anderen die »Weg-von-Motivierten«. Bei der Gruppe der »Hin-zu-Motivierten« handelt es sich um Menschen, die auf der Suche nach der Selbstverwirklichung sind. Sie wollen etwas erleben und bewegen. Sie sind engagiert und hoch motiviert. Bei der Gruppe der »Weg-von-Motivierten« handelt es sich hingegen eher um Menschen, die mit den derzeit um sich herum herrschenden Umständen zwar nicht zufrieden sind, sie aber nicht genügend »Drive« haben, um den Schritt in die berufliche Selbstständigkeit zu vollziehen.

Obige Ausführungen zeigen, dass die Zielgruppe der potenziellen Gründer mit Erfolgspotenzial eher klein ist und aufgrund ihrer Heterogenität auch nur schwer zu identifizieren ist. Um diese Menschen zu erreichen bedarf es also einer diversifizierten Ansprache.

Da sich in den vergangen zehn Jahren das Informationsverhalten der Menschen grundlegend verändert hat, sind heute vielseitige Akquisitionsaktivitäten, deren Effizienz nicht immer messbar ist, zu betreiben, um an den passenden potenziellen Franchisepartner heranzukommen. Die klassischen Wege wie z. B. Anzeigen, Mailings sowie die Teilnahem an IHK-Veranstaltungen etc. bescheren dem Franchisegeber nicht mehr die Erfolgsquoten wie in den vergangen Jahren. Der Umkehrschluss, jetzt nur noch auf die modernen Medien wie das Internet, CD-Roms etc. zu setzen, ist allerdings nicht vielmehr erfolgsversprechend. Es fehlt die Nähe, der persönliche Kontakt sowie die im wörtlichen Sinne gemeinte »Begreifbarkeit« des Franchisekonzeptes.

5.1.2 Die klassischen Instrumente

Erfolgreiche Partnerakquisition beinhaltet einen Mix aus klassischen und modernen Elementen sowie einer feinabgestimmten Öffentlichkeitsarbeit. Die nachfolgenden Betrachtungen ausgewählter Instrumente ermöglichen einen Überblick über Einsatz- und Kombinationsmöglichkeiten.

Anzeigen

Anzeigen in Printmedien, die zur Partnerakquisition eingesetzt werden, gleichen in ihrem Kern Personalsuchanzeigen. Aus diesem Grund sind auch meistens in den Rubriken Stellenmarkt und/oder Geschäftsbeziehungen zu finden. Die graphisch aufgearbeiteten Inhalte geben kurz die wichtigsten Inhalte wie z. B.: Wir sind, wir suchen, wir bieten, wieder. Anzeigen sind ansprechend zu gestalten und entsprechend der Absicht mit der sie geschaltet werden, mit entsprechenden »Filtern« zu versehen. Die »Filter« wie z. B. persönliche, fachliche und finanzielle Anforderungen an den Bewerber reduzieren zwar die Rücklaufquote erhöhen jedoch die Qualität der Bewerber.

Auf welche Medien zurückgegriffen wird ist abhängig vom Grad der benötigten Spezialisierung der potenziellen Franchisenehmer. Benötigen die Bewerber nur geringe Branchenkenntnisse, so eignen sich Medien, die sich allgemein mit dem Thema Existenzgründung und -sicherung befassen. Hier seien Magazine wie *Gründerzeit, ProFirma, Sales Profi, Akquisa* aber auch die franchisebezogenen Magazine wie z. B. *franchising.mag* genannt. Eine weitere Möglichkeit stellen die bundesweit präsenten Tageszeitungen wie z. B. die *Süddeutsche Zeitung*, die *Welt* und die *Frankfurter Allgemeine Zeitung* dar. Auch der seit Jahren am Markt erhältliche *Franchise Chancen Katalog* sowie das *Jahrbuch Franchising* beinhalten Werbeflächen für Partner-Suchanzeigen.

Werden vom potenziellen Franchisenehmer allerdings eine Reihe von Branchenkenntnissen erwartet, so erweisen sich Zeitschriften aus diesen Bereichen oder Interessengebieten als eher geeignet. Durch die Kontaktaufnahme mit den jeweiligen Fachverbänden oder durch eine Angebotsanalyse eines gut sortierten Kioskes, lassen sich schnell die entsprechenden Medien ermitteln.

Das Ziel bei der Medienauswahl ist es, durch möglichst wenig Streuverluste und eine mehrmalige Wiederholung im gleichen Medium den Leser zur Kontaktaufnahme mit dem Franchisegeber zu bewegen. Bedingt durch das redaktionelle Umfeld, in das die Anzeigen thematisch passen sollten, erzielt man beim Leser die subjektive Wahrnehmung, dass es sich bei dem inserierenden Franchisesystem um ein von der Zeitung besonders ausgewähltes System handelt.

Direktmedien

Werbeträger, mittels derer man sich direkt an den ausgewählten Empfänger wendet, werden als Direktmedien bezeichnet. Hierzu werden Werbebriefe, Handzettel, Postwurfsendungen etc. gezählt. Sie sind zumeist kostengünstig zu erstellen sowie einfach und zielgenau zuzustellen. Weiterhin zählen auch Telefon und Fax zu den Direktmedien.

Als empfehlenswert gilt der Einsatz von Flyern, wenn die Multiplikation des Franchisekonzeptes mittels bestehender Läden und aus deren Kundenkreis im erweiterten regionalen Umfeld erfolgen soll. Von Vorteil ist dabei die Bekanntheit des Konzeptes beim potenziellen Franchisepartner.

Eine weitere Einsatzmöglichkeit von Flyern besteht in der Erinnerungsverstärkung anlässlich einer Messe oder ähnlich gearteten Veranstaltung. Die Besucher erhalten während ihres Messebesuchs einen Flyer, der sie bei der Nachbereitung erneut an den Kontakt auf der Messe erinnert oder der sie vielleicht erst dann auf das Franchisekonzept aufmerksam macht.

Veranstaltungen

Messen und Ausstellungen sind neben dem persönlichen Verkauf ein klassisches Kommunikationsmittel. Während anlässlich einer Messe oder Ausstellung die

Verkaufsfunktion immer mehr an Bedeutung verliert, nimmt der Stellenwert der Informationsvermittlung stetig zu. Die kommunikative Qualität einer solchen Veranstaltung besteht in der Möglichkeit zum persönlichen Kontakt zwischen Anbieter und Nachfrager sowie in der Chance, einen umfassenden Über- und Einblick in das Leistungsprogramm des Anbieters zu bekommen.

Messen

Für die Franchisebranche bildete die Internationale Franchisemesse seit mehr als zehn Jahren, in Deutschland den Höhepunkt der Akquisitionstätigkeiten im Jahr. Neben der professionellen Ausstellerbegleitung und der konsequenten Ausrichtung des Messekonzeptes auf »den Weg in die berufliche Selbstständigkeit mittels eines bewährten Geschäftskonzeptes«, unterstützt das effektive Eigenmarketing der Messe den Messeerfolg eines jeden Ausstellers. Abgerundet durch eine ganzjährige Pressearbeit und eine, direkt zur Messe stattfindende, Ansprache von Print-, TV- und Hörfunkmedien unterstützt die Öffentlichkeitsarbeit zusätzlich das Image der Messe.

Der Erfolg eines Messeauftrittes ist, besonders im Franchising, anhängig vom Engagement und der Vorbereitung des Franchisegebers auf diesen Event. Bloße Präsenz auf dem Messeparkett reicht heute nicht mehr aus. Ein optimales Kosten-Nutzen-Verhältnis ist nur zu erzielen, wenn das gesamte Messeprojekt in hochkonzentrierte Art und Weise durchgeführt wird. Planung, Durchführung und Nachbereitung des Messeauftrittes seien an dieser Stelle skizziert dargestellt.

Im Vorfeld eines Messeauftrittes gilt es das Ziel zu definieren, das mit der Präsenz auf der Messe erreicht werden soll. Hierbei kann es nicht um das Image des Franchisesystems gehen, sondern dem interessierten Besucher muss klar werden, warum ausgerechnet das eine Franchisesystem, das System ist, mit dem er sich als Partner selbstständig machen möchte. Vertrauensbildende Maßnahmen in die Erfahrung des Franchisegebers sowie in die Personen hinter dem System müssen im Vordergrund stehen. Das eigentliche Produkt oder die zu erbringende Dienstleistung sind dabei von sekundärer Bedeutung.

Standgröße und Lage innerhalb der Messehalle spielen eine weitere Rolle für den Erfolg. Zu berücksichtigen sind die Lage der Wettbewerber, der Fluss der Besucherströme sowie die Hallenbesonderheiten wie z. B. Säulen, gastronomische Einrichtungen, Foren etc. Diese Faktoren beeinflussen die Besucherfrequenz am Stand und damit die Quantität und vor allem die Qualität der zu führenden Gespräche.

Eine weitere Aufgabe im Vorfeld der Messe ist die Einladung der bisherigen Interessenten auf die Messe. Diese Menschen haben den Franchisegeber bereits durch die eine oder andere Unterlage kennen gelernt und scheuen oftmals den verbindlichen Charakter eines Besuches in der Systemzentrale. Die Messe hingegen stellt einen neutralen Boden mit einem themenbezogenen Umfeld dar, das die Hemmschwellen deutlich abzubauen vermag. Messeveranstalter stellen zu diesem Zweck oftmals Besucherkartengutscheine ihren Ausstellern zur Verfügung. Diese werden dann nach tatsächlichem Verbrauch zu vergünstigten Konditionen abgerechnet oder sind ganz kostenlos.

Die Durchführung der Messe stellt ein Spiegelbild des Unternehmens dar. Ein den Anforderungen entsprechend strukturierter Messestand, eine informative jedoch nicht überladene graphische Aufbereitung sowie fachkundiges und hoch motiviertes Standpersonal sind die Visitenkarte des Ausstellers. Der Besucher und potenzielle Franchisepartner soll sich sofort angesprochen und gut aufgehoben fühlen. Hemmschwellen sind durch die Art und Weise der Ansprache schnellst möglich abzubauen.

Ein entsprechendes, mehrstufiges Kommunikationskonzept am Stand führt den Besucher von der ersten allgemeinen Anfrage über Erfahrungswerte von bestehenden Franchisepartnern hin zum konkreten Informationsaustausch mit der Geschäftsleitung. Einen entsprechenden Bewerberbogen füllt der Interessent im Verlauf seines Aufenthaltes am Stand aus und dient dem Franchisesystem fortan als Akquisitionshilfsmittel.

Zum Abschluss der Messe dient ein nachbereitendes Gespräch mit allen an den Messetagen beteiligten Personen zum Feedback und Sammeln von Impulsen zur Verbesserung des systemeigenen Messeauftrittes und zur zukünftigen Steigerung der Effektivität.

Mit dem Messeauftritt allein und dem ausgefüllten Bewerberbogen ist der Messeerfolg noch nicht gesichert, denn jetzt beginnt die Zeit der Nachfassaktionen. Auch dies erfolgt nach einem vorher festgelegten Schema, um peinliche Doppelansprachen oder Nichtansprachen von Interessenten zu vermeiden. Auch zu welchen Zeitpunkten welche Informationen herausgegeben und eingefordert werden, ist im Vorhinein zu bestimmen.

Wichtig ist, dass der Franchisegeber die ganze Zeit über sich und seinem Team bewusst macht, dass es etwas zu verkaufen gibt, nämlich die »schlüsselfertige Existenz«. Die Vielfach praktizierte Vorgehensweise, ab einem gewissen Punkt im Akquisitionsprozess auf das Engagement des Interessenten zu warten, führt zumeist nicht zum gewünschten Ergebnis. Ein Interessent informiert sich nicht nur über ein System, er wird jedoch positiv bemerken, wenn sich jemand in unaufdringlicher aber interessierte Weise um ihn bemüht. Engagement, Zuverlässigkeit etc. können auf andere Art und Weise getestet werden. Ein Kontakt ist erst dann zu beenden, wenn ein definitives »Nein« von der Interessentenseite bekundet wird.

Als Fazit kann festgehalten werden, dass zwar üblicherweise auf den Messen keine Franchise-Verträge geschlossen werden, aber dass sich Franchisegeber und Franchisenehmer ein großen Stück annähern können. Ein gute Ausgangsbasis für die anstehenden Vertragsgespräche kann geschaffen werden.

Nur auf Messen können sich beide Seiten so intensiv austauschen, Franchisegeber ihre Leistungsfähigkeit so überzeugend demonstrieren und Franchise-Interessenten die angebotenen Konzepte so intensiv prüfen. Nirgendwo sonst kann man so effektiv »Marktforschung live« betreiben. Denn auch in Zeiten von interaktiven Medien und E-Commerce zeigt sich, dass der Blickkontakt mit dem potenziellen Gründer dem Blick ins Internet weit überlegen ist.

Info-Veranstaltungen

In Ergänzung zu der jährlich stattfinden Internationalen Franchisemesse mit bundesweitem Einzugsgebiet, erzielen auch systemeigene Info-Veranstaltungen die gewünschten Erfolge. Größter Vorteil dieser Vorgehensweise ist, dass spezielle Standorte gemäß des eigenen Zeitplanes erschlossen werden können.

Im Unterschied zu einem fremdveranstalteten Event ist der Franchisegeber hierbei auch für die vorherige Vermarktung der Veranstaltung verantwortlich. Hierzu erfolgt nach der Festlegung des Standortes die Mediaanalyse. Als Medien kommen hierbei die örtlichen oder regionalen Tageszeitungen sowie die Anzeigenblätter in Frage. Die zu belegenden Rubriken sind der Stellen- und Geschäftsverbindungsteil. Nachdem die Häufigkeit der Einschaltungen festgelegt ist, erfolgt die Auftragsvergabe. Die Anzeige beinhaltet neben allgemeinen Angaben zum System, den deutlichen Hinweis auf die bevorstehende Info-Veranstaltung sowie eine Telefonnummer um sich anzumelden.

Sobald die Anzeige erschienen ist und sich die Interessenten melden, ist ein perfektes Handling der eingehenden Anrufe zu gewährleisten. Geführt durch eine Checkliste werden vom Anrufer alle notwendigen Daten erhoben und ihm entsprechende Informationen gegeben. Die Zusendung einer Terminbestätigung zur Veranstaltung, eines Anfahrtsplans sowie die Erstinformation zum Franchisesystem werden dem Interessenten in Aussicht gestellt und veranlasst. Kurz vor der Veranstaltung erfolgt ein rückversichernder Anruf seitens des Franchisegebers, um das Erscheinen der potenziellen Franchisepartner zu gewährleisten. Mit einer sog. »No-Show«-Quote von bis zu 30 Prozent ist trotz allem zu rechnen.

Die Veranstaltung gliedert sich in drei Abschnitte. Im ersten Abschnitt erfolgt eine Einführung in das Thema Franchising und die jeweilige Branche, in der das Franchisesystem tätig ist. Die Präsentation des eigenen Systems mit seinen Produkten oder Dienstleistungen sowie die Darstellung des vom Verbund gelebten Franchising schließt sich an. Im letzten Teil wird auf die Belange und Fragen der Zuhörer umfassend eingegangen und dann im Einzelgespräch Termine für einen Besuch in der Systemzentrale vereinbart.

Als Veranstaltungsorte kommen die Räumlichkeiten von zentral gelegenen Mittelklassehotels in Frage. Der Auftritt bekommt somit einen entsprechenden Rahmen ohne dabei überzogen zu wirken.

In der Praxis hat sich die Erfolgsquote von Veranstaltungen dieser Art als sehr gut erwiesen, denn so Carsten Gerlach, Geschäftsführer und Mitbegründer von Joey's Pizza Service, »die Besucher wissen genau zu wessen Veranstaltung, sie aus welchem Grunde gehen.«

Öffentlichkeitsarbeit

Sollen oben beschriebenen Maßnahmen eine direkte Beeinflussung der Zielgruppe bewirken, so hat die Öffentlichkeitsarbeit eine ganz andere Aufgabe. Sie dient eher dazu, eine positive Atmosphäre für das Unternehmen innerhalb seines Wirkungskreises zu erschaffen – getreu dem Motto: »Tue Gutes und rede darüber!« Mittels der Öffentlichkeitsarbeit richtet sich ein Unternehmen nicht nur an Franchise-Interesssenten und Lieferanten, sondern auch an die breite Gesellschaft, die das Franchisesystem umgibt. Es gilt, ein positives Image des eigenen Systems aufzubauen.

Erfolgreiche Öffentlichkeitsarbeit berücksichtigt die für das Jahr geplanten Akquisitionstätigkeiten und wird jeweils zu den Aktionen passende Veröffentlichungen zu platzieren versuchen. Ein zeitpunktgesteuertes Abdrucken von Pressetexten ist allerdings eher unwahrscheinlich, denn die Redaktionspläne der Medien werden immer sehr weit im Vorfeld aufgestellt. Dennoch zahlt es sich aus, wenn es aus dem Franchisesystem heraus Aktionen oder Informationen zu verkünden gibt, die zu jeweils aktuellen Themen des gesellschaftlichen Lebens passen.

5.1.3 Die modernen Instrumente

Das Internet

Exemplarisch sei hier das Internet und seine Einsatzmöglichkeiten im Rahmen der Partnerakquisition betrachtet. Das Internet ist omnipräsent und zu jeder Zeit zugänglich. Mit einer eigenen Homepage seitens des Franchisegebers sowie die Vernetzung mit anderen Portalen können Interessenten sich umfänglich über ein Franchisesystem informieren. Die Informationen können tagesaktuell überarbeitet und abgerufen werden. Bei Bedarf kann der potenzielle Franchisenehmer Kontakt mit dem Franchisesystem unabhängig von der Tageszeit mittels E-Mail aufnehmen.

Das Internet ermöglicht jedoch oftmals keine Steuerung der Besucherströme und somit bleibt die Chance im Rahmen einer allgemeinen Informationssuche gefunden zu werden, nach wie vor sehr gering. Durch geschaltete Links in Internetportalen wie z. B. dem franchise-net.de oder auch dem franchiseportal.de kann sich die Trefferquote erhöhen.

Da der Thematik ein eigenes Kapitel in diesem Buch gewidmet ist, soll an dieser Stelle darauf verwiesen sein. Festzuhalten bleibt, dass durch das Internet keine Beziehung zwischen dem Franchisegeber und dem Interessenten aufgebaut werden kann, es sei denn, der Interessent gibt sich zu erkennen. Somit kristallisiert sich heraus, dass der Internetauftritt zwar ein wichtiger Lieferant für Informationen sein kann und auch zum Aufbau des Images des Franchisesystems beiträgt, aber alleiniges Instrument zur Partnerakquisition nicht ausreicht. Erfahrungen zeigen, dass der persönliche Kontakt zwischen Franchisegeber und potenziellem Franchisenehmer ist maßgeblich für den Aufbau eines Vertrauensverhältnis verantwortlich ist.

5.1.4 Fazit

Bereits in der Einführung zu diesem Kapitel wurde angesprochen, dass die Expansionsaktivitäten geplant, aufeinander abgestimmt und finanzierbar sein müssen. Punktuelle Aktivitäten verpuffen unbemerkt, ohne dass sich das eingesetzte Kapital refinanziert.

Im Verlaufe eines Jahres sollte ein öffentlicher Auftritt, z. B. auf der Internationalen Franchise Messe, den Höhepunkt der Partnerakquisition markieren. Alle anderen Aktivitäten sind so zu gestalten, dass sie sich an diesem Anlass orientieren. Kernaussagen sind in identischer Art und Weise zu treffen und die Werbeträger aufeinander abzustimmen.

Auch eine Vernetzung der Aussagen in den einzelnen Werbeträgern fördert die Wahrnehmung bei den Interessenten. So ist es ratsam, in Printanzeigen auf den eigenen Internetauftritt und auf der systemeigenen Homepage auf die Printmedien und das jeweilige redaktionelle Umfeld, in dem die Anzeigen platziert sind, zu verweisen. Die Eigendarstellung gewinnt somit an Subjektivität.

5.2 Die Gestaltung des psychologischen Personalauswahlverfahrens
(von Helmut Gosslar und Stefan Lindstam)

5.2.1 Die Eignungsfeststellung

Auftraggeber war ein in Deutschland weithin bekanntes mittelständisches Franchiseunternehmen, das hochwertige Bauelemente herstellt und direkt an Haus- und Wohnungseigentümer vertreibt. Das Unternehmen beschäftigt insgesamt etwa 790 Mitarbeiter, von denen 240 im Werk und etwa 550 in 110 Verkaufsniederlassungen in Deutschland, Holland und in der Schweiz tätig sind. 72 der 110 Verkaufsniederlassungen werden von Franchisepartnern geführt.

Bei den in dieser Praxisstudie betrachteten Positionen handelte es sich ausschließlich um die Tätigkeit des Außendienstmitarbeiters (AM) in den jeweiligen Niederlassungen. Es werden jedoch grundsätzlich auch Franchisepartner mit diesem Verfahren ausgewählt.

Bei einem typischen Personalsuchauftrag werden folgende Schritte durchlaufen:

❏ Die *Kontaktaufnahme mit potenziellen Bewerbern* erfolgt über Anzeigen in regionalen Zeitungen und über persönliche Kontakte durch den Franchisegeber. Bewerber, die bestimmte Grundanforderungen erfüllen, werden zur eigentlichen

Eignungsuntersuchung eingeladen; diese besteht aus halbstandardisierten Interviews, einem Verkaufsrollenspiel und psychologischen Testverfahren, deren Ergebnisse in Zahlenwerte umgewandelt und damit vergleichbar gemacht werden.

❑ *Erhebung der Testwerte (Prädiktorwerte)*: Eingeladene Bewerber durchlaufen üblicherweise zwei einstündige Interviews, das eine mit dem Firmenvertreter, das andere mit Dr. Gosslar. Nach oder zwischen den beiden Interviews werden für rund zwei Stunden psychologische Testverfahren durchgeführt, deren Ergebnisse in einem Profil veranschaulicht und mit dem empirisch gewonnenen, firmenspezifischen Profil des erfolgreichen Außendienstmitarbeiter verglichen werden. An einem Tag können sechs bis zehn Bewerber dieses Auswahlverfahren durchlaufen.

❑ *Prognose*: Die Ergebnisse aus dem von Dr. Gosslar geführten Interview sowie den individuellen Testantworten werden zu einem *Gesamturteil* auf einer numerischen Beurteilungsskala von –3 bis +3 zusammengefasst. Dieser Wert ermöglicht eine Prognose über den zukünftigen Berufserfolg des getesteten Bewerbers und führt zu dessen Empfehlung oder Ablehnung bzgl. der vakanten Position. Es sei an dieser Stelle bereits darauf hingewiesen, dass sich diese Prognose mit der späteren, tatsächlichen Berufsbewährung vergleichen und somit überprüfen lässt.

❑ *Entscheidung für oder gegen die Einstellung*: Dr. Gosslars Gesamturteil hat ausschließlich beratenden Charakter, die endgültige Entscheidung für oder gegen die Einstellung wird vom Auftraggeber getroffen.

5.2.2 Beschreibung des Testinstrumentariums

Die verwendeten psychometrischen Testverfahren stellen in ihrer Gesamtheit ein umfassendes Instrument dar, das eine große Anzahl von Leistungs- und Persönlichkeitsmerkmalen erfasst. Folgende Testverfahren kommen zur Anwendung:

❑ **Intelligenz-Struktur-Test, IST 70**

Der Intelligenz-Struktur-Test (IST 70) ist eine Weiterentwicklung des von Amthauer (1953) entwickelten Intelligenz-Struktur-Tests (IST). Er ermittelt die intellektuellen Fähigkeiten einer Testperson. Die einzelnen Aufgabengruppen, Sub- oder Untertests, die in diesem Personalauswahlverfahren zur Anwendung kommen, erfassen nach Amthauer (1970) folgendes:

– Wortauswahl (WA): *Sprachgefühl*, »induktives sprachliches Denken«;
– Merkaufgaben (ME): *Merkfähigkeit*, Gedächtnis«;
– Rechenaufgaben (RA): »Praktisch-rechnerisches Denken«, »schlussfolgerndes Denken«.

❏ **Aufmerksamkeits-Belastungs-Test d2**

Der Aufmerksamkeits-Belastungs-Test d2 von Brickenkamp (1972) lässt sich formal der Kategorie *Durchstreichtest* zuordnen. Als solcher misst er die Komponenten »*Schnelligkeit*« und »*Genauigkeit*« bei der Unterscheidung optisch dargestellter, ähnlicher Reize. Insbesondere im Bereich der Berufseignungsdiagnostik gehört er zu den am weitesten verbreiteten Konzentrationstests.

❏ **16-Persönlichkeits-Faktoren-Test (16PF), Form E, von Cattell & Eber (1964), in der Version von Conrad, Mohr & Seydel (1980)**

Dieser Persönlichkeitsfragebogen gestattet eine umfassende Beschreibung der gesamten Persönlichkeitsstruktur der Testperson:

– Introversion versus Extraversion (A)
– Ausgeglichenheit im emotionalen und sozialen Bereich versus Störbarkeit und Unausgeglichenheit (B)
– *Schöngeistigkeit*, Feinfühligkeit versus Pragmatismus, Sachlichkeit (C)
– Normorientierung, Anpassungsbereitschaft versus Aufgeschlossenheit, Unkonventionalität (D)
– Aktivität, Kontaktbereitschaft versus Passivität, Antriebsschwäche (E)
– Ernsthaftigkeit, geringe Mitteilsamkeit versus Unbekümmertheit, Optimismus (G)

Zusätzlich zu diesen Persönlichkeitsmerkmalen wurden spezielle Testfragen eingefügt. Diese dienen der Überprüfung der Ehrlichkeit bei der Beantwortung des Fragebogens.

❏ **Mehrdimensionaler Persönlichkeitstest für Erwachsene (MPT-E)**

Der MPT-E von Schmidt (1980) ist ein speziell für die Berufs- und Betriebspraxis zugeschnittener Persönlichkeitstest. Er besteht aus 89 Testfragen (Items), die sich auf folgende sechs Verhaltens- bzw. Persönlichkeitsmerkmale beziehen:

– Ich-Schwäche (IS): Emotionale Labilität, Erregbarkeit versus emotionale Stabilität, Belastbarkeit;
– Soziale Erwünschtheit (SE): Unreife, formale Überangepasstheit versus Reife, Selbstsicherheit;
– Rigidität (RG): Starrheit, Kleben am Gewohnten, soziale Zurückhaltung versus Flexibilität, Aufgeschlossenheit;
– Risikobereitschaft (RB): Risikobereitschaft, Draufgängertum versus Risikomeidung, kritische Selbsteinschätzung, Reife;
– Antriebsspannung (AS): innere Unruhe, zwanghaftes Getriebensein, verminderte Kooperationsbereitschaft versus Ausgewogenheit, Bescheidenheit, Kompromissbereitschaft;
– Soziale Zurückhaltung (SZ): Kontaktscheuheit, mangelndes Selbstvertrauen versus Kontaktbereitschaft, Selbstvertrauen, Aufgeschlossenheit.

❏ **Leistungsmotivationstest (LMT)**

Ziel des Leistungsmotivationstests (LMT) von Hermans, Petermann & Zielinski (1978) ist die Erfassung von Ausprägungsgrad und Richtung des Leistungsmotivs. Er besteht aus 56 Fragen, die das Leistungsmotiv unter vier Gesichtspunkten beleuchten:

– Leistungsstreben (L1): Das Streben nach Steigerung der eigenen Leistung, nach gesellschaftlichem Aufstieg, und ein hohes Anspruchsniveau gegenüber der eigenen Leistung;
– Ausdauer und Fleiß (L2): Leistungsmotivation mit Betonung des Durchhaltevermögens;
– Leistungsfördernde Prüfungsangst (F+): optimaler Spannungszustand in Prüfungssituationen;
– Leistungshemmende Prüfungsangst (F–): Leistungsbeeinträchtigungen in Prüfungssituationen.

❏ **Fragebogen zur direktiven Einstellung (FDE)**

Der FDE von Bastine (1971) besteht aus den beiden Persönlichkeitsmerkmalen direktive Einstellung (DE) und Extraversion (E). Unter direktiver Einstellung versteht Bastine (1971) die Tendenz, »die Handlungen und Erlebnisweisen anderer Personen nach den eigenen Vorstellungen zu lenken und zu kontrollieren«. Der Gegenpol, die »nicht-direktive Einstellung«, wird definiert als das »Vermeiden von Lenkung und Kontrolle anderer Personen und das Akzeptieren ihrer Handlungs- und Erlebnisweisen«.

5.2.3 Erfassung des beruflichen Erfolges

Will man bestimmen, *wie zutreffend* die Prognosen waren, also den tatsächlichen Nutzen eines eignungsdiagnostischen Instruments überprüfen, muss ein Kriterium für die berufliche Leistung definiert werden, um auf diese Weise den individuellen Erfolg *messbar* zu machen. Jedem Außendienstmitarbeiter muss eine Zahl zugeordnet werden, die seine Bewährung im Beruf präzise ausdrückt. Diese Aufgabe ist oft die schwierigste. Da es sich in der hier dargestellten Studie ausschließlich um Außendiensttätigkeiten handelt, ist es möglich, die Verkaufsergebnisse jedes einzelnen Außendienstmitarbeiters zu ermitteln und diese als Grundlage für dessen individuellen Erfolg, seine berufliche Bewährung, zu verwenden.

Das Berufsbewährungskriterium basiert auf dem monatlich erwirtschafteten Deckungsbeitrag II (DB II) jedes einzelnen Außendienstmitarbeiters. Im vorliegenden Fall setzt sich dieser DB II zusammen aus dem Verkaufspreis des Objekts minus dem Einkaufspreis, den der Franchisepartner dem Werk für die Produkte bezahlen muss. In diesem Einkaufspreis sind sämtliche Material- und Herstellungskosten enthalten, zuzüglich einer gewissen Gewinnspanne für das Werk.

Diese Gewinnspanne, der Werk-DB II, wird in den folgenden Nutzenberechnungen nicht berücksichtigt.

Der aufmerksame Leser wird einwenden, dass es zwar stimmt, dass gute Außendienstmitarbeiter normalerweise viel verkaufen. Jedoch mag selbst ein mittelmäßig talentierter Mitarbeiter gute Verkaufszahlen realisieren, wenn er in einem besonders *guten* Verkaufsgebiet arbeitet; im umgekehrten Falle verkauft ein talentierter Außendienstmitarbeiter in einem schwachen Verkaufsgebiet vielleicht nur durchschnittlich. Dieser kritische Einwand muss bei einer genauen Bewertung der individuell erbrachten Verkaufsleistung ebenso seine Berücksichtigung finden wie die Betrachtung der Einflussfaktoren saisonale Abhängigkeit, konjunkturelle Schwankung und individuell differierende Berufserfahrung. Diese drei Einflussfaktoren wurden durch spezielle Rechenoperationen berücksichtigt.

5.2.4 Zusammenhang zwischen Testergebnis und Berufserfolg

Liegen die Testergebnisse (Vorhersagewerte, auch Prädiktoren genannt) und berufliche Erfolgswerte (Kriteriumswerte) für jeden Mitarbeiter im Außendienst vor, lässt sich der Zusammenhang (Korrelation) zwischen diesen beiden Größen objektiv berechnen. Psychologen sprechen in diesem Zusammenhang von der prognostischen Validität einer Aussage oder eines Tests. Das statistische Maß für die Stärke dieses Zusammenhangs ist der Korrelationskoeffizient (r). Eine Korrelation von $r = + 1.0$ würde bedeuten, dass man mit Hilfe des Vorhersagewertes den Berufserfolg mit hundertprozentiger Sicherheit zu prognostizieren vermag und zwar in der Weise, dass hohe Werte des Prädiktors hohen Werten des Kriteriums entsprechen. Demgegenüber bedeutet eine Korrelation von $r = - 1.0$ eine hundertprozentige Vorhersagerichtigkeit, jedoch in umgekehrter Richtung, das heißt ein hoher Wert des Prädiktors entspricht einem niedrigen Wert des Kriteriums. Bei einer Korrelation von $r = 0.0$ kann davon ausgegangen werden, dass es keinen Zusammenhang zwischen Prädiktor und Kriterium gibt. Um dies an einem Beispiel zu verdeutlichen, sei die Korrelation zwischen Körpergröße und Gewicht von Personen genannt. Sie beträgt im Durchschnitt $r = +0.7$. Größere Personen sind eben meistens, aber nicht immer, auch schwerer als kleinere. Anhand der Größe solcher Korrelationskoeffizienten zwischen Prädiktor und Kriterium lässt sich nun abschätzen, wie zuverlässig die Prognosen verschiedener Personalauswahlverfahren sind. Mit anderen Worten: Personalauswahlverfahren mit höheren Korrelationskoeffizienten können den Berufserfolg besser vorhersagen als solche mit niedrigen Koeffizienten.

5.2.5 Persönlichkeitsrelevante Merkmale des erfolgreichen Außendienstmitarbeiters

Im Rahmen des eignungsdiagnostischen Entscheidungsprozesses ist es von großer Bedeutung, Hinweise darüber zu erhalten, wie stark man die gesammelten Informationen (aus Interview und Testverfahren) im Einzelnen bewerten soll, um den individuellen Erfolg des Außendienstmitarbeiters möglicherweise noch präziser prognostizieren zu können.

Das hier zugrundegelegte Testinstrumentarium beinhaltet sowohl Aufgaben zur intellektuellen und leistungsbezogenen Merkmalsausprägung (wie Rechenfähigkeit und Aufmerksamkeitsleistung) als auch Aussagen zur Erfassung von Persönlichkeitsmerkmalen (wie Extraversion). Da in der Testsituation jeder Bewerber diese Tests durchführen muss, erhält der Psychologe Aufschluss über die individuellen Ausprägungen hinsichtlich aller untersuchten Merkmale. Dadurch wird es beispielsweise möglich zu berechnen, welche Gewichtung das Einzelmerkmal *Extraversion* für den späteren Berufserfolg im Außendienst dieses Unternehmens erhalten soll. Dieses Wissen hilft dem Eignungsdiagnostiker, seine zukünftigen Erfolgsprognosen noch detaillierter zu treffen.

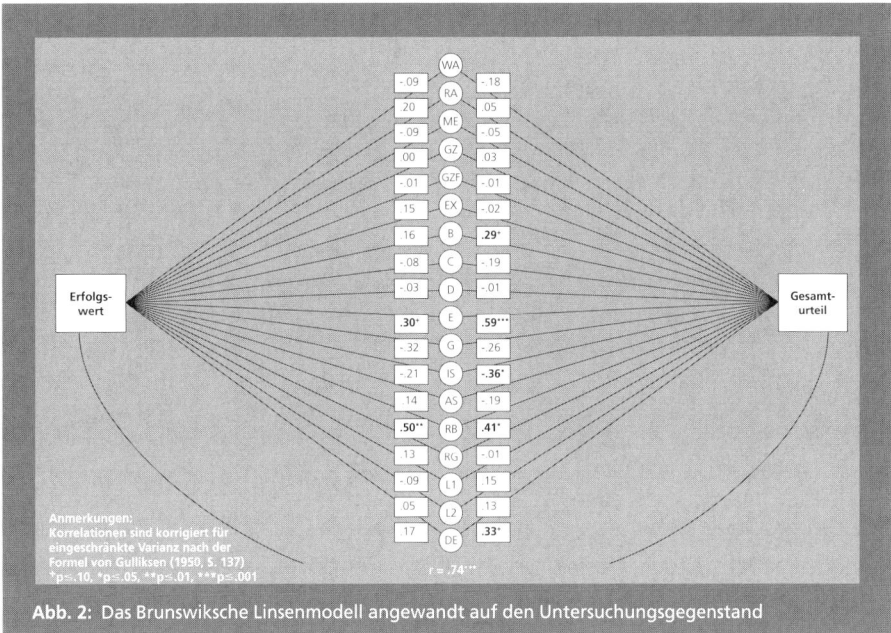

Abb. 2: Das Brunswiksche Linsenmodell angewandt auf den Untersuchungsgegenstand

Gerade auf diesem gedanklichen Hintergrund lässt sich das Linsenmodell (vgl. Abb. 2), ursprünglich von Brunswik (1955) entwickelt, einordnen. Es versteht sich als heuristisches Modell, d. h. es kann als eine Art Finderegel die Lösung zwar nicht garantieren, aber wahrscheinlicher machen als ein unsystematisches Suchen und Probieren. In diesem Sinne dient es dazu, den Übereinstimmungsgrad zu überprüfen zwischen den Zusammenhängen aus den einzelnen untersuchten Merkmalen und dem Erfolgswert einerseits und den Prädiktoren und dem Gesamturteil des Diagnostikers andererseits.

In Abbildung 2 sind die einzelnen Testmerkmale in der Mitte eingetragen. Ganz links ist der Erfolgswert (Kriterium) und ganz rechts Dr. Gosslars Gesamturteil

(Prädiktor) eingetragen. Die Ziffern in den kleinen Kästchen zur rechten und linken Seite des jeweiligen Merkmals repräsentieren die Höhe ihres Zusammenhangs einerseits mit dem Erfolgswert (das linke Kästchen) und anderseits mit dem Gesamturteil von Dr. Gosslar (das rechte Kästchen). Die Korrelationen basieren auf den Testergebnissen von 46 ehemaligen Bewerbern, die zum Zeitpunkt dieser Untersuchung für das Unternehmen als Außendienstmitarbeiter tätig waren. Annähernde Übereinstimmung ist vorhanden, wenn die einander gegenüberliegenden Korrelationswerte etwa gleich groß sind. Dies bedeutet, dass Dr. Gosslar bei seinem Gesamturteil das jeweilige Merkmal so stark berücksichtigt, wie es in Anbetracht seiner Bedeutung für den Erfolg angemessen ist. Wie in Abbildung 2 deutlich wird, stimmen die Korrelationen gut überein. Kleinere Abweichungen, wie z. B. bei den Merkmalen praktisch-rechnerisches Denkvermögen (RA), Aktivität (E) und Antriebsspannung (AS), geben Hinweise darauf, dass Dr. Gosslar sein Urteil noch stärker präzisieren kann, wenn er sich an den Korrelationen der linken Seite orientiert. Es zeigt sich in besonderem Maße, dass vor allem die Persönlichkeitsmerkmale *Risikobereitschaft* (r = + 0.50) und *Aktivität* (r = + 0.30) in deutlich positivem Verhältnis zum Berufserfolg stehen.

In der unteren Bildmitte ist der Übereinstimmungsgrad zwischen Dr. Gosslars Gesamturteil und dem Erfolgswert (Kriterium), also die Vorhersagegültigkeit seines Urteils, eingetragen. Sie beträgt r = + 0.74 und muss als sehr gut bezeichnet werden. In anderen Worten: Die von Dr. Gosslar ausgesprochenen Erfolgsprognosen zeugen von sehr hoher Zuverlässigkeit. Um es vorwegzunehmen – diese Korrelation dient als Grundlage für die späteren monetären Nutzenberechnungen des Personalauswahlverfahrens.

Für Leser, die sich in die Anwendungsmöglichkeiten des Linsenmodells vertiefen möchten, empfiehlt sich Wittmann (1987, 1990) und Wittmann & Matt (1986).

Es zeigt sich hier, dass die Vorhersagegültigkeit dieses kombinierten Auswahlverfahrens (systematische Sichtung und Beurteilung von Bewerbungsunterlagen, halbstandardisiertes Interview mit Verkaufsrollenspiel sowie Anwendung psychometrischer Tests) anderen Vorgehensweisen deutlich überlegen ist. Zum Vergleich siehe die Übersicht anderer Datengewinnungsmethoden und ihre prognostische Validität.

5.2.6 Monetärer Nutzen des eignungsdiagnostischen Verfahrens für das Franchiseunternehmen

Wie hoch ist nun der tatsächliche Nutzen des angewandten Auswahlverfahrens für das Unternehmen in Euro und Cent? Im Folgenden werden drei Methoden vorgestellt, um diesen Nutzen zu berechnen. Die beiden ersten Vorgehensweisen haben eher pragmatischen Charakter. Die dritte Methode wurde von Boudreau (1983) entwickelt.

Praxisorientierte Nutzenberechnungen

Eine erste, einfache Möglichkeit besteht darin, zu überprüfen, wieviel DB II die Außendienstmitarbeiter im Durchschnitt pro Monat erwirtschaftet haben, wobei das in der Auswahlsituation gegebene Gesamturteil (– 3 bis + 3) berücksichtigt wird. Die Werte sind Euro-Beträge. Der Einfluss der unterschiedlich starken Kaufkraft in den Verkaufsgebieten und der unterschiedlich langen Verkaufserfahrung ist kontrolliert. Die Abbildung 3 zeigt die Ergebnisse in Form eines Stapeldiagramms. N steht für die Anzahl von Personen in der Gesamturteilsgruppe. Je höher N beziffert ist, desto sicherer wird der Wert. Bei den in diesem Unternehmen eingestellten Außendienstmitarbeiter wurden nur Gesamturteilswerte zwischen – 1 und + 2 vergeben, d. h. die gesamte Bandbreite der Beurteilungsskala wurde nicht ausgeschöpft. Die Abbildung 3 verdeutlicht, dass mit zunehmend positiverem Gesamturteil die durchschnittlich erwirtschafteten DB II deutlich steigen. Es sei noch einmal darauf hingewiesen, dass es sich um erwirtschaftete DB II, also Euro pro Monat und AM, handelt.

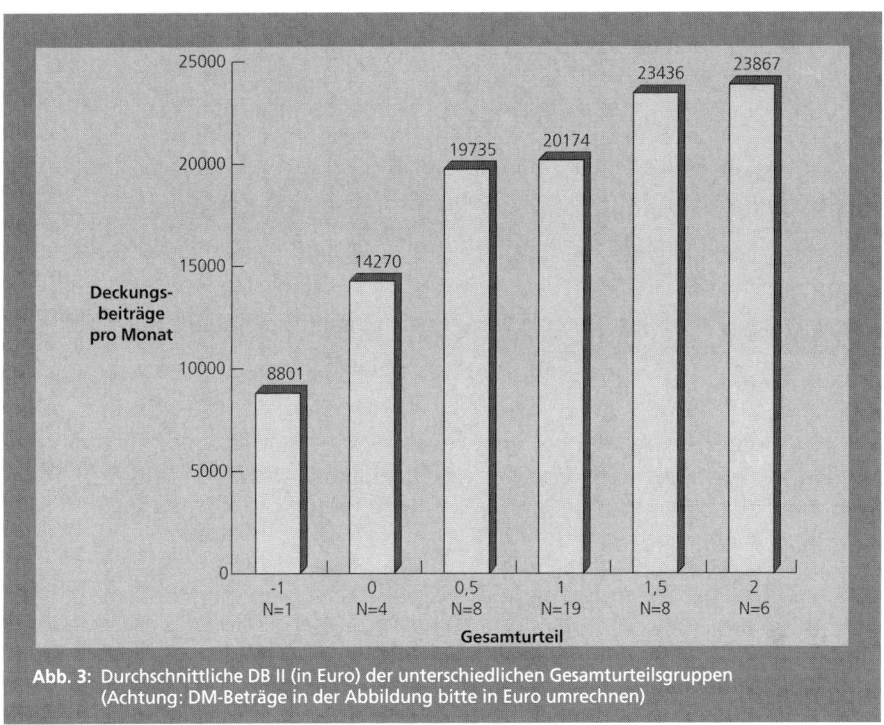

Abb. 3: Durchschnittliche DB II (in Euro) der unterschiedlichen Gesamturteilsgruppen (Achtung: DM-Beträge in der Abbildung bitte in Euro umrechnen)

Die zweite, pragmatische Variante einer Nutzenberechnung beruht auf einem Vergleich zwischen der Gruppe der getesteten eingestellten Außendienstmitarbeiter und einer Gruppe nicht psychologisch getesteter, jedoch vom Unternehmen selbst eingestellter Außendienstmitarbeiter (hauseigene Auswahlmethode). Von den 16 nicht-getesteten Außendienstmitarbeitern waren lediglich acht aufgrund der Dauer ihrer Verkaufserfahrung mit den getesteten Außendienstmitarbeitern vergleichbar und konnten demzufolge in die Auswertung miteinbezogen werden. Diese acht nicht psychologisch getesteten, jedoch eingestellten Personen haben im Durchschnitt etwa 2.300 Euro DB II pro Monat oder 27.600 Euro DB II pro Jahr, weniger erwirtschaftet, als man von getesteten AM mit vergleichbarer Verkaufserfahrung und Kaufkraft in den bearbeiteten Verkaufsgebieten erwarten würde.

Modellorientierte Nutzenberechnung nach Boudreau

Gehen wir jetzt zu der Nutzenberechnung von Boudreau (1983) über (Für interessierte Leser sei auf die ausführlicheren Einführungen von Gerpott & Siemers (1995) und Sarges (1995) verwiesen.).

Es war für das Unternehmen von besonderem Interesse, präzise Information darüber zu erhalten, um wie viel besser die hier ausgewählten Außendienstmitarbeiter im Vergleich zu den durch ein *konventionelles* Verfahren (Analyse der Bewerbungsunterlagen und unstrukturiertes Interview) ausgewählten Außendienstmitarbeiter abschneiden. Bei diesem *konventionellen* Verfahren würde man eine Validität von $r = + 0.30$ zugrundelegen. Zur Begründung siehe Schuler, Funke, Moser & Donat (1995). Demzufolge hat unser psychologisches Personalauswahlverfahren einen Validitätsvorsprung von $r = 0.74 – 0.30 = + 0.44$.

Die hier eignungsdiagnostisch fundiert ausgewählten Außendienstmitarbeiter erwirtschafteten pro Person und Jahr 13.150 Euro mehr als *konventionell* ausgewählte Außendienstmitarbeiter erwirtschaftet hätten (bei einer Validität von $r = 0.30$).

Vergleicht man diesen Wert mit den monatlich erwirtschafteten DB II der acht nicht-getesteten, jedoch vom Unternehmen eingestellten Außendienstmitarbeiter (2.300 Euro weniger pro Person und Monat ergibt $2.300 \times 12 = 27.600$ weniger pro Person und Jahr), drängt sich die Frage auf, ob die Validität des hauseigenen Verfahrens nicht eher der Gültigkeit einer Zufallsauswahl entspricht. Allerdings gestattet diese kleine Testgruppe von acht Personen keine abschließende Beantwortung der erhobenen Frage.

Exkurs:
Will man den Netto-Nutzen des Auswahlverfahrens berechnen, müssen die im Vergleich zu dem konventionellen Auswahlverfahren zusätzlich entstandenen Kosten abgezogen werden. Boudreau (1983) subtrahiert nicht nur die Kosten, sondern berücksichtigt zusätzlich eine Reihe weiterer Parameter. Sein Bestreben ist es, die Nutzenberechnung mit dem Kapitalwertmodell der dynamischen Investitionsrechnung zu kombinieren. In diesem Modell werden variable *und* fixe Kosten berücksichtigt. Dies ist auch wichtig, weil ein Personalauswahlprogramm für mehrere Bewerberkohorten angewendet werden kann und sich damit die fixen Kosten verteilen. Ebenso wird mit einbezogen, dass Mehrleistungen der Mitarbei-

ter oft mit höheren Ausgaben der Arbeitgeber verbunden sind (z. B. aufgrund von Provisionen oder größerem Materialverbrauch). Durch die Diskontierung (Abzinsung) wird der gegenwärtige Kapitalwert der zukünftig anfallenden Gewinne und Kosten berechnet. Damit ist es möglich, Investitionen miteinander zu vergleichen, die sehr unterschiedliche Laufzeiten haben.

In der vorliegenden Untersuchung wurde der Gesamtnutzen des eignungsdiagnostischen Verfahrens nach Boudreau (1983) berechnet, bezogen auf die hier untersuchten 46 Außendienstmitarbeiter und einer durchschnittlichen Verweildauer von zwei Jahren in diesem Unternehmen. Da es sich um bereits gemachte Gewinne handelt, wird hier jedoch nicht wie bei Boudreau (1983) eine Abzinsung, sondern eine Aufzinsung der früher anfallenden Gewinne vorgenommen. Es wird von einem Kalkulationszinsfuß von 8 Prozent ausgegangen.

Der nach dem Boudreauschen Modell (1983) berechnete Nutzen des hier untersuchten Auswahlverfahrens beträgt für die ausgewählten 46 Außendienstmitarbeiter rund eine Million Euro vor Steuern. Dabei sind die Kosten des Verfahrens bereits herausgerechnet. Würde man die bei dem hier gerechneten Verfahren nicht berücksichtigten Werk-DB II mit einbeziehen, läge der Gesamtnutzen noch weit höher.

Die Ergebnisse dieser Berechnung stehen im Einklang mit Boudreaus empirischem Befund (1989), demzufolge sich bei 39 bislang durchgeführten empirischen Nutzenanalysen in sämtlichen Fällen ein finanzieller Netto-Nutzen ergab. Die vorliegenden Untersuchungsergebnisse bestätigen den Anspruch dieser professionell betriebenen Personalauswahl auf ihre hohe Vorhersagegültigkeit und ihren großen monetären Nutzen. Der finanzielle Gewinn des hier untersuchten Unternehmens erreicht eine fünfstellige Größenordnung pro besetzten Arbeitsplatz und Jahr.

5.2.7 Ergebnis

Betrachtet man die Personalauswahl ausschließlich unter dem Aspekt des Kostenverursachers, den es zu minimieren gilt, und gibt man sich deshalb mit einem *konventionellen* Auswahlverfahren (unstrukturiertem Interview und intuitiver Beurteilung der Bewerber) zufrieden, handelt man mit großer Wahrscheinlichkeit unwirtschaftlich. Demgegenüber kann die Investition in ein hoch valides Personalauswahlverfahren ein Vielfaches an monetärem Nutzen wieder einbringen.

In der vorliegenden Studie hat sich, wie die Zahlen belegen, diese Dienstleistung gelohnt und kann die hier gewonnenen Erkenntnisse nutzenbringend einfließen lassen.

Dr. Gosslar kann die prognostische Gültigkeit seiner eignungsdiagnostischen Entscheidung ($r = +0.74$!) optimieren, wenn er bei seiner Urteilsbildung die empirisch gewonnenen Gewichtungen der einzelnen Merkmale noch stärker berücksichtigt.

Eine weitere Verbesserung kann dadurch erzielt werden, dass kein Bewerber eingestellt wird, dessen Gesamtergebnis einen Wert von null oder schlechter beträgt, da dessen erwirtschafteter DB II zu niedrig ausfallen würde.

Eine längere Beschäftigungsdauer der Außendienstmitarbeiter ist unbedingt anzustreben, da sich die niedrigen DB II des ersten Jahres sowie die Ausbildungs- und Personalauswahlkosten mit zunehmender Beschäftigungszeit relativieren.

Das hier vorgestellte und überprüfte eignungspsychologische Personalauswahlverfahren ist zum Wegbereiter für die Rekrutierung eines einsatzstarken und erfolgreichen Mitarbeiterstammes geworden. Bleibt zu wünschen, dass dieses eignungsdiagnostische Verfahren – unter dem Aspekt seiner hohen Vorhersagegültigkeit und des damit verbundenen monetären Nutzens – seine strategische Bedeutung im unternehmerischen Denken noch stärker festigen kann.

Einführung

In dieser klassischen Form der Existenzgründungsfinanzierung nimmt der Franchisegeber lediglich eine Auswahl der Franchisenehmer nach fachspezifischen Richtlinien vor. Das heißt er bewertet den Bewerber nach seinen verkäuferischen Fähigkeiten und den Chancen, mit ihm den unternehmerischen Erfolg zu erzielen.

Die Prüfung des Standorts sollte standardisiert und sehr gewissenhaft durchgeführt werden. Der Franchisegeber wird natürlich auch die finanziellen Möglichkeiten des Bewerbers überprüfen. Eine weitergehende Aufbereitung des finanziellen Hintergrundes und den sich daraus ergebenden Notwendigkeiten findet jedoch nicht statt.

Der Franchisegeber stellt, meist in Form einer Werbebroschüre eine allgemein gehaltene Vorhabensbeschreibung einschließlich einer Übersicht zu den Verdienstmöglichkeiten, zur Verfügung. Diese Vorhabensbeschreibung muss folgende Inhalte umfassen:

❏ das Sortiment und seine Besonderheiten
❏ den Markt
❏ den Wettbewerb
❏ die notwendigen Investitionen und der Kapitalbedarf
❏ die Ertragsaussichten für den Franchisenehmer
❏ das Marketingkonzept des Franchisegebers

6.1 Der Franchisenehmer und seine Finanzierungsmöglichkeiten

Der zukünftige Franchisenehmer wendet sich mit diesen Unterlagen an seinen Steuerberater oder direkt an den zuständigen Firmenkundenberater seiner Hausbank um eine Finanzierung der geplanten Investitionen und Betriebsmittel zu besprechen.

Die Hausbank wird im Rahmen einer ordnungsgemäßen Beratung alle finanziellen Sachverhalte prüfen und bei Vorliegen der notwendigen Voraussetzungen entsprechende Anträge für die Ausreichung der öffentlichen Kreditmittel fertig stellen und einreichen.

Die jeweiligen Konditionen und die letztendliche Finanzierungsstruktur liegen in dieser Form der Franchisefinanzierung sehr stark im Ermessen der jeweiligen Hausbank, deren Informationsstand und deren Willen an dem betreffenden Standort einen Franchisebetrieb in der jeweiligen Branche zu finanzieren. Eine mögliche Finanzierung könnte wie folgt aussehen:

❏ Hausbank – Darlehen   18 Prozent
❏ ERP – Darlehen zzgl. Länderprogramme   42 Prozent

❏ Eigenkapitalhilfe – Darlehen 25 Prozent
❏ Eigenkapital des Gründers 15 Prozent
❏ Investitionsvolumen 100 Prozent

In der Regel wird für den gesamten Ablauf ein Zeitraum von etwa sechs bis acht Wochen beansprucht. Die Chance, die optimale Finanzierung zu bekommen hängt von vielen Faktoren ab, welche in ihren Zusammenhängen von dem Existenzgründer meist überhaupt nicht überblickt werden können. Die Absagequote ist meist relativ hoch.

Dabei sollte deutlich darauf hingewiesen werden, dass die meisten Absagen bereits durch die beantragenden Hausbanken erteilt werden. Diese haften in jeden Fall zumindest teilweise für die Kredite und so wird es im Zusammenhang mit der allgemeinen Verschärfung der Kreditvergabe-Bestimmungen immer schwieriger die Hausbank von der Erfolgschancen zu überzeugen. Sehr oft wird deshalb der Franchisegeber einen Franchisebetreuer das Bankgespräch begleiten lassen. Dieser Franchisegeber-Mitarbeiter schlüpft nun die Rolle des Verkäufers für das Franchisesystem, was natürlich mit einigen Gefahren verbunden ist. Schließlich preist so mancher Franchise-Außendienstmitarbeiter das eigene System schon mal mit Begriffen an, die leicht in die Nähe einer Erfolgsgarantie oder Risikoübernahme gerückt werden könnten. Letztendlich wird durch seinen Vertreter das Franchisesystem die Planung einschließlich einer Renditeprognose erläutern. Über die Haftung aus fehlerhaften oder auch einfach nur nicht zutreffenden Renditeprognosen wird an anderer Stelle genauer eingegangen.

Durch die Beauftragung eines unabhängigen Existenzgründungsberaters kann hier zumindest eine mögliche Gefahrenquelle und auch natürlich eine Fehlinvestition in eine nicht tragfähige unternehmerische Tätigkeit vermieden werden. Außerdem wird die Gefahr der Ablehnung durch die Bank dahingehend minimiert, dass der Berater alle wichtigen Unterlagen und Sachverhalte in einer Form präsentiert und bei der Bank vorstellt, die eine vernünftige Kreditentscheidung begünstigt.

In vielen Franchisesystemen wird das Ziel der engen Zusammenarbeit zwischen Franchisegeber und Franchisenehmer auch in Richtung einer sinnvollen Finanzierungsstruktur wesentlich intensiver weiterverfolgt. Die Tatsache, dass der ideale Franchisepartner, was die persönlichen Voraussetzungen anbelangt, nicht immer der Bewerber mit einem ausreichenden Eigenkapital ist, ließ Franchisegeber nach anderen Wegen der Finanzierung suchen.

Die Möglichkeiten, das Gesamtvolumen in der Existenzgründungsfinanzierung auf mehrere Schultern zu verteilen sind vielfältig.

Photo Porst ist beispielsweise nach einer eingehenden Prüfung aller Sachverhalte und nach der Entscheidung für einen bestimmten Franchisepartner bereit, den zu bezahlenden Geschäftswert über ein eigenes Darlehen zu finanzieren. Dabei liegt der Zinssatz zwar individuell verschieden, jedoch meist in der Nähe der günstigen öffentlichen Finanzierungsmittel. Die Laufzeit wird meist an die Laufzeit des Mietvertrages gekoppelt. In den Modalitäten wird auf die spezifische Ergebnis- und Liquiditätsentwicklung des Betriebes eingegangen.

Außerdem werden bei Bedarf Pachtverträge für Einrichtungen ausgereicht, welche ebenfalls in ihren Konditionen nicht über den banküblichen Konditionen liegen.

Der Effekt einer solchen Franchisefinanzierungspolitik liegt in einem sehr viel größeren Vertrauen der hauptsächlich finanzierenden Hausbank. Diese erkennt zum einen, dass der Franchisegeber auch finanziell an den Erfolg des Standortes und des Franchisenehmers glaubt und zum anderen, dass sich der Franchisegeber intensiv mit den wirtschaftlichen Verhältnissen des Betriebes und der Person des Gründers auseinandergesetzt hat.

Der zusätzliche Einsatz eines speziellen Existenzgründungsberaters für Franchise- systeme, ermöglicht eine zusätzliche gründliche formale Aufbereitung der Unter- lagen und Planungen, welche in diesem Kontext in der Regel zu einem positiveren und schnelleren Entscheidungsverhalten des finanzierenden Bankinstitutes führen.

Die Konsequenz ist ein in der Regel beschleunigtes Verfahren zur Übergabe der Vertriebsstellen und Standorte an neue Franchisenehmer und die Chance für eine schnellere Expansion des Franchisesystems.

Finanzierungshilfen des Franchisegebers im Überblick:

Finanzierungshilfen des Franchisegebers

Darlehen	finanzielle Unterstützung
Pachtverträge	finanzielle Unterstützung
Kurzfristige Zwischenfinanzierungen	finanzielle Unterstützung
Längere Zahlungsziele	finanzielle Unterstützung
Fixe Kreditlimite auf Warenlieferungen	finanzielle Unterstützung
Zeitlich begrenzte Beteiligungen	finanzielle Unterstützung
Mietzuschüsse	finanzielle Unterstützung
Werbekostensubventionen	finanzielle Unterstützung
Bürgschaften	Besicherungshilfe
Rücknahmeverpflichtungen für Ware	Besicherungshilfe
Rücknahmeverpflichtungen für Einrichtungen	Besicherungshilfe
Zusicherung des Geschäftswertes bei Vertragsauflösung	Besicherungshilfe
Rangrücktritt für Forderungen	Besicherungshilfe

Abb. 1: Finanzierungshilfen

6.2 Die Koordination der Franchisenehmerfinanzierung über Rahmenverträge

Unter der Koordinationsfunktion ist eine sehr umfassende Gestaltung der Finanzierungsstrukturen für das gesamte Franchisesystem zu verstehen.

Das Grundproblem der herkömmlichen Franchisenehmerfinanzierung ist die große Abhängigkeit der Finanzierung und damit des Betriebsgründungsablaufs von der, den einzelnen Franchisenehmer finanzierenden Hausbank.

Nicht jeder Franchisegeber kann oder will nun die Finanzierungshilfen für seine zukünftigen Franchisenehmer bereitstellen, um diesem die zusätzlich notwendigen Kreditmittel der Hausbank leichter erreichbar zu machen.

Zudem werden die in Franchisesystemen zur Aufbereitung von neuen Standorten und zur Anwerbung und Auswahl neuer Franchisepartner notwendigen Ressourcen nur dann effizient, d. h. zumindest kostendeckend eingesetzt, wenn der Aufwand für eine Neueröffnung in der Franchisezentrale möglichst gering gehalten werden kann.

Die vorhergehend beschriebenen Finanzierungsabläufe sind nicht immer geeignet, die notwendigen Voraussetzungen zu schaffen. Aus diesem Grund bieten mittlerweile mehrere Bankinstitute franchisespezifische Finanzierungsmodelle für Franchisesysteme an. Die Grundstruktur eines solchen Modells sieht immer eine starke Einbindung des Franchisegebers in die Planung und Kontrolle des Franchisenehmerbetriebs vor. Der Franchisegeber schließt mit einem Bankinstitut einen Rahmenvertrag über ein bestimmtes Volumen an Existenzgründungen ab. Dieses ist sowohl hinsichtlich der Anzahl als auch des Finanzierungsvolumens klar definiert. Das bedeutet im Einzelnen, dass der Franchisegeber bereits in der Phase der Rahmenvertragsgestaltung ebenso klar definieren muss, mit welcher Bandbreite des Investitionsvolumens zu rechnen ist.

Der nächste Schritt umfasst die speziellen Umsatz-, Ertrags- und Kostenstrukturen eines durchschnittlichen Franchisenehmerbetriebs. Daraus werden Richtlinien für die Minimal- oder Maximalanforderungen, sowohl bzgl. der finanziellen Situation des Franchisenehmers, als auch bzgl. der Ergebnisstrukturen des Betriebes erarbeitet.

Diese Richtlinien sind insofern von entscheidender Bedeutung, als sie im Einsatz des Finanzierungsmodells die reibungslose und sehr schnelle Kreditvergabe innerhalb weniger Tage ermöglichen, nämlich dann wenn der potenzielle Franchisenehmer diesem Raster entspricht.

Im Anschluss an die so gefällte Entscheidung schließt die nach dem Regionalprinzip der Banken ausgewählte Zweigstelle vor Ort einen Kreditvertrag mit dem Franchisenehmer und wird dadurch auch alle laufenden Ein- und Auszahlungen verwalten. Dadurch ist wiederum eine engere Anbindung des Franchisenehmerbetriebs an die Hausbank gewährleistet.

Die Kreditkonditionen sollten denen der alternativ möglichen öffentlichen Kredite entsprechen um eine Benachteiligung des Franchisenehmers in jedem Fall auszuschließen.

Nach der Existenzgründung wird sowohl der Franchisegeber als auch die Bankzentrale durch ein System der Franchisenehmerüberwachung laufend über die wirtschaftliche Situation informiert. Die Informationsstruktur wird bereits im Vorfeld mit der Gestaltung der Rahmenvereinbarung definiert.

Als systemspezifischer Vorteil ist in diesem Modell ein sehr zeitnahes, standardisiertes System der Franchisenehmerüberwachung und -betreuung vorhanden, welches dem Franchisegeber weitere wichtige Informationen zu grundsätzlichen Entwicklungen bereitstellt.

Viele Franchisesysteme, darunter auch große und etablierte Systeme müssen immer wieder feststellen, dass sie sehr wenige zeitnahe und aussagekräftige Informationen über ihre Franchisenehmer zur Verfügung haben.

Folgende Punkte sollten im Rahmenvertrag festgelegt sein:

❏ Umfang der Existenzgründungen: Anzahl, Investitionsvolumen, usw.
❏ Gesamtfinanzierungsvolumen
❏ Sicherheitenvergabe durch Franchisegeber
❏ Standard-Franchisevertrag und Nebenabreden
❏ Auswahlverfahren für potenzielle Franchisenehmer
❏ Auswahlkriterien für neue Standorte
❏ Musterkalkulationen für einen Franchisenehmerbetrieb
❏ Definition des Verfahrens zur Geschäftswertberechnung
❏ Klar definiertes Betriebsgründungsprozedere
❏ Festlegung der laufenden Berichterstattung
❏ Einheitliche Kreditvergabekonditionen
❏ Festlegung der Reaktionszeit der Bank
❏ Laufzeit des Rahmenvertrages

Für die Einzelkreditverträge sollten unbedingt folgende Konditionen festgelegt werden:

❏ Effektivzinssätze ähnlich denen der öffentlichen Mittel
❏ Laufzeiten, die den geplanten Ergebnisentwicklungen entsprechen
❏ Ausreichende zusätzlich Kontokorrentkreditlinien
❏ Tilgungsfreie Zeiträume zu Beginn der Laufzeit
❏ Modalitäten zur Kreditbesicherung

Die Sicherheiten des Franchisegebers sind je nach Verhandlung des Rahmenvertrages sehr unterschiedlich darstellbar. Nachfolgende Aufzählung beinhaltet eine mögliche Auswahl:

❑ zeitlich und betragsmäßig begrenzte Bürgschaft
❑ Rücknahmeverpflichtung zu Einkaufspreisen für alle gelieferten Warenbestände
❑ Rücknahmeverpflichtung zu Restbuchwerten für alle verkauften Einrichtungsgegenstände des Betriebes, sowie des Geschäftswertes
❑ Abtretung aller Forderungen gegenüber dem Franchisenehmer an die Bank
❑ Verpflichtung zur Subventionierung des Franchisenehmers in einer vorher definierten Art und Weise innerhalb bestimmter Grenzen
❑ Verpflichtung zur vorübergehenden und/oder teilweisen Erlassung oder Stundung der Franchisegebühr bei finanziellen Engpässen
❑ Einrichtung eines verzinslichen Sicherheitenkontos zur Risikoabdeckung in Höhe eines definierten Prozentsatzes der ausgereichten Kredite

Insgesamt erweist sich eine Finanzierung über Rahmenverträge in vielerlei Hinsicht als vorteilhaft. Voraussetzung ist, dass die entsprechenden Rahmenbedingungen berücksichtigt wurden und sich sowohl das Finanzierungsinstitut als auch der Franchisegeber über die (Franchise)systemimmanenten Besonderheiten im Klaren sind.

❑ Schnelle Abwicklung der Existenzgründungsfinanzierung einzelner Franchisenehmer
❑ Günstige Finanzierungskonditionen ähnlich denen der öffentlichen Hand
❑ Einheitliche Finanzierungsstruktur bzgl. Laufzeit und Kredithöhe
❑ Bei sorgfältig und vorausschauend erarbeiteten Rahmenverträgen wird eine Unterfinanzierung ausgeschlossen
❑ Die Hausbank und der Franchisegeber verfügen über zeitnahe Informationen über den Franchisenehmer
❑ Die umfassende und detaillierte Festlegung wirtschaftlicher Grundlagen der Franchisenehmerbetriebe erzieht den Franchisegeber zur Disziplin

Aktuelle Gespräche mit deutschen Banken zeigen, dass in immer stärkerem Maße das eigentliche Geschäftsmodell des Franchisegebers und seine spezifischen Wettbewerbsvorteile ins Zentrum der bereits erläuterten Analyse gerückt werden.

Im Einzelnen ist also aufzuzeigen, wie sich der geplante Zustand unter Einbeziehung eines strukturierten Finanzierungskonzeptes positiv vom Ist-Zustand abhebt. Die bereits allgemein dargestellten Vorteile wie Schnelligkeit und Kostenreduzierung sind detailliert zu beziffern.

Sollte der Franchisegeber-Betrieb über eine sog. Prozesskostenrechnung verfügen, so wird einfach der Ablauf von Beginn der Akquisition an bis zur Eröffnung des Outlets abgebildet. Im einzelnen sind dabei die Personalkosten der Außendienstmitarbeiter, deren Reisekosten, die anfallenden administrativen Kosten, wie Schreibarbeiten usw. in ein Mengengerüst zu bringen. Zusätzlich sollten die Aufwände dargestellte werden, die sich dadurch ergeben, dass Verhandlungen mit Vermietern von Standorten durch zu lange Kreditbearbeitungszeiten des Franchisenehmers scheitern. Eine genaue Darstellung ist sehr unternehmensspezifisch und auch sehr vom vorhandenen Kostenrechnungsmodell abhängig. In jedem Fall sollte der Franchisegeber genau erfahren können, wie viel die Eröffnung eines neuen Outlets kostet, und zwar zu sog. Vollkosten.

6.3 Teilabschnitte einer strukturierten Rahmenfinanzierung

Die entsprechenden Teilabschnitte einer strukturierten Rahmenfinanzierung bieten in diesem Kontext nun präzise Kostenvorteile. Und die Höhe eben dieser Kostenvorteile, welche vom Franchisegeber für und mit der Bank erarbeitet werden ist letztendlich mitentscheidend, ob die Bank diese Rahmenfinanzierung begleiten wird. Die Bank wird die eigene Erträge über die laufenden Kredit-Konditionen sowie über entsprechende Bearbeitungshonorare für das Gesamtkonzept generieren. Das heißt, das Konzept sollte in jedem Fall deutliche Vorteile aufweisen können.

Ganz nebenbei erfährt so die möglicherweise finanzierende Bank sehr viel über das Controlling- und Führungs-Know-how des Franchisegeber-Unternehmens. Grundsätzlich sollte sich der Franchisegeber sowohl für die Planung der eigenen Risikopositionen als auch hinsichtlich der eigenen Verhandlungsstärke stets vergegenwärtigen, dass hier sehr schnell größere Summen bewältigt werden müssen. Die entsprechenden Bilanzierungsspielräume könnten unter Umständen ebenfalls nicht unbeträchtlich sein.

Das heißt, im Falle einer strukturierten Finanzierung unter den oben dargestellten Rahmenbedingungen sollte unbedingt ein bilanzielle Voraussetzungen geschaffen werden, die hinsichtlich einer eventuellen tendenziellen Abschwächung des Geschäftsverlaufes über eine zwangsläufige Risikovorsorge nicht zu einer dramatischen Ergebnisauswirkung führen. Die allseits bekannten Auswirkungen von Basel II betreffend die Verschärfung der Kreditvergabebedingungen erleichtern die Verhandlungen hier nicht gerade. Im Zweifelsfall sollte sich der Franchisegeber in dieser Phase durch ein spezialisiertes Beratungsunternehmen unterstützen lassen.

Implizit spricht auch das eingangs bereits erläuterte Vorgehen, einen Franchisegeber-Mitarbeiter das Bankgespräch begleiten zu lassen, sehr für eine strukturierte Vorgehensweise. Schließlich wird bereits dieser Franchisegeber-Mitarbeiter das System einschließlich aller rentabilitätswirksamen Merkmale detailliert darstellen müssen. Und so erscheint der konsequente Schritt in Richtung einer Standardisierung (und damit Kosteneinsparung) nur logisch.

Der Franchisegeber sollte vor allem nie vergessen, dass er die wirtschaftliche Existenz vieler Franchisenehmer zu sichern hat und diese wiederum seine wirtschaftliche Existenzgrundlage darstellen. Die Sorgfalt und der Aufwand einer umfassenden Planung und Definition der zukünftigen Franchisenehmer-Betriebe schafft ein hohes Maß an Sicherheit und macht sich dadurch sicherlich bezahlt.

7 | Franchisegebühren
von Jürgen Nebel

Einführung

Eines der vieldiskutierten Themen im Franchising ist die Franchisegebühr. Wie hoch ist sie zu bemessen? Wie viel lässt sich anderweitig erwirtschaften? Wie viel kann direkt über die Franchisegebühr erzielt werden. Die Franchisegebühr ist Dreh- und Angelpunkt im Franchisesystem. Um sie geht es doch dem Franchisegeber letztendlich, wenn nicht gar alleine. So glauben es zumindest diejenigen, die Franchising vordergründig oder alleine unter materiellen Gesichtspunkten betrachten, die anderen Vorteile des Franchising dagegen nicht für ausschlaggebend erachten. Unbestritten geht es bei der Erfüllung des Dauerschuldverhältnisses Franchisevertrag um die beiden Hauptleistungen Lizenzierung der Marke und betriebstypisches Know-how einerseits und eben Zahlung der Franchisegebühr andererseits.

Gegenleistung

Das Thema Franchisegebühren ist prekär, weil es die Gegenleistung zu einer schwer messbaren Leistung darstellt. An ihr entzündet sich leicht eine Diskussion um die Angemessenheit. Bei einem einfachen Austauschverhältnis, etwa einem Kaufvertrag, können Käufer wie Verkäufer schon mal glauben, der Kaufpreis sei zu hoch oder zu niedrig gewesen. Meist ist dies aber bald vergessen, da der Vertrag abgewickelt ist. In einem Dauerschuldverhältnis aber fragen sich die Partner stets, ob der Austausch ausgewogen ist. »Partnership for profit«, ist da ein ebenso verbreitetes wie schiefes Schlagwort, welches das Kooperationsverhältnis von Franchisegeber und Franchisenehmer beschreiben möchte und so tut, als gäbe es hier nur zu gewinnen. Es sollte natürlich so sein: Win-win-Prinzip im Franchisesystem. Dessen Verwirklichung bedarf aber dauernder Anstrengung und genauen Beobachtens, es ist keineswegs franchisetypische Selbstverständlichkeit. Und natürlich ist es subjektiv, ob die aufgrund des Franchiseverhältnisses erhaltenen Leistungen auch als angemessen empfunden werden. Für die Höhe lassen sich kaum objektive Maßstäbe aufstellen, die nicht mit gutem Grund angegriffen werden könnten.

Gestaltung der Gebühren

Wie werden nun Franchisegebühren gestaltet? Grundsätzlich zu unterscheiden ist zwischen einer laufenden und einer Einstiegsgebühr. Die Vereinbarung beider Gebühren ist die Regel. Eine laufende Gebühr entfällt nur dann, wenn sich das System über die Handelsspanne einer franchisevertraglichen Warenbezugsverpflichtung finanziert. Dies ist durchaus üblich, wenn auch, wie hier noch gezeigt wird, nicht ratsam. Dass dies aber legitim ist, ergibt sich beispielsweise aus der bedeutsamen Definition des Franchising wie sie im Europäischen Verhaltenskodex für Franchising niedergelegt ist. Dieser wurde in Abstimmung mit der EG-Kommission in Brüssel erarbeitet. Die Definition spricht von den Leistungen des

Franchisegebers, die »gegen ein direktes oder indirektes Entgelt« des Franchisenehmers erbracht werden. Dies bedeutet, dass der Franchisenehmer entweder *direkt* Geldleistungen in Form von Franchisegebühren leistet oder *indirekt* durch Warenbezugsverpflichtungen ein *Entgelt* an den Franchisegeber entrichtet, da dieser die Waren mit einem entsprechenden Aufschlag belegt. Die Gegenleistung des Franchisenehmers allein oder überwiegend über den Warenaufschlag zu erlangen, führt zu einer gewissen Intransparenz, weil den Franchisenehmern zumeist nicht die Höhe des Aufschlages oder wenigstens die genaue Kalkulation bekannt ist. Dennoch arbeiten nicht wenige Systeme mit diesem »indirekten Entgelt«.

Die laufende Franchisegebühr dagegen, die monatlich fix oder (zumeist) prozentual umsatzabhängig berechnet wird, ergänzt der Franchisegeber oft durch eine zweckgebundene Werbegebühr (gleichfalls fix oder variabel). Fälschlich wird bisweilen auch von einer Marketinggebühr gesprochen, was aber unzutreffend ist, da sehr viele Franchisegeberleistungen dem Marketing zuzurechnen sind und hierfür die eigentliche Franchisegebühr berechnet wird.

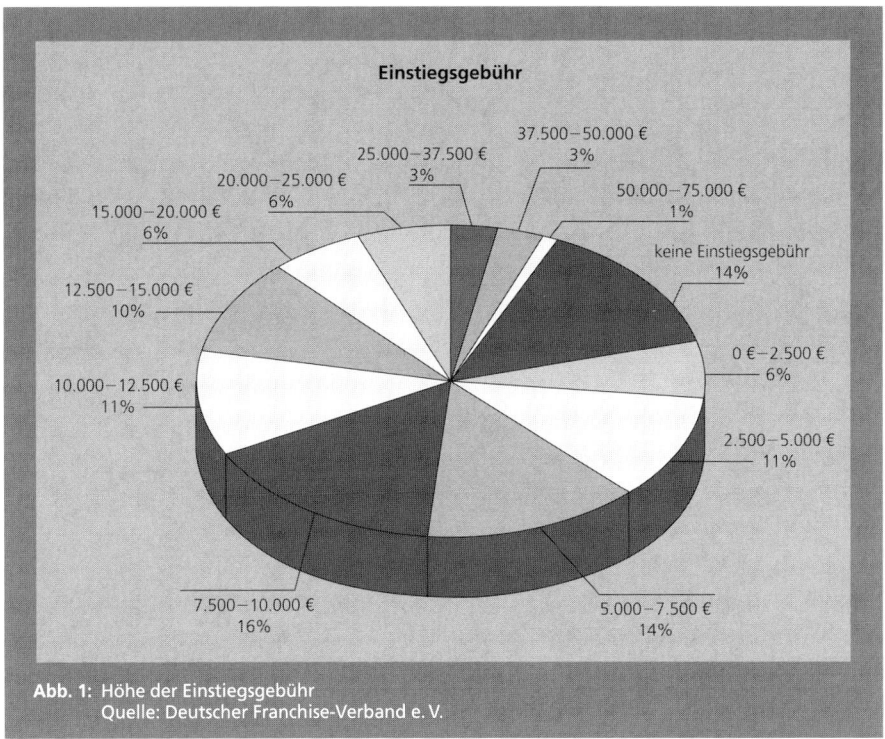

Abb. 1: Höhe der Einstiegsgebühr
Quelle: Deutscher Franchise-Verband e. V.

Die Einstiegsgebühr ist eine einmalige feste Gebühr, die der Franchisenehmer meist nach Vertragsunterzeichnung bezahlt. Sie wird, je nach Begründung, für den Gebietsschutz und/oder die Anfangsleistungen des Systems (Einführungstrainings, Standortanalyse) erhoben. In vielen Systemen reicht die Einstiegsgebühr gerade, um die Akquisitionskosten für den Franchisenehmer des Gebietes zu decken. Diese Kosten sind indessen natürlich kein überzeugender Grund, eine Eintrittsgebühr zu verlangen. Etwa jedes siebte System, zu denen beispielsweise auch die erfolgreiche Musikschule Fröhlich gehört, erhebt überhaupt keine Einstiegsgebühr.

Die laufende Franchisegebühr kann differenziert werden. Möglich sind alle nur erdenklichen Spielarten. Die Franchisegebühr kann sich sprungweise erhöhen, linear oder degressiv verlaufen. Bemessungsgrundlage ist immer der Umsatz. Argumente lassen sich für praktisch alle Varianten finden. Beispielsweise soll ein erfolgreicher Franchisenehmer, der hohen Umsatz erwirtschaftet, nicht unbedingt dafür *bestraft* werden, indem er erheblich mehr Franchisegebühr bezahlt, obschon er keineswegs der Systemzentrale im selben Umfang mehr Leistung abfordert – dann wird die Gebühr degressiv verlaufen. Manchmal ist es genau umgekehrt. Die guten Franchisenehmer laufen »von alleine«, die schlechten Franchisenehmer, manchmal auch scherzhaft »Tamagochi-Franchisenehmer« genannt, müssen dauernd »an die Hand genommen werden«, belasten mit oft unnötigen Kleinigkeiten und steuern für die Leistungsfähigkeit des Systems dann auch noch geringe Franchisegebühren bei – oft wird dann eine Franchisegebühr vereinbart, die sich an einem vereinbarten Mindestumsatz bemisst, ob er erzielt wird oder nicht. Am häufigsten sind indessen linear laufende Franchisegebühren anzutreffen.

Eine Methode, Franchisegebühren angemessen niedrig zu halten und zugleich gerecht zu gestalten, besteht darin, Zusatzleistungen der Systemzentrale extra zu berechnen. Dies ist vergleichsweise weit verbreitet und reicht von Standortanalysen über besondere Seminare, die nicht unbedingt erforderlich sind, bis hin zur Sanierungsberatung für einen notleidenden Franchisenehmer-Betrieb.

Franchisegebühren versus Warenbezugsverpflichtung
Was die Wahl und Verteilung der Franchisegebühr anbelangt, liefert die Entwicklung des Franchisesystems MiniBagno ein sehr lehrreiches Beispiel. Die grundlegende Bedeutung der Franchisegebühr lässt sich gut am Beispiel dieses Franchisesystems illustrieren.

Bevor ein Franchisegeber den oder die allerersten Franchisenehmer unter Vertrag hat, wähnt er sich in einer schwachen Position, meinte Diethelm Rahmig, der Gründer und Franchisegeber von MiniBagno. Dies trifft in der Tat auch oft zu. Ein System, das nicht mindestens zwei Franchisenehmer hat, ist keines. Ein Kardinalfehler ist es nun, wegen dieser tatsächlichen oder geglaubten Schwäche, Abstriche bei der Systemgestaltung, insbesondere hinsichtlich der Vereinbarung einer laufenden Gebühr, zu machen.

MiniBagno, stellvertretend für viele, glaubte daher auch, eine laufende Franchisegebühr nicht fordern zu können, sondern sich – bequemerweise: meine Leistung kostet nichts! – ausschließlich durch die Handelsspanne zu finanzieren. Konsequenz ist, dass sich im Laufe sowohl der System- als auch der jeweiligen individduellen Franchisenehmerentwicklung die Konturen zum Großhandel verwischen. Hinzu kommt, dass sich das Fehlen einer wichtigen Geldquelle zur Finanzierung der weiteren Systementwicklung schmerzhaft auf die Entwicklung auch der Franchisenehmer auswirkt.

Für den Franchisenehmer gibt es keinen erkennbaren Grund, einen Franchisevertrag zu erfüllen und die Systemstandards sauber einzuhalten, denn der verbindende Vertrag ist in seinem materiell spürbaren Leistungsaustausch (primäre Leistungspflicht) eine Warenbezugsverpflichtung mit Annexen (sekundären Leistungspflichten). Er ist dagegen kein primärer Austauschvertrag von Geschäftsführungs-Know-how gegen Franchisegebühr. Eine solche Fehlkonstruktion führt früher oder später zu Spannungen, insbesondere zum Nachlassen der Bereitschaft der Franchisenehmer, die Systemstandards sauber einzuhalten, weil die Glaubwürdigkeit des Systems fehlt. Im Grunde scheint die ganze Konstruktion doch nur ein einengender Vertrag mit einem Großhändler zu sein, der halt auch ein wenig Werbematerial und Verkaufsideen liefert und sich so als Franchisegeber gibt.

Die fehlende Glaubwürdigkeit wird verstärkt durch die fehlende Möglichkeit des Franchisegebers zu intervenieren. Er weiß nicht, wieviel Umsatz seine Franchisenehmer wirklich machen. Er weiß nur, wieviel Ware sie bei ihm beziehen. Der Machthebel, der für den Erhalt des Systems insgesamt erforderlich ist, letztlich also auch für alle Franchisenehmer, fehlt.

Anders, wenn der Franchisevertrag eine laufende umsatzabhängige Franchisegebühr vorsieht. Dann ist klar, dass die *Systemleistungen* als *Gegenleistung* eine Franchisegebühr erfordern, die auch für die Umsätze zu bezahlen ist, die nicht der Warenbezugsverpflichtung unterliegen. Ein *Fremdgehen* ist dann nachweisbar. Die anderweitig bezogenen Waren werden dem Systemgeber gleichwohl vergütet. Als Berechnungsgrundlage dient die monatliche Umsatzsteuervoranmeldung, die auch der Franchisegeber erhält.

Die richtige Wahl der Franchisegebühr

Franchisesysteme sind konsequenter am Markt ausgerichtet als viele der herkömmlichen Unternehmen. Dies führt oft dazu, dass sie wirkliche Spezialisten sind. Als solche sagen sie präzise, was sie tun und ebenso präzise, was sie nicht tun. MiniBagno beispielsweise ist Spezialist für Bäder auf klein(st)em Raum zwischen sechs und drei qm. Die Reihenfolge ist bewusst gewählt, denn größere Bäder werden nicht projektiert, kleinere sehrwohl. Als Franchisegeber ohne Einblick in die getätigten Geschäfte konnte der Franchisegeber Diethelm Rahmig nur wachsweich reagieren, wenn die vorgegebene Raumobergrenze nicht eingehalten wurde. In ausgereiften Systemen aber ist die konsequente Bearbeitung der definierten Geschäftsfelder wichtig, um das System nicht zu verwässern. Nichtkontrollierte Franchisenehmer aber neigen dazu, so Rahmigs Erfahrung, die durchaus für viele Franchisesysteme gelten mag, durch die Systemverwässerung ihren Erfolg zu schmälern und dies letztendlich dem Franchisegeber anzulasten. MiniBagno hat nun, verspätet aber immerhin, den Franchisevertrag und die Leistungspflichten geändert. Nun sind 3 Prozent vom Bruttoumsatz zu entrichten, der auch Fremdbezüge beinhaltet. Dies gibt dem System insgesamt Transparenz und schon das Wissen, dass nichts mehr unkontrollierbar behauptet werden kann, ändert die Einstellung aller Beteiligten. Auch bei MiniBagno gibt es Franchisenehmer mit gutem, mittlerem und mäßigem Erfolg (vgl. hierzu auch IV.4 A-, B- und C-Franchisenehmer). MiniBagno, wie manche andere Systeme auch, hat erkannt, dass sich der Gleichheitsgrundsatz »Gleiches ist gleich, und Ungleiches ist ungleich zu behandeln« gerecht und wettbewerbsfördernd zugleich sein kann und daher mit Hilfe der Franchisegebühr im System umgesetzt.

MiniBagno regelt die Differenzierung der festen Franchisegebühr über ein Bonussystem, das weitere Vorteile für das Systemmanagement bringt. Ab einem bestimmten Jahresumsatz erhält der Franchisenehmer 1 Prozent Bonus, dieser erhöht sich stufenweise auf maximal 5 Prozent. Da sich der Bonus auf die Einkaufspreise bezieht, die 3-prozentige Franchisegebühr aber auf den Verkaufsumsatz, ist bei dieser höchsten Bonusstufe die Einführung der Franchisegebühr für den Franchisenehmer nahezu kostenneutral. Wer umgekehrt allerdings mit seinem Jahresbezug nochmals 16,6 Prozent unterhalb der ersten Bonusstufe (= Mindestumsatz) rutscht, wird abgemahnt und erhält im nächsten Jahr 5 Prozent schlechtere Einkaufskonditionen. In diesem Jahr rückt dieser Franchisenehmer entweder wieder auf Höhe des Mindestumsatzes auf und bekommt die 5 Prozent wieder zurückvergütet – oder er verlässt das System.

Die richtige Wahl der Franchisegebühr kann den Erfolg des Systems maßgeblich beeinflussen. Sie erhöht die Transparenz für den Franchisegeber, aber auch für den Franchisenehmer. Wer Erfolg haben will, braucht klare, messbare Ziele. Diese sind in Systemen mit umsatzabhängiger Franchisegebühr immer bezifferbar und vergleichbar. MiniBagno beispielsweise kann nun auch Betriebsvergleiche durchführen. Zuvor ließ sich – wie in praktisch allen Systemen ohne entsprechende Mechanismen – niemand in die Karten schauen. »Ich bin doch ein freier Unternehmer!«, entgegnen zumeist die Franchisenehmer und übersehen dabei die Chancen, die sich aus Vergleichen zwischen sehr ähnlichen Franchisenehmer-Betrieben ergeben. Ohne Transparenz lässt es sich auch besser jammern oder prahlen – je nach Mentalität. Heute kann MiniBagno die lang ersehnten, aber nie durchsetzbaren, Umsatzrennlisten veröffentlichen. Denn klare Zielvorgaben mit monatlichem Check der Erreichung sind jetzt mit der für alle gültigen Bemessungsgrundlage Umsatz (wegen der Franchisegebühr) möglich. Und nötig zugleich durch eine kluge Neueinführung, die zusammen mit dem neuen Franchisevertrag eingeführt wurde. Erreicht das Franchisesystem insgesamt einen bestimmten Jahresumsatz, den der Franchisegeber vorher in erreichbarer Höhe festgelegt hat, so erhalten alle Franchisenehmer, die den Mindestumsatz erzielt haben, 1 Prozent von diesem Jahresumsatz (aufgeteilt nach Köpfen, nicht nach individuellem Umsatz) ausgeschüttet. Erreichen alle zusammen diesen Gesamtjahresumsatz nicht, wird diese Sonderprämie auch nicht ausgeschüttet. Dies motiviert die Franchisenehmer, untereinander auf wirtschaftlichen Erfolg zu achten.

Franchisenehmer sind sehr wohl in der Lage sich gegenseitig zu beeinflussen. Nehmen wir einmal an, Franchisenehmer und Franchisegeber hätten in einem Jahr n Kontakte, dann dürfte die Kontakthäufigkeit der Franchisenehmer untereinander bei n^2 liegen. Geschwister haben meist intensiveren und vertraulicheren Kontakt zueinander als jeweils zu den Eltern. Dies liegt gleichsam in der Natur der Sache, ebenso haben Franchisegeber nun mal einen Führungsauftrag und daher meist große Distanz zu ihren Franchisenehmern. Die Franchisenehmer im Franchisenetzwerk mit ihrem intensiven Austausch untereinander haben nun, bedingt durch die neue Umsatzrennliste, exakt die aktuelle Entwicklung ihrer Kollegen präsent. Und wer nicht *funktioniert*, schädigt ganz unmittelbar alle anderen. Eine milde Form des Gruppendrucks wird so aufgebaut.

Diese systemweite Rückvergütung, sobald ein Ziel erreicht ist, dürfte ein allgemein zu empfehlendes Prinzip sein, das System auch materiell zusammenzuschweißen. Voraussetzung sind klare, quantifizierte Ziele, nur diese sind messbar und entwickeln die entsprechende Zugkraft.

Die nunmehr möglichen Betriebsvergleiche gemäß BWA (Betriebswirtschaftliche Abrechnung) tun ein übriges. Die meisten Franchisesysteme veranstalten ihre so wichtigen Erfa-Tagungen noch immer ohne zahlengestützte Betriebsvergleiche. Konsequent werden bei MiniBagno die beiden dem Franchisegeber gehörigen MiniBagno-Studios als Franchisenehmerbetriebe geführt. Sie nehmen an genau denselben Vergünstigungen und Verpflichtungen teil wie alle anderen auch. Es liegt auf der Hand, dass dies für den Franchisegeber eine besondere Herausforderung ist. Denn wenn der Franchisegeber mit seinen beiden Betrieben nicht zu den Guten gehört, verspielt er jegliche Glaubwürdigkeit. Aber auch dies setzt den hier dargestellten Weg zur Transparenz voraus. Nur mutige Systemgeber werden diesen Weg beschreiten. Beispielsweise werden bei Obi die eigenen Märkte geführt wie alle anderen Franchisenehmerbetriebe auch – kein Unterschied darf erkennbar sein.

8 | Training und Coaching im Franchisesystem

von Jürgen Nebel und Werner Kieser

8.1 Grundsätzliches zum Training in Franchisesystemen

Franchisesysteme sind Rekordhalter in Sachen Weiterbildung – zumindest gilt dies für die erfolgreichen Franchisesysteme. Dies versteht sich von selbst, ist Franchising doch im Kern Know-how-Transfer, also Wissensvermittlung.

Durch alle Coaching- und Trainingsleistungen zieht sich ein roter Faden. Was auch immer vermittelt wird, alle Inhalte sollten dem Franchisenehmer zugleich die Frage beantworten »Warum bin ich Franchisenehmer in diesem System?«. Alle Coaching- und Trainingsmaßnahmen sollten bewusst machen, warum gemeinsam das Geschäft besser zu betreiben ist als allein, sie sollen also auch motivieren.

Bei Entwicklung eines Trainingskonzepts für Franchisesysteme muss berücksichtigt werden, dass der Franchisegeber sich in der Regel vertraglich verpflichtet, sein zu Beginn der Franchisebeziehung übermitteltes Know-how fortwährend zu aktualisieren. Zum Eingehen dieser rechtlichen Verpflichtung ist er zwar nicht verpflichtet, sie ergibt sich aber als Notwendigkeit aus der vorgenannten Frage, die sich jeder Franchisenehmer fortwährend stellt: »Warum bin ich Franchisenehmer in diesem System?« Aus wirtschaftlichen und psychologischen Gründen wird sich also der Franchisegeber in der Regel die vertragliche Verpflichtung auferlegen, die er anschließend nicht nur aus wirtschaftlichen, sondern auch aus rechtlichen Gründen fortwährend erfüllen muss. Dies muss sich im Trainingskonzept niederschlagen.

Als *Transmissionsriemen* gibt es neben *schriftlichen* Unterlagen (Handbuchaktualisierung, Rundschreiben) und EDV-Updates unverzichtbar *mündliche* Trainings, die mit mehreren Franchisenehmern durchgeführt werden. Statt eines Coachings, wie es zum Start eines Franchisesystems nach Bedarf mit einzelnen Franchisenehmern durchgeführt wird, erfolgt nun ein Training mit bis zu 15 Seminarteilnehmern (größere Gruppen sind regelmäßig nicht mehr effizient zu trainieren).

Diese »größere Stückzahl« an Trainingsteilnehmern gegenüber dem Einzelcoaching der Franchisenehmer, wie es noch zum Beginn des Franchisesystems üblich war, erfüllt gleich zwei Franchiseprinzipien. Erstens wird hier wieder »einmal gedacht und hundertmal gemacht« und zweitens ist die standardisierte Leistung dennoch hochspezialisiert auf diesen bestimmten Betriebstyp. Ein wirklicher Vorteil des Franchising: Beispielsweise werden Trainings natürlich auch offen angeboten, etwa Verkaufstrainings, die massenhaft von privaten Anbietern, Industrie- und Handelskammern oder Berufsverbänden durchgeführt werden. Diese sind notgedrungen mehr oder weniger allgemein gehalten und gehen nicht auf die spezifischen Bedürfnisse der Teilnehmer ein. Ganz anders im Franchising.

8.2 Durchführung der Trainingsmaßnahmen

Der zu beherrschende Wissensstoff ist in vielen Systemen beachtlich. Hinzu kommt, dass vieles *gekonnt* und nicht nur *gewusst* werden muss. Zuviel jedenfalls, um mit einem einzigen Anfangstraining, alle Inhalte dauerhaft vermitteln zu wollen. Die einzig sinnvolle Methode in lernpsychologischer Hinsicht ist ein Intervalltraining. Das heißt in mehreren Durchgängen wird *häppchenweise* das zu vermittelnde Know-how gelehrt und geübt.

a) Grundlage ist hierzu das didaktisch richtig aufgebaute Handbuch. Beim Training selbst wird erneut die auch im Handbuch geltende deduktive Methode angewandt. Vom allgemeinen Grundsatz wird ausgegangen und es werden sukzessive auch Besonderheiten und Abweichungen dargestellt.

b) Später, in einem reiferen System, sind die unterschiedlichen Entwicklungsphasen der Franchisenehmer zu berücksichtigen. Aufina etwa teilt ein in Starter, Profis und Expandierer. Sie haben unterschiedliche Bedürfnisse und Wissensstände. Dies ist zu berücksichtigen. Ferner die eher psychologische Auswirkung der Franchisenehmerentwicklung, die regelmäßig ebenfalls von der Dauer der Systemzugehörigkeit bestimmt wird.

Die in Intervallen durchgeführten Trainings sollten sich nur teilweise der Vortragsmethode bedienen. Der sog. *Frontalunterricht* gehört schon lange in die Mottenkiste der Pädagogik und wird auch gerne als »Muvv-Methode« karikiert: Musik von vorn! Der Behaltenswert ist unbestrittenermaßen weit geringer als durch eine interaktive Trainingsmethode die überwiegend von Übungen, Gruppenarbeiten und Diskussionen lebt. Dennoch meinen manche »allwissenden Franchisegeber« sich der »Muvv-Methode« bedienen zu sollen, wohlwissend, zumindest jedoch ahnend, dass dies nicht nur ineffizient, sondern auch frustrierend ist für gestandene Franchisenehmer-Unternehmer, die ihren Betrieb solange alleine lassen. Mit Motivation hat dies nichts zu tun.

Die Franchisenehmer werden also ständig zur Mitarbeit aufgefordert und aktiviert.

Ein köstliches Beispiel zum Verhaltenstraining von Verkäufern erzählt Werner Kieser, Gründer von Kieser Training und Präsident des Schweizer Franchise Verbands: »Früher pflegte ich bei Einstellungsgesprächen die Bewerber(innen) zu fragen: »Können Sie verkaufen?« Wohl nahezu alle bejahten. Die meisten jedoch mit dem Nachsatz: ». . . wenn ich vom Produkt überzeugt bin.« Dies war für mich stets der Hinweis darauf, dass *verkaufen* eine *produktunabhängige* Fähigkeit ist. Man stelle sich vor, die Bewerberin auf eine Sekretariatsstelle würde auf die Frage, ob sie Maschinenschreiben kann, antworten: »Ja, wenn mir der Text passt.« Für das Maschinenschreiben gibt es eindeutige Normen. Entweder kann man mit zehn Fingern blind schreiben oder man kann es eben nicht. Weiter lässt sich die Leistung anhand der Anschläge pro Minute quantifizieren und aufgrund der Fehlerzahl oder -freiheit qualifizieren.

Sobald wir den zwischenmenschlichen Bereich, wie denjenigen des *Verkaufs* betreten, wird unser sonst scharfer Blick seltsam trübe und die Sprache schwammig. Man sucht eine Verkäuferin mit *Ausstrahlung*, einem »gewinnenden Wesen«, jemanden, der auf die Kunden *eingeht*, vielleicht auch jemanden von »attraktivem Äußeren«, wenn nicht gar eine »Persönlichkeit mit Charisma«. Dies zeigt, dass auch diejenigen, die Verkaufspersonal evaluieren, das ganze Feld verkäuferischer Fähigkeit nicht ganz geheuer oder besser rational nicht fassbar ist.

Ein alltägliches Beispiel

Ich begebe mich in die Bäckerei, um eine Semmel zu kaufen. Die Verkäuferin ist gerade beschäftigt. Sie gibt einem Kunden sein Wechselgeld. Dann wendet sie sich mir zu. *Bitte.* Ich wünsche eine Semmel. Leider sei ich zu spät, meint die Verkäuferin, durchstreift mit dem Blick suchend die Regale in der Hoffnung, irgendwo noch eine Semmel zu finden. Dabei kratzt sie sich am Hinterkopf. Nein, alle Semmeln sind weg. Nichts zu machen. Schließlich zeige *ich* auf ein einsames Croissant. Sie nimmt es aus dem Regal (naja, wenn es auch ein Croissant sein darf) und wickelt ein dünnes Papier darum. »Fünfzig Cent, bitte.« Ich will mit einem Fünfeuroschein bezahlen. »Haben Sie es nicht passend?« Sie hat nämlich – 15 Minuten vor Ladenschluss – die Kasse schon abgerechnet. Ich klaube mein Kleingeld zusammen, u. a. das fünfzig Centstück, das ich für den Parkplatz reserviert hatte. Es reicht, ich gehe (das Croissant schmeckte übrigens fade.)

Solches oder ähnliches ereignet sich wohl einige hunderttausendmal auf der Welt, Tag für Tag (Wenn Sie diese Geschichte langweilt, sollten Sie sie nicht zu Ende lesen, aber ausschneiden und wieder hervornehmen, an dem Tag, an dem Sie *gezwungen* sind, Ihre Dienstleistung zu standardisieren.).

Trotzdem verletzte diese Verkäuferin durch ihr Verhalten so ziemlich alle Standards guten Verkaufs, indem sie verhindert, dass ich mich willkommen fühle, mich ins Unrecht setzt (*ich* bin zu spät gekommen), mich im Stich lässt, statt meine Aufmerksamkeit auf andere Artikel zu lenken, mit ihrem – aus hygienischer Sicht – katastrophalen Verhalten (sie trägt keine Plastikhandschuhe.) meinen Appetit und damit meine Kauflust dämpft, mit komplizierten *Zahlungsbedingungen* mir die Zeit stiehlt, und schließlich die Chance vertut, sicherzustellen, dass ich wieder komme (morgen, wenn frische Semmeln da sind).

Der Vorgang »Croissant-Kauf« dauerte etwa zwei Minuten. Wenn man sich überlegt, dass in einer Bäckerei pro Arbeitstag bis zu zweihundert solcher Vorgänge ablaufen, lohnt es sich vielleicht, genauer hinzusehen.

Hier helfen die Platitüden von ISO9004–2 nicht weiter, wo da steht: »Besonders das im direkten Kontakt mit dem Kunden stehende Personal sollte angemessene Kenntnisse und nötige Fertigkeiten im Kommunizieren besitzen.« Hier handelt es sich um eine Kerntätigkeit, die über Sein und Nichtsein eines Dienstleistungs-Unternehmen entscheidet.

318

Gemeinsame Sprache

Tatsächlich lässt sich die Tätigkeit *verkaufen* – wie jede andere Tätigkeit –

1. Analysieren,
2. Strukturieren,
3. Standardisieren,
4. Exerzieren,
5. Optimieren.

Wenn von Corporate Identity (CI) und Corporate Design (CD) die Rede ist, denken wir an schöne und einheitlich gestaltete Drucksachen, einheitliche Dienstkleidung, einheitliche Möbelierung, Firmenfarben, ja gar an eine Firmenhymne. Der zentralste und alles dominierende CI-Bestandteil wird meistens vergessen: die einheitliche Sprache. Sie ist das Raster, das wir – einem Netz gleich – über die an sich chaotische Wirklichkeit legen und sie damit kartographieren – nach Werten. Wir schaffen die Welt, indem wir sie bezeichnen.

Damit ist die Basis zur Verhaltensveränderung durch Übung gelegt. Die Backwarenverkäuferin hatte weder ihren »schlechten Tag«, noch wollte sie mich vergraulen. Ihr fehlten zwei Dinge:

❑ *Die Wahrnehmung*, sie war sich nicht bewusst, was ihr Tun und Lassen für Folgen hat, weil es ihr nie jemand gesagt hat.

❑ *Die Gelegenheit zur Übung* des richtigen Verhaltens anhand eines Standards. Erkenntnis allein reicht eben nicht. Sie ist lediglich Voraussetzung für sinnvolles Handeln, das jedoch eingeübt werden muss, und zwar so lange, bis es zum Reflex geworden ist. Hier kommt stets derselbe *europäische* Einwand – solche Freundlichkeit sei nicht *echt* (was immer das bedeuten mag), sei quasi *antrainiert* und somit *künstlich*. Abgesehen davon, dass mir als Kunden künstliche Höflichkeit noch stets lieber ist als natürliche Wurstigkeit, ist letztlich alles antrainiert. Unterschiedlich ist nur der Zeitpunkt. Der eine lernt den erfolgreichen Umgang mit dem *Rohmaterial* Mensch schon in früher Kindheit am Vorbild der Eltern, der andere erst im Rollenspiel von Verkaufsseminaren. Erlernt ist es allemal, so es vorhanden ist. Einige jedoch lernen es nie und gehören deshalb nicht in den Verkauf«, soweit Werner Kieser.

8.3 Kontrolle der Trainingsmaßnahmen

Wenn im Franchising wie in der Wirtschaft überhaupt, der Begriff Schulung unpassend ist, da er an den oft nicht geliebten Schulunterricht erinnert, so kommt das Franchisesystem vielleicht nicht gänzlich ohne Anlehnung an diese Schulzeit aus. Gemeint ist die Überprüfung des erlernten Wissens.

Nicht erst ein reifendes Franchisesystem sollte sich auch in dieser Hinsicht seines Führungsauftrages und der konsequenten Wahrnehmung seiner Kontrollrechte und -pflichten entsinnen. Schon jetzt sollte sich der Franchisegeber hinsichtlich des Lernerfolges der Trainings durchsetzen. Franchisenehmern mit mangelhaften Fachkenntnissen hilft die Goodyear Reifen + Auto Service Franchise GmbH nachdrücklich auf die Sprünge: Der Geschäftsführer Wilhelm K. Borchert mahnt: »Unsere elfjährige Franchiseerfahrung lehrt eindeutig. Fehlende Fachkenntnisse rächen sich schnell. Wir haben daher im Zuge unseres Qualitätsmanagements die Konsequenzen gezogen, eine Fülle von Ausbildungsbausteinen nicht nur zur Pflicht zu machen, sondern auch regelrecht abzuprüfen. Bei Nichtbestehen ist der Kurs zu wiederholen.« Franchisenehmeraspiranten, also solche, die noch kein Kapital investiert haben, können, wenn sie den Abschlusstest der Grundschulung wiederholt nicht bestanden haben, bei der Goodyear-Tochter ihre *Schultasche* gleich wieder einpacken. Mit Goodyear, die für ihre Partner einen individuellen Trainingsplan samt Trainingspass erstellt, Unternehmer werden zu wollen, ist dann nicht mehr möglich.

8.4 Kosten der Trainingsmaßnahmen

Dem Franchisesystem entstehen durch die Trainingsmaßnahmen Kosten. Sind diese auf die teilnehmenden Franchisenehmer umzuwälzen oder *einzurechnen* in die Franchisegebühr? Was empfiehlt sich?

Beides hat Vor- und Nachteile. Ein *Komplettpreis*, der die Trainingsmaßnahmen in die laufenden Franchisgebühren eingerechnet hat, bietet dem Franchisenehmer eine Leistung *umsonst*. Die Hürde, die Trainings auch anzunehmen, sinkt somit. Umgekehrt, was umsonst ist, so eine verbreitete Meinung, ist nichts wert. Und die Reisekosten trägt sowieso stets der Teilnehmer und die Ausfallzeit belasten auch ihn.

Trainings, die dem Franchisenehmer berechnet werden, könnten ihn wegen der – zusätzlich entstehenden – Kosten abhalten, wahrzunehmen. Also doch in die Franchisegebühr einrechnen und *umsonst* anbieten? Entscheidend ist, wie stets im Franchising, ob die angebotenen Franchisegeberleistungen »attraktiv & anständig« sind oder nicht. Ist dies der Fall, so wird der Franchisenehmer die angebotenen Leistungen auch dann annehmen, wenn sie etwas kosten.

8.5 Praxisbeispiel Systemhandbuch Babor Beautyworld®

Ein vorbildliches Beispiel wie der Grundsatz »Das Franchise-Handbuch ist zugleich integrierte Trainingsunterlage für die Franchisenehmer« in die Franchisepraxis umgesetzt werden kann, bildet das folgende Praxisbeispiel von Dr. Babor, ein Franchisesystem, das konsequent den Vertrieb auf Kosmetikinstitute ausgerichtet hat.

Inhaltsverzeichnis

Kapitel 8/Die Betriebsführung

Kapitel 9/Planung und Erfolgskontrolle

IV | Auffangen

In der Konsolidierungsphase von Franchisesystemen zeigen sich sehr häufig Auflösungserscheinungen. Oft driftet das System auseinander. Dies kann vielfältige Gründe haben. Die Ursachen sind natürlich von System zu System individuell, sodass stets für den konkreten Fall zu analysieren ist. Die Auflösungstendenz birgt nicht nur eine existenzielle Gefahr für das System, sondern bietet die Chance, dem System wirklichen Fortschritt zu bringen – nachdem zuvor eine Reihe von stabilisierenden Veränderungen vorgenommen worden sind. Wie wichtig in dieser Phase das Betrachten der Franchisenehmer als Kunden, eine standortindividuelle Strategie und ein entsprechendes Führungsverhalten ist, zeigen die Beiträge des vierten Kapitels.

von Jürgen Nebel

Einführung

Nach etwa drei bis fünf Jahren Zugehörigkeit zu einem Franchisesystem, zeigt sich in vielen Franchisesystemen ein Bild der Auflösung. Die anfängliche Begeisterung über die vielen Systemleistungen ist verflogen, die beim Start so notwendige Franchisegeberberatung ist fast vergessen. Gerechtfertigt scheint da manchem gerade noch die Lizenzgebühr für die Nutzung des Firmennamens oder Warenzeichens.

Doch statt nun über vermeintlich oder tatsächlich undankbare Franchisenehmer zu lamentieren, empfiehlt es sich, mit einer kritischen Prüfung der eigenen Franchisegeberleistungen anzufangen. Mit einer realitätsnahen Einschätzung über die Qualität der Franchisegeberleistungen und der sich daraus eröffnenden Verbesserungschancen in der Hand, lassen sich – nachdem diese umgesetzt worden sind – an die Franchisenehmer nachdrücklicher und überzeugender Forderungen stellen. Erst dann kann der Franchisegeber mit gutem Gewissen auch diejenigen unter den Franchisenehmern verabschieden, die sich schlecht im Markt behaupten. Diese blockieren Standorte, da sie das vorhandene Marktpotenzial nicht ausschöpfen. Damit schädigen sie zumindest das System insoweit, als sie nicht im möglichen Maße Franchisegebühren erwirtschaften, die wiederum die Systemleistungsfähigkeit insgesamt steigert. Oft schädigen solche Betriebe das System, indem sie Systemstandards nicht einhalten, was wiederum mangelhafte Leistungserstellung oder ein schlechtes Erscheinungsbild zur Folge hat.

Die Systemzentrale auf dem Prüfstand

Doch wie ist die Systemzentrale auf den Prüfstand zu stellen, um das hehre Ziel der Leistungssteigerung zu erreichen? Wie sind die Entwicklungspotenziale der Systemzentrale und deren Leistungsangebot herauszufinden? Der Franchisenehmer ist der erste und wichtigste externe Kunde des Franchisegebers. Wenn man wirklich wissen will, was der Kunde will und wie zufrieden er mit der Leistung ist, muss man ihn fragen. Nichts anderes kann wirklich weiterhelfen. Wenn Sie wirklich aus Betroffenen Beteiligte machen wollen, so müssen Sie mit ihnen reden.

> »Lass dir nichts einreden. Geh' raus und sieh nach!«
> Bertolt Brecht

Aber, erfährt der Franchisegeber auch die volle Wahrheit, wenn er mit seinem Franchisenehmer spricht? Zwar kann hier, an der Schnittstelle zwischen Start- und Konsolidierungsphase, in der noch vergleichsweise wenige – vielleicht zwanzig – Franchisenehmer im System sind, noch jeder einzeln direkt befragt werden. Doch großen Systemen mit Hundert oder gar Hunderten von Franchisenehmern eröffnet sich eine solche Chance nicht mehr; die Kosten stünden vermutlich nicht mehr im Verhältnis zum Nutzen der Befragung.

Auf die in kleineren Systemen noch realistische Möglichkeit, jeden Franchisenehmer direkt zu befragen, verzichten indessen eine Reihe erfolgreicher Franchisesysteme und setzen sich stattdessen nur mit den Besten in ihren Reihen auseinander. Dies hat guten Grund. Denn »Die Analyse der Besten« ist eine erfolgversprechende und bewährte Methode, Franchisesysteme fortzuentwickeln, indem einerseits die Leistungen der Systemzentrale durch hervorragende Franchisenehmer eingeschätzt werden und andererseits deren Know-how und Do-how untersucht wird. Denn durch das Lernen von den Besten werden – oftmals unerkannte – Stärken und Potenziale einzelner Partner des Systems identifiziert, die sich mittels Training oder Handbuch auf das Franchisesystem insgesamt übertragen lassen. Ferner lassen sich Hinweise auf den weiteren empfehlenswerten Systemausbau gewinnen. Sie ist also insbesondere geeignet,

(1) wenn die notwendige Sicherheit fehlt, auf welche Punkte sich der weitere Systemausbau (Engpässe und Chancen) konzentrieren soll,
(2) Sicherheit erlangt werden soll, was zu tun ist, um die Franchisenehmer erfolgreicher zu machen,
(3) auf dieser Grundlage den Franchisenehmern zu zeigen, welchen Vorteil ihnen die Systemzugehörigkeit gewährt.

Hintergrund dieser Analysemethode ist eine einfache und naheliegende Erkenntnis, die erstaunlicherweise nicht allzuweit verbreitet zu sein scheint. In einem Franchisesystem sind alle Franchisenehmerbetriebe standardisiert und daher gleich, zumindest ähnlich. Die unterschiedliche Leistungskraft der Franchisenehmerbetriebe ist jedoch keinesfalls nur mit unterschiedlichen Standorten oder größerer, beziehungsweise geringerer Erfahrung zu erklären. Eher im Gegenteil. Oftmals sind diese Kenngrößen gerade bei den besonders erfolgreichen Partnern ungünstiger als beim Franchisenehmerdurchschnitt im System. Tatsächlich kann man die effizienten Methoden und Fähigkeiten besonders erfolgreicher Franchisenehmer identifizieren und gewinnbringend auf andere Franchisenehmer übertragen. Unterschiedliche Erfolge, trotz ähnlicher äußerer Umstände, sind natürlich auf die Person des jeweiligen Franchisenehmers zurückführen. Und – naheliegend – ein großer Teil dessen, was diese Franchisenehmer in ihrer Andersartigkeit ausmacht, lässt sich auch noch übertragen. Manches, wie persönliche Ausstrahlung, gar charismatische Führungsqualitäten und andere Eigenschaften natürlich nicht so ohne weiteres. Dagegen sind viele Erfolgsursachen schlicht in einem doch ein wenig anders geführten Betrieb zu sehen. Natürlich soll und muss Ziel eines Franchisesystems der »einheitliche Betriebstyp« sein. Nur die Wirklichkeit will es – bis zu einem gewissen Grad – offenbar anders. Menschen leiten den Franchisenehmerbetrieb und Menschen sind keine Roboter, sondern aus Fleisch und Blut mit all den *Risiken* und vor allem Chancen, die sich daraus ergeben.

Diese Abweichungen vom Betriebstyp machen deutlich, dass der Betriebstyp offenbar gar nicht so exakt definiert ist. Dies gilt jedenfalls zumeist für die hier besprochenen, vergleichsweise jungen Franchisesysteme, die die Systemstandards oft nicht präzise festgelegt haben oder deren Einhaltung nicht so genau kontrollieren, wie dies in den reiferen Systemen die Regel ist.

Einige Verbesserungen entstehen offenbar unabhängig oder gar entgegen Handbuch und Empfehlungen des Franchisegebers unmittelbar aus der täglichen Praxis, aufgrund der Kreativität und Motivation einzelner Franchisenehmer. Diese finden trotz Erfa-Tagungen, Partnertreffen und Außendienst nicht immer den Weg zurück ins System – teilweise, weil den Partnern selbst nicht klar ist, inwieweit sie von den Empfehlungen positiv abweichen.

Diese franchisespezifische Analysemethode setzt freilich voraus, den Blick auf die Stärken der Franchisenehmer zu richten.

Im Zuge einer solchen Untersuchung werden diejenigen Leistungen oder Nichtleistungen der Systemzentrale offenbar, die – und dies erkennen die Besten zumeist am klarsten – noch stärker zum Erfolg der Franchisenehmer im Markt beitragen würden.

Die besten Franchisenehmer

Analysiert werden die *besten* Franchisenehmer. Diese müssen nicht umsatz- oder gewinnbezogen die Besten sein, sie werden aber nach diesen Kriterien jedenfalls auch die vorderen Ränge belegen. Es empfiehlt sich, etwa zehn Prozent der Franchisenehmerbetriebe zu untersuchen, mindestens jedoch drei. So erhalten Sie aussagekräftige Ergebnisse, die dann auch tatsächlich erhebliche Verbesserungsmöglichkeiten für die Systementwicklung aufzeigen. Es empfiehlt sich ferner, Franchisenehmer unterschiedlicher Kriterien zu untersuchen. In Betracht kommen Regionen, Lage, Dauer des Bestehens, Betriebstyp.

Analysiert werden können die Franchisenehmer nur durch einen externen Interviewer, der über Erfahrung und insbesondere Einfühlungsvermögen und natürlich Franchisekenntnisse verfügt. Nur hier werden Dinge gesagt, die ein Franchisenehmer seinem Franchisegeber oder dessen Mitarbeitern nicht persönlich sagen würde. Dies setzt natürlich beim externen Interviewer ein erhebliches Maß an Integrität und Vertrauenswürdigkeit voraus. Denn dieser erhält Informationen, die der Franchisenehmer vielleicht nur aufgrund des eintägigen Zusammenseins mit ihm und der entspannten, gleichwohl interessierten Atmosphäre, in der auch mal über Dinge geplaudert wird, die man sonst für sich behält, erzählt. Ein Tag ist erforderlich. Nicht selten sind die wichtigsten Dinge am Ende eines solchen Tages gesagt worden. Und keineswegs, weil danach gefragt wurde, sondern weil man ins Plaudern und Sinnieren gekommen ist. Dies lässt sich nicht an einem Vormittag machen. Und schon gar nicht mit einem festen, womöglich aus geschlossenen Fragen bestehenden Katalog.

Eine solche Analyse kommt bisweilen einer Gradwanderung gleich, denn sie setzt ein wirklich unparteiisches Verhalten des Interviewers voraus, der den Interessen des Franchisesystems, also nicht zunächst denen von Franchisegeber oder -nehmer, gerecht werden will. Dies bedeutet, dass er manchmal Informationen erhalten hat, die er aus Gründen der Fairness und der Lauterkeit so dem Franchisegeber nicht unmittelbar weitergeben kann, deren Erhalt ihn bisweilen aber in die Lage versetzt, Maßnahmen vorzuschlagen, die dem System weiterhelfen.

Ohne Vorbereitung sind solche semi-strukturierten Tiefeninterviews, Gespräche mit den Franchisenehmern und dessen Mitarbeitern sowie die Beobachtung des Betriebes und der Kunden, nicht zu führen.

Untersucht wird zumeist Folgendes:

❑ Vertragspartner in Bezug auf bisherige Berufserfahrung, Fachkenntnisse, Einstellung zum System (hinsichtlich der unterschiedlichsten Kriterien und Sichtweisen)
❑ Berücksichtigung der partnerseits vorgegebenen Strukturen, Informationen, Richtlinien
❑ Wie und in welchem Umfang wird das Handbuch genutzt oder warum nicht?
❑ Konzeptumsetzung
❑ Mitarbeiter/innen
❑ Verkaufsstil
❑ Kunden
❑ Ladengeschäft
❑ Wettbewerb
❑ Eigeninitiative:
  – Werbung
  – Events
  – besonderer Zielgruppen
  – strategisches Verhalten
❑ Welche Ursachen hindern Ihre Vertriebspartner am Erfolg?
  – Personal?
  – Lieferfähigkeit?
  – Verkäuferischer Einsatz?
❑ Wie zufrieden sind die Partner mit den Leistungen der Systemzentrale oder des Auftraggebers?
❑ Welche Leistungen vermissen die Partner?
❑ Warum werden Trainingsangebote (nicht) angenommen?
❑ Inwieweit werden die vom Management gesehenen Engpässe auch von den Franchisenehmern wahrgenommen?

Dies ist nur eine beispielhafte Aufzählung. Mittels eines vorgeschalteten Briefinggesprächs, wird der Untersuchungsgegenstand individuell präzisiert.

Die Analyse oder deren detaillierter Bericht, enthält ferner:

❏ konkrete Handlungsempfehlungen für das Management des Auftraggebers
❏ eine Engpassanalyse für die Systementwicklung

Ein Nebeneffekt der Analysetage mit den besten Franchisenehmern. Der Tag ist zugleich Coachingtag für die ausgesuchten Partner und deren Mitarbeiter.

Einführung

Das Franchisesystem ist etwa drei Jahre alt, manche Franchisenehmer sind fast die ganze Zeit dabei, manche seit ein oder zwei Jahren, andere erst seit kurzem. Es wird nun immer deutlicher wie unterschiedlich die dem System angeschlossenen Franchisenehmer als Personen sind.

Vier Gründe lassen sich erkennen:

❑ Erstens sind Franchisenehmer Menschen und Menschen sind nun mal recht verschieden. Da ändert auch das anfangs entwickelte Franchisenehmerprofil nichts, das ja auch eine Vereinheitlichung des Franchisenehmer-Unternehmer-typs bewirken soll.

❑ Zweitens zeigt sich bei fast allen Systemen, dass die zunächst ins Auge gefassten idealen Franchisenehmer aus diesem oder jenem Grund doch nicht die richtigen sind. Das heißt nichts anderes, als dass meist schon bald vom ursprünglichen Franchisenehmerprofil deutlich abgewichen wird, weil ein anderer Typ Franchisenehmer mehr Erfolg verspricht. Naturgemäß sind schon deswegen oft die anfangs akquirierten Franchisenehmer grundsätzlich anders als die später gewonnenen. Sie haben meist andere Berufserfahrungen oder unterschiedliche Begabungen.

❑ Drittens akzeptierten manche Franchisegeber Partner, obwohl sie fürchteten, diese würden doch nicht richtig erfolgreich. Die jungen Franchisegeber *brauchten* deren Eintrittsgebühr oder sie wollten schnell möglichst einige Franchisenehmer *vorzeigen*.

❑ Viertens ergeben sich aufgrund der unterschiedlich langen Systemzugehörigkeit einige frappante, bisweilen nicht ungefährliche, Ungleichgewichtigkeiten in der Franchisenehmerschaft. Diese unterschiedlichen »Entwicklungsstadien eines Franchisenehmers« hat Holger Reuss in einem 3-Phasen-Modell dargestellt:

Einstieg (Phase I)

Im Mittelpunkt dieser Phase steht der Einstieg und die ersten Gehversuche des neuen Franchisenehmers im Systemverbund. Er ist relativ unerfahren und kennt meist nur seine Pflichten und Anforderungen, die an ihn gestellt werden. Der erst kurz unterzeichnete Vertrag dient ihm als *Gebrauchsanweisung* zur Ausübung seiner Aufgaben. Ein straffer, autoritärer Führungsstil wird in dieser Phase hingenommen, solange die Gewinnperspektiven (materielle Motive, hohes Einkommen/Gewinn) befriedigt werden.

Know-how-Entwicklung (Phase II)

Kennzeichnend für diese Phase ist die veränderte Haltung des Franchise-nehmers gegenüber den Systemleistungen (Franchisegeberleistungen). Durch seine Systemzugehörigkeit hat er die erforderlichen Kenntnisse und Fähigkei-ten zur Führung seines Betriebes erworben. Er entwickelt eine eigene unter-nehmerische Qualifikation und stellt an den Hersteller ein verändertes Anfor-derungsprofil. Angebotene Hilfeleistungen lehnt er schneller ab. Er verlangt mehr Aufmerksamkeit gegenüber selbstentwickelten Ideen. Sein wachsendes Selbstbewusstsein bedingt, dass er mehr Spielraum für Eigeninitiative und un-ternehmerische Eigenverantwortung fordert. Mit diesem Verständnis wächst der Anspruch an ein kooperatives Führen des System-Managements.

Verselbstständigung (Phase III)

In dieser Phase hat sich der Franchisenehmer einen festen Stand in der System-organisation geschaffen. Er sieht sich im steigenden Maße als selbstständiger Unternehmer und glaubt, gegebenenfalls seinen Betrieb auch ohne System-unterstützung führen zu können. Er entwickelt in zunehmendem Maße eigene Interessen, die immer häufiger mit denen des Franchisemanagements nicht mehr übereinstimmen. Insbesondere reagiert er empfindlich gegenüber ver-meintlichen Einschränkungen seiner Autonomie und sucht nach einer *neuen* Form der Selbstständigkeit. Aufmerksamkeit sei außerdem auch seinen Bedürf-nissen nach Anerkennung seiner Leistung und seines unternehmerischen Stan-des zu schenken. Alle diese Veränderungen erfordern hohe Sensitivität für eine flexible Führung seitens des System-Managements.

Franchisenehmer, die nun schon »drei Jahre am Netz« sind, fühlten sich, wie die meisten Starter, zu Beginn nicht unbedingt als wirkliche Unternehmer. Deshalb haben sie sich ja auch einem Franchisesystem angeschlossen. Nun sind sie in die Phase II der Know-how-Entwicklung hineingewachsen.

Dies ist Chance und Gefahr zugleich. Sie besteht darin, dass ältere Franchisenehmer aufgrund ihrer sicher gestiegenen unternehmerischen Kompetenz sowie aufgrund der gewachsenen Erfahrung auch eigenständige Ideen umsetzen wollen und auch können, jedenfalls tatsächlich, nicht unbedingt rechtlich dürfen. Die Chance für das System ist gegebenenfalls beachtlicher Know-how-Gewinn, die Gefahr ist eine nachhaltige Verletzung der Systemstandards an einzelnen Standorten.

2.1 Wie ist die Chance zu nutzen, wie der Gefahr zu begegnen?

Zunächst ist hier ein verbreitetes Ideal kritisch zu beleuchten. Das Ideal eines Franchisesystems zeichnet das Bild einer vollständigen Lizenzierung des Know-how zur Führung eines erprobten Geschäftstyps durch den Franchisegeber. Der

Franchisenehmer bietet unter dem Dach einer Marke und bundesweit einheitlichem Auftreten seinen Kunden als Bestandteil des lizenzierten Know-hows mindestens einen, den Kunden überzeugenden Wettbewerbsvorteil. Transmissionsriemen des Franchisekonzepts sind also Franchisenehmer, die allzeit motiviert das Systemkonzept eins zu eins umsetzen und die zur Erhaltung der zentralen Einkaufsmacht möglichst zu 100 Prozent beim Franchisegeber einkaufen. So das Idealbild eines Franchisesystems.

Dieses Grundmodell zeigt indessen nur einen Teil der Realität. Es bildet sozusagen die physische Grundlage eines Franchisesystems ab, nicht dagegen die meta-physischen Zusammenhänge. Die meta-physischen Zusammenhängen aber bilden gleichsam den Wesenskern eines Franchisesystems. Wie so oft ist nicht das Materielle, sondern das Immaterielle entscheidend.

Die vollständige Realität des Franchising geht weiter. Selbst renommierte, schon zehn oder zwanzig Jahre erfolgreich am Markt arbeitende Systeme, also nicht nur die jüngeren Systeme, kämpfen mit den immer gleichen Problemen. Viele Franchisenehmer setzen die Systemstandards, das Know-how des Franchisesystems nicht vollständig um, was den Erfolg am Standort oft schmälert. Dieses Franchisenehmer-Verhalten kann nicht verwundern. Zumindest nicht diejenigen, die wissen, wie schwierig die Aufgabe des Lerntransfers ist. Etwas Neues lernen heißt, sich ändern, und sich ändern fällt vielen Menschen schwer. Das heißt der Know-how-Transfer im Franchising ist im Grunde nichts anderes als der bekannte Lerntransfer der Lernpsychologie.

Zwei Hürden existieren: Erstens manche Franchisenehmer begreifen die Erfolgsvoraussetzungen nicht, zweitens, sie begreifen sie, sind aber nicht willensstark genug, sie umzusetzen.

1) Know-how-Transfer des Franchising entspricht dem bekannten Lern-Transfer

2 a) Nichtverstehen der Erfolgsvoraussetzungen: diese sind Konzentration auf Systemstandards

   b) Problem der *Charakteränderung* = menschliche Schwäche, Einsichten umzusetzen

Ein weiteres Problem ist die nachlassende Motivation dieser Franchisenehmer. Auch diejenigen, die konsequent das System-Know-how am Standort umgesetzt haben und damit erfolgreich waren, zeigen häufig nach einigen Jahren Geschäftstätigkeit Ermüdungserscheinungen – bei vielen von ihnen läuft der Motor nicht mehr rund.

Haupt-Herausforderungen in Franchisesystemen:

1) Nicht systemgetreue Konzeptumsetzung (Herausforderung: Know-how-Transfer)

2) Nachlassende Motivation und Engagement der Franchisenehmer

Die über das oben skizzierte Grundmodell hinausgehenden Phänomene zeigen also die wahre Herausforderung im Franchising, offenbart die meta-physische Komponente hinter der sichtbaren Wirklichkeit – die minutiöse Vorgabe und die Eins-zu-Eins-Umsetzung eines Franchisekonzeptes scheitert am Franchisenehmer als Menschen. Denn Franchisenehmer wissen vermeintlich vieles besser und verändern das Konzept.

Praxisbeispiel

Beispielsweise führt der Franchisenehmer eines von einem Reifenhersteller entwickelten Franchisesystems Motorreparaturen durch. Und das, obwohl der Franchisegeber lediglich den Handel mit Reifen und einen Autoservice vorsieht, der sich wohlweislich auf Auspuff, Bremsen, Stoßdämpfer und optisches Tuning beschränkt. Problem ist natürlich, dass sich systemfremde Motorreparaturen nicht rechnen. Konzentrierte sich der Franchisenehmer dagegen auf das im System klar definierte und kompetent beherrschte Systemgeschäft, wäre sein Erfolg größer. Die Freiheiten, die ein Franchisenehmer hat, erfordern Verantwortung.

Ein weiteres typisches Beispiel: In einem Franchisesystem mit Teefachgeschäften erkennt ein schlauer Franchisenehmer, dass seine Kunden, die Teetrinker, sich bisweilen auch für anderes aus dem fernen Osten interessieren. Konsequent, wie er meint, bietet er daher auch einen Buddha in seinem Teefachgeschäft an. Den normalen Teekunden beachtet er nicht weiter. Den bedient seine Verkäuferin. Interessiert sich ein Kunde dagegen für den 1.000 Euro teuren Buddha, so kommt er, wie die Spinne im Netz, aus seinem Hinterzimmer hervor und wickelt den Interessenten ein. Für ihn rentieren sich sowenig wie bei seinem Kollegen, der x-beliebige Motoren reparierte, die Zusatzgeschäfte meist nicht. Und wenn, so würden sie, konzentrierten sie sich aufs eigentliche Systemgeschäft, eine höhere Rendite erwirtschaften. Fatal, und nicht lediglich weniger rentabel, sind die schädlichen Folgen für das System insgesamt. Hier muss der Franchisegeber seine Überwachungsfunktion wahrnehmen.

Wie lassen sich nun solche franchisetypischen Auswüchse vermeiden? Ein Franchisesystem, und damit jeder Franchisenehmer, muss ein klar definiertes Ziel und eine klar definierte Zielgruppe haben. Dies ist Mindestvoraussetzung, um solch gefährliche Auswüchse zu vermeiden.

In einem Franchisesystem ist die genaue Zieldefinition und Strategiefestlegung demnach zwingende Notwendigkeit – weit wichtiger noch als in herkömmlichen

Unternehmen, denn ein Franchisesystem ist ein Netzwerk vieler Unternehmer. Ist dort das gemeinsame Ziel unbekannt oder wird dessen Verfolgung missachtet, gleicht das Franchisesystem einem Hundeschlitten, der ja auch ohne gemeinsames Ziel bestenfalls nicht vorankommt, schlimmstenfalls umfällt.

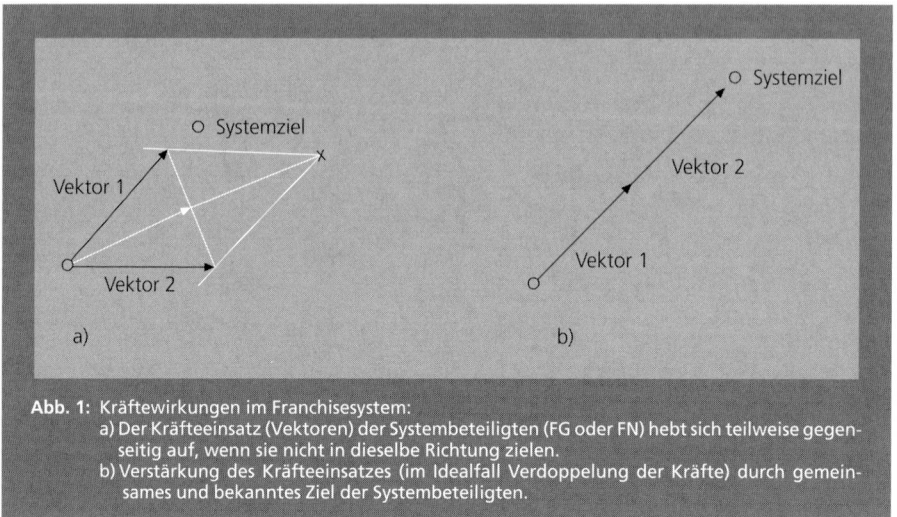

Abb. 1: Kräftewirkungen im Franchisesystem:
a) Der Kräfteeinsatz (Vektoren) der Systembeteiligten (FG oder FN) hebt sich teilweise gegenseitig auf, wenn sie nicht in dieselbe Richtung zielen.
b) Verstärkung des Kräfteeinsatzes (im Idealfall Verdoppelung der Kräfte) durch gemeinsames und bekanntes Ziel der Systembeteiligten.

Wie kann dieser Problematik begegnet werden? Können Maßnahmen und Antworten nicht gar genutzt werden zu einer Sicherung der Einhaltung der Systemstandards, einer Steigerung der Gewinnchancen des einzelnen Franchisenehmers und zur Befriedigung von dessen Bedürfnis, sich als selbstständiger Unternehmer zu betätigen?

Ja, die Kombination ist möglich. Voraussetzung ist, dass sich der Franchisegeber verabschiedet von der bislang herrschenden Meinung, Strategie sei allein seine Sache. Das landläufige und herkömmliche Bild des Franchising zeigt noch immer den Franchise*geber* als alleinigen Strategen für das gesamte Franchisesystem, die Franchisenehmer hingegen als die *gebundenen* Konzeptumsetzer vor Ort, deren individueller Spielraum kaum über die Auswahl der Restaurantbestuhlung oder Büroausstattung hinausgeht.

2.2 Synergieeffekte durch Arbeitsteilung

Diese Entwicklung basiert auf gemachten Erfahrungen. Das spannende im Franchising sind die Synergieeffekte, die durch die arbeitsteilige Zusammenarbeit von Franchisegeber und vielen Franchisenehmern erzielt werden. Die Chancen, die ein Franchisesystem mit seinen selbstständigen Unternehmern vor Ort eröffnet, sind enorm und eines der Erfolgsgeheimnisse des Franchising, das die vorhin genannte meta-physische Komponente des Franchising berührt. Jedoch wird die »individuelle unternehmerische Erfahrung« bislang nur so genutzt, dass die Know-how-Erfahrung durch die Gremien wieder auf einen standardisierten Betriebstyp zurecht gestutzt wird, der dann wieder transferiert und multipliziert wird, gewissermaßen geklont. Was fehlt, ist die individuelle, standortspezifische Ausrichtung auf die tatsächlich vorhandenen Teilzielgruppen am Standort.

Dieses Standardisieren im Übermaß führt zur Einengung des unternehmerischen Spielraums und ist, wie gesagt, auch rechtlich riskant. Vor allem aber, und das ist noch schlimmer als die juristische Herausforderung, wirkt starke Einengung auch demotivierend. Dies ist bekannt und trotzdem wird die unflexible Konzeptvorgabe oft für notwendig erachtet, weil der Franchisegeber glaubt, nur so könne er die sicher notwendige Einheitlichkeit des Systems garantieren, denn das Prinzip Selbstverantwortung trauen viele ihren Partnern, manchmal auch wegen entsprechender Erfahrung, nicht zu. Der Preis für dieses Misstrauen ist hoch, denn die unternehmerische Energie und die hierdurch im System erzielbaren Synergieeffekte werden so drastisch reduziert. Beides sind Hauptvorteile gegenüber der herkömmlichen Filialisierung.

Am allermeisten aber zu beklagen, sind die durch unflexible Franchisekonzepte vergebenen Chancen standortindividueller Kundenorientierung. Dies ist der Kerngedanke und die zentrale Erfolgsursache einer standortindividuellen Strategie. Nicht zufällig hat Professor Meffert in der bislang größten Franchisestudie Deutschlands empirisch nachgewiesen, dass »eine flexibilitätsorientierte Strategie, die auf eine individuelle Erfüllung von Kundenbedürfnissen ausgerichtet ist, mit einem nicht zu geringen Autonomiegrad der Franchisenehmer verbunden sein sollte, damit diese nicht durch umfassende und rigide Systemstandards in ihrem Handlungsspielraum unnötig begrenzt werden.«

Aber wie setzen erfolgreiche Franchisesysteme eine *auf individuelle Erfüllung von Kundenbedürfnissen ausgerichtete flexibilitätsorientierte Strategie* um, ohne zugleich den franchisenotwendigen systemtypischen einheitlichen Marktauftritt zu gefährden? Und wie sieht ein *nicht zu geringer Autonomiegrad* der Franchisenehmer in der Praxis aus?

Das mit 30 Jahren wohl älteste deutsche Franchisesystem Quick-Schuh, Tochter der Einkaufsgenossenschaft Nord-West-Ring, hat eine faszinierende Antwort auf diese Frage entwickelt. Der Quick-Schuh-Franchisegeber kanalisiert durch geschickte Motivation der unternehmerischen Energie seiner Franchisenehmer die typischerweise im Franchising vorhandenen Individualisierungsbestrebungen (Stichwort: Buddha im Teefachgeschäft und Motorreparaturen beim Stoßdämpfer-Auspuff-Bremsen-Service) und lenkt sie in systemkonforme Bahnen. Indem der Franchisegeber innerhalb der systemeigenen Bandbreite die standortindividuelle Kunden-Ausrichtung fördert, erhöht er gleichzeitig den Nutzen der Kunden, der Franchisenehmer und des Franchisegebers.

Wie ist das alles zu leisten? Wie wird bei Quick-Schuh eine *auf individuelle Erfüllung von Kundenbedürfnissen ausgerichtete flexibilitätsorientierte Strategie* – also eine Standort-Strategie – entwickelt und konsequent umgesetzt?

Quick-Schuh betreibt eine *permanente* Strategie-Anpassung auf *Franchisenehmer*ebene. Auch das Franchisesystem Obi betreibt eine Standortstrategieausrichtung auf Franchisenehmer-Ebene, jedenfalls *vor* der Eröffnung eines Bau- und Heimwerkermarktes.

Beiden Standortstrategien auf Franchisenehmerebene, der permanenten wie der einmaligen bei Geschäftseröffnung, beruhen jedoch auf dem Grundgedanken, die Kundenbedürfnisse nicht durch Nachahmung der Konkurrenzleistungen außer Acht zu lassen, also eine einfallslose me-too-Strategie zu verfolgen, sondern im Gegenteil, lückenorientiert den Standort auf schlecht oder gar nicht erfüllte Kundenwünsche zu durchforsten.

2.3 Standortstrategie – die individuelle Erfüllung von Kundenbedürfnissen

Dieses Prinzip der Lückenorientierung beherzigt das Obi-Franchisesystem. Wird bei diesem Pionier des Franchising in Deutschland ein neuer Markt konzeptioniert und ergibt die detaillierte Standortanalyse beispielsweise, dass ein alteingesessener und gutsortierter Holzhandel in der Nähe existiert, aber das nächste Garten-Center weit entfernt ist, so beschränkt sich der Marketing-Profi auf eine recht kleine Holzabteilung und gibt dafür dem angegliederten Garten-Center viel Raum und ein tiefes Sortiment. Ist die Situation an einem anderen Standort umgekehrt, so wird die Gartenabteilung klein, die Holzabteilung dagegen auch ausgefallenere Kundenwünsche befriedigen.

Quick-Schuh geht einen Schritt weiter: Auf der Basis von Franchisenehmer-Erfa-Tagungen, wird die Grundlage geschaffen, wirkungsvoll eine *auf individuelle Erfüllung von Kundenbedürfnissen ausgerichtete flexibilitätsorientierte Strategie* – also eine Standortstrategie – zu entwickeln, anzupassen und *permanent* umzusetzen. Außerdem werden in diesem Prozess die Mitarbeiter des Franchisenehmers einbezogen.

Basis sind die dem genossenschaftlichen Vorbild entlehnten besonderen Erfa-Tagungen, bei denen sich die Franchisenehmer regelmäßig in sechs Regionen Deutschlands und jeweils reihum in einem anderen Quick-Schuh-Geschäft zusammenfinden. Zunächst beurteilen die salopp Quicker genannten Franchisenehmer von Quick-Schuh anhand vorbereiteter Checklisten das Quick-Schuh-Geschäft der Erfa-Tagung. Der genossenschaftlichen Tradition folgend wurde bislang das Hauptaugenmerk auf das gerichtet, was nicht stimmte. Rund zehn Kolleginnen und Kollegen fanden da immer einiges, was zu bemängeln war, angefangen von der Deko über Warenpräsentation und Beleuchtung bis hin zur Kassenzone.

340

Dies entsprach einer Schwachstellenanalyse, nicht dagegen der für die EKS typischen Stärkenanalyse. Letztendlich wurde hier zumeist nur an *Hygienefaktoren* poliert, Faktoren also, die nicht unbedingt mehr Geld in die Kasse bringen, sondern oft etwas kosten, um dem Kunden ein blitzblankes Geschäft bieten zu können.

Im nächsten Schritt machen sich die Franchisenehmer in kleinen Grüppchen auf, die spürbare Konkurrenz am Standort unter die Lupe zu nehmen, also Schuhhändler oder Kaufhausabteilungen, die wie Quick-Schuh gleichfalls den Niedrigpreis-Kunden im Visier haben. Diese werden nach denselben Checklisten taxiert. Zumeist führte dies dazu, dass die Franchisenehmer die ein oder andere Idee kopierten oder ein weiteres Warensegment, das die Konkurrenz anbot, angliederten. Damit endete das Latein der üblichen genossenschaftlichen Erfa-Tagung. Solcherart durchgeführte Erfa-Tagungen sind indessen schon weit mehr als viele Franchisegeber ihren Partnern bieten.

Vor allem aber sind sie – und das ist das Beste daran – zugleich eine notwendige und ausgezeichnete Grundlage, eine wirkungsvoll *auf individuelle Erfüllung von Kundenbedürfnissen ausgerichtete flexibilitätsorientierte Strategie* zu entwickeln – also eine Standort-Strategie.

Die Entwicklung einer standortindividuellen Strategie ist ein kreativer Gruppen-Prozess. In einem Strategie-Workshop erarbeiten die Franchisenehmer der Erfa-Tagung gemeinsam schriftlich auf dem Quick-Schuh-Strategie-Tableau genannten Chart, für alle gleichzeitig sichtbar, die Standort-Strategie.

Für das Bearbeiten sind die zuvor bei der Konkurrenz-Begehung analysierten Stärken und Schwächen der Konkurrenz Ausgangspunkt. Die Stärken der anderen werden nicht nachgeahmt, sondern deren Schwächen *ausgenutzt*, zum Nutzen der Kunden. Denn aus den Schwächen der Mitbewerber resultieren zumeist unzureichend erfüllte Kundenbedürfnisse, beispielsweise vernachlässigte Sortimentstiefen. Dies sind zugleich Chancen für Quick-Schuh, eine neue Stärke am Standort zu entwickeln!

Neue Franchise-Erfa-Tagungen:

1. Schwachstellenanalyse
   => Hygienefaktoren werden gepflegt
   => hierdurch entstehen Kosten,
      Geld wird unmittelbar keines verdient

2. Stärkenanalyse nach EKS
   => Kundenbedürfnisse werden besser befriedigt
   => zusätzlicher Umsatz und Gewinn

Ob diese indessen tatsächlich genutzt, also durch entsprechende Leistungserweiterung umgesetzt werden, hängt von einer brainstormartig durchgeführten und auf dem Tableau notierten Stärken-Analyse des Quick-Schuh-Geschäftes ab. Gleichsam Hausstärken jedes Geschäftes sind die Quick-Schuh-Systemstandards *Niedrigpreis, Schnellkauf-System, modische Orientierung* und *permanente Aktivität für den Kunden.* Diese müssen unbedingt erfüllt sein, denn sie sind Garant für den einheitlichen Systemauftritt und Garant für den Erfolg am Standort. Hinzu kommen diejenigen, gemeinsam ermittelten Stärken und Eigenschaften, die gerade von Standort zu Standort verschieden sind. Dies sind: Lage, Laufströme, Geschäfte in nächster Nähe und hierdurch angezogene Zielgruppen, Warengruppen-Schwerpunkte oder Besonderheiten des Ladenlokales. Hinsichtlich der Verkäuferinnen sind dies deren besondere Verbindungen, ihr Alter, ihre Stärken, ihre bevorzugten Kundengruppen.

Diese Standort-Strategie-Workshops förderten zum einen diejenigen Ressourcen zutage, die Grundlage werden, um die am Standort diagnostizierten vernachlässigten Kundenwünsche zu befriedigen. Der Workshop motiviert zum anderen außerordentlich die Mitarbeiterinnen – sofern der Franchisenehmer diesen Workshop zusammen mit ihnen durchführt, (außerhalb der Franchisenehmer-Erfa-Tagung). Seine Verkäuferinnen werden so ernsthaft in die Geschäftsentwicklung einbezogen. Die Einbeziehung und Motivation der Mitarbeiter ist natürlich auch für die nachfolgende Umsetzung von entscheidender Bedeutung. Das für Franchisesysteme typische und notwendige »Wir-Gefühl« sollte sich nicht nur auf Franchisegeber und Franchisenehmer beziehen, sondern idealerweise die Mitarbeiter der Franchisenehmer mitumfassen. Mit diesem Weg ist dies viel besser möglich als bislang. Aus Betroffenen Beteiligte machen, ein weiser Spruch, den Obi einst entwickelt hat.

Wie geschieht dies? Nun folgende Fragen werden den Mitarbeitern gestellt und von diesen in der Gruppe beantwortet:

❏ »Welche Kunden kommen ins Geschäft?
  – Alter
  – Geschlecht
  – Beruf
  – modische Orientierung
  – Bequem-Orientierung
  – sportliche Orientierung
  – Freizeit- oder Berufsbedarf
  – Einmal-, Mehrfach- oder Stammkunden?«

❏ »Warum kommen diese Kunden ins Geschäft? Äußern sie etwas? An der Kasse, bei der Beratung, . . .? Äußern sie, warum sie wieder kaufen?«

❏ »Welche Interessenten/Kunden gehen wieder aus dem Geschäft?
  – Alter
  – Geschlecht
  – Beruf
  – modische Orientierung
  – Bequem-Orientierung
  – sportliche Orientierung
  – Freizeit- oder Berufsbedarf?«

»Warum gehen Sie wieder? Äußern Sie etwas oder welchen Grund vermuten Sie?«

❏ »Welche Kunden/Interessenten beraten Sie (besonders) gern? Warum?«
❏ »Welche nicht? Warum?«
❏ »Welche Interessen/Hobbies haben Sie? Neigungen? Kenntnisse, Fähigkeiten, Sprachen?«

2.4 Teilzielgruppen – die bessere Motivation für Mitarbeiter

Das Potenzial, das so erkannt und freigelegt, später durch entsprechende Maßnahmen genutzt wird, ist beachtlich. Ein weiterer Vorteil: Teilzielgruppen, mit denen sich die Mitarbeiter identifizieren verbessern vieles, vor allem wird der Grundsatz »Nur wo man sich wohlfühlt, verkauft man gut« nachhaltig umgesetzt.

Mittels einiger weiterer Schritte wie Auflistung der bestehenden Teilzielgruppen, Analyse von deren besonderen Problemen und Wünschen, Innovations- und Informationsstrategie kristallisieren sich verschiedene Geschäftsfelder heraus. Alle zielen sie in die Lücke zwischen den Mitbewerbern auf Basis vorhandener oder leicht auszubauender Stärken. Diese Stärken werden oft nur mit geringem Aufwand oder gar nur durch Verschiebung von Prioritäten gebildet. So können Kundenbedürfnisse besser oder überhaupt erstmals abgedeckt werden. Zum Nutzen der Kunden und ohne die Konkurrenz am Ort – auf Kosten der Margen – zu erhöhen. So wird der Wettbewerb etwas entzerrt, ein EKS-typisches Phänomen, denn das Quick-Schuh-Geschäft konzentriert sich auf bislang am Standort vernachlässigte Teil-Zielgruppen. Dies können etwa 12- bis 18 jährige Mädchen sein, deren modische Ansprüche oder besondere Schuh(über)größen bislang nicht ausreichend berücksichtigt wurden. Die Teilzielgruppe Mutter mit Kind, mit ihren speziellen Bedürfnissen hinsichtlich Spielecke, Kinderwageneignung, sensible Beratung der Allerkleinsten.

Trotz des scheinbaren Überangebotes an Waren gibt es immer noch zahlreiche Teilzielgruppen, deren Servicewünsche nicht optimal erfüllt werden.

Erfolgversprechende Teilzielgruppen kristallisieren sich gewöhnlich mehrere heraus. Die erfolgversprechendste wird ausgewählt und nur diese wird in Angriff genommen. Die anderen, nach erneuter Überprüfung erst, wenn die erste bearbeitet und die Kundenbindung entwickelt und aufrechterhalten wurde. Grund: Die Kräfte jedes Geschäftes sind begrenzt und daher konzentriert einzusetzen, um überhaupt spürbare Erfolge zu erzielen. Und Erfolge erzielt man, indem man Profil zeigt, also besondere Leistungen auch besonders herausstellt.

Wichtig ist, dass die Grund- oder Systemstrategie und die hiernach anzuvisierenden Zielgruppen des Franchisesystems nicht vernachlässigt, sondern vielmehr deren Einhaltung und Ausrichtung erneut überprüft werden. Durch die gezielte und kanalisierte Nutzung der unternehmerischen Energie vieler Franchisenehmer treibt das System in strategischer Hinsicht nicht mehr nur der eine große Motor des Franchisegebers, sondern zusätzlich viele kleine Motoren der einzelnen Franchisenehmer an. Die lockeren Seile zwischen den Schiffen symbolisieren einerseits den Verbund, das ansteuern eines gemeinsamen Zieles und durch die Lockerheit den flexiblen Handlungsspielraum.

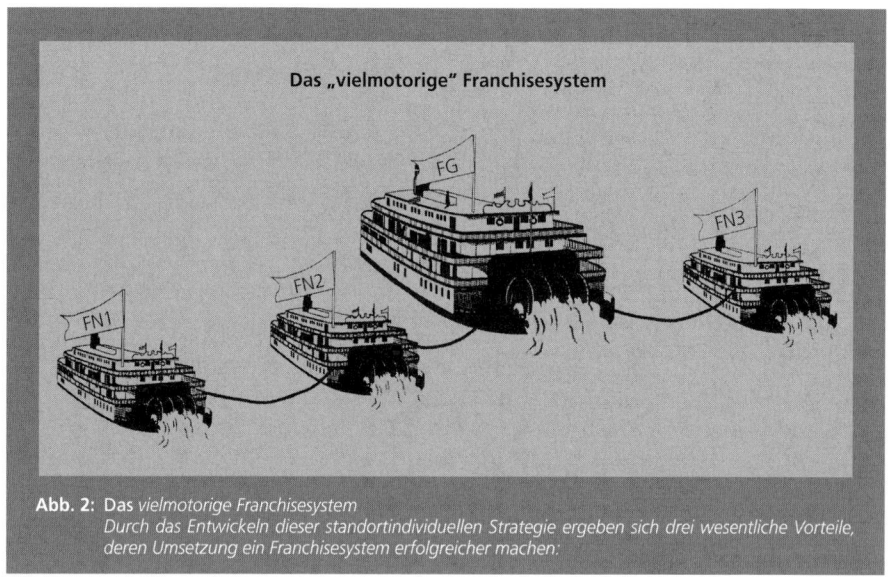

Das „vielmotorige" Franchisesystem

Abb. 2: Das *vielmotorige Franchisesystem*
Durch das Entwickeln dieser standortindividuellen Strategie ergeben sich drei wesentliche Vorteile, deren Umsetzung ein Franchisesystem erfolgreicher machen:

1) Die Franchisenehmer konzentrieren sich auf die Stärken des Systems, sind also systemtreuer und verzetteln sich nicht mit systemfremden oder -untypischen, gar -schädlichen Nebengeschäften. So ganz nebenbei wird überprüft, ob das System-Know-how wirklich verstanden und umgesetzt worden ist. Zum Beispiel darf die Teil-Zielgruppe nicht oberhalb des Niedrigpreissegmentes liegen oder das Schnellkaufsystem nicht durch zu intensive Kundenberatung unterhöhlt werden. Schon gar nicht dürften, um wieder andere Franchisesysteme ins Spiel zu bringen, Buddhas verkauft oder Motorreparaturen durchgeführt werden. Aufgrund der Einübung der Strategie wird dies jetzt auch den früheren Abweichlern klar. Und Verständnis erleichtert allemal die Umsetzung – und damit den franchisenotwendigen Know-how-Transfer.

2) All business is local! Durch die individuelle Standortanpassung wird gleichsam eine Verfeinerung des Systems vor Ort vorgenommen, die das Franchisesystem einem vergleichbaren Filialsystem deutlich überlegen macht. Es zeigte sich immer wieder, dass die Motivation durch wirkliche Einbeziehung der Verkäuferinnen enorm ist. In gleichem Maße dürfte dies für ein Filialsystem, wo der Chef Angestellter ist, nicht gelingen.

3) Das Know-how des Franchisesystems wird durch diese *individuelle Ausrichtung* der unternehmerischen Energie erweitert. Diese Förderung der Individualität hat gleich zwei positive Auswirkungen:

a) In dem Prozess der Strategieentwicklung und -umsetzung wird neues System-Know-how entwickelt, das wiederum den anderen Partnern für deren Standort zur Verfügung gestellt wird. Ob es dort wirklich anwendbar ist, hängt von den örtlichen Gegebenheiten ab. In einem System wie der Quick-Schuh mit über 500 Standorten ist dies häufig der Fall. Nächster Entwicklungsschritt bei Quick-Schuh ist die Schaffung einer standardisierten Strategieanalyse, die für die häufig vorkommenden Grundkonstellationen in einem Strategie-Paket gleich entsprechende Umsetzungsmaßnahmen bereithält.

b) Die freiheitliche Entwicklung der Franchisenehmer, unterstreicht deren Unternehmertum. Vermieden werden so zum einen rechtliche Sanktionen und zum anderen demotivierende Einengungen.

Dies ist die Methode, wie ein Franchisesystem den bewährten Grundsatz »Think global – act local« im System umsetzen kann. Global denken heißt, definierte Systemziele und -standards als Richtschnur für den Erfolg und die Einheitlichkeit des Systems entwickeln und überwachen. Lokal handeln heißt, mit unternehmerischer Initiative und Scharfsinn die örtlichen Chancen erkennen und konsequent umsetzen.

Wie hat Quick-Schuh diese Standort-Strategie im Gesamt-System eingeführt? Der Franchisegeber ging gemäß dem Top-down-Prinzip in drei Stufen vor:

1) Zunächst wurde auf einer gemeinsamen Strategie-Klausur-Tagung des Außendienstes, also der Management- und Marketing-Berater von Quick-Schuh, die die Franchisenehmer vor Ort betreuen, die langjährig erprobte Strategie mit einem externen EKS-Strategie-Berater überprüft. Eine definierte System-Strategie ist von eminenter Bedeutung. Ohne sie dürfte ein solcher Prozess gefährlich sein, da eine Stimulierung der Standort-Strategie ohne »die Leitplanken« der auch schriftlich fixierten und kommunizierten System-Strategie zum Auseinanderdriften des Systems führen würde.

2) Auf der Quick-Schuh-Gesellschafter-Versammlung wurden die EKS und die Quick-Schuh-Strategie-Tableaus vorgestellt und bereits in Ansätzen für einige Standorte entwickelt. In den Franchisenehmer-Erfa-Tagungen wurden und werden sie detailliert erarbeitet und als dauernder Prozess immer wieder angepasst.

3) Bei 500 Quick-Schuh-Geschäften wird die Standort-Strategie durch die in Sachen Strategie trainierten Franchisenehmer selbst entwickelt und umgesetzt – zumeist mit Unterstützung der Quick-Schuh-Marketing-Berater – und stets unter der besonders erfolgreichen und motivierenden Einbeziehung der Verkäuferinnen am Standort.

Dies ist ein neuer und vielversprechender Weg, dauerhafte Motivation der Franchisenehmer und deren Mitarbeiter zu erzielen. Dauerhaft, da der Prozess der standortabhängigen Marktanpassung im Sinne eines an sich bekannten und bewährten regionalen Handelsmarketings im Franchising an der entscheidenden Stelle, dem Franchisenehmer und seinem gerade in reiferen Systemen oft vernachlässigten *Unternehmertum*, ansetzt. Denn gerade die reiferen Systeme vergessen durch rigide Vorgaben oft, dass ihre Franchisenehmer Unternehmer sind. Der Prozess der Standort-Strategie endet praktisch nie, da sich ja auch die Marktbedingungen am Standort permanent ändern, ein Laden schließt, ein anderer macht auf oder verändert das Sortiment – eine Herausforderung der mit dieser neuen EKS-Methode im Franchising besonders gut zu begegnen ist und sich daher für nachhaltige Motivation besonders eignet. Dies erfüllt den von Professor Meffert geforderten *nicht zu geringen Autonomiegrad der Franchisenehmer* mit praktischem Leben.

Dass diese standortindividuelle Strategie selbst in einem der härtesten deutschen Märkte, der Lebensmittelbranche, erfolgreich umsetzbar ist, zeigt Professor Lothar J. Seiwert, Heidelberg, der für diese EKS-Anwendung den Deutschen Trainingspreis 1997 gewonnen hat.

Strategisches Ziel des Rewe-Projektes war:
❑ Erringung der regionalen Marktführerschaft im Einzugsgebiet
❑ Jeder der beteiligten Supermärkte soll an seinem Standort die »Nr. 1« werden, die Marktführerschaft erlangen.

Dazu sollte die jeweilige Kernkompetenz (Stärke) des einzelnen Supermarktes herausgearbeitet und weiterentwickelt werden. Die Konzentration auf die Bedürfnisse der erfolgversprechendsten Zielgruppen der Märkte sollte den entscheidenden Vorsprung vor den Mitbewerbern schaffen. Ein Top-Down-Ansatz sollte sicherstellen, dass die Führungskräfte hinter den tiefgreifenden Veränderungsprozessen stehen, diese unterstützen und nicht blockieren.

Bedarfsanalyse
Um die Situation des einzelnen Marktes zu klären, war es nötig, die Führungskräfte und die Marktleiter mit dem nötigen Know-how für die Analyse auszustatten, und sie bei der Durchführung zu unterstützen. In besonderen EKS-Strategie-Seminaren wurden sie darauf vorbereitet, die Stärkenanalysen ihrer Märkte durchzuführen. Über eine Kundenbefragung wurden die Basisfähigkeiten des ein-

zelnen Marktes aus Kundensicht ermittelt. Letztlich ist ja die Sicht des Kunden der entscheidende Faktor für den Erfolg der eigenen Aktivitäten. Die Analyse der Mitbewerber vor Ort brachte nicht nur Erkenntnisse über deren Vor- und Nachteile gegenüber dem eigenen Markt, sondern zusätzlich viele neue Ideen zur Optimierung des eigenen Geschäfts. Durch die *Zusammenführung* der Analyseergebnisse konnten schließlich Rückschlüsse auf lohnende Wachstumsfelder, die geeignetsten Stammkundengruppen und die Bedürfnisse der Kundenzielgruppen in bezug auf den Einkauf allgemein und auf den einzelnen Supermarkt gezogen werden.

Ergebnisse des Projektes

❑ Erreicht wurde bisher die Marktführerschaft in Thüringen. Gewinnsteigerungen (teils bis 148 Prozent) und Umsatzsteigerungen (bis 60 Prozent) konnten auf breiter Front erzielt werden.

❑ In vielen Bereichen kommt man dem »perfekten Supermarkt« durch Innovationen und bessere Kundenorientierung deutlich näher. Der Bereich der Warengruppen und Servicedienstleistungen wurde, in Abstimmung mit den Kunden, ausgebaut.

❑ Durch die Einbeziehung von Kooperationspartnern (Pizza-Taxis, Heim-Service-Firmen, Computer-Clubs, Tierheime, Autohäuser) konnten viele Verbesserungsideen schnell und kostenverträglich umgesetzt werden.

❑ Die selbstständigen Marktleiter sehen ihre Zukunftsperspektiven inzwischen positiver als vor dem Projekt.

❑ Die Zielsetzung »Marktleiter werden Marktführer« führte zu einer Konzentration auf die eigenen Stärken. Die Aktivitäten sind inzwischen zielgruppenspezifischer orientiert, mit dem Ergebnis einer besseren Kunden- und Serviceorientierung. Die Markleiter leben dies zu einem großen Teil ihren Mitarbeitern vor.

❑ Damit einhergehend konnte die *Wiederentdeckung* des Unternehmertums bei den selbstständigen Marktleitern beobachtet werden, die zuvor eher eine »Angestellten-Mentalität« entwickelt hatten.

❑ Ein wichtiges Ergebnis ist auch die Steigerung der Motivation der Mitarbeiter, die inzwischen als »interne Kunden« betrachtet und behandelt werden.

❑ Zahlreiche Preise durch unabhängige Gremien der Branche belegen den umfassenden Erfolg des Projektes.

Kein Wunder, dass die Lebensmittelzeitung konstatiert: »Immer bessere Noten aus der Branche bekommt das franchise-ähnliche Partnerschaftsmodell der Rewe.« Gefordert, so fasst das Blatt die Ziele zusammen, »sind damit aber zuvorderst die Zentralen, ihre Selbstständigen fit zu machen für den Wettbewerb. Gefragt sind Modelle, die den Kaufleuten einerseits größtmögliche Unterstützung bieten, ihnen aber trotzdem ein hohes Maß an Selbstständigkeit bewahren.« Dies kann uneingeschränkt vom System standortindividueller Strategie gesagt werden.

3 | Kritische Entwicklungen schnell erkennen

von Albrecht Schulz

3.1 Von der Unzufriedenheit einzelner Partner zum Flächenbrand

Die Tendenz einzelner Partner, sich nicht an vereinbarte Spielregeln oder Gesetze zu halten, ist ein nicht auf das Franchising beschränktes Phänomen. In einem Franchisesystem, das auf ein einheitliches Verhalten aller Systempartner nach den vom Franchisegeber vorgegebenen Regeln angewiesen ist, kann eine solche Tendenz einzelner aber schnell zu Problemen oder gar zur Gefährdung des ganzen Systems führen. Systemwidriges Verhalten einzelner kann sich durch die Kontakte der untereinander bekannten Franchisenehmer und durch systeminterne Kommunikation schnell ausbreiten. Da es kein Franchisesystem ohne Schwächen gibt, können die Ansichten einzelner unzufriedener Franchisenehmer eine große Eigendynamik entfalten. Aus einem kleinen Feuer wird dann schnell ein Flächenbrand.

Der Brandherd kann verschiedene Ursachen haben – die bloße Unzufriedenheit einzelner Franchisenehmer, strukturelle Schwächen des Systems, insbesondere Kommunikationsschwächen oder gar die Zielsetzung einzelner Franchisenehmer, das System zu zerstören. Damit keine dieser möglichen Brandursachen zu einem Flächenbrand führen kann, müssen ein Franchisegeber und seine Mitarbeiter den Stimmen und der Stimmung ihrer Franchisenehmer immer ihre ganze Aufmerksamkeit widmen und deren Pulsschlag fühlen. Unzufriedenheit ausdrückende Meinungsäußerungen sollten nie als »Geschwätz« abgetan werden. Wo Rauch ist, ist auch Feuer!

Ein Flächenbrand kann nur verhindert werden, wenn der Brandherd entdeckt und isoliert wird, und dies möglichst schnell. In einem gut geführten Franchisesystem sollte eine Art Frühwarnsystem bestehen, das einzelnen Franchisenehmer gestattet, ihre Unzufriedenheiten loszuwerden. Es ist in der Regel nicht so, dass Unzufriedenheiten ohne jeden Grund entstehen und lediglich emotionale Stimmungen der Franchisenehmer ausdrücken. Dies gilt auch für etablierte ältere Franchisesysteme, bei denen der Gründungsfranchisegeber allmählich den Kontakt zur Basis verloren hat und bei denen sich Kommunikationsschwächen einschleichen, ohne dass der Gründungsvater dies merkt. Ein solches »Frühwarnsystem« kann z. B. beim Beirat angesiedelt werden; auch regelmäßige Erfa-Tagungen sind zum »Pulsfühlen« geeignet (vgl. hierzu Kapitel V.4).

Auch wenn ein Franchisegeber kein »Frühwarnsystem« hat, wird er dennoch den Ausdruck von Unzufriedenheit einzelner Franchisenehmer oder von Gruppen von Franchisenehmern in Erfahrung bringen. Er muss auf jeden Fall solchen Meinungsäußerungen schnell und gründlich nachgehen. Nur die schnelle offene Auseinandersetzung mit der Tatsache oder der Person, welche Ursache der Unmutsäußerungen ist, kann verhindern, dass aus einem kleinen Brandherd ein

Flächenbrand wird. Wegschauen hilft nicht, und das Schwelen lassen bekannter Unmutsäußerungen leistet einem möglichen Flächenbrand nur Vorschub.

Welche Methoden der Franchisegeber zur Bekämpfung eines erkannten Brandherdes einsetzt, hängt vom Einzelfall ab. Objektiv am einfachsten ist es, wenn der Franchisegeber bei der von ihm durchgeführten Analyse erkennt, dass die Unzufriedenheiten von objektiven Systemschwächen ausgelöst worden sind. Er muss dann zügig und systematisch Maßnahmen zur Beseitigung dieser Systemschwächen ergreifen. Da dies in der Regel mit finanziellem Aufwand verbunden und auch nicht von heute auf morgen möglich ist, muss er in jedem Fall in die offene Kommunikation mit den Franchisenehmern gehen. Er muss ihnen klar machen, dass er die Schwachpunkte, welche zu Unzufriedenheiten geführt haben, erkannt hat und dass er Gegenmaßnahmen bereits ergriffen hat und durchführen wird. Er muss Zeitpläne nennen und er sollte von Zeit zu Zeit Rechenschaft ablegen, ob und wie seine Gegenmaßnahmen greifen. Auch wenn dies Zeit braucht, so wird ein objektiv feststellbares und kommuniziertes Bemühen des Franchisegebers viel dazu beitragen, dass die Unzufriedenheiten reduziert und allmählich beseitigt werden. Das Ergebnis des Unterlassens von Gegenmaßnahmen bei objektiv berechtigten Unmutsäußerungen braucht hier nicht näher ausgemalt zu werden.

Schwieriger ist es schon, wenn Unmutsäußerungen eher emotionaler Natur sind, weil sie z. B. von Franchisenehmern kommen, welche nie mit den Leistungen eines Franchisegebers zufrieden sind. Oder weil unvereinbare Charaktere aufeinanderprallen, z. B. ein für eine Region zuständiger Franchisenehmerbetreuer, der es mit den dort wichtigsten Franchisenehmern »nicht kann«. Der Franchisegeber muss in einer solchen Situation sensibel beim Ergreifen von Maßnahmen sein, besonders mit der Erzeugung von Gegendruck, da sonst leicht eine Verlierer-Verlierer-Situation entstehen kann. Auch hier gilt: Kommunikation ist alles! Der Franchisegeber muss sich nicht nur die einzelnen Urheber der Unmutsäußerungen »zur Brust nehmen«. Ein aktives Einbinden solcher Personen in Gremien kann helfen, auch das Austauschen von Personen oder Zuständigkeiten auf Seiten des Franchisegebers muss ins Auge gefasst werden. Die anderen, eventuell verunsicherten Franchisenehmer müssen über die Gespräche des Franchisegebers mit den Urhebern der Unmutsäußerungen informiert werden, eventuell auch über deren persönliche Gründe. Dem Franchisesystem gegenüber positiver eingestellte Franchisenehmer können in die Diskussion einbezogen werden. Auch sie sind nach Meinung des Unzufriedenen ja »Leidtragende« des Systems. Sie können deshalb hilfreich sein bei der Darlegung, dass es wohl doch nicht am System und am Franchisegeber im Allgemeinen, sondern an spezifischen Beziehungs- oder Strukturproblemen des betroffenen unzufriedenen Franchisenehmers liegt. In krassen Fällen, besonders, wenn die Unzufriedenheit schon »Kreise gezogen« hat, kann auch ein außerordentliches Franchisenehmertreffen hilfreich sein. Zwar darf ein solches Treffen nicht dazu dienen, den oder die unzufriedenen Franchisenehmer

»an den Pranger zu stellen«. Eine offene Diskussion ist aber allemal besser als das Negieren einer Problemsituation. Ein sich langsam verbreitender Schwelbrand kann irgendwann nicht mehr ausgetreten werden, sondern verlangt große Löschmaßnahmen. Die Wasserschäden sind dann schlimmer als die ursprünglichen Brandschäden. Ein Franchisenehmer oder eine Gruppe von Franchisenehmern, auf deren Unzufriedenheiten man eingeht und für die man – mit weiter Übereinstimmung – Lösungen findet, kann sich durchaus als »Gewinner« fühlen. Der bzw. die betroffenen Franchisenehmer werden dann kein Interesse mehr haben, ihren Unmut im System zu verbreiten, sondern werden sich eher als positiv zu dessen Entwicklung beitragende Mitglieder fühlen und einbringen. Der Ratschlag an einen Franchisegeber, unzufriedene Franchisenehmer auf diese Art und Weise »umzudrehen«, kann nicht oft genug wiederholt werden. Zu häufig besteht die Tendenz, Franchisenehmer, die ihre Unzufriedenheit äußern, als »Kritikaster« abzutun. Es sei nochmals gesagt und betont: Es gibt kein Franchisesystem ohne Schwächen. Das Feststellen und Beheben der Ursachen der Kritik, auch wenn sie übertrieben sein sollte, hat deshalb immer eine positive Wirkung.

Ein schwieriges Problem und eine große Gefahr für jedes Franchisesystem besteht, wenn die Unzufriedenheit eines oder einer Gruppe von Franchisenehmern (oder ehemaligen Franchisenehmern) dazu führt, dass diese das Franchisesystem zu bekämpfen beginnen mit der Zielsetzung, ihm möglichst viele Franchisenehmer abspenstig zu machen und/oder gar ein eigenes neues System in derselben Branche zu errichten. Solche Beweggründe könnten vorliegen, wenn eine Reihe von Franchisenehmern unter gleichen oder ähnlichen vorgeschobenen Behauptungen die Franchiseverträge fristlos kündigen, eventuell unter Beiziehung desselben Rechtsanwalts. Sollte ein Franchisegeber eine solche Entwicklung feststellen, besteht für sein System höchste Gefahr. Entweder hat er objektiv bestehende Schwächen seines Systems zu lange negiert; er muss dann sehr schnell sehen, ob er für entsprechende Gegenmaßnahmen (siehe oben) noch Zeit, Kraft und finanzielle Ressourcen hat. Oder er hat es mit einem oder einer Gruppe von böswilligen Franchisenehmern zu tun, die er nur noch mit allen tatsächlichen und rechtlichen Mitteln bekämpfen kann.

Er muss zunächst die ihm nach dem Franchisevertrag zustehenden vertraglichen Mittel zu nutzen versuchen, ausgeschiedenen Franchisenehmern die weitere Nutzung von Systemelementen unmöglich zu machen. Er muss mit detektivischem Geschick – gegebenenfalls wirklich unter Zuhilfenahme eines Privatdetektivs – die Zusammenhänge aufspüren und Beweismittel sichern. Er wird versuchen müssen, das weitere Abwerben von Systempartnern durch auf § 1 UWG (Gesetz gegen unlauteren Wettbewerb) gestützte Maßnahmen zu verhindern, was allerdings nicht einfach ist. Er kann und sollte daran denken, Strafanzeige gem. § 17 UWG wegen Geheimnisverrats oder wegen Nutzung geschützter Geheimnisse zu stellen. Er muss sich nicht nur gegen die wahrscheinlich geltend gemachten Rückzahlungs- und Schadenersatzansprüche der kündigenden Franchisenehmer wehren, sondern er sollte – wenn tatsächlich und rechtlich vertretbar – seinerseits diese mit Schadenersatzansprüchen überziehen.

Wenn ein Franchisegeber entsprechend den vorstehenden Ratschlägen handelt bzw. handeln muss, dürfte er aber bereits seit längerem den richtigen Zeitpunkt verpasst haben. Bewusst böswillig und negativ agierende Franchisenehmer dürften in einem halbwegs gut geführten Franchisesystem auch früher feststellbar sein. Ein Franchisegeber sollte dann bereits in einem frühen Stadium alle ihm vertraglich zur Verfügung stehenden Mittel ergreifen, um sich negativ und schädlich agierender Franchisenehmer zu entledigen. Das Hinnehmen negativer Aktionen, die sich z. B. durch längeres Nichtzahlen von Franchisegebühren ausdrücken, hilft nämlich überhaupt nicht. Auch hier gilt: Das frühzeitige, gründliche Bekämpfen des Brandherdes verhindert dessen Ausbreiten. Der Rauswurf einzelner Franchisenehmer dient als Warnung für andere. Klares und durchaus hartes Vorgehen gegenüber einzelnen Franchisenehmern muss aber begleitet werden von um so mehr Offenheit, Kommunikation und Fürsorge gegenüber den verbleibenden Franchisenehmern. Kein Franchisesystem funktioniert, wenn dessen Franchisenehmer ständig in der »Furcht des Herrn« leben.

3.2 Arbeitnehmer – Selbstständigkeit – Scheinselbstständigkeit

Alle Franchisesysteme beruhen grundsätzlich darauf, dass Franchisenehmer als selbstständige Unternehmer Vertragspartner des Franchisegebers sind. Andererseits sind Franchisenehmer durch den Franchisevertrag und die Richtlinien und Vorgaben im Franchisehandbuch typischerweise eng in das System des Franchisegebers eingebunden und in ihrer unternehmerischen Freiheit stark eingeschränkt. Es besteht deshalb die Gefahr, dass die Einschränkungen so weit gehen, dass Franchisenehmer wie weisungsgebundene Arbeitnehmer oder arbeitnehmerähnliche Personen tätig sind oder sich zumindest so vorkommen. Es besteht deshalb die Gefahr, dass dies in Krisensituationen von Gerichten ebenso gesehen wird, wie eine Reihe von Urteilen zeigen, welche angebliche Franchisenehmer als Arbeitnehmer oder arbeitnehmerähnliche Personen angesehen haben. Dieses Problem wurde akzentuiert, als zum 1. Januar 1999 zur Bekämpfung der sog. Scheinselbstständigkeit eine gesetzliche Vermutung in § 7 Abs. 4 des Sozialgesetzbuches IV (SGB IV) eingefügt worden ist. An der grundsätzlichen Problematik und deren Bewertung hat sich dadurch aber nichts geändert.

Den sich aus Rechtsprechung und Gesetzgebung für Franchisesysteme ergebenden Problemen kann mit einer sauberen konzeptionellen und vertraglichen Gestaltung und entsprechender Vertragsdurchführung aber weitgehend begegnet werden. Hierzu sollen die nachfolgenden aus Rechtsprechung und Gesetzgebung abgeleiteten Überlegungen und Anregungen Hilfestellung geben.

Die Abgrenzung eines Franchisenehmers vom Arbeitnehmer ist ein seit Mitte der achtziger Jahre regelmäßig diskutiertes Problem, das im Falle seines Auftauchens jedesmal ein ganzes Franchisesystem in Gefahr bringen kann. Die Ausgangslage ist, in Anlehnung an den für Handelsvertreter geltenden § 84 Abs. 1 S. 2 HGB, an sich klar:

»Selbstständig ist, wer im Wesentlichen frei seine Tätigkeit gestalten und seine Arbeitszeit bestimmen kann.«

Gegenpol ist § 7 Abs. 1 SGB IV, der wie folgt lautet:

»Beschäftigung ist die nicht selbstständige Arbeit, insbesondere in einem Arbeitsverhältnis. Anhaltspunkte für eine Beschäftigung sind alle Tätigkeiten nach Weisungen und eine Eingliederung in die Arbeitsorganisation des Weisungsgebers.«

Im Franchisekontext ergangene einschlägige Entscheidungen haben eine Reihe von Kriterien entwickelt, bei deren Vorliegen eine im Vertrag als Franchisenehmer bezeichnete Person dennoch als Arbeitnehmer angesehen werden kann. Die Urteile des LAG Düsseldorf (Urteil vom 27. Oktober 1987 »Jacques' Weindepot«, NJW 1988, S. 725 ff.) bzw. des LAG Hamburg (Urteil vom 6. Februar 1990 »Kurierfahrer«, Az. 3 Sa 50/89, erörtert bei Reinicke, Das Franchising im Würgegriff? in Jahrbuch Franchising 1999, S. 79 ff., 89) haben auf die persönliche Abhängigkeit des Franchisenehmers abgestellt. Das LAG Düsseldorf hat folgende Kriterien berücksichtigt, wobei es auf die Gesamtheit aller vorgefundenen Faktoren abgestellt hat:

– formularmäßige Festlegung der Arbeits- und Geschäftszeiten
– praktisch ständige Präsenzpflicht des Partners ohne Spielräume der Zeitgestaltung
– Bindung des Partners hinsichtlich seiner Urlaubsgestaltung
– im Kern fehlende Buchhaltung, wobei die monatlichen Provisionsabrechnungen dem Lohnabrechnungsverfahren bei Arbeitsverhältnissen ähnelte
– Einbindung des Partners in das Warenwirtschaftssystem des Vertriebsnetzes
– bei vierwöchiger Arbeitsunfähigkeit (Krankheit) des Partners mögliche Einsetzung eines kommissarischen Betriebsleiters durch den Franchisegeber
– Preisbindung für die Wiederverkaufspreise des Partners (bei Selbstständigen kartellrechtlich unzulässig)
– bei einer derart starken persönlichen Abhängigkeit mache auch das bestehende Unternehmerrisiko den Partner nicht zum selbstständigen Unternehmer.

Das LAG Hamburg hat das Vorliegen eines Arbeitsverhältnisses bei Vorliegen folgender Kriterien angenommen:

– Pflicht zur persönlichen Erbringung der übernommenen Transportaufträge,
– jederzeitige Widerrufsmöglichkeit des vom Partner eingesetzten Vertreters durch den Franchisegeber,

- Beschäftigung eines Urlaubsvertreters oder eines Krankheitsvertreters auf der Grundlage eines vom Franchisegeber vorformulierten Vertrages,
- fachliche Weisungsgebundenheit,
- Möglichkeit der Ablehnung der von den Kurieren eingesetzten Hilfspersonen durch den Franchisegeber,
- festgelegte Mindestarbeitszeit von fünf Stunden werktäglich,
- mangelnde eigene Gestaltungsmöglichkeit der Arbeitszeit,
- Möglichkeit des Franchisegebers, über die beschlossene Funkordnung regelnd und kontrollierend auf das Verhalten der Kurierfahrer = Franchisenehmer einzuwirken,
- Festlegung, Änderung und Erhöhung der Tarife für die Erbringung der Kurierdienste durch eine BGB-Gesellschaft aller Kurierfahrer, die unter beherrschendem Einfluss des Franchisegebers stand.

Auch das LAG Hamburg sah das durchaus bestehende Unternehmerrisiko nicht als ausreichendes Indiz für die Selbstständigkeit des Franchisenehmers an.

In zwei bekannten Entscheidungen hat das Bundesarbeitsgericht (BAG) die Arbeitnehmerstellung eines Franchisenehmers an dem Grad von dessen wirtschaftlicher Unabhängigkeit bzw. Abhängigkeit festgemacht, und zwar in dem sehr frühen Urteil vom 24. April 1980 »Manpower« (BB 1989, 1471 f.; DB 1980, 2039 f.) und in dem weit publizierten Beschluss vom 16. Juli 1997 »Eismann II« (NJW 1997, 2973 f; BAGE 86, 178 ff.). In diesem Zusammenhang genannt werden muss auch das Urteil des OLG Schleswig vom 27. August 1986 (»Eismann I«, NJW-RR 1987, 220 ff.). Diese Gerichtsentscheidungen lassen sich wie folgt zusammenfassen:

Im Urteil vom 24. April 1980 zum Franchisesystem Manpower hat das BAG die Arbeitnehmereigenschaft des Franchisenehmers unter Berücksichtigung folgender Kriterien verneint:

- keine sachlich und zeitlich fremdgeplante, fremdnützige und durch fremde Risikobereitschaft getragene Arbeit nach Weisungen des Franchisegebers, sondern
- eigenverantwortliche Einstellung des Zeitpersonals und dessen Weitervermittlung an die vom Franchisenehmer selbst akquirierten Drittarbeitgeber bei
- freier Organisation der Dienstzeiten und des sonstigen Geschäftsverkehrs (Auswahl des eigenen Personals, Festlegung der Bürozeiten und der Arbeitszeiten des Personals),
- Auftreten des Franchisenehmers als selbstständiger Unternehmer.

Im ersten Eismann-Fall hatte das OLG Schleswig die Arbeitnehmereigenschaft mit folgenden Argumenten verneint:

- Kaufmannseigenschaft nach Vertragswortlaut und vertragsgemäßer Handhabung

– keine Gesichtspunkte mit erheblichem Gewicht, die dem Vertragswillen widersprechen
– verschiedene Einschränkungen der unternehmerischen Freiheit seien franchisetypisch
– insbesondere Arbeitseinteilung und Urlaubsregelung
– sowie Unternehmerrisiko beim Franchisenehmer

Viel Beachtung gefunden hat der Beschluss des BAG im Fall Eismann II, mit welchem die Zuständigkeit der Arbeitsgerichte bejaht wurde, da der Franchisenehmer jedenfalls als arbeitnehmerähnliche Person angesehen wurde; für das BAG waren hierbei folgende Kriterien maßgeblich:

– Anstelle persönlicher Abhängigkeit totale wirtschaftliche Abhängigkeit und wirtschaftliche Unselbstständigkeit wegen exklusiver Bindung des Franchisenehmers an das Warensortiment des Franchisegebers, totale Reglementierung der Tätigkeit und vollständige zeitliche Beanspruchung, deswegen keine weiteren Erwerbschancen auf dem Markt,
– Einkünfte im Bereich eines Zuverdienstes im eher unteren Bereich,
– Festlegung auf ein bestimmtes Vertragsgebiet,
– keine eigene Unternehmens- oder Betriebsorganisation außer einem Lieferwagen, der vom Franchisegeber gemietet war,
– Nichtbeschäftigung eigener Arbeitnehmer,
– im Ergebnis damit Tätigkeit wie ein angestellter Verkaufsfahrer und damit
– eine entsprechende soziale Schutzbedürftigkeit.

Alle vorgenannten Kriterien für das Vorliegen einer persönlichen und/oder wirtschaftlichen Abhängigkeit eines Vertragspartners, die von der Rechtsprechung über Jahre entwickelt worden sind (und die im Übrigen auch für andere als Franchiseverhältnisse gelten), gestatten einem Franchisegeber, die Arbeitnehmerproblematik weitgehend zu vermeiden. Ausreichend ist allerdings nicht nur eine saubere konzeptionelle und vertragliche Gestaltung. Entscheidend ist vielmehr die tatsächliche Vertragsdurchführung. Die im Einzelfall vorgefundenen Fakten werden von den Gerichten beurteilt, nicht die Bezeichnung »Franchisenehmer«, »Franchisepartner« oder »Kooperationspartner« etc. Der Franchisegeber muss also trotz aller einem Franchiseverhältnis immanenten Abhängigkeiten und Bindungen eines Franchisenehmers darauf achten, dass dieser einen ausreichenden persönlichen und wirtschaftlichen Bewegungsspielraum hat. Er kann sich von folgenden Anregungen leiten lassen:

– Verkauf der Produkte des Franchisegebers durch den Franchisenehmer im eigenen Namen und auf eigene Rechnung,
– selbstverständliche Freiheit bei der Festlegung der eigenen Verkaufspreise für Waren und Dienstleistungen durch den Franchisenehmer,
– ein gewisser (möglichst großer) Anteil von nicht vom Franchisegeber stammenden Diversifikationsprodukten am Umsatz des Franchisenehmers,

- Anmeldung der Tätigkeit des Franchisenehmers als Gewerbebetrieb und als Einzelkaufmann im Handelsregister,
- volle Tragung des Unternehmerrisikos durch den Franchisenehmer,
- Erzielung ausreichender Margen, die ein Einkommen entsprechend dem getragenen Unternehmerrisiko gestatten,
- fachliche und zeitliche Unabhängigkeit des Franchisenehmers bei den von ihm zu erbringenden Leistungen, besonders bzgl. der Öffnungs- und Arbeitszeiten (wobei sinnvolle Anforderungen natürlich zulässig sind),
- (wenn mit dem Franchisesystem vereinbar) örtliche Unabhängigkeit bei der Erbringung der Leistungen bzw. freie Ortswahl im Rahmen des vereinbarten Vertragsgebiets,
- möglichst große Freiheit bei der Organisation des eigenen Geschäftsbetriebes durch den Franchisenehmer,
- Beschäftigung eigener Vollzeitarbeitkräfte.

Eine einfache Möglichkeit, von vornherein diese Arbeitnehmerproblematik zu vermeiden, ist der Abschluss von Franchiseverträgen mit einer im Handelsregister eingetragenen juristischen Person, in der Regel einer GmbH. Hierbei entsteht für den Franchisegeber zwar das Risiko, dass es im Falle einer Insolvenz des Franchisenehmers keine persönliche Haftung einer natürlichen Person gäbe. Auch dieses Problem lässt sich aber vertraglich lösen. Da mit einer solchen Lösung erhebliche Vorteile verbunden sind, sollte sie vor allem bei Systemen ins Auge gefasst werden, bei denen der Franchisenehmer von vornherein nicht unerhebliche Investitionen zu tätigen hat.

Eine neue Dimension in der Debatte um die Stellung von Franchisenehmern als selbstständige Unternehmer oder als Arbeitnehmer bzw. als »Scheinselbstständige« hat der neue Abs. 4 in § 7 Sozialgesetzbuch IV (SGB IV) zum 1. Januar 1999 gebracht. Dieser wird nachfolgend in der – nach heftigen Debatten im Laufe des Jahres 1999 – rückwirkend zum 1. Januar 1999 geänderten Fassung wiedergegeben:

»Bei einer erwerbsmäßig tätigen Person, die ihre Mitwirkungspflichten nach § 206 des Fünften Buches Sozialgesetzbuch oder nach § 196 Abs. 1 des Sechsten Buches Sozialgesetzbuch nicht erfüllt, wird vermutet, daß sie beschäftigt ist, wenn mindestens drei der folgenden fünf Merkmale vorliegen:

1. Die Person beschäftigt im Zusammenhang mit ihrer Tätigkeit regelmäßig keinen versicherungspflichtigen Arbeitnehmer, dessen Arbeitsentgelt aus diesem Beschäftigungsverhältnis regelmäßig im Monat 630 Mark übersteigt;

2. sie ist auf Dauer und im wesentlichen nur für einen Auftraggeber tätig;

3. ihr Auftraggeber oder ein vergleichbarer Auftraggeber läßt entsprechende Tätigkeiten regelmäßig durch von ihm beschäftigte Arbeitnehmer verrichten;

4. ihre Tätigkeit läßt typische Merkmale unternehmerischen Handelns nicht erkennen;

5. *ihre Tätigkeit entspricht dem äußeren Erscheinungsbild nach der Tätigkeit, die sie für denselben Auftraggeber zuvor aufgrund eines Beschäftigungsverhältnisses ausgeübt hatte.*

Satz 1 gilt nicht für Handelsvertreter, die im Wesentlichen frei ihre Tätigkeit gestalten und ihre Arbeitszeit bestimmen können. Die Vermutung kann widerlegt werden.«

Es muss betont werden, dass diese – besonders in der Franchisewirtschaft – umstrittene und kritisierte Bestimmung keine neuen Regeln für die Abgrenzung zwischen selbstständiger und unselbstständiger Tätigkeit schafft, welche die oben erörterten Kriterien verändern. Sie gilt nur für das Sozialversicherungsrecht. Darauf basierende Feststellungen von Sozialversicherungsträgern würden aber von anderen Institutionen wohl berücksichtigt werden. In ihrer rückwirkend zum 1. Januar 1999 geänderten Fassung schafft § 7 Abs. 4 SGB IV eine widerlegbare Vermutung für das Vorliegen eines Beschäftigungsverhältnisses für solche Fälle, in denen ein Erwerbstätiger

– seine Auskunfts- und Mitteilungspflichten nach § 206 SGB IV, § 196 Abs. 1 SGB VI nicht erfüllt und
– bei dem von fünf Vermutungskriterien drei vorliegen.

Die vorgenannten Auskunfts- und Mitteilungspflichten betreffen alle Personen, die als Versicherte in Betracht kommen; sie beziehen sich auf alle Tatsachen und gegebenenfalls schriftlichen Unterlagen, welche zur Feststellung der Versicherungs- und Betragspflicht erforderlich sind.

Die Neuregelung hat im Jahr 1999 zu heftigen Feststellungsbemühungen der Sozialversicherungsträger geführt, die im Laufe des Jahres 2000 allerdings bereits abgeflaut sind. Insbesondere hat die Bestimmung sich nicht als die befürchtete Bedrohung der Franchisewirtschaft herausgestellt, da sich an der grundsätzlichen und seit jeher bestehenden Abgrenzungsproblematik nichts geändert hat. Es reicht im Rahmen dieser Ausführungen deshalb aus, wenn auf die fünf Vermutungskriterien nach § 7 Abs. 4 S. 1 Nr. 1–5 SGB IV kurz eingegangen und dann eine Liste von möglichen Argumenten zu deren Widerlegung angefügt wird:

a) § 7 Abs. 4 S. 1 Nr. 1: Bei der »Nichtbeschäftigung von Arbeitnehmern« wird darauf abgestellt, ob die Tätigkeit *regelmäßig* und *im Zusammenhang mit der Tätigkeit des Franchisenehmers* erfolgt. Unterbrechungen sind dabei möglich, eine versicherungspflichtige Beschäftigung muss aber überwiegend bestehen. Ein geringfügiges Beschäftigungsverhältnis bis zur 320-Euro-Grenze reicht nicht aus. Ob mehrere solche Beschäftigungsverhältnisse ausreichen, ist unklar und wird von der Rechtsprechung geklärt werden müssen. Ausreichend ist aber, wenn ein Familienangehöriger in einem regelmäßigen Arbeitsverhältnis mit einem regelmäßigen Monatseinkommen von mehr als 320 Euro beschäftigt ist.

b) § 7 Abs. 4 S. 1 Nr. 2: Bei der Tätigkeit »auf Dauer und im Wesentlichen für einen Auftraggeber« sollte ein Franchisegeber eigentlich nicht als »Auftraggeber« betrachtet werden. Die der Verabschiedung des Gesetzes vorangegangenen Debatten und die Materialien zeigen jedoch, dass hier auch Franchisegeber erfasst werden sollten. Im Normalfall wird also der Franchisegeber als der *eine Auftraggeber* anzusehen sein, wenn alle Produkte vom Franchisegeber bezogen werden. Fraglich scheint dies indes bei einem Dienstleistungssystem, bei welchem alle Hilfsprodukte aus anderen Quellen bezogen werden. Das Kriterium »im Wesentlichen« wird in der Regel auch dann nicht erfüllt, wenn von den Kriterien »Arbeitszeit, Umsatz und Gewinn« mehr als ein Sechstel aus anderen Quellen als der des Franchisegebers gespeist wird.

c) § 7 Abs. 4 S. 1 Nr. 3: Bei diesem Kriterium wird entweder auf die konkrete Situation beim *Auftraggeber* abgestellt, ob dieser entsprechende Tätigkeiten sonst *regelmäßig* von eigenen Arbeitnehmern ausführen lässt, oder darauf, ob andere *vergleichbare Auftraggeber* vergleichbare Tätigkeiten typischerweise durch Arbeitnehmer ausführen lassen. Dem Vorliegen dieses Kriteriums wird ein Franchisegeber, der seine Geschäftstätigkeit zum Teil durch eigene Arbeitnehmer durchführt und zum Teil durch Franchisenehmer, die typische »Einzelkämpfer« sind, nicht ohne weiteres entgehen.

d) § 7 Abs. 4 S. 1 Nr. 4: »Typische Merkmale unternehmerischen Handelns« dürften eher vorliegen, wenn dem Franchisenehmer wesentliche unternehmerische Entscheidungsfreiräume eingeräumt sind, wenn er ein wesentliches unternehmerisches Risiko trägt und gleichzeitig wesentliche unternehmerische Chancen – also Einkünfte oberhalb vergleichbarer Arbeitnehmer – hat. Von Bedeutung ist die Leistungserbringung im eigenen Namen und auf eigene Rechnung ebenso wie ins Gewicht fallende Eigenwerbung.

e) § 7 Abs. 4 S. 1 Nr. 5: Dieses Kriterium ist mit dem Korrekturgesetz neu in die Bestimmung aufgenommen worden, um Umgehungsversuche, im Wesentlichen durch Outsourcing, zu erschweren. Da sehr auf das äußere Erscheinungsbild »vorher-nachher« abgestellt wird, müsste im Falle einer Umwandlung von Arbeitnehmern in Franchisenehmer außer auf inhaltliche Änderungen, insbesondere auf Änderungen beim Erscheinungsbild abgestellt werden.

Nicht zu erörtert werden braucht hier die Ausnahmeregelung in § 7 Abs. 4 S. 2 SGB IV, die ausdrücklich auf Handelsvertreter beschränkt ist. Betont werden muss aber, dass gemäß § 7 Abs. 4 S. 3 eine nach den oben erörterten fünf Ziffern von S. 1 eventuell entstehende Vermutung widerlegt werden kann, wofür alle möglichen Beweismittel zulässig sind.

Zur Widerlegung der Vermutung insgesamt, aber auch einzelner Kriterien können folgende Argumente herangezogen werden:

- Tätigkeit für eine unbestimmte Anzahl von Auftraggebern
- Einkünfte von verschiedenen Auftraggebern, (möglichst) weniger als 5/6 der gesamten jährlichen Einkünfte aus der Tätigkeit für einen Auftraggeber
- keine Ausschließlichkeitsbindung an einen Auftraggeber oder an mehrere Auftraggeber, die unter einheitlicher Leitung im Sinne von § 18 Aktiengesetz, insbesondere einem Konzernverbund, stehen
- Möglichkeit des Wechsels des Auftraggebers
- Beschäftigung von versicherungspflichtigen Mitarbeitern (keine 630-Mark-Kräfte), auch Familienangehörige
- Gewerbeanmeldung, soweit rechtlich erforderlich
- Zahlung von Gewerbesteuer, soweit gewerbesteuerpflichtig
- Handelsregisteranmeldung, soweit rechtlich erforderlich
- Beantragung einer eigenen Betriebsnummer beim Arbeitsamt zur Beschäftigung von Arbeitnehmern
- eigene Betriebs-/Büroorganisation
  - eigene Geschäfts- bzw. Büroräume
  - eigenes Türschild
  - Telefonbucheintrag
  - Eintrag in die Gelben Seiten
  - eigene E-Mail-Adresse
  - Tragung von sämtlichen Betriebskosten (Miete, Strom, Wasser, Telefon, Büromaterial, Reinigung der Büroräume usw.)
  - Eigenes Betriebskonto (keine Vermengung mit privaten Kontenbewegungen)
- weitestgehend freie Verfügungsmöglichkeit in rechtlicher und tatsächlicher Hinsicht über die eigene Arbeitskraft
- keine Vereinbarung einer regelmäßigen Arbeits- oder Anwesenheitszeit
- kein Anspruch auf Entgeltfortzahlung im Krankheitsfall
- rechtliche Möglichkeit, sich im Krankheitsfall durch eine Ersatzkraft vertreten zu lassen
- Möglichkeit, Aufträge an den Auftraggeber zurückzugeben
- keine Pflicht, sich bei einem der Auftraggeber »krank zu melden«
- kein bezahlter Urlaub
- Arbeit überwiegend in den eigenen Betriebs- bzw. Büroräumen
- Weisungsfreiheit hinsichtlich Ort, Zeit, Dauer und Inhalt der Tätigkeit; keine Bindung an feste Arbeitszeiten; keine ständige Dienst- bzw. Abrufbereitschaft, Einteilung der Dienstpläne oder »erwartete« Anwesenheit während der üblichen Bürostunden
- keine Abgabe von Tätigkeitsberichten
- Recht, Hilfskraft zu beschäftigen und sich bei der Ausübung der Tätigkeit von Dritten vertreten zu lassen

- tatsächliche Beschäftigung von Hilfskräften, auch von geringfügig Beschäftigten
- eigene Werbung/Akquisition
- keine Verpflichtung zur Nutzung bestimmter Arbeitsmittel (z. B. Dienstkleidung)
- eigene Entscheidung über Beschaffung wesentlicher Arbeitsmittel und/oder Arbeitsmaterialien und eigene Kostentragung
- Einsatz eigenen Kapitals; keine Finanzierungshilfen durch den Auftraggeber
- freie Kalkulation und Preisgestaltung; Auftragserhalt aufgrund Angebot/Ausschreibung
- Bestehen und Tragung eines eigenen Unternehmerrisikos mit vollen unternehmerischen Chancen
- Erbringung der Leistungen im eigenen Namen und auf eigene Rechnung
- Gewährleistung für eigene Tätigkeit
- eigene berufliche Haftpflichtversicherung
- Vergütung nach Rechnungstellung auf Honorarbasis; kein Erhalt typischer Arbeitgeberleistungen
- Anmeldung der Aufnahme der selbstständigen Tätigkeit beim Finanzamt, Steuernummer für Einkommensteuer und Umsatzsteuer

4 | Vom Franchisesystem zum Lizenzsystem – und zurück?

von Ines Fromm und Leopold Mayrhofer

Einführung

Die Ring Lift Organisation mit Zentrale in Hannover ist mit über 3.000 Arbeitsbühnen im Vermietpool, 52 angeschlossenen Partnerbetrieben und 56 Vermietstationen einer der größten Arbeitsbühnenvermieter in Deutschland. Erste Schritte in Richtung Europa sind mit der Aufnahme neuer Partner in Österreich auch schon gemacht. Aber wie kam das? Was ist das Geheimnis dieses schnellen und großen Erfolges der Ring Lift Organisation?

4.1 Vorteile des Franchisesystems und Grenzen in der Ring Lift Organisation

Ursprünglich wurde die Ring Lift Organisation mit der primären Zielsetzung des Existenzgründungssystems für neue Unternehmen im Bereich der Arbeitsbühnenvermietung nach den klassischen Franchisegrundsätzen aufgebaut und geführt. Durch diese originäre Unternehmensstrategie in der Aufbauphase der Ring Lift Organisation verbunden mit aktiver überregionaler effizienter Pressearbeit wurde die Marke Ring Lift am Markt allmählich immer bekannter und erfolgreicher.

Dem Kunden wurde die Marke Ring Lift nach und nach zum Begriff! Aufgrund dieser soliden und erfolgversprechende Ausgangsbasis entschied man sich bei Ring Lift für die Umsetzung einer neuen Zielrichtung in der Unternehmensstrategie.

1997 wurden das bisherige Franchisesystem und die Leistungen der Ring Lift Organisation vollkommen umgeschrieben. Man beschloss nicht mehr die Existenzgründung für neue Unternehmen in den Vordergrund zu stellen, sondern auf den bisher erreichten Bekanntheitsgrad und den Erfolg der Marke Ring Lift zu setzen. Grund war auch , dass die Grenzen des klassischen Franchisesystem 1997 erreicht waren. Ring Lift hatte bis dahin erfolgreich mit einem Franchisesystem speziell im Hinblick auf Existenzgründungen vorwiegend in den neuen Bundesländern gearbeitet. Die Expansion der Organisation sollte sich aber auf Gesamtdeutschland ausweiten. Vorrangiges Unternehmensziel war die flächendeckende Anbietung von Mietstationen.

Der Wettbewerb war aber speziell in Westdeutschland im Bereich des Arbeitsbühnenvermietservice zu dieser Zeit extrem hart geworden. Neue Unternehmensgründungen hätten wenig Aussicht auf Erfolg gehabt angesichts der erdrückenden Konkurrenz bereits bestehender Unternehmen. Das Franchisesystem als klassisches Mittel der Existenzgründung für Jungunternehmer war keine sinnvolle Lösung mehr, daher entschied man sich für einen Wechsel zum Lizenzsystem.

Das konnte man wagen, da vor dem sichern Hintergrund, dass die Marke Ring Lift ja schon einen Bekanntheitsgrad erreicht hatte und damit den Lizenznehmern Vorteile versprach.

4.2 Alternative Lizenzsystem

Man trat also an bereits bestehende in der Region bekannte Arbeitsbühnenvermieter mit der inzwischen etablierten Marke Ring Lift heran. Die neuen Verträge beinhalteten lediglich eine Lizenzgebühr für das Führen der Marke Ring Lift, eine Werbegebühr und eine relativ geringe Aufnahmegebühr. Diese Verträge für die neu gewonnenen Partner waren im Vergleich zu den bisherigen Franchiseverträgen sehr frei gehalten.

Der neue Partner hat lediglich zwei Pflichten:

1. Zahlung der Gebühren
   - Lizenz-, Werbe- und Aufnahmegebühr
2. Führen der Marke Ring Lift
   - Umsetzen der Marke auf allen Werbeträgern, Maschinen usw.

Das neue System fand so guten Anklang bei den Arbeitsbühnenvermietern, dass bereits im gleichen Jahr fünf und 1998 zehn neue Partner als Lizenzpartner hinzugewonnen wurden.

Von nun an vollzog sich der allmähliche Wandel vom bisherigen reinen Franchise- zum Lizenzsystem schrittweise. Es entstand zunächst in der Übergangsphase eine Mischform, d. h. neu hinzugewonnene Partner wurden parallel neben den bisherigen Franchisepartnern als Lizenznehmer gewonnen und vertraglich verpflichtet.

1998 wuchs die Ring Lift Organisation damit rasch auf insgesamt 35 Partnerbetriebe, davon waren 15 Unternehmen neue Partner mit Lizenzvertrag und 20 bisherige Partner mit Franchisevertrag.

Ab einer Organisationsgröße von 40 Partnern beschloss man dann, auch den bisherigen Franchisepartnern die Möglichkeit einzuräumen, sich für den neuen Lizenzvertrag zu entscheiden. Die Folge dieses Angebotes war, dass die Ring Lift Organisation heute fast als reines Lizenzsystem arbeitet.

Durch das vorangegangene Franchisesystem, das die Einführung, Akzeptanz, Bekanntheit und Etablierung der Marke Ring Lift erwirtschaftete, wurde die Möglichkeit geschaffen, den Partnern die Vorteile des Führens eines Markennamens in Form von Lizenzverträgen zu ermöglichen. Ab jetzt hat die Marke Ring Lift was zu bieten!

4.3 Strukturen des Lizenzsystems

Während die bisherigen Franchiseverträge auf eine starke Bindung an die Zentrale ausgerichtet waren und sehr detaillierte vertragliche Regelungen der Pflichten der einzelnen Partner enthielten, wurden die neuen Lizenzverträge liberaler verfasst und mit weitaus mehr Freiheiten ausgestattet.

Die neuen Lizenzverträge mit den freiheitlicheren Regelungen im Vergleich zu den Franchiseverträgen brachten nicht nur immense Vorteile für die Partner, sondern auch für die Ring Lift Zentrale.

Die Erfahrungen der Ring Lift Zentrale aus der Vergangenheit mit dem Franchisesystem hatten deutlich gezeigt, dass die Partner viele Vertragsregelungen nur als lästige Pflichten ansahen.

So wurde z. B. von der Ring Lift Zentrale alljährlich ein Betriebsvergleich eingefordert. Dieser wurde in der Regel nur nach vielen Mahnungen von der Zentrale an die entsprechenden Partner und unter großem »Murren« abgegeben. Die Partner sahen sich untereinander mehr als Konkurrenten, denn als ebenbürtige Partner und auch die Ring Lift Zentrale wollte keiner gern in seine betrieblichen Karten schauen lassen.

Heute im Lizenzsystem werden diese Betriebsvergleiche freiwillig von den Partnern an die Zentrale versandt. Eine positive Entwicklung, die sich inzwischen auch in vielen anderen Bereichen abzeichnet wie z. B. im Gebietsschutz. Da Ring Lift deutschlandweit flächendeckend arbeitet spielt hier der Gebietsschutz der einzelnen Partner eine wichtige Rolle. Jeder Partner hat ein klar abgegrenztes Gebiet, in welchem sich kein anderer Partnerbetrieb befindet. Das eigene Gebiet wird in einer Gebietskarte festgelegt und gegenüber den anderen Partnergebieten klar abgegrenzt.

Es herrscht unter den Partnern ein strenger »Ehrenkodex« nicht in das Gebiet der anderen hinein zu vermieten und sollte es im Einzelfall einmal doch vorkommen , es vorher gemeinsam unter Partnern abzusprechen.

Das funktioniert wie die Praxis beweist im jetzigen Lizenzsystem sehr gut. Im Franchisesystem hatte dieser Ehrenkodes wie die Vergangenheit zeigte wenig Chancen auf Umsetzung , weil sich die Partner primär nicht als Partner, sondern als Konkurrenten verstanden.

Warum aber ist das im Lizenzsystem anders?

Die Partner gestalten die Unternehmensziele der Ring Lift Organisation von Anfang an aktiv mit, d. h. sie haben die Entscheidung auch Dinge, deren Nutzen sie für sich nicht erkennen und die sie als lästige sinnlose Pflicht empfinden, abzulehnen. Die miteinander erarbeiten Ziele werden im Gegenzug aber als freiwillige selbstauferlegte Pflichten gerne und hochmotiviert umgesetzt.

Am Beispiel des Gebietsschutzes bedeutet das:

1. Der Partner hat den Schutz, dass es in seinem festgelegten Gebiet (lt. Gebietschutzkarte) keine Überschneidungen mit anderen Partnergebieten gibt.
2. Der Partner hat durch das festgelegte Gebiet den Vorteil, dass Kundenanfragen, die in sein Gebiet fallen und durch die Ring Lift Zentrale angenommen werden, nur an ihn weitergegeben werden.
3. Der Ring Lift Partner darf aber im Grunde überall hin vermieten, wenn er will. Das Gebiet schränkt ihn nicht ein.

Prinzipiell waren diese Grundsätze auch Gegenstand des Franchisevertrages, nur wurden sie dort nicht besonders gerne umgesetzt. Jeder Partner hatte Angst etwas von seinen Aufträgen an einen anderen Partner zu verlieren (strenges Konkurrenzdenken).

Gerade der dritte Grundsatz, der dem Partner ja in letzter Konsequenz die Möglichkeit einräumt, trotz der oberen Pflichten überall hin zu vermieten wurde immer wieder umgesetzt. Nur nichts dem anderen überlassen, war die Devise im Franchisesystem.

Heute im Lizenzsystem ist das vollkommen anders. Gerade der dritte Grundsatz , also die Möglichkeit überall hin vermieten zu dürfen, wird in der Praxis kaum mehr wahrgenommen, obwohl er ja besteht und es keinerlei von der Zentrale auferlegte Pflicht der Vermieteinschränkung gibt. Hier greift der bereits angesprochene Ehrenkodex: »Vermiete nicht oder nur nach vorheriger Absprache in andere Partnergebiete.«

Die Partner haben durch die Beteiligung an der Entwicklung und Umsetzung der Unternehmensziele für sich den eigenen Nutzen erkannt, dass es oft viel wirtschaftlicher ist bei Aufträgen, die nicht in das eigene Gebiet fallen, die Arbeitsbühnen beim anderen Partner zu günstigen Preisen anzumieten und mit ihm zusammenzuarbeiten. Es entfallen teure Transportkosten.

Die Partner können sich aber im umgekehrten Fall auch darauf verlassen, dass die anderen Partner mit ihnen genau solche Absprachen treffen und eine faire Zusammenarbeit gewährleistet ist.

Diese Sicherheit verbunden mit dem Vorteil des Gebietsschutzes und der Kundenanfragenverteilung in das eigene Gebiet durch die Zentrale erhöht den Partnergedanken und verringert das Konkurrenzgefühl.

Als seinerzeit die Unternehmenszielsetzung lautete: Dichtestes Netz der Arbeitsbühnenvermieter in Deutschland zu werden, brachten die Partner gerne neue Ring Lift Partner ein. Denn lieber einen neuen Partner gewinnen, als einen Konkurrenten zu haben.

Der Ehrenkodex funktioniert heute nicht als eine extern von der Zentrale auferlegte vertragliche Verpflichtung, sondern vollkommen freiwillig als von den Partnern sich selbst auferlegte intrinsisch gewachsene Pflicht.

Ein erstaunliches Ergebnis! Denn aus der eigenen freien Motivation heraus, werden viele Inhalte des früheren Franchisevertrages jetzt wieder von den Partnern eingefordert. Einfach, weil sie sinnvoll und notwendig waren. Diese Motivation ist heute aber aus der eigenen Erkenntnis des Nutzens, d. h. intrinsisch gewachsen. Die Partner verstehen sich immer mehr als Teil des Ganzen und erkennen für sich den Vorteil einer großen Organisation anzugehören, denn der gemeinsame Auftritt aller stärkt die Marktposition des Einzelnen und ist Erfolgsgarant.

Diese Erfahrung zeigt deutlich, dass die Partner aus der neuen Freiheit heraus sich freiwillig Pflichten auferlegen, bei denen sie erkennen, dass sie zur Zielerreichung einfach notwendig sind. Das heißt nicht mehr die Zentrale bestimmt die Pflichten, sondern die Partner legen sie sich selber auf und stehen damit von Anfang an voll dahinter.

Die Praxis zeigt je freier ein Partner ist, desto treuer ist er.

Ziele und Entscheidungen werden gemeinsam mit den Partnern erarbeitet und nicht wie im Franchisesystem von der Zentrale als »Einzelkämpfer« vorgegeben.

Alle Partner bei Ring Lift sind absolut gleichberechtigt. Das ist eine Feststellung auf die bei Ring Lift viel Wert gelegt wird, denn dadurch wird das Konkurrenzdenken der Partner untereinander vermieden.

Eine weitere Pflicht, die sich die Partner selbst auferlegten ist z. B. die Garantie eines einheitlichen kontrollierten Qualitätsstandards aller Partnerbetriebe. Auch eine intrinsisch gewachsene freiwillig auferlegte Pflicht und damit ein Beweis für das Zusammenwachsen zu einer echten Partnerorganisation.

Seit dem Jahr 2000 unterzieht sich die Ring Lift Organisation einer freiwilligen Selbstkontrolle durch einen externen Qualitätsbeauftragten, Beratender Ingenieur für Arbeitssicherheit. Dieser bereist in 18 Monaten alle Mietstationen und überprüft diese anhand einer gemeinsam erarbeiteten strengen Checkliste für Qualitäts- und Sicherheitsstandards. Die Mietstationen bekommen in diesem Zusammenhang Punke und werden in einem Ranking erfasst.

Damit hat sich Ring Lift ein Instrument zur Qualitätssicherung geschaffen, welches dem Sicherheitsanspruch des Kunden optimal und flächendeckend gerecht wird. Egal, ob er sich bei einem Ring Lift Partnerbetrieb in Schwerin oder in München eine Arbeitsbühne ausleiht, der Kunde kann deutschland- und europaweit auf die gleiche Qualität und Sicherheit vertrauen.

Ein hoher Standard, der von allen Partnern als sinnvoll erachtet und hinter dessen Realisierung und strenger, extern kontrollierter, Umsetzung alle Partner einheitlich stehen. Eine Pflicht, die aus der eigenen Überzeugung gewachsen ist , im Sinne des Kunden, der ja vielleicht auch mal aus Gebietsgründen (Ehrenkodex) für einen Auftrag an einen anderen Partner abgegeben wird und dort nicht aus Qualitätsmangel zum ehemaligen Kunden werden soll.

Hin zum echten Partnergedanken durch mehr Freiheit und eigene Einsicht! Unternehmensziele und Entscheidungen werden von der Zentrale und den Partnern miteinander in demokratischen aufgabenorientierten Ausschüssen entwickelt und getroffen. Die Ausschüsse arbeiten hauptsächlich in Bereichen, die überregional und für alle Partner relevant sind.

Es wird also nicht mehr wie im Franchisesystem die allgemeine Marschroute allein durch die Zentrale vorgegeben , sondern die Unternehmensziele und entsprechenden Umsetzungen werden im Team mit den Partnern gemeinsam entwickelt.

Folgende Ausschüsse haben sich bei Ring Lift als Medium zur Zielentwicklung und deren Umsetzung in der Praxis erfolgreich bewährt und treten in regelmäßigen Abständen zusammen:

1. Ring Lift Beirat
Allgemeine Unternehmens- und Systementscheidungen
z. B. Entlassung eines Ring Lift Partners, Schlichtung von Streitigkeiten und Meinungsverschiedenheiten der Partner untereinander

2. Ring Lift Aktivkreis
Entwicklung von Unternehmensstrategien zur zukünftigen Erfolgsmaximierung
z. B. Strategien zur Umsatzerhöhung , Kundenakquisition, usw.

3. Ring Lift Werbeausschuss
Planung der überregionalen Werbemaßnahmen
z. B. Planung des Mitteleinsatz für die Erstellung von Marketing- und Kommunikationskonzepten

4. Ring Lift Ausschuss für spezielle Objekte
Planung allgemeiner betrieblicher Projekte
z. B. Entwicklung eines neuen Geräteprogramms

5. Ring Lift Ausschuss für die interne Mietpreisliste
Festlegung der internen Preisstruktur und Einarbeitung der Veränderungen. Die internen Mietpreisliste beinhaltet die Vermietpreise der Partner untereinander, d. h. wenn es für einen Partner günstiger ist bei einem Auftrag außerhalb seines Gebietes statt seine eigenen Arbeitbühnen teuer dorthin zu transportieren, diese besser bei einem Partner zu mieten. Diese Preise werden im Ring Lift Ausschuss für die interne Mietpreisliste festgelegt.

Die Ergebnisse, welche in den Ausschüssen im Laufe eines Jahres erarbeitet werden, werden der Gesamtheit der Ring Lift Partner auf den Jahrestagungen vorgestellt.

Die Praxis zeigt, es besteht auf Seiten aller Partner eine große Akzeptanz hinsichtlich der demokratisch erarbeiteten Ausschussergebnisse. Sie werden von der Allgemeinheit positiv aufgenommen, mitgetragen und umgesetzt.

Aus der Freiheit der Partner im Lizenzsystem hat sich ein Ergebnis in der Praxis deutlich herauskristallisiert:

Die Partner erkennen die Wichtigkeit der freiwilligen Übernahme von Pflichten zur Erlangung des gemeinsamen Erfolges.

4.4 Ausblicke und Ziele des Lizenzsystems bei Ring Lift

Ring Lift ist inzwischen zu einem der größten Arbeitsbühnenvermieter Deutschlands angewachsen und die Ausweitung der Ring Lift Organisation auf Europa hat mit dem Beitritt des ersten Partners in Österreich bereits begonnen. Schon bald wird das Unternehmen in eine Aktiengesellschaft umfirmiert.

Aber auch das Zusammengehörigkeitsgefühl der Partner und die damit selbstauferlegten Pflichten wachsen unaufhaltsam.

Bislang hatte jeder Partner seine Arbeitsbühnen noch in seiner individuellen in der Region bekannten Unternehmensfarbe. Lediglich das Ring Lift Logo wurde geführt.

Jetzt aber wollen die Partner gemäß einer internen Unternehmensabfrage hinsichtlich der Partnerwünsche zu einem einheitlichen Marketingkonzept mehrheitlich (84,2 Prozent lt. Auswertung der versandten Fragebögen) einen einheitlichen Auftritt am Markt unter den Ring Lift Farben und dem Ring Lift Logo, d. h. eine Verpflichtung zum »einheitlichen Erscheinungsbild« und das ein Beweis für das Vertrauen der Partner in die Ring Lift Organisation, das Zusammengehörigkeitsgefühl aller und den gemeinsamen Erfolg.

Gerade mit dem Wunsch nach dem »einheitlichen Erscheinungsbild« hat man sich auf einer partnerschaftlichen Ebene , die aus der Human Relation, also der Identifikation mit Ring Lift Unternehmen und dem guten Gefühl eine Partner dieser Organisation gewachsen ist, wieder einer der Urtugenden des Franchisesystems von einer ganz anderen Seite genähert. Keine Pflicht, sondern der Wunsch nach dem einheitlichen Auftreten, dem gemeinsamen Führen eines Logos war hier ausschlaggebend.

Auch der Wunsch nach regelmäßigen Erfahrungsaustauschen mit den anderen Partnern und der Ring Lift Zentrale wurde immer lauter.

Daher entschied man sich in regelmäßigen Zyklen, d. h. drei bis vier Partnertreffen pro Jahr durchzuführen und eine Ring Lift Schulungsoffensive für Partner zu organisieren. Auch eine der Urtugenden des Franchisesystems, nämlich der Know-how-Transfer, der durch intrinsische Motivation durch die Partner freiwillig von der Zentrale wieder eingefordert wurde.

2002 wurde von Ring Lift ein Marketingkonzept in Auftrag gegeben, das hier eine speziell auf Ring Lift zugeschnittene Schulungsoffensive anbietet und die Förderung des gemeinsamen Marktauftritts aller Partner und des Bekanntheitsgrades der Marke Ring Lift am Markt optimiert.

Ein starker gemeinsamer Auftritt aller unter der Flagge Ring Lift ist geplant und bereits in der Umsetzungsphase, d. h. gemeinsamer Ring Lift Internetauftritt, zusätzlich ein spezielles Intranet für die Partner, ein eigenes Pressekonzept mit Serviceleistungen für die Partner, eine Schulungsoffensive und ein Partner-Coaching-Programm, eigene CD und CI Artikel unter Ring Lift Logo und vieles mehr.

Ring Lift ist ein eindrucksvolles Beispiel für ein aus dem Franchisesystem gewachsenes Lizenzsystem, bei dem alle gemeinsam mit echter Begeisterung und dem Feuer der inneren Motivation »an einem Strang ziehen« und dadurch auch in Zukunft zufriedene Kunden und den größtmöglichen Erfolg am Markt sicher erreichen werden.

Fazit:

Bereich	Franchisesystem	Lizenzsystem
Innenverhältnis der Partner	Konkurrenzgedanke	Partnergedanke
Vertrag	Zahlreiche Pflichten	Nur zwei Hauptpflichten: 1. Zahlung der Gebühren 2. Führen der Marke Ring Lift
Verhältnis Partner zur Zentrale	Verpflichtungsgedanke	Eigenständigkeitsgedanke
Verhältnis Zentrale zum Partner	»Einer denkt für alle«-Gedanke	»Alle entwickeln gemeinsam«
Partnermotivation in Bezug auf die Unternehmensziele, Auftritt am Markt und Know-how-Transfer	Extern bestimmt	Intrinsisch gewachsen

5 | Blockaden abbauen

von Jürgen Nebel

Wohl in jedem System etablieren sich Franchisenehmer, die nicht die qualitative Leistung erbringen, die erforderlich ist. Fast immer erwirtschaften sie auch nicht ausreichende Ergebnisse, so dass ihre Existenz ohnehin gefährdet ist. Was ist zu tun? Es gibt unterschiedliche Lösungen.

Lässt der Franchisegeber diese Franchisenehmer im System, so tut er sich und seinen übrigen Franchisenehmern keinen Gefallen. Denn ein nicht ausgeschöpftes Marktpotenzial schädigt das System insgesamt schon dadurch, dass infolge geringerer Umsätze Kosteneinsparungen nicht im möglichen Ausmaß erzielt werden.

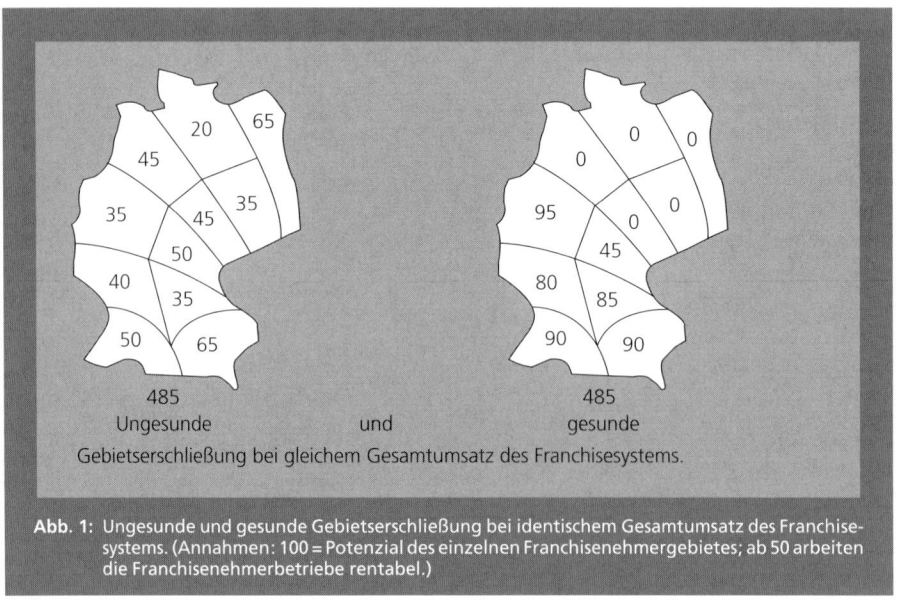

Ungesunde und gesunde Gebietserschließung bei gleichem Gesamtumsatz des Franchisesystems.

Abb. 1: Ungesunde und gesunde Gebietserschließung bei identischem Gesamtumsatz des Franchise-systems. (Annahmen: 100 = Potenzial des einzelnen Franchisenehmergebietes; ab 50 arbeiten die Franchisenehmerbetriebe rentabel.)

Aus der Grafik wird zugleich ersichtlich, dass manche Franchisesysteme über lange Zeit ihre Expansion und ihre Umsatzzuwächse allein über die Eröffnung immer neuer Franchisebetriebe erzielen, nicht aber durch Umsatzzuwächse der etablierten Betriebe. Dies kann nach außen einen sehr erfolgreichen Anschein erwecken (jahrelang steigende Gesamtumsätze, stetig wachsende Franchise-nehmerzahl), in Wirklichkeit sind manchmal die Mehrzahl der Franchisebetriebe unrentabel. Einer der obersten Grundsätze eines Franchisesystems muss daher lauten, möglichst ausnahmslos jeden einzelnen Franchisebetrieb rentabel zu bekommen, da dies allein zweierlei sichert:

1) Den Erfolg und die Zufriedenheit jedes Franchisenehmers, wodurch die Gefahr des Auseinanderbrechens des Systems gebannt ist.
2) Die maximale Ausschöpfung des Marktpotenzials.

In einem gesunden System, das überwiegend rentable Franchisebetriebe aufweist, sind dennoch zumeist einzelne Franchisenehmer nicht erfolgreich. Dort ist weniger das nicht ausgeschöpfte Marktpotenzial das Problem, sondern hier wiegen zumeist die Schäden, die durch Nichteinhaltung der Systemstandards und Qualitätsnormen verursacht werden am schwersten.

Doch wie sorgt der Franchisegeber nun für systemkonformes Verhalten aller Franchisenehmer? Es gibt zwei Wege: Erstens die betreffenden Franchisenehmer »rücken auf« mit ihren Leistungen, sodass sie wenigstens das Mittelfeld erreichen oder – zweitens – sie verlassen das System. Dies mag hart klingen, aber der Schutz des gesamten Franchisesystems, ebenso wie die Fürsorgepflicht gegenüber dem meist auch finanziell angeschlagenen Franchisenehmer verpflichtet den verantwortungsbewussten Franchisegeber hierzu. Allein konsequentes Handeln und keine falsch verstandene Nachsicht sind für das System vertretbar.

Bevor der Franchisegeber sich entschließt, einen Franchisenehmer aus dem System zu nehmen, sollten die vorausgehenden Maßnahmen zur Leistungssteigerung ergebnislos verlaufen sein. Ein klares rechtzeitiges Ende ist auch für den jeweiligen Franchisenehmer besser, denn Freude an seiner Arbeit dürfte er schon lange nicht mehr haben und finanziell wird er ohnehin zumeist gezwungen sein, einen Richtungswechsel vorzunehmen. Frühzeitige, nicht vorzeitige, Trennung des Franchisegebers vom Franchisenehmer kann beiden, vor allem aber dem Nehmer, erhebliche Verluste ersparen. Ein »starker Franchisegeber« wird also beizeiten die notwendige Konsequenz aufbringen und vermeidbare Verluste verhindern.

> Wenn Du nicht ein Teil der Lösung bist,
> dann bist Du ein Teil des Problems.
> (*Eldridge Cleaver* zugeschrieben)

Wie ist nun der ernsthafte Versuch zu unternehmen, dem notleidenden Franchisenehmer Anschluss ans Mittelfeld zu verschaffen (Die Frage, wie ein Franchisenehmer beim nachhaltigen Scheitern dieses Versuchs durch Vertragskündigung – und dennoch fair – verabschiedet wird, wird im Abschnitt IV.6, Kooperativ verhandeln dargestellt.)?

Franchisenehmer und deren Betriebe können sinnvoll nach vielen Kriterien eingeteilt werden. Für die Leistungskennzeichnung ist es auch denkbar, Franchisenehmer in A-, B- und C-Franchisenehmer zu kategorisieren. Die Guten, das Mittelfeld und die Schlechten, eben A-, B- und C-Franchisenehmer.

Ziel muss sein, überhaupt keine C-Franchisenehmer im System zu haben. C-Qualitäten kann sich das System nicht leisten, weder der jeweilige Franchisenehmer, noch dessen *bessere* Kollegen und auch nicht der Franchisegeber.

Wie Franchisenehmer allgemein zu qualifizieren sind, wird an vielen Stellen dieses Buches aufgezeigt. Die beschriebenen Methoden gelten grundsätzlich auch für C-Franchisenehmer.

Einführung

Jegliches Controlling ist letztendlich nur dann sinnvoll, wenn auch für Krisensituationen ein Instrumentarium oder eine Vorgehensweise zur aktiven Unterstützung der betroffenen Franchisenehmer vorhanden ist.

Controlling kann schließlich nicht Selbstzweck sein oder lediglich der Dokumentation von Entwicklungen dienen.

Der Franchisegeber übernimmt mit der Gestaltung eines zeitnahen und aussagekräftigen Controllingsystems auch eine nicht zu unterschätzende Verantwortung. Aus den laufenden Auswertungen und gegebenenfalls sogar möglichen Hochrechnungen lässt sich schnell erkennen, wie sich die wirtschaftliche Situation des Franchisenehmers verändert.

6.1 Wie kommt es zu Krisen bei Franchisenehmern?

Bevor nun auf die verschiedenen Möglichkeiten zur Unterstützung näher eingegangen wird, sollte kurz der klassische Weg in die Krise skizziert werden:

1) Der Franchisenehmer erhält über die verschiedenen Finanzierungsinstitutionen eine Existenzgründungsfinanzierung, welche sich eher als zu knapp herausstellen wird.
2) Die ersten zwei Geschäftsjahre, in der Regel teilweise tilgungsfrei betreffend die Finanzierung, verlaufen zufriedenstellend. Es werden jedoch keinerlei Reserven gebildet.
3) Im dritten Geschäftsjahr setzen die Tilgungen halbjährlich ein und es entsteht ein kleiner Liquiditätsengpass. Der ansonsten *gute* Franchisenehmer bekommt selbstverständlich bei dem Hauptlieferanten und Franchisegeber sofort Sondervaluta (Zahlungsaufschub) eingeräumt.
4) Der im Jahresverlauf häufig stark schwankende Monatsumsatz führt in einem umsatzschwachen Monat und gleichzeitig fälligen Rechnungen aus einkaufsstarken Monaten zu zusätzlichen Liquiditätsengpässen.
5) Der Franchisenehmer vermeidet aus verschiedenen Gründen das offene Gespräch mit seinem Franchisegeber und bemüht sich um zusätzliche kurzfristige Kreditmittel. Soweit dies möglich ist, bringt er eventuell vorhandenes Eigenkapital ein.
6) Die Kreditmittel müssen ebenso kurzfristig getilgt werden. Dies führt nach einer begrenzten Erholungsphase wiederum zu Zahlungsschwierigkeiten. Der Franchisegeber wird auf diese Probleme aufmerksam und durchleuchtet die wirtschaftliche Situation des Franchisenehmers.

6a) Die nachfolgende Analyse verdeutlicht die mittlerweile drastische Liquiditätslage. Der Franchisegeber schränkt die weitere Belieferung aus Angst vor einer möglichen Zahlungsunfähigkeit stark ein.

6b) Die dürftige Warenversorgung führt schnell zu Umsatzeinbrüchen und damit ist der Zusammenbruch programmiert.

Die dargestellte Entwicklung ist in der vorliegenden Form konstruiert und in der Realität selten so vorzufinden. Sie ist jedoch als Aneinanderreihung der in der jeweiligen Stufe negativsten Ausprägung zu verstehen und daher möglich. Jedes ausführliche Gespräch mit dem Kreditsachbearbeiter einer Bank wird dieses Bild bestätigen.

Die grundsätzliche Frage ist doch aber: Wie konnte es überhaupt dazu kommen?

Die Antwort lautet: Ganz offensichtlich weil der Liquiditätsbedarf falsch eingeschätzt wurde.

Und daran knüpft sich auch schon die dringendste aller Empfehlungen aus der Praxis

Keine Planung ohne eine integrierte Ergebnis- und Finanzplanung.

Unzählige Gespräche mit Sachbearbeitern der Kreditinstitute zeigen, dass letztendlich eine vorliegenden Liquiditätsplanung unterjährig, d. h. auf Monatsebene erst den tatsächlichen Finanzbedarf in der Spitze zeigt. Mit anderen Worten könnte es durchaus der Fall sein, dass ein Franchisenehmer über das Gesamtjahr eine deutlichen Gewinn ausweisen würde, jedoch wird er das Geschäftsjahresende nicht erreichen, da ihm bereits ab August jegliche Finanzmittel fehlen um den Betrieb weiterführen zu können.

6.2 Wer hilft bei der Sanierung?

Es kommen im Wesentlichen folgende drei Verantwortliche in Frage:

(1) Der Franchisenehmer in Zusammenarbeit mit seinem Steuerberater
(2) Der Franchisenehmer in Verbindung mit dem zuständigen Betreuer aus der Franchisegeberzentrale
(3) Der Franchisenehmer, sowie ein externer Franchiseberater

Die jeweiligen Akteure weisen spezifische Besonderheiten auf, welche für die Qualität und die Nachhaltigkeit der Sanierung von Bedeutung sind:

Der **Steuerberater** des Franchisenehmer ist erfahrungsgemäß nicht mit der spezifischen Situation des Franchisenehmers vertraut. Für ihn sind lediglich die buchhalterischen Sachverhalte von Bedeutung.

Der zuständige **Außendienst-Mitarbeiter des Franchisegebers** sieht sich selbst einer zwiespältigen Situation ausgesetzt. Einerseits muss er sein Gebiet entsprechend den Richtlinien aus der Zentrale betreuen und die vorgegebenen Zielsetzungen erreichen, andererseits ist möglicherweise eine intensive Sanierungsberatung sehr zeitaufwendig und zudem sehr komplex. Gegebenenfalls könnte er sogar in die Situation geraten, seiner Zentrale empfehlen zu müssen, zusätzliche Werbemaßnahmen zu ergreifen. Die zusätzlichen Kosten würden auf seine Tätigkeit hin entstehen. Eine unabhängige Beratung ist also nicht unbedingt gewährleistet.

Nach den beiden vorgenannten Sanierungspartnern ist der **externe Franchiseberater** unter Umständen eine sinnvolle Alternative. Soweit er umfassende Kenntnisse in der Beratung und Unterstützung von Franchisenehmern in wirtschaftlichen Notlagen aufweist, wird er mit Sicherheit in wesentlich kürzerer Zeit eine klare und unabhängige Analyse der Situation vorlegen können. Er wird unparteiisch berichten und die möglichen Lösungswege aufzeigen können. Welche Maßnahmen letztendlich ergriffen werden, liegt im Ermessen der Franchisevertragspartner. Wichtig ist in diesem Zusammenhang, dass Franchisegeber wie Franchisenehmer Vertrauen in die Person und die Qualität des Beraters haben. Sollte dies nicht der Fall sein, wäre der spezifische Vorteil dieser Form der Sanierungsberatung nicht gegeben.

6.3 Maßnahmen zur Sanierung von Franchisenehmern

Was kann oder muss denn nun konkret getan werden, um den Franchisenehmer in seiner Situation zu unterstützen? Wie kann man ihn aus seiner schwierigen Situation befreien?

In diesem Zusammenhang ist wiederum auf die franchisespezifische Verantwortung des Franchisegebers für das wirtschaftliche Wohlergehen seiner Franchisenehmer hinzuweisen, soweit die Ursachen der Krise nicht alleine vom Franchisenehmer zu verantworten sind.

Grundsätzlich ist im Rahmen der Sanierung eines Franchisenehmers folgende Vorgehensweise empfehlenswert:

1) Detaillierte und schnelle Analyse der wirtschaftlichen Situation
2) Darstellung der wahrscheinlichen zukünftigen Entwicklung des Franchisebetriebes
3) Gespräch zwischen Franchisenehmer und Franchisegeber, sowie eventuell einem unabhängigen Berater, zur Sensibilisierung aller Beteiligten
4) Prüfung aller Maßnahmen und Lösungsvorschläge
5) Verabschiedung des gewählten Lösungsansatzes durch Franchisenehmer und Franchisegeber
6) Umsetzung der Maßnahmen und Kontrolle
7) Nachfolgende Kontrollen der wirtschaftlichen Entwicklung in bestimmten Zeitabständen

Folgende Maßnahmen kann der Franchisegeber für Franchisenehmer zur Unterstützung bereitstellen. Natürlich sind diese Hilfestellungen auf den Einzelfall abzustimmen und in Abhängigkeit von der Ursache der Notlage auszuwählen. Die nachfolgende Übersicht erhebt also nicht den Anspruch auf Vollständigkeit.

❏ Probleme aus der Situation des Standortes:
- Nachverhandlung eines vergleichsweise teuren Mietvertrages durch den Franchisenehmer
- Subventionierung eines strategisch wichtigen Standortes
- Hilfestellung bei der Suche einer neuen Betriebsstätte am gleichen Standort
- Erarbeitung und Subventionierung eines standortspezifischen Marketing- und Werbekonzeptes

❏ Liquiditätsprobleme:
- Kurzfristige Erweiterung des Lieferantenkreditrahmens
- Ausreichung eines Darlehens zur Zwischenfinanzierung
- Unterstützung bei Bankgesprächen zur Erweiterung des Kontokorrentrahmens, gegebenenfalls Sicherheiten durch Franchisegeber
- Stundung von ausstehenden Rechnungen

Wie bereits eingangs schon verdeutlicht wurde, so ist auch in der konkreten Sanierungssituation das nachhaltige Liquiditäts-Controlling extrem wichtig. Da sich der Franchisenehmer nun in einer finanziell wie auch persönlich angespannten Situation befindet, sollte er sich ganz auf sein eigentliches Aufgabengebiet, das Verkaufen, konzentrieren können. Speziell Franchisesysteme, die die Franchisenehmer-Finanzierung durch Kommissionswarenbestände unterstützen sollten hier ebenfalls eine Notwendigkeit in einem sehr zeitnahen Bestands- und Finanz-Controlling sehen. Der Franchisegeber ist durch seine spezielle Vertragssituation ständig in einem gewissen Wertberichtigungsrisiko ausgesetzt.

❏ Ergebnisprobleme:
- Zusätzliche Werbe- und Marketingmaßnahmen des Franchisegebers
- Hilfestellung bei Sortimentsumstrukturierungen durch Rücknahme von vorhandenen Sortimentsteilen
- Aktive Hilfestellung bei Kostenreduzierungen durch Nachverhandlung von Verträgen, wie Leasingverträgen, Mietverträgen
- Aktive Personalberatung für den Franchisenehmer
- Zeitlich begrenzte Verbesserung der Einkaufskonditionen
- Zeitlich begrenzte Reduzierung der Franchisegebühren
- Bereitstellung vergünstigter Konditionen in verschiedenen Kostenbereichen (Leasing-Fahrzeuge)

Die genannten Maßnahmen führen jedoch nur dann zum gewünschten Erfolg, wenn sichergestellt werden kann, dass die Ursache und die Lösung des Problems oder der Probleme im richtigen Zusammenhang stehen.

Von eminenter Wichtigkeit ist auch die Bedeutung der sog. Kostenremanenz. Die reine Beseitigung von Ursachen führt leider nur in den seltensten Fälle zu sofortigen Kostenauswirkung. In der Regel werden für Personalreduzierungen Abfindungen zu bezahlen sein. Die Auflösung von Mietverträgen führt zu Ausgleichszahlungen an die gewerblichen Vermieter, und dergleichen mehr. Diese Auswirkungen sind zu prognostizieren und auch dem entsprechenden Kreditinstitut mitzuteilen, da dieses meist intensiv in die Sanierung eingebunden sein wird.

Dieses vorausgeschickt wird die Bedeutung von sog. Risiko-Kennzahlen im Controlling deutlich. Risiko-Kennzahlen können beispielsweise den Anteil der Fixkosten an den Gesamtkosten des Franchisenehmer-Betriebes aufzeigen. Je höher der Fixkosten-Anteil liegt, umso schwieriger wird in der Regel ein schnelles Reagieren auf Markt- oder Wettbewerbseinflüsse sein. In diesem Zusammenhang sollte auch nicht unerwähnt bleiben, dass professionelle Hilfe durch Rechtsanwälte bei der Kündigung teilweise sehr hilfreich sein können, vor allem durch die Prüfung von Sonderkündigungsrechten oder ähnlichem.

Von ebenso entscheidender Bedeutung ist die Nachhaltigkeit der Bemühung aller Beteiligten die Sanierungsmaßnahmen umzusetzen. Dies könnte bedeuten, dass eine finanzielle Unterstützung des Franchisenehmers an dessen aktive Umsetzung aller Sanierungsaufgaben geknüpft ist.

Letztendlich werden sich immer wieder Situationen ergeben, in denen die Zusammenarbeit zwischen Franchisegeber und Franchisenehmer nicht mehr funktionieren kann. Die möglichen Gründe dafür sind ggf. auf der einen wie auf der anderen Seite zu suchen und zu finden.

Ein Querschnitt von etwas 150 Franchisenehmerbetrieben verschiedener Systeme, welche natürlich nicht repräsentativ ist, zeigt eine gewisse Grundtendenz in der Ursachenverteilung. Diese Betriebe wurden durch unser Beratungsunternehmen analysiert und zum Teil auch während der Sanierung unterstützt und betreut.

Es zeigte sich, dass in etwa einem Drittel der Fälle der Geschäftsverlauf bereits von Beginn an sehr schlecht, d. h. weit unter den Erwartungen anlief. Unserer Analyse nach wurde die Wettbewerbssituation und auch ganz allgemeine Standortfaktoren nicht richtig eingeschätzt. In verschiedenen Fällen hatte man sich dabei im Rahmen der Renditeprognose seitens des Franchisegebers auf einen allgemeingültigen Zusammenhang zwischen Kaufkraft- und Umsatz-Kennziffer und Franchisenehmer-Umsatz verlassen. Hierbei zeigt sich ein gravierender Fehler der Standortanalyse. Jeder Standort muss für sich als ganz spezifisches Faktoren-Konglomerat gesehen und eingeschätzt werden. Sicherlich können gewisse Zusammenhänge statistisch dargestellt werden. Schließlich zeigt sich jedoch gerade in der professionellen Analyse der Einzelstandortes und einer speziellen Einschätzung der Faktoren das Franchisegeber-Know-how. Unseres Erachtens sind pauschale Renditeprognosen und allgemeine Ertragsvorschau-Werte, wie sie teilweise in den Akquisitionsbroschüren der Franchisesysteme zu finden sind mit äußerster Vorsicht zu behandeln.

Ein Viertel etwa zeigte sich als Franchisenehmer nicht in der Lage mit den Besonderheiten des Unternehmer-Daseins umzugehen. Dabei ist in der Regel nicht von Böswilligkeit zu sprechen sondern vielmehr von der persönlichen Vorbereitung auf diese Situation und der Bewältigung von Stress-Situationen. Sicherlich kann dem Franchisegeber daraus kein Vorwurf gemacht werden, jedoch zeigt dieser Umstand, dass ein ganz entscheidender Erfolgsfaktor des Gesamt-Systems die Auswahl und Schulung der Franchisenehmer ist. Die Vorgehensweise im Verlauf eines sich abzeichnenden Scheiterns ist durch Franchisegeber teilweise etwas zwiespältig. Nicht zuletzt deshalb, weil er ja einerseits einen selbstständigen Unternehmer als (Vertrags-)Partner hat und diesen nicht unerwünscht Ratschläge geben möchte. Und zum anderen weil er sich aus vertraglicher Sicht unter Umständen in einer gewisse Risikoposition bringt.

Für ein weiteres Viertel wird eine deutliche Verschlechterung der marktlichen Gegebenheiten entweder des lokalen Marktes oder der Branche zum Verhängnis. Auch kann teilweise dem Franchisenehmer vorgeworfen werden, dass er sich nur unzureichend mit den Möglichkeiten des standortindividuellen Marketings befasst und deshalb vermutlich jeder Veränderung der Rahmenbedingungen zum Opfer gefallen wäre. Zum anderen konnte aber auch festgestellt werden, dass Franchisesysteme manchmal nur unter einem gewissen Druck durch die Franchisenehmer zu Systemanpassungen gedrängt werden. Die oft vertraglich manifestierte Abhängigkeit des Abnehmers »Franchisenehmer« führt in einigen Fällen zur Neigung das Problem aussitzen zu wollen.

Der Rest der Betriebe, welche sich in einer sehr kritischen Situation befinden oder befanden litt unter gravierenden Liquiditätsengpässen. Diese führten zu den in der allgemeinen Ablaufstruktur erläuterten Problementfaltung. Unter diesen Betrieben schätzten einige den Finanzbedarf von Anfang an falsch ein, was zum Teil auf mangelnde planerische Unterstützung durch den Franchisegeber zurückzuführen sein könnte, und zum anderen auch auf eine teilweise betriebsfremde Verwendung von Liquidität zurückzuführen war. Letzteres kommt immer wieder in Franchisenehmer-Betrieben vor, in denen der Franchisenehmer neben seinem Franchise-Outlet noch einen weiteren Betrieb führt. Diese Thematik taucht häufig in Franchisesystemen auf, bei denen der Einstieg über eine Nebentätigkeit oder als sog. »zweites Standbein« erfolgen kann. Wir stellten dabei fest, dass letztendlich kein Betrieb mit dem vollen Engagement geführt wurde. Es kann auch nicht verleugnet werden, dass mangelnde Kontrollmechanismen des Franchisegebers in Notsituationen dazu führen, dass hier die vertraglichen Grenzen auch überschritten werden.

Schlussendlich kann jedoch aus unseren, sicherlich begrenzten Erfahrungen zusammengefasst werden, dass in vielen Franchisesystemen speziell das Sanierungs-Controlling mit all seinen Konsequenzen eher stiefmütterlich behandelt wird.

Es erscheint im Lichte der dargestellten Möglichkeiten zur Unterstützung und den Risiken es nicht zu tun fast ketzerisch trotz allem darauf hinzuweisen, dass es auch Situationen gibt, in denen ein Standort nicht zu halten ist oder ein Franchisenehmerbetrieb nicht mehr zu retten ist. In diesem Falle wäre es fatal, den betreffenden Franchisenehmer zum Durchhalten zu veranlassen. Dieser würde seine finanzielle Situation noch weiter verschlechtern und zu einem späteren Zeitpunkt vielleicht keine Chance mehr haben, um einen geordneten Ausstieg aus der unternehmerischen Tätigkeit anzutreten.

Die Beendigung von Franchiseverhältnissen ist ein durchaus vielschichtiges Thema, welches auf keinen Fall als irrelevanter Neben-Aspekt abgehandelt werden sollte.

Zum einen ist zu beachten, ob das Verhältnis in beiderseitigem Einvernehmen oder im Rahmen einer juristischen Auseinandersetzung beendet wird. In Not geratene Franchisenehmer werden mittlerweile ebenso gut juristisch vertreten wie üblicherweise die Franchisegeber-Unternehmen. Dies führt unter Umständen zu langwierigen Auseinandersetzungen, welche durchaus bei entsprechender PR-Arbeit zu negativen Auswirkungen auf den Franchisegeber wie auch auf das gesamte System haben können. Die Kosten für die Beseitigung des Image-Schadens kann den meist sowieso ausgehandelten Vergleich leicht überschreiten.

Aber auch im Falle einer gütlichen Übergabe des Franchisenehmer-Betriebes an den Franchisegeber, immer vorausgesetzt dieser will ihn fortführen, kann zu ungewollten Belastungen führen. Dazu zählen Aspekte wie die vollständige Übernahme des Personals inklusive eines einjährigen Kündigungsschutzes, sowie das Damoklesschwert der ungewollten sog. Betriebsübernahme. Letztere kann unter Umständen zu einer Übernahme sämtlicher Verbindlichkeiten insbesondere Steuererschulden durch den Franchisegeber führen.

Letztendlich kann auch in dieser Situation nur dazu geraten werden sich anfänglich der Beratungsleistung fachlich versierter Dritter, Anwälte oder ähnliche zu bedienen. Sukzessive wird der Franchisegeber dieses Know-how natürlich hausintern aufbauen.

Obige Überlegungen führen auch zum Aspekt des Outplacements, welcher nicht unbedingt zur laufenden Tätigkeit eines Franchisemanagers gehört, dennoch für ein Franchisesystem unabdingbar ist.

6.4 Outplacement für Franchisenehmer

Der Begriff Outplacement ist mittlerweile im Sprachgebrauch der Personalabteilungen großer Unternehmen häufig anzutreffen und umschreibt die Bemühungen der Arbeitgeber ihren Mitarbeitern einen sanften Aus- oder Umstieg aus dem bisherigen Unternehmen zu ermöglichen.

Diese Vorgehensweise ist bei etablierten Franchisegebern, welche sich ihrer Verantwortung bewusst sind, teilweise ebenfalls vorzufinden. Selbst die erfolgreichsten Franchisesysteme weisen eine gewisse, wenn auch geringe Fluktuation unter den Franchisenehmern auf. Die Gründe dafür sind vielfältig, führen jedoch in der Regel zur Auflösung des Franchiseverhältnisses. Natürlich wird diese Thematik in keiner Werbebroschüre erläutert und so kann hier nur auf Erfahrungen zurückgegriffen werden.

Die Hilfestellungen bei der Aufgabe des eigenen Franchisebetriebes sind so vielfältig wie die der Sanierungsberatung.

Grundsätzlich ist davon auszugehen, dass sich für den gescheiterten Franchisenehmer oft nicht nur eine finanziell aussichtslose Situation, sondern auch ein psychischer Abgrund auftut. Es muss unbedingt vermieden werden, seitens des Franchisegebers den ausscheidenden Franchisenehmer als unfähig oder ungeeignet abzuwerten. Es sollte vielmehr darauf hingewiesen werden, dass die Fähigkeiten der betreffenden Person vermutlich in anderen Bereichen liegen. Eine wenig feinfühlige Behandlung dieses Menschen kann schwerwiegende Folgen haben.

Der betreffende Franchisemanager muss davon ausgehen, dass für den ausscheidenden Franchisenehmer eine Welt zusammenbricht und er oft nicht nur finanziell keine Handlungsspielräume mehr zu haben glaubt, weil sein Selbstbewusstsein dadurch stark in Mitleidenschaft gezogen ist.

In dieser Situation sollte versucht werden, für den Franchisenehmer wieder ein Betätigungsfeld zu finden. Unter Umständen kann im Kreise der Franchisenehmer oder der Franchisegeber-Filialen ein entsprechender Arbeitsplatz gesucht werden. Soweit diese Bemühungen keine Früchte tragen, sollte zumindest jegliche Unterstützung angeboten werden. Dies umfasst Hilfestellungen bei der Beantragung der verschiedenen Zuschüsse und kann sogar die Beauftragung eines speziellen Outplacement-Beraters beinhalten. Dieser übernimmt dann die Vermittlung des ausscheidenden Franchisenehmers.

Da die Franchisenehmer in dieser Situation meist Bankverbindlichkeiten in nicht unbeträchtlicher Höhe zu begleichen haben, wird ein verantwortungsbewusster Franchisegeber bemüht sein, mit dem ausscheidenden Franchisenehmer gemeinsam diese sehr unangenehmen Umschuldungsgespräche zu führen.

Unter Umständen hat der Franchisenehmer zusätzliche Verbindlichkeiten bei seinem Franchisegeber. Es muss seitens des Franchisegebers nun kritisch geprüft werden, inwieweit er auf die Forderungen verzichten sollte. Nicht selten ist der Franchisenehmer erst durch eine etwas nachlässige Beachtung der Sorgfaltspflichten des Franchisegebers in diese Situation geraten. Dies wäre bei zu optimistischen Renditeprognosen ebenso möglich, wie auch bei einer fehlenden oder mangelhaften Unterstützung während der Zusammenarbeit.

Zusammenfassend soll betont werden, dass der partnerschaftliche Gedanke des Franchising nicht mit dem Zeitpunkt der Vertragsauflösung dergestalt enden sollte, dass der wirtschaftlich schwächere ehemalige Franchisenehmer keinerlei Unterstützung, in welcher Form auch immer, mehr erhält.

Einführung

Wo unterschiedliche Interessen oder gar Konflikte auftreten, wird über diese Streitpunkte zunächst einmal verhandelt. In Franchisesystemen ist dies selten bei Abschluss des Franchisevertrages der Fall, da dieser systembedingt vorgegeben und üblicherweise nicht verhandlungsfähig ist. Verhandlungs- und Konfliktsituationen ergeben sich allerdings häufig während des Laufes des Franchisevertrages, wenn z. B. neue Systemrichtlinien durchgesetzt werden sollen, bei der Beendigung von Franchiseverträgen, aber auch beim Abschluss von Master-Franchiseverträgen oder anlässlich der Erschließung neuer Märkte durch Expansion oder Kooperation. Differenzen gibt es nicht nur zwischen Franchisegeber und Franchisenehmer, sondern auch zwischen einzelnen Franchisenehmern, um nur einige typische Problemfelder zu nennen.

Bei all diesen möglichen Konflikten geht es immer darum, eine für alle Beteiligten möglichst befriedigende, schnelle und kostengünstige Lösung zu finden. Ein Konflikt ist beim Zusammenleben verschiedener Parteien mit unterschiedlichen wirtschaftlichen Interessen natürlich und sollte nicht zwangsläufig, wie das leider häufig der Fall ist, dazu führen, dass das gegenseitige Vertrauen und jegliche Basis für eine weitere Zusammenarbeit zerstört wird. Die Art und Weise der Konfliktbeilegung hat deshalb große Auswirkungen auf die weitere Zusammenarbeit der Beteiligten und hat auch Signalwirkung für alle anderen Beteiligten eines Franchisesystems – wird dadurch doch deutlich, in welchem Stil miteinander umgegangen wird.

Eine Lösung im Verhandlungswege ist immer einer langwierigen, kosten- und ressourcenintensiven, gerichtlichen Auseinandersetzung vorzuziehen. Ziel in jeder Konfliktlage sollte es also sein, die Streitpunkte möglichst durch Verhandlungen für alle Beteiligten befriedigend zu lösen. Hier ist Verhandlungskompetenz und die richtige Verhandlungsstrategie gefragt.

Verhandelt wird aber häufig aus dem Bauch heraus, in der irrigen Annahme, Verhandeln sei eine naturgegebene Kompetenz. Es soll im Folgenden aufgezeigt werden, dass bessere Ergebnisse dadurch erzielt werden können, indem man sich nicht nur auf seine Intuition verlässt, sondern gezielt Verhandlungskompetenz entwickelt.

7.1 Basarmethode versus rationales Verhandlungsmodell

Der intuitive Verhandler, der sich noch nie mit Verhandlungstechniken auseinandergesetzt hat, wird typischerweise nach der »Basarmethode« verhandeln. Die Methode ist, wie der Name schon sagt, mit dem Feilschen auf einem orientalischen Basar vergleichbar. Dies bedeutet, dass jede der Parteien jeweils konträre, mehr oder weniger extreme Positionen einnimmt. Durch wechselseitiges Nachgeben einigen sich die Parteien zwischen den beiden Positionen irgendwo in der Mitte. Dieses Vorgehen erlaubt keine große Komplexität, sondern bedingt im Gegenteil die Reduzierung des zu verhandelnden Sachverhaltes auf einfache Positionen. Informationen werden nur sehr begrenzt offengelegt. Es wird mit offenen oder verdeckten Manipulationstechniken gearbeitet. Wesentlicher Teil der Basarmethode ist also das Positionsdenken und – zumindest teilweise – der Einsatz von Manipulationstechniken zur Beeinflussung des Verhandlungspartners. Dies wird auch als »negotiating dance« (Raiffa, Howard: The art and science of negotiation, Harvard 1982) bezeichnet, d. h. die Verhandlungspartner drehen sich im Kreis, sie versuchen, den anderen zu bezirzen und jeder ist stets bemüht, den Takt anzugeben bzw. die Führung zu übernehmen.

Die Vorteile der Basarmethode liegen auf der Hand. Die Methode ist sehr populär, jeder kann sie intuitiv ohne lange Übung anwenden. Mangels objektiver Maßstäbe ist häufig jeder der Verhandlungspartner am Ende davon überzeugt, ein gutes Ergebnis erzielt zu haben (was kaum negativ bewertet werden, aber falsch sein kann). Es kann aber auch auf beiden Seiten das Gefühl zurücklassen, übervorteilt worden zu sein.

Dem gegenüber steht das rationale Verhandlungsmodell. Das rationale Verhandlungsmodell wurde bereits in den siebziger Jahren von Roger Fisher und William Ury an der Harvard Law School, USA, entwickelt und wird deshalb auch Harvard-Konzept genannt. Das rationale Verhandlungsmodell geht davon aus, dass bessere Erfolge erzielt werden, wenn die Verhandlungspartner nicht gegeneinander, sondern zusammen an einer Lösung des Problems arbeiten. Misstrauen wird durch Vertrauen ersetzt. Es werden kreative und ökonomisch sinnvolle Lösungen für beide Verhandlungsparteien angestrebt. Die Verhandlung basiert auf sachlichen, objektiven Kriterien und vermeidet Manipulationen. Die rationale Verhandlungsmethode versucht auf der Basis vertrauensvoller Verhandlungen, eine für beide Seiten zufriedenstellende interessengerechte Lösung zu finden (Fisher, Ury: Das Harvard-Konzept).

Welche Verhandlungsmethode ist nun die richtige?

Ob eine Verhandlungsmethode erfolgreich ist, zeigt sich, wenn ihre Ergebnisse über einen längeren Zeitraum hin betrachtet werden. Bei Anwendung der Basarmethode ist die Gefahr groß, übervorteilt zu werden, während der rationale Verhandlungsstil tragbare Lösungen und Verhandlungsergebnisse sucht, bei denen beide Konfliktparteien ihre Interessen durchsetzen und ein Ergebnis suchen können, das anhand objektiver Kriterien bewertet wird und diesen standhält. Ziel des rationalen Verhandlungsmodells ist es, nicht einen Sieger und einen Verlierer aus der Verhandlung hervorgehen zu lassen, da dies auf Dauer, insbesondere, wenn die Verhandlungsparteien auch in Zukunft wieder zusammenarbeiten (wollen oder müssen), kaum eine tragbare Basis ist. Es werden vielmehr sog. Win-win-Lösung gesucht, wo alle Verhandlungspartner als Sieger oder zumindest befriedet aus der Verhandlung hervorgehen können.

Da gerade in Franchisesystemen die weitere Zusammenarbeit der Konfliktparteien häufig vorgegeben ist, sollte bei diesen Konflikten nach Lösungen gesucht werden, die auch für die Zukunft eine tragfähige Grundlage bilden. Die Basarmethode liefert diese Lösungen nur selten und eher zufällig, während bei Anwendung des rationalen Verhandlungsmodells konstruktive und auch für die Zukunft tragbare Ansätze gefunden werden.

7.2 Die sechs Prinzipien des Verhandelns nach dem Harvard-Konzept

Prinzip 1: Unterscheidung zwischen Sach- und Beziehungsebene

Bei gleich welcher Auseinandersetzung wird der menschliche Aspekt der Verhandlung leicht vergessen. Die Gegenseite besteht ja nicht aus abstrakten Repräsentanten, sondern aus Menschen mit Gefühlen und tief verwurzelten Werten. Jeder Verhandlungspartner hat zwei Grundinteressen – das eine bezieht sich auf den Verhandlungsgegenstand, das andere auf die persönlichen Beziehungen. Allerdings vermischen sich die persönlichen Beziehungen leicht mit den anstehenden Problemen. Es ist deshalb wichtig, die persönlichen Beziehungen der Verhandlungspartner und die Sachfrage getrennt zu betrachten. Das »Problem Mensch« sollte nicht durch Zugeständnisse in der Sache gelöst, sondern gesondert behandelt werden. Ärger und Frustration auf beiden Seiten können eine günstige Übereinkunft verhindern. Es sollten einerseits die Probleme gelöst und dabei gleichzeitig eine gute Beziehung der Verhandlungspartner aufgebaut und aufrechterhalten werden. Die Vermischung von Sachproblemen mit Beziehungsproblemen schadet der Beziehung und lähmt den Fortschritt in der Sache. Eine funktionierende Beziehung ist aber Voraussetzung für eine effiziente Bearbeitung von Sachproblemen.

Prinzip 2: Konzentration auf objektive Sachverhalte (Tatsachen) und auf subjektive Sichtweisen (Wahrnehmungen)

Jeder Verhandlungspartner sieht den Verhandlungsgegenstand aus seiner Perspektive. Die jeweilige Empfindlichkeit, frühere Erfahrungen, innere Überzeugungen und Werthaltungen sowie das kulturelle Umfeld prägen die Art und Weise, wie der Verhandler den Verhandlungsgegenstand wahrnimmt. Es gibt folglich nicht eine einzig richtige Sicht der Dinge. Wir neigen jedoch dazu, unsere eigenen Wahrnehmungen für die richtige zu halten und die Wahrnehmungen der anderen entsprechend zu werten.

Ein erfolgreicher Verhandler ist dagegen in der Lage, sich in die Sichtweise der Gegenseite hineinzudenken und zu fühlen. Das Verständnis für das »Wie« und »Was« im Denken der Gegenseite ist nicht nur nützlich für die Lösung des Problems. Was die Gegenseite denkt, ist das Problem. Der Konflikt liegt nicht in den objektiven Möglichkeiten, sondern in den Köpfen der Menschen, die diese Wirklichkeit jeweils unterschiedlich betrachten. Es ist deshalb wichtig, sich in die Lage der anderen Partei hinein zu versetzen und die Welt durch deren Brille zu betrachten und zu verstehen, wo die Differenzen überhaupt liegen. Es geht also darum, die unterschiedlichen Vorstellungen beider Seiten heraus zu arbeiten, ohne sie dabei abzuwerten, und über diese unterschiedlichen Vorstellungen sodann zu sprechen.

Für die Beziehung zwischen den Verhandlungspartnern und damit für den Fortschritt der Verhandlung ist es gefährlich, die Sichtweisen des jeweils anderen Verhandlungspartners als »unsinnig«, »bösartig«, »abwegig« oder sonst irgendwie abzuqualifizieren. Besser wäre es, die eigenen kommunikativen Fähigkeiten dazu einzusetzen, den anderen zu verstehen und sich selbst für den anderen verständlich zu machen. Unterschiedliche Vorstellungen sollte man aussprechen und mit der anderen Seite sachlich diskutieren. Dabei ist es wichtig, Emotionen zu erkennen und zu verstehen, und zwar die der anderen und die eigenen. Hilfreich ist es, aufmerksam zuzuhören und Rückmeldungen über das, was verstanden wurde, zu geben. Wird dabei das Problem angegangen – und nicht die Menschen –, so ist das der richtige Weg zu einer Problemlösung.

Prinzip 3: Interessen statt Positionen verhandeln

Hinter jeder Position (Forderung) verbirgt sich ein Interesse (Motiv, Beweggrund), das legitime Anliegen jedes Verhandlungspartners. Unterschiedliche Interessen lassen sich leichter unter einen Hut bringen als unterschiedliche Positionen. Interessengeleitetes Verhandeln ist im Gegensatz zu positionellem Verhandeln offen, was das Verhandlungsresultat betrifft, und schafft gerade dadurch neue Lösungsmöglichkeiten.

Um die Interessen, und zwar die eigenen und die der Gegenseite, herauszufinden, muss gefragt werden: »Warum?«, »Warum nicht?« und über die Interessen, die hierbei zu Tage treten, muss gesprochen werden. Dabei ist es wichtig, die eigenen Interessen deutlich zu machen und die Interessen des anderen als Teil des Problems anzuerkennen.

Prinzip 4: Entwicklung möglichst vieler Lösungsmöglichkeiten

Eine überlegene Problemlösung, die den Interessen aller Beteiligten optimal gerecht wird, bedarf der kreativen Ideenentwicklung aller beteiligter Personen. Diese Kreativität wird oft behindert durch vorschnelle Urteile, durch die Suche nach der einzig richtigen Lösung, durch die Annahme, dass der »Kuchen«, der zur Verteilung ansteht, begrenzt sei, und durch die Vorstellung, dass die anderen ihre Probleme selbst lösen sollen.

Wer kreative Wahlmöglichkeiten entwickeln will, muss den Prozess des Findens von Lösungsmöglichkeiten von dem der Beurteilung trennen und er muss weiter danach trachten, die Zahl der Lösungsmöglichkeiten eher zu vermehren, als nach der einen richtigen Lösung zu suchen. Er muss Ausschau halten nach Vorteilen für beide Seiten und Vorschläge entwickeln, die der anderen Seite die Entscheidung erleichtert. Bei der Entwicklung möglichst vieler Optionen wird die Basis der Wahlmöglichkeiten und damit die Chance einer Lösungsfindung erweitert. Dabei ist es wichtig, nach Vorteilen für beide Seiten zu suchen und gemeinsame Interessen herauszufinden und zu verschmelzen.

Prinzip 5: Objektive Kriterien als neutrale Beurteilungskriterien

Die Lösung eines Konfliktes muss sich auf Prinzipien gründen, die nicht durch gegenseitigen Druck zustande kommen, sondern auf objektiven Kriterien basieren wie z. B. Fairness, wissenschaftliche Sachbezogenheit, eine allgemeine Übung oder Praxis, sachverständige Meinungen. Objektive Kriterien können vielfältig sein, wichtig ist, dass sie unabhängig vom beiderseitigen Willen der Verhandlungspartner sind, idealerweise gesetzlich legitimiert und praktisch durchführbar. Objektive Kriterien sollten für beide Seiten fair sein, manchmal kann der Streitfall zur gemeinsamen Suche nach objektiven Kriterien umfunktioniert werden. Es sollte vernünftig argumentiert werden, und die Verhandlungspartner selbst sollten offen gegenüber einsichtigen Argumenten und Kriterien sein. In einer Verhandlung sollte man sich nie irgendwelchem Druck, sondern nur sinnvollen Prinzipien beugen.

Konflikte in der Sache entstehen häufig aus gegenläufigen, einander widersprechenden Interessen der Verhandlungsparteien. Rücksichtsloses Durchsetzen der eigenen Interessen auf Kosten des Verhandlungspartners ebenso wie das Opfern der eigenen Interessen zu Gunsten des Verhandlungspartners ist Willkür, die wiederum böses Blut erzeugt. Willkür muss durch Recht im Sinne von Nachvollziehbarkeit, Angemessenheit und Fairness ersetzt werden.

Prinzip 6: Was sind die Alternativen?

Eine Verhandlungsübereinkunft ist ein Erfolg, wenn sie besser ist als die beste Alternative dazu. Man kann von niemandem verlangen, einer Verhandlungslösung zuzustimmen, zu der er oder sie eine bessere Alternative hat.

Keine Verhandlungsmethode kann Erfolge garantieren, wenn die Macht bei der Gegenseite liegt. Es gibt bei jeder Verhandlung Realitäten, die nicht zu ändern sind. Wichtig ist, sich im Vorfeld der Verhandlung darüber klar zu werden, was die Alternativen sind, wenn die Verhandlung scheitern sollte. Dies kann vor einer Übereinkunft schützen, die man besser nicht eingehen sollten, oder es kann helfen, noch das Beste aus einer schlechten Ausgangslage zu machen. Wichtig ist, sich Klarheit über die Alternativen zu einer Verhandlungsübereinkunft zu verschaffen. Diese Alternative ist die Messlatte, an der jedes vorgeschlagene Übereinkommen bewertet werden sollte. Die Entwicklung der Verhandlungsalternative hilft einer-

seits, sich gegen ein schlechtes Verhandlungsergebnis zu schützen, und andererseits, das Beste aus den Möglichkeiten hinsichtlich einer Übereinkunft zu machen.
Die Verhandlungsalternative sollte deshalb kreativ entwickelt werden. Je attraktiver die Alternative ist, um so größer ist die Macht. Gleichzeitig sollte man sich
Gedanken über Alternativen der Gegenseite machen.

(Fisher, Roger; Ury, William; Patton Bruce: Das Harvard-Konzept, Sachgerecht
verhandeln – Erfolgreich verhandeln. Deutsche Ausgabe Campus Frankfurt am
Main, 14. Auflage 1995)

7.3 Der Schlüssel zum Erfolg – die sorgfältige Verhandlungsvorbereitung

Jede Verhandlung ist nur so gut wie ihre Vorbereitungen. Ein gut vorbereiteter
Verhandler ist sich über folgende Punkte im klaren:

1. Vollständige Kenntnis der Sachlage
   Vor Eintritt in die Verhandlung sollten Sie sich – je nach Verhandlungsgegenstand – über die Sachlage vollständig und umfassend in Kenntnis setzen. Nichts
   ist unangenehmer, als während der Verhandlung mit einem wichtigen Punkt
   konfrontiert zu werden, von dem man keine Kenntnis hat. Widmen Sie sich
   deshalb der Sachlage umfassend und, soweit dies notwendig ist, informieren
   Sie sich auch über die rechtliche Situation.

2. Informationen über den Verhandlungspartner
   Beschaffen Sie sich jede auch nur erdenkliche Information über das Unternehmen, die Person und die Hintergründe Ihrer Verhandlungspartner. Hier ist jede
   Information nützlich, auch wenn sie vordergründig mit dem Verhandlungsgegenstand nichts zu tun hat. Es kann Ihnen auch helfen, zu wissen, welches
   Hobby Ihr Verhandlungspartner hat, welcher Ruf ihm vorauseilt, wie der Um-
   gangsstil in dem Unternehmen ist, etc. Sammeln Sie nicht nur sog. »harte Fakten«, sondern auch möglichst viele »weiche Fakten« über das Unternehmen und
   die Personen, die Ihre Verhandlungspartner sein werden.

3. Zieldefinition
   Sie sollten sich über Ihre Verhandlungsziele vor Beginn der Verhandlung im
   klaren sein. Welches sind Ihre Ziele, welches sind Ihre Interessen, die Sie bei
   einem Verhandlungsergebnis verwirklicht sehen wollen, worum geht es Ihnen
   wirklich? Formulieren Sie Ihre Ziele positiv, werden Sie sich über den Kontext,
   d. h. das Umfeld klar, in dem Sie Ihre Ziele erreichen wollen. Formulieren Sie
   Ihr Verhandlungsziel so konkret wie möglich, aber beschränken Sie sich nicht
   auf nur eine Lösung, die Ihr Ziel verwirklichen kann.

4. Ziele des Verhandlungspartners
   Informieren Sie sich über die Ziele der anderen Partei oder überlegen Sie sich,
   wie diese Ziele der anderen Partei aussehen könnten. Versetzen Sie sich in die

Position der anderen Seite und denken Sie intensiv darüber nach, welche Ziele Sie anstelle der anderen verfolgen würden.

5. Entwicklung eines Verhandlungsplans
Entwickeln Sie einen Verhandlungsplan, dieser sollte jedoch nicht völlig unflexibel sein, sondern eher eine Richtschnur, anhand derer Sie die Verhandlung strukturieren wollen.

6. Optionen entwickeln
Denken Sie über möglichst viele unterschiedliche Varianten der Kernpunkte der Verhandlung nach, entwickeln Sie möglichst viele Optionen, die Ihnen erlauben sowohl Ihre als auch die Interessen des Gegenübers zu erfüllen. Je mehr Möglichkeiten und Alternativen Sie entwickeln, desto größer ist die Chance eines positiven Verhandlungsergebnisses. Je kreativer Sie sind, desto größer wird der Verhandlungserfolg sein.

7. Alternative zum Verhandlungsergebnis
Überlegen Sie sich genau, welche Alternativen Sie zu einem Verhandlungsergebnis haben, wenn die Verhandlung scheitern sollte. Sie müssen wissen, wo Sie kompromissbereit sind und wo nicht, wo Ihre Alternativen zu einem Verhandlungsergebnis gut und wo sie eher schlecht sind.

8. Verhandlungsstärken und -schwächen
Machen Sie sich über Ihre eigenen Verhandlungsstärken und -schwächen Gedanken und machen Sie sich diese bewusst, damit Sie damit besser umgehen können.

7.4 Die Verhandlung

Es ist sinnvoll, das Verhandlungsgeschehen in einzelne Phasen zu strukturieren. Fast alle Verhandlungen laufen in sechs Phasen. Es empfiehlt sich, den Ablauf der Verhandlung gleich zu Beginn mit dem Verhandlungspartner abzustimmen, sich sozusagen auf eine Tagesordnung zu einigen. Die typischen Verhandlungsphasen sind:

1. Eröffnungsphase
In der Eröffnungsphase geht es darum, eine persönliche Beziehung zwischen den Verhandlungspartnern herzustellen, sozusagen ein Sympathiepolster aufzubauen. Reden Sie über unverbindliche Themen, z. B. das Wetter, die Anreise, die Einrichtung des Büros. Als eiserne Regel sollte gelten, während dieser Phase nicht über den Verhandlungsgegenstand zu sprechen.

Die Eröffnungsphase dient im Wesentlichen dazu, Vertrauen zwischen den Verhandlungspartnern aufzubauen. Sie prägt das Klima der späteren Verhandlung.

Die Eröffnungsphase einer Verhandlung dauert manchmal nur wenige Minuten, wichtig ist es, auf den Verhandlungspartner gesprächsbereit einzugehen und sich kommunikativ zu zeigen.

2. Rahmenphase

In dieser Phase werden die mehr organisatorischen Fragen der Verhandlung geklärt, wie z. B. der Zeitrahmen, der zur Verfügung steht, die Kompetenzen der Beteiligten, sofern dies erforderlich ist. Hier sollte auch eine Einigung über Reihenfolge und Inhalt der einzelnen zu verhandelnden Punkte erfolgen, also eine Tagesordnung festgelegt werden.

3. Themenphase

Die Parteien müssen sich zunächst über das Thema der Verhandlung einigen. Dies mag selbstverständlich erscheinen, ist es jedoch durchaus nicht. Nur eine exakte Festlegung der Themen verhindert, dass die Parteien während der gesamten Verhandlung aneinander vorbeireden. Sinnvoll ist hier eine »Baumstruktur«, d. h. das Verhandlungsthema an oberster Stelle, untergeordnete und Teilaspekte darunter anzuordnen. Das Thema sollte weder zu weit noch zu eng gefasst werden. Vorsicht ist insbesondere bei der Themenformulierung angebracht. Das Thema sollte nicht mit dem Verhandlungsziel oder einer Position verwechselt werden. Eine Lösung kann nicht Thema der Verhandlung sein, sie ist deren Ergebnis. Wichtig ist es also, die Themen offen zu bestimmen. Über die Themenbestimmung sollte man sich bereits in der Vorbereitung der Verhandlung ausführlich Gedanken gemacht haben.

4. Informationsphase

In der Informationsphase werden die Grundlagen für die anschließenden Argumentations- und Entscheidungsphase geschaffen. In dieser Phase wird der Sachverhalt von den Parteien nochmals erläutert. Sinnvoll ist es dabei, den Verhandlungspartner ausreden zu lassen, ihm aktiv zuzuhören, Zwischenfragen zu stellen und Aufmerksamkeitsreaktionen zu geben. Suchen und Halten Sie Blickkontakt und zeigen Sie, dass Sie den Verhandlungspartner verstehen. Wiederholen Sie die wichtigen Aspekte, die der Verhandlungspartner angesprochen hat, um sicherzugehen, dass Sie ihn richtig verstanden haben.

Legen Sie Ihrerseits Ihre Sichtweise des Konfliktes dar und geben Ihrem Vortrag dabei einen klaren Aufbau. Bilden Sie nach zwei oder drei Aspekten einen Abschluss und fassen, wenn nötig, das Gesagte noch einmal zusammen. Beachten Sie dabei die Kapazitätsbeschränkungen der menschlichen Informationsbearbeitung, das menschliche Hirn ist nur in der Lage, sieben plus/minus zwei Informationen zu verarbeiten.

Wenn der Sachverhalt jeweils dargestellt ist, sollten Sie den streitigen von dem unstreitigen Teil trennen, vielleicht gibt es sogar Gemeinsamkeiten, gemeinsame Interessen oder ein gemeinsames Ziel, diese sollten Sie herausstellen.

Nachdem Sie die streitigen und unstreitigen Punkte getrennt haben, sollten Sie sich über die weitere Behandlung der streitigen Punkte einigen.

In der gesamten Informationsphase empfiehlt es sich, dem Verhandlungspartner aufmerksam zuzuhören, das Gesagte immer wieder zusammenzufassen und zu wiederholen und dies gerade auch bei den Aussagen, die im Widerspruch zur eigenen Sichtweise stehen. Fragen Sie nach, wenn Sie etwas nicht verstehen und stellen Sie Ihrerseits sicher, dass Ihr Verhandlungspartner Sie richtig verstanden hat. Sie sollten sich bissiger Kommentare, ironischer Einwürfe und der Selbstverteidigung nach Möglichkeit enthalten, dadurch fühlt sich der Verhandlungspartner attackiert und wird seinerseits angreifen. Dies trägt nicht zu einer rationalen Atmosphäre und zu einer rationalen Lösung des Konfliktes bei. Mit Vorwürfen, Beleidigungen und Attacken fordert man den anderen zum Duell auf, aus Verhandlungspartnern werden so Verhandlungsgegner. Es wird dann nicht mehr über die Sache verhandelt, sondern ein persönlicher Konflikt ausgetragen. Achten Sie deshalb auf eine kooperative und sachliche Verhandlungsatmosphäre und vermeiden Sie persönliche Konflikte.

5. Argumentationsphase

Diese Phase bildet den Kern der eigentlichen Verhandlung. Auch in dieser Phase ist es wichtig, Strukturen zu bilden und schrittweise zu verhandeln. Zwischenergebnisse sollten protokolliert und festgehalten werden, auch wenn es sich dabei nur um eine Teileinigung handelt. Schwierige Verhandlungspunkte sollten einvernehmlich zurückgestellt und später verhandelt werden. Auch hier sollte die Reihenfolge der zu behandelnden Aspekte oder Probleme vorab vereinbart werden. Häufig ist es sinnvoll, zuerst weniger schwierige Punkte zu verhandeln. Durch eine Einigung auf diese relativ unproblematischen Punkte entsteht ein positives Verhandlungsklima, was die Einigungsbereitschaft in Bezug auf problematische Fragen motiviert und fördert. Hilfreich kann es auch sein, auf die Technik des sog. »ancoring« (Anker werfen) zurückzugreifen. Diese Verhandlungstechnik folgt der Annahme, dass man sich allgemein gültigen Regeln eher unterwirft als konkreten Entscheidungen. Einigt man sich also bzgl. des Sachkonflikts auf abstrakte Regeln oder Prämissen, auf objektive Bewertungskriterien und ähnliches, so fällt es leichter, anhand derer inhaltliche Fragen zu lösen.

Bei der konkreten Entscheidungsfindung in einer Verhandlung sind die Sachkenntnisse und Kreativität aller Beteiligten gefragt. Je mehr mögliche Lösungsoptionen gemeinsam entwickelt und anschließend bewertet werden, desto größer ist die Chance, eine Einigung zu finden. Kreativität und Flexibilität sind Schlüsselkompetenzen erfolgreicher Verhandler.

Der noch so erfolgreiche Verhandler hat dennoch keine Garantie für eine Einigung. Die Möglichkeit des ergebnislosen Abbruchs muss daher schon vor Beginn der Verhandlung einkalkuliert werden, denn nichts schwächt die eigene

Position mehr als der Zwang, eine Einigung zu erzielen. Aus diesem Grund sind die zuvor schon überlegten Alternativen zu einer Einigung während der Verhandlung als Bewertungsmaßstab eines möglichen Ergebnisses heranzuziehen. Unterschreiten die Verhandlungs- und Lösungsvorschläge die Minimalanforderungen bzw. besteht eine bessere Alternative, so sollte von einem Verhandlungsabschluss abgesehen werden. Ein ergebnisloser Ausstieg ist besser als eine Einigung um jeden Preis.

6. Schlussphase
   Verhandlungsergebnisse müssen grundsätzlich protokolliert werden. Bei einer Vertagung der Verhandlung sollten die Zwischen- oder Teilergebnisse dokumentiert werden.

Selbstverständlich muss nicht jede Verhandlung diesem vorgestellten Phasenmodell folgen, es erweist sich jedoch in der Mehrheit der Verhandlungsfälle als anwendbar.

7.5 Allgemeine Ratschläge für den Verhandler

❑ Beobachten Sie Ihren Verhandlungspartner sorgfältig und bauen Sie eine gute Beziehung auf.
❑ Seien Sie wachsam und aufmerksam für verdeckte Signale, z. B. Körpersprache.
❑ Vertrauensaufbau durch den Gebrauch der Augen, die Interesse signalisieren sollten, des Mundes (Lächeln) und der Hände (offen und entspannt).
❑ Zeigen Sie Ihrem Verhandlungspartner, dass Sie daran interessiert sind, was er oder sie sagt, indem Sie nicken, Notizen machen oder aufmerksame Zwischenfragen stellen.
❑ Praktizieren Sie die Wenn-Dann-Taktik, die das Abtasten von Lösungsmöglichkeiten erlaubt, ohne verbindlich zu sein.
❑ Nutzen Sie in kritischen Situationen Analogien, z. B. »Zwei Jahre zuvor, in einer ähnlichen Verhandlung . . . .« und benützen Sie Annahmen wie »Vorausgesetzt, wir hätten dieses Problem gelöst . . . . . .«, die den Blick in die Zukunft und auf eine gemeinsame Vision oder ein gemeinsames Interesse lenken.
❑ Machen Sie »harte« Aussagen weicher, in dem Sie sie an jemand anderes adressieren, z. B. »In meiner letzten Verhandlung . . . . . «.

Dies sind Tipps und Ratschläge, die hilfreich sind, eine Eskalation der Verhandlung zu vermeiden und ein gutes Verhandlungsklima zu fördern.

7.6 Schwierige Verhandlungssituationen

Jede Verhandlungssituation ist anders, es gibt keine Patentrezepte. Dennoch gibt es für schwierige Verhandlungssituationen einige Standardratschläge, die fast immer hilfreich sind:

❏ Reagieren Sie nicht zu schnell und nicht zu hart.

❏ Atmen Sie einmal durch, bevor Sie besonders in schwierigen Situationen etwas sagen.

❏ Suchen Sie nach Optionen – nicht eine, sondern mindestens drei. Dies nach dem Motto: Eine Lösung ist ein Problem, zwei Lösungen sind ein Dilemma, die Freiheit beginnt bei drei Lösungen.

❏ Untersuchen Sie die Vor- und Nachteile jeder Lösungsmöglichkeit und handeln erst danach.

❏ Beobachten Sie die Reaktion Ihres Gegenübers sorgfältig und passen Sie Ihr Verhalten an.

❏ Vertrauen Sie Ihrer Intuition und achten Sie sorgfältig auf die Reaktion Ihres Gegenübers.

Typische schwierige Verhandlungssituationen sind z. B. folgende:

❏ Mehrpersonenverhandlungen
Hier ist es insbesondere wichtig, auf ein Gleichgewicht der Delegationen zu achten. Dies betrifft die Anzahl der verschiedenen Personen und deren hierarchische Ebene bzw. Entscheidungskompetenz. Erscheint die eine Seite in Begleitung eines Rechtsanwalts, so sollte es dies auch die andere Seite tun. Verhandelt auf der einen Seite der Geschäftsführer, so sollte dies auch auf der anderen Seite der Fall sein. Dies muss im Vorfeld der Verhandlungen abgeklärt werden. Geklärt werden müssen insbesondere die Entscheidungsvollmachten der Beteiligten und die Rollenverteilung.

❏ Abwehr von Manipulationsversuchen?
Es gibt zahlreiche Manipulationsversuche. Dies kann schon bei Beginn der Verhandlung der Fall sein, wenn Ihr Verhandlungspartner Sie drängt, eine Zahl zu nennen und in den negotiation dance oder die Basar-Verhandlung einsteigen möchte. Weitere Manipulationsversuche sind die »Tür ins Haus-Technik«, bei der zunächst ein unglaublich großes Zugeständnis eingefordert wird in der sicheren Annahme, dass dies verweigert wird. Sodann wird ein kleines Zugeständnis verlangt, der Gegenüber ist dann typischerweise eher geneigt, dieses Zugeständnis zu geben. Das Gegenteil ist die »Fuß in der Tür-Technik«, bei der zunächst um einen geringfügigen Gefallen gebeten wird, der üblicherweise zugestanden wird, und sodann eine höhere Forderung gestellt wird. Da der geringfügigere Gefallen bereits erfüllt wurde, ist die Wahrscheinlichkeit höher, dass dann auch die höhere Forderung erfüllt wird.

Die beste Abwehrmethode ist immer, jeden Vorschlag anhand objektiver Kriterien zu überprüfen. Der Aufforderung zum Einstieg in eine Basar-Verhandlung wird am besten dadurch begegnet, dass zunächst einmal die Verhandlung strukturiert und die Themen festgelegt werden. Manipulationen jeder Art müssen zur Not thematisiert werden, gute Verhandler können auch »Nein« sagen.

❑ Unfairness und übliche Tricks

Übliche Reaktionen bei unfairem Verhalten und üblen Tricks der Verhandlungspartner sind entweder das Einlassen auf die Unfairness, d. h. unfaire Fragen werden zunächst einmal beantwortet, oder das Gegenteil davon, d. h. unfaire Vorgehensweisen werden schlichtweg ignoriert. Nicht untypisch ist, gleichfalls in unfaires Verhandeln zu verfallen. Besser ist es, die Unfairness zu thematisieren und zum Zwischenthema der Verhandlung zu machen, sich also rational mit der unfairen Vorgehensweise auf einer Meta-Ebene auseinanderzusetzen. Dabei ist es besonders wichtig, die Beziehungs- und Sachebene zu trennen.

❑ Umgang mit Verhandlungsmacht

Ist die andere Seite mächtiger, so wird dies dem guten Verhandler bereits bei der Vorbereitung der Verhandlung bewusst. Auch hier muss ein Verhandlungsabbruch von Anfang an einkalkuliert und überlegt werden, welche Vor- und Nachteile es mit sich bringt, also welche Alternativen der Verhandler hat. Es sollten möglichst viele alternative Lösungsansätze entwickelt werden. Wenn der Verhandlungspartner wirklich mächtiger ist, so sollte Vertrauen aufgebaut und herausgefunden werden, was die andere Partei wirklich beabsichtigt. Bei der Entwicklung von zusätzlichen Lösungsansätzen sollte darüber nachgedacht werden, wie die eigenen Handlungsmöglichkeiten erweitert und welche Alternativen der Gegenseite angeboten werden können. Gleichzeitig sollten eigene Alternativen außerhalb des Verhandlungskontextes, d. h. für den Fall des Scheiterns der Verhandlung geprüft bzw. geschaffen werden.

❑ Umgang mit Emotionen

Sicherlich schwierig ist der Umgang mit offen auftretenden Emotionen. Auch hier gilt die Grundregel, die Sach- und die Beziehungsebene zu trennen. Dies gelingt um so besser, wenn zuvor ein positives Verhandlungsklima geschaffen wurde. Gegenüber aufgebrachten Verhandlungspartnern empfiehlt sich zunächst einmal passives Verhalten. Nach einer sog. »Durchatmens-Pause« sollten die Emotionen wahrgenommen und angesprochen werden. Es empfiehlt sich, in eine Kommunikation über die Emotion selbst einzutreten, die Gründe zu erfragen, wobei natürlich behutsam formuliert werden sollte. Da Gefühle auch bei Verhandlungen eine wichtige Rolle spielen, Emotionalität ein Teil des menschlichen Wesens ist, der mächtiger als Rationalität ist, müssen wir uns bei Verhandlungen auch immer wieder mit Emotionalität auseinandersetzen und damit umgehen lernen. Es geht nicht darum, Emotionen als Störfaktoren einer rationalen Verhandlung zu diskreditieren und auszuschalten, es geht vielmehr darum, ein Gespür sowohl für die eigenen als auch für die Emotionen des Verhandlungspartners zu entwickeln, um drohende Ausbrüche zu erkennen und möglichst im Vorhinein abzuwenden. Wenn Emotionalität auftritt, muss darauf angemessen reagiert werden können.

7.7 Schlussbemerkung

Jede Verhandlung ist anders als die andere, aber die Grundelemente von Verhandlungen ändern sich nicht. Sachbezogen verhandeln kann man immer, gleichgültig, ob es nur eine Streitfrage gibt oder mehrere, ob zwei Parteien verhandeln oder viele. Sachbezogenes Verhandeln ist eine für alle Zwecke geeignete Verhandlungsstrategie. Grundsätzlich sollten Sie immer folgende drei goldene Regeln beachten:

1. Achten Sie genau darauf, **was** Sie tun.
2. Achten Sie genau auf den **Einfluss** Ihrer Worte und Ihres Tuns auf die anderen.
3. Wenn Sie mit dem, was Sie tun, nicht das bekommen, was Sie wollen – versuchen Sie etwas anderes. Je **flexibler** Sie sind, desto erfolgreicher werden Sie sein.

von Albrecht Schulz, Andrea Maria Wessels und Renate Braeuninger-Weimer

Einführung

Nicht jede Verhandlung kann zur Lösung eines Problems führen, oftmals ist es die »beste Alternative« beim Scheitern einer Verhandlung, den Vertrag zu beenden oder die Forderung durch ein Gericht überprüfen zu lassen. In Franchisesystemen sollte dieses immer der letzte Schritt sein, und es nach vorheriger eingehender Überprüfung durch einen Rechtsanwalt als erfolgversprechend erscheinen. Streitigkeiten in Franchisesystemen, die vor Gericht ausgetragen werden, sind erfahrungsgemäß überwiegend Streitigkeiten um Tatsachenfeststellungen, nicht um Rechtsfragen. Wann immer vor Gericht ein Sachverhalt strittig ist und jede Partei den von ihr behaupteten und vorgetragenen Sachverhalt beweisen muss, kommt es häufig zu einer *Schlammschlacht*. Oftmals geht es um Geschehensabläufe, die ein oder mehrere Jahre zurückliegen, insbesondere bei dem Streit, ob vorvertragliche Aufklärungspflichten durch den Franchisegeber erfüllt oder verletzt worden sind. Für solche Geschehensabläufe hat jede der Parteien ihre eigene Sichtweise, die der Sichtweise der jeweils anderen Partei zumeist diametral gegenübersteht. Außerdem müssen alle Behauptungen bewiesen werden, also mit geeigneten Beweismitteln wie Urkunden oder Zeugen. Auch Zeugen haben eine eigene Wahrnehmung für Geschehensabläufe, zumal wenn sie weit zurückliegen, und oftmals ist eine Partei überrascht, was ihr eigener Zeuge in der Gerichtsverhandlung über seine Wahrnehmungen aussagt.

Beim Franchisenehmer als Anspruchsteller und Kläger lässt sich oftmals feststellen, dass er sich bei der Frage des Schadenersatzanspruches oder der Rückforderung von Franchisegebühren bzgl. der Höhe und des Umfangs seiner Forderung täuscht, da er nicht genau darauf achtet, bei der Klageforderung bereits die vom Franchisegeber erbrachten Leistungen wertmäßig anzusetzen und abzuziehen.

Der Franchisegeber geht häufig mit der Forderung vor Gericht, den Vertrag als wirksam beendet anzusehen und gegenüber dem Franchisenehmer noch ausstehende Franchisegebühren und/oder Schadenersatz durchzusetzen, besonders bei einer außerordentlichen Kündigung wegen (behaupteter) Vertragsverletzungen. Diese Vertragsverletzungen beruhen oftmals auf (behaupteten) Richtlinienverstößen des Franchisenehmers, wobei der Franchisegeber berücksichtigen muss, dass er die wirksame Vereinbarung der Richtlinie als Vertragsbestandteil, deren wirksame Bekanntgabe gegenüber dem Franchisenehmer und schlussendlich die Verletzungshandlungen des Franchisenehmers darlegen und beweisen muss. Der Franchisegeber muss auch alle Formalitäten, die für die Wirksamkeit der außerordentlichen Kündigung wichtig sind, z. B. Abmahnungen, Fristen und Schriftformen beachtet haben, und er muss letztendlich darlegen und beweisen, dass die Richtlinienverstöße einen so schweren Vertrauensverstoß darstellen, dass das Vertragsverhältnis mit dem Franchisenehmer nicht bis zum Vertragsende oder bis zum Ablauf der nächsten ordentlichen Kündigungsmöglichkeit fortgesetzt werden kann, weil der Vertragszweck nicht mehr erfüllt werden kann. Der BGH hat in seiner vielbeachteten McDonald's-Entscheidung vom 3. Oktober 1984 (BGH NJW 1985, 1994) festgestellt, dass nur unter diesen Voraussetzungen eine außerordentliche Kündigung des Franchisegebers wegen Richtlinienverstößen eines Franchisenehmers wirksam ist.

Kommt ein Anspruchsteller unter Berücksichtigung aller vorstehenden Überlegungen zu dem Ergebnis, dass er seine Ansprüche wohl gerichtlich durchsetzen kann, so muss er als nächstes prüfen, ob etwa eine vertragliche außergerichtliche Schlichtungsvereinbarung vorliegt. Erhebt er unter Missachtung einer solchen Bestimmung im Franchisevertrag Klage, so wird die Klage im Normalfall wegen derzeitiger Unzulässigkeit abgewiesen werden.

8.1 Schlichtung/Mediation

In ausgewogenen Franchiseverträgen wird der Verfasser des Vertrages, also der Franchisegeber bzw. dessen Rechtsanwalt, bereits den möglichen Konfliktfall im Auge haben und sich zu Zeiten, in denen zwischen beiden Parteien noch Einvernehmen herrscht, überlegen, wie ein Konflikt ausgetragen werden könnte, ohne dass das gesamte System darunter leidet. Er wird also in Anlehnung an außergerichtliche Verfahrensregeln, die in den USA unter dem Stichwort ADR (Alternative Dispute Resolution) sehr erfolgreich sind, mit den Franchisenehmern vertraglich vereinbaren, dass vor jedem Gerichtsstreit eine Schlichtung oder eine Mediation durchzuführen ist, in der die streitigen Parteien noch einmal Gelegenheit haben, ihren Konflikt gütlich beizulegen. Der Franchisegeber hat hierbei die Wahl, ob er ein eigenes Schlichtungsgremium mit einem eigenen Schlichtungsverfahren installieren will oder ob er sich eines bereits installierten Schlichtungsgremiums und -verfahrens bedienen will, wie es auf Anregung des Deutschen Franchise-Verbandes e.V. bei einigen Amtsgerichten eingerichtet wurde (das allerdings kaum benutzt wurde). Noch eine andere, in letzter Zeit vielgenannte Alternative ist die Mediation, bei welcher der Mediator die streitenden Parteien bei deren Versuch einer Lösungsfindung begleitet.

a) In etablierten Franchisesystemen scheint es insbesondere sinnvoll, ein eigenes Schlichtungsgremium zu installieren, wenn hierfür geeignete Gremien in Form eines Beirats oder von Arbeitskreisen bereits existieren. Im Vertrag müssen dann die Durchführung der Schlichtung, die Zusammensetzung des Schlichtungsgremiums und die Fristen genau beschrieben werden, damit sie wirksam vereinbart sind. Dies dient dazu, dass eine Klage unter Außerachtlassung der Schlichtungsvereinbarung als zur Zeit unzulässig abgewiesen wird und so die Schlichtungsvereinbarung ihren Sinn erfüllt. Eine entsprechend wirksame Schlichtungsklausel könnte wie folgt lauten:

Schlichtung und Streitigkeiten über die gegenseitigen Rechte und Pflichten aus diesem Vertrag sowie aus der Beendigung dieses Vertrages sind grundsätzlich unter Berücksichtigung des Schutzes, des Rufes und der Integrität des Franchisesystems im Hinblick auf ihre Auswirkungen auf den Erfolg des Systems im Ganzen einvernehmlich zwischen Franchisenehmer und Franchisegeber zu regeln. Können sich die Parteien nicht einigen, unternehmen sie vor jeder gerichtlichen Maßnahme einen Schlichtungsversuch und bitten einen Schlichtungsausschuss um einen Schlichtungsvorschlag. Der Schlichtungsausschuss wird aus einem Franchisenehmer-Mitglied des Franchisebeirates, einem Mitglied der Systemzentrale sowie einem im Franchising erfahrenen Angehörigen der rechtsberatenden Berufe gebildet. Der Schlichtungsausschuss wird von dem Franchisebeirat zusammengestellt. Der Franchisebeirat wird von derjenigen Vertragspartei mit der Bitte um die Bildung eines Schlichtungsausschusses angerufen, welche Forderungen gegenüber der anderen Vertragspartei geltend macht. Die Sitzung des Schlichtungsausschusses findet am Sitz des Franchisegebers statt. Der Schlichtungsausschuss unterbreitet nach Anhörung beider Vertragsparteien in einer Schlichtungssitzung einen Vergleichsvorschlag. Die eigenen Kosten bei Durchführung der Schlichtung trägt jede Vertragspartei selbst. Die Beschreitung des Rechtsweges ist erst nach Ausschöpfung dieser außergerichtlichen Einigungsmöglichkeit zulässig, insbesondere, wenn innerhalb von zwei Monaten nach dem Anrufen des Franchisebeirates ein Schlichtungsausschuss nicht gebildet wurde oder wenn die Durchführung einer Schlichtung wegen Fehlens einer Vertragspartei bei dem Schlichtungstermin nicht möglich war oder wenn ein Vergleich des Schlichtungsausschusses von einer oder von beiden Vertragsparteien nicht angenommen wurde. Maßnahmen des einstweiligen Rechtsschutzes und/oder gerichtlicher Beweissicherung sind durch die vorstehende Regelung auch vor Ausschöpfung der außergerichtlichen Einigungsmöglichkeiten nicht ausgeschlossen.

Die Durchführung der Schlichtung selbst sollte unter der Leitung eines Dritten, also insbesondere eines Beiratsmitgliedes, nach den im vorangehenden Kapitel aufgestellten Verhandlungsgrundsätzen durchgeführt werden, um erfolgreich sein zu können. Hier ist insbesondere bereits am Anfang durch den Verhandlungsführer darauf zu achten, dass die emotionale Ebene bei beiden Streitenden geklärt ist, bevor das Sachthema behandelt wird, da gerade bei einem Konflikt zwischen Franchisegeber und Franchisenehmer, der kurz vor einer gerichtlichen Auseinandersetzung steht, die Emotionen hoch gehen. Jeder hat aus seiner Sicht sein Bestes gegeben und sucht für das Scheitern der Beziehung die Schuld beim anderen. Unter dieser Voraussetzung ist eine auch noch so ausgeklügelte Schlichtung wenig erfolgversprechend, wenn die Emotionen nicht zuvor bereinigt werden können. Das Schlichtungsverfahren schafft zwar gewisse zeitliche Verzögerungen und kann deshalb nachteilig sein, insgesamt ist es aber empfehlenswert zur Friedenserhaltung im System, sofern es auch einigermaßen kostengünstig gestaltet wird.

Scheitert auch die Schlichtungsverhandlung, so bleibt nur der Weg zum Gericht. Hier gibt es zwei grundsätzliche Wege – den Weg zu den ordentlichen Gerichten oder zum Schiedsgericht. Ist im Franchisevertrag eine wirksame Schiedsgerichtsvereinbarung getroffen worden, so schließt diese Vereinbarung den Gang zu den ordentlichen Gerichten endgültig aus. Auch hier wird also, wie bei dem vorgeschalteten Schlichtungsverfahren, die Weiche bereits bei der Vertragsgestaltung gestellt – Der Franchisegeber muss sich entscheiden, ob er mit seinen Franchisenehmern grundsätzlich vor ein Schiedsgericht oder vor die ordentlichen Gerichte gehen will. Wo liegt der Unterschied zwischen den ordentlichen Gerichten und den Schiedsgerichten und welches Gericht ist für das betreffende Franchisesystem sinnvoll?

b) Neben der Schlichtung setzt sich in Deutschland zunehmend Mediation als alternative Konfliktlösungsmethode durch, die aber häufig noch mit Schlichtung verwechselt wird.

Mediation ist eine moderne Methode der außergerichtlichen Konfliktlösung unter Leitung eines neutralen Dritten – des Mediators. Das Mediationsverfahren ist ein flexibles vertrauliches Verfahren, bei dem die Parteien durch strukturierte Verhandlungen gemeinsam eine Einigung erarbeiten. Der Mediator ist nicht Richter, sondern Mittler, der auf der Grundlage seiner Ausbildung und Erfahrung ausgewählt wird und die Parteien ohne Zwangsmittel durch das Verfahren führt. Mit Sachverstand und geeigneter Methodik unterstützt er sie bei der Definition ihrer Interessen und bei der gemeinsamen Entwicklung zukunftsorientierter Problemlösungen. Der wesentliche Unterschied zum Gerichtsverfahren ist: Nicht ein Dritter entscheidet – die Parteien suchen eigenverantwortlich unter Leitung des Mediators nach einer interessengerechten Lösung. Die Entscheidungsgewalt bleibt bei den Parteien, sie entscheiden über Fortführung und Ausgang des Verfahrens. Ziel des Verfahrens ist eine rechtsverbindliche Vereinbarung zwischen den Parteien zur außergerichtlichen Konfliktbeilegung.

Immer häufiger werden in Franchise-Verträgen Mediationsvereinbarungen getroffen, d. h. es wird mit den Franchisenehmern vertraglich vereinbart, dass vor Einleitung eines Gerichtsstreits eine Mediation durchzuführen ist. Die Auswahl des Mediators ist dabei besonders wichtig. Die Parteien können entweder die Person des Mediators schon von vornherein in der Mediationsvereinbarung festlegen. Häufig wird jedoch eine neutrale Organisation der Wirtschaftsmediation hiermit beauftragt. In Deutschland hat sich die Gesellschaft für Gesellschaft für Wirtschaftsmediation und Konfliktmanagement e. V. (gwmk) als non-profit-Organisation in der Wirtschaftsmediation etabliert. Die gwmk unterstützt die Parteien bei der Auswahl eines Mediators und stellt die zur Durchführung von Mediationsverfahren erforderlichen rechtlichen Instrumentarien zur Verfügung. So schlägt die gwmk auf Anforderung der Parteien drei neutrale Mediatoren vor; können sich die Parteien auf keine der drei Personen einigen, so bestimmt die gwmk eine vierte

Person. Damit ist gewährleistet, dass in jeder Hinsicht neutrale und fachlich geeignete Personen als Mediator ausgewählt werden. Eine entsprechende Mediationsklausel könnte wie folgt lauten:

1. Die Parteien werden sich nach besten Kräften bemühen, jede Streitigkeit, die sich aus dieser Vereinbarung ergibt oder im Zusammenhang mit ihr entsteht, gütlich durch Verhandlungen zu lösen.
2. Gelingt es den Parteien nicht, ihre Meinungsverschiedenheiten binnen 60 Tagen nach Beginn der Verhandlungen beizulegen, werden die Parteien vor Anrufung eines Gerichts ein Mediationsverfahren gemäß der Verfahrungsordnung der Gesellschaft für Wirtschaftsmediation und Konfliktmanagement e. V. (gwmk) für das Mediationsverfahren durchführen. Das Gleiche gilt, wenn die Verhandlungen nicht binnen 30 Tagen nach Zugang der Aufforderung einer Partei zur gütlichen Verhandlung gemäß Ziff. 1 aufgenommen werden.
3. Durch diese Vereinbarung ist keine Partei gehindert, ein gerichtliches Eilverfahren, insbesondere ein Arrest- oder einstweiliges Verfügungsverfahren durchzuführen.

8.2 Schiedsgericht

Das Schiedsgerichtsverfahren ist in Deutschland in den §§ 1025 ff. der Zivilprozessordnung (ZPO) geregelt. Die wichtigsten Bestimmungen sind hier diejenigen über die rechtliche Wirksamkeit der Schiedsvereinbarung und die Unzulässigkeit der Klage vor den ordentlichen Gerichten im Falle einer Schiedsabrede.

Zunächst ist eine wirksame Schiedsgerichtsabsprache in den Franchisevertrag aufzunehmen. Sie bedarf der Schriftform und muss in einer gesonderten Urkunde enthalten sein, wenn der Franchisenehmer bei Vertragsabschluss Verbraucher im Sinne des § 1031 Abs. 5 Satz 1 ZPO ist. Also besonders bei Existenzgründungsfranchisen, bei denen der Franchisevertrag mit einer natürlichen Person abgeschlossen wird, bedarf es eines Schiedsvertrages, der keine anderen Vereinbarungen als solche, die sich auf das Schiedsverfahren beziehen, enthalten darf (§ 1031 Abs. 5 Satz 2 ZPO) und der gesondert dem Franchisevertrag als Anlage beigelegt und von allen Parteien unterschrieben werden muss. Diese Urkunde kann auch auf institutionelle Regeln eines ständigen Schiedsgerichts verweisen, die von denen der ZPO abweichen können.

Es gibt mehrere Schiedsgerichtsinstitutionen, derer man sich bedienen kann, z. B. die deutsche Institution für Schiedsgerichtsbarkeit e. V. (DIS). Derartige Institutionen haben in der Regel eigene Schiedsgerichtsordnungen geschaffen, welche vollständig übernommen werden können.

Liegt eine wirksame Schiedsgerichtsabsprache und ein wirksamer Schiedsvertrag vor, schließt dies die ordentlichen Gerichte zur Entscheidung über den Streitfall endgültig aus. Die Wirkung des Schiedsvertrages besteht in der Regel darin, dass den Parteien nur eine Instanz verbleibt, weil das Schiedsgericht endgültig und für beide Parteien verbindlich entscheidet, ohne dass ein Rechtsmittel gegen den Schiedsspruch besteht. Der weitere Unterschied zu den ordentlichen Gerichten ist, dass die Öffentlichkeit ausgeschlossen ist, was im Schiedsvertrag zusätzlich ausdrücklich vereinbart werden kann, und dass dadurch die Vertraulichkeit gewahrt werden kann, was beim Gang zum ordentlichen Gericht nicht möglich ist. Durch die Benennung geeigneter Schiedsrichter kann gewährleistet werden, dass sie mit der nötigen Fachkompetenz ausgestattet sind, sich also mit Franchisesystemen auskennen, und dass somit die wirtschaftlichen Aspekte beider Parteien besser berücksichtigt werden. Ob diese Unterschiede zu den ordentlichen Gerichten für das Franchisesystem nur Vorteile oder auch Nachteile bringen, muss überlegt werden. Grundsätzlich kann es auch für den Franchisegeber nachteilig sein, wenn ihm der Instanzenzug abgeschnitten ist, er also gegen einen Schiedsspruch kein Rechtsmittel einlegen kann. Auch besteht immer das Risiko, dass ein Franchisenehmer trotz Vorliegens eines Schiedsvertrages versucht, eine Klage vor einem ordentlichen Gericht anhängig macht, welches dann die Frage der Wirksamkeit der Schiedsvereinbarung zu klären hat. Besonders zu erwähnen ist aber, dass ein Schiedsverfahren, verglichen mit den Kosten eines Verfahrens vor einem ordentlichen Gericht erster Instanz, in der Regel erheblich teurer ist. Es ist aber vergleichsweise kostengünstig, wenn ein Rechtsstreit vor den ordentlichen Gerichten durch mehrere Instanzen geht.

Die vorstehenden Überlegungen berücksichtigen noch nicht (können noch nicht berücksichtigen) die Auswirkungen der Justizreform, die durch weitreichende Änderungen der ZPO zum 1. Januar 2002 in Kraft gesetzt worden ist. Diese Reform versucht, die Mehrzahl der Verfahren auf den Einzelrichter zu verlagern und die Zahl der eingelegten Rechtsmittel zu beschränken (Berufungen gegen erstinstanzliche Urteile, Revisionen gegen Berufungsurteile). Die – von Justizministerium und Gesetzgeber gewünschten – Effekte können sehr wohl sein, dass die überwiegende Zahl der Rechtsstreitigkeiten vor den ordentlichen Gerichten künftig nach einer Instanz beendet wird. Da dies dann – wie oben ausgeführt – deutlich billiger wäre als jedes schiedsgerichtliche Verfahren, könnte sich in Zukunft sehr wohl für jeden Franchisegeber bei der Vertragsgestaltung die Frage stellen: »Wo können die für ein Franchisesystem sachgerechteren Ergebnisse erzielt werden – vor einem preiswerteren, eventuell auch schnelleren staatlichen Einzelrichter oder vor einem teureren, eventuell sachlich kompetenteren, vertraulichen Schiedsgericht (mit einem oder gar drei Schiedsrichtern)?« Der Gang vor ein teureres Schiedsgericht fällt einem Franchisenehmer auf jeden Fall immer schwerer.

8.3 Ordentliche Gerichte

Liegt keine wirksame Schiedsgerichtsvereinbarung vor, kann die klagende Partei nur den Weg zu den ordentlichen Gerichte beschreiten (es sei denn, die Parteien einigen sich jetzt noch auf die Zuständigkeit eines Schiedsgerichts).

Zu beachten ist zunächst: Nach Einführung des § 15 a EGZPO am 15. Dezember 1999 können die Länder ein Gesetz erlassen, nach dem die Klageerhebung in Vermögensstreitigkeiten mit einem Streitwert von unter 750 Euro abhängig gemacht wird von einem zuvor durchgeführten Einigungsversuch (Wirtschaftsmediation). Von diesem Recht haben bislang nur einige Bundesländer Gebrauch gemacht. Sollte es ein solches Gesetz im Bundesland des örtlich zuständigen Gerichts geben und der Streitwert unter der angegebenen Grenze liegen, was bei Auseinandersetzungen in Franchisesystemen eher selten der Fall sein dürfte, muss bei Klageerhebung eine Bescheinigung beigebracht werden, dass ein Einigungsversuch vor der eingerichteten Gütestelle gescheitert ist. Nur dann kann die Klage wirksam bei dem zuständigen Gericht erhoben werden.

Im deutschen Prozessrecht unterscheidet man zwischen örtlicher, sachlicher und funktionaler Zuständigkeit. Bei den typischen Rechtsstreitigkeiten zwischen Franchisegeber und Franchisenehmer wird es selten um die Vertragserfüllung, sondern in der Regel um die Feststellung der Wirksamkeit oder die Kündigung des Franchisevertrages und um sich daraus ergebende Zahlungsansprüche gehen. Da der Streitwert hier meist über 5.000 Euro liegt, ist dann ein Landgericht sachlich zuständig. Welches Landgericht, richtet sich nach der örtlichen Zuständigkeit. Diese richtet sich grundsätzlich nach dem allgemeinen Gerichtstand, also dem Gericht, an dem der Beklagte, aus der Sicht des klagenden Franchisegebers also der Franchisenehmer oder aus der Sicht des klagenden Franchisenehmers der Franchisegeber, seinen Sitz hat. Anders liegt es, wenn ein Gerichtstand wirksam im Vertrag oder nach dem Entstehen der Streitigkeit zwischen den Parteien vereinbart wird. Gerichtsstandsvereinbarungen im Franchisevertrag sind nur dann wirksam, wenn bei Abschluss des Franchisevertrages beide Vertragsparteien Kaufleute im Sinne des Gesetzes sind. In der Regel ist dies bei Existenzgründern nicht der Fall.

Selbst wenn der Franchisegeber rechtlich die Möglichkeit hat, durch eine Gerichtsstandsklausel sämtliche Rechtsstreitigkeiten mit Franchisenehmern an das Gericht seines Sitzes zu ziehen, so fragt es sich, ob – neben der Unsicherheit, ob diese wirksam vereinbart wurde – eine solche Maßnahme unter taktischen Gesichtspunkten sinnvoll erscheint. Der Vorteil läge darin, dass das regelmäßig zuständige Gericht mit der Zeit das Franchisesystem kennt und den wirtschaftlichen Interessen der streitigen Parteien eher gerecht werden kann als bei fehlender Kenntnis des Franchisesystems. Nachteilig kann es sein, wenn das Gericht entweder zugunsten der Franchisenehmer oder zugunsten des Franchisegebers eine feste Meinung über das Franchisesystem entwickelt und dann stereotype und nicht mehr sachangemessene individuelle Urteile fällt. Mangels Gerichtsstandsvereinbarung müsste der Franchisegeber Klage bei dem Gericht erheben, das für den Sitz des Franchisenehmers zuständig ist. Früher war dies wesentlich kostenintensiver, da es in aller Regel der Hinzuziehung eines am zuständigen Landgericht zugelassenen Rechtsanwalts bedurfte, weil der Rechtsanwalt des Franchisegebers an Gerichten außerhalb seines Gerichtsbezirkes nicht allein auftreten konnte. Nach der Gesetzesänderung zum 1. Januar 2000 ist es dem Hausanwalt nunmehr möglich, bei allen deutschen Landgerichten aufzutreten. Da allerdings der Mandant auch die erhöhten Reise- und Unterbringungskosten zu tragen hat, ist im Einzelfall zu prüfen, ob diese Alternative tatsächlich kostengünstiger ist. Eine sinnvolle Klausel – aus der Sicht des Franchisegebers – ist die Vereinbarung des Gerichtsstandes am Sitz des Franchisegebers mit Reservierung des Rechts, den Franchisenehmer auch an dessen allgemeinen Gerichtsstand zu verklagen.

Franchisetypisch und daher hier zu erwähnen ist, dass besondere und ausschließliche Gerichtsstände existieren, die teilweise auch als funktionale Gerichtsstände bezeichnet werden. Oftmals geht es bei einem Streit um die Wirksamkeit des Franchisevertrages unter kartellrechtlichen Gesichtspunkten. Für derartige kartellrechtliche (Vor-)Fragen sind in den meisten Bundesländern gem. § 89 GWB bestimmte Landgerichte für funktional ausschließlich zuständig erklärt worden, bei diesen sind wiederum ausschließlich zuständige Kammern für Kartellfragen eingerichtet. Wird ein Vertrag mit kartellrechtlichen Argumenten angegriffen, so ist daher erneut zu prüfen, ob nicht ein Gericht an einem anderen Ort als dem allgemeinen oder vereinbarten Gerichtstand zur Klärung von kartellrechtlichen Fragen zuständig ist.

Ist beim richtigen Gericht Klage erhoben worden, so wird das Verfahren seinen Gang nehmen, also insbesondere eine mündliche Verhandlung stattfinden, in der die Parteien gehört werden, und oftmals auch eine Beweisaufnahme, in der Zeugen vernommen werden. Der Ausgang des Gerichtsstreites schließlich hängt im Einzelfall häufig davon ab, welche Partei die besseren Beweismittel für ihre Behauptungen hat. Wer sich von einem Urteil Gerechtigkeit erhofft, sollte bedenken, dass Gerechtigkeit eine theoretische Größe ist und kein objektives Kriterium. Jede der Parteien *sieht* eine andere Wirklichkeit. *Gerechtigkeit* aus der Sicht aller Parteien kann von einem Gericht daher kaum geschaffen werden. Wie im vorhergehenden Kapitel bereits ausgeführt, ist ein Urteil grundsätzlich dann zufriedenstellend, wie bei einem Vergleich, wenn beide Parteien das Gefühl haben, etwas hinzu gewonnen zu haben. Diesen Anspruch wird ein Gericht aber selten erfüllen können, da es in einem Urteil eher einen Gewinner und einen Verlierer gibt. »Zwei Gewinner« wird es kaum geben, eher schon zwei Verlierer.

von Waltraud Frauenhuber

Einführung

Der Führungsstil im Unternehmen zählt zu den wesentlichen Faktoren, die über Erfolg oder Misserfolg in Franchisesystemen entscheiden. Im Folgenden werden die wesentlichen Ausprägungen von verschiedenen Arten des Führungsverhaltens erläutert, in ihren Auswirkungen beleuchtet und Perspektiven zeitgemäßen Führungsstils angedacht.

Grundsätzlich kann man feststellen, dass die Art des unternehmerischen Führungsstils, die Formen wirtschaftlicher Distribution und der Zustand einer gesellschaftlichen Entwicklung unmittelbar miteinander verbundene Faktoren sind.

So selbstverständlich und logisch, wie unter diesem Gesichtspunkt ein autoritärer Führungsstil zu Beginn der Industrialisierung erscheint, so selbstverständlich sollte es heute für uns sein, dass Führungsstile einem permanenten Wandel unterzogen sind und derzeit unterschiedliche Arten unternehmerischer Führung parallel nebeneinander zum Erfolg führen können.

Die einschneidenden Änderungen und das rasante Tempo in der Entwicklung und Distribution von Produkten und Dienstleistungen, die rückläufige Bedeutung der Großhändler und der Wandel in der Funktion des Einzelhändlers, haben Auswirkungen auf die Führungsstile in Unternehmen. Die extreme Ausrichtung der Unternehmen auf die individualisierte Befriedigung der Kundenwünsche und die damit verbundene Anstrengung, so viel wie möglich über den Kunden zu erfahren und so rasch wie möglich agieren zu können, erfordert einen Führungsstil mit einem hohen Grad an Flexibilität.

Franchisesysteme bilden in der Entwicklung unternehmerischer Führungsstile eine eigene Gesetzmäßigkeit und lassen im Grunde genommen sogar zwei unterschiedliche Führungsstile innerhalb des Systems zu. Den Führungsstil im Unternehmen des Franchisegebers (die Franchisezentrale) und den Führungsstil innerhalb des gesamten Systems. Streng genommen ist auch noch eine dritte Ebene der Führung in Franchisesystemen relevant. Die Führung der Mitarbeiter der Franchisenehmer. Diese Ebene wird nicht weiter berücksichtigt, dass man davon ausgehen kann, das der Führungsstil im Unternehmen des Franchisenehmers vom Führungsstil innerhalb des Franchisesystems geprägt wird.

Ist der Führungsstil in der Franchisezentrale noch allein von den Gründern des Unternehmens abhängig, so gelten bei der Führung der Franchisenehmer bereits eigene Gesetzmäßigkeiten. Aufgrund der Binnenstruktur eines Franchisesystems, in der selbstständige Unternehmer mittels Aufgabenverteilung und der Synergie unterschiedlicher Stärken gemeinsam einen wirtschaftlichen Erfolg anstreben, ist es von vorneherein notwendig, sich auf eine gemeinsame Basis zu einigen, die entsprechenden Spielregeln aufzustellen und diese gemeinsam weiterzuentwickeln.

Dieser spezielle Faktor des Franchising, der Gemeinsamkeit bei gleichzeitiger Selbstständigkeit beinhaltet, hat zwangsläufig Auswirkungen auf die Art der Führung. Allerdings sollte die Wirkung dieses Faktors bei der zugrunde liegenden professionellen Struktur eines Franchisesystems und der damit fast einem Konzern gleichkommenden Funktion nicht unabhängig von der Größe des Franchisesystems gesehen werden.

9.1 Führungsstile und ihre Tendenz

Der Führungsstil in einer Franchisezentrale ist im Grunde genommen genau so zu betrachten, wie der Führungsstil in jeder anderen Form eines Unternehmens und lässt sich nach der klassischen Struktur in fünf unterschiedliche Arten unterteilen.

❑ Der autoritäre oder autokratische Führungsstil: Kennzeichnend für diesen Stil ist das »Top down«. Derjenige, der führt, hat als Einziger die Übersicht und die richtigen Lösungen für die Aufgaben. Es gibt kaum Diskussionen und die Einbindung der Mitarbeiter in Entschlüsse erfolgt praktisch nur in Form der Ausführung von Entscheidungen. Die Macht liegt eindeutig beim Führenden. Alle Prozesse unterliegen einer strengen Kontrolle.

❑ Der »laissez faire« Führungsstil: Dieser Ansatz geht zurück auf den Franzosen Jean Jacques Rousseau, der davon ausging, dass in der Erziehung und in der Menschenführung eine Aufgabe bzw. eine Herausforderung beim Menschen zwangsläufig die richtigen Verhaltensweisen hervorrufe. Kennzeichnend ist das »geschehen lassen«. Es passiert, was passieren muss und es ist das Richtige. Es wird dem freien Spiel der Kräfte und der Selbstregulierung vertraut.

❑ Der kooperative Führungsstil: Das wichtigste Merkmal für den kooperativen Führungsstil sind Gespräche und die Abstimmung über das Wie und das Wann der Arbeitsaufgaben. Die Ansichten des Anderen werden in die Arbeit mit einbezogen und Entscheidungen im Konsensverfahren herbeigeführt. Die fachliche und persönliche Zusammenarbeit steht im Vordergrund. Der Mitarbeiter steht praktisch auf einer Ebene mit dem Führenden. Die Macht scheint gleichmäßig verteilt zu sein.

❑ Der charismatische Führungsstil: Das Motto lautet »Seht her, so bin ich, so ist es – folgt mir!« Kennzeichnend für diesen Führungsstil ist die Ausrichtung auf die Persönlichkeit der Führungskraft. Allein durch die Person und deren Ausstrahlung sind die Handlungen und Entscheidungen legitimiert. Diskussionen, aber auch Befehle treten in den Hintergrund, die Faszination durch die Person steht im Vordergrund. Hohe Loyalität und auch Übertragung von Verantwortung an den Führenden sind die Folge.

❑ Die Führung durch Kompetenz und Ergebnisorientierung: Hierbei handelt es sich um eine Mischform unterschiedlicher Führungsstile. Reine Autorität und Charisma werden durch Kompetenz ersetzt und in einem kooperativen Prozess am Ergebnis orientiert. Fehlende Kompetenz und nicht Erreichen der Ergebnisse führt zur Ablösung der Führungskraft. Die einzig wirkliche Autorität ist das erreichte Ergebnis.

Tendenzen der Führungsqualitäten

Führung wurde bis vor wenigen Jahren meist mit autoritär oder bestenfalls noch mit charismatisch gleichgesetzt. In den letzten Jahren ist ein Umdenken feststellbar und die Anforderungsprofile an Führungskräfte sind heute an Begriffen ausgerichtet wie integrativ, konsensfähig, konsultativ, kooperierend, flexibel und motivierend.

Man kann davon ausgehen, dass es auch künftig den einheitlichen Führungsstil nicht geben wird. Statt dessen dürften Konzepte sinnvoll werden, deren Strukturen sich auf ein Zusammenspiel zwischen Aufgaben- und Ergebnisorientierung, Kooperation und Demokratisierung einordnen lassen.

Für eine erfolgreiche Führungskraft gelten in Zukunft zunehmend Profile, die Fähigkeiten in den Bereichen Planung, Koordination, Verhandlung, und vor allem Information und Ausbildung umfassen. Konfliktfähigkeit und die Fähigkeit Konflikte lösen zu können werden zu einem der wesentlichen Kriterien der neuen Führungsqualität.

Nach wie vor wichtig, aber nicht entscheidend, sind Qualitäten wie Systematik, Durchsetzungsvermögen und Berechenbarkeit.

Leistungen wie Kontrollieren, Organisieren, Repräsentieren, Anleiten oder Berichten erscheinen demgegenüber als eher traditionelle und in ihrer Bedeutung abnehmende Führungsaufgaben.

Direkt auf Mitarbeiter Einfluss nehmenden Steuerungshandlungen wird ein sinkender Wert beigemessen. An die Stelle kurzfristig angelegter Führungsimpulse treten langfristig ausgerichtete Strategien der Zielgebung, der Sinngebung, der Qualifizierung und der Konsenserreichung.

Sonderfall Japan

Dass Prinzipien in Führungsstilen nicht überall gleich sind, zeigt eine gegenläufige Tendenz in Japan. Angesichts des schärferen internationalen Wettbewerbs sehen sich viele japanische Firmen derzeit vor allem dazu gezwungen, ihre traditionellen Methoden der Unternehmensführung abzulegen. Nach Aussagen von Tadaaki Chigusa, Direktor von McKinsey & Co. Inc. Japan, sei es mit der ursprünglichen, zeitaufwändigen japanischen Methode nicht mehr möglich, drastische Veränderungen schnell einzuleiten. Der bislang praktizierte »Bottom-up-approach« funktioniere nicht mehr. Entscheidungen müssten, nicht wie zuvor im allgemeinen Einvernehmen, sondern vielfach allein von der Unternehmensspitze getroffen werden. Aus diesem Grunde brauchen japanische Firmen künftig vor allem eine starke Führung. Demnach steht zu erwarten, dass japanische Unternehmen zu einem eher autoritären und aggressiveren Stil der Unternehmensführung übergehen werden.

Was diese Tendenz auch für den europäischen Raum zu beweisen scheint, ist die Tatsache, dass die Wege der Information und Entscheidungsfindung kurz zu halten und umständliche und langwierige Prozesse nicht zielführend sind.

9.2 Führungsstile im Franchisesystem: Franchisezentrale

Die Franchisezentrale ist das Herz des gesamten Franchisesystems. Darum ist die Führung der Mitarbeiter der Franchisezentrale ein Schlüssel für die Führung des Franchisesystems und trägt maßgeblich zu Erfolg oder Misserfolg bei.

Hubertus Boehm, sieht die »Grundlage für die konzeptionsgerechte und einheitliche Führung des Systems durch den Franchisegeber in den Managementrichtlinien, die im Prozesse-Handbuch in der Franchisezentrale dokumentiert sind«.

Das wesentliche Ziel in der Führungsarbeit einer Franchisezentrale ist, die Mitarbeiter zu kompetenten Problemlösern und eigenständig verantwortlichen Mitdenkern zu entwickeln, welche die Kohäsion des Franchisesystems, den Gruppenerhalt bzw. die Stärkung der Zusammengehörigkeit der Franchisenehmer innerhalb der Gruppe fördern. Die Mitarbeiter der Franchisezentrale tragen, als Bindeglieder und Vermittler zwischen der Zentrale und den Franchisenehmern, einen hohen Grad an Verantwortung für den Erfolg des Systems. Diese Verantwortung ist als Herausforderung und Motivation der Mitarbeiter der Franchisezentrale zu verstehen und dementsprechend zu kommunizieren.

Eine erfolgversprechende Komponente des Führungsstils ist hierbei die personenorientierte Handlung, mit dem Ziel, die Aktionsfähigkeit des Einzelnen in der Gruppe möglichst zu erweitern. Voraussetzung dazu ist, die Mitarbeiter mit den entsprechenden innerbetrieblichen Informationen und Kompetenzen zu versehen. Der Franchise-Manager hat durch verantwortungsbewusste Personalführung für ein motivierendes Betriebsklima zu sorgen, in dem die Mitarbeiter durch entsprechende Förderung und Weiterbildung weitgehendst ihre persönlichen Ziele erreichen können und sich mit ihrer Arbeitssituation zufrieden zeigen.

Viele Franchisesysteme haben in ihren Leitsätzen auch den Begriff der »Information« definiert. Dabei wird von einer offenen und partnerschaftlichen Zusammenarbeit ausgegangen, die bei Arbeitsteilung und Delegation den sinnvollen Austausch an Informationen voraussetzt.

Von der Leitung der Franchisezentrale werden Aufgaben zur selbstständigen Erledigung und Entscheidung an Mitarbeiter übertragen, die über die entsprechende Sachkompetenz verfügen. Voraussetzung dazu ist die Abgrenzung von Verantwortungsbereichen und die Erteilung der erforderlichen Befugnisse. Übertragbar ist dabei aber nur die Handlungsverantwortung für die richtige Sacherledigung. Dagegen ist die Führungsverantwortung, die Auswahl, Information, Kontrolle und Beurteilung der Mitarbeiter, nicht übertragbar.

Zuverlässigkeit als Qualitätsstandard im Führungsstil der Franchisezentrale

Aus der Situation Aufgaben eigenständig zu erledigen, entsteht für die Mitarbeiter der Franchisezentrale die Anforderung, initiativ mitzudenken und unternehmerische Verantwortung zu entwickeln.

Mit der Übernahme der Verantwortung innerhalb der Aufgabenstellung der Franchisezentrale, ist auch die Mitverantwortung für den Erfolg der ihnen anvertrauten Franchisenehmer und damit der Erfolg des gesamten Systems verbunden.

Die – besonders in Franchisesystemen – wichtigen Prozesse und die Arbeitsbereiche der einzelnen Mitarbeiter sind transparent zu gestalten und laufend zu überdenken um sicher zu stellen, dass die richtigen Serviceleistungen für die Franchisenehmer erbracht werden. So gesehen ist die Franchisezentrale zugleich Dienstleister und Führungsorgan seiner Franchisenehmer. Die Franchisenehmer müssen sich also darauf verlassen können, dass die Franchisezentrale und deren Mitarbeiter nicht einseitig, sondern vielmehr als ständige Entwickler des gesamten Systems tätig sind.

Führungsstil und Lieferanten

Der Führungsstil eines Franchisesystems spiegelt sich auch im Umgang und im Verhältnis zu den Lieferanten. Auch in diesem Bereich ist es sinnvoll, die Beziehung an einem an Information ausgerichteten Führungsverhalten zu orientieren. Autoritärer Umgang erzeugt Widerstand und vermindert die oft notwendige Kooperationsbereitschaft, was besonders in zeitlich engen Situationen zu unliebsamen Folgen führen kann.

Dr. Gerhard A. Wührer von der Universität Linz sieht einen grundlegenden Wandel im Lieferantenmarkt kommen. Nach seiner Ansicht wird die alte, antagonistische Beziehung zu Lieferanten – das Auspressen der Lieferanten um jeden Preis – durch ein neues Verhältnis ersetzt. Insbesondere bei Diskussionen um Kundenzufriedenheit und Loyalitätsbildung ist die frühzeitige Einbindung der Lieferanten notwendig.

9.3 Führungsstile im Franchisesystem: Franchisenehmer

Als umfassende Dokumentation der Formen und Regeln der Zusammenarbeit bildet das System-Handbuch die Grundlage einer Franchisepartnerschaft. Alle wesentlichen Kriterien eines Franchisesystems, also auch die der Führungsarbeit und des Führungsstils werden im Handbuch als Richtlinien schriftlich festgelegt.

Bereits die Festlegung dieser Richtlinien ist abhängig von der geistigen und sozialen Einstellung der Begründer des Franchisesystems. Unterschiedliche Einstellungen produzieren zwangsläufig unterschiedliche Richtlinien.

Der vielleicht extremste Fall der Führung in einem Franchisesystem ist die Nicht-Führung der Franchisenehmer, das sog. führungsaverse Verhalten. Jörg Meurer stellte 1996 in seiner Dissertation »Führung von Franchisesystemen« fest, dass nahezu jedes vierte deutsche Franchisesystem von diesem Problem betroffen ist. Die Führung durch Nicht-Führung kann vor allem auch bedeuten, dass das entsprechende Franchisesystem sich nicht entsprechend der Franchise-Definition verhält, oder sogar gegen das Vertragsrecht verstößt.

Diesem »anarchistischen« Führungsstil diametral entgegengesetzt ist das Prinzip der autoritären oder rigide hierarchischen Führung. Bei diesem Führungstyp sind besonders starke betriebswirtschaftlich-technokratische und rigide Merkmale zu finden. Als Leitlinie wird dabei das einem Filialsystem entsprechende »top-down« Verfahren angewendet. Mit diesem Führungsstil wird die eigentliche Stärke des Franchising, der Effekt der Synergie weitestgehend verhindert.

Das liberal vertrauensbasierte Führungsprinzip entspricht im wesentlichen dem »laissez-faire«-Stil. Geringe Führungsintensität, ausgeprägte Freiräume für die Franchisenehmer und ein geringes Ausmaß an möglichen Sanktionen kennzeichnen diesen Führungsstil.

Ein hohes Ausmaß an intensiver Kommunikation, Austausch von Informationen und Partizipation am System kennzeichnen den partnerschaftlich interaktiven oder kooperativen Führungsstil.

Dieser, eigentlich dem Idealfall entsprechende Führungsstil in einem Franchisesystem weist eine starke Orientierung der Franchisezentrale auf die Franchisenehmer hin aus und gewährleistet die optimale gegenseitige Unterstützung der Partner innerhalb des Systems.

Selbstständigkeit der Partner und Führung im Franchisesystem

Man könnte einwenden, dass sich die Selbstständigkeit der Franchisenehmer und der Begriff der Führung widersprechen. Dies ist allerdings nur ein Scheinwiderspruch, denn der Begriff der Führung im Sinne der Franchise-Definition kann nicht als Bevormundung oder gar Entmündigung verstanden werden. Vielmehr geht es um die Koordination der gemeinsamen wirtschaftlichen Interessen und der

Vorteilsfindung des gesamten Franchisesystems im Sinne jedes einzelnen Beteiligten. Denn wie Brecht sagt: »Zuerst kommt das Fressen und dann die Moral«.

Darum lässt sich ohne weiteres feststellen, dass der partnerschaftlich interaktive, bzw. kooperative Führungsstil der einzige ist, der dem Sinne des Franchising entspricht und ihm gerecht wird.

Als Basis dieser Führung kann die Erbringung der Leistungen des Franchise-Paketes gesehen werden. Die Dokumentation und die Erbringung dieser Leistungen führt zu Vertrauen der Franchisenehmer und damit zum verbesserten Verhältnis zwischen Franchisenehmer und Franchisegeber.

Der klassische Rechtsrahmen des Franchising

Wurde Franchising in den vergangenen Jahren vorwiegend als reine Form einer Technik der Absatzmittlung verstanden und oft in die Verwandtschaft zu Handelsvertretern und Vertragshändlern gebracht, so hat sich durch die seit dem 1. Januar 2000 geltende EU-Gruppenfreistellungsverordnung für Vertikale Vertriebsbindungen (Vertikal-GVO) eine Änderung der Situation ergeben. Franchisesysteme sind nunmehr allgemein in vertikale Vertriebskooperationen eingebunden. Durch diese Einbindung wird die Öffnung des Franchising, aber auch die partnerschaftliche Struktur von Franchisesystemen, unterstrichen.

Dies bedeutet jedoch nicht, dass sich die klassische Franchise-Definition aufgelöst hat. Nach wie vor gilt die Definition des Begriffs Franchising, wie sie sich im European Code of Ethics for Franchising findet:

»Franchising ist demnach ein vertikal kooperativ organisiertes Absatzsystem rechtlich selbstständiger Unternehmer auf der Basis eines vertraglichen Dauerschuldverhältnisses. Das System tritt am Markt einheitlich auf und wird geprägt durch das arbeitsteilige Leistungsprogramm der Systempartner sowie durch ein Weisungs- und Kontrollsystem eines systemkonformen Verhaltens. Das Leistungsprogramm des Franchisegebers ist das Franchise-Paket; es besteht aus einem Beschaffungs-, Absatz- und Organisationskonzept, der Gewährung von Schutzrechten, der Ausbildung des Franchisenehmers und der Verpflichtung des Franchisegebers, den Franchisenehmer aktiv und laufend zu unterstützen und das Konzept ständig weiterzuentwickeln. Der Franchisenehmer ist im eigenen Namen und auf eigene Rechnung tätig; er hat das Recht und die Pflicht, das Franchise-Paket gegen Entgelt zu nutzen. Als Leistungsbeitrag liefert er Arbeit, Kapital und Informationen.«

Das Franchising hat sich, aus einer zu Beginn stärker hierarchisch strukturierten Vertriebsform, in eine auf Kooperation und Austausch orientierte Wettbewerbsform mit starken Rechten für den Franchisenehmer entwickelt.

Dementsprechend ist auch die Führung in Franchisesystemen auf eine Führung im Sinne einer demokratisch organisierten Gruppe ausgerichtet.

Führungs- und Steuerungselemente im Franchisesystem

Franchisesysteme verfügen über eine Reihe von Führungs- und Steuerungselementen. Die überwiegende Anzahl dieser Instrumente ist auf einen interaktiven Prozess ausgerichtet und dient in erster Linie der Organisation der Informationen und der Kommunikation.

❑ Beiräte und Ausschüsse: Von den Franchisenehmern aus ihren eigenen Reihen gewählte Beiräte oder Ausschüsse werden zur Unterstützung der Entscheidungsfindung in den unterschiedlichsten Bereichen installiert. Von der Abstimmung der Marketingplanung bis zur Neuaufnahme von Produkten und Unterstützung genereller Änderungen im Franchisesystem reichen die Aufgaben der Beiräte.

❑ Jahres- und Erfa-Tagungen: Zahlreiche Treffen mit allen Franchisenehmern oder regionalen Gruppen dienen dem Informationsaustausch innerhalb des Franchisesystems, der Vorstellung von Neuerungen, neuen Produkten, neuen Dienstleistungen, dem allgemeinen »get together« und dem Jahres- und Rückblick.

❑ Franchisezentrale und Partnermanager: Die Partnermanager sind das Herzstück jedes Franchisesystems, die ständigen Ansprechpartner, die personifizierte Kommunikation, die Vermittler zwischen Franchisegeber und Franchisenehmer. Vor allem aber auch die Überwacher der Qualitätsstandards zur Sicherstellung der Kontinuität des Franchisesystems.

❑ Schlichtungsstellen/Mediation: Als Steuerungsinstrument zur Regelung von Konflikten zwischen der System-Zentrale und den Franchisenehmern, oder auch bei Diskrepanzen der Franchisenehmer untereinander, hat sich die Schlichtungsstelle in Franchisesystemen erfolgreich etabliert. In dieser nichtgerichtlichen Auseinandersetzung werden auf kostengünstige Art gemeinsam Konfliktlösungen erarbeitet. Eine so verstandene Mediation trägt dazu bei, Streitigkeiten innerhalb von Franchisesystemen so beizulegen, dass Franchisegeber und Franchisenehmer nach Konfliktlösung weiter miteinander zusammenarbeiten können. Gerichtliche Auseinandersetzungen haben in der Regel nicht diese Konsequenz, sondern führen dazu, dass Franchisegeber und Franchisenehmer getrennte Wege gehen. Nicht umsonst wird daher die Mediation bei Franchisesystemen als Mittel der Konfliktlösung zwischen Franchisegeber und Franchisenehmer einerseits und Franchisenehmern untereinander andererseits erfolgreich in den Vereinigten Staaten, aber auch in England, praktiziert.

❑ Kommunikations-Tools, klassisch bis Intranet: Besondere Bedeutung für Franchisesysteme haben, bedingt durch die rasante Entwicklung der neuen Medien, die Bereiche Internet und Intranet. Vor allem das Intranet gewinnt zunehmend an Bedeutung für die interne Kommunikation innerhalb des Systems. Aber natürlich sind nach wie vor auch Telefon, Telefax, Briefe und Printmedien die klassischen Kommunikations-Tools für Franchisesysteme.

❏ Quantitatives und qualitatives Controlling: Oftmals fälschlich von Kritikern des Franchising als Überwachungsinstrumente hingestellt, dienen die Controlling-Instrumente der Stabilisierung des Systems. Vor allem aber geben sie dem Franchisepartner Sicherheit hinsichtlich seiner wirtschaftlichen Situation und des qualitativen Status seiner Arbeit. Sie ermöglichen auch ein Benchmarking innerhalb des Franchisesystems.

9.4 Die neue Generation im Franchising

Die Aufgaben, die sich einerseits aus komplexeren Betätigungsfeldern, andererseits aber auch aus anspruchsvolleren Interaktionspartnern ergeben, lassen die Prioritäten künftiger Führungsarbeit deutlich erkennen.

Nach Manfred Maus ist ganzheitliches Denken bei der Steuerung eines Franchisesystems ein entscheidender Erfolgsfaktor: »Eine Führungskraft, die den Turbulenzen der Zukunft gewachsen sein will, muss immer wieder dafür sorgen, dass sich die Routinen auflösen. Ihre Aufgabe besteht darin, Wandel nicht zuzulassen, sondern Wandel zu initiieren. Und das kann nur geschehen, indem man ganzheitlich denkt. Indem man nicht nur Teile des Prozesses sieht – nicht nur den Ball, das Tor und den Schläger – sondern die Dinge in ihrem Zusammenspiel erfasst«.

Insgesamt betrachtet zeigt die Tendenz der Anforderungsprofile an die »neuen« Führungskräfte einen hohen Stellenwert sozialer und im besonderen kommunikativer Kompetenzen.

Neben ausgeprägter Entschlusskraft und Schnelligkeit treten intellektuelle und soziale Qualitäten wie Lernfähigkeit, Flexibilität, Kreativität, Teamfähigkeit und Konfliktbereitschaft wie moralische Kategorien wie Integrität und soziale Verantwortung hervor. Insbesondere die Letztgenannten spiegeln hohe und weiter wachsende Anforderungen im Bereich der ethischen Kompetenz wider.

Die Tendenzen zum künftigen Führungsstil lassen eine hohe Ausprägung von Merkmalen wie aufgaben- und Ergebnisorientiert erkennen. Auch hierin spiegelt sich der hohe Stellenwert der Leistungsorientierung. Demgegenüber nimmt die Bedeutung autoritärer oder »laissez-faire«-Haltungen bemerkenswert ab.

Vision und Corporate Identity als Führungsinstrumente

Zu den lange unterschätzten und teilweise stark vernachlässigten Führungsinstrumenten gehört die Identität des Unternehmens mit ihren Zielen und Visionen. Die Möglichkeit, sich mit einem klaren Leitbild identifizieren zu können, kann umständlich formulierte Richtlinien oftmals sogar ersetzen. Aufgrund der Verinnerlichung dieser Werte gehen diese Prinzipien in die tägliche Arbeit über. Damit soll auf keinen Fall der Eindruck entstehen, dass ausformulierte Richtlinien in Form eines Handbuches in Franchisesystemen durch eine Unternehmensphilosophie zu ersetzen seien. Eine starke Identität mit den Zielen und Visionen des Franchisesystems erleichtert die Umsetzung der Idee und verringert die Gefahr von Entgleisungen innerhalb des Systems. Auf dieser Basis ist anzustreben, dass Franchisegeber und Franchisenehmer ihre strategischen Ziele gemeinsam formulieren und anstreben, diese Ziele auch gemeinsamen zu erreichen.

Führung und neue Medien

Eine wirkliche Gefahr bei der Einführung der neuen Medien und Techniken besteht darin, die Einführung allein in die Hände der Computer-Experten zu legen. Diese Fachleute entwickeln sich zu einer neuen Priesterkaste, deren »Weissagungen« die Geschäftsführung absoluten Glauben schenkt. Die mit den neuen Techniken entstehenden Probleme werden dementsprechend nur von der technischen Seite gesehen und damit isoliert betrachtet. »Die Unsicherheit über die Auswirkung der neuen Techniken auf den Führungsstil des Unternehmens ist weitverbreitet. Sie wird durch die Diskussion über Wert oder Unwert der neuen Techniken noch verschärft. Horrorvisionen im Orwellschen Sinn werden nicht zuletzt durch die Medien zum Ansatzpunkt weitgehend emotional bestimmter Kritik. So kommt es zu einer verhängnisvollen Zuspitzung in der Frage: »Humanisierung der Arbeitswelt oder neue Technologien?« (Reinhard Höhn)

Open Systems als innovative Führungsvariante

Eine wichtiger Hinweis auf die Entwicklung von Führungsqualitäten und der Bedeutung der Kommunikation in diesem Bereich kommt aus der Welt der Software-Entwicklung. Ausgehend von der Tatsache, dass im Bereich der Software von Betriebssystemen eine gewisse Monopolstellung durch Microsoft entstanden war und damit bestimmte Fortschritte in der Entwicklung gehemmt wurden, entschloss sich eine Gruppe skandinavischer Wissenschaftler zu einem radikalen Schritt. Sie stellten ihre bisherige Entwicklung einer Betriebssoftware öffentlich und kostenlos via Internet allen Softwareentwicklern zur Verfügung. Was daraus entstand war bislang einmalig auf der Welt – weltweit wurde die Weiterentwicklung dieser auf Unix basierenden Software von mehr als 3.500 Programmierern unentgeltlich aufgenommen und es entstand das unter dem Namen Linux bekannt gewordene Betriebssystem, das als Konkurrenz zu Microsoft auf dem besten Wege ist diesem den Rang als führendem Betriebssoftware-Hersteller im Serverbereich abzulaufen. Eine Reihe anderer großer Unternehmen der Software-Branche hat sich inzwischen ebenfalls entschlossen im sog. Open System zu arbeiten.

Unabhängig von dem Phänomen, dass Tausende von Menschen bereit waren ihr Know-how unentgeltlich zur Verfügung zu stellen, stellt Open System eine neue Tendenz auch im Führungsverhalten dar. Die eigentliche Führung in diesem Sinne

410

besteht in der Kompetenz des Wissens, den Fähigkeiten der einzelnen Personen und der Orientierung auf ein gemeinsam angestrebtes Ziel.

Das diese Vorgangsweise durchaus nicht neu ist, zeigt ein, von dem Physiker und Philosophen Heinz von Förster, gern zitiertes Beispiel:

Es handelt sich dabei um die Seeschlacht bei Midway. In dieser Schlacht des zweiten Weltkrieges zwischen Amerikanern und Japanern verlor die amerikanische Flotte gleich zu Beginn der Auseinandersetzungen ihr Kommandoschiff. Normalerweise wäre dies das Ende der Amerikaner gewesen. Keine zentrale Koordination bedeutete den Untergang. Es geschah jedoch etwas völlig anderes. Anstatt einem anderen, einzelnen Schiff die Kampfleitung zu übertragen, wechselten die Amerikaner ständig die Führung der Koordination des Kampfes. Jeweils das Schiff, das den besten Überblick über die Situation hatte und die Bewegungen der Japaner am nächsten beobachten konnte, übernahm die temporäre Führung. Dieser optimalen Koordination der Amerikaner waren die Japaner nicht gewachsen. Mit ihrer zentralen Kommandostelle waren die Japaner den Amerikanern an Reaktionsschnelligkeit unterlegen.

Es muss also nicht immer gut sein, etwas ausschließlich zentral zu führen. Delegieren und Abrufen dezentraler Fähigkeiten beinhaltet ein nahezu unerschöpfliches Reservoir an Potential und kann oft schneller und perfekter zum Ziel führen als die Schwerlastigkeit einer in sich ruhenden Führung.

Marktorientierung und CRM als Einflussfaktoren auf Führungsstil

Es gibt kein Unternehmen, also auch kein Franchisesystem, das sich zur Zeit nicht intensiv mit Customer Relationship Management (CRM) beschäftigt. Die Orientierung an der Individualität des Kunden, seine gezielte Ansprechbarkeit und Erreichbarkeit sind die Zauberformeln des neuen Marketing. Verständlich, wusste doch Henry Ford schon, dass er die Hälfte seines Werbeaufwands »beim Fenster hinauswarf«, er wusste nur nicht welche Hälfte. Mit einer ziel- und einstellungsgenauen Ansprache des Kunden könnte in dieser Hinsicht sehr viel erreicht werden.

Franchisesysteme sind für die Lösung dieser neuen Aufgabe im Marketing geradezu prädestiniert. Das arbeitsteilige Verfahren im Franchising, die Konzentration des Franchisenehmers auf Fragen des regionalen Vertriebs und damit auf den direkten Kontakt zum Kunden, bildet eine ideale Ausgangsposition für ein Customer Relationship Management.

In der Praxis besteht allerdings das Problem der Datenverwaltung. Die vom Franchisenehmer erhobenen Kundendaten befinden sich in seinem Besitz und einer zentralen Verarbeitung in der Franchisezentrale stehen oft Bedenken entgegen.

Eine solche Management-Strategie hat aber auch Auswirkungen auf den Führungsstil. Mit einer autoritären Anweisung an die Mitarbeiter »nun gehen Sie mal die Kunden befragen« ist es hierbei nicht getan. Customer Relationship Management, also eine »Beziehung« zum Kunden aufzubauen, bedeutet diese Einstellung im gesamten Netzwerk zu etablieren. Das lässt sich nur über den Weg einer kooperativen und partnerschaftlich interaktiven Führung erreichen.

Partner-Bindungsprogramm

Nach dem heute allgemein anerkannten Verständnis vom Wesen des Franchising ist die System-Zentrale Dienstleister der Franchisenehmer. Damit sind die Prinzipien eines Customer Relationship Management innerhalb eines Franchisesystems anwendbar.

Die Weiterführung dieses Gedankens bedeutet, dass zur Führung eines Franchisesystems ein Bindungsprogramm für Franchisenehmer gehört, also eine konsequente Beschäftigung mit den persönlichen Einstellungen der Partner und ein geeignetes Programm zu ihrer Motivation und Steigerung ihrer Leistungsbereitschaft. Tatsächlich stellen Partner- und Erfa-Tagungen, Beiräte und Partnermanager, Bonussysteme und interne Kommunikationsinstrumente bereits einen formalen Teil eines solchen Programms dar. Der Schlüssel zum Erfolg liegt jedoch auf der inhaltlichen Ebene. Stellen Sie sich vor, Ihr Sohn oder ihre Tochter gewinnt ein Jugendskirennen. Das macht Sie keinen Euro reicher, aber unglaublich stolz. Obwohl Sie nicht selbst gewonnen haben – es ist schließlich ein Stellvertreter-Sieg – hat ein Teil Ihres Systems, für das Sie mitverantwortlich sind, gesiegt. Nicht viel anders funktioniert es im Franchisesystem. Der Stolz auf das System, der Stolz Teil eines »siegreichen« Teams zu sein, stellt ein starkes und effizientes Element des Führungssystems dar.

Die Partner als »Marktsensoren« und »Transmitter«

Für modernes Franchising stellen die Franchisenehmer mehr dar, als reine Partner für den Vertrieb. Ihre unmittelbare Nähe zum Kunden, zu seinen Reaktionen auf Produkte, Dienstleistungen und deren Qualitätsstandards, zu Wünschen und Einstellungen der Kunden und zu anderen unmittelbaren Erfahrungen im Markt, machen die Franchisenehmer einerseits zu Marktsensoren der Zentrale und andererseits zu Transmittern für die Botschaft des Franchisesystems im Markt.

Um diese Qualitäten konsequent nutzen zu können ist ein entsprechendes Führungsverhalten im System notwendig. Partizipative und kooperative Führung vermitteln dem Franchisenehmer die weitreichende Bedeutung seiner Aufgabe und seiner Arbeit vor Ort. Ein motivierter Franchisenehmer, der seine Funktion und Bedeutung innerhalb des Franchisesystems als wichtigen Beitrag zur Gesamtentwicklung des Systems versteht, bringt mehr Einsatz und Leistungswille. Flache Hierarchien sind hier auch ein Garant für die Motivation der Franchisenehmer.

412

9.5 Ausblick

Die Änderungen der Parameter in allen Bereichen der Gesellschaft, der nahezu uneingeschränkte Zugang zu Informationen und die rasche Entwicklung von Wissenschaft und Technik nehmen massiven Einfluss auf die Führung von Unternehmen. Autoritäres Führungsverhalten oder »die große Einsamkeit« der Entscheidung sind keine erfolgversprechenden Kriterien in der Managementpraxis mehr.

Franchisesysteme besitzen in dieser Entwicklung nahezu ideale Voraussetzungen. Wenn die im Franchising favorisierten Prinzipien der Arbeits- und Aufgabenteilung auch auf das Führungsverhalten der Systeme angewendet werden, können diese Systeme zu Vorbildern eines neuen Führungsstils heranwachsen.

Die neuen Zauberworte für die Führung in Franchisesystemen sind Ganzheitlichkeit, Partizipation, Empowerment (Bevollmächtigung) und Verantwortung, die Stärken der Synergie im Franchising.

Empfehlenswerte Internet Adressen:

- http://www.inf.ethz.ch/personal/doebeli/private/thinking/index.html
- http://www.crmforum.de/index.html
- http://www.platowbriefe.de
- http://www.tu-chemnitz.de/wirtschaft/bwl5/lehrbrief/lb322_2.htm
- http://www.rrz.uni-koeln.de/phil-fak/voelkerkunde/unternehmenskultur/ag1 b.html

V | Festigen

Viele Franchisegeber stellen nach drei bis fünf Jahren Systemzugehörigkeit ihrer Franchisenehmer fest, dass ihre Motivation nachlässt. Die Euphorie des Unternehmensaufbaus ist für viele Franchisenehmer nach einigen Jahren der Systemzugehörigkeit verflogen. Bisweilen lässt sich das drohende Motivationstief noch für einige Zeit hinauszögern, indem die Franchisenehmer besondere Maßnahmen für ihr Unternehmen ergreifen, etwa den Betrieb umbauen oder in Abstimmung mit dem Franchisegeber neue Geschäftsfelder hinzunehmen. Ein Franchisesystem, in dem sich viele Franchisepartner in dieser typischen Demotivations-Phase befinden, droht instabil zu werden. Jetzt liegt es am Franchisegeber, geeignete Maßnahmen zu finden, das System wieder zu festigen.

von Jürgen Nebel

Einführung

Wie sieht es in einem Franchisesystem mit der Motivation aus? Gibt es da nicht schon einen, der gestandene Franchisenehmer motivieren *könnte*, den Franchisegeber? Oder sind Franchisenehmer nicht schon als hundertprozentige Unternehmer genug motiviert, d. h., gleichbleibend auf höchstem Niveau, weil sie wie jeder Unternehmer bei anhaltend schlechtem Geschäftsgang schlicht und ergreifend in Konkurs gehen?

Solch lebens- und franchisefremdes wird schon mal behauptet. Die meisten, die ein Franchisesystem führen, stellen fest, dass nach vielleicht drei bis fünf Jahren der Systemzugehörigkeit die Motivation nachlässt, teilweise erheblich. Die Euphorie des Unternehmensaufbaus ist nach Jahren der Systemzugehörigkeit zumeist verflogen. Bisweilen lässt sich das drohende Motivationstief noch für einige Zeit hinauszögern, indem die Franchisenehmer besondere Maßnahmen für ihr Unternehmen ergreifen, etwa den Betrieb umbauen, in Abstimmung mit dem Franchisegeber neue Geschäftsfelder hinzunehmen (z. B. bei Portas, nach der Türenrenovierung nun die Küchenrenovierung).

Noch wirkungsvoller motivieren natürlich auch Gründungen weiterer Franchisenehmerbetriebe. Dies ist sicher der Königsweg für den Franchisenehmer und das Franchisesystem, ebenso sicher ist dieser Weg nur den erfolgreichen Franchisenehmern vorbehalten.

Oft motiviert auch, und nicht selten sind es wiederum die Filialisten im System, das Engagement in der Franchisesystem-Gremienarbeit. Die Motivierten im System, fast immer gleichzeitig auch die Guten, sind nicht selten Beiratsmitglieder, oft sogar deren Vorsitzender, oder sie arbeiten in Ausschüssen mit oder entwickeln in einem Aktivkreis neue Lösungen für das Gesamtsystem.

Nicht wenige Franchisenehmer aber lassen in ihrem Engagement nach drei bis fünf Jahren merklich nach. Dies sind zumeist Franchisenehmer, die sich gemäß dem Franchisenehmer-Entwicklungsmodell an der Schwelle zwischen Phase II (Knowhow-Entwicklung) und Phase III (Verselbstständigung) befinden. Im Einklang hiermit, und dennoch unabhängig davon, ist eine Motivationskurve zu zeichnen, die die Motivationsveränderung vieler Franchisenehmer wiedergibt.

Zeitpunkt der kritischen Phase

Die kritisch werdende Phase ist häufig zwischen dem dritten und fünften Jahr zu beobachten. Hieraus ergibt sich eine Konsequenz, die das System insgesamt gefährden kann.

Ein System, das noch jung ist (zwei Jahre), verfügt über viele Franchisenehmer in der Startphase und wenige in der Know-how-Entwicklungsphase.

In einem etwas älteren System (vier Jahre) sind schon wesentlich mehr Franchisenehmer angeschlossen, die in die Know-how-Entwicklungsphase eingetreten sind, einigen, die gerade starten und vielleicht schon die ersten, die in die Phase der Verselbstständigung geraten.

In einem noch älteren System (sechs Jahre) schließlich gerät oft ein beachtlicher prozentualer Teil der Franchisenehmer in die Phase der Know-how-Entwicklung oder gar in die Phase der Verselbstständigung.

Es liegt nun auf der Hand, dass ein System, das verhältnismäßig viele Franchisenehmer in der sensiblen Phase der Verselbstständigung aufweist, insgesamt instabil zu werden droht. Ein Auseinanderdriften eines Franchisesystems, gar ein Auseinanderbrechen in zwei oder mehr Teile, ist nichts Ungewöhnliches. Dies geschieht dann, wenn der Unmut in einem System nicht nur einzelne Franchisenehmer erfasst, sondern viele. Wie gezeigt, ist dies dann wahrscheinlicher, wenn viele *Franchisenehmerzyklen* gleichzeitig in die Phase der Verselbstständigung geraten. Es entfachen sich *Flächenbrände*, die oft schwer zu kontrollieren sind und manchmal in einem scharenweisen Überlaufen vieler Franchisenehmer zu einem anderen System enden oder aber in der massenhaften (Wieder-)Aufnahme der Einzelselbstständigkeit.

Gründe für die kritische Phase

Was ist der Grund für ein *Ausfransen* des Systems an dessen Rändern, ein Auseinanderdriften oder gar Auseinanderbrechen? Meist Unzufriedenheit, manchmal auch nur die vermeintliche oder tatsächliche bessere Entwicklungsmöglichkeit außerhalb des Systems.

Woher rührt die Unzufriedenheit? In Betracht kommen eine Reihe von – grundsätzlich vermeidbaren – Faktoren:

❑ Eine häufige Ursache ist *wirtschaftliche Unzufriedenheit*. Die Franchisenehmer verdienen nicht angemessen und im Verhältnis zu einer oft aufreibenden unternehmerischen Tätigkeit, die risikobehaftet ist und nicht selten 60 Stunden die Woche beträgt.

❑ Die Kehrseite, der häufige Grund, warum es zur dritten Entwicklungsphase *Verselbstständigung* kommt, ist die von den Franchisenehmern als *Einengung* oder gar *Bevormundung* erlebte Vorgaben des Franchisegebers.

Oft wird die Verselbstständigung auch gewählt, um eine finanzielle Unzufriedenheit auszugleichen. Der Franchisenehmer besinnt sich dann auf seine eigene unternehmerische Tatkraft, oder entwickelt sie. Er »weiß es besser« und möchte mit eigenem unternehmerischen Elan höhere Gewinne erwirtschaften. Es ist nicht allgemein zu sagen, ob dieses Verhalten ungerechtfertigt ist. Manchmal flüchtet der Franchisenehmer in dieses Verhalten, weil der Franchisegeber ein wirklich nicht mehr ausreichendes Konzept vorgibt.

❏ Bisweilen ist es aber nicht die wirtschaftliche Unzufriedenheit, die manche Franchisenehmer aus dem System treibt, sondern der drängende Wunsch, noch mehr zu verdienen, obschon das Gegenwärtige sich durchaus im Rahmen dessen bewegt, was versprochen worden war.

❏ Den Franchisenehmern werden andernorts in einem ähnlichen System bessere Konditionen geboten. Ein möglicher Grund: Der Franchisegeber hat in eine Sache investiert, die neu- und einzigartig ist. Nun wird er rücksichtslos von einem anderen Systemgeber plagiert, er selbst hat aber noch die aufgewandten Kosten zu amortisieren, die dem Nachahmer nicht entstanden sind. Kurzfristiges Denken kann den Franchisenehmer dazu veranlassen, zum Nachahmer überzulaufen. Deshalb muss der Franchisegeber seinen Franchisenehmern stets soviel Nutzen bieten, dass sie schon aus wirtschaftlichen Gründen gerne im System bleiben.

Was tun, wenn das System zu brechen droht?

Ein Auseinanderbrechen des Franchisesystems ist für den Gründer, auch wenn das System verkleinert weiterlebt, nicht nur wirtschaftlich, sondern oft auch emotional katastrophal. Das Schlimme ist oft, dass dieses Schicksal auch durch und durch integere Franchisegeber ereilt. Ein Teil der Franchisenehmer geht eben nicht mit dem System »durch dick und dünn«, sondern schließt sich um eines scheinbaren oder wirklichen kurzfristigen Vorteils einem anderen Franchisesystem (oder Vertragshändler- oder anderem System) an. Wie auch in anderen Partnerschaften des Lebens kann dies eine schmerzvolle Erfahrung für den »verlassenen Partner« bedeuten, wenn der Franchisegeber seinem Franchisenehmer »in den Sattel geholfen« hat und dieser nun »mit einem anderen davon reitet«.

Dies lehrt indessen eines – Dankbarkeit ist kein geeignetes Mittel, eine Partnerschaft zusammenzuhalten. Weder Franchisegeber noch Franchisenehmer sollten sie erwarten oder auf sie bauen, schon gar nicht sollten sie sie aber fordern. Genau dies tun aber manche Franchisegeber. Sie setzten psychologisch ganz gezielt den Faktor Dankbarkeit ein. »Was seid ihr denn schon vorher gewesen?«, ist eine Überlegung, die mancher Franchisegeber nicht nur denkt, sondern sogar gegenüber seinen Franchisenehmern ausspricht.

Was ist vorausschauend zu tun? Zur Motivation der Franchisenehmer, für den Zusammenhalt des Systems, taugt nur ein Ziel: Fortwährendes Bewusstmachen, welchen Vorteil die Franchisenehmer von ihrer Systemzugehörigkeit haben. Ideal ist eine Art »ständiges Begleitwissen« der Franchisenehmer über den Vorteil ihrer und sollte nicht missverstanden werden als ein dauerndes propagandistisches Trommeln, das die Systemvorteile anpreist. Natürlich »gehört klappern zum Geschäft«. Was man bietet, darüber sollte man auch sprechen, aber primär werden die Vorteile nicht deutlich, indem über sie geredet wird, sondern indem sie hautnah und möglichst täglich erlebt werden. Eine extra Motivation ist nicht nötig, im Grunde gar nicht möglich. Wenn Anpreisungen nicht erlebt werden, geht der Schuss nach hinten los.

Es gilt, die Grundsätze einer ehrlichen Systemarbeit praktisch umzusetzen, dies ist Motivation genug, weniger ist gefährlich, mehr *Motivation* nicht möglich. Dies sind:

(1) Win-win-Prinzip
(2) Gremienarbeit
(3) Entwicklung und Aufrechterhaltung des »Wir-Gefühls«
(4) Besonderer Handbuchgestaltung, die auch graphisch hervorgehoben, die Franchisenehmervorteile deutlich macht – alleine oder im Verbund mit anderen außerhalb des Systems werde ich als Franchisenehmer nicht das gleiche erwirtschaften.

Die Gründe, die den Franchisenehmer einst bewogen, dem System beizutreten, sollten während dessen Systemzugehörigkeit nicht enttäuscht werden. Nach einer Studie von Withane bei rund 150 Franchisenehmern sind dies:

Gründe, einem Franchisesystem beizutreten

Gründe	Ja-Nennungen
Markterprobtes Franchisesystem	78,5%
Geringeres Risiko	60,0%
Vertrauen	58,5%
Unterstützung in der Startphase	53,8%
Laufende Unterstützung	47,7%
Schnellerer Start	43,1%
Sammeln von Erfahrungen	27,2%
Persönliche Gründe	18,5%
Gute Verdienstmöglichkeiten	13,8%

Abb. 1: Beitrittsgründe zum Franchisesystem

420

von Susanne Berger

2.1 Kommunikationsmöglichkeiten im System

Der Erfolg eines Franchisesystems wird von den Menschen getragen, die darin arbeiten. Effiziente und schlanke Kommunikationskanäle unterstützen die gemeinsame Arbeit aller Partner im System und ermöglichen einen raschen Informationsfluss. Ein schnelles Reagieren auf die Marktgegebenheiten ist überlebensnotwendig, denn heute gilt nicht mehr »die Großen fressen die Kleinen«, sondern »die Schnellen fressen die Langsamen«.

Somit ist die Übertragung des Know-how von der Franchisezentrale zu den Franchisepartner ein wesentlicher Erfolgsfaktor. Hat die Franchisezentrale in den Bereichen des Franchisepakets hervorragende Leistung erbracht, müssen diese auf einem schnellen einfachen Weg an die Franchisepartner kommuniziert werden, damit diese Leistung sichtbar wird und die Franchisepartner zufrieden sind. Dies verdeutlicht auch der Satz von Paul Watzlawick »Man kann nicht nicht kommunizieren«. Wer mit seinen Franchisepartner nicht kommuniziert, transportiert trotzdem eine Botschaft. Kommunikation ist Bestandteil unseres Lebens und unserer Arbeit. Erfolgreich bleiben wir nur mit professioneller Kommunikation und innovativen Kommunikationswegen, wie z. B. einem Extranet. Dieses bietet verschiedene Wege der Kommunikation. Das Extranet kann zur reinen Informationsvermittlung dienen, also als »Ein-Weg-Kommunikation«. Durch die Integration von Diskussionsforen, Marktplätzen oder Chatrooms ist es auch möglich einen Kreislauf für den permanenten Austausch von Informationen mit dem Ziel gegenseitigen Verständnisses zu schaffen.

Bisher werden in Franchisesystemen hauptsächlich die klassischen Kommunikationsmethoden angewandt. Hierzu gehört die face-to-face Kommunikation, die meist über die Partnerbetreuer, regionale Meetings, Erfahrungsaustausch- und Jahres-Tagungen erfolgt. Ein weiteres Mittel für den Wissenstransfer ist das Franchise-Handbuch. Hier wird das gesamte Know-how des Systems in schriftlicher Form an die Franchisepartner weitergegeben. Dieses Handbuch wird parallel zur Weiterentwicklung des Systems mit neuen Formblätter, Ablaufdiagrammen oder Mailings ergänzt. Für eine schnelle Kommunikation wird das Telefon oder Fax zwischen der Franchisezentrale und den Franchisepartnern verwendet. Hier werden Informationen ausgetauscht, die im Moment eine große Bedeutung haben, jedoch nicht weiter festgehalten werden müssen.

Mit dem Einzug der neuen Medien in unsere Arbeitswelt, hat auch die Email als Kommunikationsmittel einen hohen Stellenwert eingenommen. Der große Vorteil ist, dass die Information wesentlich schneller als mit einem herkömmlichen Brief transportiert wird. Der Empfänger kann die Information dann lesen, wenn er in seinem Tagesablauf dafür Zeit findet. Die schnelle Antwortmöglichkeit dient zur kurzfristigen Klärung von Fragen oder zur zeitnahen Abstimmung. Auch das Internet ist schon fast für jeden ein Mittel zum Abrufen von Informationen zu jeder Tageszeit geworden. Viele Menschen setzen immer häufiger das Internet zur Recherche im geschäftlichen und privaten Bereich ein.

Folglich bietet sich diese Technologie für eine Informationsplattform in einem Franchisesystem an. Die Franchisenehmer können in einem geschlossenen Bereich im Internet zu jeder Tageszeit und von jedem Ort Know-how von der Franchisezentrale abrufen, ohne direkten Kontakt mit der Franchisezentrale aufnehmen zu müssen.

2.2 Was ist ein Extranet?

Ein Extranet in einem Partnersystem kann als Bestandteil in den Internetauftritt integriert und mit individuellen Extranetseiten in einem passwortgeschützten Bereich gestaltet werden.

Das Internet ist das World Wide Web. Jeder, dessen PC einen Browser (z. B. Internet Explorer, Netscape Communicator etc.) und Online-Zugang hat, kann im Internet Informationen abrufen, suchen, Anfragen abschicken oder über den Dienst E-Commerce Bestellungen absenden. Wird im Internet ein Bereich mit einem Passwort geschützt, auf den nur eine bestimmte Personengruppe (z. B. die Franchisenehmer) zugreifen können, spricht man von einem Extranet. Hat ein Franchisesystem ein eigenes Netzwerk, welches die Internettechnologie verwendet, jedoch nicht die Zugänge über einen Provider und das World Wide Web, sondern eigene Datenleitung nutzt, wird der Begriff Intranet verwendet.

Ein Extranet bietet einen geographischen unabhängigen Informationsaustausch innerhalb eines Franchisesystems. Das Extranet stellt eine innovative Form der Know-how-Dokumentation der Franchisezentrale für die Franchisepartner dar. Das Extranet kann Informationen aus allen Servicebereichen einer Franchisezentrale enthalten. Den Franchisenehmern stehen damit z. B. Informationen zu den Bereichen Marketing, Produktmanagement, Controlling, Dienstleistungen, Ansprechpartner usw. per Mausklick zur Verfügung. Eine einmalige Darstellung der Informationen durch die Franchisezentrale gibt Franchisenehmern die Möglichkeit, diese abzurufen. Die Abläufe in der Franchisezentrale werden verschlankt. Es werden Ressourcen bei den Partnerbetreuern frei, die bei einem persönlichen Gespräch mit den Franchisenehmern nun mehr Zeit für wesentliche Inhalte haben und auf die neuen Informationen im Extranet nur hinweisen müssen. Auch die Integration der Kommunikation zwischen den Franchisepartnern ist über Diskussionsforen, Marktplätze, Tauschbörsen oder Chatrooms möglich. Somit werden mit solchen Bausteinen die neuen Medien zur Kommunikation und der damit verbundenen Integration der Franchisepartner in das System genutzt.

Der Datenabruf aus einem Extranet wandelt die »Bring-Schuld« des Franchisegebers zu einer »Hol-Schuld« des Franchisenehmers. Daher ist sehr stark darauf zu achten, dass diese »Kommunikations-Kultur« in einem Franchisesystem frühzeitig vermittelt und gelebt wird. Je eher ein Extranet in ein Franchisesystem integriert wird, um so bereitwilliger wird diese Art der Kommunikation angenommen und erfolgreich verwendet. Für neue Franchisenehmer ist das Extranet damit eine Selbstverständlichkeit und muss nicht mühsam erläutert werden. Wird das Extranet unterstützend bei der Aus- und Weiterbildung eingesetzt, fördert es zusätzlich den gemeinsamen Lernprozess im System.

Für die Gewinnung neuer Franchisenehmer stellt das Extranet eine professionelle und innovative Unterstützung da. Hier können die Franchisezentralen auf dem »Markt der Existenzen« ihre Leistung transparent und strukturiert gegenüber dem Mitbewerb präsentieren. Die angebotenen Dienstleistungen der Franchisezentrale werden für den potenziellen Franchisenehmer klar ersichtlich. Eine Beurteilung des Franchisesystems ist damit wesentlich leichter.

2.3 Das Projekt Extranet

2.3.1 Strategie

Am Anfang des Projektes Extranet stehen einige Fragen, die geklärt werden sollten, um die bestehende Kommunikations-Landschaft zu analysieren und die Integration eines Extranets erfolgreich zu gestalten, so z. B.:

- ❏ Wie kommuniziert die Franchisezentrale mit den Franchisenehmern?
- ❏ Wie kommunizieren die Franchisenehmer mit den Mitarbeitern der Franchisezentrale?
- ❏ Wie kommunizieren die Franchisenehmer untereinander?
- ❏ Welche Aufgaben übernimmt das Partner-Management im Kommunikationskreislauf?
- ❏ Welche Tools werden für die Kommunikation jetzt und in Zukunft eingesetzt?
- ❏ Wie kann das Extranet in die bestehende Kommunikationsstruktur des Franchisesystems integriert werden?

Mit diesen Fragen wird herausgearbeitet, in welchen Bereichen das Extranet zur Verbesserung der Kommunikation und des Informationsaustauschs im System eingesetzt werden kann. Dies legt auch das Ziel der ersten Version eines Extranets fest. Weitere Ziele und Aufgaben eines Extranets können jederzeit realisiert werden. Jedes Extranet wird genau wie ein Franchisesystem wachsen und leben.

2.3.2 Design und Inhalt

Ein Extranet ist eine Wissensdatenbank, gekoppelt mit verschiedenen Arten der Kommunikation. Zur Darstellung des Know-how soll eine einfache ansprechende Struktur, die an dem Franchise-Paket angelehnt ist, eingesetzt werden. Hierbei ist eine Zwischenlösung zwischen ansprechendem Design und Schnelligkeit zur Auswahl der Informationen zu wählen. Es ist davon auszugehen, dass noch nicht jeder Franchisenehmer einen erstklassigen Internet-Anschluss (über DSL, ISDN oder Standleitung) hat. Daher muss bei der Gestaltung der Seiten darauf geachtet werden, dass auf große Grafikelemente verzichtet wird, was zu unnötig langen Ladezeiten für eine Extranet-Seite führt. Ein Franchisenehmer muss schnell und einfach zur gesuchten Information gelangen, um das Kommunikationsmittel Extranet gerne und erfolgreich zu nutzen. Nur dann wird der Franchisenehmer das Extranet in seinen täglichen Arbeitsablauf integrieren und als gängiges Arbeitsmittel einsetzen. Die Struktur soll so aufgebaut sein, dass der Franchisenehmer die Informationen über die in der Ausbildung gelernten und im System gebräuchlichen Begriffe schnell findet.

Der Aufbau eines Extranets muss als eigenes Projekt in der Franchisezentrale angestoßen und mit entsprechender Priorität verfolgt werden. Es ist sinnvoll in der Franchisezentrale einen Verantwortlichen für dieses Projekt zu bestimmen.

Folgende Fragen stehen am Anfang eines solchen Projektes:

❑ Welche Leistungen der Franchisezentrale sollen dargestellt werden?
❑ Welchen Lebenszyklus haben die Informationen?
❑ In welcher Struktur sollen die Informationen dargestellt werden?
❑ Welche Franchisenehmer benötigen welche Informationen?
 – Müssen hierzu Hierarchien abgebildet werden?
 – Müssen unterschiedliche Zugangsbereiche geschaffen werden?
❑ Welche gestalterischen Elemente der Corporate Identity sollen eingebunden werden?
❑ Welcher Zeitrahmen und welche Ressourcen zur Umsetzung und Implementierung des Kommunikations-Systems sind realistisch?
❑ Mit welchen Investitionen ist zu rechnen?

Es ist sinnvoll mit allen Beteiligten, Mitarbeiter der Franchisezentrale ebenso wie Franchisenehmer oder externe Dienstleister, einen Kick-off-Workshop zu veranstalten. Hierbei können innerhalb eines Tages die oben genannten Fragen geklärt, die Inhalte zusammengetragen und strukturiert werden. Daraus sollte eine Dokumentation mit der Abbildung der Struktur und den möglichen grafischen Elementen entstehen. Für eine spätere Umsetzung in der Franchisezentrale oder durch externe Dienstleister ist dies unabdingbar. Mit den Ergebnissen aus diesem Workshop wird das Ziel des Extranets im Franchisesystem klar definiert.

2.3.3 Technische Umsetzung

Erst nach der Definition der Anforderungen an ein Extranet für das Franchisesystem kann über das zu verwendende EDV-Tool nachgedacht werden. Sind die Ziele eines Extranets definiert, kann in der angebotenen Vielzahl von Softwarelösungen für ein Extranet konkreter verglichen und gewählt werden.

Die derzeitigen Lösungsmöglichkeiten für ein Extranet können in drei Gruppen eingeteilt werden:

❏ Individuelles Extranet
❏ Web Content Management System
❏ Web-Anwender-Portal

2.3.4 Individuelles Extranet

Das individuelle Extranet wird auf Basis von HTML-Seiten wie eine gewöhnliche Internetseite erstellt und in einem passwort-geschützten Bereich im Web abgelegt. Hier kann die gewünschte Struktur individuell festgelegt und jederzeit erweitert werden. Die Erstellung des Extranets kann durch die Web-Agentur, die auch die Webseite des Franchisesystems entwickelt hat, erfolgen. Ist Know-how im Umgang mit HTML-Werkzeugen in der Franchisezentrale vorhanden, kann die Umsetzung und Pflege auch in der Franchisezentrale vorgenommen werden. Mit dieser Lösung ist die Pflege der Daten durch die Mitarbeiter je nach Wissensstand meist etwas schwieriger. Hierzu ist es sinnvoll, die Verantwortlichkeit für das Extranet an einen Mitarbeiter aus der Franchisezentrale oder externen Dienstleister zu übertragen. Das Extranet kann in dieser Form der Umsetzung bei jedem beliebigen Provider veröffentlicht werden. Für einen einfachen, schnellen und kostengünstigen Start eines Extranets, vor allem während des Aufbaus eines Franchisesystems, ist dies sicher eine interessante Möglichkeit.

Für den Anschluss weiterer Kommunikationsmöglichkeiten, wie dem Diskussionsforum oder dem Marktplatz werden zusätzliche Softwarepakete für das Internet integriert. Diese sind zum Teil kostenlos oder mit niedrigen Investitionskosten implementierbar. Wird an dieser Stelle mit einer Web-Agentur zusammengearbeitet, liegt auch das entsprechende Know-how vor.

2.3.5 Web Content Management System

Unter einem Web Content Managment System versteht man eine bedienergeführte datenbankbasierte Software, die Inhalte von Webseiten verwaltet und erstellt. Hier werden die Informationen von einem Anwender mittels entsprechender Menüs eingegeben und über einen Mechanismus im geschützten Bereich des Internets veröffentlicht. Diese so erstellen Seiten werden aus den Einträgen der Datenbank dynamisch zusammengesetzt und im Browser angezeigt. Für den Leser dieser Extranetseiten ist kein Unterschied zu herkömmlichen Webseiten festzustellen. Bei der Wahl der Softwarelösung muss die Möglichkeit der individuellen Erweiterung geprüft werden. Es gibt Web Content Management Systeme auf dem Markt, in denen die Rubriken für Struktur und Navigation bereits festgelegt sind und der Franchisegeber keine oder nur sehr geringe Möglichkeiten zur eigenen Gestaltung hat.

Die Verwaltung und Darstellung von Informationen über ein Web Content Management System wird Dokumentenmanagement genannt. In Web Content Management Systemen sind weitere Funktionalitäten, wie Gültigkeit eines Beitrages, Suchfunktionen oder Berechtigungshierarchien integriert. Der Anwender, der die Daten einpflegt, wendet das Web Content Management System entweder über einen Browser oder eine Clientsoftware an. Diese ist auf dem PC von wo aus die Daten aktualisiert werden, installiert. Für diese Systeme sind meist keine HTML- oder Programmier-Kenntnisse erforderlich und sie können schnell von den Mitarbeitern der Franchisezentrale erlernt werden. Dies hat zum Vorteil, dass in der Franchisezentrale die Verantwortlichkeit für die Inhalte eines Extranets auf die einzelnen Mitarbeiter und deren Bereiche verteilt werden kann. In einem Web Content Management System kann die Integration von Beiträgen der Franchisenehmer über die entsprechende Berechtigungsvergabe gelöst werden. Somit besteht die Möglichkeit, dass auch Franchisenehmer direkt Beiträge im Extranet veröffentlichen. Die Aussage des Slogans »von den Guten lernen« kann durch den Austausch von Erfolgsstories der Franchisenehmern in einem Extranet in Realität umgesetzt werden. Gegenüber dem individuellen Extranet ist es einfacher, die Franchisenehmer mit in die Verantwortung bezüglich der Kommunikation und Wissensvermittlung im System einzubeziehen.

In vielen Web Content Management Systemen ist auch die Integration von Vorlagen und Bildarchiven möglich. Damit hat die Franchisezentrale zusätzlich die Möglichkeit, nicht nur das Extranet über dieses Werkzeug zu realisieren, sondern auch einen gemeinsamen Corporate Identity-konformen Internetauftritt für das Franchisesystem und jeden Franchisenehmer. Jeder Franchisenehmer erhält die Berechtigung, seine Darstellung in einem zugewiesenen Bereich im Internet (Subdomain) für den Endkunden selbstständig und unter Freigabe durch die Franchisezentrale zu pflegen. Über die entsprechenden Vorlagen wird die Einheitlichkeit des gesamten Auftritts gewährleistet.

Zusatzmodule für Diskussionsforum, Marktplatz, Tauschbörse oder E-Shop Lösungen werden passend zu einem Web Content Management System angeboten. Die Handhabung erfolgt wie die Pflege der Wissensdatenbank und ist einfach zu integrieren.

Abzuklären bei der Wahl des Web Content Management Systems ist die Frage, bei welchem Provider dieses System lauffähig ist. Hier ist der Franchisegeber oft an einen bestimmten Provider gebunden, da nicht alle Provider die entsprechenden Datenbanken auf ihren Rechnern zur Verfügung stellen. Ist der Betrieb eines eigenen Web-Servers in der Franchisezentrale angedacht, muss bei der Wahl der Softwarelösung auf die sinnvolle Integrationsmöglichkeit der Datenbank in die bestehende Verfahrenslandschaft geachtet werden. Es ist empfehlenswert, die Kompatibilität des notwendigen Betriebssystems oder der Datenbank der Softwarelösung mit bereits vorhandenen Systemen zu prüfen. Die laufenden Kosten bei einem Provider oder die eines eigenen Web-Servers müssen in die Kalkulation eines solchen Projektes einfließen.

Die Investitionen für ein Web Content Management System variieren stark. Oft ist der Anschaffungspreis für die Software sehr günstig. Zu berücksichtigen sind jedoch auch die Kosten für die Einrichtung, die Erstellung der erstmaligen Struktur, die Schulung der Mitarbeiter und die laufende Pflege der Informationen.

In einigen Franchisezentralen sind bereits Web Content Management Systeme eingeführt worden. Es ist empfehlenswert, vor der Entscheidung für eine bestimmte Softwarelösung die Referenzen einzuholen und die entsprechenden Erfahrungen mit dem Web Content Management Systeme zu erfragen.

2.3.6 Web Anwender Portal

In näherer Zukunft werden Entwicklungen von Web Anwender Portalen auf dem Markt verstärkt zu finden sein. In einem Web Anwender Portal ist die Funktionalität des Dokumentenmanagements (siehe »Web Content Management System«) bereits integriert. Es bestehen erweitert Möglichkeiten operative EDV-Anwendungen eines Franchisesystems zu integrieren. Somit hat der Franchisenehmer nicht nur für das Extranet, sondern auch für alle weiteren EDV-Tools die gleiche Anwender-Plattform. In dieser Internet-Anwendung sind weitere Funktionen, wie z. B. ein Kalender, ein gemeinsames Adressverzeichnis oder individuelle Anwendungen eingegliedert. Der Anwender erhält für alle Anwendungen entsprechende Bedienermenüs in seinem Browser. Bei der Einführung eines solchen Portals muss die damit verbundene Projektarbeit zur Festlegung der Anwendungen berücksichtig werden. Auch die Wahl des Providers ist meist abhängig von der gewählten Software. Bei einem solchen Software-Tool stellt die integrierte Wissensdatenbank nur einen geringen Teil der Lösung dar. Hier liegt der Schwerpunkt auf die Realisierung von EDV-Tools mit gleicher Anwenderoberfläche und Nutzung der Internet-Technologie.

Generell gilt, dass die Auswahl des Providers für die Sicherheit des Extranets ausschlaggebend ist. Ein Provider, dessen Kerngeschäft der sichere Datenaustausch und Informationsfluss ist, hat meist die besseren Sicherheitssysteme, als ein eigener Web-Server. Für einen eigenen Web-Server muss wesentlich mehr investiert werden, um die Sicherheit analog des Providers zu gewährleisten. Bei der Einrichtung eines Extranets ist zu berücksichtigen, dass eventuell verschiedene Zugriffshierarchien benötigt werden. Dies ist bei der Konzeption des Extranets rechtzeitig zu beachten. Auch sollte ein regelmäßiger Austausch der Passwörter bei den Franchisenehmern stattfinden, damit die optimalste Sicherheitsstufe gewährleistet ist. Bei dem Ausscheiden eines Franchisenehmers muss das Sperren des Passwortes umgehend erfolgen, damit kein Missbrauch möglich ist.

2.3.7 Einführung im System

Wurden die Inhalte, die Struktur, die grafischen Elemente sowie das Werkzeug für die Einführung eines Extranets gewählt, beginnt die tatsächliche Umsetzung. Diese ist abhängig von der gewählten Software und von den damit verbundenen Dienstleistern. Der erste Entwurf sollte sich auf das Layout (Farben, Formen und Grafiken) sowie auf die Navigationsstruktur (Gestaltung der Haupt- und Unternavigation) beziehen. Es ist sinnvoll die erstmalige Erstellung des Extranets von Dienstleistern umsetzen zu lassen, da hier bereits Know-how bzgl. des gewählten EDV-Tools vorliegt. Danach müssen die im Franchisesystem vorhandenen Informationen, wie z. B. das Franchise-Handbuch, Formblätter, Marketing-Instrumente, Produktaussagen, Dienstleistungsprozesse für die Darstellung im Extranet aufbereitet werden. Diese Umsetzung ist abhängig von der Zielsetzung, d. h. ob der Franchisenehmer diese nur zum Lesen oder zum Ausfüllen und Verändern für den eigenen Einsatz benötigt. Die Umwandlung von Text-, Tabellen- oder Präsentationsdateien in Internet-gerechte Formate, wie z. B. PDF (portable document format) ist sinnvoll. Damit werden die optimalen Formate für die Verwendung der Informationen geschaffen.

So wie ein solches Projekt mit einem Kick-Off Workshop begonnen werden soll, ist es auch empfehlenswert die Einführung eines Extranets in einem bestehenden Franchisesystem mit einer gesonderten Veranstaltung zu planen. Die ausführliche Präsentation der enthaltenen Informationen und deren Verwendung führt zu einem erfolgreichen Einsatz dieses Kommunikationsinstrumentes. Den Franchisenehmern müssen die Möglichkeiten der Mitarbeit durch die Darstellung ihrer Erfolgsstories, das Diskussionsforum, den Marktplatz oder die Tauschbörse nahe gebracht werden. Je einfacher der Umgang mit diesen Mitteln ist, desto schneller wird dieses Instrument im Franchisesystem akzeptiert und damit zu einem wichtigen Erfolgsfaktor.

2.3.8 Pflege eines Extranets

In einem Extranet werden viele Informationen aus dem Franchisesystem zur Verfügung gestellt. Wichtig ist, dass keine veralteten oder überholten Daten enthalten sind. Dies würde, vor allem bei neuen Franchisepartnern, zur Verwirrung führen. Das Extranet kann durchaus als Archiv in bestimmten Bereichen dienen. So ist z. B. die Ablage sämtlicher Protokolle über Meetings und Veranstaltungen und des Partner-Beirats sinnvoll. Jeder neue Franchisepartner hat damit die Möglichkeit, bereits diskutierte Ideen und Entwicklungen nachzuverfolgen.

Es muss klar definiert werden, welcher Mitarbeiter der Franchisezentrale für welchen Bereich Verantwortung trägt, selbes gilt auch für die Franchisenehmer, sobald für diese ein entsprechender Bereich frei gegeben ist. Ist das Extranet mit einer individuellen Lösung erstellt, muss der Betreuer oder externe Dienstleister die Mitarbeiter der Franchisezentrale auf abgelaufene Informationen hinweisen. In den meisten Web Content Management Systemen steht die Funktion der Gültigkeit zur Verfügung. Damit wird gesteuert von wann bis wann ein Beitrag im Extranet zum Abruf bereit steht. So ist die Gefahr, dass ein veralteter Bericht dargestellt wird, wesentlich geringer.

Im Laufe der Erstellung eines Extranets ist es ratsam, sich über das gemeinsame Wording von Begriffen, Namen oder Aussagen zu einigen. Auch korrekte Schreibweisen können für weitere Artikel im Extranet festgehalten werden. Damit wird gesichert, dass auch bei der Pflege des Systems durch verschiedene Mitarbeiter der Franchisezentrale ein einheitlicher Auftritt gewährleistet ist.

Die Informationen aus der Franchisezentrale müssen zeitnah und in der für den Franchisenehmer nutzbaren Form im Extranet dargestellt werden. Somit muss die Bereitstellung der Daten in einem Extranet für die Mitarbeiter der Franchisezentrale zu einem festen Bestandteil des täglichen Arbeitsprozesses werden. Werden z. B. neue Marketing-Tools oder Beschreibungen zu neuen Produkten entwickelt, müssen diese als erstes im Extranet für die Franchisenehmer ersichtlich sein. So kann der Partnerbetreuer in seinen Gesprächen mit den Franchisenehmern frühzeitig darauf hinweisen.

2.4 Fazit

Ein Extranet ist branchenunabhängig und kann in jedem Franchisesystem eingesetzt und genutzt werden. Durch die Möglichkeit, eigene Strukturen und Navigationsebenen abzubilden, neue Beiträge als News zu markieren und die Franchisenehmer über eigene Bereiche oder Diskussionsforen mit einzubeziehen, ist es ein wertvolles Kommunikations- und Wissenstransfermittel. Folgende Beispiele für mögliche Inhalte sollen dies verdeutlichen und Anstöße für Projektteams geben:

❑ Marketing-Services
  – Mailing-Texte
  – Einheitliche Präsentationen
  – Vorlagen für Anzeigen
  – Firmenlogos in verschiedenen Formaten
  – Checklisten
  – Pressetexte und -mitteilungen
  – Darstellung und Bestellformulare der Werbemittel
❑ Produkte und Dienstleistungen
  – Abbildungen und Beschreibungen von Produkten
  – Abläufe von Dienstleistungsprozessen
  – Informationen zu allen Produkten
❑ Handbücher
  – Franchise-Handbuch
  – Einrichtungs- und Ausstattungshandbuch

- Vertriebs- und Marketinghandbücher
- EDV-Handbücher
❏ Aus- und Weiterbildung
  - Inhalte und Termine des Angebotes
  - Unterlagen zu den Weiterbildungen
❏ Partnerbeirat
  - Beiratsmitglieder
  - Beiratsprotokolle
❏ Ansprechpartner
  - Franchisezentrale
  - Franchisepartner und deren Mitarbeiter
  - Lieferanten
  - Kooperationspartner
❏ Diskussionsforum
❏ Marktplatz und Tauschbörse für verschiedene Materialien

Diese Auflistung erhebt kein Recht auf Vollständigkeit und soll nur als Anregung dienen.

Zusammenfassend ist das Extranet eine zeitgemäße, wesentliche und vor allem ökonomische Hilfe für die Arbeit der Franchisezentrale mit ihren Partnern. Ein Extranet unterstützt die gemeinsame Arbeit aller am Franchisesystem Beteiligten und gewährleistet den schnellen und umfassenden Informationsfluss. Das systeminterne Extranet ist damit ein wesentlicher Baustein für den Erfolg im modernen Franchising und damit auch ein tragender Erfolgsfaktor des Franchisesystems.

Über die Notwendigkeit der Entwicklung und Formulierung von Franchisesystemzielen oder: Als wir das Ziel aus den Augen verloren, verdoppelten wir unsere Anstrengungen.

Einführung

Ein Franchisesystem zeichnet sich durch viele unterschiedliche selbstständige Partner aus, die gleichfalls viele unterschiedliche Interessen vertreten. Diese Interessenskollision wird nicht etwa automatisch schon deshalb aufgehoben, weil ein Franchisesystem über Systemkonzepte und System-Know-how verfügt, die das einheitliche Auftreten am Markt gewährleisten sollen. Dagegen steht die Individualität der beteiligten Partner, verbunden mit der grundsätzlich freien, und vertraglich nur in bestimmten Grenzen einengbaren, Möglichkeit, unternehmerisch unabhängig zu handeln. Dies ist etwa angestellten Filialleitern in einem herkömmlichen Unternehmen nicht in gleicher Weise möglich; denn sie unterliegen dem Direktionsrecht ihres Arbeitgebers.

Interessenskollisionen sind typischerweise überall dort anzutreffen, wo Menschen miteinander arbeiten und nicht dasselbe Ziel verfolgen. In einem Franchisesystem, in dem viele Unternehmen arbeitsteilig ineinandergreifen, führt dies zwangsläufig zur teilweisen Kräfte*aufhebung*, und nicht lediglich zu geringfügigen Reibungsverlusten. Kräfteaufhebung oder -reduzierung verringert naturgemäß in einem System dessen Wirksamkeit; in einem *Franchise*system verringert dies Umsatz und Ertrag, letztendlich gefährdet es die Marktstellung des Gesamtsystems und aller seiner Glieder.

3.1 Kräfte in einem Franchisesystem

Es gibt noch weitere Gründe, weshalb ein Franchisesystem mit einer gemeinsamen Zielformulierung besser fährt: Auf fast jeder professionell moderierten Erfahrungsaustausch-Tagung mit Franchisenehmern taucht früher oder später die Gretchenfrage, nämlich die nach Sinn und Zweck der Unternehmung, nach dem Ziel des ganzen Systems auf. Wofür machen wir das eigentlich? Mit welchem Ziel und aus welchem Grund der Franchisegeber, mit welchem die einzelnen Franchisenehmer? Solange das nicht geklärt ist, so geben manche Franchisenehmer vertraulich zu erkennen, sind sie auch nicht bereit, ihr Know-how zu 100 Prozent in den Prozess des Erfahrungsaustausches einzubringen. Letztendlich stehen nicht ausreichend erfüllte Sicherheitsbedürfnisse hinter dieser teilweisen Verweigerung. Was, wenn der Franchisegeber *abspringt* und verkauft oder plötzlich Ziele verfolgt, die nun überhaupt nicht mehr in Einklang mit denen mancher Franchisenehmer zu bringen sind? Schließlich sind die arbeitsteilig ineinandergreifenden und von einer gemeinsamen Marke partizipierenden Franchisepartner aufeinander angewiesen, bei Wegfall des/der Partner gar existenziell bedroht. Dieser Unsicherheit muss abgeholfen werden.

Der zweite Beweggrund, eine Unternehmenszielsetzung zu formulieren, ist häufig die finanzierende Bank bei Kreditgewährung oder -erweiterung. Diese will wissen, wohin eigentlich das System will, und ob dies auch die einzelnen Partner und deren Mitarbeiter wissen. Ist das nicht klar zu beantworten, versagt sie nicht selten ihre Unterstützung.

Das dritte Motiv entsteht aus ganz pragmatischen Gründen:

> Wer nicht weiß, wo er hin will,
> der wird sich wundern,
> dass er ganz woanders ankommt.
> (*Mark Twain* zugeschrieben)

Von selbst versteht sich, dass solche Ziele gemeinsam von Franchisegeber und Franchisenehmern formuliert werden müssen. Bisweilen setzt der Franchisegeber solche Ziele auch alleine fest. Inwieweit die Franchisenehmer sich hieran gebunden fühlen, von einer Identifikation mit den Zielen gar nicht zu reden, liegt auf der Hand. Bekannt sind sogar einseitig niedergeschriebene *Systemziele*, von denen die Franchisenehmer noch nie gehört haben.

3.2 Zielvereinbarungen als Motivationsinstrument

Eine Möglichkeit wie diese motivierende Identifikation durch Zielformulierung zu erreichen ist, zeigt die nachfolgend beschriebene effiziente Methode aus der Praxis. Sie basiert auf – franchisetypisch erweiterten – Checklisten des Praktiker-Buches von Werner Siegert. Dessen Leitfaden »Ziele – Wegweiser zum Erfolg« beruht auf langjährigen Erfahrungen in der Moderation von Ziele-Workshops. Nicht selten werden diese auf Verlangen von Banken durchgeführt. Die solcherart erarbeiteten Ergebnisse entsprechen daher auch regelmäßig den Anforderungen der Banken.

Ein Ausschuss von fünf bis zehn Franchisenehmern und ein oder zwei Vertretern des Franchisegebers entwickeln und formulieren angeleitet durch einen erfahrenen, externen Moderator die Systemziele. *Alle* Partner eines viele Franchisenehmer zählenden Systems unmittelbar in einem Workshop mitwirken zu lassen, ist ebenso zeitzehrend und ineffizient wie der Versuch, durch interne Systempartner selbst eine so grundsätzliche Aufgabe lösen zu wollen. Freilich ist nach Entwicklung und Formulierung der Ziele im Ausschuss das Ergebnis im »Gesamtplenum des Franchisesystems«, etwa auf einer Jahrestagung, allen Franchisenehmern und Franchisegebern bzw. Mitgliedern der Systemzentrale zu präsentieren, erneut zu diskutieren und gegebenenfalls umzuformulieren. Regelmäßig wird sodann eine mehrwöchige Frist gesetzt, innerhalb derer die Partner schriftlich und in Ruhe erneut letzte Anmerkungen und Veränderungswünsche einbringen können. Danach kann – nach letztmaliger Diskussion – feierlich die Charta der Ziele verabschiedet werden. Doch zuvor ist einige Arbeit in dem vorgeschalteten Workshop, auch Ziele-Ausschuss genannt erforderlich.

In einem ersten Arbeitsschritt, nach grundsätzlichen Hinführungen zum Thema, die die Kreativität und Offenheit zur Aufgabenbewältigung fördern, beantwortet zunächst *jeder* der sechs bis zwölf Ausschussmitglieder *für sich* auf einem eigenen Chart die Frage »Welches Ziel möchte ich in den nächsten fünf Jahren erreichen?«. Diese Vorgehensweise ist dem Franchising allgemein – und einem partnerschaftlichen Franchisesystem besonders – angemessen – die so aufgelisteten individuellen Ziele der Systempartner (also von *jedem* Franchisenehmervertreter und von *jedem* Franchisegebervertreter) werden in einen »Ziele-Topf« auf ein weiteres Chart während der sechs bis zwölf Chart-Präsentationen überführt und Mehrfachnennungen durch Striche kenntlich gemacht. Dieses Gesamt-Chart wird zugleich als eine *erste* Grundlage für die spätere System-Zielformulierung verwandt. Mit dieser Methode ist sichergestellt, dass die späteren Ziele des Gesamtsystems, die individuellen Ziele der Franchisenehmer mitberücksichtigen.

In einem zweiten Schritt lösen sich die Teilnehmer zunächst von diesen individuell formulierten Zielen und besinnen sich, gestützt auf eine vorbereitete Checkliste, auf die Kernfähigkeiten des Systems. Kernfähigkeiten stellen das Potenzial dar, das dem Unternehmen überhaupt nahelegt, sich (weiterhin) in den Wettbewerb zu begeben, da es diejenigen Fähigkeiten sind, über die es in weitaus höherem Maße als die anderen Unternehmen verfügt. Die Summe dieser Fähigkeiten indizieren das Alleinstellungsmerkmal des Systems. Dabei ist je Kernfähigkeit zu unterscheiden, ob sie früher (*einst*), also etwa bei Gründung des Unternehmens bestand oder/und ob sie heute noch besteht (*jetzt*). Dieses zeitliche Kriterium ist zusätzlich, nochmals nach Franchisegeber (FG) und Franchisenehmer (FN) differenziert aufzuschlüsseln. Beispielsweise kann die Kernfähigkeit »besonderes Wissen« dann mit maximal vier Punkten bewertet werden. Je einen für *einst* FG und FN und je einen für »heute noch« FG und FN (Dies ist recht aufschlussreich, zwar weniger für die Zielformulierung, aber um so mehr für die weitere Systementwicklung. Offene Partner gestatten sich, die Transparenz noch durch *Häufung* zu erhöhen, indem pro Merkmal null bis drei Punkte vergeben werden können; vgl. unten).

Diese Checkliste kann natürlich durch etwaige weitere, von den Teilnehmern spontan gefundene, Kernvorteile ergänzt werden.

Die so von jedem Teilnehmer in Einzelarbeit vergebenen Punkte werden auf vorbereiteter Overhead-Folie oder Chart gemeinsam zusammenaddiert und ergeben ein deutliches Stärkenprofil. Dieses Verfahren lässt sich noch durch geänderte Vorgaben verfeinern: Beispielsweise können für jedes der vier Kriterien ein (stark), zwei (besonders stark) drei (außergewöhnlich stark) Punkte vergeben werden.

Der gleiche Vorgang wird wiederholt hinsichtlich der vorbereiteten Checkliste mit Kern*vorteilen*. Dies sind Vorteile, über die kein anderes Unternehmen oder nur sehr wenige verfügen und die *nicht* wie die Kern*fähigkeiten* auf *gegenwärtigen* Leistungen beruhen.

Im nächsten Schritt werden, noch auf einer sehr allgemeinen Ebene, die grundsätzlichen Ziele zusammengestellt. Auch hier dient als Wegweiser, der wiederum spontan ergänzt werden kann, eine vorbereitete Checkliste.

Ein Beispiel aus der Praxis, das Ring Lift-Franchisesystem, das erfolgreich Arbeitsbühnen vorwiegend an gewerbliche Nutzer vermietet, illustriert anschaulich, wie so ein Prozess praktisch abläuft. Bei Ring Lift hatte der Ausschuss folgende individuellen Ziele der Systempartner ermittelt, die in dem so genannten Ziele-Topf zusammengefasst wurden:

Ziele-Topf des Ring Lift-Franchisesystems:

❑ Kundenzufriedenheit (5)
❑ regionaler qualitativer Marktführer (5)
❑ quantitatives Wachstum (4)
❑ quantitativer Marktführer
❑ Bekanntheit steigern (3)
  – regional
  – bundesweit
  – weltweit
❑ hohes und gesichertes Einkommen (2)
❑ als zweites Standbein möglich (2)
❑ hohe Verzinsung für eingesetztes Kapital
❑ konsequent umweltfreundliche Technik und Betriebsmittel einschließlich Entsorgungskonzept
❑ optimaler Standort
❑ Führungsstil/Teamwork
❑ zufriedene, motivierte und engagierte Mitarbeiter
❑ gute Arbeitsbedingungen
❑ sichere Arbeitsplätze schaffen
❑ systemnützliches, -konformes Verhalten
❑ seriöses Image
❑ Kostenkontrolle
❑ Dienstleistungsunternehmen mit hoher räumlicher Kundennähe
❑ reagieren können auf große, ausländische Wettbewerber

Die Kernfähigkeiten und -vorteile von Ring Lift sahen die Ausschussmitglieder in:

❑ besonderes Wissen aufgrund partnerschaftlichen Erfahrungsaustausches
❑ Begeisterungsfähigkeit
❑ ausgeprägte Kundenorientierung

- ❏ professionelle Organisation
- ❏ äußerst motiviertes Team
- ❏ kurzfristiges Erkennen (und Reagieren) von (und auf) Marktveränderungen durch Erfa-/Info-Austausch
- ❏ gegenseitige Hilfe und Zusammenhalt
- ❏ einheitliches Auftreten
- ❏ Vermietpool mit Bestandsliste und Preisbasis
- ❏ Vermietorganisation mit den meisten Mietstationen in Deutschland
- ❏ besondere Preisvorteile durch Zentraleinkauf

Um dies nun zu einer Unternehmenszielsetzung zu verarbeiten, bedarf es noch einiger Kenntnis, wie man solche Ziele formuliert, damit sie nicht lediglich zu Makulatur werden, sondern eine motivierende, das System zusammenschweißende und Erfolg versprechende Charta werden, die Kunden, Lieferanten und Partnern gleichermaßen vorgelebt wird.

3.3 Techniken der Zielformulierung

Hier können wertvolle Anleihen vom heute längst nicht mehr nur bei Sportlern beliebten und erfolgreich eingesetzten Mentaltraining genommen werden. Hiernach sind Unternehmensziele:

(1) In der Gegenwarts-, nicht in der Zukunftsform zu formulieren. So sehen Sie sich schon Ihr Ziel erreicht haben. Dies ist erforderlich, und nicht etwa eine Lüge, weil Sie sich so zugestehen, dass grundsätzlich sich alles erst materialisiert, nachdem es zuvor auf der geistigen Ebene gedacht worden ist, bevor es in die Realität umgesetzt worden ist.

(2) Positiv zu formulieren. Das heißt dargestellt wird nur, was das System möchte, nicht, was es nicht möchte. *Alles* lässt sich positiv oder negativ formulieren – bei identischer Aussage.

(3) Durchaus mit Gefühlen auszudrücken. Auch intensive Gefühle sind erlaubt, ja erwünscht, denn weitschweifige und rein spekulative Ziele verlieren ihre Wirkung und werden leicht zu einem *Kopftrip*.

(4) Genau auf das Unternehmen zuzuschneiden: die positiv und inspirierend formulierten Ziele können zwar möglicherweise zunächst gefühlsmäßig Widerstand bei den Systempartnern hervorrufen – da ihnen deren Verwirklichung nicht leicht erscheint. Vor allem wird dies dann der Fall sein, wenn die formulierten Ziele tatsächlich etwas anrühren und eine echte Veränderung in ihrem Bewusstsein bewirken werden. Dies ist normal und einfach der anfängliche Widerstand des Egos gegenüber Veränderung und Wachstum.

(5) So zu setzen, dass dadurch auch etwas Neues entsteht. Es reicht nicht, Altes zu wiederholen und Bestehendes festzuschreiben.

Wenn Sie sich schließlich noch ein weiteres bei der Formulierung vor Augen halten, wird sich die Wirkung nochmals erheblich steigern. Das Bewusstsein des Menschen ist nach weitverbreiteten Modellvorstellungen dreigeteilt. Diese drei Schichten zu berücksichtigen, ist wichtig, sollen die Appelle der Zielformulierungen tatsächlich verstanden und umgesetzt werden. Folgende Bezeichnungen sind für diese drei Ebenen gebräuchlich: Für die *unterste* Ebene: Basis-Selbst, »inneres Kind« oder das *Unbewusste*. Für die nächste Schicht: Bewusstes Selbst oder Verstand und für die letzte Ebene: Höheres Selbst, Höheres Bewusstsein oder auch ganz einfach Ethik. Entscheidend ist nun, *alle* drei Ebenen des Menschen verschiedenartig anzusprechen, will man sie wirklich motivieren, denn sie repräsentieren ihre jeweils eigene Welt und reagieren daher auf völlig unterschiedliche Reize.

Das »innere Kind« oder Basis-Selbst führt ein Eigenleben, getrennt von unserem bewussten Verstand. Es identifiziert sich stark mit dem physischen Körper und manifestiert sich als unsere Körperweisheit: Instinkt, Intuition, latente Triebe und Fähigkeiten, überhaupt alles, was »aus dem Bauch herauskommt«. Unternehmensziele *müssen* auch diese Seite in uns ansprechen. Motive, denen dies gelingt, sind: Sicherheit, Geborgenheit und Überleben, Spaß, Vergnügen und Annehmlichkeit, intensives Leben, Macht, Anerkennung, Bewunderung, ja Ruhm, kurz mehr haben, mehr sein. Einige Unternehmensziele *müssen* genau diese Motive ansprechen. Dies ist von ganz besonderer Bedeutung, denn allein das »innere Kind« oder das *Unbewusste* geben uns den notwendigen Schub, verleihen uns erst die Energie, die erforderlich ist, um gesetzte Ziele auch umsetzen zu können. Mit dieser Motivation, mit dieser Kraft können wir auch Ziele erreichen, die beispielsweise im Bereich des höheren Selbst oder der Ethik anzusiedeln sind: Beispielsweise die Umwelt zu schützen, der Gesellschaft zu dienen, überhaupt etwas Sinnvolles zu tun. Obschon dies wunderbare Ziele sind, alleine ausreichen, uns jeden Tag erneut anzutreiben, werden sie kaum alle von uns – die allermeisten brauchen noch weitere handfeste Ziele, die ihr Basis-Selbst befriedigen, ja anfeuern. *Solche Ziele (Sicherheit, Spaß, Anerkennung...) müssen* also in reichlichem Maße in den Unternehmensgrundsätzen enthalten sein.

Das bewusste Selbst oder der Verstand ist Sitz der Logik, des rationalen Denkens und kritischen Urteilsvermögens. Das sind wichtige Werkzeuge, ohne die wir nicht leben können. Dieser Bereich in uns will gleichfalls angesprochen sein, umgekehrt will er nicht durch Maßlosigkeit, Widersprüche oder Missachtung des Realistischen verschreckt werden. Diesen Teil von uns müssen wir mit logischen und konstruktiven Gründen, Zahlen und Zielen ansprechen.

Die Ethik oder das höhere Bewusstsein schließlich manifestiert Eigenschaften wie Mut, Liebe, Mitgefühl, Weisheit und Altruismus. Es erinnert uns daran, dass unser bewusster Verstand seine Grenzen hat. Typische Motive sind daher selbstlos: Dienst am Nächsten, an der Gesellschaft, an Bildung und Kultur, an einer sauberen

436

und intakten Umwelt, Orientierung am Wohl der Kinder, der nächsten Generationen, aber auch der Schwachen, Solidarität.

Überprüfen Sie doch einmal Ihre eigenen Unternehmensziele darauf, ob sie auch alle drei Schichten ansprechen. Deren Beherzigung ist nicht Manipulation, sie ist schlicht ein Gebot der Klugheit. Der Mensch besteht nun einmal – modellmäßig – aus diesen drei Schichten – jeder von uns. Also lassen Sie die Unternehmensziele *uns* auch *ganz* ansprechen – und nicht lediglich einen Teil von uns, verbunden mit der Gefahr, dass sie nicht ihre volle Wirkung entfalten, schlimmstenfalls gar keine, weil sie uns nicht wahrhaft zu motivieren vermögen. Ein Geheimnis der Motivation – und zugleich ein Weg, sich die Selbstdisziplin etwas zu erleichtern – besteht darin, eine Beziehung zu unserem Basis-Selbst aufzubauen – herauszufinden, was *es will*, und nicht, was es nach Ansicht unseres Bewussten Selbst *wollen sollte*. Ist dies in ausreichendem Maße berücksichtigt, so werden wir die Kraft finden, »gut zu sein«, »dem Mitmenschen zu dienen« – ganz einfach, weil es zusätzlich noch Spaß macht und dem eigenen Erfolg und der eigenen Entwicklung dient.

»Drei Selbste – drei verschiedene Motive – *ein* Ziel!«, wenn Sie dies ausreichend in Ihren Unternehmenszielen berücksichtigen, werden Sie diese auch tatsächlich mit Ihren Partnern umsetzen können und mit diesen und Ihrem Franchisesystem Erfolg haben. Das begonnene Praxisbeispiel fortgesetzt, zeigt als Ergebnis aller Anstrengungen die nachfolgenden Unternehmensgrundsätze. Überprüfen Sie doch einmal, inwieweit die hier beschriebenen Empfehlungen umgesetzt worden sind. Und damit diese Empfehlung gleich richtig verstanden werden – es geht nicht etwa darum, willkürlich und gegen die Ausschussmitglieder und später gegen das Plenum aller Systembeteiligten, bestimmte Ziel-*Formulierungen* zu oktroyieren, die diese gar nicht wollen. Geachtet werden soll lediglich auf die *Formulierung* der geäußerten Ziele. Und – entscheidend – werden keine Ziele formuliert, die alle drei Ebenen ansprechen, dann haben Sie den Beweis, dass der empfohlene Prozess nicht sauber durchlaufen wurde, denn sonst kommen ganz automatisch von den Partnern Zielnennungen für jede der drei Ebenen. Dann müssten Sie nacharbeiten. Denn ohne alle drei Ebenen werden Sie keine Freude an Ihren Zielen haben.

Ring Lift-
Unternehmensziele

Eine sechsjährige erfolgreiche Unternehmertätigkeit hat das Ring Lift-Franchisesystem zu der Arbeitsbühnen-Vermietorganisation mit den meisten Mietstationen in Deutschland wachsen lassen.

Um diese solide Ausgangsbasis, zum Nutzen aller, künftig noch zielgerichteter weiterentwickeln zu können, beschließen Franchisegeber und Franchisenehmer die nachfolgenden gemeinsam erarbeiteten Unternehmensziele:

❑ Quantitatives Wachstumsziel von Ring Lift ist, in zehn Jahren die größte Vermietorganisation für Arbeitsbühnen in Deutschland zu sein, und zwar nach:
– Anzahl der Mietstationen
– größter räumlicher Kundennähe
– Bekanntheit (regional, bundesweit, europaweit)
– Anzahl der Geräte
– Umsatz

❑ Ziel jeder Ring Lift-Mietstation ist,
– in ihrer Region in qualitativer Hinsicht und nach Umsatz Marktführer werden;
– eine Dienstleistungsqualität zu erbringen, mit der der Kunde zufrieden ist, und die besser ist als die seiner Wettbewerber;
– konsequent umweltfreundliche Technik und Betriebsmittel einzusetzen, sowie ein umweltfreundliches Entsorgungskonzept zu verwirklichen;
– zufriedene, motivierte und engagierte Mitarbeiter zu gewinnen und teamworkorientiert zu führen, sowie sichere Arbeitsplätze mit vorbildlichen Arbeitsbedingungen zu schaffen;
– geachteter und fairer Partner von Kunden, Lieferanten, Banken und staatlichen Institutionen (Landesversicherungsanstalt, Gewerbeaufsichtsamt, Berufsgenossenschaft, Finanzamt, Arbeitsamt) zu sein.

❑ Der Lohn für die engagierte und risikobereite Arbeit eines jeden Ring Lift-Partners ist ein
– hohes und gesichertes Einkommen, sowie eine
– hohe Verzinsung für das eingesetzte Kapital.

❑ Ein effizientes Rechnungswesen und ein durchdachtes Controlling-System machen durch laufende Betriebsvergleiche die aktuelle wirtschaftliche Lage transparent und ermöglicht so rechtzeitige Reaktionen von Franchisenehmern und Systemzentrale.

❑ Um die Ziele des Systems zu erreichen, verpflichten sich die Franchisepartner (Franchisegeber und Franchisenehmer) zu einem partnerschaftlichen und systemnützlichen Verhalten, sowie zur gegenseitigen Hilfe, die Ring Lift zu einer wahrhaft **starken Gemeinschaft** macht.

Die Franchisepartner (Franchisegeber und Franchisenehmer) werden von der Überzeugung geleitet, dass ein dauerhafter Wettbewerbsvorsprung nur erzielt und gehalten werden kann, wenn die Ring Lift-Partner einheitlich am Markt auftreten, am Franchising festhalten und die Systemzentrale wegweisend und koordinierend unter Berücksichtigung der Partnererfahrungen führt.

Diese Unternehmenszielsetzung bindet künftig alle Entscheidungen der Systemzentrale, des Beirates und der Ausschüsse sowie von Franchisegeber und

Franchisenehmern, sofern keine fundamentalen Änderungen der zugrundeliegenden Fakten und Informationen eintreten. In diesem Falle werden entsprechende Änderungen der Zielsetzung beraten, beschlossen und schriftlich festgelegt.

Datum, Unterschriften

Solche demokratisch entwickelten, verabschiedeten und damit legitimierten Systemziele sind geeignet, gerahmt in den Geschäftsräumen aller Franchisepartner ausgehängt zu werden. Diese können und sollen Kunden, Lieferanten und Geschäftspartner gleichermaßen lesen. Aber nicht nur diesen gegenüber signalisiert es ein faires Win-win-Spiel, sondern es bindet innerhalb des Systems die Partner, wirkt sich auf aus Ausschüsse, Richtlinien, Handbücher (bis hin zur ISO9000), Abrechnungen, Zahlungsverkehr, Gebietsabgrenzungen, ja, es wird zum Grundgesetz des Systems. Da mithin diese Systemziele langfristiger Natur sind, werden sie auch dem – die dauerhafte Struktur des Franchisesystems widerspiegelnden – Know-how- oder System-Handbuch vorangestellt.

3.4 Zielfindung als demokratisches Prinzip

Der Franchisegeber hat mit jedem einzelnen Franchisenehmer ein gesondertes Vertragsverhältnis, das im schriftlich niedergelegten Franchisevertrag Rechte und Pflichten der Vertragspartner umfassend und detailliert regelt. Es kann sehr gut sein, dass im Rahmen der Demokratisierung des Systemzielfindungsprozesses der Franchisegeber bereits verbriefte Rechte aufgibt. Nun liegt es an ihm, diesen Prozess mitzutragen oder sich auf Vertragspositionen zurückzuziehen. Denn die Beschreibung des hier abgelaufenen Prozesses darf nicht darüber hinwegtäuschen, dass rechtlich und tatsächlich der Franchisegeber einen Führungsauftrag hat, den er gleichwohl als kluger und fortschrittlicher Systemmanager demokratisiert. Aber damit wählt er bewusst die partnerschaftliche Spielart des Franchising, die das Potenzial motivierter und engagierter Unternehmer in besonderer Weise nutzt und eben nicht die rigide Form, in der ein »allwissender Franchisegeber« die Partner fast wie angestellte Filialleiter führt. Es ist mithin im Sinne der Systemerhaltung und -weiterentwicklung, wenn der Franchisegeber sich auf eine Demokratisierung der Systemzielfindung einlässt, jedenfalls so lange nicht seine eigenen Kerninteressen darunter leiden – was indessen bei richtig verstandenem Gewinner-Gewinner-Prinzip wiederum die Franchisenehmer nicht fordern würden. Auf Dauer wird in unserer pluralistischen und zunehmend selbstverantwortlichen Gesellschaft ein Franchisesystem nur Bestand haben, wenn Ziele und wesentliche Entscheidungen von der großen Mehrheit der Partner getragen werden.

Wenn das Zielsystem der Franchiseorganisation zur realen besseren Führung durch die Zentrale und als Handlungsorientierung für die Franchisepartner taugen soll, dann müssen die Organisationsziele erreichbar sein und umgesetzt werden können, in Unterziele, Richtlinien, Checklisten und konkrete Handlungsanweisungen (natürlich auch für die Mitarbeiter der Franchisenehmer). Nur wenn die Ziele des Franchisesystems konkretisiert werden, können sie besonders für den einzelnen Franchisepartner auch motivierend wirken und ihn zu individuellem, zielgerichteten Handeln anspornen.

Diese Umsetzung der gemeinsam gefundenen Systemziele ist eine Aufgabe, die die Systemzentrale für erhebliche Zeit beschäftigen wird, im Grunde immerwährend, denn das Know-how eines Franchisesystems ist – aus wirtschaftlichen und in der Regel vertraglichen Gründen – permanent weiterzuentwickeln. Und diesen Prozess zu steuern, zu dokumentieren und die Ergebnisse zu trainieren ist die vornehmste Aufgabe einer Franchisesystemzentrale.

von Jürgen Nebel und Karen Gajewski

Einführung

Ein Franchisesystem ist zwischen Hierarchie und Markt angesiedelt. Das heißt, Franchisegeber und Franchisenehmer sind nicht Mitarbeiter in ein und demselben Unternehmen und somit zueinander in einem hierarchischen Verhältnis stehend, sie sind aber auch nicht, obschon rechtlich selbstständig, wie beliebige Marktteilnehmer ohne Bindung zueinander. Kurzum, sie sind zwischen Hierarchie und Markt angesiedelt.

Dementsprechend sind die Kommunikationsstrukturen auch andere als in einer hierarchischen Unternehmung und anders als zwischen den am Markt agierenden Unternehmen.

Im Verlauf der rund hundertjährigen Franchiseentwicklung haben sich bestimmte und nunmehr bewährte systeminterne Kommunikationsstrukturen herausgebildet. Sie reichen vom Handbuch über Partnerzeitungen und Außendienst bis zur systemeigenen Software.

Die Kommunikationsinstrumente, die dem persönlichen Austausch, der Synergieerzielung und dem Aufbau und Erhalt des franchisetypischen »Wir-Gefühls« dienen, sind unter dem Begriff »Gremien des Franchisesystems« zusammenzufassen. Dies sind im Einzelnen: Erfa-Tagungen, Beirat, Ausschüsse, Jahrestagungen, Partnertreffen.

4.1 Erfa-Tagungen

Das wohl wichtigste Gremium jedes Franchisesystems sind die Erfa-Tagungen der Franchisenehmer. Grund: Hier werden grundsätzlich alle Franchisenehmer beteiligt. Es ist wegen dieser allgemeinen Mitwirkungsmöglichkeit und -notwendigkeit gewissermaßen auch ein demokratisches Forum des Franchisesystems. Allerdings werden dort keine Regeln für das System verabschiedet, sondern, wie der Name sagt, Erfahrungen ausgetauscht werden. Wie in der Demokratie, lebt auch die Erfa-Tagung von der *freiwilligen* Teilnahme der Mitglieder. Die Erfa-Tagung franchisevertraglich als Pflichtveranstaltung auszugestalten ist nicht ratsam. Zwar trifft den Franchisenehmer eine Informationspflicht des Franchisegebers, welcher er durchaus während einer Erfa-Tagung genügen kann, indessen liegt es auf der Hand, dass wie auch in anderen Lebensgemeinschaften, die das Wesen der Gemeinschaft bilden, entscheidenden Dinge freiwillig zu erfolgen haben, sollen sie nicht hohl sein.

Erfa-Tagungen sind sicherlich *das* Instrument zur Systemfortentwicklung und somit *das* Gremium des Franchisesystems schlechthin. Kein Franchisesystem ist zu klein und keines zu groß, als dass Erfa-Tagungen nicht möglich, sinnvoll aber auch notwendig wären. Im Grunde reicht schon der allererste Franchisenehmer. Schon ist eine kleinste Erfa-Tagung, dann noch in einer Runde mit dem Systemmanagement, möglich. Nach oben sind keine Grenzen gesetzt. Selbst in Riesensystemen mit über 1.000 Franchisenehmern sind Erfa-Tagungen möglich – und nötig. Dann natürlich vielfach unterteilt in kleine Runden. Große Systeme bedienen sich hinsichtlich der Organisation der Jahrestagungen oder großer regionaler Partnertreffen bisweilen externern Veranstaltungsorganisatoren.

Erfa-Tagungen dienen aber nicht nur dem Erfahrungsaustausch, sondern sie sind auch für die Kultivierung des franchisetypischen »Wir-Gefühls« notwendig, für die Entwicklung und den Erhalt einer Franchisekultur.

Es ist keine Seltenheit, dass in Franchisesystemen, in denen es der Franchisegeber unterlässt, Erfa-Tagungen der Franchisenehmer zu veranstalten, diese sich selbst organisieren. Meist sind die Franchisenehmer höflich und fair und laden einen Vertreter des Franchisegebers ein. Manchmal auch nicht. Manchmal sind die Beziehungen zueinander schon so verletzt, dass dies unterlassen wird. Oft schicken sie dann ein Protokoll des Treffens an den Franchisegeber. Manchmal auch nicht. Klar ist, dass solches Verhalten auf »offenen Krieg« hinausläuft. Manchmal sehen die Franchisenehmer aber angesichts eines Franchisegebers, der unwillig ist, Erfa-Tagungen zu organisieren, keine andere Möglichkeit. Letztlich zwingen sie den Franchisegeber dann »zu seinem Glück«. Denn nach franchisenehmerseits organisierten und durchgeführten Erfa-Tagungen solche als Franchisegeber noch immer nicht anzubieten, grenzt an Selbstzerstörung. Wer als Franchisegeber nicht in der Lage ist, bei Unmut im System »den Stier bei den Hörnern zu packen und ihm ins Auge zu sehen«, hat seinen Job verfehlt. Er sollte darüber nachdenken, ob er nicht besser doch ein Filialsystem aufbaut, denn ihm dürften die Grundvoraussetzung zur Schaffung einer Franchisekultur fehlen.

4.1.1 Anforderungen an Erfa-Tagungen

Nachfolgend die *Anforderungen* an Erfa-Tagungen, wie sie sich in der Praxis als notwendig erwiesen haben und ein paar Tipps, wie Sie sie noch erfolgreicher gestalten können:

Organisator ist der Franchisegeber

In Systemen mit sehr selbstständigen und engagierten Franchisenehmern kommt es vor, dass der Franchisegeber lediglich solche Veranstaltungen initiiert und sie dann »alleine laufen« lässt. Die Franchisenehmer wählen aus ihrer Mitte einen Sprecher für die jeweilige Erfa-Runde, der die künftigen Veranstaltungen thematisch und räumlich organisiert. Der Franchisegeber wird dann über den Verlauf durch ein Protokoll informiert. Dies setzt ein hohes Maß an Engagement bei den Franchisenehmern voraus. Es ist nicht bekannt, dass dieses Verfahren bislang wirklich dauerhaft erfolgreich war. Letztlich ist es wohl auch eher die Aufgabe des Franchisegebers und gehört zu seinen Kernkompetenzen, Erfa-Tagungen zu organsieren. Denn Franchisenehmer, die dies für ihn tun, verzetteln sich letztlich und könnten bei der Wahrnehmung ihrer eigenen Geschäfte behindert werden.

Erfa-Tagungen regelmäßig abhalten und nicht sporadisch oder nach Gutdünken
Nur so kann Vertrauen in das System und Kontinuität gewährleistet werden.

Rechtzeitige Einladung – Planung über längere Zeit im Voraus
Dies erscheint banal. Es kommt aber öfter vor als Sie vielleicht glauben, dass überbeschäftigte Systemmanager kurzfristig Erfa-Tagungen einberufen, die dann schlecht besucht sind, da viele Franchisenehmer sich so schnell nicht frei machen konnten. Daher ist eine Planung über längere Zeit im Voraus ratsam. Gegebenenfalls ist ein »jour fixe« einzurichten.

Die Dauer der Erfa-Tagung – ein bis maximal zwei Tage, aber mindestens über einen Abend hinweg
So können die Franchisenehmer sich jedenfalls am Abend in entspannter Atmosphäre austauschen. Nicht selten kommen die besten Gedanken, Tipps und Hinweise abends beim Bier.

Start der Erfa-Tagung »zum Frühstück« um 9 Uhr. Tagungsstart 10 Uhr.

Dies hat sich bewährt und verschiedene Vorteile: Die menschlich notwendige *Anwärmphase* und vor allem das Mitteilungsbedürfnis können sich gleich zum Start ausleben. Die eine Stunde zwischen Ankunft (Frühstück) und Start ist zugleich Pufferzeit für verspätete Teilnehmer. Schließlich, viele kommen von weit her und haben schlicht und einfach erst mal Hunger – und der sollte nicht während der Tagung, sondern davor gestillt werden. Solche Dinge schaffen eine freundliche und entspannte Atmosphäre und die ist wichtig, soll die Veranstaltung gelingen. Überlegen Sie selbst, wie Sie die Erfa-Tagung auflockern können.

4.1.2 Prinzipien der Erfa-Tagung:

Die Erfa-Tagung ist keine reine Input-Veranstaltung
Manche Erfa-Tagungen sind keine *Austausch*-Tagungen, sondern reine Input-Veranstaltungen, die keine und, wenn überhaupt, minimale Zeit für Feedback- und Austauschrunden zulassen. Solches erregt berechtigt und regelmäßig schnell den Unmut der Franchisenehmer.

Gewährleistung der Einbeziehung aller Franchisenehmer
Zumeist sind einige der Franchisenehmer zurückhaltender als andere. Verfährt der Leiter einer solchen Erfa-Runde nach dem einfachen Prinzip der Wortmeldungen, so werden die *ruhigeren* Franchisenehmer nicht gehört. Es ist nicht ersichtlich, dass deren Erfahrungen weniger wichtig sind als die der übrigen. Es bedarf nun einigen Geschicks, um diese Franchisenehmer »aus der Reserve zu locken«. Und dies jedesmal aufs Neue. Solche Veranstaltungen können, je nach Temperament der Beteiligten auch recht zäh sein. Dies ist indessen kein Grund über mangelnde Moti-

443

vation der Partner zu klagen, vielmehr ist, wie stets, die Verantwortung zu übernehmen, und die Veranstaltung besser zu organisieren.

Möglichkeiten hierzu sind:

- Nutzung der Moderationsmethode (unter Zuhilfenahme von Pinwänden, jedenfalls aber von Flipcharts),
- Gelegentlich externe Referenten einbeziehen: Vertreter der Werbeagentur, der EDV-Softwarefirma, von Lieferanten oder der Unternehmensberatung,
- Erfa-Tagungen, die ganz im Zeichen der Strategieentwicklung eines Franchisenehmerbetriebes stehen.

Gruppendynamik

Voraussetzung für wirklich gute Ergebnisse einer Erfa-Tagung sind Umstände, die gruppendynamische Kreativität fördern. Hierzu gehören selbstredend eine gewisse Heiterkeit und Humor. Der äußere Rahmen muss gleichfalls stimmen, soll die Wahrscheinlichkeit der Erzielung guter Ergebnisse steigen. Ausreichend große Gruppenräume, ausreichend Pausen. Dies mag selbstverständlich und daher banal klingen. Wundern Sie sich nicht, oft mangelt es schon an diesen Selbstverständlichkeiten.

Franchisenehmerstruktur der Erfa-Tagung

Dies Frage nach der Franchisenehmerstruktur stellt sich nur in Systemen, die über mehr als 12 bis 15 Franchisenehmer verfügen. Dies ist in etwa die Obergrenze einer Erfa-Tagungsgruppe. Größere Teilnehmerzahl lassen kein effizientes Arbeiten mehr zu.

Syteme, die über beispielsweise 50 und mehr Franchisenehmer verfügen, haben die Chance, die erforderliche Gruppendynamik zu fördern, indem sie Erfa-Gruppen nach bestimmten Kriterien zusammenstellen. Ziel ist, *zusammenpassenden* Franchisenehmern einen Austausch zu ermöglichen, dies setzt gleiche Interessenslagen voraus. In der Franchisepraxis sind gleichwohl die unterschiedlichsten Typen anzutreffen:

- Nach regionalen Gesichtspunkten.

Dies ist wohl am verbreitetsten. Vorteil sind kürzere Anreisewege und -zeiten. Ein Austausch der Franchisegeber zwischen benachbarten Gebieten ist leichter möglich. Dies ist oft willkommen, um gemeinsame Werbemaßnahmen zu koordinieren oder abzugrenzen.

- Nach der Größe der Betriebe.
- Nach der Anzahl der Betriebe, die ein Franchisenehmer hat.
- Nach dem Betriebstyp, sofern das System über verschiedene Typen verfügt.
- Nach der Dauer der Systemzugehörigkeit.

Etwa Einteilung in Starter, Profis, Expandierer.

– Nach der Leistung (Umsatz, Einhaltung der Systemstandards), die der Franchisenehmer erbringt.

Eine solche gesteuerte Einteilung kann auch zu Problem führen. Es kann zu Grüppchenbildung kommen, ein Elitedenken mancher Runden ist nicht auszuschließen. Es lässt sich hier aber keine generelle Empfehlung für oder gegen bestimmte Einteilungen geben.

Ziele, Protokoll

Eine Erfa-Tagung sollte einerseits eine Tagungsordnung haben und nicht der Beliebigkeit ausgesetzt sein. Andererseits sollten die Tagungsordnungspunkte nicht so dicht gewählt sein, dass für spontan notwendigen Austausch kein Raum bleibt.

Ein Protokoll sollte schon wegen derjenigen Franchisenehmer verfasst werden, die an der Teilnahme der Erfa-Tagung verhindert waren. Das Protokoll schreibt auch Beschlüsse auf, die gefasst worden sind. Auch wenn die Erfa-Tagung nicht beschlussfähig im rechtlichen Sinne ist, so werden doch oft gemeinsam Maßnahmen beschlossen, die es umzusetzen gilt. Es ist empfehlenswert an den Beginn einer Erfa-Tagung über die Dinge zu sprechen, die seit der letzten durchgeführt wurden und die zu benennen, die noch offen sind und warum. Es ist kein ungewöhnliches Versäumnis mancher Franchisegeber, dass sie von Erfa-Tagung zu Erfa-Tagung neue gemeinsame Beschlüsse fassen, aber lange zu wenig davon umsetzen. Dies fördert natürlich den Unmut und führt auf lange Sicht dazu, dass Erfa-Tagungen nicht mehr oder nicht mehr engagiert besucht werden.

4.2 Beirat

Gleichrangig neben den Erfa-Tagungen ist der Beirat das wichtigste Gremium im Franchisesystem.

Der Beirat setzt sich zwingend aus einem oder mehreren Vertretern der Franchisenehmer und einem oder mehreren Vertretern des Franchisegebers zusammen. Die Berufung eines externen, also nicht zum System gehörigen, Mitgliedes ist möglich und je nach Qualifikation und Erfahrung des externen Beiratsmitgliedes auch empfehlenswert.

Der Beirat hat ausschließlich beratende Funktion. Er ist kein Kontrollgremium oder sonst entscheidungsbefugt. Dem Beirat können Schlichtungsaufgaben übertragen werden.

Die Gestaltung und die Funktionsweise des Franchisebeirates ist im Übrigen grundsätzlich frei. Sofern über den Beirat im Vertrag Regelungen getroffen wurden, was sehr empfehlenswert ist, sind diese bindend. Die Richtlinien des Deutschen Franchise-Verbandes zum Beirat, die hier im Anhang abgedruckt sind, sind natürlich nicht verbindlich. Sie sind jedoch durchdacht, praxiserprobt und daher oft empfehlenswert. Aber auch sie können der Vielzahl unterschiedlicher Bedürfnisse in den hochdifferenzierten Franchisesystemen nicht pauschal gerecht werden; es bedarf stets der individuellen Überprüfung und Anpassung.

Einige grundsätzliche Empfehlungen zur Beiratsgestaltung:

Die Bestellung derjenigen Mitglieder, die aus den Reihen der Franchisenehmer kommen, sollte in geheimer und gleicher Wahl anlässlich einer Partnertagung erfolgen, bei der alle Franchisenehmer anwesend sind. Die Bestimmung der Kandidaten oder gar die Benennung durch den Franchisegeber, aufgrund welcher überzeugender Argumente auch immer, ist nicht ratsam. Es hieße die Franchisenehmer für unmündig erklären und so deutlich zu machen, man halte sie für nicht in der Lage, fähige Mitglieder zu benennen. Solches Gebaren ist einer Franchisekultur sehr abträglich.

Vorteile der Einrichtung eines Beirates:

❑ kurze *Entscheidungswege*: Wichtige Systementscheidungen können mit einem schnell einzuberufenden Beirat abgestimmt werden.
❑ die gewählten Beiratsmitglieder werden von ihnen mitgetragene *Beschlüsse* gegenüber ihren Kollegen vertreten
❑ die Nichtbeiratsmitglieder fühlen sich vertreten und einbezogen in wichtige Entscheidungen.

Die Empfehlungen, die der Beirat ausspricht sind nicht rechtlich bindend. Sie haben aber faktische Wirkung, die kaum hoch genug eingeschätzt werden kann. Ein Beirat, dessen Mitglieder zum Teil aus den Reihen der Franchisenehmer gewählt und besetzt worden ist und der bestimmte *Entscheidungen* trifft, kann nicht gut übergangen werden. Tut es der Franchisegeber dennoch, muss er mit erheblichen Unruhen im System rechnen.

Zu warnen ist vor dem Missbrauch des Beirates als Feigenblatt. Den Beirat nur zu hören, aber dessen Empfehlungen oft zu ignorieren rächt sich. Dessen Empfehlungen sind faktisch bindend und sollten vom Systemmanagement nicht ohne ausführliche Begründung und nur in Ausnahmefällen übergangen werden.

Schließlich soll die Arbeit des Beirats auch die Transparenz der Entscheidungen des Managements erhöhen und die Interessen der Franchisenehmer wahren helfen. Der Beirat ist eher politischer Natur.

4.3 Ausschüsse

Ausschüsse oder Arbeitskreise werden meist vom Beirat eingesetzt. Diese konzentrieren sich auf einzelne Fachgebiete, vorzugsweise auf solche, wo die Franchisenehmer wegen der größeren Marktnähe besondere Kompetenz aufweisen.

Mitglieder der Ausschüsse können neben Franchisenehmern auch Vertreter des Systemmanagements und insbesondere fachkundiger Externer sein. Ein Ausschuss ist häufig zeitlich begrenzt und dient, gleich einem Projekt, der Lösung bestimmter Aufgaben. Ausschüsse können aber auch zeitlich unbegrenzt eingesetzt werden.

Viele Systeme haben mehrere Ausschüsse. Meist einen Werbeausschuss, einen EDV-Ausschuss, einen für Training und Weiterbildung, einen Sortimentsausschuss und diverse Fachausschüsse mit unternehmens- oder branchenspezifischen Themen. Meist sind die Franchisenehmervertreter, wie Beiratsmitglieder auch, schon länger im System und haben eigene Erfahrungen gesammelt.

4.4 Jahrestagungen, Partnertreffen

Fast jedes System veranstaltet Partnertagungen, die den jährlichen Höhepunkt der Zusammenkünfte darstellen. Ein festes Tagungsprogramm aus Referaten und manchmal einzelnen Workshops informiert die Partner über den Stand des Systems, Weiterentwicklungen, gibt Anregungen und dient manchmal zugleich dem Erfahrungsaustausch, sofern dieser nicht schon in separaten Veranstaltungen gepflegt wird. Solche Partnertagungen sind die zentralen Ereignisse im Jahr, die entscheidend das »Wir-Gefühl« entwickeln und aufrechterhalten und der Identifikationssteigerung dienen. Diese zentralen Zusammenkünfte aller Franchisenehmer und des Systemmanagements haben manchmal ein festliches Gepräge oder finden an besonders attraktiven Orten statt. Oft werden die Ehe- oder Lebenspartner miteingeladen und ein Teil des Programms ist kultureller Art.

4.5 Gremienarbeit am Beispiel des Relaunches der Franchisemarke »Der Teeladen« in »TeeGschwendner«

Ein Franchiseunternehmen ist ein komplexes System aus unterschiedlichen Menschen mit individuellen Interessen und Zielen, aus einer Produktwelt, Know-how und vielen Ideen. Dieses Unternehmen hat sich zum Ziel gesetzt in seiner Branche Marktführer zu sein, Marktanteile durch den Verkauf seiner Produkte zu gewinnen, ein positives Image durch Qualität, Erscheinung, Kompetenz und Service bei den Kunden zu haben und Gewinne zu erwirtschaften. Es gilt für alle am System beteiligten die richtigen Entscheidungen zu treffen und alle im Sinne der Unternehmensphilosophie und Zielverfolgung zu führen und dabei den Systemerhalt zu sichern. Die Entscheidungen der Geschäftsführung nehmen direkten Einfluss auf das Handeln der Franchisepartner und der Abteilungen in der Zentrale.

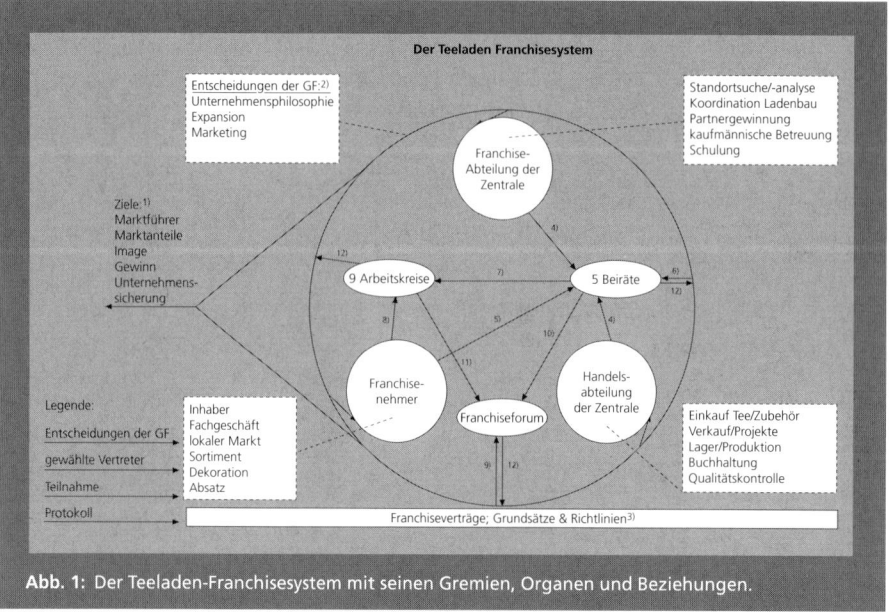

Abb. 1: Der Teeladen-Franchisesystem mit seinen Gremien, Organen und Beziehungen.

Das vorhandene Wissen und Potenzial im System optimal auszuschöpfen und nach vorne zu bewegen ist die eigentliche Hauptaufgabe des Franchisegebers.

Dieser Herausforderung hat sich TeeGschwendner (ehemals Der Teeladen) gestellt und hat ein System entwickelt, an dem die Franchisepartner aktiv beteiligt sind. Die Zentrale ist mit 70 Mitarbeitern in der Verwaltung und im Betrieb klein geblieben. Initiative und Partnerschaft stehen im Vordergrund.

Die größte Herausforderung der letzten Jahre war die Neukonzipierung des Marketingauftritts bis hin zur Umfirmierung auf die Marke »TeeGschwendner« im Jahr 2000. Über zwei Jahre hinweg hat die Zentrale Studien und Kundenbefragungen in Auftrag gegeben, um zu erfahren, wie der Kunde die Teefachgeschäfte, die Produkte, den Service und die Beartung erlebt. Die Ergebnisse der Studien führten zu dem klaren Ziel in der Zukunft das Thema Tee einfacher zu gestalten und so für jeden zugänglich zu machen. Die wichtigsten Fakten des Sortiments- und Ladenkonzeptes sind:

❑ Konzentration auf die Kernkompetenz Tee
❑ Definition einer klaren Sortimentsstruktur
❑ Neue Sortimente auch für Anfänger
❑ Teilung der Läden in eine Convenience und Ritual-Welt
❑ Kunden- und produktorientiertes Ladendesign

Das erste Geschäft im neuen Outfit eröffnete 1999 in Freiburg. Der Start in die Zukunft hatte begonnen und von Stund an wurde mit den Partnern, die sich für die Umgestaltung ihres Fachgeschäftes entschieden haben, gemeinsam um die beste Lösung gerungen. Drei Jahre später haben 30 Partner auf das neue Konzept umgestellt, das mittlerweile ausgereift ist und bei Partnern und Kunden für große Zufriedenheit sorgt. Zitat aus den Partnereihen »Ich möchte nicht mehr in dem alten Konzept arbeiten müssen«.

Auch wenn es noch drei Jahre dauern wird, bis alle Geschäfte auf das neue Konzept umgestellt sind und unter der Marke TeeGschwendner firmieren werden, sind die Weichen für die Zukunft gestellt und die Partner gehen den Weg mit.

Ein weiteres Beispiel sind die mittlerweile jährlich vom Franchisegeber initiierten Reisen in die Teeanbaugebiete nach Indien, China und Südafrika. Kein Seminar kann das Erlebnis der Begegnung mit dem Ursprung ersetzen. Und jeder Franchisepartner verändert sich in seiner Einstellung zu dem Produkt und in seinem Verkaufsverhalten, nachdem er die Pflanze hat wachsen sehen und die sorgfältige und aufwendige Verarbeitung kennen gelernt hat.

Neue Partner und Partnerinnen lernen in etablierten Fachgeschäften bevor sie in das System einsteigen und die langjährigen Partner übernehmen die Patenschaft für die Neueinsteiger. Im nächsten Schritt lernen sie ihre regionalen Partner in den Arbeitskreisen kennen und werden so in die Gruppe integriert. Dieses Beziehungsgeflecht ist von der Zentrale gewünscht und wird gefördert.

Die TeeGschwendner GmbH (gegründet 1978 als Gebrüder Gschwendner GmbH) feiert in 2003 ihr 25-jähriges Bestehen und in den zurückliegenden Jahren ist eine Fluktuation der Partner kaum wahrzunehmen. Franchisepartner der ersten Stunde führen noch heute motiviert ihr Teefachgeschäft.

Die Grundlage für die Zusammenarbeit bilden die Partnerschaftsverträge sowie die Grundsätze und Richtlinien, die sich aus dem Vertrag ableiten. Während die Verträge das Franchisesystem nach Außen absichern und die Spielregeln zwischen dem Franchisegeber und Franchisepartner festlegen, wirken sich die Grundsätze und Richtlinien auf das tägliche Verhalten des Franchisepartners gegenüber dem Kunden aus und fördern das einheitliche Erscheinungsbild der Fachgeschäfte.

Die gemeinschaftliche Weiterentwicklung des Systems geschieht in den vier Beiräten. In der Regel besteht ein Beirat aus einem verantwortlichen Mitarbeiter der Zentrale und vier Partnern. Die Beiratsmitglieder arbeiten ehrenamtlich für einen Zeitraum von zwei Jahren und werden von allen Partnern auf der jährlich stattfindenden Börse gewählt.

Die Beiräte widmen sich unterschiedlichen Themen. Das Creativteam spürt Trends auf, probiert gemeinsam neue Mischungen und vergibt neue Teenamen, die als Exklusivmarken bei TeeGschwendner verkauft werden.

Der Einkaufsbeirat spürt die Trends im Zubehörsortiment auf und empfiehlt den Einkauf von Artikeln, die wettbewerbsorientiert sind sowie das Image und den Abverkauf des Teesortiments fördern. Der Dekobeirat entwickelt die Schaufensterdekoration zu den geplanten Verkaufs- und Saisonaktionen im Jahr. Der Franchisebeirat, dem ein Geschäftsführer der Zentrale angehört, stimmt die Werbemaßnahmen ab und berät mittlerweile in allen Fragen der Franchiseentwicklung. Hier wird Partnerschaft im Kern gelebt, da in diesem Gremium u. a. die Grundsätze und Richtlinien diskutiert werden, ehe sie in Kraft treten.

Die neun regionalen Arbeitskreise, in denen meistens zehn bis zwölf Inhaber von Fachgeschäften aus einer Region vereint sind, werden von der Zentrale aus initiiert und koordiniert. Sie tauschen zwei bis drei Mal im Jahr ihre Erfahrungen im täglichen Geschäftsverlauf aus. Sie berichten über Veränderungen des Kundenverhaltens und im lokalen Markt sowie über Erfolg und Misserfolg einer Verkaufsaktionen.

Der Erfahrungsaustausch in den Arbeitskreisen und Beiräten wird gerne als selbstverständlich angesehen und dadurch oft unterschätzt. Das Gegenteil erfährt man nur, wenn man mit sog. »Einzelkämpfern« im Handel spricht. Sie werden nicht in einer Gemeinschaft aufgefangen, die branchenbezogen und bundesweit gleiche Markt- und Kundenveränderungen feststellen oder über Lösungsvorschläge im Hinblick auf steigende Kosten sprechen können. Das Gefühl und die Gewissheit der Gemeinschaft nimmt dem einzelnen Franchisepartner die Angst alleine mit den Veränderungen im Markt umgehen zu müssen.

Ebenso bilden sich themenorientiert überregionale Arbeitskreise. Erfolgreichstes Beispiel ist die Gründung des Themenkreises »Eingemachtes für Eingeweihte«, kurz Efe genannt, in 1996. Nachdem in kleinen Arbeitsgruppen Partner ihre Zahlen offen ausgetauscht haben, wuchs das Interesse im Partnerkreis, mehr voneinander zu lernen und zu profitieren. Auf die Anfrage eines Partners, einen festen Kreis zu bilden, der sich dauerhaft mit dem Thema Zahlen beschäftigt, entschied die Zentrale einen solchen Kreis ins Leben zu rufen. Seit sechs Jahren trifft sich die Gruppe von acht Partnern regelmäßig drei bis vier Mal im Jahr in der Zentrale und widmet sich dem Thema einen Tag lang. Angefangen hat die Gruppe mit dem Grundverständnis der Betriebswirtschaftlichen Auswertungen, gerechnet wurden tatsächliche Erfolge verschiedener Verkaufsaktionen und Produktpräsentationen bis hin zur Ermittlung von Mitarbeiterleistungen pro eingesetzter Arbeitsstunde im Geschäft. Heute ist der Kreis soweit, dass er sich individuellen Fragen einzelner Teilnehmer annimmt, bspw. »Was kostet es mich, wenn ich auf das neue Konzept umstelle?« oder »Soll ich an meinem Standort bleiben, welche Potenziale kann ich an meinem Standort noch erwirtschaften oder soll ich in eine andere Lage ziehen?« Mittlerweile wird zu bestimmten Themen ein Gast aus den Partnerreihen eingeladen, wenn er oder sie sich für das gleiche Thema interessieren.

Der Erfolg liegt darin, dass die »Eingeweihten« zu den kaufmännisch erfolgreichsten Partnern im System gehören und eine Kompetenz entwickelt haben, die auf andere Partner ausstrahlt und wichtige Entscheidungen in der Gruppe vorbereitet werden. Aus Sicht der Zentrale ist die Weiterentwicklung der Partner in kaufmännischen Fragen mitbestimmend für den wesentlichen Erfolg bei der Führung der Fachgeschäfte.

Es gibt eine Reihe weiterer guter Beispiele von Partnern, die sich verstärkt für ein Thema einsetzen und ihre Kompetenz entwickeln und weitergeben. Hierzu gehört die Veranstaltung von Teeseminaren für Kunden und Institutionen, die immer wieder neue Kunden anziehen und Tee an die Menschen heranführt.

Einmal im Jahr findet das im Jahr 1997 ins Leben gerufene Franchiseforum – unter Leitung der Geschäftsführung – statt, an dem alle Beiratsmitglieder und jeweils zwei gewählte Vertreter eines Arbeitskreises teilnehmen. Die Diskussionen drehen sich um die aktuellen Aufgaben und Erwartungen aller am System beteiligten und die Geschäftsführung gibt die Richtung für die Zukunft bekannt. Es wurde ein Forum geschaffen, in dem Franchisepartner und Franchisegeber wieder miteinander diskutieren können, was aufgrund der wachsenden Anzahl der Franchisepartner auf der jährlich stattfinden Börse, an der alle Partner teilnehmen, nicht mehr möglich war. Jeder Teilnehmer ist mitverantwortlich für die Weitergabe der Inhalte dieser Veranstaltung in seinem Arbeitskreis.

Einmal im Jahr treffen sich alle Franchisepartner, mit ihren Ehepartnern oder Lebensgefährten, ihren Kinder und die Mitarbeiter der Zentrale. Im Vordergrund der zweitägigen Veranstaltung, bei dem jedem die zunehmende Größe des Franchisesystems immer bewusster wird, stehen das gegenseitige Kennenlernen, die Wahrnehmung untereinander, das Auffrischen von Freundschaften und die Unterhaltung. Mit wenigen Programmpunkten und trotz zunehmender Größe hat die Börse ihren ursprünglichen Familiencharakter erhalten. Die Börse im Jahr 2003 steht unter Zeichen des 25 jährigen Bestehens des Unternehmens und es wird zwei Tage lang im großen Rahmen mit Partnern, Lieferanten und Dienstleistern gefeiert.
Die Protokolle der Arbeitskreise, der Beiratssitzungen, des Franchiseforums und der Börse bilden eine Entscheidungsgrundlage für die Führung des sich stetig in Bewegung befindenden Franchiseunternehmens.

5 | Kundenforen: Der Schlüssel zur Kundenbegeisterung im Franchisesystem

von Brigitte Hommerich

V

Festigen

Einführung

Wenn Sie mehr als vier dieser Fragen mit 0 bis –2 (+2 bedeutet: ja, voll und ganz; –2 bedeutet: nein, überhaupt nicht) beantwortet haben, sollten Sie den folgenden Text lesen.

+2 bedeutet: ja, voll und ganz
-2 bedeutet: nein, überhaupt nicht

bitte ankreuzen

	+2	+1	0	-1	-2
Wissen Sie, wie hoch der Lebensumsatz ist, den Sie in Ihrem Geschäftsfeld mit nur einem Ihrer Kunden – statistisch gesehen – realisieren können?					
Ist es Ihnen – oder Ihren Franchisepartnern – heute schon technisch möglich, Ihre Kunden einzeln (!) zu identifizieren? Haben Sie z. B. Informationen über die Lebensgewohnheiten oder das persönliche Umfeld Ihrer Kunden?					
Gibt es in Ihrem Unternehmen – oder in den Franchisebetrieben vor Ort – Kundenmanager, die für die Steigerung der Lebensumsätze von Kunden verantwortlich sind, die ihnen individuell zugeordnet werden?					
Nutzen Sie – oder Ihre Franchisepartner – heute schon die neuen Medien (z. B. Internet oder Voice-Mail-Systeme), um mit Ihren Kunden den direkten Dialog zu pflegen; um sie z. B. gezielt zu beraten oder Feedback von ihnen einzuholen?					
Nutzen Sie das Know-how Ihrer Kunden für die Entwicklung von Marketing-Strategien Ihres Unternehmens im allgemeinen oder für die Franchisebetriebe vor Ort?					

452

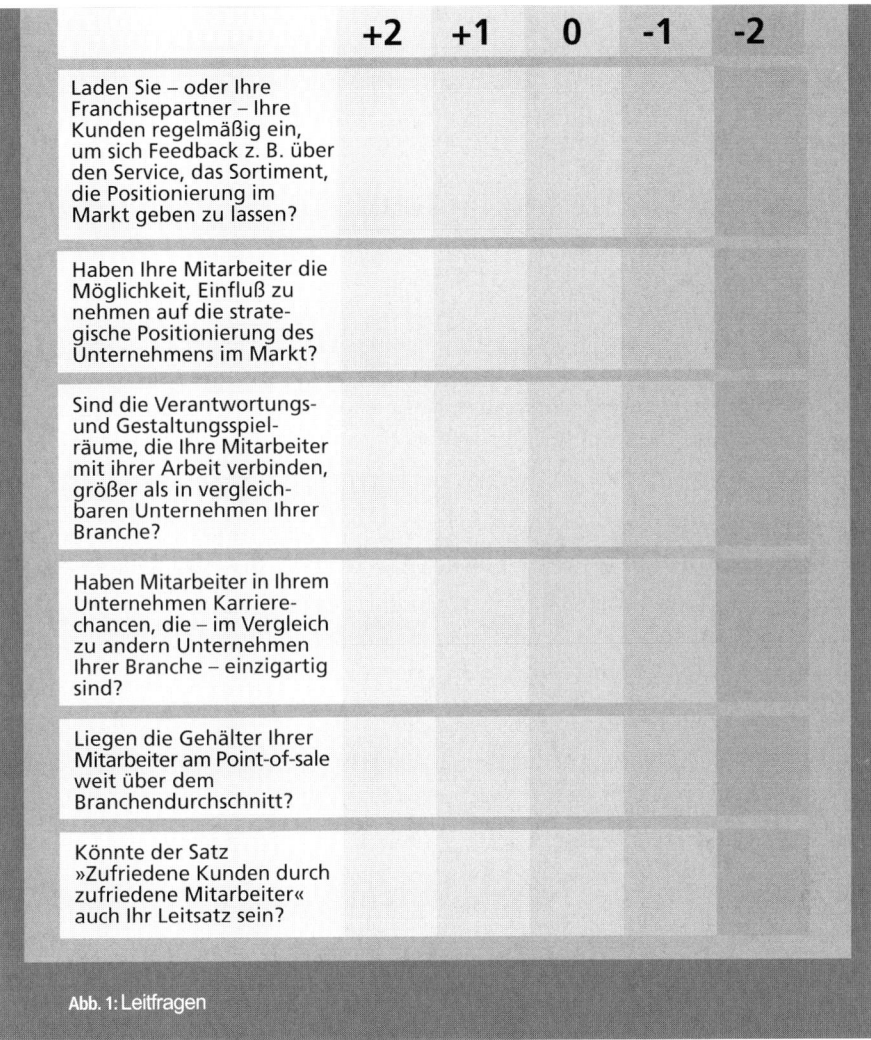

	+2	+1	0	-1	-2
Laden Sie – oder Ihre Franchisepartner – Ihre Kunden regelmäßig ein, um sich Feedback z. B. über den Service, das Sortiment, die Positionierung im Markt geben zu lassen?					
Haben Ihre Mitarbeiter die Möglichkeit, Einfluß zu nehmen auf die strategische Positionierung des Unternehmens im Markt?					
Sind die Verantwortungs- und Gestaltungsspielräume, die Ihre Mitarbeiter mit ihrer Arbeit verbinden, größer als in vergleichbaren Unternehmen Ihrer Branche?					
Haben Mitarbeiter in Ihrem Unternehmen Karrierechancen, die – im Vergleich zu andern Unternehmen Ihrer Branche – einzigartig sind?					
Liegen die Gehälter Ihrer Mitarbeiter am Point-of-sale weit über dem Branchendurchschnitt?					
Könnte der Satz »Zufriedene Kunden durch zufriedene Mitarbeiter« auch Ihr Leitsatz sein?					

Abb. 1: Leitfragen

Wettrüsten im Strukturwandel der Wirtschaft:

Nur der Kunde stört die Makropläne

Wirtschaftlicher Strukturwandel ist nicht nur ein Makrophänomen. Er berührt nicht nur

- ❏ die Märkte, die ihre Konturen global ausweiten und einen gigantischen Wettbewerbsdruck erzeugen,
- ❏ ganze Branchen, die untergehen und neu entstehen,
- ❏ Unternehmen, die ihre ursprünglichen Grenzen durch Fusionen und Joint-Ventures öffnen, um auf neuen Märkten Fuß zu fassen.

Wirtschaftlicher Strukturwandel vollzieht sich vor allem auf der Mikroebene; dort, wo er ganz unspektakulär und lautlos in Erscheinung tritt: in der Beziehung zum Kunden – und zwar in der Beziehung zu jedem einzelnen Kunden, der zunehmend individueller, anspruchsvoller und unberechenbarer in seinem Konsumverhalten wird.

Kundenorientierung – so lautet daher die Maxime, mit der die Unternehmen zur Zeit um Marktanteile ringen. Doch geht es wirklich um den einzelnen Kunden, dem man *dienen* will? Geht es nicht vielmehr um die Masse, die es mit ausgefallenen Aktionen aufmerksam zu machen und ans Unternehmen zu binden gilt?

Das Denken in gigantischen Dimensionen scheint die Mentalitäten in der Wirtschaft noch zu prägen. Weltumspannende Märkte, fusionierte Unternehmen, ein schwindelerregendes Umsatzwachstum, das nur wenige Unternehmen miteinander teilen, ein gigantischer Wettbewerbsdruck fordern seinen Tribut.

Wundert es da, dass auch die Kunden wie eine *Masse* gemanagt werden und das Gesetz der großen Zahl im Marketing den Ton angibt? Dass Zuschauer- oder Zuhörerzahlen die Schaltung von Fernseh- oder Rundfunkspots bestimmen? Dass Beilagen, Plakate und Direktmails die Menschen überschwemmen, gleichgültig, ob das Angebot für sie von Interesse ist oder nicht?

In den Unternehmen hat man meist noch nicht erkannt, dass die Instrumente des Massen-Marketings, wie sie in den Zeiten des Massenwohlstands und der Massenmärkte erfolgreich waren, heute nicht mehr universell einsetzbar sind. Denn die Kunden sind mit den Jahren zu Individualisten gewachsen. Und sie wünschen sich nicht nur, das maßgeschneiderte, auf ihre ganz besonderen Bedürfnisse zugeschnittene Produkt oder die Dienstleistung. Sie wünschen sich auch die individuelle Ansprache; vor allem das Gefühl, als Kunde ernst genommen und *gepflegt* zu werden.

Aber welche Unternehmen können dies heute wirklich leisten? Großunternehmen mit vielen anonymen Filialen und angestellten Mitarbeitern und Filialleitern tun sich da erfahrungsgemäß sehr schwer. Dies ist die Chance für Franchisesysteme, die quasi schon durch ihre Struktur die ideale Voraussetzung für besondere Kundennähe haben – vorausgesetzt freilich, Sie finden heraus, was die Kunden wirklich wollen. Wie dies geht, haben erfolgreiche Franchisesysteme vorgemacht.

Neue Wege zum Kunden?

Einen Paradigmenwechsel im Denken fordern daher Don Peppers und Martha Rogers in ihrem Bestseller »Die 1 : 1 Zukunft« von den in der Wirtschaft Verantwortlichen – eine radikale Kurskorrektur, die sich vom alten Paradigma der Massenproduktion, der Massenmedien und des Massenmarketings distanziert und sich hinwendet zu einer Form der Kundenpflege, die das Attribut *individuell* nicht nur propagiert, sondern lebt. Auch Edgar Geffroy reiht sich mit seinem Buch

»Abschied vom Verkaufen« in den Kreis der Visionäre ein, die eine neue Form der Kundenpflege durch *Clienting* fordern. Durch einen ernst gemeinten Austausch mit dem Kunden, durch eine ehrliche Beratung, wie sie einem Freund oder Partner zuteil wird, soll das Verkaufen den negativen Charakter verlieren, den es in der Wertschätzung vieler Konsumenten heute noch hat.

Dass die Art, wie man Kunden zur Zeit begegnet, alle Schattierungen zwischen aggressiver Penetration und gleichgültiger Vernachlässigung annimmt, hat sicher schon jeder Mensch in seiner Rolle als Kunde erfahren. Man denke nur an die täglichen Werbe-Überschwemmungen im Print-, Funk- und TV-Bereich, von denen sich 90 Prozent der Deutschen überlastet fühlen. Man denke an die vielen Facetten von unfreundlichem und inkompetentem Verkäuferverhalten am Point of sale.

Dass die meisten Unternehmen heute noch weit davon entfernt sind, den Kunden als Freund und Partner zu behandeln, liegt auf der Hand – das Win-win-Prinzip, wenn es denn überhaupt propagiert wird, dann meist nur als Lippenbekenntnis: Der Kampf um Marktanteile, das angespannte Bemühen, einzelne Produkte in den Markt hineinzupressen, um so viele Kunden wie möglich zu erringen, prägt das Denken im Marketing noch ebenso wie der Kampf um eine Reduzierung der Personalkosten am Point-of-sale: Kundenorientierung ja; aber bitte zum Nulltarif! Das schlechte Image, das die Verkaufsberufe im Bewusstsein der Öffentlichkeit noch fristen, ist nicht zuletzt der sprichwörtlich schlecht bezahlten Leistungen der *Frontkämpfer* am Point of sale geschuldet.

Was ist dagegen zu tun? Verschiedene Lösungsvorschläge sind entwickelt worden. Zum Beispiel beschwören Don Peppers und Martha Rogers einen Paradigmenwechsel in Richtung einer Individualisierung und Miniaturisierung des Marketings. Es kann in der Zukunft, so argumentieren sie, nicht mehr darum gehen, Marktanteile zu erringen. Es kann nur darum gehen, Kundenanteile zu gewinnen – also alle Bemühungen darauf zu richten, einem Kunden so viel wie möglich im Laufe seines Lebens zu verkaufen. Das ist nur möglich, wenn der Kunde von eigens für ihn verantwortlichen Kundenmanagern als *Lebensumsatzträger* gepflegt wird, mit dem der permanente Dialog aufrecht erhalten wird und dessen Feedback als Input für das Wachstum der Organisation genutzt wird. Und weil das unerlässliche Element für den Aufbau einer lebenslangen Beziehung zum Kunden der Dialog und das Feedback sein werden, beschwören die Autoren die intensive Nutzung der neuen Medien, vor allem den Dialog via Internet. Auch Edgar Geffroy sieht einen wesentlichen Schritt hin zum *Clienting* in der Nutzung der neuen Medien: Nur dadurch sei es möglich, die Marktplätze – die Basare der Zukunft – so mit Leben zu erfüllen, dass sie eine magische Anziehungskraft auf die Kunden ausübten.

Kundenorientierung – eine Frage der »lernenden Organisation«

So interessant und erfolgversprechend die Ansätze im Einzelnen sein mögen, so sehr vernachlässigen sie einen Aspekt, der für eine authentische *Kundenorientierung* der Dreh- und Angelpunkt ist. Sie vernachlässigen den Geist des Unternehmens bzw. seine gelebte Kultur im Umgang mit den Kunden. Sie propagieren eher Instrumente statt Denkhaltungen.

Eine *Kundenorientierung*, die den Kunden tatsächlich spüren lässt, dass er als Freund und Partner willkommen ist und mit seinen Wünschen respektiert wird, ist nur dann möglich, wenn auch die Mitarbeiter als Partner ihres Arbeitgebers respektiert werden: Zufriedene Kunden sind nur dann möglich, wenn auch die Mitarbeiter zufrieden sind! So lange der Verkäufer oder der Sachbearbeiter jedoch der *Handlanger* seines Arbeitgebers ist, so lange man mit ihm die »schnelle Mark« verdienen will, so lange wird seine Bereitschaft gestört sein, dem Kunden mit seinem Rat zu *dienen*.

Zum Partner ihrer Kunden werden Mitarbeiter erst, wenn sie

❑ in strategische Entscheidungen über die Positionierung des Unternehmens im Markt einbezogen werden,
❑ ihre Arbeit eigenverantwortlich gestalten können,
❑ Entwicklungs- und Karrieremöglichkeiten im Unternehmen nutzen können, vor allem aber auch
❑ angemessen *verdienen*, wenn sie bereit sind, selbst zu *dienen*.

Genau hier ist in vielen Unternehmen in Deutschland – vor allem auch in Handelsunternehmen, die sich der *Kundenorientierung* verpflichten – ein radikales Umdenken an der Führungsspitze notwendig. Ohne dieses Umdenken, ohne das *Entlernen* liebgewonnener Besitzstände an der Unternehmensspitze zugunsten einer Demokratisierung von Gestaltungsrechten an der Basis bleibt *Kundenorientierung* Makulatur. Denn Leidenschaft und das Engagement für den Kunden lassen sich nicht verordnen, sie lassen sich nur leben, wenn das Engagement »von innen« kommt. Um dies zu gewährleisten, muss das Unternehmen nicht nur engagierte Mitarbeiterinnen und Mitarbeiter einstellen; es muss auch die Rahmenbedingungen schaffen, die Engagement wachhalten (durch ein adäquates Karriere- und Gehaltssystem). Das Unternehmen muss vor allem aber den Lernprozess der Organisation auf Dauer sicherstellen (durch regelmäßig stattfindende Dialoge zwischen Kunden und Mitarbeitern) – jenseits der Anonymität von Internet oder Voice-Mails. Wie dies geschehen kann, soll im Folgenden am Beispiel Obi illustriert werden.

Workshops mit Kunden: Unternehmen entdecken die Möglichkeit, von ihren Kunden zu lernen

Angefangen hat es Ende der achziger Jahre. Alarmiert durch das Ergebnis einer Marktforschungsstudie, dass es kein Bau- und Heimwerkermarkt bislang verstanden hätte, sich in den Augen von Kunden ein eigenständiges, unvergleichbares

Profil aufzubauen, führte Obi als erstes Handelsunternehmen ein Experiment mit Kunden durch, das die Marketing-Strategien Obis in der Folgezeit maßgeblich prägen sollte. Man lud einzelne Kundengruppen für zwei aufeinander folgende Samstage ein, um mit ihnen den »Freizeitmarkt der Zukunft« zu kreieren.

Jenseits der sterilen Frage- und Antwortspiele, wie sie am Telefon oder weit ab von der Einkaufsstätte durchgeführt werden, jenseits auch vom »Blick in die Vergangenheit« wie er für die meisten Marktforschungsprojekte typisch ist, wollte man mit den Kunden einen Blick in die Zukunft wagen. Im Sinne eines Rollentauschs im Marketing entwickelten die Kunden aus der Position des Architekten, des Personalchefs oder des Marketingchefs Ideen, wie die neuen Sortimente, die neue Verkaufsberatung, der neue Service, die neuen Kommunikationsstrategien, die Architektur im Jahr 2000 aussehen könnten.

Für das Unternehmen war dies die Grundlage eines neuen Selbstverständnisses, das darauf zielte, ein »Produkt über den Produkten« zu schaffen. Schon Ende der achziger Jahre ging man systematisch daran, die Empfehlung der Kunden umzusetzen und die Märkte als *Lernshops*, *Ideenbörsen* und *Animationsgeschäfte* zu profilieren. Ein Prozess, der bis heute nicht abgeschlossen ist, weil das Unternehmen in der Folgezeit konsequent in die Dienstleistung rund ums Do-it-yourself investierte.

Was zunächst als *Abfallprodukt* einer groß angelegten Imageuntersuchung erschien, hat nicht nur dazu geführt, dass das Unternehmen, ein besonderes Profil im Markt für sich schuf – nicht zufällig ging der Deutsche Marketing Preis 1996 an Obi. Es hat auch dazu geführt, dass der Dialog mit Kunden zur Institution wurde. In immer mehr Franchisenehmer-Märkten folgte und folgt man dem Beispiel der Zentrale und lädt Kunden zu *Kundenforen* ein, um sich Feedback über die Freundlichkeit des Personals, die Beratungskompetenz, den Service im Allgemeinen, die Sortimente und/oder die Gestaltung des Marktes zu holen. Für die Foren werden die Kunden nicht mehr bundesweit – wie bei den Strategie-Workshops Ende der achziger Jahre akquiriert; sie werden vielmehr direkt im Markt auf das Projekt aufmerksam gemacht und um eine zirka eintägige Beratung gebeten, für die man ihnen einen Geschenk-Gutschein in Aussicht stellt.

Immer mehr Franchisenehmer und Marktleiter begeistern sich für das Kundenforum, weil sich die Kunden nicht nur als die besten Unternehmensberater entpuppen, deren Ratschläge für eine noch bessere Kundenorientierung direkt genutzt werden können. Das Forum ist für sie auch ein hervorragendes Mittel, Stammkunden ans Unternehmen zu binden.

Kundenforen: Feedback für Franchiseunternehmen vor Ort

Kundenforen sind insbesondere für Franchiseunternehmen wie kaum ein anderes Mittel dazu geeignet, Innovationsprozesse voranzutreiben. Warum? Weil die meisten Franchisesysteme – anders als Filialsysteme – ihren Partnern vor Ort den Freiraum zugestehen, ihre Gestaltungsfreiheit, ihre Flexibilität und Innovationsfähigkeit *auszuleben*. Anders als in einem Filialsystem, in dem die wesentlichen unternehmerischen Entscheidungen nicht vor Ort, sondern zentral – weit ab vom Kundengeschehen – getroffen werden, lebt das Franchising davon, dass dezentral – garantiert durch die Person des selbstständigen Unternehmers vor Ort – ein Maximum an Kundenorientierung gelebt wird. Anders als straff zentralistisch geführte Unternehmen, die immer in der Gefahr stehen, die einmal für gut befundenen Geschäftspraktiken zu verabsolutieren und in gewisser Weise auch *taub* zu sein für die Ansprüche des lokalen Umfeldes, verschmelzen sich Franchiseunternehmen auf eine geradezu natürliche Art und Weise mit ihrem Markt. Die Franchisenehmer sind fest verwurzelt in ihrem Umfeld und besitzen die Freiheit, im Interesse des Ganzen ihre Geschäfte so zu führen, wie es den Bedürfnissen ihrer Kunden und ihrer Mitarbeiter entspricht. Und d. h. auch: »Sie können schnell und flexibel auf neue Markterfordernisse antworten«.

Kundenforen bieten genau hier die Möglichkeit, diese Markterfordernisse zu analysieren. Sie liefern Input, der für die strategische Weiterentwicklung des Unternehmens vor Ort enorme Innovationsschübe freisetzt. Erfolgreich sind diese Innovationsschübe jedoch nur dann in konkrete Aktionen umzusetzen, wenn die Mitarbeiter in den Dialog mit den Kunden integriert werden.

Und nicht zuletzt ist das Forum bestens dazu geeignet, den Lernprozess der Organisation in Gang zu halten. Denn die Mitarbeiter folgen als Beobachter der Diskussion mit den Kunden; sie sind also Zeuge eines enormen Ideenpotenzials, das direkt vor Ort umzusetzen ist.

Kunden-Input für die »lernende Organisation«

Mit der Beteiligung der Mitarbeiter an den Kundenforen steht und fällt die Chance, die Ideen der Kunden als Input für die Organisationsentwicklung zu nutzen. Denn die Erfahrung zeigt, dass Menschen immer dann Veränderungsprozessen mit Ablehnung begegnen, wenn sie ihnen aufgezwungen werden. Nur wenn sich die Mitarbeiter – durch das Votum der Kunden – von der Notwendigkeit eines Kurswechsels überzeugen, betrachten sie die Notwendigkeit zur Veränderung als *ihre* Aufgabe.

Was für die Mitarbeiter bei den Kundenforen gilt, deren Funktion in erster Linie das Feedback für den einzelnen Markt ist, gilt für die Strategie-Workshops mit Kunden ebenso. Nur wenn die Geschäftsleitung und die für Personal und Marketing verantwortlichen Führungskräfte als Beobachter an der Diskussion teilnehmen, stehen sie Innovationsprozessen, wie sie ihnen von Kunden nahegelegt werden, offen gegenüber.

Gerade weil die Kunden keine Scheu haben, auch die altehrwürdigen Traditionen und etablierten Besitzstände des Unternehmens in den Workshops kritisch anzusprechen, müssen die Verantwortlichen in den Diskussionsprozess involviert werden. Die Erfahrung zeigt, dass die Workshops mit Kunden einen enormen Innovationsprozess im Unternehmen auslösen. Was bei Obi selbstverständlich ist, war in anderen Unternehmen, die Kundenforen durchführten, nicht immer gewährleistet. Und genau dieser Punkt entscheidet über den Erfolg oder Misserfolg von Kundenforen. Wenn die Verantwortlichen den Dialog mit Kunden nicht als Beobachter begleiten – gleichgültig ob aus Desinteresse oder Zeitmangel – werden mögliche Innovationen im Keim erstickt.

Unter welchen Bedingungen sind Kundenforen oder Strategie-Workshops von Erfolg gekrönt?

Dass Workshops mit Kunden für die Kundenorientierung des Unternehmens und die Identifikation der Mitarbeiter mit dem Unternehmen von unschätzbarem Wert sind, haben bisher erst wenige Organisationen erfahren. Die Erfahrungen, die mit der Konzeption und Durchführung von Kundenforen in Franchisesystemen der Do-it-yourself-Branche, der Mode-, Reifen- und Genussmittel-Branche gemacht wurden, zeigt, dass folgende Bedingungen erfüllt sein müssen, wenn die Dialoge mit Kunden für die weitere Entwicklung des Unternehmens von Erfolg gekrönt sein sollen:

1. Die Geschäftsleitung muss Innovationen wollen! Solange man sich emotional mit dem Status quo verbündet, werden auch die hervorragendsten Ideen von Kunden nicht wirklich ernst genommen, geschweige denn umgesetzt.
2. Die Geschäftsleitung muss über das Forum den persönlichen Kontakt zu Kunden schaffen. Sie muss den Dialog als »stiller Beobachter« begleiten und nach dem Forum die Chance nutzen, mit den Kunden weiter den Kontakt aufrecht zu erhalten.
3. Im Vorfeld muss die Geschäftsleitung Aufklärung über den Sinn und Zweck von Foren leisten. Weder die Führungskräfte der Zentrale noch die Franchisepartner, Marktleiter oder Mitarbeiter am Point of sale dürfen dem Forum mit dem Vorurteil eines Kontroll- oder Kritik-Instruments begegnen.
4. Die Kunden müssen sorgfältig akquiriert werden – durch Ansprache im Geschäft oder, sofern durch redaktionelle Texte oder Internet die Ansprache erfolgt, durch ein ausführliches Gespräch am Telefon. Es muss sichergestellt sein, dass nur wirklich interessierte Personen am Workshop teilnehmen.
5. Gleichgültig, ob Feedbacks für den einzelnen Markt oder Strategie-Diskussionen mit Kunden anstehen. Die Mitarbeiter, die das Votum der Kunden am stärksten betrifft, müssen als »stille Beobachter« in den Prozess involviert werden, um sich mit den Gedanken der Kunden zu identifizieren.
6. Die Ergebnisse des Forums müssen die Grundlage für weiterführende Diskussionen mit Mitarbeitern über die strategische Ausrichtung des Unternehmens im Markt bilden. Sie sollen auch Anlass dazu geben, die Rahmenbedingungen für eine Identifikation der Mitarbeiter mit ihrem Unternehmen kritisch mit den Betroffenen zu diskutieren.

7. Das Forum muss von einer neutralen Person moderiert werden, weil die Betroffenen nur zu leicht dazu neigen, sich gegenüber den Kunden zu rechtfertigen. Auch die Ergebnisse der Foren müssen von einer neutralen Person präsentiert werden, weil etablierte Traditionen und Besitzstände hierbei kritisch zur Diskussion gestellt werden.

Lebenslange Dialoge mit Kunden pflegen – das Gebot der Stunde
»Wir lernen so viel durch diese Gespräche. Aber selbst wenn wir nichts lernten, gäbe es keine bessere Form, um Kunden zu binden. Denn nichts schafft soviel Goodwill wie das ernsthafte Angebot, als Gesprächspartner und Berater ernst genommen zu werden«.

Dieses Statement eines Franchisepartners kann für alle Workshops, die die Autorin in unterschiedlichen Branchen durchführte, bestätigt werden: Die Kunden identifizieren sich geradezu mit dem Unternehmen, für das sie beratend tätig werden. Und sie möchten ihre Vorschläge umgesetzt sehen. Gerade weil die Erwartungshaltung so hoch ist, muss das Unternehmen den individuellen Kontakt mit den Kunden zur Institution machen. Es ist z. B. ein absolutes Muss, Kunden mitzuteilen, warum einzelne Anregungen nicht – oder nicht sofort – umgesetzt werden können.

Die Bereitschaft der Kunden, sich für das Unternehmen zu engagieren, ist in der Regel nach den Workshops immens groß. Vor allem Kinder und Jugendliche, die als Berater für die Mode- und Genussmittel-Branche tätig wurden, *brannten* darauf, selbst aktiv zu werden im Sinne eines Marketings von Kids für Kids. Für die Kinder wäre es z. B. außerordentlich verlockend gewesen,

❑ in den Innenstädten aktiv für die Unternehmen zu werben,
❑ in den Schaufenstern als »living dolls« zu agieren,
❑ Partys im Auftrag der Unternehmen zu arrangieren,
❑ eine Szene-Information für Kids herauszubringen,
❑ als Berater für andere Kids in den Unternehmen zu agieren,
❑ Modenschauen selbstständig zu organisieren,
❑ Szene-Treffs zu organisieren,
❑ »Tupperware-Partys« zu veranstalten

und vieles mehr für die Unternehmen zu tun – wohlgemerkt: dies alles kostenlos!

Aus organisatorischen Gründen oder aus Kostengründen war es indessen den Franchisegebern, die bislang die Workshops durchführten, nicht möglich, das Engagement der Kinder zu nutzen. Ein solches Engagement, von dem Marketing-Profis nur träumen können, liegt quasi auf der Straße. Und die Franchiseunternehmen, die es in Zukunft aufgreifen, werden immens davon profitieren. Denn Kunden sind *Künder*, die ohne Kosten-Nutzen-Kalkül »just for fun« begeistert verkünden, was sie erleben. Wie Kinder ihre Eltern und Großeltern an den Point of sale *ziehen*, zeigt die Geschichte von McDonald's hinreichend . . .

Doch es sind nicht nur die Kinder, die – in der Rolle des Beraters – Engagement für das Franchisesystem an den Tag legen, das sie zu Kundenforen einlädt. Es sind auch die Erwachsenen, die eine enorme Identifikation zeigen, sofern sie als Berater ernst genommen werden. Damit soviel Engagement, wie es in den Workshops allenthalben sichtbar wurde, für die Kommunikation und Interaktion mit den Kunden zukünftig genutzt wird, muss ein ganz neues Berufsfeld im Rahmen des Marketings besetzt werden. Hier sind Kundenmanager nötig, die den Kontakt aufrecht erhalten, die Menschen in unterschiedliche Aktivitäten einbinden und ihnen auch die entsprechenden Produkt- und Serviceangebote offerieren. Kunden- und Kinderclubs können hieraus hervorgehen. Auch die neuen Medien – vor allem das Internet – werden den Kundenmanagern in Zukunft ganz neue Interaktionsmöglichkeiten bieten, besonders bei jungen Menschen.

Franchisesysteme sollten daher so früh wie möglich damit beginnen, diese Form des individuellen Beziehungsmanagements zu Kunden professionell auszubauen. Die Workshops mit Kunden stellen dafür unverzichtbare Impulse dar.

So wichtig die neuen Medien für die Kommunikation mit Kunden sind, so unverzichtbar ist der persönliche, individuelle Kontakt von Angesicht zu Angesicht. Er sollte nicht nur gepflegt werden am Point of sale. Er sollte ebenso gepflegt werden durch eine Kommunikationskultur, die den einzelnen Kunden spüren lässt, dass er nicht nur als Konsument, sondern auch als Impulsgeber und Berater für das Unternehmen unverzichtbar ist.

Dauerhafte Dialoge, die mit einzelnen Kunden geführt werden, können hervorragend über die neuen Medien gepflegt werden. Doch es muss ein Gegengewicht – eine persönliche Glaubwürdigkeit von Angesicht zu Angesicht – hinzukommen, um diese Dialoge mit Leben zu erfüllen. Kundenforen schließen diese Lücke – individuell und persönlich.

6.1 Fragestellung

Haftungsrechtliche Auseinandersetzungen haben beim Franchising in den vergangenen Jahren zunehmend an Bedeutung gewonnen. Dabei ging es vornehmlich um die Frage, welche Pflichten den Franchisegeber gegenüber dem Franchisenehmer in der Phase der Vertragsanbahnung vor Vertragsabschluss treffen (vgl. hierzu nachfolgend unter 6.2.1) und auch das Kapitel III. 4). Zwar liegt bis heute keine höchstrichterliche Rechtsprechung des Bundesgerichtshofs zu dieser Thematik vor. Gleichwohl lassen sich die Aufklärungspflichten eines Franchisegebers auf der Basis der bis heute ergangenen und als durchaus gefestigt zu bezeichnenden Rechtsprechung hinreichend konkretisieren. Zweifellos wird sich die Rechtsprechung in Zukunft noch fortentwickeln und die vorvertraglichen Aufklärungspflichten des Franchisegebers weiter präzisieren. In der Vorauflage hat der Verfasser die Auffassung vertreten, dass die Rechtsprechung in absehbarer Zeit eine Art *Prospekthaftung* eines jeden Franchisegebers gegenüber *seinen* Franchisenehmern entwickeln werde (der Begriff der Prospekthaftung stammt aus dem Wertpapierrecht), deren Gegenstand im Franchising alle Informationen, Mitteilungen und Aussagen des Franchisegebers im vorvertraglichen Stadium sein dürften. Ein kürzlich ergangenes Urteil des OLG München (veröffentlicht in BB 2001, 1759 ff., hat deutlich gemacht, dass die Voraussage des Verfassers – vorläufig – nicht richtig bzw. zumindest voreilig war. Das OLG München hat die Anwendung der Grundsätze der Prospekthaftung auf vorvertragliche Aussagen eines Franchisegebers mit der Begründung abgelehnt, dass beim Franchising, im Gegensatz zum Kapitalanlagebereich, der Erfolg des abgeschlossenen Geschäftes weitgehend von Marktlage, Einsatz und Tüchtigkeit des Franchisenehmers abhänge. Eine vor Vertragsschluss einem Franchisenehmer übergebene allgemeine und für alle neuen Franchisenehmer geltende Musterplanung könne deshalb nicht als Falschinformation Grundlage für c. i. c.-Ansprüche sein.

Ob mit dieser Entscheidung des OLG München, das zwar im Bereich des Franchising einige grundsätzliche Entscheidungen gefällt hat, für alle Zeiten und endgültig entschieden ist, dass Prospekthaftungsgrundsätze auf Prospekte eines Franchisegebers nie Anwendung finden können und dürfen, scheint eher zweifelhaft. Vielmehr ist anzunehmen, dass es weitere Urteile zu diesem Thema, sicher auch eines Tages des BGH, geben dürfte. Von Bedeutung für weitere Beurteilungen dürfte sein, ob es sich bei den Prospekten eines Franchisegebers um eher allgemeine Werbeprospekte oder um Mittel der vorvertraglichen Aufklärung handelt. In letztere Kategorie dürften Prospekt um so eher fallen, je konkreter und detaillierter darin Aussagen zu Umsatz- und Gewinnerwartungen einschließlich Rentabilitätsberechnungen enthalten sind. Je mehr solche Prospekte den Prospekten von Kapitalanlagegesellschaften oder Anlageberatern ähneln, desto eher dürfte das Risiko bestehen, dass in Zukunft derartige Prospekte doch an den Grundsätzen der Prospekthaftung gemessen werden.

Von gesetzlich normierten Aufklärungs- und Informationspflichten (Disclosure-Gesetzgebung, die den Franchisegeber zur Offenlegung gesetzlich vorgeschriebener Tatbestände in schriftlicher Form verpflichtet), wie sie z. B. in Frankreich, in Spanien und in großem Umfang in den USA vorhanden sind, dürfte Deutschland wohl noch weit entfernt sein. Für gesetzliche Offenlegungsvorschriften besteht in Deutschland zur Zeit kein direkter Anlass, denn die vorhandenen Rechtsinstitute und die darauf aufbauende Rechtsprechung scheinen zum Schutz des Franchisenehmers auszureichen. Gegenüber gesetzlichen Verpflichtungen hat das Richterrecht zudem den Vorteil, die Umstände des Einzelfalls sorgfältig abwägen zu können, ohne an strikte und möglicherweise unflexible Gesetzesvorschriften gebunden zu sein. Andererseits kann ein Franchisegeber bei einem sich ständig fortentwickelnden Richterrecht nie ganz sicher sein, ob in einem ihn betreffenden Einzelfall die von ihm gegebene vorvertragliche Aufklärung vom jeweiligen Gericht als ausreichend angesehen wird. Er sollte deshalb die nachfolgend erläuterten Maßstäbe immer optimal zu erfüllen versuchen. Außerdem sollte er bedenken: je weniger negative Einzelfälle es gibt, desto weniger wird die Forderung nach gesetzlichen Regelungen laut werden (in anderen europäischen Ländern gibt es derzeit verschiedene gesetzgeberische Initiativen in dieser Hinsicht). Auch ein Franchisenehmer kann allerdings bei reinen Rechtsprechungsmaßstäben nicht sicher sein, dass ein seinen Fall entscheidendes Gericht die vorliegenden Einzelurteile heranzieht oder auch nur kennt. Die Vertrautheit mit »Franchising« und die Bedeutung vorvertraglicher Aufklärungspflichten sind nicht Allgemeingut aller deutschen Gerichte.

Die vertragliche Haftung von Franchisegeber und Franchisenehmer untereinander nach Abschluss des Franchisevertrages spielt erstaunlicherweise sowohl in der Praxis als auch in der rechtlichen Diskussion der Haftungstatbestände nur eine relativ geringe Rolle. Auf die vertragliche Haftung untereinander wird unter 6.2.b eingegangen, wobei sich die Darlegungen auf wesentliche Punkte beschränken, da eine übergreifende Darstellung vertraglicher und schuldrechtlicher Haftungstatbestände den Rahmen dieser Erörterung sprengen würde.

Weitgehend ungeklärt ist die Haftung des Franchisegebers gegenüber außenstehenden Dritten. Hierunter verstehen sich insbesondere Konstellationen, bei denen der Endverbraucher haftungsrechtlich auf den Franchisegeber *durchgreifen* will. Wer haftet, wenn der Franchisenehmer ein Produkt nach den Richtlinien und Empfehlungen des Franchisegebers herstellt, das Produkt aber beim Endverbraucher eine schadenstiftende Wirkung auslöst? Nur der Franchisenehmer als Hersteller des fehlerhaften Produkts und als Vertragspartner des Endverbrauchers, oder droht hier auch dem Franchisegeber ein Haftungsrisiko? Wie fällt die rechtliche Bewertung aus, wenn der Franchisenehmer vom Franchisegeber vorgeschriebene, aber von diesem nicht hergestellte Gegenstände bei Erbringung der franchisierten Dienstleistung einsetzt, und es beim Endverbraucher dabei zu einer Schädigung kommt? Kann der Franchisegeber hier in ein Haftungsrisiko geraten, obwohl das schadhafte Produkt weder von ihm noch nach seinen Richtlinien hergestellt wurde? Besteht eine Art Generalverantwortung des Franchisegebers, dass sein System – ordnungsgemäße Handhabung durch den Franchisenehmer unterstellt – keinerlei Schädigung beim Endverbraucher hervorruft? Wie sieht es bei der Haftung des Franchisegebers für sonstige Handlungen des Franchisenehmers im Geschäftsverkehr aus?

Die Antworten auf die vorgenannten Fragen werden besonders dann bedeutsam, wenn der Franchisenehmer wirtschaftlich schwach oder gar insolvent ist, sodass sich der geschädigte Endverbraucher vorzugsweise an den Franchisegeber hält (vgl. hierzu unter 6.3).

6.2 Haftung innerhalb des Franchisesystems

6.2.1 Vorvertragliche Haftung

Ein Franchisegeber kann sich schadensersatzpflichtig machen, sofern er seinen Aufklärungspflichten bei den Vertragsverhandlungen mit Franchisenehmern im Vorfeld des Vertragsabschlusses nicht nachkommt (Haftung wegen Verletzung vorvertraglicher Aufklärungspflichten).

Der europäische Verhaltenskodex für Franchising, zugleich Ehrenkodex für Mitglieder des Deutschen Franchise-Verbandes e. V. (DFV), sagt hierzu unter Nr. 3 folgendes:

»Werbung für die Gewinnung von Franchisenehmern soll ohne Zweideutigkeiten und ohne irreführende Angaben erfolgen.

Alle Anzeigen und jedes Werbematerial zum Zwecke der Franchisenehmergewinnung, die direkt oder indirekt auf zu erwartende und zukünftige Ergebnisse, Zahlen oder Verdienste der einzelnen Franchisenehmer eingehen, haben sachlich richtig und unmissverständlich zu sein.

Um es den angehenden Franchisenehmern zu ermöglichen, jede bindende Abmachung in voller Kenntnis der Sachlage zu treffen, wird ihnen innerhalb einer angemessenen Frist vor der Unterzeichnung dieser bindenden Abmachung ein Exemplar des gültigen Verhaltenskodexes ebenso wie die vollständige und genaue schriftliche Offenlegung aller für das Franchiseverhältnis wichtigen Informationen und Unterlagen übergeben werden.«

Der DFV hat außerdem Richtlinien und ein Merkblatt zu den vorvertraglichen Aufklärungspflichten des Franchisegebers verfasst. Die Leitsätze der Richtlinien lauten wie folgt:

1) Bereits in der Phase der Vertragsanbahnung und der auf den Abschluss gerichteten Verhandlungen und Gespräche entsteht ein vorvertragliches Vertrauensschuldverhältnis, in dessen Rahmen die Parteien im besonderen Maße zur Offenlegung der für die spätere Zusammenarbeit erheblichen Informationen gegenüber dem anderen Teil verpflichtet sind.
2) Franchisegeber, die unerfahrene Gewerbetreibende als Franchisenehmer werben, unterliegen besonders hohen Anforderungen an die vorvertraglichen Aufklärungspflichten.
3) Der Franchisegeber ist zur Offenlegung und Erläuterung der Erfolgsaussichten der Konzeption sowie zur Angabe von wahrheitsgemäßen Zahlen und Informationen über den Arbeits- und Kapitaleinsatz des Franchisenehmers verpflichtet.
4) Der Franchisegeber soll eine auf den bisherigen Erfahrungen von Franchisebetrieben oder Pilotbetrieben beruhende Kalkulationsgrundlage liefern und den Franchisenehmer-Interessenten in die Lage versetzen, die erforderlichen Aufwendungen abzuschätzen, den Zeitraum der Anfangsverluste zu übersehen und die Chancen der Gewinnrealisierung reell beurteilen zu können.
5) Der Franchisegeber soll dem Franchisenehmer-Interessenten vor Unterzeichnung von bindenden Abmachungen unter Aufsicht Einblick in das Handbuch gewähren.
6) Der Franchisenehmer-Interessent soll die Möglichkeit haben, den Franchisevertrag sowie die weiteren Unterlagen (mit Ausnahme des Handbuchs) in einem angemessenen Zeitraum von mindestens zehn Tagen vor Vertragsunterzeichnung zu überprüfen oder überprüfen zu lassen.
7) Alle Informationen müssen wahr, unmissverständlich und vollständig sein.

Ehrenkodex, Richtlinien und Merkblatt sind im Anhang dieses Buches vollständig abgedruckt.

Richtlinien und Grundsätze von Franchiseverbänden zeitigen mangels Gesetzesqualität – außer in gewissem Umfang für deren Mitglieder – keine direkten Rechtswirkungen. Gleichwohl können potenzielle Franchisegeber daraus entnehmen, welche Maßregeln sich die Branche selbst auferlegt. Im Übrigen greifen auch die Gerichte bei prozessualen Auseinandersetzungen auf solche branchenübliche Maßstäbe zurück, um die vorvertraglichen Aufklärungspflichten zu präzisieren und zu konkretisieren.

Auf der Basis der bisher ergangenen Rechtsprechung lassen sich folgende Informationspflichten des Franchisegebers aufstellen, die sich im Wesentlichen auch in den genannten Richtlinien des DFV wiederfinden:

❑ Wahrheitsgemäße Angaben über die Verkehrsgeltung von Marke, Logo, Handelsnamen sowie deren Marktdurchdringung.
Franchisegeber sollten sich hüten, ihrer Marke eine größere Verkehrsgeltung zuzuschreiben, als ihr tatsächlich zukommt. Hier sollte eher vorsichtig formu-

liert werden, denn wer eine überregionale oder gar bundesweite Verkehrsgeltung beansprucht, muss dies im Ernstfall auch beweisen können.

❑ Die Erprobung des Systems in einem Pilotbetrieb sollte nachgewiesen werden. Es ist verständlich, dass Franchisegeber, die aus einer Idee ein Geschäftskonzept und daraus einen Betriebstyp entwickelt haben, so schnell wie möglich Franchisenehmer für ihr System gewinnen wollen. Gleichwohl ist potenziellen Franchisegebern dringend zu raten, den Start in ein Franchisesystem nicht zu überstürzen. Bevor die ersten Franchiseverträge abgeschlossen werden, sollte der Franchisegeber sein Geschäftssystem unbedingt in einem oder am besten mehreren Pilotbetrieben über einen gewissen Zeitraum getestet haben. Dieser Zeitraum sollte mindestens ein Jahr betragen. Die Pilotbetriebe können von der Systemzentrale selbst oder durch Dritte geführt werden. Entscheidend ist, dass der Pilotbetrieb zu den gleichen Bedingungen wie der spätere Franchisenehmerbetrieb geführt wird. Sofern das Pilotobjekt durch den Franchisegeber selbst installiert wird, ist zu beachten, dass auch die Verwaltung (z. B. Buchhaltung) dem Pilotbetrieb nicht durch die Systemzentrale – jedenfalls nicht ohne Entgelt – abgenommen wird. Gemeinkosten sind nicht auf die Kostenstelle der Zentrale, sondern unmittelbar beim Pilotobjekt zu verbuchen. Der eigene Pilotbetrieb muss die gleiche unternehmerische Selbstständigkeit aufweisen wie der spätere Franchisebetrieb.

❑ Wahrheitsgemäße Angaben über Umsatz- und Ertragsfähigkeit des Systems. Ein höchst praxisrelevanter Punkt. Unstreitig ist, dass dem Franchisenehmer Kalkulationsgrundlagen zu unterbreiten sind, die ihm seine voraussichtlichen Belastungen aufzeigen. Der Franchisenehmer muss in die Lage versetzt werden, seine voraussichtlichen arbeitsmäßigen und finanziellen Belastungen abzuschätzen, den Zeitraum der Anfangsverluste zu übersehen und die Chancen der Gewinnrealisierung reell beurteilen zu können. Dem Franchisenehmer sind insbesondere alle über die Eintrittsgebühr hinausgehenden Aufwendungen offenzulegen. Nicht unproblematisch ist die Darstellung der zu erwartenden Umsätze. Empfehlenswert ist, dem Franchisenehmer in anonymisierter Form die Zahlen bereits vorhandener Franchisenehmer wahrheitsgemäß darzustellen. Gefährlich ist die Angabe von Durchschnittsumsätzen der anderen Franchisenehmer. Einzelne Ausreißer – nach oben oder nach unten – können hier den Durchschnitt nachhaltig verfälschen. Sofern das Franchisesystem »noch in den Kinderschuhen steckt«, ist auf die dadurch bedingte Unsicherheit der vorhandenen Umsatzzahlen unmissverständlich hinzuweisen. Bei Anwerbung der ersten Franchisenehmer hat der Franchisegeber darauf zu achten, dass er eine auf den Erfahrungen seiner Pilotbetriebe beruhende Kalkulationsgrundlage unterbreitet, wobei er dann naturgemäß den Franchisenehmer darüber aufklären sollte, dass dieser zu den ersten Systempartnern gehört und sich die bisherigen Erfahrungen ausschließlich auf Pilotbetriebe gründen, die allerdings in der oben genannten Weise zu führen sind.

466

❑ Darlegung des spezifischen Know-how des Franchisesystems.

Das Know-how des Franchisesystems wird regelmäßig im Handbuch nieder-gelegt. Es kann auch in anderer Form, z. B. als Software, dokumentiert werden. Entscheidend ist, dass die spezifischen Kenntnisse des Franchisegebers in nach-vollziehbarer Art und Weise dargelegt werden.

Im Rahmen der vorvertraglichen Aufklärung wird das in seiner Zusammenset-zung und zum Teil auch im Detail geheime Know-how natürlich noch nicht in vollem Umfang dem potentiellen Franchisenehmer dargelegt. Aus der vorver-traglichen Aufklärung sollte sich aber dem Franchisenehmer erschließen, wa-rum es sich für ihn lohnt, unter Zahlung einer Eintrittsgebühr gerade diesem Franchisesystem beizutreten, anstatt sich alternativ in der Branche alleine selbstständig zu machen. Gerade bei dem allentscheidenden Know-how sollte der Franchisenehmer nicht später entdecken müssen, dass die vorvertragliche Beschreibung mit der Realität wenig übereinstimmende Übertreibungen ent-hielt. Es dürfte deshalb ratsam sein, einem Franchisenehmerkandidaten bereits vor Vertragsschluss Einblick in die Know-how-Dokumentation zu gewähren. Wenn sie wirklich eine umfassende Darstellung der Gesamtheit der spezi-fischen Erfahrungen eines Franchisegebers darstellt, welche ein durchschnitt-licher Franchisenehmer sich nicht ohne große Mühe und Aufwand beschaffen könnte, so kann ein solcher durchschnittlicher Franchisenehmer auch durch einen mehrstündigen Einblick in die Dokumentation diese nicht so erschöpfend kennen lernen, dass er sie danach auch ohne einen Anschluss an das Franchise-system umsetzen könnte. Er bekommt dadurch jedoch die Möglichkeit, wenigs-tens in einem gewissen Umfang die Qualität des versprochenen Know-how einzuschätzen.

❑ Darstellung der Marketingkonzeption; Markt- und Standortanalyse.

Der Franchisegeber muss prüfen, ob der ausgewählte Standort, gemessen am Maßstab eines »rationalen Franchisenehmers«, geeignet ist und der Franchise-nehmerbetrieb dort erfolgreich umgesetzt werden kann. Eine Rentabilitäts-garantie des Franchisegebers ist damit nicht verbunden. Der Franchisegeber hat nur zu prüfen und gegebenenfalls nachzuweisen, dass ein kaufmännisch vernünftig handelnder Franchisenehmer mit entsprechendem Einsatz und bei Beachtung der Richtlinien und Empfehlungen des Franchisegebers an dem aus-gewählten Standort ein Franchisegeschäft erfolgreich betreiben kann.

Verallgemeinernd können die vorstehenden Informationen unter folgender Gene-ralpflicht des Franchisenehmers zusammengefasst werden:

Der Franchisegeber muss den Franchisenehmerkandidaten alle wesentlichen Umstände mitteilen, die für deren Entscheidung, ob sie in das Franchisesystem einsteigen oder nicht, vernünftigerweise von Bedeutung sind. Dabei müssen sämt-liche Angaben der Wahrheit entsprechen und Prognosen auf seriöser und fundier-ter Grundlage beruhen. Der Umfang und die Einzelthemen der Aufklärungspflichten hängen im Einzelfall aber auch vom Kenntnis- und Erfahrungsniveau des Franchisenehmers ab und von dessen Fähigkeit, sich gewisse Informationen selbst zu beschaffen.

Vorstehende Aufklärungspflichten greifen zum frühestmöglichen Zeitpunkt ein, also bereits dann, sobald Franchisegeber und Franchiseinteressent in Kontakt treten. Dem Franchisegeber ist also nachdrücklich zu raten, sein Konzept zur Franchisereife zu bringen, bevor er Kontakte durch Anzeigen oder auf Messen anbahnt. Der Franchisegeber sollte in der Lage sein, sämtliche vorstehend aufgeführten Pflichten bereits im ersten Gespräch mit dem Franchisenehmer zu erfüllen. Virulent werden die Pflichten regelmäßig bei den Vertragsverhandlungen nach Aufnahme des ersten Kontakts. Wenn zu diesem Zeitpunkt ein »Franchisegeber« immer noch nicht in der Lage ist, seinen Informationspflichten nachzukommen, so ist dies ein untrügliches Zeichen, dass sein Franchisesystem noch nicht ausgereift ist.

Verstößt ein Franchisegeber gegen seine vorvertraglichen Aufklärungspflichten, so läuft er unter dem Gesichtspunkt des »Verschuldens bei Vertragsabschluss« *(culpa in contrahende)* in ein nicht unerhebliches Schadenersatzrisiko, denn ein Franchisenehmer kann in diesem Fall verlangen, so gestellt zu werden, wie er bei richtiger Aufklärung gestanden hätte. Regelmäßig besteht eine Vermutung dafür, dass ein Franchisenehmer den Franchisevertrag bei zutreffender Aufklärung nicht oder zumindest nicht mit dem vereinbarten Inhalt abgeschlossen hätte. Schließlich sind die Angaben des Franchisegebers in aller Regel das entscheidende Motiv für den Franchisenehmer, den Franchisevertrag abzuschließen. Einem unzutreffend aufgeklärten oder gar getäuschten und geschädigten Franchisenehmer sind folglich regelmäßig alle Aufwendungen zu ersetzen, die er im Vertrauen auf die Richtigkeit der Aufklärung über das Franchisesystem getätigt hat. Ein die vorvertraglichen Aufklärungspflichten verletzender Franchisegeber hat infolgedessen prinzipiell sämtliche erhaltenen Gebühren zurückzugewähren. Ferner hat der Franchisegeber dem Franchisenehmer die Investitionen zu erstatten, die dieser für die Eröffnung und im weiteren Verlauf des Franchisebetriebes nach den Richtlinien des Franchisegebers vorgenommen hat. Erzielte Einnahmen muss der Franchisenehmer natürlich abziehen lassen.

In einer prozessualen Auseinandersetzung trägt der Franchisegeber im Ergebnis zwar die Beweislast dafür, dass er ordnungsgemäß aufgeklärt hat. Gleichwohl ist es ein – durchaus auch bei einzelnen Gerichten vorhandenes – Missverständnis, dass der Misserfolg eines Franchisebetriebes per se auf die Verletzung vorvertraglicher Aufklärungspflichten des Franchisegebers schließen lasse. Ein Automatismus, wonach Unrentabilität eines Franchisebetriebes seinen Grund in unterlassener oder unzutreffender vorvertraglicher Aufklärung des Franchisegebers haben muss, ist abzulehnen. Der Franchisenehmer muss vielmehr im Rahmen einer prozessualen Auseinandersetzung zunächst schlüssig die Tatsachen vortragen, welche die Verletzung einer vorvertraglichen Aufklärungspflicht begründen können. Die bloße

Behauptung, es habe am Franchisegeber gelegen, ist zu wenig, um den Franchisegeber in die Haftung zu bekommen. Der Franchisenehmer muss konkret Tatsachen vortragen, welche die Verletzung einer der genannten Pflichten durch den Franchisegeber dartun. Der Franchisegeber muss diese Tatsachen dann widerlegen. Erst wenn ihm dies nicht gelingt, droht ihm die Verpflichtung zum Schadenersatz. Die vorstehenden Ausführungen sind eine sehr summarische Zusammenfassung einer scheinbar etablierten Rechtsprechung (Urteile des OLG München vom 13. November 1987 (BB 1988, 865) und vom 16. September 1993 (NJW 1994, 667) sowie des OLG Oldenburg vom 16. Oktober1997 (DStR 1998, 903)). Diese Urteile werden in Rechtsstreitigkeiten gegen Franchisegeber aber auch immer nur sehr summarisch von den jeweiligen Gegenparteien und ihren Rechtsanwälten zitiert. Für den jeweiligen Einzelfall geben sie oft nichts her und einem wegen eigener Schwächen und Fehler erfolglosen Franchisenehmer helfen sie nur sehr begrenzt. Einem seriösen und sein System sorgfältig und behutsam aufbauenden Franchisegeber braucht daher auch in Zukunft auf der Basis der bisher ergangenen Rechtsprechung nicht bange zu sein.

Auch den Franchisenehmer trifft die Pflicht zur wahrheitsgemäßen Aufklärung im vorvertraglichen Stadium. Soweit der Franchisenehmer nach seinen Fähigkeiten und finanziellen Möglichkeiten vom Franchisegeber befragt wird und diese für die Franchisenehmereigenschaft von Bedeutung sind, hat auch der Franchisenehmer zutreffende Angaben zu machen. Andernfalls kann er sich schadenersatzpflichtig machen und setzt sich der Gefahr aus, dass der Franchisegeber den Franchisevertrag wegen arglistiger Täuschung anfechten kann.

Die vorstehend erläuterten Prinzipien ergaben sich bisher aus dem seit langem von der Rechtsprechung anerkannten Institut der *culpa in contrahendo* (Verschulden bei Vertragsschluss), welches die Gerichte auch auf die Vertragsverhandlungen von Franchiseverträgen angewandt haben. Jetzt ist es durch die zum 1. Januar 2002 in Kraft getretene große Schuldrechtsreform gemäß § 311 Abs. 2 i. V. m. § 241 Abs. 2 im Bürgerlichen Gesetzbuch verankert worden. Gemäß § 241 Abs. 2 BGB kann

> *das Schuldverhältnis nach seinem Inhalt jeden Teil zur Rücksichtnahme auf die Rechte, Rechtsgüter und Interessen des anderen Teils verpflichten«.*

Gemäß § 311 Abs. 2 BGB entsteht ein Schuldverhältnis mit den vorgenannten Pflichten auch durch

> *1. die Aufnahme von Vertragsverhandlungen,*
> *2. die Anbahnung eines Vertrages, bei welcher der eine Teil im Hinblick auf eine etwaige rechtsgeschäftliche Beziehung dem anderen Teil die Möglichkeit zur Einwirkung auf seine Rechte, Rechtsgüter und Interessen gewährt oder ihm diese anvertraut, oder*
> *3. ähnliche geschäftliche Kontakte«.*

469

Gemäß § 280 Abs. 1 Satz 1 BGB kann ein Gläubiger in einem gemäß §§ 311 Abs. 2, 241 Abs. 2 BGB entstandenen Schuldverhältnis vom Schuldner im Falle der Verletzung einer Pflicht aus diesem Schuldverhältnis Ersatz des hierdurch entstandenen Schadens verlangen. Schadensersatzansprüche im Falle von *culpa in contrahendo* lassen sich also nunmehr direkt aus dem Gesetz ableiten.

In der Sache wird sich zunächst kaum etwas an den von der Rechtsprechung entwickelten Anforderungen an und Grenzen der vorvertraglichen Aufklärungspflichten ändern. Die Bedeutung der vorvertraglichen Sorgfalts- und Aufklärungspflichten ist jedoch durch die Aufnahme in das BGB unterstrichen und gestärkt worden, und es ist davon auszugehen, dass auch im Bereich des Franchising die Verfolgung von Ansprüchen wegen Verletzung vorvertraglicher Sorgfalts- und Aufklärungspflichten eher zunehmen wird.

6.2.2 Vertragliche Haftung

Die vertragliche Haftung zwischen Franchisegeber und Franchisenehmer spielt in der Praxis gerichtlicher Auseinandersetzungen bisher eine geringe Rolle. Dies mag daran liegen, dass ein Franchisegeber, der seine vertraglichen Pflichten nicht oder nicht ordnungsgemäß erfüllt, in vielen Fällen unzureichend auf die Gründung eines Franchisesystems vorbereitet war, so dass dann häufig die unter 6.2.a dargestellte Haftung wegen Verletzung vorvertraglicher Aufklärungspflichten eingreift. Insoweit verlagert sich die Haftung des Franchisegebers in der Praxis eher auf den vorvertraglichen Bereich.

Der Franchisevertrag ist gesetzlich nicht normiert, er ist ein Vertrag eigener Art und lässt sich als Kombination verschiedener anderer Vertragstypen qualifizieren. So enthält ein Franchisevertrag regelmäßig Elemente eines Geschäftsbesorgungsvertrages, eines Lizenzvertrages, eines Handelsvertretervertrages und, je nach Einzelfall, anderer zumeist gesetzlich geregelter Vertragstypen. Manche Gerichte behandeln ihn als eine Art Rechtspachtvertrag. Immer stellt er jedoch ein Dauerschuldverhältnis dar.

Hauptpflicht des Franchisegebers ist es, dem Franchisenehmer ein erprobtes Beschaffungs-, Absatz- und Organisationskonzept zur Nutzung zu überlassen. Der Franchisegeber überlässt dem Franchisenehmer Marken-, Kennzeichnungs-, Lizenzrechte sowie ein besonderes Erfahrungswissen (Know-how) zur Nutzung. Außerdem ist der Franchisegeber verpflichtet, den Franchisenehmer zu schulen und ihn fortlaufend während der Dauer des Franchisevertrages zu betreuen und zu beraten.

Hauptpflichten des Franchisenehmers sind regelmäßig seine Absatzförderungspflicht (Pflicht zur Förderung des Absatzes der franchisierten Ware oder Dienstleistung) unter Benutzung des Know-hows und der Marke des Franchisegebers sowie seine Pflicht, die vertraglich vorgesehenen Gebühren zu zahlen.

Regelmäßig werden die vorstehend nur abstrakt genannten Hauptpflichten im individuellen Franchisevertrag näher geregelt und durch verschiedene Nebenpflichten flankiert. Als mögliche Nebenpflichten lassen sich die Einräumung von Gebietsschutz durch den Franchisegeber – was aber keineswegs zwingend oder dem Franchising wesensimmanent ist –, oder die üblichen diversen Unterlassungspflichten des Franchisenehmers (Wettbewerbsverbot, Verbot, eine Unterfranchise zu vergeben) nennen.

Welche Haftungsfolgen können Vertragsverletzungen des Franchisegebers oder des Franchisenehmers dem jeweils anderen gegenüber auslösen?

Ist der Franchisevertrag in Vollzug gesetzt, so kann die Nichterfüllung von Pflichten – je nach Schwere des Verstoßes – ein außerordentliches Kündigungsrecht der von der Nichterfüllung betroffenen Vertragspartei auslösen. Da jeder Franchisevertrag auf eine bestimmte längere Dauer angelegt ist (Dauerschuldverhältnis), kann nicht jede Vertragsverletzung sofort zur Beendigung des Vertrages führen. Sofern die Vertragsverletzung ihrer Art nach behebbar ist, hat regelmäßig vor Ausspruch einer außerordentlichen Kündigung eine Abmahnung zu erfolgen. Dem Verletzer ist durch die Abmahnung Gelegenheit zu geben, den Vertragsverstoß innerhalb angemessener Frist zu beseitigen. Erst wenn die Abhilfe ausbleibt, kann fristlos gekündigt werden. Das Recht jeder Vertragspartei zur außerordentlichen Kündigung kann vertraglich nicht ausgeschlossen werden. Die übliche Aufzählung im Franchisevertrag von wichtigen Gründen, die zur außerordentlichen und fristlosen Kündigung berechtigen, ist insofern niemals abschließend. Vielmehr überprüfen die Gerichte in jedem Einzelfall, ob es der außerordentlich kündigenden Vertragspartei nicht mehr zumutbar war, den Vertrag bis zum Vertragsende oder zum nächstmöglichen ordentlichen Kündigungszeitpunkt weiterzuführen.

Da Schadenersatzansprüche durch ein außerordentliches Kündigungsrecht nicht ausgeschlossen werden, kann der durch die Nichterfüllung oder Vertragsverletzung betroffene Vertragspartner Schadenersatzansprüche nach den allgemeinen schuldrechtlichen Regelungen (Ersatz des Verzugsschadens; Schadenersatz wegen Nichterfüllung) geltend machen.

Bei der Schadenersatzpflicht gilt es, zwischen der Verletzung einzelner Vertragspflichten und dem Schadenersatzanspruch wegen vorzeitiger Vertragsauflösung zu unterscheiden. Erbringt der Franchisegeber eine einzelne Leistung nicht, kann er z. B. die für den Franchisebetrieb erforderliche Ware nicht fristgerecht liefern, so kann der Franchisenehmer den Franchisegeber in Verzug setzen und nach entsprechender Fristsetzung mit Ablehnungsandrohung den Schaden ersetzt erhalten, den er dadurch erleidet, dass er seinen Endkunden die Ware nicht pünktlich liefern kann. Entsprechendes gilt, wenn der Franchisenehmer ein Produkt nach den Richtlinien und Vorgaben des Franchisegebers herstellt, welches beim Endverbraucher einen Schaden auslöst. Zwar hat der Franchisenehmer in diesem Fall im Außenverhältnis gegenüber dem Endverbraucher als Produzent der Ware zu haften (vgl. hierzu unter 6.3.), im Innenverhältnis kann er jedoch wegen positiver Vertragsverletzung beim Franchisegeber, nach dessen Anweisung das Produkt hergestellt wurde, Regress nehmen.

Verletzt der Franchisegeber nachhaltig seine Hauptpflichten nach dem Franchisevertrag, lässt er beispielsweise jegliche Unterstützung des Franchisenehmers vermissen, kann der Franchisenehmer den Franchisevertrag vorzeitig und außerordentlich aus wichtigem Grund kündigen und darüber hinaus Schadenersatzansprüche wegen schuldhaft hervorgerufener Vertragsauflösung durch den Franchisegeber geltend machen. Hat der Franchisenehmer auf Betreiben des Franchisegebers einen langfristigen, an die geplante Dauer des Franchisevertrages angepassten Mietvertrag geschlossen, so kann der Franchisenehmer – sofern er nicht aus dem Mietvertrag herauskommt – die auflaufenden Mietzinsraten im Wege des Schadenersatzanspruches wegen positiver Vertragsverletzung des Franchisegebers geltend machen, natürlich nur unter der Voraussetzung, dass der Franchisegeber schuldhaft die Ursache für die außerordentliche Kündigung des Franchisevertrags aus wichtigem Grund gesetzt hat.

Vorstehende Erwägungen gelten umgekehrt natürlich auch für den Fall, dass der Franchisenehmer seinen vertraglichen Verpflichtungen nicht nachkommt oder den Franchisevertrag in sonstiger Weise verletzt, indem er sich z. B. nicht um den Franchisebetrieb kümmert (Verletzung seiner Absatzförderungspflicht), oder er seinerseits ungerechtfertigt den Vertrag vorzeitig beendet.

Haftungsfreizeichnungsklauseln nützen dem Franchisegeber nichts, denn diese scheitern an der Anwendbarkeit des AGB-Bestimmungen (durch die Schuldrechtsreform in das BGB integriert) auf Franchiseverträge. Da Franchiseverträge vom Franchisegeber für eine Vielzahl von Fällen (Franchisenehmern) vorformuliert sind, gelten sie im Rechtsverkehr materiell als Allgemeine Geschäftsbedingungen mit der Folge, dass sie voll der Kontrolle nach den AGB-Regeln der §§ 305 ff. BGB unterliegen. Danach stellen Haftungsfreizeichnungsklauseln hinsichtlich wesentlicher Vertragspflichten eine unangemessene Benachteiligung des Vertragspartners dar, was die Unwirksamkeit der betreffenden Haftungsfreizeichnungsklausel – nicht jedoch des gesamten Vertrages – zur Folge hat. Infolgedessen hat der Franchisegeber für die Einhaltung der vertragswesentlichen Pflichten, wozu sämtliche Kernelemente des Franchising gehören, wie Überlassung von Know-how, Ausbildung und Betreuung, einzustehen und kann seine Einstandspflicht nicht durch vertragliche Klauseln ausschließen.

6.3 Haftung außerhalb des Franchisesystems (Nicht-vertragliche Haftung beim Franchising)

6.3.1 Produkthaftung

Soweit der mit dem Franchiseprodukt in Berührung kommende Endverbraucher dadurch Personen- oder Sachschäden erleidet, kann die verschuldensunabhängige Haftung des Produkthaftungsgesetzes eingreifen. Gemäß § 1 Abs. 1 Satz 1 des Produkthaftungsgesetzes ist der Hersteller eines von ihm produzierten und in Verkehr gegebenen fehlerhaften Produkts verpflichtet, dem betroffenen Endverbraucher Schäden aus Tötung, Körperverletzung oder an Sachen zu ersetzen.

Stellen Franchisegeber oder Franchisenehmer das franchisierte Produkt her, haften sie dem Endverbraucher gegenüber ohne weiteres gemäß § 4 Abs. 1 Satz 1 Produkthaftungsgesetz. Als Hersteller gilt insoweit jeder, der das Endprodukt, einen Grundstoff oder ein Teilprodukt hergestellt hat.

Bei einer Herstellungsfranchise haftet der Franchisenehmer als Hersteller grundsätzlich auch für Fehler des Franchisegebers in der Forschung und Entwicklung des Produkts. Die Produzentenhaftung des herstellenden Franchisenehmers umfasst nach dem Wortlaut des Gesetzes prinzipiell auch diejenigen Fälle, in denen die Schädigungsursache bereits im Franchisesystem und in dessen Richtlinien angelegt ist. Es erscheint insoweit unbillig, den produzierenden Franchisenehmer, der sich strikt an die Vorgaben der Franchisezentrale gehalten hat, verschuldensunabhängig der Herstellerhaftung zu unterwerfen, obwohl die Schadensursache letztlich durch den Franchisegeber gesetzt wurde. Mitunter wird daher die Rechtsmeinung vertreten, dass der Franchisenehmer in diesen Fällen analog § 1 Abs. 3, Satz 1, 2. Alternative Produkthaftungsgesetz wie ein Zulieferant, der »als verlängerte Werkbank« tätig ist, die Haftung ausschließen kann. Nach dieser Bestimmung kann sich der Hersteller eines Teilprodukts entlasten, wenn der Fehler am Produkt durch die Anleitungen des Herstellers verursacht worden ist.

Ob sich die entsprechende Anwendung der Entlastungsmöglichkeit des Zulieferers auf Franchisenehmer in der Praxis durchsetzen kann, erscheint eher fraglich, denn nach dem Wortlaut des Gesetzes existiert für den Franchisenehmer im Rahmen einer Herstellerfranchise im Gegensatz zum Hersteller eines Teilprodukts eben keine Entlastungsmöglichkeit.

Franchisegeber können unter die *Quasiherstellerhaftung* gemäß § 4 Abs. 1 Satz 2 Produkthaftungsgesetz fallen. Diese Gefahr droht besonders dann, wenn der Franchisegeber seine Marke, sein Zeichen oder sein Logo auf dem vom Franchisenehmer hergestellten Produkt anbringen lässt. Regelmäßig ist bei der Herstellung eines Produkts mit dem Zeichen des Franchisegebers davon auszugehen, dass der Endverbraucher auf die Herstellereigenschaft des Franchisegebers vertraut, selbst wenn der Franchisenehmer der tatsächliche Hersteller ist. Will der Franchisegeber seiner Haftung als *Quasihersteller* entgehen, muss er vermeiden, dass der Endverbraucher auf seine Herstellereigenschaft vertraut. Dies kann eventuell durch entsprechende Hinweise auf dem vom Franchisenehmer hergestellten Produkt geschehen. In der Praxis der Herstellerfranchise werden derartige Hinweise aber meist gerade nicht gewünscht sein. Der Franchisegeber legt vielmehr Wert auf ein einheitliches Erscheinungsbild des Systems einschließlich der franchisierten Produkte mit seiner eigenen Marke. Im Rahmen einer Herstellerfranchise muss sich der Franchisegeber also entscheiden, ob ihm seine Marke auf den Produkten so wichtig ist, dass er dafür die Produzentenhaftung in Kauf nimmt, oder ob er damit leben kann, die tatsächlichen Herstellerverhältnisse durch einen deutlich hervortretenden Hinweis auf dem Produkt offenzulegen.

Der Franchisegeber kann seine Produkthaftung – auch als Quasihersteller – gegenüber dem Endverbraucher grundsätzlich nicht ausschließen oder einschränken und gegenüber dem Franchisenehmer nur in den engen Grenzen der AGB-Bestimmungen der §§ 305 ff. BGB. Denkbar ist lediglich, dass der Franchisegeber – soweit er im Außenverhältnis vom Kunden in Anspruch genommen wird – im Innenverhältnis beim Franchisenehmer Regress nehmen kann, falls der Produktfehler ausschließlich vom herstellenden Franchisenehmer zu verantworten ist, weil sich dieser z. B. nicht an die Herstellungsanweisungen des Franchisegebers gehalten hat. Insoweit erscheint es im Innenverhältnis zwischen Franchisegeber und Franchisenehmer nicht als unangemessene Benachteiligung des Franchisenehmers, wenn der Franchisenehmer für die von ihm verursachten Produktfehler im Ergebnis einzustehen hat. Wie gesagt, ist eine solche Haftungsfreizeichnung im Innenverhältnis aber nur wirksam, sofern der Produktfehler nicht in den Richtlinien oder Anweisungen des Franchisegebers seine Ursache hat, sondern auf dem fehlerhaften und von Richtlinien und Anweisungen abweichenden Verhalten des Franchisenehmers beruht.

Neben der gesetzlich normierten Produzentenhaftung im Produkthaftungsgesetz besteht nach wie vor die allgemeine Produkthaftung nach den Regelungen gemäß § 823 ff. BGB, worauf unter 6.3.c näher einzugehen sein wird.

Wenn sowohl der Franchisenehmer als Hersteller als auch der Franchisegeber als *Quasihersteller* für einen Schaden verantwortlich sind, so haften sie gesamtschuldnerisch. Der geschädigte Endverbraucher kann sich also aussuchen, wen er auf Ausgleich des gesamten entstandenen Schadens in Anspruch nimmt. Im Innenverhältnis haften Franchisegeber und Franchisenehmer anteilig danach, wer den Schaden überwiegend verursacht hat. Dringend anzuraten ist deshalb beiden Parteien, das erhebliche Produkthaftungsrisiko gemeinsam durch den Abschluss einer entsprechenden Produkthaftungsversicherung abzudecken.

6.3.2 Wettbewerbsrechtliche Haftung

Markanter Baustein eines jeden Franchisesystems ist dessen Marketingkonzept und die damit verbundenen Werbemaßnahmen. Regelmäßig ist der Franchisegeber für die zentrale und überregionale Werbung zuständig, der Franchisegeber hingegen für rein lokale Maßnahmen an seinem Geschäftsstandort. In aller Regel hat sich aber auch die lokale Werbung des Franchisenehmers nach den Richtlinien des Franchisegebers zu richten.

Fraglich ist, wer für unlauteres Handeln zum Zwecke des Wettbewerbs einzustehen hat.

Sofern ein Franchisenehmer bei seinen Werbemaßnahmen gegen das Gesetz gegen den unlauteren Wettbewerb (UWG) verstößt, kann nach einer Entscheidung des BGH vom 5. April 1995 (NJW 1995, 2355 ff.) auch der Franchisegeber in Anspruch genommen werden. Dies ist einleuchtend, soweit die unlautere Werbung des Franchisenehmers auf die Vorgaben des Franchisesystems zurückgeht, mithin vom Franchisegeber verursacht worden ist. Problematisch und rechtlich zweifelhaft ist die Inanspruchnahme des Franchisegebers aber dann, wenn der Franchisenehmer in eigener Regie oder sogar unter Verstoß gegen die Richtlinien des Franchisegebers unlauter – z. B. irreführend im Sinne des § 3 UWG – geworben hat. Nach der erwähnten Entscheidung des BGH droht dem Franchisegeber auch in diesen Fällen eine Inanspruchnahme, da der Franchisenehmer als »Beauftragter« des Franchisegebers im Sinne von § 13 Abs. 4 UWG angesehen werden kann, weil die Betriebsorganisation eines Franchisegebers in der Regel die Voraussetzungen des § 13 Abs. 4 UWG (festgemacht an zahlreichen Einzelbestimmungen des Franchisevertrages) erfülle. Wettbewerbsverstöße des Franchisenehmers können also grundsätzlich eine Haftung des Franchisegebers begründen. In Betracht kommen Unterlassungs- und gegebenenfalls Schadenersatzansprüche, letztere aber nur bei eigenem Handeln und Verschulden des Franchisegebers, wie sich aus der BGH-Entscheidung vom 6. April 2000 (NJW-RR 2000, 1710 ff.) entnehmen lässt; eine einfache Zurechnung des Handelns des Franchisenehmers nach § 13 Abs. 4 UWG ist bei einem Schadenersatzanspruch nicht möglich. Zwar hat sich diesbezüglich eine feststehende Rechtsprechung noch nicht herausgebildet und die genannte BGH-Entscheidung unterliegt in verschiedener Hinsicht Bedenken. Gleichwohl ist den Parteien eines Franchisevertrages unbedingt zu raten, die Haftung für etwaige Verstöße im Bereich der Werbung eindeutig zu regeln. Dem Franchisegeber ist zu empfehlen, sich vertraglich von jedweder Haftung für die eigenverantwortliche – meist lokale – Werbung des Franchisenehmers freistellen zu lassen. Im Außenverhältnis ändert sich durch die Freistellung freilich nichts. Immerhin hat der Franchisegeber dann aber einen Anspruch im Innenverhältnis gegen den Franchisenehmer. Umgekehrt sollten Franchisenehmer darauf achten, dass der Franchisegeber für die von ihm initiierte oder nach seinen Richtlinien und Weisungen ausgeführte Werbung die Verantwortung im Innenverhältnis zu tragen hat. Im Ergebnis ist es interessengerecht, wenn der Franchisenehmer nur für die von ihm allein zu verantwortenden Werbemaßnahmen nach der internen vertraglichen Risikoverteilung die Verantwortung tragen muss. Hinsichtlich der vom Franchisegeber selbst initiierten oder durch ihn dem Franchisenehmer vorgeschriebenen Werbemaßnahmen erscheint eine vertragliche Risikoverteilung fair, wonach dafür allein der Franchisegeber wettbewerbsrechtlich verantwortlich ist.

6.3.3 Haftung aus Delikt wegen der Verletzung von Verkehrssicherungspflichten

Kann den Franchisegeber über die Produkthaftung nach dem ProdHaftG und die mögliche wettbewerbsrechtliche Haftung hinaus auch die außervertragliche Haftung nach allgemeinem Deliktsrecht gegenüber dem Endverbraucher treffen?

Neben der gesetzlich normierten Produzentenhaftung ist nach wie vor die von der Rechtsprechung vor Inkrafttreten des Produkthaftungsgesetzes entwickelte klassische Produzentenhaftung nach BGB-Deliktsrecht anwendbar.

Unter den allgemeinen deliktsrechtlichen Schutz des § 823 Abs. 1 BGB fällt nur die Verletzung absoluter Rechtsgüter wie Leben, Körper, Gesundheit und Eigentum. Kommt es durch eine Handlung oder Unterlassung lediglich zu einer Vermögensverletzung, ohne dass absolute Rechtsgüter, z. B. das Eigentum an Sachen, geschädigt werden, kann das Deliktsrecht dem Geschädigten nur in Ausnahmefällen (wie vorsätzliche und sittenwidrige Schädigung oder Straftat) weiterhelfen. Die allgemeine deliktsrechtliche Haftung neben der Produzentenhaftung schafft einen weiteren, summenmäßig unbegrenzten Haftungsrahmen, gestattet eventuell auch Schmerzensgeldansprüche, setzt – im Gegensatz zur gesetzlichen Produkthaftung – allerdings schuldhaftes Handeln des Verletzers voraus.

Im Rahmen des § 823 Abs. 1 BGB muss der Geschädigte die Verletzung eines absoluten Rechtsguts beweisen sowie einen kausalen Ursachenzusammenhang zwischen Handlung und Rechtsgutsverletzung einerseits sowie zwischen Rechtsgutsverletzung und Schaden andererseits. Der Verletzer trägt demgegenüber die Beweislast dafür, dass ihn kein Verschulden traf.

Dogmatischer Ansatzpunkt für eine deliktsrechtliche Haftung des Franchisegebers ist die allgemeine Verkehrssicherungspflicht, die im Rahmen des Deliktsrechts entwickelt wurde. Die Verkehrssicherungspflicht beruht auf dem Gedanken, dass derjenige, der eine latente Gefahrenquelle schafft, die notwendigen Vorkehrungen zum Schutze Dritter zu treffen hat. Vor der gesetzlichen Normierung der Produzentenhaftung im Produkthaftungsgesetz entwickelte die Rechtsprechung auf der Grundlage der Verkehrssicherungspflicht eine allgemeine Produzentenhaftung, die nach wie vor neben der gesetzlichen Haftung nach dem Produkthaftungsgesetz steht. Von dieser traditionellen aus dem Deliktsrecht hergeleiteten Produkthaftung sind typischerweise wiederum das Herstellerfranchising sowie das Vertriebsfranchising betroffen. Eine Haftung wegen Verletzung von Verkehrssicherungspflichten kommt aber über den reinen Produktbereich hinaus in Betracht, selbst im reinen Dienstleistungsfranchising (siehe näher noch unten).

476

Jeder Franchisegeber, der ein Produkt entweder selbst herstellt oder auf Grund seiner Weisungen und Richtlinien herstellen lässt, schafft einen latenten Gefahrenherd, den er ordnungsgemäß zu beaufsichtigen und abzusichern hat. Wie bei der gesetzlich normierten Produzentenhaftung kann der Franchisegeber auch nach allgemeinem Deliktsrecht für Konstruktionsfehler, Fabrikationsfehler und Instruktionsfehler bei Entwicklung und Herstellung des franchisierten Produkts haften. Der Franchisegeber als Hersteller muss die Ware so konstruieren, dass sie gefahrlos vom Benutzer eingesetzt werden kann.

Er muss ferner sicherstellen, dass die fehlerfreie Konstruktion ordnungsgemäß bei der Herstellung des konkreten Produkts (durch ihn selbst oder durch den Franchisenehmer) umgesetzt wird. Aus der Entwicklung des Produkts muss sich die ordnungsgemäße Produktion ableiten lassen.

Außerdem muss er das Produkt sorgfältig beobachten und dessen Einsatz beim Konsumenten beobachtend und überwachend begleiten. Er hat durch entsprechende Vorkehrungen und Belehrungen dafür zu sorgen, dass der Endverbraucher mit den Besonderheiten des Produkts und dessen Einsatzmöglichkeiten vertraut wird. Ein Franchisegeber, der das franchisierte Produkt fehlerhaft konstruiert hat, es mangelhaft hergestellt hat oder zu dessen Benutzung fehlerhafte Anleitungen gibt, haftet ohne weiteres bei Verletzung eines der genannten absoluten Rechtsgüter auf Schadenersatz. Schuldhaftes Handeln des Franchisegebers wird unterstellt, und er muss beweisen, dass ihn kein Verschulden trifft.

Festzuhalten ist, dass nach heutigem Stand die allgemeine Verkehrssicherungspflicht zunächst nur den Franchisegeber als Hersteller oder *Quasihersteller* im Rahmen der allgemeinen Produzentenhaftung nach Deliktsrecht trifft. Auf den ersten Blick kommt es nur in diesen Fällen zur Anwendung der typisierten Herstellerpflichten im Konstruktions-, Fabrikations-, Instruktions- und Produktbeobachtungsbereich. Danach wäre die Haftungsgrundlage der allgemeinen Verkehrssicherungspflicht nur bei Hersteller- und Vertriebsfranchisen einschlägig.

Fraglich und rechtlich noch ungeklärt ist, ob den Franchisegeber im Rahmen der allgemeinen Verkehrssicherungspflicht auch eine generelle Systemüberwachungspflicht für sein Franchisesystem trifft. Haftet ein Franchisegeber dem Endverbraucher auch dafür, dass von seinem Franchisesystem keine sonstigen Gefahren für absolute Rechtsgüter (Leib und Leben; Eigentum an Sachen) ausgehen? Es stellt sich somit die Frage, inwieweit über die Fälle der geschilderten Produzentenhaftung hinaus der Franchisegeber allgemein für die *Ungefährlichkeit* seines Franchisesystems gegenüber den damit in Berührung kommenden Kunden einstehen muss. Dies würde es dem Endverbraucher erleichtern, den Franchisegeber in Anspruch zu nehmen, ohne auf die klassischen Kategorien bei der Herstellerhaftung wie Fabrikationsfehler, Konstruktionsfehler und Instruktionsfehler zurückgreifen zu müssen. Im Übrigen sind die genannten Haftungstatbestände auf den Franchisegeber als Hersteller oder *Quasihersteller* zugeschnitten, nicht jedoch auf

Dienstleistungsfranchisen oder Mischsysteme. Zwar wird bei einer Dienstleistungsfranchise die Verletzung absoluter Rechtsgüter wie Leben, Gesundheit oder Eigentum eher selten der Fall sein. Eine Vermögensschadenshaftung wiederum kann nur über deliktsrechtliche Ausnahmetatbestände bei Verletzung eines konkreten Schutzgesetzes, bei Kreditgefährdung oder vorsätzlich sittenwidriger Schädigung eingreifen, was vergleichsweise selten vorkommen dürfte. Gleichwohl sind Beispiele denkbar, dass es auch im Rahmen von Dienstleistungsfranchisen zu einer Verletzung absoluter Rechtsgüter kommen kann, ohne dass die allgemeine Produkthaftung weiterhelfen kann, weil der Franchisegeber nicht Hersteller des schadenstiftenden Produkts ist. Was ist z. B., wenn der Kunde eines Reinigungsdienstleisters, der als Franchisenehmer tätig ist, einen Schaden an seinem Eigentum dadurch erleidet, dass die eingesetzten Reinigungsmittel oder -maschinen zwar produkthaftungsrechtlich fehlerfrei waren, gleichwohl zum konkreten Verwendungszweck der Reinigung nicht geeignet waren? Wenn der Franchisegeber nicht Hersteller der Reinigungsmittel ist, wird man ihn so ohne weiteres deliktsrechtlich nicht in die Haftung bekommen, es sei denn über eine erweiterte Anwendung des Instruktionsfehlerbegriffs. Die Annahme liegt nahe, dass den Franchisegeber als Ausfluss der allgemeinen Verkehrssicherungspflicht eine Systemaufsichts- und Überwachungspflicht trifft, die sich insbesondere in einer permanenten Systembeobachtungspflicht äußert. Der Franchisegeber hat das Franchisesystem initiiert, auf den Markt gebracht und vertreibt es durch die angeschlossenen Franchisenehmer. Es erscheint nicht zuviel verlangt, dem Franchisegeber die Verantwortung auch für fremdbezogene, aber im Rahmen des Franchisesystems vorgeschriebene Waren aufzubürden, sofern das Franchisesystem maßgeblich auf diesen Fremdmitteln aufbaut. Die Grenzen einer derartigen Systemüberwachungspflicht auch für Fremdprodukte wären allerdings noch zu ziehen. Es erscheint nicht unangemessen, dass der Franchisegeber für eine regelmäßige Qualitäts- und Verwendungszweckkontrolle der von ihm selbst dem Franchisenehmer vorgeschriebenen Produkte und Hilfsmittel Sorge zu tragen hat. Eine derartige Pflicht wird jedenfalls bei erkennbaren Mängeln zu bejahen sein.

Rechtsprechung zu den Verkehrssicherungspflichten eines Franchisegebers in Bezug auf sein System im Allgemeinen liegt – soweit ersichtlich – noch nicht vor. Es bleibt abzuwarten, inwieweit sich auch in Deutschland in den nächsten Jahren hierzu praktische Fälle ereignen. In anderen Ländern liegt hierzu bereits Rechtsprechung vor. Wie bei der vorvertraglichen Aufklärungspflicht des Franchisegebers wird die Rechtsprechung darauf zu achten haben, eine sorgfältige und ausgewogene Einzelfallprüfung vorzunehmen.

Diskutiert wird auch, ob der Franchisegeber über die Vorschrift des § 831 BGB für eine unerlaubte Handlung (Delikt) eines Franchisenehmers einzustehen hat. Gemäß § 831 Abs. 1 BGB haftet jede Person für die widerrechtliche Verletzung absoluter Rechtsgüter (Leib und Leben; Eigentum an Sachen) durch ihre Verrichtungsgehilfen, soweit diese Person selbst ein Verschulden bei der Auswahl der

Verrichtungsgehilfen trifft. Lässt sich der Franchisenehmer als Verrichtungsgehilfe des Franchisegebers mit der Folge qualifizieren, dass der Franchisegeber
für deliktische Handlungen seines Franchisenehmers haftet, sofern ihn bei dessen
Auswahl und der Überwachung von dessen Tätigkeit durch die Systemzentrale ein
Verschulden trifft?

Unter einem Verrichtungsgehilfen wird traditionell nur eine solche Person verstanden, der von einer anderen Person eine Tätigkeit übertragen worden ist, und
die zu dieser anderen Person in einem gewissen Abhängigkeitsverhältnis steht.
Dem Rechtsinstitut des Verrichtungsgehilfen liegt somit ein klassisches Über-
und Unterordnungsverhältnis zugrunde. Damit ein Franchisenehmer in diese Kategorie eingeordnet werden könnte, müsste dem Franchisegeber das Handeln des
Franchisenehmers als zum Betriebsrisiko des Franchisegebers zugehörig zugerechnet werden. Eine derart weitgehende Zurechnung widerspricht nach Auffassung
des Verfassers dem Charakter des Franchising als arbeitsteiliges Zusammenwirken
zweier selbstständiger Unternehmer. Zwar ist nicht zu bestreiten, dass der Franchisenehmer als Partner des Netzwerks den Systemstandards und den sich daraus
ableitenden Richtlinien und Weisungen des Franchisegebers unterworfen ist. Der
Franchisenehmer ist fachlich bis zu einem gewissen Grad vom Franchisegeber
durchaus abhängig. Gleichwohl ist das Bild eines Verrichtungsgehilfen nicht auf
selbstständiges Unternehmerrisiko und eigenständige Unternehmerverantwor-
tung zugeschnitten, wie sie einem Franchisenehmerbetrieb immanent ist. Eine
persönliche Abhängigkeit im Sinne einer umfassenden Weisungsbindung hinsichtlich Arbeitszeit, Arbeitsort und Arbeitsinhalt liegt beim Franchisesystem regelmäßig nicht vor. Ebenso wenig wie ein selbstständiger Handelsvertreter in der
Regel Verrichtungsgehilfe im Sinne des § 831 Abs. 1 BGB ist, ist es der Franchisenehmer, der im eigenen Namen und auf eigene Rechnung als selbstständiger Unternehmer im Verkehr auftritt. Eine andere Betrachtungsweise würde die Abgrenzung der Risikosphären von Franchisegeber und Franchisenehmer aushöhlen. Die
Verkehrssicherungspflichten des Franchisegebers betreffen sein Konzept und seinen Betriebstyp. Zu weit geht es allerdings, in den Pflichtenkreis des Franchisegebers gegenüber dem Endverbraucher auch noch das ordnungsgemäße Handeln
seiner Franchisenehmer einzubeziehen. Das vom Franchisegeber zu verantwor-
tende Betriebsrisiko endet bei der Beobachtung und Überwachung des Franchisesystems an sich, führt aber nicht dazu, dass er auch für das Handeln der als
selbstständige Unternehmer tätigen Franchisenehmer einzustehen hat. Der Franchisegeber wird den Franchisenehmer in Bezug auf die Einhaltung des Systems
schon im eigenen Interesse überwachen. Eine drittschützende Überwachungspflicht, auf welche sich die Endverbraucher berufen könnten, besteht indessen
nicht. Sie würde im Ergebnis den Franchisenehmer aus seiner unternehmerischen
Verantwortung und aus seinen Pflichten als selbstständiger Vertragspartner des
Endverbrauchers weitgehend entlassen. Eine Aufsichtspflicht über die Franchisenehmer bzgl. deren Handeln gegenüber dem Endverbraucher mit daraus resultie-

renden Haftungsfolgen über § 831 Abs. 1 BGB ist nach Meinung des Verfassers daher abzulehnen. Sofern dem Franchisegeber keine schuldhafte Verletzung seiner auf das System bezogenen Beobachtungs- und Überwachungspflicht vorgeworfen werden kann, führt eine deliktische Handlung des Franchisenehmers nicht zur Dritthaftung des Franchisegebers.

Einführung

In sehr vielen Franchisesystemen ist die Sicherung des Standortes nach Ausscheiden eines Franchisenehmers von entscheidender Bedeutung für den kontinuierlichen Erfolg des Franchisesystemes. Ist der vom Franchisenehmer aufgegebene Standort potenziell dazu geeignet, Gewinne zu erwirtschaften, kann der Standort vom Franchisegeber weitergeführt oder von einem Gebietsnachfolger als Franchisenehmer übernommen werden. Doch nicht nur aufgrund einer hohen Gewinnerwartung, sondern auch aufgrund anderer strategischen Überlegungen, kann der Franchisegeber sich dazu entscheiden, einen Standort beizubehalten, z. B. wenn es sich um eine repräsentative Lage für den Verkauf von Luxusgütern handelt. Oftmals sind solche Standorte kaum geeignet, von einem selbstständigen Franchisenehmer betrieben zu werden, da die Kosten für Mieten überproportional hoch sind und sich deshalb Gewinne für den Franchisenehmer auch langfristig nicht erzielen lassen. In einem solchen Fall muss der Franchisegeber sich überlegen, ob er derartige Mehrkosten als Bestandteil seiner eigenen überregionalen Marketingstrategie durch einen Marketingzuschuss an den Franchisenehmer übernimmt oder ob er den Standort selbst als Filiale führt.

Die Fragen der Standortsicherung stellen sich bereits bei Vertragsabschluss. Deshalb sollen an dieser Stelle noch einmal die wichtigsten Standortsicherungsmaßnahmen durch vertragliche Vereinbarung aufgezählt werden.

7.1 Anmietung durch den Franchisegeber

Eine der häufigsten Standortsicherungsmaßnahmen ist die Anmietung des Standortes durch den Franchisegeber selbst und die Untervermietung an den Franchisenehmer im Zusammenhang mit dem Abschluss eines Franchisevertrages. Hierbei ist insbesondere darauf zu achten, dass sowohl Haupt- als auch Untermietvertrag wirksamer Bestandteil des Franchisevertrages werden, dass Beendigungs- und Kündigungsmöglichkeiten mit dem Franchisevertrag abgestimmt sind und dass im Vertragswerk selbst klargestellt ist, dass der Franchisevertrag nur im Zusammenhang mit dem Unter- und Hauptmietvertrag besteht, also mit Beendigung des Franchisevertrages endet und umgekehrt der Franchisevertrag mit Beendigung des Mietvertrages endet.

Eine solche Anmietung des Geschäftslokals durch den Franchisegeber und die Untervermietung an den Franchisenehmer kann bei Franchisesystemen, welche dem EG-Kartellrecht unterfallen und einen Marktanteil von 30 Prozent nicht überschreiten, auch einen rechtlichen Vorteil bringen. Nach Art. 5 a der neuen Vertikal-GVO dürfen Wettbewerbsverbote an sich eine Dauer von fünf Jahren nicht überschreiten. Übt der Franchisenehmer seine Tätigkeit jedoch in dem Franchisegeber gehörenden oder von ihm angemieteten Räumen aus, so kann das Wettbewerbsverbot sich auf längere Fristen und für die ganze Mietvertragsdauer erstrecken.

7.2 Mieteintrittsvereinbarungen

Will der Franchisegeber nicht selbst Vermieter des Franchisenehmer-Betriebes sein, um nicht das Mietausfallrisiko zu tragen und nicht Kapital (durch Stellung einer Kaution) binden zu müssen, bietet sich zur Standortsicherung die Vereinbarung einer Mieteintrittsklausel an. Hierbei vereinbaren der Vermieter und der Franchisegeber, dass der Franchisegeber bei vorzeitiger Beendigung des Mietvertrages mit dem Franchisenehmer in den Mietvertrag eintritt. Der Mieteintritt, als ein bloßes Recht für den Franchisegeber vereinbart, ist sicherlich ein sinnvolles Instrument zur Standortsicherung. Vermieter verlangen aber häufig den Mieteintritt als Verpflichtung des Franchisegebers, da sie ihr Ausfallrisiko bei einem Franchisenehmer als Existenzgründer minimieren wollen und gemeinhin den Franchisegeber als liquiditätsstärkeren Vertragspartner ansehen. In diesem Falle muss der Franchisegeber sorgfältig überlegen, wie wahrscheinlich der Eintritt der vorzeitigen Beendigung des Mietvertrages mit dem Franchisenehmer ist und ob er für diesen Fall tatsächlich den Standort übernehmen möchte. Kann er sich hierzu bereits bei Abschluss des Mietvertrages entschließen, weil er aufgrund seiner Standortstrategie sicher ist, dass er diesen Standort in jedem Fall fortführen will, ist auch die Vereinbarung eines solchen zweiseitig verpflichtenden Mieteintrittes sinnvoll und zulässig.

Der Franchisegeber sollte bei der Gestaltung des Mietvertrages darauf achten, ob er durch Vereinbarung einer Mieteintrittsklausel auch zum Ausgleich offener Verbindlichkeiten des Franchisenehmers verpflichtet wird (nicht bezahlte Mietzinsen). Weiterhin ist darauf zu achten, dass der Franchisegeber im Falle des Mieteintrittes in den tatsächlichen Besitz der Mieträume und des Inventars des Franchisenehmers kommt. Dies kann durch eine vorher vereinbarte Option auf Übernahme des Geschäftsbetriebs im Falle des Mieteintrittes durch den Franchisegeber mit dem Franchisenehmer vereinbart werden.

7.3 Nachvertragliches Wettbewerbsverbot

Auch dieses bereits bei Vertragsabschluss zu vereinbarende nachvertragliche Wettbewerbsverbot ist eine Maßnahme der Standortsicherung. Unterliegt der Franchisenehmer einem nachvertraglichen Wettbewerbsverbot, so ist er an der Fortführung eines gleichartigen Betriebes in dem früheren Vertragsgebiet grundsätzlich gehindert. Er wird dann entweder seinen vormaligen Franchisebetrieb als Standort aufgeben, um möglicherweise außerhalb seines bisherigen Vertragsgebietes einen neuen Betrieb in der gleichen Branche zu errichten, wodurch das

Gebiet für den Franchisegeber und insbesondere der Standort frei würden. Oder er wird an dem bisherigen Standort des Franchisebetriebes einen eigenen Betrieb in einer anderen Branche errichten, wodurch für den Franchisegeber die Möglichkeit besteht, in unmittelbarer Nähe einen neuen Franchisebetrieb zu eröffnen. Damit könnte die Kontinuität der Kundenbeziehung an diesem Standort gesichert werden.

Ein nachvertragliches Wettbewerbsverbot muss den gesetzlichen Anforderungen entsprechen. Zu diesen zählt in erster Linie § 90 a HGB, der nach der Rechtsprechung auf Franchiseverträge analog anzuwenden ist. Danach kann ein nachvertragliches Wettbewerbsverbot für eine Dauer von bis zu zwei Jahren für die bisherigen Vertragsprodukte für das bisherige Vertragsgebiet oder den bisherigen Kundenkreis vereinbart werden (vgl. BGH DB 1987, 1039 – Aquella). Ein solches Wettbewerbsverbot muss schriftlich in einer Urkunde gem. § 126 BGB niedergelegt werden, was auch im Franchisevertrag selbst geschehen kann. Für die Dauer des nachvertraglichen Wettbewerbsverbots ist eine angemessene Karenzentschädigung zu bezahlen, ob diese im Vertrag selbst vorgesehen ist oder nicht. In Anbetracht dieser für einen Franchisegeber beträchtlichen finanziellen Belastung muss er gründlich überlegen, ob er überhaupt ein nachvertragliches Wettbewerbsverbot vereinbaren will, wenn ja, in welchem zeitlichen Umfang. Zum Zwecke der Standortsicherung könnte es nämlich schon ausreichen, ein Wettbewerbsverbot nur für drei oder sechs Monate nach Vertragsende zu vereinbaren. Auch dann dürfte für einen ausgeschiedenen Franchisenehmer die Geschäftskontinuität bereits unterbrochen sein. Da für Franchisegeber bei Vertragsschluss in der Regel nur schwer zu beurteilen ist, ob zu einem späteren Zeitpunkt ein nachvertragliches Wettbewerbsverbot wirklich erforderlich sein wird, ist in Anbetracht der damit verbundenen finanziellen Belastungen die Vereinbarung nachvertraglicher Wettbewerbsverbote in der deutschen Franchisepraxis eher selten.

Für Franchisesysteme, welche dem EG-Kartellrecht unterfallen, bestehen gem. Art. 5 b der neuen Vertikal-GVO noch sehr viel weitergehende Beschränkungen. Ein nachvertragliches Wettbewerbsverbot ist danach nur für maximal ein Jahr zulässig für Waren oder Dienstleistungen, welche mit den Vertragswaren oder -dienstleistungen in Wettbewerb stehen, und zwar auf die Räumlichkeiten oder das Grundstück des bisherigen Geschäftslokals beschränkt und auch nur, soweit dies zum Schutz des übertragenen Know-how »unerlässlich« ist. Auch in einem solchen Fall müsste in Anwendung von § 90 a HGB analog eine angemessene Karenzentschädigung bezahlt werden. Auch bei Franchisesystemen, welche dem EG-Kartellrecht unterliegen, dürfte unter Berücksichtigung von Art. 5 b der Vertikal-GVO die Vereinbarung von nachvertraglichen Wettbewerbsverboten eher selten sein. Ein Verzicht hierauf wirkt sich nämlich gem. Rdnr. 200 Ziff. 2 der Leitlinien der Kommission dahingehend positiv aus, dass dann ein Wettbewerbsverbot nicht nur für fünf Jahre, sondern für die ganze Dauer eines Franchisevertrages zulässig ist.

7.4 Vorkaufsrecht des Franchisegebers

Eine weitere Möglichkeit der Standortsicherung ist die Vereinbarung eines Vorkaufsrechts des Franchisegebers im Franchisevertrag. Dies kann für den Fall vereinbart werden, dass der Franchisenehmer während der Vertragslaufzeit über seinen Franchisebetrieb verfügen oder dass er nach Beendigung des Vertrages seinen Geschäftsbetrieb anderweitig nutzen will, wobei wohl kein eigentliches Vorkaufsrecht, sondern eher ein *Vorgriffsrecht* vereinbart würde. Bei jeder Übertragung des Geschäftsbetriebes ist darauf zu achten, dass der Franchisegeber von vornherein vereinbart, die Firma des Franchisenehmers nicht zu übernehmen, da er ansonsten für Altschulden des Franchisenehmers gem. § 25 HGB haften würde. Die früher bestehende Problematik nach § 419 BGB, wobei der Übernehmer eines Geschäftsbetriebes, der das gesamte Vermögen des Übergebers darstellt, automatisch für dessen Verbindlichkeiten einzustehen hat, besteht nicht mehr. Falls das Vorkaufsrecht jedoch auf die in Form einer GmbH betriebene Gesellschaft eines Franchisenehmers erstreckt werden soll, so müssen die strengen Formvorschriften von § 15 GmbH-Gesetz beachtet werden.

Wesentliche Schritte der Konsolidierung des Franchisesystems sind getan. Um der Auflösung zu begegnen wurde zunächst der Blick auf die Franchisenehmer als Kunden des Franchisegebers gerichtet, dann der Franchisenehmer erneut zur Systemzugehörigkeit motiviert. Beide Kapitel, Auflösung und Auffangen, stehen ganz im Zeichen des Franchisenehmers. So auch das sechste Kapitel, das durch neue Dienstleistungen für den Franchisenehmer dem Franchisesystem insgesamt Fortschritt erbringen soll.

von Jürgen Nebel

Einführung

Für die Frage, *wie* der Fortschritt erbracht werden kann und *wo* er erbracht werden soll, damit er wirklich das System konsolidiert, kann Ausgangspunkt und Quelle der Erkenntnis auch wieder nur der Kunde sein. Und da in einem Franchisesystem erster Kunde nun einmal der Franchisenehmer ist, ist dessen Sicht zu berücksichtigen. Der Franchisenehmer kennt seinen Kunden, den Endkunden des Franchisesystems am besten. Er wird durch die Brille seines Kunden, die Wünsche äußern, die seinem Kunden und ihm selbst das Geschäft erleichtern.

Dies ist zielgruppengerechtes Verhalten, denn eine manchmal ferne Zentrale am grünen Tisch wird kaum immer die richtige Antwort finden. Das einfachste ist noch immer, die Betroffenen selbst zu beteiligen. Fragen Sie also Ihre Franchisenehmer. Frei nach Brecht: »Lass dir nichts einreden – geh raus und sieh nach.«

Leichter gesagt, als getan. Wie fragt man seine Franchisegeber, mit denen man doch sowieso dauernd im Gespräch ist. Wirklich dauernd? Das kommt ganz auf das System an. In manchen Systemen, die indessen den Namen Franchisesystem kaum verdienen, spricht der Franchisegeber selten mit seinen Partnern. Er hat womöglich nie deren Betrieb gesehen, nicht einmal bei der Eröffnung. Dies ist sicher ein Extremfall, aber dies ist zu beobachten. Aber auch diejenigen Systeme, die ihre Kommunikationsaufgabe ernster nehmen, haben ihre Probleme mit dem Fragen der Franchisenehmer. Mögliche Gründe, trotz intensiven Austauschs, sind:

❏ Vor lauter Tagesgeschäft kommen die Partner nicht dazu, sich über Grundsätzliches auszutauschen.
❏ Bei den »heiklen Fragen« fehlt dem Franchisenehmer das Vertrauen, sich an den Franchisegeber zu wenden. Manchmal fehlt auch der Mut, weil der Franchisenehmer seinem Franchisegeber dankbar ist, hat er ihm doch in die Selbstständigkeit verholfen.
❏ Manchmal kommt der Franchisenehmer gar nicht auf den Gedanken, dass der Franchisegeber als Sparringpartner bei der Frage: »Wie könnte ich es besser machen?« heranzuziehen ist. Agile und flexible Franchisenehmer möchten mit innovativen Fragestellungen nicht zu einer eher verwaltenden Systemzentrale kommen.

1.1 Befragungen – der Schlüssel zu den Sorgen der Franchisenehmer

Wer also wirklich wissen will, »wo den Franchisenehmer der Schuh drückt«, kommt daher um eine *systematische* Befragung aller Franchisenehmer nicht herum.

Welches sinnvolle Ziel kann eine solche Befragung erfüllen? Es sind die wahren Gründe herauszufinden, warum manche Franchisenehmer das System zu verlassen erwägen, ferner, was sie daran hindern könnte. Eine anspruchsvolle Frage. Es ist daher zu erfragen, welche Leistungen ihnen ein Weitermachen schmackhaft machen könnte, was ihnen mehr Erfolg, größere Sicherheit, mehr Vertrauen schenkt. Diese Frage ist natürlich für Systeme, die sich nicht in einer solch angespannten Situation befinden, gleichermaßen wichtig. Dort ist es gewissermaßen zukunftssichernde und -gestaltende Vorsorge.

Aus dieser anspruchsvollen Aufgabenstellung und der Erkenntnis, dass der Franchisegeber als nicht neutrale Person Schwierigkeiten hat, die wahren Gründe zu erfahren, ergibt sich beinahe zwangsläufig, dass ein externes Institut mit einer solchen Untersuchung zu beauftragen ist. Dies entspricht auch einem der Grundgedanken des Outsourcing im Franchising. Ein Spezialist, ein Institut, das Erfahrungen mit solchen Studien hat, ist auszuwählen.

Grundsätzlich gibt es drei Möglichkeiten, eine solche Befragung durchzuführen. Schriftlich mit Fragebögen, persönlich durch telefonische, gleichfalls fragebogengestützte Interviews oder durch persönliches Aufsuchen der Franchisenehmer und Führen von fragebogengestützten Gesprächen unter vier Augen.

Sie alle haben Vor- und Nachteile. Ausgegangen wird von Befragungen solcher Systeme, die an der Schwelle zur Expansion stehen und vielleicht 20 Franchisenehmer haben, aber auch von Systemen, die schon mitten in der Expansionsphase oder gar an deren mutmaßlichem Ende stehen und ohne weiteres schon über 200 Franchisenehmer und mehr verfügen.

Schriftlich mit Fragebögen:
Vorteile:
❑ Der Zeitpunkt, wann der Franchisenehmer diesen ausfüllt, ist beliebig.
❑ Der Franchisenehmer kann, wenn er genügend motiviert ist und er die Zeit aufwenden will, die Antworten, die ihm am Herzen liegen, ausführlich erarbeiten und begründen.

Nachteile:
❑ Ohne Nachfassen kommt nur ein Teil der Fragebögen zurück. Nachfassaktionen sind aufwendig und führen nur unter zumeist sehr großen Schwierigkeiten zu einer vollständigen Erfassung aller Franchisenehmer. Die (nahezu) vollständige Erfassung aller Franchisenehmer ist aber wiederum Voraussetzung, um nicht verzerrte Ergebnisse zu erhalten.
❑ Da die Franchisenehmer die Fragebögen ohne persönliche Anleitung ausfüllen, werden diese manchmal missverstanden und oft unvollständig ausgefüllt.
❑ Wenn der Franchisenehmer wenig Zeit hat und/oder wenig Motivation für den Fragebogen aufbringt, kann er die Antworten einem oder gar mehreren Assis-

tenten delegieren. Ein Fragebogen bleibt aber nur aussagekräftig, wenn er von *einer* Person ausgefüllt wird.

Telefonisch mit Fragebögen:

Vorteile:

❏ Kostengünstiger als bei schriftlichen Befragungen, sofern die gleiche Rücklaufquote erzielt werden soll. Denn bei schriftlichen Befragungen ist schriftlich und telefonisch nachzuhaken, weshalb insgesamt die Kosten meist höher werden.

❏ Durch den persönlichen Kontakt am Telefon kann der Befragte von der Wichtigkeit und Notwendigkeit der Beantwortung der Fragen überzeugt werden. Auf schriftlichem Weg ist dies schwieriger. Für das Telefoninterview empfiehlt es sich allerdings, diese Überzeugungsarbeit mit einem vorausgehenden Brief der Geschäftsleitung einzuleiten.

❏ Das Telefoninterview irritiert – anders als bei der persönlichen Befragung – den Interviewten nicht durch dessen unmittelbar erlebten Dokumentation seiner Antworten. Die Dokumentation erfolgt über Tonbandaufnahme (relativ selten), über Mitschrift oder über *CATI* (computergestützte Administration des Telefoninterviews).

Nachteile:

❏ Normalerweise keine. Für Tiefeninterviews von mehreren Stunden Dauer ist es indessen nicht geeignet.

Persönlich mit Fragebögen:

Vorteile:

❏ Sind dann, aber wohl auch nur dann gegeben, wenn gleich zu Beginn des Interviews eine gute Übertragung zwischen Interviewer und Befragtem aufgebaut werden kann. Vor allem für Tiefeninterviews, also Interviews, bei denen es um die psychologisch bedingten Gründe für Einstellung oder Motive geht, ist eine solche Übertragung notwendig, um den Interviewten durch geschicktes Nachfragen zu weniger bewussten oder auch besonders intimen Einstellungen oder Bedürfnissen hinzuführen.

Nachteile:

❏ Längere Anwärmphase und Interviewzeiten und daher höhere Kosten.

❏ Unter psychologischen Gesichtspunkten kommt noch die mögliche Gefahr von Irritationen durch die äußere Erscheinung des Befrager hinzu. So kam es vor, dass wohlerzogene junge Männer mit langen Haaren und Ohrring im persönlichen Interview von bestimmten Testpersonen von vornherein abgelehnt wurden, während der gleiche Interviewer, wenn nur seine angenehm modulierte und warm und persönlich klingende Stimme hörbar war, bei sozusagen jedem Befragten Erfolg hatte.

❏ Entstehen von Reisekosten. Bei großer Franchisenehmerzahl wegen immenser Kosten kaum tragbar.

❑ Bei großer Franchisenehmerzahl dauert die Feldarbeit mehrere Monate, sodass, wegen jeweils unterschiedlicher Rahmenbedingungen (Saison) kein einheitliches Bild erfasst werden kann.

1.2 Tipps für die richtige Art der Befragung

Die Übersicht zeigt, dass regelmäßig telefonisch durchgeführte Interviews für Franchisesysteme am vorteilhaftesten sein dürften, sofern sich die Zahl der Franchisenehmer auf 20 oder mehr beläuft, wobei nach oben praktisch keine Grenze besteht, sodass selbst 1.000 und mehr Franchisenehmer qualifiziert befragt werden können.

Dies hat funktionale und psychologische Gründe. Die funktionalen Gründe bestehen in der Vermeidung von Reisezeiten und Reisekosten bei einer regional breit gestreuten Zielgruppe. Und von einer breiten regionalen Streuung ist in einem System von mittlerem oder hohen Verbreitungsgrad auszugehen.

Psychologisch betrachtet schafft das Telefon, weil es nur mit dem Medium Stimme arbeitet, zugleich eine Atmosphäre der Objektivität *und* der Intimität. Die Bereitschaft, auch Unangenehmes oder Peinliches zu äußern ist höher, wenn man dem Partner nicht »Auge in Auge« gegenübersitzt. Bei diesen Gesprächen sagt der Interviewte gewöhnlich nur dann Unangenehmes, wenn er Vertrauen gefasst hat. Dies wiederum setzt besonders geeignete Interviewer voraus, die in ausreichender Qualität kaum verfügbar sind und wenn, dann brauchen auch diese wieder erhebliche längere Interviewzeiten, um diese Vertrauensgrundlage in einem Vieraugengespräch zu schaffen.

Die Telefoninterviewer arbeiten, schon um eine grundsätzlich gleichartige Erhebung zu gewährleisten, mit vorbereiteten Fragebögen. Gerade deren Gestaltung ist von einem Profi vorzunehmen. Grundsätzliches zur Fragebogengestaltung lässt sich dennoch sagen.

Die Konstruktion des Fragebogens sollte sicherstellen, dass er für die Zielpersonen, also die Franchisenehmer, leicht verständlich und leicht zu beantworten ist, dass keine Beeinflussung der Interviewten entstehen kann und dass die gewünschte Information bis ins Detail erfasst wird. Der Fragebogen soll aus geschlossenen und offenen Fragen bestehen. Vor allem ist Wert darauf zu legen, dass die Ergebnisse der geschlossenen Fragen – also der Fragen, die mit Vorgaben arbeiten – nach ihren psychologischen Hintergründen hinterfragt werden. Also z. B.: »*Warum* sind Sie mit bestimmten Leistungen der Systemzentrale nicht ganz zufrieden?« oder kurz vor Abschluss der Befragung, für diejenigen, die bei den zentralen Fragen *keine* Unzufriedenheit gezeigt haben: »Auch wenn man durchweg zufrieden ist, so kann es doch auch schon einmal kleine Unstimmigkeiten oder Ärgernisse geben. Hat es in Ihrer Zusammenarbeit mit der Systemzentrale schon einmal Ärger, ein Missverständnis oder irgendwelche Spannungen gegeben?«

490

Die beiden Beispiele sollen zeigen, dass sich der Fragebogen nicht mit einer *einfachen* Antwort zufrieden geben darf, sondern absichern muss, was dahinter steht. Auch Erlebnisse, die nicht im Vordergrund des Bewusstseins stehen, aber dennoch eine Wirkung auf das Verhältnis zwischen Franchisenehmer und Systemzentrale haben, sollen erfasst werden.

Die geschlossenen Fragen, die statistisch präzise erfasst werden können, ermöglichen es, Untergruppen der Befragungsgesamtheit getrennt auszuweisen – z. B. nach regionalen Kriterien, Umsatzkriterien, demographischen oder sonstigen Kriterien. Die Zufriedenheitsfragen sind für die Zusammenarbeit insgesamt, aber auch für Subdimensionen zu stellen. Solche Subdimensionen können sein: Zufriedenheit mit bestimmten Arten der Beratung durch den Franchisegeber, mit der Schnelligkeit der Reaktion bei Anfragen, mit der Freundlichkeit und dem Entgegenkommen der Mitarbeiter der Systemzentrale, der externen Dienstleister des Systems oder mit dem Telefonservice.

Für ein Franchisesystem ist besonders wichtig, dass die Fragebogenformulierung und die Test-Items (das sind vorgegebene Fragen) so gewählt werden, dass sie in identischer Form wiederholt werden können. Nur so lassen sich durch wiederholte Befragungen Zeitreihen, also Trends, feststellen. Schließlich ist die Wiederholung auch wichtig, um Erfolge von Maßnahmen an ihrer Resonanz bei der Zielgruppe – den Franchisenehmern – zu messen.

Die Anforderungen an den Fragebogen sind hoch. Er muss daher sorgfältig strukturiert werden. Auch deshalb, weil das telefonische Interview möglichst nicht länger als 30 Minuten dauern sollte.

Eine Befragungsaktion, selbst mit 200 Franchisenehmern, ist dann in einer Zeit von zwei bis vier Wochen durchzuführen. Es ist bei der Durchführung der Feldarbeit darauf zu achten, dass alle Interviews genau überprüft werden und nur solche Auswertungen zugelassen werden, die tadellos in Ordnung sind. Voraussetzung ist daher eine allgemein gute Schulung der Telefoninterviewer und ein Spezialtraining für die besondere Aufgabe in einem bestimmten Franchisesystem sowie die Anwesenheit eines Supervisors während der Telefonate. Dies soll garantieren, dass Fehler, die das Ergebnis gefährden könnten, nicht vorkommen.

Weitere Wochen nimmt die Auswertung der Untersuchung in Anspruch. Entsprechend ihrer Struktur sind die Fragebögen sowohl statistisch also auch strukturell auszuwerten. Hinzu kommt die Berücksichtigung der offenen Fragen. Die Ergebnisse sind in Tabellen zu veranschaulichen. Hierzu zählen auch die Befunde der offenen Fragen in Kurzform. Darüber hinaus ist es ratsam, für die offenen Fragen noch Auszüge aus den Interviews und Zitate, sowie pro Frage eine Zusammenfassung der Ergebnisschwerpunkte zu erstellen.

1.3 Die Ergebnisse

Die Evaluierung der Ergebnisse und ihre Darstellung in Übersichten und Zusammenfassungen ist zu erarbeiten. Es zeigt sich zumeist, dass hierbei noch weitere Ideen für Kreuzauswertungen entstehen können. Ferner können, vor dem Hintergrund und auf Basis des vorliegenden Materials, Ideen für Schwachstellenanalysen oder Soll-Ist-Analysen entwickelt und durchgeführt werden.

Die sorgsame, auch grafische, Aufbereitung der Ergebnisse dient nicht nur dem besseren Verständnis des Franchisegebers. Sie dient auch der Präsentation für die Franchisenehmer. Denn vor dem Hintergrund der Ergebnisse empfiehlt es sich mit den Franchisenehmern in eine offene Diskussion einzutreten. Franchisenehmerworkshops ähnlich den Kundenforen und Kreativworkshops mit (End-) Kunden entwickeln nun zusammen mit den (Franchisenehmer-)Kunden neue Ideen, Konzepte und Geschäftsideen. Dies beweist auch nachdrücklich, dass der Franchisegeber, der zumeist stets das Wort von der Kundenorientierung, gar dem Ziel von der Kundenbegeisterung, im Mund führt, es hiermit ernst meint. In solchen Franchisenehmer-Kundenforen, die die Befragung vertiefen, beweist er sein aufrichtiges Interesse an der Franchisenehmer-Entwicklung. In kleineren Zirkeln von etwa zehn bis fünfzehn Franchisenehmern, diskutiert er die Ergebnisse und entwickelt neue kreative Lösungen, die nicht an den Franchisenehmern vorbeizielen. Es zeigt sich, dass solche Kreativforen auch geeignet sind, die so notwendigen Erfa-Runden zu initialisieren. Franchisenehmer, die einen solchen kreativen Gruppenprozess einmal durchlaufen haben und nützliche Erkenntnisse für die tägliche Arbeit gewonnen haben, ganz abgesehen von dem befriedigenden Gefühl, das Geschick des Systems insgesamt mitgestaltet zu haben, finden sich oft bereit, die Arbeit in Erfa-Runden fortzusetzen.

Ein anschauliches Beispiel für eine überzeugende grafische Gestaltung der Ergebnisse einer solchen systematischen Franchisenehmerbefragung zeigt die Partnerschaftsbilanz genannte Erhebung bei dem Franchisesystem Wap WaschBär. Dieses Originalbeispiel hat der Leiter des Partnersystems Jo Ernst Menne freundlicherweise zur Verfügung gestellt:

»Im Jahr 1985 errichtet, gehören heute, nach nunmehr 16 Jahren, mehr als 250 Franchisenehmer zwischen Flensburg und Garmisch-Partenkirchen dem Wap WaschBär-Partnersystem an.

Ein System dieser Größenordnung wird überwiegend vom Schreibtisch aus verwaltet, der persönliche Kontakt zwischen Systemzentrale und Partner reduziert sich zunehmend auf nationale Tagungen und regionale Erfa-Treffs. Damit wächst zwangsläufig die Gefahr des *Auseinanderlebens*: Beide Seiten fühlen sich von der jeweils anderen oftmals unverstanden. Hinzu kommt, dass die Bedürfnisse der »alten Hasen« in der Regel anders sind als die der Youngster, ein geeigneter Nährboden für Konflikte als Auslöser von Abschmelzungsverlusten, Alleingängen und negativen Referenzen.

Derartigen Entwicklungen ist dadurch entgegenzuwirken, dass Zufriedenheit und Anforderungen der Partner in regelmäßigen Abständen systematisch hinterfragt werden. Eine solche – *Partnerschaftsbilanz* genannte – Aktion soll am Beispiel des Wap WaschBär-Systems vorgestellt werden.

Auf der Basis von Themenkomplexen wie Unterstützung bei der Standortanalyse und laufendem Betrieb, technischem Kundendienst, Kommunikation innerhalb des Systems, Positionierung im Wettbewerb, Beurteilung des laufenden Geschäfts und Erwartungen für die Zukunft hatte die Systemzentrale in Zusammenarbeit mit dem F+W Marktforschungs-Service Stuttgart einen Katalog mit 18 offenen und geschlossenen Fragen entwickelt. Die Partner sollten schlicht mit »ja oder nein« anhand von Skalierungen (Vergabe von Noten zwischen 1 und 6) oder alternativ mittels eigener Kommentare antworten.

Um die Anonymität der Partner zu wahren und dadurch den Grad der Offenheit bei Beantwortung zu erhöhen, wurde das neutrale Institut sowohl mit dem Versand als auch mit der Auswertung der Rückläufer beauftragt. Auf den Fragebögen selbst waren vom Partner weder Name noch Anschrift einzutragen. Durch eine Kennzeichnung konnte lediglich festgestellt werden, aus welcher Region die Rückläufer kamen.

Die Bogen wurden zusammen mit einem Begleitschreiben des Instituts unter Hinweis auf die Autorisierung durch die Wap WaschBär Systemzentrale und einem frankierten Rückumschlag an alle Partner versandt.

Um eine möglichst hohe Antwortfrequenz zu erzielen, wurde nach drei Wochen das gesamte Package nochmals verschickt. Ausgenommen waren dabei Empfänger, deren Rücksendung aufgrund von Briefbögen, Stempeln und ähnlichen Informationen eindeutig regional zuzuordnen gewesen waren.

Darüber hinaus wurde ein bestimmter Prozentsatz der Fragebogen-Empfänger über Call-Center angerufen mit der Frage, ob sie bereits geantwortet hatten. Bei Verneinung wurde konkret der Grund für die Nichtbeantwortung nachgefragt, da auch und gerade in der Ignorierung und Verweigerung eines solchen Kontakts potenzieller Zündstoff für das System stecken kann, der sonst untergegangen wäre. Nach Auswertung der Antworten wurde in der Systemzentrale beschlossen, die Aktion auf alle Partner auszudehnen.

Letztlich kamen dann 47 Prozent der Fragebögen, korrekt ausgefüllt, zurück und wurden anschließend von F+W ausgewertet.

Die Darstellung der Ergebnisse erfolgte einerseits durch Diagramme, andererseits durch Auflistung der Einzelaussagen. Angesichts ihrer Bedeutung wurden diese nicht in sinnverwandten Gruppen zusammengefasst. So war gewährleistet, dass die in den Einzelantworten enthaltenen Vorschläge, Ideen und Kritikpunkte konkret erkannt wurden.

Die Bewertung der Partnerschaftsbilanz erfolgte durch die Systemzentrale, die gewonnenen Erkenntnisse wurden in Leitsätze gefasst, deren Umsetzung in konkrete Maßnahmen sowohl mit den betroffenen Stellen im Haus als auch mit dem Partnerbeirat besprochen und festgelegt wurde.

Die Kosten für diese Aktion bewegen sich um rund 6.500 Euro, eine unter Würdigung der Bedeutung für das Systemmanagement in der Tat *preiswerte* Aktion.«

Eine weitere franchisetypische Leistung ist das Auflegen einer speziellen Franchisenehmerzeitung. Viele größere Systemzentralen pflegen und intensivieren so zusätzlich den Kontakt zu ihren Franchisenehmern. Sie versuchen so – bisweilen erfolgreich – das im Franchising erforderliche »Wir-Gefühl« aufrechtzuerhalten, obschon die Größe des Systems dem entgegenzuwirken scheint. Mit einer solchen Franchisenehmerzeitung wird ein zusätzliches Band geknüpft. Das nachfolgende Beispiel einer Franchisenehmerzeitung, die Wap-Partner-News, wurde ausgewählt, weil es in vorbildlicher Weise über die emotionale Bindung hinaus einen echten Zusatznutzen aufweist. Wichtige und/oder aktuelle Themen des Franchisesystems werden den Franchisenehmern in ansprechender Weise durch die Zeitung erneut näher gebracht und durch ein besonderes Symbol (Infopunkt) aufgefordert, weitere Informationen von der Systemzentrale abzurufen oder – wie geplant – durch Lektüre einschlägiger Handbuchpassagen zu vertiefen.

»Durch ein attraktives Medium sollten die Franchisenehmer auf unterhaltsame Art über Entwicklungen in Technik und Management informiert sowie erfolgreiche Partner und Mitarbeiter der Systemzentrale vorgestellt werden«, begründet der Leiter des Partnersystems, Jo Ernst Menne, seinen Entschluss.

Die Entscheidung fiel nach Prüfung verschiedener Medien wie Video, Compact Disc und Rundschreiben wegen der überzeugenden Kosten-/Nutzen-Relation zugunsten einer Zeitung aus.

Neben regelmäßigen Rubriken wie Editorial, Galerie der Mitarbeiter und Dialog mit dem Partner erscheinen sowohl informative Fachbeiträge als auch unterhaltsame Berichte. Veröffentlicht werden Beiträge von internen und externen Autoren.

Um die schnelle Selektion zu erleichtern, werden Fachthemen lediglich angerissen. Über eine augenfällige Kennzeichnung am Ende des jeweiligen Artikels, dem *Infopunkt*, wird der Leser darauf hingewiesen, dass zu dem angesprochenen

494

Thema detaillierte Zusatzinformationen bei der Systemzentrale angefordert werden können.

Auch Zeitungen sind heute *Produkte*, die den Leser in Bezug auf Format, Optik, Farbe, Papier ansprechen müssen. Im Wettbewerb der Medien muss eine hohe Leser-Blatt-Bindung aufgebaut werden, um Kommunikationsziele zu erreichen und Informationsbedarfe zu decken. Dabei hat ein eigenständiges Layout – neben der Qualität von Text und Fotos – einen hohen Stellenwert. Die vertrauten Wap WaschBär-Farben finden sich im Titel, Fotos, Grafiken, Illustrationen und Karikaturen ergänzen die Texte.

Die Partner sollen *ihre* Zeitung erkennen und durch eine empfängergerechte Kombination aus Information und Unterhaltung gerne lesen und nutzen.

Anlässlich einer Befragung nach bestimmten Kriterien gaben die Partner dem neuen Medium die Gesamtnote *gut*, wobei vor allem die Note 1,9 in punkto »Nutzen für die Arbeit« als Bestätigung für das redaktionelle Konzept angesehen werden darf.

2 | Outsourcing im Franchisesystem

von Jürgen Nebel

2.1 Quellen der neuen Dienstleistungsideen

Aufgrund der sorgfältigen Befragung der Franchisenehmer erkennt die Systemzentrale welche Dienstleistungen sie für diese neu entwickeln sollte, um die Franchisenehmer am Markt noch erfolgreicher zu machen. Wege, um dies herauszufinden, waren die unter VI.1 dargestellte systematische Befragung aller Franchisenehmer oder wie unter IV.1 gezeigt, die Bestenanalyse, die Aufschluss durch ganz besondere Analysemethoden ausgewählter Franchisenehmer gibt.

Quellen der Erkenntnis im Franchisesystem sind:

❑ Die Franchisenehmer durch Befragung:

1. Franchisenehmerbefragung (vgl. VI.1)
2. Bestenanalyse (vgl. IV.1)

❑ Die Franchisenehmer durch die Gremienarbeit (vgl. V.4):

1. Erfa-Tagungen
2. Beiratssitzungen
3. Ausschüsse, Arbeitskreise

❑ Die Endkunden aufgrund von Franchisegeberbefragung:

1. Kunden-Kreativ-Workshops (vgl. V.5)
2. Kundenforen (vgl. V.5)
3. Marktforschung (vgl. II.4)

2.2 Filterfunktion der Systemzentrale

In einem Franchisessystem sind die Äußerungen der Franchisenehmer immer sehr ernst zu nehmen. Sie sind die Kunden der Systemzentrale. Ihr obliegt aber nicht nur die Aufgabe der Einholung, Sichtung und Ordnung solcher Bekundungen, sondern auch der Entscheidung, welche der Wünsche und Ideen in Konzepte umzusetzen und zu verwirklichen sind – und in welcher Reihenfolge. Es ist nicht anders als in herkömmlichen Kundenbeziehungen auch. Nicht alles was der Kunde wünscht ist machbar.

Und natürlich steht es der Systemzentrale gut zu Gesicht, selbst Ideen zu entwickeln, und eigene Erkenntnisse zu gewinnen. Gerade im Franchising wo gegenüber herkömmlichen anonymen Filialketten wirkliche Kundenorientierung ein leichter zu realisierender Wettbewerbsvorteil ist. Kundenorientierung kann hier manchmal gar bis zur Individualisierung der Leistung ausgebaut werden.

2.3 Selber machen oder outsourcen?

Franchisesystemzentralen sind regelmäßig deutlich kleiner als die Zentralen von Filialorganistionen. Beispielsweise betreuten bei Goodyear zehn Mitarbeiter der Systemzentrale 130 Franchisebetriebe, während 28 Mitarbeiter lediglich 41 Betriebe einer Filialorganisation führten. Dies ist sicherlich ein extremes Beispiel, aber keine Ausnahme. Möglich ist es freilich nur durch ein konsequentes Outsourcing, das die Systemzentrale schlank hält. Dies ist typisch für Franchisesystemzentralen, die beweglich bleiben, weil sie oft all das, was nicht zu ihren Kernkompetenzen gehört, auf Externe auslagern, die auf ihren Gebieten Profis sind.

1. EDV
2. Franchiserecht und übrige Rechtsberatung
3. Strategieberatung
4. Werbung
5. PR
6. Franchisenehmer-Auswahl
7. Franchisenehmer-Gewinnung
8. Erstellung der graphischen Handbuch-up-dates, Pflege der Empfängerdatei und Versand
9. Training und Weiterbildung
10. Veranstaltungsmanagement (Hotelbuchungen, Einladungen, Reservierung, Stornierung, etc. für Erfa- und Partnertagungen)
11. Personal
12. Büroservice
13. Verwaltung der Immobilien und Mietverträge
14. Buchhaltung

Wegen der Komplexität der Materie werden viele diese Funktion auch in Franchisesystemen ausgelagert. Viele dieser Funktionen, wie die EDV, die Rechtsberatung oder die Buchhaltung zeigen, dass auch lebensnotwendige Teile des Unternehmens an Externe vergeben werden können, manchmal müssen.

Die meisten der vorgenannten, in Franchisesystemen bisweilen oder oft outgesourcten Funktionen, erfordern ein Spezialwissen, ohne welches die Aufgabe nicht professionell erledigt werden kann. Dieses besondere Know-how dauerhaft im Franchisesystem – etwa durch Einstellung eines entsprechenden Spezialisten – zu integrieren, ist manchmal unökonomisch, da es nicht durchgängig, sondern nur fallweise gebraucht wird. Hinzu kommt, dass die Spezialisten ihre Leistung natürlich vielen Unternehmen anbieten und so auf ihrem Gebiet über ständig wachsende Erfahrung verfügen. Viele der genannten Funktionen sind so vital für das System, dass Unprofessionalität systemgefährdend sein kann.

Andere Funktionen sind zwar nicht überlebenswichtig und erfordern dennoch zwingend hohe Kompetenz, da sie zu den Routineaufgaben zählen, die bisweilen durch Externe kostengünstiger erledigt werden. Etwa die grafische Aufbereitung und der Versand von Handbuch-up-dates oder das rein organisatorische Veranstaltungsmanagement für Partnertagungen. Hier wird oft eingewandt, die Mitarbeiter, die dies erledigten, seien ja »eh da« und könnten das gut *nebenbei* erledigen. Wer hier aber mit betriebswirtschaftlichem Verstand die wirkliche Kostensituation beleuchtet, stellt oft fest, dass diese Aufgaben eben nicht umsonst erledigt werden, quasi kostenfrei. Solche scherzhaft »eh-da-Kosten« genannten Aufwendungen schlagen also oft durchaus zu Buch und lassen sich manchmal via Outsourcing reduzieren.

Wie finden Sie nun für diese, sensible Bereiche berührende, Aufgaben den richtigen Externen? Grundsätzlich genauso, wie Sie einen neuen Mitarbeiter einstellen oder weitere Franchisenehmer suchen. Sie erstellen ein Anforderungsprofil. Dieses beschreibt die zu erledigenden Aufgaben, die hierfür erforderlichen Erfahrungen und Leistungsfähigkeit des externen Partners. Wichtig ist, darauf zu achten, dass der Externe eine »ähnliche Philosophie« vertritt, damit er zum Franchisesystem passt. Aber meist merken Sie das schon beim ersten Gespräch.

Das Auslagern bestimmter Funktionen führt, wenn die Funktion nicht neu erbracht wird oder kräftiges Wachstum für entsprechenden Arbeitsanfall sorgt, zu Personalabbau. Manchmal ist es möglich, einen Mitarbeiter zum Unternehmer und damit zum externen Dienstleister zu machen. Dieser kennt das Franchisesystem von innen, seine Strukturen und seine Kultur. Denkbar ist auch, das neue Unternehmen als Tochtergesellschaft zu behalten und die Geschäftsführung dem Mitarbeiter zu übergeben. So hat es beispielsweise Obi mit seiner Trainingsabteilung gemacht. IGL betreut weiterhin Franchisenehmer und Mitarbeiter des Bau- und Heimwerkermarkt-Franchisesystems, bietet gleichzeitig seine Leistung auch anderen Unternehmen an.

Folgende Kriterien helfen Ihnen dabei zu entscheiden, ob Sie eine Funktion selbst erledigen oder besser extern beziehen sollten:

❏ die Funktion sollte nicht zur Kernkompetenz gehören
❏ die eingekaufte Leistung sollte kostengünstiger oder besser sein
❏ die Anzahl der externen Lieferanten sollte nicht so groß werden, dass der Koordinationsaufwand unverhältnismäßig steigt

Diese Vorteile können aus der Beschäftigung externer Dienstleister resultieren:

❏ fixe Kosten werden zu variablen Kosten
❏ die Mitarbeiter der Systemzentrale werden von Routinearbeit entlastet und gewinnen Zeit für konzeptionelle und strategische Arbeiten

Ein schönes Beispiel für Outsourcing im Franchising ist das bei Hamburg ansässige Halstenbeker Franchisesystem inpuncto. Selbst als Franchisenetzwerk organisiert, bieten die bundesweit vertretenen inpuncto-Franchisenehmer ihren Kunden

Externe Personalleitung. Mit dieser Dienstleistung richtet sich das Franchisesystem an Unternehmen, die den hohen Zeit- und Kostenaufwand für eine professionelle Personalbetreuung nicht erübrigen können oder wollen. Das gilt wohl für viele der mittelständischen Betriebe ebenso wie für eine Vielzahl von Franchiseorganisationen.

Chronische Arbeitsüberlastung kennzeichnet nicht nur viele Mitarbeiter der Systemzentralen, sondern auch viele Franchisenehmer. Für den Chef steht das Tagesgeschäft und damit der Umsatz an erster Stelle. Das Personalwesen spielt in aller Regel eine untergeordnete Rolle. Eine eigene Personalkraft kommt für viele mittelständische Betriebe schon aus Kostengründen nicht in Frage. Hinzu kommt, dass vielen Unternehmern das Bewusstsein dafür fehlt, dass ihr Betrieb durch professionelle Personalleitung entscheidende Wettbewerbsvorteile erzielen kann.

Die Folgen sind gravierend. Bewerbungsgespräche werden zwischen Tür und Angel geführt, teure Fehlentscheidungen sind keine Seltenheit. Für die Lösung aktueller Personalprobleme bleibt ebenso wenig Zeit wie für die Mitarbeitermotivation und -entwicklung. Dabei wirkt sich gerade in Betrieben dieser Größenordnung die Arbeit und das Verhalten jedes Mitarbeiters unmittelbar auf den Erfolg der Unternehmung aus.

Externe Personalleitung setzt genau an dieser Schwachstelle an. Sie entlastet Geschäftsführer oder Unternehmer von der arbeits- und kostenintensiven Personalarbeit. Dabei richtet sich das Auftragsvolumen nach den aktuellen Bedürfnissen des Kunden. Sucht beispielsweise ein Betrieb einen neuen Mitarbeiter, dann übernimmt der externe Personalleiter die komplette Abwicklung der Personalsuche einschließlich Schaltung von Anzeigen und Vorauswahl der Bewerber. Auf Wunsch des Kunden kümmert er sich auch um die Personalentwicklung und -motivation im Unternehmen, führt im Auftrag des Chefs Gespräche über Fehlzeiten und vermittelt bei internen Konflikten – kurz, er erledigt alle Aufgaben, die normalerweise in einer internen Personalabteilung anfallen – und profitiert dabei nicht selten von seiner Außenseiterposition.

3 | Der Außendienst im Franchisesystem

von Eckhard Flohr

Die regional tätigen Franchisenehmer werden insbesondere bei »jungen« und kleineren Franchisesystemen regelmäßig noch durch den Geschäftsführer oder den Franchisemanager der Systemzentrale vor Ort persönlich betreut. Einen solchen Anspruch auf persönliche Betreuung kann der Franchisenehmer aus § 664 Abs. 1 1 BGB herleiten. Insofern sollte jedes Franchisesystem im Rahmen des Franchisevertrages, um eine Betreuung durch Dritte sicherzustellen, festschreiben, dass der Franchisegeber berechtigt ist, ihm obliegende Leistungsverpflichtungen durch Dritte erbringen zu lassen, wobei dann lediglich das Auswahlverschulden beim Franchisegeber für die jeweils von ihm beauftragten Dritten verbleibt (§ 664 Abs. 1 2 BGB).

Ausgehend von diesen Überlegungen wird jedes Franchisesystem einen Außendienst aufzubauen haben, durch den die Betreuung der Franchisenehmer erfolgt. Entweder gibt es einen Franchise-Betreuer, der für alle Franchisenehmer zuständig ist. Dies wird nur bei kleinen und mittleren Systemen möglich sein. Sobald oder innerhalb des Franchisesystems mehr als 50 Franchisenehmer zusammenarbeiten und teilweise von einzelnen Franchisenehmern auch noch mehrere Franchise-Outlets betrieben werden, zeigt die Erfahrung, dass Regional-Manager tätig werden müssen. In der Regel wird dann Deutschland in die Gebiete Nord, Süd, West und Ost unterteilt und für jedes Gebiet ein Franchise-Betreuer bestellt.

Teilweise erschöpft sich die Tätigkeit dieses Betreuers nicht nur in der Beratung der Franchisenehmer – teilweise werden solchen Franchise-Beratern auch Aufgaben übertragen wie:

1. Franchise-Vertragsgebiete zu entwickeln,
2. Franchisenehmer zu akquirieren,
3. die Vertragsverhandlungen mit dem Franchisenehmer vorzubereiten und
4. bei entsprechender Abschlussvollmacht, Franchiseverträge namens und im Auftrage des Franchisegebers abzuschließen.

Ein so tätiger Betreuer wird auch entsprechend der Terminologie des amerikanischen Franchisesystems **Area Developer** genannt. Rechtlich ist ein solcher Area Developer als Handelsvertreter i. S. d. § 84 Abs. 1 HGB einzuordnen (ausführlich zum Ganzen: Flohr Jahrbuch Franchising 1996/97, 179 ff.).

Soweit der Franchise-Berater solche Aufgaben eines Area Developers nicht übernimmt, reicht dessen Tätigkeitsfeld in der Regel vom Systemberater über den Marketing-Berater bishin zum Gebietsleiter. In der Regel werden folgende Aufgaben übernommen:

1. Beratung beim Ladenbau und der Warenerstausstattung
2. Festlegung der pre-opening/opening-Maßnahmen und nachfolgender Werbemaßnahmen
3. Vorbereitung und Durchführung von Events
4. Einhaltung und Überwachung der Systemstandards
5. Standortstrategie
6. Franchisenehmer-Motivation
7. Hilfe bei der Warendisposition, der Warenbeschaffung und der Überwachung der Lagerbestände
8. Kontrolle der betriebswirtschaftlichen Daten (BWA/KER)
9. Überwachung der fristgemäßen Übermittlung der Daten für Betriebsvergleiche/Benchmarking innerhalb des Franchisesystems
10. Überwachung der Rechtsfolgen einer Vertragsbeendigung (z. B. Abänderung des Inneren und Äußeren des Franchise-Outlets, um eine Verwechslung mit einem Franchise-Outlet zu vermeiden)

Diese Aufgabenstellung ist keineswegs vollständig und kann nur als beispielhaft angesehen werden. Die jeweiligen Aufgaben korrespondieren mit dem jeweiligen Gegenstand des Franchisesystems und sind unterschiedlich, je nach dem, ob es sich um eine Einzelhandels-Franchise, eine Dienstleistungs- oder aber eine industrielle Franchise handelt.

Auch wenn der Systembetreuer zum Teil Überwachungskompetenz hat und teilweise dem Franchisenehmer Vorgaben und verbindliche Anweisungen geben kann, wenn und soweit Systemstandards nicht eingehalten worden sind, bedeutet dies nicht, dass durch den Franchisebetreuer in die unternehmerische Selbstständigkeit des Franchisenehmers eingegriffen wird. Dieser ist selbstständiger Unternehmer und arbeitet auf der Grundlage eines partnerschaftlichen Franchisevertrages mit dem Franchisegeber zusammen. Auch der Franchisebetreuer hat daher diesen Charakter des Franchisevertrages als eines partnerschaftlichen Vertrages bei der Ausübung seiner Tätigkeit zu beachten. Greift der Franchisebetreuer über den Wortlaut des Vertrages zu stark in die unternehmerische Selbstständigkeit des Franchisenehmers ein und reglementiert diesen, so ist nicht auszuschließen, dass ein so »betreuter« Franchisenehmer auf der Grundlage der Eismann-Beschlüsse des Bundesarbeitsgerichts und des Bundesgerichtshofs (BAG ZIP 1997, 2208; BGH ZIP 1998, 2104) als arbeitnehmerähnlich schutzbedürftig angesehen wird. Jedes Franchisesystem tut daher gut daran, bei den Schulungen der Franchise-Betreuer immer wieder darauf hinzuweisen, dass diese selbstständige Unternehmer und nicht angestellte Mitarbeiter (z. B. Filialleiter) betreuen und »überwachen«. Oberstes Ziel eines jeden Franchisebetreuers und damit eines jeden Außendienstmitarbeiters eines Franchisesystems muss es sein, die unternehmerische Selbstständigkeit des Franchisenehmers zu wahren und nicht einzuschränken. Insofern kann der Franchisebetreuer auf einen Franchisenehmer auch keinen Druck ausüben, wenn dieser es z. B. ablehnt, an einer vom System vorgeschlagenen Event-Maßnahme oder Sonderaktion teilzunehmen. Auch darf der Franchisebetreuer keinesfalls darauf hinwirken, dass die vom Franchisesystem vorgegebenen unverbindlichen Preisempfehlungen vom Franchisenehmer zwingend umzusetzen sind. Dann würden nämlich solche Preisempfehlungen den Charakter einer unzulässigen Preisumgehungsempfehlung haben, sodass insofern ein Verstoß gegen das Preisbindungsverbot des § 14 GWB vorliegen würde. Die Wirksamkeit des Franchisevertrag als solchem bleibt davon zwar unberührt, doch zeigt die Erfahrung, dass das Bundeskartellamt in solchen Fällen, falls die Verstöße gegen das Preisbindungsverbot bekannt werden, Bußgeldverfahren sowohl gegenüber dem Franchise-Unternehmen als auch gegenüber dem insoweit tätigen Außendienstmitarbeiter einleitet und letztlich Geldbußen gegen beide festsetzt.

Auch wenn die Etablierung eines Außendienstes die Franchisezentrale entlastet, müssen die »ureigenen Aufgaben« eines Franchisegebers weiterhin bei der Systemzentrale bleiben, wie etwa die Ausrichtung von Erfa-Tagungen, Beiratssitzungen und Partner-Tagungen. Dies sind Aufgaben der Systemzentrale, mit deren Vorbereitung, aber nicht deren Durchführung, der Franchisebetreuer belastet werden kann; eine Ausnahme gilt allerdings für etwaige Regional-Tagungen – deren Vorbereitung und Durchführung wird in der Regel dem jeweils zuständigen Regionalbetreuer überlassen, soweit das Franchisesystem eine solche Größe erreicht hat, dass Regionalbetreuer zur optimalen Beratung der Franchisenehmer eingestellt werden müssen.

Soweit dem Franchisebetreuer als Außendienstmitarbeiter der Systemzentrale das Recht eingeräumt wird, seinerseits Angestellte einzustellen und so ihm übertragene Aufgaben zu delegieren, hat der Franchisebetreuer aber darauf zu achten, dass solche Mitarbeiter zum einen mit den Systemstandards des Franchisesystems vertraut sind und zum anderen entsprechende Schulungen des Franchisegebers besucht haben. Nur so ist sichergestellt, dass die Mitarbeiter des Außendienstmitarbeiters des Franchisesystems auch systembezogene Beratungsleistungen erbringen können.

von Jürgen Nebel

Einführung

Eines der wichtigsten Ziele in Franchisesystemen ist die Zufriedenheit der Franchisenehmer. Diese ist naturgemäß eng verbunden mit deren wirtschaftlichen Erfolg. Stimmt der finanzielle Ertrag, werden die Franchisenehmer über manche Unebenheit des Systems hinwegsehen, stimmt er dagegen nicht, nutzen alle an sich wichtigen flankierenden Maßnahmen des Franchisegebers, die der Unterstützung, Motivation und dem Zusammenhalt dienen, wenig.

Der einfache Vergleich

Da in einem Franchisesystem viele gleichartige Franchisenehmerbetriebe desselben Betriebstyps vereinigt sind, sind sie – bei allen standortbedingten Unterschieden – besonders gut zu vergleichen. Im Grunde ähneln sich die einzelnen Outlets fast so sehr wie die einzelnen Filialen eines herkömmlichen Filialsystems. Im Unterschied zu diesem werden in der Franchisepraxis aber häufig keine Betriebsvergleiche angestellt. Die verfügbaren Zahlen sind uneinheitlich, meist liegt der Prozentsatz der Systeme, die Betriebsvergleiche durchführen, deutlich unter 50 Prozent. Der Verdacht, der Schönfärberei bei diesen Selbstauskünften liegt nahe. Natürlich geben die Franchisegeber gerne vor, Betriebsvergleiche durchzuführen. Ob diese indessen immer wirtschaftlich verwertbar sind, ist fraglich. Umgekehrt muss berücksichtigt werden, dass bei solchen Befragungen die zugrundeliegenden Franchisesysteme zum erheblichen Teil in der Anfangsphase begriffen sind und somit meist nur über wenige Franchisenehmerbetriebe verfügen, die miteinander verglichen werden können. Dies lässt Betriebsvergleiche dann häufig nicht als so wichtig erscheinen. Zu Unrecht jedoch, denn auch aus wenigen Betrieben lassen sich oft schon wertvolle Hinweise für die Betriebs- und Systementwicklung entnehmen. Durch fehlende Betriebsvergleiche berauben sich viele Franchisesystemzentralen also einer sehr wichtigen Erkenntnisquelle.

Betriebsvergleiche sind auch oft Stein des Anstoßes. In vielen, wahrscheinlich den meisten, Franchiseverträgen, wird vereinbart, dass der Franchisegeber Betriebsvergleiche durchführt. Tatsächlich erweist sich in vielen späteren Rechtsstreiten, dass dies eine gutgemeinte Absicht des Franchisegebers war, die dieser nie eingehalten hat. Vertrag ist jedoch Vertrag – nichtverpflichtende Absichtserklärungen sind andernorts festzuhalten. Hält der Franchisegeber sein vertragliches Versprechen also nicht ein, so hat dies nicht nur im Streitfall juristische Konsequenzen, sondern auch schon im Vorfeld des Alltags mit den Franchisenehmern unangenehme Auswirkungen. Häufig liefern vertragstreue Franchisenehmer, die sehr wohl an ihrer wirtschaftlichen Entwicklung interessiert sind, die vertraglich vereinbarten Zahlen Monat für Monat an den Franchisegeber. Wenn dieser aber, wie nicht selten, die eingehenden Zahlen gleichfalls Monat für Monat liegen lässt, nicht zusammenfasst, auswertet und an die einzelnen Franchisenehmer zurückgibt, fördert das vermeidbaren Unmut.

Plan- und Ist-Zahlen

Der Erfolg eines Franchisenehmerbetriebes ist objektiv wirtschaftlich messbar, indem die Planzahlen den Istwerten gegenübergestellt werden. Als Basis dafür werden die Zahlen der Buchhaltung des einzelnen Franchisenehmers zugrundegelegt. Anhand der monatlichen Auswertungen, den BWAs (Betriebswirtschaftlichen Auswertungen) erkennt der Franchisenehmer alle relevanten Zahlen und Entwicklungen. Vorausgesetzt freilich, die betriebswirtschaftlichen Kenntnisse reichen, um das Zahlenmaterial auch so zu interpretieren, dass entsprechende Maßnahmen ergriffen werden können. Nur dann erfüllt die Buchhaltung, und darauf aufbauend ein Controlling den Sinn, zugleich Steuerungsinstrument für den Franchisenehmer zu sein, das ihn befähigt, aus möglichen Schwachstellen und Fehlern zu lernen.

Aussagekräftige Betriebsvergleiche sind mithin ein notwendiges Steuerungsinstrument eines Franchisesystems – auch, um in diesem Punkt im Vergleich zu konkurrierenden Filialsystemen nicht ins Hintertreffen zu geraten. Voraussetzung, um die übermittelten Daten auszuwerten ist, dass sie in vergleichbarer Form vorliegen und die Systemzentrale über ausreichend qualifizierte Mitarbeiter verfügt, die diese Zahlen auswerten.

Bei der Vergleichbarkeit der Zahlen treten indessen oft Schwierigkeiten auf. Dem Franchisenehmer, der per Franchisevertrag zur Abgabe seiner Zahlen verpflichtet ist wurde meist nicht vorgeschrieben, in welcher Form er seine Daten zu liefern hat. So arbeitet der eine Franchisenehmer mit einem Steuerberater zusammen, der vielleicht ein Rechenzentrum nutzt, der nächste Franchisenehmer beauftragt ein Buchhaltungsbüro, welches womöglich eine ganz bestimmte Software nutzt und schließlich macht ein weiterer Franchisenehmer seine Buchhaltung selbst, gegebenenfalls in Form einer Einnahmenüberschussrechnung. All dies mag zwar vom Franchisevertrag gedeckt sein, für die Erstellung aussagekräftiger Betriebsvergleiche aber ist es eine schwer überwindbare Hürde.

Grundlage einer aussagefähigen Auswertung muss demnach ein gemeinsamer Standard sein, nach dem die Franchisenehmer ihre Buchhaltung organisieren. Buchführungspflichtig sind gem. §§ 238 f. Handelsgesetzbuch bzw. § 141 Abgabenordnung nahezu alle Franchisenehmer. Und wenn schon die meisten Franchisenehmerbetriebe buchführungspflichtig sind, ist es am einfachsten, wenn gleich alle Partner denselben Kontenrahmen benutzen, einen Rahmen, der auf den Bedarf des jeweiligen Franchisesystems zugeschnitten ist (auf dem Softwaremarkt erhältliche, mandanten- und netzwerkfähige Produkte bieten durchaus gute Auswertungsmöglichkeiten, sie sind jedoch für wirklich aussagekräftige Auswertungen an das jeweilige Franchisesystem anzupassen).

Zwei Haupthindernisse für aussagekräftige Betriebsvergleiche sind:

(1) Die Franchisenehmer lassen ihre Buchhaltung von einem örtlichen Steuerberater oder Buchhaltungsbüro erledigen.
(2) Der Franchisenehmer will in Ermangelung geeigneter Steuerungsmittel gar nicht wirklich Betriebsvergleiche durchführen.

Zu (1):
Die Bereitschaft des Franchisenehmers seine Buchhaltung direkt an den Franchisegeber zu schicken, setzt volles Vertrauen in den Franchisegeber voraus. Entweder erarbeitet sich der Franchisegeber dieses Vertrauen oder er vereinbart schon bei Abschluss des Vertrages, dass der Franchisenehmer seine Buchhaltung bei ihm abgeben muss. Wählt der Franchisenehmer nach einiger Zeit den Franchisegeber als Buchhaltungsbüro (was noch den Nachteil mit sich bringt, dass nicht alle Partner von Anfang an den so erstellbaren Betriebsvergleichen teilnehmen) oder sind sie vertraglich hierzu verpflichtet, so muss die Systemzentrale eine weitere Dienstleistung, die des Buchhaltungsbüros und Erstellers von Betriebsvergleichen, entwickeln. Im Wege des Outsourcings lässt sich dies aber auch einem externen Dienstleister übertragen, der *zentral* die Daten erfasst, die Auswertungen an die Franchisenehmer zurückliefert und die Ergebnisse an die Franchisezentrale meldet (vgl. Modell A).

Modell A
Oder die Systemzentrale überträgt diese Schnittstelle an einen externen Dienstleister, der über dezentrale Büros die Daten erfasst, die Auswertungen an die Franchisenehmer zurückliefert und die Ergebnisse an die Franchisezentrale meldet.

Modell B
Dieses Modell hat den Vorzug, dass die Franchisenehmer vor Ort einen Ansprechpartner ihres Vertrauens haben, der sie berät und ihnen die Auswertung fachkundig erläutert. Dies entlastet das Franchisemanagement oder den Außendienst des Franchisesystems. Modell B ist zudem vom Troisdorfer Franchisesystem McData konzeptioniert worden, was zum einen besondere Franchisekenntnisse vermuten lässt (was für Softwareanpassungen von Vorteil sein mag) und jedenfalls für den Franchisenehmer, der wiederum mit einem Franchisenehmer eines anderen Systems zusammenarbeitet, besonderes Vertrauen und Verständnis für seine Situation erwarten lässt.

Zu (2):
Nicht zu unterschätzen ist die zweite mögliche Hürde, dass der Franchisegeber, der befürchtet, gar nicht genug Steuerungsmöglichkeiten zu haben, lieber erst gar nicht wissen will, wie sich zahlenmäßig exakt die Situation seiner Franchisenehmer gestaltet. Diese Nichtwahrnehmung seiner Fürsorgepflicht ist zwar zu

beklagen, scheint aber ein weitverbreitetes Phänomen vieler Franchisegeber zu sein. Gegenüber einem Filialsystem befinden sich diese Systeme insoweit in einer deutlich schlechteren Situation, die sie nur durch die bekannten Vorteile eines Franchisesystems ausgleichen können. Dies ändert indessen nichts an einer bedauerlichen Inkompetenz des Franchisegebers hinsichtlich seines kaufmännischen Steuerungswissens für einzelne Outlets. Dieses Nichtwissen durch gezielte Know-how-Entwicklung auszumerzen, ist allemal besser als die sicherlich häufig vorhandene Ablehnung vieler Franchisenehmer, »ihre Zahlen preiszugeben«, als Feigenblatt für franchisegeberseitige Untätigkeit zu nutzen. Vielleicht gibt es noch eine Erklärung, warum manche Franchisegeber nur halbherzig an Betriebsvergleiche herangehen. Franchisegebereigene Betriebe müssten sich grundsätzlich einem solchen Vergleich stellen.

Einführung

Mit den Bemühungen aller Systembeteiligten, die Entwicklung des Franchisesystems zu fördern, stellt sich auch die Frage, wie noch mehr Kunden für die einzelnen Franchisebetriebe gewonnen und wie diese durch intensive Betreuung an das Franchisesystem effektiv gebunden werden können. Kunden für das Franchisesystem zu gewinnen, heißt damit auch zugleich, diese langfristig an das Franchisesystem zu binden; dies gilt insbesondere für potenzielle Großkunden, sog. Key-Accounts.

Key-Account-Management

In der Regel werden solche Key-Accounts durch die Systemzentrale betreut, da nur diese über die erforderliche Struktur zur Betreuung und Belieferung solcher Großkunden führt. Allerdings kann der einzelne Franchisenehmer auch dadurch einen Vorteil erlangen, indem ihm durch die Zentrale Umsätze mit solchen Key-Account-Kunden vermittelt werden, also Umsätze, die er als Einzelunternehmer ohne Systemzugehörigkeit nicht erzielen würde. Umgekehrt kann die Systemzentrale auch von den Akquisitionsbemühungen des Franchisenehmers profitieren, indem dieser einen von ihm akquirierten Key-Account-Kunden an die Zentrale gegen Leistung einer entsprechenden Provision vermittelt. Das Key-Account-Management der Systemzentrale ist durch folgenden Aufbau gekennzeichnet:

1. regelmäßige Akquisition und Betreuung von Key-Account-Kunden durch die Systemzentrale
2. einheitliche Verhandlung der Preise und Konditionen zwischen dem KeyAccount-Kunden und der Systemzentrale
3. Einheitlichkeit des Ansprechpartners für Key-Accounts innerhalb der Systemzentrale
4. Aufbau einer Key-Account-Betreuung mit entsprechendem Personalaufwand in der Systemzentrale
5. Durchführung der erteilten Aufträge durch die Zentrale selbst oder aber durch Franchisenehmer als Beauftragte des Franchisegebers

Im Rahmen des Franchisevertrages ist daher, wenn Franchisenehmer Key-Account-Aufträge durchführen, darzustellen, dass diese insoweit nur als Bevollmächtigte des Franchisegebers tätig werden. Andernfalls würde nämlich die Abwicklung eines durch die Systemzentrale ausgehandelten Auftrags durch den Franchisenehmer als selbstständigem Unternehmer dazu führen, dass dieser die Preise und Konditionen beachten muss, die von der Systemzentrale ausgehandelt werden. Darin läge aber sowohl ein Verstoß gegen das Preisbindungs-, als auch gegen das Zweitkonditionenverbot i. S. d. § 14 GWB.

507

Eine so aufgebaute Key-Account-Betreuung bringt dem Franchisenehmer auch Umsätze, da dieser in der Regel mit einer Key-Account-Akquirierung und -Betreuung überfordert ist, weil

1. der für eine Key-Account-Betreuung erforderliche höhere Personalaufwand vom einzelnen Franchisenehmer nicht vorgehalten werden kann,
2. die Einkaufsabteilung von Key-Account-Kunden geschäftlich so erfahren ist, dass der einzelne Franchisenehmer keine adäquate Betreuung vornehmen kann und dadurch die Gefahr des Verlustes des Key-Account-Kunden besteht,
3. die Betreuung des Großkunden-Geschäftes Investitionen erforderlich macht, die einzelne Franchisenehmer nicht erbringen können,
4. wenn Key-Account-Kunden einen ständigen Ansprechpartner haben wollen und nicht ständig wechselnde Franchisenehmer.

Doch wenn die Systemzentrale die Verträge mit Key-Accounts und Großkunden abschließt, wie kann hiervon der Franchisenehmer profitieren? Der Franchisegeber schließt einen Rahmenliefervertrag mit dem Großkunden über die systemspezifischen Waren oder Dienstleistungen ab. Hierbei behält er sich in der Regel die Wahl vor, die Erfüllung der Einzelaufträge aufgrund der Rahmenvereinbarung selbst zu übernehmen oder dem jeweiligen Franchisenehmer zu überlassen, in dessen Vertragsgebiet der Erfüllungsort des Auftrages liegt. Wie das Franchisesystem diese Rechtsbeziehungen regelt, muss bereits im Franchisevertrag vereinbart sein. Entsprechende Regelungen tangieren:

❏ Vertragsfreiheit
❏ Preisgestaltungsfreiheit
❏ Haftungsregeln
❏ Vertragsgebiet
❏ Richtlinien und Handbüchern
❏ Rahmenvereinbarungen

Zu beachten ist, dass aufgrund eventueller bestehender Schriftformerfordernisse (aus Gesetz oder aufgrund einer Vereinbarung) für den Franchisevertrag sämtliche Nebenansprachen im Vertrag selbst enthalten sein müssen. Stellt sich erst im Laufe der Entwicklung heraus, dass das Franchisesystem durch die starke Expansion auch vorher nicht avisierte Großkunden und Key-Accounts bedienen kann und soll, müssen entsprechende Regelungen in den Franchisevertrag eingearbeitet werden. Dies führt dazu, dass bei grundlegenden Änderungen der Franchisevertrag gegebenenfalls neu abgeschlossen werden muss. Falls der Vertrag Gebietsschutzvereinbarungen enthält, sollte sich der Franchisegeber das Recht vorbehalten, auch im Vertragsgebiet des Franchisenehmers die Akquisition von Großkunden bzw. Key-Accounts einschließlich aller dazugehörenden Werbe-, Marketing- und PR-Maßnahmen selbst durchzuführen. Der Vertrag kann für den Fall der erfolgreichen Akquisition dann vorsehen, dass der Franchisenehmer die Möglichkeit erhält, die in seinem Vertragsgebiet anfallenden Lieferungen bzw. Leistungen an einen Großkunden oder Key-Account entweder als direkter Vertragspartner oder als Erfüllungsgehilfe des Franchisegebers durchzuführen (siehe hierzu noch unten). Der Vertrag sollte eine Eingriffsmöglichkeit des Franchisegebers vorsehen für den Fall, dass der Franchisenehmer die Einzelaufträge nicht entsprechend den Richtlinien und/oder der Rahmenvereinbarung mit diesen Kunden erfüllt (Selbsthilferecht des Franchisegebers), und im Übrigen Regelungen zu der Vertragsbeziehung in dem Dreieck Franchisegeber – Franchisenehmer – Großkunde bzw. Key-Account, enthalten. Die Eingriffsrechte des Franchisegebers können auch im Handbuch konkretisiert werden.

Falls ein Franchisesystem dem EG-Kartellrecht unterfällt, sind Gebietsschutzklauseln entsprechend Art. 4 b der neuen Vertikal-GVO nur noch eingeschränkt möglich (s. hierzu Kap. II.3 und III.3). Dennoch könnte ein Franchisegeber sich aber auch dann den aktiven Verkauf an »Gruppen von Kunden« vorbehalten, wie z. B. von näher zu definierenden Großkunden bzw. Key-Accounts. Nicht verhindert werden kann allerdings bei Verträgen, die dem EG-Kartellrecht unterfallen, dass jeder Großkunde sich direkt an einen oder mehrere Franchisenehmer wenden kann, um sich von diesen beliefern zu lassen. Eine Einschränkung des so genannten passiven Verkaufs wäre eine absolut unzulässige »schwarze Klausel«.

Bei der oben aufgezeigten Dreiecksbeziehung Franchisegeber – Franchisenehmer – Kunde ist der Franchisenehmer direkter Vertragspartner des Kunden, da ihm die Rechte und Pflichten aus dem Rahmenvertrag übertragen werden. Der Franchisenehmer erwirbt in dieser Dreiecksbeziehung aufgrund der Rahmenvereinbarung zwischen Franchisegeber und Kunden das Recht – ohne verpflichtet zu sein –, einen Auftrag, dessen Erfüllungsort in seinem Vertragsgebiet liegt, dem Großkunden gegenüber direkt auszuführen. Falls er sein Recht ausübt, verpflichtet sich der Franchisenehmer direkt gegenüber dem Großkunden zur ordnungsgemäßen Leistungserbringung und haftet für hierbei eventuell entstehende Fehler; Garantie- und Gewährleistungsansprüchen werden vom Franchisenehmer selbst erbracht und auch der Anspruch auf Vergütung richtet sich direkt gegen den Großkunden.

Alternativ hierzu kann er als *Erfüllungsgehilfe* eingesetzt werden. Der Franchisenehmer wird in diesem Falle rechtlich für den Franchisegeber tätig und erfüllt dessen Verpflichtungen aus der Rahmenvereinbarung mit dem Kunden hinsichtlich eines einzelnen Auftrages, dessen Erfüllungsort in sein Vertragsgebiet fällt. Dementsprechend ist der Franchisenehmer in diesem Fall gegenüber dem Franchisegeber zur Leistungserbringung verpflichtet. Die Vergütung erfolgt dann durch den Franchisegeber, der für alle Probleme und Gewährleistungsansprüche direkter Ansprechpartner des Großkunden bleibt.

Welche Konstellation gewählt wird, ist Verhandlungssache und wird in der Regel bei den Gesprächen zwischen Franchisegeber und Großkunden oder Key-

Account festgelegt. Die Erfahrung zeigt, dass der Kunde überwiegend seine Ansprüche gegenüber dem Franchisegeber geltend machen und nicht darauf verwiesen werden möchte, mit ihm unbekannten Franchisenehmern direkte Vertragsbeziehungen abzuschließen. Deshalb ist die zweite Alternative die am häufigsten gewählte Form bei der Gestaltung des Franchisevertrages und der Richtlinien. Diese Alternative ist auch deswegen zu empfehlen, weil sie die geringste Gefahr eines Verstoßes gegen das Verbot der Zweitkonditionenbindung bzw. des Preisbindungsverbot i. S. d. § 14 GWB mit sich bringt.

Formulierungsvorschlag im Franchisevertrag

Der Franchisegeber ist berechtigt, Unternehmen, welche systemtypische Leistungen überregional beziehen wollen (Key-Accounts bzw. Großkunden), besonders solche Unternehmen, welche Niederlassungen auch außerhalb des Vertragsgebietes des Franchisenehmers haben, durch aktive Werbe-, Marketing- und PR-Maßnahmen anzusprechen, auch wenn der Sitz des Unternehmens im Vertragsgebiet des Franchisenehmers liegt. Kommt es zu einem Vertragsabschluss, kann der Franchisegeber einheitliche Rahmenverträge für die Erbringung der Leistungen abzuschließen. Der Franchisegeber wird dem Franchisenehmer anbieten, als Erfüllungsgehilfe die Ausführung der Leistungen aufgrund von Rahmenverträgen, sofern der Erfüllungsort im Vertragsgebiet des Franchisenehmers liegt, zu den in den Rahmenverträgen vereinbarten Bedingungen zu übernehmen. Der Franchisenehmer entscheidet frei, ob er ein solches Angebot annehmen will.

Falls der Franchisenehmer das Angebot annimmt, ist er verpflichtet, die übernommenen Leistungen dem Kunden gegenüber entsprechend den abgeschlossenen Rahmenverträgen gemäß den jeweils gültigen Richtlinien und Grundsätzen des Franchisegebers auszuführen. Sollte der Franchisenehmer die Übernahme des Auftrages innerhalb der vom Franchisegeber gesetzten Erklärungsfrist ablehnen, so wird der Franchisegeber die Leistungen aufgrund der Rahmenverträge selbst auszuführen oder durch andere Franchisenehmer ausführen lassen. Führt der Franchisenehmer die Leistungen gegenüber dem Kunden direkt aus, ist er verpflichtet, gegenüber dem Franchisegeber geltend gemachte berechtigte Gewährleistungsansprüche und Garantien gegenüber dem Kunden auszuführen. Im Verhältnis zwischen Franchisenehmer und Franchisegeber gelten die Regelungen der Allgemeinen Geschäftsbedingungen des Franchisegebers.

Einführung

Die Kundenpflege wird, wie Studien zeigen, von vielen Unternehmern deutlich höher eingestuft als die Schaffung neuer Märkte. Gerade, wenn die Angebote größer, die Kunden dagegen weniger und immer illoyaler werden, ist es wichtig, die zu halten, die man hat – und neue treue zu finden, die zu aktiven Empfehlern werden. Es ist nicht nur einfacher, sondern auch deutlich günstiger, Kunden zu loyalisieren, statt immer neue zu suchen, die gleich wieder verschwinden. Kunden- und Mitarbeiter-Loyalität stehen in einem engen Zusammenhang. Sie verstärken sich gegenseitig – im Positiven wie im Negativen. **Wer loyale Mitarbeiter hat, hat auch loyale Kunden – und umgekehrt.**

Um diesen Loyalitätseffekt zu erzielen und dauerhaft zu sichern, brauchen Sie ein kundenorientiertes Management, das in loyalisierenden Service, in loyale Mitarbeiter und in loyalitätsförderndes Marketing investiert. Mit den richtigen Ideen ist das meist einfach und kostengünstig zu machen. Am Ende werben Franchisenehmer neue Franchisenehmer, deren Mitarbeiter neue Mitarbeiter und Kunden werben Kunden. So wird *Total Loyalty Marketing* zu einem strategischen Erfolgskonzept, das dauerhaft Erträge steigert und Marktvorsprünge sichert im Kampf um die Treue der Kunden.

Die Fokussierung auf Loyalität ist eine Managementstrategie, die gleichermaßen beim Franchisegeber, wie auch beim Franchisenehmer ansetzt. Der Franchisegeber hat ein starkes Interesse an der Loyalität seiner Partnerunternehmen, die wiederum ein starkes Interesse an der Loyalität ihrer Mitarbeiter und Kunden haben. Hierbei geht es um die richtigen Kunden, die gut zum Unternehmen passen, die profitabel sind und Loyalitätspotenzial haben. Und es geht um die richtigen Mitarbeiter, solchen mit Loyalisierungskompetenz. Und zunächst geht es um die richtigen Franchisepartner, die gut zueinander passen, die gleiche Werte teilen und gleiche Ziele verfolgen.

Letztlich haben Franchisegeber und Franchisenehmer ein großes gemeinsames, geschäftssicherndes Ziel – begeisterte, loyale Kunden. Das Franchisesystem hat die Aufgabe, seine Franchisenehmer nach besten Kräften zu unterstützen, dieses Ziel zu erreichen.

6.1 Loyalität muss man sich verdienen

Loyalität kann man sich nicht erkaufen, man muss sie sich (v)erdienen. Dahinter steckt ein Verdienst durch außergewöhnliche Leistung. Eine solche (Dienst-)Leistung enthält immer rationale und emotionale Anteile, Professionalität und Herz.

Denn Menschen kaufen nur zwei Dinge:

❑ **Problemlösungen und**
❑ **(immer mehr) gute Gefühle**

Voraussetzung ist, dass für den Kunden

❑ **eine 0-Fehler-Leistung, die begeistert**
❑ **mit 100-Prozent-Wohlfühl-Effekt**

erbracht wird. Je näher ein Unternehmen diesen Höchstwerten kommt, desto loyaler werden die Kunden sein. Hier sprechen wir ganz bewusst von Loyalität und nicht mehr von der guten alten Kundenbindung, weil binden ein schlechtes Wort ist, Zwang steckt dahinter. Heutzutage lassen sich die Menschen nicht mehr binden, nicht mehr zwingen. Loyalität dagegen kann man – genau wie Begeisterung oder Vertrauen – nicht erzwingen. Man bekommt sie geschenkt.

Loyalität bedeutet

❑ **freiwillige Treue,**
❑ **emotionale, andauernde Verbundenheit und**
❑ **leidenschaftliche Fürsprache.**

Um Loyalität zu erwerben, muss man in Vorleistung gehen. Und wenn man richtig gut war, wenn man Kunden-Erwartungen übertroffen, möglichst deutlich immer wieder übertroffen hat, dann bekommt man Loyalität geschenkt.

Das ist wie in einem Garten. Sie werden ja auch nicht zu den Blumen sagen: »Los, fangt an zu blühen, dann kriegt ihr Wasser!« Vielmehr werden Sie den Boden bereiten und säen, das erste zarte Grün hegen und pflegen und liebevoll mit den Knospen sprechen, um sich schließlich an der vollen Pracht zu erfreuen.

Loyalität hat viel mit Gefühl zu tun, sie berührt Kopf, Herz und Seele. Loyalität ist wie eine lange, gute Freundschaft. Ein loyaler Kunde trägt eine rosarote Brille, so wie ein Verliebter, der nur die guten Seiten sieht und über kleine Schwächen milde hinwegschaut.

Loyale Kunden, loyale Mitarbeiter sind Ihre besten Fürsprecher, Ihre Botschafter, die mit missionarischem Eifer Ihnen neue Kunden oder neue Mitarbeiter gewinnen – und das völlig kostenlos. *Harley Davidson* Fahrer sind ein gutes Beispiel dafür. Die lassen sich sogar das Logo auf den Arm tätowieren. Das ist ›Branding‹ im wahrsten Sinne des Wortes.

Loyalität verdient, wer angenehm überrascht, verblüfft, begeistert. Enttäuschen, erfüllen oder übertreffen Sie die Erwartungen Ihrer Kunden? So sehen die möglichen Reaktionen aus:

Erwartungen werden deutlich untertroffen = Enttäuschung	→	Kunde kommt nicht wieder und ist aktiver negativer Empfehler
Erwartungen werden untertroffen	→	Kunde kommt nicht wieder
Erwartungen werden erfüllt = Zufriedenheit (= befriedigend!)	→	Kunde ist wechselbereit, wenn er woanders Besseres vermutet
Erwartungen werden übertroffen	→	Kunde ist loyal
Erwartungen werden deutlich übertroffen = Begeisterung	→	Kunde ist loyal und aktiver positiver Empfehler

Abb. 1: Erwartungserfüllung und ihre Konsequenz

Sie sehen: Kundenzufriedenheit reicht nicht. Zufrieden heißt befriedigend, mittelmäßig, beliebig, austauschbar. »Die Leistung war okay«, wird der Kunde sagen, »aber vielleicht ist es anderswo besser.« Nur der begeisterte Kunde sagt: »Werde sicher wiederkommen, muss ich unbedingt weitererzählen.« Ein Kunde ist einer, der Kunde davon tun, wie gut – oder wie schlecht – es ihm bei Ihnen ergangen ist. Besser, er redet gut und gerne über Sie!

Mal angenommen, Sie erhalten vier Reklamationen pro Woche. Dahinter stecken zusätzliche 96 unzufriedene Kunden, denn es heißt, 96 Prozent aller Unzufriedenen beschweren sich nicht. Wenn diese ihren Frust nun 13 Mal weitererzählen, macht das 1.248 Infizierte. Das passiert Ihnen an 52 Wochen, zehn Jahre lang. So kommen Sie auf 648.960 negativ Beeinflusste. Eine ganze Armee, die da hinter Ihrem Rücken Aufstellung nimmt! Und bei Franchisesystemen multipliziert sich diese Zahl dann noch mit der Anzahl der Betriebe.

Solche Überlegungen spielen in Franchisebetrieben eine wichtige Rolle. Denn hier kommt neben der Loyalität zu den Angeboten und Leistungen zusätzlich die Loyalität zur Marke und zu den Mitarbeitern ins Spiel. Ein Hotelgast beispielsweise möchte nicht nur ein adäquates Zimmer zu einem passenden Preis, er möchte auch Servicequalität. Er möchte, dass man ihn kennt, sich um ihn kümmert, ihn wertschätzt –und zwar in jedem Haus der Marke. Diese sog. ›weichen Faktoren‹, die emotionalen Anteile, sind maßgeblich an der Entstehung von Loyalität beteiligt. Der Ärger über einen schlechten Service dauert bei weitem länger als die Freude über einen guten Preis – und umgekehrt. Emotionaler Nutzen kommt vor Euro-Nutzen.

Können Sie sich z. B. vorstellen, dass Firmen, die eine hohe Mitarbeiterfluktuation haben, auch viele Kunden verlieren? Haben Sie schon einmal analysiert, wie viele Kunden Sie verlieren, weil Ihre Mitarbeiter Sie verlassen? Neue Kunden werden Sie schwerlich zu Stammkunden machen können, wenn diese immer nur auf Anfänger treffen. Langjährige, gut geschulte Mitarbeiter verstehen es viel besser,

Kunden zu loyalisieren. Und Kunden, die immer wiederkommen, bestätigen dem Mitarbeiter, im richtigen Unternehmen zu arbeiten. Das macht stolz und loyal.

Das *Deutsche Kundenbarometer* hat repräsentativ die Gründe herausgefunden, warum ein Kunde zum Wettbewerber wechselt:

❑ 33% wegen der Gleichgültigkeit des Verkaufspersonals
❑ 21% wegen wiederholter Fehler
❑ 13% wegen ungenügender Auskünfte
❑ 11% wegen Unhöflichkeit
❑ 8% weil Zusagen nicht eingehalten wurden
❑ 3% wegen zu hoher Preise
❑ 3% wegen schlechter Qualität
❑ 8% aus anderen Gründen

Abb. 2: Beweggründe von Kunden, zum Wettbewerber zu wechseln
Quelle: ServiceBarometer AG, Kundenmonitor Deutschland 2001

6.2 Die Vorteile hoher Loyalität

Sicher haben auch Sie es schon wahrgenommen. Das Kaufverhalten wandelt sich. Schon seit einigen Jahren begegnen wir neuen Verbrauchertypen, und es scheint, sie werden immer mehr.

❑ die Smart Shopper
❑ die Anspruchsdenker
❑ die Variety Seeker.

Mal Hand aufs Herz: Welcher Loyalitäts-Typ sind Sie? Welchen Angeboten, welchen Dienstleistern sind Sie schon lange treu? Und vor allem, warum? Wann wechseln Sie das Angebot? Aus welchen Gründen? Und mit welchen Gefühlen?

Klar, in uns allen steckt Neugierde, das Bedürfnis nach Abwechslung, der Wunsch, zu neuen Ufern aufzubrechen. Aber gleichzeitig auch das Bedürfnis nach Zugehörigkeit, nach Geborgenheit, nach Heimat. Also kommt hier die gute Nachricht: Jeder Trend hat einen Gegentrend. Je virtueller, komplexer, vielschichtiger unsere Lebensumstände werden, desto mehr suchen wir nach dem Überschaubaren und Berechenbaren, um in Balance zu bleiben. Eine gute Chance für Loyalität. Dabei stellen sich Ihnen folgende Fragen:

❑ Wie können Sie Menschen (Kunden, Mitarbeiter, Franchisepartner) finden, die Loyalitätspotenzial haben, die gut zu Ihnen passen und die profitabel sind? Und wie können Sie deren Treue gewinnen?
❑ Lohnt es sich, die oben genannten Typen anzulocken und wenn ja, wie wecken Sie deren schlummernde Loyalität?
❑ Wie halten Sie sich die unverbesserlich Illoyalen vom Leib?

Warum würde es sich lohnen, gerade Ihrem Produkt oder Ihrer Dienstleistung treu zu sein, zu Ihrem Fürsprecher zu werden? Vor allem, wenn es nicht weit weg x andere gibt, die fast das Gleiche bieten. Aus Käufersicht – und die allein entscheidet – sind viele Angebote austauschbar. Und aus Sicht der Konkurrenz sind viele Leistungen leicht und immer schneller kopierbar. Was also macht Sie einzigartig? Was macht Sie loyalitätswürdig?

Dauerhafte Loyalität zielt nicht nur auf den langfristigen Kundenwert des Käufers, sondern vor allem auf sein Empfehlungsgeschäft. Denn nicht als Stammkunde, sondern als aktive Empfehler sind die Kunden am profitabelsten, da wird das meiste Geld verdient. Besser also, Sie setzen auf maximale Loyalität. Ein bisschen Loyalität reicht nicht. Wenn Sie in jedem Jahr mehr Kunden verlieren, als Sie gewinnen, wenn Sie am Schluss mehr untreue als treue Kunden haben, wenn die unzufriedenen Kunden, die negativen Empfehler und Image-Zerstörer die Meinungsführung übernehmen, kann selbst das beste Marketing nichts mehr für Sie tun. Loyalitätsführer dagegen haben die Nase vorn, sie laufen der Konkurrenz davon.

Der loyale Kunde vertraut seinem Unternehmen, seinem Produkt oder seiner Dienstleistung fast blind, verzeiht auch kleine Pannen. Dies bringt Vorteile sowohl auf der Umsatz- als auch auf der Kostenseite.

Die Vorteile auf der **Umsatzseite**:

❏ hohe Wiederkauf-Raten (loyale Kunden kaufen öfter, sie konzentrieren ihre Kaufkraft auf wenige Anbieter)
❏ Zusatzverkäufe (loyale Kunden kaufen mehr, denn sie sind mit dem kompletten Angebot/Sortiment vertraut)
❏ geringere Preis-Sensibilität (loyale Käufer sind großzügiger, die Rolle des Preises relativiert sich, sie vergleichen seltener)
❏ längere Verweildauer der Kunden (Immunität gegenüber anderen Anbietern oder vergleichbaren Leistungen)
❏ hochwertige Empfehlungen (Gleich und Gleich gesellt sich gern, Vertrauens-vorschuss und höhere Kaufbereitschaft der Empfohlenen)
❏ Mehrumsatz durch Anregungen und Innovationsanstöße der Käufer

Die Vorteile auf der **Kostenseite**:

❏ niedrigere Akquisitionskosten (loyalisieren ist günstiger als Neukunden gewinnen, Stammkunden brauchen weniger Werbung)
❏ homogenerer Kundenmix (weniger Streuverlust durch gezielte Ansprache, Konzentration aller Aktivitäten auf die loyalsten Zielgruppen)
❏ weniger Mitarbeiterfluktuation (höhere Zufriedenheit durch externe Bestätigung und Mitarbeiter-Käuferbindung, zunehmende Attraktivität des Arbeitgebers, Stolz auf die Arbeit)

❑ geringere Kosten für die Gewinnung und Ausbildung neuer Mitarbeiter (loyale Mitarbeiter werben neue, passende Mitarbeiter durch positive Mundpropaganda)

❑ Reduktion von Geschäftsrisiken, geringere Debitorenprobleme (gute Kunden zahlen besser, verursachen weniger Ausfälle)

❑ verringerte Prozesskosten (verkürzte Prozesszeiten und geld- bzw. zeitsparende Abwicklungs- oder Ablaufroutinen, da Käufer und Mitarbeiter miteinander vertraut sind)

❑ geringere Reklamationskosten (treue Kunden sind toleranter gegenüber Fehlern)

❑ honorarfreies Mitarbeiter- und Management-Coaching durch engagierte Käufer (führt zu kontinuierlichen Verbesserungsprozessen und Marktvorsprüngen)

Neukundengewinnung sei fünf- bis acht Mal teurer als Kundenbindung, heißt es in der Fachliteratur. Dies hängt vor allem mit dem Langzeit-Wert eines Kunden zusammen, denn Kunden werden erst im Laufe der Zeit immer wertvoller. Es ist darüber hinaus um ein vielfaches ertragreicher, auf das Empfehlungsgeschäft zu fokussieren, statt sich nur auf den Eigenumsatz eines Kunden zu konzentrieren.

Für die Hotellerie haben wir anhand eines Beispiels den Kundenwert sehr detailliert ermittelt und auch die Kosteneinspar-Potenziale beziffert. Vor allem aber haben wir das Empfehlungsgeschäft mit eingerechnet. So kommen wir auf einen **Loyalty Value (LOVA)** von knapp 50.000 Euro, der sich aus dem Lifetime Value und dem Recommendation Value zusammensetzt. Der betrachtete Kundenbeziehungs-Zeitraum wurde auf zehn Jahre festgelegt. Das Empfehlungsgeschäft der Empfohlenen und der Wert aus Innovationsanstößen wurden noch nicht einmal nicht mitgerechnet.

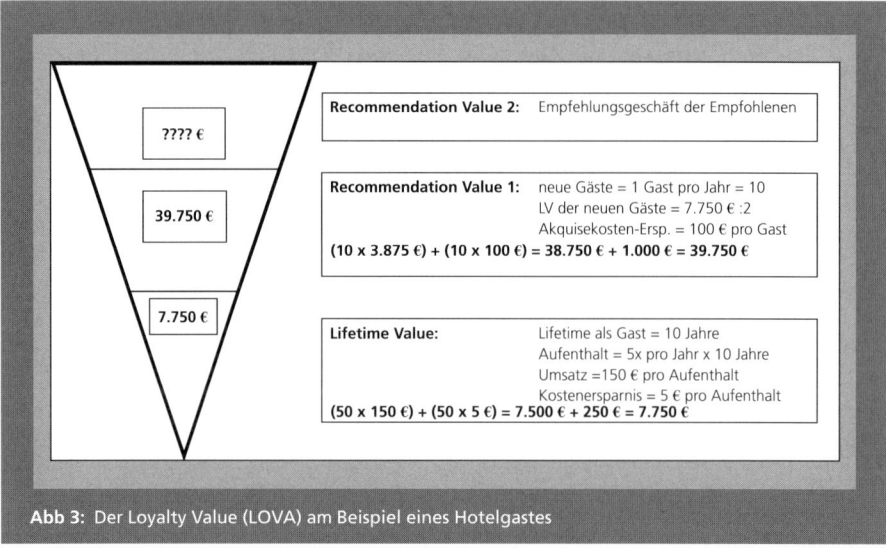

Abb 3: Der Loyalty Value (LOVA) am Beispiel eines Hotelgastes

Und wie hoch ist der Loyalitätswert Ihrer Kunden? Rechnen Sie mal! Setzen Sie dazu Ihre Zahlen ein. Die hohen Ergebnisse werden Sie wahrscheinlich überraschen. Und Sie werden beginnen wollen, sich systematisch mit der Entwicklung und Umsetzung von Loyalisierungsmaßnahmen zu beschäftigen, sowohl auf der Kunden- als auch auf der Mitarbeiterseite.

Jedes Franchisesystem und natürlich auch jeder einzelne Franchisebetrieb muss sich dabei, je nach Branche in unterschiedlicher Tiefe, mit folgenden Fragen auseinandersetzen:

- ❏ Wie viele Kunden (absolut und in Prozent) gewinnen wir pro Jahr/Zeitperiode?
- ❏ Wie viel Umsatz/Lebensumsatz gewinnen wir hierdurch?
- ❏ Warum kaufen diese Kunden ausgerechnet bei uns?
- ❏ Welches sind unsere wertvollsten Kunden (zukunftsorientiert)?
- ❏ Ab welchem Zeitpunkt ist ein Kunde profitabel?
- ❏ Wie viel kostet es uns, einen neuen Kunden zu gewinnen?
- ❏ Wie viel kostet es uns, einen bestehenden Kunden zu halten?
- ❏ Wie viele Kunden (absolut und in Prozent) verlieren wir pro Jahr/Zeitperiode?
- ❏ Wie viel Umsatz/Lebensumsatz des Kunden verlieren wir hierdurch?
- ❏ Warum verlieren wir diese Kunden?
- ❏ Von wem kaufen diese Kunden die Leistung nun? Und warum?
- ❏ Welche negative Mund-zu-Mund-Werbung entsteht uns hierdurch?
- ❏ Welche unserer Kunden sind abwanderungsgefährdet? Und was können wir dagegen tun?
- ❏ Wie viele/welche Kunden verlieren wir, weil wir Mitarbeiter verlieren?

An diesem Fragenkatalog erkennen Sie schon, dass an bereits bestehende Datenbanken ganz neue Anforderungen gestellt werden. Denn nun genügt es nicht mehr, Kunden im Rahmen einer einfachen ABC-Analyse zu klassifizieren, sondern nun müssen auch Loyalitätsaspekte integriert werden. Dazu gehören die Loyalitätsstufe, auf der sich der Kunde befindet, die komplette Kundenbeziehungshistorie, und so viel Persönliches wie möglich. Und: Die Datenbanken von Franchisesystemen müssen, soweit sinnvoll, miteinander vernetzt sein.

6.3 Kundenorientierung total

Die Erkenntnis, ein Unternehmen kundenorientiert zu führen, ist nicht neu. Engpässe bestehen offensichtlich nicht hinsichtlich der Theorie, sondern, wenn Sie die Kunden fragen, eher in der praktischen Umsetzung. Phrasen wie: »Die Menschen stehen im Mittelpunkt unseres Tun« (das haben die Kannibalen auch gesagt!), müssen auf ihre Inhalte hin überprüft und überarbeitet werden. Im *Total Loyalty Marketing* steht der Käufer an der Spitze eines Loyalitätsdreiecks, und dies ist nicht nur ein Lippenbekenntnis. Alle Überlegungen des Managements und alle Aktivitäten der Mitarbeiter sind systematisch auf ihn ausgerichtet, um ihn zu begeistern und damit zu loyalisieren. Der Loyalitäts-Virus muss also das ganze Unternehmen packen. Deshalb *Total Loyalty Marketing*.

Totales Loyalitätsmarketing heißt: Menschen glücklich machen. Weil man sie versteht, ihre Bedürfnisse gut kennt und Nutzen stiftet. Diese Sichtweise verändert die Blickrichtung des Marketing. Zielgruppen sind nun nicht mehr Menschen, auf die man im Rahmen seiner Strategie zielt, sondern Menschen, mit deren Hilfe man seine Ziele erreicht, wenn man deren Bedürfnisse befriedigt. Aus den selbstzentrierten 4P des klassischen Marketing (product, price, place, promotion) werden die auf den Käufer fokussierenden 5K: Käufernutzen, Kosten des Kaufs, Kaufprozesse, Kommunikation (im Sinne von Dialog) und die Kultur des Unternehmens, so wie der Käufer sie erlebt.

»Die Leute interessieren sich für ihren Rasen und nicht für unseren Samen«, sagte einmal der Chef eines Gartencenters. Gut gesprochen! Der Käufer – und nicht das eigene Produkt – ist der ›hero‹. Heutzutage werden Leistungen nicht mehr verkauft, sondern gekauft. Der Kunde hat die Macht. Er definiert die Anforderungen an Waren und Dienstleistungen, und die Unternehmen führen sie aus. Nicht, was der Koch gut kocht und auf die Speisekarte schreibt, sondern was die Gäste gerne essen, kommt auf den Tisch. Kundenorientierung heißt: Sichtweisen ändern:

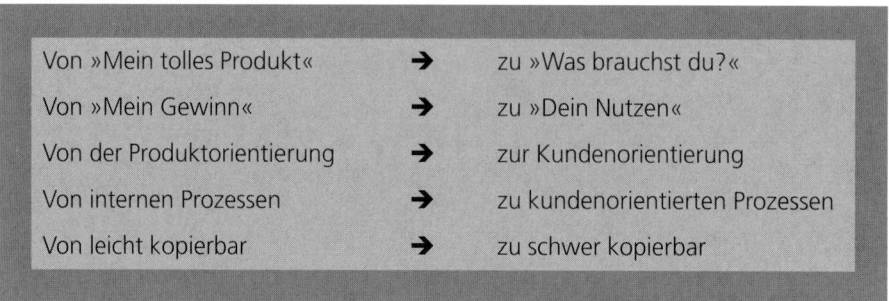

Von »Mein tolles Produkt«	→	zu »Was brauchst du?«
Von »Mein Gewinn«	→	zu »Dein Nutzen«
Von der Produktorientierung	→	zur Kundenorientierung
Von internen Prozessen	→	zu kundenorientierten Prozessen
Von leicht kopierbar	→	zu schwer kopierbar

Sind Sie, sind alle Mitarbeiter in Ihrem Betrieb ›Advokaten des Kunden‹, die mit Leidenschaft die Interessen Ihrer Kunden vertreten? Dann müssten Sie/sie folgende Fragen stellen:

❑ Welchen relevanten, *rationalen* Nutzen hat der Kunde von unserer Leistung, von unseren Angeboten?
❑ Welche relevanten, *emotionalen* Vorteile hat der Kunde von unserer Leistung, von unseren Angeboten?
❑ Was macht unsere Leistung/unsere Angebote für unsere Kunden herausragend bzw. einzigartig?
❑ Warum könnte der Kunde unser Angebot dem der Mitbewerber vorziehen?
❑ Lohnt sich aus Kundensicht ein Kauf?
❑ Wie beurteilt der Kunde unsere Leistung?

❑ Wie lässt sich unsere Leistung im Interesse des Kunden weiter verbessern? Welches Feedback holen wir dazu von den Kunden? Und von unseren Mitarbeitern?

❑ Handeln wirklich alle Mitarbeiter unseres Betriebes kundenorientiert?

❑ Sind alle internen Prozesse auf Kundenorientierung getrimmt?

Ein Mitarbeiter wird dann kundenorientierte Einstellungen und kundenorientierte Verhaltensweisen zeigen, wenn er auch einen persönlichen Nutzen davon hat. Eine kundenorientierte Einstellung (= was der Kunde spürt) bedeutet: Der Umgang mit Kunden macht Spaß, man fühlt sich persönlich verantwortlich für den Kunden, man kann sich in seine Lage versetzen und tut das alles auch gerne.

Kundenorientiertes Verhalten (= was man tut, also auch sieht) heißt: Der Mitarbeiter bereitet Gespräche gut vor, er spricht eine kundenorientierte Sprache, er denkt für den Kunden mit, er unterstützt den Kunden aktiv und partnerschaftlich in der Erreichung seiner Ziele, er befragt ihn über seine Bedürfnisse, er wertschätzt ihn usw. Alle Führungskräfte haben in punkto Kundenorientierung Vorbildfunktion.

Jeder Kontakt eines Mitarbeiters mit einem Kunden ist ein ›Moment der Wahrheit‹. Der Kunde jedenfalls sieht das ganzheitlich. Er will von jedem Mitarbeiter eine perfekte Leistung, da unterscheidet er nicht zwischen Firmenchef und Hausmeister. Wenn ein einziger Mitarbeiter bei Ihnen patzt, war aus Sicht des Kunden ›das Unternehmen‹ schuld. Und bei Franchisesystemen multipliziert sich wiederum der Schaden.

Die Vorstufe von Kundenorientierung heißt Mitarbeiterorientierung. Denn nur begeisterte Mitarbeiter können auch Kunden begeistern, können jeden Kundenkontakt zu einem besonderen Erlebnis, zu einem ›magischen Moment‹ machen – für beide Seiten.

6.4 Der Managementprozess des Total Loyalty Marketing

Am Anfang des *Total Loyalty Marketing* steht die loyalitätsfokussierte **Analyse**. Ziel dieses ersten Schrittes ist es, in Frage kommende Menschen, Märkte und schließlich auch das eigenes Unternehmen nach Loyalitätspotenzial abzuklopfen. Im Marketing nennen wir das gerne Marktforschung. Damit klingt es so fade, dass es sicher keiner anfasst. Analyse kann aber auch bedeuten: Wir sprechen mit dem Kunden, wir schauen was gefällt, wonach er greift, wie er an ein Angebot herangeht, welche Wege er durch den Laden nimmt etc. etc. Und wir reden mit den Mitarbeitern, beobachten die Wettbewerber und verfolgen Medienberichte mit dem einen Hintergedanken: Was heißt das für uns und unsere Kunden?

Der nächste große Block in diesem Marketingprozess, oft vergessen aber unverzichtbar, ist die Marketingstrategie, die auf der Basis der Analyse entwickelt wird.

Hier werden klare, präzise **Ziele** formuliert, Erfolg und Loyalität versprechende **Zielgruppen** definiert und relevante Nutzen für die Konsumenten (und Mitarbeiter) in eine strategische **Positionierung** verpackt.

Neben den klassischen Zielen könnten vor allem große Franchisesysteme mit hoher nationaler Verbreitung (Schnellrestaurants, Reisebüro- oder Hotelketten etc.) sich ein weiteres Ziel setzen – **Loyalitätsführer** ihrer Branche zu werden. Deren Kunden bzw. Gäste würden, wenn sie ausschließlich exzellente Erfahrungen machen, egal, wo sie sind, nur mehr die Dienste dieser Anbieter in Anspruch nehmen. Von diesem Effekt profitiert dann jeder einzelne Franchisenehmer in ganz erheblichem Maße.

Bei dem Nutzen, den Sie Ihren Zielgruppen bieten, geht es nicht nur um Produkte und Dienstleistung. Je mehr Sie eine ›Erlebniswelt‹ um Ihre Angebote bauen, desto weniger sind Sie angreifbar, und damit aus dem Preisvergleich draußen. Die Frage ist: Was kaufen Ihre Zielgruppen *wirklich*, bzw. was wollen sie *wirklich* kaufen? (Bei BWM kauft man Freude am Fahren und Status, bei einem Zahnarzt kauft man ein strahlendes Lächeln und damit Sympathie, bei *Marlboro* Freiheit und Abenteuer...). Bei einem Sonnenstudio, bei *Sunpoint* oder *Ayk* beispielsweise, würde man demnach nicht nur ›urlaubsbraune Haut‹ kaufen, sondern in Wirklichkeit Attraktivität, Aufmerksamkeit, Liebe. Und was kauft man *wirklich* bei Ihnen?

Ausgelöst werden muss der Loyalisierungsprozess durch das Management. Ist Loyalität in der Unternehmensstrategie fest verankert, so will dies nun in konkrete, operative Handlungen umgesetzt und fest im Unternehmen implementiert – vor allem aber vorgelebt werden. Im Rahmen des **Marketingmix** (siehe Kapitel II. 4.5) stellen sich bei allen bestehenden und zukünftig geplanten Marketing-Aktivitäten drei Fragen:

❑ Inwieweit wirken diese Maßnahmen loyalitätsfördernd?
❑ Wie binde ich dabei die Mitarbeiter aktiv ein?
❑ Wie binde ich dabei aktiv die Kunden ein?

Die Realisierung der im Marketing-Mix geplanten Maßnahmen erfolgt in der Interaktion zwischen Mitarbeiter und Kunden, die sich gegenseitig in ihrer Loyalität bestärken. Die Kontroll-Funktionen übernehmen vornehmlich die systematisch zu Kommentaren ermunterten Käufer. So ergibt sich eine Optimierung fast von selbst. Die Meinung der Konsumenten fließt über konkrete mündliche oder schriftliche Äußerungen zurück und kann sofort in weitere loyalitätsfördernde Maßnahmen umgesetzt werden. So führt der Managementprozess des *Total Loyalty Marketing* dazu, dass das gesamte Unternehmen zur Lernmaschine, zur lernenden Organisation in Sachen Loyalität wird.

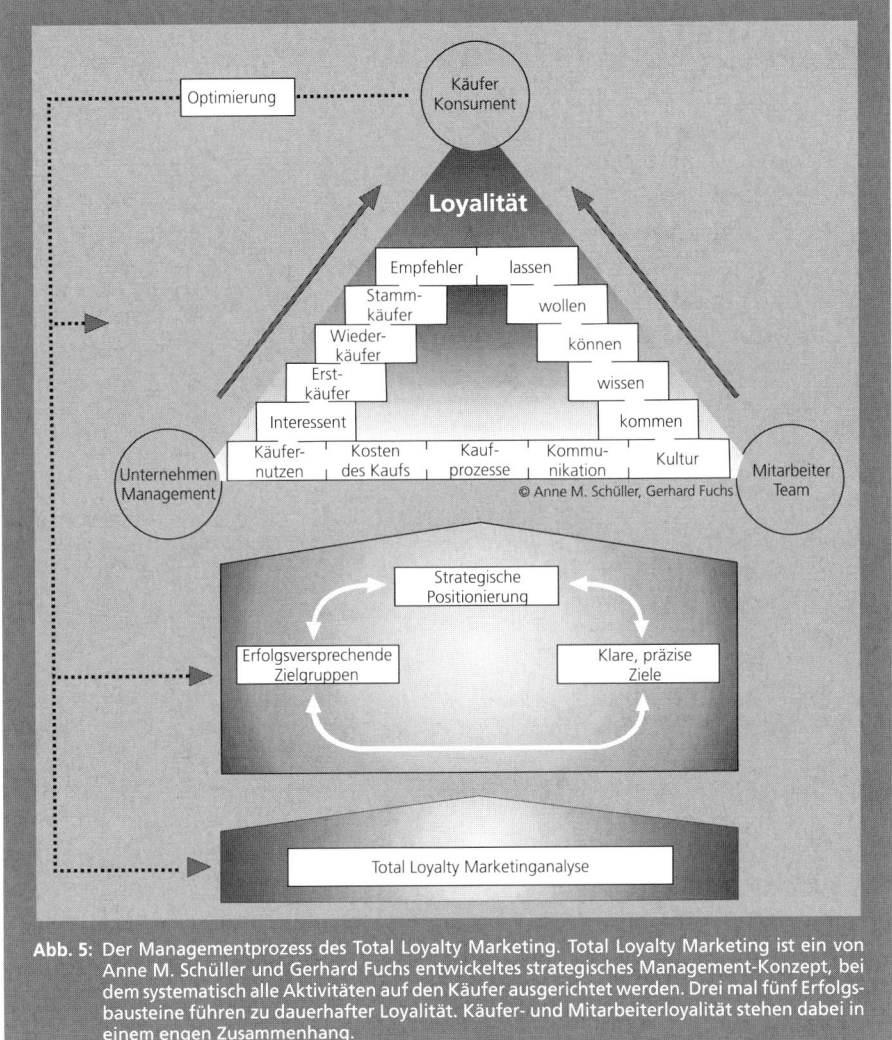

Abb. 5: Der Managementprozess des Total Loyalty Marketing. Total Loyalty Marketing ist ein von Anne M. Schüller und Gerhard Fuchs entwickeltes strategisches Management-Konzept, bei dem systematisch alle Aktivitäten auf den Käufer ausgerichtet werden. Drei mal fünf Erfolgsbausteine führen zu dauerhafter Loyalität. Käufer- und Mitarbeiterloyalität stehen dabei in einem engen Zusammenhang.

6.5 Die Loyalitätstreppe des Mitarbeiters

Für einen Dienstleister sind die richtigen Mitarbeiter der entscheidende Wettbewerbsvorteil. Sie heißen Mitarbeiter, weil sie mit Ihnen und nicht für Sie arbeiten wollen. Sie wollen – genau wie Ihre Kunden – persönlichen Nutzen, Problemlösungen und gute Gefühle, physisches und psychisches Wohlbefinden. Sie wollen fachliche und persönliche Anerkennung, eine sinnvolle Arbeit tun. Sie wollen geschätzt und gebraucht werden.

Ihre Mitarbeiter bewegen sich im Loyalitätsdreieck auf einer fünfstufigen Achse. Deren Erfolgsbausteine heißen: **kommen, wissen, können, wollen** und **lassen**. Auf jeder Stufe sind situativ passende Maßnahmen einzuleiten, um die Mitarbeiter zu professionalisieren, deren Loyalität zu sichern, und die Fluktuation der Mitarbeiter, die man halten will, nahe null zu bringen. Klar, Sie werden nicht alle Mitarbeiter halten können, aber Sie können diese Fluktuation steuern, um – hoffentlich – nicht die besten zu verlieren. Denn damit stärken Sie automatisch Ihre Konkurrenz.

Ein liebevolles, wertschätzendes Klima wirkt sich ausgesprochen fördernd auf die Leistungen der Mitarbeiter und auf deren Loyalität aus – und damit auf die Loyalität der Kunden. In vergifteten Organisationen, da, wo Intrigen, Machtkämpfe, Mobbing und Bossing wabern, wo Revierkämpfe toben, wo Neid und Missgunst herrschen, werden nicht nur die Mitarbeiter verkümmern, sondern auch die Kunden fernbleiben.

Mitarbeiter brauchen nicht zu streiken, wenn ihnen das Klima im Unternehmen nicht passt. Sie machen Dienst nach Vorschrift, schalten einen Gang zurück, das ist alles. Und die Lustlosigkeit wird ihnen im Gesicht stehen. Was glauben Sie, wie das die Kunden finden? Und was schätzen Sie, wie viele Kunden Sie dadurch verlieren, ohne es zu merken? »Aus einem traurigen Arsch kommt kein fröhlicher Furz!« hat schon *Martin Luther* gesagt.

In Unternehmen aber, in denen Fröhlichkeit, Wertschätzung, Vertrauen und Transparenz zu Hause sind, wo die Atmosphäre mit Spaßgesumme erfüllt ist, dort herrscht ein Treibhausklima für Spitzenleistungen. Was uns Spaß macht, das fällt uns leicht, das machen wir gut. Gibt es also bei Ihnen Anerkennung, Spiel-Raum, Humor, Offenheit, Info-Fluss, permanentes Lernen, eine Feedback-Kultur, Querdenker, ein Wir-Gefühl? Spaß statt Muss? Lust statt Frust?

Ihre Mitarbeiter sind es, die Ihre Kunden loyalisieren und dazu brauchen Sie nicht nur gute, sondern auch loyale Mitarbeiter: Die Ihnen freiwillig treu verbunden sind und – Sie erinnern sich an die Definition – mit missionarischen Eifer, mit Liebe zum Kunden, mit Lust an professioneller Arbeit und mit Leidenschaft dazu beitragen, Ihre Kunden zu loyalisieren.

Wie kommen Sie nun an gut zu Ihren passende, loyale Mitarbeiter? Am besten durch Ihre loyalen Mitarbeiter. Denn die sind Ihre Botschafter, die haben Kontakte in der Branche. Und wenn endlich mal eine Stelle frei wird bei Ihnen, werden diese Mitarbeiter ihre Kontakte mobilisieren. Wenn bei Ihnen Spaßgesumme herrscht, dann sind Sie ein attraktiver Arbeitgeber, bei dem man gerne mitarbeitet.

Wenn die Neuen dann kommen, welche Welcome-Strategie haben Sie? Oder sind die Neuen den Alten nur lästig, weil sie zunächst einmal Arbeit machen? Machen Sie Ihre Mitarbeiter zu Mitwissern? Oder heißt es bei Ihnen immer noch: Wissen ist Macht? Wenn Ihre Mitarbeiter so gut werden sollen, wie Sie es sind, müssen Sie alles weitergeben, was Sie und Ihre Führungskräfte wissen und können – und mehr. Denn auf ihren Spezialgebieten sollten Ihre Mitarbeiter besser sein als Sie.

Erlauben Sie, dass Ihre jungen Mitarbeiter deutlich mehr wissen und Dinge deutlich besser können als Sie selbst?

Welche Fehlerkultur herrscht bei Ihnen? Rufen Sie: »Hurra, ein Fehler!«, wenn einer aufgetreten ist? »Fehler zu bestrafen führt nur dazu, dass niemand mehr etwas wagt«, sagt der Vorzeigemanager *Jack Welch* von *General Electric*. Machen Sie regelmäßig ›Fehlermeetings‹, in denen Fehler angesprochen werden, in denen man systematisch nach Learnings und Optimierungschancen sucht?

»In unserem Hotel«, erzählt die Mitarbeiterin einer franchisierten Hotelkette, »gibt es tägliche Kurzmeetings von etwa 15 Minuten. Zu Beginn einer neuen Schicht kommen alle Mitarbeiter, die Gästekontakt haben, zusammen. Wir besprechen Vorfälle, Probleme und Reklamationen in dem Sinne, dass wir alle daraus lernen wollen. Verbesserungsvorschläge werden geäußert und gesammelt, manchmal auch gleich in der Praxis getestet. Minitrainings, beispielsweise zum Qualitätsmanagement, helfen gerade neuen Mitarbeitern, täglich ein wenig besser zu werden.«

Auf dem systematischen Weg zu loyalen Mitarbeiter werden Sie folgende Fragen stellen:

❑ Auf welcher Stufe hat mein Mitarbeiter noch Steigerungspotenzial?
❑ Wie bekomme ich ihn dazu, sein Potenzial dort voll auszuschöpfen?
❑ Wie bekomme ich ihn auf die höchste Stufe, die ›lassen‹ heißt?

Ihr Ziel ist dabei nicht die Motivationsstufe des Wollens, sondern die des Empowerments, die des situativen ›machen lassen‹. Erst, wenn die Mitarbeiter gelassen werden, entwickelt sich ein Gefühl von Selbstbestimmung und Verantwortung, von unternehmerischem Handeln. Können Sie und Ihre Führungskräfte loslassen, ihre fähigen und trainierten Mitarbeiter machen lassen? Ohne sie dabei allein zu lassen? Erst das machen lassen macht Mitarbeiter zu loyalen Mitarbeitern. Wer gerne arbeitet, macht das auch gut. Und wer etwas gut macht, den müssen Sie machen lassen, denn der will machen dürfen, was er weiß und kann. Kein Schauspieler würde weiterhin das Drehbuch auswendig lernen und einzelne Szenen proben, wenn ihn der Regisseur nie auf die Bühne ließe.

Das ›machen lassen‹ ist eine Managementaufgabe, also eine Führungsaufgabe. Dazu brauchen Sie eine Mitgestaltungs-, statt einer Weisungskultur. Und Ihre Führungskräfte müssen partnerschaftliche Führungsstile kennen und können. Diese sind

❑ das visionäre Führen
❑ das Führen durch Coachen
❑ das demokratische Führen

In all diesen Punkten können Franchisesysteme ihre angeschlossenen Franchisebetriebe in erheblichem Maße unterstützen: Durch Intranet-basierte Wissensbanken, durch loyalitätsfördernde Trainingsprogramme, durch Best Practice Initiativen, durch Führungscoaching usw.

6.6 Die Loyalitätstreppe des Käufers

Auch der Käufer bewegt sich auf einer fünfstufigen Loyalitätstreppe nach oben. Zunächst ist er ein **Interessent**, der zum **Erstkäufer**, dann zum **Wiederkäufer** und schließlich zum **Stammkäufer** und **Empfehler** wird.

Ihr Kunde ist also zunächst ein Interessent. Bevor er das aber wird, muss er auf Sie aufmerksam geworden sein. Im nahezu unüberschaubaren Dschungel von Angeboten und Informationen wählt er:

❑ den erstbesten Anbieter, den er finden konnte (weil er es eilig hat)
❑ oder den bekanntesten/renommiertesten/überzeugendsten Anbieter, weil dies ihm die größte Sicherheit verspricht
❑ oder denjenigen, der ihm empfohlen wurde.

Auf einem dieser drei Wege (wahrscheinlich immer öfter auf dem zweiten oder dritten) entscheidet sich der Interessent, bei Ihnen (und nicht bei einem Ihrer Mitbewerber) zu kaufen. Oft hat er mehrere Alternativen im Kopf, aber nur eine wird gewinnen. Schon während der Interessent seine Entscheidung trifft, packen ihn womöglich leise Zweifel, ob diese die Richtige war. Kaufreue nennt man das. Und nun kauft er das erste Mal bei Ihnen – und sie merken es nicht einmal! Er ist ein wenig unsicher – helfen Sie ihm bei seinen ersten Schritten in Ihrem Betrieb? Denken Sie mal an *McDonald's*. Wenn Sie sich dort an einen Tisch setzen und auf die Bedienung warten, werden Sie womöglich verhungern. Wie stellt *McDonald's* sicher, dass jeder versteht, wie man dort etwas zu essen bekommt?

Ihr Erstkäufer hat meist schon Werbekosten verursacht und er könnte – langfristig betrachtet – sehr viel Geld in Ihre Kasse bringen. Wird er so empfangen, behandeln Ihre Mitarbeiter ihn auch so? »Für mich trägt jeder Kunde ein unsichtbares 5.000 Euro Schild um den Hals«, sagte einmal ein *Quick*-Schuh-Ladenbesitzer. »So wertvoll ist er uns.« Was tun Sie aktiv, damit Ihre Kunden wirklich wiederkommen?

Aus einem Erstkäufer machen Sie, vielleicht, wenn alles gut geht, einen Wiederkäufer. Zeigen Sie, dass Sie sich darüber freuen, dass er wiederkommt? Merken Sie es überhaupt? Registrieren Sie, wenn er wieder und wieder kommt und so zum Stammkäufer wird? Ein Stammkäufer ist sehr wertvoll, er hat schon viel Geld bei Ihnen ausgegeben und er wird es weiter tun. Er hat Sie schon oft empfohlen. Haben Sie das überhaupt bemerkt? Und haben Sie sich dafür bedankt? Er ist ein Botschafter Ihres Hauses geworden, der für Sie Mund-zu-Mund-Werbung betreibt, ein kostenloser Verkäufer sozusagen (unter uns: der beste, den Sie je hatten), vielleicht sogar ein kostenloser Unternehmensberater.

Auch im Rahmen dieses Prozesses sind drei Fragen zu beantworten:

❏ Auf welcher Stufe befindet sich mein Käufer gerade?
❏ Wie bekomme ich ihn dazu, eine Stufe höher zu steigen?
❏ Wie bekomme ich ihn auf die höchste Stufe, die ›Empfehler‹ heißt?

Ihr Ziel muss es sein, so viele Kunden wie möglich auf die Empfehlerstufe zu heben und auf diesem Weg so wenig passende Kunden wie möglich zu verlieren. Hier sind Strategien zur Verlustvermeidung bzw. zur Wiedergewinnung zu erarbeiten. Wichtig ist auch, für die Käufer, die man nicht will, Barrieren aufzubauen. Denn nicht jeder Kunde ist König. Aber manche Kunden sind Kaiser. Die Meinungsführer und Multiplikatoren z. B., und Ihre aktiven **Empfehler**.

Damit eine Leistung empfohlen wird, muss diese empfehlenswert sein. Nur Spitzenleistungen werden empfohlen, denn der Empfehler trägt eine besondere Verantwortung. Mit einer exzellenten Empfehlung erzielt er Aufmerksamkeit und Anerkennung, erntet Lob und Dank. Mit einer schlechten Empfehlung dagegen riskiert er Spott und Tadel. Nun versetzen Sie sich in die Lage eines Ihrer Empfehler. Dank Ihrer Spitzenleistungen wird er zusätzliche Wertschätzung von Dritten erfahren. Das wird die Loyalität zu Ihnen weiter stärken. Versagen Sie dagegen, haben Sie vielleicht einen Feind fürs Leben.

Wenn Sie also planen, Empfehlungsmechanismen systematisch zu nutzen, müssen Sie besonderen Wert auf Höchstleistungen legen, müssen Sie besonderes Expertenwissen haben, auf Ihrem Gebiet bekannt und am besten die Nummer 1 sein. So kann sich der Empfehler mit Ihnen schmücken.

Und der **Empfohlene**? Er kommt vielleicht zu Ihnen, weil man ihm erzählt hat, dass die Mitarbeiter bei Ihnen ganz besonders freundlich sind. Schlimm, wenn er da enttäuscht wird. Mit einem Empfohlenen müssen Sie also besonders sorgfältig umgehen. Dazu müssen Sie herausfinden, welche Käufer aufgrund einer Empfehlung zu Ihnen gekommen sind. Sie müssen den Namen des Empfehlers herausfinden und vor allem, welche spezifischen Leistungen er empfohlen hat. Denn auf diese Leistungen wird der Empfohlene besonders achten, wegen dieser Leistungen ist er ja gekommen. Hier sind seine Erwartungen hoch. Eine Enttäuschung fiele nicht nur negativ auf Sie, sondern auch auf den Empfehler zurück. Das wollen Sie nicht nur sich selbst, sondern vor allem Ihrem Empfehler ersparen.

Indem Sie also Ihr besonderes Augenmerk auf die (Über-)Erfüllung der empfohlenen Leistungen legen, steuern Sie selbst, ob eine Empfehlung die erste und letzte oder der Beginn einer ganzen Serie ist. Denn der Empfehler wird sicher eine Rückmeldung von Ihrem neuen Kunden erhalten. Und auch Sie sollten ihm mitteilen, dass Sie dank seiner Hilfe einen neuen loyalen Kunden gewonnen haben. So bestätigen Sie ihn in seinem Vertrauen zu Ihrer Leistung, und er wird weitere Empfehlungen aussprechen. Denn alle Menschen – und nicht nur kleine Kinder – verstärken Verhaltensweisen, für die sie Anerkennung und Wertschätzung erfahren.

Die zum *Accor* Konzern gehörende, sehr erfolgreiche Low-Budget-Hotelmarke *Etap (www.etaphotel.com)* baut schon allein aus Kostengründen sehr stark auf die systematische Entwicklung des Empfehlungsgeschäfts. Der Fragebogen, den der Gast auf seinem Zimmer findet, enthält unter anderem die Fragen:

❏ Wie sind Sie auf uns aufmerksam geworden?
❏ Werden Sie uns wieder besuchen?
❏ Werden Sie uns weiterempfehlen?

Die Antworten auf die erste und dritte Frage entwickelten sich so:

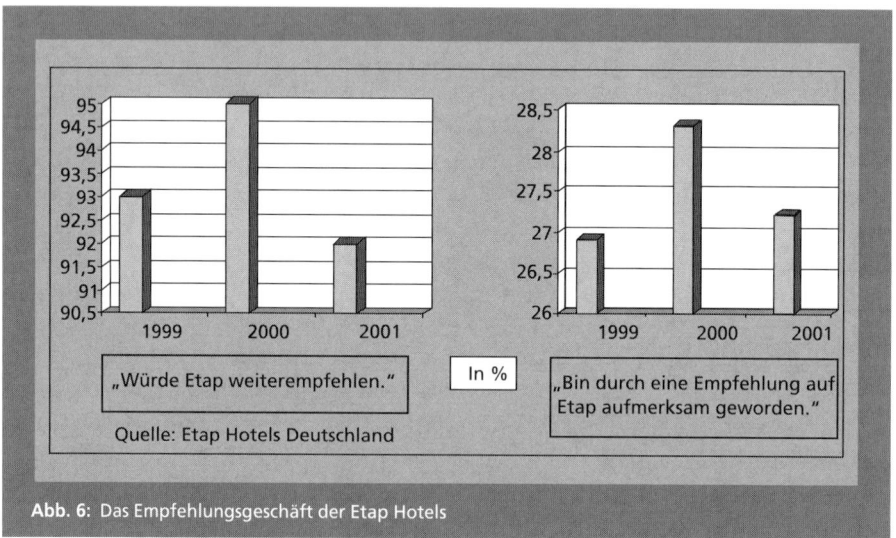

Abb. 6: Das Empfehlungsgeschäft der Etap Hotels

Das bedeutet konstant und seit Jahren eine Umwandlungsrate von knapp 3:1. Das heißt, durchschnittlich jeder dritte Gast, der vorhat, *Etap* weiterzuempfehlen, bringt der Kette einen neuen Gast. Eine außergewöhnlich hohe Zahl. In der Literatur liest man meist von einer Rate von 10:1. Der Erfolg von *Etap* liegt erstens daran, dass die Gäste meist sehr angenehm überrascht sind, für sehr wenig Geld doch so viel zu bekommen. Zweitens nehmen die am Umsatz beteiligten Geschäftsführer der Hotels die gute Gästebetreuung besonders ernst. Schließlich wird das Empfehlungsgeschäft sanft stimuliert – man nutzt das Mitteilungsbedürfnis begeisterter loyaler Menschen.

6.7 Begeisterung loyalisiert

Begeisterung ist der Vorbote zum Erfolg, sagen die Erfolgstrainer. Doch wie funktioniert Begeisterung? Begeisterung kann man nicht einfordern, man muss sie sich erarbeiten. Man muss die Erwartungen des Verwenders (deutlich) übertreffen. Dieser lebt in einem ständigen Vergleich zwischen seinen Erwartungen und der erlebten Leistung. Er vergleicht auch mit den Bestleistungen der Mitbewerber und mit anderen (verwandten) Branchen. Er hat Basisanforderungen, die er als selbstverständlich voraussetzt. Erhält er diese nicht, verspürt er eine starke Unzufriedenheit. Zum Beispiel bei mangelnder Sauberkeit in einem Restaurant, einem Geschäft, einem Sonnenstudio, einem Hotel. Sauberkeit ist heute eine Basisanforderung.

Aber wodurch kann man Kunden begeistern? Es gibt Begeisterungsfaktoren, die kosten Geld und es gibt solche, die kosten keinen Cent. Es sind vor allem die weichen, die zwischenmenschlichen Faktoren, die guten Gefühle, die Begeisterung auslösen. Alles, was Sie dazu brauchen, sind gute Ideen und viele kleine gute Taten, um Pluspunkte zu sammeln! Zum Beispiel:

❑ ein authentisches Lächeln	❑ Vorab-Informationen geben
❑ etwas Besonderes bieten	❑ mit Namen ansprechen
❑ Versprechen einhalten	❑ dicke Dankeschöns
❑ Privilegien gewähren	❑ den Kunden wieder erkennen
❑ kleine Geschenke machen	❑ Wertschätzung zeigen
❑ Überraschungen bereiten	❑ ein Nr. 1 Gefühl geben
❑ großzügig sein	❑ vom Chef persönlich betreut werden
❑ Kulanz walten lassen	❑ eine Entschuldigung aussprechen
❑ Wiedergutmachung geben	❑ Zuvorkommenheit

Abb. 7: Pluspunkte Sammeln

Begeisterungsfaktoren lassen sich je noch Kundentyp und Dauer der Geschäftsbeziehung individuell und dosiert einsetzen, um nicht gleich das ganze Loyalisierungspulver zu verschießen. Am Ende ist es eine Summe von Kleinigkeiten, eine Summe kleiner Emotionen, sind es magische Momente, die zu Begeisterung führen. Ihre Mitarbeiter agieren dabei wie gute Verkäufer, die während des Verkaufsgesprächs viele kleine Jas sammeln, um das finale große *JA!* zu erzielen: Von einem begeisterten Interessenten, der zum ersten Mal kauft oder von einem Kunden, der immer wiederkommt und kräftig weiterempfiehlt.

Kürzlich führte die Hotelmarke *Mercure (www.mercure.de)*, in Deutschland mit über 100 Häusern (davon 29 Franchisehotels) vertreten, am Münchner und Berliner Flughafen eine Promotion-Aktion durch. »Schicken Sie einem lieben Menschen ein Betthupferl und gewinnen Sie eines von 100 Wochenenden für zwei Personen in einem deutschen Mercure Hotel Ihrer Wahl«, hieß es auf Aufstellern. Die Reisenden hatten die Möglichkeit, eine Karte auszufüllen, auf der sie einem lieben Menschen einige nette Zeilen schreiben konnten. Diese Karte wurde dann zusammen mit einem *Mercure*-Marzipanherzen verschickt.

Über 1.700 Betthupferl konnten versandt werden. Namhafte Persönlichkeiten haben die Aktion gesehen oder nahmen sogar daran teil. Fast alle fanden die

Aktion originell, überraschend und sympathisch. *Mercure* hat damit im wahrsten Sinne die Herzen der Menschen berührt. Und, wie heißt es so schön: »Wer die Herzen gewinnt, hat mit den Köpfen leichtes Spiel.« Hoteldirektoren und Franchisenehmer wurden im Rahmen eines Meetings bereits vier Monate vor Beginn der Aktion informiert und durch wöchentliche Newsletter über den Fortgang der Ereignisse informiert. Natürlich haben beim Einlösen der Gutscheine alle mitgemacht.

Den Zusammenhang zwischen Zufriedenheit, Begeisterung und Loyalität zeigt die folgende Untersuchung des *Deutschen Kundenbarometers* am Beispiel der Hotellerie:

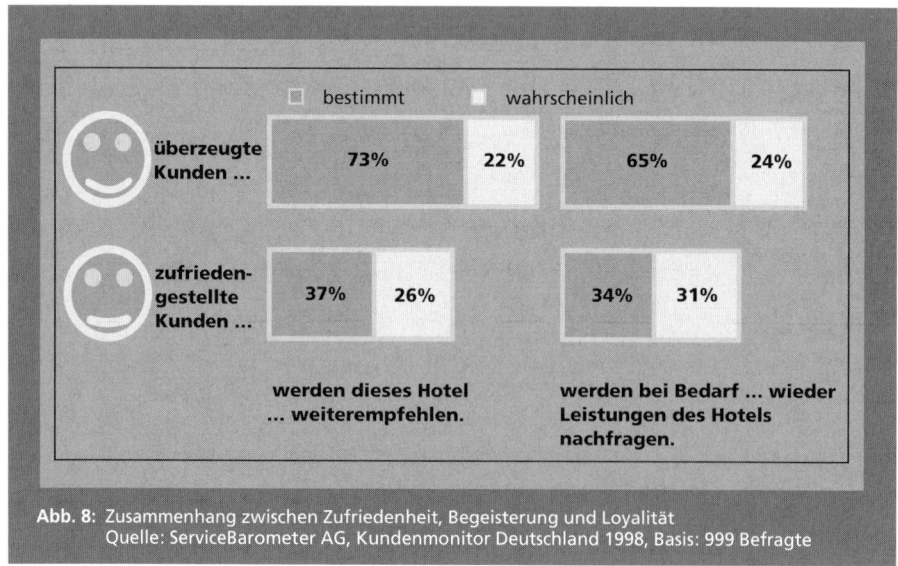

Abb. 8: Zusammenhang zwischen Zufriedenheit, Begeisterung und Loyalität
Quelle: ServiceBarometer AG, Kundenmonitor Deutschland 1998, Basis: 999 Befragte

6.8 Das Begeisterungsmanagement

Nicht nur die Begeisterungsfaktoren, viele andere Aktivitäten im Unternehmen können dazu beitragen, Begeisterung bei Mitarbeitern und Kunden auszulösen. Dies lässt sich im Rahmen eines **Begeisterungs-Managements** systematisch zusammenführen. Es enthält:

❏ Mitarbeiterbefragungen
❏ Kundenbefragungen
❏ den Einsatz von Begeisterungsfaktoren
❏ eine kundenorientierte Reklamationsbearbeitung
❏ Verbesserungsvorschläge von Kunden
❏ Verbesserungsvorschläge von Mitarbeitern

Amjad Gulzar, Restaurant Manager in einem *Burger King*-Restaurant, fragt zwei- bis dreimal pro Woche etwa 20 bis 30 seiner Gäste ausführlich nach ihrer Meinung. Als kleines Dankeschön verschenkt er Essensgutscheine. Die Befragungs-Ergebnisse bespricht er ausführlich mit seinen Mitarbeitern. Auf die Meinung seiner Stammgäste legt er besonderen Wert. Für ihre Treue erhalten sie von Zeit zu Zeit Menü-Schecks. Die Stimmung in seinem Restaurant, das zu den am besten benoteten *Burger Kings* in Deutschland gehört, ist besonders herzlich und freundlich.

Wie Sie mit Hilfe von Kundenforen Verbesserungs- und Begeisterungspotenzial erfassen, zeigt das Kapitel IV.5. Alle oben genannten Tools können Sie mit professioneller Hilfestellung, teils aber auch ohne externes Expertenwissen, in Ihrem System bzw. in den einzelnen Betrieben einführen. Im Rahmen von moderierten Kreativ-Workshops lassen sich viele weitere Aspekte beleuchten und vertiefen. Immer empfiehlt sich dabei die aktive Mitarbeit von Mitarbeitern mit Kundenkontakt. Sie haben das Ohr am Kunden, sie wissen am besten Bescheid und haben auch Spaß an der Umsetzung, wenn – ja – wenn sie im Vorfeld involviert wurden. Dann werden sie mit Herz und Seele ihre eigenen Ideen in die Tat umsetzen und hierdurch deutlich bessere Resultate erzielen. So kann man nicht nur die Kunden, sondern vor allem auch die Mitarbeiter selbst stärker loyalisieren. Und erreicht irgendwann Loyalitätsexzellenz.

Als die franchisierte Zwei-Sterne-Hotelkette *Ibis (www.ibishotel.com)*, in Deutschland mit über 70 Hotels vertreten, ein neues Qualitäts-Versprechen einführen wollte, wurde den Mitarbeitern im Hotel nicht ein fertiges Handbuch mit allen erdenklichen Fallbeispielen und Handlungsanweisungen übergeben, sondern sie erhielten folgende Aufgabenstellung: »Ibis plant, in absehbarer Zeit in allen Hotels eine 15-Minuten-Service-Garantie einzuführen. Bitte bereiten Sie sich entsprechend darauf vor und teilen Sie uns mit, wenn Sie soweit sind.«

Der Hoteldirektor hatte den Auftrag, dieses Projekt seinen Mitarbeitern zu übertragen. Mit Feuereifer gingen diese ans Werk. Man übernachtete in seinem eigenen Hotel, um etwaigen Problemen auf die Spur zu kommen. Der Haustechniker machte technische Erste-Hilfe-Kurse, Koch und Barmann gaben ihre besten Rezepte preis. Man entwickelte Checklisten und Krisen-Szenarien, was bei welchem Problem wie zu erledigen sei. Auf den Etagen wurden 15-Minuten-Emergency-Rooms eingerichtet, in denen Ersatz-Fernseher, Fernbedienungen, Batterien, Birnen usw. lagerten. Zwischen den verschiedenen Hotels fand ein reger Erfahrungsaustausch statt. Wenn Gäste eine Reklamation hatten, war nunmehr die Stoppuhr im Einsatz.

Nachdem alle Hotels ihr Startzeichen gegeben hatten, konnte es an einem 1. April losgehen. Auf einer großen Tafel am Hoteleingang wurden die Gäste informiert. Auf Flyern, die sie erhielten, war folgendes zu lesen: »Sollte tatsächlich einmal etwas in Ihrem Zimmer oder mit dem Service in unserem Hotel nicht in Ordnung sein, sagen Sie es uns. Unser Ibis-Team verpflichtet sich, jedes kleine Problem während Ihres Aufenthalts, für das wir verantwortlich sind, innerhalb von 15 Minuten zu lösen – und das rund um die Uhr. Sollte es uns einmal wirklich nicht gelingen, den Mangel innerhalb des gesetzten Zeitraums zu Ihrer Zufriedenheit zu lösen, so werden Sie dafür von uns eingeladen.«

Die Gäste erhielten im Fall des Falles ein 15-Minuten-Rätsel oder einen 15-Minuten-Lolli, um die Wartezeit zu überbrücken. Für die Mitarbeiter war es eine Frage der Ehre, die Lösung so schnell wie möglich zu finden. Jeder Vorfall wurde mit Zeitangabe auf der Tafel am Eingang dokumentiert. Die Öffentlichkeit wurde mit Anzeigen auf diese in der Hotellandschaft einmalige Servicegarantie aufmerksam gemacht. Presse, Funk und Fernsehen berichteten ausführlich. Denn es gab viele Geschichten zu erzählen. Die Mitarbeiter standen im Mittelpunkt und haben ihre Sache toll gemacht.

Im Rahmen des Begeisterungsmanagements kommen alle Ideen aus Mitarbeiter- und Kundenbefragungen, alle Anstöße aus Reklamationen, alle Erfahrungen mit Begeisterungsfaktoren, alle Verbesserungsvorschläge in einen zentralen Ideenspeicher, der periodisch ausgewertet wird. Brauchbare Ideen werden weiter entwickelt, getestet und möglichst zügig umgesetzt, um neue Begeisterungschancen zu kreieren und möglicherweise sogar Innovationen anzustoßen.

Ein effizienter **Ideenspeicher** ist eine nie versiegende Quelle auf dem Weg zu kontinuierlichen Verbesserungsprozessen. Die Ideengenerierung sollte so einfach und transparent wie möglich gestaltet werden. Hier können gerade die Mitarbeiter mit Kundenkontakt aktiv werden. Sie nehmen alle Anregungen von Kundenseite auf und ergänzen diese mit eigenen Gedanken – am besten auf einem dafür vorgesehenen Formblatt. So können sie ein Problemfeld konkret aufzeigen, einen Verbesserungsvorschlag machen und zusätzlich begründen, was dieser in punkto Zeitersparnis, Geld, Nutzen, Wohlbefinden und Kundenbegeisterung bringen kann.

Lassen Sie den Mitarbeiter, soweit möglich, seinen Vorschlag an seinem eigenen Arbeitsplatz selber testen. Und geben Sie ein zeitnahes Feedback, ob und ab wann ein Verbesserungsvorschlag genehmigt und umgesetzt wird oder warum nicht. Sprechen Sie in jedem Fall Dank und Anerkennung aus. Speichern Sie alle Ideen in einer Ideenbank. Ordnen Sie passende Ideen den einzelnen Kunden oder Kundengruppen zu. Setzen Sie Prioritäten. Kommunizieren Sie Erfolge und den damit verbundenen Ideengeber in internen Medien. Es sollte zu den regelmäßigen Aufgaben eines Mitarbeiters gehören, Verbesserungsvorschläge einzureichen. Dies gehört in die Jahreszielvereinbarung!

Alle positiven wie negativen Erfahrungen müssen schließlich in Datenbanken gespeichert und allen Franchisepartnern zugänglich gemacht werden. So schaukeln (Loyalitäts-)Wissen und Können das ganze System auf ein immer höheres Niveau. Konkurrenzvorsprünge werden immer größer, das Ergebnis heißt Loyalitätsführerschaft. Hierzu braucht es eine hohe Anzahl an Standorten. Aber das ist kein Problem. Die begeisterten Franchisepartner helfen selbst fleißig mit, neue Franchisepartner zu akquirieren, werden zu Empfehlern des eigenen Systems. Jeder, der das Loyalitätsprinzip verstanden hat und es anwendet, hilft jedem, immer noch ein wenig erfolgreicher zu werden – eine Loyalitätsspirale, die sich immer weiter nach oben dreht.

6.9 Total Loyalty Marketing und Franchising

Franchisesysteme, die *Total Loyalty Marketing* in ihre Unternehmensstrategie und ebenso in ihre Unternehmensphilosophie einbinden, werden es viel leichter haben, neue Franchisepartner zu finden, in ihr System zu integrieren und vor allem zu loyalisieren. Die von der Systemzentrale entwickelten Loyalisierungstools sind gerade für System-Einsteiger eine große Hilfestellung, um deren eigene Mitarbeiter und Kunden zu loyalisieren. Und was den einzelnen Franchisenehmer schnell erfolgreich macht, nutzt schließlich wieder dem gesamten System.

Loyalitäts-Konzepte sind allerdings nicht von der Stange zu kaufen. Sie müssen vielmehr individuell erarbeitet und auf jedes Unternehmen passend zugeschnitten werden. Dabei muss zunächst Wissen rund um das Thema Loyalität vermittelt werden, um die richtigen Impulse zu geben. Jeder einzelne Franchisenehmer muss quasi vom Loyalitätsfieber gepackt werden, denn in seinem Betrieb kommen die loyalisierenden Maßnahmen zur Anwendung, dort werden sie ihre ganze Wirkung entfalten.

Und weil dort der Kontakt zum Kunden am intensivsten wird, könnten die Systemzentralen ganz regelmäßig Loyalitätsbotschafter zu moderierten Kreativ-Workshops zusammenrufen, um neue Loyalitätstools zu entwickeln, zu testen und umzusetzen. Die Autorin kann bei dieser Aufgabenstellung durch Trainings und Projektbegleitung wertvollen Input liefern.

Erste Anregungen lassen sich bereits dem Buch *Total Loyalty Marketing – Mit loyalen Mitarbeitern und treuen Kunden zum Unternehmenserfolg* entnehmen. Ein Buch, von dem *Günter Greff*, CEO der *e-Learn AG* sagt: »*Total Loyalty Marketing* bietet Unternehmern und Mitarbeitern mit Kundenkontakt eine Fülle pfiffiger, sofort umsetzbarer Ideen. Endlich ein Buch, das Führungs- und Marketingwissen genau so vermittelt, wie es in Vertrieb und Kundenservice benötigt wird.«

6.10 Fazit

Im wirtschaftlichen Wettkampf gibt es nur einen Sieger. Der Zweite in der Gunst des Konsumenten hat beim Kaufakt genauso verloren wie der Dritte oder der Dreiunddreißigste. Wenn meine Lieblingsschokolade verfügbar ist, werde ich nicht zur zweitliebsten greifen . . . Loyale Kunden helfen Ihnen, immer öfter die Nummer 1 und damit Sieger zu sein. Loyale Kunden erhalten Sie durch *Total Loyalty Marketing.*

Im *Total Loyalty Marketing* steht der Käufer an der Spitze eines Loyalitätsdreiecks. Alle Aktivitäten des Managements und alle Aktivitäten der Mitarbeiter in ihrer Funktion als Team-Spieler sind systematisch auf ihn ausgerichtet. In diesem Dreiecksverhältnis wird das Loyalitätsprinzip zu einer von der Geschäftsleitung getragenen Unternehmensstrategie. Und das ist auch gut so.

Denn in den Marktanteils-Schlachten der Zukunft wird es vor allem um Loyalität gehen. Der Fokus wird weniger auf aggressive Verkaufsmannschaften gerichtet sein, bei denen einer dem anderen die Kunden wegschnappt, sondern vielmehr auf gute Mitarbeiter, denen es mit Sympathie und Empathie gelingt, kontinuierlich Loyalität zu erzeugen. Loyalität entsteht viel leichter zwischen zwei Menschen als zwischen Menschen und mehr oder weniger anonymen Unternehmen.

Durchschnittlich verliere heute eine Firma jedes Jahr 20 Prozent ihrer Kunden. Wenn sie nur die Hälfte dieser Kunden halten könne, würde sie ihren Gewinn beinahe verdoppeln, meint *Frederick F. Reichheld* in seinem Buch *Der Loyalitäts-Effekt*. Da klingeln doch die Euro in den Kassen! Viele (Dienstleistungs-)Unternehmen leiden in diesen Tagen, die Zukunftsszenarien sind ungewiss. Gerade deshalb brauchen sie *Total Loyalty Marketing*.

Total Loyalty Marketing ist ein strategisches Erfolgskonzept, bei dem alle Marketing-Instrumente auf *ein* Ziel ausgerichtet werden: Loyale Kunden durch loyale Mitarbeiter. Hierdurch steigern Sie Ihre Erträge und sichern sich Marktvorsprünge im Kampf um die Treue des Kunden. Mit *Total Loyalty Marketing* machen Sie nicht nur Ihre Käufer und Ihre Mitarbeiter, sondern auch Ihre Franchisenehmer glücklich. Also eine **Win-win-win** Situation.

Einführung

Franchising wird durch Dynamik am Markt gekennzeichnet. Demnach muss auch das im Franchise-Handbuch dokumentierte Know-how des Franchisesystems jederzeit an diese Dynamik des Marktes angepasst werden. Nur wenn diese Anpassung erfolgt, ist das Know-how des Franchisesystems in jeder Phase des zwischen Franchisegeber und Franchisenehmer abgeschlossenen Franchisevertrages im Sinne der EU-Gruppenfreistellungsverordnung für Vertikale Vertriebsbindungen **unerlässlich**. Diese **Unerlässlichkeitsprüfung** legt dem Franchisegeber also die Verpflichtung auf, das Know-how weiterzuentwickeln. Da der Franchisevertrag statisch ist, können solche Änderungen des Know-how, das dem Franchisenehmer zur Verfügung zu stellen ist, nicht durch den Franchisevertrag vermittelt werden. Diese Änderungen können nur durch eine überarbeitete Fassung des Franchise-Handbuchs an den Franchisenehmer weitergegeben werden.

Dies bedeutet aber, dass der Franchisevertrag dem Franchisegeber die Möglichkeit geben muss, die Regelungen des Franchise-Handbuchs abzuändern. Die Zulässigkeit solcher sog. **Änderungsvorbehalte** ist anerkannt. Allerdings kann der Franchisegeber nur dann von seinem Änderungsvorbehalt Gebrauch machen, wenn zum einen die Grenzen des § 242 BGB und zum anderen die Interessen des Franchisenehmers angemessen berücksichtigt werden. Dies bedeutet auch, dass Änderungen dem Franchisenehmer mit einer angemessenen Vorankündigungsfrist anzuzeigen sind.

Ein solcher im Franchisevertrag zu vereinbarender Änderungsvorbehalt könnte folgenden Wortlaut haben:

>»Änderungen des Geschäftsordnungssystems und/oder der Richtlinien des Franchisegebers gegenüber dem Stand des Know-how bei Abschluss des Franchisevertrages werden dem Franchisenehmer jeweils rechtzeitig unter Berücksichtigung seiner Interessen vor Inkrafttreten bekanntgegeben.

>Solche Änderungen werden vom Franchisegeber in dem Umfang vorgenommen, der aus Marketing-, organisatorischen, technischen oder betriebswirtschaftlichen Gründen als zweckmäßig erscheint und/oder zur Aufrechterhaltung des Franchisesystems insgesamt oder der Corporate Identity des Franchisesystems erforderlich ist.

>Das im Franchisevertrag zum Ausdruck gekommene Gleichgewicht von Leistung und Gegenleistung, die allgemeine Abgrenzung der Risikosphären sowie die Leistungsfähigkeit des Franchisenehmers müssen gewahrt werden und dürfen durch die vom Franchisegeber vorgenommenen Änderungen nicht berührt werden.«

Nur wenn ein solcher Änderungsvorbehalt im Franchisevertrag vereinbart worden ist, ist es dem Franchisegeber auch möglich, das Know-how des Franchisesystems nicht nur an die sich wechselnden Gegebenheiten des Marktes anzupassen, sondern auch dessen Umsetzung beim Franchisenehmer durchzusetzen.

Enthält der Franchisevertrag keinen solchen Änderungsvorbehalt, so ist im Zweifel anzunehmen, dass der Franchisegeber nach Maßgabe von § 315 BGB die entsprechenden Regelungen nach billigem Ermessen treffen, d. h. abändern kann. Die Abänderung des Franchise-Handbuchs ist dann gemäß § 315 Abs. 2 BGB durch Erklärung gegenüber dem Franchisenehmer wirksam. Wirksam ist dann eine solche Abänderung gemäß § 315 Abs. 3 BGB nur, wenn sie der Billigkeit entspricht. § 315 BGB bindet damit die Gestaltungsmacht des Franchisegebers und unterwirft die von diesem getroffene Entscheidung, nämlich die Abänderung des Franchise-Handbuchs, einer **gerichtlichen Billigkeitskontrolle**. Diese Billigkeitskontrolle kann viel einschränkender sein, als ein im Rahmen des Franchisevertrages zugunsten des Franchisegebers vereinbarter Änderungsvorbehalt.

7.1 Verhältnis Franchisevertrag/Franchise-Handbuch

Ist schon der Inhalt eines jeden Franchise-Handbuchs nach Bedeutung, Umfang und Branche des Franchisesystems verschieden, so gilt dies natürlich auch für die Weiterentwicklung des Know-how und damit auch die Fortschreibung des Franchise-Handbuchs. Allgemeine Grundsätze sowohl zur Strukturierung als auch zur Fortschreibung der Franchise-Handbücher gibt es nicht. Vielmehr ist diese Struktur nicht nur vom Aufbau des Franchisesystems, sondern auch davon abhängig, ob es sich um eine Dienstleistungs-Franchise, eine Einzelhandels-Franchise oder eine technische Franchise handelt.

Das Franchise-Handbuch dient der Dokumentation des bei Vertragsabschluss vorhandenen und während der Vertragslaufzeit weiterentwickelten Know-how und dessen Transferierung vom Franchisegeber auf den Franchisenehmer. Dem gegenüber legt der Franchisevertrag den rechtlichen Rahmen für die Zusammenarbeit zwischen Franchisegeber und Franchisenehmer. Der Franchisevertrag lebt von einem angemessenen Verhältnis von Leistung und Gegenleistung, d. h. die Leistungen des Franchisegebers müssen denen des Franchisenehmers entsprechen. Dies bedeutet, dass das auf den Franchisenehmer zu transferierende aber auch fortzuschreibende Know-how in einem angemessenen Verhältnis zu den vom Franchisenehmer zu leistenden Gebühren stehen muss.

Geregelt sind im Franchisevertrag die Hauptleistungsverpflichtungen, d. h. die Verpflichtungen, für die eine Verknüpfung im Gegenseitigkeitsverhältnis (Synallagma) besteht. Der Franchisevertrag regelt aber nicht nur Hauptleistungsverpflichtungen, sondern auch Nebenleistungsverpflichtungen – das sind solche Regelungen, die der Umsetzung der Franchise-Idee dienen, also das Know-how im einzelnen umschreiben. Diese Nebenleistungsverpflichtungen sind im Handbuch nicht nur darzustellen – sondern auch fortzuschreiben.

Dieses Verhältnis von Franchisevertrag und Franchise-Handbuch ist auch zu beachten, wenn es um die Weiterentwicklung des Know-how eines Franchisesystems geht. Regelungen und Leistungsverpflichtungen, die im Gegenseitigkeitsverhältnis stehen, können nicht aufgrund des Änderungsvorbehalts des Franchise-Handbuchs einseitig durch den Franchisegeber abgeändert werden. So ist es nicht möglich, durch eine Fortschreibung des Franchise-Handbuchs nachträglich eine Verlängerungsgebühr für die Verlängerung des Franchisevertrages zu beanspruchen oder aber die laufenden Franchise-Gebühren zu erhöhen.

Umgekehrt kann im Wege des Franchise-Handbuchs aufgrund der Weiterentwicklung des Know-how dem Franchisenehmer vorgegeben werden,

❑ welche systemtypische Kleidung er zu tragen hat,
❑ welcher Lagerbestand an Vertragswaren vorzuhalten ist,
❑ welche Vorgaben zum Product Placement und zum Category Management bei der Präsentation der Vertragswaren zu beachten sind,
❑ inwieweit weitergehende Schulungsverpflichtungen begründet werden,
❑ welche Werbe- und Marketingkonzepte sowie Konzepte für sonstige Verkaufshilfen und Kundenbindungssysteme von ihm umzusetzen sind, und
❑ welche Informationen dem Franchisegeber mitzuteilen sind, wenn zukünftig Betriebsvergleiche zum Bench-Marking innerhalb des Franchisesystems durchgeführt werden sollen.

Der Franchisevertrag braucht hier nur Rahmenvorschriften zu Schulungsverpflichtungen und Werbe- und Marketingkonzepten enthalten, das Handbuch regelt dann die Einzelheiten dieser Nebenleistungsverpflichtungen.

7.2 Franchise-Handbuch und Qualitätssicherung

Produktions- und Lieferbeziehungen haben sich in den letzten Jahrzehnten fundamental verändert; Qualitätsanforderungen haben sich gewandelt. Der alte Qualitätsbegriff beinhaltete Eigenschaften von Produkten, der neue dient der Befriedigung von Käuferbedürfnissen. Diese neue Art des Qualitätsverständnisses schafft eine andere Beziehung zwischen Käufer und Verkäufer. Dies bleibt auch nicht ohne Auswirkungen auf das Know-how, das einem Franchisenehmer vom Franchisegeber zur Verfügung zu stellen ist, sei es nun, dass es um Qualitätsanforderungen innerhalb des Franchisesystems oder aber um Qualitätsanforderungen der abzusetzenden Produkte oder der vom Franchisenehmer gegenüber dem Letztverbraucher zu erbringenden Dienstleistungen geht.

Aus diesem Grunde sind zahlreiche Franchisesysteme in Weiterentwicklung ihres Know-how dazu übergegangen, ein Qualitäts-Management (TQM) aufzubauen

(Total Quality Management) oder das Franchisesystem nach ISO-Vorschriften zertifizieren zu lassen.

Werden solche Qualitäts- oder Qualitäts-Management-Systeme etabliert, so sind damit auch Leistungsverpflichtungen für den Franchisenehmer verbunden, insbesondere Zahlungsverpflichtungen für die Audits der externen Zertifizierungsbehörde. Solche Zahlungsverpflichtungen können nicht durch eine Fortschreibung des Handbuchs begründet werden. Wird also ein Qualitäts-Management-System im Zuge der Fortschreibung des Know-how des Franchisesystems eingeführt, so ist dazu die Einwilligung des Franchisenehmers erforderlich. Es empfiehlt sich daher, bereits im Rahmen des Franchisevertrages einen entsprechenden Vorbehalt zugunsten des Franchisegebers zu vereinbaren, wobei dieser Vorbehalt auch die vom Franchisenehmer zu erbringenden zukünftigen Gebühren und die mit der Qualitätssicherung verbundenen Kosten bereits umfassen sollte.

7.3 Rechtliche Grenzen der Anpassung eines Franchise-Handbuchs

Die rechtlichen Grenzen der Anpassung eines Franchise-Handbuchs werden dort gezogen, wo durch die Anpassung des Franchise-Handbuchs an die veränderten Gegebenheiten des Marktes Hauptleistungsverpflichtungen des Franchisenehmers ohne dessen Einwilligung abgeändert bzw. neu begründet werden.

Die Grenzen sind aber auch dort zu sehen, wo unangemessene Leistungen vom Franchisenehmer verlangt werden, wie etwa Umbau- und Renovierungsarbeiten im Zuge der Anpassung an die neuen Farben des Systems, obwohl der Franchisenehmer kurz vor Umsetzung dieser Maßnahmen erst das Franchise-Outlet umfassend renoviert hat. Hier werden die Grenzen der §§ 138, 242 BGB überschritten.

Die Grenzen werden auch dort überschritten, wo vom Franchisenehmer die Umsetzung von Maßnahmen verlangt wird, obwohl dazu keine angemessenen Fristen gesetzt worden sind. Die Berücksichtigung der Franchisenehmer-Interessen, die Ausprägung der gegenseitigen Fürsorgepflicht bei einem Franchisesystem sind, verlangt, dass jede neu umzusetzende Maßnahme dem Franchisenehmer mit einer angemessenen Vorankündigungsfrist mitgeteilt wird. Wie lang diese Frist ist, ist im Einzelfall zu entscheiden. Bei kleineren Maßnahmen mögen vier Wochen ausreichen, bei umfassenderen Maßnahmen kann aber auch ein Zeitraum von drei bis sechs Monaten zu fordern sein, wie z. B. bei der Neugestaltung der Verkaufszone des Franchise-Outlets.

Die Grenzen werden auch dort überschritten, wo die Umsetzung des weiter entwickelten Know-how einen Gesetzesverstoß des Franchisenehmers darstellt, etwa dann, wenn dieser durch Vorgaben zur regionalen Werbung durch die Franchisegeber-Zentrale gezwungen wird, eine wettbewerbswidrige oder irreführende Werbung im Sinne von §§ 1, 3 UWG schalten zu lassen. Entsprechendes gilt – unabhängig von der Frage des Eingriffs in die unternehmerische Selbstständigkeit – für die Vorgabe von Geschäftsöffnungszeiten, wenn damit gegen gesetzliche Regelungen (Ladenschlusszeiten oder Beachtung der Sperrstunde im Gastronomiebereich) verstoßen wird. Auch kann durch eine Weiterentwicklung der Verkaufskonzepte des Franchisesystems nicht eine Preisbindung eingeführt werden, auch wenn der Franchisegeber im Franchisevertrag festhält, dass dem Franchisenehmer die Verkaufspreise für die von ihm abzusetzenden Vertragswaren oder zu erbringenden Dienstleistungen nicht vorgegeben werden. An das Preisbindungsverbot des § 14 GWB sind auch die Regelungen des Franchise-Handbuchs gebunden. Eine Ausnahme gilt nur dann, wenn durch den Franchisegeber neue Produkte auf dem Markt eingeführt werden sollen. Hier kann sowohl Wettbewerbs- als auch kartellrechtlich für die Dauer der Einführung von jedem Franchisenehmer verlangt werden, dass er dieses Produkt vorhält und zu dem vom Franchisegeber vorgegebenen Einführungspreis absetzt.

Allgemein lässt sich sagen, dass die Grenzen der Abänderung des Franchise-Handbuchs und dessen Weiterentwicklung dort gezogen werden, wo deren Umsetzung durch den Franchisenehmer einen Verstoß gegen die allgemeinen Gesetze darstellt oder aber die Interessen des Franchisenehmers nicht in angemessener Weise gem. § 242 BGB berücksichtigt werden oder sich die Leistungsverpflichtungen unangemessen zum Nachteil des Franchisenehmers im Sinne von § 138 BGB verschieben.

7.4 Praxisbeispiel Kieser

Ein anschauliches Beispiel, dass auch scheinbar allgemeine Ausführungen in ein gutes Handbuch gehören, liefert das Kieser-Training-AG-Handbuch. Die dort geäußerten Ansichten sind, soweit sie gelebt werden, für ein gutes Franchisesystem kennzeichnend.

Das Beispiel ist sicherlich inhaltlich ausgezeichnet. Es zeigt damit, dass ein bestechender Inhalt das Wesentliche ist. Layout, Schrift, besonders Marginalien, die das Wesentliche hervorheben, Grafiken mögen von großer Bedeutung sein, sie können indessen keinesfalls einen handfesten, möglichst einen mitreißenden Inhalt nicht ersetzen. Hier zeigt der Auszug aus dem Kieser-Handbuch, wie ein gelungener Inhalt auch ohne optische Garnierung zu überzeugen vermag.

Der nachfolgende Auszug entstammt dem Kapitel Marketing, wobei der Abschnitt »Die Eskalation des Zerfalls« besondere Aufmerksamkeit verdient und sich im Einklang befindet mit den in diesem Buch dargestellten Grundsätzen über Kundenorientierung bzw. Kundenbegeisterung:

Damit ein Unternehmen seine Produkte verkaufen kann, muss den potenziellen Käufern gesagt werden, dass es diese Produkte gibt und dass sie diese aus einem bestimmten Grunde hier und jetzt kaufen sollen. Aktivitäten, die diesem Zweck dienen, sind unter dem Begriff *Marketing* zusammengefasst; also: klassische Werbung (Inserate, Plakate), Direktwerbung (Werbebriefe, Telefonaktionen, Verkaufsstände), Öffentlichkeitswerbung (Public Relations = redaktionelle Auftritte der Firma in den Medien) und Propaganda (politisch-ideologische Werbung). Man bearbeitet *draußen* ein Feld für den Verkauf der eigenen Produkte, Dienstleistungen oder Ideen. Unter Marketing versteht man also vorwiegend *Feldarbeit*; die Aufmerksamkeit dessen, der Marketing betreibt, ist nach *außen* gerichtet.

Nun nützt es aber gar nichts, wenn draußen etwas versprochen wird und die Menschen zu Hauf hereinkommen, *drinnen* jedoch das Versprechen nicht eingelöst wird. Großartiges versprechen und Armseliges liefern, solches funktioniert in der Politik. Für ein Unternehmen ist es ein Rezept für den Untergang.

Konsistenz

Wir *drinnen* erleben das Unternehmen gewissermaßen von innen nach außen. Beim künftigen Kunden verläuft der Prozess der Wahrnehmung jedoch umgekehrt. Er liest vielleicht etwas über uns und bildet sich davon seine erste Vorstellung. Er ruft an – die Stimme am anderen Ende bestätigt oder korrigiert seine erste Vorstellung. Er macht sich auf den Weg. Das Quartier in dem wir uns befinden färbt auf seine Vorstellung von uns ab. Er steht vor der Eingangstüre. Ein Kunde kommt gerade heraus. Unser möglicher Käufer betrachtet ihn genau. Er tritt ein. Sein Bild über Kieser gewinnt nun rasch an Dichte. Wie er begrüßt wird, wem er gerade beim Training begegnet, wie der Rezeptionist aussieht, Eindrücke – Mosaiksteinchen gleich – vervollständigen sein Bild von uns.

Der Betriebsleiter achtet darauf, dass Konsistenz besteht. Dem potenziellen Kunden wird (in der Werbung) das versprochen, was er erhalten wird. Der Kunde (im Betrieb) erhält, was er aufgrund seiner Information erwartet.

Es gilt somit, einen definierten Leistungsstandard einzuhalten.

Lösungsmodelle

Wie ist es zu schaffen, dass ein Standard unter allen Umständen und in jeder Beziehung erhalten bleibt? Ein Versuch ist der *Wiederholungskurs* der Schweizer Armee: Jeder Schweizer Wehrmann hat die Pflicht, nach einer mehrmonatigen Grundausbildung in der Rekrutenschule jährlich einen mehrwöchigen Kurs zu absolvieren. Dieser Kurs soll seine körperliche und geistige Wehrfähigkeit wieder »auf Vordermann« bringen. Seine Schnellfeuerwaffe mit Munition bewahrt er auch in Friedenszeiten zu Hause auf. Ziel dieses Wehrdienstkonzeptes ist eine allzeit bereite (männliche) Bevölkerung, die per Dekret (*Mobilmachung*) binnen Stunden in eine funktionierende Kriegsmaschine verwandelt werden kann.

Das System musste seine Effizienz glücklicherweise noch nicht unter Beweis stellen. Das schwache Glied darin ist der Wehrmann selbst. Um die nötige Kondition und Kampfbereitschaft zu erhalten, ist die Zeitspanne zwischen den Wiederholungskursen zu lang.

Für Flugzeugpiloten hat sich ein System der »minimalen jährlichen Flugstunden« offenbar bewährt. Wer sehr lange nicht mehr geflogen ist, muss sich wieder überprüfen lassen.

Die Eskalation des Zerfalls

Was ist bei einem Kontrollsystem für Kieser Training zu beachten? Brauchen wir denn überhaupt »so etwas«? Wir führen keine Kriege und fliegen auch keine Flugzeuge, die abstürzen könnten.

Stimmt. Die Veränderungen in den Dienstleistungsunternehmen sind anderer Art. Sie vollziehen sich langsam, fast unbemerkt, aber ebenso unerbittlich.

Das Abbröckeln eines Systems beginnt stets irgendwo am *Rand*. Mit einer *Kleinigkeit*. Zum Beispiel damit, dass interne Mitteilungen nicht mehr vollständig übermittelt werden. Von den sechs Erfordernissen A4-Format, (Makulatur), Absender, Adressat, Datum, und ganze Sätze (Subjekt und Prädikat) bleibt übrig – ein Zettelchen, darauf in schwierig zu entzifffernder Schrift ein Wort oder eine Telefonnummer (oder ist es vielleicht eine Faxnummer oder eine Autonummer?) ohne weiteren Kommentar. Man weiß offenbar nicht mehr, *wer* etwas mitteilte, *wem* die Mitteilung galt, *wann* dies geschehen ist und *worum* es dabei ging. Lediglich ein Wort oder ein paar Zahlen zeugen von einem Vorgang. Der (mögliche) Adressat sitzt dann da, wie ein Sprachforscher vor einer etruskischen Schrifttafel. Was soll es bedeuten? Haben sich solche *Kommunikations*-Formen erst einmal etabliert, nähert sich der Betrieb dem Zustand totaler Kommunikationsunfähigkeit – dem Ende.

Ein anderes Beispiel: Ein Rezeptionist *beschließt*, seine Arbeit dergestalt zu rationalisieren, dass er schon eine halbe Stunde vor offiziellem Betriebsschluss mit den Tagesabschluss-Verrichtungen beginnt. Es sind ohnehin nur noch wenige Trainierende im Raum, die meisten stehen schon unter der Dusche. Also breitet er die Ausweise der noch Anwesenden auf der Theke zur *Selbstbedienung* aus. Um beim Aufräumen des Trainingsraumes nicht gestört zu werden, legt er den Telefonhörer neben den Apparat; er ist nicht mehr zu sprechen.

Schließlich löscht er das Licht im Trainingsraum, weil er niemanden mehr sieht (»Oh, entschuldigen Sie, ich wusste nicht, dass noch jemand da ist!«).

Schon vor dem offiziellen Betriebsschluss steht der Rezeptionist *vor* der Rezeption. Er hat sich umgezogen, ist in *zivil* und somit nicht mehr als Mitarbeiter identifizierbar. Zusammen mit dem letzten Besucher verlässt er den Raum.

Ist dies denn wirklich so schlimm? Ja. Es leitet die Spirale des Systemzerfalls ein. Unser Handeln vollzieht sich nicht in einer Vakuum-Glocke, sondern in einer Welt, voll von Dingen und Sachverhalten; von Ursachen und Wirkungen. Es hat Folgen, die etwa so aussehen:

❑ Die Kunden spüren, dass sie zu dieser (legitimen!) Stunde nicht willkommen sind.
❑ Der psychologische Druck senkt die Trainingsqualität.
❑ Die Kunden kommen zu früheren Zeiten, wo sie *erwünscht* sind.
❑ Die Stoßzeiten werden noch voller, die Kunden müssen an den Geräten warten, das Training *verleidet* ihnen, sie bleiben aus.
❑ Die Randzeiten entvölkern sich, *sterben* ab.
❑ Da der Betrieb bis 21.30 Uhr (in der Schweiz bis 22 Uhr) geöffnet bleibt, muss mindestens ein Mitarbeiter da sein. Er hat nichts zu tun und wird darum anderweitig aktiv – telefoniert mit Freunden, trainiert (während der Arbeitszeit), liest Zeitungen und hat sich schließlich ganz gut eingerichtet, so dass er ganz froh ist, wenn niemand kommt und die Behaglichkeit stört.
❑ Schließlich erkennt er – mit gutem Grund – keinen Sinn mehr darin, eine Arbeitskleidung zu tragen. Das Umziehen lohnt sich ohnehin nicht mehr. Im Grunde genommen reicht es, wenn er alle 15 Minuten mal reinschaut. So schreibt er denn mit einem Filzstift auf ein

Stück Pappe die Worte: »Bin in zehn Minuten zurück«, legt es auf die Theke, daneben einige Schlösser (man kann nie wissen, vielleicht kommt doch noch jemand) und begibt sich ins Gasthaus gegenüber, um die Übertragung des Fußball-Länderspiels zu sehen.

❏ In letzter Zeit beschäftigen ihn vermehrt Fragen zu seiner Lage: ob seine Arbeitszeit gerechtfertigt sei, ob Wochenendarbeit vielleicht nicht höher bezahlt werden müsse oder ob es gar verboten sei, an Feiertagen zu arbeiten, wieso nur so geringe Sozialleistungen *geboten* würden, ob die paar Wochen Ferien noch zeitgemäß seien und wann er seine nächste Grippe *einziehen* soll.

❏ Sobald es sich ergibt, will er ohnehin einen neuen Job annehmen – mit mehr Lohn und weniger *Stress*, vorbildlichen Sozialleistungen und Sicherheiten bis ans Lebensende.

❏ Der Mitarbeiter ist aber nicht nur zu den Randstunden anwesend. Seine Sicht der Dinge trägt er in die stärker frequentierten Öffnungszeiten und überträgt sie auf Mitarbeiter und Kunden.

❏ Kunden und Mitarbeiter wissen schließlich nicht mehr, wozu sie da sind. Die Mitarbeiter holen zwar noch regelmäßig ihr Gehalt ab, verdienen es aber – im Sinne des Wortes – schon lange nicht mehr. Die Kunden bleiben aus oder gehen dorthin, wo ihnen Sinn vermittelt wird.

❏ Nun geht es schnell. Die unbezahlten Rechnungen stapeln sich in einer Schublade. Das Telefon wird abgeschaltet, der Strom abgestellt, die Löhne können nicht mehr bezahlt werden, die Firma ist pleite.

Der Zerfall eines sozio-technischen Systems

1. beginnt am *Rande*,
2. ist *progredient* (verschlimmert sich zunehmend),
3. ist *ansteckend*, greift auf andere, *gesunde*, Bereiche über,
4. ist *irreversibel*, lässt sich von einem bestimmten Punkt an nicht mehr korrigieren, führt zum Kollaps, ungeachtet der Größe des Systems (siehe Weltgeschichte).

Was tun?
1. Abweichung(en) an Kleinigkeiten (im *Keimstadium*) wahrnehmen.
2. Den Grad der Abweichung feststellen.
3. Sofort-Maßnahmen einleiten, die das System wieder auf den Standard zurückbringen.

Wie sieht der konkrete Fall einer solchen Korrektur aus? Spielen wir den Fall mit der mangelhaften internen Kommunikationsübermittlung weiter.

Dem Betriebsleiter gerät ein solcher Mitteilungszettel in die Hände. Er erkennt, dass es sich um eine Abweichung von über 80 Prozent handelt (mehr als vier Fünftel der Information ist weggelassen). Er findet heraus, von wem der Zettel stammt und prüft in den Personalunterlagen nach, ob demjenigen der Standard auf diesem Gebiet überhaupt bekannt gemacht wurde (Ausbildungsprogramm I).

Der mündliche Hinweis »mach das dann das nächste Mal richtig« oder »das hast Du doch anders gelernt« bringen erfahrungsgemäß nichts, weil der Mitarbeiter sich lediglich kritisiert fühlt. Entweder kann er nicht – dann muss er lernen und üben – oder will nicht, dann muss er gehen; er gefährdet das System und damit die Arbeitsplätze von allen. Etwas *dazwischen* gibt es nicht.

Der Betriebsleiter veranlasst, dass der Verfasser des Zettels alle das Thema betreffenden Anweisungen noch einmal gründlich studiert (auf seine Kosten, d. h. die Zeit für seinen Lernaufwand wird nicht bezahlt). Gleichzeitig wird der Zeitpunkt für die Prüfung festgelegt. Nach erfolgreicher abgeschlossener Prüfung ist der Standard in diesem konkreten Bereich wieder hergestellt.

Unterschrift
Werner Kieser

Dieses Beispiel verdeutlicht, dass auch ein solcher Erzählstil geeignet ist, Emotionen zu wecken. Franchising ist auch Emotion und Motivation. Nicht an allen Stellen wird sich dies machen lassen, aber dort, wo es möglich ist, sollte es genutzt werden.

Im Übrigen zeigt dieses Beispiel anschaulich, dass jeder Franchisegeber diejenigen Franchisenehmer bzw. Mitarbeiter erhält, die er verdient. Wer sich mit dem in diesem realen Handbuchauszug identifizieren kann, der ist gut aufgehoben im Kieser Training-Franchisesystem. Wer dies dagegen nicht tut, der wird sich eher woanders umschauen.

Idealziel eines Handbuches ist, die natürliche Abneigung der meisten praxisorientierten Menschen gegen das Lesen von Handbüchern, nicht allein durch trickreiche Gestaltung und Aufbau derselben zu umgehen, sondern vielmehr eine Begeisterung für das System zu entfachen.

Diese Begeisterung von der Idee, dem Auftrag des Systems, dem ganz besonderen Nutzen für eine konkrete Zielgruppe, wenn dies die Franchisenehmer erfasst, dann lesen sie von ganz allein im Handbuch, immer wieder und werden mit kritischen Fragen dessen Weiterentwicklung vorantreiben. Dies ist gewiss eine Herausforderung, die nicht allen Franchisesystemen leicht fallen wird. Das Kieser-Handbuch dürfte einer der wenigen Fälle sein, wo es heute schon gelungen ist, eine Vision, besser vielleicht eine Begeisterung für die gemeinsame Sache und deren Nutzen zu entwickeln, sodass die Franchisenehmer das Handbuch intensiv nutzen.

7.5 Praxisbeispiel Quick-Schuh: Eigenmarken

In reiferen Systemen des Handels ist die Einführung von Eigenmarken meist ein konsequenter Schritt. Denn »klassische Anbieter von Produkten in fast allen Produktbereichen versuchen, ihre spezifischen Produktleistungsmerkmale durch Marken zu *personifizieren*. Diese Marken werden werblich herausgestellt, bekommen einen höheren Bekanntheitsgrad und werden aufgrund der Marktinvestition häufig auch bedeutender als der eigentliche Name des Herstellers oder Vertreibers. Beispielsweise kennen nur Brancheninsider den Namen des Textilvertriebs Werner Böck GmbH aus Stephanskirchen. Deren Textilmarke Marc O'Polo dagegen ist sehr vielen Verbrauchern bekannt; wobei Marc O'Polo freilich eine »echte Marke« ist und keine *Eigen*marke. Dass sich hinter Textilvertrieb Werner

Böck auch ein Franchisesystem verbirgt, ist wiederum meist nur Branchenkennern des Textilhandels oder des Franchising geläufig.

Dies ist nicht überall so. In der Schuhbranche beispielsweise ist das Markenbewusstsein zwar noch nicht so stark ausgeprägt wie in vielen anderen Konsumgüterbereichen, etwa auch der verwandten Textilbranche, es nimmt aber deutlich zu. »Dieser Prozess wird auch durch die wachsende Konzentration gefördert. Der Verbraucher oder Verwender assoziiert mit Marken gewisse Produktspezifika wie – um im Bereich des Schuhs zu bleiben – *modisch in* oder *preiswert*, die er einem No-name-Produkt nicht zuordnen kann. Hinzu kommt, dass Marken auch eine höhere Wertigkeit und Kompetenz ausstrahlen als »made in . . . .« und das Produkt entanonymisieren mit dem Vorteil der geringeren Vergleichbarkeit mit identischen Produkten in anderen Vertriebskanälen oder bei Mitbewerbern. Damit können solche Artikel auch *freier* kalkuliert werden. Aus all diesen Gründen hat sich Quick-Schuh entschieden, eine klare Eigenmarkenpolitik zu verfolgen.

Wie vorteilhaft eine umfangreiche Eigenmarkenpolitik gerade auch für ein reifes Franchisesystem ist, wird am Beispiel Quick-Schuh deutlich. Dieses hat insgesamt 24 Eigenmarken kreiert oder von anderen Konzepten übernommen und klar definiert und vertreibt es exklusiv über seine Franchisenehmergeschäfte. Zur konsequenten Profilierung, aber auch als Messlatte für den Einkauf wurde eigens eine *Eigenmarkenfibel* erarbeitet, die die Positionierung der jeweiligen Marke vorgibt.

7.6 Praxisbeispiel Obi: Zertifizierung nach DIN EN ISO9001

Als erstes Unternehmen der Do-it-yourself-Branche werden alle Obi Bau- und Heimwerkermärkte seit drei Jahren mit dem DIN EN ISO9001 ausgezeichnet. Der Deutsche Kraftfahrzeug Überwachungsverein (Dekra) zeichnete 1995 zuerst die qualitative Arbeit der Obi Systemzentrale in Wermelskirchen aus; im Anschluss daran wurden die Obi Märkte geprüft und es konnte ihnen bescheinigt werden, dass ihre Arbeit höchsten Qualitätsanforderungen entspricht.

Die deutschen Unternehmen haben erkannt, dass sie verstärkt auf Kundenwünsche eingehen müssen. In allen Branchen, besonders im Dienstleistungssektor und im Handel, hat sich das Bewusstsein gegenüber den Kunden in den letzten Jahren verändert. Kundenwünsche werden aufgegriffen und umgesetzt. Dies ist für Franchisesysteme mit ihren vielfältigen Möglichkeiten, Kundennähe zu realisieren, so wie es in diesem Buch an vielen Stellen dargestellt wird, natürlich eine noch größere Verpflichtung und Chance zugleich. Für Obi dient das Zertifikat nicht bloß der Imagepflege, sondern es dient vielmehr einem hochgesteckten Ziel, das Qualitätsbewusstsein der Mitarbeiter zu fördern, um langfristig mehr Qualität bei der Kundenzufriedenheit zu schaffen. Denn Kundenzufriedenheit ist das Unternehmensziel Nummer eins bei Obi.

Die Einführung von Unternehmensstandards erfolgte bei Obi gemäß der Führungsphilosophie »Betroffene zu Beteiligten machen«. Alle Mitarbeiter der Obi Märkte arbeiteten bei der Umsetzung der Qualitätsstandards, die von der Dekra geprüft werden, maßgeblich mit. Dadurch wurde eine Identifikation und Akzeptanz der Mitarbeiter mit der Einführung des Qualitätsmanagementsystems geschaffen.

Die Verantwortung für eine erfolgreiche Umsetzung der DIN ISO Norm obliegt dem aus Marktleiter, Franchisenehmer und Vertriebsleiter bestehenden Führungsdreieck. Ebenso verantwortet es, dass Normen und Zertifizierungen nicht zu einer rückschrittlichen Bürokratisierung von Arbeitsabläufen führen, sondern als Mittel zur Verbesserung genutzt werden.

Bei Obi wird der Zertifizierungsprozess stetig vorangetrieben. So werden in der Systemzentrale und in allen Obi Märkten jährlich Überprüfungsaudits durchgeführt, die gewährleisten, dass die Qualität auf einem beständig hohen Niveau bleibt. Ansporn für die Obi Mitarbeiter ist es, das DIN ISO Zertifikat zu erhalten und im Bemühen um zufriedene Kunden nicht nachzulassen, sondern sich kontinuierlich zu verbessern.

7.7 Praxisbeispiel awell: Das Franchisehandbuch im PC

Handbücher sind regelmäßig zu ergänzen. Daher sind sie auch fast ausnahmslos als Ringbücher gestaltet. Eine in Zukunft wohl verstärkt eingesetzte Methode wird es sein, das Handbuch zusätzlich oder gar ausschließlich über den PC der Franchisenehmer zu verbreiten. Das awell-Franchisesystem ist eines der ersten deutschen Systeme, die ihr Handbuch *vollständig* elektronisch gespeichert haben.

Vorteile des »elektronischen Handbuches« für den Franchisegeber:
- ❏ Garantierte Aktualität aller Handbücher im gesamten Franchisesystem
- ❏ Schnelligkeit: Übertragung mittels Modem/ISDN möglich
- ❏ Bearbeitungsmöglichkeit der Handbuchinhalte: Inhalte können direkt für Mailingaktionen, Werbung, Verträge verwandt werden
- ❏ Sicherheit:
  Nutzung/Zugriff durch Kopierschutzfunktionen einschränkbar
- ❏ Geringerer Aktualisierungsaufwand:
  – Manueller Aufwand: Einsortieren von Seiten in Ringbücher
  – Kopieraufwand
  – Versandkosten (Verpacken, Adressieren, Porto)

Nachteile des »elektronischen Handbuches« für den Franchisegeber:
- ❏ Programm-/Folgekosten
- ❏ Fachmann für die Programmierung erforderlich

❑ Gestaltungsmöglichkeiten und Druckmöglichkeiten korrespondieren nicht in jedem Fall, da der Druck von Bildschirmseiten (bei Änderung der Fenstergröße) nicht mit den Seiteneinstellungen für den Ausdruck auf Papier übereinstimmen

❑ Im Programm müssen eine Vielzahl von Schlagworten und Querverweise hergestellt werden, um dem Nutzer das Auffinden eines Themas zu ermöglichen

Vorteile des »elektronischen Handbuches« für den Franchisenehmer:

❑ Benutzung erfordert kaum Lernaufwand, da Windows-Grundkenntnisse ausreichen

❑ Aktualisierungsaufwand (Einsortieren von Seiten in vorhandenen Papierausgaben) entfällt

❑ Gezielter Ausdruck benötigter Seiten ist in guter Qualität möglich (auch mehrfach)

❑ Individualisierung des Handbuches zum standortindividuellen Gebrauch: Wie in jeder Windows-Hilfe können Seiten gemerkt und persönliche

Anmerkungen zu einem Thema gespeichert werden (=> fördert den Know-how-Austausch zwischen Geber und Nehmer).

Nachteile des »elektronischen Handbuches« für den Franchisenehmer:

❑ Die Lesbarkeit auf dem Bildschirm wird von manchen gegenüber einer gedruckten Seite als schlechter empfunden.
(Dies lässt sich durch größeren Monitor und eingestellter Schrift verbessern.)

❑ Bei der Suche muss aufgrund von Schlagworten auf das Thema oder die Titelseite geschlossen werden. Bei der Suche über die Übersichten wiederum muss der Nutzer eine Vorstellung haben, über welche Begriffe er zur gewünschten Bildschirmseite gelangt.

Die Suche relevanter Handbuchstellen erfolgt entweder über Schlagworte oder über Übersichten. Es bietet die Möglichkeit, Themen über Schlagworte oder Übersichten gezielt zu suchen.

7.8 Praxisbeispiel TUI

Die TUI als Qualitätsanbieter gibt die Standards und Branchensignale vor. Dies muss selbstverständlich auch in den konzerneigenen Franchise-Vertriebssystemen umgesetzt werden. Aus diesem Innovationsdruck heraus, entwickelt der Franchisegeber der Vertriebsmarke TUI ReiseCenter immer neue Funktionen, Tools und Angebote, aus den Bereichen Produkt, Marketing, Backoffice/EDV und Administration. Es liegt ein starker Fokus auf der internen Kommunikation (Franchisegeber/Franchisepartner/Leistungsträger).

Speziell das Verkaufen dieser Leistungen erfordert ein professionelles Anbieten an die Franchisenehmer (Franchisepartner). Der Franchisepartner ist in dieser Hinsicht wie ein »herkömmlicher Kunde« zu betrachten und zu bewerben.

Anhand der TUI-Konzern-Vertriebsmarke »TUI ReiseCenter« (Kurzform TUC) werden im folgenden Text die innovativen Marketing-Tools der »TUC-Service-Offensive 2001« dargestellt. Ein Großteil dieser Marketing-Tools wurden für die gesamten Eigenvertriebsmarken des TUI-Konzerns adaptiert bzw. übernommen.

TUI ReiseCenter – Serviceoffensive 2001

Unter dieser Schlagzeile eröffnete das Franchisesystem »TUI ReiseCenter« Anfang 2001 drei neue Service-Tools für seine Franchisepartner:

1. **www.tuc-repro.de**
2. **TUC-HOTLINE**   0800–8 8 2 4 6 8 5   (0800-t u c h o t l)
3. **www.tuc-service.de**

Der Grundgedanke dieser Serviceoffensive ist, den TUI ReiseCenter Franchisepartnern im Bereich Marketing effiziente, kostenoptimierte und vor allem schnelle Lösungen zu bieten.

1. www.tuc-repro.de

Eines der wichtigsten Tools ist ein sog. Download-Server für Reprovorlagen (Abbildung 1). Dahinter verbirgt sich ein Server, auf den alle Anwender, sprich TUI ReiseCenter Franchisepartner, Druckereien, Agenturen und Verlage **kostenlos** zugreifen können, zum »download« von folgenden Daten:

❏ Logos (Abbildung 4)
❏ Reprovorlagen für Anzeigen, Flyer, Folder etc.
❏ Heads/Titel für Anzeigen, Flyer, Aktionen, etc.
❏ Mailingtexte
❏ Schriften
❏ Corporate Design-Vorgaben (Abbildung 2)
❏ Bilder
❏ POS-Maßnahmenpakete zur Verkaufsförderung (TOOL-Box)
❏ Kinowerbung, Warteschleifenmusik, etc. . . . . . (Abbildung 3)

Anhand einer Anzeigenschaltung wird im Folgenden die detaillierte Vorgehensweise erläutert:

1. Der TUI ReiseCenter Franchisepartner wählt in www.tuc-repro.de eine Anzeigenvorlage z. B. Thema »Fernreise« aus.

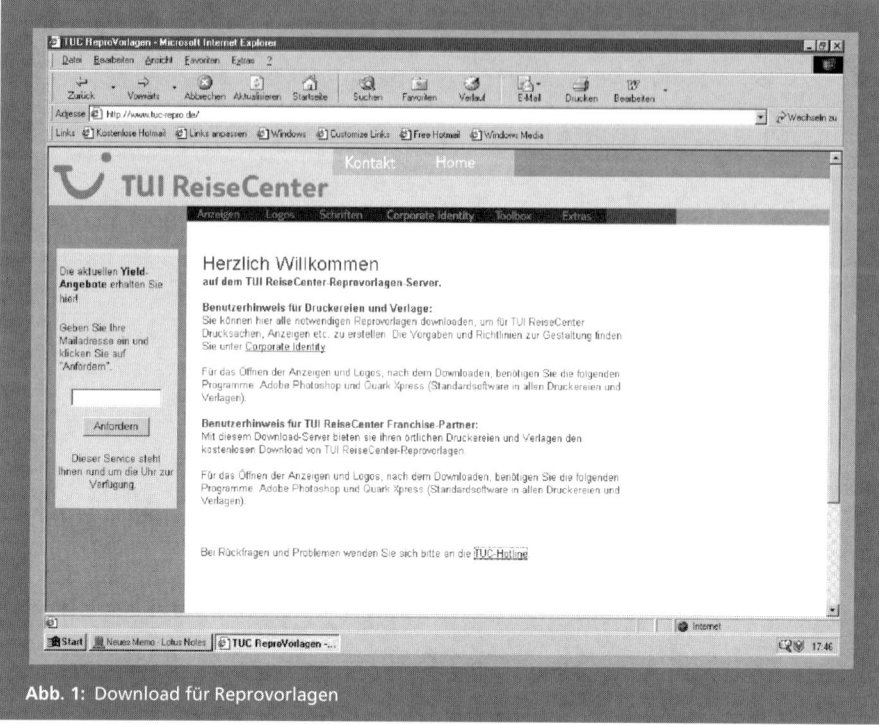

Abb. 1: Download für Reprovorlagen

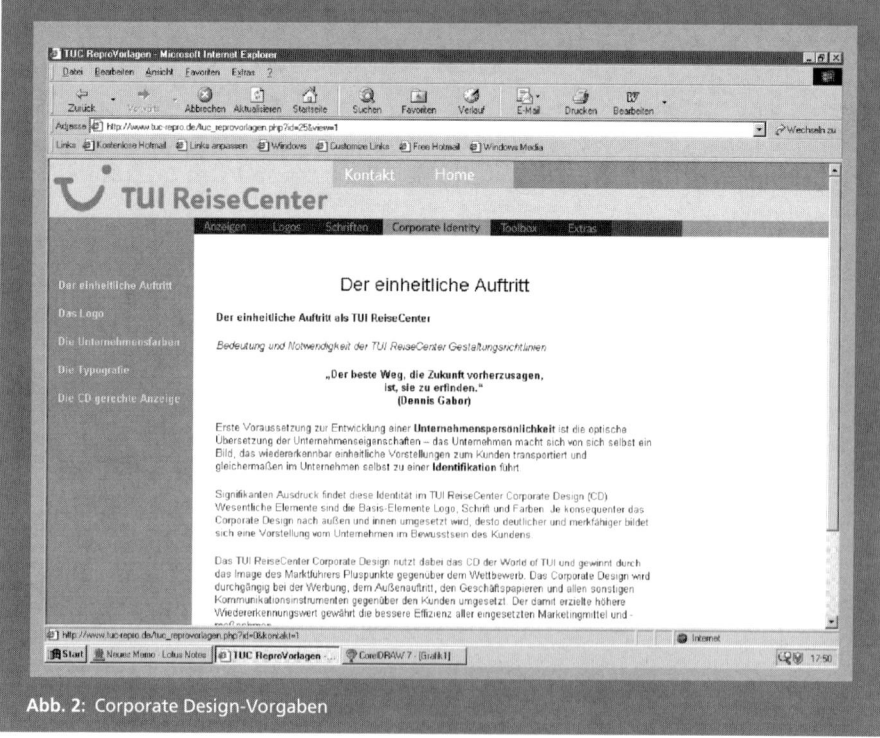

Abb. 2: Corporate Design-Vorgaben

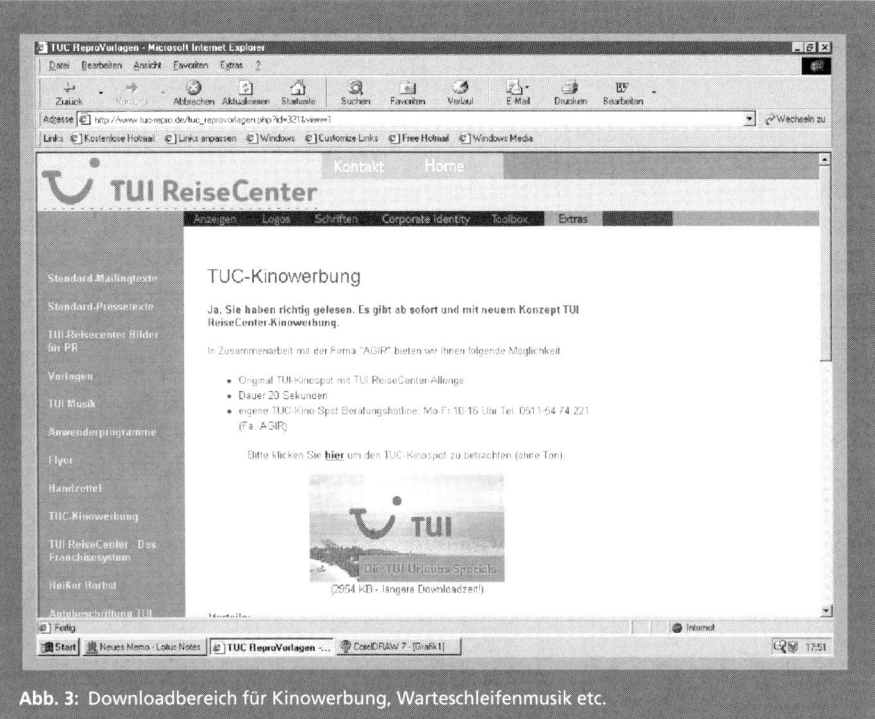

Abb. 3: Downloadbereich für Kinowerbung, Warteschleifenmusik etc.

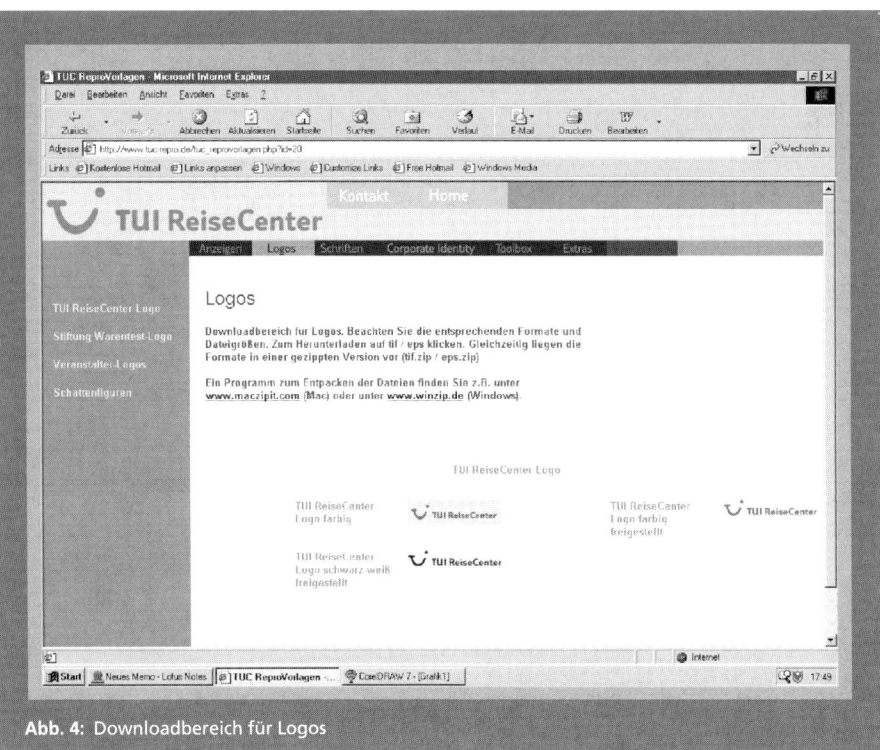

Abb. 4: Downloadbereich für Logos

2. Der Franchisepartner informiert den Verlag, in dessen Zeitschrift/Zeitung/Magazin diese Anzeige geschaltet werden soll, und veranlasst so den »download« (gemäß Abstimmung mit dem betr. Anzeigenberater des Verlages) dieser Anzeige.
   Der Verlag fügt entsprechend den Vorgaben des Franchisepartners nur noch das touristische Angebot ein und setzt die Büroanschrift hinein.
3. Es erfolgt abschließend nur noch ein Korrekturabzug, den der Franchisepartner frei gibt bzw. korrigiert.
4. Kosten für die Erstellung der Anzeige durch eine Werbeagentur entfallen hier komplett.

Somit ergeben sich folgende Vorteile:

❏ Schnelle Verfügbarkeit der Vorlage
❏ Es entstehen keinerlei Kosten (massive Kostenersparnis für den Franchisepartner, da lediglich geringe ISDN-Gebühren für die Downloadzeit (wenige Minuten) anfallen)
❏ Schnelle Abstimmung zwischen Verlag und Franchisepartner um kurzfristige Anzeigenplatzierungen zu ermöglichen
❏ Geringe Kosten für den Franchisegeber
❏ Sicherstellung der Einhaltung der Corporate-Design-Vorschriften
❏ Der Franchisegeber kann selbst schnell und einfach das Einstellen der Inhalte (Anzeigen, Logos, etc.) über eine Autoren-Software vornehmen.

Nachteile dieses System bestehen aus der Erfahrung die der Franchisegeber seit Eröffnung dieses Tools hat nicht. Selbst das Problem der Daten- und Zugriffssicherheit besteht nicht, da hier lediglich marketingorientierte Inhalte integriert sind.

Für ca. 80 Prozent der Marketing-Anforderungen kann der Franchisegeber auf diese Weise eine optimale Lösung bieten.

Zukunft:

❏ Konstante Weiterentwicklung dieses Systems
❏ Einbindung von »print on demand«-Funktionen für Folder/Flyer etc.

2. TUC-HOTLINE   0800–8 8 2 4 6 8 5   (0800-t u c h o t l)

Für spezielle Anforderungen und Gesamtkonzeptionen der Franchisepartner bei individuellen lokalen und überregionalen Marketing-Maßnahmen bietet der Franchisegeber eine spezielle TUC-Hotline (TUI ReiseCenter-Hotline).

Dahinter steht ein Beratungsteam einer Werbeagentur, die über die besondere »free call« Nummer zu erreichen ist. Kostenfrei können sich die Franchisepartner so in punkto Marketing telefonisch beraten lassen. Für die Erstellung von speziellen Druckerzeugnissen, Vorlagen, Mailings etc. entstehen Kosten, die gemäß einer verhandelten Preisliste in Rechnung gestellt werden. Die erstellten Layouts entsprechen durch die enge Zusammenarbeit zwischen der Agentur und dem Franchisegeber grundsätzlich den Corporate Design-Vorschriften.

Somit ergeben sich folgende Vorteile:

❏ Geringe Kosten für den Franchisegeber
❏ Sicherstellung der Einhaltung der Corporate-Design-Vorschriften

Durch diese TUC-Hotline ist es möglich die übrigen 20 Prozent der Marketing-Anforderungen seitens der Franchisepartner abzudecken.

3. www.tuc-service.de

Hinter dieser Internet-Adresse verbirgt sich das innovative **Online-Service-Portal** der TUI ReiseCenter. Dieses Portal ist selbstverständlich zugriffsgeschützt und nur mittels individuellen Zugangscodes zu betreten.

Folgende Tools stehen den Franchisepartnern hier zur Verfügung:

❏ Online-Bestellung der gesamten TUC-Geschäftsdrucksachen (Briefpapiere, Umschläge, etc. und TUC-Geschäftsausstattung (Straßenstopp etc.))
❏ Online-Bestellung der gesamten TUC-Werbemittel-Kollektion
❏ Online Bestellung von Büroartikeln (vom Aktenorder bis zur Zettelbox)

Somit ergeben sich folgende Vorteile:

❏ Bestellmöglichkeit rund um die Uhr
❏ Geringe Kosten für den Franchisegeber

Zukunft:

❏ Konsequente Weiterentwicklung dieses Systems
❏ Einbindung weiterer Bestellfunktionen von TUC-Systembausteinen (Außenwerbung/Innenwerbung)
❏ Einsicht in den persönlichen Kontostand des individuellen und regionalen WKZ-Budgets (WKZ = Werbekostenzuschuss)
❏ Online-Mailing-Funktionen in Kooperation mit einem Lettershop

8 | Anpassung des Franchisevertrags
von Eckhard Flohr

Einführung

Bei einer langjährigen Vertragsdurchführung und Entwicklung des Franchisesystems wird es regelmäßig zu starken Abweichungen zwischen dem Vertragstext und der tatsächlichen Vertragsdurchführung kommen. Der Franchisevertrag könnte rechtsunwirksam werden, wenn die Vertragsdurchführung stark von den einmal vereinbarten Vertragsbestimmungen abweicht. Aufgrund des ggf. vorliegenden gesetzlichen oder vereinbarten Schriftformerfordernisses für den Franchisevertrag, der dann auch alle Nebenabsprachen enthalten muss, muss den veränderten Umständen auch durch eine entsprechende Überarbeitung des Franchisevertrages Rechnung getragen werden. Hinzu kommt, dass bei mehrjähriger Vertragsdurchführung aufgrund neuerer Rechtsprechung, neuer Gesetze oder aufgrund von Erfahrungen und rechtlichen Auseinandersetzungen die Änderung einzelner Bestimmungen oder das Hinzufügen neuer Vertragsbestimmungen notwendig werden kann. Letztlich kann der Franchisegeber sogar verpflichtet sein, gesetzliche Änderungen auch für bestehende Altverträge umzusetzen, da das Gesetz Anpassungsfristen vorsieht, innerhalb deren bestehende Verträge an das neue Recht angepasst werden müssen. So galt dies für solche Franchiseverträge, die dem Europäischen Kartellrecht unterfielen. Diese waren an die Regelungen der Vertikal-GVO bis zum 31. Dezember 2001 anzupassen. Auch die Schuldrechtsreform bringt eine solche Anpassungsverpflichtung für den Franchisegeber mit sich: Bestehende Franchiseverträge müssen bis zum 31. Dezember 2002 an das neue Recht angepasst werden; Verträge mit neuen Franchisenehmern dürfen seit Januar 2002 nur noch auf der Grundlage des neuen Rechts abgeschlossen werden. Gesetzliche Änderungen erfordern daher vom Franchisegeber ein zweifaches Handeln: Zum einen muss das Vertragsmuster für den Neuabschluss von Verträgen angepasst und zum anderen eine Ergänzungsvereinbarung für Alt-Franchisenehmer ausgearbeitet werden, mit der die Altverträge dem neuen Recht angeglichen werden.

Die Überarbeitung des Franchisevertrages sollte als Projektarbeit unter späterer Hinzuziehung von Gremien des Franchisesystems (in der Regel des Beirates) strategisch geplant und umgesetzt werden.

8.1 Was ist bei der Überarbeitung des Franchisevertrags zu beachten?

1. Analyse der veränderten Strukturen

Ist der Status Quo erarbeitet worden oder als eine Auflistung der Veränderungen im Franchisesystem seit der Gestaltung der letzten Version des Franchisevertrages aufgelistet, so stellen sich folgende Fragen:

- ❏ Welche neuen Leistungen werden erbracht?
- ❏ Welche neuen Produkte sind vom Franchisenehmer abzusetzen?
- ❏ Welche Pflichterfüllung wird in der Praxis tatsächlich vom Franchisenehmer verlangt?
- ❏ Welche Rechtsbeziehungen zu Dritten wirken sich auf die Rechtsbeziehung zwischen Franchisegeber und Franchisenehmer aus?
- ❏ Welche neuen Gremien besitzt das Franchisesystem?
- ❏ Welche Informationen benötigt das Franchisesystem vom Franchisenehmer?
- ❏ Müssen neue Meldepflichten im Vertrag geregelt werden?
- ❏ Welche neuen Richtlinien sind erarbeitet worden und stimmen diese noch mit den entsprechenden Vertragsbestimmungen überein?
- ❏ Sind die im Franchise-Handbuch geregelten Leistungsverpflichtungen des Franchisegebers noch deckungsgleich mit den nach dem Franchisevertrag geschuldeten Leistungen?

Ist diese Sachverhaltsfeststellung abgeschlossen und strukturiert, so ergibt sich daraus zwangsläufig der Änderungsbedarf, und zwar sowohl für den Franchisevertrag als auch die Richtlinien, das Trainings- und Schulungsprogramm und gegebenenfalls das Franchise-Handbuch.

2. Umfang der Änderungen

In Zusammenarbeit mit dem rechtlichen Berater des Franchisesystems muss dann entschieden werden, welche Bestimmungen des Franchisevertrages abzuändern und welchen Inhalt diesen Bestimmungen zu geben sind. Dabei muss die zwischenzeitlich ergangene Rechtsprechung, soweit diese für das Franchisesystem relevant ist, genauso beachtet werden wie etwaige zwischenzeitlich ergangene Gesetzesänderungen und etwa damit verbundene Übergangsfristen.

3. Neues Franchise-Vertragsmuster / Anpassung Altverträge

Liegt die Neufassung des Franchisevertrages vor, gilt es zu unterscheiden, ob dieser nur mit neuen Systempartnern geschlossen wird oder Altverträge umgewandelt werden müssen. Dabei ist einerseits zu berücksichtigen, wie grundlegend die Veränderungen sind und ob hierdurch neue Pflichten, aber auch Rechte für Franchisenehmer und/oder Franchisegeber begründet werden. In der überwiegenden Zahl der Fälle wird bei der grundlegenden Überarbeitung des Franchisevertrages die Entscheidung fallen, dieses neue Franchise-Vertragsmuster auch von den Alt-Franchisenehmern unterzeichnen zu lassen, um so innerhalb des Franchisesystems eine einheitliche Vertragsverwaltung zu haben. Dies gilt erst recht dann, wenn gesetzliche Änderungen die Anpassung des Franchisevertrages verlangen und diese gesetzlichen Änderungen innerhalb einer vom Gesetzgeber festgelegten Übergangsfrist umzusetzen sind.

Einen Rechtsanspruch des Franchisegebers gegenüber den Alt-Franchisenehmern, den bestehenden Franchisevertrag zu beenden und den neuen Franchisevertrag abzuschließen, wird es nur in Ausnahmefällen geben. Nach dem Rechtssatz *pacta sunt servanda*, also »Verträge sind einzuhalten«, wird der Franchisenehmer sich an den alten Franchisevertrag klammern und den neuen Bestimmungen im überarbeiteten Franchisevertrag skeptisch bis ablehnend gegenüberstehen, da er deren Tragweite nicht einschätzen kann. Es bedarf deshalb meist harter Arbeit, die Franchisenehmer von dem Nutzen des neuen Vertrages zu überzeugen und ihnen die Angst vor dem Neuabschluss zu nehmen. Der Franchisegeber kann hierbei wählen, ob er den Neuabschluss des Franchisevertrages lieber durch Einzelgespräche oder in einer Veranstaltung für alle Franchisenehmer in die Wege leiten möchte. Die geeignete Methode muss im Einzelfall im Hinblick auf die jeweils vorliegenden Umständen entschieden werden. Die Erfahrungen zeigen, dass oftmals die Vorstellung und Erläuterung des neuen Franchisevertrages in einer gemeinsamen Veranstaltung die wirksamste Möglichkeit ist. Einzelgespräche können sich bei Bedarf anschließen. Hierbei wird nicht so sehr die rechtliche Notwendigkeit der Überarbeitung des Franchisevertrages im Vordergrund stehen. Die Vorstellung der Vorteile neuer, veränderter Systemleistungen, wie sie im Franchisevertrag dokumentiert werden, sind das wichtigere Kriterium für die Überzeugung der Franchisenehmer zum Neuabschluss des Franchisevertrages. Würde es solche neuen Leistungen nicht geben, müsste in der Regel der Franchisevertrag auch nicht überarbeitet werden. Daher sollte die Projektgruppe klar herausarbeiten, welchen Zusatznutzen der Neuabschluss des Franchisevertrages jedem Franchisenehmer bietet, und dieses auch gegenüber den Franchisenehmern überzeugend darstellen. Die Mittel des kooperativen Verhandelns werden schließlich in Einzelgesprächen dazu dienen, die letzten Widerstände gegen den notwendigen Neuabschluss des Franchisevertrages zu überwinden.

Dieser Rechtsgrundsatz pacta non servanda wird dann durchbrochen, wenn der Gesetzgeber Übergangsfristen festlegt, innerhalb deren bestehende Verträge an neues Recht anzupassen sind. Hier besteht eine Mitwirkungsverpflichtung des Franchisenehmers. Unterbleibt nämlich eine Anpassung, so läuft der Franchisegeber gegebenenfalls Gefahr, dass der Franchisevertrag entweder teilweise contra legem ist oder die Nichtumsetzung der vom Gesetzgeber vorgegebenen Änderungen zur Nichtigkeit des Franchisevertrages führt. Solche Konsequenzen können einem Franchisegeber im Sinne der Erhaltung der Struktur des Franchisesystems nicht zugemutet werden. Hier gibt sich der Anpassungsanspruch für den Franchisegeber gegenüber dem Franchisenehmer aus § 242 BGB. Davon gehen auch die Regelungen der Schuldrechtsreform aus. Gemäß Art. 229 § 3 EGBGB müssen bestehende Franchiseverträge bis zum 1. Januar 2003 umgestellt sein. Allerdings regelt Art. 229 § 3 EGBGB nicht, was am 1. Januar 2003 passiert, wenn Alt-Franchiseverträge nicht angepasst wurden.

VII Ausdehnen

Die Entwicklung eines Franchisesystems ist zwar regelmäßig ein geplanter Vorgang. Trotzdem vollzieht sich die Umsetzung keineswegs immer nach Plan. Ganz im Gegenteil. Zur Dynamik der Märkte gesellt sich die Dynamik des Franchisesystems mit seinen selbstständigen Franchisenehmern, was meist zu erheblichen Veränderungen des ursprünglich Geplanten führt. Auch renommierte und große Franchisesysteme haben hier ihre entsprechenden Erfahrungen gemacht. Anhand praktischer Beispiele stellt das Kapitel VII die spezifischen Anforderungen an den Franchisegeber in dieser Phase der Entwicklung des Franchisesystems vor.

1 Der Franchisegeber als Steuermann

von Heribert Meffert und Jörg Meurer

Einführung

Der vorliegende Beitrag beleuchtet die Thematik der marktorientierten Führung von Franchisesystemen und stellt einen Zusammenhang zwischen der Systemführung am Absatzmarkt und nach innen (gegenüber den Franchisenehmern) dar. Aus den Charakteristika des Franchising ergeben sich vier zentrale Herausforderungen für die Systemführung. Diesen kann – so das zentrale Ergebnis – am besten durch ein partnerschaftliches Führungsverhalten mit hoher Betreuungsintensität begegnet werden.

Zur empirischen Stützung wird auf Ergebnisse einer schriftlichen Befragung zurückgegriffen, die das Institut für Marketing in Kooperation mit dem Deutschen Franchise-Verband im Jahr 1995 bei rund 200 deutschen Franchisesystemen durchgeführt hat.

1.1 Führung als Herausforderung in Franchisesystemen

Modernen Franchisesystemen liegt ein umfassendes Geschäftssystem zugrunde, das die wichtigsten marktgerichteten und internen Abläufe von der Beschaffung über die Leistungserstellung bis hin zu Marketing und Vertrieb regelt (Business Format Franchising). Vor allem im Dienstleistungsbereich werden durch eine hohe Dezentralisierung der Leistungserstellung viele unternehmerische Funktionen auf den Franchisenehmer übertragen. Es entstehen Formen der Arbeitsteilung, bei denen ein Großteil der Wertschöpfung im Franchisenehmerbetrieb erfolgt.

Das moderne Franchising kann daher nicht mehr nur in der Funktion eines Vertriebssystems gesehen werden. Vielmehr wächst es mehr und mehr in die Rolle einer alternativen, netzwerkähnlichen Organisationsform hinein. Franchising wird daher immer häufiger im Zusammenhang mit virtuellen Organisationsformen diskutiert, bei denen der Systemführer nur Schlüsselfunktionen wie Markenführung, Qualitätsmanagement und Netzwerkorganisation übernimmt (Beispiel: Team Lufthansa, wo Flüge unter Lufthansa Branding und bei Vorgabe umfassender Qualitätsstandards von kleinen Regionalfluggesellschaften durchgeführt werden).

Mit Blick auf diesen neuzeitlichen Typ des Franchising kennzeichnen vier Systemmerkmale die Herausforderungen an die Systemführung:

a) Franchisesysteme sind stets absatzmarktgerichtete Kooperationen, deren Zweck in der Vermarktung von Produkten oder Dienstleistungen besteht. Der Erfolg und die Überlebensfähigkeit von Franchisesystemen bemisst sich daher zuerst nach der Fähigkeit der Systempartner, sich im Wettbewerb auf dem relevanten Absatzmarkt zu behaupten. Hierin besteht ohne Zweifel die zentrale Herausforderung an die Führung von Franchisesystemen.

b) Franchisesysteme begründen zwar zumeist langfristige Vertragsverhältnisse, doch handelt es sich letztlich immer um freiwillige Zusammenschlüsse, deren Stabilität sich nach dem Verhältnis von Anreizen und Beiträgen richtet, die die Partner durch das System erhalten oder an dieses leisten. Der Franchisegeber, dessen Status als Systemführer vertraglich festgeschrieben ist, muss daher das System nicht nur wettbewerbsfähig am Markt erhalten, sondern er muss seine Franchisenehmer auch dauerhaft davon überzeugen, dass diese Aufgabe nur durch ihn – und nicht etwa durch die Franchisenehmer selbst – wahrgenommen werden kann. Nur durch einen solchen Kompetenzvorsprung kann er seine formale Führerschaft auch inhaltlich untermauern.

c) Franchisesysteme sind ferner komplexe Verhaltenssysteme, die nur in Grenzen durch genaue vertragliche Regelwerke steuerbar sind. Der Aussage »Die Zusammenarbeit mit unseren Franchisenehmern ist so komplex, dass man sie im Franchisevertrag nur *ansatzweise* regeln kann«, stimmen demgemäß 40 Prozent der Systemzentralen uneingeschränkt und weitere 30 Prozent bedingt zu. Wesentliche Ursachen dafür liegen in der spezifischen Form der Arbeitsteilung zwischen Franchisegeber und Franchisenehmer, vor allem aber im Status des Franchisenehmers, der eine große Herausforderung für die Führungskompetenz des Franchisegebers begründet.

d) Schließlich zeichnen sich Franchisesysteme durch eine hohe Beziehungsdichte zwischen Systemzentrale und Franchisenehmern aus, da die Systemstrukturen zumeist sternförmig auf die Systemzentrale hin ausgerichtet sind. Kontakte zwischen einem Franchisenehmer und der Systemzentrale bestehen nach den Ergebnissen der empirischen Untersuchung durchschnittlich einmal pro Woche, in jedem vierten System jedoch praktisch täglich – mit entsprechenden Konsequenzen für die Managementressourcen der Systemzentrale. Nahezu die Hälfte der Systemzentralen (48 Prozent) gibt daher an, sich durch die vielfältigen Ansprüche der Franchisenehmer manchmal überlastet zu fühlen.

1.2 Geltungsbereich der marktorientierten Führung von Franchisesystemen

Absatzmarktgerichtete und nach innen gerichtete Führung als zentrale Teilbereiche der Systemführung

Welche gravierenden Risiken mit Fehlern in der Systemführung verbunden sein können, beweist das Beispiel Benetton mit gleich zwei kardinalen Führungsfehlern. Zum einen verfolgte die italienische Systemzentrale ihre Werbekampagne gegen die breite Negativ-Einschätzung der Benetton-Kunden und zeigte damit eine fehlende Markt- und Kundenorientierung bei der absatzmarktgerichteten Führung des Systems. Zum anderen wurde die Kampagne auch gegen den internen Widerstand der Händler durchgesetzt, wobei eine klare Konfliktstrategie bis hin zur gerichtlichen Eskalation verfolgt wurde. Das Ergebnis waren Umsatz- und Imageeinbrüche sowie ein zerrüttetes Verhältnis zur Händlerschaft.

Wenngleich es sich bei Benetton um kein typisches Franchisesystem handelt, ist dieses Beispiel für das Führungsverständnis dennoch wertvoll. Es verdeutlicht nämlich, dass Systemführung stets zwei zentrale Teilbereiche umfasst: Die Führung des Systems nach außen, bei der die zielgerichtete Gestaltung der Beziehungen zu den Kunden im Mittelpunkt steht und die Führung des Systems nach innen, deren Aufgabe in der Gestaltung der Beziehungen der Systemzentrale zu den Franchisenehmern besteht. Plakativer kann hier von einer »Präsenz auf zwei Märkten« gesprochen werden. Ein Franchisegeber ist nicht nur auf dem Absatzmarkt tätig und muss hier die Profilierung des Systems sicherstellen, sondern auch auf dem Markt für »unternehmerisches Know-how«, auf dem die Akquisition und dauerhafte Bindung leistungsfähiger Systempartner Voraussetzung für ein dauerhaftes und stabiles Systemwachstum ist.

Beide Teilbereiche der Führung sind in hohem Maße interdependent, beeinflussen sich also gegenseitig. Einerseits beeinflussen Entscheidungen über die Marktausrichtung und der damit verbundene Markterfolg das Innenverhältnis zwischen Systemzentrale und Franchisenehmern, andererseits geht von innengerichteten Führungsentscheidungen – wie der Einrichtung von Gremien – ein nicht zu unterschätzender Einfluss auf die Wettbewerbsfähigkeit eines Systems am Markt aus.

Marketing als Leitidee der erfolgreichen Führung von Franchisesystemen

Aus der Erkenntnis heraus, dass die Beziehungen eines Unternehmens zum relevanten Absatzmarkt der zentrale Engpassfaktor der Unternehmenstätigkeit sind, fordert das Konzept des Marketing eine Ausrichtung unternehmerischer Entscheidungen mit erster Priorität an den Kunden, Absatzmittlern und Wettbewerbern auf dem Absatzmarkt.

Marketing wird dabei als ein duales Führungskonzept aufgefasst, das erstens als gleichberechtigte Unternehmensfunktion – repräsentiert durch eine Abteilung oder ein Vorstandsressort – und zweitens als Leitkonzept der Führung im Sinne eines Shared Value, also eines gelebten Unternehmenswertes, zu implementieren ist. Ein solches duales Marketingverständnis ist aber auf reine Franchisesysteme ohne eigene Filialen nicht ohne weiteres übertragbar. Der Netzwerkcharakter von Franchisesystemen führt dazu, dass die Schnittstelle zwischen System und Kunde meist beim Franchisenehmer liegt, dessen Verhalten aber wiederum aufgrund seiner rechtlichen Selbstständigkeit für den Franchisegeber nur bedingt steuerbar ist.

Es kann daher in Franchisesystemen weniger noch als in klassischen, hierarchisch strukturierten Unternehmen ausreichen, allein über die Einrichtung einer Marketingabteilung innerhalb der Systemzentrale die Marktorientierung des Systems sicherstellen zu wollen. Marketing muss daher in Franchisesystemen unbedingt systemumfassend, also bei den Mitarbeitern der Systemzentrale ebenso wie bei jedem einzelnen Franchisenehmer, im Denken und Handeln verankert sein. Diese

Implementierung des Marketinggedankens bei allen Systemmitgliedern ist Gegenstand des internen Marketing. Es zielt auf die Sicherstellung einer hohen Motivation und Kundenorientierung insbesondere der Personen, die direkten Kundenkontakt aufweisen.

Internes Marketing erfordert im Franchising insofern eine ausgeprägte Innenorientierung an den Bedürfnissen und Ansprüchen der Mitarbeiter in der Systemzentrale, insbesondere aber der Franchisenehmer, von deren Verhalten der Markterfolg maßgeblich beeinflusst wird. Im Ergebnis ist das Marketing in Franchisesystemen sowohl als klassisches Führungskonzept des Gesamtsystems nach außen – im Sinne eines externen Marketing –, wie auch als Führungskonzept für die Systemzentrale nach innen – im Sinne eines internen Marketing – aufzufassen.

1.3 Externes Marketing als Leitidee der absatzmarktgerichteten Systemführung

Wettbewerbsvorteile und Bedeutung eines strategischen Marketing für Franchisesysteme

Das strategische Marketing übernimmt die wichtige Mittlerfunktion zwischen Marketingzielen und Marketingmaßnahmen. Es leitet damit aus den Zielen längerfristige Akzentsetzungen für die Maßnahmenebene ab. Dabei kommt dem Wettbewerbsvorteil zentrale Bedeutung zu. Ein Wettbewerbsvorteil kennzeichnet einen aus Kundensicht wahrgenommenen, dauerhaften Vorteil eines Unternehmens gegenüber seinen Wettbewerbern. Er bringt insofern eine strategische Grundorientierung – z. B. im Hinblick auf den besonderen Qualitätsanspruch einer Unternehmung – zum Ausdruck. Nur die Existenz zumindest eines solchen Vorteils – und darin unterscheiden sich Franchisesysteme nicht von anderen Organisationsformen – sichert langfristig die Existenz am Markt, da andernfalls die Leistungen eines Unternehmens für den Kunden austauschbar sind und eine dauerhafte Kundenbindung nicht aufgebaut werden kann.

Quellen von Wettbewerbsvorteilen liegen vor allem in den systemspezifischen Vorteilen des Franchising gegenüber konkurrierenden Organisationsformen. Es sind dies vor allem:

❏ die Expansionsfunktion,
❏ die Risikoreduktionsfunktion,
❏ die Motivationsfunktion,
❏ die Dezentralisationsfunktion sowie
❏ die Standardisierungsfunktion.

Die Konzeption eines kompletten Geschäftssystems ermöglicht dessen Multiplizierung und damit die Realisierung hoher Wachstumsraten von Franchisesystemen. So erreichten die deutschen Franchisesysteme zwischen 1992 und 1995 ein durchschnittliches Umsatzwachstum von mehr als 20 Prozent pro Jahr und konnten die Zahl ihrer Franchisenehmer um jährlich etwa 15 Prozent ausbauen. Diese Expansionsfunktion kann einen Wettbewerbsvorteil begründen. Insbesondere in jungen Märkten ermöglicht das Franchising eine schnelle Marktdurchdringung und damit den Aufbau von Markteintrittsbarrieren für Wettbewerber.

Aus der spezifischen Vertrags- und Anreizstruktur erklärt sich auch die Risikoreduktions- und Motivationsfunktion des Franchising. Der Franchisenehmer erhält als rechtlich selbstständiger Unternehmer den vollen Gewinn aus seinem Betrieb, der lediglich um umsatzproportionale Franchisegebühren gemindert wird. Daher sind Franchisenehmer in der Regel deutlich motivierter als vergleichbare angestellte Filialleiter. Gleichzeitig gelingt aus Sicht der Systemzentrale aber auch die volle Risikoüberwälzung auf den Franchisenehmer, der Verluste auch dann selber tragen muss, wenn der Grund nicht in persönlichen Fehlern bei der Führung seines Betriebs, sondern in Unzulänglichkeiten des Franchisekonzepts liegt. Insbesondere der Motivationsfunktion kommt bei der Erlangung von Wettbewerbsvorteilen im Franchising zentrale Bedeutung zu. An der vor allem im Dienstleistungsbereich sensiblen Schnittstelle zwischen Kunde und Unternehmung dürfte ein motivierter und gut geschulter Franchisenehmer deutlich serviceorientierter und kundenfreundlicher arbeiten als angestelltes Personal.

Da Franchisenehmern trotz umfangreicher Verhaltensvorgaben und Verpflichtungen ein Autonomiebereich verbleibt, in dem sie Entscheidungen eigenständig treffen, beinhaltet das Franchising auch eine Dezentralisierung unternehmerischen Handelns mit der Verlagerung von Entscheidungskompetenzen an den Ort des Entscheidungsbedarfs. Diese Autonomiebereiche betreffen zumeist die kaufmännisch-organisatorische Führung des Franchisenehmerbetriebes und können – etwa in Form der Personalplanung – neben dem Marketingkonzept beträchtlichen Einfluss auf den geschäftlichen Erfolg des Franchisenehmers ausüben. Damit verbunden ist – zumindest im Vergleich zur Alternative Filialisierung oder Gründung eigener Niederlassungen – eine Entlastung der Leitungsspitze des Systems.

Mit Blick auf mögliche Wettbewerbsvorteile von Franchisesystemen bedeutet diese Kompetenzverlagerung nach unten eine deutliche Steigerung der operativen Flexibilität – z. B. im Zusammenhang mit der Kapazitätsplanung oder einer Flexibilisierung von Öffnungszeiten. Damit verbunden ist eine in der Regel größere Marktnähe kundenbezogener Entscheidungen sowie eine höhere Effizienz der systeminternen Kommunikation, die sich z. B. in einer beschleunigten Weitergabe marketingrelevanter Informationen durch die Franchisenehmer an die Systemzentrale äußert.

Trotz dieser Kompetenzverlagerung »von oben nach unten« ermöglicht das Franchising eine weitreichende Standardisierung des Marktauftritts. Durch die verbindliche Vorgabe des Geschäftssystems für den Franchisenehmer, verbunden mit einem umfangreichen Katalog gegenseitiger Rechte und Pflichten hinsichtlich der Marktdurchsetzung des Systems, gelingt dem Franchising gewissermaßen die »Quadratur des Kreises«, nämlich ein größtmögliches Maß an Standardisierung der erfolgskritischen Systemparameter bei einer gleichzeitigen Flexibilisierung solcher Entscheidungen, für die das spezifische Wissen des Franchisenehmers vor Ort von Vorteil ist. Franchising eignet sich daher auch in besonderer Weise zur standardisierten Umsetzung qualitätsorientierter Strategien in Verbindung mit einer ausgeprägten Markenprofilierung. Das klassische Beispiel in diesem Zusammenhang ist der weltweite Erfolg des Franchisesystems von McDonald's.

Zusammenfassend ergeben sich damit aus den Vorteilen der Organisationsform Franchising drei mögliche Ausprägungen von Wettbewerbsvorteilen, auf deren Basis am Absatzmarkt eine dauerhafte Profilierung gegenüber Wettbewerbern erreicht werden kann (Abb. 1):

❏ Wachstums- und Zeitvorteile,
❏ Qualitäts- und Markierungsvorteile sowie
❏ Flexibilitäts- und Servicevorteile.

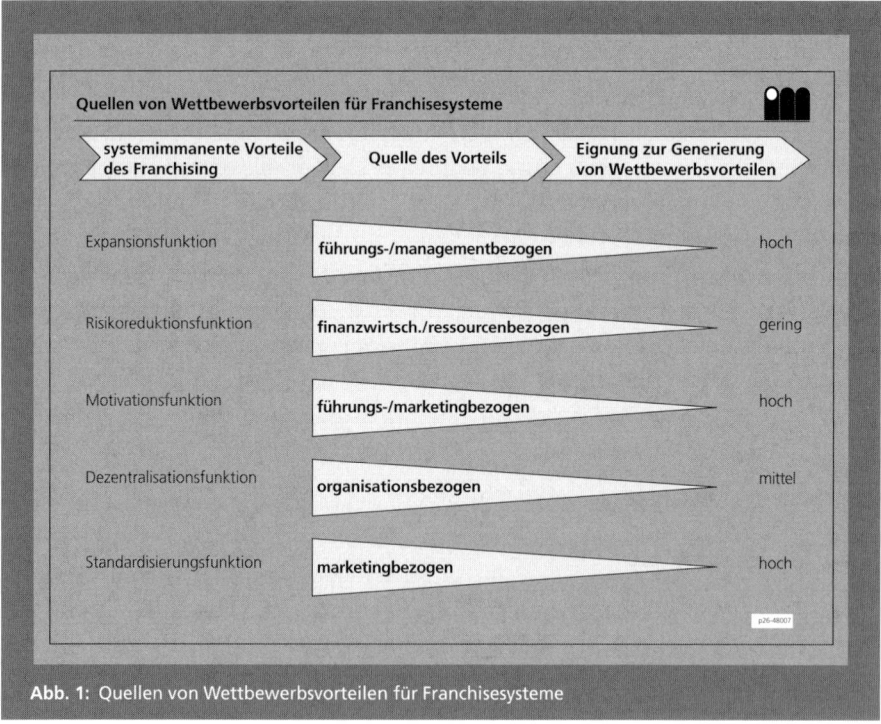

Abb. 1: Quellen von Wettbewerbsvorteilen für Franchisesysteme

Mit der Bestimmung des Wettbewerbsvorteils ist zunächst lediglich ein Orientierungsrahmen für die marktgerichteten Aktivitäten einer Unternehmung geschaffen. So muss z. B. eine qualitätsorientierte Strategie ihren Ausdruck nicht nur in einer hohen Produktqualität finden, sondern auch im gesamten Außenauftritt der

Franchisenehmerbetriebe und ihres Personals. Die Besonderheit des modernen Franchising, ein umfassendes Geschäftssystem oder Franchisekonzept nach einer Erprobungsphase systematisch zu multiplizieren, macht es erforderlich, alle Elemente dieses Konzepts bereits bei der Planung so auszugestalten, dass ein integrierter Marktauftritt entsteht.

Das Franchisekonzept kann verstanden werden als das von der Systemzentrale an den Franchisenehmer zu dessen eigenständiger Betriebsführung transferierte System-Know-how und -Do-how. Es verkörpert die originäre Geschäftsidee, die einem Franchisesystem zugrunde liegt und muss daher zumindest vier Elemente umfassen:

❏ das Leistungsversprechen verbunden mit einem spezifischen Kundennutzen,
❏ eine profilierungsfähige Marke und deren Positionierung,
❏ den Betriebstyp (bei Handelssystemen) oder das Dienstleistungskonzept, in dem das spezifische Marketingkonzept des Systems zusammengefasst ist sowie
❏ das Leistungserstellungssystem, das die für die Beziehung von Franchisenehmer und Systemzentrale relevanten internen Strukturen und Prozesse (bestimmte Beschaffungsabläufe) regelt.

Blickt man auf die erfolgreichsten Franchisesysteme im nationalen und internationalen Bereich, die zum Teil sogar Marktführerpositionen erobern konnten, dann sind diese durch wettbewerbsüberlegene Franchisekonzepte gekennzeichnet. Deren Elemente sind auf den Wettbewerbsvorteil des Systems hin ausgerichtet und entfalten daher eine synergetische Wirkung. Das Franchising weist zwar verschiedene systembedingte Vorteile auf, doch bietet seine Organisationsform keinesfalls die Garantie für einen Markterfolg. Jedes Franchisesystem ist daher nur so gut wie das ihm zugrunde liegende Franchisekonzept.

Operatives Marketing als Grundlage der Marktdurchsetzung von Franchisekonzepten

Mit der Entwicklung eines wettbewerbsfähigen Franchisekonzepts ist eine wichtige Voraussetzung für dessen erfolgreiche Multiplikation erfüllt. Eine zweite Erfolgsvoraussetzung liegt in dessen Marktdurchsetzung. Hierzu steht Franchisesystemen das gesamte Spektrum von Marketinginstrumenten aus den Bereichen Kommunikationspolitik, Produkt- und Sortimentspolitik, Preis- und Konditionenpolitik sowie der Logistik zur Verfügung. Insofern besteht hier zunächst kein Unterschied zu vertikal integrierten Unternehmen. Eine Besonderheit des Franchising liegt aber darin begründet, dass die Marktdurchsetzung arbeitsteilig durch den Franchisegeber und die Franchisenehmer erfolgt. Es sind drei Formen der Marktdurchsetzung eines Franchisekonzepts zu unterschieden:

1) direkt auf den Absatzmarkt gerichtete Marketingmaßnahmen des Franchisegebers (in Form überregionaler Werbung in Print-Medien oder der Entwicklung innovativer Produkte),

2) Marketingunterstützungsmaßnahmen der Systemzentrale für die Franchise-nehmer wie etwa Werbekonzepte oder Prospektmaterial. Dabei handelt es sich aus Sicht der Systemzentrale um eine indirekte Art der Marktdurchset-zung des Franchisekonzepts, deren Effektivität maßgeblich von der Koope-rationsbereitschaft der Franchisenehmer abhängt und schließlich

3) eigene Marketingmaßnahmen der Franchisenehmer in Gestalt von Direkt-werbeaktivitäten, um sich im lokalen oder regionalen Wettbewerbsumfeld zu profilieren.

Die konkrete Form der Aufgabenteilung bei der Marktdurchsetzung des Franchi-sekonzepts ergibt sich aus entsprechenden Vereinbarungen im Franchisevertrag. Zumeist werden umsatzabhängige Zahlungen der Franchisenehmer für die Ge-meinschaftswerbung des Systems festgelegt, während die Pflicht der Franchise-nehmer zur lokalen oder regionalen Marktdurchsetzung vielfach nur abstrakt formuliert wird. Der Franchisegeber verpflichtet sich umgekehrt zur kontinuier-lichen Anpassung und Weiterentwicklung des Franchisekonzepts. Die vertrag-lichen Vereinbarungen zur Marktdurchsetzung bleiben damit notwendigerweise relativ pauschal und belassen den Vertragspartnern Interpretationsspielräume. Damit entsteht für das Marketing in Franchisesystemen ein grundlegendes Koor-dinationsproblem, das immer wieder zu Konflikten zwischen Franchisegebern und Franchisenehmern führen kann.

Grundsätzlich ist ein ausgewogenes Verhältnis aller drei Formen der Marktdurch-setzung für den Markterfolg eines Franchisesystems von wesentlicher Bedeutung: So werden über direkte, marktgerichtete Marketingmaßnahmen der Systemzen-trale nicht nur Kunden erreicht, sondern auch potenzielle Franchisenehmer. Na-tionale Kommunikationskampagnen beispielsweise können daher in doppelter Hinsicht das Systemwachstum fördern, weil sie einerseits den Abverkauf pro Franchisenehmerbetrieb steigern und andererseits die Akquisition zusätzlicher Systempartner erleichtern, indem die Marktgeltung und Kompetenz des Systems kommuniziert wird. Damit kann ein selbstverstärkender Prozess in Gang gesetzt werden, denn eine Umsatzsteigerung pro Franchisenehmerbetrieb sowie die Ge-winnung weiterer Systempartner führt zu einer Erhöhung der variablen Zahlun-gen an die Systemzentrale, der damit wiederum zusätzliche Mittel für die Markt-durchsetzung zufließen. Eigenen Marketingmaßnahmen der Franchisenehmer kommt wiederum deren genaue Marktkenntnis z. B. bei der Belegung von Medien mit regionaler Streuung zugute.

Selbst bei rasch wachsenden Systemen dürften aber in der Regel zehn bis fünfzehn Jahre vergehen, bis eine zur nationalen Durchsetzung des Franchisekonzepts aus-reichende Größe und damit finanzielle Stärke erreicht ist. Vor allem in jüngeren Systemen mit wenigen Partnerbetrieben reichen die umsatzabhängigen Zahlun-gen der Franchisenehmer noch nicht aus, um umfassendere Marketingmaßnah-men zu finanzieren. Selbstverantwortliches unternehmerisches Handeln erfordert von Franchisenehmern in derartigen Situationen eine eigenständige Profilierung im regionalen Wettbewerbsumfeld, da eine überregional oder sogar national bekannte und profilierte Marke noch nicht besteht. Dabei können Größeneffekte genutzt werden, wenn die Systemzentrale das noch begrenzte Mittelvolumen zur übergreifenden Entwicklung von Marketingunterstützungsmaßnahmen für die Franchisenehmer einsetzt.

Die empirischen Ergebnisse zur Marktdurchsetzung der Franchisekonzepte offenbaren eine klare Schwerpunktsetzung bei den franchisenehmergerichteten Marketingmaßnahmen. So gewährt die überwiegende Mehrzahl der Systemzentralen ihren Franchisenehmern verschiedene Unterstützungsleistungen. Die größte Bedeutung besitzen dabei:

❑ die Ausstattung der Franchisenehmer mit Verkaufsförderungsmaterial,
❑ die Bereitstellung von Konzepten und Hilfsmitteln für eigene Werbemaßnahmen der Franchisenehmer,
❑ Marketing- und Verkaufsschulungen sowie
❑ Maßnahmen zur Gewährleistung eines einheitlichen Außenauftritts der Systempartner.

Hier sind es zwischen 75 und 89 Prozent der Systemzentralen, von denen die entsprechenden Leistungen in hohem oder sogar sehr hohem Umfang gewährt werden (Abb. 2). Ein gänzlich anderes Bild zeigt sich demgegenüber für den Einsatz übergreifender Marketingmaßnahmen durch die Systemzentralen. Lediglich die Weiterentwicklung des Produkt- und Dienstleistungsprogramms als Basisverpflichtung gegenüber den Franchisenehmern wird hier von der Mehrheit der Franchisegeber mit sehr hoher Intensität betrieben (77 Prozent der Systeme). Etwa die Hälfte der Systemzentralen setzt zudem intensiv logistische Maßnahmen sowie Maßnahmen im Bereich der Qualitätssicherung ein (Abb. 3).

Auffallend ist bei der direkten Marktdurchsetzung vor allem das niedrige Niveau im Bereich der Kommunikationsaktivitäten. Etwa die Hälfte aller Systemzentralen setzt übergreifende Kommunikationsmaßnahmen nicht oder nur in geringem Umfang ein. Dies gilt nicht nur für kostenintensive Kommunikationsinstrumente wie TV- oder Printwerbung, sondern auch für PR-Maßnahmen, die selbst kleineren Systemzentralen mit dem gemäß noch begrenzten Marketingbudgets offen stehen. Auch im Bereich neuerer Marketinginstrumente wie der Beschwerdepolitik und der Kundenbindung zeigt nur etwa jedes vierte System ein hohes oder sehr hohes Aktivitätsniveau. Mehr als die Hälfte aller Systemzentralen nutzt die entsprechenden Maßnahmen dagegen gar nicht oder nur in geringem Umfang.

Im Ergebnis scheint ein beträchtlicher Anteil von Franchisegebern bei der Marktdurchsetzung des Franchisekonzepts allenfalls die vertraglich unabdingbaren Pflichten zu erfüllen. Dies deutet aber wahrscheinlich weniger auf Defizite in der Systemkultur – im Sinne einer zu schwachen Führerschaft durch den Franchisegeber –, als vielmehr auf eine oftmals nur begrenzte Marketingkompetenz in den Systemzentralen hin. Eine geringe Marketingkompetenz ist aus der vielfach mittelständischen Struktur der Systemzentralen zwar erklärbar, von ihr können aber Risiken ausgehen, wenn mit dem Ausbleiben des erwarteten Markterfolgs Unzufriedenheit unter den bestehenden Franchisenehmern entsteht, die in der Folge zu systeminternen Konflikten führen kann.

Denn die absatzmarktgerichtete Führung ist nicht nur für den Markterfolg, sondern auch für die innere Stabilität eines Franchisesystems wichtig. Vor allem von einer profilierten Marke als Ergebnis einer kontinuierlichen Markenpflege gehen nicht nur wichtige Kompetenz- und Vertrauenssignale gegenüber dem Absatzmarkt aus, sondern auch eine verstärkte interne Bindung der Systempartner. Marketingkompetenz ist immer auch Führungskompetenz – und zwar nach außen wie nach innen.

1.4 Internes Marketing als Leitkonzept der innengerichteten Systemführung

Instrumente der innengerichteten Führung

Angesichts dieser Situation verwundert es nicht, wenn auch bei der Realisierung der innengerichteten Ziele entsprechende Defizite festgestellt werden können. So geben lediglich 53 Prozent der Franchisesysteme an, dass ihre Franchisenehmer zufrieden oder sehr zufrieden sind. Nur 56 Prozent der Systemzentralen sind darüber hinaus der Auffassung, dass ihre Franchisenehmer eine hohe oder sogar sehr hohe Identifikation mit dem System aufweisen. Zieht man zusätzlich in Betracht, dass derart sensible Fragestellungen tendenziell ein zu positives Bild der Wirklichkeit wiedergeben, dann müssen diese Ergebnisse alarmieren. Die Ursache für diesen Befund liegt vermutlich nicht nur in Mängeln bei der absatzmarktgerichteten Führung, sondern auch in Unzulänglichkeiten der innengerichteten Führung.

Vergleichbar dem klassischen Marketingmix, steht einer Systemzentrale auch bei der innengerichteteten Führung viele Instrumenten zur Verfügung. Diese Instrumente des internen Marketing reichen von betriebswirtschaftlichen Kontrollen über die Einrichtung von Franchisenehmer-Beiräten und die Durchführung von Assessment-Centern bis hin zur Gewährung von individuellen Handlungsfreiräumen bei der Profilierung eines Franchisenehmers in seinem spezifischen Wettbewerbsumfeld. Bei der konkreten Ausgestaltung der Instrumente ist mit dem Franchisevertrag die zentrale Legitimationsgrundlage für den Franchisegeber gegeben, in dem Kontrollrechte und Informationspflichten verbindlich vereinbart werden. Dennoch verliert der Vertrag im Verlauf der Systemzugehörigkeit eines Franchisenehmers als Steuerungsinstrument immer mehr an Bedeutung. Damit können sich je nach Situation und Strategie der Systemzentrale innerhalb der vertraglich vorgegebenen Grenzen verschiedene Typen der Systemführung herausbilden.

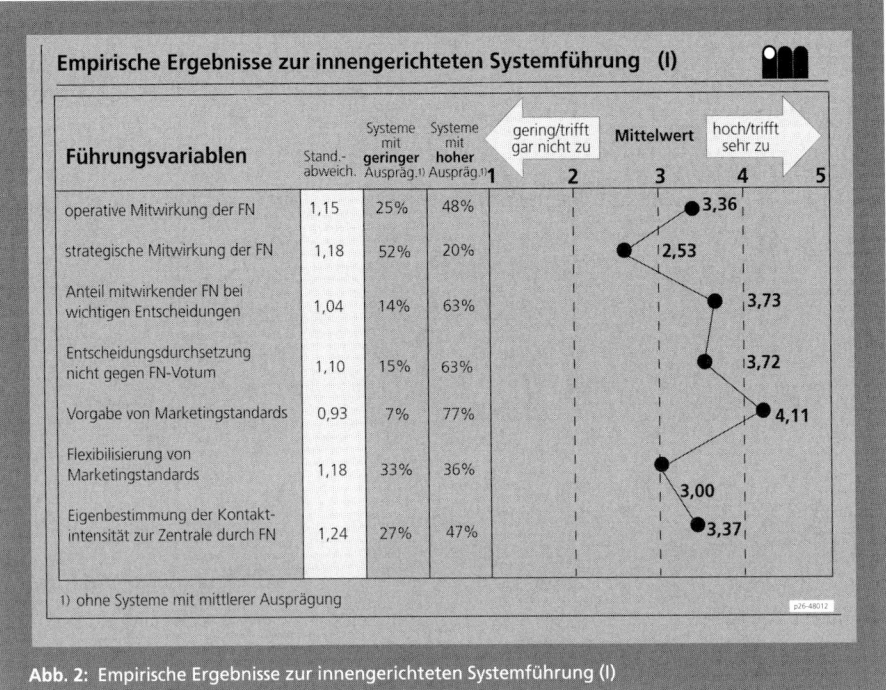

Empirische Ergebnisse zur innengerichteten Systemführung (I)

Führungsvariablen	Stand.-abweich.	Systeme mit geringer Auspräg.[1]	Systeme mit hoher Auspräg.[1]	Mittelwert
operative Mitwirkung der FN	1,15	25%	48%	3,36
strategische Mitwirkung der FN	1,18	52%	20%	2,53
Anteil mitwirkender FN bei wichtigen Entscheidungen	1,04	14%	63%	3,73
Entscheidungsdurchsetzung nicht gegen FN-Votum	1,10	15%	63%	3,72
Vorgabe von Marketingstandards	0,93	7%	77%	4,11
Flexibilisierung von Marketingstandards	1,18	33%	36%	3,00
Eigenbestimmung der Kontaktintensität zur Zentrale durch FN	1,24	27%	47%	3,37

gering/trifft gar nicht zu — Mittelwert — hoch/trifft sehr zu

1) ohne Systeme mit mittlerer Ausprägung

Abb. 2: Empirische Ergebnisse zur innengerichteten Systemführung (I)

Die Befragungsergebnisse zur innengerichteten Führung untermauern diese These. Sie zeigen zunächst in Abbildung 2 mit einem Mittelwert von 3,36 ein relativ hohes Maß an operativer Mitbestimmung in Franchisesystemen, während Mitwirkungsrechte an strategischen Entscheidungen signifikant niedriger ausgeprägt sind (Mittelwert: 2,53). Hinsichtlich der Autonomiegewährung an die Franchisenehmer offenbaren sich deutliche, in dieser Form keinesfalls zu erwartende Unterschiede zwischen den Systemen: 36 Prozent der Systemzentralen räumen ihren Franchisenehmern die Möglichkeit ein, sich über Systemstandards hinwegzusetzen, wenn dies der regionale Wettbewerb erfordert. Demgegenüber schließen 33 Prozent der Zentralen einen solchen Handlungsspielraum in jedem Fall aus. Ähnlich verhält es sich mit der Kontaktintensität zwischen Zentrale und Franchisenehmerbetrieben. Nahezu die Hälfte aller Systeme gibt an, dass es letztlich im individuellen Ermessensspielraum eines Franchisenehmers verbleibt, wie eng sein Kontakt zur Systemzentrale und ihren Mitarbeitern ausgeprägt ist.

Dieses Ergebnis findet seine Entsprechung bei der betriebswirtschaftlich-instrumentellen Steuerung der Franchisenehmerbetriebe, die in Abbildung 5 dargestellt ist. Nur zwei von drei Systemen erfassen regelmäßig die Betriebsergebnisse der Franchisenehmer mit den wichtigsten Kosten- und Erlösgrößen. Die wichtige Diskussion dieser Analysen zwischen Mitarbeitern der Systemzentrale und dem jeweiligen Franchisenehmer ist nur in 61 Prozent der Systeme institutionalisiert. Auch gemeinsame Planungsgespräche mit den Franchisenehmern sind nicht die

Regel. In nahezu jedem vierten System findet eine detaillierte Jahresplanung nicht statt, weitere 20 Prozent der Systeme führen sie nur mit Einschränkungen durch. Nur eine Minderheit der Systemzentralen setzt darüber hinaus differenziertere Instrumente wie formalisierte Auswahlverfahren für Franchisenehmer (30 Prozent der Systeme) oder spezielle Anreizinstrumente (21 Prozent der Systeme) ein.

Empirische Ergebnisse zur innengerichteten Systemführung (II)

Führungsvariablen	Stand.-abweich.	Systeme mit **geringer** Auspräg.[1]	Systeme mit **hoher** Auspräg.[1]
Erfassung/Analyse der Betriebsergebnisse der FN	1,28	18%	68%
Diskussion der Ergebnisse mit FN	1,23	18%	61%
versteckte Verhaltenskontrollen	1,43	56%	31%
gemeinsame Planungsgespräche mit FN	1,19	23%	67%
Einsatz von Anreizinstrumenten	1,36	60%	21%
Einsatz differenzierter Auswahlverfahren	1,28	44%	30%
Ergreifen von Sanktionen gegen FN	1,22	27%	51%

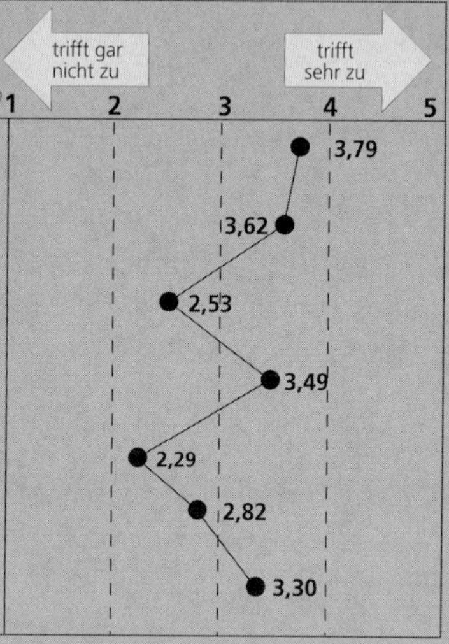
trifft gar nicht zu
trifft sehr zu
1
2
3
4
5
3,79
3,62
2,53
3,49
2,29
2,82
3,30

1) Ohne System mit mittlerer Ausprägung

Abb. 3: Empirische Ergebnisse zur innengerichteten Systemführung (II)

Die hinsichtlich des innengerichteten Führungsverhaltens offenbar werdenden deutlichen Unterschiede im Systemvergleich untermauern die Annahme, dass in Franchisesystemen unterschiedliche Typen der Systemführung existieren. Eine zu diesem Zweck durchgeführte statistische Analyse, bei der fünf verschiedene Führungstypen (Cluster) identifiziert werden, bestätigt diese Vermutung.

Nahezu ein Viertel der Franchisesysteme muss als führungsavers bezeichnet werden, d. h. eine systematische Verhaltensbeeinflussung der Franchisenehmer unterbleibt. Bemerkenswert ist hierbei vor allem, dass in diesen Systemen offenbar die Franchisegeber ihren vertraglichen Unterstützungspflichten nur ungenügend nachkommen und damit explizit gegen Vertragsklauseln verstoßen. Einen völlig konträren Führungstyp bilden die rigide-hierarchienah geführten Systeme, mit 27 Prozent das größte identifizierte Cluster. Hier lässt sich ein Führungsverhalten nachweisen, das hinsichtlich Intensität und Qualität der eingesetzten Instrumente deutliche Parallelen zu klassischen Niederlassungs- und Filialsystemen aufweist.

Franchisespezifische Führungstypen stellen dagegen die partnerschaftlich-interaktiv geführten Systeme sowie die liberal-vertrauensbasiert geführten Systeme dar. Der partnerschaftlich-interaktive Führungstyp ist durch eine sehr hohe Partizipation und eine ausgeprägte Unterstützung der Franchisenehmer gekennzeichnet. Zudem bestehen intensive vertikale und horizontale Kommunikationsaktivitäten innerhalb des Systems. Demgegenüber ist der liberal-vertrauensbasierte Führungstyp durch eine relativ geringe Intensität der Verhaltensbeeinflussung bestimmt. Den Franchisenehmern werden hier ausgeprägte Freiräume eingeräumt; gleichzeitig zeichnet sich dieser Führungstyp durch das geringste Maß an Sanktionen gegenüber den Franchisenehmern aus.

Innerhalb des fünften Führungstyps, den autoritär-minimalistisch geführten Systemen, ist das Führungsverhalten dagegen sehr stark auf die Ausübung von Sanktionen und den Versuch einer Steuerung der Franchisenehmer über vertragliche Vereinbarungen gerichtet. Dieses autoritäre Führungsverhalten geht gleichzeitig mit einer relativ geringen betriebswirtschaftlichen Unterstützung der Franchisenehmer einher.

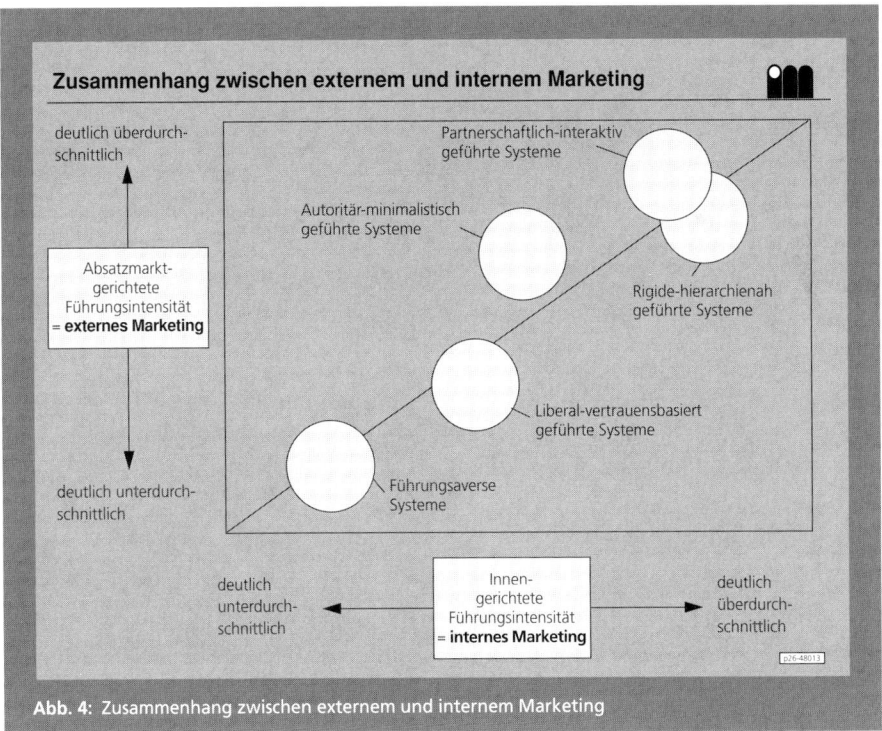

Abb. 4: Zusammenhang zwischen externem und internem Marketing

Für diese Führungstypen lassen sich enge Beziehungen zur absatzmarktgerichteten Systemführung nachweisen. Grundsätzlich zeigen die Untersuchungsergebnisse, dass ein direkter Zusammenhang zwischen der Intensität der innengerichteten und der marktgerichteten Führung besteht (Abb. 4). Sowohl bei partnerschaftlich-interaktiver als auch bei rigide-hierarchienaher Führung sind die entsprechenden Systemzentralen auch um eine professionelle Führung des Systemverbundes am Markt bemüht. Dies zeigt sich in einer deutlich überdurchschnittlichen absatzmarktgerichteten Führungsintensität. Völlig anders zeigt sich das Bild bei den führungsaversen Systemen. Die laissez-faire-Haltung gegenüber den Franchisenehmern wird hier auch gegenüber dem Absatzmarkt gezeigt, d. h. Marketingmaßnahmen werden nur in geringem Umfang ergriffen.

Mittlere Positionen nehmen die liberal-vertrauensbasierten Systeme sowie die autoritär-minimalistisch geführten Systeme ein, wobei vor allem Letztere interessant erscheinen. Hier wird offensichtlich deutlich mehr Wert auf externes Marketing als auf internes Marketing gelegt, was durch die Position oberhalb der Diagonalen deutlich wird.

Im Ergebnis bedeutet dies: Je professioneller ein System am Markt geführt wird, desto umfassender ist auch die Betreuung der Franchisenehmer ausgestaltet (und umgekehrt). Es existiert ein eindeutiger Zusammenhang zwischen beiden Teilbereichen der Führung. Die Frage liegt nahe, ob mit den Führungstypen auch Unterschiede im Systemerfolg einhergehen. Der Systemerfolg kann dabei in drei Dimensionen gemessen werden: dem Markterfolg (Systembekanntheitsgrad, Image, Marktanteil), dem finanziellen Erfolg (Gewinn, Umsatz) sowie dem sozialen Erfolg (Zufriedenheit der Franchisenehmer, Systemidentifikation, Vertrauen).

Hier zeigt sich, dass die führungsaversen Systeme in allen drei Erfolgsdimensionen deutlich unterdurchschnittliche Ergebnisse erzielen, wobei insbesondere der sehr geringe soziale Erfolg hervorzuheben ist. Ein laissez-faire-Führungsstil wirkt sich auf das Verhältnis von Systemzentrale und Franchisenehmern offensichtlich sehr negativ aus.

Anders stellt sich die Situation bei den partnerschaftlich-interaktiv geführten Systemen dar. Diese bilden die eindeutig erfolgreichste Gruppe, weisen sie doch in allen drei Erfolgsgrößen teilweise deutlich überdurchschnittliche Resultate aus. Vor allem die Zufriedenheit der Franchisenehmer erreicht hier den mit Abstand höchsten Wert, gekoppelt mit dem gleichzeitig höchsten Gewinn des Franchisegebers. Überdurchschnittlich erfolgreich sind zudem die rigide-hierarchienah sowie die autoritär-minimalistisch geführten Systeme.

Schlussfolgerungen für die innengerichtete Führung

Insgesamt erweist sich die Führungsthematik als ein hochkomplexes Aufgabenfeld für Franchisegeber. Offensichtlich existieren jedoch bestimmte verallgemeinerbare Führungsmuster, die eindeutig überlegen sind und offensichtlich einen größeren Erfolg des Gesamtsystems hervorbringen. Über die damit verbundene Empfehlung zur Umsetzung eines entsprechenden Führungstyps lassen sich sechs wichtige Schlussfolgerungen ableiten:

1) Als Leitkonzept der innengerichteten Führung sollte das interne Marketing verankert werden. Es impliziert eine Orientierung des Führungsverhaltens an den Bedürfnissen und Ansprüchen der Franchisenehmer, um im Ergebnis eine ausgeprägte Kundenorientierung aller Franchisenehmer sicherzustellen.

2) Die Gewährung von Mitwirkungsrechten für die Franchisenehmer in Form von Gremien und sonstigen regelmäßigen Treffen zwischen Mitarbeitern der Systemzentrale und den Franchisenehmern ist als Möglichkeit zu begreifen, die Kompetenz und Marktkenntnis der Franchisenehmer im Sinne des Gesamtsystems zu nutzen. Von regelmäßigen Treffen geht insofern eine klare Intelligenzverstärkerfunktion aus. Da Unzufriedenheit ebenfalls schneller gegenüber dem Franchisegeber artikuliert werden kann, wird zudem eine Frühwarnfunktion erfüllt, durch die rechtzeitig systeminterne Missstände aufgedeckt werden.

3) Neben diesem vertikalen Austausch sollte auch ein horizontaler Erfahrungsaustausch zwischen den Franchisenehmern konsequent gefördert werden. Ein solcher horizontaler Austausch, der z. B. in Form von Erfa-Gruppen oder Patenschaften zwischen den Franchisenehmern institutionalisiert werden kann, sich aber erfahrungsgemäß auch informell herausbildet, ist für die Lernfähigkeit des Systems und damit für die rasche Anpassung an sich wandelnde Marktsituationen von wesentlicher Bedeutung und sollte keinesfalls als destabilisierendes Verhalten betrachtet werden. Er vermag zudem die Zentrale von Betreuungsaufgaben zu entlasten.

4) Diese spezifischen Stärken können jedoch nur dann genutzt werden, wenn die Franchisenehmer eine ausreichende unternehmerische Qualifikation aufweisen und ihr Verhalten durch eine grundlegende Systemkonformität geprägt ist. Die Auswahl geeigneter Systempartner über entsprechende Selektionsinstrumente wie z. B. Assessment-Center wird daher zu einem Schlüsselerfolgsfaktor der Systemführung. Erweisen sich Franchisenehmer im Laufe ihrer Systemzugehörigkeit als zu wenig leistungsfähig oder verstoßen sie regelmäßig gegen formelle oder informelle Spielregeln, dann müssen von der Systemzentrale Sanktionen ergriffen werden, die bis hin zu einem Systemausschluss reichen können.

5) Nicht weniger sensibel ist der Einsatz von Planungs-, Anreiz- und Kontrollinstrumenten zu handhaben. Erfolgreiche Systeme zeichnen sich dadurch aus, dass sie bei der Steuerung der Franchisenehmer eine Dienstleistungsmentalität entwickelt haben. Franchisenehmer empfinden dann beispielsweise Ergebniskontrollen weniger als vertraglich-legitimiertes Eingriffsrecht der Systemzentrale, sondern als Dienstleistung, durch die sowohl die Ziele des Franchisegebers als auch die eigenen Ziele besser erreicht werden können. Die Herausbildung einer derartigen Dienstleistungsmentalität erfordert eine ausgeprägte soziale Kompetenz.

6) Schließlich ist eine Differenzierung des Führungsverhaltens unerlässlich, um der Heterogenität von Franchisenehmern gerecht zu werden. Die Multiplikation eines Franchisekonzepts darf nicht mit einer gleichzeitigen Vereinheit-

lichung des Führungsverhaltens einhergehen. Zwar erscheint es sinnvoll, bestimmte Planungs- und Kontrollabläufe zwischen der Zentrale und den Franchisenehmern zu standardisieren, doch müssen individuelle Unterschiede in Bezug auf die Kooperationsbereitschaft, das Partizipationsstreben oder auch die Fähigkeit zur Eigenmotivation bei der Führung von Franchisenehmern berücksichtigt werden. Andernfalls erscheint eine langfristige Partnerbindung nicht gewährleistet.

von Jürgen Nebel

Einführung

Das Franchisesystem ist eine Netzwerkorganisation selbstständiger Unternehmer. Daher unterliegt es quasi systembedingt einer Dynamik, die das Netzwerk positiv vorantreiben oder behindern, im Extremfall gar zerstören kann.

Ein Faktor, der in Franchisesystemen häufig zu Reibungsverlusten führt, und daher die Effizienz und Wettbewerbsfähigkeit des Gesamtsystems einschränkt, und schließlich auch zu Planabweichungen führt, ist der Gebietsschutz der Franchisenehmer.

2.1 Vor- und Nachteile eines Gebietsschutzes

Welche Vor- und Nachteile hat die Vereinbarung eines zulässigen Gebietsschutzes, die jeden Franchisenehmer davor schützt, dass andere Franchisenehmer oder Betriebe des Franchisegebers in seinem Gebiet aktiv Kunden umwerben? (Ein absoluter Gebietsschutz, der Kunden, die aus fremden Gebieten kommen, die Leistung nur dort gewährt, den jeweiligen Franchisenehmer also vollständig schützt, ist aus rechtlichen Gründen unzulässig.) Für Vereinbarung wie Nichtvereinbarung sprechen gute Gründe, denn zunächst sei klargestellt, dass ein Gebietsschutz keineswegs dem Wesen des Franchising immanent ist, d. h., Franchisesysteme ihren Partnern nicht immer einen solchen Schutz gewähren. Dies wird deutlich an vielen deutschen Franchisesystemen, die keinen Gebietsschutz vereinbaren. Anderslautende Franchisedefinitionen (etwa der des »The Franchise Magazine«, Jan./Feb. 1998, Norwich), die von einem definierten Gebiet sprechen, stehen der deutschen Wirklichkeit nicht entgegen.

Für einen Gebietsschutz sprechen folgende Gesichtspunkte:
- ❏ Manche Banken wollen die Rentabilität der finanzierten Franchisenehmerbetriebe sichern und fordern daher zur Sicherung der Darlehensrückführung nicht nur Mindestlaufzeiten des Franchisevertrags, sondern bisweilen auch einen Gebietsschutz.
- ❏ Weit gewichtiger kann ein Gebietsschutz sein, sofern er folgendes beobachtbares Phänomen einschränkt oder verhindert. In Franchisesystemen ohne Gebietsschutz, aber mit regional sehr dicht beieinanderliegenden Franchisebetrieben kommt es manchmal zu Erscheinungen, die dem zwingend erforderlichen einheitlichen Auftritt der Systempartner abträglich sind. Um sich im harten systeminternen Wettbewerb gegenüber Kollegen abgrenzen zu können, die ja dieselbe Leistung anbieten, verändert mancher Franchisenehmer, insbesondere soweit ihm hierzu Spielraum gelassen wird, bewusst sein Erscheinungsbild, um sich auch von außen für potenzielle Kunden vom systeminternen Wettbewer-

ber abzugrenzen. Bisweilen ist dies sogar fast verständlich, da hohe Wettbewerbsintensität bei fehlendem Gebietsschutz die *Trittbrettfahrer* im System begünstigt. Auch die regionale Werbung, die ausschließlich unter der Marke des Franchisesystems geführt wird und als alleiniges Unterscheidungsmerkmal die Anschrift des Franchisenehmers nennt, kommt in solchen Regionen den benachbarten Franchisenehmern zugute, die sich an dieser Werbung nicht beteiligt haben. Dies gilt natürlich beschränkt auch für Empfehlungskunden, die von Stammkunden nur auf das Franchisesystem, nicht aber auf einen bestimmten Franchisenehmerbetrieb hingewiesen worden sind. Systemkonforme Abhilfe schafft hier die in diesem Buch beschriebene standortindividuelle Strategie. In Maßen hilft sie, ein Alleinstellungsmerkmal innerhalb der Systemgrenzen auszuprägen. Dies darf keinesfalls durch Veränderung der Corporate Identity und des Corporate Design geschehen.

❑ Schließlich mag ein Gebietsschutz auch den freien Austausch und die Zusammenarbeit benachbarter Franchisenehmer untereinander fördern. Franchisenehmer, die ohne Gebietsschutz dicht aufeinandersitzen, empfinden bisweilen die nächstgelegenen Franchisenehmer als ärgste Konkurrenten, bieten sie doch dieselbe Leistung in unmittelbarer Nähe an. Dies führt bisweilen dazu, dass Erfa-Tagungen oder Stammtischrunden zur Farce werden, da diese, in der Region abgehaltenen Gesprächsrunden keinen offenen Austausch mehr ermöglichen. Letztlich kommt es freilich auf die Mentalität der jeweiligen Partner und die Moderation durch den Franchisegebervertreter an. Es können andererseits auch sinnvolle Abgrenzungen bei solchen Runden besprochen werden (regionale, gebietsüberschreitende Werbung, Durchführung und Aufteilung von regionalen Messeteilnahmen). Ob ein wirklicher Erfahrungsaustausch stattfindet, ist dagegen auch in moderierten regionalen Besprechungen nicht sicher.

Gegen einen Gebietsschutz sprechen folgende Gesichtspunkte:

❑ Franchisesysteme entwickeln sich, wie oben gesagt, keineswegs nur planvoll. Das Marktpotenzial in Deutschland für Hamburger war keineswegs bei Start verschiedener Restaurantketten absehbar. Soweit die Franchisegeber Gebietsschutz vergeben haben, mussten sie in aufwendigen Vertragsanpassungen die jeweiligen Gebiete verkleinern. Kein Franchisenehmer aber gibt gerne ein Stück von »seinem Gebiet« ab. Eismann musste oder – vielleicht besser gesagt – durfte seine Marktpotenzialprognosen mehrfach nach oben korrigieren – und damit auch die Anzahl der Franchisenehmer, die zu einer optimalen Potenzialausschöpfung einzusetzen waren. Die Nichtgewährung eines Gebietsschutzes macht das Franchisesystem also flexibler.

❑ Weiterhin spricht gegen die Vereinbarung eines Gebietsschutzes, dass sich leistungsschwächere Franchisenehmer (C-Franchisenehmer, bisweilen auch B-Franchisenehmer) auf diesen zurückziehen. Sie betrachten »ihr Gebiet« als »ihr Fürstentum«, in das niemand einzubrechen hat. Fehlender – auch innersystemischer – Wettbewerb fördert natürlich die Trägheit und hemmt die Innovationsfreude, man vergleiche nur die Errichtung von Handelsbarrieren durch Zölle und deren verheerende Wirkung auf die Wettbewerbsfähigkeit ganzer Volkswirtschaften. Schutzmechanismen sind dem Wesen der Marktwirtschaft fremd, dem Franchising keineswegs wesenstypisch und somit oft ebenso schädlich. Wo eine hohe Rentabilität per se durch Franchisegeberleistungen gesichert ist, macht sich oft eine typisch menschliche Trägheit breit und es beginnt das Pochen auf »verbriefte Besitzstände«, eben auf den Erhalt »ihres Fürstentums« durch bestimmte Franchisenehmer – kurz, die manchmal überzogene Anspruchshaltung gegenüber dem Franchisegeber wird nicht durch systeminterne Konkurrenz ausgeglichen. Dies kann einem Franchisesystem zum Verhängnis werden, zumal dann, wenn die Franchisenehmer zu wenig nach Unternehmereigenschaften ausgewählt wurden.

❏ Die nachlassende oder die – wegen fehlenden Gebietsschutzes – nicht angestachelte Leistungsbereitschaft mancher Franchisenehmer führt dazu, dass das Potenzial eines Gebietes nicht ausgeschöpft wird. Dies wiederum schädigt das System insgesamt, denn Nichtausschöpfung des Gesamtsystems führt zum Nichterhalt des an sich möglichen Einkaufsvorteils aller und zum Fehlen von Deckungsbeiträgen für überregionale Werbung durch geringere Einnahmen von Franchisegebühren.

Ein schönes Bild zum Gebietsschutz wurde von dem MiniBagno-Franchisegeber Diethelm Rahmig gezeichnet: »Ich hatte Gebietsschutz für ganz Deutschland!« hält er Franchisenehmeraspiranten entgegen, die sich ihre künftigen Pfründe durch einen Gebietsschutz absichern lassen wollen.

Unabhängig von bestehendem oder nichtbestehendem Gebietsschutz sind zur Vermeidung von Gebietsrangeleien in *dichtbesiedelten* Regionen klare, franchisevertraglich oder durch das Handbuch geregelte, Spielregeln notwendig und vor allem eine gute Moderation benachbarter Franchisenehmer durch ihren Außendienstler oder durch die Systemzentrale. Mit und ohne Gebietsschutz sind zwischen den Systempartnern auf der Basis franchisetypischer Partnerschaftlichkeit stets zu regeln:

❏ Regionale Werbung, die das – geschützte oder nichtgeschützte – Gebiet eines Franchisenehmers überschreitet. Dies gilt häufig für
❏ private TV-Spots, aber auch für
❏ die Werbung in regionalen Tageszeitungen, die gebietsüberschreitend sind, was vor allem in Ballungsräumen wie etwa dem Verbreitungsgebiet der Westdeutschen Allgemeinen Zeitung, der Berliner Zeitung oder der Frankfurter Zeitungen vorkommt.
❏ Die Aufteilung der Teilnahme an regionalen Messen, an denen nur ein Franchisenehmer teilnehmen kann oder die Teilnahme mit Gemeinschaftsständen.

3 | Schneller, höher, weiter: Regionale Entwicklung beschleunigen
von Andrea Maria Wessels und Albrecht Schulz

Einführung

In erster Linie liegt die Expansion in die Regionen beim Franchisegeber selbst. Die Expansion des Franchisesystems muss aber nicht immer aus ureigenster Kraft des Franchisegebers stattfinden, es gibt auch zusätzliche regionale Entwicklungsstrategien, derer sich der Franchisegeber bedienen kann. Zu diesen Möglichkeiten zählen:

❏ regionales Master-Franchising
❏ Area Development
❏ Regionalbetreuer
❏ Handelsvertreter
❏ Filialisierung der Systemzentrale

Ob und welche dieser Maßnahmen zur regionalen Entwicklung für ein spezielles Franchisesystem sinnvoll und richtig sind, lässt sich nicht abstrakt festlegen. Jede dieser zusätzlichen Entwicklungsstrategien hat Vor- und Nachteile, die bei der Wahl ins Kalkül gezogen werden müssen. Im Folgenden sind einige Erwägungen hinsichtlich der einzelnen regionalen Entwicklungsstrategien zusammengestellt.

3.1 Regionales Master-Franchising

Unter diesem Begriff versteht man den Abschluss von Master-Franchiseverträgen für eine Region, z. B. für ein Bundesland oder für ein größeres oder kleineres, festgelegtes Gebiet. Hierbei wird der Master-Franchisenehmer nicht wie üblich verpflichtet, einen Franchisebetrieb zu errichten und zu betreiben, sondern er wird mittels eines Lizenzvertrages dazu verpflichtet, eine eigene regionale Systemzentrale aufzubauen und seinerseits Franchisenehmer zu gewinnen und mit diesen (Unter)-Franchiseverträge innerhalb seiner Region abzuschließen. Der Vorteil des Master-Franchising mit regionaler Gebietsaufteilung liegt darin, dass sowohl die Franchisenehmer-Gewinnung und Auswahl als auch die Betreuung aufgeteilt wird auf mehrere Master-Franchisenehmer innerhalb der Bundesrepublik, sodass eine gewisse Entlastung der Systemzentrale eintritt. Ein Franchisegeber kann dadurch (theoretisch) eine schnellere Expansion und eine bessere Betreuung seiner Franchisenehmer erreichen.

Andererseits ist die Vertragsbeziehung zwischen Franchisegeber und regionalen Master-Franchisenehmer sehr prekär. Der Master-Franchisenehmer gewinnt an relativer Macht, welche er im Verlauf der Vertragsbeziehung einseitig ausnützen könnte. Kommt es zu Schwierigkeiten mit dem Master-Franchisenehmer, leiden darunter alle ihm angeschlossenen Franchisenehmer. Ein Konflikt hat also erheblich größere Auswirkungen, als würde es den gleichartigen Konflikt nur zwischen dem Franchisegeber und einem Franchisenehmer geben. Im Krisenfall muss der Franchisegeber deshalb schnell reagieren können und Zugriff auf die Franchisenehmer haben, um sie selbst direkt betreuen zu können und wieder ein funktionierendes Franchisesystem in der Region herzustellen. Deshalb muss diese Möglichkeit sowohl rechtlich bereits im Master-Franchisevertrag vorgesehen werden als auch faktisch später für den Franchisegeber bestehen. Bei der Vertragsgestaltung ist zu beachten, dass nach der geltenden Rechtslage gem. § 14 GWB nicht jede Kondition und Bedingung im Master-Franchisevertrag festgelegt werden kann, die der Master-Franchisenehmer wiederum vertraglich den Franchisenehmern weitergeben soll. Bei der regionalen Entwicklung über ein Master-Franchisekonzept sollten die Hauptprobleme, die erfahrungsgemäß auch sonst beim Master-Franchising entstehen, ernst genommen und beachtet werden:

- eine ausreichende Schulung des Master-Franchisenehmers, die Funktionen des Franchisegebers zu übernehmen,
- eine ausreichende Kapitaldecke,
- ausreichenden Einkünfte, um die eigene Zentrale zu finanzieren,
- eine über die Planung hinausgehende lange Anlaufphase,
- eine gute Kontrolle der Franchisenehmer sowie
- eine einheitliche Entwicklung.

Der erfolgreiche Einsatz von regionalen Master-Franchiseverträgen ist in Deutschland äußerst selten geblieben, da insbesondere das Problem eines ausreichenden Einkommens für den Master-Franchisenehmer schwer zu lösen ist. Von den (Unter-)Franchisenehmern können nur die am Markt und für die Branche üblichen Franchisegebühren verlangt werden, die dann kaum ausreichen zur Finanzierung von Franchisezentralen auf zwei Ebenen. Als internationales Expansionsvehikel ist Master-Franchising aber weiterhin verbreitet (siehe Kap. VIII.6 und 7).

3.2 Area Development Agreement (Gebietsentwicklungsvertrag)

Dieser Begriff stammt aus den Vereinigten Staaten und wird dort als beste Möglichkeit zur regionalen Entwicklung des Franchisesystems gehandelt. In der Bundesrepublik ist diese Form der regionalen Entwicklung bei rein deutschen Systemen noch nicht besonders verbreitet, beim Import ausländischer Systeme kommt sie aber zunehmend zum Einsatz. Auch bei der internationalen Expansion kann dieses Instrumentarium natürlich verwendet werden.

Unter einem Area-Development-Vertrag versteht man die Betrauung eines selbstständigen Unternehmers mit der Entwicklung eines größeren Vertragsgebietes. Der Developer erwirbt für eine bestimmte Region das Recht, in diesem Vertragsgebiet eine bestimmte Anzahl eigener Betriebe zu errichten, für die jeweils direkt ein Franchisevertrag mit dem Franchisegeber abgeschlossen wird. Alle Betriebe, auch die später hinzukommenden, gehören einem Eigentümer, dem Developer, und werden von ihm quasi als Filialist errichtet und betreut, wobei aber für jeden Standort ein Einzelfranchisevertrag existiert. Ob die daneben existierende Variante, in welcher der Developer nicht im eigenen Namen, sondern für fremde Rechnung (wie ein Handelsvertreter) auftritt und für ein bestimmtes zu entwickelndes Gebiet Franchiseverträge im Namen des Franchisegebers abschließt, noch als Area Development bezeichnet werden kann oder eher als Form der Regionalbetreuung, ist strittig. In diesem Fall wird ein selbstständiger Dritter, der nicht Franchisenehmer ist, vom Franchisegeber dafür eingesetzt, in festgelegten Regionen Franchisenehmer zu werben und eine Betreuung für die Franchisenehmer aufzubauen, Teile von Schulungen durchzuführen und insbesondere die Vor-Ort-Betreuung zu übernehmen. Anders als ein Regionalbetreuer ist er aber nicht selbst Franchisenehmer, führt also keinen eigenen Franchisebetrieb. Er konzentriert sich ausschließlich darauf, in seiner Region neue Franchisenehmer anzuwerben und diese zu betreuen. Aufgrund seiner vertraglichen Beziehung zum Franchisegeber ist er rechtlich als selbstständiger Handelsvertreter im Sinne der §§ 84 ff. HGB anzusehen.

3.3 Regionalbetreuung

Im Rahmen einer dynamischen Expansionspolitik können, um den Einsatz eigenen festen Personals zu sparen, auch Franchisenehmer, die sich besonders mit dem Franchisesystem identifizieren und das Potenzial zur Führung von Menschen besitzen, als Regionalbetreuer eingesetzt werden. In diesem Fall wird in dem vereinbarten Gebiet ein Teil der Leistungen der Systemzentrale, wie die Durchführung von Schulungen, die Veranstaltung von Erfa-Tagungen, die Erarbeitung von regionalen Marketingkonzepten und deren Umsetzung, vom Regionalbetreuer durchgeführt. Der Regionalbetreuer kann über einen Provisionsvertrag auch die Gelegenheit erhalten, in seiner Region neue Franchisenehmer zu akquirieren. In diesem Falle würden Franchiseverträge direkt zwischen dem Franchisegeber und dem Franchisenehmer geschlossen werden, der Regionalbetreuer tritt nur als Vermittler auf. Zu beachten ist, dass solche Regionalbetreuungsvereinbarungen getrennt und unabhängig von einem bestehenden Franchisevertrag abzuschließen und auch zu beenden sind, da der Franchisenehmer durch die Regionalbetreuung völlig andere Leistungen erbringt als aufgrund des Franchisevertrages. Möglicherweise stellt sich ja im Verlauf heraus, dass er als Regionalbetreuer nicht geeignet ist oder er sich doch mehr seinem Franchisebetrieb widmen will oder soll. Andererseits ist auch darauf zu achten, dass der Regionalbetreuer tatsächlich und finanziell in der Lage ist, diese zusätzliche Verantwortung zu übernehmen, ohne dass sein Franchisebetrieb darunter leidet.

Eine solche Regionalbetreuungsfunktion kann auch zur Motivation von erfolgreichen und dynamischen Franchisenehmern etabliert werden, welche dadurch zum einen für sich einen zusätzlichen Ertrag im Franchisesystem erwirtschaften –

gleichzeitig zum Nutzen des Gesamtsystems – und zum anderen persönliche Ambitionen durch die Kundengewinnung und -betreuung ausleben können.

3.4 Handelsvertreter

Zur Akquisition von neuen Franchisenehmern und der Entlastung der Systemzentrale können auch Handelsvertreter eingesetzt werden, welche in gewissen Vertragsgebieten geeignete Franchisenehmer werben, aussuchen und Franchiseverträge im Namen des Franchisegebers abschließen. Die Gefahr bei dieser Maßnahme der regionalen Entwicklung liegt jedoch auf der Hand. Der Handelsvertreter wird in der Regel soviel Vertragsabschlüsse wie möglich nachweisen wollen, da er hierdurch seine Provisionen erwirtschaftet, und nicht unbedingt den Hauptschwerpunkt seiner Tätigkeiten auf die Prüfung der Eignung der potenziellen Franchisenehmer legen. Der Franchisegeber muss deshalb die endgültige Auswahl immer selbst durchführen und nicht dem Handelsvertreter überlassen; entsprechende Vereinbarungen sollten eindeutig im Handelsvertretervertrag niedergelegt werden.

Bei dieser vertraglichen Gestaltung der regionalen Entwicklung des Franchisesystems ist zu beachten, dass dem Handelsvertreter gemäß § 89 b HGB nach Vertragsbeendigung ein Ausgleichsanspruch für die Aufbauarbeiten zusteht, der sich grundsätzlich nach den Einkünften des Handelsvertreters richtet. Also nach den von ihm vereinnahmten Provisionen von Einstiegs- und gegebenenfalls laufenden Gebühren. Ein erfolgreicher Handelsvertreter könnte so bei Vertragsbeendigung einen erheblichen Zahlungsanspruch gegen den Franchisegeber geltend machen. Damit es bei Vertragsende nicht zu einem Streit über die Höhe des Ausgleichsanspruchs kommt, sollte der Franchisegeber versuchen, im Vertrag klare Regeln für die Berechnungsgrundlagen aufzustellen.

3.5 Filialisierung

Eine bei größeren Systemen inzwischen verbreitete Methode ist die Expansion durch eigene Betriebe des Franchisegebers. Ein erfolgreicher Franchisegeber verfügt über genügend Finanzkraft, um regelmäßig Investitionen in eigene Outlets vornehmen zu können. Auch der Ankauf von Franchisenehmerbetrieben kommt in Betracht und wird praktiziert (in Krisenfällen oder bei Vertragsende, wenn der Franchisenehmer aus persönlichen Gründen seine Tätigkeit beenden möchte). Der Franchisegeber kann dadurch seine Gewinnmarge verbessern und das System insgesamt stärken. Er muss nur darauf achten, dass der Charakter des Franchisesystems dadurch nicht verändert wird und dass vor allem für das Publikum Erscheinungsbild und Qualität aller Betriebe gleich bleiben. Den Franchisenehmern dürfen auch keine Marktnachteile entstehen, insbesondere nicht durch günstigere Preise in franchisegebereigenen Betrieben.

Schließlich besteht eine weitere Alternative für die regionale Entwicklung eines Franchisesystems darin, dass der Franchisegeber selbst mehrere Standorte in der Bundesrepublik mit eigenen regionalen Systemzentralen besetzt, wodurch eine ortsnahe Betreuung der Franchisenehmer gewährleistet werden kann. Trotz des Nachteils der zusätzlichen Investitionen, die der Franchisegeber zu tragen hat, ergibt sich dadurch der Vorteil, dass die in Franchisesystemen mit starker Expansion oftmals auftretenden Probleme durch direkte Kommunikation zwischen Systemzentrale und Franchisenehmern besser gelöst werden können und dass durch die Nähe zur Zentrale eine größere Identifikation der Franchisenehmer mit dem System stattfindet. Hierbei können bzw. sollten durchaus zentrale Funktionen in der Mutterzentrale verbleiben, wie das Controlling oder die Fortentwicklung des Know-how.

Einführung

Franchising ist Know-how-Transfer. Wieder und wieder stellt sich die Frage, wie diese Kernfunktion effizient und kostengünstig zu leisten ist. Wie bei allen Funktionen, die ein Franchisesystem erfüllt, ist natürlich auch das Training der jeweiligen Phase anzupassen. Was einst in der Phase der Vervielfältigung passend war, muss nun in der Expansionsphase anders ausgefüllt werden. Die Methoden und Möglichkeiten beim Training von zwölf Franchisenehmern und deren Mitarbeiter sind andere als in großen Franchisesystemen mit 120 oder 600 Franchisenehmern. Hinzu kommen noch die Mitarbeiter der Franchisenehmer.

4.1 Die Obi-Kooperation mit staatlichen Berufsakademien

Obi kooperiert seit 1984 mit den staatlichen Berufsakademien in Mannheim, Lörrach, Heidenheim und Dresden. Dort wird zum »Diplom-Betriebswirt (BA), Fachrichtung Handel« ausgebildet. Als Einstiegskriterium für diese Ausbildung wird die allgemeine Hochschulreife vorausgesetzt. Diese dreijährige Ausbildung findet im dualen System statt. In dreimonatigen Intervallen wechseln die Studenten zwischen den praktischen Ausbildungsblöcken im Obi Markt und den Theoriephasen an den Berufsakademien. Der Studienabschluss ist seit 1995 dem einer Fachhochschule gleichgestellt. Die Ausbildung an den Berufsakademien ist einer der wichtigsten Eckpfeiler zur Stärkung des Führungskräftepotenzials aus den eigenen Reihen.

Aber auch im eigenen Haus wird die Aus- und Weiterbildung großgeschrieben. Denn Aus- und Weiterbildung sind das Fundament des Unternehmens Obi. Gut ausgebildete Mitarbeiter und solche, die bereit sind, sich weiterzuentwickeln, bilden die Voraussetzung dafür, dass die Beratungskompetenz in Obi Märkten ein beständig hohes Niveau hat.

Zum Dienstleistungsangebot der Obi Systemzentrale für die Obi Märkte gehört es, den Mitarbeitern eine solide Ausbildung anzubieten, um so in die Zukunft zu investieren, Chancen zu eröffnen, Weiterbildungsangebote zu entwickeln, zu qualifizieren und zu motivieren. Ziel ist es, engagierte Mitarbeiter zu haben, die sich mit ihrem Unternehmen identifizieren, die qualifiziert, kundenorientiert und kostenbewusst denken und dadurch eine wichtige Erfolgssäule bilden.

Die Obi Bau- und Heimwerkermärkte bieten vielfältige Ausbildungs- und Weiterbildungskonzepte an. Bei all diesen Maßnahmen wird immer auf ein ausgewogenes Verhältnis zwischen Theorie und Praxis geachtet. 1.085 Auszubildende gab es bei Obi im Oktober 1997.

Engagierte, motivierte und flexible Schulabgänger mit einem Haupt- oder Realschulabschluss können eine zweijährige Ausbildung zum »Verkäufer im Einzelhandel« in den Obi Märkten absolvieren. Die Obi Systemzentrale bildet Bürokaufleute aus. Neben der Vermittlung der theoretischen Ausbildungsinhalte durch Berufsschulen, werden die Auszubildenden in Obi-eigenen Seminarreihen geschult, die von Marktleitern oder Experten vor Ort durchgeführt werden.

Über die 1993 gegründete »Obi Akademie« haben Mitarbeiterinnen und Mitarbeiter die Möglichkeit, ihren Karriereweg bei Obi systematisch zu verfolgen und wie in einem Baukastensystem Schritt für Schritt neue Karrierechancen zu realisieren.

Gemäß der Unternehmensphilosophie, jedem qualifizierten und engagierten Mitarbeiter persönliche Wachstumschancen zu bieten, fördert Obi die Fähigkeiten und Neigungen seiner Mitarbeiter. Die »Obi Akademie« bietet Programme an, die den Mitarbeitern ermöglichen, Fach- oder Führungskräfte zu werden. Damit dies nicht nur auf der theoretischen Ebene geschieht, wird großen Wert auf Anwendbarkeit und Umsetzung der erlernten Kenntnisse gelegt. So bietet Obi für angehende Führungskräfte seit Jahren die Möglichkeit, eine Ausbildung zum Handelsfachwirt zu absolvieren oder sich im Rahmen der sog. Top-Center I, II und III zum stellvertretenden Marktleiter, zum Marktleiter oder darüber hinaus weiter zu qualifizieren. Voraussetzung für einen Karriereverlauf bei Obi sind Engagement, Einsatzbereitschaft und Flexibilität.

Innerhalb des umfangreichen Weiterbildungsangebotes können unterschiedliche Fachqualifikationen erworben werden: Merchandisingbeauftragter, Ausbilder, Umweltberater oder Master-Verkäufer.

Der »Obi Master-Verkäufer« ist ein von Obi mit einem weiteren Kooperationspartner, der Industrie- und Handelskammer (IHK) zu Köln, entwickelter Weiterbildungsabschluss, den alle Mitarbeiterinnen und Mitarbeiter erwerben können. Mit einem Fernstudium, das eine zeitlich individuelle Einteilung des Lernpensums ermöglicht, qualifizieren sich die Mitarbeiter zum sortimentsübergreifenden Fachberater anhand von Lehrbriefen. Abgeschlossen wird die Schulung mit einer Prüfung vor der IHK zu Köln. Die-Otto-Wolff-von-Amerongen-Stiftung und der Deutsche Industrie- und Handelstag (DIHT) verliehen Obi 1996 für die Initiative »Obi Master-Verkäufer« den Initiativpreis Aus- und Weiterbildung und würdigten das Weiterbildungsprogramm, das seit Einführung im Mai 1993 bis heute 3.440 Mitarbeiter genutzt haben. Ziel des umfangreichen Aus- und Weiterbildungsprogramms ist es, die Mitarbeiterinnen und Mitarbeiter ständig weiterzuqualifizieren, um so die Kunden durch eine kompetentes Fachpersonal bedienen und beraten zu können.

4.2 Trainingsmedien und programmierter, mediengesteuerter Gruppenunterricht

Das beste Training in einem Franchisesystem ist der programmierte und mediengesteuerte Gruppenunterricht. So können franchisetypisch Standardisierung und Multiplikation zugleich genutzt werden.

Es müssen aber nicht immer gleich ganze Akademien sein, die von Franchisesystemen ausgelagert werden, es können auch einzelne Trainingsprogramme sein. Und Bedarf an speziellen franchisesystemspezifischen Trainingsprogrammen besteht, denn Franchisesysteme sind durch die erhöhte Motivation der Franchisenehmer und der so auch eher zu übertragenden höheren Motivation ihrer Mitarbeiter prädestiniert, Kundenbedürfnisse persönlicher zu bedienen. Der bessere Umgang mit Kunden, ein wirklich professionelles Verkaufsverhalten, bedarf jedoch des Trainings. Tag für Tag sind immer wieder dieselben Fragen zu hören: »Wie teuer wird die Reparatur? – Wie? Soviel für die paar Kleinigkeiten?« oder: »Geht es nicht schneller? Ich brauche den Wagen heute Abend!« Jeder Kundendienstberater kann ein Lied davon singen, dass Unwissenheit und Ärger zu echten Konfliktsituationen führen, in der er die undankbare Rolle des *Blitzableiters* spielen muss.

Gerade im Handel ist neben Fachkunde der Verkäufer Verkaufsgeschick oft entscheidend für den Erfolg eines ganzen Systems. Überall dort, wo die Differenzierung des Angebotes oder die Spezifikation einer Ware nicht unterscheidungskräftig genug ist, muss die Unterscheidung im Markt durch verkäuferische Leistung und Service angestrebt werden. An sich sollten die Systemleistungen längst aufgrund der vorangegangenen Systementwicklung über ein oder mehrere Alleinstellungsmerkmale verfügen. Aber letztlich entscheidend ist nicht, wie gut Sie wirklich sind, sondern welchen Nutzen Sie in den Augen Ihrer Zielgruppe bieten.

Die vier Eckpfeiler und Ziele jedes erfolgreichen Trainings sind: Wissen, wollen, können, tun und dies erfordert aktives Einbeziehen der Teilnehmer. So werden durchschnittlich 90 Prozent des Gelernten erinnert und vieles hiervon in der täglichen Praxis umgesetzt.

Hier eröffnen sich für große Franchisesysteme besondere Chancen – und besondere Herausforderungen. Denn will beispielsweise ein Franchisesystem auch die Mitarbeiter und Verkaufskräfte seiner Franchisenehmer trainieren, so stellen sich diesem schwer überwindbare Hürden entgegen. Denn »herkömmliche Weiterbildungsseminare« verursachen neben den Trainerhonoraren, dem Aufwand für Hotel, Verpflegung und An- und Abreise auch noch stattliche Kosten und Umsatzverluste durch die Abwesenheit der Mitarbeiter am Arbeitsplatz. Die meisten dieser Franchisenehmer wollen aber nicht in dem Umfang, wie es für die Qualifizierung der Mitarbeiter erforderlich wäre, diese – teuren – Trainingsangebote des Franchisegebers annehmen. Auch der Ausweg, die Kosten zu reduzieren und ein

Inhousetraining durchzuführen ist zumeist verschlossen, denn viele Franchisenehmerbetriebe haben nur drei oder fünf Teilnehmer, sodass ein wirtschaftliches Seminar mit 15 Teilnehmern nicht möglich ist. Die Trainingskosten würden also sprunghaft steigen. Schon mittelgroße Franchisenehmerbetriebe können sich dies nicht leisten. Umgekehrt sind Franchisenehmer durch den Franchisevertrag zur Durchführung von Trainings meist nicht verpflichtet worden.

Ein Ausweg aus diesem Dilemma sind spezielle Trainings, die diese Nachteile nicht aufweisen. Nicht anders als hinsichtlich spezialisierter Unternehmensberatung auch, gilt selbst für die ganz Großen und Erfahrenen einer Branche, dass sie sich für bestimmte Trainingsaktivitäten Know-how hinzukaufen und komplexe Trainings nicht *inhouse* entwickeln. Beratung und Training ist so Know-how-intensiv, dass es abwegig ist, selbst für Umsatzmilliardäre wie Volkswagen, Obi oder Mobil-Oil, dieses Wissen selbst entwickeln zu wollen. Diese drei haben für ihre Franchisenehmer oder Vertragshändler ein Konzept entwickeln und umsetzen lassen, das es verdient, skizziert zu werden.

Doch zunächst fragt sich, welche Anforderungen überhaupt an Trainings allgemein und an Trainingsprogramme in Franchisesystemen im Besonderen zu stellen sind. Effiziente Trainings sollten die folgenden Kriterien erfüllen:

❏ **Intervalltraining**, d. h., häufige kurze Trainingsimpulse mit der Möglichkeit, bis -fl zum nächsten Impuls hiermit Erfahrungen zu sammeln;
❏ **Langfristiges Konzept** der Trainingsmaßnahme, empfehlenswert mindestens 18 Monate;
❏ **Gruppentraining**, d. h. Unterweisung in Teams, die auch sonst zusammenarbeiten;
❏ **Training am Arbeitsplatz** und enger Bezug zur täglichen Arbeit;
❏ **Praxisorientierte** Übungen, die das tägliche Geschäft des Franchisesystems betreffen;
❏ Förderung der **Lernmotivation**;
❏ Förderung des **Lerntransfers**.

Das Gruppentraining ist für Franchisesysteme von noch größerer Bedeutung als für herkömmliche Unternehmen. Denn Franchising ist der am persönlichsten geprägte Vertriebsweg überhaupt. Emotionale Bindungen sind hier erwünscht, ja regelmäßig (Mit-)Voraussetzung für den Systemerfolg.

Größere Franchisesysteme haben hier eine Antwort gefunden: Tonkassetten- oder CD-gestützte Lehr- und Lernprogramme. Der Franchisenehmer ruft sein Verkaufspersonal und/oder Werkstattmitarbeiter zusammen (wie in einer Besprechung) und drückt auf die Wiedergabetaste des CD-Spielers oder Kassettenrecorders. Alles andere machen die Kassetten und die mitgelieferten Drucksachen. Die meisten Franchisenehmer werden das nach Feierabend oder zu anderen günstigen Zeiten organisieren. Alle Informationen, Aufgaben und Lösungen bieten die CDs

582

oder Tonkassetten. Ein normales Abspielgerät genügt. Diese zumeist zweistündigen aufeinander aufbauenden Trainingslektionen werden im Laufe von zehn bis zwölf Wochen zehnmal durchgeführt. Schon ein Kursleiter und drei Teilnehmer bieten die Basis für eine beliebige Anzahl weiterer Teilnehmer pro Betrieb.

Die Vorteile eines solchen mediengestützten Lehr- und Lernprogramms liegen auf der Hand. Da Tonaufnahmen nicht veralten, sind die Szenen, Hörspiele und Rollenspiele lange Zeit aktuell. Das Programm kann immer wieder eingesetzt werden. Ein Trainingsprogramm mit anregenden Hörszenen bleibt, gemäß den Erfahrungen der Mobil Oil AG, Hamburg, ungefähr 15 Jahre verwendbar. Das ist überall da bedeutsam, wo z. B. durch Personalfluktuation (Teilzeitkräfte und andere Gründe) oder durch die laufende Hinzugewinnung neuer Franchisenehmer immer wieder neue Mitarbeiter trainiert werden müssen. Anders als in Videokassettenlehrgängen, die Schauspieler in modischer Kleidung, Brille und Frisur zeigen läuft beim audiogestützten oder -gesteuerten Lehr- und Lernprogramm im Kopf der Teilnehmer ein Gehirnkino ab. Jeder, der einmal ein Hörspiel gehört hat, weiß um wie viel länger es in der Erinnerung haften bleibt als einer der unzähligen gesehenen Spielfilme.

Beim Hören, z. B. einer Szene, machen wir uns also selbst ein Bild im Gehirn. Das Gehirn wird positiv aktiviert. Die Teilnehmer der auditiven Lehr- und Lernprogramme stellen sich die Szene im eigenen Geschäft vor und machen sich ein Bild von den Aktivitäten nach eigenem Geschmack. Es ist auch viel leichter, sich mit einer Stimme, z. B. der Stimme der Leitfigur im positiven Verkaufsgespräch, zu identifizieren als mit einer gesamten Erscheinung.

Hinzu kommt ein weiterer entscheidender Vorteil. Mit einiger Sicherheit trifft zu, dass die meisten Menschen am schnellsten und am leichtesten lernen, wenn sie selbst aktiv werden. Diese Aktivierungsimpulse bringen die Kassetten. Durch ein Tonsignal aufgefordert, unterbricht der kursleitende Franchisenehmer oder Filialleiter des Franchisenehmers den Kassettenvortrag und die Teilnehmer formulieren selbst die Antwort oder führen den Rollendialog fort. Erfahrungsgemäß fällt es den Mitarbeitern der Franchisenehmer, wie allen Menschen, erheblich leichter, wenn sie selbst aktiv werden. Diese Aktivierungsimpulse bringen die Kassetten. Im Training fällt es den Teilnehmern erheblich leichter, innerhalb eines Kassettenprogramms eine Rolle zu übernehmen als einen Film *weiterzuspielen*. Die Gestaltung der Arbeitsunterlagen muss gleichwohl professionell erfolgen. Eine gedruckte Unterlage bietet zudem den Vorteil, dass die Teilnehmer sie *begreifen* können. Sie können sie anfassen und mit ihr umgehen, kurzum, einen weiteren Wahrnehmungskanal (den visuellen und den haptischen) aktivieren.

Bewährt haben sich bis heute solche Programme in vielen Branchen, ob sie zum Handel zu zählen sind wie Obi, Quick-Schuh und Mobil Oil oder zum Dienstleistungssektor wie VAG, der Vertragshändlerorganisation des Volkswagenkonzerns. Vertragshändlersysteme sind bisweilen Franchisesystemen durchaus vergleichbar. Manchmal, wenn sie sehr erfahren sind, wie die vorgenannten, sind sie Franchisesystemen niedrigen oder mittleren Reifegrades durchaus überlegen.

Mehr als 12.000 Verkaufskräfte haben an solchen Programmen teilgenommen. Die Umsatzsteigerungen lagen durchschnittlich bei 14,2 Prozent Weiterhin gab es durchschnittlich 16 Prozent Zeiteinsparungen durch gezieltere Gesprächsführung. Für die Leistungen der Werkstätten (13 Prozent), sowie den Verkauf von Ersatzteilen (14 Prozent) und Zubehör (15 Prozent) konnten Umsatzsteigerungen erzielt werden.

Wegen der großen Zahl teilnehmender Mitarbeiter können die Trainings zu besonders wirtschaftlichen Kosten durchgeführt werden. Zusätzliche in das Programm integrierte Maßnahmen zu Lernmotivation, Transfersicherung und Lernerfolgskontrolle runden den wirtschaftlichen Erfolg ab.

Gerade für Franchisesysteme bietet sich ein weiterer Vorteil: »Der beste Trainer ist der Vorgesetzte gegenüber seinem Mitarbeiter (...). Deshalb sollen externe Berater und Trainer in erster Linie eingesetzt werden, um diesen Kreis im Sinne von »Train-the-Trainer« zu qualifizieren.« (Vgl. Ziff. 5 der »Trainingsrichtlinien« des Deutschen Franchise-Verbandes, im Anhang abgedruckt.) Viele Franchisenehmer *drücken* sich vor regelmäßigen Mitarbeitergesprächen. Häufige Kommunikation der Franchisenehmer oder deren Filialleiter mit Verkäufern, dazu gehören auch die Werkstattmitarbeiter oder andere Mitarbeiter mit Kundenkontakt, hilft Verkaufsprobleme aller Art zu erkennen und zu lösen. Und anlässlich des Trainingsprogramms wird erfahrungsgemäß oft über die betriebliche Situation gesprochen, Ideen gesammelt und Maßnahmen eingeleitet, die die franchisetypische Kundennähe verwirklichen und nicht zum Modewort verkommen lassen.

Voraussetzung bei alledem ist freilich eine wirklich professionelle Trainingskonzepterstellung und -umsetzung. Der Unterschied zwischen Trainingsmedien, wie den hier skizzierten, und Schulungsmedien liegt darin, dass mit Schulungsmedien bestimmte Kenntnisse vermittelt werden sollen, mit Trainingsmedien dagegen bestimmte Verhaltensweisen vermittelt und geübt werden. Darum sind Schulungsmedien-Gestalter ungeeignet für diesen Zweck. Besser sind Spezialisten für Trainingsmedien.

5 | Konzernstrategie »Franchising«

von Hubertus Boehm

5.1 Die Vision

Zukunftsforscher prophezeien dem Franchising eine »glänzende Karriere«. John Naisbitt z. B. sieht das Franchising im Jahr 2010 weltweit als die erfolgreichste Vertriebsmethode. In Deutschland und anderen westeuropäischen Ländern wächst Franchising seit Jahren jährlich mit zweistelligen Zuwachsraten. Dieser Trend ist weder Zufall noch Mode. Er ist eine logische Konsequenz des zunehmenden Überangebots an Waren und Dienstleistungen. Das Missverhältnis von Angebot und Nachfrage wird immer größer. Der Wettbewerb wird härter. Verkaufen wird immer schwieriger.

In dieser Konstellation kann sich auf Dauer nur der behaupten, der alle Potenziale für Vertriebsstärke einerseits und Produktivität andererseits nutzt. Im Franchising geschieht dies konsequent. Hinzu kommt ein systemtypischer Wettbewerbsvorteil. Ein hochengagierter mittelständischer Unternehmer agiert genau an derjenigen Stelle, an der das Angebot auf die Nachfrage trifft. An der entscheidenden Schnittstelle steht kein Angestellter, der seinen Job nach Vorschrift erfüllt, sondern ein Selbstständiger, der viel erreichen will und zugleich viel verlieren kann. Angestellte und Selbstständige – das sind zwei Welten. Zwischen fremdem Geld und eigenem Geld besteht ein großer Unterschied.

Die Erfolgsformel des Industriezeitalters ist das Fließbandprinzip. Arbeitsteilung und Spezialisierung. Hochkompetente Spezialisten mit teuren Spezialwerkzeugen werden verknüpft durch das Fließband und erstellen gemeinsam das Produkt – auf hohem Einsatz von Know-how und zugleich sehr produktiv. Dasselbe Prinzip ist auch die Erfolgsformel des Franchising. Nur geht es hier nicht um industrielle Fertigung, sondern um den Vertrieb von Waren und Dienstleistungen. Durch die Übertragung des Fließbandprinzips auf Handel und Dienstleistungsgewerbe entstehen dort Wettbewerbsvorteile, die auf andere Weise nicht erzielbar sind. Die für das Franchising typische Kombination aus unternehmerischem Engagement »an der Front«, hohem Wissensniveau auf allen einflussreichen Gebieten sowie arbeitsteilig organisierten und kostengünstigen Prozessen entwickelt eine Vertriebskraft, mit der es kaum ein anderes Vertriebssystem aufnehmen kann.

Es ist also kein Wunder, dass gerade im zunehmenden Verdrängungswettbewerb Franchising mehr und mehr an Bedeutung gewinnt. Das Wachstum erfolgreicher Franchiseketten ist spektakulär. So gibt es z. B. bereits rund 400 Obi-Heimwerker-Fachmärkte in Deutschland. Auch im Ausland dringt Obi immer weiter vor. In vielen Fällen beschränkt nur die begrenzte Kapazität des Managements ein noch schnelleres Wachstum. Im Handwerk hat Portas in wenigen Jahren fast alle wesentlichen Länder Westeuropas abgedeckt. Überall entstehen Hotels der namhaften Ketten, insbesondere französischen und amerikanischen Ursprungs.

5.2 Nichts für Konzerne?

Gegenwärtig nutzen erst wenige Großunternehmen Franchising als Vertriebsweg. Auf den ersten Blick mag es so aussehen, als sei Franchising eher etwas für mittelständische Unternehmer. Aber die Urväter des Franchising waren Konzerne. Als vor etwa 100 Jahren die ersten Franchisesysteme entstanden, waren die Pioniere Hersteller. Ford brauchte überall im Land gut ausgebildete Händler und Werkstätten, um mit einheitlich hohem Standard Autos zu verkaufen und zu reparieren. Dasselbe Ziel hatte Singer bei Nähmaschinen. Die industrielle Massenfertigung brauchte einen großen Markt. Das Potenzial in der eigenen Region, in der man Verkauf und Service selbst erledigen konnte, war zu klein für den schnell wachsenden Ausstoß der Fabrik. Um entferntere Regionen zu erschließen, brauchte man ortsansässige Partner.

Die anspruchsvollen Produkte verlangten allerdings, dass die Partner ähnlich kompetent waren wie das eigene Personal. Da diese Kompetenz nur vom Hersteller kommen konnte, musste er neben dem Produkt alles an Wissen und Werkzeugen zur Verfügung stellen, was für einen kompetenten Verkauf und Service erforderlich war. Um seinen Ruf nicht zu gefährden, musste der Hersteller die Qualität der Arbeit überprüfen. Als Erkennungszeichen durften die Partner das Logo des Herstellers führen.

Diese Urform des Franchising hat einen wesentlichen Beitrag zur weltweiten Verbreitung technischer Massenprodukte geleistet und damit zum allgemeinen Wohlstand der Industriegesellschaft beigetragen. Obwohl Kraftfahrzeughändler zumindest in Deutschland (aus kartellrechtlichen Gründen) formal Vertragshändler sind, und die Stationäre von Tankstellen rechtlich den Status von Agenten haben, hat sich an der Uridee der Franchisepioniere aus Amerika nicht viel geändert. Wo anspruchsvolle technische Produkte verkauft, gewartet und repariert werden, braucht man detaillierte Vorgaben, Standards, Kontrollen und eine durchgängige Know-how-Pipeline – die typischen Merkmale des Franchising.

Bei weniger anspruchsvollen Produkten geht es auch anders. Hier kann der Hersteller mit massiver Medienwerbung einen so starken Sog der Endkunden entfachen, dass dem Handel nichts anderes übrig bleibt, als das von den Kunden verlangte Produkt zu verkaufen. Alle Produktinformationen fließen mit der Werbung oder dem Produkt selbst; Service ist nicht notwendig.

5.3 Der typische Franchisegeber: Ein Mittelständler

Obwohl die Franchisepioniere Großunternehmen der Industrie waren, ist der typische Franchisegeber heute ein mittelständisches Unternehmen. Seit Beginn der Franchisewelle in Deutschland in den siebziger Jahren haben immer mehr mittlere und kleine Unternehmen die Chance erkannt, mit dem Multiplikator *Franchising* in vorher unerreichte Dimensionen zu wachsen. Die meisten erfolgreichen Franchisesysteme sind aus dem Mittelstand heraus entstanden. Visionäre und engagierte Unternehmer hatten eine Idee, haben sie in Pilotbetrieben getestet und anschließend multipliziert. Für einzelne Segmente der mittelständischen Wirtschaft ist Franchising besonders attraktiv. Filialisten des Einzelhandels schließen die weißen Flecken des Netzes durch Franchisenehmer. Dies geschieht mit minimalen Investitionen und Risiken, weil alle Strukturen und Werkzeuge bereits vorhanden und erprobt sind. Einzelhändler entwickeln neue attraktive Geschäftstypen und multiplizieren sie marktweit. Großhändler bieten ihren Kunden im Fachhandel und Handwerk nicht nur Handelsware, sondern als neues *Produkt* ein komplettes »zweites Bein«. Einkaufsverbände erschließen ihren meist traditionell ausgerichteten Mitgliedern im Fachhandel neue Marktsegmente durch innovative Geschäftstypen. Ein typisches Beispiel ist die Quick-Schuh-Kette der Nordwestring-Genossenschaft. Modemacher mit großen Namen, wie Jil Sander oder Escada, vermarkten ihr Image und errichten Einzelhandelsgeschäfte im Franchising an markanten Standorten.

5.4 Dienstleistung in neuer Dimension

Der Dienstleistungsbereich wächst in den hochentwickelten Ländern unaufhaltsam. In den letzten 20 Jahren stieg in Deutschland die Zahl der mit Dienstleistung Beschäftigten beträchtlich, in Dienstleistungen für private Haushalte um fast 250.000, in den verteilenden Dienstleistungen (Handel und Transport) um fast 700.000 und in den Dienstleistungen für die Wirtschaft um fast 1,2 Millionen. Gerade in diesem Sektor mit den höchsten Wachstumsraten kommen die systembedingten Vorteile des Franchising voll zum Tragen. Daher bildet der Dienstleistungssektor einen Schwerpunkt des Franchising.

Eine Dienstleistung ist ein schwieriges Produkt. Sie ist nicht lager- und transportfähig, muss also am Ort und zum Zeitpunkt ihres Bedarfs produziert werden. Außerdem ist sie an Menschen gebunden, ihre Fähigkeiten und ihre Stimmungen. Ein marktweites Geschäft mit Dienstleistungen ist also zwangsläufig an eine große Zahl von Menschen gebunden.

Damit ergeben sich für Dienstleistungen im großen Stil grundsätzlich beträchtliche Barrieren. Der Dienstleister muss überall im Markt Mitarbeiter finden, ausbilden, motivieren, optimal einsetzen und ständig die Qualität ihrer Arbeit kontrollieren. Für einen Filialisten ist dies eine kaum lösbare Aufgabe. Sehr große Dienstleisterketten, wie McDonald's, wären im Filialsystem (abgesehen von der Finanzierung) nicht zu realisieren, weil die Steuerung, Motivation und Kontrolle eines Heeres von Mitarbeitern mit vertretbaren Kosten nicht realisierbar wäre.

In dieser Konstellation bietet Franchising vorteilhafte Effekte. Das Franchisepaket sichert mit seinen Werkzeugen und Prozessen einen einheitlichen Auftritt mit einheitlich hohem Qualitätsstandard. Der Einsatz von Risikokapital durch die Partner gewährleistet hohes Engagement und Selbstkontrolle. Somit kann sich die Zentrale darauf beschränken, Impulse zu setzen, die Aktivitäten zu koordinieren und das Ergebnis zu überprüfen. Kein Wunder also, dass gerade im Dienstleistungssektor Franchisesysteme immer weiter vordringen. Zu den typischen Sparten gehören Gastronomie, Hotellerie, Immobilienvermittlung, Autovermietung, Reinigungen, Reisebüros, Spezialformen des Handwerks und Bildung.

5.5 Die Pyramide: Ein Problem für Konzerne

Angesichts des wachsenden Dienstleistungsvolumens der modernen Gesellschaft werden Dienstleistungen auch für Konzerne immer attraktiver. Namhafte Handelskonzerne aus dem Investitionsgüterbereich sind längst dem Trend des Marktes gefolgt und steigen systematisch in zukunftssichere Wachstumssegmente im Dienstleistungsmarkt ein. Ein klassisches Beispiel ist Raab Karcher, ursprünglich im Kohlehandel zu Hause, diversifiziert die Veba-Tochter seit 20 Jahren gezielt in attraktive neue Felder – auch in Dienstleistungen. Innerhalb weniger Jahre kam das Unternehmen z. B. bei Sicherheitsdiensten ganz nach vorn.

Waren die Dienstleistungsmärkte wegen der personenorientierten Anforderungen bisher von kleinen und mittleren Einzelanbietern geprägt (wie im Handwerk), dringen in diesen lukrativen Sektor jetzt immer mehr große Unternehmen ein. Dies gilt auch für Konzerne, die sich bisher primär auf die industrielle Massenfertigung von technischen Produkten konzentriert haben. Sie stehen zunehmend vor dem Problem, dass die Gewinnchancen in ihren angestammten Märkten schrumpfen oder Marktanteile an Anbieter aus *billigeren* Ländern verloren gehen. Auf der Suche nach neuen Feldern, größeren Gewinnpotenzialen und größerem Schutz vor ausländischen Billig-Anbietern entdecken immer mehr Konzerne den großen und wachsenden Dienstleistungsmarkt.

Ein Problem ist allerdings die *Kundenpyramide*. Die Spitze der Pyramide bildet eine relative kleine Zahl großer Abnehmer. Sie können mit eigenen Niederlassungen der Konzerne betreut werden. Die Strukturen sind ähnlich. Die Forderung der Großabnehmer nach soliden und sicheren Partnern mit großen Namen lässt es zu, die Fixkosten der Konzernfilialen in den Preisen unterzubringen.

Schwieriger ist es mit dem *Unterbau* der Pyramide. Im Mittelfeld gibt es eine große Zahl kleinerer und mittlerer Unternehmen, das Fundament bilden in den meisten Fällen Millionen privater Haushalte. Sie alle haben einen Bedarf an Dienstleistungen, allerdings in jeweils kleinerer Menge, an vielen verschiedenen Orten und auf einem geringen Kostenniveau. Außerdem suchen sie als Dienstleister eine Person, mit der sie auch emotional eher *kompatibel* sind als mit einer anonym auftretenden Niederlassung eines Konzerns.

Die Kundenpyramide bedeutet für den Konzernvertrieb von Dienstleistungen ein Dilemma. Mit eigenen Ressourcen ist nur die *Spitze* des Eisbergs erreichbar. Der weitaus überwiegende Teil bleibt den eigenen Aktivitäten verschlossen. Die Kunden sind zu weit entfernt, haben jeweils nur ein geringes Bedarfsvolumen, sind kostensensibel und bevorzugen einen ortsansässigen Unternehmer »zum Anfassen«.

In dieser Konstellation ist Franchising für Konzerne optimal. Durch Franchising ist es Konzernen möglich, auch den gesamten Unterbau der Kundenpyramide zu bedienen – indirekt mit Franchisenehmern. Auf diese Weise erschließen sie Mittelstand durch Mittelstand – marktnah, kostengünstig und emotional *kompatibel.* Franchising wird zum *Schlüssel* für das große und relativ preisstabile Dienstleistungspotenzial der mittleren und kleineren Unternehmen sowie der privaten Haushalte. Hinzu kommt ein Sicherheitsaspekt. Das Geschäft mit vielen Tausenden von kleinen Kunden ist wesentlich weniger risikoanfällig als das Geschäft mit wenigen Großkunden.

Ein markantes Beispiel für die Erschließung des mittelständischen Bedarfspotenzials durch Franchising ist das Franchisesystem *Com* der Siemens AG. Mit Unterstützung der Franchisespezialisten von Syncon (München) hat der Konzern ein anwendungsorientiertes Computer-Trainings-Center als multiplizierbaren Geschäftstyp entwickelt, das »*Com-Center*«. Der Geschäftstyp ergänzt die bisherigen konzerneigenen Trainingscenter und wird nach einem eingehenden Test von Pilotbetrieben konsequent marktweit als COM – Computertraining and Services Franchisesystem multipliziert. Damit erschließt sich Siemens das große und wachsende Marktpotenzial der Segmente *Mittelstand* und *SoHo* (Small Office – Home Office).

Im gesamten Trainingsmarkt haben bisher PC-Hersteller lediglich einen Marktanteil von rund fünf Prozent. Hier sieht das Unternehmen in der Franchisestrategie große Chancen für den Konzern und seine Franchisepartner. Mit der Kompetenz des Konzerns einerseits und der mittelständischen Struktur des Franchising andererseits, mit der Marktnähe der Partner, ihrem engen persönlichen Kontakt zu den Kunden sowie schlanken, kostengünstigen Strukturen hat Siemens eine hervorragende Ausgangsposition. Dies gilt insbesondere für die attraktiven Marktpotenziale *Mittelstand* und *SoHo.*

Die Markterschließungs-Strategie hat darüber hinaus Logik. Bei Produkten und Dienstleistungen mit nur geringen eigenen Unterscheidungsmerkmalen können sich die Anbieter nur dadurch voneinander unterscheiden, wie sie mit den Kunden umgehen – durch Beziehungs-Marketing also. Werden Kundenbeziehungen systematisch gepflegt und gestaltet, entsteht einerseits eine hohe Attraktivität für den Kunden, andererseits enge Kundenbindung. Prof. Bruno Tietz prägte dafür den Begriff »High Touch«.

Großbetriebe mit komplizierten DV-Strukturen werden bei Siemens nach wie vor von der eigenen Organisation betreut. Hier sind die typischen Stärken des Konzern vorteilhaft – hier geht »High Tech« vor »High Touch«, ist Technologie-Marketing wichtiger als Beziehungs-Marketing.

In Franchisesystemen hat Beziehungsmarketing generell einen hohen Stellenwert. Durch das persönliche Engagement des Unternehmers »an der Front« sind die Beziehungen zu den Kunden wesentlich intensiver und persönlicher als im Konzernvertrieb. Das Gleiche gilt für die Beziehung zwischen dem Franchisegeber und seinen Partnern. Die Franchisenehmer haben ihr wirtschaftliches und persönliches Schicksal in die Hände des Franchisegebers gelegt und im Hinblick auf die Partnerschaft beträchtliche Investitionen vorgenommen. Ein Misserfolg des Franchisesystems hätte für sie verheerende Auswirkungen. Daher sind Franchisenehmer außerordentlich sensibel. Für den Franchisegeber bedeutet dies eine besondere Verantwortung, den Zwang zur größtmöglichen Optimierung aller Prozesse sowie zu einem umfassenden Partner-Service.

Siemens hat diese Herausforderung angenommen – als Preis für die Vorteile des Franchising. Das Aktivieren von Unternehmertum in allen Ebenen ist nach der Neuorganisation des Konzerns ohnehin wesentlicher Bestandteil des Leitbilds. Auch im Konzern werden unternehmerisches Denken und Geschäftsverantwortung auf allen Ebenen verankert. An die Konzernführung sind daher dieselben Anforderungen gestellt wie an das Franchisemanagement.

Entscheidend für den Erfolg der Franchisepartnerschaft sind die Bindungen innerhalb des Systems. Sie entstehen letztlich durch Leistungen, die von den Franchisenehmern auf Dauer als wertvoll und nützlich empfunden werden. Die rein formalen Bindungen des Vertrages sind weitgehend wertlos, wenn durch ein unausgewogenes Leistungsverhältnis oder andere Konflikte Zentrifugalkräfte entstehen und sich die Energien der Partner gegeneinander richten, statt auf den Markt. Im Fall der COM bieten Goodwill, Produkte und Ressourcen des Konzerns den mittelständischen Partnern deutliche Wettbewerbsvorteile. Die Innovationsrate und Dynamik des Marktes erfordert einen ständigen Nachschub an Konzepten, Know-how und Dienstleistungen. COM bietet den Franchisenehmern etwas, was sie dringend brauchen und aus eigener Kraft nicht schaffen können. Dies gilt nicht nur für den Start mit einer neuen Existenz oder einem »zweiten Bein«, sondern permanent während der gesamten Partnerschaft. Somit ist stets das Prinzip des Marketing erfüllt: »Attraktiv ist, wer seinen Partnern Vorteile bietet«. Daraus entstehen tragfähige Bindungen.

Franchising ist nicht einfach. Emotionen müssen konstruktiv verarbeitet werden. Unvermeidbare Konflikte sind zu lösen. Entscheidungen müssen erarbeitet und verkauft werden. Aber gerade in dieser Mühe liegt die Chance für den Konzern. Mit den klassischen Strukturen kann er das Ziel eines durchgängigen, steuerbaren, kontrollierbaren und sicheren Vertriebswegs in den mittleren und unteren Teil der Kundenpyramide nicht erreichen. Im Franchising ist es möglich – wenn auch über einen Umweg. Der Preis ist ein intensives Beziehungsmarketing gegenüber den Vertriebspartnern.

5.6 Die Umwegstrategie des Franchisegebers

Der Franchisegeber *verkauft* in einem zweiten Markt ein anderes Produkt. Dem Existenzgründer eine schlüsselfertige Existenz, dem expansiven mittelständischen Unternehmer ein »zweites Bein«, dem Investor ein berechenbares Anlageobjekt und dem etablierten mittelständischen Unternehmer einen *Regenschirm*. Das Produktversprechen des Franchisegebers lautet: »Gewinn und Sicherheit«. In der Tat beträgt die Ausfallquote von Existenzgründern im Franchising nur ein Zehntel im Vergleich zu *Einzelkämpfern*. Sinngemäß gilt dies auch für diversifizierende Unternehmen. Somit ist Franchising im harten Verdrängungswettbewerb ein attraktives Angebot.

Auch hinter der Umwegstrategie des Franchisegebers steckt letztlich nichts anderes als das Grundprinzip des Marketing: Anbieten, was die Kunden brauchen. Die mittelständischen Vertriebspartner der Industrie haben kein Problem, Lieferanten für hochwertige Produkte zu finden. Diese Produkte sind Überflussware. Sie sind in der Regel vergleichbar, dadurch ersetzbar und stehen deshalb unter Preisdruck. Oft ist der Preis das einzige Argument. Eine schwache Position also im harten Verdrängungswettbewerb. Was die mittelständischen Vertriebspartner selbst suchen und brauchen, sind echte Marktchancen, Wettbewerbsvorteile und Zukunftssicherheit. Wer das bietet, *handelt* mit Mangelware und ist ein hochbegehrter Lieferant.

Das eigentliche *Produkt* des Franchisegebers ist nicht das, was er im Absatzmarkt anbietet, sondern der von ihm entwickelte und erfolgreich getestete Geschäftstyp für die Vertriebspartner. Dieses *Produkt* ist eine »schlüsselfertige Existenz« für Gründer oder ein »komplettes zweites Bein« für expandierende Unternehmen. Das »Produktversprechen« lautet: »Gewinn und Sicherheit«.

Das Ziel des Franchisegebers ist es, den Franchisenehmer erfolgreich und glücklich zu machen. Gelingt ihm dies, hat er (auf einem Umweg) sein Absatzziel erreicht: Einen quasi eigenen Vertriebskanal bis zum Endkunden. Der Franchisegeber verkauft Überflussware, indem er in einer Zwischenetappe einer anderen Zielgruppe (seinen Franchisepartnern) Mangelware anbietet. Für diesen Effekt lohnt sich die Mühe mit dem Franchising.

Siemens nutzt diese Umwegstrategie im Ansatz schon lange. Da auch ein Großunternehmen nicht alles selbst machen kann, werden schon seit Jahren Systempartner in die Aktivitäten des Konzerns einbezogen. Aus dem Zusammenwirken der Spezialkenntnisse qualifizierter Partner, ihres Branchen-Know-hows und ihrer Kundenbindungen mit den typischen Stärken des Konzerns entstehen Synergie-Effekte. Sie werden von Siemens im Produktvertrieb schon lange genutzt. Mit dem Franchisesystem COM für Computer-Training wird diese erfolgreiche Strategie auf das Dienstleistungsangebot übertragen.

6 | Franchisenehmer profitieren von der globalen Expansion
von Harald Lux und Wolfram Stroese

Einführung

Der Expansionsstrategie des Franchisesystems kommt in Zeiten der Globalisierung besondere Bedeutung zu. Die Ausdehnung findet dabei nicht nur auf den Vertriebsmärkten, also bei der Anzahl und der Größe der Standorte im In- und Ausland statt, sondern mehr und mehr auch im Bereich der Warenbeschaffung auf der ganzen Welt. Um sich hier Wettbewerbsvorteile zu verschaffen, ist es notwendig, die Struktur der Systemzentrale zu verändern und neu auszurichten.

6.1 Großhandelsfunktion über eine Importgesellschaft

Obi gründete Anfang der neunziger Jahre die Obi Import GmbH, eine Gesellschaft, deren Ziel es war, Einkäufe für Aktionen und Werbewaren vor allem in China und Hongkong, später auch in anderen Ländern, zu tätigen. Dabei ging es hauptsächlich um die Beschaffung preisgünstiger und trendorientierter Artikel für die Beilagenvermarktung. Dieses Geschäft wurde über die Jahre permanent ausgeweitet und erfolgreich betrieben, kam allerdings auch über den gesteckten Rahmen obiger Zielsetzung nur in Ausnahmefällen hinaus. Die Artikel wurden in den Herkunftsländern durch Regionalmanager ausgewählt und verhandelt. Die Märkte erhielten einen Bestellvorschlag mit entsprechenden Fotomaterial und disponierten in der Systemzentrale. Die Obi Import orderte die Gesamtmenge und organisierte die Auslieferung an die Obi Märkte, ebenso erfolgte die Rechnungsabwicklung über die Obi Import. Es handelte sich hierbei um eine klassische Großhandelsfunktion.

6.2 Maximierung der Wertschöpfung durch das Obi Merchandise Center

Das Obi Merchandise Center wurde am 1. Mai 2000 gegründet und übernahm sogleich die Großhandelsfunktion der Obi Import GmbH. Neben dem Obi Franchise Center und anderen Teilgesellschaften ist das Obi Merchandise Center ein eigenständiger Konzernteil innerhalb der Obi AG.

Es gliedert sich in vier Bereiche:

❏ Category Management, in dem der gesamte Einkauf konzentriert ist. Der Einkauf ist nach Kriterien des ECR (Efficient Consumer Response) organisiert.
❏ Global Purchasing & Logistics. Hier werden die internationale Beschaffung (z. B. China, Vietnam, Türkei, Israel, Brasilien, Südafrika, Europa) und die Logistik gebündelt.
❏ Kaufmännische Leitung und Schnittstellenmanagement zu den Tochtergesellschaften sowie Koordination mit dem Obi Franchise Center.

❑ Planung, Einrichtung und Dekoration. In diesem Bereich werden Ladenplanung, Ladenbau und Sortimentsumsetzung in den Obi Märkten realisiert.

Durch diese Struktur ist sichergestellt, dass die Politik und Strategie des Unternehmens Obi im Bereich Beschaffung und Logistik durchgesetzt werden:

❑ Führung und Steuerung länderübergreifender Sortimente
❑ Optimierung von Einkaufsvolumina und Lieferantenbeziehungen durch Direktimporte
❑ Orientierung am Kundennutzen und an Wirtschaftlichkeitsaspekten
❑ Ausschöpfung von Markt- und Ertragspotenzialen,
❑ Optimale Einbeziehung von Supply Chain Management, Marketing und Systems
❑ Logistik
❑ Differenzierung vom Wettbewerb durch Eigenmarken und innovative Sortimente

Die unterschiedlichen Funktionen des Obi Merchandise Centers werden unterstützt durch Joint Ventures. Die BM Logistic, ein Joint Venture mit der Fiege Gruppe, unterstützt die Transportlogistik bei Obi. Die DIY Logistic übernimmt Funktionen in der Instore Logistik und entlastet die Fachverkäufer von nichtkundenorientierten Tätigkeiten. Die Firma Horti Europartner, ein Joint Venture mit der holländischen Firma Lemkes, beliefert die Märkte mit Pflanzen, die auftragsbezogen in Holland und anderen Ländern für Obi angebaut werden.

Die erwirtschafteten Ergebnisse des Merchandise Centers kommen in Form einer Bonifizierung den Märkten zugute. Dadurch wird auch das Risiko geteilt. Risiken entstehen im Wesentlichen durch Reklamationen wie z. B. Fehlmengen, Qualitätsprobleme oder auch Insolvenzen durch Lieferanten.

Zwischenzeitlich war es möglich, den Bereich Global Purchasing and Logistics auszudehnen auf andere Unternehmen, die mit Obi zusammen auf dem Weltmarkt einkaufen. Selbstverständlich ist man mit den ausländischen Obi Niederlassungen vernetzt.

6.3 Umsetzung in den Obi Märkten

Die Obi Märkte und damit die Obi Franchisepartner profitieren auf vielfältige Weise von dem durch das Obi Merchandise Center gesicherten Zugang zum Weltmarkt im Sortiment, den finanziellen Vorteilen im Beschaffungsprozess und dem gewährleisteten Anschluss an moderne und neue Marketingstrategien und -techniken.

Verglichen mit der früheren Großhandelsfunktion der Obi Import GmbH hatte die Gründung des Obi Merchandise Centers weitreichende Strukturveränderungen für die gesamte Organisation zur Folge, bis hin zur Organisation der Märkte und der Marktbetreuung. Teilprozesse wie Markt-, Kunden- und Wettbewerbs-analyse, Sortimentsentwicklung, Lieferantenbewertung usw. sind vernetzt worden.

Neben den Vertriebsleitern gibt es heute in allen Obi Märkten Category Berater. Deren Betreuungsbereiche sind kundenbedarfsbezogen in den großen Marktbereichen Wohnen, Heimwerken, Bauen und Garten angesiedelt. Durch diese Funktion sind die Obi Märkte unmittelbar an neue Entwicklungen, aber auch an kurzfristige Aktionen aus dem Category Management sicher angebunden. In ihrer eigenständigen Entscheidungsfreiheit vor Ort sind sie jedoch nicht eingeschränkt. Auf der anderen Seite ist auch das sofortige Feedback, selbstverständlich unterstützt durch das Warenwirtschaftssystem, an das Obi Merchandise Center und an das Obi Franchise Center sichergestellt.

Daneben kommt dem Efficient Replenishment besondere Bedeutung zu. Nach der »alten« Formel »Der Kunde findet die richtige Ware in der richtigen Menge und Qualität zur richtigen Zeit am richtigen Ort« wird durch das Obi Merchandise Center die Bestandssituation jedes einzelnen Marktes IT-unterstützt analysiert und aus den Ergebnissen die optimale Bestandsmenge sowie der Bestellrythmus festgelegt. Disposition, Anlieferungslogistik und Instorelogistik werden als Prozesse ständig analysiert und optimiert. Für die Marktorgansiation hat das z. B. zur Folge, dass es heute neben den klassischen Funktionen Verkauf und Administration einen eigenen Dispositions- und Logistikbereich gibt, der weit mehr Aufgaben übernimmt als ehedem der Wareneingang. Damit wird nicht nur zeitnäher und effizienter disponiert, sondern der Verkauf wird zugunsten der Kunden von nicht verkaufsaktiven Tätigkeiten entlastet und die Abwicklung vieler Teilprozesse wird gebündelt und wirtschaftlicher gestaltet.

Insgesamt hat sich die dezentrale Struktur des Obi Merchandise Centers inzwischen bewährt. Damit hat sich durchgesetzt, was auch ansonsten das Obi Franchising auszeichnet. Innerhalb von 24 Monaten konnten der Roherlös durch bessere Einkaufspreise deutlich verbessert werden. Das bedeutet auf alle Obi Märkte hochgerechnet einen Betrag in mehrstelliger Millionenhöhe, der voll und ganz den Franchisenehmern zu Gute kommt. Höhere Drehzahlen und niedrigere Lagerbestände sprechen eine deutliche Sprache.

6.4 Internationalisierung des Franchisesystems

Wir haben uns vor fünf Jahren entschieden, auf dem chinesischen Markt aktiv zu werden. Gerade der chinesische Markt bietet ungeahnte Möglichkeiten und Potenziale, allerdings auch große Gefahren und Hemmnisse, von denen man hierzulande noch wenig Vorstellungen hat.

Trotz der Vorschriften des am 14. November 1997 erlassenen chinesischen Franchisegesetzes, das Franchising als Rechtsform bestätigt und regelt, bleibt gerade für das grenzüberschreitende Franchising so manches offen. Insbesondere ist unklar, ob das Gesetz auf ausländische Unternehmen überhaupt anwendbar ist und in der Folge, ob die in dem Gesetz enthaltenen Restriktionen für ausländische Unternehmen überhaupt gelten. Die Vorschriften beschränken die Anzahl der möglichen Franchise Outlets und die Höhe der Gebühren, die der Franchisegeber verlangen darf.

Wegen dieser Problematik hat Obi sich für einen anderen Weg entschieden. Wir gründeten 1998 in Shanghai ein Beratungsunternehmen als 100-prozentige Tochter von Obi Deutschland, welches im wesentlichen die Funktionen einer Systemzentrale übernommen hat und die damit verbundenen Dienstleistungen anbietet. Mit unterschiedlichen chinesischen Partnern schloss Obi Joint-Ventures, die gemeinsam die Obi Märkte betreiben. Der erste Markt wurde 2000 in Wuxi eröffnet, 2001 folgten drei weitere Märkte in Shanghai und Nanjing, vier Märkte sind in einem weit fortgeschrittenen Planungsstadium. Insgesamt werden in den kommenden vier Jahren 15 Märkte eröffnet.

Zwar sind die Obi Partner in China keine klassischen Franchisepartner (den Mittelstand, den Obi in Deutschland anspricht, gibt es noch nicht), aber es ergeben sich synergetische Effekte aus Immobilieninteressen oder Wirtschaftsförderungen einerseits und Baumarktinteressen andererseits. Für Obi und seine chinesischen Partner stellt das gewählte Modell daher eine Win-win-Situation dar, die auf partnerschaftlichen Prinzipien basiert.

Ein anderes aktuelles Beispiel ist die Vertriebsstrategie von Obi auf dem italienischen Markt.

Hier gibt es seit diesem Jahr ein Joint-Venture mit der UNICOOP ITALIA, einer der größten Handelsketten Italiens. Die gemeinsame Gesellschaft wird zukünftig der größte Obi Franchisenehmer auf dem italienischen Markt sein und schafft die Voraussetzungen dafür, dass die beiden Partner in den nächsten fünf Jahren die Marktführerschaft auf dem DIY-Markt übernehmen werden. Die jeweils schon vorhandenen marktführenden Kompetenzen beider Unternehmen gaben den Ausschlag für dieses Joint-Venture. In einer Stellungnahme heißt es: »UNICOOP chose to cooperate with Obi after a very deep investigation on international scale of different systems and approaches. ... UNICOOP recognizes also Obi's company culture, based on real partnership values, representing a sound base on which they, as all other franchisees, can build up a long lasting successful business relationship.« Hier kommt der Vorteil der beschleunigten Expansion durch Franchising besonders zum Tragen.

6.5 Neben Italien bot sich auch die Schweiz für ein besonderes Kooperationsmodell an

Die Partnerschaft mit der Migros, dem größten Schweizer Einzelhandelskonzern, kam zustande, weil Obi einerseits einen exzellenten Partner aus dem Einzelhandel mit Wissen um den lokalen Markt suchte und die Migros andererseits großes Interesse dran hatte, vom Know-how des deutschen Marktführers beim Aufbau großflächiger Bau- und Heimwerkermärkte in der Schweiz zu profitieren. Attraktiv war dabei nicht zuletzt, dass es das Obi Franchising erlaubt, die Eigenständigkeit der regionalen Migros-Genossenschaften aufrecht zu erhalten und dass mit der Kooperation die Einbindung in ein schon bestehendes europäisches Netzwerk gelang.

Für Obi war dieser Schritt deshalb sehr interessant, weil die Migros mit ihren regionalen Genossenschaften genau die Philosophie des »aktiven Franchisepartners vor Ort« verfolgt, die auch bei uns zu den konstitutiven Systemmerkmalen gehört. Für beide Kooperationspartner ergeben sich somit erhebliche Wachstumschancen, die über die Obi Systemzentrale Schweiz realisiert werden.

Übrigens sind die beschriebenen Modelle Beispiele für regionale strategische Allianzen als Alternative zu Fusionen, die oftmals nicht funktionieren, wie die jüngste Vergangenheit gezeigt hat.

Zukünftig wird es bei Obi sicherlich weitere Modelle und Formen von Kooperationen geben, allerdings kein Standardmodell, das überall passen muss. Ausschlaggebend muss die Vereinbarkeit im Verständnis der Erfolgsfaktoren sein. Für Obi sind das wie eingangs beschrieben – die Unternehmenskultur, das Partnerschaftsprinzip, die Anpassungsfähigkeit an lokale Kundenbedürfnisse, die Dienstleistungsqualität und der Know-how- und Strategie-Transfer.

Nur so glauben wir, unsere Strategie des qualitativen Wachstums erfolgreich umzusetzen. Dieses Vorgehen wird von unseren Gesellschaftern und Franchisepartnern in vollem Umfang unterstützt.

Einführung

Durch die Ausdehnung des Franchisesystems mit Steigerung des Bekanntheitsgrades der Marke, durch die bundesweite Präsenz des Vertriebsnetzes unter der Marke und durch eine starke Marktstellung kann das Franchisesystem nicht nur aus dem Verkauf der Vertragswaren und der Erbringung von Vertragsdienstleistungen und damit zusammenhängenden Geschäften Gewinn erzielen, sondern über die Neubewertung und Neuplazierung der Marke einen erheblichen zusätzlichen Ertrag für das Franchisesystem erwirtschaften. Da es sich bei einem Franchisevertrag um ein Dauerschuldverhältnis handelt und der Franchisegeber gegenüber dem Franchisenehmer eine Fürsorgepflicht hat, ist es auch dessen Aufgabe, ständig die Marke des Systems neu zu bewerten und aus der bekannten Marke des Systems weitere Umsatzmöglichkeiten für den Franchisenehmer zu schaffen. In dieser Entwicklung, die vom Franchisegeber im Interesse des gesamten Franchisesystems zu beachten ist, spiegelt sich in der Regel auch die Dynamik des Marktes wieder und dessen Reflektion für das Franchisesystem. Die Neubewertungen und Neuplatzierung der Marke ist so eine Verpflichtung des Franchisegebers zur Anpassung des Know-hows des Franchisesystems an die veränderten Marktgegebenheiten und Verbrauchererwartungen. Merchandising wird damit zum Mittel der Erweiterung der Märkte des Franchisesystems und damit verbundener zusätzlicher Umsätze.

Genauso wenig, wie der Begriff *Franchising* im deutschen Recht definiert wird, gibt es für den Begriff *Merchandising* eine juristisch allgemein verbindliche Definition. Hierunter wird in der Marketing-Literatur besonders die Rechteverwertung durch Lizenzgeschäfte subsumiert, entweder durch die Komplettvermarktung oder durch Nebenverwertung. In der juristischen Literatur wird generell von der Lizenzierung von Berühmtheits-Charakteren gesprochen, jedoch lassen diese Definitionen die Marke als Merchandising-Gegenstand gänzlich unerwähnt. Die Marke als Merchandising-Gegenstand wird vielfach von Fußballvereinen genutzt (insbesondere für Fanartikel) aber auch von Modedesignern (Joop, nicht nur für Mode, sondern in der Sekundärverwertung als Markenzeichen für Parfüm und Kosmetik). Eine Definition dafür ist die jeweilig neben die Primärverwertung tretende umfassende Sekundärvermarktung von fiktiven Figuren, Namen, Logos und Marken außerhalb ihres eigentlichen Betätigungs- oder Erscheinungsfeldes. Die Verwertung kann durch den Berechtigten selbst oder durch Einräumung von Rechten und sonstigen Besitzständen an Dritte zum Zwecke des Absatzes von Waren und Dienstleistungen einschließlich der Verkaufsförderung und Werbung erfolgen. Aus dieser Definition ist ersichtlich, dass es sich um ein Zusatzgeschäft zum eigentlichen Geschäft handelt, das in der Regel bei Gründung des Unternehmens noch gar nicht vorgesehen war. Allerdings sollte sich jeder Franchisegeber bei der Konzipierung eines Franchisesystems fragen, ob nicht die Vermarktung einer zunehmend bekannter werdenden Marke durch Merchandise-Produkte dem Franchisesystem einen zusätzlichen Nutzen bringen soll. Es muss nämlich dann überlegt werden, welche Merchandise-Produkte für das Franchisesystem von Bedeutung sein könnten. Dies bedingt dann, den Schutzbereich der Marke bereits auf diese sich auf die Merchandise-Artikel beziehenden Warenklassen zu erstrecken. Nur eine solche Markenstrategie stellt auch sicher, dass die Merchandise-Produkte dann unter der geschützten Marke des Franchisesystems abgesetzt werden können, ohne Unterlassungsansprüchen Dritter ausgesetzt zu sein.

Es kann schon als Trend angesehen werden, dass Unternehmen ihre bekannten oder berühmten Figuren, Namen, Titel, Logos und Signets über Merchandising-Geschäfte selbst oder durch Dritte vermarkten lassen. In den USA wurde 1980 mit Merchandising noch ein Umsatz vom 9,9 Milliarden Dollar erwirtschaftet, 1992 lag dieser bereits bei 62,2 Milliarden Dollar. Hauptsächlich interessiert die Verwertung von Merchandising-Rechten Unternehmen aus der Modebranche, Kosmetik, Film, Fernsehen und Hörfunk, Sport und Musik. Die meisten Franchisesysteme sind im Bereich Wirtschaft und Handel tätig, und nicht so sehr in Medien, Sport, Kunst oder Musik zu finden. Dennoch ist die Diversifizierung auch bei Franchisesystemen durch die Zweitverwertung bekannt gewordener Marken und Logos bereits angewandt worden, z. B. durch Coca Cola.

Wo liegt der Nutzen für die am Franchisesystem Beteiligten bei der Verwertung von inzwischen bekannt gewordenen Franchisemarken? Durch die Ausnutzung bekannter Image-Träger, entweder über das Franchisesystem selbst oder über Dritte durch Lizenzvereinbarungen, werden die Marke, aber auch sonstige Kennzeichen des Systems als Figur, Zeichnung oder Logo noch weiter verbreitet. Zudem können durch eigene Verwertungshandlungen oder durch Lizenzvergaben zusätzliche Einkünfte generiert werden. Die Nutzungsmöglichkeit ist um so größer, je bekannter die Marke selbst ist und je größer die Identifikation der Verbraucher mit dem der Marke, dem Logo oder der Figur anhaftenden Image ist. An dieser Sekundärnutzung von Werten, die alle Systemteilnehmer für das Franchisesystem gemeinschaftlich geschaffen haben, können und sollten auch alle Systemteilnehmer partizipieren. So bietet sich auch die Sekundärnutzung der Marke mit Merchandising-Produkten wie Figuren, Geschirr, Regenschirmen und weiteren Gegenständen zunächst durch das Franchisesystem selbst an, sodass der Franchisenehmer durch den Verkauf dieser Waren zusätzliche Umsatzgeschäfte tätigen kann. Ob und inwieweit es sinnvoll ist, dass der Franchisegeber daneben Dritten Lizenzrechte an Merchandising-Objekten einräumt, z. B. zur Vermarktung von Produkten, die selbst in den Franchisebetrieben nicht angeboten werden sollen oder können ist einerseits eine strategische Überlegung des Franchisegebers und andererseits von der Nachfrage dritter Unternehmen abhängig.

7.1 Voraussetzung der Merchandising-Nutzung

In Franchisesystemen wird typischerweise das Merchandising-Objekt die Marke, das Logo oder der Image-Träger des Franchisesystems (Ronald McDonald von McDonald's) sein. Ist das Merchandising eine Marke, so ist die Voraussetzung für eine Sekundärnutzung, dass Markenrechte entweder durch Eintragung oder Verkehrsgeltung entstanden sind. Zu denken ist aber auch an Merchandise-Produkte, die sich auf bestimmte Tätigkeiten beziehen. Dies belegen die Merchandise-Produkte zahlreicher Golf-Ressorts oder bekannter Hotelketten (Hilton/Steigenberger/Oriental/Marriott/Four Seasons).

Zu beachten ist, dass in dem häufigeren Fall des Entstehens von Markenschutz durch Eintragung im Hinblick auf die Sekundärnutzung durch Merchandising die Marke nicht nur in den Waren- und Dienstleistungsklassen geschützt sein muss, in denen die originären Vertragswaren enthalten sind, sondern auch für sämtliche Waren und Dienstleistungen eingetragen ist, für die die Vergabe von Lizenzen in Betracht kommt. Mit Entstehung des Markenschutzes kraft Eintragung ist jeder Dritte an der Sekundärausnutzung der Merchandising-Marke gehindert, der in den eingetragenen Klassen tätig werden will. Problematisch könnte in diesem Zusammenhang sein, wenn nicht alle 42 möglichen Klassen angemeldet sind und wenn das Franchisesystem sich trotzdem entscheidet, mit der Marke auch Merchandising-Gegenstände zu kennzeichnen, die in keiner angemeldeten Klasse enthalten sind. Kann das Franchisesystem hieran durch Markenanmeldung eines Dritten gehindert werden oder kann es im umgekehrten Fall einen Unterlassungsanspruch gegen einen Dritten haben, der dessen Marke zur Kennzeichnung für eine Ware oder Dienstleistung nutzt, für welche die Marke nicht eingetragen ist? Unter dem Stichwort *Lizenzbehinderung* hat der BGH entschieden, dass unter dem Gesichtspunkt des § 1 UWG (unlauterer sittenwidriger Wettbewerb) auch in diesem Fall ein Unterlassungsanspruch gegen einen Dritten bestehen kann, wenn feststeht, dass der Verkehr mit der Bezeichnung besondere Gütevorstellung und einen guten Ruf verbindet, der im Hinblick auf die beabsichtigte Ausnutzung durch einen Dritten als wirtschaftlich selbstständig verwertbar angesehen wird. Meldet ein Dritter in von dem Inhaber der Marke nicht angemeldeten Klassen die Marke für sich an, so spricht allein dieses Verhalten dafür, dass die Marke einen wirtschaftlich auswertbaren Ruf hat, da der Dritte ansonsten die gleiche Bezeichnung nicht gewählt hätte, wenn er nicht von einem für die eigenen Waren nutzbar zu machenden Ruf der Bezeichnung ausgegangen wäre. Dies gilt jedenfalls für besonders bekannte Marken.

7.2 Merchandising-Nutzung durch Lizenzvergabe

Die Ausnutzung von geschaffenen Markenwerten durch Dritte und die Einnahme von Lizenzgebühren setzt voraus, dass entsprechende Lizenzverträge abgeschlossen werden. Weiterer Gegenstand eines solchen Lizenzvertrages sind neben den

Regelungen über die dies gilt auch für die Darstellung unter Ziff. VII. 7 – Lässt sich die Unternehmensberatung franchisieren? – Von Martin Niels Defler und den Beitrag zu VIII. 8 – Kunden statt Marktanteile – Von Brigitte Hommerich und Peter Kornfeind. – gegebenenfalls einer Mindestlizenzgebühr unabhängig vom Umsatz, der Vertragslaufzeit und den allgemeinen Schlussbestimmungen – Regelungen, wie sie auch im Franchisevertrag und Lizenz-Vertrag betreffend die gewerblichen Schutzrechte regelmäßig zu finden sind (siehe Kapitel III.3 Der Franchisevertrag). Diese sind z. B. die ordnungsgemäße Angabe des Lizenzgebers und des Herstellers auf den hergestellten lizenzierten Artikeln sowie die Vorgehensweise bei Verletzungshandlungen Dritter oder durch den Lizenznehmer selbst. Gegenstand ist die konkrete Nennung des Merchandising-Objektes (Marke) sowie die hiermit herzustellenden Artikel (Kaffeetassen, Regenschirme oder Plüschtiere). Als weitere Verpflichtungen sollten Herstellungs- und Vertriebspflichten (Anwendungsverpflichtung) sowie Vorschriften zur Qualitätskontrolle und Bucheinsichtsrechte enthalten sein.

7.3 Tendenz: Kultmarketing

Die Merchandising-Verwertung, also die Nutzbarmachung von ideellen Werten (immateriellen Gütern) wie insbesondere Marken und Logos gewinnt unter dem Stichwort *Kultmarketing* immer mehr an Gewicht. Einige sehen die Zukunft im Kultmarketing, bei dem »*Marken zu Mythen und Logos zu Hostien*« werden.

7.4 Sogwirkung der Marke

Entsteht durch die Vermarktung der Marke eine Sogwirkung, die durch entsprechende Bewerbung mit einem Image, einem Gefühl, einer Verantwortung und ähnlichem mehr besetzt wird, so können dieses Potenzial Franchisenehmer und Franchisegeber gleichermaßen ausschöpfen. Und nicht zuletzt erzeugt die Sogwirkung der Marke Kunden auf allen Ebenen, auch unter den ersten Kunden des Franchisesystems, nämlich neue Franchisenehmer.

Nicht nur unter dem Stichwort Merchandising kann im Franchisesystem eine Strategie entwickelt werden, diesem neuen emotionalen Käuferverhalten gerecht zu werden, sondern auch im Hinblick auf die innere Struktur des Franchisesystems ist es sinnvoll, die Markenidentifikation aller Systemteilnehmer, insbesondere der Franchisenehmer zu fördern.

> Die Zukunft gehört dem Kultmarketing:
> Marken werden zu Mythen,
> Logos zu Hostien
> *Norbert Bolz, David Bosshart*

Einführung

Man staunt: Unter dem Namen MacDent vermarkten zwei Zahnärzte aus Eckernförde ein Franchise-Modell, das durch zertifizierte Topqualität und absolute Patientenorientierung den Zahngesundheitsmarkt ordentlich durcheinander wirbeln soll. Und auch in anderen, eher franchise-atypischen Branchen hört man immer öfter von innovativen Neugründungen: Hochzeitstraumservice und Rohrreinigungsdienstleistungen werden da angeboten. Es scheint also kaum (noch) Sparten zu geben, in denen sich das Franchising nicht durchsetzt. So auch in der Unternehmensberatung – dort gibt es über ein Dutzend Unternehmen, die ihre Dienste im Franchisesystem anbieten. Doch: Lässt sich Beratung überhaupt franchisieren? Kann man Beratung wie Burger verkaufen? Ist Franchising bei einer so komplexen Dienstleistung überhaupt sinnvoll? Wer diese Fragen beantworten will, muss nicht nur die Vorteile und Spezifika des Franchising kennen; er muss auch wissen, weshalb Beratungen in Anspruch genommen werden, welche Arten von Beratung es gibt und in welcher Form Beratungsunternehmen organisiert sind.

8.1 Besonderheiten der Unternehmensberatung

Obwohl die Unternehmensberatung seit den fünfziger Jahren sowohl in Deutschland als auch weltweit ein beständiges Wachstum zu verzeichnen hat, gibt es bis heute keine allgemein anerkannte Definition des Begriffes »Unternehmensberatung«. Für unsere Zwecke wollen wir folgende Abgrenzung verwenden. Unternehmensberatung ist eine von qualifizierten, unabhängigen, nicht entscheidungsbefugten Personen oder Gesellschaften erbrachte Dienstleistung, die die Identifikation, Analyse, Lösung sowie die Lösungsumsetzung betriebswirtschaftlicher Probleme in Organisationen aller Art zum Gegenstand hat.

Der Begriff »Unternehmensberater« ist in Deutschland nicht geschützt. Die Folge ist, dass sich jeder als Berater, Unternehmensberater, Organisationsberater, Wirtschaftsberater etc. bezeichnen darf. Außer einem Gewerbeschein sind keine weiteren Voraussetzungen notwendig, um als Unternehmensberater tätig zu werden. Konsequenterweise existiert auch kein einheitliches Berufsbild des Unternehmensberaters. Rechtliche und qualifikatorische Marktzugangsschranken sind also nicht vorhanden, es besteht eine völlige Niederlassungsfreiheit.

Dies hat zur Folge, dass viele Anbieter auf dem Markt für Unternehmensberatungen vertreten sind und bei den Nachfragern – besonders bei kleineren Unternehmen – sehr hohe Qualitätsunsicherheiten bzgl. der Kompetenz der Berater herrschen. Da die Unternehmen die Qualität der »Vertrauensvollen Unternehmensberatung« weder vor noch nach Inanspruchnahme des Beraters vollständig einschätzen können, kommt es oftmals zu Unsicherheiten bei der nachfragenden

Organisation, die wiederum ursächlich für die in der Praxis häufig anzutreffende Unzufriedenheit ist.

8.2 Gründe für die Inanspruchnahme von Unternehmensberatern

Zentrale Aufgabe der Beratung ist die Lösung von Problemen in Organisationen. Primäre Ursache für den »Kauf« der Dienstleistung »Unternehmensberatung« ist demnach die Existenz von Problemen. Unternehmensberater werden entweder hinzugezogen, weil man für ein Problem eine Lösung benötigt oder weil man vorausschauend Probleme vermeiden möchte. Neben dieser grundlegenden Tatsache müssen nun die weitergehenden Ursachen ermittelt werden.

Aus folgender Abbildung ist ersichtlich, dass das Spektrum der Faktoren, die für die Inanspruchnahme von Consulting-Unternehmen relevant sind, sehr breit angelegt ist.

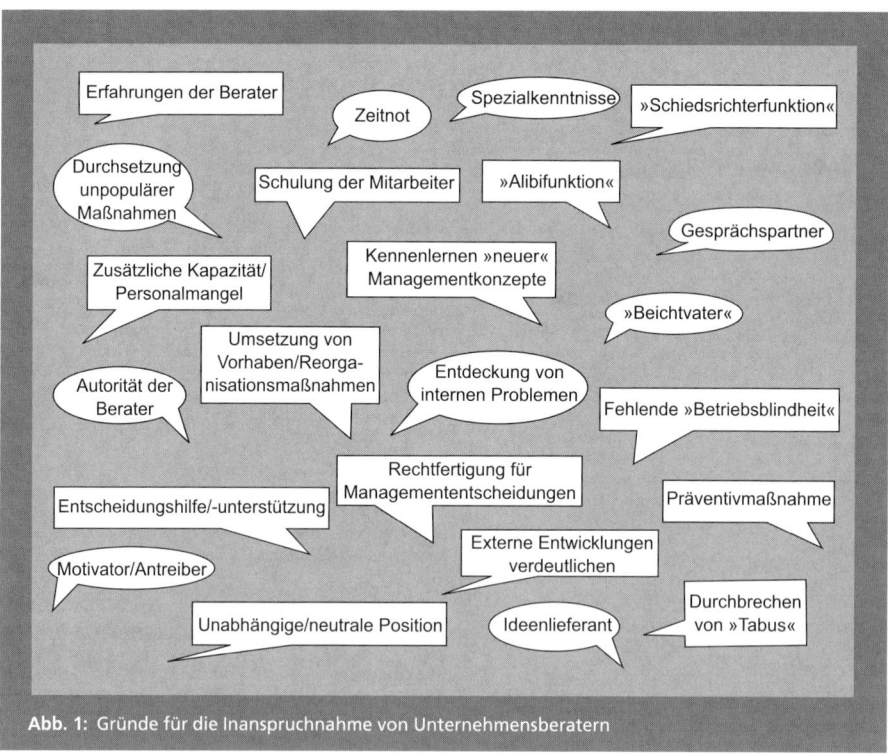

Abb. 1: Gründe für die Inanspruchnahme von Unternehmensberatern

Übereinkunft besteht darin, dass Berater aufgrund ihrer spezifischen Kenntnisse und Erfahrungen als objektiv-neutrale Problemlöser vor allem dann engagiert werden, wenn die eigene personelle Kapazität aus (zeitlichen) Gründen nicht ausreichend ist. Darüber hinaus wird eine Reihe nicht konkurrierender Zielsetzungen genannt. Eine hohe Bedeutung kommt dabei der Realisierung von bereits beschlossenen Lösungen bzw. Vorhaben (z. B. Reorganisationsmaßnahmen) zu. Oftmals werden Unternehmensberater hinzugezogen, wenn es gilt, unpopuläre Entscheidungen zu rechtfertigen bzw. durchzusetzen. Ebenfalls häufig angeführt werden psychologische Faktoren, wie die Funktion des Beraters als Motivator oder als Schlichter bei Konflikten. Ein wesentlicher Grund liegt zudem in der durch die ganzheitliche Sicht des Beraters ermöglichten objektiven Betrachtung und Evaluierung externer Entwicklungen und neuen Wissens. Schließlich beauftragen Unternehmen Consultants, wenn die Generierung von Produkt- oder Prozessinnovationen angestrebt wird.

Die genannten Motive fassen sich wie folgt zusammen:

❑ fehlendes Know-how
❑ fehlende Kapazität
❑ Durchsetzung von Maßnahmen
❑ psychologische Motive
❑ externe Sicht
❑ Ideenmangel

8.3 Tätigkeitsgebiete von Unternehmensberatern

Gegenstand oder Objekt von Unternehmensberatungen sind sämtliche betriebswirtschaftlichen Probleme in Organisationen aller Art. Deshalb scheidet als Differenzierungskriterium die Grobgliederung nach generellen Beratungsbereichen (wie Rechts-, Steuer- oder Technikberatung) aus, wie auch in der Praxis eine derartige Trennung nie scharf vollzogen wird. Über die am häufigsten genannten Kriterien »Branche« und »Unternehmensgröße« hinaus lassen sich aber zahlreiche weitere Unterscheidungsmerkmale identifizieren. In Tabelle 1 ist eine verbreitete Unterteilung des Tätigkeitsfeldes von Unternehmensberatungen dargestellt.

Kundenmerkmale	Problembereich	Problemtyp	Lösungstyp
Branche Unternehmensgröße Region Produktionsverfahren Kundentyp	Funktionsbereich Hierarchie	Problemauftrag Genetik Problemsicht Problemstufe Komplexitätsgrad	Bearbeitungsbreite Bearbeitungstiefe Systemumfang Fristigkeit Lösungsumfang Innovationsgrad Lösungsmethode

Tabelle 1: Tätigkeitsbereiche der Unternehmensberatung

Der Tätigkeitsbereich der Unternehmensberatung ist so vielgestaltig, dass ein Unterscheidungsmerkmal gefunden werden muss, das in der Lage ist, sämtliche Aufgabenfelder zu klassifizieren. Das Kriterium der Spezifität erfüllt diese Anforderungen, denn darin finden sich die oben vorgeschlagenen Gliederungsmöglichkeiten wieder. Spezifität kann als Grad der Individualität eines Beratungsprojektes verstanden werden. Dabei lassen sich drei Stufen der Spezifität unterschieden:

❑ **Standardisierte oder unspezifische** Beratungsleistungen (wie beispielsweise eine vom Kunden unabhängige Beratung zu generellen Kostensenkungsmöglichkeiten oder die Anwendung eines standardisierten Beratungsinstrumentes),

❑ **gemischt-spezifische** Beratungsleistungen (wie beispielsweise das Erstellen einer Marktstudie) und

❑ **individuelle** Beratungsleistungen (wie beispielsweise das Erarbeiten eines firmenspezifischen Reorganisationsprojektes).

Organisationsformen von Unternehmensberatungen

Es existieren im Wesentlichen vier unterschiedliche Organisationsformen in der Unternehmensberatung. Diese können hinsichtlich der Zahl der Berater und der Art der internen Koordination wie folgt unterteilt werden:

❑ **Einzelberater** arbeiten selbstständig und haften für alle durch ihre unternehmerischen Aktivitäten begründeten Verbindlichkeiten allein und in unbeschränkter Höhe.

❑ **Strategische Allianzen** sind *horizontale* Kooperationen von wirtschaftlich und rechtlich selbstständigen Unternehmen.

❑ **Partnerschaften** unterscheiden sich von den Strategischen Allianzen durch eine intensivere Kooperation. Wesentliches Charakteristikum dieses Organisationstypus ist das Auftreten unter einem gemeinsamen Namen. Das Partnerunternehmen wird dabei als »eine auf Dauer, unabhängig von den jeweiligen Projekten, ausgelegte, vertraglich abgesicherte Zusammenarbeit von einander hierarchisch gleichgestellten Beratern« definiert.

❑ **Klassische Beratungsunternehmen** beschäftigen eine Vielzahl von Beratern: Junior-Berater, Senior-Berater, Projektleiter, Bereichsleiter und Geschäftsführer. Durch eine Spezialisierung der einzelnen Berater können erhebliche Effizienzvorteile erreicht werden.

Die bereits angesprochene Unübersichtlichkeit des Beratungsmarktes zeigt sich vor allem in einer äußerst heterogenen Besetzung der Anbieter- wie auch der Nachfragerseite. In Deutschland allein gibt es weit über 10.000 Beratungsunternehmen – unabhängig von der Organisationsform – und es existiert wohl kaum eine Firma, die noch nicht einen Berater in Anspruch genommen hat.

8.4 Schwierigkeiten der Beraterauswahl

Menschen sind nicht »vollkommen«; sie unterliegen einer eingeschränkten Rationalität, d. h., dass die Marktpartner hinsichtlich der Aufnahme, Verarbeitung und Speicherung von Informationen nur mit begrenzten Fähigkeiten ausgestattet sind. Dies umschließt sowohl Daten der Zukunft wie auch Daten der Vergangenheit und Gegenwart, sodass eine Person nie unter Beachtung aller objektiv relevanten Einflussgrößen handelt. Dieser Umstand hat zur Folge, dass für die Nachfrager der Auswahlprozess äußerst schwierig ist. Dabei gilt folgender Zusammenhang: Je geringer die vorhandenen (objektiven) Informationen, desto schwieriger ist die Beurteilungsmöglichkeit und desto größer die Wahrscheinlichkeit irrationalen Verhaltens der Nachfrager. Berater sind also schwieriger auszuwählen als Schraubenlieferanten, weil es sehr aufwändig und teilweise unmöglich ist, die erforderlichen Informationen zu erlangen – es herrscht eine große Unsicherheit.

Aber woher rührt diese Unsicherheit? Bereits auf den »Urvater« aller Ökonomen, Adam Smith, geht die Annahme opportunistischen Verhaltens zurück. Er bezeichnet das Eigeninteresse als das »einzig verlässliche menschliche Motiv«. Doch unter Opportunismus ist mehr als das Eigeninteresse zu verstehen – darunter fällt auch das Sich-verschaffen wirtschaftlicher Vorteile durch bewusst unvollständige oder verzerrte Weitergabe von Informationen, durch Verdunklung oder durch Unterschlagung von Tatsachen. Es handelt sich somit um eine »verschärfte« Form eigennützigen Verhaltens, auch unter Anwendung »hinterlistiger Methoden«. Opportunistisches Verhalten in diesem beschriebenen Sinn wird erst dann »erforderlich«, wenn mehrere Personen mit einer gemeinsamen Gesamtaufgabe unterschiedliche Ziele haben. Das Verfolgen des Eigeninteresses unter Anwendung von List und Tücke ist aber nicht nur ein innerbetriebliches Phänomen, sondern stellt sich als Problem genauso im zwischenbetrieblichen Bereich (Wettbewerb) oder zwischen den Marktpartnern dar.

8.5 Konflikte zwischen Berater und Kunden

Opportunistisches Verhalten vor Auftragserteilung

❏ Aufgrund der unübersichtlichen Marktsituation und der Tatsache, dass die Verwendung des Begriffes »Unternehmensberater« nicht genehmigungsbedürftig ist, können Anbieter Kompetenz »vorspielen«, die sie tatsächlich aber nicht besitzen.

❏ Der Dienstleistungscharakter der Unternehmensberatung ermöglicht es den Beratungsanbietern, vor Auftragserteilung Leistungszusagen zu machen und bei späterem Nichteinhalten auf die mangelnde Einbringung des Kunden zu verweisen, obwohl ihnen schon im Voraus die eigene Unfähigkeit klar war.

❏ Consultants können ein Interesse daran haben, die Problemsituation »hochzuspielen« um so möglichst viele Beratungstage zu verkaufen. Ein solches Verhalten wird oft als »Overstaffing« bezeichnet.

Opportunistisches Verhalten während der Auftragsdurchführung

❏ Da Unternehmensberatungen häufig die Zielsetzung einer Rationalisierung mit entsprechenden personellen Konsequenzen haben, fürchten eventuell betroffene Mitarbeiter um ihren Arbeitsplatz und könnten deshalb bewusst falsche Informationen liefern, um ihren Verbleib im Betrieb zu »sichern«.

❏ Oftmals werden bei Beratungen Fehler des Managements bzw. der Mitarbeiter offengelegt. Diese können versuchen zu verhindern, dass es zu einem Aufdecken ihrer Fehler kommt.

❏ Die von Consulting-Aktivitäten vielfach ausgehenden Umstrukturierungsmaßnahmen bedeuten für die Organisationsmitglieder teilweise Macht- bzw. Autoritätsverluste. Diese »Verluste« versuchen die Betroffen unter Anwendung opportunistischen Verhaltens zu begrenzen.

❏ Ein nicht nur dem Beratungsprozess innewohnender Konflikt findet sich schließlich in der Tatsache, dass sich die Mehrzahl der Menschen generell gegen Veränderungen, die durch die Beratung in jedem Fall angestrebt werden, sträubt und ein vielgestaltiges resistentes Verhalten an den Tag legt.

Opportunistisches Verhalten nach Auftragsdurchführung

❏ Da der Erfolg von Beratungsprojekten auch nach der Durchführung häufig nicht zweifelsfrei zu beurteilen ist, können Berater dem Auftraggeber den Erfolg einer Beratungsaufgabe vorspielen, obwohl dies nicht zutrifft bzw. der Erfolgsfall (sehr) unwahrscheinlich ist.

❏ Im umgedrehten Fall können Kunden (unter der Annahme, dass eine ergebnisabhängige Entlohnung vereinbart wurde) den Erfolg eines Beratungsprojektes (entgegen den Tatsachen) als gering einstufen, um so ein niedrigeres Honorar entrichten zu müssen.

❏ Nach Abschluss eines Beratungsauftrages haben Unternehmensberatungen in einigen Fällen die Möglichkeit, darauf hinzuweisen, dass während ihrer Arbeit andere Schwachstellen aufgetaucht sind, die eine weitere Beratung erforderlich machen, obwohl dies eventuell nicht notwendig wäre.

Das Verhältnis Berater – Kunde kann gut mit der Beziehung Patient – Arzt verglichen werden: Der Arzt wählt eine Aktion (Therapie), die das »Wohlergehen« des Patienten beeinflusst. Grundlage der Beziehung stellt das überlegene Fachwissen des Arztes dar. Das Ergebnis (Genesung) hängt nicht nur vom Arbeitseinsatz des Arztes, sondern auch von der Konstitution des Patienten oder von zufallsbedingten Faktoren, wie z. B. heilungsrelevanten Wettereinflüssen, ab. Der Patient kann deshalb nicht selbst überprüfen, wie »gewissenhaft« die Handlungen des Arztes (im Sinne eines hohen Arbeitseinsatzes) sind bzw. waren. Der Arzt hat also immer die Möglichkeit, bei einem zögerlichen Genesungsprozess auf die umweltbedingten Einflüsse zu verweisen. Ähnlich verhält es sich beim Beratungsprozess.

8.6 Nachfragererwartungen und Unsicherheit bei Kunden

Die »Herausforderung« für den Beratungsnachfrager besteht also darin, aus der Vielzahl von Consulting-Anbietern das Unternehmen herauszufinden, das seine Erwartungen am besten erfüllen kann.

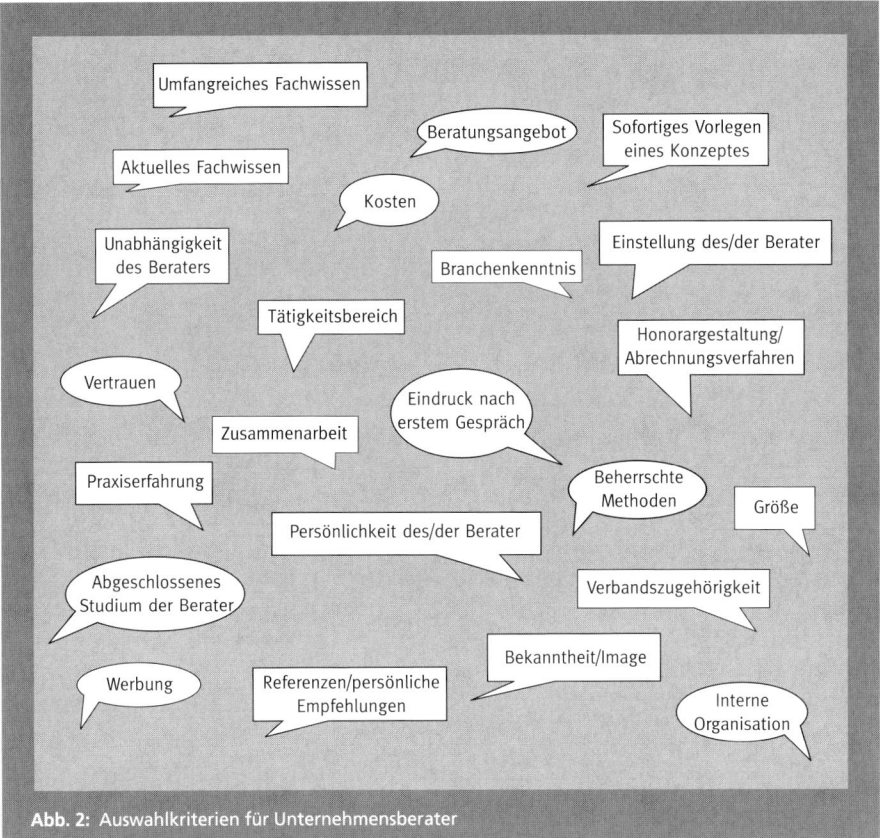

Abb. 2: Auswahlkriterien für Unternehmensberater

Die Erwartungen des Nachfragers sind äußerst vielgestaltig. In Abhängigkeit vom Grund der Inanspruchnahme und vom Betätigungsfeld lassen sich zahlreiche Einzelerwartungen finden. Für den Erfolg eines Beratungsprojektes ist es entscheidend, eine möglichst umfassende und leicht bewertbare Systematik der Anforderungen aufzustellen. Erst wenn ein solcher Katalog vorliegt, können konkurrierende Anbieter bewertet und dann ausgewählt werden. In Abbildung 2 sind die am häufigsten genannten Auswahlkriterien genannt.

Dieser Aufstellung lässt sich entnehmen, dass sowohl auftragsbezogene Faktoren (Fachwissen, Branchenkenntnis) als auch projektunabhängige Determinanten (Image, persönliche Eigenschaften, Erfahrung) über die Auftragsvergabe entscheiden. Sowohl die erstgenannte Kriteriengruppe als auch die zweite Kategorie entziehen sich einer objektiven und einfachen Bewertung.

Die Qualitätsunsicherheit hängt sehr stark von der Art der nachgefragten Leistung ab!

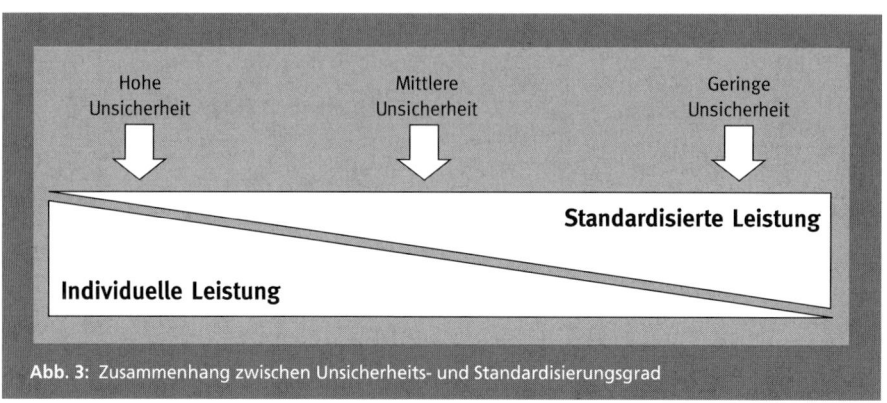

Abb. 3: Zusammenhang zwischen Unsicherheits- und Standardisierungsgrad

Je eher es sich um standardisierte Beratungsleistungen handelt, desto eher hat der Nachfrager die Möglichkeit, die Qualität des Anbieters im Voraus zu überprüfen, da diese Leistung ja schon bei anderen Kunden erbracht wurde, und er sich dort genau erkundigen kann. Damit aber sinkt gleichzeitig seine Unsicherheit bzgl. der Leistungsfähigkeit des Beraters, sodass ein unmittelbarer Zusammenhang zwischen der Unsicherheit und dem Standardisierungsgrad der Beratungsleistung gilt (siehe Abbildung 3).

Die Qualitätsunsicherheit kann darüber hinaus auch noch in Zusammenhang mit den Motiven für die Inanspruchnahme einer Unternehmensberatung betrachtet werden (fehlende Kapazität, fehlendes Know-how, notwendige externe Sicht, Ideenmangel, Durchsetzung von Maßnahmen und psychologische Motive). Der Bezug von der kundenorientierten Sicht zur Consulting-Sphäre kann über die Ausprägung der verlangten Fähigkeiten (sachlich-technisch bzw. psychologisch) des/der Berater hergestellt werden. Der Zusammenhang zwischen dem Grund der Inanspruchnahme und dem Ausmaß der Qualitätsunsicherheit ergibt sich nun aus der Möglichkeit des Beratungsnachfragers, die entsprechenden Kompetenzen des/der Berater zu bewerten. Es ist ohne eine tiefergehende Untersuchung sofort einsichtig, dass die Überprüfung sachlich-technischer Fähigkeiten einfacher und günstiger erfolgen kann als die Bewertung psychologischer Faktoren, wie beispielsweise der Integrationsfähigkeit oder Kreativität eines Consultants. Der in Abbildung 4 wiedergegebene Zusammenhang erklärt sich also aus der Schwierigkeit des Beratungsnachfragers, die erforderlichen Fähigkeiten im Vorfeld zu überprüfen; je leichter eine Fähigkeit zu bewerten ist, desto geringer ist die Qualitätsunsicherheit des potenziellen Kunden.

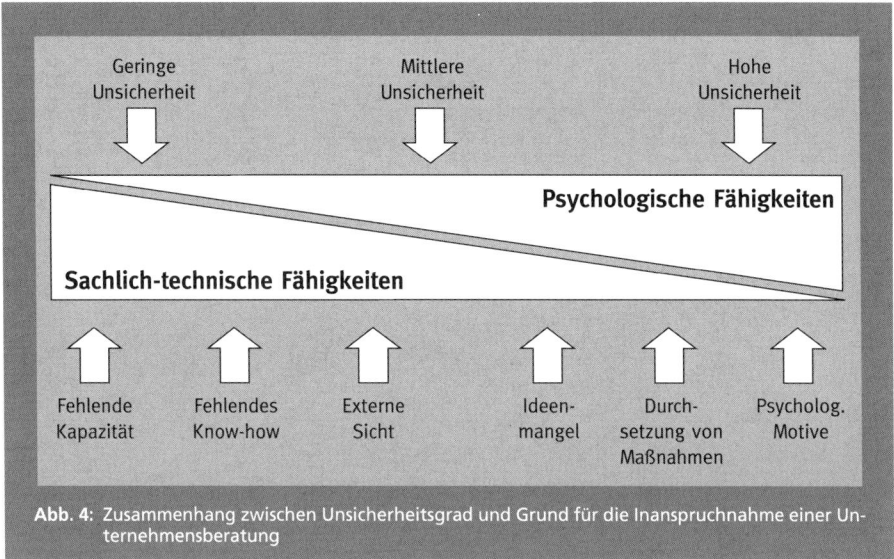

Abb. 4: Zusammenhang zwischen Unsicherheitsgrad und Grund für die Inanspruchnahme einer Unternehmensberatung

Es kann angenommen werden, dass die Qualitätsunsicherheit eines Kunden um so höher liegt, je eher das vom Berater zu lösende Problem seinen Ursprung in einem sensiblen Bereich hat – man kann von der »Intimzone« eines Unternehmens sprechen. Damit ist das Ausmaß bzw. die Bedeutung von Schwachstellen und die damit verbundenen Informationen gemeint. Somit stellt sich das Problem aus dem Blickwinkel des Klienten wie folgt dar: Im Rahmen eines Beratungsprojektes müssen betriebsinterne Daten offengelegt werden bzw. erlangt der Berater während seiner Tätigkeit Einblick in die unternehmensspezifischen Abläufe und Pläne. Dieses Know-how ist aber teilweise entscheidend für den Erfolg einer Unternehmung und darf nicht nach außen gelangen! Mit anderen Worten: Der Auftraggeber befürchtet eine Weitergabe interner Informationen, die für Wettbewerber von erheblichem Vorteil sein könnten. Das Wissen um diese potenzielle Gefahr erhöht die Qualitätsunsicherheit des Beratungsnachfragers noch weiter.

8.7 Franchisierbarkeit der Unternehmensberatung

Was kann als Ergebnis der bisherigen Ausführungen fest gehalten werden? Im Consultingmarkt herrschen hohe Qualitätsunsicherheiten. Der nicht geschützte Begriff Unternehmensberater, der Dienstleistungscharakter, zahlreiche Möglichkeiten opportunistischen Verhaltens, die Erwartungshaltung der Kunden und die »Sensibilität« der betroffenen Daten/Informationen führen dazu, dass die Nachfrager teilweise erhebliche Unsicherheiten gegenüber Beratungsanbietern besitzen.

Was bedeutet dies nun für die zentrale Frage, ob sich die Franchising-Systematik für die Unternehmensberatung eignet? Die Überlegenheit des Franchising resultiert vor allem daraus, dass standardisierte Leistungen erbracht werden und dass eine einheitliche Marke hilft, Qualitätsunsicherheiten zu reduzieren. Während letzterer Punkt für die Anwendbarkeit des Franchising in der Beratung spricht – gerade weil es dort ausgeprägte Unsicherheiten gibt – muss die Standardisierung kritisch betrachtet werden. Viele Beratungsprojekte lassen sich nämlich nicht vereinheitlichen oder mit einem »genormten« Vorgehen lösen. Da aber das eines der Kernelemente des Franchising ist, können folglich auch nicht alle Tätigkeitsfelder der Beratung Gegenstand von Franchisingsystemen sein – nur bei relativ unspezifischen (und daher standardisierbaren) Problemen, können Franchising-Ketten wirkungsvoll sein.

Wenn also vor allem die Markenpolitik das Franchising in der Beratung vorteilhaft erscheinen lässt, muss man fragen, welchen traditionellen Organisationsformen das Franchsing überlegen ist. Theoretisch und praktisch ist evident, dass hierarchische Beratungsunternehmen, strategische Allianzen und Partnerschaften grundsätzlich über die gleichen Möglichkeiten wie Franchisesysteme verfügen, ein gutes Image bzw. eine starke Marke aufzubauen, weil sie durch ihre Größe und ihre finanziellen Ressourcen prinzipiell dazu in der Lage wären, erhebliche Mittel in das Marketing zu investieren. Der Einzelberater kann das nicht. So ist es – mit Blick auf die internen Organisationsformen – lediglich der »Typus Einzelkämpfer«, der vom Franchising profitiert.

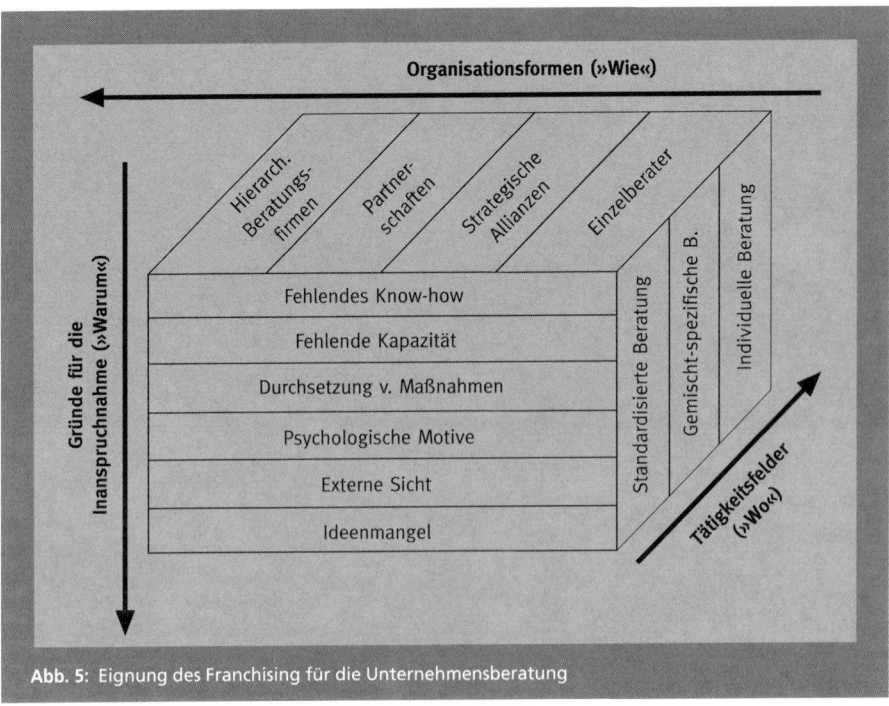

Abb. 5: Eignung des Franchising für die Unternehmensberatung

Fazit: Das Franchising ist grundsätzlich für die Beratung geeignet – jedoch nur für die Organisationsform des Einzelberaters, für standardisierte Beratungen und wenn Kunden Berater aus den Motiven »fehlendes Know-how« und »fehlende Kapazität« beauftragen.

Welche konkreten Empfehlungen kann man potenziellen Franchisegebern in der Beratung geben?

❑ Sie sollten eine aktive und umfassende Markenpolitik betreiben, die sich hauptsächlich auf die hohe Qualifikation der Franchisenehmer-Berater stützt.
❑ Sie sollten Verfahren der Kontaktaufnahme und der Nachbereitung ausführlich festlegen und dafür Sorge tragen, dass diese Richtlinien eingehalten werden. Nur so lässt sich ein hohes Qualitätsniveau, das ja von erfolgsentscheidender Bedeutung ist, gewährleisten.
❑ Sie sollten sich auf ein eng definiertes Tätigkeitsfeld konzentrieren.
❑ Sie sollten spezielle, standardisierte Beratungswerkzeuge einsetzen, die von den Beratern nicht zu beeinflussen sind.
❑ Sie sollten Tätigkeitsfelder wählen, bei denen der Kunde nur zu einem geringen Anteil an der Problemlösung mitwirken kann.

Tätigkeitsfelder, die die genannten Bedingungen – größtenteils – erfüllen, sind u. a.:

❑ Existenzgründungsberatungen,
❑ Beratungen zur Einführung von (Standard-)Software,
❑ Beratungen zu Kostensenkung in ausgewählten Bereichen,
❑ Beratungen zu Fragen der Personalauswahl oder
❑ Beratungen zur Einführung von Qualitätsmanagement-Systemen

Sofern diese »Erfolgsfaktoren« berücksichtigt werden, können Franchisesysteme eine sinnvolle Alternative im Consulting sein. Beratung lässt sich zwar nicht wie Burger verkaufen und auch von einem »MacConsult« sollte man Abstand nehmen, doch spricht nichts dagegen, die Franchsing-Idee häufiger anzuwenden. Kunden, Einzelberater und der Markt insgesamt können davon profitieren, wenn die erwähnten Einschränkungen beachtet werden.

9 | Kunden statt Marktanteile

von Brigitte Hommerich und Peter Kornfeind

Einführung

In den fünfziger Jahren wusste der Lebensmittelhändler am Ende der Straße noch ganz genau, welcher seiner Kunden welche Produkte bevorzugte und wie sein Konsumverhalten im Allgemeinen aussah. Der Lebensmittelhändler war eine Institution. Nicht nur auf dem Gebiet der Lebensmittelversorgung registrierte sein Kopf mit computerhafter Genauigkeit die Lebensgewohnheiten seiner Kunden. Auch auf dem Gebiet der Seelsorge wusste er um ihre Schicksale. Und so wie er im Geschäft unermüdlich beratend im Einsatz war – selbst bei ganz persönlichen Fragen – so endete sein Dienst nicht an der Ladentür und bei den offiziellen Öffnungszeiten. Die Auslieferung von Lebensmitteln gehörte ebenso zu seiner Aufgabe wie die Bedienung von Kunden am Sonntag oder spät nach Ladenschluss.

Das Zwei-Mann-Geschäft des Lebensmittelhändlers fand ein jähes Ende durch die Zentralisierung und Filialisierung von Wettbewerbern, die Marktmacht – und folglich günstigere Preise für die Verbraucher – in die Waagschale werfen konnten. Mit seinem Ende war über viele Jahre auch ein Ende an Dienstleistungsbereitschaft, an Engagement und persönlicher Anteilnahme am Schicksal von Kunden verbunden, wie sie für den Lebensmittelhändler klassischer Prägung so selbstverständlich war.

Dafür, dass der Kunde fortan in den großen Filialgeschäften ein massenhaftes Warenangebot und günstige Preise fand, zahlte er selbst einen anderen Preis: Den Preis, fortan nicht mehr als Individuum, sondern als Teil einer Masse registriert zu werden; als demographisches oder psychographisches Datum, das in den Zentralen der Anbieter von Marketingfachleuten als gesichtsloses Objekt im Kampf um Marktanteile fungiert.

Und nicht nur das: Auch am Point of Sale war weitgehend Anonymisierung angesagt. Dass der Kunde als Persönlichkeit angesprochen wurde, als Mensch, dessen individuelle Bedürfnisse es zu erfragen und zu befriedigen galt, war selten.

9.1 »Schlanker« Konsum und »fette« Ansprüche: Die Kunden halten nicht mehr still

In einer Zeit wie heute, in der

❏ die Umsätze des Handels über Jahre schon konstant rückläufig sind,
❏ der zunehmend härter werdende Wettbewerb die gesamte Handelslandschaft in Deutschland auf wenige große Überlebende reduzieren wird,

besinnt man sich wieder auf die Dienstleistungstugenden, die in den Zeiten des Massenkonsums und des Massenwohlstandes auf der Strecke geblieben sind.

Aber man besinnt sich der Not gehorchend. Denn die Kunden halten nicht mehr still.

Ihre Reaktion auf alle Tendenzen der Zentralisierung der Wirtschaftsstrukturen und des »Lean Managements« von Unternehmen – auf Personalabbau, Massenentlassungen und unaufhörliche Umstrukturierungen in den Unternehmen, wie sie sie als Arbeitnehmer erleben oder befürchten – geht dahin, *schlank* zu konsumieren und *fett* zu fordern – nämlich genau die Dienstleistungsbereitschaft zu fordern, wie sie in den Vorzeiten des Massenmarketings und der Zentralisierung selbstverständlich waren.

Ein Gespenst geht um in Westeuropa, das Gespenst der Unsicherheit und der Angst, dass die *fetten* Jahre vorbei sind – in der Selbstverständlichkeit des Konsums, in der Sicherheit des Arbeitsplatzes, in der Verlässlichkeit der sozialen Sicherungssysteme.

Diese Unsicherheit ist es, die am Point of Sale ihr Unwesen treibt und Kompensation fordert. Wenn alles um ihn herum brüchig zu werden droht, dann will der Kunde wenigstens dort, wo er Geld ausgibt, einen emotionalen Gegenwert erhalten. Das kann ein *Kauferlebnis* wie im Falle von Discountgeschäften sein – die Freude darüber, so viel Ware in einer so hohen Qualität zu einem so günstigen Preis erstanden zu haben. Es kann auch ein *Erlebniskauf* sein, wie er sich in einem Hochpreis-Geschäft vollzieht, sofern das Personal den Kunden emotional zufrieden stellt. Und *zufrieden* ist er nur, wenn er im *Frieden* mit dem Unternehmen lebt, wenn er die Freundlichkeit, die Ehrlichkeit, die Zuwendung erfährt, wie man sie einem Freund oder Partner entgegenbringt.

Wie oft geschieht es, dass man als Kunde so viel Authentizität erfährt? Positive emotionale Erlebnisse sind – wie jeder aus eigener Erfahrung weiß – eher selten. Und auch wenn fast alle großen Dienstleister in Deutschland – von der Sorge getrieben, dass ihre Kunden zum Wettbewerb überlaufen könnten – in den letzten Jahren kräftig daran laboriert haben, ein wenig mehr *Kundenorientierung* unter Beweis zu stellen, so sind die Erfolge rar gesät. Das Deutsche Kundenbarometer, das jährlich die Zufriedenheit der Kunden mit den Dienstleistungen in Deutschland analysiert, kommt auch für 1997 wieder zu dem Ergebnis, dass die »Servicewüste Deutschland« noch weit davon entfernt ist, zur Dienstleistungsoase zu mutieren. Denn Regen ist bei der vorherrschenden Großwetterlage noch nicht in Sicht.

9.2 Nicht zum Nulltarif: Dienstleistungen gedeihen nur in einer Commitment-Kultur

Warum? Weil man allenthalben damit beschäftigt ist, an den Symptomen zu kurieren, statt die Ursachen anzugehen. Man *feilt* am Verhalten der Mitarbeiter, verpflichtet sie zu mehr Freundlichkeit und Engagement gegenüber dem Kunden, trainiert selbst ihr Lächeln – statt die Brechstange anzusetzen. Die etablierten Besitzstände, die *Kundenorientierung* im Keim abwürgen können, stehen selten zur Disposition. Noch ist es meist nicht üblich, dass Mitarbeiter an der Basis den Gestaltungsspielraum haben, den ihr Selbstwertgefühl braucht, um sich als gleichberechtigter Partner ihrer Kunden zu fühlen!

Noch ist es eher üblich, dass Entscheidungen von der nächst höheren Instanz getroffen werden. Noch ist es üblich, dass Ziele – vor allem immer höher geschraubte Umsatzziele – angeordnet, statt vereinbart werden. Die Konsequenz: ein Gefühl des Entmündigtseins. Und wenn dann noch immer mehr Arbeit von immer weniger Personal zu bewältigen ist und dass diejenigen, die die Arbeit tun, sich unterbezahlt fühlen, dann gesellt sich zu dem Gefühl der Entmündigung ein Gefühl der Ausbeutung. Wen wundert es da, dass der Druck weitergegeben wird – und sei es *nur* an den Kunden?

In den Unternehmen hat man meist noch nicht verstanden, dass die Herausforderungen der Zukunft nicht mehr mit den Mitteln von gestern – mit zentraler Massenansprache vor allem – zu bewältigen sind. Weder beim Umgang mit Kunden noch beim Umgang mit Mitarbeitern.

Individualität ist vielmehr das Gebot der Stunde. Und diese Individualität ist für Mitarbeiter nur spürbar, wenn ihr Verantwortungsspielraum dramatisch erweitert wird. Genau dies macht den Angriff auf die etablierten Besitzstände aus. Wer es ernst damit meint, *Kundenorientierung* zu leben, muss Macht dezentralisieren und Entscheidungsspielräume an die Basis weitergeben. Denn nur wenn Betroffene zu Beteiligten werden, wenn sie also über alles, was sie selbst betrifft, mitentscheiden können, sind sie dem Unternehmen gegenüber loyal gesonnen.

Der Dienst am Kunden beginnt nun einmal mit dem Dienst am Mitarbeiter. Wer wirklich will, dass seine Kunden zufrieden sind, muss Mitarbeiter haben, die hinter den Entscheidungen stehen, die sie selbst getroffen haben. Wer gewährleisten will, dass Leidenschaft und Engagement für den Kunden von innen kommen, muss auch die materiellen Rahmenbedingungen schaffen, die das Engagement wach halten. Gute Worte und ein gutes Betriebsklima reichen da nicht mehr. An jeder Verkaufsfront muss auch ein transparentes, leistungsbezogenes Gehaltssystem geschaffen werden, das unternehmerische Anreize besonders für die Mitarbeiter schafft, deren primäre Aufgabe es ist, Kundenloyalität aufzubauen und zu pflegen.

9.3 Franchising – im Sog der Bürokratisierung?

Anders als die großen Filialsysteme, die in der Gefahr stehen, Entscheidungen zu zentralisieren, Ziele vorzugeben und Hierarchien zu zementieren, gehört die Dezentralisierung von Entscheidungs- und Verantwortungsspielräumen sehr viel stärker zum Wesensmerkmal eines Franchisesystems. Zumindest, wenn es um die Freiheiten des Franchisenehmers geht, der als selbstständiger Unternehmer zwangsläufig einen viel größeren Gestaltungsspielraum haben muss als ein Filialleiter.

Diese Spielräume gilt es festzuhalten und konsequent an Mitarbeiter auszuweiten – selbst wenn die Zeichen der Zeit auch beim Franchising in die Richtung des Zentralismus weisen, weil der globale Wettbewerbsdruck und sinkende Umsatzzahlen ihren Tribut fordern.

Dies gilt vor allem für die großen Franchisebetriebe. Für die, in denen der Franchisenehmer möglicherweise *nur* noch in der Managementverantwortung steht und das operative Geschäft einem Mitarbeiter überträgt. Und vor allem hier gilt es, neue Berufsfelder zu etablieren, die den veränderten Anforderungen von Kunden und Mitarbeitern entsprechen. Warum?

9.4 Virtuelles Shopping und Intensivierung der Beratung

Folgt man den Zukunfts- und Trendforschern in ihrer Prognose der Handelslandschaft von morgen, so werden vor allem die Geschäfte, die Konsumgüter des täglichen Verbrauchs anbieten, in ihrer gegenwärtigen Form nicht weiter bestehen können. Besonders der großflächige Lebensmittelhandel wird vom Strukturwandel des Konsumverhaltens erfasst. Die Kunden werden das, was sie täglich brauchen, mehr und mehr elektronisch ordern – und sich von den entsprechenden Distributionszentren beliefern lassen. Die Anbieter werden sich viel stärker als bisher auf ein straff organisiertes Lagerungs- und Logistiksystem – inklusive Hauszustell-Service – auf der einen Seite, auf ein optimal funktionierendes Informationssystem zwischen Konsument und Anbieter auf der anderen Seite konzentrieren müssen.

Anders wird es bei den Anbietern von Waren aussehen, deren Kauf nach persönlichen Geschmacksvorlieben, Lebensstilen und Wertvorstellungen getätigt wird. Bei Möbelhäusern wie bei Fertighaus-Anbietern, bei Modehäusern oder bei Baumarkt-Betreibern. All diese Handelsunternehmen müssen sich ebenfalls darauf konzentrieren, die Interaktion mit dem Kunden über die moderne Kommunikationstechnik zu professionalisieren und die Zustellung von Waren ins Haus des Kunden optimal zu organisieren. Daneben müssen sie jedoch alle Bemühungen darauf richten, dass der Kunde am Point of Sale von jedem Mitarbeiter kompetent und authentisch beraten wird. Die Beratungsqualität wird hier ein entscheidendes Wettbewerbskriterium darstellen.

Insgesamt gilt also: Informationsaustausch und Beratung werden in der Handelslandschaft von morgen mehr und mehr getrennt von der Produktlagerung und -zustellung. Für die Handelsunternehmen, die beratungsintensive Produkte und Dienstleistungen anbieten, geht dies mit einer Fülle von Konsequenzen einher.

9.5 Das Ende der Penetration: Lebenslange Beziehungspflege statt Massenmarketing

Die Kommunikation über Massenmedien wird mehr und mehr ersetzt durch eine 1:1-Kommunikation mit jedem einzelnen Kunden. Es kann in Zukunft nicht mehr darum gehen, die Menschen im Gießkannen-Stil mit Informationen zu überschütten, gleichgültig, ob die Angebote für sie von Interesse sind oder nicht. Es geht vielmehr darum, ihnen die Angebote zu machen, die genau auf ihre Bedürfnisse zugeschnitten sind – so wie der Lebensmittelhändler vergangener Zeiten seine Angebote individuell platzierte.

Das Wissen über den einzelnen Kunden wird zukünftig das wichtigste Kapital für das Unternehmen: Warum kauft er dieses Produkt und nicht ein anderes? Welche Erfahrungen hat er gemacht mit dem Unternehmen? Welche Pläne hat er für die Zukunft, was sein Konsumverhalten betrifft?

Diese Informationen zu managen kann nicht mehr die Aufgabe einer Marketing-abteilung sein, die zentral agiert. Hier muss vielmehr die Dezentralisierung des Marketings greifen. Denn was zukünftig gefordert ist, ist die Konzentration auf den einzelnen Kunden – statt auf die große Masse: Es geht darum, jeden einzelnen Konsumenten mit seinen ganz individuellen Bedürfnissen als »Lebensumsatz-Träger« zu pflegen, um ihm so viel wie möglich im Laufe seines Lebens zu verkaufen.

Abschied zu nehmen gilt es also von dem altehrwürdigen Marketingziel, Markt-anteile zu erkämpfen. Es gilt vielmehr, durch ein individuelles Bemühen um jeden einzelnen Konsumenten Kundenanteile zu gewinnen. Das stellt die Verkaufsbera-ter vor Ort vor ganz neue Herausforderungen – vor Kompetenzerweiterungen ungeahnten Ausmaßes.

9.6 Beziehungspflege am Point of Sale: Kundenmanager verdrängen Verkäufer

Der gezielte Umgang mit den neuen Medien – vor allem mit dem Internet – stellt die eine Seite einer Dezentralisierung des Marketings dar. Greifen kann diese Form der Kommunikation jedoch nur, wenn sie eingebettet ist in eine neue Form des Beziehungsmanagements. Wenn aus dem Verkäufer traditioneller Prägung ein Be-rater wird, der seinen Kunden mit der Dienstleistungsbereitschaft begegnet, wie sie für den Händler in den Vorzeiten des Massenmarketings selbstverständlich war. Und d. h.: Wenn eine persönliche Bindung zwischen dem Berater und *seinem* Kun-den entsteht, die das Wissen über die individuellen Konsumgewohnheiten ebenso umfasst wie das Wissen über das persönliche Umfeld – eine Bindung, die von authentischem persönlichen Engagement getragen ist.

Diese Loyalitätsbeziehungen aufzubauen, ist wohl die schwerste Herausforde-rung, mit der die einzelnen Handelsunternehmen heute konfrontiert sind. Zu meistern ist sie nur, wenn am Point of Sale ein Ansprechpartner vorhanden ist, der verantwortlich ist für die Beziehungspflege – gegenüber Kunden wie gegenüber Mitarbeitern – und der dies als Schwerpunkt seiner Arbeit betrachtet.

Das kann im Fall kleinerer Franchisebetriebe der Franchisenehmer sein, sofern er über die notwendige soziale Kompetenz verfügt. Im Fall größerer Franchisebetriebe muss es ein eigens dafür verantwortlicher Mitarbeiter sein, dessen Position und Kompetenz der des klassischen Markt- oder Betriebsleiters ebenbürtig ist.

Denn wenn der Kunde zukünftig wirklich im Mittelpunkt stehen soll, darf *Kundenorientierung* nicht mehr en passant veranlasst werden. Sie muss vielmehr an Ort und Stelle initiiert, trainiert und langfristig begleitet werden. Und zwar von einem Mitglied des Teams, das sich als Coach seiner Kollegen, als Moderator von Arbeitsteams versteht und dessen Hauptaufgabe darin besteht, alle Mitarbeiter als Dialog-Partner von Kunden zu qualifizieren und zu begleiten.

9.7 So bleibt man im Gespräch

Dezentralisierung des Marketings heißt in erster Linie: Mitarbeiter zu befähigen, jedem einzelnen Kunden als Berater und Partner bei der Lösung seiner ganz individuellen Probleme zu begegnen. Dazu ist der Aufbau einer neuen – der klassischen Markt- oder Betriebsleiterfunktion ebenbürtigen – Position unverzichtbar, dessen Träger für ein individuelles, auf jeden einzelnen Kunden zugeschnittenes Marketing verantwortlich ist. Und d. h. in erster Linie: Verantwortung tragen für ein professionelles Informations- und Beziehungsmanagement, in das alle Mitarbeiter integriert sind.

Im Sinne einer individuellen, langfristigen Bindung von Stammkunden an die Einkaufsstätte ist es dringend erforderlich, den Kunden immer wieder in den Dialog mit dem Unternehmen einzubeziehen. Der Phantasie des verantwortlichen Kundenmanagers sind dabei keine Grenzen gesetzt. Telefonische Recherchen, Einladungen zu speziellen Club-Veranstaltungen, Interaktion über das Internet, Besuche im Haus des Kunden, Einladungen zu *Kundenforen*, um Feedback zum Unternehmen und Impulse für die zukünftige Unternehmenspolitik zu bekommen sind hierbei denkbar.

Dieses umfangreiche Dialog-Programm mit den Kunden kann natürlich nur bewältigt werden, wenn so viele Mitarbeiter wie möglich aktiv in die Gestaltung des Programms einbezogen werden. Deshalb muss der verantwortliche Kundenmanager einen großen Teil seiner Tätigkeit dem Training seiner Kollegen vorbehalten, um den Dialog mit den Kunden auf breiter Ebene im Unternehmen zu verankern.

9.8 Dezentralisierung des Marketings

Wer als Franchisegeber *Kundenorientierung* im Unternehmen leben will, muss die Verantwortlichen am Point of Sale befähigen, jedem Kunden wie einem Freund und Partner zu begegnen.

Kundenorientierung muss jeder Unternehmer als Herausforderung verstehen. Der Franchisenehmer, der seinen Fünf-Mann-Betrieb führt, ist durch die Konzentration auf das operative Geschäft hierbei ebenso überfordert wie der Markt- oder Betriebsleiter, der ein Franchiseunternehmen mit 100 Mitarbeitern führt. Und selbst die Trainingsteams, die immer dann von der Zentrale an die Front geschickt werden wenn es *brennt*, erzeugen zwar Aufbruchstimmung und Begeisterung bei den Mitarbeitern für den Moment, doch was geschieht, wenn die Feuerwehr an anderer Stelle löscht, wenn der Alltag die Menschen an der Basis einholt und die guten Vorsätze verpuffen?

»Wir haben genug Ideen für eine noch bessere Kundenbindung«, so hört man allenthalben von den Verantwortlichen in den Zentralen der Franchiseorganisationen, »nur mit der Umsetzung klappt es nicht. Denn die Mitarbeiter an der Basis ziehen nicht mit!«

Woran liegt das? Warum scheitert die Umsetzung so oft? Warum gehen sogar wichtige Informationen, die jeden Mitarbeiter betreffen, so oft verloren?

Es liegt daran, dass die *Beziehungsklammer* fehlt zwischen dem Kopf und den Gliedern – die Klammer, die eine reibungslose Kommunikation erst möglich macht.

Wenn Ernst damit gemacht werden soll, den Kontakt zu jedem einzelnen Kunden im Sinne des 1:1-Marketings zu pflegen, muss diese *Beziehungsklammer* geschaffen werden: durch einen Ansprechpartner, der für die Bedürfnisse von Kunden ebenso offen ist wie für die der Mitarbeiter – und der sich als Anwalt ihrer Interessen versteht.

Dazu muss Kompetenz an die Basis verlagert werden. Sogar die Kompetenz klassischer Stabsstellen muss durch die Institutionalisierung einer solch neuen Position an die Basis weitergegeben werden. Während Werbe-, Marktforschungs- und Trainingsaufgaben bis heute über die Zentralen der Franchiseorganisationen abgewickelt werden, wird es in Zukunft notwendig sein, diese Aufgaben professionell vor Ort zu erfüllen – natürlich in enger Tuchfühlung mit der Zentrale.

Die Aufgabe des Franchisegebers wird es sein, Menschen aufzubauen, die genügend soziale Kompetenz und Sachverstand besitzen, um am Point of Sale 1:1 im Hinblick auf Kunden – und Mitarbeiter – zu kommunizieren. In Zukunft wird es also darum gehen, *Multiplikatoren* aufzubauen, die als Coaches, als Moderatoren und Trainer der einzelnen Teams vor Ort fungieren – mit dem Ziel, den Dialog mit den Kunden auf eine breite Basis zu stellen. Denn nur so kann eine lebenslange Partnerschaft zwischen Kunden und Unternehmen lebendig gehalten werden.

VIII Ausschöpfen

Sind alle Voraussetzungen zur Ausdehnung des Franchisesystems geschaffen, gleicht die Ausdehnung einem Fluss: Überall da, wo eine Vertiefung der Erde vorhanden ist, wird das Wasser automatisch hinfließen. Die Ausdehnung kann daher schon dadurch gefördert werden, dass Raum geschaffen wird, damit neue Standorte errichtet werden können. In dieser Phase der Ausdehnung des Franchisesystems kommt dem Besetzen von Standorten eine zentrale Bedeutung zu. Hierfür gibt es eine Betriebstypenvielfalt, die neben oder anstatt des Franchisingsystems ausgeschöpft werden kann. Alternativen zu den klassischen Franchisebetrieben werden in diesem Kapitel vorgestellt.

Einführung

Zur Ausschöpfung des Franchisesystems gehören beispielsweise die Installation von Shop-in-Shop Franchisebetrieben genauso, wie auch echte Alternativen zu den klassischen Franchisebetrieben, was anhand der Unterschiede oder Ähnlichkeiten zu genossenschaftlich organisierten Systemen im Folgenden erläutert wird.

Die neue Institutionenökonomik unterscheidet zwischen generellem (leicht weiterzugebendem) und spezifischem (schwer übertragbarem) Wissen. Die Industriewirtschaft beruhte weitgehend auf generellem Wissen. Die Unternehmensspitze hatte die beste Übersicht, was zu tief gestaffelten Unternehmenshierarchien führte. Demgegenüber basiert die postindustrielle Wirtschaft in hohem Maße auf spezifischem Wissen. Insoweit hat die Basis den besseren Durchblick, weshalb ihr erhebliche Entscheidungskompetenzen zufallen. Genossenschaften sind wie das Franchising postindustrielle Strukturen. Beides sind hybride Organisationsformen, bei denen die Einheiten an der Basis selbstständig agieren. Beide stützen sich außerdem auf hierarchische Klammern. Diese gehen bei den Genossenschaften von unten nach oben, während es sich beim Franchising umgekehrt verhält. Der Grund dafür ist, dass die Identität einer lokalen Genossenschaft in sich selbst ruht und die Verbundunternehmen eher die Rolle von Zulieferern haben. Demgegenüber beziehen Franchisenehmer ihre Identität aus ihrer Verbindung zum Franchisegeber. Beide Strukturen sind daher trotz vieler Gemeinsamkeiten fundamental verschieden.

1.1 Spezifisches Wissen

Für die Neue Institutionenökonomik liegt der Schlüssel zum Verständnis sowohl der Genossenschaften als auch des Franchising in der Unterscheidung zwischen *spezifischem* und *generellem Wissen*, auf die Jensen und Meckling hingewiesen haben. (M. C. Jensen und W. Meckling »Specific and General Knowledge, and Organizational Structure«, S. 251–274 in: L. Werin und H. Wijkander (Hrsg.), *Contract Economics*, Cambridge, Mass. und Oxford 1992.)

Spezifisch nennen wir ein Wissen, dessen Übertragung an Dritte kostspielig ist, während Wissen als *generell* bezeichnet wird, wenn es ohne nennenswerten Aufwand weitergegeben werden kann. Von besonderem Interesse ist in unserem Zusammenhang eine besondere Form spezifischen Wissens, die man in der angelsächsischen Literatur *plastisch* nennt. Es handelt sich um die intime Kenntnis diverser Umstände, die häufig ausgesprochen lokaler oder regionaler Natur sind.

In einem bestimmten Dorf mag es etwa ein offenes Geheimnis sein, dass die Frau des Großbauern Müller einen Geliebten hat und mit ihm das Geld durchbringt; auch weiß unter den Einheimischen jeder, dass der Sohn des Klempners Meyer schon in der Schule durch Fleiß und Führungswillen auffiel und demnächst eine glänzende Partie machen wird. Ein Auswärtiger erfährt solche Dinge nie, da man ihm als Fremden mit Zurückhaltung begegnet und schließlich nicht den ganzen Dorfklatsch mit ihm besprechen will.

Für eine Bank kann solches lokales Wissen aber wichtig sein. Wird sie vom Großbauern Müller um einen größeren Kredit angegangen, dann hält sie sich zurück, sofern sie über lokales Wissen verfügt, während sie dem gleichen Ansinnen entsprechen wird, wenn der Klempnersohn Meyer es vorbringt – obwohl dessen formale Sicherheiten nicht glänzend sind.

Zwischen generellem und hochspezifischem Wissen gibt es ein ganzes Spektrum von Möglichkeiten. Auf der einen Seite finden wir Wissen, das einigermaßen leicht zu transportieren ist; daneben gibt es Wissen, dessen Übermittlung schon teurer, aber immerhin möglich ist. Am anderen Pol finden wir *plastisches* Wissen, das so komplex und subtil ist, dass man es nicht mehr formalisieren kann. Das führt dazu, dass der richtige Gebrauch solchen Wissens vertraglich nicht festzuschreiben ist. Wenn jemand sein Fingerspitzengefühl oder seine Lebenserfahrung einsetzen muss in schwierigen Positionen, dann wendet er ein so hochspezifisches Wissen an, dass man von außen nicht mehr beurteilen kann, ob es Glück oder Verständigkeit war, was zum Erfolg führte. Auch wenn der Erfolg am Ende ausbleibt, muss in solchen Situationen offen bleiben, ob ein extrem schwieriges Umfeld die Ursache war oder der Handelnde einfach schwere Fehler machte. Können und Fortüne werden im Einzelfall ununterscheidbar.

1.2 Standardisierung

Der wirtschaftliche Erfolg der Industrie im vorigen Jahrhundert beruhte im Wesentlichen auf *Standardisierung*. Berühmt wurde das Beispiel der Stecknadelproduktion, mit dem Adam Smith die Vorzüge der industriellen Arbeitsteilung erläutert hat. Nach traditioneller Produktionsweise hätte jeder Arbeiter für sich komplette Stecknadeln hergestellt und es dabei täglich auf höchstens 20 Nadeln gebracht. Indem nun aber (so Adam Smith) die industrielle Produktion der Nadeln in etwa 18 Arbeitsgänge aufgegliedert wurde und jeder Arbeiter (versehen mit dem erforderlichen Kapital) nur einen davon ausführte, konnte die Produktion pro Kopf auf etwa 4.800 Nadeln täglich gesteigert werden.

Die Zerlegung eines Produktionsprozesses in viele aufeinanderfolgende Arbeitsschritte, welche durch darauf spezialisierte Maschinen unterstützt werden, setzt *Standardisierung* voraus. Eine Stecknadel gleicht der anderen, und die einzelnen Arbeitsschritte werden massenhaft und in jeweils genau gleicher Weise ausgeführt. Dadurch kann man Größenvorteile realisieren. Je mehr man von einem Gut produziert, desto billiger wird jede Einheit, weil man die Fixkosten auf eine immer größere Stückzahl umlegen kann. So kam es zu einer dramatischen Verbilligung industriell gefertigter Güter; und diese erst ermöglichte es der breiten Bevölkerung überhaupt, solche Produkte nachzufragen.

Standardisiertes Wissen ist in hohem Maße *generell*. Wenn das erforderliche Wissen so weit vereinheitlicht ist, dass es sich in Maschinen inkorporieren lässt, dann ist es auch leicht weiterzugeben – so leicht, dass man *Patentschutz* braucht, um die allgemeine Diffusion des teuer erworbenen Wissens zu verhindern. Damit kommt es im Zuge der Industrialisierung zu zentralistischen Konstellationen. Wegen der Kostenvorteile bei Großproduktionen werden die Unternehmen *groß*. An der Spitze solcher Großunternehmen befindet sich eine Kommandozentrale. Das im Unternehmen eingesetzte Wissen ist im Wesentlichen genereller Natur und lässt sich deshalb leicht an die Spitze weitergeben, sodass dort die technischen Möglichkeiten des Unternehmens genau bekannt sind.

Nach außen ist es die Funktion der Zentrale, das Unternehmen auf dem Markt strategisch richtig zu positionieren, d. h. dafür zu sorgen, dass es rechtzeitig gerade das produziert, was der Markt demnächst verlangen wird. *Nach innen* muss die Zentrale für Effizienz sorgen, damit das Unternehmen zu geringen Kosten produzieren kann und dadurch konkurrenzfähig bleibt. Zu diesem Zweck muss die Zentrale dafür sorgen, dass die diversen Aktivitäten des Unternehmens reibungslos aufeinander abgestimmt werden; und dazu benötigt sie eine tiefgestaffelte und straffe Hierarchie von oben nach unten. Die Entscheidungskompetenz liegt bei der Zentrale; und das ist auch angemessen, weil alleine sie über den strategischen und operativen Durchblick verfügt. Die nachgeordneten Ebenen haben Anweisungen von oben zu exekutieren, und zwar detailgenau, damit die Aktionen der Basis auch dem entsprechend, was die Spitze bezweckt hat. – Unter einer *industriellen Gesellschaft* ist also eine Gesellschaft zu verstehen, die in hohem Maße auf Hierarchien aufbaut.

1.3 Lokales Wissen

Demgegenüber sind Produktion und Markt heute viel differenzierter als früher, und das Wissen, das wir einsetzen, wird immer spezifischer. Im amerikanischen Autogeschäft z. B. waren die Verkaufshäuser zunächst Filialen der Zentrale. Die Verkäufer mussten zugleich auch Fahrlehrer sein und eine Fülle von Dienstleistungen rund um das Automobil erbringen; und für die Hersteller war es wichtig, dass dabei ihre Qualitätsstandards beachtet wurden. Um das sicherzustellen, bezogen die Hersteller ihre Händler in die Unternehmenshierarchie ein.

Als dann aber in den Zwanzigerjahren das Gebrauchtwagengeschäft immer wichtiger wurde, mussten die Strukturen geändert werden. Denn jetzt hing der geschäftliche Erfolg zunehmend von Faktoren ab, die von der Zentrale nicht mehr zu kontrollieren waren. Wurde der Gebrauchtwagen zu angemessenen Konditionen hereingenommen? Um das beurteilen zu können, musste man ihn *sehen*, da und dort beklopfen, von unten inspizieren, den Motor überprüfen und eine Probefahrt machen. Das konnte die Zentrale in Detroit nicht selbst tun. Für das abschließende Urteil kam es auf Erfahrung und Fingerspitzengefühl des Verkäufers an; aber das ist *plastisches* Wissen und weder vertraglich zu fixieren noch nachträglich zu prüfen. Hatte der Verkäufer von seinem Wissen wirklich angemessenen Gebrauch gemacht? Das konnte Detroit nicht mehr ermessen.

Dabei ist die richtige Einschätzung des Gebrauchtwagens noch nicht einmal alles. Herr Meyer z. B. mag einer der Honoratioren der Stadt sein. Wenn man ihn zum Kauf bewegen kann, ist das viel wert, denn Meyer ist ein vorzüglicher Multiplikator. Fährt er einen Wagen der betreffenden Marke, werden es ihm viele nachtun. Es gibt also gewissermaßen viele Anschlussaufträge; und da lohnt es sich, Meyer bei der Hereinnahme des Gebrauchtwagens weit entgegenzukommen. Andererseits wäre es gar nicht gut, wenn man Herrn Müller in einem Wagen desselben Typs sehen würde, denn ihn respektiert niemand vor Ort. Müller muss man eher durch abschreckende Konditionen in die Flucht jagen, um ihn vom Kauf abzuhalten.

So etwas weiß die Zentrale in Detroit natürlich nicht. Aber der örtliche Autohändler weiß es und muss von seinem *lokalen Wissen* Gebrauch machen, wenn die Verkaufsstelle geschäftlich reüssieren soll. Würden nun Verluste wie Gewinne der Zentrale zugerechnet – wie bei Filialen und angestellten Filialleitern – so müsste die Zentrale später den Kopf hinhalten auch für Verluste, die auf Nachlässigkeiten eines Filialleiters beruhen – ohne dass sie diesem etwas nachweisen könnte. Die Zentrale wird das nicht hinnehmen. Wenn sie schon die Entscheidungen des Händlers vor Ort weder beurteilen noch kontrollieren kann, weil es dafür auf lokales Wissen ankommt, das ihr selbst fehlt, dann soll der Händler auch selbst das Risiko übernehmen. Er soll also *selbstständig* und auf eigene Rechnung arbeiten.

Auf diese Weise kommt die Institution des selbstständigen *Vertragshändlers* zustande, der an die Stelle des Filialleiters tritt. Für die angelsächsische Literatur ist die Institution des Vertragshändlers eine Form des Franchising (in Deutschland wird das etwas anders gesehen, aber auf solche Details kommt es in unserem Zusammenhang nicht an). Der Verkaufserfolg hängt nicht zuletzt von der effizienten Ausnutzung lokalen Wissens ab, die mit hierarchischen Instrumenten nicht durchzusetzen ist. Während das Vorherrschen generellen Wissens hierarchiebildend wirkt, weil das erforderliche Wissen an der Spitze jederzeit verfügbar ist, hat das Vordringen spezifischen Wissens eine *Dezentralisierung der Entscheidungsprozesse* zur Folge, weil die Basis besser Bescheid weiß als die Spitze. Die gewöhnliche Firmenhierarchie wird disfunktional.

1.4 Hierarchien

Allerdings sind Dezentralisierung und lokale Entscheidungsfreiheit nur eine Seite der Medaille. Die andere ist, dass der Autoproduzent nach wie vor auf strikter Einhaltung seiner Qualitätsstandards bestehen muss. Die Reputation der Marke steht auf dem Spiel. Deshalb kommt es zu einer *Kooperation* zwischen Hersteller und Vertragshändlern. Einerseits trifft der Händler vor Ort seine Entscheidungen selbstständig, er arbeitet auf eigene Rechnung und trägt die Verantwortung für seine Entscheidungen. Andererseits aber gibt es sehr wohl ein hierarchisches Element, weil der Markenname involviert ist. Die Zentrale muss damit rechnen dürfen, dass Ersatzteile und Preise stimmen und der Händler sich markengerecht verhält. Deshalb verpflichtet der Hersteller den Händler dazu, die Standards einzuhalten; selbstständig ist der Händler nur im Rahmen der Bindung durch den Franchisevertrag.

In der *postindustriellen Wirtschaft* werden Hierarchien weitgehend durch Kooperationen ersetzt. Das führt zu Unternehmen mit verschwimmenden Grenzen. Diese verlangen einen völlig anderen Führungsstil als konventionelle Industrieunternehmen. Es kann nicht mehr eine Zentrale von oben herab kommandieren und die Ausführung detaillierter Anordnungen verlangen. Dazu fehlen ihr die Informationen. Die Folge sind flache Hierarchien. Viele Entscheidungen müssen vor Ort fallen, weil immer jener die Entscheidungskompetenz haben muss, der sich auskennt. Angesichts von hochspezifischem lokalen Wissen sind das die Beteiligten vor Ort. Wie wir beim Franchisevertrag gesehen haben, schließt das hierarchische Elemente nicht aus. Aber solche Hierarchie bindet nur spontanes, dezentrales Verhalten an der Basis zusammen, um der Gruppierung insgesamt ein besseres *Standing* zu geben.

In Kooperationen und flachen Hierarchien muss man sich ständig abstimmen. Führen kann man nicht mehr durch *command and control*, sondern nur durch *Motivation* und Koordination. Die Führung einer Kooperation muss ihre Mitglieder so motivieren, dass sie sich voll engagieren und ihre eigene Kreativität entfalten können. So investiert z. B. der Franchisenehmer viel in sein Geschäft, weil er auf eigene Rechnung arbeitet. Es ist *sein* Profit, für den er sich engagiert, so dass er manchmal bis zur Grenze der Selbstausbeutung geht. *Führen* ist in der postindustriellen Gesellschaft etwas völlig anderes als in der Industriegesellschaft; es beruht weit mehr als früher auf der Fähigkeit, mit den Partnern zu kommunizieren und sie zu überzeugen.

Das gilt auch für das Franchising. Wenn Finanz- und Arbeitsämter zunehmend die Selbstständigkeit von Franchisenehmern bezweifeln (was diesen den Status von Unternehmern entzöge und sie der Sozialversicherungspflicht unterwürfe), so liegt das nicht zuletzt daran, dass eine Reihe von Franchisesystemen ihre Franchisenehmer zu abhängigen Befehlsempfängern degradieren. Diese Art von hierarchischer Unternehmensführung wäre einer industriell geprägten Wirtschaft angemessen, in der es aber kein Franchising gäbe. In einem so ausgeprägt postindustriellen Organisationstyp wie dem Franchising ist dieser Führungsstil überholt und absurd.

1.5 Genossenschaften

Unter den Kooperationen nehmen die *Genossenschaften* eine prominente Position ein. Vergleichen wir beispielhaft den genossenschaftlichen Bankenverbund mit einer Großbank. Der eigentliche Unterschied zwischen beiden besteht in der Tat darin, auf welchen Wissenstyp sie sich spezialisieren. Die Stärke der örtlichen Kreditgenossenschaft liegt in ihrem Kapital an lokalem spezifischen Wissen, auf das sie jeweils zurückgreifen kann, um mit örtlichen mittelständischen Unternehmen zusammenarbeiten und die damit verbundenen Chancen und Risiken abschätzen zu können. Demgegenüber verfügt die Großbank über erhebliche Erfahrung im Umgang mit Großunternehmen und im internationalen Geschäft; je größer das Unternehmen und die abzuwickelnden Transaktionen, desto besser. Die Filialen der Großbank haben weniger lokale *Bodenhaftung* als die örtlichen Kreditgenossenschaften; ihnen steht lokales Insiderwissen nicht im selben Maße zur Verfügung wie einer Genossenschaftsbank. Der örtliche Filialleiter wird den Großbauern Müller über denselben Kamm scheren müssen wie den Klempnersohn Meyer – auch, weil die Zentrale auf einheitlichen Standards bestehen muss. Die Großbankfiliale verlässt sich im Wesentlichen auf das bei der Zentrale liegende generelle Wissen, das sie abrufen und geschäftlich aktivieren kann.

Betrachten wir diesen Unterschied etwas näher. Auch die lokale Kreditgenossenschaft muss sich für ihre Kunden in Operationen engagieren, die über ihre lokale Kompetenz hinausgehen. Einige Kunden wachsen in ein Volumen hinein, dem die verhältnismäßig kleine Kreditgenossenschaft nicht mehr gewachsen ist; andere weiten ihr Geschäft über die örtlichen Grenzen hinaus und brauchen den Beistand ihrer Bank im internationalen Bereich, auf dem diese sich jedoch nicht hinreichend auskennt.

Jetzt muss auch die einzelne Kreditgenossenschaft auf generelles Wissen zurückgreifen, das bei einer Zentrale bereitgehalten wird. Zu diesem Zweck stützt sie sich auf einen Kooperationspartner, ihre genossenschaftliche Zentralbank. Diese wickelt großbankähnliche Geschäfte mit größeren Kunden ab und widmet sich dem internationalen Geschäft. Sie tut dies weniger für sich selbst als vielmehr für die lokalen Kreditgenossenschaften, gewissermaßen in deren Auftrag. Dabei tritt die Zentralbank in den Augen jener lokalen Kunden, mit denen sie nicht direkt zusammenarbeitet, nur schattenhaft in Erscheinung; ihre Kunden halten sich an den Partner vor Ort.

Die lokale Genossenschaftsbank steht mit ihrer Reputation also auch für die Geschäfte der Zentralbank gerade, von deren unternehmerischer Qualität sie deshalb auf Gedeih und Verderb abhängt. Um in einer latent so prekären Situation Einfluss und Kontrolle auf das Geschäftsgebaren des Partners ausüben zu können, halten die lokalen Kreditgenossenschaften das Eigenkapital der Zentralbank; am Ende sind sie es, die dort das Sagen haben.

Im genossenschaftlichen Bankenverbund verläuft die Hierarchie also von unten nach oben. Der Grund liegt in der überragenden Bedeutung lokalen spezifischen Wissens für die genossenschaftliche Bankengruppe insgesamt. Wer den größeren Durchblick hat, muss entscheiden können; und im genossenschaftlichen Banken-verbund sind dies die lokalen Einheiten. Im Verhältnis zu diesen ist die Zentral-bank ein Zulieferer, der sich auf die Bedürfnisse seines Abnehmers und Auftrag-gebers einstellen muss.

Das ist anders bei der Großbank. Die Zentrale ist der Kopf der Konfiguration, ähnlich wie bei der Marine die Admiralität. Angesichts der Größe ihrer Geschäfts-partner und Transaktionen sind weitläufige und zusammenhängende Manöver auszuführen, in deren Verlauf es auf abgestimmtes Verhalten der lokalen Einhei-ten ankommt. Die Strategien werden bei der Zentrale entworfen und müssen von ihr koordiniert werden. Jetzt liegt der Durchblick bei der Zentrale, und deshalb muss sie das Kommando haben. Bei der typischen Großbank verläuft die Hierar-chie also von oben nach unten.

1.6 Plastisches Wissen

Kehren wir unter diesem Blickwinkel zum Franchising zurück. Der Franchise-geber hat ein ausgefeiltes und praxiserprobtes Konzept entwickelt, das zur Zeit seiner Entstehung zunächst den Charakter eines nicht lokalen, aber dennoch *plas-tischen*, also hochspezifischen Wissens hatte. In diesem Zustand konnte das Kon-zept nicht an die Franchisenehmer an der Peripherie weitergeben werden, die es später vor Ort und selbstständig anwenden sollen. Infolgedessen obliegt es dem Franchisegeber zunächst, das ursprünglich hochspezifische Konzept zu generali-sieren, d. h. durch Standardisierung in leicht vermittelbares generelles Wissen um-zuwandeln. In dieser Umwandlung von spezifischen in generelles Wissen liegt ein guter Teil der Kapitalbildung seitens des Franchisegebers.

Nach erfolgter Generalisierung nimmt der Franchisegeber den Franchisenehmern gegenüber eine ähnliche Position ein wie die Zentrale einer Großbank gegenüber den örtlichen Filialen. Er hat den Durchblick und entwirft die unternehmerischen Strategien; deshalb muss das Kommando bei ihm liegen. Warum sollte er also – wie die genossenschaftliche Bankengruppe es tut – die Operationen der Gruppe dezentralisieren, indem er sich für Franchisenehmer anstatt für Filialen entschei-det?

Der Grund ist, dass im Franchising generelles Wissen – also das durch den Fran-chisenehmer generalisierte unternehmerische Konzept – mit hochspezifischem, lokalen Wissen verbunden wird, das vom Franchisenehmer kommen muss. Dieser setzt *plastisches* Wissen lokaler Natur ein, um das Konzept des Franchisegebers vor Ort erfolgreich umzusetzen. Solches Wissen ist von Ort zu Ort verschieden und nicht in wirtschaftlicher Weise an den Franchisegeber zu übertragen. In dem Maße, wie örtliches *plastisches* Wissen als Input benötigt wird, ist es nicht zweckmäßig, mit der Hilfe von Filialen zu arbeiten.

Allerdings muss der Franchisegeber das unternehmerische Konzept laufend neuen Erfordernissen anpassen. Um dazu in der Lage zu sein, muss er selbst vor Ort tätig werden: er muss neues *plastisches* Wissen erwerben und verfeinern, um es danach erneut generalisieren zu können. Dazu braucht er neben den Franchisenehmern auch eigene Filialen.

Das lokale Wissen liegt an der Peripherie bei den Franchisenehmern. Vor Ort sind sie es also, die den Durchblick haben und entscheiden sollten. Dennoch kann die Hierarchie aus dem bereits genannten Grunde nicht von unten nach oben gehen wie im genossenschaftlichen Verbund. Der Franchisenehmer setzt sein örtliches Wissen nur ein, um das strategische Konzept des Franchisegebers lokal wirkungsvoll umzusetzen. Das örtliche Wissen ist hier nur eine von mehreren für den Geschäftserfolg maßgebenden Komponenten. Der typische Kunde von McDonald's will vor allem zu McDonald's und nicht eigentlich zum Franchisenehmer, weil er mit dem Unternehmenskonzept der Gruppe vertraut ist und gute Erfahrungen damit gemacht hat. Dieses Konzept ist der Motor der Unternehmensgruppe, der vom Franchisegeber kommt. Was die Strategie der Unternehmensgruppe und ihre Fortentwicklung angeht, liegt das erforderliche Wissen bei ihm. Insofern muss in strategischen Fragen der Franchisegeber das Sagen haben. Beim Franchising muss die Hierarchie trotz des hohen Grades an Dezentralität von oben nach unten verlaufen.

Das gilt noch aus einem anderen Grund. Ähnlich, wie die örtliche Kreditgenossenschaft ihren Kunden gegenüber für die Seriosität der Zentralbank einzustehen hat, ist auch der Franchisegeber den Kunden der Gruppe gegenüber im Wort, was die Qualität der Produkte angeht. Er verbürgt sich dafür, dass die vom Franchisenehmer in seinem Namen abgegebenen Produkte von gleichbleibender Qualität sind. Er muss sicherstellen, dass solche Zusicherung durch die lokalen Franchisenehmer auch eingehalten werden. Das geschieht über Franchisevertrag, Handbücher, Kontrollen und Sanktionen. Diese hierarchischen Elemente dienen ebenso der Absicherung einer latent prekären Situation wie im Falle des genossenschaftlichen Verbundes das Eigentum an der Zentralbank, das bei den *Auftraggebern* liegt, d. h. bei den örtlichen Kreditgenossenschaften.

1.7 Entscheidende Unterschiede

Wir finden also in einem genossenschaftlichen Verbund und in einer Franchise-gruppe deutliche Ähnlichkeiten, denen jedoch ebenso deutliche Unterschiede gegenüberstehen. In beiden Fällen wird lokales spezifisches Wissen eingesetzt, was eine dezentrale Struktur erforderlich macht. In beiden Fällen wird zusätzlich eine Zentrale benötigt. Das resultiert in einer hybriden Organisationsform, in welcher die lokalen Einheiten zwar selbstständig operieren, zugleich aber auf Unterstützung durch die Zentrale angewiesen sind. In beiden Fällen wird die Selbstständigkeit der diversen Unternehmen durch ein hierarchisches Element ergänzt.

Hier enden jedoch die Gemeinsamkeiten. Der fundamentale Unterschied zwischen beiden Hybridformen liegt in der unterschiedlichen Rolle des unternehmerischen Konzepts. Die lokale Genossenschaft ruht in sich selbst. Ihre Identität leitet sie aus ihrem eigenen unternehmerischen Konzept her. Gewisse Funktionen überträgt sie auf ein anderes, größeres Unternehmen, weil diese Funktionen sich mit ihrer eigentlichen Aufgabe schlecht vertragen. Um von ihrer Stärke Gebrauch machen zu können, welche im Ausnutzen lokalen Insiderwissens besteht, muss sie (relativ) klein sein. Dieses Erfordernis kollidiert jedoch mit jenem der Unternehmensgröße, wie man sie im Umgang mit größeren Kunden und im internationalen Geschäft benötigt. Um sich also auf ihre Kernkompetenz konzentrieren zu können und ihre Identität als kleineres, lokal operierendes und selbstständiges Unternehmen nicht zu gefährden, lagert sie einen Teil ihrer Aufgaben aus und betraut die Zentralbank mit ihrer Wahrnehmung. Damit diese im Sinne der Auftraggeber handelt und sich nicht verselbstständigt, treten alle Kreditgenossenschaften gemeinsam als Eigner der Zentralbank auf.

Demgegenüber bezieht der Franchisenehmer seine Identität aus seiner Verbindung zum Franchisegeber. Ein McDonald's-Franchisenehmer etwa könnte unter eigenen Namen kaum Geschäfte machen. Im Falle des Franchising ist es der Franchisegeber, welcher über Identität verfügt und diese an die Franchisenehmer ausleiht. Diese Identität leitet sich aus dem unternehmerischen Konzept ab, das vom Franchisegeber entwickelt und ständig ausgebaut wird.

Zwar muss der Franchisegeber einige lokale Einheiten an der Peripherie in Eigenregie betreiben, um sein unternehmerisches Konzept vor Ort zu erproben und weiterzuentwickeln. Die Regel ist das aber nicht, weil die Kernkompetenz des Franchisegebers darin liegt, das unternehmerische Konzept der Gruppe fortzuentwickeln und die Gruppe insgesamt zum Erfolg zu führen. Er würde sich verzetteln, wenn er sich über diese zentrale Aufgabe hinaus auch noch flächendeckend dem Vertrieb vor Ort widmen würde. Denn die dazu nötige lokale Kompetenz erfordert an der Peripherie Einheiten, die hinreichend klein sind, um örtliche Insider bleiben zu können. Das Erfordernis der Kleinheit kollidiert mit jenem der Größe, über welche die Gruppe insgesamt verfügen muss, um am Markt Erfolg haben zu können. Wie die Genossenschaft lagert deshalb auch der Franchisegeber einen Teil seiner Aufgaben aus. Um sicherzustellen, dass die damit Betrauten im Sinne der Gruppe insgesamt handeln, dirigiert und kontrolliert er deren Operationen vor Ort.

Insgesamt zeigt sich, dass genossenschaftlicher Verbund und Franchising einander trotz vieler Gemeinsamkeiten vom Konzept her diametral entgegengesetzt sind. Kern des genossenschaftlichen Verbundes ist die örtliche Primärgenossenschaft, also die Einheit an der Peripherie, während Kern des Franchise-Arrangements der Franchisegeber ist, also die zentrale Einheit.

Einführung

Für viele Entscheidungsträger aus Handel, Handwerk und Dienstleistung ist der Begriff Franchising »fest besetzt«. Mit klar geregelten Rechten und Pflichten operieren Systeme wie Obi oder McDonald's wirtschaftlich zwar sehr erfolgreich am Markt, dennoch finden sich bei Einkaufs- und Verbundgruppen viele Vorbehalte gegenüber Franchisesystemen. Der Begriff »Filialsystem in besonderer Rechtsform« bringt solche Vorbehalte auf den Punkt.

Erstaunlicherweise haben Verbundgruppenmanager in den zurückliegenden Jahren dem Franchising aber dennoch offenbar eine wachsende Bedeutung beigemessen. Bei Durchsicht der Vermarktungskonzepte der 350 Einkaufs- und Verbundgruppen im Zentralverband Gewerblicher Verbundgruppen e. V. konnten immerhin bereits ca. 35 Franchisesysteme identifiziert werden. Darüber hinaus gibt es noch zahlreiche franchiseähnliche Systeme, die an Franchiseverträge angelehnt sind. Franchisesysteme und »klassische« Absatzkonzepte der Verbundgruppen scheinen also zumindest koexistieren zu können. Offenbar haben sich praktische Erfordernisse auf die Systeme ausgewirkt. Im Folgenden wird der Versuch einer systematischen Analyse vorgenommen.

2.1 Die Handelsbetriebslehre

In der Handelsbetriebslehre wird die »Verbundgruppe« definiert als ». . . jede auf freiwilliger Basis beruhende, vertraglich geregelte Zusammenarbeit rechtlich und wirtschaftlich selbstständiger Betriebe zum Zwecke der Verbesserung ihrer Leistungsfähigkeit.«

Unter »Franchising« versteht man dort eine ». . . Form der Kooperation, bei der ein Kontraktgeber (Franchisor) aufgrund einer langfristigen vertraglichen Bindung rechtlich selbstständig bleibender Kontraktnehmern (Franchisees) gegen Entgelt das Recht einräumt, bestimmte Waren oder Dienstleistungen unter Verwendung von Namen, Warenzeichen, Ausstattung oder sonstigen Schutzrechten . . .« unter Beachtung des vom Franchisegeber entwickelten Absatz- und Organisationssystems zu nutzen (Katalog E: Begriffsdefinitionen aus der Handels- und Absatzwirtschaft).

Spiegelt man diese Beschreibung an der Realität, so sind die markenorientierten Betriebstypenkonzepte der Verbundgruppen, die auf Basis von Lizenzsystemen den angeschlossenen selbstständigen Einzelhändlern angeboten werden, dem Franchising durchaus ähnlich. Anderseits zeichnen sich einige Franchisesysteme, z. B. Obi, gerade dadurch aus, dass sie ihren Franchisenehmern Mitspracherechte einräumen, die man sonst nur bei Verbundgruppen kennt.

In der Regel bleibt allerdings der grundsätzliche rechtliche Unterschied, dass Franchiseverträgen eine vertikale Vertriebsbindung (Lizenzen, Patente, selektiver Vertrieb etc.) zugrunde liegt, während die Beziehungen in einer Verbundgruppe eher horizontale Vertragsgebilde sind, die sich häufig aus genossenschaftlichem Gedankengut ableiten.

Für den Unternehmer und Praktiker sind derartige definitorische Details eher nebensächlich. Als Einzelhändler, Handwerker oder Dienstleister hat er das Ziel, eine geeignete Marktorientierung zu finden, die ihn sowohl seine Unabhängigkeit als auch seinen wirtschaftlichen Erfolg sichert. Ob hierzu eher die vertikale Organisationsform Franchising oder die horizontal orientierte Verbundgruppe geeignet ist, klärt sich im Einzelfall anhand der spezifischen Marktbedingungen.

Dennoch ist die Wahl des »besten« Systems für die Praxis nicht gleichgültig. Spätestens bei der Frage welche Mitgliedsbeiträge, Abgaben und sonstige Kosten im Falle des Beitritts zu einer Verbundgruppe oder welche umsatzabhängigen Provisionen im Falle der Vertragsbindung an einen Franchisegeber anfallen, gewinnt die Unterscheidung der Systeme an Gewicht.

2.2 Franchising und Kooperationen in der Praxis

In den zurückliegenden Jahren sind die Grenzen zwischen Franchising und kooperativen Absatzkonzepten zunehmend verschwommen. Beide Systeme haben neben ihren besonderen Stärken inzwischen ähnliche Schwachstellen. Beide Systeme leben von der Bindung und der Multiplikation eines einmal im Systemkopf erdachten Modells. Während bei Verbundgruppen und Einkaufsverbänden die Mitgliederbindung ein zentraler Bestandteil eines jeden Verbundgruppenkonzeptes ist, heißt dieser Begriff im Franchising neudeutsch Partnermanagement. Beiden Systemen ist gemein, dass sie die wirtschaftlichen Beziehungen der beteiligten Partner arbeitsteilig zu optimieren versuchen. Beide Systeme sind in der Regel dann erfolgreich, wenn folgende Ziele erreicht werden:

1. Ausreichende Wertschöpfung aller Beteiligter
2. Ausbildung eines nachhaltigen »Alleinstellungsmerkmales« für die Produkte, Dienstleistungen und/oder das Marketingkonzept auf dem jeweiligen Markt
3. Realistisches Konzept zur Finanzierung der Marktexpansion

Bei pauschaler Risikobetrachtung der beiden Organisationsformen löst sich die vermutete Gegensätzlichkeit förmlich auf.

Mit den Absatzkonzepten von Verbundgruppen und Franchisesystemen werden nämlich in gleichem Maße wie Erfolgsfaktoren natürlich auch Fehler multipliziert. Fehlinvestitionen in Entwicklungen, die sich am Markt nicht durchsetzen, belasten das gesamte Netzwerk. Bei Franchisesystemen können solche Fehler unmittelbar die Existenz der Franchisenehmer bedrohen (Beispiel: Benetton).

Weitere Risikofaktoren, die für beide Systeme gleichermaßen relevant sind, lassen sich wie folgt skizzieren:

- Die Durchgriffsmöglichkeit auf die selbstständigen Partner ist oft zeitaufwendig und mühsam.
- Der selbstständige Unternehmer ist von Entscheidungen des Systemkopfes abhängig und kann damit nur bedingt auf regionale Besonderheiten reagieren.
- Vertraglich langfristige und umfassende Regelungen liegen vor und schränken die kurzfristige flexible Planung ein.
- Individualinteressen der Partner sind mitunter konfliktträchtig und behindern häufig gemeinsame Strategien und deren zeitnahe Umsetzung.

2.3 Umgang mit möglichen Schwachstellen

In Anlehnung an eine Untersuchung der Unternehmensberatungs- und Dienstleistungsgesellschaft Michael Vollmer, Hilden, lassen sich die weiteren Schwachstellen von Franchise- und Verbundsystemen in Bezug auf ihr Partner Relationship-Management vergleichend wie folgt skizzieren:

❏ In der Konzeptions- und Start-up-Phase kommen die Wettbewerbsvorteile für das einzelne Mitglied einer Verbundgruppe nicht hinreichend zum Tragen. Hierin besteht zu den Marketingaktivitäten der Franchisesysteme kein grundsätzlicher Unterschied.

❏ Unzureichendes Wertschöpfungspotenzial: Durch eine fehlerhafte Einschätzung der Wertschöpfungsmöglichkeiten eines Systems und auch durch unterschiedliche Erwartungshaltungen der Partner sind sowohl bei Franchisesystemen als auch bei Absatzkonzepten von Verbundgruppen die vermeintlichen Synergieeffekte gefährdet. Dies kann durchaus dazu führen, dass ein Franchisesystem oder ein Absatzkonzept von Verbundgruppen teurer wird als ein zentral gesteuertes Filialsystem.

❏ Keine ausreichende Testphase zum Erfolgsbeweis des Konzeptes: Auch wenn erste Testphasen mit Erprobung des Marketingkonzeptes und dem Piloting funktionieren, heißt dies noch lange nicht, dass die Übertragung des Konzeptes auf eine Gesamtzahl von möglichen Nachfragern funktioniert. Dies gilt sowohl für Absatzkonzepte der Verbundgruppen als auch für Franchisesysteme.

❏ Klare Partnerprofile zur Partnerauswahl: Sowohl bei Franchisesystemen als auch bei Verbundgruppen besteht latent die Gefahr, dass die Absatzkonzepte und die gefundene Markenphilosophie verwässert werden. Ein Grund hierfür ist, dass keine klaren Partnerprofile, Ausschlusskonzepte und auch Relaunch-Systeme vorhanden sind.

❏ Kapitalbasis der Systemzentrale: Häufig sind Rückvergütungs- bzw. Gewinnausschüttungssysteme zu kurzfristig und zum Nachteil der Systemzentrale ausgelegt. Hierdurch fehlt Kapital, um Forschung und Weiterentwicklung etwa der Markenkonzepte effizient zu betreiben.

❑ Führungsprobleme: Netzwerkmanagement erfordert ausgewiesene kooperative Führungsmuster. Jedwede in anderen Wirtschaftsbranchen eingeübte autoritäre Führungspraxis ist sowohl im Franchise- als auch im Verbundsystem zum Scheitern verurteilt.

❑ Unausgeglichene Wertschöpfungsverteilung: Auch hier ist eine deutliche Parallelität festzustellen. Wenn die Zentralen zu viel Rendite abschöpfen, wird sich mittelfristig der Kooperationspartner nach anderen, für ihn lukrativeren Systemen umschauen.

❑ Durchgängige interne Kommunikation: Sowohl Franchisesysteme als auch Absatzkonzepte von Verbundgruppen leben davon, dass die Informationen und Daten aktuell von den Point of Sales in der Zentrale verarbeitet werden und für das Gesamtsystem nutzbar in Data-Warehouses aufbereitet werden. In Verbundgruppen werden diese Mitgliederinformations- und Kommunikationssysteme genannt, in Franchiseunternehmen sind es integrierte zentrale Warenwirtschaftssysteme oder Intra- oder Extranetlösungen. Für beide Systeme ist neuerdings das Einschalten von Software-Dienstleistern (Application-Service-Providing) eine interessante Variante.

Ein wesentlicher Bestandteil der internen Kommunikation ist die Schulung und Betreuung der Verkäufer, Mitarbeiter und Inhaber der selbstständigen Unternehmen. Sowohl in Franchisesystemen als auch in Verbundgruppen werden Erfa-Gruppen und ganze Seminarprogramme zur Unterstützung der Vertriebskonzepte seitens der Zentralen organisiert. Beide Systeme scheitern häufig daran, dass die Schulungs- und Qualifizierungsangebote nicht durchgängig genutzt werden.

❑ Erfolgskontrolle: Auch bei der Bewertung des Erfolges eines Systems haben beide Organisationsformen die Schwierigkeit, dass sich die Entwicklungsgeschwindigkeiten der Partner im Netz unterscheiden. Klassische Controlling-Instrumente, mit denen sich gegensteuern ließe, sind sowohl in Franchisesystemen als auch in Verbundgruppen die rühmliche Ausnahme. Als Vorteil der Verbundgruppe erweist sich mitunter, dass durch die Übernahme des Delcredere-Schutzes für ihre Mitglieder im Rahmen der Zentralregulierung eine wirtschaftliche Überprüfung und eine Bonitätsprüfung in regelmäßigen Abständen erfolgt. Auch durch eine ausgeprägte Mitgliederberatung und -betreuung werden wichtige Informationen der Partner in die zentralen Mitgliederinformationssysteme eingepflegt.

❑ Relaunch von Absatzsystemen: Spätestens nach fünf Jahren muss erfahrungsgemäß ein Absatz- und Markenkonzept »renoviert« werden. Durch fehlende Kapazitäten und Mittel und mangels Informationen vom Markt wird in beiden Systemen häufig der richtige Zeitpunkt verpasst.

Diese Auflistung macht deutlich, dass Franchisesysteme und Verbundgruppen mit den gleichen systemimmanenten Herausforderungen zu kämpfen haben. Wichtigster Erfolgsgarant ist ein geeignetes Partner Relationship-Management.

Das Partner-Relationship-Management in beiden Systemen besteht aus einer emotionalen Systemebene, die eher qualitativ zu bewerten ist und aus einer rationalen wirtschaftlichen und vertraglichen Betrachtungsweise der jeweiligen Organisationsstrukturen. Erst wenn beides zusammenpasst, kommt es zu den vielbeschworenen Synergieeffekten, die erfolgreiche Systeme des Franchising und der Verbundgruppen auszeichnen.

2.4 Ausblick

Ähnlich gelagerte Chancen und Risiken bei Franchise-Unternehmen und Verbundgruppen lassen den Schluss zu, dass bei der Weiterentwicklung der Systeme ihre Grenzen weiter ineinander fließen werden. Unabhängig von der Analyse des rechtlichen Feinschliffs der Verträge wird es für die Systemkopfzentralen in Zukunft noch mehr darauf ankommen, die einerseits freiwillige, andererseits aber auch nachhaltige und effiziente Partnerbindung als ihr eigentliches Kapital zu verstehen. Noch herrscht im ZGV als Interessenvertretung von rund 180.000 selbstständigen Unternehmen, die in 350 Einkaufsverbänden organisiert sind, die Meinung vor, dass die Freiheitsgrade bei einem Engagement eines selbstständigen Unternehmers in einer Verbundgruppe deutlich höher sind, als bei Vertragsschluss mit einem Franchisegeber. Immerhin wird der selbstständige Unternehmer in der Regel »Teilhaber« der Verbundgruppe, während er im Franchisesystem schuldrechtlich lediglich ein Vertragspartner ist. In seiner Verbundgruppe kann der Händler oder Handwerker seine eigenen Vorstellungen eher einbringen, als in ein »starres« Franchisesystem. Der Schlüssel zum Erfolg beider Systeme – und dies mag zugleich ihr besonderes Verbindungselement sein – liegt in der geschickten Abgrenzung der Aktivitäten mit den jeweiligen Rechten und Pflichten zwischen den Vertragsparteien.

3 | Conversion-Franchising
von Jürgen Nebel

Einführung

Viele Unternehmen beklagen zunehmend Führungsprobleme. Diese verschärfen sich zumeist, wenn die zu führenden Mitarbeiter nicht vor Ort im Unternehmen arbeiten, sondern in einem fernen Filialbetrieb. Kein Wunder, dass immer mehr filialisierte Unternehmen über Franchising nachdenken und hoffen, so ihre Führungsprobleme in den Griff zu bekommen. Manche glauben sogar, ihre Liquiditätsprobleme lösen zu können. Diese Annahme ist nicht von vornherein falsch, aber in dieser Verallgemeinerung nicht ungefährlich. Mitursächlich für diesen verbreiteten Irrtum, man könne die Franchisierung allgemein oder die Franchisierung vormals eigener Filialen, zur Unternehmenssanierung nutzen, dürfte die teils fahrlässig vereinfachte Berichterstattung über Franchising sein. Franchising ist kein Allheilmittel. Vielmehr ist die Etablierung eines Franchisesystems regelmäßig eine auch finanziell aufwendige Umstellung, die sehr sensibel geplant und überlegt vor sich gehen sollte.

Wie in einem bestehenden Filialsystem vorgegangen werden kann, darüber braucht nicht länger nur orakelt werden oder nach dem Prinzip von »Versuch und Irrtum« teure und nervenaufreibende Erfahrungen gesammelt werden. Ein wenig dürfte hier die erste in Deutschland (1997) vom Verfasser durchgeführte empirische Untersuchung zum Conversion-Franchising weiterhelfen. Diese untersuchte die Gründe, warum Conversion-Franchising gemacht wird, die tatsächlichen Erfolge sowie Erfolgs- und Misserfolgsfaktoren.

Unter dem Begriff Conversion-Franchising, wie er hier verwandt wird, ist die Umwandlung von Filialen des Franchisegebers in Franchisenehmerbetriebe zu verstehen. Diese Definition ist international gebräuchlich. Der Begriff Conversion-Franchising bezeichnet darüber hinaus auch die Eingliederung vormals eigenständiger Betriebe derselben Branche in ein Franchisesystem.

3.1 Befragte Unternehmen (Anzahl und Struktur)

Befragt wurden fast ausschließlich die Franchisegeber von Systemen, die ordentliches Mitglied des Deutschen Franchise-Verbandes sind. Von 140 versandten Fragebögen wurden 54 zurückgeschickt, von denen 50 verwertbar waren. Dies entspricht einer Rücklaufquote von 35,7 Prozent und liegt damit im obersten Bereich von empirischen Untersuchungen mittels Fragebögen. Die Ergebnisse sind aufgrund des Verhältnisses Antworten zu Franchisesystemen als repräsentativ zu werten.

Die befragten Franchisesysteme repräsentieren unterschiedliche Größenklassen oder Unternehmensgrößen. Die kleinsten Systeme haben zwei Franchisenehmer, die größten über 1.000. Der Schwerpunkt liegt mit 32 Prozent bei Systemen mit 20 bis 49 Franchisebetrieben. Systeme mit über 1.000 Betrieben sind in nur 6 Prozent der Fälle gegeben.

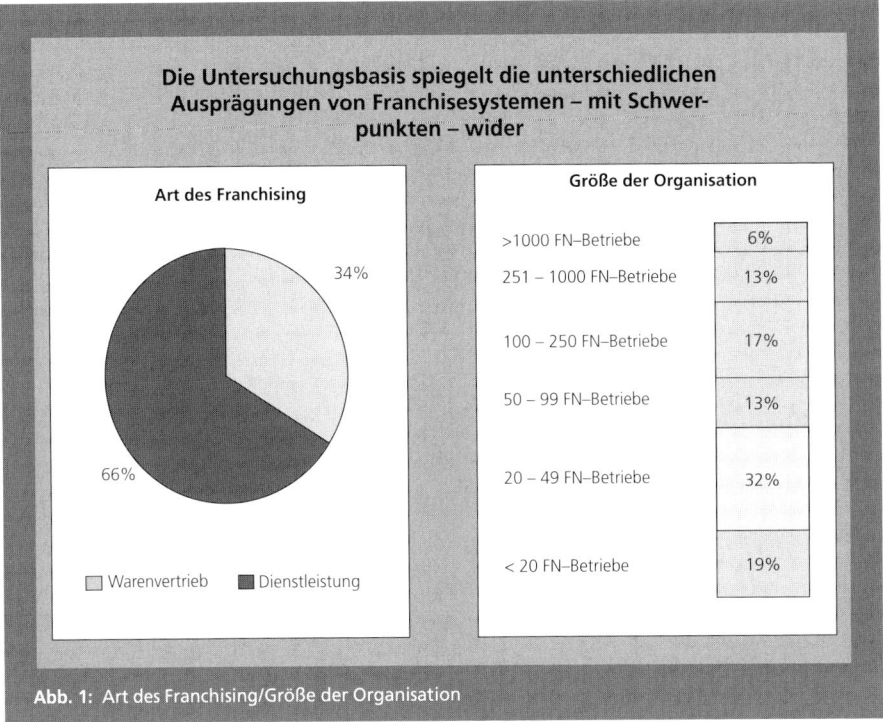

Die Untersuchungsbasis spiegelt die unterschiedlichen Ausprägungen von Franchisesystemen – mit Schwerpunkten – wider

Art des Franchising

34%

66%

☐ Warenvertrieb ■ Dienstleistung

Größe der Organisation

>1000 FN–Betriebe	6%
251 – 1000 FN–Betriebe	13%
100 – 250 FN–Betriebe	17%
50 – 99 FN–Betriebe	13%
20 – 49 FN–Betriebe	32%
< 20 FN–Betriebe	19%

Abb. 1: Art des Franchising/Größe der Organisation

Ein Drittel der Franchisesysteme gehört dem Handel, zwei Drittel dem Dienstleistungssektor an.

Vertreten waren die Branchen: Automobil, Bekleidung, EDV, Entsorgung, Foto, Gastronomie, Glas- und Porzellan, Hotellerie, Immobilien, Kräftigungstherapie, Leder, Logistik, Maler- und Lackierservice, Möbel, Nahrungsmittel, Personalleitung, Reinigung, Reparaturservice, Sonnenstudio, Vermietung und Touristik.

3.2 Ergebnisse der Studie

Die von den Franchisesystemen verfolgten Ziele zeigen bei den befragten Unternehmen eine eindeutige Priorität auf kundenorientierte Ziele. Kundenzufriedenheit und eine hohe Qualität des Angebotes stehen gegenüber Zielen wie Kosteneinsparung, Umweltschutz und niedriges Preisniveau deutlich im Fokus (siehe Abb. 2). Wichtig sind auch Ziele wie Wettbewerbsfähigkeit, Umsatz, Marktführerschaft und Innovationsfreudigkeit.

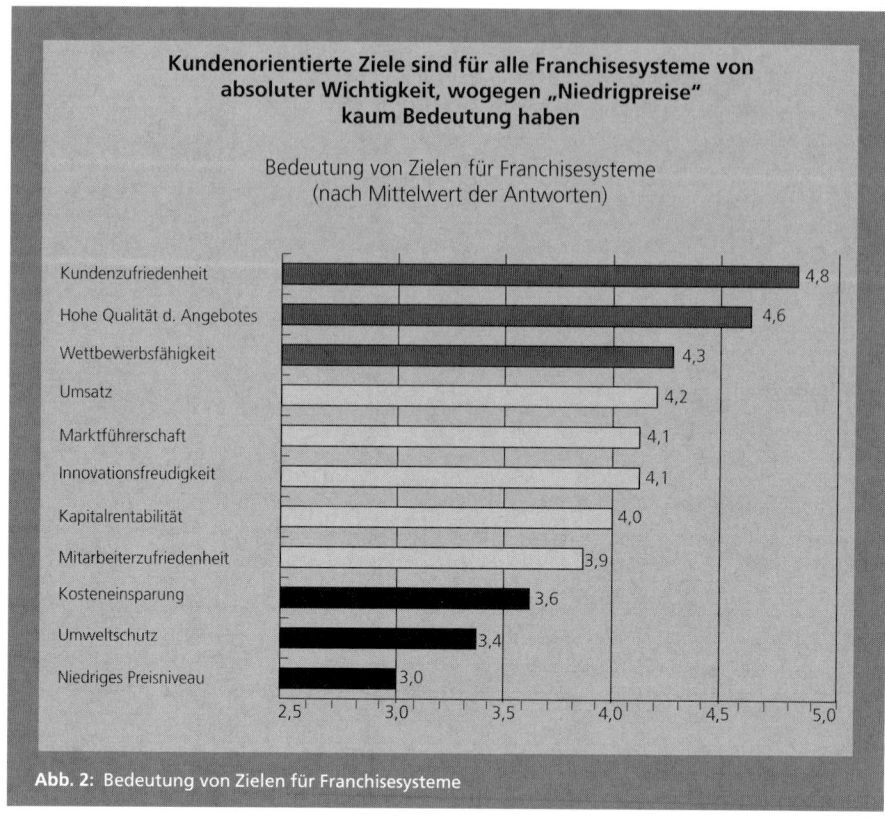

Kundenorientierte Ziele sind für alle Franchisesysteme von absoluter Wichtigkeit, wogegen „Niedrigpreise" kaum Bedeutung haben

Bedeutung von Zielen für Franchisesysteme
(nach Mittelwert der Antworten)

Kundenzufriedenheit	4,8
Hohe Qualität d. Angebotes	4,6
Wettbewerbsfähigkeit	4,3
Umsatz	4,2
Marktführerschaft	4,1
Innovationsfreudigkeit	4,1
Kapitalrentabilität	4,0
Mitarbeiterzufriedenheit	3,9
Kosteneinsparung	3,6
Umweltschutz	3,4
Niedriges Preisniveau	3,0

Abb. 2: Bedeutung von Zielen für Franchisesysteme

Dieser Zielhierarchie entsprechen auch die von den Franchisesystemen genannten Gründe für Conversion-Franchising.

3.3 Gründe für Conversion-Franchising

Sehr eindeutig nennen mit 83,3 Prozent der Befragten das größere Engagement der Franchisenehmer als Hauptgrund für Conversion-Franchising. Die Gründe Umsatzsteigerung (55,6 Prozent), Flexibilität am Standort (38,9 Prozent) und erst recht Kostenersparnis (27,8 Prozent), Risikoverteilung (27,8 Prozent) und Kapitalfreisetzung (22,2 Prozent) rangieren demgegenüber weit abgeschlagen (siehe Abb. 3). Hier ist zu beachten, dass die einzelnen Motive nicht isoliert zu sehen sind, sondern einander beeinflussen. So kann das größere Engagement des Franchisenehmers durchaus zu Umsatzsteigerung, Flexibilität am Standort und Kostenersparnis führen. Somit folgt aus dem Nutzen des Franchisenehmer-Engagements quasi *automatisch* die Realisierung weiterer Gründe.

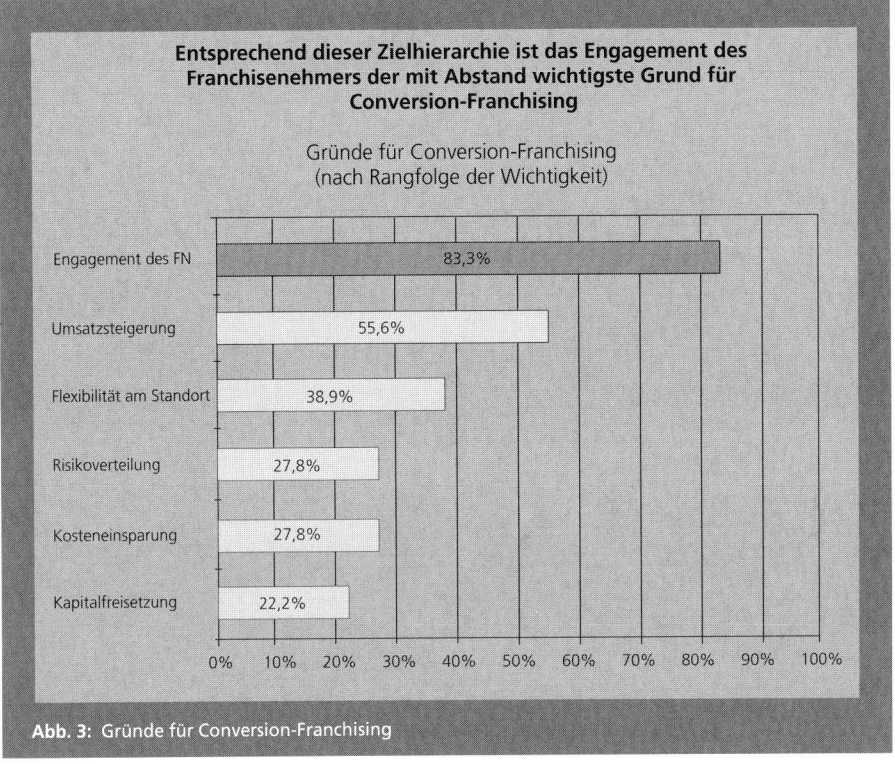

Abb. 3: Gründe für Conversion-Franchising

Fast aufsehenerregend ist, dass 68 Prozent der befragten Franchisesysteme zur Fortführung der Betriebe keine Alternative zum Conversion-Franchising sahen. Das bedeutet, ansonsten hätten die Filialen geschlossen werden müssen.

Bei annähernd der Hälfte (49 Prozent) der Umwandlungen werden die ehemaligen Filialleiter zu Franchisenehmern, in den anderen Fällen (51 Prozent) werden externe Franchisenehmer neu gesucht.

3.4 Erfolgsfaktoren des Conversion-Franchising

Die Studie zeigt, dass für den Erfolg von Conversion-Franchising eine Reihe von Faktoren relevant sind, die grundsätzlich für den Erfolg von Franchisesystemen ausschlaggebend sind. Sie stimmen in etwa mit den in diesem Buch vertretenen Grundsätzen überein.

Hierzu gehören im Einzelnen:

❏ der Handlungsspielraum des Filialleiters/Franchisenehmers, also seine Entscheidungskompetenz, Verantwortung und Möglichkeiten der individuellen, unternehmerischen Gestaltung,

639

❑ das Standortmarketing, im Sinne einer standortindividuellen Ausgestaltung der Marketingstrategie und des Marketing-Instrumenten-Einsatzes,

❑ die Ladengestaltung als ein wesentliches Instrument der Kundenakquisition und -bindung,

❑ die Servicequalität, insbesondere die Erbringung zusätzlicher Leistungen als Dienst am Kunden,

❑ das Sortiment, ebenfalls auf die Gegebenheiten des Standortes angepasst und

❑ die Personalqualität, als wesentliches Kriterium für Kaufentscheidungen.

Gleichzeitig beweist die Befragung, dass diese Faktoren beim Conversion-Franchising an Bedeutung gewinnen, ihre Relevanz also zunimmt (siehe Abb. 4).

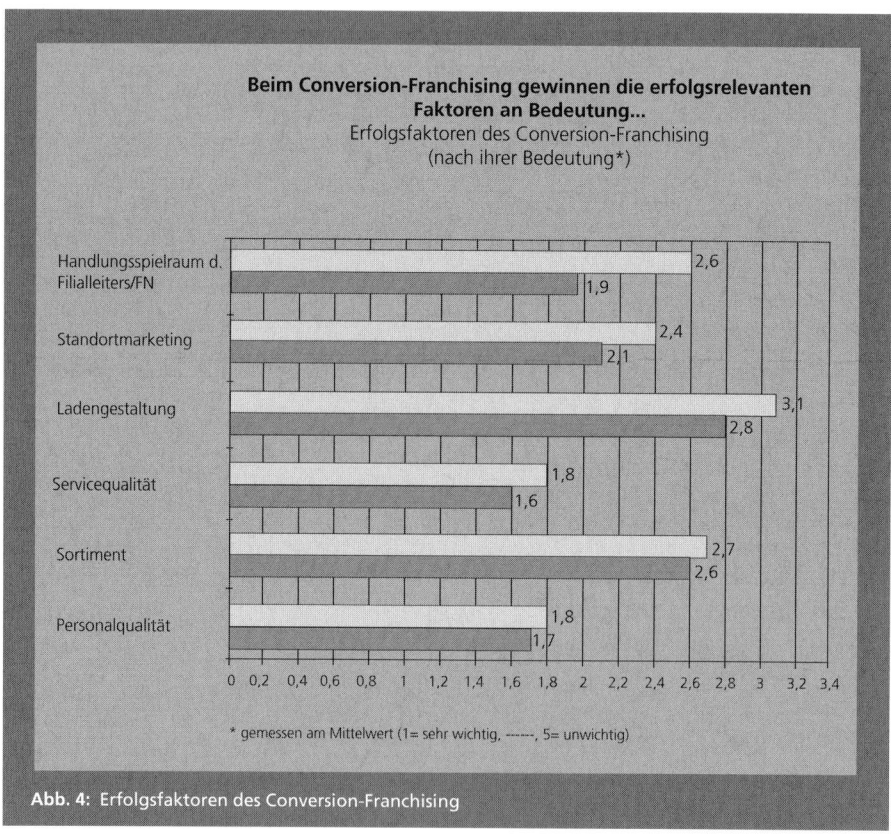

Abb. 4: Erfolgsfaktoren des Conversion-Franchising

Im gegenseitigen Vergleich haben die Erfolgsfaktoren *Handlungsspielraum* und *Standortmarketing* die größte Wichtigkeit (siehe Abb. 5).

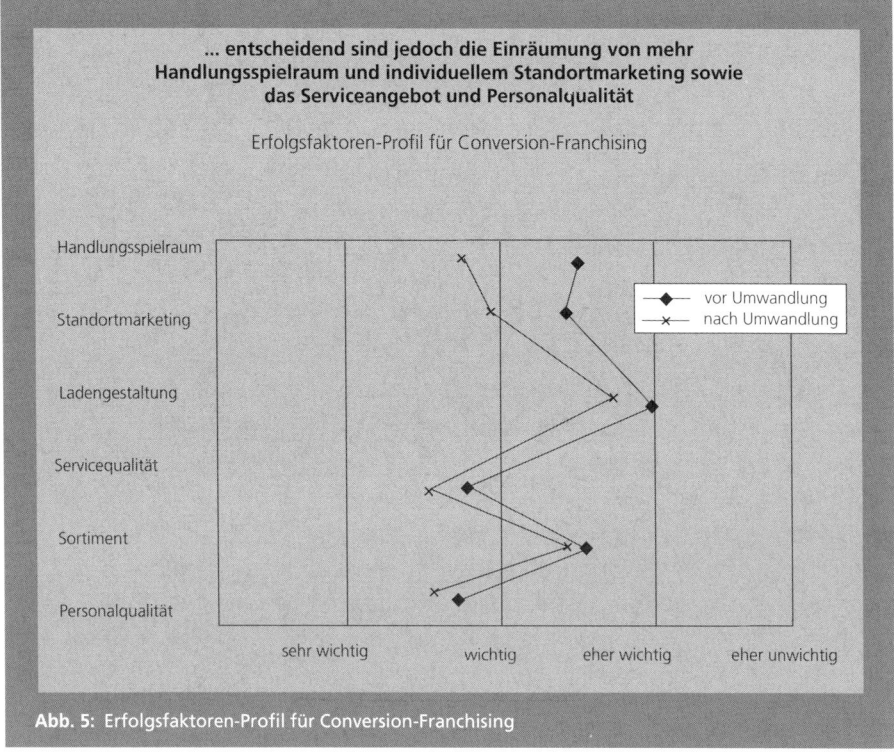

... entscheidend sind jedoch die Einräumung von mehr Handlungsspielraum und individuellem Standortmarketing sowie das Serviceangebot und Personalqualität

Erfolgsfaktoren-Profil für Conversion-Franchising

Abb. 5: Erfolgsfaktoren-Profil für Conversion-Franchising

Dies schließt die Kette »Ziele-Gründe-Erfolgsfaktoren« des Conversion-Franchising logisch:

wichtigste Ziele:	Kundenzufriedenheit und hohe Qualität des Angebotes
wichtigster Grund:	Engagement des Franchisenehmers
wichtigste Erfolgsfaktoren:	Handlungsspielraum und Standortmarketing

Aber auch aus der Analyse der Folgen und Ergebnisse von Conversion-Franchising lassen sich einige wesentliche Aspekte für den Erfolg von Umwandlungen ableiten.

3.5 Ergebnisse von Umwandlungen

Wird diese *Kette* konsequent umgesetzt, also die richtigen Erfolgsfaktoren zielgerecht eingesetzt, führt Conversion-Franchising im »Vorher-Nachher-Vergleich« zu deutlichen Verbesserungen von Rentabilität, Wettbewerbsintensität und Marktanteil – jeweils gemessen am Umsatz als Erfolgsindikator (siehe Abb. 6).

Nach Aussage der befragten Systeme hat sich der Umsatz in 56 Prozent der Umwandlungen verbessert in 25 Prozent ist der Umsatz unverändert geblieben (siehe Abb. 7).

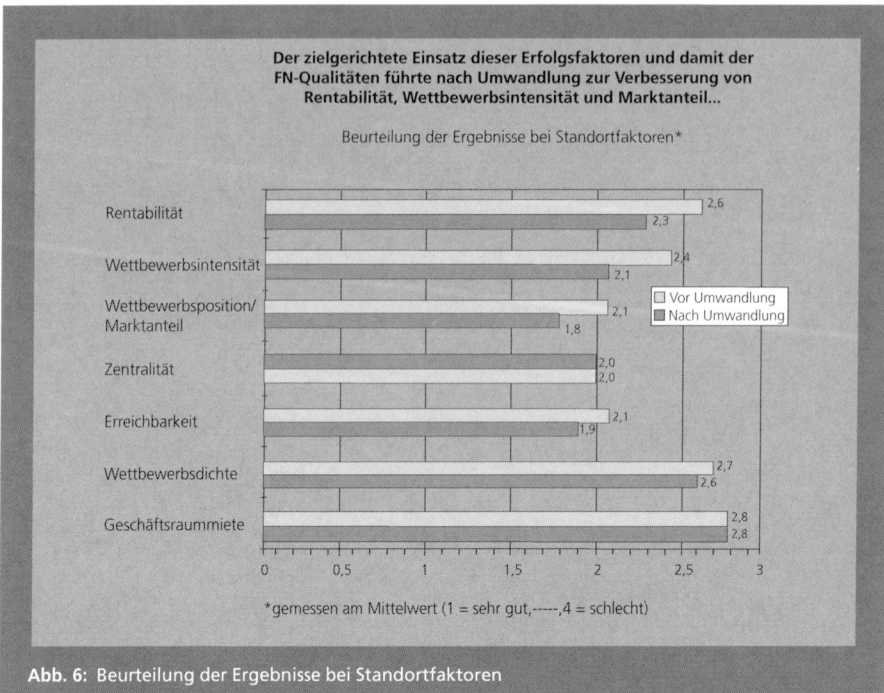

Abb. 6: Beurteilung der Ergebnisse bei Standortfaktoren

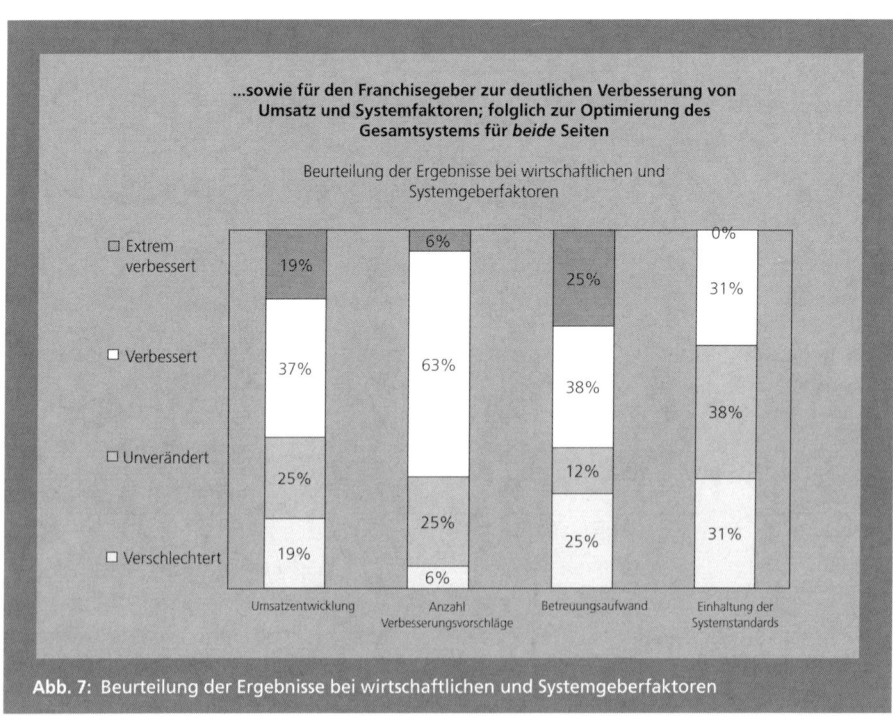

Abb. 7: Beurteilung der Ergebnisse bei wirtschaftlichen und Systemgeberfaktoren

Erfolgreicher sind dabei kleine und mittlere franchisegebende Unternehmen, die in 89 Prozent der Fälle eine Umsatzsteigerung und -erhaltung erzielt haben, wogegen Großunternehmen in 29 Prozent der Umwandlungen Umsatzverluste hinnehmen mussten (siehe Abb. 8).

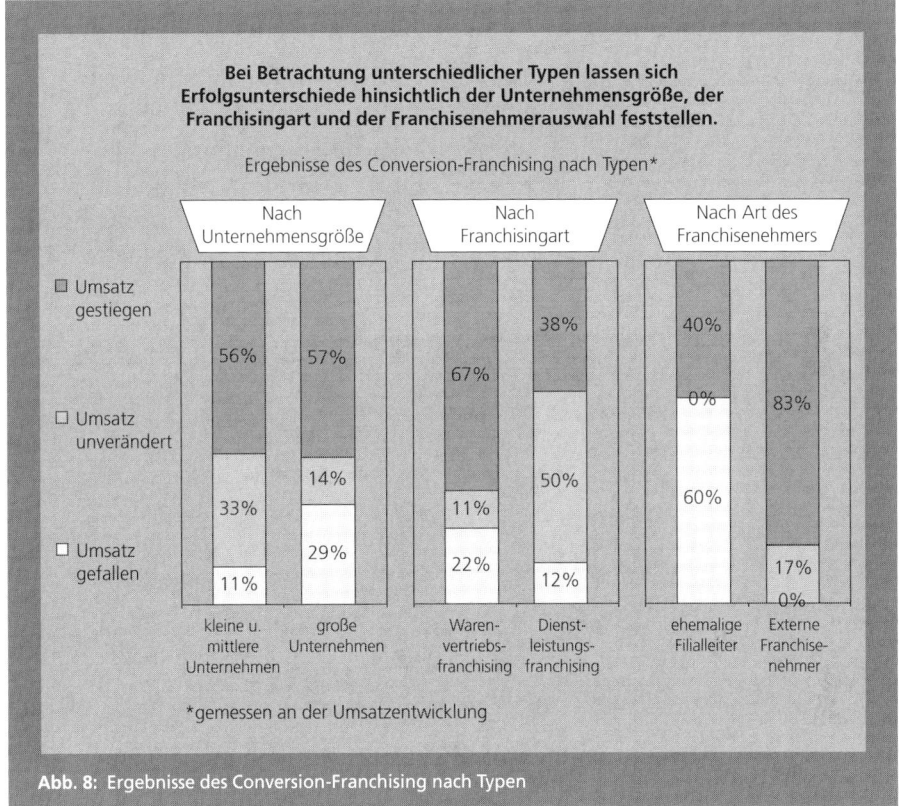

Bei Betrachtung unterschiedlicher Typen lassen sich Erfolgsunterschiede hinsichtlich der Unternehmensgröße, der Franchisingart und der Franchisenehmerauswahl feststellen.

Ergebnisse des Conversion-Franchising nach Typen*

Nach Unternehmensgröße — Nach Franchisingart — Nach Art des Franchisenehmers

Umsatz gestiegen
Umsatz unverändert
Umsatz gefallen

56% / 57% — 67% / 38% — 40% / 83%
33% / 14% — 11% / 50% — 0% / —
11% / 29% — 22% / 12% — 60% / 17%
— — 0%

kleine u. mittlere Unternehmen / große Unternehmen — Warenvertriebsfranchising / Dienstleistungsfranchising — ehemalige Filialleiter / Externe Franchisenehmer

*gemessen an der Umsatzentwicklung

Abb. 8: Ergebnisse des Conversion-Franchising nach Typen

Ebenso sind Franchisesysteme im Dienstleistungssektor erfolgreicher, da sie in 67 Prozent der Fälle ihre Umsätze steigern konnten, gegenüber Warenvertriebs-Franchisesystemen, die bei 38 Prozent der Umwandlungen Umsatzsteigerung erzielten.

Auch die Wahl des Franchisenehmers ist für den Erfolg des Conversion-Franchising von Bedeutung. Beim Einsatz ehemaliger Filialleiter als Franchisenehmer wurde der Umsatz in 40 Prozent der Fälle gesteigert. Wurde ein unternehmensexterner Franchisenehmer mit dem umgewandelten Betrieb betraut, stieg der Umsatz in 83 Prozent der Umwandlungen (siehe Abb. 8).

Für die Systemzentrale führte Conversion-Franchising in vielen Fällen ebenfalls zu Optimierungen. Die Einhaltung der Systemstandards verbesserte sich in 31 Prozent der Fälle, der Betreuungsaufwand verminderte sich in 63 Prozent der Fälle und die Anzahl von Verbesserungsvorschlägen stieg bei 69 Prozent der Systeme an (siehe Abb. 7). Ein insgesamt sehr positives Ergebnis, obgleich einige Systeme auch Verschlechterungen hinnehmen mussten. Zum Beispiel wurde die Einhaltung der Systemstandards in 31 Prozent Systeme, die Conversion-Franchising durchgeführt haben, schlechter. Hier bleibt jedoch offen, ob die »richtigen Gründe« und die *entscheidenden* Erfolgsfaktoren des Conversion-Franchising bekannt waren und konsequent umgesetzt wurden.

Betrachtet man nämlich den Zusammenhang zwischen den Gründen für das Conversion-Franchising und den Ergebnissen, zeigt sich, dass die besten Ergebnisse erreicht werden, wenn das Engagement des Franchisenehmers und die Flexibilität am Standort genutzt werden sollen (siehe Abb. 9). Denn dann sind die Umsätze in 60 Prozent bzw. 57 Prozent der Umwandlungen gestiegen. Dagegen sind bei Verfolgung von Kapitalfreisetzung und Risikoverteilung in nur 20 Prozent bzw. 33 Prozent der Fälle die Umsätze erhöht worden.

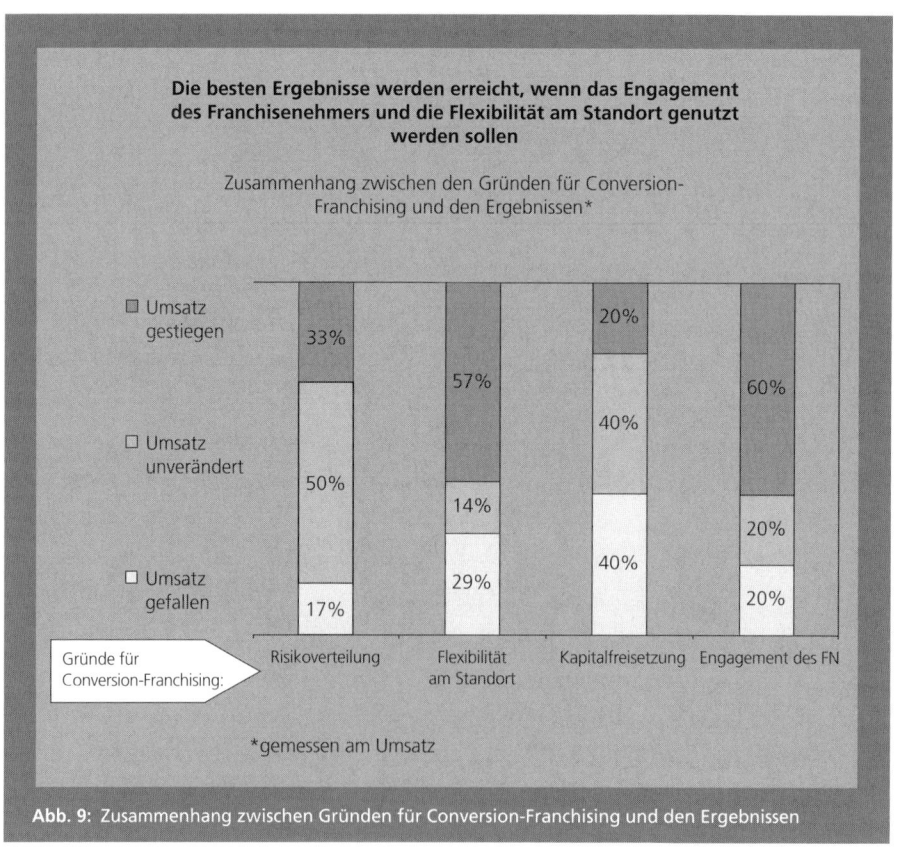

Abb. 9: Zusammenhang zwischen Gründen für Conversion-Franchising und den Ergebnissen

3.6 Probleme beim Conversion-Franchising

Bei allen positiven Ergebnissen dieser Studie zeigen die Befragten auch Probleme auf, die folglich als potenzielle Misserfolgsfaktoren interpretiert werden können, und die es daher zu vermeiden gilt. Einige Problemfelder sind dabei allgemeine, für das Franchising typische Probleme. Hierzu zählen (siehe Abb. 10) die falsche Partnerauswahl (mangelnde Personalführungsqualitäten, fehlende Dienstleistungsorientierung oder Verkäufergeschick), Finanzierungsprobleme und Liquiditätsengpässe beim Franchisenehmer, insbesondere wenn bei einer Umwandlung der Betrieb von einem ehemaligen Filialleiter übernommen wird, zu geringe Kontrollmöglichkeiten gegenüber dem Franchisenehmer, vor allem die Systemstandards und Betriebswirtschaft betreffend.

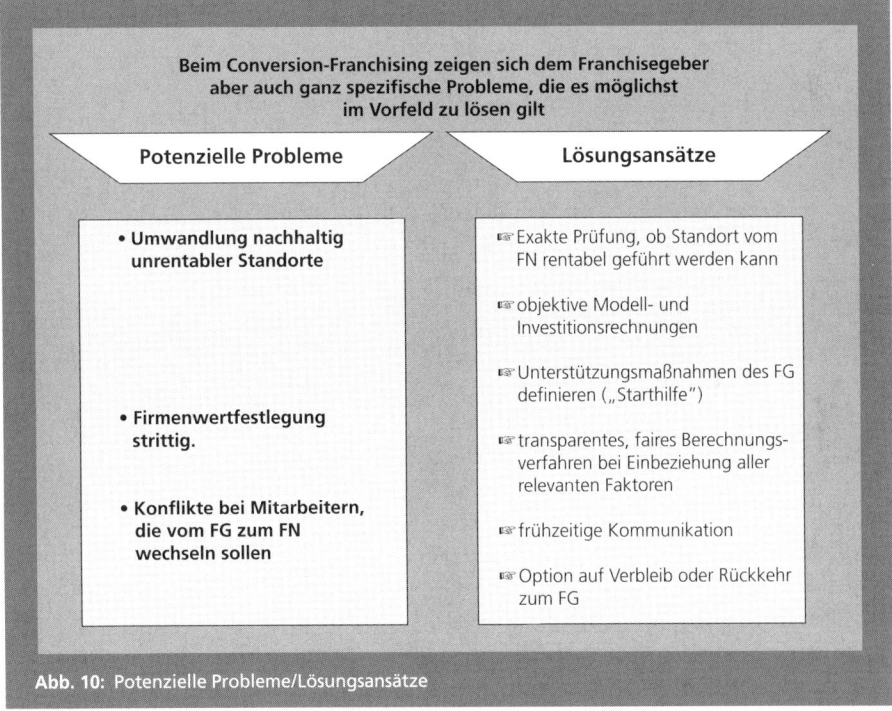

Abb. 10: Potenzielle Probleme/Lösungsansätze

Für diese, wie auch die folgenden potenziellen Gefahren bieten sich Lösungsmöglichkeiten, die primär durch die Systemzentrale – und zwar möglichst im Voraus – zu erbringen sind (siehe Abb. 11 bis 13).

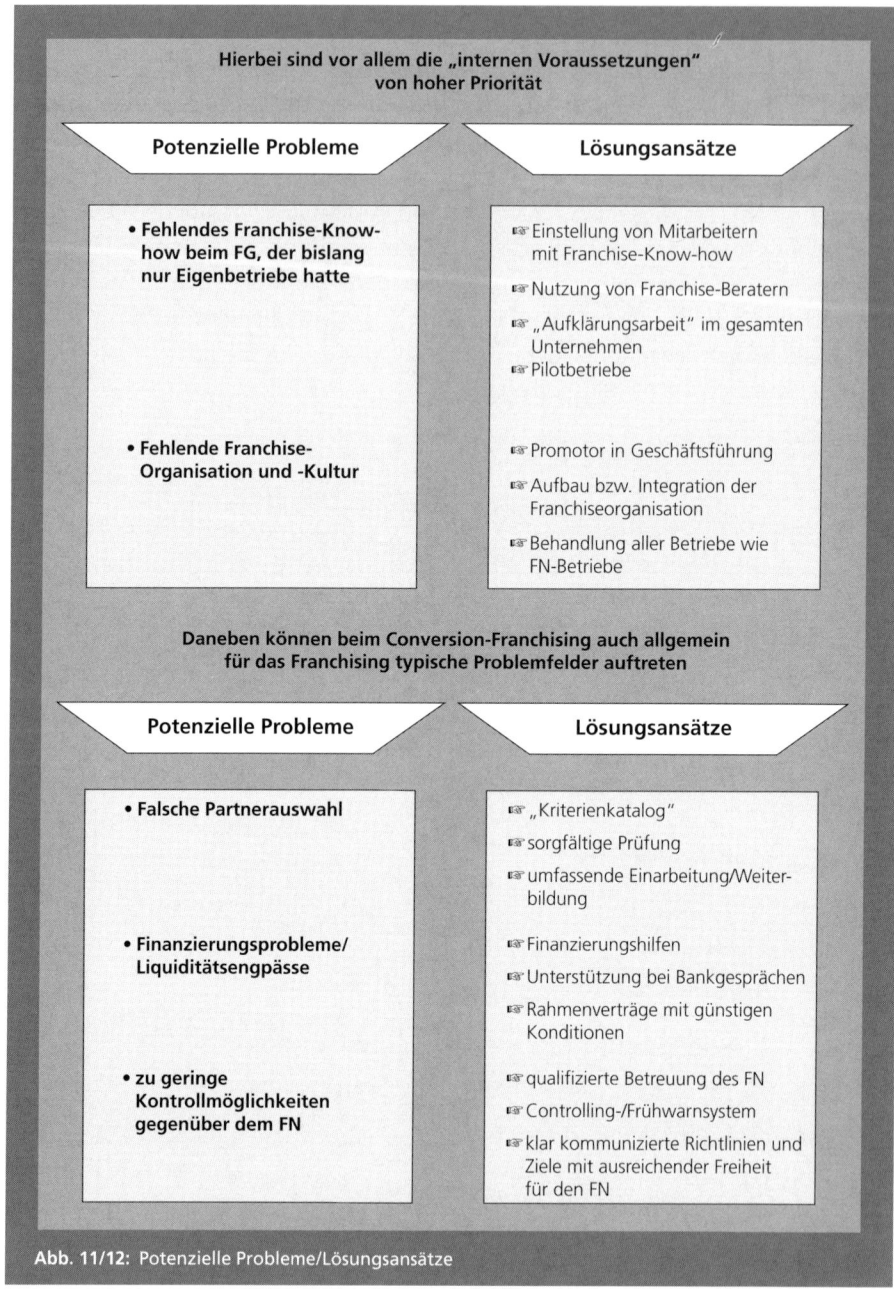

Abb. 11/12: Potenzielle Probleme/Lösungsansätze

Zusätzlich zu den oben genannten gibt es für das Conversion-Franchising spezifische Problemfelder (siehe Abb. 11 und 12). Von den Befragten sehen als potenzielle Gefahren, dass:

- Standorte umgewandelt werden, die nachhaltig unrentabel sind, also auch durch den Einsatz des Unternehmers vor Ort nicht in die »schwarzen Zahlen« kommen;
- die des Firmenwertes strittig ist, also zwischen dem Franchisegeber und Franchisenehmer keine Einigkeit besteht, wie der Wert des umzuwandelnden Betriebes zu berechnen sei;
- Konflikte mit den Mitarbeitern auftreten, die von der Umwandlung direkt betroffen sind, wo der Arbeitgeber nicht mehr der Franchisegeber, sondern zukünftig der Franchisenehmer ist. Hier bestehen insbesondere Ängste bzgl. der Sicherheit des Arbeitsplatzes und dem Fortbestehen von Arbeitgeberleistungen;
- beim Franchisegeber Franchise-Know-how fehlt, wenn dieser bislang ausschließlich Eigenbetriebe geführt hat;
- eine entsprechende Franchiseorganisation und -kultur fehlt, wenn vorher keine Erfahrungen mit Franchisenehmerbetrieben gesammelt und diese ausreichend in das Unternehmen integriert wurden.

Betrachtet man jedoch die oben dargestellten Erfolge von Conversion-Franchising, so lässt sich nachfolgende These formulieren:

»Die in den Umwandlungsfällen möglichen Probleme zeigen sich gar nicht oder nicht zu gravierend, sofern die Kette ›Ziele – Gründe – Erfolgsfaktoren‹ und deren Einfluss auf die Ergebnisse beachtet wird.«

3.7 Fazit und Zusammenfassung

Entscheidend für den Erfolg von Conversion-Franchising sind (siehe Abb. 13) auf Seiten des Franchisegebers, dem Franchisenehmer einen ausreichenden Handlungsspielraum zu gewähren und somit sein Engagement vor Ort zu fördern und zu nutzen, dem Franchisenehmer individuelles Standortmarketing standortindividuelle Strategie) zu erlauben oder – besser noch – diese zu fördern, eine sorgfältige Auswahl und Unterstützung von Franchisenehmern zu treffen, insbesondere dann, wenn ehemalige Filialleiter zu Franchisenehmern gemacht werden sollen, ausschließlich rentabel geführte oder führbare Betriebe umzuwandeln, Kundenorientierung als oberstes Unternehmensziel zu verfolgen.

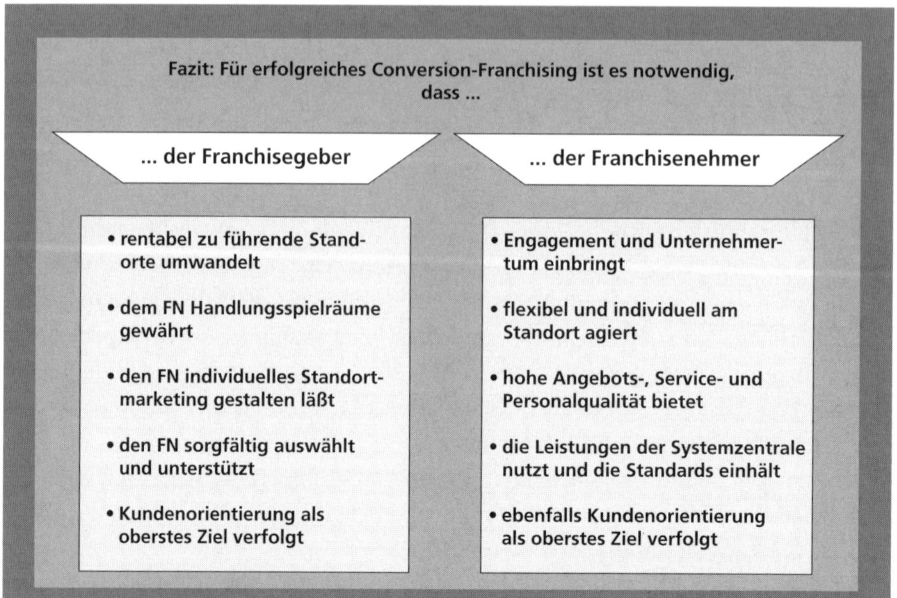

Abb. 13: Fazit

Entsprechend muss der Franchisenehmer bereit sein,

❏ Engagement und Unternehmertum einzubringen,
❏ flexibel und individuell am Standort zu agieren, sich nicht nur als ausführendes Organ zu begreifen,
❏ hohe Angebots-, Service- und Personalqualität zu bieten,
❏ die Leistungen der Systemzentrale zu nutzen und mit dieser gemeinsam weiterzuentwickeln,
❏ die Systemstandards einzuhalten und
❏ gleichfalls Kundenorientierung als oberstes Ziel zu verfolgen.

Die Studie hat eindeutig ergeben, dass nur bei gemeinsamer Anstrengung Conversion-Franchising auch für beide Seiten – Franchisegeber und Franchisenehmer – im Sinne des Win-win-Prinzips profitabel und erfolgreich sein kann.

Einführung

Die Ausdehnung seines Franchisesystems kann der Franchisegeber außer durch die Schaffung einer Betriebstypenvielfalt und durch Konkurrentenumwandlung auch dadurch erreichen, dass er selbst eigene Filialen gründet. Das Franchisesystem profitiert hiervon in zweifacher Hinsicht:

Erstens: Der Franchisegeber investiert direkt (und nicht mittelbar) in die Errichtung eigener Standorte unter der systemtypischen Marke und fördert somit mit eigenen Geldmitteln deren Bekanntheitsgrad.

Zweitens: Der Franchisegeber erhält für die Systementwicklung nicht nur mittelbares Feedback über die Franchisenehmer und deren Gremien, sondern auch durch eigene Anschauung über Mitarbeiter und Filialleiter.

Bei den Überlegungen, wie die Gründung eigener Filialen zu finanzieren und zu organisieren ist, was der Franchisegeber im Einzelfall nur nach reiflicher Überlegung unter Zuhilfenahme von Markt- und Standortanalysen entscheiden sollte, müssen die rechtlichen und organisatorischen Probleme, die bei der Konzeption der Expansion über eigene Filialen auftreten, berücksichtigt werden:

❏ Gleichbehandlung und
❏ organisatorische Trennung

4.1 Gleichbehandlung

In Franchisesystemen, die entsprechend den Maßstäben des Gesetzgebers als marktstark oder marktmächtig angesehen werden können, also solchen, bei denen die Franchisenehmer von dem Franchisegeber als Lieferant abhängig sind, zwingt § 20 Abs. 1 GWB den Franchisegeber zur Gleichbehandlung aller Vertriebspartner. Ein entsprechender Gleichbehandlungsgrundsatz kann sich auch aus einer vertraglichen Vereinbarung ergeben oder aber aus dem Grundsatz von Treu und Glauben gem. § 242 BGB. Unabhängig von den rechtlichen Grundlagen ist für den Systemzusammenhalt die Gleichbehandlung aller Vertriebspartner im System auch ein ethisches und psychologisches Gebot. Unter diesem Gesichtspunkt muss bei Betriebstypenvielfalt in einem Franchisesystem darauf geachtet werden, dass nur dort Unterschiede zugelassen werden, wo diese eine sachliche Rechtfertigung besitzen.

Liegt bei verschiedenen Vertriebsarten ein sachlicher Unterschied vor, wird zum Beispiel ein Franchisesystem durch einen Warenvertrieb mittels Handelsvertreter ergänzt, kann eine Ungleichbehandlung bei den Meldepflichten oder hinsichtlich der Anweisungen für Tourenplanungen sachlich gerechtfertigt sein. Der Handelsvertreter schließt ja den Vertrag mit Kunden im Namen des Franchisegebers und muss daher mehr Informationspflichten und auch eine striktere Planung bei der Kundenakquisition und Betreuung als beim Franchisenehmer erfüllen, da Letzterer eigene Kunden gewinnt und mit diesen Verträge im eigenen Namen abschließt. In einem solchen Fall kann eine sachliche Rechtfertigung für eine unterschiedliche Behandlung vorliegen.

Wird bei der Gründung eigener Filialen ein Filialleiter eingesetzt, so ist dieser kein eigentlicher Vertriebspartner, da er nicht rechtlich selbstständig (wie Franchisenehmer oder Handelsvertreter), sondern ein abhängig beschäftigter Arbeitnehmer ist. Der Franchisegeber ist also zusammen mit seinen Filialen und seinen Filialleitern als rechtliche Einheit zu sehen. Der Gleichbehandlungsgrundsatz sollte aber gleichwohl auch bei der Errichtung eines eigenen Filialsystemes neben dem Franchisesystem beachtet werden, da es sonst zu einem Vertrauensverlust bei den Franchisenehmern kommen kann. Die Franchisenehmer könnten das Gefühl bekommen, dass ihnen durch den Franchisegeber Konkurrenz gemacht wird, sowohl bei der Wahl der Standorte als auch durch bevorzugte Belieferung der eigenen Filialen im Falle von Material- oder Warenengpässen. Das Vertrauen der Franchisenehmer in den Franchisegeber, dass er in ihrem Interesse die Systemsteuerung vornimmt, ist jedoch mit das höchste Gut eines Franchisesystems und sollte nicht leichtfertig aufs Spiel gesetzt werden.

Am bedeutsamsten ist die Gleichbehandlung bei der Festsetzung von Preisen und sonstigen Lieferbedingungen. Zwar wird bei der Eigenbelieferung von Filialen kein eigentlicher Einkaufspreis berechnet, da Filiale und Lieferant eine rechtliche Einheit bilden, jedoch dürfte ein Verrechnungspreis festgelegt werden, damit die Ertragsfähigkeit jeder einzelnen Filiale kontrolliert werden kann. Es ist empfehlenswert, dass hier entweder der gleiche Preis festgelegt wird wie gegenüber Franchisenehmern, um keine Irritationen entstehen zu lassen, oder dass die Berechnung der Verrechnungspreise für Filialen und der Verkaufspreise an Franchisebetriebe transparent gemacht wird.

4.2 Organisatorische Trennung

Die organisatorische Trennung von Franchisenehmern und Filialleitern ist in erster Linie im Hinblick auf das Selbstverständnis des Franchisenehmers notwendig: Der Franchisenehmer ist der erste Kunde des Franchisegebers und sollte daher vom Franchisegeber auch so behandelt werden, nämlich mit einer speziellen Form der Kundenbetreuung durch die Systemzentrale. Diesen wichtigen Grundsatz den Mitarbeitern in der Systemzentrale deutlich zu machen, ist die strategische Aufgabe des Franchisegebers, die er durch eine organisatorische Trennung der Franchisenehmer-Betreuung von der Filialbetreuung gegenüber allen Mitarbeitern des Unternehmens am deutlichsten kommuniziert.

Ein häufig anzutreffendes Missverständnis bei Franchisegebern ist die Ansicht, man könne Franchisenehmer und Filialisten gemeinsam betreuen. Es besteht dann die große Gefahr, dass der Betreuer Filialleiter und Franchisenehmer gleich behandelt, z. B. Anweisungen zu Arbeitsabläufen, die konkret in den Geschäftsbetrieb eingreifen, gibt und diese sowohl bei Filialleitern als auch bei Franchisenehmern gleichermaßen durchzusetzen versucht. Zwar mag dies aus betriebsinterner und organisatorischer Sicht möglich und sinnvoll erscheinen, jedoch werden hierbei wichtige rechtliche Unterschiede nicht berücksichtigt, die sogar im Ergebnis den Bestand des Franchisevertrages gefährden können. Um die Selbstständigkeit des Franchisenehmers als Unternehmer in Abgrenzung zur Scheinselbstständigkeit nicht zu gefährden, darf der Franchisegeber dem Franchisenehmer keine Einzelanweisungen zur Betriebsführung geben. Außerhalb der generell-abstrakt und in den Handbüchern schriftlich festgelegten und zum Vertragsbestandteil erklärten Richtlinien müssen die Anweisungen des Franchisegebers Empfehlungscharakter besitzen. Filialleitern gegenüber tritt der Franchisegeber als Arbeitgeber auf und kann ganz konkrete Einzelanweisungen für die Betriebsführung der einzelnen Filiale geben. Wird dieser Unterschied nicht beachtet und werden sowohl Filialleitern als auch Franchisenehmern auf kurzem Wege Anweisungen erteilt, könnte in einem Rechtsstreit der Franchisenehmer argumentieren, er werde entgegen dem Wortlaut des Vertrages in der tatsächlichen Vertragsdurchführung vom Franchisegeber gleich einem Filialleiter behandelt. Dadurch könnten die rechtlichen Unterschiede zwischen beiden Personen verschwinden, und der Franchisenehmer könnte Rechte als scheinselbstständiger Arbeitnehmer geltend machen.

4.3 Rechtliche Fragen

Bei solchen Mischsystemen, d. h. dem Nebeneinander von Filialen des Franchisegebers und dem Franchise-Outlet des Franchisenehmers stellen sich aber auch zahlreiche rechtliche Fragen, die vom Franchisegeber zu beachten sind.

Eine gemeinsame Werbung für Produkte, d. h. eine Werbung, die gleichermaßen für Filialen und Franchise-Outlets gilt, ist nur schwierig umzusetzen. Dies gilt insbesondere dann, wenn das System mit Katalogen arbeitet, die sowohl in den eigenen Filialen, aber auch in den Franchise-Outlets ausgelegt werden sollen. Wird hier eine Bepreisung der einzelnen Produkte vorgenommen, so ist jeder Filialleiter an die vom Franchisegeber festgesetzten Preise gebunden. Eine solche Preisbindung besteht für den Franchisenehmer nicht, da dieser selbstständiger Unternehmer ist und jeglicher Eingriff in die Preishoheit einen Verstoß gegen § 14 GWB darstellt. Gemeinsame Prospekte, Kataloge, Werbeankündigungen für Produkte und Dienstleistungen des Franchisesystems für die eigenen Filialen und die Franchisenehmer müssen auf diese Besonderheit immer Rücksicht nehmen. Die Preise dürfen demgemäß nur als unverbindliche Preisempfehlungen gekennzeichnet sein. Dies gilt aber nicht nur für die gedruckte Werbung, sondern auch für Werbesendungen im Fernsehen oder Rundfunk. Auch hier muss durch einen entsprechenden Abspann in der Werbung deutlich gemacht werden, dass etwa genannte Preise nur als unverbindliche Preisempfehlungen anzusehen sind. Andernfalls entsteht nämlich durch die Werbung die Verbrauchererwartung, dass die Preise innerhalb des Franchisesystems einheitlich sind, zumal einem Verbraucher sowieso schwer fallen wird, zwischen einer eigenen Filiale des Franchisegebers und einem Franchise-Outlet zu unterscheiden.

Etwas anderes gilt nur dann, wenn es darum geht, neue Produkte auf dem Markt einzuführen. Während der Einführungsphase ist eine gemeinsame Werbung auch ohne Hinweis auf die Unverbindlichkeit der Preisempfehlung möglich. Hier kann der Franchisenehmer verpflichtet werden, für die Einführungsphase den vom Franchisegeber vorgegebenen Preis zu akzeptieren und umzusetzen. Zwar liegt darin streng genommen auch ein Verstoß gegen das Preisbindungsverbot des § 14 GWB, doch wird dies vom Bundeskartellamt für solche Einführungsaktionen – aber auch nur für die Einführungsphase – geduldet.

Wird eine gemeinsame Werbung geschaltet, so muss der Franchisegeber auch darauf achten, dass die von ihm so geworbenen Produkte gleichermaßen in den eigenen Filialen wie auch in den Franchise-Outlets vorgehalten werden, um so die Nachfrage des Verbrauchers erfüllen zu können. Da der Franchisegeber aber nicht immer die Lieferfähigkeit eines jeden einzelnen Franchise-Outlets sicherstellen kann oder aber auch nicht sichergestellt ist, dass alle Franchisenehmer an einer solchen gemeinsamen Werbeaktion teilnehmen, muss in der Werbung (und zwar sowohl in den Print- als auch in den Audio- und Video-Medien) auf diese möglicherweise beschränkte Lieferfähigkeit der Produkte hingewiesen werden. Üblicherweise erfolgt dies mit dem Zusatz ». . . in fast allen Betrieben«. Werden diese Grundsätze nicht beachtet, so läuft der Franchisegeber Gefahr, wegen irreführender Werbung von einem Konkurrenten oder einer Verbraucherorganisation gemäß §§ 1, 3 UWG auf Unterlassung in Anspruch genommen zu werden.

Einführung (von Jürgen Nebel)

Franchisenehmer-Filialisten werden in vielen Systemen von ihren Franchisenehmer-Kollegen argwöhnisch beäugt. Sie haben, wie das folgende Beispiel zeigt, viel Einfluss und Gestaltungsmöglichkeiten. Dies erregt bisweilen nicht nur den Argwohn des Franchisegebers, obschon er zum Filialisten natürlich nur mit seiner Zustimmung werden konnte, sondern eben auch das Misstrauen mancher Franchisenehmer-Kollegen.

Zunächst sind diese zu fragen: »Warum haben nicht auch sie sich um weitere Franchisenehmer-Betriebe bemüht?« Tut oder tat der Franchisenehmer es nicht, so braucht er sich meist nicht zu beklagen – er wollte nicht oder er durfte nicht, weil er seinen ersten Betrieb nicht so gut zum Laufen gebracht hatte, dass es sinnvoll gewesen wäre, sich mit einem zweiten zu verzetteln. Durfte der erfolgreiche Franchisenehmerveteran schon, konnte aber nicht, weil ihm die finanziellen Mittel fehlten, so ist unter Umständen ein gravierender Systemfehler zu beklagen. Nichts ist bekanntlich so wichtig, wie der *Faktor Mensch*. In einem Franchisesystem ist die Auswahl geeigneter Franchisenehmer mit das Wichtigste. Wie wertvoll, wenn das System erst gute und erfolgreiche Franchisenehmer gefunden hat, die sich nachweislich in der Praxis bewähren. Diese sollten nicht an ihrer eigenen Expansion gehindert werden, indem sie so geringe Renditen erwirtschaften, die ihnen die Eröffnung weiterer Standorte versagt. Oder, ein anderer verbreiteter Kapitalfehler: Der Franchisenehmer erwirtschaftet mit seinem Betrieb das erforderliche Kapital, er ist erfolgreich und hält die Systemstandards sauber ein, der Franchisegeber aber meint, der Nehmer solle seine Kräfte nicht verzetteln und sich auf diesen einen Standort konzentrieren. Fred de Luca, der erfolgreiche Gründer und Franchisegeber von Subway in den USA hat hierzu, angesichts der Beobachtung eines Grandhotels überzeugend gesagt: »So lange beispielsweise ein so komplexes und vielschichtiges Unternehmen wie ein 365 Tage im Jahr und 24 Stunden am Tag geöffnetes Riesenhotel mit Hunderten von Betten, vielen Konferenzräumen, etlichen Restaurants, Bars und unzähligen Angestellten von nur einem einzigen Direktor erfolgreich geführt werden kann, warum sollte nicht ein Franchisenehmer mit vielen eigenen Filialen nicht ebenso umfangreiche Geschäftstätigkeit erfolgreich bewältigen?« Und wenn irgendwann der Zeitpunkt kommen sollte, wo der Franchisenehmer an seine Managementgrenzen stößt, so wird ein gut funktionierendes System auch aufgrund der Signale eines ausgereiften Controllingsystems rechtzeitig eine Konsolidierungsphase für den Partner einschieben können und – zur Not – auf künftige Expansion mit ihm verzichten. Aber wer kann vorher wissen, ob und wann dies der Fall sein wird?

Dennoch versteifen sich manche Systemgeber mit dem Argument, der Partner solle sich auf einen Standort konzentrieren, in Wahrheit manchmal weil sie Angst vor der Macht einzelner Franchisenehmer haben, und verweigern ihm weitere Franchisen. Dies ist nicht nur unklug, wie eben gezeigt, sondern auch gefährlich. Vielleicht verzettelt der Franchisenehmer sich dann nämlich anderweitig. Beseelt ihn ein ungebremster Tatendrang, so wird er anderweitig seine Energie ausleben und nicht auf die Mühlen des Systems leiten – aber er wird sich sicherlich nicht mit seinem einen Franchisenehmer-Betrieb begnügen.

Eine regelrechte Filialisierung durch einzelne Franchisenehmer innerhalb des Systems ist beispielsweise bei Quick-Schuh verbreitet. Diese Tochter der Nord-West-Ring-Genossenschaft hat mit den Filialisten ausgezeichnete Erfahrungen gemacht. Der Quick-Schuh-Franchisegeber ist Systemkopf für über 500 Fachgeschäfte für preiswerte Schuhe. Nur zwölf Franchisenehmer betreiben 30 Prozent der Quick-Schuh-Fachgeschäfte und machen 33 Prozent des Gesamtumsatzes. Zehn und mehr Geschäfte sind also keine Seltenheit, über 20 haben die größten, und führen sogar dazu, dass einzelne *Mehrfachpartner* wiederum eigene Zentrallager für ihre *Filialen* errichten. »Filialisten im System« gibt es aber nicht nur bei Quick-Schuh, sondern in vielen anderen Systemen auch, wie beispielsweise bei Obi, Sunpoint-Sonnenstudios oder Cleanpark-Autowaschanlagen. Die Betreiber profitabler Franchisen investieren gerne ihre erzielten Gewinne dort, wo sie bereits gut verdient haben, also gleich wieder im selben Franchisesystem.

Mehrfachfranchisenehmer verschiedener Systeme zu sein ist zwar auch ein manchmal beschrittener Weg zur Expansion, doch er ist eher kritisch zu bewerten. Auch wenn sie sich ergänzen, wie z. B. »rund ums Auto«: der Goodyear Reifen + Auto Service, der Selbstwaschanlagen-Center Cleanpark und die Autopflegekette Ziebart Tidy Car. Dennoch dürfte, wenn ein solches Mehrfachengagement in Personalunion eingegangen wird, und nicht etwa durch verschiedene Familienmitglieder, den Franchisenehmer vor unter Umständen zeitliche Probleme stellen. Denn eines sollte klar geworden sein, Franchisenehmer zu sein, bedeutet auch Identifikation mit dem Franchisesystem, Teilnahme an den Veranstaltungen, an Trainings, an Erfa-Kreisen, Berücksichtigen von Vorgaben und Lesen von Rundschreiben. Dies alles für gleich drei Systeme in einer Person leisten zu wollen, dürfte manchmal einem Spagat gleichkommen. Von der mentalen Seite, dem Commitment zum System ganz zu schweigen. Da dürfte es effizienter sein, sich innerhalb eines Systems mehrfach zu engagieren.

Nachfolgend berichtet ein Franchisenehmer von seinem Weg zum erfolgreichen Filialisten im Franchisesystem: Jürgen Rakow. Er begann mit seinem Partner Jürgen Bochmann als einer der ersten Franchisenehmer der Vobis Microcomputer AG und wurde zum größten Franchisenehmer mit über 30 Filialen. Fünf Jahre später, 1999, wurden er und sein Partner vom Franchisenehmer zum Franchisegeber als sie 25 Prozent der Vobis AG kauften und die Führung der Vobis AG als Vorstände übernahmen. Auch wenn sie seitdem keine Franchisenehmer mehr sind, hat ihre Erfolgsstory des »Filialisten im Franchisesystem« uneingeschränkte

Gültigkeit, war sogar wichtige Voraussetzung und Basis für ihre jetzige Herausforderung.

5.1 Fallbeispiel: Ein Vobis-Franchisenehmer berichtet
(von Jürgen Rakow)

Innerhalb von 36 Monaten eröffneten wir – mein Kompagnon Jürgen Bochmann und ich – 34 Vobis Franchisestores, einige davon im Wege des Conversion-Franchising. Wir gehörten zu den »Gründern« des Franchisesystem von Vobis und haben es damit seit dessen Gründung begleitet. Und wir sind zum größten Filialisten im System geworden, obwohl wir anfangs nur Berlin und einige Städte in Ostdeutschland auf dem Expansionsplan hatten. Mein nachfolgender Erfahrungsbericht soll Chancen und Risiken eines solchen »Systems im System« aufzeigen – freilich bezogen auf eine konkrete Branche: den PC-Handel. Die beschriebenen Erfahrungen dürften aber grundsätzlich auch andernorts gelten, denn große Franchisenehmer-Filialisten in einem Franchisesystem sind schließlich keine Seltenheit.

Für unseren Erfolg und insbesondere unsere Expansionskraft machen wir einige, wesentliche »Stellschrauben« verantwortlich, die im Folgenden dargestellt werden sollen:

❏ Systematische Standortsuche
❏ eigene Einkaufsmacht und Werbekostenzuschüsse
❏ »kritische« Kooperation mit dem Franchisegeber
❏ Beiratstätigkeit
❏ Mitarbeiterführung
❏ Arbeitsteilung und interne Organisation

Hinzu kam, dass wir von Anfang an dabei waren und sehr gute Voraussetzungen vorfanden. Die Vobis war zu einer sehr bekannten Marke geworden und hatte bereits ein gut funktionierendes Einkaufs- und Vertriebssystem. Das immer noch vom Gründer Theo Lieven geführte Unternehmen hatte in 20 Jahren ein enormes Know-how gesammelt und war zum Synonym für PC-Handel geworden. Zudem erlebte der Markt ein enormes Wachstum. Es waren also beinahe paradiesische Zustände, an denen wir gerne partizipieren wollten. Und so haben wir uns als Unternehmer in »das Abenteuer Vobis« gestürzt und unsere ersten Standorte gesucht.

5.1.1 Systematische Standortsuche
Der wichtigste Erfolgsfaktor für ein Filialsystem ist aus unserer Sicht der Standort. Nur wer gute Standorte findet und am Markt erfolgreich etabliert, kann wachsen. Daher haben wir besonderes Augenmerk auf die Standortplanung und Standortauswahl gelegt. Wir haben eine Anzahl von Parametern bei der Standortsuche für

einen Computershop berücksichtigt, wobei wir immer zwischen Makro- und Mikro-Standortuntersuchung differenziert haben.

Die möglichen Makrostandorte wurden meist vom Franchisegeber, der Vobis AG, vorgegeben, da diese einen Gesamtexpansionsplan für ihr Vertriebsnetz verfolgte. Wir haben es aber mehrfach geschafft, mit entsprechender Begründung auch für weitere, nicht von Vobis geplante Standorte eine Franchise zu bekommen. Hier sind uns immer unsere regionalen Kenntnisse und die Erfahrungen unserer bereits vorhandener Shops zugute gekommen. Zunächst einmal haben wir die vom Franchisegeber vorgeschlagenen Städte mit unseren eigenen Vorstellungen verglichen. Die Kernfragen waren für uns immer: Hat der Standort genug Potenzial? Welche Kundenstruktur finden wir dort vor? Können wir Synergien mit unseren bestehenden Standorten bilden? Welche Vorteile, aber auch Risiken wird uns der potenzielle zusätzliche Standort bringen? Wir haben uns dann zunächst entsprechendes Zahlenmaterial beschafft, vor allem eine Reihe von Kennzahlen wie Einwohneranzahl, Zentralität, Kaufkraft und PC-Marktvolumen. Die meisten Daten hat uns die Vobis AG zugänglich gemacht. Manches haben wir selbst recherchiert, um uns ganz sicher zu sein, dass wir eine gute Entscheidung treffen.

War die Zahlenwelt positiv und damit eine grundsätzliche Vorentscheidung für den Standort gefallen, stand die Wettbewerbsuntersuchung an – welche Mitbewerber sind an diesem Standort tätig und beeinflussen diesen Standort, indem sie Kaufkraft für das entsprechende Handelssegment aus der Stadt abziehen? Hierbei war es für uns immer hilfreich, sich mit Zeitungspublikationen aus dem entsprechenden Ort zu beschäftigen, um das Werbeverhalten des Mitbewerbers zu beobachten. Um diese Wettbewerber überhaupt zu identifizieren haben wir uns übrigens einfach der Gelben Seiten bedient. Und vieles findet man auch einfach bei einem Besuch des ins Auge gefassten Ortes heraus – beispielsweise durch Betrachtung der Werbung auf Omnibussen, Straßenbahnen, Plakatwänden und Leuchtwerbungen. Übrigens, die Notwendigkeit der Wettbewerbsbeobachtung besteht selbstverständlich nicht nur bei der Standortentscheidung, sondern während der laufenden Geschäftstätigkeit (vgl. hierzu Kap. IV.2 Standortindividuelle Strategie). Wir haben unsere Filialen öfters umziehen lassen, um uns den neuen Gegebenheiten am Standort immer rechtzeitig anzupassen. Machte ein neues Einkaufszentrum am Rande der Stadt auf und entzog somit der Innenstadt nachhaltig Kunden, sind wir selbstverständlich mit den Kunden gezogen.

Wenn die Makro-Standortprüfung erfolgreich abgeschlossen und damit das Interesse am Standort endgültig entfacht war, ging es an die Optimierung des Mikro-Standortes. Hierzu war zunächst einmal ein Stadtplan erforderlich, mit dem man sich eine grobe Kenntnis über den Ort verschaffen kann. Denn ein Computer-Shop sollte sich in einer typischen 1B-Lage befinden, da zum einen gute Erreichbarkeit, d. h. das Anfahren mit einem Fahrzeug und zumindest Kurzparkzonen erforderlich sind, wie auch ein entsprechend hoher Lauf von Passanten vor dem

Geschäft. Der Stadtplan liefert hierzu wichtige Hinweise und deutet auf die Straßen, die für eine Eröffnung eines Computer-Shop in Frage kommen. Ein solches Ladengeschäft sollte in der Nähe des Zentrums oder in einem gut laufenden Einkaufszentrum gelegen sein, um die entsprechende Passantenfrequenz zu erreichen und es sollte verkehrstechnisch gut erreichbar sein.

Es war für uns immer selbstverständlich diese Standortsuche selbsttätig und ohne Immobilienmakler durchzuführen, da die Beachtung der genannten Kriterien erheblich über Erfolg und Misserfolg entscheiden. Zudem beruht unser Erfolg auch wesentlich auf extremem Kostenbewusstsein – bei Ausgaben für Makler waren wir immer äußerst sparsam. Wir haben daher in jedem Fall persönlich jede Straße durchfahren und durchwandert, die für die entsprechende Mietung in Frage kam. Hierbei fanden wir auch immer eine ausreichende Anzahl von vakanten Gewerbeflächen. Die Adresse des Vermieters ließ sich dann recht leicht durch einen Nachbarn oder Wohnungsmieter in Erfahrung bringen – wir haben ihn einfach gefragt, an wen er seine Miete zahlt. Die Verhandlungen mit dem Vermieter gestalteten sich dann mit einem starken Franchisegeber und bekanntem Logo recht einfach, was sich meist in einem Bonus bzw. in geringen Mietkosten niederschlug.

Anders war die Situation natürlich, wenn wir eine eigene Filiale der Vobis AG übernommen haben. Dann war der Standort und das Mietobjekt bereits vorhanden und die Suche erübrigte sich in der Regel. Aber auch dann haben wir den Standort einer sorgfältigen Makro- und Mikroanalyse unterzogen, um nicht »die Katze im Sack zu kaufen«. Vorteilhaft ist bei der Übernahme eines vorhandenen Standortes, dass bereits alles da ist: Mietobjekt, Einrichtung, Personal und natürlich die Bekanntheit. Das spart einiges an Investition, umgekehrt zahlt man einen Kaufpreis, der dem Firmenwert angemessen sein muss.

5.1.2 Eigene Einkaufsmacht und Werbekostenzuschüsse

Die Vobis AG gab uns, den Franchisenehmern in weiten Teilen das zu führende Sortiment vor, das über die Zentrale eingekauft werden muss. Es war aber in einem bestimmten Umfang so genannte Diversifikationsware zugelassen. Diese Waren kaufte der Franchisenehmer selbst und direkt ein. Für den Einkauf von Diversifikationsware gibt es verschiedene Gründe, insbesondere eine Positionierungs- und Differenzierungsstrategie zum örtlichen Wettbewerb – wobei wir immer darauf geachtet haben, dass diese Ergänzungswaren zum Kernsortiment passen (vgl. Kap. IV.2 Standortindividuelle Strategie). Für diese Diversifikationswaren habe ich selbst – also ohne die Franchisezentrale – die Konditionsverhandlungen geführt. Und ich musste dabei lernen, dass solche Verhandlungen nicht immer einfach sind. Im Einzelhandel hat sich eingebürgert, dass das Verhältnis zwischen Lieferant und Händler sich nicht unbedingt als partnerschaftlich darstellt, obwohl diese Vokabel in Form eines Lippenbekenntnisses von den Beteiligten gerne benutzt wird. Oftmals habe ich erlebt, dass die Verhandlungen um Konditionen von Druck und Erpressung gekennzeichnet waren.

Ein weiterer wichtiger Grund ist, dass mit den Lieferanten solcher Diversifikationsware, Werbekostenzuschüsse (WKZ) verhandelt werden können. Dies haben wir ausgiebig genutzt und die erzielten WKZs dazu eingesetzt, die neuen Standort in der Region bekannter zu machen. Wir haben schnell gelernt, dass die regionale Werbung einer unserer wichtigsten Erfolgsfaktoren ist. Also haben wir kräftig die regionale Werbetrommel geschlagen. Aber das ist teuer, auch wenn man bei so vielen Filialen viele Werbesynergien hat. Da sind WKZs willkommene Hilfestellungen, die für uns nicht mehr wegzudenken waren. Dabei kann der Werbekostenzuschuss aus verschiedenen Komponenten bestehen. Zum einen ist es recht leicht möglich, einen Betrag für die Einführungswerbung zu vereinbaren, genauso wie erhebliche Nachlässe für die Demonstrationsgeräte, die zur Präsentation im Ladengeschäft verweilen und ein fortlaufender Zuschuss zur Werbung. Um langfristig ausreichende Umsätzen zu realisieren, ist der Lieferant immer wieder bereit, Werbekostenzuschüsse neu zu verhandeln, sodass man erneut die Chance hat, nachzulegen. Allerdings muss man dann auch Umsatzerfolge nachweisen. Auch besteht die Möglichkeit, neben kostenlosen Produktschulungen für die Verkäufer Prämien oder andere Incentives mit dem Lieferanten zu verhandeln. Sehr gerne werden hier Reisen ausgelobt, die bei Erreichung von bestimmten Umsatzzielen an die Verkäufer gehen und so den Wettbewerb untereinander beleben. Und dieses Instrument sollte nicht unterschätzt werden, schließt sich doch hier der Kreislauf – umfangreiche Werbekostenzuschüsse haben wir immer nur dann realisiert, wenn die Umsätze nachhaltig gut waren, und das war nur dann der Fall, wenn die Mitarbeiter ausreichend motiviert waren! Unsere Verkäufer haben immer gerne den Wettlauf mit ihren Kollegen angetreten.

Aber auch beim Einkauf der Diversifikationsware haben wir einige Vorteile aushandeln können, die uns besonders auf der Kostenseite entlastet haben. Oberstes Ziel waren immer lange Zahlungsziele, um möglichst kein Stück Ware vorfinanzieren zu müssen – lang will hier heißen 90 bis 180 Tage. Rückgaberecht von original verpackter Ware und Lagerwertausgleich sind ebenso Themen, die ich bei einer Neueinführung von Produkten immer angesprochen und oft durchgesetzt habe. Denn für jeden Händler, besonders den PC-Händler, ist Überbestand und Altware ein dramatisches Risiko. In diesen Verhandlungen hat sich immer wieder gezeigt, dass es von großem Vorteil war, eine große Anzahl von Verkaufsstellen zu haben. Zu der Zeit als wir nur wenige Filialen vorzuweisen hatten, hatten wir in der Verhandlung immer einen sehr schweren Stand haben, da das Engagement für den Lieferanten kein interessantes Volumen darstellte. Dennoch haben wir uns als engagierte Unternehmer bei den Herstellern in Zeug gelegt, die in der entsprechenden Region ihr Marktvolumen noch nicht ausgeschöpft hatten. Manchmal haben wir uns auch mit anderen Franchisekollegen zusammengetan und die gebündelte Einkaufsmacht bei den Lieferanten angebracht. Hier habe ich als »Sprecher« der Kollegen verhandelt und für die Gruppe günstige Konditionen verhandelt. Das kam meinen Kollegen und meinem eigenen Filialnetz zugute.

Manchmal habe ich aber auch erlebt, dass Lieferanten einzelne Franchisenehmer als »Türöffner« zu benutzen, falls sie beim Franchisegeber keine direkte Listung kommen. Über den Umweg »Franchisenehmer« versuchen sie dann, auf den Franchisegeber ausreichend Druck auszuüben, um von diesem als Lieferant aufgenommen zu werden. Hierbei kam es dann durchaus zu einem Wettbewerb um Konditionen und Werbekostenzuschüsse, die ich als Franchisenehmer dann zum Schluss verloren habe, weil der Franchisegeber doch mächtiger ist. Aber dann konnten wir ja die Ware zu günstigen Konditionen vom Franchisegeber beziehen.

Mit wachsender Verhandlungsroutine habe ich immer mehr Konditionsbestandteile in die Gespräche aufgenommen und ausgehandelt. Dazu gehörte: Eine klare Definition des Produktsortimentes, Preisnachlässe für die Erstbestückung, Sicherungsmechanismen für diebstahlgefährdete Produkte, Ausschluss von Mindestbestellwerten, dezentrale Lieferung bei zentraler Rechnungslegung, Rückgaberechte für originalverpackte Ware sowie Lagerwertausgleich. Hinzu kommen zusätzliche Verkaufsunterstützungen wie Betreuung und Information durch Außendienst des Herstellers oder Lieferanten und POS-Material. Allerdings warne ich vor einer Überfrachtung mit POS-Material, meine Erfahrung zeigt, dass die Mitarbeiter dieses oftmals nicht sinnvoll zu nutzen wissen. Auch Bonusvereinbarungen für fest definierte Zielerreichungen, kostenlose Schulungen und Schulungsunterlagen für die Mitarbeiter habe ich immer als wichtigen Punkt angebracht. Und für defekte Artikel sollte ein Sofortaustausch möglich sein, ohne das ein solcher Artikel erst zur Instandsetzung eingesandt werden muss. Damit haben wir eine deutlich höhere Kundenzufriedenheit erreicht, als über längere Gewährleistungszeiten. Und es darf nicht vergessen werden, dass zur Durchführung der Werbung die Bedingungen festzulegen sind. Wir haben uns immer um Vorlagen, in Form von reprofähigen Abbildungen, Dias oder entsprechenden Dateien gekümmert, damit die Werbung kostengünstig gestaltet werden kann.

Ergänzend zu den bisher genannten Konditionen können noch eine Reihe weiterer Leistungen verhandelt werden, die aber schwerer durchsetzbar sind und mir auch nicht so elementar wichtig erscheinen. Dazu gehören z. B. Eintrittsgelder für Erstaufträge, Regalmieten, Verlagerung der Regalpflege und Preisauszeichnung, Inventurhilfe, Listungsgebühren, Deckungsbeiträge für Umsatzausfälle, Darlehen zu nicht marktgerechten Bedingungen, Investitionszuschüsse, Beteiligungen an Geschäftseinrichtungen, Preisverfallklausel, jederzeitige Kontrolle des Abnehmers im Bereich des Herstellers, Rabattkumulierung, nachträgliche Erhöhung der vereinbarten Rückvergütungssätze für die Umsatzprämie, Abwälzung von Kosten organisatorischer Betriebsumstellung auf Lieferanten.

5.1.3 »Kritische« Kooperation mit dem Franchisegeber

Glauben Sie jetzt bitte nicht, ich hätte alles im Alleingang am Franchisegeber vorbei gemacht! Alle Aktivitäten habe ich – wie es auch der Franchisevertrag vorsieht – immer mit Kenntnis und öfters auch mit Unterstützung der Vobis Zentrale gemacht, um Konflikte zu vermeiden und dem Gesamtsystem zu nutzen. Für mich stand immer die Kooperation als oberste Maxime. Trotzdem habe ich immer wieder erlebt, dass Franchisenehmer und -geber in einem Spannungsfeld leben, wobei dessen Größe ganz wesentlich vom Alter des Systems und der Erfahrung der in der Systemzentrale tätigen Mitarbeiter abhängig ist. Ich bin fest davon überzeugt, dass das Ausmaß von »unabgestimmten Alleingängen« direkt mit der Unzufriedenheit mit dem Franchisegeber korreliert. Daher ist für mich die »kritische« Kooperation wichtig: Alles kritisch begutachten, aber dabei immer kooperativ sein, damit beiden Seiten gedient ist und alle an einem Strang ziehen.

Denn was hat denn den Franchisenehmer – also auch mich angelockt? Die große Anzahl von Leistungen verbunden mit einer attraktiven Marke! Je attraktiver Marke und Leistungen des Franchisegebers sind, desto weniger kritisch und umso begieriger wird der Franchisenehmer sein, dem System beizutreten. Erst im Laufe der Zeit wird er kritischer, erkennt die Abhängigkeit und mögliche Defizite. Er fordert dann nach seiner Ansicht fehlende Leistungen ein. Kommt es dann zu keiner Kooperation und Besserung, beginnt er, sich fehlende Leistungen im Alleingang zu beschaffen. Denn der Unternehmer sorgt – im wahrsten Sinne des Wortes -eigenhändig dafür, dass sein Geschäft überlebt und floriert!

Ich glaube, Konflikte mit dem Franchisegeber sind unvermeidlich, da der Unternehmer immer wieder prüft, ob das Preis-Leistungs-Verhältnis stimmt. Sprich: sind die Leistungen des Franchisegebers die Gebühren wert, die ich zu zahlen habe? Oder bedarf es da einer Optimierung? Vielleicht sogar auf beiden Seiten? Da liegt es in der Natur der Sache, dass es zu Diskussionen kommt. Aber das ist gut so, um das System weiterzuentwickeln. Viele Diskussionen, die ich mit der Vobis Zentrale, insbesondere dem Franchisemanager geführt habe, brachten neue Perspektiven und Lösungsansätze – für beide Seiten. Oft bin ich mit neuen Anregungen nach Hause gegangen und konnte diese in meinem Filialsystem umsetzen. Unsere drei hautpsächlichen Reibungspunkte waren – wohl für den Handel typisch:

❑ Einkaufspreise,
❑ Umfang und Häufigkeit der überregionalen Werbung,
❑ Ware (Lieferzeiten, Warenverfügbarkeiten oder zur Verfügung gestellte Bestände).

Diese drei Punkte bestimmten ganz entscheidend die Rentabilität des Franchiseunternehmens, also auch meiner Filialen. Als Franchisenehmer habe ich diese Bereiche vollständig aus der Hand gegeben und war damit erheblich in meiner unternehmerischen Freiheit eingeschränkt. Und da ich für die Erbringung dieser

Leistungen Gebühren zahle, habe ich immer wieder die Fürsorge meines Franchisegebers angemahnt, nicht nur die Überlebensfähigkeit jedes Franchiseunternehmens sicherzustellen, sondern auch Gewinnchancen zu verschaffen.

Insbesondere in Systemen wie dem der Vobis Microcomputer AG, wo neben den Franchisefilialen auch eigene Filialen ein Bestandteil des Vertriebssystems sind, ist eine besondere Sorgfalt, vor allem im Sinne von Gleichberechtigung nötig. Die nationale Werbung beispielsweise bewirbt hier für alle Stores die gleichen Preise, bei den Franchisenehmern zwar als empfohlenen Verkaufspreise, legt aber damit praktisch den maximal erzielbaren Preis fest. Da gleichzeitig die Vobis Microcomputer AG auch die Einkaufspreise für die Werbeware definiert und diese damit nicht verhandelbar sind, ist die somit vorgegebene Marge stets konfliktträchtig, da branchenspezifisch gering. Gleichwohl werden die Attraktivität der Marke und des Logos in hohem Maße durch gerade diesen Werbeauftritt bestimmt. Eine nicht einfache Situation, die immer wieder auf beiden Seiten nach Kooperation verlangt.

Wie schon gesagt, das Alter eines Franchisesystems spielt eine ganz entscheidende Rolle, da die meisten Leistungen erst im Laufe der Zeit aufgebaut werden, weil die Ansprüche am Anfang, soweit meine Erfahrung zeigt, den Systemgründern nicht bekannt waren oder nicht die Zeit blieb, diese Leistungen umfänglich aufzubauen.

5.1.4 Beiratstätigkeit

Bei dem Aufbau und der Optimierung dieser erforderlichen und gewünschten Leistungen bei der Vobis spielte der Beirat eine wichtige Rolle, dessen Vorsitz ich über mehrere Jahre inne hatte. Es handelte sich hierbei um eine primär politische Arbeit mit dem Ziel, das System weiterzuentwickeln und zu optimieren. Der Beirat war auf der einen Seite »Sprachrohr« der Franchisenehmer: Probleme, Defizite und Verbesserungsvorschläge wurden hier diskutiert und zur Entscheidung an den Franchisegeber gereicht. Und als Beirat habe ich immer darauf geachtet, dass die notwendigen Leistungen erbracht werden und habe sie im Zweifel direkt beim Franchisegeber eingefordert. So konnten wir – die Franchisenehmer- unsere Anforderungen in die Aufbau- und Expansionsphase einbringen.

Auf der anderen Seite war der Beirat auch »Sparringspartner« für den Franchisegeber, um seine neuen Strategien und Maßnahmen zu diskutieren und weiterzuentwickeln. Das war immer wieder die Chance zu einem Veto. Dabei ist mir immer mein Gewicht als größter Franchisenehmer zugute gekommen, auch wenn mich manche Kollegen argwöhnisch beobachtet haben, obwohl ich ihnen in dieser Funktion am besten von Nutzen sein konnte, weil ich altruistisch handelte. Wichtig war für mich immer, dass es zu einer ausgewogenen Belastung zwischen Franchisenehmer und Franchisegeber kommt.

Rückblickend kann ich sagen, dass mein Engagement als Vorsitzender des Beirates bei der Vobis AG eine sehr zeitintensive Tätigkeit war, da bei diesem schnell gewachsenen System eine Reihe von Stabilisierungsmaßnahmen zu begleiten waren. Ohne die Sicherheit, dass mein Partner Jürgen Bochmann unsere gemeinsame und gesunde Franchisegesellschaft zeitweise auch ohne mich »im Griff hat«, hätte ich mir diese Funktion gar nicht leisten können. Zudem hatte ich auch unpopuläre Entscheidungen des Franchisegebers zu begleiten, ebenso wie dem Franchisenehmer unangenehme Situationen zu berichten, oder den Finger in die Wunden von Versäumnissen zu legen, um das System vor schädigenden Einwirkungen zu schützen. Das war nicht immer einfach und angenehm.

5.1.5 Mitarbeiterführung

Ein weiterer wichtiger Erfolgsfaktor unserer Expansion waren unsere Mitarbeiter, die ja in unserer direkten Verantwortung lagen. Unsere Mitarbeiter waren stets »Multitalente«: jeder Mitarbeiter wurde in der Kundenberatung, im Verkauf sowie im technischen Service eingesetzt und war auch mit der Abwicklung von administrativen Tätigkeiten betraut. Diese Funktionsvielfalt ist auch eine Konsequenz der kundenfreundlichen Öffnungszeiten, die wir natürlich weitestgehend ausschöpfen: um lange Öffnungszeiten zu garantieren und gleichzeitig geringe Personalkosten zu sichern, muss jeder alles machen.

Aber das ist noch nicht alles. Die Ansprüche an das Engagement, die Einsatzbereitschaft, das Wissen und die Toleranz sind auf Grund dieser genannten Bedingungen sehr groß. Und dann ist auch unser Kunde nicht einfach: er kommt mit einer Vielzahl von bohrenden Fragen oder der vermeintlichen Unzufriedenheit über das komplexe Produkt Computer, da niemand sein eigenes Unvermögen eingestehen möchte. Das verlangt schon sehr viel soziale Kompetenz von unseren Mitarbeitern. Gleichzeitig sind die administrativen Abläufe, unter anderem auf Grund der Sortimentsvielfalt sehr anspruchsvoll und zeitaufwendig. Es bedarf daher einer Anzahl von Faktoren, um Mitarbeiterzufriedenheit zu generieren und dafür zu sorgen, dass die Fluktuation gering bleibt. Uns ist es gelungen, eine sehr beständige Belegschaft aufzustellen, da wir umfassende finanzielle und persönliche Faktoren zur Mitarbeitermotivation eingesetzt haben. Das Entlohnungssystem – also die finanzielle Komponente – besteht entsprechend aus fixen und variablen, also Prämienbestandteilen. Zudem bemühten wir uns immer um persönliche Motivation: z. B. durch ein jährlich stattfindendes Betriebsvergnügen der gesamtem Belegschaft mit der Geschäftsleitung zum Anfassen. Zudem bekam jedes Filialteam einmal im Quartal die Gesprächsmöglichkeit mit einem der beiden Gesellschafter bei einem Besuch in der Filiale, die jederzeitige Verfügbarkeit von Entscheidungsträgern, eine flache Hierarchie, Aufstiegschancen und regelmäßige Aus- und Weiterbildungsangebote.

5.1.6 Arbeitsteilung und interne Organisation

Der Aufbau und der Betrieb unserer vielen Filialen in kürzester Zeit wäre durch einen einzigen Unternehmer nicht möglich gewesen. Das war nur zu zweit mit meinem Partner machbar. Neben den persönlichen Voraussetzungen und dem einander blinden Vertrauen hat eine strenge Aufgabenteilung den Erfolg gebracht. Die Aufteilung erfolgte in einen operativen Bereich mit Vorort-Verantwortung sowie einen zentralen-strategischen Bereich. Zum operativen und damit Vorort-Verantwortungsbereich gehörten alle Personalentscheidungen und alle Abläufe des Filialbetriebes, die einer direkten Klärung bedürfen. Hierzu gehörten die Festlegungen zur Einrichtung und Warenpräsentation, die Öffnungszeiten sowie die gesamte Kostenverantwortung. Zu meinem zentralen Verantwortungsbereich zählten die Bereiche Finanzen, Buchhaltung, Rechnungswesen, Controlling, Marketing, Vertragswesen, Expansion, Immobilienmanagement, Diversifikationswareneinkauf, Kontakt zum Franchisegeber und Strategie. Zudem wurde die Kommunikation zwischen den Stores, den nicht räumlich miteinander verbundenen Geschäftsleitungsmitgliedern und den externen Dienstleistern durch ein Informationsmanagementsystem sichergestellt.

Abschließend möchte ich noch festhalten, dass diese zuvor beschriebenen Faktoren alle von hoher Bedeutung für unseren Erfolg und unsere Expansion waren. Gleichwohl gab es natürlich einen übergreifenden, allgemeingültigen Erfolgsfaktor: unser Unternehmertum mit ausgeprägtem Kosten- und Dienstleistungsbewusstsein. Dieses »Unternehmer-Bewusstsein« hat uns nicht nur zu Größe und Erfolg als Vobis Franchisenehmer geführt. Dieses Bewusstsein und der damit verbundene Erfolg hat uns zu unserer anschließenden, aktuellen Herausforderung gebracht, die wir jetzt mit Erfolg meistern: Anteilseigener und Vorstände der Vobis Microcomputer AG zu sein – und damit auch Franchisegeber zu sein!

6 | Grenzüberschreitendes Franchising – 100 praktische Überlegungen für die internationale Expansion eines Franchisesystems

von Albrecht Schulz

Einführung

Jede geschäftliche Expansion ist Risiko. Dies gilt um so mehr, wenn die Expansion über die Grenzen des eigenen Landes hinaus in fremdes Terrain mit fremder Sprache und anderen kulturellen und sozialen Bedingungen gewagt wird. Das Unterlassen von Expansion zum richtigen Zeitpunkt ist für Zukunft und Bestand eines Geschäfts aber ebenfalls ein Risiko, langfristig betrachtet wohl sogar das größere.

Auch ein Franchisegeber wird oder muss früher oder später daran denken, sein Franchisenetz über die Grenzen des eigenen Landes hinaus auszudehnen. Dies gilt besonders in Europa, wo sich der *Binnenmarkt* in den letzten Jahren stürmisch entwickelt hat und wo der grenzüberschreitende Handel, nach Einführung des Euro weiter zunehmen wird. Erfahrene Franchisegeber mit soliden Finanzen können sogar über Europa hinaus denken. Die nachfolgenden Zeilen sollen jeden Franchisegeber dazu ermutigen, in internationalen Kategorien zu denken und auch zu arbeiten, jedoch mit Augenmaß und nach Prüfung und Vorbereitung der *richtigen* Bedingungen.

Die nachfolgend in 100 Punkten aufgezählten Überlegungen beruhen auf jahrelangen eigenen praktischen Erfahrungen mit international expandierenden Franchisesystemen, aber auch auf den Erkenntnissen anderer international erfahrener Franchisespezialisten. Sie stellen keine schematischen *Regeln* dar und sollen auch niemanden davon abhalten, den eigenen Weg zur Internationalisierung zu suchen und zu finden. Viele der aufgeführten Punkte gelten für jede Art internationaler Geschäftstätigkeit, nicht nur für das Franchising. Sie mögen deshalb manchen wie Binsenwahrheiten vorkommen, und sie enthalten auch einige Wiederholungen. Viele der nachfolgenden Ratschläge können aber nicht oft genug wiederholt werden. Sofern sie nur gelegentlich oder nur in Einzelpunkten verletzt werden, mag dies für die Expansion eines Systems noch nicht schädlich sein. Die Vernachlässigung mehrerer oder gar vieler der genannten Punkte bedeutet aber, den Misserfolg regelrecht herauszufordern. Die Berücksichtigung dieser Überlegungen garantiert den Erfolg natürlich nicht, erhöht aber mit Sicherheit die Chancen einer internationalen Expansion. Im Übrigen sollte grenzüberschreitendes Franchising als mögliche Expansionsmethode auch von solchen Unternehmen in Betracht gezogen werden, die in ihrem Heimatmarkt mit einem firmeneigenen Netz oder mit traditionellen Vertriebsmethoden arbeiten.

Die meisten der genannten Punkte können andererseits vom *Importeur* eines ausländischen Franchisesystems, also einem Master-Franchisenehmer oder Gebietsentwickler, auch bei der Prüfung herangezogen werden, ob das in Betracht gezogene System für die Einführung ins eigene Land reif und geeignet ist.

6.1 Warum Sie nicht ins Ausland expandieren sollten

1) Beim ersten Gedanken an eine »internationale Expansion« muss mit dem Eintragen der Marke/n des Franchisesystems in den potenziellen Zielländern begonnen werden, was in Europa auch durch die Eintragung einer Gemeinschaftsmarke erreicht werden kann. Falls das System in Deutschland keine eingetragene Marke haben sollte (was nur als Fehler bezeichnet werden kann), sollten auch hier spätestens zu diesem Zeitpunkt die notwendigen Schritte eingeleitet werden.

2) Eine internationale Expansion sollte nie aus den falschen Gründen betrieben werden.

3) Eine Expansion ins Ausland sollte nicht betrieben werden, weil *Internationalität* so schön klingt oder weil das heute so üblich ist.

4) Mit der Expansion ins Ausland sollte man nicht dem Erfolg eines im Ausland oder in einem bestimmten Land erfolgreich tätigen Kollegen oder Wettbewerbers nacheifern wollen, ohne die Gründe für dessen Erfolg genau analysiert zu haben.

5) Die Expansion ins Ausland oder in ein bestimmtes Land sollte nicht betrieben werden, weil man vor einem Wettbewerber am Ziel sein will oder weil man vermeiden will, dass dort jemand das – leicht kopierbare – Franchisesystem nachahmt.

6) Der Gang in ein bestimmtes Zielland sollte nicht durchgeführt werden, weil es persönliche Gründe dafür gibt: Man verbringt dort gern die Ferien oder hat dort ein privates Ferienhaus oder eine studierende Tochter.

7) Keinesfalls sollte man dem Angebot eines potenziellen Partners auf Übernahme des Franchisesystems folgen, das aus einem Land kommt, das (jetzt noch) nicht auf der Liste der potenziellen Zielländer steht, um so weniger, je weiter dieses Land entfernt ist.

8) Einem solchen Angebot sollte auch dann nicht gefolgt werden, wenn der Interessent versucht, es mit einem attraktiven Preis schmackhaft zu machen.

9) Je attraktiver ein derartiges Angebot ist oder scheint, desto gründlicher muss die Prüfung der finanziellen und persönlichen Eignung des sich selbst anbietenden potenziellen Partners vorgenommen werden.

10) Auch in ein auf den ersten Blick attraktiv erscheinendes Zielland sollte eine Expansion nicht vorgenommen werden, ohne die Absatzchancen für die Waren und/oder Dienstleistungen des Systems sorgfältig geprüft zu haben.

11) Die Expansion darf nicht vorgenommen werden, um einen stockenden Erfolg im Heimatland zu kompensieren. Fehlende Umsätze und Gewinne zu Hause können nicht durch im Ausland vermeintlich schnell erzielbare hohe Eintrittsgebühren ersetzt werden.

6.2 Warum Sie ins Ausland expandieren sollten

12) Eine Auslandsexpansion sollte begonnen werden, wenn der heimatliche Markt voll ausgeschöpft ist, sodass nur eine internationale Expansion das Franchisesystem weiterbringen kann.

13) Die Auslandsexpansion kann in Angriff genommen werden, wenn die Zentrale über ausreichende finanzielle Mittel und über ausreichendes und geeignetes (fremdsprachiges) Personal verfügt, um die Expansion in einem oder gar in mehreren Zielländern vorbereiten, betreuen und langfristig unterstützen, aber auch kontrollieren zu können.

14) Die Expansion kann durchgeführt werden, wenn das Investieren eigener finanzieller Mittel in derartige internationale Maßnahmen langfristig eine marktgerechte Rendite verspricht.

15) Die Expansion in bestimmte Länder kann vorgenommen werden, wenn die Analyse des jeweiligen Ziellandes gute Absatzchancen für die Waren und/oder Dienstleistungen des Systems erwarten lässt und wenn deren Verkauf dort rechtlich zulässig ist.

16) Der Schritt in ein bestimmtes Land kann durchgeführt werden, wenn dort Räumlichkeiten, Personal und Produkte zu Preisen vorhanden sind, welche sie zu einem positiven Einsatz beim jeweiligen Franchisesystem geeignet erscheinen lassen.

17) Der Schritt in ein bestimmtes Zielland kann gemacht werden, wenn dort Finanzmittel und Finanzierungsmechanismen für oder bei potenziellen Franchisenehmern und potenziellen Kunden vorhanden sind, die eine rasche Expansion des Systems erwarten lassen können.

18) Sollte dies nicht oder nur in beschränktem Umfang der Fall sein, muss der Franchisegeber in der Lage sein, den potenziellen Franchisepartnern substanzielle und finanzielle Hilfe zu gewähren und bei diesen auch mittel- und langfristig finanzielle Engpässe überbrücken zu können. Die langfristige Übernahme eigener finanzieller Verpflichtungen muss in Betracht gezogen werden, eventuell in Form von Joint Ventures.

19) Die internationale Expansion muss mit Ländern beginnen, zu denen die geographische Entfernung ohne Probleme mit den vorhandenen Mitteln (des Verkehrs, der Kommunikation, der personellen und der finanziellen Ressourcen) überbrückt werden kann.

20) Expansionsschritte sollten nur in ein solches Zielland der Wahl des Franchisegebers stattfinden, für das ein potenzieller Partner gefunden wird, der persönlich (auch sprachlich) und finanziell geeignet ist, eine solide Expansion in diesem Zielland langfristig sicherzustellen. Dies gilt um so mehr, wenn zeitgleich mehrere Zielländer angegangen werden sollen.

6.3 Wenn Sie sich für die Expansion ins Ausland entschieden haben

21) Nach der positiven Grundentscheidung zur internationalen Expansion aus den (hoffentlich) richtigen Gründen sollte diese von einem international erfahrenen unabhängigen Berater überprüft werden.

22) Spätestens zu diesem Zeitpunkt muss/müssen die Marke/n des Franchisesystems in dem/den potenziellen Zielländern eingetragen werden, am besten schon eingetragen sein. Jedes Verhandeln mit einem potenziellen Partner schafft ein zusätzliches Kopierrisiko für eine nicht geschützte Marke (im Übrigen auch für andere nicht geschützte Teile eines Systems, besonders geheime Know-how-Elemente).

23) Sollte der zur Erlangung des Markenschutzes beigezogene (ausländische) fachkundige Berater (Rechtsanwalt oder Patentanwalt) erhebliche Zweifel an der Eintragungsfähigkeit der Marke/n im Zielland oder in den Zielländern äußern, sollten die Expansionspläne bzgl. solcher potenzieller Zielländer noch einmal gründlich überdacht oder vorläufig zurückgestellt werden.

24) Auch der mögliche Schutz für andere geistige oder gewerbliche Schutzrechte, besonders die Bestandteile des Know-hows und sonstiger Geschäftsgeheimnisse im Zielland sollte überprüft werden. Die Schutzmöglichkeiten könnten so schwach und damit das Kopierrisiko in einem bestimmten Land so groß sein, dass Sinn und Erfolg der Expansion in ein solches Land von vornherein als zweifelhaft erscheinen. Es muss auch geprüft werden, ob in dem betreffenden Land Technologietransfergesetze bestehen, was besonders noch in zahlreichen Ländern der Dritten Welt der Fall ist. Solche Gesetze können den Import eines ausländischen Franchisesystems behindern oder gar für den Franchisegeber uninteressant machen, besonders wenn Beschränkungen für die Festsetzung und die Ausfuhr von Franchisegebühren, möglicherweise auch für einen dauerhaften Schutz des Know-hows bestehen.

25) Der erste Schritt einer internationalen Expansion muss die Aufstellung eines Geschäftsplanes sein mit einem ausreichenden Budget für die Vorbereitungsphase oder für die in diesem Zeitpunkt überschaubaren Vorbereitungsmaßnahmen.

6.4 Aktive Vorbereitung der Expansion

26) Während der Vorbereitungsphase müssen realistische Geschäftspläne und Budgets für die Durchführung der vorgesehenen Expansion aufgestellt werden – Einmal für die Zentrale des Franchisegebers und einmal für das jeweilige Zielland.

27) Bei diesen Planungen sollte kein Franchisegeber davon ausgehen, dass das Betreiben des Franchisegeschäfts irgendwo so funktioniert wie in seinem Heimatland.

28) Selbst wenn er die ersten internationalen Erfahrungen gesammelt hat, sollte er aber auch nicht annehmen, dass das Franchisegeschäft im Nachbarland B so funktioniert wie im Nachbarland A (das er schon kennt), außerhalb des Binnenmarktes der EU ebenso wie innerhalb, in einem Land Asiens ebenso wie in einem anderen Land Asiens, in Südamerika wie in Nordamerika. Je weiter ein anderer Kontinent vom Heimatstandort entfernt ist, desto eher besteht die Neigung, diesen Kontinent als eine Einheit anzusehen, für welche vermeintlich die gleichen Regeln gelten. Nichts ist falscher als das, selbst wenn die modernen Wolkenkratzer oder Flughäfen von Singapur denen Jakartas oder Taipehs ähneln. Besonders sollte ein Bogen um Länder gemacht werden, welche »für Anfänger nicht geeignet« sind. Hierzu gehören eigentlich fast alle Länder außerhalb der EU.

29) Bei der Erstellung von Geschäftsplan und Budget sollte die Attraktivität des Franchisesystems im Ausland nicht überschätzt werden. Je entfernter das Zielland und je fremder Sprache und Kultur, desto unbekannter sind Name, Marke, Produkte und Dienstleistungen des Franchisesystems.

30) Bei der Budgetierung dürfen die zu überwindenden Widerstände im jeweiligen Zielland, das in der Zentrale zusätzlich benötigte Personal, dessen erforderliche Qualifikationen und die damit verbundenen Kosten nicht unterschätzt werden.

31) Bei der Budgetierung sollte in Betracht gezogen werden, dass die Investitionen für das (jeweilige) Expansionsprojekt insgesamt oder weitgehend verloren gehen könnten. Der Franchisegeber muss sicher sein oder vorsorgen, dass auch der Totalverlust solcher Investitionen ihn *nicht umbringt*.

32) In dieser Phase müssen jetzt im Detail die kommerziellen und rechtlichen Marktchancen für die Produkte/die Dienstleistungen des Systems im jeweiligen Zielland geprüft werden. Art und Umfang der notwendigen Anpassung an die kommerziellen, kulturellen und rechtlichen Marktbedingungen einschließlich der Maßnahmen zur Überwindung möglicherweise bestehender Hindernisse und die damit verbundenen Kosten müssen geprüft und möglichst genau eingeschätzt werden.

33) Ein wichtiges Element solcher Prüfung ist die Frage, ob das Geld, das ein Franchisegeber zu verdienen hofft, ohne weiteres aus dem jeweiligen Zielland (voraussichtlich auf Dauer!) exportiert werden kann. Falls Beschränkungen oder auch nur Zweifel bestehen, sollten von vornherein mögliche Alternativen zum direkten Geldexport in Betracht gezogen und überprüft werden. Auch mögliche Wechselkursschwankungen müssen in die Planungen einbezogen werden. Wie schnell sich derartige Bedingungen ändern können, haben die finanziellen Krisen in zahlreichen asiatischen Ländern im Winter 1997/1998 gezeigt oder die Entwicklungen nach dem 11. September 2001.

34) Die Prüfung der Marktchancen eines Franchisesystems und der Marktbedingungen im jeweiligen Zielland sollte der Franchisegeber nicht allein dem po-

tenziellen Partner vor oder gar nach Abschluss eines Vertrages überlassen. Nur wenn der Franchisegeber selbst (gegebenenfalls mit Hilfe fachkundiger Experten) die Marktbedingungen kennt und von den Marktchancen überzeugt ist, kann er von einem künftigen Partner hohe Gebühren verlangen und diesen von der Berechtigung hoher Gebühren überzeugen.

35) Ein Franchisegeber sollte nicht davon ausgehen, dass im jeweiligen Zielland so stabile politische und rechtliche Verhältnisse herrschen wie derzeit in Deutschland und in praktisch allen Ländern der EU. Änderungen der Marktbedingungen können jederzeit, kurzfristig und in jeder operationellen Phase eintreten. In extremen Fällen kann ein ganzer Staat mit seiner politischen und gesellschaftlichen Infrastruktur verschwinden, wie wir es im vergangenen Jahrzehnt in Osteuropa gesehen haben.

36) Bei jedem Zielland muss damit gerechnet werden, dass sich jederzeit die gesetzlichen und steuerlichen Rahmenbedingungen ändern können, besonders auch für ausländische Investoren. Gesetzes- und Verordnungstexte und deren Interpretationen können kurzfristig geändert oder ganz ersetzt werden. Staatliche Institutionen nehmen solche Änderungen manchmal schneller vor, als sie veröffentlicht werden oder als sie von Ausländern übersetzt werden können.

37) Auch bei veröffentlichten Gesetzes- oder Verordnungstexten kann jedoch nicht davon ausgegangen werden, dass sie eindeutig sind und von allen Instanzen einheitlich interpretiert und angewandt werden. Besonders kann nicht überall davon ausgegangen werden, dass der Inhalt der Texte und deren Interpretation durch Berater des Franchisegebers (den heimatlichen Beratern oder den Beratern vor Ort) der Rechtswirklichkeit entsprechen und dass sie sich gar in einem dem deutschen Justizsystem vergleichbaren System durchsetzen lassen. Dieser Warnhinweis gilt selbst für ausländische Justizsysteme, die rein oberflächlich betrachtet dem deutschen ähnlich zu sein scheinen, und auch für die mit einer Rechtsdurchsetzung möglicherweise verbundenen Kosten.

38) Andererseits muss davon ausgegangen werden, dass bereits der geringste Verstoß gegen ein Gesetz oder eine staatliche Verordnung im jeweiligen Zielland dramatische Folgen haben kann. In vielen Rechtssystemen werden, ganz anders als in Deutschland, Verstöße gegen zivil- oder wirtschaftsrechtliche Bestimmungen nicht nur mit zivilrechtlicher Unwirksamkeit, sondern häufig auch mit staatlichen Strafmaßnahmen sanktioniert. Gerade in solchen Ländern kann es vorkommen, dass strafbare Rechtsverstöße nur deswegen hochgespielt werden, um Bestechungsgelder fließen zu lassen. Auf formale Einhaltung aller Gesetzesbestimmungen im jeweiligen Gastland ist deshalb sehr zu achten.

39) Ein Franchisegeber muss sicherstellen, dass alle für den Start und das Betreiben des jeweiligen Franchisesystems erforderlichen staatlichen oder behördlichen Genehmigungen eingeholt werden. Dabei muss darauf geachtet wer-

den, dass die jeweiligen Genehmigungen von der jeweils zuständigen Institution oder Behörde ausgestellt werden, wobei das eindeutige Feststellen der zuständigen Behörde in manchen Ländern schwierig sein kann.

6.5 Wahl des richtigen Partners

40) Jeder Franchisegeber sollte davon ausgehen, dass die Auswahl des *richtigen* Partners seine wichtigste Entscheidung ist, und zwar unabhängig von der Wahl des jeweiligen Expansionsvehikels.

41) Wenn die Expansion in ein Zielland nur mit einem Partner, wie z. B. beim Master-Franchising, betrieben wird, hat der Franchisegeber bei der Wahl des geeigneten Partners nur »einen Schuss«. Wenn der Expansionsversuch mit dem einen ausgewählten Partner fehlschlägt, ist das betreffende Land und dessen Markt erst einmal für einige Jahre tot.

42) Gleichzeitig muss ein expansionswilliger Franchisegeber davon ausgehen, dass die Suche nach dem »richtigen Partner« der schwierigste Teil seines Unterfangens ist. Da es für die Partnersuche keine eingefahrenen Gleise und keine eindeutigen Mechanismen gibt, müssen alle verfügbaren Quellen (Franchiseverbände und Branchenverbände im jeweiligen Zielland, Handelskammern, diplomatische und konsularische Vertretungen, Agenturen, Unternehmens- und Personalberater, Head Hunters, Anzeigen, Franchise- und Branchenmessen, Internet) genützt werden und dafür nicht unerhebliche finanzielle Mittel vorgesehen werden. Kostenlose Anfragen da und dort und nach dem Zufallsprinzip bringen nichts. In vielen Ländern sind inzwischen die Franchisemessen zu gut organisierten und etablierten Plattformen der Partnersuche geworden, nicht nur in westlichen Industrienationen, sondern auch in einigen asiatischen und südamerikanischen Ländern.

43) Kein Franchisegeber sollte sich mit dem *Ja* eines netten Menschen und dessen Bereitschaft zur Zahlung einer mehr oder weniger substanziellen Einstandsgebühr zufrieden geben. Ein solches *Ja* sollte auch dann nicht genügen, wenn ein Franchisegeber endlich nach lange ergebnisloser und kostspieliger Suche einen zum Einstieg bereiten Kandidaten gefunden hat. Die ursprünglich wahrscheinlich vorhandenen hohen Qualitätsmaßstäbe sind in einem späteren Erschöpfungsstadium bei manchen so weit abgesunken, dass eine *endlich* erreichte Zusage häufig keine zukunftsträchtige Geschäftsgrundlage ist.

44) Ein Franchisegeber muss die eigenen finanziellen Ressourcen des jeweiligen Kandidaten und dessen Zugang zu Fremdkapital prüfen; die für die Einführung und Durchsetzung eines neuen Konzepts zur Verfügung stehenden finanziellen Reserven müssen beträchtlich sein. Allein auf die eigenen Angaben des ausländischen Kandidaten sollte man sich nicht verlassen.

45) Von gleich großer Bedeutung sind die persönlichen Eigenschaften. Dies gilt für normale Einzelfranchisenehmer, aber noch mehr für einen Partner, der als Masterfranchisenehmer oder Entwickler ein ganzes Land oder große Teile

hiervon erschließen soll. Ein solcher Partner muss eine starke Unternehmerpersönlichkeit (der *Franchisegeber* für sein Land) sein, er muss aber gleichzeitig bereit und fähig sein, sich in das System des Franchisegebers zu integrieren und sich dessen Maßstäben und Vorgaben unterzuordnen. Besonders bei den ersten Expansionsversuchen darf ein Franchisegeber nicht übersehen, dass ein Masterpartner oder ein Entwickler kein normaler Einzelfranchisenehmer ist. Von seinen beim Einzelfranchising gewohnten Maßstäben muss er sich deshalb verabschieden.

46) Bei der Überprüfung und Beurteilung der in die engere Auswahl gekommenen Kandidaten sollte ein Franchisegeber auch erfahrene örtliche Berater einsetzen; sie sind häufig eher als er selbst in der Lage, die persönlichen Eigenschaften der örtlichen Kandidaten und deren Eignung für die Einführung und Durchsetzung des spezifischen Franchisesystems unter den gegebenen Marktbedingungen zu beurteilen.

47) Von allergrößter Bedeutung ist, dass die »persönliche Chemie« stimmt. Das ist in keinem Falle möglich, wenn die Vertragsparteien oder deren handelnde Personen nicht wenigstens eine gemeinsame Kommunikationssprache haben. Falls eine Kommunikation in einer gemeinsamen Sprache nicht ohne weiteres möglich ist, sind Missverständnisse und schließlich der Misserfolg vorprogrammiert.

48) Dem/den potenziellen Partner/n müssen ausreichende Informationen über den Franchisegeber und dessen Franchisesystem gegeben werden. Dies gilt vor allem für die ständig wachsende Zahl der Länder, in denen durch Gesetze oder durch die Entwicklung der Rechtsprechung eine zwingende vorvertragliche Aufklärungspflicht besteht. In solchen Ländern bestehen zum Teil detaillierte Regelungen über die Fristen für die Erfüllung solcher Aufklärungspflichten vor Vertragsschluss und über den genauen Inhalt des Informationsdokuments. In manchen Ländern darf man gar nicht in Verhandlungen mit potenziellen Franchisepartnern eintreten, ohne ihnen ein Informationsdokument zu übergeben. Zum Teil besteht auch eine vorherige Registrierungspflicht für das Franchisesystem und/oder den Franchisevertrag. Die Nichtbeachtung zwingender vorvertraglicher Aufklärungspflichten hat in der Regel schwerwiegende zivil- und häufig auch strafrechtliche Konsequenzen. Sofern in einem Zielland vorvertragliche Aufklärungspflichten gesetzlich vorgeschrieben sind, müssen die Informationsdokumente regelmäßig auch in der Sprache des jeweiligen Landes abgefasst werden.

49) Auch wenn keine gesetzlichen oder sonstigen zwingenden vorvertraglichen Aufklärungspflichten bestehen, sollte ein Franchisegeber seinen potenziellen Partner ausreichend und immer nur korrekt über das Franchisesystem, dessen bisherige Erfolge und die Voraussetzungen für dessen erfolgreiche Umsetzung informieren. Unvollständige oder gar unrichtige Informationen führen zu falschen und später enttäuschten Erwartungshaltungen. Selbst wenn dies im Einzelfall nicht zu zivil- oder strafrechtlichen Konsequenzen führt, so doch

zu einer »Bestrafung durch das Leben«, nämlich zu einem Zusammenbruch der Zusammenarbeit.

50) Wenn bei Übermittlung der vorvertraglichen Informationen (mündlich oder schriftlich) die Marke/n des Franchisesystems im Zielland noch nicht eingetragen ist/sind, sollte die weitere Vorbereitung der Expansion in dieses Zielland hinausgezögert werden oder, in Anbetracht des Kopierrisikos, allenfalls unter zusätzlichen vorvertraglichen Vorsichtsmaßnahmen weiterbetrieben werden. Wenn zu diesem Zeitpunkt noch nicht einmal die Eintragungsanträge gestellt sind, ist dies ein Fehler und ein Zeichen, dass der Franchisegeber und sein System eigentlich noch nicht reif sind für die internationale Expansion, zumindest nicht in das betreffende Zielland.

6.6 Wahl des richtigen Expansionsvehikels

51) In diesem frühen Stadium muss eingehend geprüft werden, welches Expansionsvehikel für das jeweilige Franchisesystem, das jeweilige Zielland und für den/die potenziellen Partner am besten geeignet ist:
– direktes Einzelfranchising
– Entwicklungsverträge
– Masterfranchising
– gesellschaftsrechtliche Konstruktionen (Tochtergesellschaften, Joint Ventures),
– andere (traditionelle) Vertriebs- oder auch Lizenzsysteme.
Dabei müssen die jeweiligen Vor- und Nachteile gegeneinander abgewogen werden.

52) Direktes Einzelfranchising sollte nicht von vornherein als Möglichkeit für die internationale Expansion ausgeschlossen werden. (An dieser Stelle wird oft von »direktem Franchising« gesprochen; unter diese Rubrik fallen aber auch Franchising über Tochtergesellschaften und Franchising im Rahmen von Entwicklungsverträgen.)

53) Einzelfranchisen kommen vor allem für geographisch, kulturell und sprachlich naheliegende Länder in Betracht, aber auch während der Pilotphase beim Masterfranchising oder bei Entwicklungsverträgen. Sie kommen hauptsächlich auch bei Franchisesystemen in Betracht, bei denen in jedem Einzelfall die Investitionssumme hoch ist und bei denen Franchisenehmer in der Regel Gesellschaften oder finanzkräftige Geschäftsleute sind. Der Vorteil bei direktem Einzelfranchising ist, dass man es – bis auf eine eventuell notwendige Vertragsübersetzung – als »business as usual« ansehen und betreiben kann. Es setzt aber voraus, dass die üblichen vertraglichen Franchisegeberleistungen ohne großen Zusatzaufwand über die Grenze erbracht werden können. Die Franchisegebühren bewegen sich nämlich normalerweise im üblichen Rahmen.

54) Beim Einzelfranchising muss bedacht werden, dass es sich beim ersten Vertrag über die Grenze immer um ein Pilotprojekt handelt, welches eines besonde-

ren Einsatzes des Franchisegebers bedarf und bei welchem Leistungen und Kommunikation wahrscheinlich noch nicht reibungslos laufen. Auch die Gebühren des ersten Franchisenehmers müssen dem entsprechen.

55) Einzelfranchising als direktes Franchising über die Grenze in größerer Breite funktioniert auf Dauer meist nur bei Errichtung einer eigenen Tochtergesellschaft im jeweiligen Zielland, die dort – finanziell und personell entsprechend ausgestattet – die volle Franchisegeber- oder eine andere Betreuerrolle übernimmt. Kontroll- und Verdienstmöglichkeiten beim Einschalten einer Tochtergesellschaft sind besser als beim Masterfranchising. Die Errichtung einer Tochtergesellschaft (pro Zielland) verlangt aber ein beträchtliches finanzielles Engagement, bei dem der Franchisegeber allein das volle Risiko eingeht.

56) Direktes Franchising kann auch über so genannte Entwicklungsverträge (*development agreements*) laufen. Der *Entwickler* ist ein eigenverantwortlicher Partner im Zielland (oder in einem Teil davon), der in dem ihm zugeteilten Gebiet (nach dem in den USA verbreiteten System) eine größere Anzahl eigener Franchisebetriebe nach dem Franchisesystem eröffnet und betreibt, für die er aber jeweils einen Einzelfranchisevertrag mit dem Franchisegeber abschließt.

Zum Teil wird als *Entwickler* auch ein dem Handelsvertreter ähnlicher Vermittler verstanden, der Franchisenehmer anwirbt, die jeweils Einzelfranchiseverträge direkt mit dem ausländischen Franchisegeber abschließen, die dann vom *Entwickler* angeleitet und betreut werden; diese Konstruktion hat sich in der internationalen Franchisepraxis aber nicht durchgesetzt.

57) Bei Entwicklungsverträgen ist die Wahl des richtigen Partners ebenfalls von großer Bedeutung, sie schaffen aber kein dreistufiges System und sind leichter zu kontrollieren als Masterfranchiseoperationen. Die eigenen Geschäfte des Entwicklers werden allerdings von angestellten Mitarbeitern geleistet, sodass der »Franchise-Geist« selbstständiger Franchisenehmer möglicherweise fehlt. Entwicklungsverträge sind deshalb entweder für begrenzte Gebiete (*area development agreements*) oder für Systeme geeignet, bei denen in einem Land nur eine begrenzte Anzahl von Geschäften eröffnet werden soll. Entwicklungsverträge sind eine in Deutschland bisher wenig bekannte (und auch noch nicht wirklich erprobte) Expansionsform, werden von erfahrenen und großen US-Systemen aber in wachsendem Umfang praktiziert.

58) Die internationale Expansion von Franchisesystemen wird weiterhin am häufigsten über Masterfranchisenehmer (nach der früheren EG-Gruppenfreistellungsverordnung offiziell: Hauptfranchisenehmer) betrieben, bei denen der Master im Zielland als Franchisegeber funktioniert und seine eigenen Unterfranchisenehmer anwirbt und betreut (richtiger hieße er deshalb wohl *Unterfranchisegeber*). Es ist allerdings immer mehr üblich, dass der Master – nicht nur in der Pilotphase – auch eigene Geschäfte betreibt; dies gibt ihm eine bessere wirtschaftliche Basis und gestattet ihm mehr Marktnähe bei der Umsetzung des importierten Systems.

59) Für den Franchisegeber sind die Vorteile des Masterfranchising, dass die Expansion in das Zielland von einem Kenner des Landes im Wesentlichen mit dessen Finanzmitteln und auf dessen Risiko betrieben wird und dass der Franchisegeber gleich am Anfang die Chance hat, eine beträchtliche Einmalgebühr für die Einräumung der Vertragsrechte zu erhalten.

60) Schwierigkeiten und Nachteile dürfen aber nicht unterschätzt werden:
   – Das Finden des richtigen Partners, welches der wichtigste Punkt überhaupt ist,
   – die Ausbildung dieses Partners zum *Franchisegeber*,
   – die Betreuung und Kontrolle dieses in der Regel sehr selbstständigen Partners,
   – die Bewahrung der Einheitlichkeit des Systems,
   – ein zumeist doch eher langsamer »return on investment«,
   – große Schwierigkeiten bei der Beendigung oder auch nur bei der Überleitung eines Masterfranchisevertrages.

61) Bei Vorbereitung und Planung der internationalen Expansion eines Franchisesystems sollte die Möglichkeit der Errichtung eines Joint Venture frühzeitig in Betracht gezogen werden, nicht erst nach langer vergeblicher Suche nach dem idealen Masterpartner oder Entwickler. Für ein Joint Venture ist ein Partner leichter zu finden, da er geringere finanzielle Ressourcen benötigt und da der Franchisegeber durch seine Beteiligung Vertrauen in sein eigenes System signalisiert. Ausbildung, Betreuung, Kontrolle und Wahrung der Einheitlichkeit des Systems sind erheblich leichter, da der Franchisegeber ständig am operativen Geschäft teilnimmt.

62) Die üblichen Schwierigkeiten bei jedem internationalen Joint Venture müssen natürlich gemeistert werden:
   – Reibungsverluste wegen unterschiedlicher Geschäftspraktiken und -kulturen,
   – wobei der im Zielland ansässige Partner meist praktische und rechtliche Vorteile hat,
   – unterschiedliche Motivationen und Ziele bei Eintritt in die Partnerschaft, die sich erst später herausstellen,
   – Schwierigkeiten bei Festlegung der Preise und Geschäftsbedingungen, da der Gesamtgewinn ja nur einmal entsteht und auf das Joint Venture (an dem beide beteiligt sind) und auf den Franchisegeber verteilt werden muss,
   – im Ergebnis auch hier ein eher langsamer »return on investment«.
   Bei jedem Joint Venture sollten deshalb von vornherein Optionen für die Übernahme aller Anteile durch einen der Partner vorgesehen werden, selbst wenn dies komplexe rechtliche Konstruktionen erfordert.

63) Bei jeder internationalen Expansion, und zwar erneut bei jedem Zielland sollte ein Franchisegeber prüfen – besonders beim Vertrieb von Waren –, ob Franchising für das betreffende Zielland die richtige Methode ist oder ob im jeweiligen Fall eine traditionelle Vertriebsmethode (Vertriebshändler, Han-

delsvertreter, Produktionslizenz) nicht vielleicht einfacher zu gestalten und zu handhaben ist. Dies sollte vor allem überlegt werden bei eher isolierten und weit entfernten Operationsgebieten, von denen nicht ohne weiteres Reexporte in benachbarte oder naheliegende Franchiseländer in Frage kommen. Die Partnersuche ist bei den herkömmlichen Methoden in der Regel einfacher.

6.7 Auswahl- und Entscheidungskriterien

64) Bei der Wahl des für ein Franchisesystem geeigneten Expansionsvehikels darf der Franchisegeber nicht schematisch vorgehen, sondern er muss alle Elemente berücksichtigen, die hierbei eine Rolle spielen (können), und zwar muss er für jedes neue Zielland die Wahl des geeigneten Vehikels erneut durchführen und treffen.

65) Das erste und wohl auch wichtigste Element dabei sind die vorhandenen menschlichen Ressourcen des Franchisegebers. Mit dem Franchisesystem vertrautes und zum internationalen Einsatz fähiges und bereites Personal muss vor dem ersten Schritt ins Ausland in ausreichender Menge vorhanden sein, beim direkten Einzelfranchising mehr als beim Masterfranchising. Im letzteren Falle muss aber das Ausbildungsniveau höher sein, da der/die Masterpartner zu Franchisegebern ausgebildet werden müssen.

66) Die finanziellen Ressourcen des Franchisegebers müssen für langfristige Investitionen ausreichen, da die Vorlaufkosten hoch sind, bevor irgendwelche Gewinne aus der Auslandsexpansion zu erwarten sind. Direktes Einzelfranchising verlangt dabei einen höheren Aufwand als Masterfranchising. In jedem Falle sollte nur aufgrund langfristiger Pläne investiert werden, und keinesfalls Geld, das im Heimatmarkt vom Franchisegeber sinnvoller eingesetzt werden könnte.

67) Geografische Distanzen werden zumindest am Anfang internationaler Expansionsmaßnahmen eine wichtige Rolle spielen. Reisezeiten von wenigen Stunden erlauben eine bessere Betreuung mit weniger Personal. Geografische Nähe bedeutet aber nicht kulturelle, rechtliche oder geschäftliche Nähe, zumeist nicht einmal ausreichende Kenntnis. Je größer die Entfernung, desto größer der Aufwand und desto geringer die Chance für direktes Einzelfranchising (außer bei einigen Geschäftszweigen).

68) Schnelle Verkehrs- und Telekommunikationssysteme sind heute eher die Regel, aber nicht überall selbstverständlich. Fax und E-Mail ersetzen auch nicht durchweg den guten persönlichen Kontakt. Ein Franchisegeber in Detmold sollte sich seinen ersten Masterpartner vielleicht nicht in Sizilien aussuchen. Auch wenn Indien ein Land der Zukunft ist, sollte ein Franchisegeber nicht unbedingt dort seine erste Auslandsoperation starten.

69) Ein gutes anfängliches und dann ein fortlaufendes Training durch den Franchisegeber ist entscheidend für den Erfolg eines jeden Franchisesystems. Beim Einzelfranchising (und auch bei anderen Formen des direkten Franchising)

muss das Training direkt vom Franchisegeber durchgeführt werden, und zwar durch Personal, welches Sprache, Kultur, Gesetze und kommerzielle Bräuche des jeweiligen Ziellandes kennt. Sofern ein Franchisegeber eine solche Schulung nicht durchführen kann, sollte er an Einzelfranchising im Ausland nicht denken. Einen Masterfranchisenehmer, eventuell auch einen Entwickler kann ein Franchisegeber in seiner heimatlichen Zentrale ausbilden, wenn der Auszubildende seine Sprache spricht. Dessen Kommunikationsfähigkeit muss aber so gut sein, dass der komplette Inhalt des Franchisesystems vermittelt werden kann. Schulsprachkenntnisse reichen hierfür nicht.

70) An Einzelfranchising kann ein Franchisegeber nur denken, wenn er die Unterschiede bei Sprache, Kultur und geschäftlichen Bräuchen, die ethischen und religiösen Einstellungen sowie die ethnischen Fakten im jeweiligen Zielland so gut kennt, dass er dort wie ein Einheimischer agieren kann. Auch bei Masterfranchising oder bei Entwicklungsverträgen kann der Franchisegeber aber nicht einfach alles dem ausländischen Partner überlassen. Er muss bei der Anpassung des Franchisesystems an die Bedingungen des Ziellandes in vollem Umfang beteiligt sein und dabei seine Erfahrungen einbringen, sonst riskiert er, dass sich *sein* System in etwas anderes verwandelt. Dabei darf er nicht übersehen, dass selbst in vermeintlich gut bekannten Nachbarländern, vielleicht sogar mit ähnlich klingenden Sprachen ein importiertes ausländisches Konzept nicht ohne Weiteres akzeptiert wird.

71) Die rechtlichen Voraussetzungen und Unterschiede im Zielland müssen dem Franchisegeber selbstverständlich bekannt sein. Rechtliche Unterschiede allein hindern keine Form des Franchising. Einzelfranchising wird aber nur praktisch sein, wenn die rechtlichen Unterschiede nicht zu groß sind oder wenn die wirtschaftliche Bedeutung des Einzelvertrages so groß ist, dass sich bei jedem Vertragsschluss der Anpassungsaufwand lohnt. Wenn die rechtlichen Unterschiede größere Anpassungsmaßnahmen erfordern, ist Masterfranchising geeigneter.

72) In keinem Falle dürfen rechtliche Unterschiede so groß sein, dass im Zuge der Vertragsanpassung das Franchisesystem geändert oder gar verfälscht wird. Es darf besonders keine Rechtsvorschriften geben, welche spezifische Aspekte eines Franchisesystems nicht zulassen (wie das Handwerksrecht in Deutschland, welches die Einführung und die Anwendung vieler ausländischer Dienstleistungssysteme erschwert oder gar unmöglich macht).

73) Die politische Stabilität in einem Zielland ist für jeden ausländischen Investor von großer Bedeutung. In politisch und sozial instabilen Ländern kommt Einzelfranchising kaum in Frage. Masterfranchising oder Entwicklungsverträge sind jedoch denkbar. Sofern es sich um den Verkauf von Waren handelt, sind in solchen Fälle traditionelle Vertriebssysteme aber vielleicht eher angebracht.

74) Eine dynamische und wachsende Volkswirtschaft zieht immer ausländische Investoren an. Franchising ist ein System, das in besonderer Weise auf das

Vorhandensein einer kaufkräftigen Mittelklasse angewiesen ist. Andererseits ist Franchising durchaus geeignet, in einer neu entstehenden Marktwirtschaft (z. B. in Ländern des früheren Ostblocks) zur Entwicklung kleiner und mittlerer Händler und Unternehmen beizutragen. In solchen neu entstehenden Marktwirtschaften kommt direktes Einzelfranchising kaum in Betracht, auch für traditionelles Masterfranchising dürften die Chancen nicht gut sein. Am ehesten hat in solchen Ländern Franchising über Tochtergesellschaften oder über Joint Ventures Chancen. Gerade hier müssen die Voraussetzungen für jedes Zielland aber genau geprüft werden, offizielle Darstellungen oder die Presse als Informationsquellen reichen keinesfalls aus.

75) Die Natur der Produkte und/oder der Dienstleistungen beeinflusst auch die Wahl des Expansionsvehikels. In manchen Fällen kommt Einzelfranchising ohne Weiteres oder sogar ausschließlich in Betracht. Für andere Produkte und/oder Dienstleistungen kommen nur Master-Franchising oder Entwicklungsverträge in Betracht, da nur ein lokaler Partner die erforderlichen Qualifikationen oder staatlichen Zulassungen erlangen kann. In manchen Ländern mag nur ein Teil der sonst üblichen Produkte und/oder Dienstleistungen eines Franchisesystems zulässig sein oder über Franchisepartner vermarktet werden können, was wiederum auf die Art des Expansionsvehikels Einfluss hat. Immer dann, wenn der Franchisegeber auf die Herstellung des Produkts und deren Kontrolle starken Einfluss nehmen will oder muss, bietet sich die Einschaltung eines Joint Ventures oder gar einer Tochtergesellschaft als naheliegend an.

6.8 Vorbereitung, Gestaltung und Abschluss des Vertrages

76) Falls der Franchisegeber nach Überprüfung aller vorgenannten Punkte (und vielleicht weiterer spezifischer Gesichtspunkte bzgl. seines Systems) zu einer positiven Entscheidung für eine Expansion ins Ausland oder in bestimmte Zielländer gekommen ist, kann er an das konkrete Aushandeln des/der anvisierten Vertrages/Verträge denken – jedoch nur, wenn zu diesem Zeitpunkt die Marke/n des Franchisesystems im jeweiligen Zielland eingetragen ist/ sind.

77) Zur Vorbereitung und zum Abschluss der betreffenden Verträge (außer beim Einzelfranchising sind es immer mindestens zwei Verträge pro Zielland) braucht man in der Regel mindestens zwei Rechtsanwälte, und zwar einen Anwalt aus dem Heimatland des Franchisegebers und einen Anwalt pro Zielland. Alle beteiligten Anwälte sollten gewohnt sein, mit grenzüberschreitenden Franchiseverträgen umzugehen. Sie müssen in einer gemeinsamen Sprache kommunizieren können.

78) Der grenzüberschreitende Vertrag – Einzelvertrag, Masterfranchisevertrag, Entwicklungsvertrag oder Joint-Venture-Vertrag – kann vom Heimatanwalt nach dessen und des Franchisegebers gewohnten Maßstäben konzipiert wer-

den. Er muss jedoch, bis auf wenige Ausnahmen, in die Sprache des Ziellandes oder zumindest ins Englische übersetzt werden. Er muss auf jeden Fall gründlich von dem Anwalt im Zielland überprüft und an die dortigen rechtlichen Gegebenheiten und oft auch an sonstige Gewohnheiten angepasst werden. Der Einzelfranchisevertrag und besonders der Unterfranchisevertrag muss praktisch immer in der Sprache des Gastlandes erstellt werden.

79) Bei Anpassung der heimatlichen Vertragsstandards oder Vertragsmuster sollte ein Franchisegeber großzügig sein, solange der Charakter und die spezifischen Elemente seines Franchisesystems nicht verfälscht werden. Es kann schneller und preisgünstiger und besonders beim Unterfranchisevertrag sachangemessener sein, dem ausländischen Anwalt den heimischen Standard- oder Mustervertrag zu übergeben mit der Maßgabe, ihn für das Zielland *anzupassen*. Wörtliche Übersetzungen und der Streit um Kleinigkeiten bei solchen Übersetzungen sollten unbedingt vermieden werden, da von der wörtlichen Identität von Musterverträgen nie das Wohl und Wehe eines Franchisesystems abhängt. Bei der Erstellung von Unterfranchiseverträgen dürfte es, sofern im Zielland entsprechendes anwaltliches Know-how vorhanden ist, sinnvoll sein, diese von einem lokalen Anwalt nach gewissen inhaltlichen Vorgaben und unter Kontrolle des Franchisegebers erstellen zu lassen.

80) Falls der Anwalt im Zielland es wagen sollte, mehr als rein rechtliche Ratschläge zu geben, sollten diese nicht zurückgewiesen werden. Er kennt in der Regel die örtlichen Geschäftsgewohnheiten und auch das örtliche Franchisegeschäft besser als der Franchisegeber und dessen Heimatanwalt. Dem örtlichen Anwalt sollte unterstellt werden, dass er seinem Mandanten, d. h. dem Franchisegeber zu helfen versucht. Es ist nicht nur die rechtliche Durchsetzbarkeit eines Vertrages, welche dessen langfristige Überlebensfähigkeit sicherstellt. Der *Geist* eines Vertrages kann langfristig von größerer Bedeutung sein. Anregungen und Ratschläge des örtlichen Anwalts sollten deswegen nicht als »philosophische Anmerkungen« abqualifiziert werden. Sie könnten grundsolide geschäftliche Ratschläge sein.

81) Bei allen geschäftlichen Verhandlungen und Vertragsgestaltungen muss der Franchisegeber immer daran denken, dass Franchisebeziehungen eine »partnership for profit« oder eine »Win-win«-Beziehung darstellen sollen. Das muss auch in den grenzüberschreitenden Franchiseverträgen und den eventuell daran hängenden Unterfranchiseverträgen zum Ausdruck kommen.

82) Dies ist einer der Gründe, warum ein Masterfranchisenehmer, ein Entwickler oder ein Joint Venture im Zielland immer erst erfolgreich ein Pilotobjekt betreiben müssen, bevor das Franchisesystem dort weiter ausgebreitet werden kann. Eine derartige Forderung kann auch nach den dortigen gesetzlichen Regeln oder nach dem Ehrenkodex oder nach anderen Regeln des örtlichen Franchiseverbandes bestehen.

83) Die Ausdehnung eines Franchisesystems in einem Zielland sollte auch nur angegangen werden, wenn die Systemhandbücher, Schulungsunterlagen

und sonstigen Mittel für die Übermittlung des Franchisesystems zur vollen Verwendbarkeit im Zielland, also zumeist in der dortigen Sprache fertiggestellt sind. Es ist in der Regel verfehlt, die Anpassung dieser wichtigen Unterlagen allein vom Masterfranchisenehmer oder Entwickler vornehmen zu lassen. Eine weitgehende Beteiligung des Franchisegebers ist erforderlich. Je mehr er sich in dieser Hinsicht beteiligt, desto höhere Einstandsgebühren kann er verlangen.

84) In den fertiggestellten Handbüchern und Verträgen für das Zielland muss/ müssen die Marke/n des Franchisesystems als *eingetragen* mit entsprechender Registriernummer vermerkt sein. Es darf nicht nur heißen, dass Eintragungsanträge gestellt seien. Erst recht nicht darf nur vage von »Marken des Franchisegebers« gesprochen werden, ohne dass diese auffindbar wären.

85) Bei der Wahl des anwendbaren Rechts und des Gerichtsstandes und bei der Wahl zwischen einem Schiedsgerichtsverfahren und einem Verfahren vor staatlichen Gerichten sollte der Franchisegeber nicht davon ausgehen, dass die Wahl des eigenen Rechts und der eigenen Gerichte immer die beste Wahl sei. Er darf nicht übersehen, dass seine wichtigsten Interessen, die er zu schützen wünscht, seine Marke/n, das System-Know-how und andere geistige und gewerbliche Schutzrechte sind. Diese unterliegen im Zielland aber im Wesentlichen den Bestimmungen des dort geltenden Rechts. Für eine wirksame und vor allem schnelle Durchsetzung der Rechte im Zielland kann es deshalb sehr viel geeigneter sein, nach dem dort geltenden Recht vor dortigen Gerichten vorzugehen.

86) Es kann darüber hinaus die Suche und Auswahl eines Partners im Zielland sehr viel einfacher machen, wenn der Franchisegeber von vornherein bereit ist, den grenzüberschreitenden Vertrag unter das Recht des Ziellandes zu stellen und dortige Gerichte (oder zumindest andere Gerichte als die seines Heimatlandes) zu akzeptieren. Derartiges ist andererseits nicht ratsam, wenn Gesetze und Gerichte des Ziellandes keinen ausreichenden Schutz für die Interessen des Franchisegebers gewähren (dann mag der Gang ins Zielland aber insgesamt fragwürdig sein). Keinesfalls darf der Vertrag sachlich und mit allen Formulierungen ausgehandelt und erst im letzten Moment über die Wahl des anwendbaren Rechts und des Gerichtsstandes entschieden werden. Der ganze Vertrag muss dann eventuell noch einmal überprüft werden.

87) Wichtig ist natürlich auch, dass das anwendbare Recht klar bezeichnet wird und dass die Effekte des internationalen Privatrechts im anwendbaren Recht berücksichtigt werden. Mögliche Rückverweisungen auf das Recht der anderen Partei sollten vermieden werden. Auch müssen eventuelle Verweisungen im anwendbaren Recht auf internationale Konventionen in Rechnung gestellt werden, so z. B. auf das Wiener Abkommen über den Internationalen Warenkauf (CISG). Diese Konvention ist in allen Vertragsstaaten automatisch Bestandteil des jeweiligen nationalen Rechts. Wenn sie vermieden werden soll,

müsste sie also ausdrücklich ausgeschlossen werden. Wenn ein anderes Recht als das des Ziellandes als anwendbares Recht gewählt werden soll, muss auch geprüft werden, ob und in welchem Umfang dies nach dem Recht des Ziellandes zulässig ist.

88) Der Gerichtsstand muss eindeutig bestimmt werden. Der Gerichtsstand muss sinnvoll sein im Hinblick auf das anwendbare Recht und auf die Vollstreckbarkeit von Urteilen des gewählten Gerichts in den Ländern, in denen sie vollstreckbar sein sollen.

89) Die Wahl zwischen staatlichen Gerichten und Schiedsgericht darf nicht schematisch und pauschal erfolgen. Vielmehr müssen Vor- und Nachteile in jedem Einzelfall erneut abgewogen werden. In manchen Ländern kann das gut funktionierende, schnelle und preisgünstige staatliche Gerichtssystem die bessere Alternative sein. Für andere Länder mag nur ein Schiedsgerichtsverfahren sinnvoll sein, für welches dann klare Verfahrensregeln aufgestellt werden müssen. Dies ist in der Regel am einfachsten durch Bezugnahme auf die Verfahrensregeln einer der bekannten und routinierten Schiedsgerichtsinstitutionen (z. B. International Chamber of Commerce, American Arbitration Association, London Chamber of Commerce oder Deutsche Institution für Schiedsgerichtsbarkeit). Entscheidend ist, dass ein zu fällendes Urteil (eines staatlichen oder eines Schiedsgerichts) im Zielland vollstreckbar ist (es sei denn, der Partner des Franchisegebers hat in dessen Heimatland Vermögen).

90) Der Franchisegeber muss sicherstellen, dass alle zwingenden Gesetze des Gastlandes respektiert werden. Dies gilt besonders für das Wettbewerbsrecht, das Arbeitsrecht und sozialrechtliche Bestimmungen. Die Nichtbeachtung dieser Regel kann zu nichtigen oder teilnichtigen Verträgen führen oder gar zum Status von Arbeitnehmern bei vermeintlichen Franchisenehmern.

91) Alle Vorschriften wie bestimmte Formen, die Registrierung oder die Genehmigung von Verträgen der jeweiligen Art müssen beachtet werden, besonders nach eventuell bestehenden Spezialgesetzen für das Franchising. Einzelne Elemente eines Vertrages können ausreichen, um Form-, Registrierungs- oder Genehmigungserfordernisse auszulösen. So musste z. B. bis 1998 in Deutschland der typische wettbewerbsbeschränkende Bestimmungen enthaltende Franchisevertrag der Formvorschrift von § 34 GWB entsprechen, in Österreich muss er bei der obersten Kartellbehörde angemeldet werden, in Frankreich löst er vorvertragliche Aufklärungspflichten aus.

92) Es muss auf den maximal erreichbaren Schutz für die geistigen und gewerblichen Schutzrechte geachtet werden. Standardformeln helfen nicht in jedem Zielland. Die jeweils geltenden Lizenzregeln, z. B. bzgl. der Eintragung von Lizenzverträgen bei den jeweils zuständigen Behörden müssen beachtet werden. Besonders muss durch Vertragsklauseln auch die weitere Benutzung der Schutzrechte nach Vertragsende verhindert oder zumindest behindert werden. Vertragliche Wettbewerbsverbote können helfen, soweit sie zulässig

und nicht mit – übermäßig hohen – Entschädigungsleistungen verbunden sind.

93) Große Vorsicht ist bei der Größe eines exklusiven Vertragsgebietes geboten. Es könnte schwierig oder unmöglich sein, später das Vertragsgebiet oder den Grad der Exklusivität zu reduzieren. Das jeweils geltende Wettbewerbsrecht kann selbst die Gewährung *eingeschränkter* Exklusivitätsrechte erschweren. Die Vorsicht mag daher gebieten, je nach Struktur und Größe eines Landes, zunächst nur ein Teilgebiet exklusiv zu lizenzieren und für weitere Gebiete Optionen einzuräumen, welche innerhalb eines gewissen Zeitraums ausgeübt werden können oder müssen.

94) Haftungsfragen einschließlich Fragen der Produkthaftung müssen beachtet werden. Soweit das lokale Recht es zulässt, sollten Haftungseinschränkungen vorgenommen werden. Diese sollten aber nicht soweit gehen, dass die zuvor gemachten Versprechungen über Eignung und Qualität des Franchisesystems und der Vertragswaren in Frage gestellt werden. Dem Vertragspartner müssen weitreichende Versicherungspflichten auferlegt werden, wobei der Franchisegeber darauf achten muss, welcher Versicherungsschutz im jeweiligen Zielland überhaupt eingekauft werden kann. In vielen Ländern sind weitreichende Betriebs- oder Berufshaftpflichtversicherungen in der Praxis unbekannt. Das vermittelnde Einschalten des eigenen international erfahrenen Haftpflichtversicherers des Franchisegebers kann hilfreich sein. In der Folge muss der Franchisegeber immer darauf achten, dass der vertraglich vereinbarte Versicherungsschutz auch fortbesteht.

95) Der Franchisegeber sollte die örtlichen Buchführungs- und Steuerregeln zu verstehen versuchen. Er muss sie insoweit kennen, als sie die Bezahlung von Franchisegebühren und anderen Beträgen an ihn selbst betreffen. Von besonderer Bedeutung ist hier die Quellensteuer im Zielland. Sollten direkte Doppelbesteuerungsabkommen nicht die Vermeidung oder Reduzierung solcher Quellensteuern gestatten, so müssen eventuell indirekte Zahlungswege gefunden werden. Bei größeren Systemen sollte an die Schaffung besonderer Lizenzierungseinheiten in Ländern mit günstigen Steuerregeln überlegt werden. Nur auf dem Papier oder in Form von *Briefkästen* bestehende (Zwischen-) Lizenzgeber können aber gefährlich sein.

96) Klare Detailregelungen müssen für Zahlungen, verspätete Zahlungen, Verzugszinsen, Banküberweisungen, Wechselkurse und die Tragung von Bankkosten getroffen werden. In Europa hat sich innerhalb der elf Länder der Euro-Zone manches vereinfacht.

97) Der Franchisegeber sollte feststellen, ob es im jeweiligen Zielland staatliche Fördermaßnahmen (Subventionen, Steuervorteile) für die Schaffung neuer Unternehmen gibt. Er sollte alles ihm mögliche tun, um dem örtlichen Partner zu erleichtern, für sich selbst oder für seine künftigen Franchisenehmer derartige staatliche Förderungen zu erlangen.

98) Vorsicht ist bei Vorverträgen geboten in Situationen, welche für den Abschluss eines endgültigen Vertrages noch nicht geeignet zu sein scheinen. Wenn in einem solchen Vorstadium das Know-how schon in großem Umfang offen gelegt werden soll, muss dieses durch besonders sorgfältige Vertragsgestaltung geschützt werden. Falls es dann nicht zum Abschluss des Hauptvertrages kommt, mögen solche Schutzmaßnahmen allerdings von zweifelhaftem Wert sein.

99) Die Vertragssprache muss klar und eindeutig sein, besonders wenn der Vertragtext eine Übersetzung aus einer Fremdsprache ist. Bei schlechten Übersetzungen sind Doppeldeutigkeiten und Interpretationsprobleme vorprogrammiert. Vorsicht ist geboten, wenn der heimatliche Standartvertrag Gutglaubens-Klauseln enthält oder wenn er Punkte für eine spätere Detailvereinbarung durch die Parteien offen lässt. In vielen Rechtssystemen sind solche Klauseln rechtlich oder tatsächlich wirkungslos.

100) Der Leser dieser Zeilen sollte davon ausgehen, dass bei der Vorbereitung und Durchführung der internationalen Expansion eines Franchisesystems zahlreiche weitere Fragen auftauchen werden. Wer das jeweilige Zielland mit seinen tatsächlichen und rechtlichen Gegebenheiten mit dem größten Respekt behandelt, wird sich und seinem Franchisesystem auf Dauer den besten Dienst erweisen.

Einführung

Ist der Markt in Deutschland für einen Franchisegeber erschöpft, liegt es nahe, an eine Expansion ins Ausland zu denken. Welche Überlegungen dabei angestellt und welche Vorbereitungsmaßnahmen getroffen werden sollten, ist im vorstehenden Kapitel erörtert worden.

Nachfolgend sollen im Detail noch einmal die Instrumente dargestellt werden, die bei der internationalen Expansion eines Franchisesystems üblicherweise benutzt werden:

❏ Einzel-Franchiseverträge (direktes Franchising)
❏ Master-Franchiseverträge
❏ Joint-Venture-Verträge (Gemeinschaftsunternehmen)
❏ Lizenzverträge
❏ Entwicklungsverträge (Area Development Agreements)

Für den Franchisegeber ist es eine wichtige strategische Entscheidung, auf welche Art und Weise sein Franchisesystem seine Marktchancen im Ausland am besten wahrnehmen kann. Er wird sich daher am Anfang über seine wirklichen Interessen auf der einen Seite und über den Nutzen des Systems für einen internationalen Partner auf der anderen Seite Gedanken machen und danach seine Entscheidung treffen, welche Kooperationsform am erfolgversprechendsten ist. Die Vor- und Nachteile der verschiedenen Kooperationsmöglichkeiten sind:

7.1 Einzel-Franchiseverträge

Der Franchisegeber könnte als einfachste Möglichkeit seinen bestehenden Franchisevertrag benutzen, um mit Partnern im Ausland direkt einzelne Franchiseverträge abzuschließen. Es bleibt dann bei der Verpflichtung des Franchisegebers, direkt von seiner Systemzentrale aus Leistungen und gegebenenfalls Warenlieferungen über die Grenze zu erbringen.

Der Abschluss von Einzel-Franchiseverträgen im Ausland kommt in erster Linie dann in Betracht, wenn die gleiche Sprache, gleiche oder ähnliche rechtliche Gegebenheiten, kurze Distanzen, ähnliche Kultur und ähnliches Kundenverhalten vorliegen, für deutsche Franchisegeber z. B. in der deutschsprachigen Schweiz oder in Österreich. Hier sind die kulturellen und rechtlichen Unterschiede nicht so groß, die Einbindung der Franchisenehmer ist aufgrund der geringen Distanz zur Systemzentrale möglich und auch die Lieferung von Waren und/oder Betriebsausstattungen bereitet in der Regel keine größeren Schwierigkeiten.

Hierbei ist zu beachten, dass eindeutige Regelungen für die Rechtswahl und den Gerichtsstand getroffen werden, dass zwingendes Recht im Land des Franchisenehmers beachtet wird und dass der Franchisevertrag entsprechend angepasst wird.

Auf Dauer wird ein Franchisegeber mit direkten Einzel-Franchiseverträgen im Ausland wohl nur dann arbeiten, wenn es sich um eine begrenzte Zahl von Einzeloperationen handelt oder um eine Geschäftsart, in der bei jeder Franchise erhebliche Investitionen erforderlich sind (z. B. im Hotelgeschäft).

7.2 Master-Franchiseverträge

Ein Master-Franchisevertrag ist kein eigentlicher Franchisevertrag. Gegenstand des direkten Einzel-Franchisevertrages sind das Recht und die Pflicht des Franchisenehmers, gewerbliche Schutzrechte und das Know-how des Franchisegebers zu nutzen, um einen eigenen Franchisebetrieb aufzubauen und Endkunden (gewerbliche und private) anzuwerben und zu bedienen, so wie es in den Leitlinien zur Vertikal-GVO definiert ist (siehe Kapitel III.3).

Demgegenüber gewährt ein Master-Franchisevertrag dem Master-Franchisenehmer das Recht und die Pflicht, die gewerblichen Schutzrechte und das Knowhow des Franchisegebers zum Aufbau einer Systemzentrale zu nutzen und um Franchisenehmer zu gewinnen und zu betreuen, die ihrerseits wiederum Einzel-Franchisebetriebe aufbauen und Endkunden bedienen. Der Master-Franchisevertrag muss sich naturgemäß von dem Franchisevertrag dahingehend unterscheiden, dass sich Regelungen zur Betriebsführung in erster Linie auf den Aufbau einer eigenen Systemzentrale beziehen und nur zweitrangig auf den Aufbau eigener Outlets. Der Master-Franchisevertrag ist daher rechtlich gesehen einem Lizenzvertrag ähnlicher als einem Franchisevertrag, wenn auch oftmals ein sehr umfangreiches und komplexes Vertragswerk.

Zunächst muss der Franchisegeber für das avisierte Zielland beweisen, dass sein Know-how unter den dort anzutreffenden besonderen kulturellen und marktmäßigen Voraussetzungen und unter Berücksichtigung der dort eventuell sehr unterschiedlichen Rechtslage anwendbar ist. Er sollte also auch hier eine der Pilot-Phase ähnliche Erprobungsphase durchführen. Im Master-Franchisevertrag kann die Durchführung der Erprobungsphase auch dem Master-Franchisenehmer aufgegeben werden. Nach Abschluss der Erprobungsphase wird sich die Markterschließungsphase durch die Tätigkeit des Master-Franchisenehmers anschließen. Auch hierfür sind spezielle Regelungen im Master-Franchisevertrag zu treffen, wie Expansionsvorgaben für die zu erschließenden Regionen sowie die Zahl der während der Vertragslaufzeit insgesamt zu eröffnenden bzw. zu betreibenden Standorte. Damit unterschiedlichen kulturellen und rechtlichen Bedürfnissen in dem betreffenden Land Rechnung getragen werden kann, wird der Master-Franchisenehmer auch die Verpflichtung zu übernehmen haben, die Systemvorgaben auf die speziellen Bedürfnisse in seinem Vertragsland zu adaptieren.

Beim internationalen Master-Franchising entsteht häufig das Problem, dass der Master-Franchisenehmer den Aufbau im Vertragsland nicht entsprechend den Vorgaben oder Vorstellungen des Franchisegebers vornimmt oder dass er das System nicht mit allen wesentlichen Bestandteilen anwendet. Die Praxis zeigt, dass dies oftmals daran liegt, dass der Master-Franchisenehmer nicht gut und lange genug ausgebildet wurde und er das System nicht richtig in sich *aufgesogen* hat, um es eigenständig im Vertragsland umsetzen zu können. Eine weitere Fehlerquelle in diesem Zusammenhang ist, dass er oftmals nicht genug Zeit und Geld investiert bzw. investieren kann, um das fremde System wirklich anzupassen und gründlich dessen Umsetzung vorzubereiten. Da der Franchisegeber mit den im Vertragsland tätigen Franchisenehmern keine eigenen Rechtsbeziehungen unterhält, sind seine Eingriffsmöglichkeiten beschränkt auf diejenigen, die er sich im Master-Franchisevertrag rechtswirksam ausbedungen hat.

Im Hinblick auf die Einheitlichkeit des Franchisesystems muss sichergestellt werden, dass der Master-Franchisenehmer mit den einzelnen Franchisenehmern rechtswirksame und den Vorgaben des Franchisesystems entsprechende Franchiseverträge als Unter-Franchiseverträge abschließt, durch welche die Corporate-Identity des Franchisesystems, die Qualität der Dienstleistungen und Waren und die richtlinien-konforme Führung der Franchisebetriebe sichergestellt werden. Ob und inwieweit der Franchisegeber hier detaillierte Vorgaben machen kann, richtet sich nach dem vereinbarten bzw. dem anwendbaren Recht.

Wer Master-Franchiseverträge zur Auslandsexpansion einsetzt, muss sich darüber im Klaren sein, dass er als Franchisegeber mit dem Master-Franchisenehmer eine reine schuldrechtliche Beziehung eingeht, die auf vertraglichen Regeln beruht. Alles unterliegt der Vertragsgestaltung und muss explizit geregelt werden, mit Ausnahme derjenigen Regelungen, die das Recht des jeweiligen Ziellandes eventuell zwingend vorschreibt.

Der Disposition der Vertragsparteien obliegt es, eine Rechtswahl zu treffen. Dies ist wichtig und ausgesprochen notwendig beim Abschluss von Master-Franchiseverträgen, da sich auch der Franchisevertrag bei der Gestaltung bereits nach einem bestimmten gesetzlichen Leitbild richten muss, um keine Unwirksamkeitsrisiken in sich zu tragen. Nach dem Internationalen Privatrecht sind solche Rechtswahlklauseln in den meisten Rechtssystemen grundsätzlich wirksam, es sei denn, dass die Franchiseverträge als Verbraucherverträge anzusehen wären. Hiervon zu unterscheiden sind die faktischen Möglichkeiten, vertraglich festgelegte Regeln auch durchzusetzen. Die Praxis zeigt, dass es in der Regel weitaus schwieriger ist, vertragliche Ansprüche im Ausland durchzusetzen als im eigenen Land. Bei der Vertragsgestaltung sind daher neben der Überlegung, welche gegenseitigen Vertragspflichten zu vereinbaren sind, auch Praktikabilitätserwägungen einzubeziehen, inwiefern Vertragspflichten durch wirtschaftliche oder sonstige Nachteils- bzw. Vorteilsgewährung leichter durchsetzbar werden.

Wie wichtig die Vertragsgestaltung und die diesbezüglichen konzeptionellen Überlegungen im Vorfeld sind, erklärt sich leicht dadurch, dass das Master-Franchisegebiet häufig ein ganzes Land umfasst und dass der Imageschaden für den Franchisegeber bei Scheitern der Zusammenarbeit mit einem Master-Franchisenehmer insbesondere nach einer langjährigen Zusammenarbeit erheblich ist.

7.3 Joint Venture

Mit Joint Venture bezeichnet man die Rechtsbeziehung zwischen Unternehmen, die in einem speziellen Geschäftsfeld miteinander kooperieren mit dem Ziel, ein bestimmtes Produkt oder eine bestimmte Dienstleistung gemeinsam in einer rechtlich und sachlich mehr oder weniger ausgebildeten Struktur auf den Markt zu bringen. Zu einem Joint Venture schließen sich in der Regel Unternehmen zusammen, die in verschiedenen Bereichen Erfahrungen gesammelt haben und die zur Überzeugung gekommen sind, dass für das spezielle Projekt das Know-how und Geldmittel beider Seiten erforderlich oder nützlich sind. Schon diese Beschreibung lässt erkennen, dass hier ein geeignetes Instrumentarium für die Internationalisierung eines Franchisesystems vorliegen kann. Der Franchisegeber bringt sein System-Know-how aus dem Heimatland, der (Master-)Franchisenehmer bringt sein Wissen um die Besonderheiten des Vertragslandes ein, und sie verfolgen das gemeinsame Ziel, das Vertragsland für Marke und Produkte des Franchisesystems zu erschließen, und zwar über das Vertriebssystem Franchising.

Das Tätigwerden durch ein Joint Venture bedeutet auch, dass beide Partner Beiträge zum Erfolg des Gemeinschaftsunternehmens leisten. Das können zum einen finanzielle Beiträge sein, zum anderen Sachbeiträge, z. B. die Überlassung von Rechten und von Know-how oder die Erbringung von Dienstleistungen wie Beratungsleistungen.

Der Joint-Venture-Vertrag ist kein Franchise- oder Lizenzvertrag, sondern ist in aller Regel eine Rahmenvereinbarung, in welcher die gemeinsamen Ziele, die von jedem Partner zu erbringenden Leistungen sowie ein Maßnahmenkatalog und ein Zeitplan festgelegt werden. Zu Leistungs- und Maßnahmenkatalog gehören regelmäßig:

❑ Gründung eines Gemeinschaftsunternehmens (GU Gesellschaft), zumeist in Form einer Handelsgesellschaft, nach dem Recht des Vertragslandes, wobei der Franchisegeber ein Interesse daran haben wird, mindestens 51 Prozent der Gesellschaftsanteile zu halten, um das GU besser kontrollieren zu können und so einen direkten Zugriff auf die dem GU angeschlossenen Franchisenehmer zu haben. Zwar wird der Franchisegeber sich auch finanziell beteiligen müssen, doch wird nur die eigene finanzielle Beteiligung dem Franchisegeber häufig überhaupt die Expansion über die Grenze ermöglichen, ihm gleichzeitig aber auch die notwendigen Eingriffsmöglichkeiten sichern.

❏ Festlegung der Geschäftsführung für das GU; in der Regel wird die operative Geschäftsführung beim Partner im Vertragsland liegen.

❏ Festlegung der Leistungsverträge der Gesellschafter mit dem GU, also insbesondere ein Lizenz- oder Master-Franchisevertrag zwischen Franchisegeber und der GU zur Nutzung der Franchiserechte.

❏ Standortsuche und Finanzierung der Franchisezentrale im Vertragsland durch das GU.

❏ Expansionspläne für das GU und deren Finanzierung.

❏ Besondere Beiträge des Gesellschafters aus dem Vertragsland, wie Anpassung des Franchisesystems, insbesondere von Handbuch und Franchisevertrag auf die Verhältnisse im Vertragsland Verhältnisse.

❏ Geschäftsentwicklungsplan.

Durch die mehrheitlichen Gesellschaftsanteile des Franchisegebers ist der Einfluss auf die Geschäftsführung des GU besser zu sichern als über den Abschluss von Master-Franchiseverträgen. Insbesondere verfügt der Franchisegeber durch seine gesellschaftsrechtliche Beteiligung über eine direkte Vertragsbeziehung zu den Franchisenehmern. Notfalls kann bei Scheitern der Kooperation der Kooperationspartner aus der Gesellschaft herausgekauft und versucht werden, einem neuen Partner die Möglichkeit zu eröffnen, in die bestehenden Strukturen einzutreten. Bei erfolgreichem Verlauf der Entwicklung des Gemeinschaftsunternehmens hat der Franchisegeber die Möglichkeit, später seine Anteile an dem GU an den Partner zu verkaufen.

7.4 Lizenzverträge

Der Abschluss eines Lizenzvertrages für die internationale Expansion eines Franchisesystems bietet sich dann an, wenn das Know-how des Franchisesystems sehr individuell auf das Heimatland beschränkt ist und sich nicht ohne weiteres in andere Länder transferieren lässt, andererseits die Marke aber einen hohen Bekanntheitsgrad erlangt hat. In diesem Fall kann der Franchisegeber eine Lizenz zur Nutzung der Marke ins Ausland erteilen, ohne vorzugeben, wie der Lizenznehmer seinerseits das Vertragsgebiet mit welchem Vertriebssystem bearbeitet. In diesem Fall gibt der Franchisegeber wissentlich die Kontrolle über das Vertriebssystem im Vertragsgebiet auf, da es ihm vordringlich um den Absatz seiner Produkte geht und die Art und Weise des Absatzes für ihn zweitrangig ist. Lizenzverträge kommen auch dann in Betracht, wenn das Know-how des Franchisegebers den hohen theoretischen Anforderungen an »Franchise«-Know-how nicht wirklich entspricht oder der Franchisegeber sich den vollen Aufgaben und Mühen eines Franchisegebers im Ausland nicht unterziehen will.

Es ist darauf zu achten, dass die Grundlagen des Lizenzvertrages, also insbesondere die Marke und andere gewerbliche Schutzrechte, in dem Vertragsgebiet durch Eintragung für den Franchisegeber gesichert sind. Bei Lizenzverträgen dieser Art sind Überwachung und Schutz der Marke besonders wichtig. Jedwede Verletzungshandlung muss konsequent verfolgt werden und, wenn sie vom Lizenznehmer ausgeht, gegebenenfalls auch mit vorzeitiger Vertragsbeendigung beantwortet werden.

Ein solches Lizenzsystem ist nicht zu empfehlen, wenn der Franchisegeber zu befürchten hat, dass ein Imageschaden im Vertragsgebiet auch auf andere Gebiete, insbesondere das Heimatgebiet, ausstrahlt. Eine Gefahr bei Lizenzverträgen besteht auch in der Querlieferung von lizenzierten Produkten; außerhalb eines Franchisesystems können sie leicht billiger zu erwerben sein. Innerhalb der EU können Parallelimporte von Produkten unter lizenzierten Marken seit Einführung des Erschöpfungsgrundsatzes in allen Markenrechten (z. B. § 24 deutsches Markengesetz) praktisch nicht verhindert werden, sodass eine bloße Markenlizenzierung als Expansionsvehikel innerhalb der EU nur in Ausnahmefällen in Frage kommen dürfte. Für weiter entfernte Länder außerhalb der EU sollte diese Möglichkeit aber jedesmal ernsthaft in Betracht gezogen werden. Die angemessene Gestaltung eines Lizenzsystems für die Herstellung und den Vertrieb von Waren unter der Marke des Franchisenehmers muss in jedem Einzelfall unter Hinzuziehung kompetenter Berater geprüft werden.

7.5 Entwicklungsverträge (Area Development Agreements)

Wie bei der regionalen Entwicklung eines Franchisesystems kann dieses Instrumentarium auch bei der internationalen Expansion verwendet werden (siehe Kapitel VII.3).

Unter einem (Area-)Development-Vertrag versteht man die Betrauung eines selbstständigen Unternehmers mit der Entwicklung eines größeren Vertragsgebietes. Der Developer erwirbt (oftmals für ein ganzes Vertragsland) das Recht, in diesem Vertragsgebiet eine bestimmte Anzahl eigener Betriebe zu errichten, für die jeweils ein Franchisevertrag direkt mit dem Franchisegeber abgeschlossen wird, bevor der Betrieb eröffnet werden kann. Alle Betriebe, auch die später hinzukommenden, gehören einem Eigentümer, dem Developer und werden von ihm quasi als Filialist betreut. Ein Entwicklungsvertrag ist einem Multi-Unit-Agreement nicht unähnlich, wobei letzteres in der Regel für ein sehr viel kleineres Vertragsgebiet abgeschlossen wird. Ob die daneben existierende Variante, in welcher der Developer nicht im eigenen Namen, sondern für fremde Rechnung (wie ein Handelsvertreter) auftritt und für ein bestimmtes zu entwickelndes Gebiet Franchiseverträge namens des Franchisegebers abschließt, noch als Area Development bezeichnet werden kann, ist strittig. Wird diese Variante gewählt, eine Art Handelsvertreter damit zu beauftragen, im Namen des Franchisegebers Franchiseverträge im Ausland abzuschließen, so kann sich hier eine Kombination mit einem Joint Venture anbieten: Der Franchisegeber gründet eine eigene 100-prozentige Tochtergesellschaft im Ausland, welche wiederum im Ausland den Handelsvertreter verpflichtet, für die Gesellschaft – und nicht für den Franchisegeber im Heimatland – Franchiseverträge abzuschließen. Erweist sich die Zusammenarbeit mit dem Handelsvertreter als fruchtbar und kann er auch Betreuungsaufgaben übernehmen, so kann die Möglichkeit des Erwerbs von Anteilen an der Gesellschaft durch den Handelsvertreter diesen besonders motivieren.

Die internationale Expansion eines Franchisesystems richtet sich erfahrungsgemäß nicht immer nach den strategischen Überlegungen des Franchisegebers. Die Praxis zeigt, dass es oftmals Zufall ist, in welches ausländische Gebiet das Franchisesystem hineinwächst. Viele Franchisegeber gehen »nach Köpfen« vor, d. h. wenn sie mehr oder weniger zufällig einen Partner treffen, der bereit und in der Lage ist, ihr Franchisesystem in seinem Land umzusetzen, ist das häufig der erste Schritt ins Ausland. Dies zeigt, wie wichtig die Person des Kooperationspartners für den Erfolg der Expansion ins Ausland ist. Die persönlichen Eigenschaften des Kooperationspartners sind deshalb häufig ausschlaggebendes Kriterium bei der Entscheidung des Franchisegebers und erst in zweiter Linie die objektiven Gegebenheiten im Vertragsland.

Bei diesem *Zufallssystem* ist nicht zu übersehen, dass bei der Expansion des Franchisesystems eine Verzettelung eintreten kann. Einem Franchisegeber ist daher zu raten, dass er die Expansion im Ausland ebenso wie die Expansion im Heimatland nach einem strategischen Expansionskonzept betreibt, das durch *zufällig* sich ergebende Kontakte lediglich bereichert und ergänzt wird. Eine Berücksichtigung der im vorstehenden Kapitel aufgezeigten Überlegungen dürfte jedem Franchisegeber nützlich sein.

8 | Franchising International

von Rolf G. Kirst

Einführung

Franchising ist keine Geschäftsidee, die sich auf den lokalen Markt beschränkt, sondern war immer schon von internationaler Expansion geprägt. Auch wenn in den meisten Ländern die nationalen Franchisesysteme dominieren, so ist eine deutliche globale Struktur im Franchising zu erkennen.

Betrachtet man die Geschichte über das Franchising, so wird man sehr schnell erkennen, dass es sich nicht gerade um eine typisch deutsche Idee handelt. Das Wort »franchise« stammt aus dem französischen und die Wurzeln des Franchising liegen in Amerika, wo bereits im vorigen Jahrhundert Lizenzen zur gewerblichen Nutzung vergeben wurden. Waren es vor 200 Jahren die Lizenzen zum Bau von Eisenbahnlinien in Amerika, so war es vor 100 Jahren der Name »Singer« der mit dem Vertrieb von Nähmaschinen eine Art Franchisesystem entwickelte. Zu guter Letzt muss man anerkennen, dass es ja wohl die Gebrüder McDonald's waren, die mit ihren ersten Restaurants den Grundstock fürs Franchising legten, aus dem Ray Krock einen Weltkonzern und den Inbegriff für klassisches Franchising entwickelte.

Wann kam Franchising nach Deutschland? Eine markantes Datum für den Beginn dürfte wohl die Gründung des Deutschen Franchise-Verbandes im Jahre 1978 sein. Interessant dabei ist, dass der Verband seinerzeit nicht von Franchisegebern gegründet wurde, sondern von Beratern und Anwälten, allen voran der unvergessene Anwalt Dr. Walter Skaupy aus München, sie setzten sich auf juristischer Ebene mit dem Franchisethema auseinander. Zu jener Zeit waren es vielleicht eine Hand voll Franchisegeber, die sich mit dem Begriff »Franchising« in Deutschland schmücken wollten oder konnten. Vielleicht lag es aber auch an der Begriffsdefinition, denn nur wenige wussten mit dem Begriff etwas anzufangen. Franchising stand für McDonald's, was auch bei vielen Bürgern bis heute so im Gedächtnis geblieben ist.

Legt man die Herkunft von McDonald's zugrunde, so ist naheliegend anzunehmen, dass Franchising ebenfalls aus Amerika kommt und auch von amerikanischen Firmen dominiert wird. Betrachtet man aber die heutige Franchiseszene in Europa und speziell in Deutschland, so ist dies aber nicht mehr so. Deutschland hat seine Identität im Franchising gefunden. Besucht man eine Franchisemesse in England, so wird man erkennen, dass dort die meisten Franchisesysteme aus Großbritannien stammen. Stattet man der Pariser Franchisemesse einen Besuch ab, so sind es französische Franchisesysteme und auch bei der offiziell bezeichneten »Internationalen« Franchise Messe in Frankfurt dominieren zu 90 Prozent die deutschen Systeme.

Daraus wird klar, dass sich in den wichtigsten Ländern Europas wie England, Frankreich, Italien, Skandinavien und Deutschland eine eigene Franchise-Kommune entwickelt hat, die teilweise einen starken Eigencharakter zeigt. Aber auch die kleineren Länder wie Holland, Belgien oder Portugal verfügen über eigenständige Verbände und lokale Messen für Franchise.

8.1 Warum ist die Franchise-Landschaft in Europa so unterschiedlich?

In erster Linie sind es gewachsene Strukturen, auf der anderen Seite sind es vor allem landestypische Bedürfnisse, denen auch im Franchising Rechnung getragen werden musste. Parallel mit den landestypischen Märkten im Handel und Dienstleistungen entwickelte sich auch der Franchisemarkt. Nachfolgend sollen hier einmal drei typische Beispiele beschrieben werden, die den landestypischen Unterschied darstellen:

Das englische Franchisesystem »**Wheelie Bin Cleaning System**« basiert auf der bei uns von den Kommunen professionell organisierten Müllabfuhr, die aber in England nicht so perfekt funktioniert. Viele Bürger in England verlassen sich lieber auf private Dienstleister. Ein System also, das in England bestens funktioniert, bei uns in Deutschland aber keinen Erfolg hätte.

Ein in Frankreich und anderen Ländern Europas bereits sehr erfolgreiches Franchisesystem ist »**Mobil d'affiche**« Bei diesem System kauft sich der Franchisenehmer einen kleinen Kastenwagen, dessen Seitenwände als wandelnde Werbeflächen dienen. Mit dem Fahrzeug können regelmäßig wechselnde Werbebotschaften an jeden beliebigen Punkt gefahren werden und dort für eine gewisse Zeit geparkt, die Werbebotschaft vom Publikum gelesen werden. Eine clevere und erfolgreiche Idee, die aber in Deutschland nicht starten konnte, da die Deutsche Städtereklame ein Monopol für innerstädtische Werbung besitzt und somit kein derartiges Fahrzeug im Stadtbereich geduldet werden kann. Ein Relikt aus der Urzeit, aber es besteht und daher ist dieses System in Deutschland nicht anwendbar.

Ein drittes Bespiel kommt aus dem Bereich der Automobilreinigung. Vor einigen Jahren kamen fast zeitgleich Systeme wie Cosy Wash, Waschbär oder Clean Park auf den Markt. Selbstwaschanlagen, bei denen der arbeitswillige Autofahrer seinen Wagen mit Dampfstrahler, Shampoo und Schwamm in einer abgegrenzten Box selber waschen kann. Als eines dieser System den Sprung auf die britischen Inseln wagte, mussten die Betreiber feststellen, dass dieses System nur wenig Erfolg hatte. Warum? Die Erklärung war simpel. Erstens ist das Auto des Deutschen Liebling und wird oft besser behandelt als das Haustier. Des weiteren ist das Autowaschen auf öffentlichen Straßen in Deutschland verboten und die Abwasserbeseitigung von öligem Waschwasser mit chemischen Reinigungsmitteln wird ebenfalls kritisch gesehen. In England ist das Auto ein reines Transportmittel und Nebensache. Des weiteren kümmert sich ein Engländer weit weniger um seine Umwelt, ihm und den Behörden ist es weitgehend egal wo das Abwasser hinfließt.

Als Fazit dieser Vergleiche sollte die Unterschiedlichkeit in den europäischen Regionen erkennbar gemacht werden.

8.2 Internationale Systeme im europäischen Franchisemarkt

Besonders gut zu erkennen ist die Präsenz der internationalen Systeme auf den Franchisemessen. Sieht man sich z. B. in England um, so ist hier schon ein starker Einfluss der Amerikaner im Franchising zu erkennen und hierbei soll nicht immer nur auf McDonald's, Pizza Hut und Co. hingewiesen werden. Auch andere amerikanische System wie MBE, Roto Rooter, Regus oder Chips Away sind in Großbritannien vertreten. Der Grund hierfür ist aber offensichtlich – es ist die Sprache und die Geschäftsmentalität. Fast jeder amerikanische Franchisegeber, der sein System nach Europa bringen will startet zuerst einmal auf dem englischen Markt, da er hier die wenigsten Kommunikationsschwierigkeiten vorfindet.

Ein weiterer Grund für amerikanische Franchisegeber, den ersten Versuch in England zu wagen ist sicherlich auch die juristische Betrachtungsweise. England arbeitet wie Amerika mit dem anglikanischen Rechtssystem, alle anderen europäischen Länder mit dem römischen Recht. Deshalb sind viele Regalarien und Rechtsbarrieren im kontinentalen Europa für Amerikaner nur schwer verständlich. In Amerika steht die unternehmerische Freiheit und der freie Wettbewerb an oberster Stelle, in Europa ist es der Schutz des Konsumenten, in diesem Fall auch des Existenzgründers als Franchisenehmer, der an oberster Stelle zu sehen ist.

Auf der anderen Seite sind ein Höchstmaß an unternehmerischer Offenheit für Amerikaner eine Selbstverständlichkeit, die sich durch die Offenlegung aller betriebsinternen Zahlen im sog. »Disclosure Document« wiederfinden. Wer könnte sich in Deutschland vorstellen, seinen Franchisebewerbern vor Vertragsabschluss eine Bilanz des Franchisegebers vorzulegen oder alle juristischen Auseinandersetzungen mit Franchisenehmern zu offenbaren? Eine Art von vorvertraglicher Aufklärung, die den Europäern zu weit geht, nicht zuletzt auch aus dem Neidgedanken heraus. In Amerika ist es wichtig, dass jeder Geschäftsmann seine »Kohle« macht. In Deutschland würde man mit einem hohem Gewinn als Franchisegeber schon als Ausbeuter angesehen werden. Nähere Betrachtungen zu diesem Punkt sollen aber den Ausführungen der Juristen an anderer Stelle dieses Buches vorbehalten bleiben.

Kommen wir zurück auf die Unterschiede im kontinental europäischen Markt. Sieht man sich nämlich in Paris, Mailand oder Frankfurt auf der Messe um, so wird man die internationalen Systeme suchen müssen. Woran liegt das? Mit wenigen Worten kann man es folgendermaßen erläutern. Die wenigsten amerikanischen

Systeme finden den richtigen Zugang in Europa, da sie sich nur selten voll auf die nationalen Eigenheiten abstimmen und sich von lokalen Beratern etwas sagen lassen.

Aus eigener Erfahrung in Deutschland und im ersten Hinsehen kann man es nämlich mit typisch amerikanischer Überheblichkeit bezeichnen. Wenn man nämlich mit einem amerikanischen Franchisesystem, mit einem auf dem heimischen Markt noch nicht getestetem System, mit amerikanischem Namen, der im Deutschen nur schwer auszusprechen ist, dann auch noch mit nur englisch sprechendem Standpersonal und nur mit englischen Broschüren auf der Messe auftritt, muss man sich nicht wundern, wenn die deutschen Besucher um diesen Stand einen großen Bogen machen. Genauso kann man dies aber auch in Frankreich betrachten, denn auch dort wird kein deutsches System Fuß fassen können, wenn es nicht mit französischem Standpersonal, französischen Broschüren und lokalen Beispielen aufwarten kann. Das Grundproblem liegt somit in der Akzeptanz der lokalen Eigenheiten und die Bereitschaft sich darauf voll einzustellen.

Aber gibt es denn auch ausländische Systeme, die es erfolgreich geschafft haben, sich auf dem deutschen Markt zu etablieren? Ja, aber natürlich. Denken wir doch einmal an The Body Shop aus England oder Pronuptia und Yves Rocher aus Frankreich, die auch hierzulande zum Trendsetter geworden sind. Oder unser bekannter Obi Heimwerkermarkt, der in vielen europäischen Ländern zu finden ist und sogar den Weg bis nach China gefunden hat.

8.3 Der nationale Franchisemarkt und seine Unterschiede

Im Franchising sind uns die Amerikaner, Engländer und Franzosen überlegen und zeitlich voraus. Franchising ist in Amerika seit den 50er Jahren ein bekannter Wirtschaftsfaktor und fast 50 Prozent des Handels und der Dienstleistung ist im Franchising verankert. Wer schon einmal eines der großen amerikanischen Einkaufszentren besucht hat und sich im Franchising ein wenig auskennt wird feststellen, dass jeder zweite Laden zu einer Franchisekette gehört. Der Amerikaner reagiert weit gezielter auf Markennamen als der Deutsche und besucht die Restaurants oder Geschäfte deren überregionalen Namen er aus der Werbung kennt. So ist es nicht verwunderlich, wenn an jeder Ecke ein Restaurant der Kette Burger King, Taco Bells oder KFC steht. Bei uns ist es der bekannte Familienname des Metzgers, des Reisebüros, der Gaststätte oder der Reinigungsfirma im Ort, in Amerika ist es die bekannte Kette, die ihre besondere Anziehungskraft hat.

Auch ist die Bekanntheit des Franchising sehr unterschiedlich. Eine Umfrage in Deutschland hat vor einigen Jahren ergeben, dass nur 17 Prozent der Befragten mit dem Begriff Franchising etwas anfangen konnten. Und von diesem geringen Prozentsatz gaben etwa 40 Prozent auf die Frage was sie unter Franchising verstehen, die Antwort: McDonald's .

Im Frühjahr 2002 hat sich die Regierung erstmals im Plenum mit dem Begriff »Franchising« im Zusammenhang mit der Unterstützung des Mittelstandes in Deutschland beschäftigt. Woher soll somit auch der Normalbürger wissen, was Franchising bedeutet?

All diese Fakten sind wichtig für ein Unternehmen, das sich mit dem deutschen Franchisemarkt auseinandersetzt oder sich in Deutschland etablieren will. Aber man sollte dabei nicht der Versuchung unterliegen zu behaupten, Deutschland sei ein Entwicklungsland in Sachen Franchising. Auch wir können zum Teil große Erfolgsgeschichten nachweisen, sowohl von deutschen Firmen, die im Ausland erfolgreich sind, wie Obi & Co, wie auch internationale Firmen, deren Namen in Deutschland nicht mehr wegzudenken sind, wie zum Beispiel The Body Shop, Pronuptia oder McDonald's .

Der Expansionswille deutscher Unternehmen

Viele Franchisegeber sind mit Ihrem nationalen Auftritt zufrieden und hegen keine große Ambitionen ins Ausland. Bei einer Umfrage des DFV hat sich ergeben, dass nur 15 Prozent aller Systeme eine Dependance im Ausland haben und davon gaben wiederum mehr als die Hälfte die Länder Österreich und Schweiz als einzige Auslandsaktivität an. Somit verbleiben von etwa 600 seriösen Franchisegebern in Deutschland nur etwa 50 bis 80 Systeme übrig, die in einem anderen Land aktiv sind.

> **15 Prozent der deutschen Franchisegeber sind im Ausland aktiv.**
>
> Davon 39 Prozent organisieren alle Aktivitäten von Deutschland aus
> 28 Prozent arbeiten mit einem Mastersystem
> 20 Prozent haben firmeneigene Filialen im Ausland
> 13 Prozent gingen Joint Ventures ein.

Der Erfolg internationaler Systeme in Deutschland

Aber warum hat es McDonald's geschafft, andere Systeme wie Kentucky Fried Chicken, Pizza Hut oder Burger King hatten und haben aber immer noch erhebliche Probleme sich zu etablieren. Oder umgekehrt warum hat es ein Wienerwald, der in den 70er Jahren als der deutsche Inbegriff von Fastfood bezeichnet werden konnte, niemals geschafft in Übersee oder nur im europäischen Ausland so richtig erfolgreich zu werden? Wienerwald hätte alle Chancen gehabt, sich als Antwort zu McDonald's zu sehen. Warum wurde nichts daraus?

Wie in vielen Fällen so liegt es auch hier an mehreren Faktoren. Einmal an der nationalen Betrachtung, am Management und an der Einstellung der Firmenleitung. Es liegt aber auch an den Vorbereitungen auf den neuen Markt und an der

Vorgehensweise in der Startphase. Wienerwald hat in Amerika ein Restaurant nach dem anderen eröffnet. Der ehemalige Kellner und Gründer der Wienerwaldkette, Friedrich Jahn wollte aber immer mehr und alles alleine als Patriarch bzw. als »Hendl-König« in seiner Hand halten. Als er dann ins internationale Hotelbusiness eingestiegen ist musste er erkennen, dass ein national erfolgreiches Franchisesystem in anderen Ländern auch nach anderen Gesichtspunkten geführt werden muss. Letztendlich haben die Auslandsaktivitäten Jahns, den wirtschaftlichen Ruin für ihn bedeutet und Wienerwald in den Bereich der internationalen Unbedeutung verbannt.

Aber auch die in Amerika so bekannte Kette Burger King, hatte jahrelang erhebliche Probleme sich in Deutschland zu etablieren. In Österreich mussten die Aktivitäten sogar vorübergehend wieder eingestellt werden. Was war der Grund für diesen negativen Start im deutschsprachigen Raum?

Man hat den Markt unterschätzt. Der Bekanntheitsgrad in USA war hoch bis sehr hoch, aber nicht in Deutschland. In den ersten Jahren hat man sich nicht genügend für den Aufbau der Marke gekümmert. Das Amerikanisches Management hat sich in Deutschland nicht richtig durchgesetzt und hat oftmals die Region als Karrieresprungbrett missbraucht. Auf regelmäßigen Wechsel in der Führung folgte zwangsläufig eine fehlende Kontinuität im Beziehungsmanagement zwischen Franchisenehmer, Lieferanten etc.

In den ersten 20 Jahren von 1976 bis 1996 wurden (nur) insgesamt 140 Restaurants eröffnet, davon 70 eigene Betriebe. 1996 hat man dann mit einer neuen Mannschaft, inzwischen deutsche Manager, eine neue Marschrichtung festgelegt, denn man erkannte, entweder man investiert sehr viel Geld in die Marke um den Bekanntheitsgrad zu erhöhen oder man wird nie groß werden. Das Investment Proposal wurde von der Zentrale in USA abgesegnet und hat danach auch den richtigen Erfolg gebracht. Burger King ist in Vorleistung gegangen, hat enorme Ressourcen in die Marke investiert um diese attraktiv zu machen und sich ein eigenes deutsches Portfolio aufgebaut, das bisher fehlte. Wichtig dabei waren die neue Werbung und Flagship Stores an strategischen Stellen in Innenstädten oder an der Autobahn. Mit dieser neuen Ausrichtung wurde der Turnaround geschafft und in den letzten Jahren seit 1996 konnte die Zahl der Restaurants auf inzwischen über 340 gesteigert werden.

Diese ausführliche Schilderung des Falles Burger King soll keineswegs eine Kritik oder negative Bewertung der Firma Burger King sein, sondern ein typisches Beispiel für die Fehleinschätzung unseres deutschen Marktes durch amerikanische Unternehmen. Es zeigt aber auch die Qualität des Unternehmensmanagements bei Burger King sich Fehler einzugestehen und wie man den Turnaround erfolgreich schaffen kann.

Ein weiteres Beispiel wieder aus der Fast Food Branche ist Subway, einer der größten Systeme auf diesem Markt. Ein System mit mehr als 16.000 Outlets weltweit, dass von dem gleichwohl cleveren wie auch smarten Selfmademan Fred de Luca in den Siebzigerjahren gegründet wurde, konnte bis zum heutigen Tag noch keine Franchiselizenz in Deutschland vergeben, obwohl man seit Jahren die richtigen Partner hierfür sucht. De Luca war 1996 als Guestspeaker bei der Franchisemesse in Essen und begeisterte das Fachpublikum mit seiner einfachen, präzisen aber doch so anschaulichen Betrachtungsweise des Franchisebusiness. Auch mit den inzwischen eröffneten Pilotbetrieben in Berlin und Wien ist Subway nicht besonders erfolgreich. Woran liegt es? Am Angebot, am Management oder an den fehlenden richtigen lokalen Partnern.

Vielleicht von allem eine wenig. Aber betrachten wir einmal die oben erwähnten Felder etwas genauer und versuchen wir herauszufinden, wo die regionalen Unterschiede zu finden sind:

❑ Das Angebot
❑ Der Unternehmer
❑ Das Management
❑ Die lokalen Partner

Das Angebot der Franchisegeber

Ist ein Hamburger für den deutschen Geschmack geeignet? Passt Starbucks, der Trendsetter im Bereich Coffeeshops in Amerika, in die deutsche Landschaft der verwöhnten Kaffeetrinker? Braucht Italien einen Pizzabäcker aus Amerika oder was sollen wir Deutschen mit einem durchweichten und geschmacklosen Sandwich von Subway, bei dem wir unsere Kauwerkzeuge schon überstrapazieren müssen, um überhaupt hineinzubeißen, von den Salatblättern und zentimeterdicker Mayonnaise ganz abgesehen.

Auch außerhalb der Gastronomie ist das Angebot ausländischer Systeme kritisch unter die Lupe zu nehmen. So haben sich in Amerika und in vielen anderen Ländern Franchisesysteme wie Mail Box etc. oder Postnet erfolgreich entwickelt. Die Betriebe der Franchisenehmer bieten Dienstleistungen im Bereich, Verpackung, Versenden und Kommunikation an. So können Privatpersonen wie auch Kleingewerbetreibende dort vom Briefumschlag über den Karton bis zur Versandrolle für Plakate alles für den Versand finden. Will der Kunde ein etwas unförmiges Gut versenden und benötigt dazu eine spezielle Verpackung so übernimmt dies der Franchisenehmer von MBE und organisiert zudem noch den Versand per UPS oder ähnlichen privaten Frachtunternehmen. Mit der Vermietung von Mailboxes (Postfächer) wird auch die Annahme von größeren Paketen oder eingeschriebenen Sendungen verbunden, vor allem für Kleinfirmen geeignet, die keine eigene Sekretärin vorhalten wollen. Ein System, das in USA, in Südafrika aber auch in

Italien gut funktioniert. Bei uns in Deutschland konnte MBE und auch Postnet noch keinen Boden gewinnen. Warum?

Das System unserer Deutschen Post gilt als vorbildlich im weltweiten Vergleich und bietet die meisten dieser Dienstleistungen in ihren Postfilialen an. Unter anderem gilt auch im Franchising die Post als eigener Franchisegeber zum Wettbewerber. Vergleicht man nun das Angebot der Post in Südafrika, Italien aber auch in den USA mit unserer Deutschen Post, so wird klar warum diese Systeme bei uns nur schwer erfolgreich werden können.

An diese Beispielen wird klar, dass nicht jedes System überhaupt für einen fremden Markt geeignet ist. Mindestens muss das Angebot eines Franchisesystems dem lokalen Markt unbedingt angepasst werden, bevor man startet. Man sollte nicht wie MBE vorgehen, die sich bereits 1996 auf der Franchisemesse in Essen erstmalig präsentierten, aber bis heute noch keinen einzigen Franchisebetrieb in Deutschland vorzeigen können.

An anderer Stelle wurden schon auf Beispiele wie das sog. »Bin cleaning« – unserer Müllabfuhr ähnliche System, oder die Autowaschanlagen eingegangen. Es gibt noch unzählige Beispiele von ausländischen Franchisesystemen, die den Einstieg in den Deutschen Markt versuchten und dabei scheiterten. Am deutlichsten wird dies beim Studium, alter Messekataloge der Franchisemesse.

Warum hat es dann aber McDonald's geschafft, unsere Esskultur zu verändern, besser sogar zu revolutionieren und mit seinem Franchisesystem auch hierzulande so erfolgreich zu werden? Ein Geheimnis liegt sicher im Angebot. So hat McDonald's sicherlich an ihrem klassischen Hamburger Konzept festgehalten, aber in vielen Fällen dem deutschen Geschmack auch Rechnung getragen. Das Urangebot passte in den 70er Jahren zum Trend der Entwicklung. Unsere Welt wurde schnelllebiger, Zeit wurde zum Wirtschaftsfaktor und man konnte sich nicht mehr erlauben, zwei Stunden für die Mittagspause einzuplanen. Alles musste schnell gehen, die Lieferung muss schnell sein, just in time war die Devise, die Fließbandarbeit wurde ernst genommen und so musste auch der Rhythmus unserer Mahlzeiten angepasst werden. Genau in diesen Trend passte der Hamburger von McDonald's.

Die Flexibilität der McDonald's Manager wurde aber besonders in Krisenzeiten deutlich. Als alle Welt von der BSE-Krise sprach, propagierte McDonald's den Hamburger aus Schweinefleisch. Als dann die Maul- und Klauenseuche folgte, war der Chicken Burger angesagt. Aber auch den Frühstücksgewohnheiten der Deutschen wurde das Angebot angepasst und in Sonderaktionen unterscheidet sich McDonald's sogar im Angebot zwischen Deutschland und Österreich. Alles in allem bleibt McDonald's seinem Konzept treu und bietet den Big Mac weltweit in gleicher Geschmacksrichtung. Sie respektieren aber die Geschmäcker seiner internationalen Kunden und passen das Angebot danach an.

Wollen somit deutsche Franchisegeber mit ihrem System auch in anderen Ländern erfolgreich sein, so müssen sie ebenfalls ihr Angebot den nationalen Gepflogenheiten und Eigenheiten dieses Landes anpassen. Der in Deutschland bekannte Baumarkt Obi zum Beispiel hat in China den gleichen Marketingauftritt wie in Europa, das Angebot ist aber voll auf die Bedürfnisse der Bürger im Reich der Mitte angepasst.

Das Bild des Unternehmers in Deutschland

Genau wie unter »Angebot« beschrieben, so sind beim Thema »Management« ebenfalls die oft gravierenden menschlichen Unterschiede in der landestypischen Mentalität zu beachten. Im Franchising muss man auf der einen Seite die Eigenheiten im Zusammenhang mit dem Produkt und dem Kunden beachten, auf der anderen Seite beschäftigt sich Franchise mit Menschen als Unternehmer. Damit befinden wir uns auf einer weiteren sehr sensiblen Ebene.

Auch wenn es auf den ersten Blick so scheinen mag, aber der Franchisenehmer in Amerika ist nicht so einfach mit dem Franchisenehmer in Italien oder in Deutschland gleich zu stellen. Stellen wir uns wiederum die Frage, warum?

Ein Grund hierfür ist die Unternehmerkultur in den verschiedenen Ländern. In Amerika ist ein Unternehmer etwas besonderes, es gibt den typischen Selfmademan oder den Tellerwäscher, der zum Millionär wurde. In Amerika ist es nicht verpönt viel Geld zu verdienen. In Deutschland wird ein junger Unternehmer von seinen ehemaligen Schulkollegen mitleidig angesehen. Man hat hierzulande nur wenig Verständnis, wenn man als Unternehmer täglich zwölf Stunden arbeiten muss und auch am Wochenende noch eingespannt ist. Unternehmer sein ist in Deutschland auf der einen Seite ein Armutszeugnis und auf der anderen Seite ein Neidfaktor, denn der Erfolg wird einem Unternehmer dann auch nicht gegönnt.

Sieht man sich dagegen einen Unternehmer in Italien an, so liegt Italien mit der Zahl von Unternehmen im Vergleich zur Bevölkerung im europäischen Vergleich an der Spitze. In Italien ist auch der kleine Fischer, der mit seinem Boot hinausfährt und anschließend seinen Fisch im Hafen verkauft schon ein Unternehmer. In dieser Art gibt es viele Beispiele in Italien und anderen Mittelmeerländern, von denen wir hier in Deutschland nur träumen können.

Ein weiterer Punkt ist die mangelhafte Risikobereitschaft in Deutschland. Ein Deutscher hat viel mehr zu verlieren beim Schritt in die Selbstständigkeit als z. B. ein Amerikaner, der nicht unbegrenzt auf staatliche Hilfe rechnen kann.

Die juristische Hürden, die Steuerprobleme und vieles andere mehr zeigen weitere Unterschiede im Unternehmertum der verschiedenen Länder. Sieht man in Italien über so manche Unstimmigkeit hinweg, so wiehert bei uns in Deutschland der Amtsschimmel, denn schon der Verein, der bei seinem Dorffest Würstel verkauft muss sich genauen Pflichten und Richtlinien unterziehen.

Ein weiteres Hemmnis und Unterscheidung im internationalen Vergleich ist die unterschiedliche soziale Struktur. Sieht man die soziale Komponente, so kann man erkennen, das deutsche Arbeitnehmer in einer »Sozialen Hängematte« liegen und nur wenig bereit sind, dieses sichere Schiff zu verlassen. Ein Unternehmer hingegen hat nur wenig sozialen Schutz, denn im Falle des Scheiterns kann er nicht mit Arbeitslosengeld rechnen. Wenn ein Arbeitnehmer in Amerika arbeitslos wird, so erhält er nur für eine begrenzte Zeit eine staatliche Unterstützung, die auch weit geringer ist als in Deutschland. Der Amerikaner ist daher aus wirtschaftlichen Gründen schon gezwungen, kreativ zu werden. Diese Kreativität führt oft in die Selbstständigkeit.

Auch das Ansehen beim Scheitern, im Fall einer Insolvenz, ist stark unterschiedlich. Wenn in Amerika ein guter Unternehmer mindestens dreimal in Konkurs gegangen sein muss, so ist bei uns der Konkurs auch ein persönliches und soziales Desaster für den Betroffenen. Verständlich, dass der Sprung in die Selbstständigkeit weit vorsichtiger angegangen wird als in anderen Ländern.

Das Management

Will ein internationales Unternehmen nach Deutschland oder umgekehrt ein deutsches Unternehmen sich im Ausland etablieren, so ist die richtige Auswahl der Manager, die das Unternehmen vor Ort aufbauen sollen, von großer Bedeutung. Die Wahl der falschen Manager vor Ort hat für so manchen Franchisegeber schon zu erheblichen Verlusten geführt und teilweise zur Rückkehr aus dem Markt. So hatten die System wie Burger King, Pizzahut oder KFC in Deutschland und Österreich lange Jahre erhebliche Probleme sich auf dem Markt zu etablieren. Der Sandwichanbieter Subway hat oder findet den richtigen Start hierzulande nicht und so manch anderer kleiner Franchisegeber musste schon resignieren, da er nicht das richtige Management fand oder die falschen Personen auswählte.

Ok, wird man sagen, dies gilt doch für alle Unternehmen in der Wirtschaft. Richtig. Im Franchise ist es aber besonders gravierend, da man hier auf drei Ebenen erfolgreich sein muss – Produkt, Kunde und Franchisenehmer. Dabei ist es nicht immer die Fähigkeit der örtlichen Manager sondern auch der Einfluss der Muttergesellschaft, der zum Erfolg oder Misserfolg führen kann. Will z. B. ein amerikanisches Unternehmen seine Managementmethoden zu stark auf den europäischen Markt übertragen und lässt dem lokalen Manager zu wenig Spielraum, so kann das verheerende Folgen haben.

Welche Voraussetzungen muss ein lokaler Manager aber vorweisen können:

Neben den üblichen Voraussetzungen, wie Management- und Vertriebserfahrung muss er sich in der jeweiligen Branche auskennen, bereits Erfahrung im Franchising haben und vor allem sollte er unbedingt aus dem betreffenden Land kommen. Das heißt in Italien sollte man eine Franchiseregion nur mit einem Italiener aufbauen, denn nur er kennt seine Landsleute und weiß wie man mit ihnen umgehen muss.

Die lokalen Partner

Fast identisch wie die Betrachtungen zum Punkt Management ist auch die Frage der lokalen Partner zu sehen – man muss den lokalen Charakter der wirtschaftlichen Ströme und die landestypischen Eigenheiten beachten.

Will ein Franchisegeber im Ausland mit einem lokalen Partner zusammenarbeiten oder ihm die Masterlizenz für sein Franchisesystem übertragen, so müssen hierbei wiederum die örtlichen Gegebenheiten beachtet werden. Über Masterfranchise soll noch an anderer Stelle näher eingegangen werden. Lassen Sie uns an dieser Stelle zuerst einmal auf den ersten Kontakt mit einem fremden Land eingehen.

Will eine amerikanische Firma ihr Franchisesystem nach Europa bringen, so wird sie sich zuerst nach Großbritannien wenden. Dort kennt man die Mentalität noch am besten und spricht die gleiche Sprache. Ein deutscher Franchisegeber wird seine ersten Auslandsschritte sicher zunächst in Österreich starten. Aber auch bei den noch verhältnismäßig geringen Unterschieden kann man nur empfehlen, sich eines lokalen Partners mindestens als Berater zu bedienen. Auch wenn in Österreich deutsch gesprochen wird, es keine Grenzkontrollen mehr gibt, keine unternehmerische Einschränkung bestehen und wir mit der gleichen Währung bezahlen, so wird es ein Hamburger Unternehmer schwer haben, sein Pizzafranchise in Wien zu etablieren ohne sich eines österreichischen Beraters oder Partners zu bedienen.

Wenn die Unterschiede zwischen Österreich und Deutschland schon so deutlich sichtbar sind, welche Bedeutung muss dann erst einem Sprung eines Franchisesystems beigemessen werden, das wie der Heimwerkermarkt Obi nach China expandierte und das mit großem Erfolg. Auch Manfred Maus von Obi bestätigte, dass dieser Schritt nur mit den richtigen lokalen Partner möglich war.

Die Überheblichkeit der Amerikaner auf diesem Sektor hat vielen dieser Unternehmen schon sehr viel Geld gekostet. So kann man z. B. auf der Franchisemesse immer wieder Stände von amerikanischen Franchisesystemen finden, auf denen die US Verkäufer versuchen, einen Franchisenehmer zu finden. Manchmal ist es belustigend oder auch traurig zu betrachten, wie sich der nur englisch sprechende Vertreter mit der reißerischen Methode des amerikanischen Topverkäufers versucht, sein Produkt zu präsentieren. Die Besucher machen oft einen großen Bogen um diese Stände, wenn die Plakate und das Material nur in englisch vorliegen und nur gebrochen deutsch gesprochen wird. So geht es einfach nicht.

Ich fragte einmal einen bekannten Franchise-Repräsentanten aus Amerika, der ebenfalls ein Jahr zuvor auf der Frankfurter Franchisemesse ein US System vertrat, ob er mit dem Ergebnis der letzten Messe in Frankfurt zufrieden war. Er meinte, er habe 17 Kontakte gehabt und das sei gut gewesen. Auf meine weitere Frage, wie viele denn weiter in der Pipeline seien. Er musste zugeben, leider keiner mehr.

Die Begründung für diesen Misserfolg, außer Spesen nichts gewesen, ist nur damit zu begründen. Hätte er den richtigen lokalen Partner gehabt und damit seinen Messeauftritt richtig vorbereitet, hätte er sich sicher viel Geld gespart.

Woher kommt aber diese teilweise Überheblichkeit. Ein anderer amerikanischer Franchiseexperte erklärte dies mit seinen Worten: »Deutschland, Frankreich und Holland sind keine guten Märkte für amerikanisches Franchising«. Aber so einfach kann man es sich nicht machen. Diese Länder haben eben eine andere Unternehmermentalität und das müssen die Amerikaner respektieren um erfolgreich sein zu wollen. Ein weiterer Grund für diese Überheblichkeit ist auch deren oft schneller Erfolg in anderen Ländern der Erde.

Betrachtet man sich z. B. das Franchisesystem »Postnet« oder den Konkurrenten »Mailboxes etc.« so konnten diese Systeme in Ländern in Südostasien, Südafrika und auch in Italien sehr schnell Fuß fassen. Der Markt in Deutschland, Frankreich und Holland ist aber anders und dies wurde oft nicht bedacht. Zuletzt übernahm der italienische Masterfranchisegeber Fiorelli auch die Lizenz für MBE in Deutschland und versucht seitdem sich auf dem deutschen Markt zu etablieren, leider nur mit mäßigem Erfolg. Dies liegt aber sicher nicht an Signor Fiorelli selber, einem sehr sympathischen, jungen, italienischen Unternehmer, sondern vielleicht daran, dass er noch nicht den richtigen lokalen Partner gefunden hat.

8.4 Outbound Business – Expansion deutscher Unternehmen ins Ausland

Eigene Filialen

Diese Variante wird von vielen großen Franchiseunternehmen gewählt, mindestens solange bis man die notwendige Markterfahrung im Ausland gesammelt hat. Man kann entweder von Pilotbetrieben sprechen oder aber auch die besten Standorte zunächst selber besetzen.

Franchisenehmer von der eigenen Zentrale aus betreuen

Diese Variante ist nur in Nachbarländern ratsam. So kann man Franchisenehmer in Österreich noch von Deutschland aus betreuen, Franchisenehmer in der Schweiz erwarten meist aber schon eine separate Behandlung. Will man diesen Weg beschreiten, so ist dies nur eine Lösung für ein begrenzte Zahl von Franchisenehmer. Steigt die Zahl über zehn Partner im Land so ist eine lokaler Vertreter ratsam. Hierbei kann man auf das System des Area Managers zurückgreifen, der an anderer Stelle beschrieben wird.

Je nachdem um welche Branche es sich handelt, so sind auch schon im Nachbarland unterschiedliche Maßstäbe zu setzen und lokale Richtlinien zu beachten, deshalb ist diese Lösung nur begrenzt umsetzbar.

Area Developer

Bei dieser Variante sucht man im Land einen Franchisenehmer, der zunächst einen eigenen Betrieb aufbaut und zum Erfolg führt. Danach erhält dieser Franchisenehmer die Möglichkeit in einem festgelegten Gebiet (Area) selber Franchisenehmer zu suchen und aufzubauen. So kann man ein Zielland wie Frankreich z. B. in beliebig viele Regionen aufteilen und an Area Developer vergeben. In jedem Fall ist aber auch dann immer auf all die Punkte zu achten, die zuvor beschrieben wurden. Man muss den Markt kennen, die Besonderheiten des Landes usw. Vor allem muss aber der Partner vor Ort mindestens die Sprache der Muttergesellschaft sprechen.

Master Franchisenehmer

Um Verwirrungen vorzubeugen sei an dieser Stelle erklärt, dass es sich offiziell um einen Masterfranchisenehmer handelt. Im Verhältnis zur Muttergesellschaft im Ausland ist er Franchisenehmer. Im Innenverhältnis zu seinen Franchisenehmer ist er allerdings Franchisegeber.

Im Gegensatz zum Area Developer erhält der Master Franchisenehmer ein weit größeres Gebiet, in der Regel ein Land oder zwei bis drei Länder, in denen er als selbstständiger Unternehmer das ausländische Franchisesystem aufbaut.

Bei Uniglobe wurden zum Teil Regionen wie Italien an einen Masterpartner vergeben, Deutschland und Österreich wurden zu einer Region zusammengefasst wie auch England und Irland. Die Kollegen in Südafrika betreuen als Masterfranchisenehmer sogar alle Länder vom Äquator bis zum Kap der guten Hoffnung. Der Grund hierfür liegt in der wirtschaftlichen Struktur. Kann man in Südafrika 50 oder 100 Franchisenehmer etablieren, so ist in Ghana, Nigeria oder Kamerun höchstens mit einem Partner zu rechnen.

Der Masterfranchisenehmer selber hat in der Regel keine eigenen Franchise Outlets sondern kümmert sich nur um die Belange eines klassischen Franchisegebers.

Die Aufgaben eines Masterfranchisenehmers sind die Adaptierung des ausländischen System auf den heimischen Markt, Aufbau des Schulungskonzeptes, Verhandlung mit lokalen Lieferanten und Partnern, sowie die Akquisition von neuen Franchisenehmern vor Ort.

Masterfranchising lohnt sich nur, wenn in einer Region mindestens mit 50 Franchisenehmern gerechnet werden kann, bzw. der Markt das Potenzial hierzu bietet. In Ländern wie Luxemburg aber auch schon in Österreich muss diese Frage ernsthaft gestellt werden. 50 Sonnenstudios von Sunpoint sind in Österreich sicher zu realisieren, ob man jedoch 50 Berlitz Sprachenschulen in Österreich aufbauen kann, ist fraglich.

Lizenzsysteme

Bei dieser Art von Franchising ist die Frage zu stellen, inwieweit es sich überhaupt noch um Franchising handelt. In den meisten Fällen wird hier nur noch das Know-how des ausländischen Franchisegebers an ein bestehendes Unternehmen verkauft, die bereits in diesem Bereich tätig waren. Diese Art von Franchising kommt oft im Bereich der Vergabe von technischen Patenten in Frage oder bei Produkt-franchisesystemen.

Zum besseren Verständnis ein Beispiel. Eine amerikanische Firma für Hebbühnen vertreibt auch ein Franchisesystem, bei denen der Franchisenehmer als Verleih-firma für mobile Hebeanlagen agiert. Die Lizenz für das Franchisesystem wird dem Vertriebshändler in Deutschland übergeben.

8.5 Die Franchiseszene im Ausland

Nordamerika

Unbestritten bieten USA und Kanada die beste Franchiseszene weltweit und es ist sicher am leichtesten, ein Franchisesystem dort aufzubauen, da Franchise ein Begriff in der Wirtschaft darstellt. Dies soll aber keine Einladung für europäische Systeme sein, denn der amerikanische Markt ist schon so ausgeprägt, dass sich ein deutsches System nur schwer etablieren könnte. Am ehesten hat noch ein britisches System ein Chance, da die Unterschiede auf den ersten Blick auch für den Amerikaner nicht sofort zu erkennen sind. Gegenüber deutschen Unternehmen bestehen aber gewisse Ressentiments, was ja bei der Fusion von Daimler und Chrysler deutlich zum Ausdruck kam. Deshalb ist es sinnvoll sich erst einmal auf den näherliegenden Märkten versuchen, bevor man das Mutterland des Franchising betritt.

Südamerika

Südamerika ist wirtschaftlich sehr stark von der USA abhängig und sprachlich von Spanien und Portugal. Aus beiden Gründen ist von einer Expansion in diesen Erdteil als deutsches Unternehmen abzuraten.

Afrika

Auch wenn Länder wie Ägypten gerne einen lokalen Franchisemarkt aufbauen wollen, so ist doch keine ernsthafte und erfolgversprechende Marktaussicht zu erkennen. Dies gilt natürlich auch für die übrigen Maghrebstaaten in Nordafrika. Über die Länder im Übrigen Afrika muss man in diesem Zusammenhang sicher nicht sprechen. Lediglich Südafrika stellt eine Alternative dar. Aber obwohl typische deutsche Marken wie BMW und Siemens in Südafrika eigene Werke betreiben, so ist die Franchiseszene aber dennoch sehr stark von amerikanischen und australischen Systemen geprägt. Ein Versuch ist diese Land aber dennoch wert, zumal die Zugangsbedingungen verhältnismäßig einfach sind und eine recht gute Franchiseszene bereits entwickelt ist.

Australien

Sicherlich ist die Franchiseszene dort ebenso gut entwickelt wie in Nordamerika. Eine Expansion wird aber dennoch sehr von der erheblichen Entfernung geprägt. Wer einen Faible für diesen Teil der Erde hat und die Entfernung nicht scheut, findet dort beste Bedingungen vor. Nicht umsonst haben sich auch australische System in Europa etabliert. So wurde erst vor kurzem das australische Franchisesystem »Fastway«, im Transport- und Lieferbereich tätig, auch in Deutschland aufgebaut und hat beste Aussichten auch hier erfolgreich zu werden.

Südostasien

Die bekannten Tigerstaaten wie Malaysia, Thailand, Philippinen, u. a. haben bereits einen ausgeprägten Franchisemarkt, der aber auch wieder von Systemen aus USA geprägt ist. Die Nachfrage nach europäischen Systemen mit typischen europäischen Produkten und Dienstleistungen besteht. Sicher muss man hier besonders auf die nationalen Gepflogenheit und Wirtschaftsbedingungen der Asiaten achten. Mit einem Australier kann man verhandeln wie mit einem Europäer, einen Philippino muss man völlig anders behandeln, um einen erfolgreichen Abschluss zu erzielen. Die wirtschaftlichen Voraussetzungen sind gut, Geld ist vorhanden, aber alles muss mit einem anderen Maß gemessen werden. Deshalb sollte sich jeder Franchisegeber, bei Expansion in diese Länder gut absichern und unbedingt mit einem seriösen Partner zusammenarbeiten.

China

Der Franchisemarkt im Land der Mitte gehört sicher zu den aussichtsreichsten und erfolgversprechendsten Märkten weltweit, ist sicher aber auch der zur Zeit schwierigste Markt, um dort Fuß zu fassen. Einem deutschen Unternehmen ist es mit Bravour gelungen und das ist die Firma Obi. Will sich jemand näher mit diesem Teil der Welt beschäftigen so kann man nur raten mit den Vertretern von Obi zu sprechen. Manfred Maus von Obi hat einmal gesagt, wenn nur jeder zweite Chinese einen Hammer bei uns kauft, so ist das eine unvorstellbare Größe. Ein Land, dass zum nachdenken anregt.

Japan – Korea

Auch dort ist die Franchiseszene sehr gut entwickelt, aber für unsere Belange und Angebote weitgehend uninteressant So ist es in Japan nicht selten, dass ein Großkonzern 10 bis 15 verschiedene Franchisesysteme betreibt.

Auch fällt auf, dass man heimische Franchisesysteme sieht, die einem bekannt vorkommen aber doch einen etwas anderen Auftritt haben. Zum Beispiel gibt es eine Kette von Lebensmittelgeschäften, die 24 Stunden geöffnet sind. Die gesamte Aufmachung erinnerte sehr stark an die amerikanische Kette »Seven Eleven«.

Osteuropa und GUS-Staaten

In Russland und den Anrainerstaaten ist vor allem der Handel mit Markenware, vor allem im Modebereich bereits stark vertreten. Die Wirtschaftsbedingungen für eine Expansion in diese Länder ist allerdings mit Vorsicht zu sehen. Die Hemmnisse für eine erfolgreiche Unternehmensführung sind groß und Korruption noch nicht im Griff.

Mitteleuropa

Hier sieht die Franchiseszene natürlich ganz anders aus und es ist sicher für viele Systeme ratsam und meist problemlos, sich zuerst in einem Land der EU zu etablieren. Hier sind die behördlichen Hürden meist gering, die Niederlassungsfreiheit überall gegeben, die gesetzlichen Vorschriften sind meist überall gleich und sprachliche Barrieren lassen sich überwinden.

In Europa müssen nur die unterschiedlichen Marktbesonderheiten beachtet werden, die Mentalität der Kunden und Partner, sowie die Adaptierfähigkeit des eigenen Systems auf den fremden Markt.

Österreich

Wie bereits an anderer Stelle erwähnt, kann einem deutschen Franchisegeber nur geraten werden als erste Auslandsexpansion das Land Österreich zu wählen oder die Niederlande, wenn die Grenznähe dort gegeben ist. Österreich fühlt sich mit Deutschland eng verbunden, es gibt wenige Ressentiments gegenüber deutschen Produkten, der Geschmack ist ähnlich und die Einstiegsmöglichkeiten aus behördlicher Sicht sind ähnlich wie in Deutschland.

Höchstens regionale Feinheiten und Entfernungen können eine Rolle spielen. Der Hamburger Franchisegeber Carsten Gerlach, Inhaber und Gründer von Joey's Pizza, hatte einige Schwierigkeiten, sich auf dem österreichischen Markt festzusetzen und blieb bis heute bei einem Franchisenehmer in Wien. An seiner Pizza kann es aber nicht gelegen haben. Wie er mir erklärte, hat die Entfernung Hamburg – Wien auch keine Rolle gespielt und auch der falsche Mann/Frau kam vor Ort nicht zum Einsatz und trotzdem hat es nicht geklappt mit dem Nachbarn. Wohingegen die Musikschule Fröhlich sehr schnell die Herzen der Österreich erobern konnte und heute schon über 100 Franchisenehmer in Österreich zählt.

Auch wird fast die gesamte Reisebranche in Österreich von deutschen Unternehmen geprägt. Waren es vor 15 Jahren noch Namen wie Touropa Austria, Belmondo oder ITAS die in den Regalen der Reisebüros verkauft wurden, so sind es heute TUI, Neckermann und Co. Ebenso heißen die Reisebürofranchiseketten in Österreich inzwischen auch TUI Urlaubscenter oder Lufthansa City Center.

Schweiz

Die Schweiz hingegen ist mit besonderer Sorgfalt zu betrachten. Auch wenn man im überwiegenden Teil der Schweiz deutsch spricht und die Geschäftsmentalität unserer ähnelt, so ist die Franchiseszene dort nicht so ausgeprägt wie bei uns. Es gibt einen Franchiseverband aber keine Franchisemesse. Die Anzahl von Franchisebetrieben ist gering und die Nachfrage nach der Selbstständigkeit ebenfalls. Warum?

Den Schweizern geht es immer noch sehr gut, es gibt eine geringe Arbeitslosigkeit und das Unternehmertum ist nur im großen Umfang ausgeprägt. Der Schweizer geht nicht so gerne ein Risiko ein und nur todsichere Geschäftsideen finden Anklang. Aber wer kann schon behaupten, seine Idee sei todsicher? Trotzdem haben es bekannte Systeme aus der Schweiz geschafft, auch bei uns erfolgreich zu werden – z. B. Kieser Training oder die Werbeagentur Ansatz.

8.6 Inbound Business – Internationale Franchisesysteme kommen nach Deutschland

So mancher Existenzgründer hat sich sicher im Laufe seiner Überlegungen in der Entscheidungsphase auch schon einmal gedacht, wie wäre es, selber als Franchisegeber zu starten. Aber selber mit einer eigenen Idee als Einzelkämpfer ein Franchisesystem aufzubauen und damit zu starten ist aber eher selten und oft mit unkalkulierbaren Kosten verbunden. Auch große finanzkräftige Unternehmen haben sich daran versucht, aus einem Vertriebsystem ein Franchisesystem zu machen oder eines anzuhängen und mussten wieder einen Rückzieher machen. Es würde aber zu weit führen, an dieser Stelle die Möglichkeiten und Risiken zu beschreiben und auch nicht der Sinn und Zweck dieses Kapitels Internationales Franchising.

Will ein Existenzgründer aber eine Stufe höher einsteigen und nicht nur einen einzelnen Franchisebetrieb übernehmen oder aufbauen, so bietet sich das Masterfranchising an. Eine Vielzahl von guten und erprobten Systemen aus dem Ausland sind krampfhaft auf der Suche nach einem geeigneten Partner hier in Deutschland. Warum also das Rad zweimal erfinden, wenn man auf bewährte Rezepte zurückgreifen kann.

Was ist eigentlich Master Franchising. Ein ausländischer Franchisegeber möchte expandieren und vergibt eine Lizenz für ein oder mehrere Länder. Der Masterfranchisenehmer, der diese Lizenz übernimmt, kann dann als selbstständiger Unternehmer eine eigene Franchisekette in seiner Region aufbauen, die aber an die Vorgaben des Mastergebers gebunden sind. Der Master-Franchisegeber vergibt die Vollmacht zur Übernahme des Systems, bietet das gesamte Know-how und die Schulung und erhält im Gegenzug dafür einen Teil der Franchisegebühren.

Die Vorteile für den Master-Franchisenehmer

❏ Übernahme eines geprüften Systems mit Markterfahrung
❏ Eigenständige Entwicklung möglich
❏ Integration in eine globale Organisation
❏ Erfahrungsaustausch
❏ Training
❏ Technologie
❏ Risikominimierung

Übernahme eines geprüften Systems mit Markterfahrung

Im Gegensatz zum Aufbau einer eigenen Franchiseidee, übernimmt der Neu-unternehmer mit der Masterlizenz ein geprüftes System, dass sich am Markt etabliert hat, wenn auch in anderen Ländern. Viele Entwicklungsphasen kann man sich ersparen und das bekannte Lehrgeld bezieht sich nur noch auf den heimischen Markt.

Eigenständige Entwicklung möglich

Der Wunsch eines jeden Selbstständigen ist es, seine kreativen Ideen umzusetzen. Auch dies wird bei Masterfranchisenehmern möglich sein. Allerdings ist die An-passung an die vorgegebenen Richtlinien notwendig und vom Mastergeber oft strikt überwacht, aber im lokalen Bereich ist noch genügend Platz zur Selbstent-faltung. Es muss eine Adaption erfolgen, ohne dem Grundkonzept untreu zu wer-den. Der Wiedererkennungswert muss erhalten bleiben, aber kulturelle Eigenhei-ten sind zu beachten.

Integration in eine globale Organisation – Das Umbrella System

Je nach Branche und Produkt hat die globale Integration einen unterschiedlichen Stellenwert. So ist dieser Faktor z. B. in der Reisebranche von großer Bedeutung. Aber auch bei typischen Massenprodukten kann der Hinweis auf eine globale Or-ganisation für das Image hilfreich sein. Mitglied einer weltweiten Organisation zu sein, gibt oft die Stärke für den Einstieg in das große Geschäft.

Erfahrungsaustausch – Kommunikation

Vor allem in der Aufbauphase ist der Austausch mit Kollegen anderer Länder von großem Vorteil. Man kann sich Tipps und Hinweise holen, um Anfangsfehler zu vermeiden. Man erhält Trends und Entwicklungen in anderen Ländern, die man im nationalen Markt umsetzen kann, wenn nötig. Ein typisches Beispiel hierfür aus eigener Erfahrung bei Uniglobe Travel war die Entwicklung des Internet in den letzten fünf bis acht Jahren. Aus deutscher Sicht haben wir immer auf die Erfah-rungen der Amerikaner geblickt und uns deren Reaktionen zu Nutze gemacht. Am Anfang war die Euphorie groß und wir haben uns langsam an diese Entwicklung herangetastet und mitprofitiert. Als dann aber die erste Begeisterung der Online Bucher in Amerika verflogen war und das Geschäft mit Internetbuchungen rückläufig wurde, konnte wir viel schneller reagieren als unsere deutschen Wettbewerber, da wir die Erfahrungen der Amerikaner nutzten.

Ist das System einmal im eigenen Land aufgebaut, so wird die Kommunikation mit der Muttergesellschaft auch weiterhin aufrecht erhalten bleiben. Dies erfordert eine ständige Kommunikation ins Ausland. Die Kommunikation im Bereich, Brief, Fax, E-Mail ist in unserer heutigen Zeit sicher kein besonderer Aufwand mehr. Die Reisekosten zu internationalen Veranstaltungen müssen allerdings berücksichtigt werden.

Training

In der vorliegenden Betrachtungsweise soll nur auf die erhöhten Aufwendungen im Bereich des internationalen Trainings hingewiesen werden. Die Einführung in das System und das Training wird fast in jedem Fall im Heimatland des Mastergebers abgehalten. Dadurch ergeben sich zusätzliche Belastungen für Reisekosten bei Auslandsaufenthalten, die beträchtlich sind.

Das oftmals angebotene Praxistraining in anderen bestehenden Regionen ist eine zeit- und kostenaufwendige Angelegenheit, die im Gesamtbudget berücksichtigt werden muss.

Technologie

Es gibt vielfältige Einsatzmöglichkeiten von Technologie in einem Franchisesystem von der Powerpoint-Präsentation im Verkauf über die Kalkulationssoftware bis zur Buchhaltungssoftware in der Verwaltungsabteilung. Eine modernes Unternehmen kann heutzutage nicht mehr ohne die entsprechende Technologie auskommen. Da die EDV-Branche aber meist international ausgerichtet ist, so können meist auch ausländische Software einfach auf die örtlichen Bedürfnisse angepasst werden. Das teuerste dabei ist aber in jedem Fall die Erstellung der Basisversion.

Im Fall der Übernahme eines bestehenden Systems kann man meist auch auf die vorhandene Software zurückgreifen und diese dem lokalen Markt anpassen. Das gleiche gilt auch für das international ausgerichtete Internet.

Risikominimierung

Das Fazit aller dieser Punkte ist die Minimierung des Risikos. Sicher fällt bei Übernahme einer Masterlizenz eine oft beträchtliche Lizenzgebühr an. Wenn man aber die Kosten der Anfangsentwicklung eines völlig neuen und unbekannten System dagegenstellt, so ist diese Gebühr gerechtfertigt. Über Höhe und Wert der Lizenzgebühr wird anschließend zu lesen sein.

Die Voraussetzungen für den Master-Franchisenehmer

Als zukünftiger Master-Franchisenehmer benötigt man folgende Voraussetzungen um erfolgreich zu werden:

❏ Unternehmerische Erfahrung
❏ Erfahrung in der entsprechenden Branche
❏ Kenntnis der Sprache des ausländischen Partners
❏ Kenntnis der Geschäftsmentalität des ausländischen Partners
❏ Ausreichende finanzielle Grundlage

Unternehmerische Erfahrung

Nur wenn man als Master-Franchisegeber auf eigene unternehmerische Erfahrung zurückgreifen kann, wird man später auch von den Franchisenehmer als Vorbild akzeptiert. Eine der Hauptaufgaben des Master-Franchisenehmer in seiner Funktion als lokaler Franchisegeber ist doch den Existenzgründer auf seine unternehmerische Tätigkeit vorzubereiten und ihm beim Aufbau seines Betriebes zu helfen.

Nur wer selber sein Lehrgeld gezahlt hat, wird seine Erfahrungen auch weitergeben könnte sonst verfällt man zu schnell in Theorie. Gerade für diese Erfahrungen und die Bewahrung vor Anfangsfehlern bezahlt der Franchisenehmer seine Einstiegsgebühr.

Branchenkenntnis

Von großem Vorteil ist es, wenn z. B. ein Master-Franchisenehmer das Franchisesystem einer Restaurantkette übernimmt, auch selber über Erfahrungen in der Gastronomie verfügt. Auch wenn McDonald's nicht gerne Franchisenehmer akzeptiert, die aus der Gastronomie kommen, so ist dies im Bereich des Masterfranchising anders zu bewerten. Branchenerfahrung ist hier von großer Bedeutung.

Hätte ich als Master-Franchisenehmer von Uniglobe Travel nicht die Erfahrung und die Verbindungen in der Reisebranche mitgebracht, hätte ich sicher kein lukratives Sortiment an bevorzugten Lieferanten und Leistungsträgern für meine zukünftigen Franchisenehmer zusammenstellen können.

Im Franchising wie in den meisten Branchen sind Kontakte und Verbindungen von großer Bedeutung. Der zukünftige Franchisenehmer erwartet sich ein Sortiment von Lieferanten und Anbietern auf die er zurückgreifen kann. Ein umfassendes Angebot für Strom, Telefon und die Büromöbel findet man schnell. Die branchenspezifischen Anbieter sind aber meist im Markt etabliert und es herrscht scharfe Konkurrenz. Hier sind persönliche Verbindungen des Master-Franchisenehmers schon sehr hilfreich und wichtig.

Kenntnis der Sprache des ausländischen Partners

Will ein Existenzgründer oder eine deutsche Firma eine Masterlizenz eines ausländischen Franchisegebers übernehmen, so sollte man davon ausgehen, dass man die Sprache des Geschäftspartners beherrscht. Auch wenn man dies vom ausländischen Partner sicher nicht erwarten darf.

Da man aber von Ausländern fast nie erwarten kann, dass man in seiner eigenen Muttersprache kommunizieren kann, muss man die Sprache des ausländischen Partners beherrschen und das bedeutet in Wort und Schrift, oder wie es so schön heißt »verhandlungssicher«. Man sollte sich fließend unterhalten können, muss dabei aber nicht der juristischen Feinheiten mächtig sein, denn dafür gibt es Fachleute. Auch ist es mit der typischen deutschen Perfektion nicht so wichtig.

Kenntnis der Geschäftsmentalität des ausländischen Partners

Neben den Sprachkenntnissen ist auch die Kenntnis der ausländischen Business Mentalität wertvoll. Kann man die Sprachkenntnisse in Kursen aufbessern oder erlernen, so gibt es für das Erlernen der Geschäftsmentalität oft nur die eigene Erfahrung. Als hilfreich erweist sich im Vorfeld vielleicht noch die Lektüre eines Buches über dieses Thema. Zum Beispiel: Amerika für Geschäftsleute (Ullsteinverlag). Das Einmaleins der ungeschriebenen Regeln.

Eine ebenfalls gute Adresse sind die ausländischen Handelskammern. Die deutschamerikanische Handelskammer bietet sogar Kurse an zum Thema: »Die Zusammenarbeit mit amerikanischen Geschäftspartnern«. Desgleichen wird dies sicher auch von den Handelskammern für Großbritannien oder Frankreich angeboten, um nur einige zu nennen.

Finanzielle Anforderungen

Der Aufbau einer Franchiseregion als Masterfranchisenehmer erfordert wie beim Aufbau eines eigenen Franchisesystems einen hohen finanziellen Aufwand. An dieser Stelle soll aber nicht auf die betriebswirtschaftlichen Voraussetzungen eines Franchisegebers eingegangen werden, sondern nur auf die spezifischen Kosten, die bei Übernahme einer Masterlizenz in der Regel anfallen. Diese sind

❑ Lizenzgebühr
❑ Franchisegebühr – Royalty
❑ Training

Lizenz- oder Aufnahmegebühr

Diese einmalige Gebühr wird auch Licence fee, Inital fee oder Upfront fee genannt. Die Höhe dieser Gebühr richtet sich nach dem Gebiet der Masterlizenz. Gehen wir von der Region Deutschland aus, so handelt es sich hierbei um eine großes Gebiet und die Höhe wird meist hoch angesiedelt. Größenordnungen von 200.000 bis zu 1 Million Euro sind realistisch.

Wichtig dabei ist aber zu wissen, dass die Höhe dieser Gebühr fast in allen Fällen verhandlungsfähig ist.

Zuerst sollte man die Situation abtasten, wie stark der Mastergeber an dem Markt Deutschland interessiert ist. In manchen Fällen ist man zuerst gleichgültig eingestellt und sieht es als günstige Gelegenheit, in anderen Fällen benötigt man Deutschland als strategisches Ziel.

Bei den Verhandlungen um eine Masterlizenz kann man verschieden Wege einschlagen, um erfolgreich zu agieren. In der Anfangsphase der Gespräche sollte man die Höhe der vorgeschlagenen Gebühr weitgehend akzeptieren und sich auf andere Themen konzentrieren. Es gibt für einen Amerikaner nichts schlimmeres als ein typischer Deutscher, der nur vom Geld spricht und zuerst dies geklärt haben will.

Gehen sie daher taktischer vor und sprechen Sie erst über das System und Ihre eigene Leistung. Wie Sie das System am Markt etablieren können. Bauen Sie einen Begehrtheitsgrad für den eigenen Markt und die eigenen Möglichkeiten auf. Versuchen Sie sich selber zuerst zu verkaufen. Amerikaner, und um die geht es im Masterfranchising doch meistens, sind gute Verkäufer und akzeptieren oder besser honorieren es, wenn man sich selber verkaufen will.

Man darf dabei aber nie vergessen, dem Amerikaner geht es in erster Linie um »seine Kohle« Die wiederum typisch deutsche Sichtweise, beide Partner sollen doch erst einmal ein Risiko eingehen und deshalb sollte der Mastergeber auf eine Einstiegsgebühr verzichten und dafür höhere Franchisegebühren verlangen, funktioniert niemals. Deshalb sollte man ein derartiges Angebot überhaupt nicht machen, denn es wirkt kleinkariert und passt nicht in das globale Weltbild der Amerikaner.

Nach Akzeptanz einer angemessenen Einstiegsgebühr gibt es jedoch verschiedene Möglichkeiten, diese zu begleichen. In den wenigsten Fällen werden mehrere hunderttausend Euro sofort überwiesen, auch wenn sich der ausländische Geschäftspartner dies sicher so wünschen würde. Man wird entweder eine Teilzahlung auf zwei bis drei Jahre vereinbaren, in jedem Fall aber eine Anzahlung zu leisten haben, die bei etwa 25 bis 50 Prozent liegen wird.

In manchen Fällen, wenn der Mastergeber sehr stark auf die Eroberung des deutschen Marktes fixiert ist, wird man bessere Konditionen aushandeln können und vielleicht auch einen Teil der Aufnahmegebühr in Firmenanteile verwandeln. Verfügt der Franchisenehmer nicht über die entsprechenden finanziellen Ressourcen so ist die Beteiligung des Mastergebers eine geeignete Methode. Voraussetzung hierfür ist aber eine gegenseitige Akzeptanz und die Überzeugung, man kann gemeinsam erfolgreich sein. Aus dieser Sicht ist es für den Verhandlungspartner wichtig, diese Möglichkeit erst sehr spät in die Verhandlungen einfließen zu lassen.

Laufende Franchisegebühr

Man spricht im internationalen Franchising von Royalties, entsprechend der typischen Franchisegebühr, die natürlich im Masterfranchising gleichfalls anfällt.

In der Regel ist diese Gebühr gleich hoch wie die vom lokalen Franchisenehmer verlangte Gebühr. Die Bemessungsgrenze sollte in der Regel die Höhe der Einnahmen aus Franchisegebühren sein. Ausnahmen bestehen in Fällen, wenn es sich um Produktfranchisesysteme handelt, bei denen ein Teil der Ware vom Mastergeber abgenommen werden muss.

Die Suche nach dem richtigen Franchiseunternehmen

Es gibt viele Wege sich über internationales Franchising zu informieren. Im vorangegangenen Abschnitt der Ausführungen wurden bereits ausführlich die Wege zur Beschaffung von Informationen beschrieben. Hat man sich nun das eine oder andere System in die engere Wahl gezogen, so sollen die nachstehenden Informationen als Anregungen zur Aufnahme von Verhandlungen mit potenziellen Franchisegebern dienen. Worauf kommt es nun an?

❏ Passt die Branche zum eigenen Background?
❏ Ist Bedarf im eigenen Markt vorhanden?
❏ Kontaktaufnahme mit dem Franchisegeber
❏ Besuch im Headquarter des Franchisegebers
❏ Besuch von anderen Masterkollegen

Passt die Branche zum eigenen Background?

Dies muss nicht heißen, dass man sich nur in Branche umsehen sollte, in der man in der Vergangenheit auch gearbeitet hat. Man muss aber eine Affinität zur entsprechenden Branche entwickeln und sich damit wohlfühlen. Diese Entscheidung ist eine sog. »Bauchentscheidung« und weniger eine Entscheidung aus dem Kalkül.

Oftmals ist Neutralität in einer Branche sogar von Vorteil. So akzeptiert McDonald's z. B. keine Gastronomen als Franchisenehmer. Ein guter Koch würde versuchen die Saucen des Big Mac nach eigenem Geschmack zu verändern und dies würde dem Grundkonzept von McDonald's sicher nicht zutreffend sein. Die Gefahr, alles besser zu wissen und die Meinung »es war doch immer so« ist sehr groß. Jeder Neuunternehmer versucht automatisch seine Lebenserfahrung zu verwerten und schätzt diese oft höher ein als die Richtlinien des Mastergebers es beschreiben.

Hat man z. B. in einem typischen passiven Verkäufermarkt gearbeitet, d. h. der Kunde ist in das Büro oder das Geschäft gekommen und hat seinen Kaufwunsch geäußert und soll nun nach amerikanischem Muster in den aktiven Verkäufermarkt wechseln, d. h. man muss die Kunden aktiv ansprechen und proaktiv reagieren, so wird es hier gewissen Ressentiments geben. Man wird mit Ausreden aufwarten wie: »Das hat bei uns noch nie funktioniert« oder »bei uns geht das ganz anders«.

Diese Einstellung ist gefährlich und kann sogar zum Scheitern führen. Deshalb ist eine gewisse Branchenerfahrung von Vorteil aber nur wenn auch ein gesundes Maß an Offenheit für eine neue Strategien vorhanden ist und man bereit ist, alte Zöpfe abzuschneiden.

Ist der Bedarf im eigenen Land vorhanden?

An den zuvor beschriebenen Beispielen wie MBE oder Subway und vielen anderen wurde bereits erläutert, dass der Erfolg eines Systems in anderen Ländern noch lange keinen Erfolg im eigenen Land garantiert.

Um eine erfolgreiche Marktanalyse zu beschreiben, würde die Raum an dieser Stelle nicht ausreichen. Es soll hier nur auf die Bedeutung der Marktanalyse hingewiesen werden. Überlassen Sie dies den Experten, und es gibt genügend davon.

Im Vorfeld der Verhandlungen müssen Sie sich auf das eigene Gespür verlassen. Da dies aber nicht ausreicht, sollte man eine Klausel im Vertrag einbauen, die eine Phase für die Erstellung einer Machbarkeitsstudie mit einschließt. Erst wenn man professionell getestet hat, ob sich das ausländische System auch auf dem heimischen Markt etablieren lässt, sollte der Vertrag voll zum Tragen kommt.

Auf der anderen Seite wird man aber auch keine aufwendige Analyse in Auftrag geben, solange keine vertraglichen Bindungen bestehen. Daher ist es ratsam einen Vorvertrag abzuschließen bis die Marktanalyse vorliegt. Viele Leser werden sagen, dies sei doch die Aufgabe des Mastergebers. Aus deutscher Sicht verständlich, aber leider nicht aus der Sicht des Ausländers. Selten oder eher nie wird man eine derartige Marktanalyse vorfinden. Der Mastergeber ist der Ansicht, der Masterfranchisenehmer will ja seinen eigenen Markt bearbeiten und damit Geld verdienen, daher soll er seine marktspezifischen Kosten auch selbst übernehmen. Das gleiche gilt übrigens auch für die Übersetzungen aller Unterlagen.

Kontaktaufnahme mit dem Franchisegeber

Bei der ersten Kontaktaufnahme mit einem ausländischen Franchisegeber sollte man ein wenig Geduld aufbringen. Erfolgt der Kontakt nicht durch ein Vermittler sondern auf schriftlichem Wege, so kann man nicht sofort mit einer Antwort rechnen, Ausnahmen bestätigen aber auch hier die Regel.

Zuständig ist meistens ein bestimmter Manager für International Expansion oder International Affairs. Diese Person ist meist in der Weltgeschichte unterwegs und kann daher auch nicht sofort antworten.

Neben einer ersten schriftlichen Kontaktaufnahme empfiehlt es sich nach einer kurzen Wartezeit von einigen Tagen die Eigeninitiative zu ergreifen und einfach anzurufen und nach dem zuständigen Manager zu fragen. Wenn erst einmal der persönliche Kontakt aufgenommen wurde, ist die weitere Bearbeitung meist viel einfacher.

Sprechen Sie Einzelheiten am Telefon ab und zeigen Sie Ihr Interesse dadurch, dass Sie bereits viel Wissen über das System und die Firma vorgeben, dass man sich ja zuvor sehr einfach über das Internet beschaffen kann. Dieser einfache Hinweis wirkt oft Wunder, denn die Amerikaner sind z. B. sehr stolz auf die eigene Firma und erkennen es hoch an, wenn der Gesprächspartner sich auskennt.

Als nächsten Schritt wird man sicher in jedem Fall eine ausführliche und umfangreiche Dokumentation schicken. Die Unterlagen der Europäer sind dabei etwas spärlicher, wohingegen von amerikanischen Unternehmen eine sog. »Disclosure« Dokumentation zu erwarten ist. Amerikaner sind es gewöhnt und im Land auf rechtlichen dazu verpflichtet sich in aller Offenheit darzustellen. Dazu gehört neben der Beschreibung des Systems auch die Darstellung der betriebswirtschaftlichen Seite und die Offenlegung der eigenen finanziellen Situation des Franchisegebers. Man darf sich daher nicht wundern, wenn man von einem US-Franchisegeber seine Bilanzen der letzten drei Jahre vorgelegt bekommt und eine Darstellung der letzten Gerichtsverfahren. Auch wenn dies unserem Verständnis zu weit geht, für Amerikaner ist dies ein übliches Verfahren und sicher auch zum Vorteil für den ausländischen Partner.

Besuch im Hauptquartier des Franchisegeber
Die Folge der ersten telefonischen und schriftlichen Kontakte und die Durcharbeitung der vorliegenden Unterlagen wird zwangsläufig die Vereinbarung eines persönlichen Besuches sein, vorausgesetzt das System ist ansprechend und passt zu den eigenen Vorstellungen.

Man darf nicht davon ausgehen, dass der ausländische Partner den ersten Schritt machen wird und nach Deutschland kommt, sondern der Interessent oder auch Prospect genannt wird zu einem Besuch ins Ausland eingeladen.

Dieser Besuch muss gut vorbereitet werden und gibt einen umfassenderen Einblick in die Arbeit des Franchisegebers, was aus schillernden Prospekten nicht ersichtlich ist.

Aus eigener Erfahrung kann ich hierzu auch einiges berichten. Zum Beispiel war der Besuch bei einem System zur Vermarktung von Kreuzfahrten in London ein einziger Reinfall. Das Büro war mehr oder weniger ein einfaches Hinterhof Reisebüro mit einer katastrophalen Organisation. Von globaler Ausrichtung war nicht viel zu spüren und die hinterfragten Erfolge, die in den Unterlagen erwähnt waren, stellten sich sehr schnell als Selbstübertreibung mit fingierten Zahlen heraus. In diesem Fall reichte der bloße Augenmerk aus, um die Unseriosität des Franchisegebers zu entlarven.

Bei derartigen Besuchen kann man die Glaubwürdigkeit der Prospektaussagen überprüfen und die verantwortlichen Geschäftpartner persönlich kennen lernen und dies ist in diesem Business von großer Bedeutung, denn auch die Sympathie untereinander ist ein Mosaikstein zum Erfolg. Ist der Franchisegeber zu arrogant oder zeigt kein besonderes Interesse, so sollte man die Finger davon lassen. In der Regel wird ein derartiger Besuch sehr aufwendig vorbereitet und die Präsentation gleicht einem professionellen Verkaufsgespräch. Man hat die Möglichkeit in alle Abteilungen hineinzuschnuppern, erhält Einblick in den Marketingbereich und in die Trainingsfazilitäten.

Mit diesem Besuch sollte man am besten auch gleich die Besichtigung von einigen Musterbetrieben verbinden. In der Regel haben gute Franchisesysteme in der Nähe ihrer Zentrale auch ein sog. Flagshipstore oder mindestens einige Pilot-betriebe, die man sich unbedingt ansehen sollte.

Besuch in anderen Masterregionen

Neben dem Besuch der Hauptzentrale sollte man auch den Besuch einige zukünf-tiger Kollegen einplanen. Man darf hier nicht die Kosten scheuen und einmal einen anderen Master besuchen, am besten im europäischen Ausland. Wichtig dabei ist aber unbedingt die Absprache mit dem Mastergeber.

Ein anderer Masterkollege kann aus eigener Erfahrung berichten, wie die Zusam-menarbeit mit der Muttergesellschaft funktioniert, welche Erfahrungen er oder sie mit der Adaptierung des System im heimischen Markt gemacht hat und welche Fehler sollte man nicht wiederholen.

Die Entscheidung für eine ausländisches System

❏ Mastervertrag überprüfen
❏ Referenzen überprüfen
❏ Rechtliche Voraussetzungen prüfen
❏ Budgeterstellung
❏ Finanzierungsplan

Den Mastervertrag überprüfen

Bereits bei den ersten Unterlagen oder spätestens bei einem Besuch vor Ort wird man einen Master-Franchisevertrag vorgelegt bekommen. Es empfiehlt sich, die-sen einem internationalen Anwalt für Franchise vorzulegen. Von diesen Spezial-anwälte gibt es nur wenige, die sich nicht nur im Franchising auskennen, sondern auch noch auf der internationalen Ebene. Die beste Empfehlung hierfür ist die Nachfrage beim Deutschen Franchise-Verband in Berlin.

Lassen Sie zuerst den fremdsprachigen Vertrag übersetzen, auch wenn Sie der entsprechenden Sprache mächtig sind. Danach sollten Sie die Einzelheiten mit dem Anwalt besprechen und dabei auf die juristischen Unterschiede zwischen anglikanischen und römischen Recht achten. In der Regel wird ein Mastervertrag nach den Rechtsnormen des Heimatlandes des Mastergebers abgeschlossen. Sie müssen somit auch den ausländischen Gerichtsstand akzeptieren.

Versuchen Sie auf alle Fälle über Einzelheiten des Vertrags zu verhandeln. Ein Franchisevertrag ist in der Regel immer gleich, ein Mastervertrag aber nicht. Dieser ist auf die persönlichen Eigenschaften und Voraussetzungen sowie auf die nationalen Eigenheiten abzustimmen.

Die Dauer eines Mastervertrages sollte auf mindestens zehn Jahre mit Option auf weitere zehn Jahre abgeschlossen werden, wenn möglich sogar mit noch längeren Laufzeiten. Es ist darauf zu achten, dass man unbedingt eine Rückkaufklausel einbaut. Der vom Masterfranchisenehmer aufgebaute Markt innerhalb von zehn Jahren oder länger hat einen nicht unerheblichen Wert. Will der Master nach Vertragsablauf den Markt selbst übernehmen, so muss schon bei Vertragsabschluss eine entsprechend Regelung hierfür eingebaut werden.

Weitere juristische Hinweise und Empfehlungen wird der Fachanwalt sicher noch viele auf Lager haben. Man sollte hierbei keinesfalls an den Kosten sparen.

Referenzen prüfen

Aus den Unterlagen und durch die persönlichen Gespräche erhält man sicher ein Fülle von Referenzen, die es zu überprüfen heißt. Man überprüft die Unterlagen und spricht mit anderen Masterkollegen, dies wurde bereits beschrieben. Zusätzlich kann man sich über die internationalen Medien wie Internet, Fachmagazine über den Stand, das sog. Ranking informieren. Man kann den lokalen Franchiseverband befragen und die Unterstützung der deutsch-ausländischen Handelskammer nutzen. Ein umfassende Prüfung aller Angaben und Referenzen kann später sehr viel Geld sparen und sollte sehr gewissenhaft erfolgen.

Rechtliche Voraussetzungen prüfen

Hierbei geht es nicht um den Mastervertrag oder um das Franchising an sich, sondern um die jeweilige Branche. So hatten die Systeme der Dwyer Group aus Amerika, die sich auf die Handwerksbranche beziehen, erhebliche rechtliche Voraussetzungen zu prüfen. In Amerika ist das Elektrohandwerk keiner Lizenz unterworfen, jeder Handwerker oder Unternehmer kann sich als Elektriker niederlassen und seinen Service anbieten. Der Markt wird es schon regeln, ist die Devise der Amerikaner. In Deutschland gibt es strikte Vorschriften im Handwerk mit Meisterprüfung und so weiter. Hier kann ein Franchisenehmer nicht so ohne weiteres einen Franchisebetrieb als Elektriker gründen. Auch im Bereich der Reinigungen sind erheblich größere rechtliche und genehmigungstechnische Voraussetzungen zu berücksichtigen als im Ausland.

Budget erstellen

In den Unterlagen des Mastergebers wird man auch ein Budget für ein Master-region vorfinden. Dieser Kalkulation sollte man aber nie trauen, denn hier sind die Ausländer meist nicht so genau, als wir das gewöhnt sind. Man will ja schließlich eine Masterlizenz verkaufen. Aus einigen Unterlagen konnte ich z. B. entnehmen, dass man schon nach wenigen Jahren mit dem entsprechenden System Millionär werden kann. Nach gewissenhafter eigenen Kalkulation kamen aber meist ganz andere Werte zustande.

Aus diesem Grund kann an dieser Stelle auch keine Kalkulationshilfe für ein internationales Budget vorgestellt werden, sondern nur der Hinweis auf die Sensibilität diese Bereichs. Beschäftigt man sich ernsthaft mit der Übernahme einer Masterlizenz, so sollte man sich auch in diesem Bereich eines entsprechenden Profis bedienen, der die Zahlen aus betriebswirtschaftlicher Sicht bewertet. Sie erhalten danach auch aus dieser Sicht einen wichtigen Beitrag zu ihrer eigenen Machbarkeitsstudie.

Finanzierungsplan

Aus dem Ergebnis des Budgets ergibt sich dann der finanzielle Bedarf für die Gründung des Franchisesystems. Über die Gesamthöhe an dieser zu spekulieren wäre ermessen, denn diese ist von sehr vielen Faktoren abhängig. Als Richtlinien sollten man aber davon ausgehen, dass die Gründung eines ausländischen Franchisesystems als Masterfranchisenehmer nicht unter einem Kapitalbedarf von 5 Millionen Euro möglich sein wird.

In den wenigsten Fällen können derartige Beträge aus eigenen Mitteln aufgebracht werden und man wird auf externe Finanzierung zurückgreifen müssen. Hierfür gelten dann die gleichen Vorschriften und Möglichkeiten wie im eigentlichen Franchising auch, die an anderer Stelle dieses Buches beschrieben werden.

9 | Franchise-Feuer: Begeisterung von innen
von Manfred Maus

Einführung

»Nichts ist so stark wie eine Idee, deren Zeit gekommen ist« heißt ein bekanntes Sprichwort.

Vor über 30 Jahren, als Obi gegründet wurde, wiesen die Zeichen der Zeit in eine vollkommen andere Richtung als in die des Do-it-yourself-Booms. Noch Ende der sechziger Jahre war Freizeit knapp bemessen. Und wer am Wochenende selbst Hand anlegen wollte in Haus und Garten, musste z. B. für Schrauben, Farbe und Holz mehrere Geschäfte aufsuchen und lange Wege in Kauf nehmen. Denn der Einzelhandel in Deutschland war in kleine Fachgeschäfte aufgeteilt. Man fand Eisenwaren, Holz oder Farben oft Kilometer voneinander entfernt. Kaufhof, Karstadt und Horten zeigten in Deutschland als erste, dass es sich »unter einem Dach« viel leichter einkaufen ließ – die Shopping-Center in Amerika setzten auf der »grünen Wiese« weitere Maßstäbe der Bequemlichkeit. Hier erlebte man zum ersten Mal, dass alle Produkte zum Heimwerken »unter einem Dach« gebündelt wurden.

Wie man die amerikanische Idee des »One-stop-shoppings« für Heimwerker auch in Deutschland realisieren konnte, war eine Frage, die man im Hause Emil Lux, einem Großhandelsunternehmen für Handwerkzeuge, intensiv diskutierte. Denn dass die Zeit über kurz oder lang gegen die kleinen Einzelhändler arbeitete, welche die Firma Emil Lux als Großhandelsorganisation belieferte, war offenkundig.

Das Großhandelsunternehmen Lux befand sich jedoch in einem Konflikt. Auf der einen Seite standen die Einzelhändler, viele davon seit vielen Jahren gute Kunden. Auf der anderen Seite war es geboten, neue Wege zu gehen und neue Chancen zu ergreifen.

Die zündende Idee, wie man als Pionier in einem ganz neu zu schaffenden Markt Zeichen setzen kann – und dennoch nicht in Kollision mit seinen Kunden gerät – brachte eine Veranstaltung der American Management Assoziation in New York zum Thema Franchising. Hier wurde plötzlich die Lösung sichtbar, wie die Existenz der eigenen Kunden angesichts des immer härter werdenden Verdrängungswettbewerbs gesichert werden konnte. Fortan sollten die Kunden der Firma Emil Lux die Partner sein, die es für den Aufbau eines Do-it-yourself-Systems im Franchise-Verbund zu gewinnen galt.

Doch was in der Theorie so einleuchtend war, stellte sich in der Praxis mehr als schwierig dar. Wer wollte sich freiwillig an einem Experiment mit ungewissem Ausgang beteiligen? Wer hatte den Mut, Geld für eine völlig neue Geschäftsidee zu investieren? Wer war bereit, den über Jahrzehnte etablierten Firmennamen zugunsten des neuen Namens Obi zu opfern? Denn so sollte das Unternehmen

– in Anlehnung an das französische »hobby« – heißen, das bislang nur als Idee existierte.

Dass man selbst investieren musste, um die Partner vom Erfolg der neuen Idee zu überzeugen, war selbstverständlich, als 1970 der erste Obi Markt im Hamburger Einkaufszentrum Alstertal eröffnet wurde. Geleitet wurde der 900 Quadratmeter große Markt von einem Mitarbeiter-Team, das aus dem Hause Lux nach Hamburg aufbrach. Zwölf Mitarbeiter zählte damals die erste Obi Mannschaft. Sie bestand aus neun Fachverkäufern und zwei Kassiererinnen in Hamburg und einer Bürokraft, die von Wermelskirchen aus die Pioniere unterstützte.

Der neue Markt bot unter einem Dach alles, was man als Heimwerker haben musste, um für den Ernstfall beim Do-it-yourself gerüstet zu sein: Holz, Sanitär, Farben und Tapeten, Werkzeuge und Maschinen, Gartenhartwaren, ein Sortiment zum Basteln, Baustoffe, Eisenwaren und Beschläge, Elektroinstallation und Haushaltswaren.

Schon nach einem Jahr konnten wir nachweisen, dass sich das investierte Geld so verzinst hatte, wie es geplant war – das stärkste Verkaufsargument für potenzielle Franchisenehmer. Von der Eröffnung des ersten Marktes in Hamburg bis zum Start des nächsten im Kaufpark Sprendlingen vergingen allerdings zwei Jahre. Danach hatte sich die Überzeugungsarbeit gelohnt. Mitte 1974 gab es bereits 14 Obi Standorte, drei Jahre später schon 34. Der ursprüngliche Plan, die Eisenwarenhändler des Hauses Emil Lux als Franchisenehmer zu gewinnen, ging allerdings nicht auf. Statt dessen rekrutierten sich die Franchisenehmer von Obi hauptsächlich aus dem Baustoffhandel, dem Holzhandel und unabhängigen Investoren. Die weitaus meisten der frühen Franchisepartner gehören noch heute zu Obi. Sie betreiben meist mehrere Obi Märkte.

Das Franchising, das vor knapp 30 Jahren in Deutschland so gut wie unbekannt war, wurde bei Obi zur Grundlage einer außergewöhnlichen Erfolgsgeschichte. Nachdem die Pioniere aus Wermelskirchen in Hamburg demonstriert hatten, dass die neue Idee des »One-stop-shopping« von Erfolg gekrönt war, schlossen sich immer mehr Unternehmer dem Vertriebsverbund an. Wirtschaftlich und rechtlich blieben sie selbstständig, das Know-how hingegen, das sie zur erfolgreichen Führung ihres Einzelhandelsgeschäftes brauchten, bezogen sie von der Systemzentrale. Alle Obi Märkte wurden und werden im Franchising geführt, auch die Märkte, die von der Obi AG in Eigenregie betrieben werden und alle ausländischen Partner-Märkte mit Unterstützung der jeweiligen Auslandssystemzentralen.

9.1 Franchising bei Obi heute

Mit dem Wachstum der Organisation wuchs auch das Service-Paket für die Franchisenehmer. Heute bedient die Systemzentrale von Wermelskirchen aus rund 345 Obi Märkte in Deutschland und 117 Obi Märkte im Ausland mit Dienstleistungen, die von der Standortanalyse über den Neu- und Umbau, die Ladenplanung, die Sortimentsgestaltung, die Buchhaltung, die Verkaufsförderung und die Werbung bis hin zum Personaltraining reichen, um nur die Kern-Dienstleistungen zu nennen. Das geschieht nach dem Motto: »Einmal denken, über 450-mal anwenden«. Dabei ist die Messlatte für die angebotenen Dienstleistungen sowohl in qualitativer als auch in quantitativer Hinsicht sehr hoch angelegt. Denn die Obi Franchisepartner akzeptieren nur Dienstleistungen, von deren Güte und Nutzen sie überzeugt sind.

Das zunächst mühsam erscheinende Unterfangen, erfolgreiche Unternehmer auf einen einheitlichen Vertriebsverbund unter dem Namen Obi einzuschwören, kritische und individualistische Köpfe unter ein Dach zu bringen, hatte – neben der besonderen Situation des Hauses Emil Lux – noch einen anderen Grund. Obi wollte um keinen Preis schwerfällig werden. So schwerfällig, wie die meisten Organisationen, wenn sie erst einmal groß geworden sind. Franchising sollte von vornherein der Starre den Kampf ansagen. Denn das Franchising verhindert, dass das Dach der Organisation sich von der Basis abhebt – vom Kunden.

Ausschließlich der Franchisenehmer kann sich voll auf seine Kunden konzentrieren. Die Systemzentrale hält ihm den Rücken frei. Kundenwünsche aufzuspüren, das Ohr an der Basis zu haben, ist seine wichtigste Aufgabe. Deshalb wird auch er nicht ruhen, sein Wissen in die Organisation einzubringen und maßgeschneiderte Lösungen von der Systemzentrale einzufordern. Flexibilität, Individualität und Kundennähe sind daher beim Franchising ein absolutes Muss. Damit trotzdem gewährleistet ist, dass die Geschäftspolitik des Franchisenehmers mit der des Franchisegebers abgestimmt ist, werden die wichtigen Entscheidungen, wie Budgetplanungen für den Markt, im Obi Führungsdreieck getroffen. Der Franchisenehmer setzt sich mit einem Repräsentanten des Franchisegebers und dem Marktleiter, der für das operative Geschäft vor Ort verantwortlich ist, zusammen, um einstimmige (!) Entscheidungen zu verabschieden.

Dass sich das Franchising auch zur Erfolgsformel bei der Erschließung neuer Märkte im internationalen Kontext entwickelt hat, zeigt Obi heute mit seiner Präsenz in Österreich, Italien, der Schweiz und auf den osteuropäischen Märkten in Tschechien, Ungarn, Polen, Slowenien und Lettland sowie in China. Denn anders als straff zentralistisch geführte Unternehmen, die bei einer Ausweitung ihrer Geschäftsbeziehung ins Ausland in der Gefahr stehen, die eigenen Geschäftspraktiken, die eigene Unternehmenskultur zu verabsolutieren und taub zu sein für die Ansprüche neuer Partner – seien es Kooperationspartner, Konsumenten, Mitarbeiter – verschmelzen sich Franchiseunternehmen auf eine natürliche Art und Weise mit der fremden Kultur. Die Franchisenehmer sind fest verwurzelt in dieser Kultur und besitzen die Freiheit, im Interesse des Ganzen ihre Geschäfte so zu führen, wie es den Bedürfnissen ihrer Kunden entspricht. Sie können also schnell und flexibel auf neue Markterfordernisse antworten.

Besonders für die heute noch unerschlossenen Märkte der Länder Mittel- und Osteuropas bietet die Kooperation mit westlichen Franchisegebern wie Obi Unternehmern die Chance zum Aufbau marktwirtschaftlicher Strukturen, vor allem solcher, die mittelständisch geprägt sind. Der Franchisenehmer profitiert vom Know-how des Franchisegebers, übernimmt damit alle Voraussetzungen für eine betriebswirtschaftliche Unternehmensführung nach westlichem Muster, ohne dabei »kolonialisiert« zu werden – weder kulturell noch finanziell. Denn er hat nicht nur die Freiheit, im Interesse der Tuchfühlung mit seinen Kunden eine individuelle standortbezogenen Unternehmenspolitik zu realisieren. Auch seine Gewinne bleiben im Land und können dort wieder investiert werden.

Und der Franchisegeber profitiert von der Verwurzelung des Franchisenehmers in Regionen, in denen er in eigener Regie nur mit viel Mühe Fuß fassen könnte. Beste Voraussetzungen für Synergieeffekte über nationale Grenzen hinweg!

9.2 Stärke des Obi Franchisings: Wettbewerbsvorteile erringen

Als Obi als erstes Unternehmen der Branche die Pflanze ins Sortiment aufnahm und die ersten Gartenparadiese einrichtete, war dies eine Pionierleistung, die bis heute von anderen nicht eingeholt werden konnte.

Wer wie Obi die Orchidee quasi neben dem Sack Zement verkaufte, erntete Mitte der 70er Jahre in der Branche zunächst nur Spott. Heute steht und fällt der Erfolg eines Marktes nicht zuletzt mit den Gartenparadiesen, die unverzichtbarer Bestandteil eines jeden Bau- und Heimwerkermarktes geworden sind und etwa 25 Prozent des Umsatzes bringen. Heute ist kein neuer Baumarkt mehr ohne Gartencenter denkbar.

Später kamen andere Ideen hinzu.
Obi war der erste der Branche, der ein durchdachtes und auf Nutzen für den Kunden und den Markt angelegtes Konzept des Maschinenverleihs unter dem Namen **Miet**profi installierte. Natürlich haben wir anfangs dafür Lehrgeld bezahlt. Aber nie haben wir daran gezweifelt, dass das Angebot richtig war und angenommen werden würde. Das hat sich inzwischen bestätigt und wir haben gegenüber anderen die Gewissheit, in der Weiterentwicklung dieses Geschäftes einen jahrelangen Vorsprung zu haben.

Ähnliches werden wir mit dem Obi Handwerkerservice erreichen. Die Marktforschung und Befragungen von Kunden belegen, dass ein großer Teil der Kunden die Arbeiten im und am Haus nicht oder teilweise nicht selbst ausführen wollen oder können. Diese Kunden wollen aber sehr wohl im Obi Markt ihre Produkte selbst aussuchen. Wir bieten ihnen die notwendigen handwerklichen Dienstleistungen im Verbund mit Meisterbetrieben, klaren Preisaussagen und koordinierter Abwicklung zusätzlich an.

Einen weiteren Wettbewerbsvorteil in der Branche und unter den Franchise-Unternehmen erreichten außerdem mit dem Joint Venture mit dem Otto-Versand. 1998 standen wir wie alle anderen vor der Herausforderung, uns mit dem Thema E-Business auseinander zu setzen und eine effiziente, dauerhafte und profitable Lösung zu finden. Was lag da näher, als uns mit dem Größten der Versandbranche, dem Otto-Versand, zusammenzutun. Auch für den Otto-Versand war dies eine glänzende Idee. Wir brachten unsere Marke und Kompetenz im Bauen und Heimwerken ein, die der Otto-Versand nicht hatte. Otto seinerseits brachte seine exzellenten Strukturen im Versandgeschäft und der dahinter stehenden Logistik ein. So entstand innerhalb kürzester Zeit eine Win-win-Situation für beide Partner. Nachdem viele andere Online-Anbieter im Do-It-Yourself inzwischen wieder von der Bildfläche verschwunden sind, expandiert Obi@Otto weiter. Jährlich zwei Kataloge, zahlreiche Flyer, das Angebot im Internet und in den Obi Märkten – das bündelt Ressourcen und Chancen und bietet dem Kunden die Möglichkeit, seinen Einkauf je nach Lust und Laune im Markt, per Katalogbestellung oder online abzuwickeln. Es handelt sich hierbei um eine innovative Multi-Channel-Strategie, von deren Erfolg auch die Obi Franchisepartner überzeugt sind. Mit einem Provisionssystem profitieren sie von allen Umsätzen und Gewinnen bei Obi@Otto, außerdem natürlich von der Marktpräsenz und der damit verbundenen Markenprofilierung.

Das sind nur drei Beispiele für die Erkennung und Nutzung von Wettbewerbsvorteilen bei Obi. Ihnen allen gemeinsam ist, dass sie immer auf dauerhaften Erfolg und qualitatives Wachstum angelegt sind, aber auch das Risiko nicht scheuen.

9.3 Kundenorientierung – das Gebot der Stunde

Ende der achziger Jahre rüttelten die Ergebnisse einer Image-Analyse das Unternehmen so gewaltig auf, dass man begann, einen vollkommen neuen Weg im Marketing zu beschreiten. Alarmiert durch das Urteil der Kunden, dass es kein Bau- und Heimwerkermarkt bislang verstanden hätte, sich ein eigenständiges Profil im Wettbewerb zu schaffen, wagten wir ein Experiment, das alles, was im Marketing bisher vom »grünen Tisch« entschieden wurde, in den Schatten stellte. Zum ersten Mal waren es die Kunden selbst, die im Rahmen eines »Rollentauschs im Marketing« ihren »Freizeitmarkt der Zukunft« entwerfen sollten. Jeweils zwei Samstage lang schlüpften Kunden in die Position des Architekten, des Personalchefs oder des Marketingchefs, um zu überlegen, wie die neuen Sortimente, die neue Verkaufsberatung, der neue Service, die neuen Kommunikationsstrategien für die Obi Märkte in Zukunft aussehen könnten.

Und was wünschten sich die Kunden? Sie wünschten sich den Obi-Markt als Lern-Shop als Ideen-Börse und als Animationsgeschäft. Sie wünschten sich einen ganzen Strauß von Ideen rund ums Do-it-yourself, das, was wir heute als Mehrwert bezeichnen. Vor allem aber wünschten sich unsere Kunden die Möglichkeiten, direkt im Markt zu lernen, wie man mit Holz arbeitet oder einen Gartenteich anlegt.

Die Ratschläge der Kunden, die alle darauf hinausliefen: »Verkauft das Hobby, dann verkauft sich die Ware von selbst«, wurden in der Folgezeit kontinuierlich umgesetzt. Weil das »Produkt pur« austauschbar geworden war, bot und bietet Obi seinen Kunden ein »Produkt über den Produkten« an und wuchs damit in eine ganz neue Rolle hinein, in die des »Coachs«, der sich für die Lösung ökologischer, wirtschaftlicher und gesellschaftlicher Fragen engagiert.

Der erste Schritt war, dass die Warenpräsentation vollkommen geändert wurde. Fortan war für die Kunden eine konsequente Dreiteilung des Geschäfts in die Bereiche Ausbauen, »Erfolgreich Heimwerken« und »Schöner Wohnen« erkennbar. Die Sortimente wurden konsequent nach den Bedürfnissen der Kunden gebündelt, die sich eben nicht auf Fachabteilungen konzentrieren, sondern auf die Dinge, die das Leben erleichtern und verschönern.

Coaching boten wir den Kunden weiterhin dadurch an, dass Obi eine Fülle neuer Service-Ideen ersann. Vom Kundenmagazin, das vier Mal im Jahr der Phantasie seiner Leser Flügel wachsen lassen sollte, vom Ratgeber, der über alle bei Obi verfügbaren Produkte informiert bis hin zum kostenlosen Telefon-Service am Feierabend und am Wochenende – Obi investierte konsequent in den Service.

Viele Obi Märkte haben heute ein spezielles Service-Center, in dem hochkompetente Fachleute sich um alle Belange der Beratung für Um- und Ausbauprojekte kümmern. Außendienst und Beratung vor Ort bei den Kunden sind hier selbstverständlich geworden. Das hat nebenbei den positiven Effekt, dass die Fachverkäufer auf der Fläche zeitlich entlastet werden. Administrative Tätigkeiten, die sich z. B. aus dem Kommissionsgeschäft ergeben, werden in das Back-Office verlagert, sodass auch hier wieder mehr Raum für Beratung und Verkauf geschaffen wird.

Mittlerweile ist in fast jedem Obi Markt ein Wohn- und Umweltberater tätig. Auch die Ausbaupakete für das kostengünstige B. O. S.-Haus zum Mitbauen sind in allen Märkten ins Sortiment integriert. Auf der Obi Internetseite steht ein umfangreicher Service zur Verfügung. Es gibt stets aktuelle Informationen rund um die Themen des Heimwerkens und der Gartengestaltung, um die Besonderheiten des ökologischen Angebots und der in Deutschland erhältlichen Fördermöglichkeiten, um die Engagements von Obi in Sport und Gesellschaft, bis hin zur Wegbeschreibung zum dem Wohnort nächstgelegenen Obi Markt und seinen Öffnungszeiten. Über die Internetseite können die Obi Kunden direkten Kontakt mit der Systemzentrale aufnehmen und sicher sein, dass jede Anfrage beantwortet wird.

9.4 Obi macht Karrieren: Mit der Obi-Akademie bis zur Spitze

All diese Service-Ideen können natürlich nur dann realisiert werden, wenn die Mitarbeiter und Mitarbeiterinnen voll engagiert dahinterstehen. Deshalb beinhaltet Kundenorientierung bei Obi auch, alles zu tun, um Mitarbeiter zufrieden zu stellen. Zufriedenheit bedeutet in erster Linie, dass den Menschen in der Organisation eine Perspektive für das eigene berufliche Leben geboten wird. Jeder bei Obi hat die Chance, sich entsprechend seinen Fähigkeiten und Wünschen zu entwickeln. Das betrifft nicht nur die fachliche Weiterbildung und die geradlinige Karriere, erlaubt sind auch Umwege und Auszeiten aus persönlichen Gründen. Flexible Arbeitszeitmodelle, Marktwechsel und Wechsel von der Systemzentrale in einen Markt oder umgekehrt sind machbar, Auslandsaufenthalte werden gefördert.

Als erstes Unternehmen im Einzelhandel gründete Obi 1994 eine eigene Akademie, die Obi Akademie. Alle, die vorwärts kommen wollen, können über die Akademie nach einem Modulsystem ihre ganz besondere Karrierechance nutzen. Die Führungskraft genauso wie die Kassiererin.

Für alle Fachberater und -beraterinnen bietet Obi vier neue Wege für eine stark erweiterte Qualifikation. Wer seine Fähigkeiten als Generalist erweitern möchte, durchläuft die Ausbildung zum Master-Verkäufer, der in vier Sortimentsbereichen des Obi Marktes kompetent beraten kann. Wer sich dagegen spezialisieren will, kann sich entweder als Merchandising-Beauftragter oder als Umweltberater weiterqualifizieren oder auch eine Schulung im Rahmen der Ausbilder-Eignungsprüfung absolvieren.

Für Abiturienten bietet Obi die Möglichkeit, sich innerhalb von drei Jahren an einer Berufsakademie zum Betriebswirt (BA) ausbilden zu lassen. Theorie und Praxis wechseln sich dabei alle drei Monate ab. Wer die Prüfung zum Diplom-Betriebswirt besteht, hat die besten Voraussetzungen, in einem Obi Markt oder in der Systemzentrale in eine Führungsposition hineinzuwachsen. Und dies in einem Alter, in dem andere Studenten noch nicht einmal an ihr Examen denken.

Wer dann noch ganz hoch hinaus will und schon einen Abschluss als Betriebswirt (BA) oder als Handelsfachwirt in der Tasche hat, kann sich im TOP-Center I bis zum Gruppenleiter oder bis zum stellvertretenden Marktleiter qualifizieren, im TOP-Center II zum Marktleiter. Im TOP-Center III bereiten sich erfolgreiche Marktleiter auf weitere Führungsaufgaben im Obi Management vor.

Und als besonderen Höhepunkt ihrer Entwicklung haben Mitarbeiter, die es in die Ferne lockt, die Möglichkeit, sich auf fremden Märkten zu profilieren. Aufenthalte in Japan und Amerika gehören heute mittlerweile bei Obi ebenso zur Personalentwicklung für die besonders Qualifizierten wie Aufenthalte im europäischen und außereuropäischen Ausland.

9.5 Perspektiven

Dass diese Möglichkeiten für die Mitarbeiter und Mitarbeiterinnen beständig ausgebaut werden können, liegt in der Logik des Obi Wachstums. Unser Unternehmen, das sich kontinuierlich zum Marktführer entwickelte und 2001 mit rund 24.000 Mitarbeiterinnen und Mitarbeitern einem Umsatz von über 4 Milliarden Euro erwirtschaftete, ist auf immer mehr ausländischen Märkten präsent. Dabei sind die Sortimente den nationalen Besonderheiten der Märkte zwar höchstmöglich angepasst, aber eines bleibt bei Obi immer gleich – die Corporate Identity. Die Obi Corporate Identity ist viel mehr als nur der optische Reiz des Wiedererkennens. Obi Corporate Identity verspricht »Gleichheit im Wandel«: eine Leistung, die überall auf der Welt berechenbar ist. Die in der Obi Unternehmenskultur verankerten Werte wie Fairness, Leistung, partnerschaftliches Handeln bleiben auch auf den ausländischen Märkten bestehen. Der Kunde soll bei Obi immer die gleiche Freundlichkeit, die gleiche Kompetenz, das gleiche Bemühen um Kundenorientierung erleben. Denn Kundenorientierung ist für Obi das Unternehmensziel Nummer eins. Sie ist die Basis für das Vertrauen, das der Kunde der Marke Obi entgegenbringt.

Auch wenn der Wettbewerb in der Do-it-yourself-Branche kontinuierlich härter wird, weil ein noch nie gekannter Verdrängungswettbewerb stattfindet, hat Obi die besten Chancen, sich in diesem Wettbewerb im Spitzenfeld zu behaupten. Denn Obi hat über die Jahre hinweg unter Beweis gestellt, wie ein Unternehmen als »lernende Organisation« mit den Bedürfnissen seiner Kunden wächst. Eine solche lernende Organisation braucht ein inneres Feuer. Das ist bei Obi das Franchising – die Freude am Erfolg.

Übersicht

Albach, H. (1970): Informationsgewinnung durch strukturierte Gruppenbefragung, die Delphi-Methode, in: Zeitschrift für Betriebswirtschaft, 40. Jg., Ergänzungsheft.

Altmann, F. W.: Stabilität vertraglicher Kooperationsverhältnisse im Franchising: Eine institutionenökonomische Analyse, Frankfurt, Berlin, Bern, New York, Paris, Wien 1996.

Alznauer-Lesaar: So machen Sie sich als Franchise-Nehmer erfolgreich selbstständig, Würzburg 1995.

Amthauer, R.: Intelligenz-Struktur-Test (IST 70), Göttingen 1970.

Axelrod, R.: Die Evolution der Kooperation, München, 4. Auflage, Wien 1997.

Baron, G.: Mailings einfach und erfolgreich durchführen, München 1997.

Bastine, R.: Fragebogen zur direktiven Einstellung (FDE), Göttingen 1971.

Bauder, W.: Der Franchise-Vertrag. Eine systematische Darstellung von Rechtstatsachen, Stuttgart 1988.

Beratergruppe Strategie/Mewes: Mit Nischenstrategie zur Marktführerschaft, Zürich 2000, Band II 2001.

Berthel, J. (1992): Führungskräfte-Qualifikationen, in: Zeitschrift Führung und Organisation, 61. Jg., Heft 4 und Heft 5.

Boehm, H.: Checklist Franchising, München 1980.

Boehm, H.: Franchise-Design, Leitfaden, München 1997.

Boehm H. (1998): Franchise Design, Der Leitfaden, Kapitel 3, Die Franchisezentrale, München 1998.

Boehm, H.: Konzeption und Erstellung sachgerechter Franchise-Handbücher, in: Deutscher Franchise-Verband e.V. (Hrsg.), Jahrbuch Franchising 1994/95, Frankfurt, 1994; Franchise-Verband e.V. (Hrsg.), Jahrbuch Franchising 1999/2001, Frankfurt 1999; Franchise-Verband e.V. (Hrsg.), Jahrbuch Franchising 2001/2002, Frankfurt 2001.

Bolz, N./Bosshart, D.: Kultmarketing, Die neuen Götter des Marktes, 2. Auflage 1995.

Büchner, H./Kästner, G.: Franchising – der etwas andere Weg in der Selbstständigkeit, Augsburg 1999.

Bonus, H.: The Cooperative Association as a Business Enterprise, Journal of Institutional and Theoretical Economics 142, 1986.

Bonus, H./Wessels, A.: Der Franchise-Nehmer – ein moderner Sklave? in: Deutscher Franchise-Verband e.V. (Hrsg.), Jahrbuch Franchising 1994, Frankfurt 1994.

Bornhäußer, A.: Jetzt reicht's – Der außer(ordentlich)irdische Roman über Führung und Motivation, Landsberg 1993.

Bornhäußer, A.: Präsentainment: Die hohe Kunst des Verkaufens, München, 1996.

Boksanyi: Franchising im ungarischen Recht, München 1998.

Brockhoff, K. (1987): Anforderungen an das Management der Zukunft, in: Zeitschrift für Betriebswirtschaft, 57. Jg., Heft 3.

Bronner, R./Matiaske, W./Stein, F. A. (1991): Anforderung an Spitzen-Führungskräfte, Ergebnisse einer Delphi-Studie, in: Zeitschrift für die Betriebswirtschaft, 61. Jg., Heft 11.

Bürkle, H.: Aktive Karriere-Strategie, 3. Auflage, Frankfurt/Wiesbaden 2001.

Bürkle, H.: Nur Strategie führt zur Marktführerschaft, in: Mensch & Büro 4/94, Baden-Baden.

Bürkle, H.: Aktive Karrierestrategie – Erfolgsmanagement in eigener Sache, 2. erweiterte Auflage, Wiesbaden und Frankfurt 1996.

Bürkle, H./Brogsitter B. (Hrsg.): Die Kunst, sich zu vermarkten, 3. Auflage, Stuttgart 1996.

Clemens, R.: Die Bedeutung des Franchising in der Bundesrepublik Deutschland. Eine empirische Untersuchung von Franchisesystemen, Stuttgart 1988.

Creusen, U.: Controlling-Konzepte im Franchising am Beispiel der Obi Bau- und Heimwerkermärkte, in: Mayer, E. (Hrsg.): Controlling-Konzepte, 3. Auflage, Wiesbaden 1993.

Czenskowsky, T./Schweizer, S./Zydrowomyslaw, N.: Die Bedeutung kalkulatorischer Kosten für den Betriebsvergleich, in: KRP, Jg. 41, 1997.

Däfler, M.-N.: Franchising in der Unternehmensberatung – Eine institutionenökonomische Analyse, Dissertation, Verlag Dr. Kovac, Hamburg 1998.

Däfler, M.-N. und Rexhausen, D.: Gut Beraten – Erfolgreiches Consulting für Berater und Kunden, Gabler Verlag, Wiesbaden 1999.

Flohr, E.: Das Handbuch des Franchising, Loseblattsammlung, Berlin 1994–1996.

Flohr, E.: Franchise-Vertrag, 2. Auflage, München 2001.

Flohr, E.: Masterfranchise-Vertrag, München 2002.

Flohr, E.: Franchiserecht, Recklinghausen 2002.

Flohr, E./Liebscher, C./Petsche, A.: Handbuch der EU-Gruppenfreistellungsverordnungen, München 2002.

Flohr, E./Frauenhuber, W./Liebscher, C./Wildhaber, C.: Franchising – Die Königsklasse der Vertriebssysteme, Neuwied 2003.

Frank: Franchising in Rußland, München 2000.

Frei, M. B./Utz-Stillhard, G.: Franchising: Die schlüsselfertige Existenzgründung, Idstein 1994.

Friedrich, K. (Hrsg.): Die EKS-Strategie – Hintergründe, Visionen, Erfolge, Frankfurt 1994.

Friedrich, K.: Der Supermarkt des Jahres (REWE-Markt Altenstadt), in: Strategie Brief 10/95, Hrsg. FAZ, Frankfurt.

Friedrich, K./Seiwert, L.: Das 1 x 1 der Erfolgsstrategie (EKS), Frankfurt 1995.

Friedrich/Seiwert/Geffroy: Das neue 1 x 1 der Erfolgsstrategie EKS, Offenbach 2002.

Germann Lessons, in: The Economist, 15. Juli 1996, Seite 86.

Giesler, J. P., Franchise-Verträge, Köln 2000.

Giesler, J. P., Die Rückabwicklung gescheiterter Franchise-Verhältnisse, in: Festschrift für Dahs, München 2000.

Gosslar, H.: Keine Angst vor Einstellungstests, in: Bürkle, H./Brogsitter, B. (Hrsg.): Bewerbungsratgeber für Ein- und Umsteiger, Frankfurt 1991.

Gross, H.: Das quartäre Zeitalter, Düsseldorf 1976.

Gross, H./Skaupy, W.: Franchising in der Praxis, Düsseldorf 1976.

Hahn, D.: PuK, Controllingkonzept, 5. Auflage, Wiesbaden 1996.

Hanrieder, M.: Franchising und Praxis: Erfolgsorientiertes Arbeiten mit und in Partner-Systemen, Neuwied 1991.

Hass, H.: Der Hai im Management, München 1988.

Herrfeld, P.: Die Abhängikeit des Franchisenehmers, Wiesbaden 1998.

Hempelmann, B.: Optimales Franchising, Heidelberg 2000.

Hermans, H. J. M./Petermann, F./Zielinski, W.: Leistungs-Motivations-Tests (LMT), Amsterdam 1978.

Hinterhuber, Hans H.: Das neue strategische Management, Wiesbaden 1966, S. 44.

Hippe, A.: Interdependenzen von Strategie und Controlling in Unternehmensnetzwerken, Wiesbaden 1997.

Höhler, G.: Herzschlag der Sieger, Die EQ-Revolution, Düsseldorf, München, 1997.

Höhn, R.: Akademie für Führungskräfte der Wirtschaft Bad Harzburg, Computerwoche Nr. 17, März 2000.

Hommerich, B./Maus, M./Creusen, U. C.: Wieviel Management braucht der Mensch? Abschied vom Machbarkeitswahn, Wiesbaden 1995.

Horváth, P.: Controlling, 5. Auflage, München 1994.

Kirchherr, M.: Franchising für Investitionsgüter, Frankfurt 1995.

Kloyer, M.: Management von Franchisenetzwerken: Eine Ressource-Dependence-Perspektive, Wiesbaden 1995.

Königsberg, A.: International Franchising, Loseblattsammlung, Vancouver 1991.

Krause, D.: Die Kunst des Krieges für Führungskräfte, Wien, 1996.

Kroll, W.: Informationspflichten des Franchisegebers, Frankfurt 2001.

Küpper, H.-U.: Controlling, 2. Auflage, Stuttgart 1997.

Küster: Opportunismus und Motivation in Franchise- und Vertragshändlersystemen, Stuttgart 2000.

Kunkel, M.: Franchising und asymmetrische Information, Wiesbaden 1994.

Kunkel, M.: Franchising und asymmetrische Informationen: Eine institutionenökonomische Untersuchung, Wiesbaden 1994.

Liesegang, H. C. F.: Der Franchise-Vertrag, 5. Auflage, Heidelberg 1997.

Maas, P.: Franchising in wirtschaftspsychologischer Perspektive – Handlungsspielraum und Handlungskompetenz in Franchise-Systemen: Eine empirische Studie bei Franchise-Nehmern, Frankfurt, Bern, New York, Paris 1990.

Maess, Th./Misteli, J. M./Günther, K. (Hrsg.): Unternehmer-Jahrbuch 1999, Neuwied, Kriftel, Berlin 1998.

Malik, F.: Strategie des Managements komplexer Systeme, 5. Auflage, Bern, 1996.

Martinek, M.: Franchising, 1987.

Martinek, M.: Moderne Vertragstypen, Bd. II: Franchising, Know-How-Verträge, München 1992.

Martinek, M./Semler, F.-J.: Handbuch des Vertriebsrechts, 2. Auflage, München 2002.

Weber, H. (Hrsg.): Consultingverträge, Schriftenreihe der Juristischen Schulung, München 1992.

Mauer, W.: Franchising im Holzhandel unter Anwendung der EKS-Strategie, Vortrag und Dokumentation des EKS-Kongresses Darmstadt 23. Oktober 1993, Hrsg. FAZ.

Meffert, H.: Marktorientierte Führung von Dienstleistungsunternehmen, in: DBW, Jg. 54, Nr. 4, 1994.

Meffert, H./Meurer, J.: Marktorientierte Führung von Franchisesystemen – theoretische Grundlage und empirische Befunde, Münster 1995.

Mendelsohn, M.: The Guide to Franchising, London 1992.

Mendelsohn, M.: Franchising in Europe, 1992.

Meier-Maletz, M.: Trainer Guide: Das Verkaufsteam in Top-Form bringen, Landsberg/Lech 1994.

Metzlaff, K.: Franchise-Verträge und EG-Kartellrecht, Münster 1993.

Metzlaff, K.: Praxishandbuch Franchise-Recht, München 2002.

Meurer, J.: Führung von Franchisesystemen: Führungstypen, Einflussfaktoren, Verhaltens- und Erfolgswirkungen, Bd. 30 der Schriftenreihe Unternehmensführung und Marketing, Meffert, H./Steffenhagen, H./Freter, H. (Hrsg.), Wiesbaden 1997.

Meurer, J. (1996): Führung von Franchisesystemen, Wiesbaden 1997.

Mewes, W./Bürkle H.: Engpass-Konzentrierte Strategie (EKS): Die Kräfte erfolgswirksamer einsetzen, in: Kurt Nagel (Hrsg.): Praktische Unternehmensführung 8/2000.

Mewes, W.: »Ihre Strategie ist falsch!«, FAZ 23. August 1976, S. 15.

Mewes, W.: Die Engpass-Konzentrierte Strategie EKS, Lehrgang II, Hrsg. FAZ, Frankfurt 1989.

Mewes, W.: Das Innovationskonzept, Strategie Brief der FAZ, Frankfurt, 4/1995.

Mewes, W./Friedrich, K.: EKS-Lehrgang III, Hrsg. EKS – Die Strategie Wolfgang Mewes GmbH, Pfungstadt 1998.

Meyer, A./Dornach, F.: Das Deutsche Kundenbarometer 1997, hrsg. von der Deutschen Post AG und der Deutschen Marketing-Vereinigung e. V., München, 1997.

Mintzberg, H., in: Montgomery-Porter (Hrsg.): Strategie, Wien 1996.

Mintzberg, H. (1991): Mintzberg über Management, Wiesbaden 1991.

Müller-Hagedorn, L./Bekker, T.: Der Betriebsvergleich als operatives Controllinginstrument in Handelsbetrieben, in: WiSt, Jg. 23, 1994.

Müller-Hagedorn, L./Greune, M.: Erfolgsfaktorenforschung und Betriebsvergleich im Handel, in: Mitteilungen des Instituts für Handelsforschung an der Universität zu Köln, Jg. 44, 1992.

Murray R./Neil R.: Up the Loyalty Ladder, Harper Business 1995.

Nagel, K.: Die 6 Erfolgsfaktoren des Unternehmens, Landsberg 1986.

Nebel, J.: Mit Franchising zu einer selbstständigen Existenz, in: Bürkle/Brogsitter (Hrsg.): Die Kunst, sich zu vermarkten, Stuttgart 1990.

Nebel, J.: Von den Besten lernen, in: Frankfurter Allgemeine Zeitung, 3. Mai 1994.

Nebel-, J.: Der Franchisevertrag: Lizenz- oder Vertriebsvertrag? Die rechtssystematische Einordnung des Franchisevertrages im Anschluss an die EG-Gruppenfreistellungsverordnung für Franchisevereinbarungen, Frankfurt, Berlin, Bern, New York, Paris, Wien 1995.

Nebel, J.: Neue Wege zur Bewältigung staatlicher Aufgaben (Privatisierung, Social Franchising), in: Handelsblatt, 16. September 1995.

Nebel, J./Metzner, J.: Entwicklung und Formulierung von Systemzielen eines Franchise-Verbundes, in: Deutscher Franchise-Verband e. V. (Hrsg.), Jahrbuch Franchising 1996/97, Frankfurt 1997.

Nebel, J.: Franchising: Chancen und Risiken, sich als Unternehmer im Verbund selbstständig zu machen, in: Bürkle/Brogsitter (Hrsg.): Die Kunst, sich zu vermarkten, 4. Auflage, Stuttgart 1998.

Neuberger, O. (1990): Führen und geführt werden, 3. Auflage, Stuttgart.

Pauli, K. S.: Franchising, Köln 1992.

Peppers, D./Rogers, M.: Die 1 : 1 Zukunft. Strategien für ein individuelles Kundenmarketing, Freiburg 1994.

Picot, A./Reichwald, R./Wigand, R. T.: Die grenzenlose Unternehmung, München 1996.

Pouschab, R./Schweizer, A.: Kooperation statt Konfrontation, Köln, 1997.

Reichheld, F. F.: Bain & Company, Der Loyalitäts-Effekt, Campus Verlag 1997.

Reichmann, T.: Controlling mit Kennzahlen und Managementberichten, 3. Auflage, München 1993.

Reuss, H.: Konfliktmanagement im Franchise-Vertriebssystem der Automobilindustrie, Frankfurt, New York 1993.

Sarges, W.: Management-Diagnostik, 2. Auflage, Göttingen 1995.

Scherz, C.: Merchandising, München 1997.

Sherman: Franchise Handbook, Washington 1995.

Schmidt, H.: Mehrdimensionaler Persönlichkeitstest für Erwachsene (MPT-E), Braunschweig 1981.

Schuler, H./Funke, U.: Diagnose beruflicher Eignung und Leistung, in: Schuler, H. (Hrsg.): Lehrbuch Organisationspsychologie, 1993.

Schuler, H./Funke, U./Moser, K./Donat, M.: Personalauswahl in Forschung und Entwicklung, Göttingen 1995.

Schüller, A. M./Fuchs, G.: Total Loyalty Marketing, Mit loyalen Mitarbeitern und treuen Kunden zum Unternehmenserfolg, Gabler Verlag, Wiesbaden 2002.

Schuster, J. P./Carpenter, J./Kane, M. P.: Open-Book Management, Landsberg 1997.

Seidel, M. B.: Erfolgsfaktoren von Franchise-Nehmern unter besonderer Berücksichtigung der Kundenzufriedenheit: Eine empirische Analyse am Beispiel eines Franchise-Systems, Frankfurt, Berlin, Bern, New York, Paris, Wien 1997.

Senger, H. von: Strategeme, Bern 1994.

Siegert, W.: Ziele – Wegweiser zum Erfolg, Von den Unternehmenszielen zu den täglichen Arbeitszielen, Bonn 1995.

Siemers, S. H.: Klassische Modelle zur Kosten-Nutzen-Analyse von Personalauswahlverfahren, in: Gerpott, T. J./Siemers, S. H. (Hrsg.): Controlling von Personalprogrammen, Stuttgart 1995.

Simon, H.: Die heimlichen Gewinner (hidden champions), Die Erfolgsstrategien unbekannter Weltmarktführer, Frankfurt 1996, S. 220 ff.

Skaupy, W./Gross, H.: Franchising in der Praxis, Düsseldorf/Wien 1976.

Skaupy, W.: Franchising: Handbuch für die Betriebs- und Rechtspraxis, 2. Auflage, München 1995.

Stein, G.: Franchisingnetzwerke im Dienstleistungsbereich: Management und Erfolgsfaktoren, Wiesbaden 1996.

Strauch, G./Mühlhaus, C.: Franchise-Handbuch Europa, Bonn 1990.

Sun Tzu: L'apo; Art de la Guerre, Paris 1978.

Sun Tzu: Suntzi, Die Kunst des Krieges, München 1988.

Sydow, J.: Strategische Netzwerke: Evolution und Organisation, Wiesbaden, 1992.

Sydow, J.: Franchisingsysteme als strategische Netzwerke – Über das Warum des Franchising hinaus, in: Dokumentationspapier Nr. 94 der Wissenschaftlichen Gesellschaft für Marketing und Unternehmensführung e. V., Meffert, H./Wagner, H./Backhaus, K. (Hrsg.), Münster 1995.

Tietz, B.: Der Handelsbetrieb, 2. Auflage, München 1993.

Tietz, B.: Handbuch Franchising: Zukunftsstrategien für die Marktbearbeitung, 2. Auflage, Landsberg 1991.

Tsetung. M.: Worte des Vorsitzenden, Peking 1972.

Förster von, H./Pörksen, B.: Wahrheit ist die Erfindung eines Lügners, Heidelberg 1998.

Weber, J.: Einführung in das Controlling, 6. Auflage, Stuttgart 1995.

Weissman, A./Feige, J.: Sinnergie: Wendezeit für das Management, Zürich 1997.

Wildemann, H.: Koordination von Unternehmensnetzwerken, in: ZfB, Jg. 67, 1997.

Wildhaber, C.: Franchising im internationalen Privatrecht, Zürich 1991.

Witte, E./Kallmann, A./Sachs G.: Führungskräfte der Wirtschaft. Eine empirische Analyse Situation und ihrer Erwartungen, Stuttgart 1981.

Würth, R.: Beiträge zur Unternehmensführung, Schwäbisch Hall 1985.

Zofka, O.: Aufbau eines grenzüberschreitenden strategischen Netzwerkes für schweizerische KMU – am Beispiel des Franchising, Bern, Stuttgart, Wien 1996.

Zwecker, K.-T.: Inhaltskontrolle von Franchise-Verträgen, Frankfurt 2001.

Zwecker, K.-T./Fett, K.: Franchising, Münster 2002.

2.1 Franchise-Messe, Franchise-Börse, Franchise-Verband

Internationale Franchise-Messe in Deutschland

Alljährlich findet in Deutschland die weltweit zweitgrößte Franchise-Messe statt. Sie ist viertägig und umfasst immer ein komplettes Wochenende. Dort präsentieren sich meist rund 200 Franchisegeber (und Lizenzgeber für Existenzgründer) und informieren über ihre Konzepte. Sie findet jährlich in Frankfurt am Main statt. Mit der Eintrittskarte wird an jeden Besucher die Zeitschrift *franchise INTERNATIONAL* ausgehändigt. Sie bietet Informationen zu allen Ausstellern (Konzept, Fanchisenehmeranzahl, Kapitalbedarf, Franchisegebühren etc.) und allgemeine Informationen zum Franchising.

Reed Exhibition Companies
Blenheim Heckmann GmbH
Völklinger Str. 4
40219 Düsseldorf
Telefon: 02 11/90 19 11 47
Telefax: 02 11/90 19 11 55
Internet: http://www.reedexpo.de

Franchise-CD

Umfassender ist die Franchise-CD von Forby's Guide. Diese läuft auf Windows 95/98/2000/ME/XP + NT 4.0 und umfasst in der Euro Edition 2001 2.500 Geschäftskonzepte. Damit ist sie deutlich die umfassendste Information über Franchisesysteme, die gegenwärtig erhältlich ist. Da sie 42,50 Euro kostet, ist sie auch verhältnismäßig die preisgünstigste. Hinzu kommt, dass die CD noch fundierte weitere Informationen über Verbände, Organisationen etc. aber auch allgemeinen Informationen zum Franchising aufweist. Eine Neuauflage ist für 2002/2003 angekündigt. Bezugsquelle ist der Buchhandel oder direkt bei

Forby's Guide
Fachverlag U. Kessler
Heidestraße 30 a
53797 Lohmar
Telefon: 0 22 41/38 84 40
Telefax: 0 22 41/91 70 53
Internet: http://www.franchiseportal.de

Im Buchhandel ist auch ein Überblick über alle Franchisesysteme, die in Deutschland vertreten sind, so wie über Masterfranchise-Gelegenheiten erhältlich:

»Franchise-Chancen«
Selbstständigmachen als Partner erfolgreicher Unternehmen
VNR Verlag für die deutsche Wirtschaft AG, Bonn-Bad Godesberg,
erscheint jedes Jahr neu

Deutscher Franchise-Verband e. V., Deutsches Franchise-Institut
Im Deutschen Franchise-Verband (DFV), dem zweitgrößten Franchise-Verband weltweit, ist ein großer Teil aller deutschen Franchisegeber organisiert. Die Mitgliedschaft ist insoweit ein Gütesiegel, als die Franchiseverträge der Verbandsmitglieder auf ihren Inhalt geprüft sind, was indessen nicht bedeutet, dass sie in jedem Fall auch rechtswirksam sein müssen, und die Franchisegeber sich gleichzeitig durch ihre Mitgliedschaft einem strengen Ehrenkodex unterwerfen.

Deutscher Franchise-Verband e. V.
Luisenstraße 41
10117 Berlin
Telefon: 0 30/27 89 02–0
Telefax: 0 30/27 89 02–12
E-mail: info@dfv-franchise.de
Internet: http://www.dfv-franchise.de

Mit dem DFV kooperiert die Deutsche Franchise-Institut GmbH, die regelmäßig Seminare für die Franchise-Wirtschaft durchführt:

Deutsches Franchise-Institut GmbH
Fürther Straße 212
90429 Nürnberg
Telefon: 09 11/3 20 03–0
Telefax: 09 11/3 20 03–20
E-mail: service@dfi-online.de

2.2 Mitgliedsverbände des Europäischen Franchise-Verbandes

European Franchise Federation
179, Avenue Louise
B – 1050 Bruxelles
Tel.: 00 32/2/5 20 16 07
Fax: 00 32/2/5 20 17 35
E-mail: eff-franchise@euronet.be
Internet: http://www.eff-franchise.com

Austrian Franchise Association

Österreichischer Franchise-Verband (ÖFV)
Bayerhamerstrasse 12/1
A – 5020 Salzburg
Tel.: 00 43/6 62/87 42 36–0
Fax: 00 43/6 62/87 42 36–5
E-mail: oefv@franchise.at
Internet: http://www.franchise.at
Chairman Board   Mr Martin Knoll (McDonald's)

Belgian Franchise Federation

Belgische Franchise Federatie – Fédération Belge de la Franchise
Boulevard de l'Humanité 116/2
B – 1070 Brussels
Tel: 00 32/2/5 23 97 07
Fax: 00 32/2/5 23 35 10
E-mail: info@fbf-bff.be
Internet: http://www.fbf-bff.be
Chairman Board   Mr Walter Lavers (Godiva)
Executive Director   Mr Arnaud Le Grelle

British Franchise Association (BFA)

Thames View, Newton Road
Henley-on-Thames
GB – Oxon. RG 9 1 HG
Tel.: 00 44/14 91/57 80 50
Fax: 00 44/14 91/57 35 17
E-mail: mailroom@british-franchise.org.uk
Internet: http://www.british-franchise.org.uk
Chairman Board   Mr Melvin Lusty
Director General   Mr Brian Smart

Danish Franchise Association

Dansk Franchisegiver Forening (DFF)
Lyngbyvej 20
DK – 2100 Copenhagen
Tel.: 00 45 /39 15 82 82
Fax: 00 45/39 15 80 10
E-mail: info@dk-franchise.dk
Internet: http://www.dk-franchise.dk
Chairman Board   Mr J. Frederiksen (CEO Europe, IB Your Office)
Executive Director   Mr Finn Birkegaard

Finnish Franchising Association
Suomen Franchisng-Yhdistys rY (SFY)
PL 868
SF – 08680 Lohja as
Tel.: 0 03 58/19/33 11 95
Fax: 0 03 58/19/33 10 75
E-mail: sfy@sfy.pp.fi
Internet: http://www.franchising.fi
President Board   Kari Leppilahti (Kotipizza Oyj)
Executive Director   Mr Rolf Granström

French Franchise Federation
Fédération Française de la Franchise (FFF)
60, rue de la Boétie
F – 75008 Paris
Tel.: 00 33/1/53 75 22 25
Fax: 00 33/1/53 75 22 20
E-mail: info@franchise-fff.com
Internet: http://www.franchise-fff.com
Minitel: 3616 code FFF
President Board   Mr Normand (Groupe Accor)
Directeur Général   Mrs Chantal Zimmer

German Franchise Association
Deutscher Franchise-Verband e.V (DFV)
Luisenstrasse, 41
10117 Berlin
Tel.: 0 30/2 78 90 20
Fax: 0 30/27 89 02 15
E-mail: info@dfv-franchise.de
Internet: http://www.dfv-franchise.de
President Board   Mr. D. Fröhlich (MusikschuleFröhlich)
Managing Director   to be nominated

Franchise Association of Greece
Skoufou 10
GR – 105 57 Athens
Tel.: 00 30/1/03 23 46 20
Fax: 00 30/1/03 23 88 65
E-mail: info@franchising.gr
Internet: http://www.franchising.gr
Chairman Board   Mr Stelios Stavridis (Piscines Ideales SA)
Secretary   Ms M. Karagianni

Hungarian Franchise Association

Magyar Franchise Szövetség (MFSZ)
POB 446
H – 1537 Budapest
Tel.: 0 03 61/2 12 41 24
Fax: 0 03 61/2 12 57 12
E-mail: franchise@franchise.hu
Internet: http://www.franchise.hu

Chairman Board	Mr L. A. Erdélyi (Photo Porst)
CEO	Dr Istvàn Kiss

Italian Franchise Association

Associazione Italiana Del Franchising (AIF)
Corso di Porta Nuova, 3
I – 20121 Milano
Tel.: 00 39/02/29 00 37 79
Fax: 00 39/02/6 55 59 19
E-mail: assofranchising@assofranchising.it
Internet: http://www.assofranchising.it

Chairman Board	Mr Bruno Vettore (Tecnocasa)
Secretary General	Mr Pietro Jacometti

Latvian Franchise Association

Latvijas Komercpilnvarojumu Asociacija
Lachplesha 81
Daugavpils LV – 5403
Lettland
Tel.: 0 03 71/54/2 63 49
Fax: 0 03 71/54/2 73 74
E-mail: info@franch.lv; olga@franch.lv
Internet: http://www.franch.lv

Chairman Board	Mr Victor Adlersberg (Arhis)
Director:	Mrs. O. Krumpane

Netherlands Franchise Association

Nederlandse Franchise Vereniging (NFV)
Boombergerlaan 12
NL – 1217 RR Hilversum
Tel.: 00 31/35/6 24 23 00
Fax: 00 31/35/6 24 91 94
E-mail: franchise@nfv.nl
Internet: http://www.nfv.nl

President Board	Mr B Vos
Executive Director	Mr Jos Burgers

Portuguese Franchise Association
Associaçào Portuguesa da Franchise (APF)
Rua Viriato 25 3°
P – 1050–234 Lisboa
Tel.: 0 03 51/21/3 19 29 38
Fax: 0 03 51/21/3 19 29 39
E-mail: apfranchise@netcabo.pt
Internet: http://www.apfranchise.org
President Board   Mr Joao Papa (5 à sec)
Executive Director   Mr Pedro Villa Franca

Slovenian Franchise Association
Dimiceva 13,
SI – 1504 Ljubljana
E-mail: igor.pavlin@guest.arnes.si
Internet: http://www.franchise-slovenia.net
Chairman Board   Mr. Dejan Turk (McDonald's – Slovenia/Croatia)
Secretary   Mr. Igor Pavlin

Spanish Franchise Association
Asociación Espanola de Franquiciadores (AEF)
Avenida de las Ferias s/n
E – 46035 Valencia
Apda. (POB) 476
E – 46035 Valencia
Tel.: 00 34/96/3 86 11 23
Fax: 00 34/96/3 63 61 11
E-mail: aef@feriavalencia.com
Internet: http://www.franquiciadores.com
President Board   Mr Xavier Vallhonrat Llurba (Lizarran)
Director Manager   Mr Eduardo Abadia González

Swedish Franchise Association
Svenska Franchiseföreningen (SFF)
Box 5243,
SE – 402 24 Göteborg
Hausadresse: Mässansgata 18
E-mail: karin.franchiseforeningen@telia.com
Internet: http://www.franchiseforeningen. a.se
Chairman Board   Mr. Anders Fernlund (Ernst & Young Law)
Executive Director   Ms. Karen Kisker-Ericsson

Swiss Franchise Association
Schweizer Franchise Verband (SFV)
Löwenstrasse 11
Postfach
CH – 8023 Zürich
Tel: 00 41/1/2 25 47 57
Fax: 00 41/1/2 25 47 77
E-mail: info@franchiseverband.ch
Internet: http://www. franchiseverband.ch
Chairman Board   Mr Werner Kieser
Managing Director   Mr Christopher Wildhaber

3.1 Europäischer Verhaltenskodex für Franchising

zugleich Ehrenkodex

Für die Mitglieder und Anwärter des Deutschen Franchise-Verbandes e. V. München

Der nachfolgende Europäische Verhaltenskodex stellt eine Neufassung des 1972 von der European Franchise Federation (EFF) herausgegebenen Ehrenkodex dar und wurde wiederum in Abstimmung mit der EG-Kommission in Brüssel erarbeitet.

Dieser Verhaltenskodex ist eine sachdienliche Zusammenstellung von wesentlichen Vorschriften fairer Verhaltensweisen für die Franchise-Praxis in Europa.

Jeder nationale Franchise-Verband und Mitglied der EFF war an der Erstellung des Europäischen Verhaltenskodex für Franchising beteiligt, übernimmt ihn als Ehrenkodex für seine Mitglieder und stellt seine Einhaltung sicher.

DER BEGRIFF DES FRANCHISINGS

Franchising ist ein Vertriebssystem, durch das Waren und/oder Dienstleistungen und/oder Technologien vermarktet werden. Es gründet sich auf eine enge und fortlaufende Zusammenarbeit rechtlich und finanziell selbstständiger und unabhängiger Unternehmen, den Franchise-Geber und seine Franchise-Nehmer. Der Franchise-Geber gewährt seinen Franchise-Nehmern das Recht und legt ihnen gleichzeitig die Verpflichtung auf, ein Geschäft entsprechend seinem Konzept zu betreiben. Dieses Recht berechtigt und verpflichtet den Franchise-Nehmer, gegen ein direktes oder indirektes Entgelt im Rahmen und für die Dauer eines schriftlichen, zu diesem Zweck zwischen den Parteien abgeschlossenen Franchise-Vertrags bei laufender technischer und betriebswirtschaftlicher Unterstützung durch den Franchise-Geber, den Systemnamen und/oder das Warenzeichen und/oder die Dienstleistungsmarke und/oder andere gewerbliche Schutz- oder Urheberrechte sowie das Know-how, die wirtschaftlichen und technischen Methoden und das Geschäftssystem des Franchise-Gebers zu nutzen.

LEITSÄTZE

1. Der Franchise-Geber ist der Initiator eines Franchise-Netzes, das aus dem Franchise-Geber und den einzelnen Franchise-Nehmern besteht und deren Betreuer der Franchise-Geber auf längere Sicht ist.

2. Pflichten des Franchise-Gebers:
Der Franchise-Geber muss:
- vor der Gründung seines Franchise-Netzes ein Geschäftskonzept schon in einem angemessenen Zeitraum und mit wenigstens einem Pilotobjekt erfolgreich betrieben haben;
- der Eigentümer oder rechtmäßige Nutzungsberechtigte des Firmennamens, Warenzeichens oder einer anderen besonderen Kennzeichnung seines Netzes sein;
- eine Anfangsschulung des einzelnen Franchise-Nehmers durchführen und ihm während der gesamten Laufzeit des Vertrages laufende kommerzielle und/oder technische Unterstützung gewähren;

3. Pflichten des einzelnen Franchise-Nehmers:
Der einzelne Franchise-Nehmer wird:
- sich nachhaltig um das Wachstum seines Franchise-Betriebs und die Wahrung der gemeinschaftlichen Identität und des guten Rufs des Franchise-Netzes bemühen;
- dem Franchise-Geber nachprüfbare wirtschaftliche Daten zukommen lassen, um ihm die für ein effektives Management notwendige Beurteilung der Leistung und der wirtschaftlichen Ergebnisse zu erleichtern, und er wird dem Franchise-Geber und/oder dessen Beauftragten auf Wunsch des Franchise-Gebers und zu angemessenen Zeiten Zugang zu den Räumlichkeiten und Unterlagen des einzelnen Franchise-Nehmers gewähren;
- dem Franchise-Nehmer ist es nicht gestattet, weder während noch nach Beendigung des Vertragsverhältnisses an Dritte das Know-how weiterzugeben, das ihm vom Franchise-Geber übermittelt wurde.

4. Weitere Pflichten beider Vertragsparteien:
- Beide Parteien lassen in ihrem Umgang miteinander Fairneß walten. Im Falle einer Vertragsverletzung wird der Franchise-Geber seine Franchise-Nehmer schriftlich abmahnen und gegebenenfalls eine angemessene Frist festsetzen, in welcher der Verstoß zu beheben ist;
- beide Parteien sind gehalten, Klagen, Beschwerden und Meinungsverschiedenheiten guten Glaubens und mit gutem Willen durch faire und sachliche Gespräche und direkte Verhandlungen zu klären.

PARTNERWERBUNG, -GEWINNUNG UND OFFENLEGUNG

1. Werbung für die Gewinnung von Franchise-Nehmern soll ohne Zweideutigkeiten und ohne irreführende Angaben erfolgen.

2. Alle Anzeigen und jedes Werbematerial zum Zwecke der Franchise-Nehmer-Gewinnung, die direkt oder indirekt auf von den einzelnen Franchise-Nehmern zu erwartende, in Zukunft mögliche Ergebnisse, Zahlen oder Verdienste eingehen, haben sachlich richtig und unmissverständlich zu sein.

3. Um es den angehenden Franchise-Nehmern zu ermöglichen, jede bindende Abmachung in voller Kenntnis der Sachlage zu treffen, wird ihnen innerhalb einer angemessenen Frist vor der Unterzeichnung dieser bindenden Abmachung ein Exemplar des gültigen Verhaltenskodexes ebenso wie die vollständige und genaue schriftliche Offenlegung aller für das Franchise-Verhältnis wichtigen Informationen und Unterlagen übergeben werden.

4. Falls ein Franchise-Geber einen zukünftigen Franchise-Nehmer durch einen Vorvertrag bindet, sollen die folgenden Grundsätze beachtet werden:
   – bevor ein Vorvertrag geschlossen wird, erhält der zukünftige Franchise-Nehmer eine schriftliche Mitteilung über den Zweck des Vorvertrages und die Höhe des Entgeltes, das er möglicherweise an den Franchise-Geber zu entrichten hat, um dessen tatsächliche Aufwendungen abzudecken, die während und durch die vorvertragliche Phase entstanden sind; wenn der Franchise-Vertrag zustandekommt, ist die besagte Vergütung vom Franchise-Geber zurückzuerstatten oder gegebenenfalls mit der vom Franchise-Nehmer zu zahlenden Eintrittsgebühr zu verrechnen;
   – der Vorvertrag soll eine Laufzeit und eine Kündigungsklausel enthalten;
   – der Franchise-Geber kann Wettbewerbsverbote und/oder Geheimhaltungsklauseln festlegen, um sein Know-how und seine Identität zu schützen.

AUSWAHL DER EINZELNEN FRANCHISE-NEHMER

Ein Franchise-Geber sollte nur solche Franchise-Nehmer auswählen und akzeptieren, die aufgrund einer sorgfältigen Überprüfung in ausreichendem Umfang über die notwendigen Grundkenntnisse, die Ausbildung, die persönliche Eignung und die finanziellen Mittel verfügen, um einen Franchise-Betrieb zu führen.

DER FRANCHISE-VERTRAG

1. Der Franchise-Vertrag hat den nationalen Gesetzen, dem Recht der Europäischen Gemeinschaften sowie diesem Verhaltenskodex und seinen jeweiligen Ergänzungen zu entsprechen.

2. Der Vertrag hat die Interessen der Mitglieder des Franchise-Netzes widerzuspiegeln, indem er die gewerblichen und geistigen Eigentumsrechte des Franchise-Gebers schützt und die einheitliche Identität und das Ansehen des Franchise-Netzes wahrt.
   Alle Verträge und alle vertraglichen Vereinbarungen im Zusammenhang mit dem Franchise-Verhältnis sind in der Amtssprache des Landes, in dem der Franchise-Nehmer seinen Sitz hat, abzufassen oder von einem beeideten Übersetzer in diese Sprache zu übertragen und nach Unterzeichnung dem einzelnen Franchise-Nehmer unmittelbar auszuhändigen.

3. Der Franchise-Vertrag hat die jeweiligen Verpflichtungen und Verantwortlichkeit der Parteien und alle anderen wesentlichen Bedingungen des Vertragsverhältnisses eindeutig festzulegen.

4. Die folgenden Vertragsbedingungen stellen ein unentbehrliches Minimum dar:
   – die dem Franchise-Geber eingeräumten Rechte;
   – die dem einzelnen Franchise-Nehmer eingeräumten Rechte;
   – die dem einzelnen Franchise-Nehmer zur Verfügung zu stellenden Waren und/oder Dienstleistungen;
   – die Pflichten des Franchise-Gebers;
   – die Pflichten des einzelnen Franchise-Nehmers;
   – die Zahlungsverpflichtungen des einzelnen Franchise-Nehmers;
   – die Vertragsdauer, die so befristet sein soll, dass der Franchise-Nehmer seine franchise-spezifischen Anfangsinvestitionen amortisieren kann;
   – die Grundlage für eine allfällige Verlängerung des Vertrages;
   – die Bedingungen, nach denen der einzelne Franchise-Nehmer das Franchise-Geschäft verkaufen oder übertragen kann, sowie mögliche Vorkaufsrechte des Franchise-Gebers in dieser Hinsicht;
   – diejenigen Bestimmungen, die sich auf den Gebrauch der typischen Kennzeichnungen, des Firmennamens, des Warenzeichens, der Dienstleistungsmarke, des Ladenschilds, des Logos oder andere besondere Identifikationsmerkmale des Franchise-Gebers beziehen;
   – das Recht des Franchise-Gebers, das Franchisesystem an neue oder geänderte Verhältnisse anzupassen;
   – Regelungen über die Beendigung des Vertrages;
   – Bestimmungen über die sofortige Rückgabe des materiellen und immateriellen Eigentums des Franchise-Gebers oder eines anderen Inhabers nach Vertragsende.

DER VERHALTENSKODEX UND DAS MASTER-FRANCHISE-SYSTEM

Dieser Verhaltenskodex gilt für das Verhältnis zwischen dem Franchise-Geber und dessen einzelnen Franchise-Nehmern und gleichermaßen zwischen dem Haupt-Franchise-Nehmer und dessen einzelnen Franchise-Nehmern.

Es gilt nicht für das Verhältnis zwischen dem Franchise-Geber und seinen Haupt-Franchise-Nehmern.

Ergänzende Bestimmungen

1. Der Deutsche Franchise-Verband e. V. betrachtet alle Vertriebsformen als Franchise-Systeme, die der nachfolgenden Definition entsprechen:

Franchising ist ein vertikal-kooperativ organisiertes Absatzsystem rechtlich selbstständiger Unternehmen auf der Basis eines vertraglichen Dauerschuldverhältnisses. Dieses System tritt am Markt einheitlich auf und wird geprägt durch das arbeitsteilige Leistungsprogramm der Systempartner sowie durch ein Weisungs- und Kontrollsystem zur Sicherstellung eines systemkonformen Verhaltens.

Das Leistungsprogramm des Franchise-Gebers ist das Franchise-Paket. Es besteht aus einem Beschaffungs-, Absatz- und Organisationskonzept, dem Nutzungsrecht an Schutzrechten, der Ausbildung des Franchise-Nehmers und der Verpflichtung des Franchise-Gebers, den Franchise-Nehmer aktiv und laufend zu unterstützen und das Konzept ständig weiterzuentwickeln.

Der Franchise-Nehmer ist im eigenen Namen und auf eigene Rechnung tätig; er hat das Recht und die Pflicht, das Franchise-Paket gegen Entgelt zu nutzen. Als Leistungsbeitrag liefert er Arbeit, Kapital und Information.

Franchising ist demnach mehr als eine Vertriebsvereinbarung, eine Konzession oder ein Lizenzvertrag, da sich beide Vertragspartner zu Leistungen verpflichten, die über den Rahmen einer herkömmlichen Geschäftsbeziehung hinausgehen.

2. Unterliegt der Franchise-Nehmer zum Zeitpunkt des Vertragsabschlusses dem Verbraucherkreditgesetz (VerbrKrG), muss ihn der Franchise-Geber – entsprechende Bezugsbindungen oder Darlehensvereinbarungen vorausgesetzt – formgerecht über sein Widerrufsrecht nach dem VerbrKrG belehren.

3. Bei einem nachvertraglichen Wettbewerbsverbot hat der Franchise-Nehmer Anspruch auf eine angemessene Entschädigung für die Dauer der Wettbewerbsbeschränkung, sofern der Franchise-Geber nicht wirksam auf die nachvertragliche Wettbewerbsabrede verzichtet hatte.

3.2 Richtlinien des Deutschen Franchise-Verbandes e. V. »Vorvertragliche Aufklärungspflichten«

Zielsetzung

Der Europäische Verhaltenskodex für Franchise-Vereinbarungen sieht unter Ziffer 3.3 vor, dass jeder Franchise-Geber verpflichtet ist, dem Franchise-Nehmer das gesamte Informationsmaterial, das das Franchise-Verhältnis betrifft, komplett und schriftlich offenzulegen, und zwar innerhalb eines angemessenen Zeitraums vor der Unterzeichnung von bindenden Abmachungen. Den Mitgliedern sowie Anwärtern des Deutschen Franchise-Verbandes e. V. wird empfohlen, dabei die vorliegenden Richtlinien anzuwenden.

Leitsätze

1. Bereits in der Phase der Vertragsanbahnung und der auf den Abschluss gerichteten Verhandlungen und Gespräche entsteht ein vorvertragliches Vertrauensschuldverhältnis, in dessen Rahmen die Parteien im besonderen Maße zur Offenlegung der für die spätere Zusammenarbeit erheblichen Informationen gegenüber dem anderen Teil verpflichtet sind.

2. Franchise-Geber, die unerfahrene Gewerbetreibende als Franchise-Nehmer werben, unterliegen besonders hohen Anforderungen an die vorvertragliche Aufklärungspflicht.

3. Der Franchise-Geber ist zur Offenlegung und Erläuterung der Erfolgsaussichten der Konzeption sowie zur Angabe von wahrheitsgemäßen Zahlen und Informationen über den Arbeits- und Kapitaleinsatz des Franchise-Nehmers verpflichtet.

4. Der Franchise-Geber soll eine auf den bisherigen Erfahrungen von Franchise-Betrieben bzw. Pilotbetrieben beruhende Kalkulationsgrundlage liefern und den Franchise-Nehmer Interessenten in die Lage versetzen, die erforderlichen Aufwendungen abzuschätzen, den Zeitraum der Anfangsverluste zu übersehen und die Chancen der Gewinnrealisierung reell beurteilen zu können.

5. Der Franchise-Geber soll dem Franchise-Nehmer Interessenten vor Unterzeichnung von bindenden Abmachungen unter Aufsicht Einblick in das Handbuch gewähren.

6. Der Franchise-Nehmer Interessent soll die Möglichkeit haben, den Franchise-Vertrag sowie die weiteren Unterlagen (mit Ausnahme des Handbuchs) in einem angemessenen Zeitraum von mindestens 10 Tagen vor Vertragsunterzeichnung zu überprüfen bzw. überprüfen zu lassen.

7. Alle Informationen müssen wahr, unmissverständlich und vollständig sein.

Rahmen

– Informationen über das Franchise-Konzept und die finanzielle Lage des Franchise-Gebers

– Informationen über die mit Entscheidungsbefugnis ausgestatteten Personen der Systemzentrale

– Franchise-Angebot inklusive aller Einzelheiten über das Pilotprojekt, wenn angebracht

– Rentabilitätsvorausschau, sofern vorhanden

– Franchise-Vertrag

– Bankreferenzen

– Detaillierte Angaben über Mitgliedschaften in Handels- und/oder nationalen Franchise-Verbänden

– Detaillierte Angaben über andere Vertriebswege der Franchise-Produkte oder Dienstleistungen

3.3 Richtlinien des Deutschen Franchise-Verbands e. V. »Training bei Franchise-Systemen«

Zielsetzung

Die EG-Kommission verpflichtet Franchise-Geber, ihr auf praktischen Kenntnissen beruhendes und durch Erfahrungen und Erprobungen gewonnenes Knowhow ausführlich zu beschreiben und den Franchise-Nehmern zu übermitteln.

Ebenso bedarf der Franchise-Nehmer einer aktiven, laufenden Unterstützung und Motivation durch den Franchise-Geber. Diese Aufgabenstellung kann am besten durch systemspezifische Trainingskonzepte bewältigt werden. Den Mitgliedern und Anwärtern des Deutschen Franchise-Verbands e. V. wird empfohlen, dabei die vorliegenden Richtlinien anzuwenden.

Leitsätze

1. Ein Trainingskonzept ist Bestandteil des Leistungspakets eines Franchise-Gebers. Es beginnt bereits bei der Auswahl der Franchise-Nehmer und reicht von der Anfangsschulung über Fortbildungsangebote bis hin zu Fachschulungen und Spezialausbildungen.

2. Training im Franchising ist eine Dauerverpflichtung für Franchise-Geber und Nehmer mit zukunftssichernder Funktion für das jeweilige Franchise-System. Es muss deshalb permanent und nicht erst dann erfolgen, wenn Fehlentwicklungen korrigiert werden müssen.

3. Das Training hat zielgruppengerecht zu erfolgen und in angemessener Weise das Aufnahmevermögen der jeweiligen Zielgruppe zu berücksichtigen. Dabei geht sicheres Begreifen eines überschaubaren Stoffgebiets vor Beherrschung einer perfekten Systematik.

4. Jede Trainingsmaßnahme soll dokumentiert und damit nachvollziehbar sein, z. B. im Betriebshandbuch. Grundsätzlich sollte der Franchise-Vertrag den Franchise-Nehmer zur Teilnahme verpflichten. Eine Abstimmung des Trainingskonzepts mit einem bestehenden Franchise-Nehmer-Gremium kann die Akzeptanz erhöhen.

5. Der beste Trainer ist der Vorgesetzte gegenüber seinem Mitarbeiter und der Franchise-Geber gegenüber seinem Franchise-Nehmer. Deshalb sollen externe Berater und Trainer in erster Linie eingesetzt werden, um diesen Kreis im Sinne von »Train-the-trainer« zu qualifizieren. Externe Berater und Trainer sollten in der Regel über Franchise-Kenntnisse verfügen.

6. Besondere Anstrengungen sind bei der Grundschulung der Franchise-Nehmer und deren Mitarbeiter erforderlich. Erfahrungsgemäß muss hierbei neben der Vermittlung der System-, Produkt-, Fach- und Verkaufskenntnisse insbesondere den Bereichen Betriebswirtschaft, Warenwirtschaft, Finanzwesen und Mitarbeiterführung breiter Raum gegeben werden.

7. Gut aus- und fortgebildete Franchise-Nehmer und Mitarbeiter bilden ein interessantes Reservoir zur Rekrutierung von Fach- und Führungskräften bzw. von neuen Franchise-Nehmern. Hierfür existiert ein Instrumentarium im Sinne eines »Karriereplans«.

Zielgruppen	– Eigenes Management/eigene Franchise-Betreuer des Franchise-Gebers
	– Franchise-Nehmer
	– Mitarbeiter des Franchise-Nehmers

Inhalte	– Waren- und Sortimentskunde
	– Betriebs-/Geschäftsordnungssystem
	– Betriebswirtschaft, Finanzwesen
	– Warenwirtschaft
	– Mitarbeitersuche, -auswahl und -führung
	– Verkauf und Verhalten
	– Betriebshandbuch
Stufen	– Basis – Ausbildung
	– Fortbildungsmaßnahmen
	– Spezialausbildungen
	– Führungsausbildung
Maßnahmen	– Franchise-Nehmer-Suche
	– Hospitationen bei anderen Franchise-Nehmern oder im eigenen Pilotbetrieb
	– Patenschaften
	– Seminare
	– Feldtraining
	– Ausbildung bei Lieferanten
	– Unterstützung bei Geschäftseröffnung
Durchführung	– Im eigenen Trainingszentrum
	– Vor Ort
	– Mit eigenen Mitteln und Mitarbeitern
	– Mit externer Hilfe
Nachweise	– Fragebögen, Trainingspaß
	– Urkunden, Zeugnisse
	– Karriereplan
Termine	– Einmalig stattfindende Maßnahmen
	– Regelmäßig stattfindende Maßnahmen
	– Sporadisch stattfindende Maßnahmen
Finanzierung	– Kosten in den jeweiligen Franchise-Gebühren eingeschlossen
	– Kostenbeteiligung des Franchise-Nehmers
Durchsetzung	– Obligatorische Teilnahme
	– Freiwillige Teilnahme
Dokumentation	– Im Betriebshandbuch berücksichtigt
	– Eigenes Trainingshandbuch

3.4 Checkliste des Deutschen Franchise-Verbandes e. V. für Franchisenehmer

❑ Seit wann besteht die Firma des Franchise-Gebers?
❑ Wieviele Franchise-Nehmer sind bereits erfolgreich?
❑ Gibt es lediglich ein oder mehrere Pilotobjekte (Testgeschäfte)?
❑ Liegt dem System der anerkannte Franchise-Begriff zugrunde?

❏ Weist der Franchise-Geber die Eintragung von gewerblichen Schutzrechten (Marke, Warenzeichen, Dienstleistungsmarke, Wort-/Bildzeichen) nach?

❏ Worin bestehen die (Wettbewerbs-)Vorteile des Konzepts?

❏ Wie werden diese nachgewiesen?

❏ Welche Daten über die jeweiligen Marktverhältnisse werden zur Verfügung gestellt?

❏ Welche Leistungen bietet der Franchise-Geber im einzelnen?

❏ Existiert ein umfangreiches Handbuch zur Betriebsführung?

❏ Welche Gebühren werden für das Leistungspaket auf welcher Basis erhoben?

❏ Welchen Leistungsbeitrag stellt der Franchise-Geber selbst nachweislich für Werbung zur Verfügung?

❏ Gibt es im System institutionalisierte Franchise-Nehmer-Gremien (Beiräte, Erfahrungsaustauschgruppen, Ausschüsse)?

❏ Bietet Ihnen der Franchise-Geber die Möglichkeit, bestehende Franchise-Nehmer kennenzulernen?

❏ Zu welchen Schulungen verpflichtet Sie der Franchise-Geber vor und nach Beginn Ihrer Selbstständigkeit?

❏ Wie lang haben Sie Zeit, den Franchise-Vertrag vor Ihrer Unterschrift zu prüfen?

❏ Legt Ihnen der Franchise-Geber ein Schreiben der Deutschen Ausgleichsbank in Bonn vor, worin bestätigt wird, dass einer öffentlichen Förderung von Franchise-Nehmern dieses Systems im Grundsatz nichts entgegensteht?

❏ Ist der Franchise-Geber Mitglied im Deutschen Franchise-Verband e. V.?

3.5 Merkblatt des Deutschen Franchise-Verbandes e. V.

»Schlichtungsverfahren«

Stehen Sie vor der Frage, ob Sie in einer zivilrechtlichen Streitsache beim Franchising das Gericht anrufen sollen? Dann sollten Sie zunächst prüfen, ob Sie die möglichen Risiken und Unannehmlichkeiten einer Prozessführung durch Inanspruchnahme der vom Deutschen Franchise-Verband e. V. empfohlenen Schlichtungsstellen vermeiden können. Dabei mag für Sie auch von Bedeutung sein, dass ein gerichtliches Verfahren häufig die weiteren persönlichen oder geschäftlichen Beziehungen zum Streitgegner weit stärker belasten kann als ein Schlichtungsverfahren. Auch im Gegensatz zu einem Schiedsgerichtsverfahren bietet das Schlichtungsverfahren die *zeitsparende, kostengünstige und unbürokratische Möglichkeit*, zur Vermeidung eines Zivilprozesses (kein Arbeits-, Sozial- oder Verwaltungsrecht) Rechtsstreitigkeiten gütlich zu erledigen und das Ergebnis der gütlichen Beilegung des Streits in einem protokollierten Vergleich festzuhalten. Dieser Vergleich kann vom Schlichter sofort für vollstreckbar erklärt werden und ist somit ein Vollstreckungstitel; er bedarf also anders als beim Anwaltsvergleich keines weiteren – mit Kosten verbundenen – gerichtlichen Verfahrens zur Vollstreckbarerklärung.

Voraussetzung des Schlichtungsverfahrens ist es, dass beide Beteiligten des Streits grundsätzlich bereit sind, sich gütlich zu einigen.

Der Deutsche Franchise-Verband e. V. hat seinen Mitgliedern in Anlehnung an § 2.4 Abs. 2 seines Ehrenkodex nachdrücklich empfohlen, das hier vorgestellte Schlichtungsverfahren zu nutzen.

Das Schlichtungsverfahren kann von jedermann in Anspruch genommen werden und wird auf Antrag eines oder beider Streitbeteiligten eingeleitet, wobei es keine Rolle spielt, wo in der Bundesrepublik Deutschland die Parteien ihren Sitz haben. Der Antrag soll schriftlich bei einer der Schlichtungsstellen (Anschriften s. u.) eingereicht werden; er kann auch mündlich zur Niederschrift bei den Geschäftsstellen der Schlichtungsstellen gestellt werden.

Der Antrag soll in doppelter Ausfertigung folgende Angaben enthalten:

❑ Name und Anschrift beider Streitbeteiligten
❑ Erklärung, ob auch der Antragsgegner mit der Durchführung des Schlichtungsverfahrens einverstanden ist; ggf. sollte möglichst eine schriftliche Einverständniserklärung des Antragsgegners beigefügt werden
❑ Kurze Darstellung der Streitsache in tatsächlicher und rechtlicher Hinsicht
❑ Angabe des Anspruchs, welchen der Antragsteller gegen den Antragsgegner erhebt (bei Zahlungsansprüchen: Höhe der Forderung angeben)
❑ Wenn der Anspruch urkundlich belegt ist, sollten Ablichtungen der Urkunden vorgelegt werden (s. Franchiseverträge)

Bereits das Einreichen des Antrages unterbricht die Verjährung. Kommt es zu keiner Einigung, dann steht Ihnen immer noch der Weg zu den Gerichten offen. Sie geben also durch das Beschreiten des Schlichtungswegs keine Rechte preis. Selbst wenn die Verjährung drohen sollte, brauchen Sie sich nicht sofort an das Gericht zu wenden.

Die Schlichtungsstellen sind mit unparteiischen Schlichtern, erfahrenen ehemaligen Richtern, besetzt. Sie werden durch den Präsidenten des Oberlandesgerichts bestellt und erhalten eine Vergütung aus der Staatskasse. Bei Einverständnis des Gegners mit dem Schlichtungsverfahren wird in der Regel eine mündliche Verhandlung vor dem Schlichter durchgeführt. Sie ist nicht öffentlich. Der Schlichte erörtert die Streitsache ohne Zeitdruck sachlich und rechtlich und unterbreitet einen Vergleichsvorschlag. Dessen Annahme steht den Parteien frei. Eine umfangreiche Beweisaufnahme findet im Schlichtungsverfahren in der Regel nicht statt. Eine Ladung von Zeugen oder Sachverständigen durch die Schlichtungsstelle erfolgt nicht, der Schlichter kann aber mitgebrachte Zeugen und Sachverständige vernehmen sowie einen Augenschein einnehmen. Von den Parteien beigebrachte schriftliche Gutachten können in die Verhandlung einbezogen werden. Die durch Einvernahme von Zeugen oder Beibringung von Gutachten entstehenden Kosten trägt der Beweisführer selbst.

Die Parteien können sich in dem Schlichtungsverfahren durch jede prozessfähige Person als Bevollmächtigten vertreten lassen, was natürlich auch für Rechtsanwälte zutrifft. Jede Partei trägt ihre eigenen Kosten; die Parteien können aber eine hiervon abweichende Regelung treffen.

Für die Durchführung des Schlichtungsverfahrens wird ein Beitrag erhoben, der von beiden Parteien je zur Hälfte zu tragen ist. Die Parteien haben ebenso die Auslagen zu erstatten, die dem Schlichter wegen der Durchführung eines Ortstermins zu ersetzen sind.

Die Kosten belaufen sich bei einem Streitwert

bis DM 200,00 auf DM 30,00 bis DM 350,00 auf DM 40,00
bis DM 500,00 auf DM 50,00 bis DM 700,00 auf DM 60,00
bis DM 900,00 auf DM 70,00 bis DM 1200,00 auf DM 80,00
bis DM 1500,00 auf DM 90,00 bis DM 2000,00 auf DM 110,00
bis DM 2500,00 auf DM 130,00 bis DM 3000,00 auf DM 150,00

von dem Mehrbetrag bis DM 100.000,– für je DM 1.000,– auf DM 25,00.

Der Streitwert wird von dem Schlichter nach freiem Ermessen festgesetzt.

Die Kosten sind von den Parteien je zur Hälfte vor der Durchführung des Schlichtungsverfahrens zu entrichten. Der Schlichter soll das Schlichtungsverfahren erst durchführen, nachdem bezahlt worden ist.

Der Schlichter kann einer Partei, die in einem gerichtlichen Verfahren Anspruch auf Prozesskostenhilfe hätte, die Entrichtung des Beitrages oder von den Auslagen ganz oder teilweise erlassen.

Hier die Anschriften der drei Schlichtungsstellen:

Schlichtungsstelle bei dem Amtsgericht München
Maxburgstraße 4, Zimmer 106, 80333 München
Telefon: 0 89/55 97–37 00

Schlichtungsstelle bei dem Amtsgericht Würzburg
Ottostraße 5, Zimmer 4, 97070 Würzburg
Telefon: 09 31/3 81–1 08

Schlichtungsstelle bei dem Amtsgericht Traunstein
Herzog-Otto-Straße 1, Zimmer 115, 83278 Traunstein
Telefon: 08 61/5 62 38

3.6 Richtlinien des Deutschen Franchise-Verbandes e. V. »Beiräte in Franchise-Systemen«

Zielsetzung

Die Bereitschaft des Franchise-Gebers zur Wahrung der Interessen und Belange der Franchise-Partner durch ihre Einbindung bei Fragen von grundsätzlicher Bedeutung und bei wichtigen Sachentscheidungen stellt ein wesentliches Element einer gelebten Partnerschaft dar. Es gilt »Betroffene zu Beteiligten zu machen«. Diese Aufgabenstellung kann am besten durch die Etablierung eines Franchise-Nehmer-Beirates verwirklicht werden.

Den Mitgliedern sowie Anwärtern des Deutschen Franchise-Verbandes e. V. wird empfohlen, dabei die vorliegenden Richtlinien anzuwenden.

Leitsätze

1. Der Partnerbeirat berät die Systemzentrale bei allen wichtigen systemrelevanten Entscheidungen, in Fachfragen und hinsichtlich der Marketingpolitik. Er beteiligt sich aktiv an der Weiterentwicklung des Systems und der Umsetzung der vereinbarten Maßnahmen. Schließlich steht er allen Franchise-Nehmern als Ansprechpartner zur Verfügung.

2. Der Beirat stellt ein Organ des jeweiligen Franchise-Systems dar. Er ist ein Beratergremium, kein Betriebsrat, kein Sprachrohr aller Franchise-Nehmer, weder Aufsichtsrat noch Schlichtungsstelle.

3. Vertreter der Systemzentrale müssen stets die Möglichkeit haben, bei den Sitzungen des Beirats anwesend zu sein. Sie sind in die Beschlüsse des Beirates involviert.

4. Die Einrichtung von Beiräten der Franchise-Nehmer innerhalb von Franchise-Systemen ist nach Auffassung des Bundeskartellamts wettbewerbsrechtlich grundsätzlich zulässig, solange die Beiräte nicht tatsächlich die Geschäftspolitik der Franchise-Nehmer bzw. des Systems bestimmen. Sogenannte Mittelstandsempfehlungen für die Franchise-Nehmer können Beiräte nur im Rahmen der sehr engen gesetzlichen Bestimmungen aussprechen.

5. Die Aufgaben und die Funktionsweise des Beirates werden schriftlich in einer von der Systemzentrale vorgeschlagenen Beiratssatzung niedergelegt. Die Systemzentrale muss der Beiratssatzung zustimmen.

6. Im Franchise-Vertrag ist zumindest die Aufgabenstellung des Beirates niedergeschrieben.

7. Der Beirat wird über die Ergebnisse anderer Gremien (z. B. Arbeitskreise, Fachausschüsse, Werbebeirat) informiert, sofern er daran nicht selbst beteiligt ist.

8. Alle Franchise-Nehmer sind mindestens einmal im Jahr über die Ergebnisse der Arbeit des Beirates zu informieren.

Gestaltungsrahmen einer Beiratssatzung

Aufgaben	– Siehe Leitsatz 1
	– Weitere konkrete Aufgabenstellungen
Zusammensetzung	– Nur gewählte Franchise-Nehmer
	– Gewählte Franchise-Nehmer und Vertreter der System-zentrale
	– Von der Systemzentrale ernannte Franchise-Nehmer
Amtsperiode	– Wiederwahl für weitere Amtsperioden möglich
	– Wiederwahl nur für eine weitere Amtsperiode zulässig
	– Wiederwahl nicht möglich
	– Wiederwahl nur für einen Teil der Beiratsmitglieder möglich
	– Ausschluss unter bestimmten Voraussetzungen möglich
	– Ausscheiden vor Ablauf nur aus wichtigem Grund oder bei Verlassen des Franchise-Systems
Vorsitz	– Beiratsvorsitzender
	– Stellvertretender Beiratsvorsitzender
Tagesordnung	– Nur Beiratsmitglieder haben Vorschlagsrecht
	– Auch Systemzentrale hat Vorschlagsrecht
	– Abstimmung mit Systemzentrale
Beschlussfassung	– Einstimmig
	– 2/3 Mehrheit
	– Absolute Mehrheit
	– Protokollführung
Sitzungen	– Ordentliche Sitzung regelmäßig, mehrmals im Jahr
	– Außerordentliche Sitzung falls erforderlich
	– Einladung durch Beiratsvorsitzenden
	– Einladung durch Systemzentrale
Satzungsänderung	– Beirat mit Zustimmung der Systemzentrale

4.1 Verordnung (EG) Nr. 2790/1999 der Kommission vom 22. Dezember 1999 über die Anwendung von Artikel 81 Absatz 3 des Vertrages auf Gruppen von vertikalen Vereinbarungen und aufeinander abgestimmte Verhaltensweisen

(Verbindlich ist ausschließlich das in den gedruckten Ausgaben des *Amtblattes der Europäischen Gemeinschaften* veröffentlichte Gemeinschaftsrecht)

29. 12. 1999	DE	Amtsblatt der Europäischen Gemeinschaften	L 336/21

VERORDNUNG (EG) Nr. 2790/1999 DER KOMMISSION

vom 22. Dezember 1999

über die Anwendung von Artikel 81 Absatz 3 des Vertrages auf Gruppen von vertikalen Vereinbarungen und aufeinander abgestimmten Verhaltensweisen

(Text von Bedeutung für den EWR)

DIE KOMMISSION DER EUROPÄISCHEN GEMEINSCHAFTEN —

gestützt auf den Vertrag zur Gründung der Europäischen Gemeinschaft,

gestützt auf die Verordnung Nr. 19/65/EWG des Rates vom 2. März 1965 über die Anwendung von Artikel 85 Absatz 3 des Vertrages auf Gruppen von Vereinbarungen und aufeinander abgestimmten Verhaltensweisen [1], zuletzt geändert durch die Verordnung (EG) Nr. 1215/1999 [2], insbesondere auf Artikel 1,

nach Veröffentlichung des Entwurfs dieser Verordnung [3],

nach Anhörung des Beratenden Ausschusses für Kartell- und Monopolfragen,

in Erwägung nachstehender Gründe:

(1) Nach der Verordnung Nr. 19/65/EWG ist die Kommission ermächtigt, Artikel 81 Absatz 3 des Vertrages (Ex-Artikel 85 Absatz 3) durch Verordnung auf bestimmte Gruppen von vertikalen Vereinbarungen und die entsprechenden aufeinander abgestimmten Verhaltensweisen anzuwenden, die unter Artikel 81 Absatz 1 fallen.

(2) Aufgrund der bisherigen Erfahrungen läßt sich eine Gruppe von vertikalen Vereinbarungen definieren, die regelmäßig die Voraussetzungen von Artikel 81 Absatz 3 erfüllen.

(3) Diese Gruppe umfaßt vertikale Vereinbarungen über den Kauf oder Verkauf von Waren oder Dienstleistungen, die zwischen nicht miteinander im Wettbewerb stehenden Unternehmen, zwischen bestimmten Wettbewerbern sowie von bestimmten Vereinigungen des Wareneinzelhandels geschlossen werden. Diese Gruppe umfaßt ebenfalls vertikale Vereinbarungen, die Nebenabreden über die Übertragung oder Nutzung geistiger Eigentumsrechte enthalten. Für die Anwendung dieser Verordnung umfaßt der Begriff „vertikale Vereinbarungen" die entsprechenden aufeinander abgestimmten Verhaltensweisen.

(4) Für die Anwendung von Artikel 81 Absatz 3 durch Verordnung ist es nicht erforderlich, diejenigen vertikalen Vereinbarungen zu umschreiben, welche geeignet sind, unter Artikel 81 Absatz 1 zu fallen; bei der individuellen Beurteilung von Vereinbarungen nach Artikel 81 Absatz 1 sind mehrere Faktoren, insbesondere die Marktstruktur auf der Angebots- und Nachfrageseite zu berücksichtigen.

(5) Die Gruppenfreistellung sollte nur vertikalen Vereinbarungen zugute kommen, von denen mit hinreichender Sicherheit angenommen werden kann, daß sie die Voraussetzungen von Artikel 81 Absatz 3 erfüllen.

(6) Vertikale Vereinbarungen, die zu der in dieser Verordnung umschriebenen Gruppe gehören, können die wirtschaftliche Effizienz innerhalb einer Produktions- oder Vertriebskette erhöhen, weil sie eine bessere Koordinierung zwischen den beteiligten Unternehmen ermöglichen. Sie können insbesondere die Transaktions- und Distributionskosten der Beteiligten verringern und deren Umsätze und Investitionen optimieren.

(7) Die Wahrscheinlichkeit, daß derartige effizienzsteigernde Wirkungen stärker ins Gewicht fallen als wettbewerbsschädliche Wirkungen, die von Beschränkungen in vertikalen Vereinbarungen verursacht werden, hängt von der Marktmacht der beteiligten Unternehmen und somit von dem Ausmaß ab, in dem diese Unternehmen dem Wettbewerb anderer Lieferanten von Waren oder Dienstleistungen ausgesetzt sind, die von den Käufern aufgrund ihrer Eigenschaften, ihrer Preislage und ihres Verwendungszwecks als austauschbar oder substituierbar angesehen werden.

(8) Es kann vermutet werden, daß vertikale Vereinbarungen, die nicht bestimmte Arten schwerwiegender wettbewerbsschädigender Beschränkungen enthalten, im allgemeinen zu einer Verbesserung der Produktion oder des Vertriebs und zu einer angemessenen Beteiligung der Verbraucher an dem daraus entstehenden Gewinn führen, sofern der auf den Lieferanten entfallende Anteil an dem relevanten Markt 30 % nicht überschreitet. Bei vertikalen Vereinbarungen, die Alleinbelieferungsverpflichtungen vorsehen, sind die gesamten Auswirkungen der Vereinbarung auf den Markt anhand des Marktanteils des Käufers zu bestimmen.

(9) Es gibt keine Vermutung, daß oberhalb der Marktanteilsschwelle von 30 % vertikale Vereinbarungen, die unter Artikel 81 Absatz 1 fallen, regelmäßig objektive Vorteile entstehen lassen, welche nach Art und Umfang geeignet sind, die Nachteile auszugleichen, die sie für den Wettbewerb mit sich bringen.

(10) Diese Verordnung darf keine vertikalen Vereinbarungen freistellen, welche Beschränkungen enthalten, die für die Herbeiführung der vorgenannten günstigen Wirkungen nicht unerläßlich sind. Insbesondere solche vertikalen Vereinbarungen, die bestimmte Arten schwerwiegender wettbewerbsschädigender Beschränkungen enthalten, wie die Festsetzung von Mindest- oder Festpreisen für den Weiterverkauf oder bestimmte Arten des Gebietsschutzes, sind daher ohne Rücksicht auf den Marktanteil der betroffenen Unternehmen von dem Vorteil der Gruppenfreistellung, die durch diese Verordnung gewährt wird, auszuschließen.

[1] ABl. 36 vom 6.3.1965, S. 533/65.
[2] ABl. L 148 vom 15.6.1999, S. 1.
[3] ABl. C 270 vom 24.9.1999, S. 7.

(11) Die Gruppenfreistellung ist mit bestimmten Einschränkungen zu versehen, um den Marktzugang zu gewährleisten und um Marktabsprachen vorzubeugen. Zu diesem Zwecke muß die Freistellung auf Wettbewerbsverbote von einer bestimmten Höchstdauer beschränkt werden. Aus demselben Grund sind alle unmittelbaren oder mittelbaren Verpflichtungen, welche die Mitglieder eines selektiven Vertriebssystems veranlassen, die Marken bestimmter konkurrierender Lieferanten nicht zu führen, von der Anwendung dieser Verordnung auszuschließen.

(12) Durch die Begrenzung des Marktanteils, den Ausschluß bestimmter vertikaler Vereinbarungen von der Gruppenfreistellung und die Voraussetzungen, die in dieser Verordnung vorgesehen sind, wird in der Regel sichergestellt, daß Vereinbarungen, auf welche die Gruppenfreistellung Anwendung findet, den beteiligten Unternehmen nicht die Möglichkeit eröffnen, für einen wesentlichen Teil der betreffenden Waren den Wettbewerb auszuschalten.

(13) Wenn im Einzelfall eine Vereinbarung zwar unter diese Verordnung fällt, dennoch aber Wirkungen zeitigt, die mit Artikel 81 Absatz 3 unvereinbar sind, kann die Kommission den Vorteil der Gruppenfreistellung entziehen. Dies kommt insbesondere dann in Betracht, wenn der Käufer auf dem relevanten Markt, auf dem er Waren verkauft oder Dienstleistungen erbringt, über erhebliche Marktmacht verfügt oder wenn der Zugang zu dem relevanten Markt oder der Wettbewerb auf diesem Markt durch gleichartige Wirkungen paralleler Netze vertikaler Vereinbarungen in erheblichem Maße beschränkt wird. Derartige kumulative Wirkungen können sich etwa aus selektiven Vertriebssystemen oder aus Wettbewerbsverboten ergeben.

(14) Nach der Verordnung Nr. 19/65/EWG sind die zuständigen Behörden der Mitgliedstaaten ermächtigt, den Vorteil der Gruppenfreistellung zu entziehen, wenn die Vereinbarung Wirkungen zeitigt, die mit Artikel 81 Absatz 3 des Vertrages unvereinbar sind und im Gebiet des betreffenden Staates oder in einem Teil desselben eintreten, sofern dieses Gebiet die Merkmale eines gesonderten räumlichen Marktes aufweist. Die Mitgliedstaaten sollten sicherstellen, daß sie bei der Ausübung dieser Entzugsbefugnis nicht die einheitliche Anwendung der Wettbewerbsregeln der Gemeinschaft auf dem gesamten gemeinsamen Markt oder die volle Wirksamkeit der zu ihrem Vollzug ergangenen Maßnahmen beeinträchtigen.

(15) Um die Überwachung paralleler Netze vertikaler Vereinbarungen mit gleichartigen wettbewerbsbeschränkenden Wirkungen zu verstärken, die mehr als 50 % eines Marktes erfassen, kann die Kommission erklären, daß diese Verordnung auf vertikale Vereinbarungen, welche bestimmte auf den betroffenen Markt bezogene Beschränkungen enthalten, keine Anwendung findet, und dadurch die volle Anwendbarkeit von Artikel 81 auf diese Vereinbarungen wiederherstellen.

(16) Diese Verordnung gilt unbeschadet der Anwendung von Artikel 82.

(17) Entsprechend dem Grundsatz des Vorrangs des Gemeinschaftsrechts dürfen Maßnahmen, die auf der Grundlage der nationalen Wettbewerbsgesetze getroffen werden, nicht die einheitliche Anwendung der Wettbewerbsregeln der Gemeinschaft auf dem gesamten gemeinsamen

Markt oder die volle Wirksamkeit der zu ihrer Durchführung ergangenen Maßnahmen einschließlich dieser Verordnung beeinträchtigen —

HAT FOLGENDE VERORDNUNG ERLASSEN:

Artikel 1

Für die Anwendung dieser Verordnung gelten folgende Begriffsbestimmungen:

a) „Wettbewerber" sind tatsächliche oder potentielle Anbieter im selben Produktmarkt; der Produktmarkt umfaßt Waren oder Dienstleistungen, die vom Käufer aufgrund ihrer Eigenschaften, ihrer Preislage und ihres Verwendungszwecks als mit den Vertragswaren oder -dienstleistungen austauschbar oder durch diese substituierbar angesehen werden.

b) „Wettbewerbsverbote" sind alle unmittelbaren oder mittelbaren Verpflichtungen, die den Käufer veranlassen, keine Waren oder Dienstleistungen herzustellen, zu beziehen, zu verkaufen oder weiterzuverkaufen, die mit den Vertragswaren oder -dienstleistungen im Wettbewerb stehen, sowie alle unmittelbaren oder mittelbaren Verpflichtungen des Käufers, mehr als 80 % seiner auf der Grundlage des Einkaufswertes des vorherigen Kalenderjahres berechneten gesamten Einkäufe von Vertragswaren oder -dienstleistungen sowie ihrer Substitute auf dem relevanten Markt vom Lieferanten oder einem anderen vom Lieferanten bezeichneten Unternehmen zu beziehen.

c) „Alleinbelieferungsverpflichtungen" sind alle unmittelbaren oder mittelbaren Verpflichtungen, die den Lieferanten veranlassen, die in der Vereinbarung bezeichneten Waren oder Dienstleistungen zum Zwecke einer spezifischen Verwendung oder des Weiterverkaufs nur an einen einzigen Käufer innerhalb der Gemeinschaft zu verkaufen.

d) „Selektive Vertriebssysteme" sind Vertriebssysteme, in denen sich der Lieferant verpflichtet, die Vertragswaren oder -dienstleistungen unmittelbar oder mittelbar nur an Händler zu verkaufen, die aufgrund festgelegter Merkmale ausgewählt werden, und in denen sich diese Händler verpflichten, die betreffenden Waren oder Dienstleistungen nicht an Händler zu verkaufen, die nicht zum Vertrieb zugelassen sind.

e) „Intellektuelle Eigentumsrechte" umfassen unter anderem gewerbliche Schutzrechte, Urheberrechte sowie verwandte Schutzrechte.

f) „Know-how" ist eine Gesamtheit nicht patentierter praktischer Kenntnisse, die der Lieferant durch Erfahrung und Erprobung gewonnen hat und die geheim, wesentlich und identifiziert sind; hierbei bedeutet „geheim", daß das Know-how als Gesamtheit oder in der genauen Gestaltung und Zusammensetzung seiner Bestandteile nicht allgemein bekannt und nicht leicht zugänglich ist; „wesentlich" bedeutet, daß das Know-how Kenntnisse umfaßt, die für den Käufer zum Zwecke der Verwendung, des Verkaufs oder des Weiterverkaufs der Vertragswaren oder -dienstleistungen unerläßlich sind; „identifiziert" bedeutet, daß das Know-how umfassend genug beschrieben ist, so daß überprüft werden kann, ob es die Merkmale „geheim" und „wesentlich" erfüllt.

g) „Käufer" ist auch ein Unternehmen, das auf der Grundlage einer unter Artikel 81 Absatz 1 des Vertrages fallenden Vereinbarung Waren oder Dienstleistungen für Rechnung eines anderen Unternehmens verkauft.

Artikel 2

(1)   Artikel 81 Absatz 1 des Vertrages wird gemäß Artikel 81 Absatz 3 unter den in dieser Verordnung genannten Voraussetzungen für unanwendbar erklärt auf Vereinbarungen oder aufeinander abgestimmte Verhaltensweisen zwischen zwei oder mehr Unternehmen, von denen jedes zwecks Durchführung der Vereinbarung auf einer unterschiedlichen Produktions- oder Vertriebsstufe tätig ist, und welche die Bedingungen betreffen, zu denen die Parteien bestimmte Waren oder Dienstleistungen beziehen, verkaufen oder weiterverkaufen können (im folgenden „vertikale Vereinbarungen" genannt).

Die Freistellung gilt, soweit diese Vereinbarungen Wettbewerbsbeschränkungen enthalten, die unter Artikel 81 Absatz 1 fallen (im folgenden „vertikale Beschränkungen" genannt).

(2)   Die Freistellung nach Absatz 1 gilt für vertikale Vereinbarungen zwischen einer Unternehmensvereinigung und ihren Mitgliedern oder zwischen einer solchen Vereinigung und ihren Lieferanten nur dann, wenn alle Mitglieder der Vereinigung Wareneinzelhändler sind und wenn keines ihrer einzelnen Mitglieder zusammen mit seinen verbundenen Unternehmen einen jährlichen Gesamtumsatz von mehr als 50 Mio. EUR erzielt; die Freistellung der von solchen Vereinigungen geschlossenen vertikalen Vereinbarungen läßt die Anwendbarkeit von Artikel 81 auf horizontale Vereinbarungen zwischen den Mitgliedern der Vereinigung sowie auf Beschlüsse der Vereinigung unberührt.

(3)   Die Freistellung nach Absatz 1 gilt für vertikale Vereinbarungen, die Bestimmungen enthalten, welche die Übertragung von geistigen Eigentumsrechten auf den Käufer oder die Nutzung solcher Rechte durch den Käufer betreffen, sofern diese Bestimmungen nicht Hauptgegenstand der Vereinbarung sind und sofern sie sich unmittelbar auf die Nutzung, den Verkauf oder den Weiterverkauf von Waren oder Dienstleistungen durch den Käufer oder seine Kunden beziehen. Die Freistellung gilt unter der Voraussetzung, daß diese Bestimmungen in Bezug auf die Vertragswaren oder -dienstleistungen keine Wettbewerbsbeschränkungen mit demselben Zweck oder derselben Wirkung enthalten wie vertikale Beschränkungen, die durch diese Verordnung nicht freigestellt werden.

(4)   Die Freistellung nach Absatz 1 gilt nicht für vertikale Vereinbarungen zwischen Wettbewerbern; sie findet jedoch Anwendung, wenn Wettbewerber eine nichtwechselseitige vertikale Vereinbarung treffen und

a) der jährliche Gesamtumsatz des Käufers 100 Mio. EUR nicht überschreitet oder

b) der Lieferant zugleich Hersteller und Händler von Waren, der Käufer dagegen ein Händler ist, der keine mit den Vertragswaren im Wettbewerb stehenden Waren herstellt, oder

c) der Lieferant ein auf mehreren Wirtschaftsstufen tätiger Dienstleistungserbringer ist und der Käufer auf der Wirtschaftsstufe, auf der er die Vertragsdienstleistungen bezieht, keine mit diesen im Wettbewerb stehenden Dienstleistungen erbringt.

(5)   Diese Verordnung gilt nicht für vertikale Vereinbarungen, deren Gegenstand in den Geltungsbereich einer anderen Gruppenfreistellungsverordnungen fällt.

Artikel 3

(1)   Unbeschadet des Absatzes 2 dieses Artikels gilt die Freistellung nach Artikel 2 nur, wenn der Anteil des Lieferanten an dem relevanten Markt, auf dem er die Vertragswaren oder -dienstleistungen verkauft, 30 % nicht überschreitet.

(2)   Im Fall von vertikalen Vereinbarungen, die Alleinbelieferungsverpflichtungen enthalten, gilt die Freistellung nach Artikel 2 nur, wenn der Anteil des Käufers an dem relevanten Markt, auf dem er die Vertragswaren oder -dienstleistungen einkauft, 30 % nicht überschreitet.

Artikel 4

Die Freistellung nach Artikel 2 gilt nicht für vertikale Vereinbarungen, die unmittelbar oder mittelbar, für sich allein oder in Verbindung mit anderen Umständen unter der Kontrolle der Vertragsparteien folgendes bezwecken:

a) die Beschränkung der Möglichkeiten des Käufers, seinen Verkaufspreis selbst festzusetzen; dies gilt unbeschadet der Möglichkeit des Lieferanten, Höchstverkaufspreise festzusetzen oder Preisempfehlungen auszusprechen, sofern sich diese nicht infolge der Ausübung von Druck oder der Gewährung von Anreizen durch eine der Vertragsparteien tatsächlich wie Fest- oder Mindestverkaufspreise auswirken;

b) Beschränkungen des Gebiets oder des Kundenkreises, in das oder an den der Käufer Vertragswaren oder -dienstleistungen verkaufen darf, mit Ausnahme von:

— Beschränkungen des aktiven Verkaufs in Gebiete oder an Gruppen von Kunden, die der Lieferant sich selbst vorbehalten oder ausschließlich einem anderen Käufer zugewiesen hat, sofern dadurch Verkäufe seitens der Kunden des Käufers nicht begrenzt werden;

— Beschränkungen des Verkaufs an Endbenutzer durch Käufer, die auf der Großhandelsstufe tätig sind;

— Beschränkungen des Verkaufs an nicht zugelassene Händler, die Mitgliedern eines selektiven Vertriebssystems auferlegt werden;

— Beschränkungen der Möglichkeiten des Käufers, Bestandteile, die zwecks Einfügung in andere Erzeugnisse geliefert werden, an Kunden zu verkaufen, welche diese Bestandteile für die Herstellung derselben Art von Erzeugnissen verwenden würden, wie sie der Lieferant herstellt;

c) Beschränkungen des aktiven oder passiven Verkaufs an Endverbraucher, soweit diese Beschränkungen Mitgliedern eines selektiven Vertriebssystems auferlegt werden, welche auf der Einzelhandelsstufe tätig sind; dies gilt unbeschadet der Möglichkeit, Mitgliedern des Systems zu verbieten, Geschäfte von nicht zugelassenen Niederlassungen aus zu betreiben;

d) die Beschränkung von Querlieferungen zwischen Händlern innerhalb eines selektiven Vertriebssystems, auch wenn diese auf unterschiedlichen Handelsstufen tätig sind;

e) Beschränkungen, die zwischen dem Lieferanten und dem Käufer von Bestandteilen, welche dieser in andere Erzeugnisse einfügt, vereinbart werden und die den Lieferanten hindern, diese Bestandteile als Ersatzteile an Endverbraucher oder an Reparaturwerkstätten oder andere Dienstleistungserbringer zu verkaufen, die der Käufer nicht mit der Reparatur oder Wartung seiner eigenen Erzeugnisse betraut hat.

Artikel 5

Die Freistellung nach Artikel 2 gilt nicht für die folgenden, in vertikalen Vereinbarungen enthaltenen Verpflichtungen:

a) alle unmittelbaren oder mittelbaren Wettbewerbsverbote, welche für eine unbestimmte Dauer oder für eine Dauer von mehr als fünf Jahren vereinbart werden; Wettbewerbsverbote, deren Dauer sich über den Zeitraum von fünf Jahren hinaus stillschweigend verlängert, gelten als für eine unbestimmte Dauer vereinbart; die Begrenzung auf fünf Jahre gilt nicht, wenn die Vertragswaren oder -dienstleistungen vom Käufer in Räumlichkeiten und Grundstücken verkauft werden, die Eigentum des Lieferanten oder durch diesen von dritten, nicht mit dem Käufer verbundenen Unternehmen gemietet oder gepachtet worden sind und das Wettbewerbsverbot nicht über den Zeitraum hinausreicht, in welchem der Käufer diese Räumlichkeiten und Grundstücke nutzt,

b) alle unmittelbaren oder mittelbaren Verpflichtungen, die den Käufer veranlassen, Waren oder Dienstleistungen nach Beendigung der Vereinbarung nicht herzustellen bzw. zu erbringen, zu beziehen, zu verkaufen oder weiterzuverkaufen, es sei denn, daß diese Verpflichtungen

— sich auf Waren oder Dienstleistungen beziehen, die mit den Vertragswaren oder -dienstleistungen im Wettbewerb stehen,

— sich auf Räumlichkeiten und Grundstücke beschränken, von denen aus der Käufer während der Vertragsdauer seine Geschäfte betrieben hat, sowie

— unerläßlich sind, um ein dem Käufer vom Lieferanten übertragenes Know-how zu schützen,

und ein solches Wettbewerbsverbot auf einen Zeitraum von höchstens einem Jahr nach Beendigung der Vereinbarung begrenzt ist; dies gilt unbeschadet der Möglichkeit, Nutzung und Offenlegung von nicht allgemein bekannt gewordenem Know-how zeitlich unbegrenzten Beschränkungen zu unterwerfen;

c) alle unmittelbaren oder mittelbaren Verpflichtungen, welche die Mitglieder eines selektiven Vertriebssystems veranlassen, Marken bestimmter konkurrierender Lieferanten nicht zu verkaufen.

Artikel 6

Gemäß Artikel 7 Absatz 1 der Verordnung Nr. 19/65/EWG kann die Kommission im Einzelfall den Vorteil der Anwendung dieser Verordnung entziehen, wenn eine vertikale Vereinbarung, die unter diese Verordnung fällt, gleichwohl Wirkungen hat, die mit den Voraussetzungen des Artikels 81 Absatz 3 des Vertrages unvereinbar sind, insbesondere wenn der Zugang zu dem betroffenen Markt oder der Wettbewerb auf diesem Markt durch die kumulativen Wirkungen nebeneinander bestehender Netze gleichartiger vertikaler Beschränkungen, die von miteinander im Wettbewerb stehenden Lieferanten oder Käufern angewandt werden, in erheblichem Maße beschränkt wird.

Artikel 7

Wenn eine unter die Freistellung des Artikels 2 fallende Vereinbarung im Gebiet eines Mitgliedstaats oder in einem Teil desselben, der alle Merkmale eines gesonderten räumlichen Marktes aufweist, im Einzelfall Wirkungen hat, die mit den Voraussetzungen von Artikel 81 Absatz 3 des Vertrages unvereinbar sind, so kann die zuständige Behörde dieses Mitgliedstaates, unter den gleichen Umständen wie in Artikel 6, den Vorteil der Anwendung dieser Verordnung mit Wirkung für das betroffene Gebiet entziehen.

Artikel 8

(1) Gemäß Artikel 1a der Verordnung Nr. 19/65/EWG kann die Kommission durch Verordnung erklären, daß in Fällen, in denen mehr als 50 % des betroffenen Marktes von nebeneinander bestehenden Netzen gleichartiger vertikaler Beschränkungen erfaßt werden, die vorliegende Verordnung auf vertikale Vereinbarungen, die bestimmte Beschränkungen des Wettbewerbs auf dem betroffenen Markt enthalten, keine Anwendung findet.

(2) Eine Verordnung im Sinne von Absatz 1 wird frühestens sechs Monate nach ihrem Erlaß anwendbar.

Artikel 9

(1) Bei der Ermittlung des Marktanteils von 30 % im Sinne von Artikel 3 Absatz 1 wird der Absatzwert der verkauften Vertragswaren oder -dienstleistungen sowie der sonstigen von dem Lieferanten verkauften Waren oder Dienstleistungen zugrunde gelegt, die vom Käufer aufgrund ihrer Eigenschaften, ihrer Preislage und ihres Verwendungszwecks als austauschbar oder substituierbar angesehen werden. Liegen keine Angaben über den Absatzwert vor, so können zur Ermittlung des Marktanteils Schätzungen vorgenommen werden, die auf anderen verläßlichen Marktdaten unter Einschluß der Absatzmengen beruhen. Bei der Anwendung von Artikel 3 Absatz 2 ist der Marktanteil auf der Grundlage des Wertes der auf dem Markt getätigten Käufe oder anhand von Schätzungen desselben zu ermitteln.

(2) Für die Anwendung der Marktanteilsschwelle im Sinne des Artikels 3 gelten folgende Regeln:

a) Der Marktanteil wird anhand der Angaben für das vorhergehende Kalenderjahr ermittelt.

b) Der Marktanteil schließt Waren oder Dienstleistungen ein, die zum Zweck des Verkaufs an integrierte Händler geliefert werden.

c) Beträgt der Marktanteil zunächst nicht mehr als 30 % und überschreitet er anschließend diese Schwelle, übersteigt jedoch nicht 35 %, so gilt die Freistellung nach Artikel 2 im Anschluß an das Jahr, in welchem die 30-%-Schwelle erstmals überschritten wurde, noch für zwei weitere Kalenderjahre.

d) Beträgt der Marktanteil zunächst nicht mehr als 30 % und überschreitet er anschließend 35 %, so gilt die Freistellung nach Artikel 2 im Anschluß an das Jahr, in welchem die Schwelle von 35 % erstmals überschritten wurde, noch für ein weiteres Kalenderjahr.

e) Die unter den Buchstaben c) und d) genannten Vorteile dürfen nicht in der Weise miteinander verbunden werden, daß ein Zeitraum von zwei Kalenderjahren überschritten wird.

Artikel 10

(1) Für die Ermittlung des jährlichen Gesamtumsatzes im Sinne von Artikel 2 Absätze 2 und 4 sind die Umsätze zusammenzuzählen, welche die jeweilige an der vertikalen Vereinbarung beteiligte Vertragspartei und die mit ihr verbundenen Unternehmen im letzten Geschäftsjahr mit allen Waren und Dienstleistungen nach Abzug von Steuern und sonstigen Abgaben erzielt haben. Dabei werden Umsätze zwischen der an der Vereinbarung beteiligten Vertragspartei und den mit ihr verbundenen Unternehmen oder zwischen den mit ihr verbundenen Unternehmen nicht mitgezählt.

(2) Die Freistellung nach Artikel 2 gilt weiter, wenn der jährliche Gesamtumsatz in zwei jeweils aufeinanderfolgenden Geschäftsjahren den in dieser Verordnung genannten Schwellenwert um nicht mehr als ein Zehntel überschreitet.

Artikel 11

(1)   Die Begriffe des „Unternehmens", des „Lieferanten" und des „Käufers" im Sinne dieser Verordnung schließen die mit diesen jeweils verbundenen Unternehmen ein.

(2)   Verbundene Unternehmen sind:

a) Unternehmen, in denen ein an der Vereinbarung beteiligtes Unternehmen unmittelbar oder mittelbar
   — über mehr als die Hälfte der Stimmrechte verfügt oder
   — mehr als die Hälfte der Mitglieder des Leitungs- oder Verwaltungsorgans oder der zur gesetzlichen Vertretung berufenen Organe bestellen kann oder
   — das Recht hat, die Geschäfte des Unternehmens zu führen;

b) Unternehmen, die in einem an der Vereinbarung beteiligten Unternehmen unmittelbar oder mittelbar die unter Buchstabe a) bezeichneten Rechte oder Einflußmöglichkeiten haben;

c) Unternehmen, in denen ein unter Buchstabe b) genanntes Unternehmen unmittelbar oder mittelbar die unter Buchstabe a) bezeichneten Rechte oder Einflußmöglichkeiten hat;

d) Unternehmen, in denen eine der Vertragsparteien gemeinsam mit einem oder mehreren der unter den Buchstaben a), b) oder c) genannten Unternehmen oder in denen zwei oder mehr als zwei der zuletzt genannten Unternehmen gemeinsam die in Buchstabe a) bezeichneten Rechte oder Einflußmöglichkeiten haben;

e) Unternehmen, in denen
   — Vertragsparteien oder mit ihnen jeweils verbundene Unternehmen im Sinne der Buchstaben a) bis d) oder
   — eine oder mehrere der Vertragsparteien oder eines oder mehrere der mit ihnen im Sinne der Buchstaben a) bis d)

verbundenen Unternehmen und ein oder mehrere dritte Unternehmen

gemeinsam die unter Buchstabe a) bezeichneten Rechte oder Einflußmöglichkeiten haben.

(3)   Bei der Anwendung von Artikel 3 wird der Marktanteil der in Absatz 2 Buchstabe e) bezeichneten Unternehmen jedem der Unternehmen, das die in Absatz 2 Buchstabe a) bezeichneten Rechte oder Einflußmöglichkeiten hat, zu gleichen Teilen zugerechnet.

Artikel 12

(1)   Die in den Verordnungen (EWG) Nr. 1983/83 (¹), (EWG) Nr. 1984/83 (²) und (EWG) Nr. 4087/88 (³) der Kommission vorgesehenen Freistellungen gelten bis zum 31. Mai 2000 weiter.

(2)   Das in Artikel 81 Absatz 1 des Vertrags geregelte Verbot gilt vom 1. Juni 2000 bis zum 31. Dezember 2001 nicht für Vereinbarungen, die am 31. Mai 2000 bereits in Kraft waren und die die Voraussetzungen für eine Freistellung zwar nach den Verordnungen (EWG) Nr. 1983/83, (EWG) Nr. 1984/83 oder (EWG) Nr. 4087/88, nicht aber nach der vorliegenden Verordnung erfüllen.

Artikel 13

Diese Verordnung tritt am 1. Januar 2000 in Kraft.

Sie ist ab dem 1. Juni 2000 anwendbar mit Ausnahme ihres Artikels 12 Absatz 1, der ab dem 1. Januar 2000 anwendbar ist.

Sie gilt bis zum 31. Mai 2010.

Diese Verordnung ist in allen ihren Teilen verbindlich und gilt unmittelbar in jedem Mitgliedstaat.

Brüssel, den 22. Dezember 1999

Für die Kommission
Mario MONTI
Mitglied der Kommission

(¹) ABl. L 173 vom 30.6.1983, S. 1.
(²) ABl. L 173 vom 30.6.1983, S. 5.
(³) ABl. L 359 vom 28.12.1988, S. 46.

4

Rechtliche Rahmenbedingungen: Europäische Union

4.2 Bekanntmachung über Vereinbarungen von geringer Bedeutung, die den Wettbewerb gemäß Artikel 81 Absatz 1 des Vertrags zur Gründung der Europäischen Gemeinschaft nicht spürbar beeinträchtigen (de minimis)

(Verbindlich ist ausschließlich das in den gedruckten Ausgaben des *Amtblattes der Europäischen Gemeinschaften* veröffentlichte Gemeinschaftsrecht)

22.12.2001 · DE · Amtsblatt der Europäischen Gemeinschaften · C 368/13

Bekanntmachung der Kommission über Vereinbarungen von geringer Bedeutung, die den Wettbewerb gemäß Artikel 81 Absatz 1 des Vertrags zur Gründung der Europäischen Gemeinschaft nicht spürbar beschränken (de minimis) [1]

(2001/C 368/07)

(Text von Bedeutung für den EWR)

I

1. Gemäß Artikel 81 Absatz 1 sind mit dem Gemeinsamen Markt unvereinbar und verboten alle Vereinbarungen zwischen Unternehmen, die den Handel zwischen Mitgliedstaaten zu beeinträchtigen geeignet sind und eine Verhinderung, Einschränkung oder Verfälschung des Wettbewerbs innerhalb des Gemeinsamen Marktes bezwecken oder bewirken. Der Gerichtshof der Europäischen Gemeinschaften hat präzisiert, dass diese Vorschrift nicht eingreift, wenn die Vereinbarung keine spürbaren Auswirkungen auf den innergemeinschaftlichen Handel hat oder keine spürbare Wettbewerbsbeschränkung vorliegt.

2. In der vorliegenden Bekanntmachung quantifiziert die Kommission anhand von Marktanteilsschwellen, wann keine spürbare Wettbewerbsbeschränkung gemäß Artikel 81 EG-Vertrag vorliegt. Diese negative Definition der Spürbarkeit bedeutet nicht, dass Vereinbarungen zwischen Unternehmen, deren Marktanteile über den in dieser Bekanntmachung festgelegten Schwellen liegen, den Wettbewerb spürbar beschränken. Solche Vereinbarungen können trotzdem nur geringfügige Auswirkungen auf den Wettbewerb haben und daher nicht dem Verbot des Artikels 81 Absatz 1 [2] unterliegen.

3. Ferner können Vereinbarungen außerhalb des Anwendungsbereichs des Artikel 81 Absatz 1 liegen, wenn sie nicht geeignet sind, den Handel zwischen Mitgliedstaaten spürbar zu beeinträchtigen. Diese Frage wird von der vorliegenden Bekanntmachung nicht behandelt. Die Bekanntmachung macht somit keine Angaben dazu, wann keine spürbaren Auswirkungen auf den Handel vorliegen. Allerdings ist zu berücksichtigen, dass Vereinbarungen zwischen kleinen und mittleren Unternehmen, wie sie im Anhang zur Empfehlung 96/280/EG der Kommission [3] definiert sind, selten geeignet sind, den Handel zwischen Mitgliedstaaten spürbar zu beeinträchtigen. Als kleine und mittlere Unternehmen anzusehen sind nach der genannten Empfehlung derzeit Unternehmen, die weniger als 250 Mitarbeiter haben und deren Jahresumsatz 40 Mio. EUR oder deren Bilanzsumme 27 Mio. EUR nicht übersteigt.

4. In Fällen, die in den Anwendungsbereich dieser Bekanntmachung fallen, wird die Kommission weder auf Antrag noch von Amts wegen ein Verfahren eröffnen. Gehen Unternehmen gutgläubig davon aus, dass eine Vereinbarung in den Anwendungsbereich der Bekanntmachung fällt, wird die Kommission keine Geldbußen verhängen. Die Bekanntmachung soll auch den Gerichten und Behörden der Mitgliedstaaten bei der Anwendung von Artikel 81 als Leitfaden dienen, auch wenn sie für diese nicht verbindlich ist.

5. Die Bekanntmachung gilt auch für Beschlüsse von Unternehmensvereinigungen und aufeinander abgestimmte Verhaltensweisen.

6. Die Bekanntmachung greift der Auslegung von Artikel 81 durch den Gerichtshof und das Gericht erster Instanz der Europäischen Gemeinschaften nicht vor.

II

7. Die Kommission ist der Auffassung, dass Vereinbarungen zwischen Unternehmen, die den Handel zwischen Mitgliedstaaten beeinträchtigen, den Wettbewerb im Sinne des Artikels 81 Absatz 1 nicht spürbar beschränken,

   a) wenn der von den an der Vereinbarung beteiligten Unternehmen insgesamt gehaltene Marktanteil auf keinem der von der Vereinbarung betroffenen relevanten Märkte 10 % überschreitet in Fällen, wo die Vereinbarung zwischen Unternehmen geschlossen wird, die tatsächliche oder potenzielle Wettbewerber auf einem dieser Märkte sind (Vereinbarung zwischen Wettbewerbern) [4], oder

   b) wenn der von jedem der beteiligten Unternehmen gehaltene Marktanteil auf keinem der von der Vereinbarung betroffenen relevanten Märkte 15 % überschreitet in Fällen, wo die Vereinbarung zwischen Unternehmen geschlossen wird, die keine tatsächlichen oder potenziellen Wettbewerber auf diesen Märkten sind (Vereinbarung zwischen Nichtwettbewerbern).

   Treten Schwierigkeiten bei der Einstufung einer Vereinbarung als Vereinbarung zwischen Wettbewerbern oder als Vereinbarung zwischen Nichtwettbewerbern auf, so gilt die 10 %-Schwelle.

---

[1] Diese Bekanntmachung ersetzt die Bekanntmachung über Vereinbarungen von geringer Bedeutung, die im ABl. C 372 vom 9.12.1997 veröffentlicht wurde.

[2] Siehe z. B. Urteil des Gerichtshofs in den verbundenen Rechtssachen C-215/96 und C-216/96: Bagnasco (Carlos) geg. Banca Popolare di Novara und Casa di Risparmio di Genova e Imperia (1999), Slg. I-135, Rdnrn. 34-35. Diese Bekanntmachung lässt die Grundsätze für die Bewertung gemäß Artikel 81 Absatz 1 unberührt, die dargelegt sind in der Bekanntmachung der Kommission „Leitlinien zur Anwendbarkeit von Artikel 81 EGV auf Vereinbarungen über horizontale Zusammenarbeit", ABl. C 3 vom 6.1.2001, S. 2, insbesondere Ziffern 17-31, sowie in der Bekanntmachung der Kommission „Leitlinien für vertikale Beschränkungen", ABl. C 291 vom 13.10.2000, S. 1, insbesondere Ziffern 5—20.

[3] ABl. L 107 vom 30.4.1996, S. 4. Diese Empfehlung wird angepasst werden. Es ist beabsichtigt, den Schwellenwert für den Jahresumsatz von 40 Mio. EUR auf 50 Mio. EUR und den Schwellenwert für die Bilanzsumme von 27 Mio. EUR auf 43 Mio. EUR anzuheben.

[4] Zum Begriff des tatsächlichen oder potenziellen Wettbewerbers siehe die Leitlinien der Kommission zur Anwendbarkeit von Artikel 81 EG-Vertrag auf Vereinbarungen über horizontale Zusammenarbeit, ABl. C 3 vom 6.1.2001, Ziffer 9. Ein Unternehmen wird als tatsächlicher Wettbewerber angesehen, wenn es entweder auf demselben relevanten Markt tätig ist oder wenn es auch ohne Vereinbarung in der Lage wäre, in Erwiderung auf eine geringe aber dauerhafte Erhöhung der relativen Preise seine Produktion auf die relevanten Produkte umzustellen und sie kurzfristig auf den Markt zu bringen, ohne spürbare zusätzliche Kosten oder Risiken zu gewärtigen (sofortige Substituierbarkeit auf der Angebotsseite). Ein Unternehmen wird als potenzieller Wettbewerber angesehen, wenn es Anhaltspunkte dafür gibt, dass es ohne die Vereinbarung die notwendigen zusätzlichen Investitionen und andere erforderliche Umstellungskosten auf sich nehmen könnte und wahrscheinlich auch würde, um als Reaktion auf eine geringfügige, aber dauerhafte Heraufsetzung der relativen Preise gegebenenfalls in den Markt einzutreten.

8. Wird in einem relevanten Markt der Wettbewerb durch die kumulative Wirkung von Vereinbarungen beschränkt, die verschiedene Lieferanten oder Händler für den Verkauf von Waren oder Dienstleistungen geschlossen haben (kumulativer Marktabschottungseffekt durch nebeneinander bestehende Netze von Vereinbarungen, die ähnliche Wirkungen auf dem Markt haben), so werden die in Ziffer 7 genannten Marktanteilsschwellen auf 5 % herabgesetzt, sowohl für Vereinbarungen zwischen Wettbewerbern als auch für Vereinbarungen zwischen Nichtwettbewerbern. Bei einzelnen Lieferanten oder Händlern mit einem Marktanteil, der 5 % nicht überschreitet, ist in der Regel nicht davon auszugehen, dass sie wesentlich zu dem kumulativen Abschottungseffekt beitragen [1]. Es ist unwahrscheinlich, dass ein kumulativer Abschottungseffekt vorliegt, wenn weniger als 30 % des relevanten Marktes von nebeneinander bestehenden (Netzen von) Vereinbarungen, die ähnliche Wirkungen auf dem Markt haben, abgedeckt werden.

9. Die Kommission ist weiter der Auffassung, dass Vereinbarungen auch dann nicht wettbewerbsbeschränkend sind, wenn die Marktanteile in den Ziffern 7 und 8 angegebenen Schwellenwerte von 10 %, 15 % oder 5 % während zwei aufeinander folgender Kalenderjahre um höchstens 2 Prozentpunkte überschreiten.

10. Zur Berechnung des Marktanteils muss der relevante Markt bestimmt werden, und zwar sowohl der relevante Produktmarkt als auch der räumlich relevante Markt. Bei der Definition dieses Marktes sollte auf die Bekanntmachung der Kommission über die Definition des relevanten Marktes im Sinne des Wettbewerbsrechts der Gemeinschaft zurückgegriffen werden [2]. Bei der Marktanteilsberechnung sollte grundsätzlich der Absatzwert, oder, es sei darauf ankommt, der Wert der auf dem Markt getätigten Käufe zugrunde gelegt werden. Sind keine Wertangaben vorhanden, dürfen auch begründete Schätzungen vorgenommen werden, die auf anderen verlässlichen Marktdaten, einschließlich Mengenangaben, beruhen.

11. Die Ziffern 7, 8 und 9 gelten nicht für Vereinbarungen, die eine der nachstehenden schwerwiegenden Beschränkungen (Kernbeschränkungen) enthalten:

1. bei Vereinbarungen zwischen Wettbewerbern, wie sie in Ziffer 7 definiert sind, Beschränkungen, die unmittelbar oder mittelbar, für sich allein oder in Verbindung mit anderen Umständen unter der Kontrolle der Vertragsparteien Folgendes bezwecken [3]:

   a) die Festsetzung der Preise beim Verkauf von Erzeugnissen an Dritte;

   b) die Beschränkung der Produktion oder des Absatzes;

   c) die Aufteilung von Märkten oder Kunden;

2. bei Vereinbarungen zwischen Nichtwettbewerbern wie sie in Ziffer 7 definiert sind, Beschränkungen, die unmittelbar oder mittelbar, für sich allein oder in Verbindung mit anderen Umständen unter der Kontrolle der Vertragsparteien Folgendes bezwecken:

   a) die Beschränkung der Möglichkeiten des Käufers, seinen Verkaufspreis selbst festzusetzen; dies gilt unbeschadet der Möglichkeit des Lieferanten, Höchstverkaufspreise festzusetzen oder Preisempfehlungen auszusprechen, sofern sich diese nicht infolge der Ausübung von Druck oder der Gewährung von Anreizen durch eine der Vertragsparteien tatsächlich wie Fest- oder Mindestverkaufspreise auswirken;

   b) Beschränkungen des Gebiets oder des Kundenkreises, in das oder an den der Käufer die Vertragswaren oder -dienstleistungen verkaufen darf, mit Ausnahme der nachstehenden Beschränkungen, die keine Kernbeschränkungen sind:

   — Beschränkungen des aktiven Verkaufs in Gebiete oder an Gruppen von Kunden, die der Lieferant sich selbst vorbehalten oder ausschließlich einem anderen Käufer zugewiesen hat, sofern dadurch Verkäufe seitens der Kunden des Käufers nicht begrenzt werden;

   — Beschränkungen des Verkaufs an Endbenutzer durch Käufer, die auf der Großhandelsstufe tätig sind;

   — Beschränkungen des Verkaufs an nicht zugelassene Händler, die Mitgliedern eines selektiven Vertriebssystems auferlegt werden;

   — Beschränkungen der Möglichkeiten des Käufers, Bestandteile, die zwecks Einfügung in andere Erzeugnisse geliefert werden, an Kunden zu verkaufen, welche diese Bestandteile für die Herstellung derselben Art von Erzeugnissen verwenden würden, wie sie der Lieferant herstellt;

   c) Beschränkungen des aktiven oder passiven Verkaufs an Endverbraucher, soweit diese Beschränkungen Mitgliedern eines selektiven Vertriebssystems auferlegt werden, welche auf der Einzelhandelsstufe tätig sind; dies gilt unbeschadet der Möglichkeit, Mitgliedern des Systems zu verbieten, Geschäfte von nicht zugelassenen Niederlassungen aus zu betreiben;

   d) die Beschränkung von Querlieferungen zwischen Händlern innerhalb eines selektiven Vertriebssystems, auch wenn diese auf unterschiedlichen Handelsstufen tätig sind;

---

[1] Siehe auch die Leitlinien der Kommission für vertikale Beschränkungen, ABl. C 291 vom 13.10.2000, insbesondere die Ziffern 73, 142, 143 und 189. Während in den Leitlinien für vertikale Beschränkungen bei bestimmten Beschränkungen nicht nur auf den gesamten, sondern auch auf den gebundenen Marktanteil eines bestimmten Lieferanten oder Käufers abgestellt wird, beziehen sich alle Marktanteilsschwellen in der vorliegenden Bekanntmachung auf den gesamten Marktanteil.

[2] ABl. C 372 vom 19.12.1997, S. 5.

[3] Dies lässt Fälle einer gemeinsamen Produktion mit oder ohne gemeinsamen Vertrieb unberührt, wie sie in Artikel 5 Absatz 2 der Verordnung (EG) Nr. 2658/2000 der Kommission und Artikel 5 Absatz 2 der Verordnung (EG) Nr. 2659/2000 der Kommission, ABl. L 304 vom 5.12.2000, S. 3 bzw. 7, definiert sind.

e) Beschränkungen, die zwischen dem Lieferanten und dem Käufer von Bestandteilen, welche dieser in andere Erzeugnisse einfügt, vereinbart werden und die den Lieferanten hindern, diese Bestandteile als Ersatzteile an Endverbraucher oder an Reparaturwerkstätten oder andere Dienstleistungserbringer zu verkaufen, die der Käufer nicht mit der Reparatur oder Wartung seiner eigenen Erzeugnisse betraut hat;

3. bei Vereinbarungen zwischen Wettbewerbern wie sie in Ziffer 7 definiert sind, wenn die Wettbewerber zwecks Durchführung der Vereinbarung auf unterschiedlichen Produktions- oder Vertriebsstufen tätig sind, jede der in den Absätzen 1 und 2 genannten Kernbeschränkungen.

12. 1. Die Begriffe des „Unternehmens", „beteiligten Unternehmens", des „Händlers", des „Lieferanten" und des „Käufers" im Sinne dieser Bekanntmachung schließen die mit diesen jeweils verbundenen Unternehmen ein.

2. Verbundene Unternehmen sind:

a) Unternehmen, in denen ein an der Vereinbarung beteiligtes Unternehmen unmittelbar oder mittelbar

— über mehr als die Hälfte der Stimmrechte verfügt oder

— mehr als die Hälfte der Mitglieder des Leitungs- oder Verwaltungsorgans oder der zur gesetzlichen Vertretung berufenen Organe bestellen kann oder

— das Recht hat, die Geschäfte des Unternehmens zu führen;

b) Unternehmen, die in einem an der Vereinbarung beteiligten Unternehmen unmittelbar oder mittelbar die unter Buchstabe a) bezeichneten Rechte oder Einflussmöglichkeiten haben;

c) Unternehmen, in denen ein unter Buchstabe b) genanntes Unternehmen unmittelbar oder mittelbar die unter Buchstabe a) bezeichneten Rechte oder Einflussmöglichkeiten hat;

d) Unternehmen, in denen eine der Vertragsparteien gemeinsam mit einem oder mehreren der unter den Buchstaben a), b) oder c) genannten Unternehmen oder in denen zwei oder mehr als zwei der zuletzt genannten Unternehmen gemeinsam die in Buchstabe a) bezeichneten Rechte oder Einflussmöglichkeiten haben;

e) Unternehmen, in denen

— Vertragsparteien oder mit ihnen jeweils verbundene Unternehmen im Sinne der Buchstaben a) bis d) oder

— eine oder mehrere der Vertragsparteien oder eines oder mehrere der mit ihnen im Sinne der Buchstaben a) bis d) verbundenen Unternehmen und ein oder mehrere dritte Unternehmen.

gemeinsam die unter Buchstabe a) bezeichneten Rechte oder Einflussmöglichkeiten haben.

3. Bei der Anwendung von Absatz 2 Buchstabe e) wird der Marktanteil des Unternehmens, an dem die gemeinsamen Rechte oder Einflussmöglichkeiten bestehen, jedem der Unternehmen, das die in Absatz 2 Buchstabe a) bezeichneten Rechte oder Einflussmöglichkeiten hat, zu gleichen Teilen zugerechnet.

4.3 Verordnung (EWG) Nr. 4087/88 der Kommission vom 30. 11. 1988 über die Anwendung von Artikel 85 Absatz 3 des Vertrags auf Gruppen von Franchisevereinbarungen[1]

Die Kommission der Europäischen Gemeinschaften –

gestützt auf den Vertrag zur Gründung der Europäischen Wirtschaftsgemeinschaft,

gestützt auf die Verordnung Nr. 19/65/EWG des Rates vom 2. März 1965 über die Anwendung von Artikel 85 Absatz 3 des Vertrags auf Gruppen von Vereinbarungen und aufeinander abgestimmten Verhaltensweisen (ABl. Nr. 36 vom 06. März 1965, S. 533/65), zuletzt geändert durch die Akte über den Beitritt Spaniens und Portugals, insbesondere auf Artikel 1,

nach Veröffentlichung des Verordnungsentwurfs (ABl. Nr. C 229 vom 27. August 1987, S. 3),

nach Anhörung des Beratenden Ausschusses für Kartell- und Monopolfragen,

in Erwägung nachstehender Gründe:

(1) Die Kommission ist nach Verordnung Nr. 19/65/EWG ermächtigt, durch Verordnung Artikel 85 Absatz 3 des Vertrags auf bestimmte, unter Artikel 85 Absatz 1 fallende Gruppen von Vereinbarungen anzuwenden, an denen nur zwei Unternehmen beteiligt sind und die entweder den Alleinvertrieb oder den Alleinbezug von Waren zum Gegenstand haben oder Beschränkungen enthalten, die im Zusammenhang mit dem Erwerb oder der Nutzung von gewerblichen Schutzrechten auferlegt sind.

(2) Franchisevereinbarungen umfassen im wesentlichen die Erteilung von Lizenzen für die Nutzung von Rechten an gewerblichem oder geistigem Eigentum wie Warenzeichen, sonstigen der Unterscheidung dienenden Zeichen oder Knowhow; derartige Lizenzen können mit Liefer- oder Bezugspflichten für Waren verbunden sein.

(3) Entsprechend ihrem jeweiligen Gegenstand sind verschiedene Arten von Franchisen voneinander zu unterscheiden. Industrielle Franchisen beziehen sich auf die Herstellung von Erzeugnissen, Vertriebsfranchisen auf den Warenvertrieb und Dienstleistungsfranchisen auf die Erbringung von Dienstleistungen.

(4) Aufgrund der Erfahrungen der Kommission lässt sich eine Gruppe von Franchisevereinbarungen bestimmen, die unter Artikel 85 Absatz 1 fallen, aber für welche die Voraussetzungen des Artikels 85 Absatz 3 regelmäßig als erfüllt angesehen werden können. Dies trifft auf Franchisevereinbarungen zu, in denen es einer der Vertragspartner übernimmt, an Endverbraucher Waren zu liefern oder Dienstleistungen zu erbringen. Vereinbarungen über die Vergabe industrieller

---

[1] Auszug aus dem *Amtsblatt der Europäischen Gemeinschaft* – Wiedergabe mit Genehmigung des Herausgebers, dem Amt für amtliche Veröffentlichungen der Europäischen Gemeinschaft, 2 rue Mercier, L-2985 Luxembourg. (ABl. L 359/46 vom 28. 12. 1988)

Franchisen können dagegen nicht in diese Verordnung einbezogen werden. Derartige Vereinbarungen regeln gewöhnlich die Beziehungen zwischen Herstellern und weisen deshalb andere Merkmale als die übrigen Arten von Franchisen auf. Sie umfassen die Erteilung von Herstellungslizenzen aufgrund von Patenten und/oder Know-how sowie damit verbunden die Erteilung von Warenzeichenlizenzen. Einigen unter ihnen kommt der Rechtsvorteil andererGruppenfreistellungen zugute, falls sie die Bedingungen der jeweiligen Verordnung erfüllen.

(5) Diese Verordnung muss für Franchisevereinbarungen gelten, die zwischen zwei Unternehmen, dem Franchisegeber und dem Franchisenehmer geschlossen werden und den Einzelhandelsverkauf von Waren oder die Erbringung von Dienstleistungen an Endverbraucher oder aber eine Verbindung dieser Tätigkeiten wie etwa die Bearbeitung von Erzeugnissen oder deren Anpassung an die besonderen Bedürfnisse der Kunden zum Gegenstand haben. Sie muss auch dann gelten, wenn die Beziehungen zwischen Franchisegeber und Franchisenehmer durch ein drittes Unternehmen, den Hauptfranchisenehmer, begründet werden. Auf Großhandelsfranchisen kann die Verordnung keine Anwendung finden, weil die Kommission insoweit noch nicht über ausreichende Erfahrungen verfügt.

(6) Franchisevereinbarungen im Sinne dieser Verordnung können unter Artikel 85 Absatz 1 fallen. Sie sind insbesondere dann geeignet, den innergemeinschaftlichen Handel zu beeinträchtigen, wenn sie zwischen Unternehmen aus verschiedenen Mitgliedsstaaten geschlossen werden oder wenn sie die Grundlage eines über die Grenzen eines einzigen Mitgliedstaats hinausreichenden Franchisenetzes bilden.

(7) Franchisevereinbarungen im Sinne dieser Verordnung verbessern in der Regel den Warenabsatz und/oder die Erbringung von Dienstleistungen. Sie ermöglichen es Franchisegebern, mit begrenzten finanziellen Vorleistungen ein einheitliches Franchisenetz aufzubauen. Dadurch wird der Marktzutritt neuer Anbieter, insbesondere kleiner und mittlerer Unternehmen, erleichtert und der Wettbewerb zwischen Erzeugnissen verschiedener Hersteller verstärkt. Derartige Vereinbarungen erlauben es außerdem unabhängigen Händlern, neue Geschäfte schneller zu eröffnen und mit einer größeren Aussicht auf Erfolg zu betreiben als ohne die Erfahrungen des Franchisegebers und dessen Unterstützung. Diese Händler können daher den großen Handelsunternehmen einen wirksamen Wettbewerb liefern.

(8) Franchisevereinbarungen gewährleisten im allgemeinen auch den Benutzern und anderen Endverbrauchern einen angemessenen Anteil an dem entstehenden Gewinn, weil sie die Vorteile eines einheitlichen Franchisenetzes und des Einsatzes von Händlern, die persönlich an der Leistungsfähigkeit ihres Betriebes interessiert sind, miteinander verbinden. Der einheitliche Charakter des Franchisenetzes und die ständige Zusammenarbeit zwischen dem Franchisegeber und den Franchisenehmern sichert die gleichbleibende Qualität der Waren und Dienstleistun-

gen. Die günstigen Auswirkungen von Franchisen auf den Herstellerwettbewerb und die Freiheit der Verbraucher, sich an jedweden dem Netz angeschlossenen Franchisenehmer zu wenden, bieten eine ausreichende Gewähr dafür, dass diese Vorteile in angemessenem Umfang an die Verbraucher weitergegeben werden.

(9) Die Verordnung muss die wettbewerbsbeschränkenden Verpflichtungen bestimmen, die in Franchisevereinbarungen enthalten sein dürfen. Letzteres gilt insbesondere für die Franchisenehmern eingeräumte Gebietsausschließlichkeit sowie für das ihnen zugleich auferlegte Verbot der aktiven Kundenwerbung außerhalb ihres Gebiets, denn dadurch werden die Franchisenehmer veranlasst, ihre Absatzbemühungen auf das Vertragsgebiet zu konzentrieren. Entsprechendes gilt für die Gebietsausschließlichkeit, die dem Hauptfranchisenehmer eingeräumt wird und für die ihm auferlegte Verpflichtung, mit Dritten außerhalb seines Gebietes keine Franchisevereinbarungen abzuschließen. Soweit Franchisenehmer Erzeugnisse, die vom Franchisegeber oder nach seinen Anweisungen hergestellt und/oder mit seinem Warenzeichen versehen sind, verkaufen oder bei der Erbringung von Dienstleistungen benutzen, können sie verpflichtet werden, keine mit diesen in Wettbewerb stehenden Erzeugnisse zu verkaufen oder bei der Erbringung von Dienstleistungen zu benutzen, denn nur so lässt sich ein einheitliches Franchisenetz errichten, das mit den Erzeugnissen des Franchisegebers identifiziert wird. Eine solche Verpflichtung kann jedoch nur hingenommen werden, wenn sie auf Erzeugnisse beschränkt bleibt, die den Hauptgegenstand der Franchise bilden; sie darf sich insbesondere nicht auf Zubehör oder Ersatzteile für diese Erzeugnisse beziehen.

(10) Durch die erwähnten Verpflichtungen werden den Beteiligten somit keine Beschränkungen auferlegt, die für die Verwirklichung dieser Ziele nicht unerlässlich sind. Insbesondere ist ein begrenzter Gebietsschutz für die Franchisenehmer unerlässlich, um sie gegen den Verlust ihrer finanziellen Aufwendungen abzusichern.

(11) Es ist zweckmäßig, in der Verordnung eine Reihe von Verpflichtungen zu bezeichnen, die in der Regel nicht wettbewerbsbeschränkend sind, um ihnen den Rechtsvorteil der Gruppenfreistellung zukommen zu lassen, falls sie aufgrund besonderer wirtschaftlicher oder rechtlicher Umstände von Artikel 85 Absatz 1 erfasst werden. Die nicht abschließende Liste derartiger Klauseln enthält insbesondere solche Verpflichtungen, die notwendig sind, um den einheitlichen Charakter des Franchisenetzes und dessen Ansehen zu bewahren oder um zu verhindern, dass das vom Franchisegeber zur Verfügung gestellte Know-how und die von ihm geleistete Unterstützung seinen Wettbewerbern zugute kommt.

(12) Die Verordnung muss die Bedingungen bestimmen, die für die Anwendung der Gruppenfreistellung erfüllt sein müssen. Damit der Wettbewerb nicht für einen wesentlichen Teil der den Gegenstand der Franchise bildenden Waren ausgeschaltet werden kann, müssen Paralleleinfuhren möglich bleiben. Damit ist

sicherzustellen, dass Querlieferungen zwischen Franchisenehmern jederzeit vorgenommen werden können. Falls neben dem Franchisenetz ein anderes Vertriebsnetz besteht, müssen die Franchisenehmer die Vertragswaren auch von den zugelassenen Vertriebshändlern beziehen können. Um die Verbraucher besser aufzuklären und auf diese Weise dazu beizutragen, dass sie an dem entstehenden Gewinn angemessen beteiligt werden, ist vorzusehen, dass der Franchisenehmer seine Rechtsstellung als unabhängiges Unternehmen in einer geeigneten Weise, welche die Einheitlichkeit des Franchisenetzes nicht beeinträchtigt, bekanntzugeben hat. Sofern der Franchisenehmer für Erzeugnisse des Franchisegebers Garantieleistungen zu erbringen hat, muss diese Verpflichtung auch dann gelten, wenn die betreffenden Erzeugnisse vom Franchisegeber, von anderen Franchisenehmern oder von sonstigen zugelassenen Händlern geliefert wurden.

(13) Die Verordnung muss außerdem angeben, welche Beschränkungen nicht in den Franchisevereinbarungen einhalten sein dürfen, damit diesen der Rechtsvorteil der Gruppenfreistellung zukommt, weil sie unter das Verbot des Artikels 85 Absatz 1 fallen und keine allgemeine Vermutung dafür besteht, dass sie die von Artikel 85 Absatz 3 geforderten günstigen Wirkungen haben. Letzteres gilt insbesondere für Marktaufteilungen zwischen konkurrierenden Herstellern, für Klauseln, welche die Freiheit des Franchisenehmers zur Wahl seiner Lieferanten oder Kunden übermäßig einschränken sowie für Fälle, in denen der Franchisenehmer in seiner Preisgestaltungsfreiheit beschränkt wird. Es steht dem Franchisegeber jedoch frei, Preise zu empfehlen, soweit dies nach innerstaatlichem Recht zulässig ist und nicht zu aufeinander abgestimmten Verhaltensweisen zwecks tatsächlicher Anwendung dieser Preise führt.

(14) Auf diejenigen Vereinbarungen, welche nicht ohne weiteres unter die Freistellung fallen, weil sie Klauseln enthalten, die in der Verordnung nicht ausdrücklich zugelassen werden, ohne jedoch Wettbewerbsbeschränkungen vorzusehen, die ausdrücklich ausgeschlossen sind, kann gleichwohl die allgemeine Vermutung der Vereinbarkeit mit Artikel 85 Absatz 3 zutreffen, auf die sich die Gruppenfreistellung stützt. Die Kommission kann schnell feststellen, ab dies der Fall ist. Eine solche Vereinbarung kann deshalb als durch die in dieser Verordnung vorgesehene Freistellung erfasst betrachtet werden, falls sie bei der Kommission angemeldet wird und diese der Freistellung innerhalb eines bestimmten Zeitraums nicht widerspricht.

(15) Sollten im Einzelfall Vereinbarungen, die unter diese Verordnung fallen, gleichwohl Wirkungen haben, die mit Artikel 85 Absatz 3, insbesondere in seiner Auslegung durch die Verwaltungspraxis der Kommission und die Rechtsprechung des Gerichtshofes, unvereinbar sind, so kann die Kommission den beteiligten Unternehmen den Rechtsvorteil der Gruppenfreistellung entziehen. Dies gilt vor allem dann, wenn der Wettbewerb wegen der Struktur des betroffenen Marktes in erheblichem Maße eingeschränkt ist.

(16) Vereinbarungen, die nach dieser Verordnung ohne weiters freigestellt sind, brauchen nicht angemeldet zu werden. Es bleibt dem Unternehmen jedoch unbenommen, im Einzelfall eine Entscheidung nach der Verordnung Nr. 17 des Rates (ABl. Nr. 13 vom 21. Februar 1962, S. 204/62), zuletzt geändert durch die Akte über den Beitritt Spaniens und Portugals, zu verlangen.

(17) Vereinbarungen können entsprechend ihrer Eigenart in den Genuß entweder dieser oder einer anderen Verordnung gelangen, sofern sie die für deren Anwendung jeweils erforderlichen Voraussetzungen erfüllen. Aus einer Verbindung von Vorschriften verschiedener Gruppenfreistellungsverordnungen wächst ihnen dagegen kein Rechtsvorteil zu.

Hat folgende Verordnung erlassen:

Artikel 1

(1) Artikel 85 Absatz 1 des Vertrages wird gemäß Artikel 85 Absatz 3 unter den in dieser Verordnung genannten Voraussetzungen auf Franchisevereinbarungen für nicht anwendbar erklärt, an denen nicht mehr als zwei Unternehmen beteiligt sind und die eine oder mehrere der in Artikel 2 bezeichneten Beschränkungen enthalten.

(2) Die Freistellung nach Absatz 1 gilt auch für Hauptfranchisevereinbarungen, an denen nicht mehr als zwei Unternehmen beteiligt sind. Die Vorschriften dieser Verordnung über das Verhältnis zwischen dem Franchisegeber und dem Franchisenehmer finden, soweit dies möglich ist, auf das Verhältnis zwischen dem Franchisegeber und dem Hauptfranchisenehmer sowie das Verhältnis zwischen dem Hauptfranchisenehmer und dem Franchisenehmer entsprechende Anwendung.

(3) Für die Anwendung dieser Verordnungen gelten folgende Begriffsbestimmungen:

a) »**Franchise**« ist eine Gesamtheit von Rechten an gewerblichem oder geistigem Eigentum wie Warenzeichen, Handelsnamen, Ladenschilder, Gebrauchsmuster, Geschmacksmuster, Urheberrechte, Know-how oder Patente, die zum Zwecke des Weiterverkaufs von Waren oder der Erbringung von Dienstleistungen an Endverbraucher genutzt wird.

b) »**Franchisevereinbarungen**« sind Vereinbarungen, in denen ein Unternehmen, der Franchisegeber, es einem anderen Unternehmen, dem Franchisenehmer, gegen unmittelbare oder mittelbare finanzielle Vergütung gestattet, eine Franchise zum Zwecke der Vermarktung bestimmter Waren und/oder Dienstleistungen zu nutzen. Sie müssen den folgenden Gegenstand enthalten:

   – Die Benutzung eines gemeinsamen Namens oder Zeichens sowie die einheitliche Aufmachung der vertraglich bezeichneten Geschäftslokale und/oder Transportmittel;

- die Mitteilung von Know-how durch den Franchisegeber an den Franchisenehmer;
- eine fortlaufende kommerzielle oder technische Unterstützung des Franchisenehmers durch den Franchisegeber während der Laufzeit der Vereinbarung.

c) »**Hauptfranchisevereinbarungen**« sind Vereinbarungen, in denen ein Unternehmen, der Franchisegeber, es einem anderen Unternehmen, dem Hauptfranchisenehmer, gegen unmittelbare oder mittelbare finanzielle Vergütung gestattet, eine Franchise zum Zwecke des Abschlusses von Franchisevereinbarungen mit dritten Unternehmen, den Franchisenehmern, zu nutzen.

d) »**Waren des Franchisegebers**« sind Erzeugnisse, die vom Franchisegeber oder nach dessen Anweisungen hergestellt und/oder mit dessen Namen oder Warenzeichen gekennzeichnet sind.

e) »**Vertraglich bezeichnete Geschäftslokale**« sind die für die Nutzung der Franchise bestimmten Räumlichkeiten oder, wenn die Franchise außerhalb eines solchen Geschäftslokals genutzt wird, der Standort, von dem aus der Franchisenehmer die für die Nutzung der Franchise bestimmten Transportmittel (»vertraglich bezeichnete Transportmittel«) einsetzt.

f) »**Know-how**« ist eine Gesamtheit von nichtpatentierten praktischen Kenntnissen, die auf Erfahrungen des Franchisegebers sowie Erprobungen durch diesen beruhen und die geheim, wesentlich und identifiziert sind.

g) »**Geheim**« bedeutet, dass das Know-how in seiner Substanz, seiner Struktur oder der genauen Zusammensetzung seiner Teile nicht allgemein bekannt oder nicht leicht zugänglich ist. Der Begriff ist nicht in dem engen Sinne zu verstehen, dass jeder einzelne Teil des Know-how außerhalb des Geschäfts des Franchisegebers völlig unbekannt oder unerhältlich sein müsste.

h) »**Wesentlich**« bedeutet, dass das Know-how Kenntnisse umfasst, die für den Verkauf von Waren oder die Erbringung von Dienstleistungen an Endverbraucher, insbesondere für die Präsentation der zum Verkauf bestimmten Waren, die Bearbeitung von Erzeugnissen im Zusammenhang mit der Erbringung von Dienstleistungen, die Art und Weise der Kundenbedienung sowie die Führung des Geschäfts in verwaltungsmäßiger und finanzieller Hinsicht wichtig sind. Das Know-how muss für den Franchisenehmer nützlich sein; dies trifft zu, wenn es bei Abschluss der Vereinbarung geeignet ist, die Wettbewerbsstellung des Franchisenehmers insbesondere dadurch zu verbessern, dass es dessen Leistungsfähigkeit steigert und ihm das Eindringen in einen neuen Markt erleichtert.

i) »**Identifiziert**« bedeutet, dass das Know-how ausführlich genug beschrieben sein muss, um prüfen zu können, ob es die Merkmale des Geheimnisses und der Wesentlichkeit erfüllt. Die Beschreibung des Know-how kann entweder in der Franchisevereinbarung oder einem besonderen Schriftstück niedergelegt oder in jeder anderen geeigneten Form vorgenommen werden.

Artikel 2

Die Freistellung nach Artikel 1 gilt für die nachstehend aufgeführten Wettbewerbsbeschränkungen:

a) Die Verpflichtung des Franchisegebers, in einem abgegrenzten Gebiet des Gemeinsamen Marktes, dem Vertragsgebiet,
   – dritten Unternehmen die Nutzung der Franchise weder ganz nach teilweise zu gestatten;
   – die Franchise nicht selbst zu nutzen und Waren oder Dienstleistungen, die Gegenstand der Franchise sind, nicht unter Verwendung einer ähnlichen Methode zu vermarkten;
   – Waren des Franchisegebers nicht selbst an Dritte zu liefern;
b) die Verpflichtung des Hauptfranchisenehmers, mit Dritten außerhalb des Vertragsgebiets keine Franchisevereinbarungen zu schließen;
c) die Verpflichtung des Franchisenehmers, die Franchise nur von dem vertraglich bezeichneten Geschäftslokal aus zu nutzen;
d) die Verpflichtung des Franchisenehmers, außerhalb des Vertragsgebiets für Waren oder Dienstleistungen, die Gegenstand der Franchise sind, keine Kunden zu werben;
e) die Verpflichtung des Franchisenehmers, keine Erzeugnisse herzustellen, zu verkaufen oder bei der Erbringung von Dienstleistungen zu verwenden, die mit Waren des Franchisegebers im Wettbewerb stehen, welche Gegenstand der Franchise sind. Besteht der Gegenstand der Franchise darin, sowohl bestimmte Arten von Erzeugnissen als auch Ersatzteile für diese und Zubehör zu verkaufen oder bei der Erbringung von Dienstleistungen zu verwenden, so darf die Verpflichtung nicht hinsichtlich der Ersatzteile oder des Zubehörs auferlegt werden.

Artikel 3

(1) Der Anwendbarkeit von Artikel 1 stehen folgende, dem Franchisenehmer auferlegte Verpflichtungen nicht entgegen, soweit sie für den Schutz der Rechte des Franchisegebers an gewerblichem oder geistigem Eigentum oder zur Aufrechterhaltung der Einheitlichkeit und des Ansehens des Franchisenetzes erforderlich sind:

a) ausschließlich Erzeugnisse zu verkaufen oder bei der Erbringung von Dienstleistungen zu verwenden, die eine vom Franchisegeber festgelegte Mindestqualität erreichen;
b) nur solche Erzeugnisse zu verkaufen oder bei der Erbringung von Dienstleistungen zu verwenden, die vom Franchisegeber selbst oder einem von ihm benannten dritten Unternehmen hergestellt worden sind, falls es wegen der Art der Erzeugnisse, die Gegenstand der Franchise sind, praktisch unmöglich ist, objektive Qualitätskriterien anzuwenden;

c) in Gebieten, in denen er mit Unternehmen des Franchisenetzes einschließlich des Franchisegebers in Wettbewerb treten würde, die Franchise weder mittelbar noch unmittelbar in einem ähnlichen Geschäft zu nutzen. Diese Verpflichtung kann dem Franchisenehmer hinsichtlich des Gebietes, in welchem er die Franchise genutzt hat, auch noch für eine angemessenen Zeitraum nach Beendigung der Vereinbarung auferlegt werden, der ein Jahr nicht überschreiten darf;

d) keine Anteile am Kapital eines konkurrierenden Unternehmens zu erwerben, die es dem Franchisenehmer ermöglichen würden, einen wesentlichen Einfluss auf das geschäftliche Verhalten des Unternehmens auszuüben;

e) Waren, die Gegenstand der Franchise sind, nur an Endverbraucher, an andere Franchisenehmer und an Wiederverkäufer abzusetzen, die in andere, vom Hersteller dieser Waren oder mit dessen Zustimmung belieferte Vertriebswege eingegliedert sind;

f) sich nach besten Kräften um den Absatz der Waren oder die Erbringung der Dienstleistungen zu bemühen, die Gegenstand der Franchise sind, ein Mindestsortiment von Waren zum Verkauf anzubieten, einen Mindestumsatz zu erzielen, Bestellungen im voraus zu planen, ein Mindestlager zu unterhalten sowie Kundendienst und Garantieleistungen zu gewähren;

g) dem Franchisegeber einen bestimmten Teil seines Einkommens für Werbezwecke zu überweisen und eigene Werbemaßnahmen durchzuführen, wobei er die Zustimmung des Franchisegebers zu der Art der Werbung einholen muss.

(2) Der Anwendbarkeit von Artikel 1 stehen folgende, dem Franchisenehmer auferlegte Verpflichtungen nicht entgegen:

a) das von dem Franchisegeber mitgeteilte Know-how nicht an Dritte weiterzugeben; diese Verpflichtung kann dem Franchisenehmer auch für die Zeit nach Beendigung der Vereinbarung auferlegt werden;

b) dem Franchisegeber alle bei der Nutzung der Franchise gewonnenen Erfahrungen mitzuteilen, und ihm sowie den anderen Franchisenehmern die nichtausschließliche Nutzung des auf diesen Erfahrungen beruhenden Know-how zu gestatten;

c) dem Franchisegeber Verletzungen seiner Rechte an gewerblichem oder geistigem Eigentum mitzuteilen, für die er Lizenzen gewährt hat, gegen Verletzer selbst Klage zu erheben oder den Franchisegeber in einem Rechtsstreit gegen Verletzer zu unterstützen;

d) das vom Franchisegeber mitgeteilte Know-how nicht für andere Zwecke als die Nutzung der Franchise zu verwenden; diese Verpflichtung kann dem Franchisenehmer auch für die Zeit nach Beendigung der Vereinbarung auferlegt werden;

e) an den vom Franchisegeber durchgeführten Ausbildungslehrgängen selbst teilzunehmen oder sein Personal daran teilnehmen zu lassen;

f) die vom Franchisegeber entwickelten Geschäftsmethoden mit allen späteren Änderungen anzuwenden und die lizenzierten Rechte an gewerblichem oder geistigem Eigentum zu nutzen;

g) die Anforderungen des Franchisegebers hinsichtlich der Einrichtung und Gestaltung des vertraglich bezeichneten Geschäftslokals und/oder der vertraglich bezeichneten Transportmittel zu erfüllen;

h) dem Franchisegeber zu gestatten, das vertraglich bezeichnete Geschäftslokal und/oder die vertraglich bezeichneten Transportmittel, den Umfang der verkauften Waren und der erbrachten Dienstleistungen sowie das Inventar und die Bücher des Franchisenehmers zu überprüfen;

i) das vertraglich bezeichnete Geschäftslokal nur mit Erlaubnis des Franchisegebers zu verlegen;

j) Rechte und Pflichten aus der Franchisevereinbarung nur mit Erlaubnis des Franchisegebers zu übertragen.

(3) Für den Fall, dass die in Absatz 2 aufgeführten Verpflichtungen aufgrund besonderer Umstände von dem Verbot des Artikels 85 Absatz 1 erfasst werden, sind sie ebenfalls freigestellt, auch wenn sie nicht im Zusammenhang mit den nach Artikel 1 freigestellten Beschränkungen vereinbart werden.

Artikel 4

Die Freistellung nach Artikel 1 gilt unter der Voraussetzung,

a) dass der Franchisenehmer Waren, die Gegenstand der Franchise sind, von anderen Franchisenehmern beziehen kann; werden diese Waren auch über ein anderes vom Franchisegeber errichtetes Netz zugelassener Händler vertrieben, so muss der Franchisenehmer die Möglichkeit haben, sie von diesen Händlern zu beziehen;

b) dass die dem Franchisenehmer vom Franchisegeber auferlegte Verpflichtung, für Erzeugnisse des Franchisegebers Garantieleistungen zu erbringen, auch dann anwendbar ist, wenn diese Erzeugnisse von einem anderen Unternehmen des Franchisenetzes oder von einem anderen Vertriebshändler im Gemeinsamen Markt, den eine ähnliche Garantiepflicht trifft, geliefert worden sind;

c) dass der Franchisenehmer verpflichtet ist, seine Stellung als unabhängiger Händler bekanntzugeben; dies darf jedoch die Einheitlichkeit des Franchisenetzes, die sich insbesondere aus dem gemeinsamen Namen oder Ladenschild und dem einheitlichen Erscheinungsbild der vertraglich bezeichneten Geschäftslokale und/oder Transportmittel ergibt, nicht beeinträchtigen.

Artikel 5

Die Freistellung nach Artikel 1 gilt nicht, wenn

a) Unternehmen, die Waren herstellen oder Dienstleistungen erbringen, welche gleich sind oder aufgrund ihrer Eigenschaften, ihrer Preislage und ihres Verwendungszwecks als gleichartig angesehen werden, im Hinblick auf diese Waren oder Dienstleistungen untereinander Franchisevereinbarungen treffen;

b) der Franchisenehmer daran gehindert wird, Waren zu beziehen, die in ihrer Qualität den vom Franchisegeber angebotenen Waren entsprechen; Artikel 2 Buchstabe e) und Artikel 3 Absatz 1 Buchstabe b) bleiben unberührt;

c) der Franchisegeber verpflichtet ist, Erzeugnisse zu verkaufen oder bei der Erbringung von Dienstleistungen zu verwenden, die von dem Franchisegeber oder einem von ihm benannten dritten Unternehmen hergestellt werden und der Franchisegeber sich aus Gründen, die mit dem Schutz seines gewerblichen oder geistigen Eigentums oder der Aufrechterhaltung der Einheitlichkeit und des Ansehens des Franchisenetzes nichts zu tun haben, weigert, vom Franchisenehmer vorgeschlagene dritte Unternehmen als Hersteller zuzulassen; Artikel 2 Buchstabe e) bleibt unberührt;

d) der Franchisenehmer daran gehindert wird, nach Beendigung der Vereinbarung das mitgeteilte Know-how weiterhin zu verwerten, selbst wenn dieses durch andere Umstände als den Bruch einer Verpflichtung durch den Franchisenehmer allgemein bekannt oder leicht erhältlich geworden ist;

e) der Franchisenehmer von dem Franchisegeber in seiner Freiheit, die Verkaufspreise für Waren oder Dienstleistungen festzulegen, die Gegenstand der Franchise sind, unmittelbar oder mittelbar beschränkt wird; das Recht des Franchisegebers, Verkaufspreise zu empfehlen, bleibt unberührt;

f) der Franchisegeber dem Franchisenehmer verbietet, Rechte an gewerblichem oder geistigem Eigentum anzugreifen, die Gegenstand der Franchise sind; das Recht des Franchisegebers, in einem solchen Fall die Vereinbarung zu beenden, bleibt unberührt;

g) Franchisenehmer verpflichtet sind, Endverbraucher im Gemeinsamen Markt aus Gründen des Wohnsitzes nicht mit Waren oder Dienstleistungen zu beliefern.

Artikel 6

(1) Die Freistellung nach Artikel 1 gilt gleichfalls für Franchisevereinbarungen, welche die Bedingungen des Artikels 4 erfüllen und wettbewerbsbeschränkende Verpflichtungen enthalten, die nicht von den Artikeln 2 und 3 Absatz 3 gedeckt sind, aber auch nicht in den Anwendungsbereich von Artikel 5 fallen, sofern diese Vereinbarungen gemäß der Verordnung Nr. 27 bei der Kommission angemeldet werden und die Kommission innerhalb ein Frist von sechs Monaten keinen Widerspruch gegen die Freistellung erhebt.

(2) Die Sechsmonatsfrist beginnt mit dem Zeitpunkt des Eingangs der Anmeldung bei der Kommission. Bei Anmeldungen, die per Einschreiben versandt werden, beginnt dieser Zeitraum mit dem Datum des Poststempels des Aufgabeortes.

(3) Absatz 1 gilt nur, wenn:

a) in der Anmeldung oder einer beigefügten Mitteilung auf diesen Artikel ausdrücklich Bezug genommen wird und

b) die Angaben in der Anmeldung vollständig sind und den Tatsachen entsprechen.

(4) Die Anwendung von Absatz 1 kann bei der Kommission unter Bezugnahme auf diesen Artikel und auf die Anmeldung auch für Vereinbarungen beantragt werden, die vor Inkrafttreten dieser Verordnung angemeldet worden sind. Die Absätze 2 und 3 Buchstabe b) gelten entsprechend.

(5) Die Kommission kann Widerspruch gegen die Freistellung erheben. Sie erhebt Widerspruch, wenn sie von einem Mitgliedstaat innerhalb von drei Monaten nach Übersendung der in Absatz 1 genannten Anmeldung oder der in Absatz 4 genannten Mitteilung einen entsprechenden Antrag erhält. Der Antrag muss auf Erwägungen zu den Wettbewerbsregeln des Vertrages gestützt sein.

(6) Die Kommission kann den Widerspruch gegen die Freistellung jederzeit zurücknehmen. Ist jedoch der Widerspruch auf Antrag eines Mitgliedstaats erhoben worden und hält dieser seinen Antrag aufrecht, so kann der Widerspruch erst nach Anhörung des Beratenden Ausschusses für Kartell- und Monopolfragen zurückgenommen werden.

(7) Wird der Widerspruch zurückgenommen, nachdem die beteiligten Unternehmen dargelegt haben, dass die Voraussetzungen von Artikel 85 Absatz 3 erfüllt sind, so gilt die Freistellung vom Zeitpunkt der Anmeldung an.

(8) Wird der Widerspruch zurückgenommen, weil die beteiligten Unternehmen die Vereinbarung so geändert haben, dass sie die Voraussetzung von Artikel 85 Absatz 3 erfüllt, gilt die Freistellung von dem Zeitpunkt an, zu dem diese Änderungen wirksam geworden sind.

(9) Erhebt die Kommission Widerspruch und wird dieser nicht zurückgenommen, richten sich die Wirkungen der Anmeldung nach den Vorschriften der Verordnung Nr. 17.

Artikel 7

(1) Die bei der Anwendung des Artikels 6 erlangten Kenntnisse dürfen nur für die Zwecke dieser Verordnung verwendet werden.

(2) Die Kommission und die Behörden, der Mitgliedstaaten sowie ihre Beamten und sonstigen Bediensteten sind verpflichtet, Kenntnisse nicht preiszugeben, die sie bei der Anwendung dieser Verordnung erlangt haben und die ihrem Wesen nach unter das Berufsgeheimnis fallen.

(3) Die Absätze 1 und 2 stehen der Veröffentlichung von Übersichten oder Zusammenfassungen, die keine Angaben über einzelne Unternehmen oder Unternehmensvereinigungen enthalten, nicht entgegen.

Artikel 8

Die Kommission kann gemäß Artikel 7 der Verordnung Nr. 19/65/EWG den Rechtsvorteil der Anwendung dieser Verordnung entziehen, wenn sie in einem Einzelfall feststellt, dass eine nach dieser Verordnung freigestellte Vereinbarung gleichwohl Auswirkungen hat, die mit den in Artikel 85 Absatz 3 des Vertrags genannten Voraussetzungen unvereinbar sind, insbesondere dann, wenn dem Franchisenehmer Gebietsschutz gewährt wird und:

a) der Zugang zu dem betroffenen Markt oder der Wettbewerb auf diesem Markt durch die kumulativen Auswirkungen paralleler Netze gleichartiger Vereinbarungen, die von konkurrierenden Herstellern oder Händlern errichtet werden, in erheblichem Maße eingeschränkt ist;

b) die Waren oder Dienstleistungen, die Gegenstand der Franchise sind, in einem wesentlichen Teil des Gemeinsamen Marktes nicht mit gleichen Waren oder Dienstleistungen oder solchen, die vom Verbraucher aufgrund ihrer Eigenschaften, ihrer Preislage und ihres Verwendungszweckes als gleichartig angesehen werden, in wirksamen Wettbewerb stehen;

c) die Vertragspartner oder einer von ihnen Endverbraucher aufgrund ihres Wohnorts daran hindern, Waren oder Dienstleistungen, die Gegenstand der Franchise sind, unmittelbar oder mit Hilfe von Vermittlern zu beziehen, oder wenn sie die zwischen Mitgliedstaaten bestehenden Unterschiede in der Beschreibung solcher Waren oder Dienstleistungen zur Abschottung von Märkten ausnutzen;

d) Franchisenehmer die Verkaufspreise für Waren oder Dienstleistungen, die Gegenstand der Franchise sind, aufeinander abstimmen;

e) der Franchisegeber sein Recht zur Überprüfung der vertraglich bezeichneten Geschäftslokale und Transportmittel zu Zwecken ausübt oder Anträge des Franchisenehmers auf Zustimmung zur Verlegung des Geschäftslokals oder der Übertragung der Rechte und Pflichten aus der Franchisevereinbarung an Dritte aus Gründen ablehnt, die mit dem Schutz seines gewerblichen oder geistigen Eigentums, der Aufrechterhaltung der Einheitlichkeit und des Ansehens des Franchisenetzes oder der Sicherung der Vertragserfüllung durch den Franchisenehmer nicht zu tun haben.

Artikel 9

Diese Verordnung tritt am 1. Februar 1989 in Kraft.
Sie gilt bis zum 31. Dezember 1999.

Diese Verordnung ist in allen ihren Teilen verbindlich und gilt unmittelbar in jedem Mitgliedstaat.

4.4 Bekanntmachung der Kommission
über die Definition des relevanten Marktes im Sinne des
Wettbewerbsrechts der Gemeinschaft (97/C 372/03)[2]

(Text von Bedeutung für den EWR)

I. EINLEITUNG

1. Mit dieser Bekanntmachung soll erläutert werden, wie die Kommission die Begriffe des sachlich und räumlich relevanten Marktes bei der Durchsetzung des Wettbewerbsrechts der Gemeinschaft, insbesondere bei der Anwendung der Verordnungen Nr. 17 und (EWG) Nr. 4064/89 des Rates sowie deren sektoralen Entsprechungen auf Gebieten wie Verkehr, Kohle und Stahl und Landwirtschaft, aber auch bei den entsprechenden einschlägigen Vorschriften des EWR-Abkommens verwendet (1). Wird im Rahmen dieser Bekanntmachung auf die Artikel 85 und 86 EG-Vertrag und die Fusionskontrollvorschriften Bezug genommen, so ist dies gleichzeitig auch als Bezugnahme auf die entsprechenden Bestimmungen des EWR-Abkommens und des EGKS-Vertrags zu verstehen.

2. Die Definition des Marktes dient der genauen Abgrenzung des Gebietes, auf dem Unternehmen miteinander in Wettbewerb stehen. Damit kann der Rahmen festgelegt werden, innerhalb dessen die Kommission das Wettbewerbsrecht anwendet. Hauptzweck der Marktdefinition ist die systematische Ermittlung der Wettbewerbskräfte, denen sich die beteiligten Unternehmen (2) zu stellen haben. Mit der Abgrenzung eines Marktes in sowohl seiner sachlichen als auch seiner räumlichen Dimension soll ermittelt werden, welche konkurrierenden Unternehmen tatsächlich in der Lage sind, dem Verhalten der beteiligten Unternehmen Schranken zu setzen und sie daran zu hindern, sich einem wirksamen Wettbewerbsdruck zu entziehen. Nach Abgrenzung des Marktes ist es unter anderem möglich, Marktanteile zu berechnen, die aussagekräftige Informationen für die wettbewerbliche Würdigung der Marktposition oder die Anwendung von Artikel 85 darstellen.

(1) Bei der Bewertung staatlicher Beihilfen stehen der Beihilfeempfänger und der betreffende Wirtschaftszweig im Vordergrund und nicht so sehr die Feststellung der Wettbewerbskräfte, denen der Beihilfeempfänger ausgesetzt ist. Ist aber die Beurteilung der Marktmacht und damit des relevanten Marktes in einem bestimmten Fall von Bedeutung, so könnte der in dieser Bekanntmachung entwickelte Ansatz für die Bewertung staatlicher Beihilfen herangezogen werden.

(2) Im Sinne dieser Bekanntmachung gelten als beteiligte Unternehmen: bei einem Zusammenschluss die anmeldenden Parteien, bei Untersuchungen nach Artikel 86 EG-Vertrag das Unternehmen, das Gegenstand der Ermittlungen ist, und

---

2 Auszug aus dem *Amtsblatt der Europäischen Gemeinschaften* – Wiedergabe mit Genehmigung des Herausgebers, dem Amt für amtliche Veröffentlichungen der Europäischen Gemeinschaften, 2 rue Mercier, L-2985 Luxembourg. (ABl. C 372/5 vom 9. 12. 1997)

die Beschwerdeführer, bei Untersuchungen nach Artikel 85 die Parteien der Vereinbarung.

3. Aus Randnummer 2 folgt, dass sich der Begriff des relevanten Marktes von Marktbegriffen unterscheidet, wie sie oft in anderen Zusammenhängen gebraucht werden. So sprechen beispielsweise Unternehmen häufig vom Markt, wenn sie das Gebiet meinen, auf dem sie ihre Produkte verkaufen, oder allgemein die Branche, der sie angehören.

4. Die sachliche und räumliche Abgrenzung des relevanten Marktes ist bei der Würdigung eines Wettbewerbsfalls häufig ausschlaggebend. Indem sie bekanntgibt, wie sie bei der Definition eines Marktes vorgeht, und angibt, welche Kriterien und Nachweise sie ihrer Entscheidung zugrunde legt, möchte die Kommission ihre Politik und Entscheidungspraxis im Wettbewerbsbereich transparenter gestalten.

5. Mehr Transparenz wird auch Unternehmen und ihren Beratern dabei helfen, besser die Fälle vorauszusehen, in denen die Kommission Wettbewerbsbedenken erheben könnte. Dies könnten Unternehmen bei ihren Entscheidungen, beispielsweise über Beteiligungen, die Gründung von Joint-ventures und das Eingehen bestimmter Vereinbarungen berücksichtigen. Außerdem sollen Unternehmen besser Aufschluss darüber erhalten, welche Art von Informationen die Kommission für die Bestimmung des relevanten Marktes für erheblich hält.

6. Die Auslegung, die die Kommission dem Begriff des relevanten Marktes gibt, gilt unbeschadet einer Auslegung durch den Gerichtshof oder das Gericht erster Instanz der Europäischen Gemeinschaften.

II. DEFINITION DES RELEVANTEN MARKTES

Sachlich und räumlich relevanter Markt

7. In den Durchführungsverordnungen zu den Artikeln 85 und 86 EG-Vertrag – insbesondere in Formblatt A/B zur Verordnung Nr. 17 und in Abschnitt V des Formblatts CO zur Verordnung (EWG) Nr. 4064/89 über die Kontrolle von Unternehmenszusammenschlüssen von gemeinschaftsweiter Bedeutung – wurden der sachlich und der räumlich relevante Markt definiert. Unter dem sachlich relevanten Markt ist folgendes zu verstehen:

»Der sachlich relevante Produktmarkt umfasst sämtliche Erzeugnisse und/oder Dienstleistungen, die von den Verbrauchern hinsichtlich ihrer Eigenschaften, Preise und ihres vorgesehenen Verwendungszwecks als austauschbar oder substituierbar angesehen werden.«

8. Der räumlich relevante Markt ist wie folgt definiert:

»Der geographisch relevante Markt umfasst das Gebiet, in dem die beteiligten Unternehmen die relevanten Produkte oder Dienstleistungen anbieten, in dem die Wettbewerbsbedingungen hinreichend homogen sind und das sich von benachbarten Gebieten durch spürbar unterschiedliche Wettbewerbsbedingungen unterscheidet.«

9. Der für die Würdigung einer Wettbewerbsfrage maßgebliche Markt wird somit durch eine Kombination des sachlich und des räumlich relevanten Marktes bestimmt. Die Kommission legt die Definitionen nach den Randnummern 7 und 8 (die die Rechtsprechung des Europäischen Gerichtshofes und des Gerichts erster Instanz sowie ihre eigene Entscheidungspraxis widerspiegeln) gemäß den Orientierungen dieser Bekanntmachung aus.

Der Begriff des relevanten Marktes und die wettbewerbspolitischen Ziele der Gemeinschaft

10. Der Begriff des relevanten Marktes ist eng mit den Zielen verbunden, die die Gemeinschaft mit ihrer Wettbewerbspolitik verfolgt. So hat z. B. bei der gemeinschaftlichen Fusionskontrolle die Überwachung struktureller Veränderungen bei dem Angebot einer Ware oder Dienstleistung das Ziel, die Begründung oder den Ausbau einer beherrschenden Stellung zu verhindern, falls wirksamer Wettbewerb in einem wesentlichen Teil des Gemeinsamen Marktes sonst spürbar behindert würde. Nach den Wettbewerbsvorschriften der Gemeinschaft versetzt eine beherrschende Stellung ein Unternehmen oder eine Gruppe von Unternehmen in die Lage, in erheblichem Maße unabhängig von Wettbewerbern, Kunden und letztlich auch Verbrauchern vorzugehen (3). Auf eine solche Stellung ist in der Regel dann zu schließen, wenn ein Unternehmen oder eine Unternehmensgruppe einen großen Teil des Angebots auf einem gegebenen Markt auf sich vereint, sofern andere für die Bewertung maßgebliche Faktoren (wie Zutrittsschranken, Reaktionsfähigkeit der Kunden usw.) in dieselbe Richtung deuten.

(3) Definition des Gerichtshofes im Urteil vom 13. Februar 1979, Rechtssache 85/76, Hoffmann-La Roche, Slg. 1979, S. 461; in nachfolgenden Urteilen bestätigt.

11. Bei der Anwendung von Artikel 86 EG-Vertrag auf Unternehmen, die einzeln oder gemeinsam eine beherrschende Stellung besitzen, geht die Kommission auf die gleiche Weise vor. Gemäß der Verordnung Nr. 17 ist sie befugt, den Missbrauch einer beherrschenden Stellung zu untersuchen und abzustellen; hierbei ist ebenfalls der relevante Markt zugrunde zu legen. Auch bei der Anwendung von Artikel 85 EG-Vertrag und insbesondere der Entscheidung darüber, ob eine merkliche Beschränkung des Wettbewerbs vorliegt oder die Voraussetzungen für eine Freistellung nach Artikel 85 Absatz 3 Buchstabe b) gegeben sind, müssen die relevanten Märkte definiert werden.

12. Die Kriterien für die Definition des relevanten Marktes werden im allgemeinen bei der Analyse bestimmter Verhaltensweisen auf dem Markt und struktureller Änderungen beim Produktangebot angewandt. Allerdings kann dies zu unterschiedlichen Ergebnissen führen, je nachdem, was für eine Wettbewerbsfrage geprüft wird. So kann bespielsweise der Umfang des räumlichen Marktes beider – im wesentlichen zukunftsbezogenen – Untersuchung eines Zusammenschlusses anders sein, als wenn es um ein zeitlich zurückliegendes Verhalten geht. Durch den jeweils unterschiedlichen Zeithorizont kann für das gleiche Produkt ein unterschiedlicher räumlicher Markt bestimmt werden, je nachdem, ob sich die Kommission mit einer Änderung in der Angebotsstruktur befasst, wie bei einem Zusammenschluss oder einem kooperativen Gemeinschaftsunternehmen, oder mit Fragen, die sich auf vergangenes Verhalten beziehen.

Grundsätze für die Definition des Marktes

Die Wettbewerbskräfte

13. Der Wettbewerbskräfte, denen die Unternehmen unterliegen, speisen sich hauptsächlich aus drei Quellen: Nachfragesubstituierbarkeit, Angebotssubstituierbarkeit und potentieller Wettbewerb. Aus wirtschaftlicher Sicht – im Hinblick auf die Definition des relevanten Marktes – stellt die Möglichkeit der Nachfragesubstitution die unmittelbarste und wirksamste disziplinierende Kraft dar, die auf die Anbieter eines gegebenen Produkts einwirkt, vor allem was ihre Preisentscheidungen anbetrifft. Ein Unternehmen oder eine Gruppe von Unternehmen kann die gegebenen Verkaufsbedingungen – wie z. B. den Preis – nicht erheblich beeinflussen, wenn die Kunden in der Lage sind, ohne weiteres auf vor Ort verfügbare Substitute oder ortsfremde Anbieter auszuweichen. Die Abgrenzung des relevanten Marktes besteht im wesentlichen darin, das den Kunden tatsächlich zur Verfügung stehende Alternativangebot zu bestimmen, und zwar sowohl in bezug auf verfügbare Waren und Dienstleistungen als auch den Standort der Anbieter.

14. Die Wettbewerbskräfte, die durch die Angebotssubstituierbarkeit – außer was die unter den Randnummern 20 bis 23 genannten Fälle anbetrifft – und den potentiellen Wettbewerb gegeben sind, wirken im allgemeinen weniger unmittelbar und erfordern auf jeden Fall die Untersuchung weiterer Faktoren. Im Ergebnis werden diese Kräfte im Rahmen der wettbewerblichen Würdigung als Teil der wettbewerblichen Prüfung berücksichtigt.

Nachfragesubstituierbarkeit

15. Die Beurteilung der Substituierbarkeit der Nachfrage erfordert eine Bestimmung derjenigen Produkte, die von den Abnehmern als austauschbar angesehen werden. Eine Möglichkeit, diese Bestimmung vorzunehmen, lässt sich als ein gedankliches Experiment betrachten, bei dem von einer geringen, nicht vorübergehenden Änderung der relativen Preise ausgegangen und eine Bewertung der wahrscheinlichen Reaktion der Kunden vorgenommen wird. Aus verfahrensmäßi-

gen und praktischen Erwägungen steht bei der Marktabgrenzung der Preis im Mittelpunkt, genauer gesagt die Nachfragesubstitution aufgrund kleiner, dauerhafter Änderungen bei den relativen Preisen. Hieraus lassen sich klare Hinweise in bezug auf die für die Definition von Märkten relevanten Informationen gewinnen.

16. Diese Vorgehensweise erfordert, dass, ausgehend von den verschiedenen Produkten, die von den beteiligten Unternehmen verkauft werden, und dem Gebiet, in dem diese Produkte verkauft werden, bestimmte Produkte und Gebiete in die Marktdefinition zusätzlich einbezogen oder davon ausgenommen werden, je nachdem, ob der von diesen Produkten und Gebieten ausgehende Wettbewerb das Preisgebaren der Parteien kurzfristig beeinflusst oder beschränkt.

17. Die zu beantwortende Frage lautet, ob die Kunden der Parteien als Reaktion auf eine angenommene kleine, bleibende Erhöhung der relativen Preise (im Bereich zwischen fünf und zehn Prozent) für die betreffenden Produkte und Gebiete auf leicht verfügbare Substitute ausweichen würden. Ist die Substitution so groß, dass durch den damit einhergehenden Absatzrückgang eine Preiserhöhung nicht mehr einträglich wäre, so werden in den sachlich und räumlich relevanten Markt so lange weitere Produkte und Gebiete einbezogen, bis kleine, dauerhafte Erhöhungen der relativen Preise einen Gewinn einbrächten. Der gleiche Grundsatz wird bei der Ermittlung der Nachfragemacht angewandt: hierbei wird vom Anbieter ausgegangen, und mit Hilfe des Preistests lässt sich dann ermitteln, welche alternativen Vertriebswege und Verkaufsstellen es für die Produkte des Anbieters gibt. Bei Anwendung dieser Prinzipien sind bestimmte Konstellationen, wie sie unter den Randnummern 56 bis 58 beschrieben werden, sorgfältig zu berücksichtigen.

18. Zur Veranschaulichung soll dieser Test auf den Zusammenschluss von Unternehmen, die Erfrischungsgetränke abfüllen, angewandt werden: Hierbei wäre unter anderem zu ermitteln, ob unterschiedliche Geschmacksrichtungen der Erfrischungsgetränke zu ein und demselben Markt gehören. Konkret muss also die Frage untersucht werden, ob Konsumenten des Produktes A zu Produkten mit anderem Geschmack übergehen würden, wenn der Preis für A dauerhaft um 5 bis 10 Prozent erhöht wird. Wechseln die Verbraucher in einem so starken Maß zu beispielsweise B über, dass die Preiserhöhung für A wegen der Absatzeinbußen keinen Zusatzgewinn erbringt, so umfasst der Markt mindestens die Produkte A und B. Der Vorgang wäre außerdem auf andere verfügbare Produkte anzuwenden, bis eine Reihe von Produkten ermittelt ist, bei denen eine Preiserhöhung keine ausreichende Substitution bei der Nachfrage zur Folge hat.

19. Im allgemeinen – und gerade auch bei der Untersuchung von Zusammenschlüssen – wird als Preis der geltende Marktpreis zugrunde gelegt. Dies ist jedoch nicht unbedingt der Fall, wenn der geltende Preis bei fehlendem ausreichenden Wettbewerb zustande gekommen ist. Vor allem bei Untersuchungen des Miss-

brauchs marktbeherrschender Stellungen wird bereits berücksichtigt, dass der geltende Preis möglicherweise bereits erheblich heraufgesetzt wurde.

Angebotssubstituierbarkeit

20. Der Substituierbarkeit auf der Angebotsseite kann bei der Definition der Märkte dann ebenfalls Rechnung getragen werden, wenn sie sich genauso wirksam und unmittelbar auswirkt wie die Nachfragesubstituierbarkeit. Dies setzt jedoch voraus, dass die Anbieter in Reaktion auf kleine, dauerhafte Änderungen bei den relativen Preisen in der Lage sind, ihre Produktion auf die relevanten Erzeugnisse umzustellen und sie kurzfristig (4) auf den Markt zu bringen, ohne spürbare Zusatzkosten oder Risiken zu gewärtigen. Sind diese Voraussetzungen erfüllt, so üben die zusätzlich auf den Markt gelangenden Produkte auf das Wettbewerbsgebaren der beteiligten Unternehmen eine disziplinierende Wirkung aus. Dieses Ergebnis ist hinsichtlich Wirksamkeit und Unmittelbarkeit dem Nachfrage-Substitutionseffekt gleichwertig.

21. Zu einer solchen Konstellation kommt es gewöhnlich dann, wenn Unternehmen verschiedenste Sorten oder Qualitäten eines Produktes absetzen; selbst wenn für einen bestimmten Endverbraucher oder(4) Das heißt innerhalb eines Zeitraums, in dem es zu keiner erheblichen Anpassung bei den vorhandenen Sachanlagen und immateriellen Aktiva kommen kann (siehe Randnummer 23).

Bestimmte Verbrauchergruppen Produkte unterschiedlicher Güte nicht substituierbar sind, werden sie einem einzigen Produktmarkt zugeordnet, sofern die meisten Anbieter in der Lage sind, die verschiedenen Produkte unverzüglich und ohne die erwähnten erheblichen Zusatzkosten zu verkaufen. In diesen Fällen umfasst der sachlich relevante Markt sämtliche Produkte, die sowohl von der Nachfrage als auch vom Angebot her substituierbar sind, und es wird der derzeitige Gesamtabsatz dieser Produkte ermittelt, um den Gesamtwert oder den Gesamtumfang des Marktes zu bestimmen. Aus denselben Erwägungen kann es angezeigt sein, verschiedene räumliche Gebiete zusammenzulegen.

22. Wie der Aspekt der Angebotsumstellungsflexibilität bei der Produktmarktabgrenzung berücksichtigt wird, soll anhand der Papierbranche veranschaulicht werden. Gewöhnlich werden sehr unterschiedliche Papiersorten mit besonderen Eigenschaften angeboten, von normalem Schreibpapier bis hin zu hochwertigem Papier, beispielsweise für Kunstdrucke. Von der Nachfrageseite her sind nicht alle Papierqualitäten für einen gegebenen Verwendungszweck geeignet – ein Kunstband oder ein hochwertiges Buch lässt sich nicht auf qualitativ einfachem Papier drucken. Papierfabriken aber sind in der Lage, unterschiedliche Qualitäten herzustellen und die Produktion mit vernachlässigbar geringen Kosten und in kürzester Frist umzustellen. Treten beim Vertrieb keine besonderen Probleme auf, so können die Papierhersteller somit in bezug auf Bestellungen verschiedener Güteklassen in Wettbewerb zueinander treten, vor allem wenn die Lieferfristen genügend

Zeit für die Anpassung der Produktionspläne lassen. Unter diesen Umständen würde die Kommission nicht für Papier unterschiedlicher Beschaffenheit und unterschiedlichen Verwendungszwecks jeweils einen gesonderten Markt abgrenzen. Die verschiedenen Papierqualitäten gehören alle zu ein und demselben relevanten Markt, und die entsprechenden Umsatzzahlen gehen in die Schätzungen des Gesamtwerts des Marktes beziehungsweise des Marktumfangs ein.

23. Eine Angebotssubstituierbarkeit wird bei der Marktdefinition nicht berücksichtigt werden, wenn sie erhebliche Anpassungen bei den vorhandenen Sachanlagen und immateriellen Aktiva, zusätzliche Investitionen, strategische Entscheidungen oder zeitliche Verzögerungen mit sich brächte. Ein Beispiel für Umstände, in denen die Kommission nicht aus Gründen der Angebotsumstellungsflexibilität die Marktdefinition erweiterte, bietet der Bereich der Verbrauchsgüter, insbesondere für Markengetränke. Zwar können in Abfüllanlagen im Prinzip unterschiedliche Getränke abgefüllt werden, doch fallen Kosten und Vorlaufzeiten an (durch Werbung, Produkttests und Vertrieb), bis die Produkte tatsächlich verkauft werden können. Die Auswirkungen der Angebotssubstituierbarkeit wären in diesen Fällen, wie andere Formen potentiellen Wettbewerbs auch, in einem späteren Stadium zu prüfen.

Potentieller Wettbewerb

24. Der dritte Faktor, der Wettbewerbsdruck erzeugt, nämlich der potentielle Wettbewerb, wird bei der Marktdefinition nicht herangezogen, da die Voraussetzungen, unter denen potentieller Wettbewerb eine wirksame Wettbewerbskraft darstellt, von bestimmten Faktoren und Umständen im Zusammenhang mit den Markteintrittsbedingungen abhängt. Sofern erforderlich, wird diese Untersuchung in einer späteren Stufe vorgenommen, wenn die Stellung der beteiligten Unternehmen auf dem relevanten Markt bestimmt worden ist und diese Stellung zu Wettbewerbsbedenken Anlass gibt.

III. KRITERIEN UND NACHWEISE FÜR DIE DEFINITION RELEVANTER MÄRKTE

Die konkrete Vorgehensweise

Sachlich relevante Märkte

25. Es gibt eine ganze Reihe von Nachweisen, anhand deren sich beurteilen lässt, in welchem Maß Substitution stattfinden würde. Je nach den Merkmalen und Besonderheiten der betreffenden Wirtschaftszweige und Erzeugnisse oder Dienstleistungen sind im Einzelfall bestimmte Informationen ausschlaggebend. Erkenntnisse über bestimmte Aspekte mögen in bestimmten Fällen wesentlich, in anderen bedeutungslos sein. Zumeist wird bei einer Entscheidung von unterschiedlichen Kriterien und Belegen ausgegangen werden müssen. Die Kommission ist allen Formen des empirischen Nachweises gegenüber offen; sie ist bestrebt, alle verfügbaren Angaben zu nutzen, die im Einzelfall von Bedeutung sein können. Sie folgt

also keiner starren Rangordnung für die verschiedenen Informationsquellen und Nachweisformen.

26. Die Abgrenzung relevanter Märkte lässt sich wie folgt zusammenfassen: Auf der Grundlage bereits vorliegender Informationen oder von beteiligten Unternehmen übermittelter Angaben ist die Kommission gewöhnlich in der Lage, die Produktmärkte grob einzugrenzen, die beispielsweise für die Beurteilung eines Zusammenschlusses oder einer Wettbewerbsbeschränkung maßgeblich sind. Im konkreten Einzelfall ist dabei in der Regel über das Vorliegen einiger weniger möglicher relevanter Märkte zu befinden. So geht es oft darum, ob die Erzeugnisse A und B ein und demselben Produktmarkt angehören. Ist Erzeugnis B einzubeziehen, so reicht dies vielfach aus, um jegliche Wettbewerbsbedenken auszuräumen.

27. In einem solchen Fall ist es nicht erforderlich, der Frage nachzugehen, ob noch weitere Erzeugnisse in diesen Markt einbezogen sind, um zu einer endgültigen Bewertung des speziellen Marktes zu gelangen. Wirft der fragliche Vorgang im Rahmen der denkbaren alternativen Marktdefinitionen keine Wettbewerbsbedenken auf, so wird die Frage der Marktdefinition offen gelassen; dies reduziert die Verpflichtung der Unternehmen zur Vorlage von Angaben.

Räumlich relevante Märkte

28. Die Vorgehensweise der Kommission bei der Bestimmung des räumlich relevanten Marktes lässt sich wie folgt zusammenfassen: Gestützt auf allgemeine Angaben zur Verteilung der Marktanteile der Parteien und ihrer Wettbewerber auf nationaler, Gemeinschafts- oder EWR-Ebene verschafft sie sich einen ersten Eindruck vom Umfang des räumlich relevanten Marktes. Dieser erste Eindruck dient der Kommission vor allem als Arbeitshypothese, mit der sich die Unternehmungen der Kommission, mit denen eine genaue Definition des räumlich relevanten Marktes ermöglicht werden soll, enger eingrenzen lassen.

29. Den Ursachen für die jeweilige Konstellation von Preisen und Marktanteilen muss nachgegangen werden. So können Unternehmen u. U. hohe Anteile auf ihren Inlandsmärkten allein aufgrund des Gewichts der Vergangenheit halten, und umgekehrt kann eine durchgängige Präsenz von Unternehmen im EWR mit nationalen oder regionalen räumlichen Märkten zu vereinbaren sein. Die anfängliche Arbeitshypothese muss deshalb anhand einer Untersuchung der Nachfragemerkmale (Bedeutung nationaler oder regionaler Präferenzen, gegenwärtiges Käuferverhalten, Produkt- und Markendifferenzierung usw.) gegengeprüft werden, um zu ermitteln, ob Unternehmen an unterschiedlichen Standorten für die Verbraucher tatsächlich eine alternative Lieferquelle darstellen. Auch hier beruht der theoretische Ansatz auf einer Substitution infolge von Änderungen bei den relativen Preisen und muss wiederum die Frage beantwortet werden, ob die Abnehmer der Parteien ihre Nachfrage kurzfristig und zu geringen Kosten auf Unternehmen mit anderem Standort umlenken würden.

30. Falls erforderlich werden die Angebotsfaktoren einer weiteren Nachprüfung unterzogen, um zu ermitteln, ob die Unternehmen in bestimmten Gebieten vor Hindernissen stehen, wenn sie ihren Absatz zu wettbewerbsfähigen Bedingungen innerhalb des gesamten räumlichen Marktes ausbauen wollen. Bei dieser Untersuchung wird auf folgende Gesichtspunkte eingegangen: Erforderlichkeit einer Gebietspräsenz, um dort verkaufen zu können, Zugangsbedingungen zu den Vertriebswegen, Kosten der Errichtung eines Vertriebsnetzes, etwaige regulatorische Schranken im öffentlichen Auftragswesen, Preisvorschriften, den Handel oder die Produktion einschränkende Kontingente und Zölle, technische Normen, Monopole, Niederlassungsfreiheit, erforderliche behördliche Genehmigungen, Verpackungsvorschriften usw. Dies bedeutet, dass die Kommission Hindernisse und Schranken erfassen wird, mit denen die Unternehmen in einem bestimmten Gebiet gegen Wettbewerbsdruck abgeschirmt werden, der von außerhalb des Gebiets gelegenen Unternehmen ausgeht. Dadurch soll der genaue Grad der Marktverflechtung auf nationalem, europäischem und weltweitem Niveau bestimmt werden.

31. Die gegenwärtige Struktur und Entwicklung der Handelsströme liefert nützliche zusätzliche Hinweise darauf, welche wirtschaftliche Bedeutung diese Nachfrage- und Angebotsfaktoren jeweils besitzen und inwieweit sie wirksame Hemmnisse darstellen, durch die unterschiedliche räumliche Märkte entstehen. Untersucht werden in diesem Zusammenhang in der Regel auch die Transportkosten und das Ausmaß, zu dem diese den Handel zwischen verschiedenen räumlichen Gebieten behindern, unter Berücksichtigung von Produktionsstandort, Produktionskosten und relativem Preisniveau.

Marktintegration in der Gemeinschaft

32. Darüber hinaus berücksichtigt die Kommission bei der Abgrenzung räumlicher Märkte auch die sich weiterentwickelnde Marktintegration insbesondere in der Gemeinschaft, zumal im Hinblick auf Unternehmenskonzentrationen und strukturelle Gemeinschaftsunternehmen. Die bisher durchgeführten Maßnahmen des Binnenmarktprogramms zur Beseitigung von Handelshemmnissen und zur stärkeren Integration können nicht außer acht bleiben, wenn die Auswirkungen einer Fusion oder eines strukturellen Gemeinschaftsunternehmens auf den Wettbewerb untersucht werden. Sind rechtliche Schranken gefallen, die zuvor einzelne nationale Märkte künstlich voneinander abschotteten, so wird dies im allgemeinen dazu führen, dass in der Vergangenheit ermittelte Angaben über Preise, Marktanteile und Handelsstrukturen mit Vorsicht behandelt werden. Führt Marktintegration binnen kurzer Frist zu größeren räumlichen Märkten, so kann dieser Umstand berücksichtigt werden, wenn zwecks Beurteilung von Unternehmenskonzentrationen und Gemeinschaftsunternehmen der geographische Markt abgegrenzt wird.

Erhebung von Nachweisen

33. Hält die Kommission es für erforderlich, den Markt genau zu definieren, so wird sie häufig an die wichtigsten Kunden und Unternehmen des betreffenden Wirtschaftszweigs herantreten, um deren Auffassung über die Eingrenzung sachlich und räumlich relevanter Märkte zu erfahren und die für die Entscheidung erforderlichen empirischen Nachweise zu erhalten. Auch mit den betreffenden Berufs- und Wirtschaftsverbänden tritt die Kommission unter Umständen in Verbindung. Ferner wird sie, wenn angebracht, Unternehmen, die in vorgelagerten Märkten tätig sind, kontaktieren, um, soweit dies notwendig ist, getrennte sachliche und räumliche Märkte für verschiedene Stufen der Produktion oder des Vertriebs des jeweiligen Produktes oder der jeweiligen Dienstleistungen definieren zu können. Sie kann auch bei den beteiligten Unternehmen zusätzliche Informationen anfordern.

34. Die Informationen werden gegebenenfalls bei den obengenannten Marktteilnehmern schriftlich angefordert. In der Regel fragen die Kommissionsdienststellen die Unternehmen, mit welchen Reaktionen sie bei hypothetischen Preiserhöhungen rechnen und wie ihrer Ansicht nach der relevante Markt abgegrenzt sei. In ihrem Schreiben erläutert die Kommision darüber hinaus, welche Sachangaben sie von ihnen benötigt, um den Umfang des relevanten Marktes bestimmen zu können. Mit den zuständigen Mitarbeitern der beteiligten Unternehmen kann die Kommission außerdem erörtern, wie Verhandlungen zwischen Anbietern und Kunden ablaufen und wie es sich mit bestimmten Fragen verhält, die für die Definition des relevanten Marktes bedeutsam sind. Falls erforderlich, kann die Kommission auch bei den beteiligten Unternehmen, ihren Kunden und Wettbewerbern Besuche vor Ort durchführen.

35. Nachstehend wird ein Überblick über die verschiedenen Arten von Nachweisen gegeben, die für die Beurteilung des Produktmarkts von Belang sind.

Für die Marktdefinition maßgebliche Nachweise – Produktmärkte

36. Durch die Untersuchung der Merkmale und des Verwendungszwecks des Produkts kann die Kommission in einem ersten Schritt den Umfang der Untersuchung möglicher Substitute eingrenzen. Produktmerkmale und Verwendungszweck reichen jedoch nicht aus, um zu entscheiden, ob zwei Produkte Nachfragesubstitute sind. Funktionale Austauschbarkeit oder ähnliche Merkmale sind als solche noch keine ausreichenden Kriterien, da die Kundenreaktion auf Änderungen bei den relativen Preisen auch von anderen Faktoren abhängen kann. So können auf dem Markt für Original-Kfz-Ausrüstungen bei Erstausrüstung und Ersatzteilen unterschiedliche Wettbewerbskräfte am Wirken sein, so dass hier zwei relevante Märkte zu unterscheiden sind. Umgekehrt sind unterschiedliche Produktmerkmale noch nicht als solche ausreichend, um Nachfragesubstitutionen

auszuschließen, da diese in hohem Maß davon abhängt, wie die Merkmalsunterschiede von den Kunden eingeschätzt werden.

37. Die Nachweise, anhand deren sich nach Ansicht der Kommission beurteilen lässt, ob zwei Produkte Nachfragesubstitute sind, lassen sich wie folgt einteilen:

38. Nachweis der Substitution in jüngster Vergangenheit: In bestimmten Fällen können Nachweise für Ereignisse oder Schocks geprüft werden, die den Markt vor kurzem betroffen haben, und bei denen es bereits zur Substitution zwischen zwei Produkten gekommen ist. Solche Informationen sind normalerweise grundlegend für die Definition des Marktes. Haben sich die relativen Preise in der Vergangenheit geändert (ceteris paribus), so ist für die Beurteilung der Substituierbarkeit ausschlaggebend, wie sich die nachgefragten Mengen in Reaktion hierauf entwickelt haben. Auch eine zeitlich zurückliegende Einführung neuer Produkte kann aufschlussreich sein, wenn sich ermitteln lässt, bei welchen Produkten der Absatz zugunsten des neuen Produkts zurückgegangen ist.

39. Zum Zweck der Marktabgrenzung wurden eine Reihe von quantitativen Tests ökonometrischer und statistischer Art entwickelt: Schätzung der Elastizitäten und Preiskreuzelastizitäten (5) der Nachfrage nach einem Produkt, Untersuchung der Gleichartigkeit der Preisentwicklung im Laufe der Zeit, Untersuchungen der Kausalität zwischen Preisreihen und Ähnlichkeit des Preisniveau bzw. ihrer Konvergenz. Zur Ermittlung des Substitutionsverhaltens in der Vergangenheit berücksichtigt die Kommission die verfügbaren quantitativen Nachweise, die strenger Nachprüfung standhalten.

40. Standpunkt von Kunden und Wettbewerbern: Häufig tritt die Kommssion im Zuge ihrer Ermittlungen an die wichtigsten Kunden und Wettbewerber der beteiligten Unternehmen heran, um deren Auffassung über die Grenzen des Produktmarkts in Erfahrung zu bringen und dabei gleichzeitig den größten Teil der Sachinformation zu erhalten, die sie zur (5) Die Preiselastizität der Nachfrage nach einem Produkt X ist ein Maßstab dafür, wie die Nachfrage nach X auf Änderungen des Preises von X reagiert. Die Kreuzpreiselastizität zwischen den Produkten X und Y ist ein Maßstab dafür, wie die Nachfrage nach X auf Änderungen des Preises von Y reagiert.

Bestimmung des Marktumfangs benötigt. Erläuterungen der Kunden und Wettbewerber auf die Frage, was geschehen würde, wenn die relativen Preise für die betreffenden Produkte in dem entsprechenden räumlichen Gebiet geringfügig stiegen (z. B. um fünf bis zehn Prozent), werden berücksichtigt, falls Nachweise über die tatsächliche Entwicklung dies hinreichend stützen.

41. Verbraucherpräferenzen: Handelt es sich um Verbrauchsgüter, so kann es für die Kommission schwierig sein, die Ansichten der Endverbraucher selbst über die Substituierbarkeit von Produkten zu ermitteln. Marketing-Studien die von Unternehmen in Auftrag gegeben wurden und deren Ergebnisse Preis- und

Marketing-Entscheidungen der Unternehmen beeinflussen, können der Kommission wichtige Informationen für die Abgrenzung des relevanten Marktes liefern. Erhebungen über Verhalten und Einstellungen der Verbraucher, Angaben zum Käuferverhalten, von Handelsunternehmen geäußerte Meinungen und generell Marktforschungsstudien, die von den beteiligten Unternehmen und ihren Wettbewerbern vorgelegt werden, werden herangezogen, um zu ermitteln, ob die Verbraucher zwei Produkte als substituierbar ansehen, auch unter Berücksichtigung der Bedeutung von Marken für die fraglichen Produkte. Bei Verbraucherumfragen, die von beteiligten Unternehmen oder ihren Wettbewerbern speziell für die Zwecke eines Fusionsverfahrens oder eines Verfahrens nach der Verordnung Nr. 17 vorgenommen werden, wird die angewandte Methode in der Regel äußerst sorgfältig untersucht. Anders als bereits vorliegende Studien sind sie nicht im Rahmen des normalen Geschäftsgangs und zur Vorbereitung unternehmerischer Entscheidungen erstellt worden.

42. Schranken und Kosten der Nachfragesubstitution: Eine Reihe von Schranken und Kosten können die Kommission veranlassen, zwei auf den ersten Blick als Substitute erscheinende Produkte nicht als ein und demselben Produktmarkt zugehörig einzustufen. Es ist jedoch nicht möglich, sämtliche Substitutionsschranken und Faktoren aufzuzählen, die dazu führen, dass der Wechsel zu einem anderen Produkt Kosten verursacht. Diese Schranken oder Hindernisse können unterschiedlichste Ursachen haben. Bei ihren Entscheidungen wurde die Kommission bislang konfrontiert mit regulatorischen Hemmnissen und anderen Formen staatlichen Eingreifens, auf nachgelagerten Märkten wirksamen Kräften, dem Erfordernis der Umstellung auf alternative Einsatzmittel – abhängig von besonderen Investitionen oder von der Hinnahme von Verlusten bei der laufenden Produktion –, Fragen des Kundenstandorts, gezielten Investitionen im Herstellungsverfahren, Investitionen in Ausbildung und Humankapital, Umrüstungskosten oder sonstige Investitionen, Unsicherheiten hinsichtlich Qualität und Ansehen unbekannter Anbieter usw.

43. Unterschiedliche Kundengruppen und Preisdiskriminierung: Der Umfang des Produktmarkts kann dadurch eingeschränkt sein, dass gesonderte Gruppen von Kunden bestehen. Eine solche Kundengruppe kann einen engeren, eigenständigen Markt darstellen, wenn sie einer Preisdiskriminierung ausgesetzt werden kann. Dies ist in der Regel dann der Fall, wenn zwei Voraussetzungen erfüllt sind: a) Zum Zeitpunkt des Verkaufs des relevanten Produkts ist feststellbar, welcher Gruppe der jeweilige Kunde angehört, b): Handel zwischen Kunden oder Arbitage durch Dritte ist nicht möglich.

Für die Marktdefinition maßgebliche Nachweise – Räumlich relevante Märkte

44. Die von der Kommission für die Bestimmung des räumlichen Marktes als relevant angesehenen Arten von Nachweisen lassen sich wie folgt unterteilen:

45. Vorliegende Nachweise für eine Umlenkung von Aufträgen in andere Gebiete: In manchen Fällen können bereits Preisänderungen in bestimmten Gebieten und entsprechende Kundenreaktionen nachgewiesen sein. Grundsätzlich können die für die Produktmarktdefinition angewandten quantitativen Tests auch für die Definition der räumlichen Märkte herangezogen werden. Zu berücksichtigen ist dabei, dass ein internationaler Preisvergleich wegen einer Reihe von Faktoren wie Währungsschwankungen, Besteuerung oder Produktdifferenzierung komplexer sein kann.

46. Nachfragemerkmale: Die Art der Nachfrage nach dem relevanten Erzeugnis kann an sich schon den Umfang des räumlichen Marktes bestimmen. Faktoren wie nationale Vorlieben oder Vorlieben für einheimische Marken, Sprache, Kultur und Lebensstil sowie das Erfordernis der Gebietspräsenz enthalten ein erhebliches Potential zur Eingrenzung des räumlichen Wettbewerbsgebiets.

47. Standpunkt von Kunden und Wettbewerbern: Gegebenenfalls tritt die Kommission im Zuge ihrer Untersuchungen an die wichtigsten Kunden und Wettbewerber der Parteien heran, um deren Auffassungen über die Grenzen des räumlichen Marktes kennenzulernen und die Sachinformation zu erhalten, die sie zur Bestimmung des Marktumfangs benötigt; berücksichtigt werden dabei nur Angaben, die durch Nachweise der tatsächlichen Entwicklung hinreichend gestützt werden.

48. Käuferverhalten: Aus der Untersuchung des Käuferverhaltens in räumlicher Hinsicht lässt sich ein nützlicher Nachweis der Ausdehnung des räumlichen Marktes erbringen. Kaufen Kunden bei Unternehmen überall in der Gemeinschaft zu ähnlichen Bedingungen ein oder beziehen sie ihre Lieferungen über Ausschreibungen, an denen Unternehmen aus der gesamten Gemeinschaft oder dem EWR teilnehmen, so wird in der Regel die gesamte Gemeinschaft oder der EWR als räumlich relevanter Markt eingestuft.

49. Handelsströme/Lieferstruktur: Ist die Anzahl der Kunden so groß, dass es nicht möglich ist, sich über die Kunden ein eindeutiges Bild von dem räumlichen Käuferverhalten zu verschaffen, so können auch Informationen über die Handelsströme herangezogen werden, sofern für die relevanten Produkte hinreichend detaillierte statistische Angaben vorhanden sind. Handelsströme und insbesondere die ihnen zugrundeliegende Logik vermitteln nützliche Erkenntnisse und Informationen über die Ausdehnung des räumlichen Marktes, sind allein jedoch nicht beweiskräftig.

50. Schranken und Kosten bei der Verlagerung von Aufträgen an Unternehmen in anderen räumlichen Gebieten: Das Fehlen grenzüberschreitender Käufe oder Handelsströme muss nicht bedeuten, dass der Markt bestenfalls von nationaler Ausdehnung ist. Allerdings muss erst ermittelt werden, wodurch ein nationaler Markt abgeschirmt wird, bevor festgestellt werden kann, dass der räumlich rele-

vante Markt der nationale Markt ist. Das wohl eindeutigste Hindernis dafür, bei Bestellungen in andere Gebiete auszuweichen, sind Transportkosten sowie Transporterschwernisse, die sich aus gesetzlichen Vorschriften oder der Beschaffenheit der relevanten Erzeugnisse ergeben. Die Transportkosten beschränken in der Regel die Ausdehnung des räumlichen Marktes für sperrige, geringerwertige Produkte, wobei Nachteile beim Transport allerdings durch relative Vorteile bei Arbeitskosten, Rohstoffen usw. ausgeglichen werden können. Weitere Schranken, die einen räumlichen Markt gegen den Wettbewerbsdruck von Unternehmen mit Standort außerhalb des betreffenden Gebiets abschirmen, können der Zugang zum Vertriebssystem, regulatorische Hemmnisse, wie es sie in bestimmten Bereichen noch gibt, Kontingente und Zölle sein. Zu nennen sind hier auch die unter Umständen erheblichen Umstellungskosten, die mit der Verlagerung von Lieferaufträgen auf Unternehmen in anderen Ländern der Gemeinschaft verbunden sein können.

51. Durch Auswertung der gesammelten Nachweise grenzt die Kommission den betreffenden räumlich relevanten Markt ab. Es kann sich dabei um lokale bis hin zu globalen Märkten handeln. Beispiele hierfür finden sich in bereits ergangenen Entscheidungen der Kommission.

52. In den bisherigen Randnummern werden die Faktoren beschrieben, die für die Abgrenzung von Märkten maßgeblich sein können. Das heißt aber nicht, dass in jedem einzelnen Fall eine Untersuchung und Beurteilung all dieser Faktoren erforderlich ist. Wie die Entscheidungspraxis der Kommission zeigt, reichen in der Praxis Nachweise über einige dieser Faktoren häufig aus, um zu einem Ergebnis kommen zu können.

IV. BERECHNUNG VON MARKTANTEILEN

53. Ist der in sachlicher und räumlicher Hinsicht relevante Markt abgegrenzt, so kann festgestellt werden, welche Anbieter und welche Kunden/Verbraucher auf diesem Markt aktiv sind. Auf dieser Grundlage lassen sich die Marktgröße insgesamt und, unter Zugrundelegung der jeweiligen Verkäufe an relevanten Produkten in dem relevanten Gebiet, die Marktanteile der einzelnen Anbieter berechnen. In der Praxis werden Angaben über Marktgröße und Marktanteile häufig vom Markt selbst geliefert, nämlich mittels Schätzungen der Unternehmen und Studien, mit denen Wirtschaftsberater und Wirtschaftsverbände beauftragt sind. Ist dies nicht der Fall oder sind vorliegende Schätzwerte nicht zuverlässig, so fordert die Kommission gewöhnlich bei den betreffenden Anbietern jeweils deren eigene Verkaufszahlen an.

54. Zur Berechnung von Marktanteilen wird zwar üblicherweise auf die Verkaufszahlen Bezug genommen, doch gibt es auch Indikatoren – je nach Erzeugnis oder Wirtschaftszweig unterschiedlicher Art –, die nützliche Aufschlüsse bieten können, wie insbesondere Kapazität, Anzahl der Wirtschaftsteilnehmer auf Aus-

schreibungsmärkten, Flotteneinheiten wie bei der Luftfahrt und Umfang der Reserven in Branchen wie dem Bergbau.

55. Im allgemeinen liefern sowohl Angaben über Mengenumsatz als auch über Umsatzwert nützliche Aufschlüsse. Bei differenzierten Produkten wird gewöhnlich davon ausgegangen, dass der Wert der Verkäufe und der entsprechende Marktanteil die relative Position und Stärke der einzelnen Anbieter besser widerspiegelt.

V. WEITERE ÜBERLEGUNGEN

56. In einigen Bereichen hat die Anwendung der erläuterten Grundsätze besonders sorgsam zu erfolgen, zum Beispiel bei primären und sekundären Märkten, insbesondere wenn das Verhalten von Unternehmen zu einem bestimmten Zeitpunkt gemäß Artikel 86 untersucht werden muss. Die Methode zur Abgrenzung der Märkte in diesen Fällen ist im wesentlichen dieselbe, d. h., es geht darum, zu beurteilen, wie sich Änderungen bei den relativen Preisen auf die Kaufentscheidungen der Kunden auswirken, allerdings auch unter Berücksichtigung von Substitutionsbeschränkungen, die von Gegebenheiten auf den verbundenen Märkten bewirkt werden. So kann es zu einer engen Abgrenzung des Marktes für sekundäre Produkte wie Ersatzteile kommen, wenn die Kompatibilität mit dem Primärprodukt wichtig ist. Ist es schwierig, kompatible Sekundärprodukte zu finden, und sind die Primärprodukte teuer und lange haltbar, so kann es gewinnträchtig sein, die relativen Preise der Sekundärprodukte zu erhöhen. Sind die Sekundärprodukte dagegen leicht substituierbar oder sind die Primärprodukte so geartet, dass die Verbraucher rasch und direkt auf steigende relative Preise bei den Sekundärprodukten reagieren können, so ist der Markt unter Umständen anders abzugrenzen.

57. In bestimmten Fällen kann das Vorhandensein bestimmter Substitutionsketten zur Folge haben, dass ein relevanter Markt definiert wird, bei dem sich Produkte oder räumliche Gebiete, die in den Randzonen des Marktes gelegen sind, nicht zur Substitution eignen. Als Beispiel hierfür ist die räumliche Dimension eines Produkts mit erheblichen Transportkosten; Lieferungen ab einem bestimmten Werk sind hier auf einen bestimmten Umkreis beschränkt. Dieser Umkreis um das jeweilige Werk könnte im Prinzip den räumlich relevanten Markt bilden. Sind die einzelnen Herstellungsbetriebe jedoch so verteilt, dass sich ihre räumlichen Liefergebiete erheblich überschneiden, so wirkt auf die Preisbildung bei diesen Erzeugnissen ein Kettensubstitutionseffekt ein, aufgrund dessen ein breiterer räumlicher Markt entsteht. Das gleiche kann auch für den Fall zutreffen, dass Produkt B ein Nachfragesubstitut für die Produkte A und C ist. Zwar sind die Produkte A und C keine direkten Nachfragesubstitute, doch können sie als demselben relevanten Produktmarkt zugehörig aufgefasst werden, da die Preisbildung bei ihnen jeweils durch die Substitution mit B zwingend beeinflusst wird.

58. In der Praxis muss das Konzept der Kettensubstitution jedoch durch empirische Nachweise erhärtet werden, z. B. im Hinblick auf Preisinterdependenz zwischen Randbereichen der Substitutionsketten; nur so kann im Einzelfall der relevante Markt ausgeweitet werden. Das Preisniveau an beiden Enden der Kette müsste ebenfalls in etwa gleich hoch sein.

4.5 Empfehlung der Kommission
vom 3. April 1996 betreffend die Definition der kleinen und mittleren Unternehmen (96/280/EG)[3]

(Text von Bedeutung für den EWR)

Die Kommission der Europäischen Gemeinschaften –

gestützt auf den Vertrag zur Gründung der Europäischen Gemeinschaft, insbesondere auf Artikel 155 zweiter Gedankenstrich,

in Erwägung nachstehender Gründe:

Damit das Integrierte Programm für die kleinen und mittleren Unternehmen (KMU) und das Handwerk (1) (im folgenden »Integriertes Programm« genannt) in Übereinstimmung mit dem Weißbuch über Wachstum, Wettbewerbsfähigkeit und Beschäftigung durchgeführt werden kann, muss ein kohärenter, sichtbarer und effizienter Rahmen für die KMU-Förderpolitik geschaffen werden.

Schon lange vor der Umsetzung des Integrierten Programms hat die Gemeinschaft zahlreiche Maßnahmen mit Blick auf die KMU durchgeführt, bei denen jeweils unterschiedliche Kriterien für die Definition der kleinen und mittleren Unternehmen herangezogen wurden. Einige Gemeinschaftsmaßnahmen wurden nach und nach entwickelt, ohne dass ein einheitlicher Ansatz bestanden hätte oder grundsätzliche Erwägungen darüber angestellt worden wären, welche objektiven Merkmale ein KMU besitzt. Das hat zur Folge, dass zur Definition der KMU eine große Zahl voneinander abweichender Kriterien herangezogen wird und daher derzeit eine Vielzahl von Definitionen auf Gemeinschaftsebene in Gebrauch ist, zu denen die Definition der Europäischen Investitionsbank (EIB) und des Europäischen Investitionsfonds (EIF) ebenso hinzuzurechnen sind wie eine beträchtliche Anzahl von Definitionen in den Mitgliedstaaten.

Es gibt in vielen Mitgliedstaaten keine allgemeine Definition, sondern lediglich Regeln, die sich aus der Praxis ableiten oder nur für bestimmte Wirtschaftsbereiche gelten, wohingegen andere Mitgliedstaaten die Definition des Gemeinschaftsrahmens für staatliche Beihilfen an kleine und mittlere Unternehmen (2) vollständig übernommen haben.

3 Auszug aus dem *Amtsblatt der Europäischen Gemeinschaften* – Wiedergabe mit Genehmigung des Herausgebers, dem Amt für amtliche Veröffentlichungen der Europäischen Gemeinschaften, 2 rue Mercier, L-2985 Luxembourg. (Abl. L 107/4 vom 30. 4. 1996)

Durch das Bestehen unterschiedlicher Definitionen kann die Kohärenz zwischen Gemeinschaftspolitik und einzelstaatlichen Maßnahmen verlorengehen, und es kann zu einer Verzerrung des Wettbewerbs zwischen Unternehmen kommen. Das Integrierte Programm beabsichtigt(1) KOM(94) 207 endg.(2) ABl. Nr. C 213 vom 19. August 1992, S. 2. eine stärkere Abstimmung einerseits zwischen den verschiedenen Gemeinschaftsmaßnahmen zugunsten der KMU und andererseits zwischen diesen und den auf nationaler Ebene bestehenden Maßnahmen, wobei dieses Ziel nur durch eine klarere Definition der KMU erfolgreich erreicht werden kann.

Der Bericht der Kommission für den Europäischen Rat von Madrid vom 15. und 16. Dezember 1995 hat unterstrichen, dass eine Neuorientierung vor allem für die Schaffung von mehr Arbeitsplätzen in allen Wirtschaftsbereichen erforderlich ist.

Der Rat (»Forschung«) hat am 29. September 1994 anerkannt, dass im Fall einer besonderen Förderung der KMU klarer definiert werden muss, was ein kleines oder mittleres Unternehmen ist. Der Rat hat die Kommission daher aufgefordert, die Kriterien für die Definition der KMU zu überprüfen.

Auf Ersuchen des Rates (»Industrie«) vom 28. Mai 1990 hatte die Kommission dem Rat einen ersten Bericht im Jahr 1992 vorgelegt, in dem die Kommission bereits die Auffassung vertreten hatte, die Vielzahl der auf Gemeinschaftsebene benutzten Definitionen müsse eingeschränkt werden. Konkret hatte sie vorgeschlagen, für die Definition der KMU vorzugsweise die vier Kriterien Beschäftigtenzahl, Umsatz, Bilanzsumme und Unabhängigkeit heranzuziehen und die Obergrenze bei der Beschäftigtenzahl für die kleinen Unternehmen auf 50 und für die mittleren Unternehmen auf 250 Mitarbeiter festzusetzen.

Diese Definition ist in den Gemeinschaftsrahmen für staatliche Beihilfen an kleine und mittlere Unternehmen sowie in alle anderen Gemeinschaftsrahmen und Mitteilungen über staatliche Beihilfen übernommen worden, die seit 1992 verabschiedet oder geändert wurden. Es handelt sich dabei insbesondere um die Mitteilung der Kommission über das beschleunigte Gemeinschaftsverfahren für Beihilferegelungen für KMU (3), um den Gemeinschaftsrahmen für staatliche Umweltschutzbeihilfen (4) und die Leitlinien für die Beurteilung von staatlichen Beihilfen zur Rettung und Umstrukturierung von Unternehmen in Schwierigkeiten (5).

(3) ABl. Nr. C 213 vom 19. August 1992, S. 10.(4) ABl. Nr. C 72 vom 10. März 1994, S. 3, Fußnote 16.(5) ABl. Nr. C 368 vom 23. Dezember 1994, S. 12. In anderen Bereichen wurden diese Definitionen ganz oder teilweise übernommen, insbesondere in der Vierten Richtlinie 78/660/EWG des Rates vom 25. Juli 1978 aufgrund von Artikel 54 Absatz 3 Buchstabe g) des Vertrages über den Jahresabschluss von Gesellschaften bestimmter Rechtsformen (1), zuletzt geändert durch die Richtlinie 94/8/EG (2), dem Beschluss 94/217/EG des Rates vom

19. April 1994 zur Gewährung von Zinszuschüssen der Gemeinschaft für Darlehen an kleinere und mittlere Unternehmen im Rahmen der befristeten Darlehensfazilität der Europäischen Investitionsbank (3) sowie der Mitteilung der Kommission betreffend die Initiative für KMU im Rahmen der Strukturfonds (4).

Es ist jedoch keine vollständige Vereinheitlichung erreicht worden. In einigen Programmen werden noch stark abweichende Schwellenwerte verwendet, oder es werden bestimmte Kriterien ausgeklammert, wie das der Unabhängigkeit.

Es ist erforderlich, dass die Entwicklung zu einer stärkeren Übereinstimmung fortgesetzt und auf der Basis des Gemeinschaftsrahmens der Kommission für staatliche Beihilfen an kleine und mittlere Unternehmen vervollständigt wird. Dies bedeutet, dass die Kommission in allen von ihr verwalteten Politiken dieselben Kriterien und Schwellenwerte zugrunde legt, deren Beachtung sie von den Mitgliedstaaten erwartet.

Angesichts eines Marktes ohne Binnengrenzen ist es folgerichtig, für die Behandlung der Unternehmen einen einheitlichen Sockel von Regelungen zu schaffen, insbesonders wenn es um die Unterstützung durch öffentliche Stellen der Mitgliedstaaten oder der Gemeinschaft geht.

Es ist um so wichtiger, eine solche Grundlage zu schaffen, als die einzelstaatlichen und die gemeinschaftlichen Fördermaßnahmen für die KMU auf vielfältige Weise miteinander verknüpft sind (zum Beispiel bei den Strukturfonds und auf dem Gebiet der Forschung). Es muss verhindert werden, dass die Mitgliedstaaten ihre Maßnahmen auf andere KMU-Typen ausrichten als die Gemeinschaft.

Würden die Kommission, die Mitgliedstaaten, die EIB und der EIF eine einheitliche Definition anwenden, so würden die Kohärenz und die Wirksamkeit der gesamte KMU-Politik erhöht, und das Risiko von Wettbewerbsverzerrungen würde verringert. Zahlreiche für die KMU bestimmte Programme werden von den Mitgliedstaaten und der Gemeinschaft sowie, in einigen Fällen, von der EIB und dem EIF gemeinsam finanziert.

Bevor Schwellenwerte zur Definition der KMU vorgeschlagen werden, sei darauf hingewiesen, dass das Bemühen (1) ABl. Nr. L 222 vom 14. August 1978, S. 11. (2) ABl. Nr. L 82 vom 25. März 1994, S. 33. (3) ABl. Nr. L 107 vom 28. April 1994 S. 57; siehe Bericht der Kommission zu dieser Thematik, KOM (94) 434 endg. vom 19. Oktober 1994. (4) ABl. Nr. C 180 vom 1. Juli 1994, S. 10 um die zweckmäßige Gestaltung und Festsetzung einer solchen Bezugsnorm nicht bedeutet, dass Unternehmen, die diese Schwellenwerte überschreiten, nicht die Aufmerksamkeit der Kommission oder der öffentlichen Verwaltung in den Mitgliedstaaten verdienen. Es wäre jedoch besser, dieses Problem anhand spezifischer Maßnahmen im Rahmen der relevanten Programme zu lösen, insbesondere der internationalen Kooperationsprogramme, als unterschiedliche Definitionen zu beschließen oder beizubehalten.

794

Das Kriterium der Zahl der beschäftigten Personen ist gewiss eines der prägnantesten und sollte sich als zwingendes Kriterium aufdrängen, wobei jedoch die Einführung eines finanziellen Kriteriums eine notwendige Ergänzung ist, um die tatsächliche Bedeutung eines Unternehmens, seine Leistungen und seine Marktstellung zu erfassen.

Allerdings wäre es nicht wünschenswert, allein auf den Umsatz als einziges finanzielles Kriterium zurückzugreifen, da zu berücksichtigen ist, dass in den Unternehmen des Handels und des Vertriebs der Umsatz naturgemäß viel höher ist als im Bereich der Produktion. Die Höhe des Umsatzes sollte daher mit der Bilanzsumme kombiniert werden, die die Gesamtheit des Wertes eines Unternehmens darstellt, wobei eines der genannten Kriterien von den KMU überschritten werden kann.

Die Unabhängigkeit bleibt ebenfalls ein grundlegendes Kriterium, insofern, als KMU, die einem Konzern angehören, über Mittel und Unterstützungen verfügen, die ihre gleich großen Konkurrenten nicht haben; es sollten auch rechtliche Gebilde von KMU ausgeschlossen werden, die eine wirtschaftliche Gruppe bilden, deren wirtschaftliche Bedeutung über die eines KMU hinausgeht.

Hinsichtlich des Unabhängigkeitskriteriums sollten die Mitgliedstaaten, die EIB und der EIF sicherstellen, dass die Definition nicht durch solche Unternehmen umgangen wird, die dieses Kriterium zwar formal erfüllen, jedoch tatsächlich durch ein größeres oder mehrere größere Unternehmen kontrolliert werden.

Der Anteilsbesitz von öffentlichen Beteiligungsgesellschaften oder von Risikokapitalgesellschaften führt jedoch in der Regel nicht dazu, die typischen Merkmale eines KMU zu beseitigen, und kann daher als unbedeutend angesehen werden. Das gleiche gilt für die Beteiligungen, die von institutionellen Investoren gehalten werden, da das Unternehmen, in das sie investieren, regelmäßig unabhängig bleibt.

Es muss eine Lösung für die Unternehmen gefunden werden, bei denen es sich zwar um KMU handelt, jedoch um Aktiengesellschaften, die aufgrund der starken Kapitalstreuung und der Anonymität der Aktionäre nicht genau feststellen können, wie sich ihr Kapital zusammensetzt und ob sie das Unabhängigkeitskriterium erfüllen.

Es müssen hinreichend strenge Kriterien für die Definition der KMU festgelegt werden, damit die für sie vorgesehenen Maßnahmen tatsächlich diejenigen Unternehmen erreichen, deren geringe Größe für sie einen Nachteil bedeutet.

Der Grenzwert von 500 Beschäftigten ist nicht wirklich selektiv, da sich fast alle Unternehmen in diese Größenklasse einordnen lassen (99,9 Prozent der 14 Millionen Unternehmen) und zudem drei Viertel der Erwerbstätigen in Europa und ein ebenso hoher Anteil des Gesamtumsatzes darauf entfallen. Im Übrigen verfügt ein Unternehmen mit 500 Beschäftigten über personelle, finanzielle und technische Möglichkeiten, die weit über die der mittelgroßen Unternehmen hinausgehen, bei denen Eigentum und Leitung in einer Hand sind, häufig eine enge Bindung von Familie und Unternehmen besteht und es an einer marktbeherrschenden Stellung fehlt.

Unternehmen von 250 bis 500 Mitarbeitern haben nicht nur häufig eine sehr starke Marktposition, sie verfügen darüber hinaus auch über ausgeprägte Managementstrukturen in den Bereichen Produktion, Verkauf, Marketing, Forschung und Personal, durch die sie sich deutlich von mittleren Unternehmen mit bis zu 250 Beschäftigten abheben. Es ist einsichtig, dass in dieser letztgenannten Gruppe dieselben Strukturen sehr viel zerbrechlicher sind. Ein Schwellenwert von 250 Beschäftigten hat damit den Vorteil, dass er die KMU-Wirklichkeit sehr viel besser widerspiegelt.

Außerdem liegt der Schwellenwert in der Mehrzahl der auf Gemeinschaftsebene verwendeten KMU-Definitionen bereits bei 250 Beschäftigten, und viele Mitgliedstaaten haben diesen Grenzwert für die staatliche Förderung mittelständischer Unternehmen aufgrund des Gemeinschaftsrahmens für staatliche Beihilfen an kleine und mittlere Unternehmen bereits in ihre Gesetzgebung übernommen. Die EIB hat ebenfalls beschlossen, diese Definition für einen großen Teil der Darlehen zu benutzen, die sie im Bereich der in dem Beschluss 94/217/EG vorgesehenen Darlehensfazilität für KMU gewährt.

Aus den Studien, die von Eurostat durchgeführt wurden, ergibt sich, dass ein Unternehmen mit 250 Mitarbeitern einen Umsatz von durchschnittlich 40 Mio. ECU im Jahr 1994 erreicht hat (Zahl für 1994). Daher erscheint es angemessen, hierfür einen Schwellenwert von 40 Mio. ECU festzusetzen. Aus neueren Berechnungen ergibt sich, dass das Verhältnis zwischen Umsatz und Bilanzsumme bei KMU und kleinen Unternehmen durchschnittlich 1,5 beträgt (1); daher sollte der Schwellenwert für die Bilanzsumme auf 27 Mio. ECU festgesetzt werden.

Es sollte indessen bei den KMU zwischen mittleren, kleinen und Kleinstunternehmen unterschieden werden; diese sind nicht mit den Handwerksunternehmen gleichzusetzen, die weiterhin aufgrund ihrer Besonderheiten auf nationaler Ebene definiert werden.

Nach derselben Methode können die Schwellenwerte für die kleinen Unternehmen festgesetzt werden. Folglich betragen diese 7 Mio. ECU für die Umsatzgröße und 5 Mio. ECU für die Bilanzsumme.

Die festgesetzten Schwellenwerte sind nicht unbedingt typisch für das durchschnittliche KMU oder kleine Unternehmen, es handelt sich vielmehr um Höchstgrenzen, die so bemessen sein sollen, dass alle Unternehmen, die die Merkmale eines KMU bzw. eines kleinen Unternehmens aufweisen, erfasst werden.

Die Schwellenwerte für den Umsatz und die Bilanzsumme, die bei der Definition der KMU zugrunde gelegt werden, sollten bei Bedarf angepasst werden, um der Änderung der wirtschaftlichen Gegebenheiten, wie des Preisniveaus sowie der Steigerung der Unternehmensproduktivität, Rechnung zu tragen.

Der Gemeinschaftsrahmen für staatliche Beihilfen an kleine und mittlere Unternehmen sollte an die hier festgelegte Definition angepasst werden, indem die gegenwärtige Definition durch die in der Empfehlung verwendete Definition ersetzt wird.

Es ist darauf zu achten, dass die Kommission bei der nächsten Anpassung der Schwellenwerte der Vierten Richtlinie 78/660/EWG, die den Mitgliedstaaten die Möglichkeit eröffnet, die KMU von bestimmten Offenlegungsvorschriften zu befreien, den Vorschlag machen wird, die gegenwärtige Definition durch eine Bezugnahme auf die in der vorliegenden Empfehlung zu ersetzen.

Ferner wäre es wünschenswert, dass bei der Bewertung der Gemeinschaftsmaßnahmen für die KMU die Kommission, die Mitgliedstaaten, die Europäische Investitionsbank und der Europäische Investitionsfonds genau angeben, welche Unternehmen in den Genuß der Maßnahmen kommen, wobei verschiedene KMU-Größenklassen unterschieden werden. Eine bessere Kenntnis der Nutznießer ermöglicht eine Anpassung und eine zielgruppengerechtere Konzipierung der den KMU angebotenen Instrumente und damit eine größere Effizienz der Gemeinschaftsmaßnahmen.

Es muss auch hier eine gewisse Flexibilität gewahrt werden. So steht es den Mitgliedstaaten, der EIB und dem EIF in jedem Fall frei, Schwellenwerte festzusetzen, die unter denen der Gemeinschaft liegen, wenn eine ihrer Maßnahmen nur auf eine bestimmte Gruppe von KMU zielt; die gemeinschaftlichen Schwellenwerte stellen Maximalwerte dar.

Aus Gründen der Verwaltungsvereinfachung ist es den Mitgliedstaaten, der EIB und dem EIF ebenfalls möglich, nur eines der genannten Kriterien, besonders jenes der Größe der Belegschaft, für ihre Programme zu benutzen, mit Ausnahme derjenigen Bereiche, in denen die verschiedenen Gemeinschaftsrahmen für staatliche Beihilfen die Verwendung und Einhaltung der finanziellen Kriterien erfordern.

Die vorliegende Empfehlung betrifft nur die Definition von KMU in den Gemeinschaftspolitiken, die in der Europäischen Gemeinschaft sowie dem Europäischen Wirtschaftsraum angewandt werden –

gibt folgende Empfehlung:

Artikel 1

Den Mitgliedstaaten, der Europäischen Investitionsbank und dem Europäischen Investitionsfonds wird empfohlen,

– für alle ihre Programme, die »KMU«, »mittlere Unternehmen«, »kleine Unternehmen« oder »Kleinstunternehmen« betreffen, die Bestimmungen von Artikel 1 des Anhangs anzuwenden;
– die geänderten Schwellenwerte für den Umsatz und die Bilanzsumme im Fall einer Änderung durch die Kommission gemäß Artikel 2 des Anhangs anzuwenden;
– die notwendigen Maßnahmen zu treffen, um die Größenklassen gemäß Artikel 3 Absatz 2 des Anhangs, insbesondere in bezug auf ihre Berichterstattung über die Verwendung der gemeinschaftlichen Finanzinstrumente, anzuwenden.

Artikel 2

Bei den in Artikel 1 des Anhangs festgesetzten Schwellenwerten handelt es sich um Höchstgrenzen. Die Mitgliedstaaten, die Europäische Investitionsbank und der Europäische Investitionsfonds können in bestimmten Fällen niedrigere Schwellenwerte festsetzen. Darüber hinaus können sie sich bei der Durchführung von bestimmten Programmen auf die Anwendung des Bechäftigtenkriteriums beschränken, mit Ausnahme derjenigen Bereiche, in denen die verschiedenen Rahmenregelungen für staatliche Beihilfen gelten.

Artikel 3

Um der Kommission eine Beurteilung der erzielten Fortschritte zu ermöglichen, werden die Mitgliedstaaten, die Europäische Investitionsbank und der Europäische Investitionsfonds gebeten, die Kommission bis zum 31. Dezember 1997 über die Maßnahmen zu informieren, die sie getroffen haben, um dieser Empfehlung nachzukommen.

Artikel 4

Diese Empfehlung betrifft die Definition der KMU in den Gemeinschaftspolitiken, die in der Europäischen Gemeinschaft und dem Europäischen Wirtschaftsraum angewendet werden, und richtet sich an die Mitgliedstaaten, die Europäische Investitionsbank und den Europäischen Investitionsfonds.

Brüssel, den 3. April 1996

Für die Kommission
Christos PAPOUTSIS
Mitglied der Kommission

ANHANG

Definition der kleinen und mittleren Unternehmen durch die Kommission

Artikel 1

(1) Die kleinen und mittleren Unternehmen, nachstehend »KMU« genannt, werden definiert als Unternehmen, die
– weniger als 250 Personen beschäftigen und
– einen Jahresumsatz von höchstens 40 Millionen ECU oder eine Jahresbilanzsumme von höchstens 27 Millionen ECU haben und
– die das in Absatz 3 definierte Unabhängigkeitskriterium erfüllen.

(2) Für den Fall, dass eine Unterscheidung zwischen kleinen und mittleren Unternehmen erforderlich ist, werden die »kleinen Unternehmen« definiert als Unternehmen, die
– weniger als 50 Personen beschäftigen und
– einen Jahresumsatz von höchstens 7 Millionen ECU oder eine Jahresbilanzsumme von höchstens 5 Millionen ECU haben und
– die das in Absatz 3 definierte Unabhängigkeitskriterium erfüllen.

(3) Als unabhängig gelten Unternehmen, die nicht zu 25 Prozent oder mehr des Kapitals oder der Stimmanteile im Besitz von einem oder von mehreren Unternehmen gemeinsam stehen, welche die Definition der KMU bzw. der kleinen Unternehmen nicht erfüllen. Dieser Schwellenwert kann in zwei Fällen überschritten werden:
– wenn das Unternehmen im Besitz von öffentlichen Beteiligungsgesellschaften, Risikokapitalgesellschaften oder institutionellen Anlegern steht und diese weder einzeln noch gemeinsam Kontrolle über das Unternehmen ausüben;
– wenn aufgrund der Kapitalstreuung nicht ermittelt werden kann, wer die Anteile hält, und das Unternehmen erklärt, dass es nach bestem Wissen davon ausgehen kann, dass es nicht zu 25 Prozent oder mehr seines Kapitals im Besitz von einem oder von mehreren Unternehmen gemeinsam steht, die die Definition der KM bzw. der kleinen Unternehmen nicht erfüllen.

(4) Zur Berechnung der in den Absätzen 1 und 2 aufgeführten Schwellenwerte müssen die Zahlen des jeweiligen Unternehmens sowie aller Unternehmen, von denen es direkt oder indirekt 25 Prozent oder mehr des Kapitals oder der Stimmanteile hält, addiert werden.

(5) Soweit es erforderlich ist, zwischen Kleinstunternehmen und anderen mittelständischen Unternehmen zu unterscheiden, werden diese als Unternehmen mit weniger als zehn Beschäftigten definiert.

(6) Über- oder unterschreitet ein Unternehmen an einem Bilanzstichtag die genannten Schwellenwerte für die Beschäftigtenzahl, den Umsatz oder die Bilanzsumme, so verliert oder erwirbt es dadurch den Status eines »KMU«, eines »mitt-

leren Unternehmens«, eines »kleinen Unternehmens« oder eines »Kleinstunternehmens« erst dann, wenn sich die Über- oder Unterschreitung in zwei aufeinanderfolgenden Geschäftsjahren wiederholt.

(7) Die Beschäftigtenzahl entspricht der Zahl der Jahresarbeitseinheiten (JAE), d. h. der Anzahl der während eines Jahres beschäftigten Vollzeitarbeitnehmer. Teilzeitbeschäftigte und Saisonarbeitnehmer werden nur entsprechend ihres Anteils an den JAE berücksichtigt. Grundlage für die Berechnung ist der letzte durchgeführte Jahresabschluss.

(8) Die Schwellenwerte für den Umsatz und die Bilanzsumme beziehen sich ebenfalls auf den letzten durchgeführten Jahresabschluss. Bei einem neugegründeten Unternehmen, das noch keinen Abschluss für einen vollständigen Rechnungszeitraum vorlegen kann, werden die entsprechenden Werte im laufenden Geschäftsjahr nach Treu und Glauben geschätzt.

Artikel 2

Die Kommission ändert die gewählten Schwellenwerte für den Umsatz und die Bilanzsumme nach Bedarf, normalerweise jedoch alle vier Jahre, beginnend mit der Annahme dieser Empfehlung, um den sich ändernden wirtschaftlichen Gegebenheiten in der Europäischen Gemeinschaft Rechnung zu tragen.

Artikel 3

(1) Die Kommission verpflichtet sich, die notwendigen Maßnahmen zu ergreifen, um sicherzustellen, dass die Definition der KMU, wie in Artikel 1 dargelegt, auf all ihre Programme angewendet wird, in denen die Begriffe »KMU«, »mittleres Unternehmen«, »kleines Unternehmen« oder »Kleinstunternehmen« verwendet werden.

(2) Die Kommission verpflichtet sich ferner, die geeigneten Maßnahmen zu ergreifen, um sicherzustellen, dass die Statistiken, die sie erstellt, nach folgenden Größenklassen erhoben werden:

– 0 Beschäftigte,
– 1 bis 9 Beschäftigte,
– 10 bis 49 Beschäftigte,
– 50 bis 249 Beschäftigte,
– 250 bis 499 Beschäftigte,
– 500 und mehr Beschäftigte.

(3) Während einer Übergangszeit können die derzeitigen gemeinschaftlichen Förderprogramme, die die KMU nach anderen als den in Artikel 1 festgelegten Merkmalen definieren, weiterhin ihre Wirkung entfalten und Unternehmen zugute kommen, die zum Zeitpunkt der Verabschiedung dieser Programme als KMU angesehen wurden. Jede Änderung dieser Programme, die die Definition der KMU

betrifft, darf nur im Sinne der vorliegenden Empfehlung erfolgen, indem die abweichende Definition durch eine Verweisung auf die vorliegende Empfehlung ersetzt wird. Diese Übergangsregelung sollte grundsätzlich nicht länger als bis zum 31. Dezember 1997 gelten. Rechtlich bindende Verpflichtungen, die von der Kommission auf der Grundlage dieser Programme eingegangen wurden, bleiben jedoch unberührt.

(4) Bei der nächsten Änderung der Vierten Richtlinie 78/660/EWG wird die Kommission vorschlagen, die gegenwärtigen Definitionskriterien durch eine Verweisung auf die in der vorliegenden Empfehlung verwendete Definition zu ersetzen.

(5) Jede von der Kommission verabschiedete Bestimmung, die die Ausdrücke »KMU«, »mittlere Unternehmen«, »kleine Unternehmen«, »Kleinstunternehmen« oder ähnliches verwendet, wird sich auf die in der vorliegenden Empfehlung festgelegte Definition beziehen.

Berger, Susanne

Susanne Berger war fünf Jahre lang als Verfahrensmanagerin in der Franchisezentrale der Com Computertraining and Services GmbH, eine Tochter der Siemens Business Services, tätig. Dort war sie für die Auswahl, Installation und das Management der EDV-Verfahren im System verantwortlich. Seit 2000 ist Susanne Berger als IT-Expertin und Beraterin selbstständig und füllt die Schnittstelle zwischen Mensch und Software als Projektleiterin und Trainerin. Sie erarbeitet Softwarelösungen für mittelständische Unternehmen und führt Trainings im EDV-Bereich durch. Susanne Berger ist mit ihrem Unternehmen Projekt & Training S. Berger seit über einem Jahr Kooperationspartnerin im Netzwerk der Syncon International Franchise Consultants für Dienstleistungen im Bereich Software-Anwendungen: Controlling, Internet und Intranet, Vertrieb, Organisation und Auftragsabwicklung.

Boehm, Hubertus

Dr. Hubertus Boehm, beendete sein Studium an der Technischen Universität Darmstadt als Diplom-Wirtschafts-Ingenieur. Von 1964 bis 1984 war er bei Infratest Industrie (München) in der Unternehmensberatung und Investitionsgüter-Marktforschung tätig, die letzten sieben Jahre als Geschäftsführer. Dort führte er 1971 die erste Untersuchung über Franchising in Deutschland durch. 1978 wurde Dr. Boehm als Mitbegründer Vizepräsident des Deutschen Franchise-Verbandes (DFV) und gründete 1980 in München die SYNCON GmbH. Die SYNCON-Gruppe ist auf die Entwicklung und Installation von Franchisesystemen im deutschsprachigen Raum spezialisiert und versteht sich als Problemlöser für Franchisegeber. Die SYNCON ist Gründungsgesellschaft des Deutschen Franchise-Instituts (DFI) in München. Mit der 1997 in Zürich gegründeten Franchise Venture Partners Gruppe arbeitet SYNCON eng zusammen; Dr. Boehm ist Verwaltungsrat der Management AG. Er hat zahlreiche Publikationen über Franchising veröffentlicht und ist seit 25 Jahren Referent in eigenen und fremden Franchiseseminaren sowie Fachveranstaltungen des DFV.

Bonus, Holger

Professor Dr. Holger Bonus, hat Germanistik und Nationalökonomie in Bonn, Hamburg und Heidelberg studiert. Er war Assistent am Institut für Ökonometrie und Unternehmensforschung der Universität Bonn und hat 1967 zum Dr. rer. pol. promoviert. Danach war er Postdoctoral Fellow am Department of Economics und am Center for Mathematical Studies in Business and Economics und Research Associate am Center for Urban Studies an der University of Chicago. Nach seiner Habilitation an der Universität Bonn war er zunächst Privatdozent und anschließend ordentlicher Professor für Empirische Makroökonomik an der Universität

802

Dortmund. Er war Ordinarius für Volkswirtschaftslehre, insbesondere Finanzwissenschaft, an der Universität Konstanz, und ist Ordinarius für Volkswirtschaftslehre an der Westfälischen Wilhelms-Universität in Münster und zugleich Geschäftsführender Direktor des Instituts für Genossenschaftswesen. 1994 war er Visiting Scholar am Center for Research on Contracts and the Structure of Enterprise an der University of Pittsburgh und von 1992 bis 1994 Mitglied der Enquete-Kommission »Schutz des Menschen und der Umwelt« des 12. Deutschen Bundestages. Seine Arbeitsgebiete sind: Umweltökonomie, neue Institutionen-Ökonomie, Kulturökonomie.

Braeuninger-Weimer, Renate

Dr. Renate Braeuninger-Weimer arbeitete bis 1989 in Großkanzleien in Stuttgart, Paris und Brüssel. 1989 ließ sie sich als Rechtsanwältin mit Schwerpunkt Wirtschaftsrecht in Karlsruhe nieder. Von 1992 bis 1995 war sie Deutsche Präsidentin der Internationalen Vereinigung für Junge Rechtsanwälte (AIJA), bis heute ist sie Vorstandsmitglied der Arbeitsgemeinschaft Internationaler Rechtsverkehr im Deutschen Anwaltverein. Seit 2000 ist weiterer Schwerpunkt ihrer Tätigkeit die Wirtschaftsmediation, Dr. Braeuninger-Weimer ist seit Herbst 2000 staatlich anerkannte Gütestelle. Im Rahmen der Mediationstätigkeit hat sich Dr. Braeuninger-Weimer besonders mit Verhandlungstechniken und außergerichtlichen Streitbeilegungsmethoden auseinandergesetzt.

Bürkle, Hans

Diplom-Kaufmann Hans Bürkle studierte Betriebswirtschaftslehre in Stuttgart und Würzburg, unter anderem bei Herbert Gross, seinem Franchise-Lehrer. Er war Geschäftsführer bei Mewes-System (EKS), Mitglied des Vorstandes beim Marktführer für Büroeinrichtungen und ist heute Strategieberater für Unternehmen und Führungskräfte, wobei in seiner Beratung das Thema »Existenzgründung/Franchising« eine wichtige Rolle einnimmt. Bürkle erarbeitet zudem Geschäftsstrategien für renommierte Franchise-Unternehmen oder setzt die Franchisekonzeptionen mittels EKS-Workshops um. Seit 1996 ist Bürkle Lehrbeauftragter an den Universitäten Stuttgart und Merseburg.

Däfler, Martin-Niels

Dr. Martin-Niels Däfler, studierte Betriebswirtschaftslehre an der Bayerischen Julius-Maximilians-Universität Würzburg und promovierte dort anschließend bei Prof. Dr. Kurt Nagel zu dem Thema »Franchising in der Unternehmensberatung«. Seit 1997 ist er als selbstständiger Unternehmensberater, Wirtschaftsredakteur und Autor tätig. So hat er u. a. die Bücher »Wie attraktiv ist mein Unternehmen?« (F. A. Z.-Verlag, 1999) und »Gut Beraten« (Gabler-Verlag, 2000) geschrieben.

Flohr, Eckhard

Dr. iur. Eckhard Flohr, Rechtsanwalt, ist seit langen Jahren Berater von nationalen und internationalen Franchise-Systemen und befasst sich auch wissenschaftlich mit allen Facetten des Vertriebs- und damit insbesondere des Franchise-Rechts. Er ist Mitglied des Rechtsausschusses des Deutschen Franchise-Verbandes, gehört der European Franchise Lawyers Association an und ist ordentliches Mitglied des Deutschen, des Österreichischen, des Schweizer und des Bulgarischen Franchise-Verbandes.

Frauenhuber, Waltraud

Waltraud Frauenhuber ist selbstständige Franchise-Strategie-Expertin im Netzwerk der Syncon International Franchise Consultants. Sie ist Mitbegründerin des ÖFV – Österreichischen Franchise-Verbandes, für den sie seit 1986 ehrenamtlich als Vize-Präsidentin tätig ist. Ihre Tätigkeit umfasst die Entwicklung von Franchise-Strategien, die Begleitung in der Umsetzung und die laufende Optimierung bzw. System-Regeneration in allen Bereichen des Leistungspaketes des Franchisegebers. Neben ihrer Tätigkeit als Franchise-Beraterin hält sie Vorträge an Universitäten und Franchise-Veranstaltungen, schreibt Fachartikel und Buchbeiträge.

Fromm, Ines

Ines Fromm absolvierte ein Wirtschaftsstudium in Köln und Darmstadt. Nach dem Studium arbeitete sie zunächst als Controllerin bei der Deutschen Post World Net. Danach wechselte sie in die Öffentlichkeits- und Pressearbeit im Bereich Kulturmanagement an Theatern. Heute ist sie freiberuflich für Werbeagenturen tätig und entwickelt in diesem Zusammenhang Marketingkonzepte, gibt Seminare und arbeitet im redaktionellen Bereich für die Fachpresse auf dem Gebiet Wirtschaft und Technik. Weiter wird sie ab 2003 eine Dozententätigkeit an der Bremer Akademie für Kommunikation, Marketing und Medien im Fachbereich Moderation und Präsentation aufnehmen.

Gajewski, Karen

Karen Gajewski, Dipl.-Betriebswirtin, ist seit dem Studium bei der Gebr. Gschwendner GmbH tätig. Von 1994 bis 1997 war Karen Gajewski Bereichsleiterin für das Thema Franchise und EDV. Seit Oktober 1998 ist sie Geschäftsführerin für die Franchiseentwicklung und gestaltet als Mitglied der Geschäftsführung die zukünftige Entwicklung unternehmerisch mit. Darüber hinaus leitet sie das Entwicklungsprojekt 20 keys für die Verbesserung der Arbeitsprozesse und mit dem Ziel die Zertifizierung nach EFQM zu erhalten.

Gosslar, Helmut

Dr. phil., Diplom-Psychologe Helmut Gosslar war nach dem Studium der Psychologie, Betriebswirtschaftslehre und Pädagogik als wissenschaftlicher Mitarbeiter am Institut für Empirische Wirtschaftsforschung der Universität Mannheim und anschließend als Marketingforscher in der Industrie tätig. Seit 1981 ist er als Wirtschaftspsychologe und Unternehmensberater in Mannheim niedergelassen. Die Schwerpunkte seiner Arbeit liegen in der Eignungs- und Persönlichkeitsdiagnostik bei Personal-, Karriere- und Berufsentscheidungsprozessen.

Hommerich, Brigitte

Dr. Brigitte Hommerich arbeitete zunächst als Referentin für Bildungs- und Öffentlichkeitsarbeit im Märkischen Arbeitgeberverband in Hagen und später als PR-Leiterin der Obi-Bau- und Heimwerkermärkte. Seit 1991 ist sie selbstständig tätig als Geschäftsführerin von Imago, Agentur für Kommunikation, in Wuppertal. Schwerpunkte ihrer Arbeit sind Öffentlichkeitsarbeit, Marketing-Beratung, Organisationsentwicklung, Kommunikations- und Führungstrainings für Unternehmen und Institutionen.

Jungmichel, Goetz-Ulf

Diplom-Betriebswirt (FH) und gelernter Gastronom, befasste sich bereits während seines Studiums, im Anschluss an seine Zeit in der Spitzenhotellerie, mit Marketing und Kommunikation im Franchising. Nach dem Studium sammelte er als Geschäftsführer der »peckert & jungmichel gbr« erste Erfahrungen als Unternehmer. Heute agiert er als selbstständiger Berater und Inhaber der »jungmichel consulting« schwerpunktmäßig im Bereich Marketing und Kommunikation im Franchising. Er ist weiterhin bestellter Projektleiter der 13. Internationalen Franchise Messe im Hause Reed Exhibitions Deutschland GmbH.

Kirst, Rolf Gerhard

Rolf Gerhard Kirst ist seit mehr als 20 Jahren in der Franchisebranche in Deutschland aktiv. 1994 übernahm er die Masterlizenz von Uniglobe Travel für Deutschland, Österreich und die Schweiz. Seit 1999 ist Rolf Gerhard Kirst Mitglied im Vorstand des Deutschen Franchise-Verbandes und dort für das Ressort internationale Verbindungen zuständig. Er ist damit auch der deutsche Repräsentant im Vorstand des EFF und des World Franchise Council.

Kornfeind, Peter

Peter Kornfeind verfügt über 15 Jahre Erfahrung im Verkauf und 12 Jahre Tätigkeit als Geschäftsführer. 1991 begann er seine Ausbildung zum Trainer bei Andreas Bornhäußer und Max Meier-Maletz an der act. Akademie in München. Seit 1993 ist er Mitglied des BDVT, Bund Deutscher Verkaufsförderer und Trainer. Kornfeind absolvierte eine NLP Train-the-trainer-Ausbildung bei Dr. Berthold Ulsamer in Freiburg und EKS-Engpasskonzentrierten Strategie nach Mewes in Frankfurt. Ständige Aus- und Weiterbildung in systemischer Beratung am Syst-Institut für systemische Ausbildung, Fortbildung und Forschung in München bei Professor Matthias Varga v. Kibed und Dipl.-Psych. Insa Sparrer. Schwerpunkt ist die Arbeit mit systemischen Organisationsaufstellungen.

Kroll, Wolfgang

Dr. Wolfgang Kroll studierte Rechtswissenschaften in Marburg und in Münster. Er ist als Rechtsanwalt in der Sozietät Redeker Sellner Dahs & Widmaier in Bonn tätig. Seine Dissertation befasst sich mit den Informationspflichten im Franchising. Darüber hinaus besitzt er ein IHK-Zertifikat als »Franchise-Manager«.

Lindstam, Stefan

Dipl.-Psychologe Stefan Lindstam, geboren 1968, hat an der Albert-Ludwig-Universität in Freiburg i. Br. und an der Universität Mannheim studiert. Seit 1996 ist er Mitarbeiter bei Dr. Gosslar in Mannheim. Die Schwerpunkte seiner Tätigkeit liegen in Testentwicklung, Evaluation und Diagnostik im Personalbereich.

Lux, Harald

Harald Lux, MBA, ist seit 1981 geschäftsführender Gesellschafter der Deutsche Heimwerkermarkt Holding (DHH), Vorstandsvorsitzender der OBI AG Wermelskirchen. Internationale Managementtätigkeit für die Firma Emil Lux in Frankreich und den Vereinigten Staaten von Amerika. 1985 Eintritt in die operative Geschäftsführung der OBI Bau- und Heimwerkermärkte u. a. Gesellschaften. Heute führt er den OBI-Konzern als Vorstandsvorsitzender und hält zahlreiche Reden und Vorträge zu den Themen Franchising, Mittelstand, Globalisierung und bekleidet das Amt des Vizepräsidenten des Deutschen Franchiseverbandes.

Maus, Manfred

Manfred Maus ist Mitbegründer des OBI Franchisings und seit dem 1. Mai 2000 Aufsichtsratsvorsitzender der Deutschen Heimwerkermarkt Holding (DHH). Außerdem ist er Gründungsmitglied und Ehrenpräsident Deutscher Franchise-Verband e. V., München, Präsident des BHB – Bundesverband Deutscher Heimwerker-, Bau- und Gartenfachmärkte e. V., Bonn, Ehrenpräsident der EFF – European Franchise Federation, Brüssel, Vizepräsident der IHK zu Köln (seit 1999), Gründungsmitglied der Stiftung Perspektiv-Kader Baden-Württemberg seit August 2001, Kuratoriumsmitglied der NRW Stiftung Nachwuchsförderung im Leistungssport – Sportstiftung NRW seit dem 2. Februar 2001. Manfred Maus schrieb zahlreiche Veröffentlichungen und hielt nicht weniger Vorträge zum Thema Mittelstand, Franchising, Einzelhandel, Marke.

Mayrhofer, Leopold

Leopold Mayrhofer stammt aus Österreich, dort absolvierte er zunächst eine Ausbildung zum Einzelhandelskaufmann. In den Achtzigerjahren sammelte er Erfahrungen als Verrkaufstrainer eines deutschen Großunternehmens. Er gehört zu den Gründern der Ring Lift Organisation und war dort ab 1991 für die Partner verantwortlich tätig. Seit 1993 ist er alleiniger Geschäftsführer der Ring-Lift-Organisation.

806

Meffert, Heribert

Professor Dr. Dr. h. c. mult. Heribert Meffert, hat Betriebswirtschaftslehre in München studiert und ist Gründer und Direktor des ersten Instituts für Marketing an der Universität in Münster. 1968 wurde er auf den Lehrstuhl für Betriebswirtschaft an der Universität Münster berufen. 1973 erfolgte die Berufung nach Frankfurt, 1980 nach Hamburg, 1981 nach Konstanz und 1986 nach Bern. 1995 bis 1997 war er wissenschaftlicher Geschäftsführer der Handelshochschule in Leipzig. Von ihm gibt es mehr als 300 Veröffentlichungen zu Problemen des Marketing und der Unternehmensführung in Sammelwerken und Zeitschriften. Professor Meffert ist Herausgeber verschiedener Schriftenreihen und Arbeitspapieren sowie einer Taschenbuchreihe zum Marketing und Mitherausgeber der betriebswirtschaftlichen Fachzeitschrift »Die Betriebswirtschaft«.

Meier, Hans-Jürgen

Diplom-Kaufmann Hans-Jürgen Meier hat in München Betriebswirtschaftslehre studiert. Nach seiner Tätigkeit als Leiter des Controlling in der Zentrale einer Münchner Firmengruppe wechselte er zu einem Schweizer Handelskonzern, wo ihm die Verantwortung für alle deutschen Beteiligungsunternehmen und die Controlling-Verantwortung für die ungarische Tochtergesellschaft oblag. Danach wechselte er zur Porst AG und übernahm dort den Aufbau und die Leitung des Bereichs Partnerfinanzierung und Beteiligungscontrolling und zuletzt war er Geschäftsleitungsmitglied und Leiter Konzern-Controlling. 1996 gründete er die Orga Control Franchiseberatung.

Nebel, Jürgen

Dr. iur. Jürgen Nebel beriet und trainierte über viele Jahre hinweg in zahlreichen Franchisesystemen, war Fachhochschul-Dozent für Franchising in Deutschland und Frankreich, bevor er Deutschland-Geschäftsführer und General Manager eines internationalen Franchisesystems wurde. Heute ist er Personalberater bei der internationalen Executive-Search-Beratung Eric Salmon & Partners in Frankfurt, wo er sich u. a. auf die Beratung von Franchisesystemen spezialisiert hat.

Nebel, Nane

Diplom-Kauffrau Nane Nebel, begann nach dem Studium der Betriebswirtschaftslehre in Köln ihren beruflichen Weg als Unternehmensberaterin bei der Managementberatung der Kaufhof Holding AG. Danach folgten Stationen als Franchisemanagerin sowie Leiterin Marketing und Strategie bei der VOBIS Microcomputer AG, ferner war sie Projektleiterin Strategisches Marketing in der Obi Systemzentrale. Seit mehreren Jahren ist Nane Nebel als Unternehmensberaterin, u. a. mit den Schwerpunkten Franchising und Marketing tätig.

Pauli, Knut S.

Diplom-Volkswirt Knut S. Pauli ist journalistischer Begleiter der Franchise-Wirtschaft seit 1983. Er gründete die ADVISA Wirtschaftskommunikation GmbH, eine Unternehmensberatung, die sich auf Franchising spezialisiert hat. Sein im ECON-Verlag erschienenes Buch »Franchising«, Erstauflage 1989, Zweitauflage 1992, gilt als Standardwerk. Darüber hinaus publizierte Knut S. Pauli »Selbstständig machen fast ohne Risiko«, Mosaik Verlag München, 1992 und »88 Franchise-Empfehlungen«, Max Schimmel Verlag, Würzburg, 1996. Knut S. Pauli ist Mitherausgeber des Fachmagazins für Franchising, »Franchising.mag«, das quartalsmäßig erscheint mit einer Auflage von 20.000 Exemplaren.

Rakow, Jürgen

Dr. Jürgen Rakow ist Vorsitzender des Vorstandes der VOBIS Microcomputer AG in Aachen und leitet die Bereiche Marketing/Strategie, Produktmanagement und Fertigung. Im Mai 1999 übernahmen er und sein Partner Jürgen Bochmann 25 Prozent der Anteile der VOBIS AG. Bevor Dr. Jürgen Rakow und sein Sozius Anteilseigner und Vorstände der VOBIS AG wurden, waren sie mit 33 Stores der größte und erfolgreichste Franchisepartner der VOBIS AG. Seine Karriere in der IT-Branche begann der in physikalischer Chemie promovierte Naturwissenschaftler vor 20 Jahren als Mitinhaber einer Softwareentwicklungsfirma. Noch heute ist er Alleingesellschafter und Geschäftsführer des Systemhauses DIGI-HAUS GmbH in Berlin, einem 26 Mitarbeiter starken Dienstleistungsunternehmen.

Schüller, Anne M.

Anne M. Schüller, Diplom-Betriebswirtin, war viele Jahre lang in Führungspositionen in Vertrieb und Marketing verschiedener Dienstleistungsbranchen tätig. Als Marketing-Direktorin der Accor Hotellerie Deutschland (Sofitel, Mercure, Novotel, Ibis, Etap und Formule 1) wurde sie mit mehreren Auszeichnungen bedacht. Heute ist sie selbstständige Marketing Consultin mit den Schwerpunkten strategisches Marketing, Markenführung und Total Loyalty Marketing. Anne M. Schüller ist Buchautorin und Gastdozentin an der Universität St. Gallen sowie der BAW (Bayerische Akademie für Werbung und Marketing). Sie steht interessierten Unternehmen für Beratung, Coaching, Training, Projektbegleitung und Impulsvorträge zu den genannten Schwerpunkten zur Verfügung.

Schulz, Albrecht

Rechtsanwalt Albrecht Schulz ist Partner der Sozietät CMS Hasche Sigle und in deren Standort Stuttgart tätig. Er arbeitet schwerpunktmäßig im Bereich Franchise-, Vertriebs- und Handelsvertreterrecht sowie den damit eng verbundenen Bereichen des gewerblichen Rechtsschutzes und des Kartellrechts. Er ist Berater zahlreicher deutscher und internationaler Unternehmen bei der Gestaltung von Franchise- und Vertriebssystemen bzw. bei der Anpassung von deren Systemen an den deutschen Markt. Albrecht Schulz ist Autor und Co-Autor zahlreicher Artikel und Buchbeiträge zu Rechts- und Managementfragen des Franchising sowie anderen Fragen des Vertriebsrechts. Er hält Fachvorträge vor zahlreichen nationalen und internationalen Gremien. Er war lange Jahre Vorsitzender des Komitees Internationales Franchising der International Bar Association (IBA), er ist Mitglied des Rechtsausschusses des Deutschen Franchise-Verbandes und Vorsitzender des Rechtsausschusses des Europäischen Franchise-Verbandes (EFF); er ist Mitglied von EuroFranchise Lawyers (EFL), einer Vereinigung von Franchiseanwälten in 15 europäischen Ländern, und er war zehn Jahre lang Mitglied der Arbeitsgruppe Franchising von UNIDROIT in Rom, deren Korrespondent er weiterhin ist.

Stroese, Wolfram

Wolfram Stroese ist gelernter Apparatebaumechaniker und Kaufmann im Einzelhandel. Nach seinen Stationen als Marktleiter, Regionaler Vertriebsleiter, Regionalgeschäftsführer und Geschäftsführer Obi Merchandise Center GmbH ist er seit dem 1. Januar 2001 Vorstand der Obi Merchandise Center mit dem Verantwortungsbereich Global Purchasing und Merchandising.

Wessels, Andrea Maria

Andrea Maria Wessels, Rechtsanwältin in München, berät und betreut Unternehmen beim Aufbau auch internationaler Vertriebssysteme mit Schwerpunkt Franchise- und Lizenzrecht und verfügt über jahrelange Erfahrung in der Vertragsgestaltung komplexer Strukturen. Sie ist ordentliches Mitglied des Deutschen Franchise-Verbandes und Gründungsmitglied des Franchise Team Europe (FTE).